Michael Schwartz
Ethnische „Säuberungen" in der Moderne

Quellen und Darstellungen zur Zeitgeschichte

Herausgegeben vom Institut für Zeitgeschichte

Band 95

Oldenbourg Verlag München 2013

Michael Schwartz

Ethnische „Säuberungen" in der Moderne

Globale Wechselwirkungen nationalistischer und rassistischer Gewaltpolitik im 19. und 20. Jahrhundert

Oldenbourg Verlag München 2013

Bibliografische Information der Deutschen Nationalbibliothek

Die Deutsche Nationalbibliothek verzeichnet diese Publikation in der Deutschen Nationalbibliografie; detaillierte bibliografische Daten sind im Internet über http://dnb.d-nb.de abrufbar.

© 2013 Oldenbourg Wissenschaftsverlag GmbH
Rosenheimer Straße 143, D-81671 München
Tel: 089 / 45051-0
www.oldenbourg-verlag.de

Das Werk einschließlich aller Abbildungen ist urheberrechtlich geschützt. Jede Verwertung außerhalb der Grenzen des Urheberrechtsgesetzes ist ohne Zustimmung des Verlages unzulässig und strafbar. Das gilt insbesondere für Vervielfältigungen, Übersetzungen, Mikroverfilmungen und die Einspeicherung und Bearbeitung in elektronischen Systemen.

Karte im hinteren Vorsatz: Eine frühe wissenschaftliche Planung für Grenzveränderungen und Zwangsumsiedlungen in ganz Europa (George Montandon, Frontières Nationales. Détermination objective de la Condition primordiale nécessaire à l'Obtention d'une Paix durable, Lausanne 1915)

Einbandgestaltung: hauser lacour
Konzept und Herstellung: Karl Dommer
Satz: Typodata GmbH, Pfaffenhofen/Ilm
Druck und Bindung: Memminger MedienCentrum, Memmingen

Dieses Papier ist alterungsbeständig nach DIN/ISO 9706

ISBN 978-3-11-048513-4
eISBN 978-3-486-72142-3
ISSN 0481-3545

Inhalt

Vorbemerkung		IX
I.	Einleitung: Ethnische „Säuberungen" und unsere moderne Welt	1
	1. Was ist ethnische „Säuberung"?	1
	2. Modernität als Grundbedingung	5
	3. Zeiten und Räume	16
	4. Frühe Lernorte und globale Wechselwirkungen	20
II.	Dammbruch: Ethnische „Säuberungen" und Erster Weltkrieg	25
	1. Vordenker ethnischer „Säuberung"	32
	2. Genozidale Deportation: Die osmanischen Armenier	61
	3. Deportation ohne Genozid: Die osmanischen Griechen	98
	4. Verhinderte Deportation: Die Juden im Osmanischen Reich	114
	5. Russische Deportationen: Volksdeutsche, Juden, Muslime	126
	6. Deutsche Umsiedlungspläne für Nordosteuropa	157
III.	„Der Westen und der Rest": Außereuropäische Lernorte für ethnische „Säuberungen"	185
	1. „Säubernde" Siedler-Demokratien: Amerika und Australien im 19. Jahrhundert	189
	2. Koloniale Genozide und Deportationen um 1900: Südwestafrika – Kuba – Südafrika – Philippinen	202
	3. Von der Peripherie ins Zentrum: Kolonialistische Ethnogewalt in Europa 1914–1945	220
IV.	Modernisierung durch Vertreibung: Der Balkan als europäischer Lernort für ethnische „Säuberungen"	235
	1. Nationale Befreiung durch Vertreibung: Serbien – Griechenland – Bulgarien 1804–1878	238
	2. Interventionen und Koexistenz-Projekte: Bosnien-Herzegovina – Kreta – Mazedonien 1878–1914	261
	3. Totaler Krieg und Weltöffentlichkeit: Flucht und Vertreibung in den Balkankriegen 1912/13	298
	4. Geordneter „Bevölkerungsaustausch" statt Vertreibung? Bilaterale Umsiedlungsverträge 1913–1919	309

V. Alternativen der Zwischenkriegszeit 1919–1939: Drei Modelle
   ethnischer Konfliktlösung... 319
   1. Nationalstaaten und Minderheitenschutz: Das Modell von
      Versailles 1919... 325
   2. Nationalitäten-Föderalismus und Autonomie: Das Moskauer
      Modell von 1922 und seine östlichen Vorläufer..................... 361
   3. Gewaltsame Trennung durch „Bevölkerungsaustausch": Das
      Modell von Lausanne 1923.. 396

VI. Höhepunkt: Ethnische „Säuberungen" und Zweiter Weltkrieg........ 425
   1. Rassistische Vertreibungs- und Umsiedlungspolitik: Hitlers „neue
      Ordnung der ethnographischen Verhältnisse"........................ 429
   2. Von der Vertreibung zum Völkermord: Die Verfolgung der Juden
      in Hitlers Imperium... 450
   3. Formale „Freiwilligkeit" und Gewalt: Umsiedlungsverträge im
      Kontext des Zweiten Weltkrieges................................... 467
   4. Vergeltung und Zwangshomogenisierung: Die antideutschen
      „Transfer"-Planungen der Anti-Hitler-Koalition.................... 492
   5. Vom Nationalitäten-Föderalismus zur ethnischen Deportation:
      „Feindvölker" in Stalins Sowjetunion.............................. 519
   6. Flucht im Krieg – Vertreibung im Nachkrieg: Deutsche in
      Ostdeutschland und Osteuropa 1944/45.............................. 532
   7. „Ordnungsgemäß und human"? Zwangsumsiedlungen in
      Ostdeutschland und Osteuropa 1946–1950............................ 564

VII. Globalisierte Gewaltpolitik nach 1945: Wechselwirkungen ethnischer
   „Säuberungen".. 579
   1. Ein Transfer des „Transfers": Indien – Pakistan seit 1947/48...... 580
   2. Ein zweiter Transfer des „Transfers": Israel – Palästina seit 1947/48. 600

VIII. Schluss: Zwölf Bemerkungen zu den ethnischen „Säuberungen" in
   unserer Moderne.. 623

Quellen- und Literaturverzeichnis....................................... 647
Personenregister.. 687

Für Zdeněk,
seine tschechische Mutter
und seinen oberschlesischen Vater

Vorbemerkung

In den letzten Jahren habe ich viel zur Integration der deutschen Vertriebenen nach 1945 geforscht – namentlich über die totalitäre Politik und die konfliktreiche gesellschaftliche Wirklichkeit im östlichen deutschen Teilstaat, der aus der sowjetischen Besatzungszone Deutschlands (SBZ) entstandenen „Deutschen Demokratischen Republik" (DDR). Während dieser Forschungen haben die erinnerungspolitischen Debatten um die Vertreibung auch mich nicht unberührt gelassen. Ich bin überzeugt, dass die Erinnerung an die Opfer dieser ethnischen „Säuberung" berechtigt und notwendig ist, glaube aber, dass dieselbe nicht isoliert erfolgen sollte, sondern vielmehr in einen breiten historischen Kontext eingebettet werden muss.

Diesen Kontext bilden zuallererst die Verbrechen der NS-Diktatur in Europa zwischen 1939 und 1945. Doch der Wirkzusammenhang reicht tiefer – nicht nur ins frühe 20. Jahrhundert, sondern bis ins frühe 19. Jahrhundert zurück. Diese Tiefenschichten ethnischer „Säuberung" und ihre globalen Wechselwirkungen soll dieses Buch erkunden. Dass dies trotz allen Bemühens um Wahrhaftigkeit und Differenzierung ein notwendig mit Lücken und Vereinfachungen behaftetes Verfahren sein wird, ist unvermeidlich. Gleichwohl möchte das vorliegende Buch ein Plädoyer dafür sein, historische Forschung nicht in wohlsortierte Schubladen wie „Neuere und Neueste Geschichte", „Zeitgeschichte" oder deutsche, europäische und globale Geschichte aufzuspalten. Unsere Fragen müssen das Arbeitsfeld definieren – nicht umgekehrt.

Dieses Buch wäre vielleicht nie geschrieben worden, wenn das Militärgeschichtliche Forschungsamt (MGFA) in Potsdam mich nicht vor einigen Jahren dafür gewonnen hätte, eine Darstellung der Flucht, Vertreibung und Zwangsumsiedlung der Deutschen um 1945 für den (2008 erschienenen) Schlussband der Gesamtdarstellung „Das Deutsche Reich und der Zweite Weltkrieg" zu unternehmen.[1] Im Verlauf jener Arbeit wuchs meine Gewissheit, die Vertreibung der Deutschen nicht isoliert darstellen zu können. Der damalige Amtschef des MGFA, Oberst Dr. Hans Ehlert, teilte diese Sicht und gab mir die Anregung für eine globalhistorische Darstellung. Freilich machte dieses Unterfangen sehr viel mehr Mühe, als zunächst gedacht.

Möglich werden konnte dieses Buch am Ende nur, weil mein Arbeitgeber, das Institut für Zeitgeschichte München-Berlin, mir großzügig den Freiraum gewährte, mich trotz anderer wichtiger Projekte dieser Aufgabe zu widmen. Besonders zu danken habe ich Prof. Dr. Dr. h.c. mult. Horst Möller, dem langjährigen Direktor unseres Instituts, der mich zu Beginn meiner Tätigkeit im IfZ erst mit der Vertreibungsthematik wissenschaftlich in Berührung brachte. Auch der stellvertretende Direktor Prof. Dr. Udo Wengst ist als stets wohlwollender Wegbereiter und Begleiter mit herzlichem Dank zu nennen. Überhaupt ist das IfZ mit seinen hervor-

---

[1] Schwartz, Ethnische „Säuberung" als Kriegsfolge.

ragenden Arbeitsmöglichkeiten, seiner Kompetenz und Kollegialität die ebenso unerlässliche wie unmerkliche Voraussetzung für diese Studie gewesen. Herzlichen Dank schulde ich besonders meinen Berliner Kollegen Prof. Dr. Hermann Wentker und Privatdozent Dr. Dierk Hoffmann für deren kritische Lektüre des Manuskripts und ihre hilfreichen Anregungen. Verbleibende Schwächen muss sich, wie immer, allein der Verfasser zurechnen lassen.

Jeder Wissenschaftler versucht, differenziert zu urteilen, doch als Mensch ist er zwangsläufig standortgebunden – was in diesem Fall die deutschen und europäischen Schwerpunkte meiner Studie erklärt, trotz aller Bemühungen, sie durch einen globalhistorischen Zugriff zu relativieren. Die wissenschaftliche Debatte wird meine Sicht der Dinge deshalb nicht nur bestätigen, sondern auch korrigieren oder ergänzen. Was sich aber hoffentlich als konsensfähig erweisen wird, ist die Grundüberzeugung von einer zwei Jahrhunderte umgreifenden Tiefendimension moderner ethnischer „Säuberung" und von den globalen Wechselwirkungen zeitlich und räumlich oft weit voneinander entfernter Einzelereignisse, die sämtlich auf dasselbe global verbreitete Konzept moderner Gewaltpolitik zurückgehen.

Berlin, im Januar 2013   Michael Schwartz

I. Einleitung:
Ethnische „Säuberungen" und unsere moderne Welt

> „Es gibt viele Arten, modern zu sein, und einige davon sind monströs."
> John Gray[1]

1. Was ist ethnische „Säuberung"?

Der Begriff ethnische „Säuberung" oder „ethnic cleansing" wurde erst vor zwei Jahrzehnten geprägt.[2] Die folglich noch junge Formulierung bezeichnet einen sehr viel älteren, tief in das 19. Jahrhundert zurückreichenden Sachverhalt – eine bemerkenswerte Diskrepanz, die dieser Terminus freilich mit anderen hochpolitischen Begriffen des Völkerrechts wie „Kriegsverbrechen", „Verbrechen gegen die Menschlichkeit" oder „Genozid" gemein hat.[3]

Inhaltlich bezieht sich der Begriff „Säuberung" auf die anthropologische Grunderfahrung, dass „Schmutz etwas ist, das fehl am Platz ist". Nur dass der Terminus und die darauf gründende Politik ganze Gruppen von Menschen zu „Schmutz" erklärt, der entfernt werden müsse. Für Arjun Appadurai ist jede Politik der „Säuberung" eine auf diesem Wahrnehmungsmuster basierende extreme Form der Ab- und Ausgrenzung von Minderheiten. Diese drohten durch ihre Präsenz die „Grenzen zwischen ‚uns' und ‚ihnen'" zu verwischen, „zwischen hier und dort, dazugehörig und nicht dazugehörig, gesund und krank, loyal und illoyal".[4]

Der Begriff der ethnischen „Säuberung" dient zur Bezeichnung der politischen „Absicht, die Opfer aus dem von den Tätern beanspruchten Territorium zu vertreiben".[5] Damit ist der wichtige Unterschied zwischen freiwilliger Migration und Zwangsmigration benannt, wobei sich letztere durch ein zutiefst asymmetrisches Machtverhältnis zwischen Vertreibenden und Vertriebenen auszeichnet.[6] Eine Expertenkommission der Vereinten Nationen (UN) definierte 1992 „ethnische Säuberungen" als „vorsätzliche Politik, die von einer ethnischen und religiösen Gruppe verfolgt wird, um die Zivilbevölkerung einer anderen ethnischen oder religiösen Gruppe durch gewaltsame und terroristische Mittel aus bestimmten geographischen Gebieten zu entfernen".[7] Diese Definition ist nicht nur deshalb bedeutsam, weil sie neben ethnischen auch religiöse Ausgrenzungskriterien benennt, sondern vor allem deshalb, weil der damit bezeichnete Sachverhalt primär

---

[1] Gray, Die Geburt al-Qaidas aus dem Geist der Moderne, S. 12.
[2] Naimark, Flammender Hass, S. 11.
[3] Rodogno, Against Massacre, S. 4.
[4] Appadurai, Die Geographie des Zorns, S. 58f.
[5] Naimark, Flammender Hass, S. 11.
[6] Hoerder, Cultures in Contact, S. 15, unterscheidet zwischen „forced migrations" und „coerced migrations", wobei letztere den Opfern die Wahl des Aufnahmeortes gestatten.
[7] Calic, Der erste „neue Krieg"?, S. 9.

auf die *Entfernung* von Menschen aus einem bestimmten Raum zielt, nicht aber zwangsläufig auch auf ihre Ermordung.[8]

Ethnische „Säuberung" ist folglich nicht ohne weiteres mit Genozid gleichzusetzen, obschon beides in der „Praxis" nicht leicht zu trennen ist. „Zusammenhänge zwischen Hungersnot und Zwangsmigration" sowie die Tatsache, dass viele Genozidopfer nicht durch unmittelbar tödliche Gewalt, sondern an Hunger oder Krankheiten starben, verweisen auf diese Grauzone zwischen Vertreibung und Völkermord.[9] Gleichwohl müssen beide Phänomene analytisch getrennt werden. Genozid erscheint vielmehr als radikale Form ethnischer „Säuberung", aber nur als eine von mehreren Varianten. Wie bei der juristischen Unterscheidung zwischen Mord und Totschlag ist der Nachweis des „Vorsatzes" für diese Differenz entscheidend.[10] Die Massaker der Hutu an den Tutsi in Ruanda 1994 hatten eine klare Vernichtungsabsicht, die gleichzeitigen Massaker im jugoslawischen Bürgerkrieg haben diese genozidale Intensität hingegen nicht erreicht, sondern waren insgesamt eher Mittel zum Zweck der Vertreibung: Vergleichsweise wenige wurden umgebracht, um möglichst viele zur Flucht zu veranlassen.[11] Beim Genozid – sofern dieser seit der UN-Definition von 1948 leider inflationär benutzte Begriff tatsächlich beabsichtigten massenhaften *Mord* bezeichnet[12] – soll ein Entkommen hingegen gerade unmöglich werden. Der Unterschied zwischen den „Säuberungs"-Varianten Vertreibung und Genozid besteht somit darin, dass bei jener die *Entfernung* der Opfer, aber nicht ihre *Ausrottung* das Ziel ist.[13]

Wenn bei Vertreibungen und Zwangsumsiedlungen die Zahl der Todesopfer deutlich geringer ausfällt als bei einem Genozid, kann es bei Vertreibungen – weit eher als beim Genozid – auch leichter zum Wechsel von Täter- und Opfer-Rollen kommen.[14] Ohnehin muss man, bei aller Empathie für das Leid der Opfer, fest-

---

[8] Ther, Die dunkle Seite der Nationalstaaten, S. 9.

[9] Gerlach, Extrem gewalttätige Gesellschaften, S. 363 f.

[10] Naimark, Flammender Hass, S. 11 f.; ähnlich Kiernan, Blood and Soil, S. 16, und Levene, Genocide in the Age of the Nation State, Bd. 1, S. 147; hingegen meint Bell-Fialkoff, Ethnic Cleansing, S. 21, erst seit Ende des 19. Jahrhunderts habe die komplette Vernichtung einer Gruppe Ziel von „Säuberung" werden können; Kittel, Vorläufer „ethnischer Säuberungen"?, S. 471, sieht den Unterschied zwischen älteren „Säuberungen" und denen des 20. Jahrhunderts darin, „dass jetzt immer häufiger auf die vollständige Vernichtung unerwünschter Bevölkerungen – und nicht ‚bloß' auf ihre Vertreibung – abgezielt wurde".

[11] Sémelin, Säubern und Vernichten, S. 253 f.; Barth, Genozid, S. 112–127 und S. 169–171; die vom Genozid unterschiedene Kategorie der „genozidären Massaker" bei Ternon, Der verbrecherische Staat, S. 219–221 wird von Barth, Genozid, S. 40 f., mit anderen verunklarenden Ansätzen überzeugend verworfen.

[12] Kritisch zur UN-Definition Mazower, Violence and the State in the Twentieth Century, part 8; einen guten Überblick der Kritiken der UN-Definition bietet Barth, Genozid, S. 19–29.

[13] Mit Blick auf NS-verfolgte Juden und deutsche Vertriebene wurde dieser wichtige Unterschied von Tony Judt mit der überpointierten, aber im Kern zutreffenden Bemerkung zum Ausdruck gebracht: „Die Vertriebenen waren lebendig und präsent, während ihre Opfer, vor allem Juden, fast alle tot waren." Vgl. Judt, Geschichte Europas, S. 43; ähnlich Brumlik, Wer Sturm sät, S. 88; doch auch die deutschen Vertriebenen hatten – wie fast alle hier behandelten Opfergruppen – viele Todesopfer zu beklagen; vgl. Kap. VI.6.

[14] Mulaj, Politics of Ethnic Cleansing, S. 4 f.; Nolte, Weltgeschichte des 20. Jahrhunderts, S. 342; Sémelin, Säubern und Vernichten, S. 254 und S. 380; die Unterscheidung bedeutet freilich nicht,

stellen, „dass die Opfer ethnischer Säuberungen oft Partei in einem länger anhaltenden Konflikt genommen oder sogar selbst Gewalt angewandt hatten".[15] Nicht jedes Opfer einer ethnischen „Säuberung" kann als schuldlos betrachtet werden. Diese Erkenntnis reift, wenn man Gewaltakte nicht isoliert betrachtet, sondern als Teil einer längerfristigen Gewaltspirale begreift, in der oft das Wechselspiel der Gewalt deutlich wird. Für das erwähnte Beispiel Ruanda bedeutet dies, dass die dortige Gewaltgeschichte nicht auf den Genozid von Hutu an Tutsi (und gemäßigten Hutu) im Jahre 1994 reduziert werden darf, sondern bis auf die Hutu-Revolution gegen die bis dahin regierenden Tutsi 1959/61 zurückgeführt werden muss, bei der viele Tutsi getötet wurden und 122 000 ins Nachbarland Burundi flüchteten. Außerdem muss die Konfliktzone räumlich ausgedehnt werden – auf die Nachbarländer Burundi, Uganda und Teile des Kongo (Zaire). Insbesondere ist die Gegenreaktion der in Burundi weiterregierenden Tutsi-Elite zu beachten, die ihre Minderheitsherrschaft mehrfach – 1972, 1988 und 1993 – durch mörderische „Pogrome" gegen die Bildungseliten der Hutu verteidigte. Allein 1972 sollen diesem Soziozid rund 200 000 Hutu und damit 5 Prozent der Bevölkerung Burundis zum Opfer gefallen sein. Auch der Genozid in Ruanda 1994 war mit einem ethnischen Bürgerkrieg in Burundi und mit der Invasion einer Tutsi-Miliz aus Uganda aufs Engste verknüpft.[16]

Der Terminus der ethnischen „Säuberung" verfügt aufgrund seiner globalen Verbreitung und seiner unterdessen erreichten völkerrechtlichen Qualität über den großen Vorteil internationaler Anschlussfähigkeit – ein Vorteil, der etwa dem deutschen Fachbegriff „Flucht und Vertreibung" eindeutig abgeht. Jüngst in Vorschlag gebrachte Alternativbegriffe wie „Zwangsentfernung" („forced removal") oder „Auslöschungspolitik" („eliminationism") oder „Massaker" sollten ebenfalls fallengelassen werden, da sie inhaltlich kaum Neues bringen und folglich nur Begriffsverwirrung erzeugen. Man mag den Terminus ethnische „Säuberung" als „unglücklich", da euphemistisch empfinden[17], aber er ist im globalen Gebrauch nach einer „Blitzkarriere" mittlerweile Standard.[18] Für die deutsche Diskussion

---

dass die Opfer von Genoziden „fast immer hilflos und unschuldig" sein müssen, wie Barth, Genozid, S. 55, unterstellt; auch hier gab es oft langfristige wechselseitige Gewaltgeschichten.

[15] Ther, Die dunkle Seite der Nationalstaaten, S. 17.

[16] Vgl. ausführlich: Mann, The Dark Side of Democracy, S. 430–444 und S. 470–473, und Levene, Genocide in the Age of the Nation State, Bd. 1, S. 74–76, Kiernan, Blood and Soil, S. 8 und S. 554–559, sowie die exzellente Studie von Strizek, Ruanda und Burundi von der Unabhängigkeit zum Staatszerfall, passim; ferner: Wimmer, Nationalist Exclusion and Ethnic Conflict, S. 111; Reinhard, Geschichte der europäischen Expansion, Bd. 4, S. 154.

[17] So etwa Goldhagen, Worse than War, S. 16, oder Shaw, What is Genocide?, S. 12.

[18] Zur Blitzkarriere: Brandes / Sundhaussen / Troebst / Kaiserová / Ruchniewicz, Vorwort, S. 7; zur Durchsetzung im Englischen: Ther, Die dunkle Seite der Nationalstaaten, S. 10; der von Bessel / Haake, Introduction, S. 4–6, favorisierte Terminus „forced removal" ist weitgehend eine Tautologie; der von Goldhagen, Worse than War, S. 14–16, propagierte „eliminationism" ist mit fünf Typen (Transformation, Repression, Vertreibung, Geburtenverhinderung, Ausrottung) zu breit definiert und umfasst die ganze Menschheitsgeschichte; zudem schwankt Goldhagen zwischen „Vertreibung" und „Deportation"; Sémelin, Säubern und Vernichten, S. 352–354, schlägt den Massakerbegriff vor, der jedoch die Modernität ethnischer „Säuberung" nicht erfasst; diese Unschärfe prägt auch den Oberbegriff „Genozid" bei Shaw, What is Genocide?

erscheint von Vorteil, dass sich mit diesem Begriff die verschiedenartigen Phänomene der Flucht, Vertreibung, Zwangsumsiedlung und Deportation bündig zusammenfassen lassen, die sonst mühsam aufzuzählen wären.[19] Ethnische „Säuberung" kann als Oberbegriff sogar den Genozid (als massenmörderischen Extremfall) einschließen.[20] Bei alledem sollte „Säuberung" jedoch distanzierend in Anführungszeichen gesetzt werden[21], wie auch ähnliche „Termini wie ‚Bevölkerungsaustausch', ‚Transfer', ‚Umsiedlung' oder ‚Repatriierung'" als „verharmlosende Quellenbegriffe" zu verstehen und entsprechend zu kennzeichnen sind.[22]

Unser Schlüsselbegriff ist als Übersetzung des serbokroatischen „etnicko ćišćenje" ab 1992 ins globale Bewusstsein getreten.[23] Er war schon in den 1980er Jahren unter Serben geläufig – freilich nicht zur Bezeichnung eigener Vertreibungsabsichten, sondern der Verdrängung von Serben durch die Mehrheit der Albaner in der Provinz Kosovo.[24] 1999 nutzte ihn US-Präsident Bill Clinton, um die umgekehrte serbische Vertreibung von Kosovo-Albanern zu stigmatisieren.[25] Auch den Sowjets wird die Begriffsschöpfung zugeschrieben – anlässlich des Versuchs der Azeri 1989, die armenische Bevölkerung der Kaukasusregion Nagorny-Karabach zu vertreiben.[26] Andere führen die Herkunft des „Säuberungs"-Begriffs schon auf den Zweiten Weltkrieg oder gar auf die antideutsche Politik Frankreichs in Elsass-Lothringen nach 1918 zurück[27], als die Pariser Regierung „einen offen rassistischen Angriff auf die Bürgerrechte der deutschsprachigen Elsässer" organisiert und „200 000 von ihnen einfach deportiert" hatte.[28] Man findet die „Säuberungs"-Terminologie in tschechischen, polnischen, deutschen und französischen Diskursen der ersten Hälfte des 20. Jahrhunderts.[29] Eine serbische Tradition soll bis zum Balkankrieg von 1912[30], wenn nicht gar ins frühe 19. Jahrhundert zurückreichen.[31] In der Sowjetunion der 1930er Jahre kam der Begriff „Grenzsäuberung" auf, der sich im Zweiten Weltkrieg auf die Deportation ethnischer Minderheiten ausweitete.[32] Bei der NS-Judenverfolgung war ebenfalls von „Säuberung"

---

[19] Diese Vierer-Typologie nun auch bei Ther, Die dunkle Seite der Nationalstaaten, S. 7f.; weniger differenziert die Unterscheidung von „Zwangsmigrationen" als „Vertreibungen" und „Deportationen" bei Ferrara / Pianciola, L' Età delle Migrazioni Forzate, S. 19.
[20] „Genozid" als Oberbegriff verficht demgegenüber Shaw, What is Genocide?, S. 4 und S. 56, da in jeder ethnischen „Säuberung" nicht nur Todesopfer, sondern auch Elemente der Zerstörung ethnischer Identität und der Zwangsassimilation greifbar seien.
[21] Shaw, What is Genocide, S. 53.
[22] Ther, Die dunkle Seite der Nationalstaaten, S. 8.
[23] Mulaj, Politics of Ethnic Cleansing, S. 4.
[24] Naimark, Flammender Hass, S. 10; Sémelin, Säubern und Vernichten, S. 50.
[25] Greenhill, Weapons of Mass Migration, S. 162.
[26] Shaw, What is Genocide?, S. 48f.
[27] Ther, Die dunkle Seite der Nationalstaaten, S. 10 und S. 18.
[28] Mazower, Hitlers Imperium, S. 48.
[29] Ther, The Spell of the Homogeneous Nation-State, S. 77.
[30] Shaw, What is Genocide?, S. 49.
[31] Judah, The Serbs, S. 75; demnach soll Vuk Karadžić mit „Säuberung" die Ermordung oder Vertreibung aller Muslime des 1806 „befreiten" Belgrad bezeichnet haben.
[32] Martin, Origins of Soviet Ethnic Cleansing.

die Rede.³³ Philipp Ther weist treffend darauf hin, dass sich der Begriff „Säuberung" in vielen Sprachen findet und daher nicht nur als osteuropäisches Phänomen, sondern als ein gesamteuropäischer Topos zu begreifen sei.³⁴

Die trotz alledem noch nicht systematisch erforschte Begriffsgeschichte verweist somit auf diverse Herkunftsstränge. Neben den Totalitarismen von links und rechts und den ihnen zugrunde liegenden älteren deutschen oder russischen Traditionen ist auch der demokratische „Westen" in den Blick zu nehmen, wie die Geschichte des „Bevölkerungstransfers" demonstriert, der laut Philipp Ther wesentlich auf „britische Diskurse" zurückgehen soll.³⁵ Diese Variante ethnischer „Säuberung" konnte vertraglich und damit scheinbar „ohne offene Gewalt vor sich gehen"³⁶, was ihr eine zweifelhafte „humanitäre" Legitimation verlieh. Bei näherem Hinsehen zeigt sich jedoch, dass bei keinem der zwanzig „freiwilligen Bevölkerungstransfers" zwischen 1913 und 1945 von echter Freiwilligkeit gesprochen werden kann, dass vielmehr alle Aktionen in Gewaltkontexten stattfanden. Die häufige Wechselseitigkeit dieser Transfers macht die Sache nicht besser, ebenso wenig wie das Auftreten internationaler „Sponsoren" – seien es Großmächte oder supranationale Organisationen.³⁷ Gleichwohl wurde mit solchen Mitteln zeitweilig überzeugend Legitimität erzeugt.

2. Modernität als Grundbedingung

Den meisten Zeitgenossen erschienen die ethnischen „Säuberungen" der 1990er Jahre – sei es in Jugoslawien, im Kaukasus oder in Ruanda – als unerklärlicher Rückfall in grausame Barbarei.³⁸ „Zivilisierte" Europäer hatten in ihrer Selbsteinschätzung mit solchen „Barbaren" wenig gemein. Dabei ist, wie Tzvetan Todorov gezeigt hat, weder die Gewaltpolitik des Terrorismus noch die der ethnischen „Säuberung" ohne unsere westliche Moderne denkbar.³⁹ Oder wie John Gray

---

[33] Kiernan, Blood and Soil, S. 440.
[34] Ther, Die dunkle Seite der Nationalstaaten, S. 10 f.; bis vor drei Jahrzehnten sei der Begriff ohne das Adjektiv „ethnisch" ausgekommen, weil er stets selbstverständlich gegen „nationale Minderheiten" gerichtet worden sei.
[35] Ebenda, S. 264; Ther glaubt, dass dieser von den Briten ab 1937 eingeführte Terminus den bisher als wechselseitig konzipierten „Bevölkerungsaustausch" durch einen einseitigen Minderheiten-Transfer verdrängt habe und dass „dieser Paradigmenwechsel eine Einschränkung und zugleich eine Entgrenzung" gewesen sei; freilich übersieht Ther, dass es bereits im ganzen 19. Jahrhundert – sei es auf dem Balkan, im Kaukasus oder in Übersee – eine Politik einseitiger Vertreibung oder Zwangsumsiedlung gab, die teilweise – etwa im Falle der Muslime Griechenlands um 1830 – von Großmächten wie Großbritannien mitgetragen worden ist.
[36] Sémelin, Säubern und Vernichten, S. 126.
[37] Shaw, What is Genocide?, S. 59 und S. 60 f.
[38] Sheehan, Kontinent der Gewalt, S. 242; zum Konnex von imperialer Raum-Konstruktion und abgrenzendem „Barbarendiskurs": Münkler, Imperien, S. 150 und S. 156 f.
[39] Todorov, Die Angst vor den Barbaren, S. 28–42, S. 117–127 und S. 136–141; Ther, Die dunkle Seite der Nationalstaaten, S. 37.

ingeniös bemerkte: „Es gibt viele Arten, modern zu sein, und einige davon sind monströs."⁴⁰

Die Konzepte von Nation, Nationalismus, Nationalstaat, Gleichheit, Homogenität, wissenschaftlicher Planung zur Gesellschaftsveränderung – sie waren von Anfang an Bestandteile des Denkstils unserer Moderne. Das gilt ebenso vom Politikkonzept ethnischer „Säuberung". Göran Therborn hat die moderne Geschichte Europas als Abfolge kontinentaler *Bürgerkriege* zwischen doktrinären Ideologien beschrieben – „vom Legitimismus und Absolutismus über den Nationalismus, Ultramontanismus und Liberalismus bis zum Sozialismus und Kommunismus". Ergebnisse dieser Kriege seien das moderne europäische Rechtssystem, der Säkularismus, die Bürgerrechte, aber eben auch die modernen Konzepte zur Zwangshomogenisierung von Gesellschaften gewesen. In den außereuropäischen Siedlungskolonien Europas sei die „Rasse" zum Unterscheidungsmerkmal dieser Neuordnung geworden, in Europa eher die „Nation". Das auf dieser Basis geschaffene „heutige Europa" sei „weniger als 200 Jahre alt", es bestehe eigentlich erst seit den serbischen und griechischen Aufständen von 1804 und 1821 – und damit seit dem Übergreifen des modernen Nationalismus aus West- und Mitteleuropa auf den Osten des Kontinents. Dieser Siegeszug des Nationalstaats habe „einen enormen Prozeß ethnischer Homogenisierung" ausgelöst – am deutlichsten wieder in Osteuropa, wo von fünfzehn Hauptstädten vor 130 Jahren lediglich ganze drei (Ljubljana, Warschau, Zagreb) schon eine Bevölkerungsmehrheit gehabt hätten, die ethnokulturell der heutigen entspreche.⁴¹ Auch Miroslav Hroch betont, gerade in Osteuropa sei der Nationalismus eng verbunden gewesen „mit dem Kampf um politische Modernisierung und mit der Überwindung der alten Legitimitäten".⁴²

Die Entstehung ethnisch homogener Staaten war keine natürliche und schon gar keine friedliche Entwicklung, sondern ein gewalttätiger und noch heute nicht abgeschlossener Prozess.⁴³ Zu Beginn des 19. Jahrhunderts gab es in Europa zwar schon „einige Nationalstaaten mit ethnisch verhältnismäßig homogener Bevölkerung und einheitlicher Nationalkultur", zu denen man Frankreich, die Niederlande, Schweden, Portugal und Spanien rechnen kann – unbeschadet der Kolonialimperien dieser Staaten. Doch dominierten damals in Europa fünf bis sechs „multiethnische Imperien", davon drei – Großbritannien, Dänemark und Preußen – mit einer „hoch entwickelte[n] Nationalkultur", drei weitere – Österreich, das Osmanische Reich und Russland – mit einem „ausgeprägt multikulturellen Charakter".⁴⁴ Die drei Imperien Osteuropas wurden nicht von Vielvölker-Demokratien abgelöst, sondern von monoethnisch definierten Nationalstaaten, deren Widerspruch zu ihrer multiethnischen Bevölkerungsstruktur Demokratiedefizite

---

⁴⁰ Gray, Die Geburt al-Qaidas aus dem Geist der Moderne, S. 12.
⁴¹ Therborn, Die Gesellschaften Europas 1945-2000, S. 16, 19 f., S. 31, S. 37, S. 45 und S. 55 f.
⁴² Hroch, Das Europa der Nationen, S. 43.
⁴³ Burbank / Cooper, Empires in World History, S. 431.
⁴⁴ Hroch, Das Europa der Nationen, S. 43; dabei hatten die westlichen Nationalstaaten ihre Homogenität oft durch forcierte Assimilierungspolitik durchgesetzt; ebenda, S. 66 f.

generierte.⁴⁵ Das Schwanken zwischen Minderheitenschutz, Zwangsassimilation, Separatismus und Vertreibung war die Folge dieser labilen Situation.

Dennoch ist für unser Thema keineswegs allein die Zerfallsphase der osteuropäischen Imperien zwischen 1912 und 1922 in den Blick zu nehmen, sondern auch deren krisenhafte Transformation in den Jahrzehnten zuvor.⁴⁶ Längst vor ihrem Zerfall durch Überlastung im Ersten Weltkrieg⁴⁷ heizten die drei östlichen Imperien und außerdem das Deutsche Reich (das nie recht wusste, ob es nun „Reich" oder Nationalstaat sein wollte⁴⁸) ethnische Konflikte untereinander an, indem sie mittels „völkischer" Ideologien um die Loyalität ethnischer Minderheiten kämpften.⁴⁹ Insofern sind „ethnische Säuberungen" zwar überwiegend, aber nicht ausschließlich „ein Kind des Nationalstaates". Sie sind vor allem Folge konkurrierender Nationalismen, die bereits die Vielvölker-Imperien umformten. Auf jeden Fall aber sind diese Gewalt-Politiken „ein zentraler Bestandteil der europäischen Moderne".⁵⁰

Unsere Konzentration auf *moderne* ethnische „Säuberungen" bedeutet nicht, dass es vor dieser „Moderne" keine ethnische „Säuberung" gegeben hätte. Es gab zumindest Übergangsphänomene. Die Ausweisung getaufter Muslime aus Spanien im frühen 17. Jahrhundert, die alte religiöse Exklusionsmuster mit neuartigen ethnisch-rassistischen Mustern verknüpfte, war ein Prototyp.⁵¹ Zwar schritt nicht nur der frühneuzeitliche spanische Staat aus „christliche[r] Intoleranz" zur Exklusion religiöser Minderheiten, dasselbe beobachtet man in Frankreich oder im von den Habsburgern zurückeroberten Ungarn des 17. Jahrhunderts.⁵² Doch als der spanische König Felipe III. im Jahre 1609 300 000 längst katholisch getaufte ehemalige Muslime des Landes verweisen ließ, handelte es sich um mehr als bloße religiöse Exklusion.⁵³ Zwar zeigt sich auch hier die mittelalterliche inquisitorische Suche nach Häretikern⁵⁴; zugleich aber wurde keine Assimilation (Taufe) mehr angeboten, sondern vielmehr gegen bereits Getaufte eine neue Mischform ethnoreligiöser „Säuberung" praktiziert.⁵⁵ Dergleichen findet sich auch im frühneuzeitlichen Litauen und in Irland⁵⁶, um später in der globalisierten Moderne immer wieder aufzutauchen – auf dem Balkan, in der Türkei, in Indien und Pakistan, bis heute.

---

⁴⁵ Clark, Twice a Stranger, S. 4.
⁴⁶ Roshwald, Ethnic Nationalism and the Fall of Empires, S. 7–33.
⁴⁷ Ebenda, S. 70–115.
⁴⁸ Winkler, Der lange Weg nach Westen, Bd. 1, S. 552–555.
⁴⁹ Miller, Comparing Contiguous Empires, S. 20 und S. 27.
⁵⁰ Die kritisch kommentierten Zitate bei Ther, Die dunkle Seite der Nationalstaaten, S. 7.
⁵¹ Mann, The Dark Side of Democracy, S. 45 und S. 47.
⁵² Ther, Die dunkle Seite der Nationalstaaten, S. 58–64, der auf die Kontinuitätslinie zu den Muslimenvertreibungen Südosteuropas im 19. und 20. Jahrhundert hinweist.
⁵³ So jedoch Nolte, Weltgeschichte, S. 204, S. 207 f. und S. 212.
⁵⁴ Das religiöse Vertreibungsmotiv betonen Burbank / Cooper, Empires in World History, S. 119–121; Nolte, Weltgeschichte, S. 207 f.
⁵⁵ Rae, State Identities and the Homogenisation of Peoples, S. 5, S. 72, S. 75 und S. 80; nun ähnlich Ferrara / Pianciola, L' Età delle Migrazioni Forzate, S. 25 f.
⁵⁶ Mann, The Dark Side of Democracy, S. 49 und S. 52.

Nicht nur das spanische, auch das irische Beispiel demonstriert, dass Ethnokonflikte nicht nur Osteuropa prägten. Einen „Verteidigungskrieg gegen die nationalen Ideen" führten in Europa zwischen 1848 und 1918/19 nicht nur die Vielvölker-Imperien des Ostens, sondern – wie ein Wiener Beobachter 1885 treffend bemerkte – auch das Britische Imperium in Irland[57], wo nationalistische Terroristen mit gemäßigten Autonomisten wetteiferten und die britische Öffentlichkeit über Für und Wider einer Autonomielösung („Home Rule") in heftige Konflikte geriet.[58] Nicht zufällig legte der liberale Premierminister William Gladstone, als er 1885 diese Autonomielösung für Irland anstrebte, die ihn „etwas an den österreichisch-ungarischen Ausgleich von 1867 erinnerte", großes „Gewicht darauf, die Meinung des Grafen Beust, der das Kompromiß von 1867 als [österreichischer] Reichskanzler in die Wege geleitet hatte, über seine Vorschläge für die irische Home Rule kennenzulernen". Offenbar hat Beust dem Projekt Gladstones „die gewünschte schriftliche Billigung" erteilt.[59] Allerdings waren die Kenntnisse des Briten über den österreichisch-ungarischen Ausgleich oberflächlich, denn Gladstone strebte keineswegs jene dualistische Realunion an, wie sie zwischen Österreich und Ungarn damals bestand. Sehr viel näher kamen Gladstones Irland-Projekt das ungleiche Autonomieverhältnis Kroatiens innerhalb Ungarns oder die faktische Autonomie des polnisch regierten Galizien im habsburgischen Österreich, wovon Gladstone jedoch nichts wusste.[60] Irische Nationalisten, sofern sie nicht von vornherein die Unabhängigkeit anstrebten, dachten nicht an das ferne Habsburgerreich, sondern eher an sich selbst verwaltende überseeische Dominions des Britischen Empire wie Kanada, Australien oder Neuseeland als Vorbilder, obschon deren faktische Eigenständigkeit Gladstone viel zu weit ging.[61] Während es dem Habsburgerreich zwischen 1867 und 1918 gelang, seine Nationalitätenkonflikte nicht in offenen Bürgerkrieg münden zu lassen, entwickelte sich der britisch-irische Konflikt, der infolge britischer Blockaden keine Autonomielösung erlebte, im Ersten Weltkrieg zunächst zur Revolte, dann zum blutigen Bürgerkrieg.[62] Erst nach 1920 akzeptierte London die irische Unabhängigkeit, wobei das ausgeklammerte Nordirland-Problem jahrzehntelang virulent blieb und erst in unseren Tagen eine tragfähige Autonomielösung gefunden zu haben scheint. Nordirland blieb Bestandteil Großbritanniens, da die britischen Politiker die protestantische Minderheit in Irland, die um 1920 25 Prozent der Bevölkerung ausmachte und überwiegend im Norden lebte, nicht der nationalistischen Mehrheitsherrschaft des neuen Freistaates in Dublin ausliefern wollten; stattdessen wurde das katholisch-irische Bevölkerungsdrittel Nordirlands zur diskriminierten Minderheit dieser Provinz. Zuvor hatte die Furcht der Protestanten, unter irisch-katholische Dominanz zu geraten, jede Home-Rule-Regelung zwischen

---

[57] Kremer, Die Nationalitätsidee und der Staat, S. IX f.
[58] McCaffrey, The Irish Question, S. 93–101.
[59] Dumba, Dreibund- und Entente-Politik in der Alten und Neuen Welt, S. 14 f.
[60] Shannon, Gladstone: Heroic Minister 1865–1898, S. 372 f., S. 378 und S. 472 f.
[61] Ebenda, S. 369 f.
[62] Macartney, National States and National Minorities, S. 154.

1885 und 1914 ausgebremst. Doch auch die irischen Nationalisten wurden intoleranter; bis 1914 waren viele der Überzeugung, dass nur noch eine revolutionäre Vertreibung aller Briten aus Irland die Lösung sei.[63]

Doch zurück zum generellen Übergang von der religiösen zur ethnischen „Säuberung". Seit die Religion im 19. Jahrhundert als Basis gesellschaftlicher Einheitsvorstellungen nicht mehr unbestritten war, wurde tendenziell ein „modernes" nationales Prinzip zum neuen Ordnungsmuster, das bis 1945 auch mit rassistischen Vorstellungen fusionierte.[64] Das Neuartige an den Vertreibungen des 20. Jahrhunderts gegenüber religiös motivierten war, dass sie als Instrument zur gewaltsamen „Homogenisierung" von *Völkern* und „national" formierten Gesellschaften dienten.[65] Andrew Bell-Fialkoff und Emma Haddad verweisen auf Verbindungslinien zwischen den älteren religiösen und den neuen ethnischen „Säuberungen". Das im Religionsfrieden von Augsburg 1555 für Deutschland festgelegte Prinzip des „cuius regio eius religio", wonach jeder einen Staat zu verlassen hatte, der das religiöse Bekenntnis seines Herrschers nicht akzeptierte, strahlte nicht nur auf andere westeuropäische Länder aus, sondern wurde in der Moderne des 19. und 20. Jahrhunderts in das Prinzip „cuius regio eius natio" transformiert.[66] Freilich zeigt das Vertreibungsschicksal der Mormonen im amerikanischen Missouri 1838, dass religiös motivierte Vertreibung auch unter modernen Bedingungen selbst in Demokratien fortlebte – zur selben Zeit, als 1834 in den USA das Indianer-„Reservat" als Instrument ethnischer „Säuberung" erfunden wurde.[67]

Michael Hanagan hat gezeigt, wie die Vorstellung, moderne Staatlichkeit bedürfe einer einheitlichen Kultur und Sprache des Staatsvolkes, im Laufe des 19. Jahrhunderts mit der in der Französischen Revolution entwickelten Konzeption der politischen Partizipation des Volkes verschmolzen sei. Der moderne Ethnonationalismus hat somit zugleich *emanzipative und repressive* Seiten. Die „dunkle und mörderische Seite" wird laut Hanagan in den „sich beschleunigenden Wellen von ethnischer Säuberung und Genozid" sichtbar: „Auch diese grauenhaften Taten resultieren aus dem Vermächtnis der Französischen Revolution und der Umwandlung ihrer Ideale in der nachrevolutionären Zeit." Zuerst habe „diese neue nationalistische Mischung" durch „rigiden „Assimilationismus" eine homogene Nation zu schaffen versucht, bevor der Erste Weltkrieg zum „Wendepunkt" geworden sei, „an dem sich die Nationalisten mörderischer Gewalt zuwandten". Die daraus resultierenden Massentötungen und Zwangsmigrationen unterschieden sich deutlich von ähnlichen Phänomenen vor 1789.[68]

---

[63] McCaffrey, The Irish Question, S. 100, S. 120, S. 126 und S. 156f.; ferner: O'Day, Irish Home Rule, 1867–1921, sowie Jackson, Home Rule; zu Ansätzen ethnischer „Säuberung" infolge der Teilung 1921/22: Ther, Die dunkle Seite der Nationalstaaten, S. 45.
[64] Rae, State Identities and the Homogenisation of Peoples, S. 1 und S. 51f.
[65] Nolte, Weltgeschichte des 20. Jahrhunderts, S. 337.
[66] Bell-Fialkoff, Ethnic Cleansing, S. 16, S. 54 und S. 281; Haddad, The Refugee in International Society, S. 49.
[67] Everdell, The First Moderns, S. 123.
[68] Hanagan, Gewalt und die Entstehung von Staaten, S. 170–172.

Sobald die modernen demokratischen Revolutionen im späten 18. Jahrhundert das in der „Frühen Neuzeit" dominierende Modell religiöser „Säuberung" ablösten, wurde auch politische Illoyalität zur Ursache für Vertreibung. Schon die amerikanische Unabhängigkeitserklärung von 1776 schloss als neues Staatsvolk nur jene Bewohner ein, welche die Sezession von der britischen Krone unterstützten. Diejenigen, die loyal zum König hielten, wurden hingegen zu Hochverrätern erklärt, enteignet und vertrieben.[69] Diese „Loyalisten" wurden von der britischen Regierung, zum Teil mit ihren Sklaven, in anderen britischen Kolonien von Kanada bis Australien angesiedelt.[70] Ihre Ländereien in den USA wurden von der revolutionär-demokratischen Obrigkeit enteignet und umverteilt.[71] Dieses Grundmuster schien sich gegen Ende des US-Bürgerkrieges 1864/65 zu wiederholen, als US-General William Sherman plante, die weiße Bevölkerung der „Südstaaten" wegen ihrer sezessionistischen Illoyalität zu enteignen und zu deportieren.[72] Das Grundmuster der Unterstellung politischer Illoyalität – etwa der Vorwurf, eine „fünfte Kolonne" für auswärtige Feinde gewesen zu sein – kehrte im 20. Jahrhundert immer wieder und verknüpfte sich mit ethnischen oder ethnoreligiösen Exklusionsmustern.

Ausgrenzung und Vertreibung in Form politisch motivierter „Säuberung" prägten auch die Geschichte des revolutionären Frankreich ab 1789. Die Konstituierung der „citoyens" (der politischen Bürger) ging von Anfang an mit Exklusion einher. Zur „Nation" gehörten nicht alle Einwohner Frankreichs, denn „alle Feinde und vor allem die Aristokraten" wurden „nicht als zum Volk gehörig betrachtet". Schon die gemäßigt-revolutionäre Bourgeoisie hatte „sehr frühzeitig" die „von ihr Ausgeschlossenen benannt" – arme „Passivbürger" einerseits, die durch ihre antirevolutionäre Haltung „von selbst ausgeschlossenen Aristokraten andererseits". Ab 1791/92 kam es zu einer „Ausweitung und Präzisierung des Kreises der Ausgestoßenen". Das „Volk" erweiterte sich durch Verallgemeinerung des Wahlrechts, zugleich aber reduzierte sich der Citoyen auf den radikal-kleinbürgerlichen Sansculotten.[73]

Edward H. Carr formulierte 1945 die Überzeugung, dass die moderne ethnische „Säuberung" eine Folge von 1789 sei. Unter Berufung auf den vor Hitler geflüchteten deutsch-jüdischen Publizisten Friedrich Hertz betonte der britische Historiker, Pläne ethnischer „Säuberung" seien erstmals von den revolutionären Nationalisten Frankreichs entworfen worden. So habe der Robespierre-Gefolgsmann Louis Antoine de Saint-Just 1794 die Massendeportation aller Elsässer, die nicht Französisch sprächen, gefordert und die Ansiedlung erprobter französischer Revolutionäre auf dem Landbesitz dieser „Verräter" geplant. Solche „Säuberungs"-

---

[69] Zwar sah der Friedensvertrag von Paris 1783 Kompensationen für die Eigentumsverluste dieser 100 000 britischen Untertanen vor, doch einigten sich die Vertragsparteien elf Jahre später auf sehr niedrige Summen; vgl. Fahrmeir, Citizenship, S. 28 und S. 32.
[70] Zu Australien: Hoerder, Cultures in Contact, S. 231.
[71] Hicks, A Short History of American Democracy, S. 103.
[72] Tooley, „All the People are now Guerillas", S. 365.
[73] Vovelle, Die Französische Revolution, S. 112 f.

Konzepte wurden laut Carr nach dem Ersten Weltkrieg wiederbelebt und erstmals in die Tat umgesetzt. Gegen Ende des Zweiten Weltkriegs sei die Annexion feindlichen Territoriums desto bereitwilliger akzeptiert worden, je stärker sie mit der Deportation von dessen Bevölkerung verbunden gewesen sei. Dies sei vielleicht nicht der barbarischste Akt der Menschheitsgeschichte, wohl aber die deutlichste Übersteigerung der Nation als Selbstzweck – mit der massenhaften Opferung von Menschen für den modernen Götzen Nationalismus.[74]

Donald Bloxhams Mahnung, man solle nicht allzu scharf zwischen moderner und vormoderner ethnischer Gewalt unterscheiden, da auch traditionelle Eliten solche Gewalt geübt hätten, wie das Vorgehen der Osmanen gegen Armenier oder des Zarismus gegen Polen, Juden und Deutsche im Ersten Weltkrieg zeige[75], erscheint demgegenüber nicht stichhaltig. Bloxhams Beispiele verweisen nämlich auf die *Transformation* traditionaler zu moderner Herrschaft, auf den Wandel von imperialen zu ethnonationalistischen Identitäten und Praktiken, der ohne die moderne Nationalisierung der Politik undenkbar gewesen wäre.[76] Obwohl auch die alten Imperien über Strategien der Deportation oder Vertreibung verfügten[77], war die Deportationspolitik der Jungtürken und des zaristischen Regimes im Ersten Weltkrieg doch ethnonationalistisch motiviert und damit modern. Auch waren die Träger dieser Deportationen keine vormodernen Eliten, sondern modern ausgebildete zivile oder militärische Bürokraten, die in all diesen Imperien schon vor 1914 die Nationalisierung der Peripherien vorantrieben.[78] Ihr Ziel war Modernisierung durch Zwangshomogenisierung – und wer so handelte, befand sich längst auf dem Weg „vom Imperium zum Nicht-Imperium".[79]

Man hat als Kennzeichen moderner ethnischer „Säuberung" deren „Totalität und Systematik" benannt.[80] In der Tat waren die Zwangsmigrationen des 19. und 20. Jahrhunderts ohne die „modernen" Apparate der Verwaltung, des Verkehrswesens und des justiziell-polizeilich-bürokratischen Zwanges undenkbar. Die stetige Verbesserung moderner Machtmittel erhöhte die Durchschlagskraft von „Säuberungs"-Politik und damit deren Opferzahlen. Moderne Zwangsmigrationen wurden laut Johanna de Groot durch neue Formen praktischer Autorität geprägt – durch Politiken der Grenzziehung und offizielle Identitäten, durch koloniale Verwaltungen und Siedlungsprogramme. Diese modernen Instrumentarien wurden primär von Regierungen und Eliten genutzt, jedoch auch von dissidenten oder unterdrückten Gruppen der Gesellschaft. Die große Rolle staatlicher Macht bei allen wichtigen modernen ethnischen „Säuberungen" ist evident – bei den Bal-

---

[74] Carr, Nationalism and After, S. 8f. und S. 33f.; der Jakobiner-Hinweis bei Hertz, Nationalgeist und Politik, S. 156, bzw. Hertz, Nationality in History and Politics, S. 86; ähnlich neuerdings: Lachenicht, Information und Propaganda, S. 216f.
[75] Bloxham, The Great Unweaving, S. 172.
[76] Rudolph / Good, Nationalism and Empire; Barkey / von Hagen, After Empire; Burton, After the Imperial Turn.
[77] Barkey, Empire of Difference, S. 21.
[78] Berger / Miller, Nation-Building and Regional Integration, S. 323.
[79] Barkey, Empire of Difference, S. 277.
[80] Ther, Die dunkle Seite der Nationalstaaten, S. 13.

kankriegen von 1912/13 ebenso wie bei den europäischen Grenzziehungen von 1918/19 und 1945 oder bei den Teilungen Palästinas und Indiens 1947/48. Ein Element dieser Dominanz der Politik ist die wachsende Rolle internationaler Regulierung durch Verträge und supranationale Instanzen – von Versailles 1919 über Potsdam 1945 bis zu den Vereinten Nationen und der wiederkehrenden Rolle von Großmächte-Gruppierungen als Konfliktmanager von Zwangsmigration.[81]

Emma Haddad betont in dieser Hinsicht die Wechselbeziehung zwischen moderner Nationalstaatlichkeit und der modernen Figur des Flüchtlings. Dieser sei seit 1789 als der „Andere", potenziell für den Staat Bedrohliche ins Spiel gekommen. Vormoderner Zwangsmigration habe es noch an Regulierung (durch Staatsbürger-, Ausländer- oder Fremdenrecht) und an internationaler Kooperation gefehlt. Der Flüchtling sei daher ebenso ein „modernes Phänomen" wie die nationalen Minderheitenrechte, die aus religiösen Minderheitenrechten entwickelt worden seien – vom Wiener Kongress 1814/15 über den Berliner Kongress 1878 bis zum Völkerbund 1919/20. Der moderne Staat mit seiner Konzeption ethnischer Homogenität habe seither Außenseitern nur noch Assimilation oder Elimination zu bieten, während die internationale Sicherheit zwischen den Staaten durch Transfers von Minderheiten oder durch völkerrechtlichen Minderheitenschutz gewährleistet werde.[82]

Die gewaltsamen „Ausbrüche" des „ethnisch motivierten Nationalismus" in den letzten Jahrhunderten, bis hin zu „Ethnozide[n]", haben somit „viel mit der seltsamen inneren Reziprozität zweier Kategorien der liberalen Gesellschaftstheorie zu tun: der von ‚Mehrheit' und ‚Minderheit' nämlich". Laut Arjun Appadurai entstand dieser moderne Gegensatz überall dort, „wo die demokratischen Revolutionen des 18. Jahrhunderts erfolgreich waren, so auch in den Satellitenräumen der kolonialen Welt". Diese Binarität definierte sich entlang der neuen demokratischen Institutionen „Repräsentation und Wahlrecht" und manifestierte sich mittels moderner Statistik, Volkszählungen und Bevölkerungskartographie. Die Tendenz der Mehrheiten zur Exklusion von Minderheiten hängt laut Appadurai damit zusammen, dass keine Minderheit ‚natürlich' entstanden, sondern stets „unter den besonderen Bedingungen einer jeden Nation bzw. eines jeden Nationalismus produziert" worden sei. Daher riefen die Minderheiten innerhalb der ethnonationalen Mehrheiten „oft [...] unwillkürlich die Gewaltakte in Erinnerung, aus denen existierende Staaten hervorgingen", nicht zuletzt „die im Zuge neuer Staatsgründungen erfolgten gewaltsamen Vertreibungen".[83]

Mit spätantiken oder mittelalterlichen Wanderungsbewegungen haben diese modernen „Säuberungen" daher nur noch wenig gemein; sie trennt ein *Konzept*

---

[81] Groot, Comparing Forced Removals, S. 418f. und S. 427f.
[82] Haddad, The Refugee in International Society, S. 53, S. 57f., S. 62f., S. 72 und S. 90–92; Wimmer, Nationalist Exclusion and Ethnic Conflict, S. 123f. und S. 166; zur Französisch-Amerikanischen Revolutionsparallele: Sémelin, Säubern und Vernichten, S. 48.
[83] Appadurai, Die Geographie des Zorns, S. 21 und S. 56f.

rationaler Planung und Steuerung. Moderne ethnische „Säuberungen" unterscheiden sich von ihren vormodern-„anarchischen" Vorläufern durch organisiert „säubernde" Bevölkerungspolitik auf wissenschaftlicher Basis.[84] Die Modernität war nicht nur im enorm gesteigerten Ausmaß einer „Säuberung", sondern vor allem in ihrer neuartigen Konzeption begründet, eine sozialtechnologisch geplante Umwälzung einer Gesellschaft durch gezielte Entfernung bestimmter Gruppen von Menschen zu organisieren.[85] Nicht erst die modernen Nationalstaaten oder die totalitären Diktaturen des 20. Jahrhunderts begannen mit solcher Bevölkerungspolitik, bereits die strukturell gefährdeten und sich deshalb modernisierenden dynastischen Vielvölker-Imperien des 19. Jahrhunderts leisteten hierin Pionierarbeit.[86] Laut Zygmunt Bauman ist der moderne Völkermord im Unterschied zu vormodernen Vorläufern „kein unkontrollierter Gefühlsausbruch und kaum jemals ein absichtsloser, völlig irrationaler Akt", sondern, „ganz im Gegenteil, eine Übung in Sozialtechnologie". Nicht nur für Genozide, sondern für sämtliche Formen ethnischer „Säuberung" gilt Baumans Beobachtung, erst die Vermischung des „Ressentiments gegen den ‚Anderen'" mit dem „Selbstvertrauen des Gärtners" wirke „wahrhaft explosiv".[87] Schon 1919 nutzte der britische Geograph Halford Mackinder diese Metapher vom „Landschaftsgärtner der Zivilisation", um sein Plädoyer für rationale ethnische „Säuberung" in den Konfliktzonen Europas zu krönen.[88] Michael Wildt hat unlängst Foucaults Konzept der Biopolitik ins Spiel gebracht, um die Modernität ethnischer „Säuberungen" zu erfassen – als neuartiges „Machtregime in Europa", bei dem „der Rassismus ein grundlegender Mechanismus der Macht" geworden sei und „mörderische Politiken der Segregation und Ausmerzung die vormaligen Assimilationsprojekte" abgelöst hätten. Alle als „fremd" definierten Gruppen hätten sich „mit einem inferioren Status in den markierten Räumen zufriedengeben oder das Land verlassen" müssen.[89] Mark Levene hat auf dieser Basis drei Typen völkermordender Staaten unterschieden: Europäische Kolonialmächte und Siedlungskolonien gegenüber vermeintlichen „Wilden"; sich etablierende Nationalstaaten gegen dissidente Bevölkerungsgruppen (nach dem Muster der revolutionären Französischen Republik); aufstrebend-expandierende oder absteigend-defensive Imperien gegen rebellierende Ethnien.[90]

Das Verbindende der vielen Einzelfälle ist ihre Modernität – als *Folge von Verwestlichung* und nicht etwa von „Barbarei" oder „Rückständigkeit". Michael Mann begreift die ethnischen „Säuberungen" der letzten beiden Jahrhunderte als zentrales Problem unserer Konzepte des Fortschritts – und nicht zuletzt der konflikt-

---

[84] Wildt, Biopolitik, ethnische Säuberungen und Volkssouveränität; Ther, Die dunkle Seite der Nationalstaaten, S. 14.
[85] Mulaj, Politics of Ethnic Cleansing, S. 2.
[86] Bloxham / Moses, Genocide and Ethnic Cleansing, S. 90f.
[87] Bauman, Moderne und Ambivalenz, S. 52 und S. 55.
[88] Mackinder, Democratic Ideals and Reality, S. 86.
[89] Wildt, Biopolitik, ethnische Säuberungen und Volkssouveränität, S. 92, S. 94f. und S. 101f.; die Definition von „Bio-Politik" bei Foucault, Der Wille zum Wissen, S. 165.
[90] Levene, Genocide in the Age of the Nation State, Bd. 2.

reichen Demokratisierung unserer Gesellschaften.[91] Während Daniel Goldhagen zu Unrecht glaubt, die Vertreibung der Deutschen durch die tschechoslowakische Demokratie 1945 sei ein seltener Fall, da eliminatorische Verbrechen primär von Diktaturen begangen würden[92], ist ethnische „Säuberung" für Michael Mann die „dunkle Seite" unserer Massendemokratie, sei sie liberaler oder sozialistischer Prägung[93] – eine Analogie zu Naimarks Beobachtung der parallelen Ausformung moderner Staatlichkeit als ethnisch „säubernder" Staat und als Wohlfahrtsstaat.[94] Noch deutlicher hat Mark Levene die moderne Tendenz zum Genozid (der bei ihm alle Formen ethnischer „Säuberung" einschließt) mit der revolutionär-nationalistischen Umgestaltung von Gesellschaften in Verbindung gebracht: Jene Staaten hätten im 17. und 18. Jahrhundert zuerst Völkermorde begangen, die sich am stärksten nationalistisch modernisiert hätten – Großbritannien in Irland und seinen Kolonien, die USA mit ihren Indianermassakern und das revolutionäre Frankreich mit seiner proto-genozidalen Kriegführung gegen Konterrevolutionäre in der Vendée. Dieses ab 1789 entwickelte westliche Modell „modernen Fortschritts", nationalistischen Staatsaufbau mit gewaltsam-genozidalem „Zuschnitt" der Gesellschaft zu verbinden, sei im 19. und 20. Jahrhundert global nachgeahmt worden. Für Levene stehen sämtliche Massenmorde der modernen Geschichte in einem Wirkzusammenhang.[95]

Arjun Appadurai betrachtet Völkermord und ethnische „Säuberungen" hingegen primär als „pathologische Elemente im Kern der heiligen Ideologie der Nation und der nationalen Identität", betont jedoch ebenfalls, dass nicht nur totalitäre Diktaturen, sondern „auch liberaldemokratische Gesellschaften sowie Staaten mit Mischverfassungen" sehr „empfänglich" seien „für den Einfluß majoritärer Kräfte" zur Ausgrenzung von zurechtdefinierten Minderheiten und die daraus folgenden „kulturell motivierte[n] kollektive[n] Gewaltakte". Diese Disposition zu ethnischer „Säuberung" sei allen Nationalstaaten inhärent, komme jedoch nur dort zum Ausbruch, wo die akute Verunsicherung einer Gesellschaft hinzutrete.[96]

Es waren freilich nicht nur Nationalstaaten, die diese ethnische Gewaltpolitik generierten, sondern auch sich nationalisierende und damit innenpolitisch polarisierende Imperien. Insofern ist es nicht treffsicher genug, mit Blick auf ethnische „Säuberungen" lediglich „die dunkle Seite der Nationalstaaten" zu betonen.[97] Die rassistische Ethnogewalt des NS-Regimes lässt sich ebenso wenig als nationalstaatliche Kategorie beschreiben wie die ethnischen Deportationen in Stalins UdSSR. Eugen Lemberg hat daher schon 1950 die „demokratische[n] National-

---

[91] Mann, The Dark Side of Democracy, S. 502.
[92] Goldhagen, Worse than War, S. 204.
[93] Mann, The Dark Side of Democracy, S. 502 und S. 522.
[94] Naimark, Flammender Hass, S. 17f.
[95] Levene, Why is the 20th Century the Century of Genocide?, S. 305–336; Levene, Genocide in the Age of the Nation State, Bd. 1, S. 19 und S. 178; Levene, Genocide in the Age of the Nation State, Bd. 2, S. 207f.; das Gegenargument, nicht alle Nationalstaaten gründeten auf Genozid, bei Sémelin, Säubern und Vernichten, S. 127.
[96] Appadurai, Die Geographie des Zorns, S. 13f., S. 17 und S. 21.
[97] Vgl. neuerdings Ther, Die dunkle Seite der Nationalstaaten, passim.

staaten" nur als Ausschnitt einer umfassenderen „Nationalitätenfrage" im Zeitalter des „integralen Nationalismus" begriffen.[98]

Jacques Sémelin hat gegen Michael Manns These vom Zusammenhang zwischen ethnischer „Säuberung" und Demokratie eingewendet, man könne Balkanstaaten wie Serbien, Rumänien, Bulgarien oder Griechenland, die im 19. Jahrhundert die ethnische „Säuberung" von Muslimen ins Werk setzten, „nicht unbedingt als ‚demokratisch' bezeichnen". Folglich seien die von solchen Staaten ausgelösten Zwangsmigrationen „nicht auf die Entstehung von Demokratien, sondern ganz allgemein auf die Herausbildung von Nationalstaaten zurückzuführen".[99] Dieser Einwand übersieht die verfassungsrechtliche (wenn auch praktisch meist manipulierte) demokratische Partizipation bäuerlicher Schichten in den meisten Balkanstaaten, die mit Ausnahme des feudalen Rumänien vor 1918 über ein demokratischeres Wahlrecht verfügten als etwa Großbritannien. Auch dominierende politische Führer – Regierungschefs wie der Serbe Nikola Pašić oder der Grieche Eleftherios Venizelos – waren Exponenten bäuerlicher Demokratie.[100] Folgerichtig wurden „Befreiungskriege" dieser Balkanstaaten nicht nur gegen den osmanischen Sultan in Konstantinopel geführt, sondern auch gegen die muslimischen Großgrundbesitzer vor Ort. In der gewaltsamen Aneignung von Land durch systematische Vertreibung oder Ermordung der Vorbesitzer besaß ethnische „Säuberung" stets eine gewalttätig-demokratische Seite.[101] Freilich greift das Problem moderner ethnischer „Säuberung" über „Demokratie" deutlich hinaus; es erweist sich als Merkmal jedweder moderner Staats- und Gesellschaftsentwicklung.[102]

Auf den engen Zusammenhang zwischen Krieg und Zwangsmigration hat bereits 1948 Eugene Kulischer hingewiesen.[103] Man kann dies mit Antonio Ferrara und Niccolò Pianciola um den Konnex von Zwangsmigration, Krieg und Revolution erweitern.[104] James Sheehan hat den Unterschied zwischen innereuropäischen Kriegen und außereuropäischen Kolonialkriegen betont: Anders als im „zivilisierten" Europa bis 1914 habe es in Kolonialkriegen nie eine Aussparung der Zivilbevölkerung gegeben.[105] Diese *totale Kriegführung* wurde seit dem Ersten Weltkrieg auch in Europa, zumal in Osteuropa, üblich.[106] Norman Naimark sieht im 20. Jahrhundert den Krieg generell als „Deckmantel" und günstige „Gelegenheit" zur gewalttätigen Lösung schwelender Minderheitenprobleme. Vertreibung habe im Ausnahmezustand des Krieges oder im Chaos nach Kriegsende größere

---

[98] Lemberg, Geschichte des Nationalismus in Europa, insb. S. 221–268 und S. 297; den NS-Rassismus sah er nicht als Höhepunkt, sondern als Folge einer „Krise des Nationalismus".
[99] Sémelin, Säubern und Vernichten, S. 126; ähnliche Kritik bei Ther, Die dunkle Seite der Nationalstaaten, 237f.
[100] Vgl. Sternberger / Vogel, Die Wahl der Parlamente und andere Staatsorgane, Bd. 1.1; zu Pašić und Venizelos: Glenny, The Balkans, S. 222, S. 349 und S. 368f.
[101] Palairet, The Balkan Economies, S. 177f. und S. 242f.
[102] Vgl. auch die Kritik von Ther, Die dunkle Seite der Nationalstaaten, S. 274.
[103] Kulischer, Europe on the Move, S. VI und S. 18–21.
[104] Ferrara / Pianciola, L' Età delle Migrazioni Forzate, S. 390–392.
[105] Sheehan, Kontinent der Gewalt, S. 74.
[106] Baberowski, Kriege in staatsfernen Räumen.

Chancen als im Frieden, zumal kriegführende Gesellschaften an Befehlsgehorsam und Gewalt gewöhnt seien.[107] Auch Alexander Downes hat gezeigt, dass Annexionskriege im 19. und 20. Jahrhundert oft mit der Vertreibung der Bevölkerung einhergingen – mit einer „cleansing strategy".[108]

Gleichwohl war ethnische „Säuberung" im Zeitalter der Moderne nie alternativlos. Nach wie vor gab es – in den USA, in Südamerika und Australien – das Integrationsideal des Schmelztiegels, das allerdings auf europäische Siedlergesellschaften beschränkt blieb und nie völlig ohne (sprachkulturelle) Hegemonialnation auskam. Nach wie vor gab es Assimilationsstrategien gegenüber Minderheiten, die – so brutal sie werden konnten – Vertreibung oder Verdrängung vermieden. Ethnische Konflikte konnten nicht nur durch Zwangstransfers von Minderheiten, sondern auch durch Aufteilung übernationaler Staaten oder durch Separation eines Teilgebiets gelöst werden – durch friedliche Separation wie im Falle Norwegens und Schweden 1905 oder zumindest in der Endphase eines grausamen Bürgerkrieges wie bei der Abspaltung Irlands von Großbritannien 1921/22. Obwohl 1918/19 mit der Zerschlagung der östlichen Kontinental-Imperien scheinbar das Ideal des homogenen Nationalstaats triumphierte, entwickelten sich gleichzeitig auch multinationale Föderations-Alternativen weiter – namentlich unter kommunistischen Vorzeichen in der Sowjetunion. Doch als Lösungsvariante für all jene, die „fremde" Gruppen im eigenen Staat weder dulden noch Territorium verlieren wollten, ja die womöglich sogar fremdes Territorium hinzugewinnen wollten, etablierte sich insbesondere zwischen 1912 und 1945 das Programm der Vertreibung oder Ermordung unerwünschter ethnischer Gruppen als politischer Königsweg.[109] Dabei ging es stets darum, gegen eine bestimmte, als unerwünscht definierte Kategorie von Mitbürgern eines Staates eine politische „Chirurgie" in Anwendung zu bringen, die diese Gruppe – in der Regel durch Zwangsmigration – „entfernen" oder „transplantieren" sollte. Dies geschah entweder aus Gründen der „Sicherheit", der Neubesiedlung („Kolonisation") oder der „Homogenisierung".[110] Im gegenwärtigen Zeitalter der jüngsten Phase der Globalisierung könnten solche „Säuberungs"-Strategien erneut aktualisiert werden – nicht nur in bösartigen Diktaturen, sondern durchaus auch in Form von „liberalen Mehrheitschauvinismen" unserer Demokratien.[111]

3. Zeiten und Räume

Umfassende Erklärungsmodelle für moderne ethnische „Säuberung" haben die US-Wissenschaftler Andrew Bell-Fialkoff und Norman Naimark entwickelt. Bell-Fialkoff unterscheidet drei historische Phasen und Formen der „Säuberung"

---

[107] Naimark, Flammender Hass, S. 234f.
[108] Downes, Targeting Civilians in War, S. 36, S. 38 und S. 251–253.
[109] Manning, Migration in World History, S. 165.
[110] Ferrara / Pianciola, L' Età delle Migrazioni Forzate, S. 387f.
[111] Appadurai, Die Geographie des Zorns, S. 73.

("cleansing"). Die antike Form imperialer „Säuberung" durch Deportation, die freilich auch in späteren Epochen praktiziert werden konnte[112], definiert Bell-Fialkoff als realpolitisches Herrschaftsmittel ohne ideologische Komponenten. Ideologie sei erst im christlichen Mittelalter hinzugetreten, als „Säuberung" primär religiös motiviert worden sei. In der Frühen Neuzeit habe diese ihren religiösen Charakter zunehmend verloren und jene „ethnische" Motivation angenommen, die bis heute vorherrsche – beginnend mit „kolonialer Säuberung" („colonial cleansing") durch europäische Siedler gegenüber nichteuropäischen „Eingeborenen". Die moderne Form der ethnisch motivierten „Säuberung" habe sich in der „alten Welt" (Europa / Vorderasien) von vergleichbaren Phänomenen in der „neuen Welt" dadurch unterschieden, dass sie primär von Staaten oder Großreichen als Herrschaftsmittel genutzt worden sei, während in Amerika oder Australien einwandernde Kolonisten die Täter gewesen seien. Die Begründung konnte rassistischer Natur sein, zumeist aber habe sich ethnische „Säuberung" kulturell-sprachlicher oder religiöser Kriterien bedient – zuweilen gemischt als „ethnoreligiöse Säuberung".[113] Dass man über der modernen „Ethnisierung" den für „Massengewalt" ebenfalls oft wichtigen Faktor der Religion nicht „an den Rand" drängen sollte, hat auch Christian Gerlach angemahnt.[114]

Deutlicher als Bell-Fialkoff unterscheidet Norman Naimark das 20. Jahrhundert von früheren Phasen der „Säuberung". Zaristische Judenpogrome seien etwas Anderes als Stalins Judenverfolgung von 1952/53; die osmanischen Armenierpogrome von 1894/95 anders als der jungtürkische Armenier-Genozid von 1915.[115] Naimark hebt vier „grundlegende Unterschiede" hervor: Die ethnischen „Säuberungen" des 20. Jahrhunderts seien vom modernen völkischen Nationalismus und Rassismus mit tendenziellem Assimilationsverbot geprägt. Ferner sei die moderne Staatlichkeit, die es vor dem Ersten Weltkrieg in dieser durchdringenden Form nicht gegeben habe, mit dem modernen Nationalismus eine Synthese eingegangen. Des Weiteren habe es moderner Wissenschaft zur Einteilung und Absonderung von Menschen bedurft, ebenso moderner Kommunikationsmittel für Deportationsbefehle (Telegraph, Fernschreiber, Telefon), moderner Bürokratien und Statistiken zur Vorbereitung, moderner Transport-Infrastruktur (Straßen, Eisenbahnen) zur Durchführung der Deportationen, moderner Massenmedien zu ihrer Rechtfertigung.[116] Und schließlich identifiziert Naimark die politischen Eliten als Hauptverantwortliche für moderne ethnische „Säuberungen", die folglich nicht primär auf ethnische Konflikte innerhalb der Bevölkerung selbst zu-

---

[112] Levene, Genocide in the Age of the Nation State, Bd. 1, S. 147.
[113] Bell-Fialkoff, Ethnic Cleansing, S. 51–54.
[114] Gerlach, Extrem gewalttätige Gesellschaften, S. 351; vgl. auch Appadurai, Die Geographie des Zorns, S. 68.
[115] Naimark, Flammender Hass, S. 15.
[116] Ebenda, S. 15–17; ähnlich Wildt, Biopolitik, ethnische Säuberungen und Volkssouveränität; zum Konnex von Statistik und Ethnisierung auch: Leonhard / Hirschhausen, Empires und Nationalstaaten im 19. Jahrhundert, S. 74f.; zu Eisenbahnen und Massendeportation auch: Mazower, Salonica – City of Ghosts, S. 230.

rückgeführt werden: „Ohne die direkte Mitwirkung und Billigung der politischen Führungen hätten ethnische Säuberungen im 20. Jahrhundert nicht stattfinden können. Sie sind kein spontaner Ausbruch des Hasses, obwohl sie vom interethnischen Gewaltpotential einer Gesellschaft genährt werden."[117]

Naimark verbindet die „moderne" ethnische „Säuberung" nicht nur gezielt mit dem 20. Jahrhundert, er betont auch ihre besondere Europäizität. Allerdings ist dies nur möglich, weil er einen außerordentlich weitreichenden Europabegriff verwendet – „einschließlich der Geschichte der Sowjetunion, des osmanischen Reiches und der Türkei". In dieser eurasischen Großregion sind für Naimark alle „Hauptfälle ethnischer Säuberung" zwischen 1900 und 2000 zu verorten – die osmanische Armenier- und Griechenverfolgung, die „Judenverfolgung im Dritten Reich", die innersowjetischen Deportationen und die Vertreibung der Deutschen nach 1945, schließlich die ethnischen Bürgerkriege in Jugoslawien zwischen 1991 und 1999. Naimark ist überzeugt: „Diese Vorgänge wurzeln in der europäischen Geschichte des 20. Jahrhunderts als Ganzer, nicht bloß in lokalen Umständen." Auch gebe es stets Wechselwirkungen.[118]

Man wird dieser Argumentation weitgehend folgen. Gleichwohl greift Naimarks Ansatz in zweifacher Hinsicht zu kurz: Denn moderne ethnische „Säuberungen" lassen sich weder zeitlich auf das 20. Jahrhundert noch räumlich auf Europa beschränken. Zwar kulminierten die Kontextbedingungen des modernen Nationalismus, des modernen Staatsapparats, der modernen Wissenschaft und Technik zweifellos im 20. Jahrhundert, sie weisen jedoch sämtlich eine lange Vorgeschichte im 19. Jahrhundert auf. Das gilt auch für die organisierte Ethno-Gewaltpolitik selbst. Während Naimark diese Politik der „Säuberung" mit dem Armenier-Genozid von 1915 beginnen lässt, erscheinen Philipp Ther die Balkankriege von 1912/13 als „eigentlicher Auftakt" moderner ethnischer „Säuberungen", obgleich er einräumen muss, dass sich „Flucht und Vertreibung von etwa zwei Millionen Muslimen aus Südosteuropa infolge der Kriege von 1876–1878 nicht überzeugend von modernen ethnischen Säuberungen abgrenzen" lassen.[119] Entsprechend hat Donald Bloxham sein „langes 20. Jahrhundert" der Zwangsmigrationen mit eben diesen Balkan-Vertreibungen ab 1875 angesetzt[120] – was jedoch immer noch zu kurz greift. Die italienischen Historiker Antonio Ferrara und Niccolò Pianciola haben kürzlich die europäische – in Wahrheit ebenfalls eurasische – „Ära der Zwangsmigrationen" („L' Età delle Migrazioni Forzate") auf das Jahrhundert zwischen 1853 und 1953 datiert und folglich bereits mit dem Krimkrieg der 1850er Jahre, der zwischen Russland einerseits, dem Osmanischen Reich und dessen westlichen Verbündeten Großbritannien, Frankreich und Sardinien-Piemont (als Nukleus des späteren Italien) andererseits ausgefochten wurde, begin-

---

[117] Naimark, Flammender Hass, S. 18–20.
[118] Naimark, Flammender Hass, S. 21.
[119] Ther, Die dunkle Seite der Nationalstaaten, S. 17 f.
[120] Bloxham, The Great Unweaving, S. 169 und S. 196.

nen lassen.¹²¹ Dabei greifen sie jedoch auf Vorgänge der Jahrzehnte zwischen 1804 und 1830 zurück, die damals bereits in Serbien, Griechenland, der Moldau und der Walachei (dem späteren Rumänien) sowie im Kaukasus diese Tradition moderner Zwangsmigrationen begründeten¹²², so dass ihr zeitlicher Rahmen eigentlich bis in diese Periode vorverlegt werden müsste. In diesem Zusammenhang ist Ther zwar zuzustimmen, dass das Abkommen von Lausanne 1923 „erstmals die flächendeckende ethnische Säuberung zweier Staaten, der Türkei und Griechenlands, mit sich" brachte¹²³, doch muss man sehen, dass die erste ethnoreligiöse „Säuberung" eines ganzen Staates schon ein volles Jahrhundert zuvor erfolgte – im Griechenland der Jahre 1821 bis 1830, worauf jüngst auch Davide Rodogno hingewiesen hat.¹²⁴

Eine lange Vorgeschichte bis ins frühe 19. Jahrhundert weist auch die von Naimark analysierte osmanische Armenier- und Griechenverfolgung des Ersten Weltkrieges auf. Indem diese Gewaltpolitik im außereuropäischen Kleinasien und Mesopotamien stattfand, wird überdies deutlich, dass die „europäisch" begrenzte Raumdefinition Naimarks nicht ausreichend ist. Unklar bleibt der Ansatz Philipp Thers, der Naimarks restriktives Muster (nur Europa im 20. Jahrhundert) übernimmt, aber zugleich auf die „lange Vorgeschichte" ethnischer „Säuberungen" im 19. Jahrhundert zu sprechen kommen und mit Indien und Palästina „mehrere außereuropäische Regionen" behandelt, die „offensichtlich über die europäische Geschichte hinaus" weisen. Zuweilen kommt Ther unserem Ansatz einer Globalgeschichte von Wechselwirkungen ethnischer „Säuberungen" recht nahe, wenn er betont, seine Konzentration auf „Europa" meine weniger den geographischen Raum als den „akteurszentrierten Ansatz", denn für die „Säuberungen" in Indien und Palästina spielten der europäische Kolonialismus wie auch „die ursprünglich europäische Nationalstaatsidee" eine „zentrale Rolle".¹²⁵

Letzten Endes ist Bell-Fialkoffs Definition der „alten Welt" exakter und durch Einbeziehung kolonialer „Säuberungen" in der „Neuen Welt" auch vollständiger als die Ansätze Naimarks oder Thers.¹²⁶ Nur eine konsequent *globalgeschichtliche* Perspektive kann die ethnischen „Säuberungen" der Moderne angemessen erfassen. Dabei geht es nicht nur um die zahllosen kolonialen „Säuberungen", die der moderne „Westen" auf vielen Kontinenten zu verantworten hat, sondern auch um deren Rückwirkungen auf den „Westen" und die binnen-europäische Gewaltgeschichte des 20. Jahrhunderts.¹²⁷ Des Weiteren geht es um Lerneffekte und Eigendynamiken in der außereuropäischen Welt, die in ihrer postkolonialen Phase

---

[121] Ferrara / Pianciola, L' Età delle Migrazioni Forzate, S. 14f.
[122] Ebenda, S. 40–42 und S. 54–57.
[123] Ther, Die dunkle Seite der Nationalstaaten, S. 18.
[124] Vgl. Kap. V.I.; ferner Schwartz, Ethnische „Säuberung" als Kriegsfolge, S. 553f., und die entsprechend argumentierende neue Studie von Rodogno, Against Massacre, S. 63–90.
[125] Ther, Die dunkle Seite der Nationalstaaten, S. 7–21, insb. S. 16 und S. 20.
[126] Brandes / Sundhaussen / Troebst / Kaiserová / Ruchniewicz, Vorwort, S. 8, räumen ein, dass es auch in früheren Zeiten „vergleichbare Vorgänge" gegeben habe und dass sie die Levante und den Kaukasus in ihren „Europabegriff" mit einbeziehen.
[127] Bloxham e. a., Europe in the World, S. 19.

des Westens als Täter nicht mehr bedurfte. Sowohl außerhalb Europas als auch in der europäischen Staatenhierarchie selbst führte „defensive Modernisierung", das gezielte Lernen von stärkeren Nachbarn, auch zur Nachahmung ethnischer „Säuberung".[128] Jacques Sémelin hat mit Blick auf nationalstaatliche Gewaltpraktiken beobachtet, dass dieses „Säubern und Vernichten" zuerst in den Vereinigten Staaten und in Westeuropa aufgekommen sei und sich dann „in aller Welt verbreitet" habe – „im 19. und 20. Jahrhundert von Westen nach Osten und dann im 20. Jahrhundert (mit der Entkolonialisierung in Asien, Südamerika und Afrika) noch einmal von Westen nach Süden".[129] Auch Mark Levene beobachtet im Laufe der letzten zwei Jahrhunderte eine Verlagerung ethnischer Gewalt von Amerika nach Afrika und Asien. Besonders kritische „Genozid-Zonen" verortet er in Ost- und Zentralafrika, im Kaukasus, in Ostanatolien, in den westlichen Grenzregionen Russlands, auf dem Balkan und in Südostasien.[130] Nicht zufällig weisen sämtliche Hochphasen ethnischer „Säuberung" im 20. Jahrhundert, die von Verfechtern einer europäisch begrenzten Perspektive herausgearbeitet worden sind[131], neben europäisch-eurasischen Beispielen stets auch außereuropäische Parallelfälle auf. Das gilt für die beiden Weltkriege und ihre gewalttätigen Nachkriegszeiten ebenso wie für die 1990er Jahre, wie die Verweise auf Kleinasien 1915, auf Palästina oder Indien nach 1945 oder auf Ruanda/Burundi in den 1990er Jahren belegen.

4. Frühe Lernorte und globale Wechselwirkungen

Europa besaß (und besitzt) mit dem „Balkan" eine Spannungszone an der südöstlichen Peripherie, in der ethnische „Säuberung" bereits im 19. und frühen 20. Jahrhundert und damit früher als anderswo „erlernt" wurde. Befreiungs- und Einigungskriege gingen dort stets mit ethnischen „Säuberungen" einher – beginnend mit dem serbischem Aufstand von 1804.[132] Die Ethnogewalt setzte sich fort mit der Proklamation des Königreiches Griechenland 1829, das sich als exklusiv christlicher Nationalstaat verstand. Muslime, die dort lebten, wurden getötet, vertrieben oder konvertiert. Dieser „Säuberungs"-Prozess weitete sich ab 1878 auf andere Balkanregionen aus. Er wirkte auf die osmanischen Eliten zurück, die sich ihrerseits nationalisierten und radikalisierten. Nach jedem verlorenen Krieg flohen Hunderttausende Muslime ins Osmanische Reich, während Christen dasselbe

---

[128] Vgl. das Konzept der „defensiven Modernisierung" in Bezug auf Preußen in der napoleonischen Ära bereits bei Wehler, Deutsche Gesellschaftsgeschichte, Bd. 1; die breitere Perspektive von Fred Halliday nun bei Bloxham e. a., Europe in the World, S. 28.
[129] Sémelin, Säubern und Vernichten, S. 367.
[130] Levene, Genocide in the Age of the Nation State, Bd. 1, S. 74, S. 161 und S. 166; zu Ruanda/Burundi: Mwakikagile, The Modern African State, S. 74–76 und S. 84; Mann, The Dark Side of Democracy, S. 430–473; Strizek, Ruanda und Burundi.
[131] Ther, The Spell of the Homogeneous Nation-State, S. 77.
[132] Wimmer, Nationalist Exclusion and Ethnic Conflict, S. 166.

fluchtartig verließen. Damit wurde der Balkan im Laufe des 19. Jahrhunderts immer christlicher, Anatolien immer islamischer.[133]

Warum gerade dort? Der Balkan war und ist eine traditionelle Bruchlinie nicht nur zwischen „westlich"-katholischer und orthodoxer Kultur, sondern ebenso zwischen den christlichen Zivilisationen und der muslimischen Kultur. Gleichwohl verbietet sich die unkritische Anwendung der von Samuel Huntington vorgeschlagenen Kategorie kultureller „Bruchlinienkriege", obschon sie eine Erklärung für ethnische „Säuberungen" in Regionen wie dem Westjordanland, Kaschmir, Berg-Karabach oder dem Kosovo böte.[134] Doch Huntington vereinfacht zu stark, er sieht weder eine innere Differenzierung seiner Großräume noch die wechselseitigen Kulturtransfers zwischen dem Westen und dem Islam. Dazu gehört die Wechselwirkung zwischen der Balkan-Peripherie und den mitteleuropäischen Zentren. Europa blickte, bevor ab 1914 auch andernorts eine umfassendere Entwicklung ethnischer „Säuberung" einsetzte, auf eine hundertjährige Vorgeschichte im eigenen Südosten zurück. Die europäischen Zentren verhielten sich dazu sehr unterschiedlich – hemmend, kanalisierend oder fördernd. Jedenfalls waren Europas Großmächte niemals nur Zuschauer, sie waren stets beteiligt und mitverantwortlich. Während das „eigentliche" Europa dabei den Balkan wegen seiner Ethno-Konflikte als „Pulverfass", „rückständig", „barbarisch" und letztlich uneuropäisch zu klassifizieren lernte, hat Maria Todorova das Gegenargument stark gemacht, die „Säuberungen" auf dem Balkan hätten, indem sie dort vormodern-imperiale Relikte vernichteten, lediglich das moderne europäische Vorbild des homogenen Nationalstaates in die Tat umgesetzt. Insofern seien die von Europa kritisierten ethnischen „Säuberungen" des Balkans dessen Weg zur Europäisierung geworden.[135] Diese gewalttätige „Europäisierung" des Balkans wurde durch den Kulturtransfer nationalistischer Ideologie durch Europa erst ermöglicht.[136]

Neben dem Balkan – dessen relativ frühe, quasi avantgardistische Vertreibungstradition außerdem dem Kaukasus im 19. Jahrhundert zu attestieren wäre, zumindest als Lernort für russische und osmanische Transferpolitiken[137] – verfügte ganz Europa über ein weiteres großes Labor. Bell-Fialkoff, Hunt Tooley oder Enzo Traverso sehen im weltweiten Kolonialismus der europäischen Mächte ein weiteres peripheres Erprobungsfeld für Methoden ethnischer „Säuberung", die später

---

[133] Clark, Twice a Stranger, S. 6f.
[134] Huntington, Der Kampf der Kulturen, S. 411f.
[135] Todorova, Imagining the Balkans, S. 13.
[136] Carmichael, Ethnic Cleansing in the Balkans, S. 10.
[137] Fisch, Das Selbstbestimmungsrecht der Völker, S. 132f.; Ferrara / Pianciola, L' Età delle Migrazioni Forzate, S. 39–61, betrachten die Geschehnisse auf dem Balkan und im Kaukasus und Schwarzmeer-Gebiet zusammenhängend und lassen die von ihnen definierte „Ära der Zwangsmigrationen" zwischen 1853 und 1953 mit dem Krimkrieg 1853 beginnen, obschon sie vorangegangene Zwangsmigrationen von Muslimen auf dem Balkan – Beispiel Serbien – zumindest streifen.

in Europa selbst zur Anwendung kamen.[138] Schon Hannah Arendt hat auf diesen „Laboreffekt" verwiesen.[139] Raphael Lemkin hat über Zusammenhänge zwischen ethnischen „Säuberungen" des NS-Regimes in Europa und den kolonialistischen Praktiken in Amerika, Afrika, Irland oder Australien nachgedacht.[140] Selbst wenn die Verbindung zwischen Imperialismus und Totalitarismus „nicht in einer geradlinigen Weise" gezogen werden kann[141], wird man Wechselwirkungen und Fortentwicklungen europäischer „Gewaltpolitik" diskutieren.[142] Schon vor 1914 hat Gustav Roloff die These vertreten, dass sich gerade in von Siedlern selbstverwalteten Kolonien „die harten Seiten des kolonialen Charakters am grellsten" gezeigt hätten – in der tendenziellen Ausrottung der indigenen Bevölkerung.[143] Ein Jahrhundert später hat Michael Mann den ethnischen Terror in von europäischen Einwanderern umgeformten Siedlungskolonien als besonders gefährlich betrachtet.[144] Im Unterschied zu anderen Typen von Kolonien tendierten jene Kolonialgebiete, die von europäischen Einwanderern besiedelt wurden, nicht zur Ausbeutung indigener Völker, sondern zu deren Verdrängung und zuweilen zur Ausrottung. Dieser Trend zur ethnischen „Säuberung" in Siedlergesellschaften wirkte sich am wenigsten im russischen Sibirien aus, umso vehementer jedoch in Amerika und Australien.[145]

Alle diese Peripherien – sowohl der europäische Balkan, der eurasische Kaukasus als auch die außereuropäischen Kolonien – zeitigten in der Epoche der Weltkriege gewalttätige Rückwirkungen auf Europa. Mit dem Ersten Weltkrieg, so James Sheehan, „kehrte die koloniale Gewalt ‚nach Hause' zurück".[146] Dabei erweist sich der Erste Weltkrieg auch als „Urkatastrophe" der Radikalisierung und Ausbreitung ethnischer „Säuberungen" in weiten Teilen Europas – und von dort wieder über Europa hinaus. Im Ersten Weltkrieg eskalierte die ethnische Gewaltpolitik nicht mehr nur in ihrer klassischen europäischen Anwendungszone, auf dem Balkan, sie weitete sich auf ganz Osteuropa und zudem auf Vorderasien aus. In den Nachkriegsplanungen der Deutschen etablierte sich ethnische „Säuberung" als legitime politische Strategie, und auch Briten, Franzosen und Italiener lernten in der von ihnen zu gestaltenden Nachkriegszeit ab 1919 mit dieser Sozialtechnologie umzugehen, wie namentlich ihre Mitwirkung am Vertrag von Lausanne 1923 demonstriert. Matthew Frank hat beiläufig, aber treffend darauf verwiesen, dass der Erste Weltkrieg zur Formierungsphase für intellektuelle Planspiele über

---

[138] Tooley, World War I; Tooley, „All the People are now Guerillas"; Traverso, Moderne und Gewalt.
[139] Arendt, Elemente und Ursprünge totaler Herrschaft, S. 307.
[140] Evans, „Crime without a name", S. 136.
[141] Grosse, Kolonialismus, Eugenik und bürgerliche Gesellschaft, S. 16.
[142] Dabag, National-Koloniale Konstruktionen, S. 19f.
[143] Roloff, Geschichte der europäischen Kolonisation, S. 195.
[144] Mann, The Dark Side of Democracy, S. 4–10.
[145] Belich, Replenishing the Earth, S. 23.
[146] Sheehan, Kontinent der Gewalt, S. 71 und S. 78; vgl. Freyer, Weltgeschichte Europas, S. 583 und S. 607, wonach die „Epoche der Weltkriege" der „Transformator" sei, „in dem die Weltgeschichte Europas auf eine Weltgeschichte der ganzen Erde umgeschaltet wird".

"Bevölkerungstransfers" geworden ist. Denn anders als lange vermutet, war der Schweizer George Montandon weder der erste Anreger noch der einzige.[147] Ethnische „Säuberung" war im Ersten Weltkrieg nicht nur das Projekt radikaler Alldeutscher, sondern wurde von Intellektuellen verschiedenster Länder diskutiert[148] – ein transnationaler Planungs-Diskurs, der noch viel zu wenig erforscht ist.

Mark Levene vermutet, dass insbesondere Staaten, die sich zu Beginn des 20. Jahrhunderts im Kampf gegen die Vorherrschaft des Westens zurückfallen sahen, genozidale Tendenzen (inklusive ethnischer „Säuberung") entwickelten. Gemeint sind Deutschland, Russland und das Osmanische Reich.[149] Zwei Jahrzehnte später erreichte diese ethnische „Säuberung" im Zweiten Weltkrieg und dessen Nachkriegszeit in Europa ihren Höhepunkt – wobei der Schwerpunkt wiederum in Osteuropa lag. Der deutsche Massenmord an sechs Millionen Juden war der Extremfall der Genozid-Variante. Die Vertreibung von rund fünfzehn Millionen Deutschen war der Extremfall der Vertreibungs-Variante ethnischer Gewaltpolitik.[150]

Der Nachkrieg, der ab 1950 für Europa eine Friedensperiode einleitete, beendete in globaler Perspektive ethnische „Säuberungen" nicht. Diese fanden lediglich wieder an den Peripherien statt. Zugleich globalisierte sich der Trend zu ethnischer „Säuberung" vollends – parallel zur Globalisierung des europäischen Nationalstaats-Konzepts. Die Vertreibung der Deutschen um 1945 wirkte laut Mark Levene als Präzedenzfall für die postkoloniale Welt, deren Nationalstaatlichkeit meist durch Vorherrschaft einer ethnischen Gruppe über andere geprägt war.[151] Die Übertragung der westlichen Konzepte nationaler Homogenität und ethnischer „Säuberung" auf sich modernisierende nichteuropäische Gesellschaften wirkte am verheerendsten in Indien und Pakistan. Dies erfolgte – zudem als unmittelbare Folge des deutschen Genozids an den Juden Europas – parallel auch beim israelisch-palästinensischen Konflikt. Demgegenüber mag die ethnische „Säuberung" im Jugoslawien der 1990er Jahre eher als „furchtbare Zugabe des 20. Jahrhunderts" erscheinen, als Konsequenz für „zahllose […] unbezahlte Rechnungen aus der ersten Jahrhunderthälfte".[152]

Die vielen Einzelfälle stehen „miteinander in Verbindung".[153] Daher geht es im Folgenden stets auch darum, *Wechselwirkungen* und *Folgewirkungen* der sich weltweit verdichtenden Politik ethnischer „Säuberung" im Laufe von zweihundert Jahren deutlich zu machen. In den Kapiteln II und VI werden die beiden Weltkriege des 20. Jahrhunderts betrachtet: Diese sind – als Dammbruch oder Höhepunkt – die bisher schlimmsten Gewalteskalationen moderner ethnischer „Säube-

---

[147] So jedoch Schechtman, European Population Transfers 1939–1945, S. 454.
[148] Frank, Expelling the Germans, S. 16; Ther, Die dunkle Seite der Nationalstaaten, S. 43.
[149] Levene, Genocide in the Age of the Nation State, Bd. 1, S. 163.
[150] Judt, Geschichte Europas, S. 43; ähnlich Brumlik, Wer Sturm sät, S. 88.
[151] Levene, Genocide in the Age of the Nation State, Bd. 1, S. 164.
[152] Mak, In Europa, S. 846; ähnlich: Lieven, Empire, S. 352, oder Ther, Die dunkle Seite der Nationalstaaten, S. 239.
[153] Naimark, Flammender Hass, S. 22.

rung". Die Analyse ethnischer „Säuberungen" in beiden Weltkriegen informiert uns nicht nur über intellektuelle und politische Vordenker-Diskurse, sondern auch über staatliche oder internationale Planungen und verschiedene Typen der Umsetzung solcher Gewaltpolitik.

In den Kapiteln III und IV werden zwei archäologische „Tiefenbohrungen" auf der Suche nach ersten Testfeldern ethnischer „Säuberung" vorgenommen. Schon im frühen 19. Jahrhundert finden sich solche „Labors" sowohl in den europäisch geprägten Kolonien außerhalb Europas als auch auf dem Balkan, den das „zivilisierte" Europa damals ebensowenig sich selbst zurechnete. Dabei erscheint der Balkan häufig in Wechselwirkung mit anderen Konfliktzonen im Kaukasus, in Kleinasien, bis hin zum Nahen Osten. In diesen Kapiteln wird gezeigt, dass die Entwicklung kolonialistischer Massendeportationen eine militärische Praxis im Umgang mit feindlichen Zivilisten entwickelte, die seit 1914 in Europa selbst zur Anwendung gelangte und sich mit dem Ziel dauerhafter ethnischer „Säuberung" verband. Zum anderen wird demonstriert, dass die ethnoreligiösen Konflikte auf dem Balkan im 19. und 20. Jahrhundert nicht nur die regionalen Konfliktparteien, sondern auch die Großmächte „lernen" ließen, mit ethnischer „Säuberung" umzugehen. Diese Lerntradition wurde seit dem Ersten Weltkrieg europäisiert, dann globalisiert. Entsprechend untersucht Kapitel VII zwei Fälle der Globalisierung von Vertreibungs- und Transferpolitik nach 1945, die bis in die Gegenwart reichen: Indien/Pakistan und Israel/Palästina.

Kapitel V betrachtet die „Zwischenkriegszeit" von 1919 bis 1939 in systematischer Perspektive. Drei alternative Ordnungsmodelle werden vorgestellt, die bis heute nachwirken – der Minderheitenschutz von Versailles und seine Probleme; der Nationalitätenföderalismus der Sowjetunion, wobei auch ältere osteuropäische Traditionen – die habsburgische Nationalitätenautonomie, das osmanische Millet-System und das polnisch-litauisch-jüdische Kahal-System – untersucht werden; schließlich die ethnische „Säuberung" in Form des Transfer-Modells von Lausanne – jenes 1923 zwischen Griechenland und der Türkei geschlossenen Abkommens, das zum wirkmächtigen Vorbild für künftige „Säuberungs"-Politik werden sollte.

Für jeden dieser Gewaltakte gibt es Verantwortliche, namentlich in Politik, Verwaltung, Militär und Wissenschaft. Keine Entscheidung war alternativlos. Doch jede erfolgte mit dem Anspruch, unvermeidlich zu sein, durch vorübergehende Härten eine dauerhaft bessere Welt zu schaffen, und die Vertreibungsgewalt dabei zunehmend auf „ordentliche und humane" Weise in die Tat umzusetzen.

II. Dammbruch:
Ethnische „Säuberungen" und Erster Weltkrieg

1913 erschien in Charlottenburg ein Taschenbuch mit dem prophetischen Titel „Der Europäische Krieg". Die Schrift stammte angeblich von einem japanischen Major namens Vicomte Kavakami. Geschildert wurde der Ausbruch eines Krieges der damaligen europäischen Bündnissysteme – der „Entente" zwischen Russland, Frankreich und Großbritannien gegen die „Mittelmächte" Deutschland und Österreich-Ungarn. Kavakami ließ die Kampfhandlungen – wiederum prophetisch – im neutralen Belgien beginnen und schilderte dabei ausführlich die fiktive Massenflucht von Zivilisten „aus der furchtbaren Nähe des Todes".[1]

Auch wenn kriegsbedingte Fluchtbewegungen so alt waren wie die Menschheit selbst, scheint der Erste Weltkrieg im Hinblick auf die quantitativen Dimensionen Neuland betreten zu haben. Massenfluchten wurden zum Alltagsphänomen. Was im Sommer 1914 mit der Flucht belgischer und französischer Zivilisten vor der deutschen Armee und deutscher Zivilisten in Ostpreußen vor der russischen Armee begann, pflanzte sich bei jeder größeren Frontverschiebung fort. 1915 folgte die massenhafte Flucht russischer, polnischer oder ukrainischer Zivilisten vor den deutschen und österreichisch-ungarischen Armeen.[2] Im osmanischen Kleinasien flohen Armenier vor den Türken und Muslime vor den Russen. Der Zusammenbruch Serbiens führte im Winter 1915/16 zur Massenflucht nicht nur der Truppen, sondern auch großer Teile der Zivilbevölkerung nach Montenegro und Albanien – bei winterlicher Kälte, was viele Todesopfer kostete.[3] Lev Trocki, der spätere Schöpfer der Roten Armee im Russischen Bürgerkrieg, zitierte 1916 als Kriegsberichterstatter einen Bericht aus Montenegro:

„Die einzelnen Bäche von Flüchtlingen aus den verschiedenen Winkeln Serbiens hatten sich zu einem Strom vereinigt, der breit dahinfloss und auch die neben der Straße gelegenen [...] Hügel bedeckte. Wohin man auch blickte, überall war es dasselbe: Soldaten, Gefangene, Kanonen, Kinder, und alles war mit Schmutz bedeckt. Als Todor dieses Bild von einem Hügel aus beobachtete, schien es ihm, als krieche das breite Band der Straße vorwärts, als bewege sich selbst die serbische Erde zum Meer hin."[4]

Der frühere zaristische General Vassili Gurko war 1921 der Überzeugung, dass es eine „Flucht der gesamten friedlichen Einwohnerschaft tief in das Innere des Landes" vor dem Ersten Weltkrieg in der „Geschichte der gesitteten Völker" nicht gegeben habe. Gurko führte dies darauf zurück, dass frühere Armeen nicht so groß gewesen seien wie jene des Weltkrieges, die außerdem „in geschlossener Front durch das ganze Gebiet des Gegners zogen" und „in zusammenhängender

---

[1] Kavakami, Der Europäische Krieg von 1913, S. 16.
[2] Gurko, Russland 1914–1917, S. 102–104.
[3] Calic, Geschichte Jugoslawiens im 20. Jahrhundert, S. 73f. und S. 76.
[4] Trotzki, Europa im Krieg, S. 119f. und S. 124f.

Welle, alles auf ihrem Wege fortspülend, vorrückten". Am schlimmsten waren laut Gurko die Folgen für die Menschen in Osteuropa, wo russische Flüchtlinge über kein gut ausgebautes Straßen- und Eisenbahnnetz verfügt hätten wie ihre deutschen oder französischen Leidensgenossen und wo die Flucht teilweise in kältester Jahreszeit stattgefunden habe. Gurko schilderte, wie im Herbst 1915 Flüchtlingsmassen die wenigen festen Hauptstraßen verstopften, in kürzester Zeit alle Nahrungsmittel aufbrauchten und bald durch „hohe Sterblichkeit" dezimiert wurden: „Gott allein mag wissen, wieviel Leiden hier ausgestanden, wieviel Tränen geflossen, wieviel Menschenleben untergegangen und wieviel nutzlose Opfer dem unerbittlichen Kriegsgotte gebracht worden sind."[5]

Der Erste Weltkrieg wird gemeinhin als „Urkatastrophe" bewertet – nicht nur als „Urkatastrophe Deutschlands" (Wolfgang J. Mommsen), sondern als globale „Urkatastrophe" des 20. Jahrhunderts (George F. Kennan).[6] Was bisher schwach beleuchtet blieb, ist die Rolle des Ersten Weltkrieges auch als *Dammbruch ethnischer „Säuberung" in Europa*. Während der Zusammenhang zwischen ethnischen „Säuberungen" in Europa und Kolonialgewalt außerhalb Europas heute intensiv diskutiert wird[7], ist nach wie vor „erstaunlich [...], wie sehr das Europa ungleich stärker und unmittelbarer als die Kolonialkriege treffende Gewaltszenario des Ersten Weltkrieges unbeachtet bleibt".[8] Dabei löste der Erste Weltkrieg nicht nur massenhafte Fluchtbewegungen aus, derselbe „Krieg trieb die Armeen zur Vertreibung der Bevölkerung, vor allem in gefährdeten Grenz- und Frontregionen". An vielen Fronten erfolgte eine brutale „Evakuierung" von Zivilisten – durch die Deutschen an der Ostsee und in Nordfrankreich, durch die Osmanen in Kleinasien, durch die Ungarn in serbischen Dörfern des eigenen Landes, durch die Russen in ihren polnischen und baltischen Provinzen.[9] Im Ersten Weltkrieg blieben ethnisch motivierte Deportationen nicht mehr auf traditionelle Konfliktzonen wie den Balkan, Kleinasien oder den Kaukasus beschränkt, wo dergleichen schon im 19. Jahrhundert geschehen war; sie wurden auch im „zivilisierten Europa" denkbar – und zumindest in Osteuropa massenhaft und wenig „zivilisiert" tatsächlich durchgeführt. Der als jüdischer Untertan des Zaren in Kiev geborene Migrationsforscher Eugene Kulischer, der nach 1917 vor Lenin nach Deutschland und nach 1933 vor Hitler in die USA flüchtete, wies 1948 treffend darauf hin, dass die Zwangsmigrationen des Zweiten Weltkrieges bereits dreißig Jahre zuvor begonnen hatten – im Ersten Weltkrieg.[10]

Wenn im Krieg von 1914 bis 1918 eine Armee feindliches Territorium besetzte, wurde sie von der Gegenseite mit Gräuelpropaganda überzogen. In Ostpreußen

---

[5] Gurko, Russland 1914–1917, S. 102–104.
[6] Kennan, Bismarcks europäisches System in der Auflösung, mit dem wegweisenden Begriff der „Urkatastrophe" („seminal catastrophe") des 20. Jahrhunderts; Mommsen, Gebhardt Handbuch der deutschen Geschichte, Bd. 17.
[7] Vgl. Kap. III.
[8] Gerwarth / Malinowski, Der Holocaust als „kolonialer Genozid"?, S. 453.
[9] Mazower, Hitlers Imperium, S. 34f.
[10] Kulischer, Europe on the Move, S. VI; Beer, Bevölkerungsumsiedlungen, S. 153f.

genossen die Kosaken des Zaren 1914/15 einen grausamen Ruf[11], in Belgien wurden deutsche Soldaten als „Hunnen" stigmatisiert.[12] Obschon viele Armeen Gewalttaten gegen feindliche Zivilisten verübten[13], waren die Vorwürfe meist übersteigert. Neben begründete Berichte traten Gräuelmeldungen, wonach deutsche Soldaten belgische Säuglinge gekreuzigt oder verstümmelt haben sollten[14]; und anders, als die deutsche Kriegspropaganda behauptete, hatten die Russen deutsche Zivilisten im besetzten Ostpreußen „relativ korrekt" behandelt[15], wie ihnen General Erich Ludendorff nach Kriegsende bescheinigte: „Viele russische Truppen" hätten sich „musterhaft" verhalten, nur die Kosakenkavallerie sei „grausam und roh" vorgegangen, habe „viele Bewohner getötet und Ausschreitungen am Weibe begangen" – und „die Bevölkerung zum Teil verschleppt".[16]

Zu den Verbrechen des Ersten Weltkrieges, über die die Weltöffentlichkeit sich entsetzte, zählte diese systematische Deportation feindlicher Zivilisten – ein in Europa bis dahin unerhörter Gewaltakt. Der russischen Besatzungsarmee in Ostpreußen wurde die Deportation von 13 566 deutschen Zivilisten vorgeworfen.[17] Die deutsche Propaganda behauptete, dass nicht nur alle arbeitsfähigen männlichen Einwohner der besetzten Region im Alter zwischen 15 und 60 Jahren nach Russland deportiert worden seien, sondern „auch Greise, kleine Kinder und weibliche Personen […] in großer Zahl". Der deutsche Publizist Paul Rohrbach nahm diese „Abschleppungen" als Beweis „einer bestialischen Roheit" und klagte an, „mit welch einer unmenschlichen Hartherzigkeit" die Russen ihre „Gefangenen an verschiedenen Stellen des russischen Reichs, in Wologda, in Astrachan, im Uralgebiet, verkommen, verderben und verhungern ließen". Rohrbach, der selbst aus dem Zarenreich stammte, zitierte aus dem angeblichen „Brief eines deutschen Zivilgefangenen aus dem Innern von Rußland" vom Januar 1915:

„In der letzten Zeit sind noch viel *Gefangene aus Ostpreußen* hierher geschleppt worden. Immer Trupps von etwa 50 Mann. […] Natürlich sind sie durchweg ganz alte Männer, Frauen und Kinder. […] Fast alle sind gegen zwei Monate unterwegs gewesen, haben hungern und frieren müssen, sind von einem Gefängnis ins andere getrieben worden. *Viele sind schon unterwegs gestorben; wer vor Erschöpfung nicht weiterkonnte, blieb liegen oder wurde mit Kolbenstößen weitergetrieben.* […]
Sie waren meist […] aus ihren Wohnorten Lyck, Goldap und andern Grenzgebieten […] weggeschleppt worden. Eine alte Frau erzählte mir, daß sie in einem Dorf in der Gegend von Darkehmen bei Verwandten zu Besuch gewesen und […] mit diesen fortgeschleppt worden war: wo ihre Familie hingekommen ist, weiß die Arme gar nicht. Dann ist hier noch ein Knabe von fünf Jahren, dessen Eltern verschollen sind. Er wurde auf der Straße aufgegriffen und fortgeschleppt. Ein weißhaariger Alter erzählte mir weinend, daß er mit seiner schwangeren Tochter zusammen

---

[11] Gurko, Russland 1914–1917, S. 103.
[12] Zur Hunnen-Rede: Schulthess' Europäischer Geschichtskalender 41.1900, S. 107 f.; zur Entente-Propaganda: Horne / Kramer, Deutsche Kriegsgreuel 1914; Wittek, Auf ewig Feind?.
[13] Baranowski, Nazi Empire, S. 85, verweist auf Deutsche und Österreicher/Ungarn.
[14] Hochschild, King Leopold's Ghost, S. 295 f.
[15] Stevenson, 1914–1918: Der Erste Weltkrieg, S. 93.
[16] Ludendorff, Meine Kriegserinnerungen 1914–1918, S. 39; eine 1931 publizierte deutsche Analyse russischer „Greueltaten" in Ostpreußen listete 1491 „von den Russen getötete Zivilpersonen" auf; vgl. Gause, Die Russen in Ostpreußen, S. 149 und S. 229.
[17] Gause, Die Russen in Ostpreußen, S. 246.

gefangen wurde. *Die Tochter gebar unterwegs und ist auch mit dem Kinde gestorben.* Und alle haben ihre ganze Habe verloren, alles wurde vernichtet und verbrannt. [...] Nun sind alle diese Armen hier. Vier sind den Strapazen des Transports nachträglich erlegen. [...] Das sind so die stummen Opfer des Krieges. Und alle machen den Eindruck, als ob sie es nicht verstehen, nicht begreifen, welche entsetzliche unmenschliche Gewalt sie hierher geworfen hat."[18]

Der deutsche General Ludendorff verurteilte diese russischen Deportationen als „größtenteils widersinnig", weil der russischen Armee von der „fügsam[en]" Bevölkerung Ostpreußens „nicht der geringste Widerstand entgegengesetzt" worden sei.[19] Der russische General Gurko hingegen berichtete von Spionagetätigkeit und von Zivilisten, die vereinzelt auf russische Soldaten geschossen hätten; insgesamt aber wertete auch Gurko das Verhalten der Ostpreußen als „freundschaftlich" oder zumindest nicht feindselig.[20] Der deutsche Historiker Fritz Gause führte 1931 die Deportation deutscher Staatsangehöriger ins Innere Russlands ähnlich wie Gurko auf Spionageverdacht und die Gefangennahme ganzer Ortsbevölkerungen als Repressalie nach Beschießung russischer Soldaten durch Einzelne, aber auch als Dienstverpflichtung zur Hilfeleistung für die russische Armee zurück. Anders als Ludendorff wies Gause darauf hin, dass das Völkerrecht den Russen die Internierung wehrfähiger männlicher Zivilisten gestattet habe. Dieser Historiker versuchte eine nüchterne, von der Weltkriegs-Propaganda deutlich distanzierte Schilderung der schlechten Deportationsumstände:

„Die Fahrt ging in Viehwagen vor sich. Es waren Wagen, wie sie auch zur Beförderung von Truppen benutzt wurden. [...] Der Transport in diesen Wagen bedeutete also nicht eine Brutalität der russischen Behörden, sondern zeigt nur ihre Gleichgültigkeit und Unfähigkeit, bei besonderen Verhältnissen besondere Maßnahmen zu treffen. Die verschleppten Ostpreußen waren eben keine Soldaten, sondern in der Mehrzahl schwache und kranke Menschen, oft ungenügend bekleidet und ausgerüstet, dazu die Frauen und Kinder, und diese Menschen wurden zusammengepfercht zu 30 bis 40 Personen [...], und das zu mehrtägiger, oft wochenlanger Fahrt. [...] So wurde die Reise für alle zur Qual. Gebärdeten sich die einen verzweifelt, so konnten andere stundenlang stumpf brütend dasitzen [...]. Gemildert wurden die Leiden, wenn die Begleitmannschaft sich aller unnötigen Schikanen enthielt, den Gefangenen Bewegungsfreiheit gab, so weit es möglich war, und wenn der Transportführer gerecht und Beschwerden zugänglich war. Erhöht wurden sie, wenn rohe Begleitmannschaften die Gefangenen bestahlen und betrogen und ihnen auf jede Art das Leben schwer machten."[21]

Gleichzeitig waren 1914 von der deutschen Besatzungsmacht „mindestens 10 000 Franzosen nach Deutschland deportiert" worden. Noch umfangreicher waren die Deportationen von Belgiern. Nachdem im Sommer 1914 bereits 1,4 Millionen Einwohner dieses von Deutschland überfallenen neutralen Landes in die Niederlande, nach Frankreich und nach Großbritannien geflüchtet waren[22], wurden von der deutschen Militärverwaltung „im ersten Kriegsjahr mehrere Tausend Belgier, darunter auch Frauen und Kinder, in die französischen Industriezentren und

---

[18] Rohrbach, Rußland und wir, S. 86f. und S. 92.
[19] Ludendorff, Meine Kriegserinnerungen 1914–1918, S. 53.
[20] Gurko, Russland 1914–1917, S. 35 und S. 74.
[21] Gause, Die Russen in Ostpreußen, S. 236f. und S. 247.
[22] Bade, Europa in Bewegung, S. 250; allein Großbritannien soll 250 000 belgische Flüchtlinge aufgenommen haben; Samuel, Grooves of Change, S. 136.

nach Deutschland deportiert". Zwischen Juni 1915 und Ende 1916 wurden 42 328 Belgier nach Deutschland deportiert – teilweise wegen politischer Unzuverlässigkeit, zumeist jedoch als Zwangsarbeiter.[23] Die deutschen Planungen gingen noch weiter: Hauptverantwortlich dafür war dem deutschen Diplomaten Friedrich Rosen zufolge „in erster Linie" der Rüstungskoordinator Walter Rathenau, der spätere Nachfolger Rosens als Reichsaußenminister der Weimarer Republik.[24] Rathenau schlug Generalquartiermeister Ludendorff im September 1916 vor, „die Lösung des belgischen Arbeiterproblems [...] ohne Rücksicht auf internationale Prestigefragen" in Angriff zu nehmen. Demnach sollten die in Belgien „verfügbaren 700 000 Arbeiter" rücksichtslos dem deutschen Arbeitsmarkt „zugeführt" werden. Im Oktober 1916 hatte Rathenau seine Erwartungen hinsichtlich Belgiens zwar auf „100 000 bis 200 000" Deportationsopfer herabgestimmt, nahm jedoch zugleich „eine ähnliche Aktion in Polen" in Aussicht. Ein einstiger Vertrauter Rathenaus, der Enthüllungsjournalist Maximilian Harden, sollte 1927 über den unterdessen von Rechtsradikalen Ermordeten äußern, Rathenaus „Mörder" seien harmlos im Vergleich zu ihrem Opfer, das im Weltkrieg „700 000 Arbeitern" das Schicksal der Zwangsdeportation habe bereiten wollen.[25] Realiter aber kamen nicht einmal die von der OHL angeforderten 400 000 Zwangsarbeiter aus Belgien[26] zusammen. Auf ihrem Höhepunkt trafen die Deportationen im Februar 1917 nur 120 000 Menschen.[27] Belgischen Angaben zufolge starben drei bis vier Prozent, 5 Prozent waren invalide geworden, über ein Drittel war erkrankt. Deutschland bezifferte die Todesrate auf nur 1,8 Prozent.[28]

General Ludendorff behauptete nach Kriegsende, diese Deportationen hätten den Belgiern mit ihrer hohen Arbeitslosigkeit genützt, räumte aber ein, dass „Härten" vorgekommen seien, „die besser vermieden worden wären". Ein Unrecht vermochte Ludendorff in den Deportationen jedoch nicht zu erkennen – Krieg sei schließlich Krieg: „In der belgischen Flüchtlingspresse und in der Entente-Propaganda erhob sich natürlich ein wildes Geschrei, das von dieser Seite auch nur zu erwarten war; daß aber auch bei uns ähnliche Weisen erschollen, zeugte von einer großen Unreife des Urteils über den Krieg. Die Militärbehörden arbeiteten nicht aus Willkür, sondern aus vaterländischer Pflicht."[29] Ein Untersuchungsausschuss des Reichstags konnte sich noch ein Jahrzehnt nach Kriegsende nicht dazu durchringen, die „Deportationsmaßnahme" zu verurteilen. Man beschränkte sich darauf, „die spezielle Art, wie die Deportationen in Belgien durchgeführt wurden, in ihrer Härte, mangelnden Sorgsamkeit und Organisation als völkerrechtswidrig zu

---

[23] Gust, Einführung, S. 91 f.; Deutschland im Ersten Weltkrieg, Bd. 2, S. 159; Thiel, Polnische und belgische Zwangsarbeiter in Deutschland im Ersten Weltkrieg, S. 864 f.
[24] Rosen, Aus einem diplomatischen Wanderleben, Bd. 3/4, S. 81, der auf den Widerspruch zum sonstigen Humanismus Rathenaus hinweist.
[25] Thiel, „Menschenbassin Belgien", S. 119–121; ferner: Schölzel, Walter Rathenau, S. 169.
[26] Gust, Einführung und Leitfaden, S. 93.
[27] Thiel, Polnische und belgische Zwangsarbeiter, S. 864 f.
[28] Hull, Absolute Destruction, S. 240.
[29] Ludendorff, Meine Kriegserinnerungen, S. 264.

bezeichnen".³⁰ Immerhin soll sich Rathenau „um eine ehrliche Auseinandersetzung mit seiner Rolle" bemüht haben.³¹ Als nach seiner Ermordung 1922 seine „Politischen Briefe" erschienen, waren jedoch vom Herausgeber „die auf die Sklavenjagden bezüglichen Stellen sorgfältig ausgemerzt" worden.³²

Diese Belgier-Deportationen haben Deutschland in der Weltöffentlichkeit schwer geschadet. Es protestierten nicht nur Entente-Politiker wie Lord James Bryce, sondern mit dem ehemaligen Präsidenten Theodore Roosevelt und dem früheren Außenminister Elihu Root auch zwei US-amerikanische Friedensnobelpreisträger.³³ Die Vorgänge hatten „verheerende Rückwirkungen", weshalb der deutsche Botschafter in Washington, Graf Johann Heinrich Bernstorff, Ende 1916 nachdrücklich bat, die Reichsleitung möge „in der Frage der Deportation belgischer Arbeiter nach Deutschland, die in Amerika großes Aufsehen erregt hatte, einige Zugeständnisse machen".³⁴ Nachdem die Deportationen im März 1917 sowohl Proteste im Reichstag als auch eine Intervention Papst Benedikts XV. veranlasst hatten, ordnete Kaiser Wilhelm II. an, „daß die zu Unrecht als Arbeitslose nach Deutschland überführten Personen unverzüglich zurückkehren konnten und daß weitere Verschickungen aufhören sollten" – was allerdings kein genereller Deportationsstopp war.³⁵ Kaum Aufsehen erregten hingegen die 600 000 Osteuropäer, die zur selben Zeit in Deutschland Zwangsarbeit leisteten.³⁶

Die osmanische Regierung konterte Mahnungen ihres deutschen Verbündeten wegen ihrer allzu brutalen Armenierverfolgung mit Hinweisen auf das angeblich analoge deutsche Vorgehen in Belgien. Dort hatten die Deutschen nicht nur Massendeportationen durchgeführt, sondern (einschließlich Nordfrankreichs) 1914 auch über 6000 Zivilisten getötet.³⁷ Der deutsche Generalkonsul in Konstantinopel, Mordtmann, wurde im Herbst 1915 von Innenminister Talaat Bey süffisant „darauf hingewiesen, dass wir in Belgien 40 000 Belgier umgebracht hätten", und wurde „auch von anderer Seite" darauf angesprochen. Selbst in der Provinzstadt Aleppo wurde nicht nur das „Einverständnis Deutschlands" mit dem türkischen „Massenmord" an den Armeniern vorausgesetzt, sondern dieser auch mit „Deutschlands Beispiel" in „Belgien" verglichen.³⁸ Die Entente-Propaganda bemühte sich, die durchaus unterschiedlichen Zwecken dienenden Deportationen

---

[30] Widmann, Die Anklage gegen Deutschlands Kriegführung, S. 100f.
[31] Thiel, „Menschenbassin Belgien", S. 118.
[32] Rosen, Aus einem diplomatischen Wanderleben, Bd. 3/4, S. 81.
[33] Thiel, „Menschenbassin Belgien", S. 24, Anm. 85.
[34] Fischer, Griff nach der Weltmacht, S. 339 und S. 373.
[35] Erzberger, Erlebnisse im Weltkrieg, S. 199f.; Scheidemann, Memoiren, Bd. 1, S. 420.
[36] Neben 300 000 russisch-polnische Landarbeiter, die 1914 zu Gefangenen erklärt wurden, traten ab 1915 300 000 Arbeiter aus Russisch-Polen und dem Baltikum, bei denen „die Grenzen zwischen Anwerbung und Zwangsrekrutierung" als „fließend" zu bezeichnen sind; vgl. Thiel, Polnische und belgische Zwangsarbeiter, S. 864.
[37] Ebenda, S. 115; Tooley, World War I, S. 78, wonach die russische Armee in Ostpreußen eine identische Zahl deutscher Zivilisten getötet haben soll; hingegen nennt Gause, Die Russen in Ostpreußen, S. 229, die deutlich niedrigere Zahl von 1491 Todesopfern.
[38] Der Völkermord an den Armeniern 1915/16, S. 337.

der Belgier und der Armenier gleichzusetzen.³⁹ Im Juli 1915 erhielt Walter Rößler, der deutsche Konsul im osmanischen Aleppo, die Weisung, eine amtliche deutsche Denkschrift „über die Russengreuel in Ostpreußen […] zu verbreiten". Rößler war gerade mit dem verzweifelten Versuch beschäftigt, den völkermörderischen Armenierdeportationen der jungtürkischen Regierung Widerstand entgegenzusetzen, und stellte seinen Vorgesetzten die sarkastische Frage, mit welchem Erfolg er russische Kriegsverbrechen an deutschen Zivilisten in einer Öffentlichkeit anprangern könnte, welche „das Vorgehen ihrer Regierung gegenüber ihren eigenen Untertanen mit dem Vorgehen der Russen in Ostpreußen in Vergleich" stellen würde.⁴⁰ Das Problem war 1915 ein Jahr nach Kriegsbeginn bereits global, auf beiden Seiten der Fronten.

Zwar zielten die erwähnten Deportationen aus Ostpreußen oder Belgien *nicht* auf dauernde ethnische „Säuberung", sondern auf die vorübergehende Entfernung feindlicher Bevölkerungsgruppen oder auf Gewinnung von Zwangsarbeitern. Gleichwohl waren sie ein Verbindungsglied zur Durchsetzung ethnisch motivierter Gewaltpolitik in Europa, denn sie demonstrierten, dass Zwangsumsiedlungen großen Stils machbar sein würden, wenn man nur wollte. Kurz nach dem Ende des Ersten Weltkrieges erklärte ein Vertreter der Sieger, der britische Geopolitiker Halford Mackinder, den Austausch von Bevölkerungsgruppen mit dem Argument für praktikabel, man habe im Kriege weit größere Transport- und Organisationsprobleme erfolgreich gelöst.⁴¹

Im Ersten Weltkrieg wurden europäische Zivilisten mit militärischen Begründungen derart behandelt, dass Ähnlichkeiten mit kolonialistischen Praktiken gegenüber „Eingeborenen" unübersehbar sind. Das gilt auch für die Massendeportation von Zivilisten.⁴² Entscheidend ist, dass „die schlimmsten Kriegsgräuel an Zivilisten", auch bei Deportationen, „nicht von fremden Armeen, sondern von staatlichen Organen an den eigenen Bürgern begangen" wurden. Im Ersten Weltkrieg bemühte sich jede Kriegspartei um die innenpolitische Zerrüttung ihrer Feinde durch Instrumentalisierung ethnischer Spannungen.⁴³ Infolgedessen wurde vielerorts eine innere Kriegführung gegen unerwünschte Minderheiten enthemmt⁴⁴ – eine Tendenz zum „totalen Krieg", die der Zweite Weltkrieg später auf die Spitze treiben sollte. Dabei bilden diese Deportationen, die „von staatlichen Organen an den eigenen Bürgern begangen" wurden⁴⁵, den Übergang von einer unterschiedlichen Zielen dienenden militärischen Deportationspolitik zu dauerhaften ethnischen „Säuberungen" mit dem Ziel der Zwangshomogenisierung der eigenen Gesellschaft. Der Genozid des jungtürkischen Regimes an seinen armeni-

---

³⁹ Thiel, „Menschenbassin Belgien", S. 24.
⁴⁰ Der Völkermord an den Armeniern 1915/16, S. 215.
⁴¹ Mackinder, Democratic Ideals and Reality, S. 69.
⁴² Hull, Absolute Destruction, S. 4; McMillan, War, S. 59, mit zahlreichen Beispielen.
⁴³ Sheehan, Kontinent der Gewalt, S. 116f.
⁴⁴ Auch im 20. Jahrhundert richtete sich Vertreibung und Genozid nicht nur gegen ethnische, sondern auch gegen religiöse Gruppen; vgl. Manning, Migration in World History, S. 163.
⁴⁵ Sheehan, Kontinent der Gewalt, S. 116f.

schen Staatsbürgern ist das bekannteste Beispiel, aber die Jungtürken deportierten auch andere ethnoreligiöse Minderheiten (ohne Genozid), und das zaristische Russland verfuhr darin ähnlich.[46] Dasselbe gilt – auf niedrigerer Eskalationsstufe – für die Politik des Habsburgerreiches gegenüber Serben oder Ukrainern. Durch die Gewaltpolitik der Deportationen hat der Erste Weltkrieg „den Unterschied zwischen Außen- und Innenpolitik" zerstört, „der traditionell eine Quelle der Ordnung in der europäischen Staatenwelt gewesen war."[47] Fortan kannte Europa „innere Feinde", gegen die mit ethnischer „Säuberung" gewaltsam vorgegangen werden konnte. Somit „bildet der Erste Weltkrieg den entscheidenden Einschnitt" zur Durchsetzung solcher Politik in Europa[48], obschon diese erst im Zweiten Weltkrieg zum „Königsweg" wurde.

Wird der Erste Weltkrieg „vielfach an den Anfang oder gar in die Reihe der totalitären Kriege des 19. und 20. Jahrhunderts gestellt", so gewichtet ihn Wolfgang J. Mommsen präziser als „Phänomen des Übergangs". Denn „noch" hatten die „völkerrechtlichen Vorstellungen vom Kriege als einem Kriege der Staaten und Armeen, nicht der Völker" Geltung. Dennoch, so Mommsen, habe der Erste Weltkrieg einem „die Bevölkerung in ihrer Gesamtheit direkt oder indirekt in die Kampfhandlungen einbeziehenden Volkskrieg" den Weg bereitet. Dieser Übergang zeige sich besonders in den „Anfänge[n] des ‚ethnic cleansing' bzw. der ‚völkischen Flurbereinigung' in der deutschen Kriegszielpolitik des Ersten Weltkrieges".[49] Dieses Beispiel zeigt, dass der Erste Weltkrieg nicht nur auf Militärs und Politiker radikalisierend wirkte, sondern auch auf intellektuelle Vordenker auf allen Seiten der Fronten.

1. Vordenker ethnischer „Säuberung"

Henry Morgenthau sr. deutete 1918 die Konzeption der Deportation von Millionen Menschen als *ausschließlich deutsche Idee*. Sie erschien diesem US-Politiker, dessen Heimat damals im Krieg mit seinem Geburtsland stand[50], als Projekt, das allein in Deutschland hatte entwickelt werden können, um von dort in verbündete Länder wie die Türkei exportiert zu werden. Dieser Vorwurf war höchst einseitig, wie ein Blick auf die russischen Deportationen des Weltkrieges zeigt, aber dennoch nicht aus der Luft gegriffen. Morgenthau argumentierte, ein jeder, der die alldeutsche („pangermanic") Literatur lese, treffe fortwährend auf dieses ethnisch motivierte *Deportationsdenken*. Die alldeutschen Verfechter deutscher Weltherrschaft hätten detailliert die Vertreibung der Franzosen aus Teilen Frankreichs,

---

[46] Reynolds, Shattering Empires, S. 148f.
[47] Sheehan, Kontinent der Gewalt, S. 115–117; Mazower, Violence and the State in the Twentieth Century, part 34f.
[48] Geiss, „Ethnische Säuberungen", Massaker und Genozid, S. 45.
[49] Mommsen, Anfänge des „ethnic cleansing", S. 47.
[50] Morgenthau war 1856 in Mannheim geboren worden, aber bereits als knapp Zehnjähriger mit seiner Familie in die USA ausgewandert; vgl. Morgenthau, All in a Life-Time, S. 1–3.

der Belgier aus Belgien, der Polen aus Polen, der Slawen aus Russland geplant. Ganze Völker sollten aus Territorien, die sie seit langer Zeit bewohnten, entfernt und durch deutsche Neusiedler ersetzt werden.[51]

Vermutlich hatte Morgenthau eine 1914 vom Vorsitzenden des „Alldeutschen Verbandes" und Mainzer Rechtsanwalt Heinrich Claß verfasste Publikation im Sinn – dessen „Denkschrift betreffend die national-, wirtschafts- und sozialpolitischen Ziele des deutschen Volkes im gegenwärtigen Kriege".[52] Claß hatte 2000 Exemplare dieser Schrift um die Jahreswende 1914/15 vertraulich an ausgewählte Entscheidungsträger in Politik, Militär und Wirtschaft versandt. Ein Teil dieser Exemplare wurde Anfang 1915 beschlagnahmt, weil Reichskanzler Theobald von Bethmann Hollweg sie für politisch schädlich hielt.[53] Krupp-Generaldirektor Alfred Hugenberg, einer der Empfänger, versicherte daraufhin Claß seiner „Entrüstung über die behördlichen Maßnahmen", die auch von einem befreundeten preußischen Regierungspräsidenten und anderen Persönlichkeiten geteilt würde. Hugenberg beklagte die „Zerfahrenheit, gegenseitige Verachtung und Befeindung" innerhalb der deutschen Elite, zwischen harten Alt-Preußen und Schwächlingen.[54] Der alldeutsche Publizist Ludwig Schemann sprach 1919 vom Konflikt der „Bismarckmännern und Bethmannmännern".[55] Für Claß bedeutete dies, dass er erst ab Sommer 1917, nach dem Sturz Bethmann Hollwegs, mit Hilfe des Generalquartiermeisters Ludendorff eine unbeschränkte Veröffentlichung seiner Kriegsziel-Denkschrift erreichen konnte.[56] Der liberale Publizist Ernst Jäckh bedauerte später, während des Ersten Weltkrieges die Alldeutschen nicht ernst genug genommen zu haben; allgemein habe man damals unterschätzt, wie stark Schriften wie die von Claß das Bild Deutschlands im Ausland negativ geprägt hätten.[57]

Schon vor Beginn des Ersten Weltkrieges wurde die Kombinion aus Gebietsannexion und Zwangsumsiedlung – Claß prägte dafür 1914 die Formel vom Land „frei von Menschen" – von diesem Wortführer der Alldeutschen unter dem Pseudonym „Frymann" im Buch „Wenn ich der Kaiser wär" vertreten. Die Forderung ging damals noch über die offiziellen Positionen des Alldeutschen Verbandes hinaus, dessen Vorsitzender Claß seit 1908 war und bis zur Verbandsauflösung 1939 auch bleiben sollte.[58] Die ethnische „Säuberung" Deutschlands erschien Claß

---

[51] Morgenthau, Ambassador Morgenthau's Story, S. 443.
[52] Claß, Zum deutschen Kriegsziel; Winkler, Der lange Weg nach Westen, Bd. 1, S. 317.
[53] Jäckh, Der goldene Pflug, S. 296; Westarp, Konservative Politik im letzten Jahrzehnt des Kaiserreiches, Bd. 2, S. 162; Kruck, Geschichte des Alldeutschen Verbandes, S. 73f.; Leicht, Heinrich Claß, S. 189–193.
[54] Hugenberg, Streiflichter aus Vergangenheit und Gegenwart, S. 203f.
[55] Schemann, Paul de Lagarde, S. 215.
[56] Claß, Zum deutschen Kriegsziel; die Denkschrift soll 1918 eine Auflage von 35 000 Exemplaren erreicht haben; vgl. Kruck, Geschichte des Alldeutschen Verbandes, S. 84f.
[57] Jäckh, Der goldene Pflug, S. 298; der ADV soll im Ersten Weltkrieg von 17 000 auf 35 000 Mitglieder gewachsen sein; vgl.. Kruck, Geschichte des Alldeutschen Verbandes, S. 16f.
[58] Winkler, Der lange Weg nach Westen, Bd. 1, S. 318; Raithel, Das „Wunder" der inneren Einheit, S. 125f.; in den „Leitsätzen" des ADV vom Mai 1915 wurde Claß' Forderung nach Landerwerb „frei von Menschen" nicht erwähnt; vgl. Kruck, Geschichte des Alldeutschen Verbandes, S. 85f.

schon in diesem „Kaiserbuch" von 1912 als Notwendigkeit. Ebenso überzeugt war Claß davon, dass für Deutschland „ein starker Führer nötig" sei (stärker als der regierende Kaiser Wilhelm II.), „der den Schritt zur Genesung, zur inneren und äußeren Festigung erzwingt, der die Entwicklung zum Verfall hindert". Zunächst hoffte Claß – der sich auf die antisemitische Tradition Arthur de Gobineaus, Houston Stewart Chamberlains und Heinrich von Treitschkes berief, aber über diese älteren Wortführer des Rassismus weit hinausging –, dass die „*Grenzen vollständig und rücksichtslos gegen jede weitere jüdische Einwanderung gesperrt*" würden. Außerdem sollten die in Deutschland ansässigen Juden – auch alle seit 1871 zum Christentum konvertierten – unter „Fremdenrecht" gestellt, also ihrer Gleichberechtigung beraubt und in Berufswahl, Besteuerung und Eigentumsrechten massiv benachteiligt werden. Damit wurden Forderungen aufgegriffen, wie sie der alldeutsche Politiker Georg von Schönerer schon 1887 in Österreich erhoben hatte; sie nahmen teilweise die antisemitische Gesetzgebung des Schönerer-Bewunderers Adolf Hitler ab 1933 vorweg. Die Zielsetzung, den Großteil der deutschen Juden durch Diskriminierung zur Abwanderung zu nötigen, führte Claß zur Bekundung seiner Sympathien für den Zionismus.[59] Nicht zufällig besuchte der junge Hitler den alldeutschen Verbandsführer 1920 in Berlin, küsste Claß die Hände und versicherte ihm, in dessen Kaiserbuch „alles für das deutsche Volk Wichtige und Notwendige" gefunden zu haben.[60] Dass Hitler wenige Jahre später in „Mein Kampf" Claß' Vorläuferrolle „mit keinem Wort erwähnte", hatte nicht so sehr mit einer angeblich zweideutigen Haltung von Claß beim Hitlerputsch von 1923 zu tun[61], sondern kann auch als Emanzipation des jüngeren „Führers" gedeutet werden. Um 1930 trafen sich Hitler und Claß als Verbündete auf Augenhöhe wieder.[62] Als Claß im November 1933 vom neuen Reichskanzler zum Mitglied des gleichgeschalteten Reichstages gemacht wurde, hatten sich die Gewichte völlig verkehrt – was Claß nicht hinderte, dem NS-Scheinparlament bis Mai 1945 anzugehören. Zwar wurde sein Alldeutscher Verband vom NS-Regime im März 1939 aufgelöst, aber Claß feierte in aktualisierten Neuauflagen seiner vor 1914 geschriebenen Werke unverdrossen die Erfolge der Hitler-Diktatur.[63]

Bereits im Ersten Weltkrieg sollte Victor Klemperer, deutsch-jüdischer Mitarbeiter der Militärzensur im besetzten Osteuropa, die fatale Übereinstimmung antisemitischer Forderungen mit den zionistischen konstatieren und frustriert feststellen, er habe keine rechtliche Handhabe für das Verbot eines in diese Richtung zielenden alldeutschen Pamphlets gehabt, „obschon ich doch wußte, daß ich Gift

---

[59] Frymann, Wenn ich der Kaiser wär', S. VIII, S. 34f. und S. 74–78; zu Schönerer 1887: Schnee, Georg Ritter von Schönerer, S. 214.
[60] Kruck, Geschichte des Alldeutschen Verbandes, S. 192; laut Leicht, Heinrich Claß, S. 287f. und S. 374, hat Claß Hitler damals als „aufdringlich" und „taktlos empfunden" und hatte für dessen Person seither „nur Geringschätzung" übrig.
[61] So jedoch: Kruck, Geschichte des Alldeutschen Verbandes, S. 198f; Leicht, Heinrich Claß, S. 318 und S. 326.
[62] Kershaw, Hitler, Bd. 1, S. 395, und zwar in der rechten Agitation gegen den Young-Plan.
[63] Kruck, Geschichte des Alldeutschen Verbandes, S. 215–217; Einhart [i. e. Heinrich Claß], Deutsche Geschichte, passim; vgl. ausführlicher: Leicht, Heinrich Claß, S. 395 und S. 405–409.

passieren ließ".⁶⁴ Mit seinem auf Verdrängung und Vertreibung zielenden Antisemitismus unterschied sich Claß deutlich von seinem Vorgänger in der Verbandsleitung, dem ebenfalls antisemitischen Leipziger Statistiker und zeitweiligen nationalliberalen Reichstagsabgeordneten Ernst Hasse⁶⁵. Dieser hatte sich zwar 1907 davon überzeugt gezeigt, dass es sich bei der „Judenfrage" in Deutschland um einen Konflikt zwischen zwei Rassen handle, und sich dabei auf den jungen deutsch-jüdischen Demographen Arthur Ruppin berufen, um zu zeigen, dass auch gebildete Juden von einer „jüdischen Rasse" sprächen.⁶⁶ Im Gegensatz zu Claß oder Hugenberg, die „den völkischen und antisemitischen Kräften bei den Alldeutschen zum Durchbruch" verhalfen⁶⁷, wollte Hasse jedoch keine „Austreibung aller Menschen jüdischer Abstammung", sondern eine Kombination aus Einwanderungsstopp und Assimilationspolitik.⁶⁸ Dieser Widerspruch zwischen Rassismus und Assimilationsstrategie kennzeichnete die ältere Generation deutscher Antisemiten vom Schlage Treitschkes.⁶⁹ Claß hingegen zählte zu jenen radikalen jüngeren Rassisten, welche die damals noch „wie rosarothe Zukunftsmalerei" anmutenden Forderungen nach Zurücknahme der Gleichberechtigung und nach Zwangsaussiedlung aller Juden erhoben. Der Berliner Journalist Friedrich Lange, Gründer des völkisch-antisemitischen „Deutschbundes", in dem auch der junge Heinrich Claß mitarbeitete, hatte schon 1893 erklärt, die „gesunderen Nachkommen" des derzeit allzu liberalen deutschen Volkes würden „die wirklich fremde Rasse des Judenthums und seine Unsittlichkeit" nicht länger dulden, sondern „auszuscheiden oder sonst in sicherer Form unschädlich zu machen suchen". Als Minimallösung stellte sich Lange eine Nachahmung der Judendiskriminierung im Zarenreich (mit Ansiedlungsquoten und Berufsverboten) vor, doch sein eigentliches Ziel war, dass alle Juden Europas „ohne Unterschied des Glaubens ausgewiesen" und „vielleicht nach internationaler Einigung [...] in Palästina oder Argentinien oder sonst in einem geeigneten Lande angesiedelt" werden würden.⁷⁰

Harte Repressionsmittel hielt Heinrich Claß 1912 im „Kaiserbuch" auch für „andere Volksfremde" in Deutschland bereit – insbesondere für die starke polnische Minderheit, deren Grundbesitz enteignet, deren Vertreter aus Regierung und Verwaltung entfernt und deren sprachnationale Identität zerstört werden sollte.

---

⁶⁴ Klemperer, Curriculum Vitae, Bd. 2, S. 505, unter Verweis auf eine Broschüre des Regierungsrates Georg Fritz zum Thema „Die Ostjudenfrage".
⁶⁵ Zu Hasse als MdR: Hugenberg, Streiflichter aus Vergangenheit und Gegenwart, S. 280; laut Kruck, Geschichte des Alldeutschen Verbandes, S. 18 f. unterlag Hasse nach zehnjähriger Zugehörigkeit zum Reichstag 1903 in der Stichwahl einem Sozialdemokraten; laut Heuss, Friedrich Naumann, S. 312 f., führte ein gegen den alldeutschen Antisemitismus gerichteter Wahlaufruf des liberalen Politikers Naumann zugunsten der SPD die Niederlage Hasses herbei.
⁶⁶ Hasse, Die Zukunft des deutschen Volkstums, S. 61, auch Anm. 1.
⁶⁷ Winkler, Der lange Weg nach Westen, Bd. 1, S. 318.
⁶⁸ Hasse, Die Zukunft des deutschen Volkstums, S. 67 f.
⁶⁹ Zu Treitschke: Winkler, Der lange Weg nach Westen, Bd. 1, S. 232.
⁷⁰ Lange, Reines Deutschthum, S. 74, S. 81 und S. 85 f.; zu Claß im „Deutschbund": Kruck, Geschichte des Alldeutschen Verbandes, S. 20.

Für den Fall polnischen Widerstandes drohte Claß mit „dem Äußersten", ohne zu erläutern, was er darunter verstand. Deutlicher wurde er in Bezug auf die Elsass-Lothringer, die erneut – wie schon nach der deutschen Annexion von 1871 – zur Option für eine nationale Identität gezwungen werden sollten. Diejenigen, die sich zu Frankreich bekennen würden, sollten „in kurzer Frist das Land verlassen" müssen. Dieselbe Behandlung sollte der dänischen Minderheit in Schleswig zuteil werden. Außerdem sollten „reichsfremde Volksfremde", vor allem aus Ost- oder Südeuropa, abgeschoben werden, während Deutschland sich endlich für die „Rückwanderung" von Auslandsdeutschen einsetzen und eine weitere Auswanderung von Deutschen unterbinden müsse.[71]

Der Alldeutsche Claß dachte bereits 1912 über die Folgen eines deutschen Sieges in einem künftigen Weltkriege nach. Sollte Deutschland seine Nachbarn besiegen, würde es Gebiete voll fremdnationaler Menschen annektieren können, „also Menschen die uns feind sind". Solcher Landzuwachs sei nur dann ein Gewinn, wenn „wir vom besiegten Gegner die Abtretung menschenleeren Landes verlangen". Widerstände vorwegnehmend, berief sich Claß bei diesem Vertreibungsplan nicht nur auf den deutschen „Idealist[en]" Paul de Lagarde, der dergleichen schon vor einem halben Jahrhundert „für die Lösung der Polenfrage" vorgeschlagen habe, sondern auch auf „ähnliche Gedanken" in „Zeitschriften nationaler Richtung". Besonders hob Claß das „vor kurzem" erschienene Werk eines weiteren „gemeingefährliche[n] ‚Chauvinisten'" hervor, der unter dem Pseudonym „Tannenberg" eine Vision von „Groß-Deutschland" erarbeitet hatte, innerhalb derer „eine großzügige Politik der Evakuierung im Osten und Westen zu Deutschlands Gunsten nach siegreicher Beendigung der europäischen Krisis behandelt" worden war.[72]

Dieser völkisch-alldeutsche Autor „Tannenberg", dessen Identität bis heute nicht geklärt ist[73], hat in seinem 1911 erschienenen Buch über ein im 20. Jahrhundert zu errichtendes „Groß-Deutschland" einen Weltkrieg gegen die Entente-Großmächte imaginiert, nach dessen für Deutschland siegreich gedachten Ende umfangreiche Annexionen erfolgen sollten. Von Frankreich sollten über 17 000 Quadratkilometer verlangt werden, Gebiete mit den Städten Epinal, Nancy, Lunéville, Verdun und Sedan. Die dort lebenden 1,2 Millionen Franzosen sollten einer „Übersiedlung" unterworfen und binnen eines Jahres ins verkleinerte Frankreich umgesiedelt werden. Tannenberg begründete dies mit der Notwendigkeit, den in Elsass-Lothringen „1871 begangenen Fehler wieder gut zu machen, wo wir so

---

[71] Frymann, Wenn ich der Kaiser wär', S. 79–86, S. 89f. und S. 92; zum Optionsrecht, das ursprünglich verfeindete religiöse Gruppen im Augsburger Religionsfrieden von 1555 voneinander trennen wollte und seit dem 18. Jahrhundert „eine Art Säkularisierung" durch Ethnisierung erlebte: Fisch, Das Selbstbestimmungsrecht der Völker, S. 75f.; zur Option von 1871, von der 10% der elsässischen Bevölkerung Gebrauch machten und nach Frankreich abwanderten: Kohser-Spohn, Die Vertreibung der Deutschen aus dem Elsass 1918–1920, S. 82, Anm. 6.
[72] Frymann, Wenn ich der Kaiser wär', S. 140; vgl. Tannenberg, Groß-Deutschland.
[73] Manche vermuten hinter diesem Pseudonym den ehemaligen Regierungsrat Rudolf Martin, andere bezweifeln dies; vgl. Müller, Imaginierter Westen, S. 149, Anm. 118; Kruck, Geschichte des alldeutschen Verbandes, S. 257, benannte Hermann Teistler als Autor.

töricht waren, die Bewohner dieser Gegenden, weil sie deutsch sprachen, als gleichberechtigte Deutsche aufzunehmen, und den Einfluß Frankreichs unterschätzten". Wenn man nunmehr aber westlich von Elsass-Lothringen „eine rein deutsche Provinz" aufbaue, werde man mit der Zeit auch das elsässische Problem (durch Assimilation) lösen. Das menschenleer gemachte Land im Westen sollte an deutsche Soldaten als Neusiedler vergeben werden. Darüber hinaus sollte Frankreich gezwungen werden, auch die wallonische Bevölkerung Belgiens aufzunehmen, damit das fortan rein flämische Nachbarland möglichst eng an Deutschland gebunden werden könne. Noch radikaler wollte „Tannenberg" im Osten Europas verfahren, wo Russland im Baltikum 202 000 Quadratkilometer abtreten sollte. Deutschland sollte das besiegte Zarenreich zwingen, alle nichtdeutschen Völker aus dem deutschen Machtbereich im verkleinerten Russland anzusiedeln. Gemeint waren „die Polen in Posen, Westpreußen und Oberschlesien, die Littauer [sic!] am Memelstrom, die Letten an der Düna, die Esthen [sic!] am Embach und den nördlichen Küstenflüssen, die Tschechen in Böhmen, Österreichisch-Schlesien und Mähren, die Südslawen in Krain, Kärnten, Steiermark, Kroatien, Dalmatien, in Görz und Gradiska". Mit dieser Zwangsumsiedlung sei „allen geholfen", erklärte „Tannenberg" zynisch, denn im Gegenzug würden Russland die Kriegsschulden erlassen, die West- und Südslawen würden endlich „Bürger eines slawischen Staates", den sie stets für sich erträumt hätten, „und wir Deutsche erhalten das uns notwendige Siedlungsland, schuld- und lastenfrei". Umgekehrt sollten 1,25 Millionen Russlanddeutsche das Zarenreich verlassen und im erweiterten deutschen Machtbereich angesiedelt werden. Wie Tannenbergs Vorhaben einer Umsiedlung von zum Habsburgerreich gehörigen Slawen verrät, sollte auch der engste Verbündete Deutschlands nicht ungeschoren bleiben: Österreich-Ungarn wäre zur Abtretung seiner deutsch besiedelten Gebiete (Österreich und Deutschböhmen) an das Deutsche Reich genötigt und dafür mit Territorien in Ost- und Südosteuropa entschädigt worden. Polen, Rumänien, Serbien und Bulgarien sollten dem nach Südosten verschobenen Habsburgerreich angegliedert werden, dessen Hauptstadt künftig Budapest statt Wien sein würde. Diese radikalen Phantasien wurden 1916 – mitten im Weltkrieg – ins Französische übersetzt und als „deutscher Traum" der Entente-Öffentlichkeit mitgeteilt. Dabei strich der Herausgeber, der in Lausanne lehrende Soziologe Maurice Millioud, die gravierenden Annexions- und Vertreibungsziele gebührend heraus.[74]

Tannenbergs begeisterter Leser Heinrich Claß räumte 1912 ein, dass zwar historische, kulturell-humanitäre und völkerrechtliche Einwände gegen solche Zwangsevakuierungen und Enteignungen von Zivilisten sprächen. Gleichwohl rechtfertigte er die Maßnahmen als Notstandshandeln eines Volkes ohne ausreichenden Siedlungsraum. Außerdem würde Deutschland dergleichen ja nur umsetzen, wenn es zuvor angegriffen worden sei – also als „Strafe für ruchlosen Überfall". Claß' Definition von Verteidigung war allerdings denkbar weitreichend:

---

[74] Tannenberg, La Plus Grande Allemagne, S. IX, S. 305 f., S. 315 und S. 327; die deutschen Zitate bei Rohrbach, Chauvinismus und Weltkrieg, Bd. 2, S. 256 f. und S. 282.

„Einem Verteidigungskrieg" durfte in seiner Sicht „auch ein von deutscher Seite angriffsweise geführter gleichgeachtet werden, den wir unternehmen müßten, um den Gegnern zuvorzukommen".[75]

Auch der antisemitisch-völkische Schriftsteller Adolf Bartels, damals Protegé des Weimarer Großherzogs Wilhelm Ernst von Sachsen und nach 1933 dann von Joseph Goebbels, umriss in einer 1914 (und erneut 1918) publizierten Denkschrift über den deutschen „Siegespreis" nach einem gewonnenen Weltkrieg die Annexion großer Teile des Zarenreiches. Dabei berief sich Bartels auf die Aussiedlungspläne von „Frymann" (also Claß) und forderte die Deutschen auf, endlich „rücksichtslos" zu werden und den „Humanismus" fallenzulassen. Schon 1913 habe er gefordert, im Falle eines Krieges mit Russland alles osteuropäische Land bis zur Düna und zum Dniepr zu annektieren *und es rücksichtslos zu germanisieren*". Dies hatte Bartels noch primär durch deutsche *An*siedlungspolitik gewährleisten wollen; massenhaft *aus*siedeln wollte Bartels 1913 einzig die Juden Osteuropas. Nachdem aber der imaginierte Krieg real geworden war, wollte er weit mehr: Die Forderung der Düna-Dniepr-Grenze erhielt Bartels aufrecht (was nach seiner Berechnung 35 Millionen Einwohner unter deutsche Herrschaft gebracht hätte) und ergänzte dies durch massive Umsiedlungsforderungen. Schon „ein so human gesinnter Mensch wie der Dichter Friedrich Hebbel" habe „einmal von ,organisierten Völkerwanderungen' gesprochen, die in Zukunft nötig würden". Um die eroberten Gebiete zu germanisieren, müsse man nun einmal ihre Bewohner „zum Teil verdrängen". Dieses Schicksal mutete Bartels zwar nicht den Polen zu, die ihre Nationalität in einem Vasallenstaat pflegen dürfen sollten; ausgesiedelt werden sollten jedoch großenteils Russen, Weißrussen, Ukrainer und ohne Ausnahme die Juden. Die betroffenen Slawen sollten ins asiatische Russland transferiert werden, die Juden nach Vorderasien. Bartels, der mit der antisemitischen Entrechtungspolitik von „Frymann" völlig konform ging, wollte auch die „Judenfrage" in Deutschland „gründlich lösen", indem Millionen Juden „nach der jetzt unter jungtürkisch-jüdischer Herrschaft stehenden Türkei" ausgesiedelt würden, während das neu-deutsche Osteuropa mit Millionen Reichsdeutschen und Skandinaviern neu besiedelt werden sollte.[76] Hierin folgte Bartels ganz der Linie von „Frymann"-Claß.[77]

Theodor Schieder, der es auch ganz persönlich wissen musste[78], hat nach 1945 auf die lange deutsche Tradition von Vertreibungsplanungen hingewiesen und deren Zusammenhang mit der späteren Vertreibung der Deutschen aus dem „Os-

---

[75] Frymann, Wenn ich der Kaiser wär', S. 141.
[76] Bartels, Der Siegespreis (Westrußland deutsch), S. I, S. 4f., S. 16–18, S. 22–25, S. 27–29, S. 34f. und S. 38–40.
[77] Die Kombination von Annexion und „Evakuierung" hatte Claß 1912 mit Blick auf Frankreich und Russland vertreten, wobei für Osteuropa eine deutsche Neubesiedlung hinzutrat; vgl. Frymann, Wenn ich der Kaiser wär', S. 142f., S. 152 und S. 168–170.
[78] Schieder war als junger Privatdozent 1939 in Königsberg Mitautor einer Denkschrift über die Zukunft des eroberten polnischen „Generalgouvernements" gewesen, in der für eine Zwangsumsiedlung der jüdischen Bevölkerung plädiert wurde; vgl. Ebbinghaus / Roth, Vorläufer des „Generalplans Ost".

ten" nach dem Zweiten Weltkrieg herausgestellt. Bereits während der Befreiungskriege gegen das napoleonische Frankreich sei in Deutschland die Deportation fremdnationaler Bevölkerungen vereinzelt von Nationalisten wie Heinrich Luden 1814 als Option diskutiert worden, allerdings als inhuman und unklug (da Vergeltungen gegen deutsche Minderheiten auslösend) abgelehnt worden. Ein Jahrhundert später habe es in der Denkschrift von Claß solche Bedenken nicht mehr gegeben.[79] Zwei Jahrzehnte nach seiner Denkschrift erinnerte sich Claß, der 1933 von Hitler einen Ehrensitz im NS-Reichstag erhalten sollte, dass bereits sein „Kaiserbuch" von 1912 in der deutschen Öffentlichkeit „großes Aufsehen" erregt habe; vor dem Krieg habe es fünf Auflagen von je 5000 Exemplaren erlebt, während des Krieges eine sechste und nach 1918 eine siebte in gleicher Höhe – „ein für eine derartige Schrift seltener Erfolg".[80] Besonders wichtig: Claß' Buch richtete sich an die gebildeten Eliten.[81]

Claß ließ in seinen Erinnerungen 1932 allerdings auch durchblicken, dass seine Forderung nach „Land ohne Menschen" selbst bei prominenten Alldeutschen wie dem Berliner Historiker Dietrich Schäfer Widerspruch erfahren hatte, „da sie allen Grundsätzen der Menschlichkeit und Kultur ins Gesicht schlage". Doch war es Claß gelungen, den Austritt Schäfers aus dem Alldeutschen Verband zu verhindern. Um Schäfers Widerspruch zu brechen, hatte sich Claß auf den preußischen Generalfeldmarschall Helmuth von Moltke – einen Heroen der deutschen Einigungskriege der Bismarckzeit – berufen, „der gewiß ein Kulturmensch gewesen sei" und dennoch die Forderung nach ethnischer „Säuberung" in den 1850er Jahren ebenso vertreten habe wie der geachtete Publizist Paul de Lagarde. Claß wies Schäfer überdies auf Russland hin, wo dieser Grundsatz „bereits vor dem Kriege bei der Umsiedlung seiner deutschen Kolonisten in größtem Umfange angewendet worden" sei. Grundsätzlich behauptete er: „Von Barbarei könne bei der Durchführung der von mir vertretenen Maßnahmen nicht gesprochen werden, da ein festgeordnetes Rechtsverfahren vorgesehen sei." Schäfer wandte ein, „alle noch so gerechten und gutgemeinten Maßnahmen könnten nicht verhindern, daß die Umgesiedelten ihre *Heimat* verlören". Claß konterte mit der Frage, ob Schäfer „lieber wolle, daß fremde, uns dazu noch feindlich gesinnte Volksangehörige in geregeltem Verfahren ihre Heimat aufgäben, um anderswo in einem ihren Wohnsitzen doch gleichartigen Gebiete angesiedelt zu werden, oder daß infolge der Überbevölkerung [Deutschlands] wieder die unselige Auswanderung nach den Vereinigten Staaten beginne, die [...] unzähligen Deutschen ebenfalls die liebe Heimat gekostet hätte, um einem fremden, [...] in der Hauptsache feindseligen Volke zur Größe zu verhelfen". Daraufhin kapitulierte der Historiker und versprach, alles nochmals zu überdenken; er antwortete später brieflich, er wolle an der Kriegszielpolitik des Alldeutschen Verbandes weiter mitarbeiten – „allerdings unter sanfter Aufrechthaltung seiner Bedenken gegen eine Umsiedlung in

---

[79] Schieder, Die Vertreibung der Deutschen, S. 11.
[80] Claß, Wider den Strom, S. 235–237.
[81] Winkler, Der lange Weg nach Westen, Bd. 1, S. 319.

großem Maßstabe", wie Claß ironisch konstatierte. Ein derartiger offener Widerspruch, so behauptete Claß im Rückblick, sei jedoch ohnehin die Ausnahme gewesen. Es sei für ihn „überraschend" gewesen, „wie schnell" sich „die wesentlichsten [...] Forderungen" seiner Denkschrift „durchgesetzt" hätten: „Dies galt vor allem für den Satz: ‚Land frei von Menschen'".[82]

Das war wohl übertrieben, denn Claß' Vertreibungspläne stießen nach 1914 in den deutschen Eliten durchaus auf Widerspruch. Dietrich Schäfer, der seine frühere Kontroverse mit Claß in seinen eigenen Memoiren gar nicht berührte, konstatierte 1926, dass die Ziele des Alldeutschen Verbandes in Deutschland „sehr verschiedener Beurteilung" unterlagen, dass die Alldeutschen „unter Förderung der jeweiligen Regierungen" seit Bethmann Hollweg „nach Kräften schlecht gemacht"[83] und von vielen als „gemeingefährliche ‚Chauvinisten'" bekämpft worden seien.[84] Der Liberale Ernst Jäckh glaubte zwar, dass das „Fremdwort ‚evakuieren'" eindeutig „alldeutscher Herkunft" gewesen und besonders durch die Claß-Denkschrift propagiert worden sei, betrachtete jedoch deren Wirkung als uneinheitlich. Die zivile Reichsleitung um den bis 1917 amtierenden Reichskanzler Theobald von Bethmann Hollweg sei eindeutig „antialldeutsch" gewesen, ebenso die zivile Umgebung Kaiser Wilhelms II., weshalb die Berliner Regierungspolitik zwischen 1914 und 1917 zumindest „nicht alldeutsch" geworden sei. Hingegen hätten „Marine und Militär" Claß' Vertreibungsziele unterstützt.[85] Das war bei vielen rechten Politikern allenfalls halbherzig der Fall. Der damalige deutschkonservative Fraktionsführer im Reichstag, Graf Kuno von Westarp, räumte 1935 rückblickend ein, die „bis in die Einzelheiten durchgearbeiteten Vorschläge" einer Aneignung fremden „Landes ‚frei von Menschen'" hätten zwar „für konstruktiv denkende Menschen in ihrer starren logischen Konsequenz etwas Bestechendes gehabt", doch hätten „rechtsstaatliche und humanitäre Bedenken", „in erster Linie" aber „Zweifel über die Erreichbarkeit und praktische Durchführbarkeit dieser Pläne", seine Fraktion gehindert, sich auf diese von Claß und Hugenberg verfochtene Forderung festzulegen.[86]

Dabei hatte sich Claß in seiner Denkschrift von 1914 auf bedeutende Vordenker berufen. Neben dem 1891 verstorbenen Generalstabschef Graf Moltke nannte er zwei vielgelesene Autoren, den im selben Jahr wie Moltke verstorbenen völkisch-antisemitischen Publizisten Paul de Lagarde – eigentlich der Göttinger Orientalistik-Professor Paul Anton Bötticher, der als Pseudonym den hugenottischen

---

[82] Claß, Wider den Strom, S. 323, S. 343, S. 361–364 und S. 394; zu dieser Kontroverse findet sich in Schäfers Memoiren nichts, der stattdessen 1926 darauf beharrte, dass Deutschland seine „mit polnischer Bevölkerung durchsetzten Gebiete nicht entbehren" könne, dass „eine Grenzfestsetzung, welche die beiden Volksteile voneinander sondert, [...] unmöglich" sei und dass deshalb „Deutsche unter polnischer oder Polen unter deutscher Herrschaft bleiben" müssten; vgl. Schäfer, Mein Leben, S. 152.
[83] Schäfer, Mein Leben, S. 151; vgl. umfassend Leicht, Heinrich Claß, S. 182–189.
[84] So Claß ironisierend in Frymann, Wenn ich der Kaiser wär', S. 140.
[85] Jäckh, Der goldene Pflug, S. 291 f.
[86] Westarp, Konservative Politik im letzten Jahrzehnt des Kaiserreiches, Bd. 2, S. 45.

Mädchennamen seiner Großmutter nutzte[87] – und den 1900 während der internationalen Militärintervention in China verunglückten Offizier und Historiker Graf Maximilian Yorck von Wartenburg. Claß berief sich außerdem in einem Taschenspielertrick auf den „Frymann" des Kaiserbuches, ohne offenzulegen, dass er sich selbst hinter dem Pseudonym verbarg. All das mündete in den Schluss: „So befindet sich, wer heute das gleiche […] verlangt, in guter Gesellschaft – aber auch wenn dies nicht der Fall wäre, *müsste die Forderung doch erhoben werden, weil sie das schlechthin Unumgängliche trifft.*"[88]

Im Falle der Militärs Moltke und Yorck beruhten Claß' Behauptungen jedoch auf fragwürdiger Kolportage von Einzeläußerungen. Graf Yorck, Enkel eines Heroen der Befreiungskriege von 1813 und früherer Militärattaché in St. Petersburg, hat die ihm von Claß zugeschriebenen „Säuberungs"-Pläne gegen Russland zumindest nicht in seiner weitverbreiteten „Weltgeschichte" propagiert.[89] Und dass Graf Moltke dergleichen mit Blick auf die pro-französische Bevölkerung des 1871 annektierten Elsass-Lothringen für „ratsam" gehalten habe, kam erst infolge „glaubwürdiger Überlieferung" des Generalmajors August Keim in die Öffentlichkeit[90] – jenes Vorsitzenden des nationalistischen „Deutschen Wehrvereins", der im Ersten Weltkrieg mit Claß eng kooperierte.[91] General Keim, als Militärgouverneur der belgischen Provinz Limburg im Ersten Weltkrieg übrigens mitverantwortlich für die deutschen Zwangsarbeiter-Deportationen[92], enthüllte 1925 beiläufig, Moltke habe es gegen Ende des Deutsch-Französischen Krieges von 1870/71 für „ratsam" gehalten, „den französiierten Teil der elsaß-lothringischen Bevölkerung aus dem Lande zu weisen, weil er eine stete Gefahr für die deutschen Belange darstellte" – ein Vorschlag, den Keim angesichts der späteren fortdauernden Probleme mit dieser Bevölkerungsgruppe für voll gerechtfertigt hielt.[93] Zu Lebzeiten hatte Graf Moltke jedoch öffentlich stets für Assimilationspolitik plädiert.[94] Auch hatte der Feldmarschall 1874 im Reichstag erklärt, er wisse nicht, was Deutschland „mit einem eroberten Stück von Rußland oder Frankreich" anfangen sollte, und sprach sich gegen die Annexion polnischer Gebiete nach einem etwaigen Sieg über Russland aus, da Deutschland bereits eine viel zu große polni-

---

[87] Schemann, Paul de Lagarde, S. 3–7.
[88] Claß, Zum deutschen Kriegsziel, S. 38f.; gemeint ist das von Claß unter dem Pseudonym Frymann vor dem Ersten Weltkrieg in mehreren Auflagen publizierte Pamphlet „Wenn ich der Kaiser wär'", das 1925 unter Klarnamen als „Kaiserbuch" veröffentlicht wurde.
[89] Yorck von Wartenburg, Weltgeschichte in Umrissen, S. 491f. und S. 497–499.
[90] Stadelmann, Moltke und der Staat, S. 494, Anm. 155, der sich auf die 1925 publizierten Memoiren Keims beruft.
[91] Raithel, Das „Wunder" der inneren Einheit, S. 40f.; Keim war zugleich in der alldeutschen Verbandsführung aktiv; vgl.. Kruck, Geschichte des Alldeutschen Verbandes, S. 17.
[92] Vgl. zu den Deportationen: Keim, Erlebtes und Erstrebtes, S. 253–255, sowie Thiel, „Menschenbassin Belgien", S. 172 und S. 299; zur Germanisierungspolitik Baranowski, Nazi Empire, S. 85f.
[93] Keim, Erlebtes und Erstrebtes, S. 43.
[94] Er wolle den „Landsleuten" in Elsass-Lothringen nach zweihundert Jahren der Entnationalisierung „Zeit geben, sich während der nächsten 200 Jahre wieder an uns zu gewöhnen"; vgl. Moltke, Ausgewählte Werke, Bd. 3, S. 332.

sche Minderheit besitze. Dieser Annexionsverzicht war das Gegenteil eines Vertreibungsplädoyers.[95] In eben dieser Moltke-Tradition dankte Paul Rohrbach 1916 ausdrücklich dem Schicksal, dass Preußen jene großen Teile Polens mit Städten wie Kalisch, Warschau, Bialystok und Suwalki, die es durch die Teilung Polens in den 1790er Jahren erworben hatte, rasch weitgehend wieder verloren hatte, denn „mit einem Drittel polnischer Bevölkerung wäre sein schlechthin deutscher Charakter nicht zu erhalten gewesen" und Preußen daher „schwerlich" zum Motor der deutschen Reichseinigung von 1871 geworden: „Für die Zukunft Preußens und Deutschlands war es ein Glück, daß auf dem Wiener Kongreß 1815 nur so viel polnisches Land bei uns blieb, wie bleiben mußte, wenn wir die Möglichkeit behalten wollten, unsere Ostgrenze zu verteidigen."[96] Selbst General Keim hatte 1914 den Gedanken deutscher Annexionen in Europa noch mit dem Argument Moltkes verworfen, Deutschland könne nicht noch weitere nationale Minderheiten verkraften.[97] Moltke war somit weder ein hemmungsloser Annexionist noch ein ethnischer „Säuberer" vom Schlage des Justizrates Claß.[98] Allerdings war Moltke als Nationalist davon überzeugt, dass die Stärke eines Staates auf der „Homogenität seiner Einwohner" beruhe[99], und ging davon aus, dass sich Europa „nach Nationalitäten" neu formieren würde. Dadurch werde von Deutschland „alles Fremde" früher oder später „abfallen"; das sei jedoch nicht tragisch, sofern Deutschland im Gegenzug „alles Deutsche wiederbekommen" würde, dann wäre man für Verluste „reichlich entschädigt". Somit war es lediglich Moltkes Wunsch nach Einbeziehung der deutschen Teile Österreichs in einen gesamt-deutschen Nationalstaat, der ihn in die Nähe von Alldeutschen wie Georg von Schönerer oder Paul de Lagarde brachte[100], von denen ihn sonst sehr Vieles trennte.

Der damals vielgelesene Lagarde[101] war der geistige „Ahnherr" der Vertreibungsplanungen des Alldeutschen Claß. Auch das NS-Regime druckte Lagardes Werke ab 1933 erneut. Das von Bismarck und Moltke geschaffene Deutsche Reich von 1871 war Lagarde von Anfang an viel zu klein, um gegenüber Großreichen wie Russland bestehen zu können. Der Göttinger Professor hatte daher schon seit 1853 immer wieder die Errichtung eines deutschen Großstaates gefordert, der sich über weite Teile Mittel- und Osteuropas erstrecken sollte, um alle verstreuten deutschen Bevölkerungsgruppen in Europa zu vereinen. Um nationale Homogenität zu erreichen, sollte dieses Großreich fremdnationale Bevölkerungen entwe-

---

[95] Im Falle des nördlichen Schleswig war Moltke, der 1864 Schleswig-Holstein miterobert hatte, um es vor der Zwangsassimilation durch dänische Nationalisten zu retten, sogar bereit, Gebiete mit dänischer Mehrheit wieder an Dänemark zurückzugeben – was jedoch an Kaiser Wilhelm I. scheiterte und erst 1919 in Versailles erzwungen wurde; vgl. Stadelmann, Moltke und der Staat, S. 270f., S. 300f. und S. 335–337.
[96] Rohrbach, Weltpolitisches Wanderbuch 1897–1915, S. 285f.
[97] Raithel, Das „Wunder" der inneren Einheit, S. 126.
[98] Moltkes angebliche Jugendpropaganda zur Annexion Elsass-Lothringens war womöglich sogar eine Fehlzuschreibung; vgl. Müller, Imaginierter Westen, S. 78.
[99] Moltke, Ausgewählte Werke, Bd. 3, S. 334f.
[100] Stadelmann, Moltke und der Staat, S. 273 und S. 277.
[101] Zur Rezeption Lagardes: Winkler, Der lange Weg nach Westen, Bd. 1, S. 320.

der assimilieren oder aussiedeln, da es „unmöglich" sei, „eine Nation in der Nation zu dulden". Im Falle der Juden präferierte Lagarde die Zwangsaussiedlung, während er „Magyaren, Tschechen und was an ähnlichen Nationalitäten unter dem Scepter Oesterreichs lebt", zu assimilieren hoffte.[102] Während Feldmarschall Moltke ein künftiges Großdeutschland auf deutsche Siedlungsgebiete im Bismarckreich und im habsburgischen Österreich beschränken wollte, war Lagardes Mitteleuropa viel ausgreifender und aggressiver gedacht. 1855 forderte Lagarde als „strategisch haltbare Grenzen", „daß russisch Polen im Osten und zwar über die Weichsel hinaus bis an die Pinsker Sümpfe, Elsaß und das gesammte [sic!] Lothringen östlich von den Argonnen zu Deutschland zu ziehen sein wird". Nach 1871 reklamierte der politisierende Zivilist folgerichtig – aber im Gegensatz zum Berufsmilitär Moltke, der dies für unnötig hielt – aus strategischen Gründen die Annexion des französischen Belfort und des neutralen Luxemburg.[103]

Der in Breslau geborene und durch Hitler zur Emigration in die USA getriebene deutsch-jüdische Historiker Fritz Stern hat gezeigt, dass es Lagarde primär darum ging, das deutsche Volk auf eine „Sendung" in Form der „Kolonisierung aller nichtdeutschen Länder innerhalb der österreichischen Monarchie" zu verpflichten. Deren nichtdeutsche Nationalitäten, so Lagarde, seien eine „Last für die Geschichte" und müssten der überlegenen deutschen Kultur weichen.[104] Diese nationalistische Arroganz teilte Lagarde mit dem sozialistischen Theoretiker Friedrich Engels, der zwar Polen und Iren lobte, weil ihre nationalen Befreiungskämpfe gegen Briten und Russen zugleich der Weltrevolution dienten, der jedoch ansonsten für die „kleinen slawischen Völker und Volkstrümmer" nur „verdammt wenig" Sympathien aufbrachte. Für Engels waren die „Natiönchen" der Tschechen, Slowaken, Serben, Bulgaren, Slowenen oder Ukrainer schlicht konterrevolutionäre „Handlanger des Zarentums".[105] Lagarde fürchtete die Slawisierung der Habsburgermonarchie ebenfalls vor allem deshalb, weil sie dem russischen Imperialismus in die Hände arbeite und dadurch das gesamte deutsche Volk bedrohe.[106]

In der demokratischen Nationalversammlung der Paulskirche war 1848/49 unter deutschen Liberalen noch die Hoffnung verbreitet, ein vereinigtes Deutschland werde so große wirtschaftliche Anziehungskraft entfalten, dass Polen, Tschechen und andere Slawen „unwiderstehlich" zum Anschluss bewogen würden. Schon diese Demokraten träumten von einem „Machtbereich von der Ostsee bis nach Südosteuropa"; ihr liberaler Nationalismus dachte nicht an die Möglichkeit, „dass Deutsche je als Minderheit leben könnten".[107] Auch das daran anknüpfende

---

[102] Lagarde, Deutsche Schriften, S. 24 und S. 27; vgl. auch Sieg, Deutschlands Prophet.
[103] Lagarde, Deutsche Schriften, S. 31 und S. 101.
[104] Stern, Kulturpessimismus als politische Gefahr. S. 84.
[105] Marx / Engels, Werke, Bd. 6, S. 165–176 und S. 270–286, Bd. 35, S. 271f. und S. 280–282, sowie Bd. 36, S. 390; vgl. auch Hunt, Friedrich Engels, S. 226–228; zu Marx' abfälligen Urteilen über Westslawen und zur großdeutschen Germanisierungspolitik von Engels: Levene, Genocide in the Age of the Nation State, Bd. 2, S. 175.
[106] Schemann, Paul de Lagarde, S. 245 f.
[107] Mazower, Hitlers Imperium, S. 27 f.

habsburgische Mitteleuropa-Projekt eines „Siebzigmillionenreiches", das um 1850 die Phantasie vieler Großdeutscher anregte und vom österreichischen Ministerpräsidenten Prinz Felix Schwarzenberg und dessen Handelsminister Baron Bruck als Alternative zur preußisch-kleindeutschen Reichseinigung propagiert wurde, mag für Lagardes Utopien Pate gestanden haben, hatte jedoch – anders als bei Lagarde – keine nationalistisch-deutsche Zielrichtung gekannt.[108] Dennoch wurden die Mitteleuropa-Pläne Schwarzenbergs und Brucks von der deutsch-österreichischen Historiographie im Ersten Weltkrieg und in der Zwischenkriegszeit hoch gewichtet, worin ihr NS-Historiographen noch im Zweiten Weltkrieg folgten.[109] Heute wertet die Forschung Schwarzenbergs großdeutsches Mitteleuropa eher als „taktisches Mittel" zur Verhinderung des preußisch-kleindeutschen Nationalstaats denn als ernsthaft verfolgtes politisches Projekt.[110]

Anders als Engels, die Paulskirchen-Demokraten oder die Habsburger-Minister Schwarzenberg und Bruck zog der Proto-Alldeutsche Lagarde ab 1853 den Schluss, dass Deutschlands imperiale Herrschaft über Mittel- und Osteuropa nötigenfalls auch zur *Verdrängung* der slawischen Völker berufen sei. Dabei dachte der Göttinger Professor an eine Kombination aus Vertreibung und Reservat-Internierung[111] – offenbar nach dem Muster des Schicksals der Indianer in den USA. 1875 erklärte Lagarde das von Nationalitätenkonflikten geprägte Vielvölkerreich Österreich-Ungarn für überlebensunfähig; es sei bestenfalls noch zum „Koloniestaat Deutschlands" geeignet. Mit Ausnahme der Deutschen und der Südslawen seien alle Völker dieses Reiches „politisch werthlos" – „je schneller sie untergehen, desto besser für uns und für sie". In der Folge entwickelte Lagarde Umsiedlungspläne für Westslawen und Magyaren.[112] 1885 präsentierte er sein Umsiedlungsprojekt für die Habsburgermonarchie, durch welches deren nichtdeutsche Bewohner in Reservate „ausscheiden", in Vasallenstaaten „ab[ge]geben" oder in entfernte Siedlungsregionen „entlassen" werden sollten:

„Österreich bedarf einer herrschenden Rasse, und herrschen können in Österreich nur die Deutschen. [...] Mag man in Österreich den interessanten Nationalitäten der Tschechen, Magyaren, Slowenen, Slowaken in nicht zu erheblichem Umfange ihnen allein eignendes Land ausscheiden: mag man die Polen Österreichs innerhalb gewisser Grenzen an die Wettiner abgeben, die Rumänien [i. e. Rumänen] nach Bessarabien und darüber hinaus entlassen: das Viele, was nicht tschechisch, magyarisch, slowenisch, slowakisch wird, sondern österreichisches Kronland bleibt, ist deutsch, und von den Auswanderern des deutschen Reichs zu besiedeln".[113]

---

[108] Vgl. Elvert, Mitteleuropa!, passim.
[109] Vgl. Srbik, Deutsche Einheit, Bd. 2, S. 92–122; Charmatz, Minister Freiherr von Bruck, S. 41, sieht seinen Protagonisten als Urheber dieser mitteleuropäischen Föderationsidee, worin ihm später Ihde, Karl Ludwig von Bruck, S. 22, folgte, während Heller, Mitteleuropas Vorkämpfer Fürst Felix zu Schwarzenberg, S. 33, wiederum Schwarzenbergs diesbezügliche Zielsetzung „von Anfang an" behauptet, aber nicht schlüssig belegt.
[110] Rumpler, Österreichische Geschichte, S. 312 f.; Lippert, Felix Fürst zu Schwarzenberg, S. 269 f.
[111] Stern, Kulturpessimismus als politische Gefahr. S. 96 f.
[112] Lagarde, Deutsche Schriften, S. 111 f.
[113] Ebenda, S. 397 f.

Als Krönung dieses zwangsgermanisierten Kontinental-Imperiums wollte Lagarde ein „aus den Vertretungen beider [preußisch-deutschen und habsburgischen] Kaiserreiche zusammengesetztes, in Prag tagendes, Parlament" schaffen.[114] Deutschösterreichische Liberale wie Richard Charmatz meinten 1907, diese Ansichten stammten aus einer vergangenen Zeit, „in der Österreich noch als Besitz des Deutschtums angesehen ward", und tadelten alldeutsche Zeitgenossen wie den Alldeutschen Ernst Hasse, diesen Ideen weiterhin zu folgen.[115] Hasse hatte 1895 in seiner Rezension der von einem anonymen „Größtdeutschen" verfassten Broschüre „Germania triumphans" kritisiert, dass deren Autor nur die Ostexpansion gegen Russland behandle und darüber Österreich völlig vergesse. Als brachiale Politikempfehlungen der Broschüre hatte Hasse referiert: „Die Mittel zur Germanisierung der Deutschland zugesprochenen Ländereien sind radikale. Sie bestehen in der Expropriierung allen Grund und Bodens, in der Vertreibung des größeren Teils der undeutschen Bevölkerung, in der Vorbehaltung aller öffentlichen Rechte für die Deutschen."[116] Möglicherweise wurde hier erstmals der Begriff „Vertreibung" im Sinne ethnischer „Säuberung" benutzt.[117] Auf jeden Fall hat Hasse andernorts – ebenfalls schon 1895 – mit Blick auf Südosteuropa erstmals das Instrument eines gegenseitigen „Bevölkerungsaustausch[es]" in die Diskussion eingeführt.[118]

Im Übrigen ging Hasse über Lagarde weit hinaus. Bereits 1895 erklärte er, „dem Vorschlage P. de Lagardes, den Magyaren, Tschechen, Slowenen und Slowaken ihnen allein eignendes Land (Reservationen) auszuscheiden", leider „nicht beizupflichten", weil es im Gegenteil von äußerster Wichtigkeit sei, „auf dem Wege einer Reform des Agrarrechtes und durch Enteignung [...] den Grundbesitz, zum mindesten den ländlichen, möglichst bald in die Hand deutscher Besitze" bringen müsse.[119] Dennoch hatte Lagarde im alldeutschen Milieu mehr Zukunft, als liberalen Kritikern wie Charmatz lieb sein konnte. Lagardes Biograph Ludwig Schemann konstatierte 1919 über die „Habsburgersünden" am deutschen Volk: „Was immer Lagarde Schlimmstes von den österreichischen Staatsmännern ausgesagt" habe, hätten „diese seitdem bewahrheitet und noch überboten". Das Resultat sei nach dem Ersten Weltkrieg die Einschnürung des Deutschtums durch die slawische Tschechoslowakei; „sogar in Oberösterreich" würden „sich bereits tschechische Bauern ansiedeln", und in Wien existiere „schon eine starke tschechische

---

[114] Ebenda, S. 398.
[115] Charmatz, Deutsch-Österreichische Politik, S. 221.
[116] Zitiert nach: Europastrategien des deutschen Kapitals 1900–1945, S. 101f.
[117] Koralka, Georg Ritter von Schönerer und die alldeutsche Bewegung, S. 72, der dies als Forderung Hasses deutet; doch hat sich Hasse 1895 in seiner Broschüre „Großdeutschland und Mitteleuropa um das Jahr 1950" vom „phantasiereichen Gedankenfluge des Größtdeutschen" als zu maßlos distanziert; vgl. Europastrategien des deutschen Kapitals 1900–1945, S. 107.
[118] Zitiert nach: Europastrategien des deutschen Kapitals 1900–1945, S. 117, ebenfalls in „Großdeutschland und Mitteleuropa um das Jahr 1950".
[119] Ebenda, S. 115.

Unterschicht".[120] Ganz ähnlich zieh 1925 Adolf Hitler in „Mein Kampf" die Habsburger des nationalen Verrats an den Deutschen; die Dynastie habe „von oben" die „Slawisierung Österreichs" betrieben, so dass „das fremde Volksgift am Körper unseres Volkstums" gefressen habe „und selbst Wien […] mehr und mehr zur undeutschen Stadt" geworden sei.[121] Die imperialen Phantasien eines Lagarde waren das notwendige Bindeglied dafür, dass sich der zum Diktator des „Großdeutschen Reiches" avancierte Hitler 1938 auf die Paulskirche berufen konnte. In einer Frankfurter Rede kurz nach dem „Anschluss" Österreichs bezeichnete er sich „als Vollender einer Sehnsucht, die einst hier ihren tiefsten Ausdruck fand". Auch sein Chefpropagandist Goebbels unterschied die Revolutionäre von 1848 von den „Novemberdemokraten" von 1918; erstere hätten wie Hitler Großdeutschland angestrebt und auch dessen europäische Dimension erkannt.[122]

Neben dem österreichischen Teil des Habsburgerreiches wollte Lagarde auch die polnischen Teilgebiete Deutschlands in Schlesien und Posen germanisieren; zu diesem Zwecke sollte die damals massenhafte Auswanderung von Deutschen in die USA gestoppt und in den preußisch-polnischen Osten umgeleitet werden. Zudem griff Lagarde weit ins europäische Russland und bis ins osmanische Kleinasien aus, denn beide Großregionen wollte er als deutsche Siedlungsgebiete erobern und erschließen. Der bisher russische Teil Polens – Kongreßpolen – sollte ein deutscher Vasallenstaat werden, „östlich von Polen bis zum Schwarzen Meere hin" wollte er 1881 „Land für deutsche Ansiedlungen freistellen" – also gewaltsam frei machen – „und auf Kleinasien die Hand für weitere deutsche Kolonien legen". Lagardes Kernziel war es, die deutsche West-Migration nach Amerika gen Osteuropa umkehren und für ein imperiales Alldeutschland nutzbar zu machen. Dabei verbrämte er diesen Siedlungsimperialismus mit romantischen Phrasen von der „Rücknahme des alten Gothen- und Burgundenlandes" in Russland und auf der Krim.[123] Er imaginierte ebenfalls 1881 einen künftigen Sieg Deutschlands über Russland, das daraufhin in einem „Warschauer Frieden" zur Abtretung riesiger Gebiete „zwischen der Ostsee und dem schwarzen Meere" gezwungen werden würde. In diesen „ohne Einwohner zu überweisenden Landstriche[n]" werde dann ein neuer deutscher Kolonistenadel angesiedelt werden können.[124] 1886 proklamierte Lagarde als eine der „nächsten Pflichten deutscher Politik" den Eroberungskrieg gegen das Zarenreich:

---

[120] Schemann, Paul de Lagarde, S. 251.
[121] Hitler, Mein Kampf, S. 13 und ähnlich S. 118; Hitlers Überfremdungs-Klage war ein später Reflex jener paradoxen Forderung, die der frühere österreichische Reichskanzler Graf Beust schon um 1883 mit der Bemerkung kritisiert hatte, wenn Wien Hauptstadt eines Vielvölkerimperiums sein solle und nicht nur die von Niederösterreich, könne es nicht eine rein deutsch geprägte und beherrschte Stadt bleiben: „[…] Wenn es die Hauptstadt des Reiches ist, ist es die Hauptstadt für alle Teile des Reiches, nicht blos für die deutschen." Vgl. Beust, Aus drei Viertel-Jahrhunderten, Bd. 2, S. 570 und S. 572.
[122] Mazower, Hitlers Imperium, S. 28.
[123] Zitiert nach Schemann, Paul de Lagarde, S. 246–248.
[124] Lagarde, Deutsche Schriften, S. 288.

„Möge es die Gewogenheit haben, freiwillig einige fünfzig Meilen nach Mittelasien hinüberzurücken, wo Platz die Hülle und Fülle ist, der ihm zur Seite, uns [aber] ferne abliegt; möge es uns so viel Küste am schwarzen Meere geben, daß wir von da aus unsere Bettler und Bauern in KleinAsien ansiedeln können. Die Gefälligkeit wird ohne Drohungen und Unfreundlichkeiten erbeten; Gegendienste stehn, soweit sie in unsern Kräften sind, zur Verfügung. Wir brauchen Land vor unserer Thüre, im Bereiche des Groschen-Portos. Will Rußland nicht, so zwingt es uns zu einem Enteignungsverfahren, das heißt, zum Kriege […]. Das von Rußland in Gutem oder in Bösem zu erwerbende Land muß weitläufig genug sein, um in Bessarabien und nordöstlich von ihm auch alle in Österreich und der Türkei lebenden Rumänen (weniger der mit den Juden Polens, Rußlands und Österreichs nach Palästina oder noch lieber nach Madagaskar abzuschaffenden rumänischen Juden) […] anzusiedeln. Diese Politik ist etwas assyrisch, aber es gibt keine andere mehr als sie."[125]

Claß sollte an solche Eroberungs- und Siedlungsutopien nahtlos anknüpfen. Freilich war Lagarde nicht immer deren originärer Urheber. Solche gen Osten gerichteten Ansiedlungsprojekte für deutsche Kolonisten hatte schon 1868 der in Schlesien geborene, aber in Württemberg wirkende Historiker Wolfgang Menzel imaginiert – ebenfalls als Gegenutopie zur weltweiten Auswanderung von Deutschen oder zur in seinen Augen sinnlosen überseeischen Kolonialpolitik. Zumindest müsse Deutschland dafür sorgen, dass Siebenbürgen mit seiner starken deutschen Bevölkerung und seiner Sperrriegelfunktion gegen Russland „immer in deutschen Händen oder einer Deutschland befreundeten und hinlänglich starken Macht bleibe". Auch um Böhmen müsse sich der deutsche Nationalismus viel stärker kümmern.[126] Und im Jahr 1900 hatte der damalige alldeutsche Verbandsvorsitzende Ernst Hasse beifällig das Erscheinen einer anonymen Schrift über „Deutschland bei Beginn des 20. Jahrhunderts" begrüßt, in der die Schaffung eines Mittelosteuropa umfassenden „Alldeutschland" mit der Vertreibung aller nichtdeutschen Einwohner gekoppelt wurde. Nach einem Sieg über Russland werde es, „wenn Deutschlands siegreiche Heere von der Moldau bis zur Adria stehen, möglich sein, *die nicht deutsche Bevölkerung Zisleithaniens einfach auszuweisen*, allenfalls zu entschädigen, aber tabula rasa zu machen und nun *deutsch zu kolonisieren*". Zisleithanien nannte man die „österreichische" Hälfte des Habsburgerreiches – ein Staat, der das heutige Österreich und Tschechien ebenso umfasste wie das ukrainische Galizien, die zwischen Ukraine und Rumänien geteilte Bukowina, das kroatische Dalmatien sowie das italienische Triest. Die Ausweisung der nichtdeutschen Bevölkerung dieses Großraumes hätte folglich Millionen von Slawen getroffen – das gesamte tschechische Volk, aber auch viele Polen, Kroaten, Ukrainer, Slowenen und Rumänen – und zudem die beträchtliche jüdische Bevölkerung. Im Gegenzug sollten *„die Deutschen, die zu weit von unseren Grenzen wohnen, um durch Ausdehnung der letzteren je wieder an uns fallen zu können*, also die Deutschen in Ungarn, Siebenbürgen, Nordamerika, im Innern Rußlands, den Ostsee-

---

[125] Ebenda, S. 390f.; zum Teil zitiert bei Schemann, Paul de Lagarde, S. 248.
[126] Menzel, Unsere Grenzen, S. 105, S. 110 und S. 145; vgl. den Hinweis bei Müller, Imaginierter Westen, S. 78, Anm. 64; der tschechische Historiker František Palacký, der in den 1840er Jahren freundschaftlich mit Menzel verkehrt hatte, verurteilte 1871 entsetzt dessen Wandel zum intoleranten „Franzosen- und Slawenfresser"; vgl. Kořalka, František Palacký, S. 238 und S. 503.

provinzen (falls wir die letzteren nicht gewinnen)", zur Rückkehr „*in die Heimat*" beziehungsweise zur Ansiedlung in Zisleithanien „ein[ge]laden" werden.[127]

Was das Konzept einer deutschen Neubesiedlung der „alten deutschen Westmark" angeht, zu der Boulogne („Boonen"), Besançon („Brisanz") und Belfort („Bergfried") gehören sollten, besaß Heinrich Claß ebenfalls Vordenker – nicht nur im Anonymus von 1900[128], sondern wieder in Wolfgang Menzel und auch in Adolf Reinecke. Für dringend revisionsbedürftig hielt Menzel schon vor dem Deutsch-Französischen Krieg von 1870/71 die deutsche Westgrenze, aus der das aggressive Frankreich seit Jahrhunderten deutsche Siedlungsgebiete herausgebrochen habe – bis hin zum Pariser Projekt des Rheins als „natürlicher Grenze".[129] Aus dieser Warte blieb die 1871 erfolgte deutsche Annexion Elsass-Lothringens ein kläglicher Torso. Um 1900 wollte deshalb Adolf Reinecke die vermeintlich urdeutschen Teile Frankreichs in einem Krieg „heimholen [...], trotz der jetzigen verwälschten [i. e. französisch assimilierten] Bevölkerung". Dabei nahm Reinecke die von Claß popularisierte Synthese aus Annexion und Vertreibung vorweg. 1908 insistierte er, man könnte diese Gebiete „von dem größten Teil der heutigen Bevölkerung entblößen und mit deutschem Menschenstoffe neu besiedeln".[130] Dasselbe forderte dann „Tannenberg" 1911 in seiner Schrift „Groß-Deutschland"[131], an die Claß anknüpfte.

Reinecke forderte später im Kriegsjahr 1915 eine tiefgreifende Umgestaltung der „Landkarte" Europas, plante Annexionen in West- und Osteuropa und wollte die betroffene Bevölkerung entweder assimilieren oder aussiedeln.[132] Russland sollte von der Ostsee abgedrängt, das Baltikum und Polen sollten deutsch werden. Auch jene Teile Südrusslands „am Schwarzen und Asowschen Meere", wo deutsche Siedlungsgebiete lagen, hätten an das Deutsche Reich angeschlossen werden sollen:

„In Frage käme ein Küstenland, das westlich bis Odessa, östlich bis Taganrog, nördlich bis Jekaterinoslaw reichte und zu dem die Halbinsel *Krim* gehört. Es handelt sich um altes Gothenland, in dem heute ziemlich ein Drittel der Bevölkerung deutsch ist [...]. Dieses Gebiet wäre für uns auch als Siedelungsland prächtig zu verwenden. Unter deutscher Verwaltung würde es sich bald zu einem ganz deutschen Neulande entwickeln."[133]

Ob Letzteres durch Zwangsassimilation oder Vertreibung von zwei Dritteln der Bevölkerung geschehen sollte, ließ Reinecke offen. Ausdrücklich forderte er nur, dass sich Russland verpflichten musste, aus allen abzutretenden Gebieten „die starke *jüdische Bevölkerung* zu enteignen" und im verkleinerten Zarenreich „anzusiedeln". Denn „die Herübernahme so vieler polnischer Juden ins Deutsche Reich würden sogar die reichsdeutschen Juden nicht wünschen", fügte er mit ei-

---

[127] Rohrbach, Chauvinismus und Weltkrieg, Bd. 2, S. 206 und S. 208–210.
[128] Ebenda, S. 208.
[129] Menzel, Unsere Grenzen, S. 41 f.
[130] Müller, Imaginierter Westen, S. 147 f.
[131] Tannenberg, Groß-Deutschland, S. 84; vgl. Müller, Imaginierter Westen, S. 149.
[132] Reinecke, Wie wird der Weltkrieg die Landkarte gestalten?, S. 4 f. und S. 7 f.
[133] Ebenda, S. 9–11.

nem Seitenhieb auf das schwirige Verhältnis vieler assimilierter deutscher Juden zu den Juden Osteuropas hinzu.[134]

Diese alldeutschen Debatten wurden im Ausland mit wachsender Sorge registriert. Ein junger Österreicher tschechischer Abkunft, Edvard Beneš, studierte 1908 in Berlin und berichtete daraufhin in der tschechischen Presse erschrocken über „Pangermanistische Pläne und Ideen", die er dort kennengelernt hatte. 1909 erklärte der spätere Präsident der Tschechoslowakei, die Überzeugung von der Minderwertigkeit aller Slawen sei in Deutschland „nahezu allgemein", den Deutschen „heute sozusagen schon eingeboren". Die „ganze Schärfe des Pangermanismus" ziele auf „den unmittelbaren heftigen Kampf gegen das Slawentum".[135] Diese Slawenfeindlichkeit der Alldeutschen war übrigens auch konservativen Anhängern der Habsburgermonarchie ein Gräuel. Graf Arthur Polzer, 1917 Kabinettschef Kaiser Karls I., wertete das „Kaiserbuch" von Claß als Ruf nach einer „Diktatur, die sich auf die Deutschen stützt und Slaven und Ungarn zu Paaren treibt". Dadurch sei nicht nur die Selbständigkeit, sondern sogar die „Grundbedingung für die weitere Existenz des Habsburgerreiches" bedroht.[136]

1914 warnte der britische Historiker Charles Fletcher vor den Deportationsplänen der Alldeutschen, die das „Vorbild [...] der Könige des alten Assyriens und Babyloniens in der Bibel" nachahmen wollten, „welche schon vor ihnen ganze Bevölkerungen abgeschoben haben". Im selben Jahr griff der französische Senator und ehemalige Marineminister Pierre Baudin das „Tannenberg"-Buch in einer Rede auf. Bereits 1913 hatte der Publizist Paul Vergnet in einem zwei Jahre später auch ins Englische übersetzten Buch vor der von Autoren wie „Tannenberg" oder „Frymann" entwickelten deutschen „Evakuationstheorie" gewarnt, deren Ursprünge er übrigens in deutschen Regierungsmaßnahmen verortete – sowohl in Bismarcks Optionsgesetz für Elsass-Lothringen von 1871 als auch im antipolnischen Enteignungsgesetz des Bismarck-Nachfolgers Bülow von 1908. Vergnet schlug Alarm: „Der Franzose muß wissen, daß ein neuer Sieg des Germanismus den Besiegten – so weit das eroberte Land reicht – nur die Wahl lassen wird zwischen *der unversöhnlichen Unterjochung einerseits und dem völligen Raub ihres Besitzes andererseits*, dem erzwungenen Auszug, dem schrecklichen Jammer und Unglück der Verbannung für immer."[137]

Heinrich Claß, der zumindest Lagardes und „Tannenbergs" Schriften kannte[138], vermutlich aber auch jene Reineckes, bündelte diese Annexions- und Umsiedlungsphantasien im Herbst 1914 in seiner alldeutschen Kriegsziel-Denkschrift. Wie Reinecke forderte Claß die Annexion des 1914 von Deutschland überfallenen

---

[134] Ebenda, S. 11.
[135] Papoushek, Dr. Edvard Benes. S. 10 und S. 20.
[136] Polzer-Hoditz,, Kaiser Karl, S. 146–148 und S. 151; in der Tat hatten sich deutschösterreichische Alldeutsche wie Georg von Schönerer seit den 1890er Jahren von den Habsburgern abgekehrt und ihr Volkstum über Staatsloyalität gestellt; vgl. Schnee, Georg Ritter von Schönerer, S. 49.
[137] Rohrbach, Chauvinismus und Weltkrieg, Bd. 2, S. 234, S. 236, S. 251f. und S. 259, Anm. 1.
[138] Frymann, Wenn ich der Kaiser wär', S. 140.

Belgien. Wer sich nicht assimilieren wolle, solle das Recht erhalten, „binnen kurzer Frist nach Beendigung des Krieges auszuwandern – wer da bleibt, hat sich zu fügen." Gegenüber Frankreich sollte die Grenze nach Westen verschoben werden – unter der Prämisse „Land ohne Bewohner". Einwände der unzulässigen Härte, der Unkultur und des Völkerrechtsbruches wischte Claß mit dem Argument des Kriegsnotstandes beiseite: Nach dem „Überfall einer Welt von Feinden", dem Deutschland in seinen Augen seit 1914 ausgesetzt war, müsse man „angebliche Grundsätze des ungeschriebenen Völkerrechts Völkerrecht sein lassen und machen, was uns not tut. *Not bricht Eisen.*" Die Ausgesiedelten sollten „von ihrem Heimatstaate entschädigt" und „an anderer Stelle ansässig gemacht" werden. Um die Zwangsaussiedlung zu begrenzen, sollte das Annexionsgebiet – im Unterschied zu Reineckes ausgreifenden Phantasien – nicht allzu groß sein und möglichst keine Großstädte enthalten. In Osteuropa hingegen plante auch Claß die Annexion größerer Gebiete – besonders des Baltikums und der Ukraine. Auch hier sollten unerwünschte Bevölkerungsgruppen entfernt werden:

„Es ist der Gedanke[,] eigene Stammesangehörige gegen die Fremdstämmigen friedlich auszutauschen, sie nach festen Vereinbarungen herüber- und hinüberzuschieben, jede Nationalität dem Kern ihres Stammvolkes zuzuführen. Also eine Art ‚völkischer Feldbereinigung', die nichts anderes ist als eine Politik der völkischen Sammlung um die eigentlichen Anziehungs- und Mittelpunkte der in Betracht kommenden Stämme."[139]

Russen, Weißrussen, Ukrainer und Polen auf künftig deutschem Gebiet sollten gegen eine Million Volksdeutsche aus Russland ausgetauscht werden. Auch alle Deutschen aus den Vasallenstaaten Ukraine und Polen sollten nach Deutschland umgesiedelt werden, um im Gegenzug die Polen aus dem östlichen „Grenzstreifen" Deutschlands in die östlichen Nachbarstaaten auszusiedeln. An Zwangsausbürgerung jener Polen, die schon seit 1815 die preußisch-deutsche Staatsangehörigkeit besaßen, dachte Claß offenbar nicht – oder er wagte es nicht zu fordern, da diese Polen in der Elite des wilhelminischen Kaiserreiches nach wie vor einflussreich waren. Die baltischen Völker begriff Claß als natürliche Untertanen der Deutschbalten; es sollte von ihrem Verhalten im Weltkrieg abhängen, ob sie nach Russland ausgewiesen würden oder nicht. Die knappe Million Juden in den von Deutschland beanspruchten Gebieten Osteuropas standen für Claß auf einer derart niedrigen Kulturstufe, dass ihr Verbleib unerwünscht schien. Als Lösung schwebte dem Alldeutschen die Forcierung ihrer Abwanderung nach Russland oder die Umsiedlung nach Palästina vor.[140]

Bei alledem war Umsiedlungsdenken um 1914 kein alldeutsches Monopol. Unter dem Titel „Nationalitätsprinzip und Bevölkerungsaustausch" legte 1917 der bayerische Finanzbeamte und deutsch-jüdische Publizist Siegfried Lichtenstaedter unter türkischem Pseudonym („Mehemed Emin Efendi") eine „Studie für den Friedensschluß" vor, die nicht auf Vertreibungen im Zuge eines alldeutschen „Siegfriedens" abhob, sondern auf Bevölkerungstransfers als Element eines euro-

---

[139] Claß, Zum deutschen Kriegsziel, S. 32, S. 36–40 und S. 47 f.
[140] Ebenda, S. 48–52.

päischen Verständigungsfriedens. Schon während des türkisch-griechischen Krieges von 1897/98 hatte Lichtenstaedter – damals auf den Balkan und Kleinasien bezogen, und daher das türkische Pseudonym, das er fortan weiter benutzte – wechselseitige Umsiedlungen von Minderheiten empfohlen. Dieses Plädoyer fand später in Großbritannien Beachtung und wurde 1907 ins Englische übersetzt.[141] Obschon sich Lichtenstaedter 1917 von alldeutschen Forderungen nach „*Beseitigung* der heterogenen Nationalitäten, Eliminierung der ‚Fremdkörper'" abgrenzte, forderte auch er eine Neufestlegung nationaler Grenzen im Sinne der „Abgrenzung" benachbarter Völker und der Entfernung von Minderheiten: „Eine X-Bevölkerung im Y-Staate oder eine Y-Bevölkerung im X-Staate ist – von gewissen Ausnahmen abgesehen – nicht ein Kitt, sondern ein Keil zwischen den Staaten und Völkern X und Y." Wenn man voraussetze, dass vormoderne Gewaltmaßregeln der „Hinschlachtung oder Austreibung ganzer ‚heterogener' Bevölkerungen" in der modernen Zivilisation unmöglich seien, müsse man eine auf Gegenseitigkeit und Ausgleich abzielende Gesamtlösung anstreben – jenen wechselseitigen „Bevölkerungsaustausch", wie er 1913/14 in „großem Umfange nach den letzten Balkankriegen [...] zwischen Griechen und Bulgaren, sowie zwischen diesen Völkern einerseits und den Türken andererseits" im Ansatz schon stattgefunden und „die Konfliktsmöglichkeiten" der betreffenden Nationen „für die Zukunft beträchtlich verringert" habe.[142]

Lichtenstaedter legte Wert darauf, bereits 1898 und erneut im Ersten Balkankrieg von 1912 einen solchen Bevölkerungsaustausch vorgeschlagen zu haben. Dieser Austausch nationaler Minderheiten müsse nach dem Ende des Weltkrieges nicht nur auf dem Balkan vervollständigt werden, sondern biete auch eine Lösung für das deutsch-polnische Problem. Das Polentum müsse seine Siedlungsgebiete im Deutschen Reich aufgeben und solle dafür deutsche Siedlungsgebiete im östlich neu errichteten Königreich Polen erhalten, ferner russische Gebiete östlich von Polen, die zu diesem Zwecke ihrerseits „geräumt" werden müssten. Der „selbstverständliche Ausgleich" für die betroffenen Russen sollte durch Rückwanderung aller Russlanddeutschen nach Deutschland erfolgen. Um die Machbarkeit seiner Vorschläge darzutun, verwies Lichtenstaedter auf die aktuelle Deportationspolitik der Zarenregierung: „Russland selbst hat den Weg dazu gewiesen – durch die Beraubung und Mißhandlung seiner deutschen Bevölkerung, die eines neuen Besitzes und einer neuen Heimat bedürftig geworden ist." Wer „diesen Vertriebenen und freiwilligen Auswanderern" eine neue Heimstatt in Afrika zuweisen wolle, verzichte kurzsichtig auf die „Stärkung und Vermehrung des Deutschtums in Europa". Hierin traf sich Lichtenstaedter mit den ein Menschenalter zurückliegenden Überlegungen Menzels von 1868. Humanitäre Einwände wurden unter Verweis auf die allgemeinen Härten des Weltkrieges und auf die notwendige „Erreichung eines großen, heiligen Zweckes" abgewiesen. Zugleich beruhigte der Umsiedlungs-Planer Skeptiker, ein vollständiger Austausch aller Minderheiten

---

[141] Vgl. Emin Efendi, Die Zukunft der Türkei; 1907 als: Lichtenstaedter, The Future of Turkey.
[142] Emin Efendi, Nationalitätsprinzip und Bevölkerungsaustausch, S. 9–11, S. 27 und S. 39–42.

werde ohnehin nicht möglich sein und müsse durch assimilatorische „Sprachenbekehrung" ergänzt werden. Als „Muster" könne der Grundsatz des Augsburger Religionsfriedens von 1555 „cuius regio, eius religio" dienen – allerdings nationalistisch modernisiert, „indem man statt der *Religion* die *Sprache* gelten lässt: ‚Cuius regio, eius lingua'."[143]

Auch aus Sicht dieses deutsch-jüdischen Intellektuellen bedurfte Österreich-Ungarn einer „weitgehenden *nationalen Flurbereinigung*". Eine Umsiedlung der Tschechen aus Böhmen „nach den Landgebieten südlich Mährens" und die umgekehrte Verpflanzung der deutschen Bewohner Mährens nach Böhmen würde den deutsch-tschechischen Konflikt entschärfen, glaubte Lichtenstaedter und bedauerte, dass dergleichen wohl undurchführbar sei. Als Minimallösung schwebte ihm die Ansiedlung von Muslimen im Süden Österreich-Ungarns als „Gegengewicht" gegen die Serben vor. Außerdem setzte sich der deutsche Jude gegen alldeutsche oder zionistische Palästina-Pläne dafür ein, eine jüdische Heimstätte im Habsburgerreich schaffen, möglichst im Nordosten (vermutlich Galizien), wohin alle diskriminierten Juden aus Russland, Russisch-Polen und Rumänien umgesiedelt werden sollten.[144]

Dieses Beispiel demonstriert die wachsende Bedeutung des „Säuberungs"-Diskurses. Dennoch: Repräsentativ für das deutsche Volk und auch für die Mehrheit der politischen Elite waren diese anschwellenden Diskurse nicht. „Wesentlich liberaler"[145] und erheblich massenwirksamer als Claß oder Lichtenstaedter war die ab 1915 vielgelesene „Mitteleuropa"-Vision des liberalen Reichstagsabgeordneten Friedrich Naumann.[146] Auch dieser skizzierte ein von Deutschland dominiertes mitteleuropäisches Imperium, doch setzte dasselbe gegenüber Slawen und Juden auf Inklusion statt auf ethnische „Säuberung". Dezidiert wandte sich Naumann gegen deutschen Nationalchauvinismus und Rassismus. Deutschland und Habsburg sollten der „Kristallisationskern" eines föderalen Imperiums werden, das später auch das Osmanenreich hätte einschließen können. Wer den deutsch-habsburgischen Kern stabilisieren wolle, konnte mit Naumann die seit Kriegsbeginn 1914 aufgekommene Redeweise vom Entscheidungskampf zwischen Germanen und Slawen (Reichskanzler Bethmann Hollweg) nur als „Mißgriff" betrachten, weil dadurch die slawischen Völker des verbündeten Habsburgerreiches abgestoßen würden. Im Gegensatz zu alldeutschen Antisemiten wollte Naumann die osteuropäischen Juden ebenfalls in sein mitteleuropäisches Boot nehmen – nicht nur, weil er ihre wirtschaftliche Rolle würdigte, sondern auch wegen erwiesener Tapferkeit im Kriege. Naumann brach ein weiteres Tabu der nationalistischen Rechten, wenn er erklärte, Deutschland könne in der Nationalitätenpolitik viel von Österreich-Ungarn lernen. Folgerichtig kritisierte er die bis 1914 kon-

---

[143] Ebenda, S. 42–45, S. 47 und S. 52.
[144] Ebenda, S. 53–56.
[145] Liulevicius, Kriegsland im Osten, S. 213.
[146] Laut Jaksch, Europas Weg nach Potsdam, S. 166, war Naumanns „Mitteleuropa" der größte Erfolg auf dem deutschen Buchmarkt seit Bismarcks Memoiren.

frontative Polenpolitik in Preußen und forderte „eine Loslösung vom Germanisierungszwang". Grundsätzlich sei „überall in Mitteleuropa [...] eine freundlichere Denkweise über nationale Minderheiten dringend nötig", wenn man „nicht am Nationalitätenstreit verbluten" wolle.[147]

Insofern kann der Wertung, dass Naumann zwar „viel gemäßigter" gewesen sei „als die führenden Kreise der deutschen Militaristen und Industrialisten", aber seinerseits „eine Germanisierungspolitik in Österreich" und „eine Fortsetzung der Magyarisierung in Ungarn" verfochten habe[148], nicht gefolgt werden. Hingegen hat Wenzel Jaksch treffend betont, Naumann sei ein Gesinnungsgenosse der zeitgenössischen habsburgischen Föderalismus-Reformpläne des Rumänen Aurel Popovici und des Sozialisten Karl Renner gewesen[149], wobei Jaksch allerdings kritisch hinzufügte, dass Naumann die Nationalitätenpolitik im Habsburgerreich zu optimistisch bewertet habe. Jaksch zitiert Theodor Heuss, der Naumanns Mitteleuropa-Buch als „eines der wenigen Dokumente deutschen Verständnisses für die Nationalitätenprobleme Österreich-Ungarns" begriff. Heuss habe nach 1918 betont, im Falle der Verwirklichung des Naumann'schen Mitteleuropa-Konzepts „wäre das alte Österreich zu Ende gewesen, denn ‚Mitteleuropa' hätte an sich die Befriedung der eingeborenen nationalen Tendenzen zur Voraussetzung gehabt, wenn es über den Zustand labiler Katastrophenhaftigkeit hinauswachsen wollte".[150] Tatsächlich wusste Theodor Heuss sehr gut, dass Naumann in der politischen Elite der österreichischen Reichshälfte der Doppelmonarchie auf viel positive Resonanz gestoßen war – etwa bei den Ministern Ernest von Koerber und Alexander von Spitzmüller oder beim einflußreichen Ex-Außenminister Graf Leopold Berchtold –, dass dies jedoch nicht für die ungarische Reichshälfte galt, deren Ministerpräsident Graf István Tisza keine Gleichberechtigung der Nicht-Magyaren wünschte und Naumanns „Mitteleuropa" als „vergrößerte Österreicherei" ablehnte.[151] Freilich gab es auch in Wien manche Deutschösterreicher, die Naumanns Projekt an „nationalistisch-imperialistische Pläne" binden wollten und dadurch „innenpolitisch kompromittierten".[152] Dass Naumann für andere Regionen – etwa für das Baltikum, wo er deutsche Ansiedlungspolitik betreiben wollte – eine deutlich weniger verständigungsorientierte Politik befürwortete als im Großraum „Mitteleuropa", darf ebenfalls nicht übersehen werden.[153]

---

[147] Naumann, Mitteleuropa, S. 2, S. 10, S. 70f., S. 73, S. 75, S. 91f.
[148] Kann, Geschichte des Habsburgerreiches 1526 bis 1918, S. 447.
[149] Vgl. Kap. IV.2.
[150] Vgl. Jaksch, Europas Weg nach Potsdam, S. 165f.
[151] Heuss, Friedrich Naumann, S. 495–497; Hantsch, Leopold Graf Berchtold, Bd. 2, S. 761 und S. 763f.; auch die reformorientierten ehemaligen Berater des ermordeten Thronfolgers Franz Ferdinand (die seit 1914 erfolglos versuchten, den alten Kaiser Franz Joseph für ihre Ideen zu gewinnen) sollen Naumanns „Mitteleuropa"-Konzept scharf abgelehnt haben, weil dieses das Habsburgerreich zum Vasallen des wilhelminischen Deutschland herabzudrücken drohte; vgl. Karolyj, Fighting the World, S. 140–142.
[152] Spitzmüller, „...und hat auch Ursach, es zu lieben.", S. 144f., verweist auf den Sektionschef im Handelsministerium Richard Riedl, der eine „stark ausgeprägte deutschnationale Einstellung" vertreten habe und später „im nationalsozialistischen Lager gelandet" sei.
[153] Baranowski, Nazi Empire, S. 82.

Nicht nur in Deutschland, auch auf Seiten der Entente und unter Neutralen hat es im Ersten Weltkrieg intellektuelle und politische Befürworter von Umsiedlungspolitik gegeben, die auf ethnische „Säuberung" hinauslief. Im Vergleich zum alldeutschen Diskurs sind diese Debatten bis heute kaum erforscht. Es scheint, dass in Frankreich insgesamt ein traditioneller Annexionismus überwog, der mit Assimilationspolitik und staatlicher Zergliederung des Kriegsgegners Deutschland, also mit napoleonischen oder bourbonischen Traditionen, nicht aber mit Zwangsmigrationen operierte.[154] Zweifellos hatten Frankreich und Russland weitreichende Annexionsabsichten auf deutsche Gebiete, zu deren wechselseitiger Unterstützung sie im März 1917 – wenige Tage vor dem Sturz des letzten Zaren – ein Abkommen in dessen Hauptstadt Petrograd unterzeichneten, wonach Frankreich neben Elsass-Lothringen „zumindest" das Saargebiet annektieren und im linksrheinischen Gebiet von Köln bis Mainz die Kontrolle ausüben sollte, während Russland „vollständige Freiheit" bei Festlegung seiner Westgrenzen erhielt.[155] Was damit gemeint war, demonstrierte eine vom russischen Außenministerium 1914 publizierte „Karte des künftigen Europa", auf der Ostpreußen annektiert war und Polen und Böhmen als russische Protektorate figurierten.[156] Auch Westpreußen mit Danzig wäre russisch geworden – Teil des autonomen Königreiches Polen, das Posen, die Weichselmündung, Oberschlesien und Galizien hätte erhalten sollen.[157] Zar Nikolai II. feuerte seine Pariser Verbündeten an: „Nehmt Mainz, nehmt Koblenz, geht noch weiter, wenn ihr es für nützlich haltet".[158]

Bei alledem plante die französische Regierung keine massenhafte Vertreibung von Deutschen, sondern die Annexion Elsass-Lothringens und des Saargebiets *mitsamt* der dort lebenden Bevölkerung.[159] Französische Nationalisten forderten eine Annexion sämtlicher linksrheinischer Gebiete nach dem Muster der Französischen Revolution und Napoleons I., aber die Rheinländer sollten bleiben, da sie als Katholiken und Kinder der „lateinischen Zivilisation" als prädestinierte Franzosen eingestuft wurden.[160] Einzig alle nach der deutschen Annexion Elsass-Lothringens zugewanderten Reichsdeutschen, die als „300 000 immigrés" von den 1,8 Millionen Elsässern unterschieden wurden, sahen sich von Ausweisung bedroht.[161] Tatsächlich wurden von rund 200 000 Reichsdeutschen, die seit 1871 ins neue deutsche „Reichsland" zugewandert waren und dort zuletzt über zehn Prozent der Bevölkerung ausmachten, zwischen November 1918 und September 1920 mindestens 112 000, nach anderen Angaben 150 000 vom französischen Staat mit Hilfe nationalistischer „Säuberungskomitees" als „Deutsche" oder „Pangermanisten" nach

---

[154] Vgl. die Entente-Debatten bei Rohrbach, Chauvinismus und Weltkrieg, Bd. 1.
[155] Stevenson, 1914–1918: Der Erste Weltkrieg, S. 177 und S. 181.
[156] Davies, Die große Katastrophe, S. 571; laut Beer, L'Entente Annexioniste, S. 239, wurde diese Karte auch von der französischen Regierung lanciert.
[157] Beer, L'Entente Annexioniste, S. 240 und S. 244.
[158] Ferro, Der Große Krieg 1914–1918, S. 245.
[159] Stevenson, 1914–1918: Der Erste Weltkrieg, S. 177 und S. 181.
[160] Ferro, Der Große Krieg 1914–1918, S. 245; entsprechend hätte Belgien auf deutsche Kosten bis nach Köln vergrößert werden sollen; vgl. Beer, L'Entente Annexioniste, S. 240.
[161] La Paix que nous devons faire, S. 27f.

Deutschland ausgewiesen.¹⁶² „Ein alter Elsässer, dessen Schwiegersohn auch grundlos vertrieben wurde", wandte sich im Dezember 1918 an den Organisator dieser Vertreibungspolitik, Hochkommissar Georges Maringer, einen Lothringer, der zuvor Chef der politischen Polizei im Pariser Innenministerium gewesen war:

„Seit etwa acht Tagen werden männliche als auch weibliche Personen, Beamte und auch Kaufleute aus dem Land vertrieben. Man gewährt diesen Personen im Allgemeinen eine Frist von 24 Stunden, um ihre Angelegenheiten zu regeln. Es versteht sich von selbst, dass diese Zeit zu kurz ist! Wie unglaublich hart diese Maßnahme die Familie trifft. Man reißt Männer, die zuweilen schon ein hohes Alter erreicht haben, aus dem Schoß ihrer Familie und vertreibt sie in das verkommene Deutschland, wo sie keine Heimat mehr haben, keinen Zuchflugtsort, wo sie Fremde sind, ohne jegliche Einkünfte. [...] Dem Vertriebenen wird gestattet, 40 kg mitzunehmen. Wenn die Verbannung notwendig ist, sollte man die seelischen Nöte und den wirtschaftlichen Schaden nicht noch unnötig steigern. Man sollte ihnen einen Zeitraum von mehreren Wochen zubilligen, sie mit ihren Möbeln gehen lassen und ihnen [...] gestatten, mit Deutschland in Verbindung zu treten. [...]
Was die Durchführung der Vertreibung betrifft, so ist zu sagen, dass sich das Schlimmste für diese armen Menschen auf der Rheinbrücke in Kehl abspielt.
Voller Absicht wird von dem bevorstehenden Ereignis in der Stadt berichtet und lange vorher versammeln sich Menschen aller Klassen und treiben die Ärmsten tatsächlich mit Stöcken. Jeder wird mit großem Geschrei in Empfang genommen, man beschimpft ihn, schmäht ihn, und wie es heißt, kam es auch zu Gewalttätigkeiten. [...]
Es ist ein bestimmter Klüngel, es sind die hiesigen Zeitungen, die unablässig und fanatisch daran arbeiten, die Bevölkerung aufzustacheln und aufzuhetzen. Es läuft eine verbissene Jagd, Deutsche auf die schwarze Liste zu setzen, und dazu dient jeder noch so schmutzige und niederträchtige Anlass."¹⁶³

Über russische Planungen bis 1917 ist wenig bekannt. Eine Kriegsminister Kuropatkin zugeschriebene Denkschrift an Zar Nikolai II., die im Ersten Weltkrieg zehn Jahre nach ihrer Entstehung veröffentlicht wurde, erweckt den Eindruck, dass die militärische Sorge vor unzuverlässigen „Fremdvölkern" in Grenzregionen primär durch Zwangsassimilation beseitigt werden sollte.¹⁶⁴ Entsprechend wäre im Annexionsfalle wahrscheinlich in Ostpreußen, Westpreußen, Pommern, Galizien und Konstantinopel verfahren worden – in Regionen, die ein französischer Publizist schon 1901 dem russischen Verbündeten als Siegespreis in einem künftigen Krieg zuerkannt hatte.¹⁶⁵ Allerdings ließ der im Weltkrieg verschärfte deutschfeindliche Ton befürchten, dass für Angehörige feindlicher „Fremdvölker" im Zarenreich überhaupt kein Platz mehr sein könnte. Beunruhigend wirkte etwa die Erklärung der Zeitung „Novoie Vremia" vom Juni 1916, wonach Russland „nicht nur gegen die Deutschen auf den Schlachtfeldern" kämpfte, sondern „gegen das Deutschtum überhaupt", gerade auch „innerhalb unseres Reiches, auf allen Gebieten, in allen

---

¹⁶² Zählt man freiwillige „Optanten" für Deutschland hinzu, wird die Zahl der Entfernten noch größer; viele „Verdächtige" wurden interniert und ein Viertel der elsässischen Bevölkerung wegen zu großer Nähe zum Deutschtum diskriminiert; vgl. Kohser-Spohn, Die Vertreibung der Deutschen aus dem Elsass 1918–1920, S. 80, auch Anm. 4, S. 83 und S. 89f.; Ther, Die dunkle Seite der Nationalstaaten, S. 86–88.
¹⁶³ Zitiert nach Kohser-Spohn, Die Vertreibung der Deutschen aus dem Elsass 1918–1920, S. 93–94; ein kurzer Auszug bei Ther, Die dunkle Seite der Nationalstaaten, S. 86f.; zu Maringer: Fisch, Dimensionen einer historischen Systemtransformation, S. 392.
¹⁶⁴ Rohrbach, Chauvinismus und Weltkrieg, Bd. 1, S. 224–226.
¹⁶⁵ Ebenda, S. 214f.; Auboeuf, Français et Allemands, S. 119f.

seinen Erscheinungen".¹⁶⁶ Eine Ahnung von russischer Bevölkerungspolitik bekam man, als der russische Gouverneur im eroberten österreichischen Galizien, Graf Georgi Bobrinski, ukrainische Nationalisten sowie Volksdeutsche deportieren ließ und „die Liquidation des jüdischen Grundbesitzes" verkündete. Zugleich erhob der großrussisch-nationalistische Duma-Abgeordnete Dmitri Čichačov die Forderung nach „Kolonisation Galiziens mit russischen Bauern" und kündigte die Ankunft von „300 000 moskowitischen Siedlern" an. „Um diesen Ansiedlern Raum zu schaffen", warnte 1915 der aus Lemberg stammende österreichische Journalist Binjamin Segel, würde „ein Viertel der Bevölkerung Galiziens von Haus und Hof verjagt" werden müssen.¹⁶⁷ Das wäre eine geopolitische Umkehrung des bisherigen Trends zur Ostkolonisation gewesen, die in den Jahrzehnten vor 1914 über fünf Millionen Russen als Neusiedler nach Sibirien und Zentralasien gebracht hatte.¹⁶⁸ Im Frühjahr 1915 verbreiteten sich außerdem in der russischen Öffentlichkeit Forderungen wie jene der Stadtduma von Kostroma, welche „die allerentschiedensten Maßnahmen" forderte „zur *Entfernung aller Deutschen*, welcher Untertanenschaft sie auch angehören mögen, *aus allen Sphären des russischen Lebens*". Im August 1915 propagierte eine Versammlung von vierzig bäuerlichen Abgeordneten der Reichsduma nicht nur den Ausschluss aller Deutschen aus dem Parlament, sondern auch Gesetze zur „*Entfernung sämtlicher Deutschen aus Russland*, ungeachtet der von ihnen bekleideten Ämter". Vor allem forderten diese Bauern die Enteignung des gesamten deutschen Grundbesitzes im Zarenreich.¹⁶⁹

Auch auf französischer Seite führte der Erste Weltkrieg vereinzelt zu Vertreibungsplänen. So blieb 1915 der Schriftsteller André Sardou in seiner Studie über die Grundbedingungen eines „tragfähigen Friedens" nicht bei Annexionsforderungen stehen. Sardou ging von der biologistischen These aus, Europa sei ein kranker Körper, bei dem ein „radikaler chirurgischer Eingriff" („intervention chirurgicale radicale") notwendig sei. Eine Regelung der Nachkriegsgrenzen müsse daher in ganz Europa die politischen, ethnischen und geographischen Bedingungen mit militärischen Erfordernissen in bestmögliche Übereinstimmung bringen. Frankreich sollte, um natürliche Grenzen zu erhalten, das Moselbassin, das Saargebiet und Elsass-Lothringen annektieren, ferner die Pfalz, Rheinhessen und die Eifel. Diese schon unter Napoleon I. französisch gewesenen linksrheinischen Gebiete wurden durch rechtsrheinische ergänzt, was deutsche Städte wie Freiburg, Heidelberg, Mainz, Koblenz und Essen französisch gemacht hätte. Belgien sollte mit Aachen, Köln, Düsseldorf und Krefeld das nördliche Rheinland erhalten.¹⁷⁰ Mit solchen Gebietsforderungen stand Sardou nicht allein. Was ihn heraushob,

---

¹⁶⁶ Rohrbach, Chauvinismus und Weltkrieg, Bd. 1, S. 333.
¹⁶⁷ Ebenda, S. 274f.; Baberowski, Verbrannte Erde, S. 46f.; Segel, Der Weltkrieg, S. 49f. und S. 129, Anm. 1.; vgl. auch Hagen, War in a European Borderland, insb. S. 30, S. 39f. und S. 47, Anm. 42–43.
¹⁶⁸ Darwin, After Tamerlane, S. 322.
¹⁶⁹ Rohrbach, Chauvinismus und Weltkrieg, Bd. 1, 334.
¹⁷⁰ Sardou, L'Indépendance Européenne, S. 27, S. 39, S. 41f. und S. 45; vgl. auch Beer, L'Entente Annexioniste, S. 248–250.

war seine Haltung gegenüber der deutschen Bevölkerung in diesen Annexionsgebieten. Während die meisten Annexionisten die „viele[n] Millionen rein deutscher Bewohner" schlicht „unter fremde Herrschaft" stellen wollten[171], verurteilte Sardou eine Politik der Zwangsassimilation als „unlogisch, ungerecht und schlecht". Man werde aus einem Deutschen ebenso wenig einen Franzosen machen, wie aus den meisten Elsässern oder Lothringern trotz vierzigjähriger deutscher Herrschaft Deutsche geworden seien. Dieser liberale Gesichtspunkt führte Sardou zu illiberalen Schlussfolgerungen. Ein feindlicher Ausländer („étranger ennemi") sollte in Frankreich keinen Grundbesitz halten oder erwerben dürfen; ebenso sollten feindlichen Ausländern alle industriellen, gewerblichen oder finanziellen Unternehmungen verboten sein. Sein Ziel der Enteignung deutschen Eigentums in einem durch Annexionen vergrößerten Frankreich rechtfertigte Sardou nicht nur mit dem Hinweis auf die deutsche Missachtung fremden Privateigentums im Weltkrieg, sondern auch mit dem preußischen Enteignungsgesetz von 1908, das sich nur gegen polnische Grundbesitzer gerichtet und mit dieser ethnischen Kategorisierung Deutschland außerhalb der Zivilisation gestellt habe. Sardous Nachkriegs-Plan bestand darin, das deutsche ethnische Element aus den von Frankreich annektierten deutschen Territorien unverzüglich zu entfernen („enlevant immédiatement"), indem dessen Privatbesitz enteignet würde. Frankreich würde dadurch nicht nur eine Kriegsentschädigung gewinnen, sondern auch Mittel für eine großzügige Ansiedlung („repopulation") von Franzosen in den neuen Gebieten.[172]

Zur selben Zeit hatte ein frankophoner Schweizer, der im Kanton Neuchâtel geborene Anthropologe George Montandon, ein auf ganz Europa bezogenes Konzept für Bevölkerungstransfers vorgelegt. Montandon, der 1912 eine Forschungsreise in Äthiopien unternommen hatte und 1919 für das Rote Kreuz in Sibirien unterwegs sein würde, ging 1925 nach Paris, wo er Professor wurde, anfangs mit dem kommunistischen Publizisten Henri Barbusse zusammenarbeitete und sich dann zu einem wissenschaftlich argumentierenden Antisemiten entwickelte. Während des Vichy-Regimes kollaborierte Montandon mit dem „Generalkommissariat für Judenfragen", weshalb er 1944 (mit seiner Frau) von der Résistance ermordet wurde. Er galt lange als erster Befürworter einer systematischen ethnischen „Säuberung" Europas, ohne wirklich derart singulär zu sein.

Allerdings publizierte Montandon 1915 in Lausanne eine Abhandlung über „Nationale Grenzen", deren Erstellung im Nachkriegseuropa er als unerlässliche Bedingung für einen „dauerhaften Frieden" begriff. Lausanne, der spätere Unterzeichnungsort des „Lausanner Abkommens" über den griechisch-türkischen „Bevölkerungstransfer" von 1923, war während des Ersten Weltkriegs paradoxerweise

---

[171] Rohrbach, Chauvinismus und Weltkrieg, Bd. 1, S. 308–317.
[172] Sardou rechnete damit, dass die enteigneten Deutschen Frankreich verlassen würden; bei feindlichen Ausländern, die (um ihrer Enteignung zu entgehen) die Naturalisation wählen würden, wollte Sardou strengste Maßregeln zur Assimilation ergreifen – und widersprach damit seinen eingangs formulierten liberalen Grundsätzen; vgl. Sardou, L'Indépendance Européenne, S. 46–49; zum preußischen Gesetz vgl. Kap. I.6.

ein Zentrum nationaler Minderheitenschutz-Debatten. Dort arbeitete das internationale „Office des Nationalités", das 1916 einen Entwurf für eine „Erklärung der Rechte der Nationalitäten" veröffentlichte, die als Ergänzung der Deklaration der Menschenrechte begriffen wurde. Während homogenen Nationalitäten das Recht auf Unabhängigkeit oder föderativen Staatsaufbau zugesprochen wurde, sollten in ethnisch gemischten Staaten kommunalpolitische, bildungspolitische und religiöse Autonomieregelungen greifen.[173] Montandon publizierte sein Transfer-Plädoyer in direktem Zusammenhang mit dieser Nationalitätenkonferenz[174], deren zentralen Prämissen des Minderheitenschutzes durch Schutz- und Autonomie er jedoch diametral widersprach. Montandon wollte Minderheiten eines jeden Staates nicht darin schützen, sondern durch Transfers in ihren eigenen Mehrheitsstaat ein für allemal beseitigen. Damit machte er Fortschritte: Im Juni 1918 schrieb er nicht mehr gegen die Politik der Nationalitätenkonferenz von Lausanne wie noch 1915, sondern konnte ein Thesenpapier für die damals stattfindende Folgekonferenz einreichen. Darin empfahl er Grenzverschiebungen und, wo diese nicht möglich seien, Bevölkerungstransfers als optimale Mittel für dauerhafte Friedenssicherung zwischen Nationen und Staaten.[175]

Dabei definierte Montandon Nationen weder ethnisch noch sprachlich, sondern als politische Größen, womit er dem in Frankreich vorherrschenden Ansatz des Soziologen Ernest Renan folgte. Indem Montandon die Zugehörigkeit zu einer Nation als subjektives Bekenntnis auffasste, ließ sich die Zugehörigkeit Elsass-Lothringens zu Frankreich rechtfertigen, da die dortige Bevölkerung – obschon ethnisch deutsch – zu bekennenden Franzosen geworden sei.[176] Vor allem glaubte Montandon – ähnlich wie Lichtenstaedter –, künftige Kriege verhindern zu können durch eine „transplantation massive", eine umfassende, quasi chirurgische Entfernung aller Nichtangehörigen einer Nation („non-nationaux") aus Grenzgebieten und den parallelen Entzug des Rechts auf Eigentum und Niederlassung für Ausländer. Solche „Transplantationen" müssten nach Kriegsende vor allem an der deutsch-französischen Grenze, an der deutsch-russischen Grenze und in Mazedonien erfolgen. Demnach sollte ein siegreiches Frankreich die Vertreibung („expulsion") aller Deutschen, die nach 1871 aus dem Reichsgebiet nach Elsass-Lothringen eingewandert seien, ins Werk setzen. Außerdem müsse, falls Frankreich das linke Rheinufer annektieren wolle, die vollständige Vertreibung („l'expulsion en bloc") der deutschen Bevölkerung erfolgen. Falls Russland seine Westgrenze auf Kosten Deutschlands an die untere Weichsel oder bis zur Alle (in Ostpreußen) verschiebe, hielt Montandon einen wechselseitigen Aus-

---

[173] Macartney, National States and National Minorities, S. 213f.
[174] Schechtman, European Population Transfers 1939-1945, S. 454.
[175] Bell-Fialkoff, Ethnic Cleansing, S. 220f.
[176] Montandon, Frontières Nationales, S. 6–8; diese durch das Ziel der Rückgewinnung Elsass-Lothringens motivierte Nationsdefinition Renans hatte 1885 der österreichische Politiker Alfred von Kremer kritisiert und mit der in Ungarn vorherrschenden „Theorie der magyarischen Staatsmänner von der ungarischen politischen Nation" verglichen; vgl. Kremer, Die Nationalitätsidee und der Staat, S. 93f.

tausch aller Deutschen gegen alle Polen für erforderlich. In geringerem Maßstab sollte ein „Hin und Her der Einwohner" in der Provinz Posen und in Oberschlesien erfolgen. Das dritte Transfer-Projekt betraf die Aufteilung Mazedoniens unter Bulgarien, Griechenland und Serbien. Als Vorbild für solche Bevölkerungstransfers nannte Montandon die Balkankriege von 1912 – in denen in der Tat „die Vertreibung, Verfolgung und zum Teil Vernichtung unerwünschter Minderheiten [...] gängige Praxis" gewesen war. Den Habsburger-Vielvölkerstaat hielt Montandon hingegen nur als Negativbeispiel für brauchbar: Er war überzeugt, dass man in der Politik gegenüber Minderheiten nicht schwanken dürfe wie Österreich-Ungarn. Entweder solle man diesen Minderheiten nach englischem Vorbild völlige Gleichberechtigung gewähren oder man müsse sie vollständig vertreiben – „expulser en bloc".[177]

In Großbritannien hatten einflussreiche Stimmen während des Ersten Weltkrieges eine solche Transferlösung zumindest für Südosteuropa angeregt. Die Brüder Noel Buxton und Charles R. Buxton, zwei liberale Unterhausabgeordnete, fassten 1915 ein solches „resettlement" des Balkans nach Kriegsende ins Auge. Die Briten, die im Herbst 1914 in Rumänien nur knapp dem Mordanschlag eines jungtürkischen Geheimagenten entgangen waren, forderten, da die Balkanstaaten zur Regelung dieser Probleme nicht in der Lage seien, müssten die Großmächte die Grenzen auf dem Balkan nach nationalen Gesichtspunkten ordnen. Serbien sollte nicht nur zu Großserbien unter Einschluss von Bosnien, Herzegowina und Süddalmatien sowie vermutlich Montenegro gemacht werden, sondern die Führung eines südslawischen Staates unter Beteiligung der Kroaten und Slowenen übernehmen. Rumänien sollte ins habsburgische Siebenbürgen und Südungarn sowie ins russische Bessarabien expandieren, Griechenland ins westliche Kleinasien mit der Metropole Smyrna (Izmir). Trotz sorgfältiger Neufestlegung nationaler Grenzen, so die Buxtons, werde es jedoch weiterhin verstreute Reste anderer Nationen in jedem Staate geben. Dieses Problem könne mit einem „organisierten System der Intermigration" und mit Minderheitenschutzrechten gelöst werden. Gegenwärtig würden Minderheiten durch Gewalt vertrieben; es gebe keinen Grund, warum ein Bevölkerungsaustausch („exchange of populations") nicht durch internationale Kommissionen friedlich arrangiert werden könnte, um Eigentumswerte zu schätzen und den Abtransport geregelt erfolgen zu lassen. Zwar könne auch dann die Härte, die Heimat verlassen zu müssen, nicht vermieden werden, sie sei jedoch durch gute Organisation erheblich zu mildern. Diese Form des Bevölkerungstransfers priesen die beiden Liberalen – von denen Noel Buxton

---

[177] Montandon, Frontières Nationales, S. 9–11 und S. 13, mitsamt einem Kartenanhang über „Transplantations principales de populations", wonach ein Bevölkerungsaustausch wechselseitig erfolgen sollte zwischen Deutschland und Russland in den polnischen Grenzregionen und in Ostpreußen, zwischen Ungarn und Rumänien in Siebenbürgen, zwischen Deutschland und der neu zu schaffenden Tschechoslowakei; ein einseitiger Transfer sollte erfolgen von Serben aus Ungarn nach Groß-Serbien, von Serben oder Kroaten aus dem an Italien fallenden Dalmatien nach Groß-Serbien, von Slowenen aus Österreich nach Groß-Serbien sowie von Deutschen aus dem an Frankreich fallenden Elsass-Lothringen nach Deutschland; das ergänzende Zitat zu den Balkankriegen bei Calic, Geschichte Jugoslawiens im 20. Jahrhundert, S. 67.

noch zweimaliger britischer Landwirtschaftsminister werden sollte – als Werk politischer Weisheit und echter Humanität.[178]

Ein Parlamentskollege der Buxtons, der Geographieprofessor Halford Mackinder, der zum Umfeld des britischen High Commissioner in Südafrika und späteren Ministers Lord Milner gehörte[179], ließ sich 1919 von einem auf Kleinasien bezogenen Transfer-Vorschlag des griechischen Premiers Venizelos anregen, solche Friedenslösungen auch für Krisenregionen in anderen Teilen Europas zu diskutieren. Warum solle man nicht über einen wechselseitigen Bevölkerungsaustausch zwischen dem deutschen Ostpreußen und dem polnischen Posen nachdenken? Eine generöse Lösung der Minderheitenprobleme mit Optionsrecht für Beibehaltung oder Wechsel der Staatsbürgerschaft und mit Entschädigung für zurückgelassenes Eigentum sei machbar und sinnvoll. Wer dafür optiere, zu bleiben, müsse sich sodann rückhaltlos assimilieren – nötigten doch selbst die USA allen Einwanderern in der Schule die englische Sprache auf, abgesehen davon, dass Länder wie Frankreich oder England nur deshalb homogene Nationen ohne ethnische Pulverfässer seien, weil dort frühere Eroberer gegen Besiegte bedenkenlos gewütet hätten. Entsprechend regte Mackinder einen Optionszwang zwischen Transfer und Assimilation auch für die ungarischen und deutschen Minderheiten im vergrößerten Rumänien an. Zugleich begrüßte er die unter britischer Ägide entstehende jüdische Heimstätte in Palästina – wenn auch nicht ohne antisemitische Untertöne. Dieses Plädoyer für ethnische „Säuberung" wurde im Zweiten Weltkrieg erneut veröffentlicht.[180]

Das Konzept ethnischer „Säuberung" im intellektuellen Diskurs des Ersten Weltkrieges war folglich kein Alleinbesitz einer Kriegspartei. Zwischen 1914 und 1919 eskalierte es vielmehr auf allen Seiten der Front. Es faszinierte Intellektuelle und Wissenschaftler, die eine Nachkriegszukunft mit „sauber" getrennten Nationen zu organisieren gedachten und damit „Frieden", zuweilen sogar „Humanität" zu gewährleisten hofften. Trotz seiner transnationalen Entfaltung scheint das Konzept unter deutschen Nationalisten – namentlich unter den „Alldeutschen" – bis 1918 größere Akzeptanz gefunden zu haben als in der Entente oder in neutralen Staaten. Deutlich ist auch der inhaltliche Unterschied: Während Alldeutsche eine national eigensüchtige Um- und Ansiedlungspolitik verfochten, die zwar wechselseitige Aussiedlungen kannte, dieselben jedoch nur unter dem Gesichtspunkt deutscher Sieger-Interessen bewertete, gab es einen Paralleldiskurs, der auf wechselseitige Transfers zur Stilllegung ethnischer Krisenherde setzte und dabei bestimmten Großmächte-Gruppen – meist der Entente – eine Schiedsrichterrolle zuerkannte. Einzig der deutsch-jüdische Autor Lichtenstaedter scheint einen Kompromissfrieden zwischen den Machtblöcken gesucht zu haben.

Was die Praxis angeht, zeichnete sich im Entente-Lager am ehesten in Russland eine Realisierung „säubernder" Zwangsumsiedlungen ab. Unter den Mittelmäch-

---

[178] Buxton / Buxton, The War and the Balkans, S. 36f., S. 47f., S. 95f., S. 101–104 und S. 108–110.
[179] Marlowe, Milner, S. 179.
[180] Mackinder, Democratic Ideals and Reality, S. 69f. und S. 75.

ten war dies planerisch besonders in Deutschland der Fall, das jedoch hinsichtlich der Durchführung vom verbündeten Osmanischen Reich in den Schatten gestellt wurde. Dort sollte ethnische „Säuberung" im Falle der Armenier sogar die Extremform des Völkermords annehmen.

2. Genozidale Deportation: Die osmanischen Armenier

Im Weltkriegsjahr 1915 diskutierte der deutsche Botschafter in Konstantinopel, Baron Hans von Wangenheim, mit seinem Kollegen Henry Morgenthau, dem Botschafter der neutralen USA, ein Umsiedlungsprojekt von transkontinentalen Ausmaßen. Nach Eintritt der USA in den Krieg veröffentlichte Morgenthau diesen Vorschlag im Jahre 1918, um seine Propaganda-These von der alleinigen deutschen Urheberschaft modernen Deportationsdenkens zu belegen. Der laut Morgenthau im Oktober 1915 geäußerte Wangenheim-Plan, dessen Urheber der US-Diplomat als kalt und mitleidlos gegenüber den verfolgten Armeniern schilderte, beruhte demnach auf der Einschätzung, dass sich die Armenier im Weltkrieg als Feinde der Türken erwiesen hätten, weshalb diese beiden Völker nie mehr friedlich würden zusammenleben können. Daher habe Wangenheim angeregt, die Amerikaner sollten einen Teil der Armenier aus Kleinasien in die USA umsiedeln, während die Deutschen einen anderen Teil dieses Volkes ins besetzte russische Polen transferieren würden, um im Gegenzug anstelle der Armenier polnische Juden nach Anatolien umzusiedeln. Letzteres stellte der deutsche Botschafter allerdings unter die Bedingung, dass diese Juden keine zionistischen Pläne verfolgten, um dem Osmanischen Reich keine neuen inneren Konflikte zu bescheren.[181] Dieser Plan erinnert an Passagen der Kriegsziel-Denkschrift des Alldeutschen Heinrich Claß von 1914 über die Aussiedlung polnischer Juden nach Palästina[182] – Passagen, die Wangenheim wahrscheinlich kannte, waren doch Verwandte wie der Unterstaatssekretär in der Reichskanzlei, Arnold Wahnschaffe, oder der alldeutsche Funktionär Conrad von Wangenheim mit der Denkschrift vertraut, falls der Botschafter nicht selbst zu deren ausgewählten Adressaten gehörte. Wangenheim hatte allerdings schon vor der Claß-Denkschrift, bereits kurz nach seinem Amtsantritt in Konstantinopel, im Mai 1913 für den Fall einer Aufteilung des Osmanischen Reiches deutsche Interessensphären in Kleinasien benannt und eine dortige Ansiedlung von Deutschen erwogen.[183] Auch dieses Annexionsprojekt hatte eindeutig alldeutsche Wurzeln.[184]

Obwohl die Glaubwürdigkeit von „Ambassador Morgenthau's Story" angezweifelt worden ist[185], scheint der Bericht des früheren US-Botschafters in Kons-

---

[181] Morgenthau, Ambassador Morgenthau's Story, S. 452 f.
[182] Vgl. Kap. II.1.
[183] Die Große Politik der europäischen Kabinette Bd. 38, S. 48.
[184] Kruck, Geschichte des Alldeutschen Verbandes, S. 39, verweist auf Ernst Hasse 1895.
[185] Vgl. Lowry, The Story behind Ambassador Morgenthau's Story.

tantinopel über diesen Wangenheim-Vorschlag authentisch zu sein. Dies belegen die Tagebuchaufzeichnungen Morgenthaus über das Wangenheim-Projekt. Diesem zeitnah und – anders als beim Erinnerungsbuch von 1918 – ohne Hilfe von Ghostwritern erstellten Tagebuch zufolge hatte der deutsche Botschafter am 7. Oktober 1915 den Vorschlag dieser Umsiedlung von Armeniern und Juden über drei Kontinente hinweg gemacht. Obschon Morgenthau 1918 also über das Umsiedlungsangebot des „Teutonen" im Kern zuverlässig berichtete, sagte er dennoch nicht die volle Wahrheit. Aus seinen Tagebuchnotizen von 1915 geht hervor, dass sich Wangenheim keineswegs zufällig an seinen US-Kollegen gewandt hatte; vielmehr scheint der Deutsche von eigenen Umsiedlungsprojekten Morgenthaus erfahren zu haben, an die er mit seinem Vorschlag anknüpfte. Dies 1918 zu erwähnen würde Morgenthaus Argument geschwächt haben, Umsiedlungspolitik sei eine rein deutsche Erfindung. Auch wäre das Eingeständnis, eine lebensrettende Umsiedlung der Armenier sei nicht zuletzt an der restriktiven US-Einwanderungspolitik gescheitert, misslich gewesen.

Jedenfalls wurde im Jahre 1915 eine Umsiedlung der kleinasiatischen Armenier weder allein noch zuerst vom deutschen Botschafter angeregt. Der Vorschlag scheint vielmehr vom Patriarchen Zaven, dem Oberhaupt der orthodoxen Armenier, entwickelt und Mitte 1915 zunächst der osmanischen Regierung unterbreitet worden zu sein. Nach Wiener Geheimdienst-Informationen wurde Zavens Plan jedoch „nicht angenommen".[186] Daraufhin dürfte der verzweifelt um die Rettung seines Volkes kämpfende Patriarch seine Idee ausländischen Diplomaten mitgeteilt haben. Es war US-Botschafter Morgenthau, der dann am 29. Juli 1915 Innenminister Talaat Bey – einem Führer der jungtürkischen Regierung – den Vorschlag unterbreitete, sämtliche Armenier ins Ausland zu transferieren: „I would undertake to move all Armenians." Talaat gab sich beeindruckt, verwies aber an Kriegsminister Enver Paşa, der zurückhaltender reagierte, da er angeblich die wirtschaftlich bedeutenden Armenier nicht verlieren wollte.[187] Im Oktober 1915 teilte Morgenthau dem österreichisch-ungarischen Botschaftsrat Graf Trauttmansdorff zielgerichtet mit, die US-Regierung beabsichtige eine „Massenüberführung von Armeniern nach den Vereinigten Staaten". Morgenthau hoffte offenbar auf Unterstützung der mit den Osmanen verbündeten Mittelmächte und ließ den Wiener Diplomaten wissen, Innenminister Talaat, der die Zahl der Armenier im Osmanischen Reich „reduzi[e]ren" wolle, habe sich „mit der amerikanischen Idee einverstanden" erklärt, doch seien hernach auf beiden Seiten „Schwierigkeiten" aufgetreten. Trauttmansdorff sah diese Schwierigkeiten zum Teil als von Morgenthau verschuldet, denn dieser habe plötzlich erklärt, „nie im Namen seiner Regierung offizielle Vorschläge gemacht" zu haben, und gefordert, die „Massendeporti[e]rung" müsse „die Form einer privaten Unternehmung haben, wenn auch die amerikanische Regierung ihre Unterstützung leihen würde". Die osmanische Seite hinwiederum forderte, so hatte Morgenthau Trauttmansdorff informiert, von

---

[186] The Armenian Genocide, Bd. 2, S. 203.
[187] United States Diplomacy on the Bosphorus, S. 289, S. 291 und S. 305.

2. Genozidale Deportation: Die osmanischen Armenier   63

Auswanderungswilligen den völligen Verzicht auf ihr Eigentum, obwohl sie wusste, dass die USA mittellose Einwanderer nicht ins Land ließen. Morgenthau glaubte offenbar mittlerweile, die Jungtürken torpedierten das Projekt aus Angst, „daß durch eine Massenauswanderung unliebsame Details über die gegen die Armenier getroffenen Maßnahmen in die breite Oeffentlichkeit gelangen" könnten, und rechnete laut Trauttmansdorff nur noch mit der Auswanderung kleiner „Gruppen von wenigen Hundert nach Amerika".[188]

Zwei Tage nach diesem amerikanisch-österreichischen Austausch, am 15. Oktober 1915, zeigte sich plötzlich der deutsche Botschafter – zweifellos durch die Österreicher informiert – an Morgenthaus Umsiedlungsprojekt interessiert. Doch führte dieses Spiel über die deutsche Bande zu nichts. Im Januar 1916 teilte Talaat mit, dass zwar Armenier aus Konstantinopel auswandern dürften, nicht aber aus dem sonstigen Reich.[189] Damit war eine Umsiedlung großen Stils gescheitert.[190] Auch Wangenheims Umsiedlungsvorschlag lebte ein knappes Jahr später nur in bescheidener Form nochmals auf. Nachdem im November 1916 in der kleinasiatischen Metropole Smyrna die dort lebenden Armenier „dank dem energischen Eingreifen des hier glücklicherweise anwesenden Marschalls Liman Pascha", eines in osmanischen Diensten stehenden deutschen Generals, vor ihrer Deportation gerettet worden waren[191], begrüßte der damalige deutsche Botschafter Richard von Kühlmann dieses „Eingreifen des Marschalls, weil sich in Smyrna, wie dies auch an anderen Orten vorgekommen ist, das Gerücht verbreitet hatte, die deutschen militärischen Stellen hätten die Austreibung der Armenier verlangt". Sehr viel weniger begeistert zeigte sich Kühlmann von der Anregung Limans, für die Armenier Smyrnas die Möglichkeit „eines Abtransports nach Deutschland" zu erörtern – was das Berliner Auswärtige Amt dann vollends ablehnte.[192]

Die im Osmanischen Reich lebenden Armenier wurden im Ersten Weltkrieg Opfer eines von ihrer eigenen Regierung veranlassten Genozids. Dieser Völkermord vollzog sich im Rahmen einer Massendeportation, wodurch dieses bereits seit der Antike gebräuchliche Herrschaftsinstrument zahlloser Imperien eine neue exterminatorische Qualität erhielt. Zweifellos muss diese völkermörderische Zwangsumsiedlung im Kriegskontext begriffen werden: „Der Völkermord an den Armeniern im Jahre 1915 begann, als sich die Osmanen in bedrängter Lage befanden"; ihre Armee war nach der gescheiterten Kaukasus-Offensive des Kriegsministers Enver dezimiert und demoralisiert, die Hauptstadt Konstantinopel zudem durch die Dardanellenoffensive der westlichen Entente-Mächte akut be-

---

[188] The Armenian Genocide, Bd. 2, S. 247f.
[189] United States Diplomacy on the Bosphorus, S. 356f. und S. 439; die Ablehnung des US-Umsiedlungsprojekts wurde selbst in deutschen Kreisen in syrischen Provinzstädten bekannt; vgl. Der Völkermord an den Armeniern 1915/16, S. 496.
[190] Vgl. auch Gerlach, Extrem gewalttätige Gesellschaften, S. 131f., der das Scheitern allerdings nur auf die diametralen Interessen des Osmanischen Reiches und der USA in der Frage des von Auswanderern mitzuführenden materiellen Besitzes zurückführt.
[191] The Armenian Genocide, Bd. 2, S. 364; Hull, Absolute Destruction, S. 286.
[192] Der Völkermord an den Armeniern 1915/16, S. 535f.

droht.¹⁹³ Dieser Kontext ist beachtlich, würde jedoch allenfalls die Massendeportationen armenischer Zivilisten aus bedrohten Frontgebieten erklären (was denn die Jungtürken und ihnen bis heute folgende türkische Historiker auch als Legitimationsargument nutzten), nicht jedoch die reichsweite Ausdehnung der Deportationen und schon gar nicht deren völkermörderische Qualität.

Die grundlegende Vorbedingung dieses Völkermordes war vielmehr, dass das Osmanische Reich nach einhundert Jahren zermürbender Nationalitätenkonflikte seine traditionelle Inklusivität (die freilich stets auf der Prämisse unangefochtener muslimischer Herrschaft über die Nichtmuslime basierte) durch einen exklusiven türkischen Nationalismus ersetzte, der das „sinkende Reich"¹⁹⁴ gegen die Separatismen christlicher Minderheiten verteidigen sollte.¹⁹⁵ Man griff auf türkischer Seite selbst zu jenem aggressiv-intoleranten Nationalismus, dem die Türken bisher wiederholt zum Opfer gefallen waren – zuletzt in den Balkankriegen von 1912/13, als Serben, Griechen und Bulgaren ihre Staaten auf Kosten des Osmanenreiches und der ermordeten oder vertriebenen muslimischen Bevölkerung vergrößert hatten.¹⁹⁶ Noch 1919, nach dem Sturz der Jungtürken infolge der türkischen Weltkriegsniederlage, erklärten Abgeordnete des osmanischen Parlaments mit Blick auf die Armenierverfolgung und deren lange Vorgeschichte ethnischer „Säuberung" durchaus zutreffend: „Wir haben etwas über Deportation von unseren Nachbarn gelernt."¹⁹⁷ Die Jungtürkische Revolution von 1908 war eine Aktion moderner Mittelschichten in Bürokratie und Militär¹⁹⁸, die sich als „Ärzte der Gesellschaft" mit der westlichen Moderne entlehnten Heilmitteln begriffen.¹⁹⁹ Der jungtürkische Ideologe Ziya Gökalp (übrigens ein gebürtiger Kurde) deklarierte angesichts der türkischen Gebiets- und Menschenverluste in den Balkankriegen 1913: „Wir wurden besiegt, weil wir so rückständig waren. Um Rache zu nehmen, werden wir die Wissenschaft des Feindes in uns aufnehmen."²⁰⁰

Dieser Zusammenhang der Armenierverfolgung mit den für das Osmanische Reich zerstörerischen Nationalitätenkonflikten ermöglichte es den jungtürkischen Tätern, sich als Opfer in Notwehr und ihre Opfer als Schuldige zu imaginieren. Innenminister Talaat soll 1915 auf die Frage, warum man offenkundig Unschuldige deportiere, geantwortet haben, wer heute unschuldig sei, könne morgen schon schuldig sein.²⁰¹ Und 1921, im Berliner Exil, behauptete Cemal Paşa, ein weiterer einst führender Jungtürke, schon bei den osmanischen Armeniermassakern der Jahre 1894 bis 1896 seien die Armenier nur deshalb Opfer geworden, weil sie zu sehr „in der Minderheit" gewesen seien, um selbst zu Tätern werden zu

---

[193] Stevenson, 1914–1918: Der Erste Weltkrieg, S. 149.
[194] Raschdau, Ein sinkendes Reich.
[195] Barth, Genozid, S. 63.
[196] Vgl. hierzu Kap. IV.3.
[197] Zitiert nach Gerlach, Extrem gewalttätige Gesellschaften, S. 159.
[198] Inalcik / Quataert, An Economic and Social History of the Ottoman Empire, S. 764f.
[199] Turfan, Rise of the Young Turks, S. 67 und S. 304.
[200] Zitiert nach Levene, Genocide in the Age of the Nation State, Bd. 1, S. 181.
[201] Morgenthau, Ambassador Morgenthau's Story, S. 407.

können. Cemal führte ein weit zurückliegendes historisches Beispiel als Beleg an: „Die Zahl der von den Griechen in Morea niedergemachten Türken ist ein sicherer Beweis dafür."[202] Damit wurde der türkische Armenier-Genozid von 1915 mit einem griechischen Massaker an türkischen Muslimen begründet, das ein volles Jahrhundert zuvor – 1821 – erfolgt war.[203] Friedrich Naumann hatte schon die Armeniermassaker der 1890er Jahre als nationale Notwehr entschuldigt: „Der Türke weiß, wie es gehen wird, er hat es nun oft genug erlebt."[204]

Lange hatten die Armenier im Osmanischen Reich als besonders loyale christliche Minderheit gegolten. Die Nähe der konservativen armenischen Elite zum Sultanshof intensivierte sich, als die Bedeutung der lange tonangebenden griechischen Elite nach dem Aufstand von 1821 und der Abspaltung eines kleinen unabhängigen griechischen Staates zwangsläufig abnahm, zugleich aber alle Christen infolge der osmanischen Reformpolitik der „Tanzimat"-Ära seit 1856 in höchste Positionen gelangen konnten. So hatte zwischen 1850 und 1876 nicht nur jeder Großwesir und Außenminister einen armenischen Berater, 1868 konnte ein Armenier erstmals selbst zum Minister des Sultans aufsteigen.[205] Selbst unter dem zwischen 1876 und 1909 regierenden Sultan Abdul Hamid II., der nach den von ihm zumindest geduldeten Massakern der 1890er Jahre als Armenierverfolger galt[206], waren „sehr viele Beamte Armenier", zu denen auch „der berüchtigte Finanzminister Agop" Kazazyan gehörte. Manche behaupteten irrigerweise sogar, dieser Sultan sei mütterlicherseits selbst armenischer Herkunft.[207] Jedenfalls wurden, als während der Christenaufstände auf dem Balkan die osmanische Regierung im September 1877 beschloss, sämtliche Christen aus dem Staatsdienst zu entlassen, „die Armenier allein ausgenommen".[208]

Auch nach der Jungtürkischen Revolution von 1908 wurden Armenier osmanische Kabinettsmitglieder: Der Berufsdiplomat Gabriel Noradunghian war 1912/13 Außenminister – allerdings in einer kurzlebigen Regierung, die den Jungtürken feindlich gesinnt war. Deren neuerlicher Putsch vom Januar 1913 brachte diesen konservativen Armenier um sein Amt und stattdessen einen armenischen Sozialrevolutionär in die Regierung: Oskan Mardighian war bis zu seinem Rücktritt Ende 1914 als Postminister Kabinettskollege der späteren Mörder seines Volkes.[209] Oskan war es, der US-Botschafter Morgenthau am 12. Mai 1915 über die Deportation von 200 prominenten Armeniern aus Konstantinopel informierte, von denen aus seiner Sicht nur wenige tatsächlich des Hochverrats schuldig waren. Einen Monat später erklärte dieser ehemalige Minister des Sultans, er habe es

---

[202] Djemal Pascha, Erinnerungen eines türkischen Staatsmannes, S. 319 f.
[203] Vgl. Kap. V.1.
[204] Naumann, „Asia", S. 137 f.
[205] Çelik, Die Tragödie des Armenischen Volkes 1915–1918, S. 18 f.
[206] Vgl. zu diesen Massakern Barth, Genozid, S. 64.
[207] Jorga, Geschichte des Osmanischen Reiches, Bd. 5, S. 608; Georgeon, Abdulhamid II, S. 25, wonach die Sultansmutter jedoch Tscherkessin war.
[208] Schulthess' Europäischer Geschichtskalender 18.1877, S. 415.
[209] Söylemezoglu, Die andere Seite der Medaille, S. 225–227.

nicht vermocht, seine früheren Kabinettskollegen Talaat und Enver zur Milderung ihrer Armenierverfolgung zu bewegen. Enver wiederum erklärte dem US-Botschafter, dass er die Leistungen Oskans als Postminister zwar schätze, ihm jedoch als Mitglied einer nationalistisch-sozialistischen armenischen Partei, der Dashnaken, in der Armenierfrage nicht traue.[210] Im September 1915 hatte sich die Situation dermaßen verschärft, dass beide armenischen Ex-Minister – der Konservative und der Linksnationalist – ins Exil flüchteten, um ihr Leben zu retten.[211]

Trotz der bis 1914 anhaltenden Integration einzelner Armenier in die osmanische Elite hatte sich das Verhältnis beider Nationen vor dem Ersten Weltkrieg verschlechtert. Die wiederholte türkische Erfahrung, dass sich osmanische Christen mit Hilfe der Großmächte vom Reich losrissen und dabei Muslime massakrierten oder vertrieben, war die Hauptursache. Bereits gegen Ende des russisch-osmanischen Krieges von 1877/78 vermerkten die Osmanen übel, dass der armenisch-orthodoxe Patriarch Nerses II. auf dem Berliner Kongress für eine armenische Autonomie werben ließ – mit dem Argument, dass „eine Koexistenz der Armenier und der Moslems in der Türkei unmöglich" sei.[212] Namentlich Russland warf sich seither, obschon es die Freiheit der Armenier im eigenen Reich systematisch beschnitt[213], zum Protektor der osmanischen Armenier auf. 1913 gab es in Konstantinopel Gerüchte, „die gesamte armenische Bevölkerung" Ostanatoliens sei mit modernen russischen Waffen versehen worden „und jederzeit bereit [...], auf einen Wink Rußlands gegen die Türken loszuschlagen".[214] Die Türken beobachteten gereizt, wie die Armenier zwischen 1878 und 1914 die Großmächte für ihre Ziele mobilisierten; was für die einen Befreiungskampf, war für die anderen Hochverrat.[215] Hinzu kam, dass der gewaltsame Verkleinerungsprozess, den das Osmanische Reich 1912 auf dem Balkan erlitt, jungtürkische Politiker dazu brachte, über eine verkleinerte Kern-Türkei mit Kleinasien als nationalstaatlichem Zentrum zu diskutieren – was das Schicksal der dort lebenden griechischen und armenischen Bevölkerung prekär werden ließ. Im November 1912 notierte der Bolschewik Lev Trocki, der auf dem Balkan als Korrespondent tätig war:

[...] Vor zwei Jahren [1910], als die ehrenwerten ‚Hodshas' aus dem Parlament drohten, wegen Kreta einen Feldzug gegen Griechenland zu starten, sagte ein türkischer Politiker zu mir: ‚Wir haben schon lange unseren Realitätssinn verloren. Was sollen wir mit Kreta? Die Insel ist doch für uns schon längst verloren, aber ihretwegen handeln wir uns noch großen Ärger ein. Unsere Zukunft liegt in Asien. Wenn wir uns dessen früher bewußt gewesen wären, die Romantik aus unserer Politik verbannt hätten und uns mit Kleinasien befaßt hätten, wären wir jetzt nicht jene quantité négligeable, auf die niemand mehr Rücksicht nimmt.' ‚Ich habe mich schon nach Asien begeben', sagte mir zu Beginn des Krieges in Tripolitanien [1911] ein anderer prominenter Ab-

---

[210] United States Diplomacy on the Bosphorus, S. 229, S. 254, S. 259 und S. 276.
[211] The Armenian Genocide, Bd. 2, S. 233.
[212] Söylemezoglu, Die andere Seite der Medaille, S. 45 f. und 48–50.
[213] Vgl. Kappeler, Russland als Vielvölkerreich, S. 219 f.
[214] Die Große Politik der europäischen Kabinette Bd. 38, S. 11.
[215] Levene, Genocide in the Age of the Nation State, Bd. 1, S. 199; ausführlicher: Levene, Genocide in the Age of the Nation State, Bd. 2, S. 311–316.

geordneter, der sich in Skutari gegenüber von Konstantinopel angesiedelt hatte, ‚denn man wird uns sowieso bald aus Europa vertreiben. Und unsere Regierung würde sehr klug verfahren, wenn sie meinem Beispiel folgen würde.'"

Der spätere Sowjetführer fügte zustimmend hinzu: „Kleinasien ist in der Tat der Körper der Türkei, Kleinasien ist die wahre Türkei." Atatürk sollte dies später genauso sehen. Zugleich notierte Trocki Ende 1912 angesichts der osmanischen Niederlagen im Balkankrieg:

In diplomatischen Kreisen wird schon ziemlich laut davon geredet, daß einige Monate, nachdem die Türkei aus Europa entfernt ist, unausweichlich die Frage nach einer Teilung sogar der asiatischen Türkei anstehen wird. Die Umsiedlung der Massen von Türken aus der europäischen Türkei nach Kleinasien wird dort wahrscheinlich die Lage einiger Völkerschaften noch verkomplizieren, die schon längst einer Verbesserung ihrer Lebensbedingungen bedürften. Wenn man jetzt die Reformen nicht in Angriff nimmt, wird es in Kleinasien unausweichlich zu Unruhen kommen. Aber die Türkei selbst ist nicht in der Lage, etwas Vernünftiges zu unternehmen, und deshalb wird eine Intervention Europas erforderlich sein, das [...] die erstbeste Gelegenheit ergreifen wird, um die asiatischen Besitzungen der Türkei zu teilen."[216]

Zu dieser extremen Lösung – über die bekanntlich auch der deutsche Botschafter Wangenheim 1913 nachdachte – kam es nicht. Doch setzten die Großmächte für die osmanischen Armenier in den Jahren 1913/14 tatsächlich jene Autonomierechte durch, von denen schon seit dem Berliner Kongress von 1878 immer wieder vergeblich die Rede gewesen war. Im Frühjahr 1914 bewirkte eine russische Initiative das von allen Großmächten getragene und zugleich etwas abgeschwächte Autonomie-Programm für die ostanatolischen Armenier, das von der jungtürkischen Regierung widerwillig akzeptiert werden musste. Diese Autonomie begriffen die Jungtürken – in Analogie zu Vorgängen auf dem Balkan im 19. Jahrhundert[217] – als Vorstufe zur Separation. Folgerichtig wurde dieses Autonomiestatut mit dem Beginn des Ersten Weltkrieges Ende Juli 1914 von Konstantinopel unverzüglich suspendiert, die eben erst angereisten europäischen Kommissare wieder nach Hause geschickt.[218] Andernfalls hätten die Türken befürchten müssen, das überlebenswichtige Kleinasien durch christliche Separatismen der Armenier und Griechen ebenso zu verlieren wie den Balkan.

Die defensive Modernisierung der Jungtürken in Form eines aggressiv-integralen Nationalismus war die Voraussetzung für den Völkermord am armenischen Volk in Kleinasien. Michael Mann hat darauf hingewiesen, dass die Methoden dieses Völkermordes eher primitiv gewesen seien, dass aber seine Zielsetzung hochmodern gewesen sei. Die Jungtürken hätten den Genozid als Anhänger der modernen Nationalstaatsideologie begonnen. Doch obwohl somit Europa die Jungtürken (und später auch Atatürk) durch Ideologietransfer massiv beeinflusst habe, sei von den meisten Europäern der Völkermord an den Armeniern als asiatisch-barbarische Rückständigkeit und nicht als Modernität betrachtet worden.

---

[216] Trotzki, Die Balkankriege 1912–13, S. 276 f.
[217] Vgl. Kap. IV.1 und IV.2.
[218] Macartney, National States and National Minorities, S. 169 f.

Sie hätten den Massenmord gerade *nicht* als Warnung gegen aggressiven Nationalismus überhaupt begriffen.[219]

Bedeutete auf türkischer Seite Modernisierung vor allem Türkifizierung oder Islamisierung der Militär- und Verwaltungseliten, wodurch die seit den 1850er Jahren übliche Einbeziehung von Christen reduziert wurde[220], hatten sich auf armenischer Seite nationalistische Gegeneliten als „Befreiungsbewegungen" gebildet. Diese Parteien repräsentierten zwar – wie die Dashnaken – nur eine Minderheit, sie demonstrierten jedoch mit spektakulären Terrorakten, dass das asymmetrische osmanische Miteinander vorüber war. Der armenische Terror richtete sich primär gegen den osmanischen Staat, aber auch gegen die mit diesem kooperierende konservative Elite des eigenen Volkes. Höhepunkte waren der spektakuläre Überfall auf die Osmanische Bank in Konstantinopel 1896, ein erfolgloses Attentat auf Sultan Abdul Hamid 1905 sowie zwei Attentatsversuche auf armenische Patriarchen 1894 und 1903.[221] Der erfahrene US-Missionar Cyrus Hamlin kritisierte 1898 die evidente Strategie dieser Befreiungskämpfer, durch Terroranschläge ihr eigenes Volk in Geiselhaft zu nehmen, indem sie osmanische Repressalien provozieren und dadurch eine europäische Militärintervention erzwingen wollten. Die türkischen Vergeltungs-Massaker zwischen 1894 und 1896 kosteten laut Hamlin 80 000 bis 100 000 meist unbeteiligte Armenier das Leben.[222]

Die armenischen Freiheitskämpfer orientierten sich mit dieser Strategie am Beispiel des auf diese Weise 1878 von der Osmanenherrschaft befreiten Bulgarien.[223] Folgerichtig kämpften 1912/13 Bulgaren und armenische Freischärler vereint gegen die Türken. Der als Kriegs-Korrespondent auf dem Balkan tätige Lev Trocki interviewte 1912 den armenischen Partisanengeneral Andranik, der großen Wert auf die Feststellung legte, dass er während seines langen Untergrundkampfes „gegen die türkische Zivilbevölkerung [...] niemals irgendwelche feindlichen Aktionen unternommen" habe. Doch als Trocki zwei Monate später Verwundete der „armenischen Truppe" Andraniks in Sofia wiedertraf, gaben diese zu, unterdessen türkische Zivilisten massakriert zu haben. Zur Rechtfertigung beriefen sie sich auf jene türkischen „Armenier-Pogrome" der 1890er Jahre, die Hamlin einst als Resultat der armenischen Terrorstrategie gedeutet hatte.[224]

Zwischenzeitlich schien ausgerechnet die Jungtürkische Revolution von 1908 das türkisch-armenische Verhältnis zu verbessern, denn im Kampf gegen den absolutistischen Sultan Abdul Hamid II. hatten sich Jungtürken und Dashnaken verbündet. Im neuen Parlament waren armenische (und jüdische) Abgeordnete die einzigen Vertreter nationaler Minderheiten, welche die ansonsten türkisch-muslimisch geprägten Jungtürken unterstützten.[225] Trocki verwies 1912 auf diese

---

[219] Mann, The Dark Side of Democracy, S. 175.
[220] Göcek, Rise of the Bourgeoisie, Demise of Empire, S. 84f.
[221] Söylemezoglu, Die andere Seite der Medaille, S. 74–78 und S. 83f.
[222] Bloxham, The Great Game of Genocide, S. 51–57.
[223] Söylemezoglu, Die andere Seite der Medaille, S. 42f.
[224] Trotzki, Die Balkankriege, S. 279 und S. 284f.
[225] Kansu, The Revolution of 1908 in Turkey, S. 240f.

anfängliche Euphorie nach der Revolution, als viele Armenier – namentlich Dashnaken – aufrichtig mit den Jungtürken zusammengearbeitet hätten, um eine konstitutionelle Monarchie „zur Durchsetzung der örtlichen Selbstverwaltung" zu schaffen, „die sich dann zur kulturellen und nationalen Autonomie weiterentwickeln sollte". Jedoch habe sich rasch gezeigt, dass die „Dezentralisierung auf dem Papier stehen" blieb. Der gegenüber christlichen Nationalitäten anfänglich tolerante Staatspatriotismus, der „Osmanismus der Jungtürken", sei „sehr bald zum Islamismus und dann sogar zum Türkismus" degeneriert. Schon auf ihrem Parteikongress in Saloniki 1910 hätten die Jungtürken „die privilegierte Stellung der muslimischen Völkerschaften gegenüber den nichtmuslimischen" verkündet. Da man den Christen keine unbedingte Loyalität zum osmanischen Staat attestieren könne, dürfe man sie „lediglich dulden", ihnen aber keine Gleichberechtigung gewähren, denn dadurch würde „man in seinem eigenen Haus die Bedingungen für dessen Zerfall schaffen". Wenn sich das Reich nur auf die Türken verlassen könne, müssten sich Partei und Regierung zielgerichtet bemühen, „den politischen Einfluß und die wirtschaftliche Lage vor allem der Türken in Anatolien und Rumelien sowie aller anderen Völkerschaften türkischer Herkunft zu stärken". Solche Forderungen mündeten laut Trocki in systematische Bevölkerungspolitik:

„Der erste praktische Schritt in dieser Richtung war die Aufwerfung der Muhaciren-Frage (Umsiedlerfrage). Das jungtürkische Parlament votierte für die Bereitstellung eines riesigen Kredits für die Umsiedlung von Türken und Tataren aus Bosnien, Bulgarien, dem Kaukasus und sogar aus Afrika und Afghanistan in die Gebiete, wo die christlichen Völkerschaften eine kompakte Masse bildeten. Innerhalb kürzester Zeit war der beste Boden in Mazedonien und zum Teil auch in Armenien an Muhacire vergeben; und wenn diese Idee nicht aufging und die meisten Umsiedler in ihre Heimat zurückkehrten, so muß das ausschließlich der Unfähigkeit der türkischen Regierung zugeschrieben werden, überhaupt irgend etwas zu organisieren."[226]

1928 behauptete der (keineswegs türkenfreundliche) Völkerbund-Kommissar Fridtjof Nansen weit undifferenzierter als Trocki, die Jungtürken seien *von Anfang an* pantürkisch, antiosmanisch und damit gegen die Gleichberechtigung der Christen eingestellt gewesen. Nansen glaubte dies durch Verweis auf die „planmäßige Ansiedelung von Mohammedanern" in christlich besiedelten Landesteilen wie Makedonien oder Armenien beweisen zu können. Nach der türkischen Niederlage im Ersten Balkankrieg von 1912/13 habe sich diese Politik verschärft:

„Tausende türkischer Auswanderer aus Makedonien und Thrakien kamen jetzt nach Anatolien, geschwollen von Haß gegen alle Christen, und die Regierung leistete ihnen Vorschub. – Die Unterdrückung der Armenier durch die Jungtürken unterschied sich vom Treiben Abdul Hamids und der alten Regierung im wesentlichen dadurch, daß sie einem wohlüberlegten methodischen Plane folgte und dadurch viel gefährlicher war. Viele von den neuen Herren hatten ja eine europäische Erziehung gehabt. [...] [So] hat man jetzt auch Beweise dafür gefunden, daß schon vor dem Ausbruch des Weltkriegs beschlossen war, die christliche Bevölkerung Armeniens zu ‚verdünnen'."[227]

In der Tat hatte solche bevölkerungspolitischen Siedlungspläne schon im November 1909 Nazim Bey artikuliert, einer der jungtürkischen Führer in Saloniki und

---

[226] Trotzki, Die Balkankriege 1912–13, S. 267 und S. 269–271.
[227] Nansen, Betrogenes Volk, S. 305f.

später im gesamten Osmanischen Reich. Nazim hatte damals im Interview mit einem jüdischen Journalisten erklärt, zweihunderttausend bosnische Muslime stünden bereit, sofort aus dem Habsburgerreich in das osmanische Mazedonien überzusiedeln, und man werde in kurzer Zeit sogar eine Million muslimischer Umsiedler dort ansiedeln können – nicht nur aus Bosnien, auch aus Bulgarien, Rumänien, der russischen Krim und dem vom Zaren beherrschten Zentralasien. Auch jüdische Neusiedler waren den Jungtürken willkommen – nur nicht in Palästina. Ansonsten feierte Nazim, einer der späteren Chefplaner des Armenier-Völkermords, das gemeinsame „jüdisch-muslimische Projekt" zur Neubesiedlung Mazedoniens als eine Überlebensfrage für die europäische Türkei. Zwar blieb die Massenbesiedlung Utopie, doch konnte die jungtürkische Regierung im November 1910 tatsächlich mehrere tausend muslimische Umsiedler aus Bosnien im Kosovo und im nordmazedonischen Üsküb (Skopje) ansiedeln – auf Land, von dem zuvor christliche Bauern vertrieben worden waren. Diese konnten nur machtlos protestieren und auf Gelegenheit zur Rache warten – die bereits im Herbst 1912 mit dem Ersten Balkankrieg kam. Daraufhin wurde Mazedonien tatsächlich kolonisiert, aber nicht durch Muslime.[228] Die chauvinistische Reaktion der Jungtürken bestand in der rücksichtslosen Verfolgung des Ideals eines durch ethnische „Säuberung" zu schaffenden Nationalreiches in Anatolien.[229]

Tatsächlich zerstörten zwischen 1908 und 1915 Freiheitskämpfe zahlreicher Völker und Kriegsniederlagen im Osmanischen Reich die „Traditionen der Koexistenz". Muslimische Flüchtlinge rächten sich in ihren Aufnahmeorten an dortigen Christen für das, was andere Christen ihnen zuvor angetan hatten.[230] Es gab einen Konnex zwischen der Verdrängung der Türken aus Europa und ihrer nationalistischen Radikalisierung in Kleinasien: Die Verschlechterung der Lage der christlichen Minderheiten im Restreich war eine unmittelbare Folge der Vertreibung der Balkanmuslime.[231] Allerdings verschärfte zielgerichtete Politik diese Wirkungen: Die Jungtürken nutzten muslimische Flüchtlinge in Anatolien zur Transformation der Region in einen türkischen Siedlungsraum.[232] Dr. Nazim Bey, der 1909 noch eine halbwegs friedliche muslimische Besiedlung Mazedoniens geplant hatte, versuchte nach dem Verlust Mazedoniens im Balkankrieg dasselbe Ziel in Anatolien durch Völkermord zu erreichen: Nazim forderte im Februar 1915 auf einer Geheimsitzung der jungtürkischen Parteiführung die vollständige Ausrottung der Armenier im Osmanischen Reich.[233] Im Juli 1918 stieg dieser promovierte Mediziner für drei Monate zum Unterrichtsminister im Kabinett Talaats auf.[234]

---

[228] Mazower, Salonica – City of Ghosts, S. 284 f.
[229] Mulaj, Politics of Ethnic Cleansing, S. 22 und S. 26; Hertz, Nationality in History and Politics, S. 143 f.
[230] Hoerder, Cultures in Contact, S. 447 f.
[231] Komlosy, Habsburgermonarchie, Osmanisches Reich und Britisches Empire, S. 53.
[232] Berger / Miller, Nation-building and Regional Integration, S. 320 f.
[233] Lewy, The Armenian Massacres in Ottoman Turkey, S. 51.
[234] Schulthess' Europäischer Geschichtskalender 59.1918, Teilbd. 2, S. 522.

Ein anderes Beispiel für den Weg von der Kooperation zur Konfrontation war der Dashnakenführer Armen Garo (Garegin Pasdermadjian). Er hatte als armenischer Terrorist begonnen, war nach der Revolution von 1908 Parlamentsabgeordneter geworden und hatte mit den Jungtürken kooperiert, bevor er – von dieser Partei tief enttäuscht – Ende 1914 die Konsequenz zog, auf Seiten Russlands das Osmanische Reich zu bekämpfen.[235] Der deutsche Botschafter in Konstantinopel berichtete im Juni 1915 über eine von Pasdermadjian geführte und von den Russen ausgerüstete armenische „Bande" und deren Kriegsverbrechen: „Nach der Einnahme von Bajazid zerstörte er sämtliche mohammedanische Dörfer, die er auf seinem Marsche durchzog, und metzelte ihre Bewohner nieder." Botschafter Wangenheim war der Ansicht, dass die Untaten dieser armenischen Miliz das „harte Vorgehen" der osmanischen Behörden sowie „gelegentliche Ausschreitungen der mohammedanischen Zivilbevölkerung" gegen Armenier rechtfertigten. Beiläufig fügte er hinzu, kürzlich seien in Konstantinopel „die beiden Deputierten Vartges (Erzerum) und Zohrab Efendi (Stambul) verhaftet worden" seien, da sie „dringend verdächtig" seien, „mit dem [armenischen] Aufstand in Van in Verbindung zu stehen". Dieser bedrohte damals die osmanische Kaukasusfront gegen Russland im Rücken.[236]

Wie Pasdermadjian waren Vartges Serengülyan und Krikor Zohrab prominente Vertreter der Armenier. Dass sie, anders als Armen Garo, 1914 nicht zu den Russen überliefen, wurde 1915 ihr Untergang, denn auch ihnen wurde ohne weiteres Hochverrat unterstellt. „Der höchst angesehene Abgeordnete von Konstantinopel selbst, der Advokat Sorab", wie ein deutscher Journalist ihn skizzierte, war ein bekannter Gegner der Jungtürken, Mitglied der 1913 verbotenen liberal-konservativen Unionspartei.[237] Vartges hingegen war ein unter Abdul Hamid II. zum Tode verurteilter und durch britische Intervention zu Kerkerhaft begnadigter Dashnake, der wie Pasdermadjian nach 1908 Abgeordneter geworden war.[238] Als solcher soll er mit dem Jungtürken-Führer Talaat „sehr gut" gestanden haben. Das hielt Talaat nicht davon ab, Vartges in der Nacht vom 24./25. April 1915 deportieren zu lassen. Der deutsche Konsul in Aleppo, Walter Rößler, meldete am 27. Juli 1915, dass sich „die bekannten armenischen Abgeordneten Zohrab und Wartkes" als Verbannte „kürzlich einige Zeit" in seiner Stadt aufgehalten hätten:

„Sie wussten, dass sie den Tod erleiden würden, wenn der Befehl der Regierung, sie nach Diarbekir zu verbannen, ausgeführt würde. [...] Nach den Erzählungen der sie begleitenden [...] Gendarmen, wonach sie Räubern begegnet wären, welche zufällig gerade die beiden Abgeordne-

---

[235] Söylemezoglu, Die andere Seite der Medaille, S. 77.
[236] Der Völkermord an den Armeniern 1915/16, S. 149; zum Aufstand in Van: Reynolds, Shattering Empires, S. 146f.
[237] Der Völkermord an den Armeniern 1915/16, S. 294; Kansu, The Revolution of 1908 in Turkey, S. 189.
[238] Der Völkermord an den Armeniern 1915/16, S. 294; Kansu, The Revolution of 1908 in Turkey, S. 219f. und S. 278.

ten erschossen hätten, kann kein Zweifel mehr daran bestehen, dass die Regierung sie auf dem Wege zwischen Urfa und Diarbekir hat ermorden lassen."²³⁹

Pasdermadjian-Garo hingegen überlebte den Weltkrieg, kämpfte 1919/20 als Militärkommandeur für die Armenische Republik und ging nach deren Untergang ins US-amerikanische Exil. Von Boston aus ordnete er als Führer der Untergrundorganisation „Nemesis" 1921 die Ermordung jener ebenfalls ins Exil geflüchteten Jungtürkenführer an, die Schuld am Armeniergenozid trugen – und war damit überaus erfolgreich.²⁴⁰ Pasdermadjian-Garo hatte auch persönliche Gründe zur Rache: Sein Bruder Setrak, Bankdirektor in Erzerum, war am 29. Februar 1915 von nie ermittelten Tätern erschossen worden. Der deutsche Festungskommandant, General Posseldt, war überzeugt, dass der Bankier umgebracht worden sei, „weil sein Bruder, früherer Deputierter, im Vil.[ayet] Van in russischem Interesse gewühlt hatte; er wurde von zwei Soldaten erschossen, die Namen der Mörder wurden anonym den Behörden mitgeteilt, aber trotzdem er, Posseldt, sich für die Sache interessierte, wurden sie nicht ergriffen". Der General beobachtete weitere Morde und glaubte, der jungtürkische Klub in Erzerum habe Todeslisten erstellt. Neben dem Polizeichef sei „ein gewisser Schakir bey", Chef einer „Freiwilligenbande bei Artwin", der „Anstifter dieser armenierfeindlichen Bewegung". Damit hatte Posseldt einen Haupttäter im Visier – den Mediziner Bahaeddin Şakir Bey, Mitglied der jungtürkischen Parteiführung und Führer der Teskilat-i-Mahsusa („Sonderorganisation").²⁴¹ Şakir wurde 1922 von Pasdermadjians „Rächern" in Deutschland ermordet.²⁴²

Man kann Justin McCarthy zustimmen, dass man zur richtigen Einordnung der Mordereignisse von 1915 eine langjährige Kriegs- und Gewalterfahrung berücksichtigen muss. Nicht akzeptabel aber ist es, wenn McCarthy behauptet, es habe 1915 keinen *staatlichen* Krieg gegen die Armenier gegeben, sondern lediglich einen *Bürgerkrieg* verfeindeter ethnischer Gruppen im staatsfernen Raum Ostanatoliens. Dadurch werden die hohen Todesraten der Armenier gerade mit dem *Fehlen* staatlicher Ordnungsmacht erklärt.²⁴³ In Wahrheit war der osmanische Staat 1915 der *entscheidende Motor* der genozidalen Deportationen; dieser Staat wollte die Armenier nicht schützen, sondern vernichten. Feldmarschallleutnant Joseph von Pomiankowski, österreichisch-ungarischer Militärbevollmächtigter im

---

[239] Der Völkermord an den Armeniern 1915/16, S. 214; ein Missionar aus Urfa, Jakob Kuenzler, meldet Rößler im August 1915 die Namen der Verantwortlichen dieser Morde: „zwei türkische Komitadjis" (Mitglieder des Jungtürkischen Partei-Komitees) Ahmed Bey und Chalil Bey, welche dann Amtsärzte gezwungen hätten, einen falschen Bericht über den Tathergang (angeblich Araberüberfall) zu schreiben; vgl. Der Völkermord an den Armeniern 1915/16, S. 241; diese Offiziere, Cerkez Ahmed und Galatali Halil, wurden später in Syrien auf Befehl Cemals verhaftet, zum Tode verurteilt und hingerichtet; vgl. Lewy, The Armenian Massacres in Ottoman Turkey, S. 112f. und S. 200.
[240] Hosfeld, Operation Nemesis, S. 23–29; prominenteste Opfer waren 1921/22 die Ex-Regierungschefs Said Halim in Rom und Talaat in Berlin sowie Ex-Minister Cemal in Tiflis.
[241] Der Völkermord an den Armeniern 1915/16, S. 138; Hosfeld, Operation Nemesis, S. 142f.
[242] Naimark, Flammender Hass, S. 41; Akçam, Armenien und der Völkermord, S. 158.
[243] McCarthy, Death and Exile, S. 31, S. 123, S. 126 und S. 187.

Osmanischen Reich, betrachtete denn auch das Schicksal der Armenier nicht als Folge eines chaotischen Bürgerkrieges, sondern der „grenzenlose[n] Wut und Rachsucht Envers und Talaats", der mächtigsten Politiker an der Spitze des Reiches.[244] Ebenso wenig lässt sich die große Mehrheit der armenischen Opfer als Bürgerkriegspartei qualifizieren. Der deutsche Konsul in Erzerum, Max Erwin von Scheubner-Richter, der neben seinem Kollegen Walter Rößler in Aleppo einer der wichtigsten Gegner der jungtürkischen Vernichtungspolitik war[245], stellte 1915 fest, wenn sich „Zehntausende von Armeniern ohne Gegenwehr von einer kleinen Anzahl Kurden und Freischärlern abschlachten" ließen, sei das „ein Beweis dafür, wie wenig kampffroh und revolutionär dieses Volk gesinnt" sei. Scheubner-Richter beobachtete aber bei Tätern und Opfern dieselbe Hysterie: „Die Furchtsamkeit der türkischen Armenier" vor den Türken werde „nur noch durch die Angst der Türken vor ihnen übertroffen".[246] Diese Angst machte sich der jungtürkische Staat zunutze.

McCarthys These vom ethnischen Bürgerkrieg passt weit eher (wenngleich auch hier nicht uneingeschränkt) auf den Zeitraum 1917/18 bis 1922/23. In dieser Phase wurden sowohl Ost-Anatolien als auch der Kaukasus durch den Zusammenbruch der Russischen und Osmanischen Imperien geprägt, an den sich sofort widerstreitende staatliche Neugründungsversuche und nationale Konflikte anschlossen.[247] Dieser war für Kleinasien keine Nachkriegszeit, sondern die Fortsetzung von Krieg und Bürgerkrieg. Jede Partei, die gerade die Oberhand hatte, verübte Massaker oder Vertreibungen an der Gegenseite. Benjamin Lieberman hat daraus die Schlussfolgerung gezogen, Völker seien nicht eindeutig „Täter" oder „Opfer", sie könnten unter gewandelten Bedingungen nur zu leicht ihre Rollen als Täter und Opfer vertauschen.[248] Im Frühjahr 1915 aber war alles sehr viel eindeutiger: Damals wurden feindliche Aktivitäten einer winzigen Minderheit der Armenier zur Rechtfertigung der kollektiven Verfolgung fast aller Armenier genutzt. Als 1921 (nach dessen Ermordung durch einen „Nemesis"-Täter) die Erinnerungen von Talaat Paşa veröffentlicht wurden, rechtfertigte der einstige Innenminister und Großwesir die tödliche Deportation der Armenier als kriegsnotwendige Präventivmaßnahme gegen Aufstände im Rücken der Front. Talaat räumte lediglich ein, dass diese Deportationen nicht überall gesetzestreu ausgeführt worden seien, was er auf Racheakte der muslimischen Bevölkerung und auf Amtsmissbrauch untergeordneter Stellen zurückführte. Die Schuld seiner Regierung erblickte er allein darin, nicht so energisch wie nötig gegen die angeblich eigen-

---

[244] Pomiankowski, Der Zusammenbruch des Ottomanischen Reiches, S. 147 und S. 159.
[245] Bloxham, The Great Game of Genocide, S. 116; Scheubner-Richter, der 1915 bewegend humanitär agierte, radikalisierte sich jedoch infolge späterer Gewalterfahrungen im Russischen Bürgerkrieg selbst und wurde ein wichtiger Gefolgsmann Hitlers; er kam beim Münchner Putschversuch 1923 ums Leben; vgl. Liulevicius, Kriegsland im Osten, S. 317; Baranowski, Nazi Empire, S. 92, S. 134 und S. 136.
[246] Der Völkermord an den Armeniern 1915/16, S. 223.
[247] Ferrara / Pianciola, L' Età delle Migrazioni Forzate, S. 82–85.
[248] Lieberman, Terrible Fate, S. 134 und S. 136f.

mächtigen Gewalttaten vorgegangen zu sein. Man habe es für wichtiger gehalten, den Zusammenhalt im Kriege gegen äußere Feinde nicht durch energische Strafverfolgung der Verbrechen an Armeniern zu gefährden.[249]

Allerdings war es die jungtürkische Regierung selbst, die von vornherein bewusst nicht nur Schuldige verfolgte. Schon bei der Deportation einiger hundert prominenter Armenier aus Konstantinopel Ende April 1915 gab Talaat zu, „unter den Verschickten gebe es sicher viele, die in keiner Weise schuldig seien".[250] Entsprechend unterschiedslos agierte die jungtürkische Repression, als es im Frühjahr 1915 zu armenischen Aufständen im ostanatolischen Van und südostanatolischen Zeytun (heute: Süleymanli) kam. Diese Aufstände im Rücken der Front boten Anlass zur Deportation *sämtlicher* Armenier, obwohl die große Mehrheit des Volkes daran unbeteiligt war.[251] Zwar „massakrierten und beraubten Armenier drei Tage lang Muslime", nachdem sich die osmanischen Truppen vor den Russen im Mai 1915 aus Van zurückgezogen hatten. Ähnliches widerfuhr den Muslimen in Trabzon im April 1916 seitens griechischer und armenischer Nachbarn, sobald die Osmanen abgerückt waren.[252] Sechzig Prozent der muslimischen Bevölkerung von Van sollen im Weltkrieg zu Tode gekommen sein.[253] Die muslimischen Opfer der Armenier-Aufstände steigerten zweifellos den Vergeltungsdrang der herrschenden Jungtürken. Der deutsche Marineattaché Hans Humann erklärte im August 1915, nach der osmanischen Wiedereroberung Vans – das zwischenzeitlich eine russische Besetzung erlebt hatte – habe man festgestellt, dass von 150 000 muslimischen Einwohnern nur noch 30 000 am Leben seien. Daher sei Kriegsminister Enver entschlossen, „mit allen Mitteln" gegen „die" Armenier vorzugehen.[254]

Die Unterstellung, *alle* Armenier seien potentielle Hochverräter, schien durch die Entente bestätigt zu werden. Feierlich dankten Zar Nikolai II. und sein Außenminister Sergei Sazonov am 18. Mai 1915 dem armenischen Volk für den Aufstand in Van und die Unterstützung des russischen Vormarsches. Auch die Presse der westlichen Ententemächte unterstrich, „wie die Armenier den Russen geholfen und den Osmanen geschadet hatten".[255] Vor der Reichsduma griff Sazonov am 1. August 1915 die Armenierverfolgung scharf an, lieferte freilich den Jungtürken durch Betonung der russisch-armenischen Waffengemeinschaft neue Verfolgungsargumente.[256] Im Oktober 1915 erklärte denn auch der osmanische Bot-

---

[249] Suny, Explaining Genocide, S, 249.
[250] Der Völkermord an den Armeniern 1915/16, S. 140.
[251] Pomiankowski, Der Zusammenbruch des Ottomanischen Reiches, S. 147; Bloxham, The Great Game of Genocide, S. 81; Halaçoğlu, Die Armenierfrage, S. 54.
[252] Gerlach, Extrem gewalttätige Gesellschaften, S. 160.
[253] Lieven, Empire, S. 355.
[254] Der Völkermord an den Armeniern 1915/16, S. 235; zu Humann: Dadrian, German Responsibility in the Armenian Genocide, S. 146; die Opferzahlen waren aufgebauscht, doch armenische Massaker an Muslimen hatte es gegeben, und vor der russischen Armee waren 80 000 Muslime geflohen; vgl. Bloxham, The Great Game of Genocide, S. 84.
[255] Halaçoğlu, Die Armenierfrage, S. 55.
[256] Schulthess' Europäischer Geschichtskalender 56.1915, Teilbd. 2, S. 1102 und S. 1105f.

schafter in Berlin, der ehemalige jungtürkische Großwesir Ibrahim Hakki Paşa: „Die Armenier begingen den großen Fehler, dass sie offen auf Russlands Seite traten, wofür sie nun gestraft sind."[257] Nach Ende des Weltkrieges erhob Garo-Pasdermadjian den Anspruch auf ein unabhängiges Armenien mit der Begründung, die Armenier seien ein entscheidender Faktor für den Sieg der Entente gewesen.[258] Das war zwar eine gewaltige Übertreibung, denn nur rund 10 000 armenische Freiwillige aus dem Osmanischen Reich hatten jene 100 000 Armenier verstärkt, die als Untertanen des Zaren ganz regulär eingezogen worden waren.[259] Doch nicht alle Armenier waren im Jahre 1915 ausschließlich Opfer.

Umso eindeutiger waren bei den Armenier-Deportationen die Rollen von Tätern und Opfern verteilt. Der türkische Historiker Taner Akçam berichtet von Memoiren verschiedener jungtürkischer Politiker, nach denen „im März 1915 mehrere Sitzungen des Zentralkomitees" der Jungtürkischen Partei abgehalten worden sein sollen. Veranlasst wurden diese Beratungen offenbar durch die Rückkehr des Parteiführers Şakir am 13. März 1915 von einer Inspektionsreise in Ostanatolien. Şakir war in Erzerum zu der Überzeugung gelangt, dass man „vor dem inneren Feind genausoviel Angst haben müsse wie vor dem äußeren". Er legte dem Zentralkomitee Dokumente über die Aktivitäten feindlicher „armenischer Banden in Ostanatolien" vor und wurde daraufhin mit der „Beseitigung der inneren Gefahr" beauftragt. Akçam vermutet, damals sei „der Beschluß zum Völkermord" gefällt worden.[260]

Am 26. Mai 1915 begründete Innenminister Talaat den unterdessen erstellten Deportationsplan mit der Notwendigkeit, Aufständische aus Frontgebieten zu entfernen. Deportiert werden sollten alle Armenier der in Nähe der russischen Front liegenden ostanatolischen Provinzen Van, Bitlis und Erzerum, außerdem die Landbevölkerung der südostanatolischen Küstenprovinzen Adana und Mersin sowie eines Teils der syrischen Provinz Aleppo, wo man Invasionen der Westmächte befürchtete. Diese Deportierten sollten in die heute irakische Provinz Mossul, in das heute syrische Wüstengebiet um Der-es-Zor, in abgelegene Teile der Provinz Aleppo oder in die südostanatolische Provinz Urfa umgesiedelt werden. Zusätzlich forderte Kriegsminister Enver Paşa, dass die armenische Minderheit in Zukunft nirgendwo im Reich mehr als zehn Prozent der muslimischen Bevölkerung ausmachen dürfe. Auch diese Forderung diente vordergründig der Prävention von Aufständen, bedingte jedoch eine das *gesamte* Reich erfassende Umsiedlungspolitik. Diese unterschiedlichen Ansätze mündeten in das am 27. Mai 1915 vom Kabinett verabschiedete „Provisorische Gesetz" über Maßregeln der Militärbehörden gegen regierungsfeindliche Aktivitäten im Kriege. Dieses Gesetz wurde vom osmanischen Parlament, das im März 1915 (vor Verhaftung und Ermordung seiner armenischen Mitglieder) vertagt worden war, am 15. September

---

[257] Ebenda, S. 1161f.
[258] Pasdermadjian, Armenia; ders., Why Armenia Should Be Free.
[259] Gatrell, A Whole Empire Walking, S. 18.
[260] Akçam, Armenien und der Völkermord, S. 59.

nachträglich gebilligt. Es autorisierte die Armeekommandeure, die Umsiedlung von Zivilisten anzuordnen; deren Durchführung oblag (laut Verordnung vom 30. Mai 1915) dem Innenministerium und den Zivilbehörden.[261] Das Argument der Kriegsnotwendigkeit diente nur noch als Vorwand, um das „Armenierproblem" insgesamt radikal zu regeln.

Taner Akçam zufolge war das Deportationsgesetz vom 27. Mai 1915 das Ergebnis der März-Beratungen der Parteiführung. Die am 13. März 1915 erfolgte Vertagung des osmanischen Parlaments, in dem nach den Neuwahlen von 1914 unter 259 Abgeordneten immerhin vierzehn Vertreter der Armenier saßen, sei zielgerichtet erfolgt, um organisierten Widerstand von vornherein zu unterbinden. Dass die Deportationspläne Gesetzesrang erhielten, führt Akçam hingegen auf externe Einflüsse zurück: Das Gesetz vom 27. Mai 1915 sei die unmittelbare „Reaktion auf die Deklaration der Alliierten vom 24. Mai" 1915 gewesen, „man würde die Verantwortlichen von Massakern persönlich zur Verantwortung ziehen".[262] Diese drohende Erklärung Frankreichs, Großbritanniens und Russlands lautete wörtlich:

„Seit ungefähr einem Monat begeht die türkische und kurdische Bevölkerung Armeniens unter Duldung und oft mit Unterstützung der osmanischen Behörden Massenmorde unter den Armeniern. Solche Massenmorde haben um die Mitte des April in Erzerum, Terdschan, Eguin, Bitlis, Musch, Sassun, Zeitun und in ganz Kilikien stattgefunden. Die Einwohner von ungefähr hundert Dörfern in der Umgebung von Wan sind alle ermordet und das armenische Viertel ist von den Kurden belagert worden. Zur selben Zeit hat die osmanische Regierung gegen die wehrlose armenische Bevölkerung in Konstantinopel gewütet. In Anbetracht dieses neuen Verbrechens der Türkei gegen Menschlichkeit und Zivilisation geben die Alliierten Regierungen der Hohen Pforte öffentlich bekannt, daß sie alle Mitglieder der türkischen Regierung sowie diejenigen ihrer Beauftragten, die an solchen Massenmorden beteiligt sind, in Person verantwortlich machen."[263]

Die Entente-Deklaration hat keine Einschüchterung der Jungtürken erreicht, sondern eine radikale Gegenreaktion bewirkt. Talaat äußerte Anfang Juni 1915 kühl, man werde „den Weltkrieg dazu benutze[n]", um mit den „inneren Feinden – den einheimischen Christen aller Konfessionen – gründlich aufzuräumen, ohne durch diplomatische Interventionen des Auslandes gestört zu werden".[264] Großwesir Said Halim Paşa, zugleich Außenminister, zeigte sich hingegen tief verärgert über die Drohung der Entente, Regierungsmitglieder zur Verantwortung zu ziehen, und richtete seinen ganzen Zorn gegen die Armenier.[265] Donald Bloxham hat darauf hingewiesen, dass bis zum Zeitpunkt der Entente-Deklaration die Armenierdeportationen auf Ostanatolien beschränkt geblieben seien; erst die Entente-Drohung habe Ende Mai 1915 den generellen Deportationsbefehl bewirkt.[266] Seither

---

[261] Lewy, The Armenian Massacres, S. 152 f.; Halaçoǧlu, Die Armenierfrage, S. 68.
[262] Akçam, Armenien und der Völkermord, S. 59, S. 61 und S. 64; zur Zahl der Abgeordneten 1914 Barth, Genozid, S. 67.
[263] Schulthess' Europäischer Geschichtskalender 56.1915, Teilbd. 2, S. 1151.
[264] Der Völkermord an den Armeniern 1915/16, S. 165 f.
[265] United States Diplomacy on the Bosphorus, S. 249.
[266] Bloxham, The Great Game of Genocide, S. 85 f.

wurden nur noch die in den Metropolen Konstantinopel, Smyrna und Aleppo lebenden Armenier zumindest weitgehend verschont.[267]

Zwecks Rechtfertigung der Deportationen arbeiteten osmanische und deutsche Diplomaten anfangs eng zusammen. Die am 4. Juni 1915 mit deutscher Hilfe formulierte Antwort der osmanischen Regierung auf die Entente-Deklaration behauptete, es gebe keine kollektive Verfolgung. Es gehe darum, „die Revolution zu unterdrücken und die öffentliche Ordnung aufrecht zu erhalten". Dass es keine grundsätzlich antiarmenische Politik gebe, zeige sich daran, dass in Konstantinopel von 78 000 Armeniern nur 235 verhaftet worden seien. Wenn anderswo „gewisse Armenier" aus „ihren Wohngebieten weggeschafft" worden seien, so sei dies geschehen, „weil sie im Kriegsgebiet wohnten und ihre Anwesenheit daselbst der Regierung in Anbetracht der vorgefallenen Ereignisse eine gewisse Unruhe im Hinblick auf die nationale Verteidigung einflößte". Damit gab die osmanische Regierung allerdings zu, dass sie nicht nur Schuldige bestrafte.[268]

Osmanische und türkische Regierungen rückten von dieser jungtürkischen Rechtfertigungsstrategie später nur kurzfristig ab. Ausschlaggebend für dieses kurze Intermezzo der Selbstkritik war nicht nur der Druck der siegreichen Entente, sondern auch der Umstand, dass unter dem ab Mitte 1918 regierenden letzten Sultan Mehmed VI. fast alle Nachkriegsregierungen von Gegnern der Jungtürken gestellt wurden. Diese Verquickung außen- und innenpolitischer Interessen ermöglichte 1919/20 die Strafverfolgung einiger jungtürkischer Täter – mit wenigen Hinrichtungen und etlichen Todesurteilen in absentia. Im Juni 1919 gestand Großwesir Damat Ferid Paşa vor der alliierten Friedenskonferenz in Sèvres die an den Armeniern begangenen Kriegsverbrechen seines Landes offiziell ein und benannte die gestürzten jungtürkischen Führer als Schuldige. Diese Phase der „Aufarbeitung" brach in der Nachkriegstürkei rasch wieder ab, sobald der Imperialismus der Ententemächte einen nationalen Abwehrkrieg unter Mustafa Kemal Paşa (Atatürk) auslöste. Nach dem Sieg der türkischen Nationalisten behandelte Kemals Außenminister Ismet Paşa „die bedauerliche Armenierfrage" während der Friedensverhandlungen in Lausanne 1922/23 mit jungtürkischen Argumenten: „Die Verantwortung für alles Unglück, welches das armenische Element im Osmanischen Reich" getroffen habe, so der spätere Nachfolger Atatürks als Präsident der Türkei, liege allein bei „diesem Element", das mit seinem Verhalten kriegsbedingte „Repressalien" herausgefordert habe.[269]

1918 veröffentlichte Henry Morgenthau auch ein Gespräch, das er Anfang 1916 als scheidender Botschafter der USA mit dem deutschen Admiral Guido von Usedom geführt haben wollte. Laut Morgenthau hatte Usedom dabei nicht versucht, die Armenierverfolgung zu verteidigen oder allein den Türken anzulasten, sondern die Angelegenheit leidenschaftslos wie ein militärtechnisches Problem erörtert. Die Armenier, so der Admiral, seien im Weg gewesen, ein Hindernis für

---

[267] Mann, The Dark Side of Democracy, S. 152f.
[268] Schulthess' Europäischer Geschichtskalender 56.1915, Teilbd. 2, S. 1151–1153.
[269] Ternon, Der verbrecherische Staat, S. 148 und S. 150.

den deutschen Sieg, deswegen habe man sie entfernen müssen – wie nutzloses Gerümpel, assoziierte der Amerikaner später.[270] Dieses Gespräch erfolgte, wie Morgenthaus Tagebücher belegen, auf jener Bahnfahrt von Konstantinopel nach Berlin am 1. Februar 1916, die die erste Etappe der Rückreise des bisherigen US-Botschafters in seine Heimat darstellte. Morgenthaus Tagebuchnotizen zufolge erklärte der deutsche Admiral offenherzig, die Deutschen hielten die Armenier-Deportation grundsätzlich für eine kluge militärische Maßnahme – ohne jedoch, wie Morgenthau notierte, die Massaker oder die Deportation auch von Frauen und Kindern zu rechtfertigen.[271] Die Tagebuchnotiz von 1916 deutet den Grad deutscher Mitverantwortung präziser an als die Propaganda-Schilderung von 1918. Dass deutsche Vertreter 1915 gegen die Deportation unschuldiger Frauen und Kinder Stellung nahmen, bedeutet im Umkehrschluss, dass sie gegen die kollektive Deportation armenischer Männer wenig einzuwenden hatten. Die deutsche „Komplizenschaft", von der der armenische Historiker Vahakn Dadrian allzu undifferenziert überzeugt ist[272], bezog sich somit auf die Empfehlung einer Deportation als „kluge militärische Maßnahme", nicht aber auf genozidale Ziele oder Resultate. Die US-Historikerin Isabell Hull meint sogar, die deutschen Militärs hätten 1915 nur räumlich begrenzte, nicht allgemeine Deportationen empfohlen.[273]

Die ähnlich gelagerte Haltung der deutschen Diplomatie in Konstantinopel fasste Botschaftsrat Konstantin von Neurath – der spätere Außenminister Hitlers und dessen erster Reichsprotektor im besetzten Böhmen und Mähren – im November 1915 dahin zusammen, „daß die Türkische Regierung im militärischen Interesse und im Interesse der inneren Sicherheit des Landes berechtigt war[,] zu außerordentlichen Mitteln zu greifen, die als Akte der Notwehr bezeichnet werden können, wie z.B. die zwangsweise Verschickung der Armenischen Bevölkerung aus den durch die Russische Invasion und durch die Aktion der Französischen und Englischen Flotten bedrohten Gebieten". Jedoch hätten „das Auswärtige Amt und die Kaiserliche Botschaft die Ausschreitungen aller Art gemissbilligt, die sich im Gefolge dieser Zwangsmaßregeln einstellten" – also gezielte Morde, „Massenhinrichtungen", die „systematisch organisierten Niedermetzelungen von Tausenden wehrloser Männer und Frauen, die Ausdehnung der Metzeleien auf die Christen anderer Konfessionen" sowie „die schonungslose Behandlung der Ausgesiedelten, die [...] dem Hunger und Elend preisgegeben wurden". „Ebensowenig" sei „vom militärischen Standpunkte aus die Aussiedlung der armenischen Bevölkerung aus den vom Kriegsschauplatz entfernten Landesteilen zu begründen".[274] Eine ähnliche Haltung – Anerkennung der Berechtigung zu Deportationen aus „militärischen Operationsgebieten" bei gleichzeitiger Kritik der

---

[270] Morgenthau, Ambassador Morgenthau's Story, S. 477f.; auf dieser Darlegung von 1918 basiert auch Dadrian, German Responsibility in the Armenian Genocide, S. 133f.
[271] United States Diplomacy on the Bosphorus, S. 452.
[272] Dadrian, German Responsibility in the Armenian Genocide, S. 185f.
[273] Hull, Absolute Destruction, S. 276f.
[274] Der Völkermord an den Armeniern 1915/16, S. 362–363.

brutalen Durchführung – äußerte auch Robert Lansing, der Außenminister der USA.[275]

Insofern erscheint die Stellungnahme des deutschen Zentrumspolitikers Matthias Erzberger von 1920, die deutsche Botschaft habe sich „sofort um Milderungen" bemüht und die deutschen Behörden hätten alles getan, „um Greuel zu verhüten"[276], als viel zu unscharf. Ebenso undifferenziert nahm der frühere österreichisch-ungarische Militärbevollmächtigte Pomiankowski „die Deutschen" nach Kriegsende gegen Morgenthaus Anschuldigung in Schutz, sie hätten „den Türken den Gedanken der Massendeportation der Armenier nach Mesopotamien geradezu suggeriert", indem er versicherte, während seines „zehnjährigen Aufenthaltes in Konstantinopel nichts gehört" zu haben, „was diese Version bestätigen würde".[277] Der österreichisch-ungarische Generalkonsul in Trapezunt, Ernst von Kwiatkowski, hatte das Gegenteil erlebt und am 22. Oktober 1915 nach Wien gemeldet, er habe „aus gewöhnlich verlässlicher deutscher Quelle" erfahren, „daß die erste Anregung zur Unschädlichmachung der Armenier – allerdings nicht in der tatsächlich durchgeführten Weise – von deutscher Seite erfolgt sei".[278] Ein deutscher Missionar, Julius Richter, soll 1919 dasselbe bekundet haben.[279] Bereits 1913, so behauptete jedenfalls Morgenthau 1918, habe der prominente deutsche Publizist Paul Rohrbach einen Umsiedlungsvorschlag vorgetragen, der der späteren Armenierdeportation von Anatolien nach Mesopotamien verblüffend ähnlich gesehen habe.[280] Falls dem so war, hatte Rohrbach dieses Umsiedlungsprojekt allerdings ohne dessen genozidales Ergebnis anvisiert, denn im Ersten Weltkrieg verurteilte er den Armeniergenozid ausdrücklich als Auslöschung eines kultivierten Volkes – während er als Mitarbeiter der Kolonialverwaltung ein Jahrzehnt zuvor die Ausrottung der aufständischen Herero in Südwestafrika gleichmütig akzeptiert hatte.[281]

Es ist wahrscheinlich, dass insbesondere an der bedrohten Kaukasusfront aktive deutsche Offiziere, allen voran Envers Generalstabschef Bronsart von Schellendorf, im Frühjahr 1915 zur Entfernung der Armenier aus bedrohten Frontgebieten rieten.[282] Dass deutsche Militärberater schon im Frühjahr 1914 – also vor dem Weltkrieg – den Jungtürken empfohlen hatten, als illoyal eingestufte griechische Bevölkerungsgruppen durch Umsiedlung von der Ägäisküste zu entfernen, wie Admiral von Usedom Morgenthau 1916 wissen ließ[283], macht eine Ausweitung dieses De-

---

[275] Barth, Genozid, S. 73f.
[276] Erzberger, Erlebnisse im Weltkrieg, S. 75, S. 77 und S. 82.
[277] Pomiankowski, Der Zusammenbruch des Ottomanischen Reiches, S. 162.
[278] The Armenian Genocide, Bd. 2, S. 252; Dadrian, German Responsibility in the Armenian Genocide, S. 163f., nennt einen ähnlichen Bericht des Wiener Konsuls in Adrianopel.
[279] Hull, Absolute Destruction, S. 276, Anm. 66, ebenfalls mit Verweis auf Kwiatkowski.
[280] Morgenthau, Ambassador Morgenthau's Story, S. 443f.; Dadrian, German Responsibility in the Armenian Genocide, S. 114.
[281] Baranowski, Nazi Empire, S. 92.
[282] Hull, Absolute Destruction, S. 276; Dadrian, German Responsibility in the Armenian Genocide, S. 116f.
[283] United States Diplomacy on the Bosphorus, S. 452.

portationsvorschlags auf die ostanatolischen Armenier in der Krise von 1915 sehr wahrscheinlich. Darüber hinaus könnte es auch politische Abstimmungen zwischen Konstantinopel und Berlin gegeben haben. Jedenfalls bekundete der damalige jungtürkische Parlamentspräsident und spätere Außenminister Halil Bey in seinen Memoiren, er sei „Mitte März 1915" zu Verhandlungen nach Deutschland gereist und nach seiner Rückkehr im Mai 1915 von Talaat gefragt worden, was er „hinsichtlich dieser armenischen Deportation in Berlin alles besprochen" habe.[284]

Der deutsche Botschafter von Wangenheim berichtete erstmals am 31. Mai 1915 über die Absicht Envers, „zur Eindämmung armenischer Spionage" und möglicher „Massenerhebungen" Deportationen durchzuführen. Wangenheim räumte ein, dies bedeute „gewiss eine große Härte für die armenische Bevölkerung", meinte jedoch, Deutschland dürfe „die Maßnahmen wohl in ihrer Form mildern[,] aber nicht grundsätzlich hindern", da der von Russland geförderte Verrat der Armenier den „Bestand der Türkei" bedrohe.[285] Sechs Wochen später begann der Botschafter seinen Tolerierungskurs zu ändern. Wangenheim meldete Mitte Juli 1915, Berichte der deutschen Konsuln vor Ort hätten ergeben, „daß einerseits eine armenische Verschwörung in der Tat bestand, daß aber andererseits die rigorosen Maßnahmen der türkischen Regierung nicht gerechtfertigt erscheinen können".[286] Wangenheim blieb – anders als Morgenthau es später darstellte – keineswegs unbeeindruckt von Berichten wie jenem des Konsuls in Aleppo, Walter Rößler, vom 27. Juli 1915:

„Die türkische Regierung hat ihre armenischen Untertanen, wohlgemerkt unschuldige, unter dem Vorwande, sie aus dem Kriegsgebiet entfernen zu müssen, zu tausenden und abertausenden in die Wüste getrieben, weder Kranke und Schwangere noch die Familien der […] einberufenen Soldaten ausgenommen, hat sie ungenügend und unregelmäßig ernährt und mit Wasser versorgt, hat nichts gegen die unter ihnen ausgebrochenen Epidemien getan, hat die Frauen in Not und Verzweiflung getrieben, daß sie ihre Säuglinge und ihre Neugeborenen am Wege ausgesetzt, ihre dem mannbaren Alter entgegengehenden Mädchen verkauft, daß sie sich selbst mit ihren kleinen Kindern in den Fluss gestürzt haben, sie hat sie der Willkür der Begleitmannschaft und damit der Schande preisgegeben, einer Begleitmannschaft, die Mädchen an sich genommen und verkauft hat, sie hat sie den Beduinen in die Hände gejagt, die sie ausgeplündert und entführt haben, sie hat die Männer in einsamen Gegenden ungesetzlich niederschießen lassen und lässt die Leichen ihrer Opfer den Hunden und den Raubvögeln zum Fraß, sie hat angeblich in die Verbannung geschickte Abgeordnete ermorden lassen, sie hat Sträflinge aus den Gefängnissen entlassen, in Soldatenkleider gesteckt und in die Gegenden geschickt, wo die Verbannten durchziehen mussten, sie hat tscherkessische Freiwillige angeworben und sie auf die Armenier hingelenkt."[287]

Berichte US-amerikanischer und deutscher Konsuln belegen nicht nur die „Planmäßigkeit der Armeniervernichtung", sondern „auch die Ohnmacht der Deutschen, sich ihr zu widersetzen".[288] Letzteres zeigte sich eklatant, als Innenminister Talaat am 29. August 1915 ein apologetisches Rundschreiben über die Zwangsumsiedlung herausgab:

---

[284] Akçam, Armenien und der Völkermord, S. 59.
[285] Der Völkermord an den Armeniern 1915/16, S. 154.
[286] Ebenda, S. 207.
[287] Ebenda, S. 216.
[288] Ternon, Der verbrecherische Staat, S. 148.

Das Ziel unserer Regierung – indem sie die Armenier aus ihren gegenwärtigen Gebieten evakuiert und sie an zugewiesene Plätze schickt – besteht darin, abzusichern, daß diese Leute nicht mit ihren illegalen antiosmanischen Aktivitäten fortfahren und daß es ihnen unmöglich gemacht wird, ihre Bestrebungen nach einem unabhängigen Armenien weiterzuverfolgen. Es handelt sich hierbei nicht um die Vernichtung dieses Volkes, sondern im Gegenteil soll alles unternommen werden, um seine absolute Sicherheit während des Transfers zu gewährleisten. Die Ausgaben der Armenier sind mittels des von den Flüchtlingsfonds bereitgestellten Geldes zu decken. Diese haben alle nötigen Vorkehrungen dafür zu treffen. Abgesehen von denjenigen, die bereits der Zwangsumsiedlung unterworfen wurden, sollen nun solche, denen es gestattet wurde, zu bleiben, nicht aus ihren Häusern vertrieben werden; sie sind unberührt zu lassen. Wie Sie bereits früher informiert wurden, beschloss unsere Regierung, folgende Armenier nicht umzusiedeln: die Familien armenischer Soldaten, die benötigten Handwerker sowie protestantische und katholische Armenier. Jeder, der die umzusiedelnden Armenier während ihres Transfers angreift, beziehungsweise diejenigen Gendarmen oder Beamten, die solche Angriffe nicht verhindern können, sollen sofort strafrechtlich verfolgt und den Kriegsgerichten übergeben werden."[289]

Türkische Historiker werten dieses Schreiben als Beleg für die guten Absichten der jungtürkischen Führung.[290] Die damaligen Verbündeten der Jungtürken waren kritischer. Deutschlands Sonderbotschafter Fürst Hohenlohe-Langenburg, der den schwer erkrankten Wangenheim vertrat, hatte zwei Wochen zuvor über „die systematische Niedermetzelung der aus ihren Wohnsitzen deportierten armenischen Bevölkerung" berichtet und der osmanischen Regierung vorgeworfen, dass diese das „wüste Treiben [...] nicht nur duldete, sondern offensichtlich förderte".[291] Am 4. September 1915 meldete Hohenlohe, Talaat habe ihm Befehle an die osmanischen Behörden übergeben, mit denen er „den Beweis liefern" wolle, „daß die Zentralregierung ernstlich bemüht ist, den im Innern vorgekommenen Ausschreitungen gegen die Armenier ein Ende zu machen und für die Verpflegung der Ausgewiesenen auf dem Transporte Sorge zu tragen". Hohenlohe wusste jedoch, dass bereits weitere Massaker vorgekommen waren, und ließ sein Misstrauen gegen Talaat offen erkennen.[292] Das galt ebenso für den ortserfahrenen österreichisch-ungarischen Botschafter, Markgraf Johann Pallavicini, der am 3. September nach Wien berichtete, es wäre „nicht ausgeschlossen, daß dieser Erlass vielleicht darauf berechnet ist, dem deutschen Botschafter und mir Sand in die Augen zu streuen". Auch bleibe abzuwarten, „ob dieser Erlass, falls er wirklich ergangen, auch durchgeführt werden wird".[293] Die Skepsis war nur zu berechtigt. Am 10. September 1915 berichtete der deutsche Konsul in Adana, das Talaat-Rundschreiben sei „lediglich eine dreiste *Täuschung*", weil zugleich in die Provinzen entsandte Inspektoren des Innenministeriums die Verfügung „vollkommen aufgehoben" hätten: „Die Behörden handeln selbstredend nur nach der zweiten Weisung und fahren fort mit der Ausweisung".[294]

---

[289] Halaçoğlu, Die Armenierfrage, S. 70 f.
[290] Ebenda.
[291] Der Völkermord an den Armeniern 1915/16, S. 242.
[292] Ebenda, S. 291.
[293] The Armenian Genocide, Bd. 2, S. 234.
[294] Der Völkermord an den Armeniern 1915/16, S. 305.

Emissäre der Parteizentrale sorgten 1915 dafür, dass die Gouverneure (Walis) entweder auf Linie gebracht oder abgelöst wurden. Zwar lehnten es „einige Gouverneure und Landräte" ab, die amtlichen Deportations- oder geheimen Mordbefehle zu befolgen. Daraufhin wurden die Gouverneure von Ankara, Kastamonu und Yozgat amtsenthoben, die Gouverneure von Basra und Müntefak sowie einige Landräte sogar ermordet.[295] Nur wenige Gouverneure konnten erfolgreich Widerstand leisten. Am 1. Oktober 1915 berichtete der deutsche Journalist von Tyszka (Harry Stürmer) dem Auswärtigen Amt in Berlin, dass die Gouverneure der Metropolen Smyrna und Adrianopel, Rahmi Bey und Hadji Adil Bey, erklärt hätten, die Armenier „nicht ausweisen zu wollen", was bislang auch nicht geschehen sei. Selbst als beide Gouverneure vor Innenminister Talaat hätten erscheinen müssen, seien sie fest geblieben. Tyszka wertete dies als *„Zeichen von Unstimmigkeit im Comité"*, der Parteiführung der Jungtürken, der Rahmi ebenso angehörte wie Talaat und wo er „großen Anhang" besaß.[296] Zwar war auch Haci Adil als früherer Generalsekretär der Partei und Ex-Innenminister gut vernetzt.[297] Rahmi Bey jedoch war einer der Gründer der Partei – er stammte wie Talaat, Enver oder Cavid aus deren früherem Zentrum Selanik (Saloniki)[298] und war erst nach der griechischen Eroberung dieser Stadt 1912 nach Smyrna gewechselt, das damals mehr griechische Einwohner besaß als Athen.[299] Mustafa Rahmi lebte dort „in einer schönen, außerhalb der Stadt gelegenen Villa" als „Grand Seigneur vollkommen in europäischem Stile"[300] und hielt beste Kontakte zur europäischen Unternehmerelite der Stadt, die er im Ersten Weltkrieg vor jungtürkischen Repressalien schützte.[301] Anders als Talaat oder Enver war dieser jungtürkische Führer kein sozialer Aufsteiger, sondern stammte aus der Familie des osmanischen Eroberers von Makedonien und somit aus der vornehmsten muslimischen Großgrundbesitzer-Dynastie des Balkans.[302] Rahmi hatte keine Scheu, gegen Talaat aufzutreten.[303]

Seine Opposition gegen die Armenier-Deportationen 1915 gereicht Rahmi Bey zur Ehre; sie spiegelt die Familientradition, gute Beziehungen auch mit Griechen und Armeniern zu pflegen, ebenso wider wie sein Bemühen, nach dem Verlust Mazedoniens 1912 seine dort von Enteignung bedrohten Landgüter gegen griechischen Besitz bei Smyrna zu tauschen.[304] Dies alles hielt Rahmi nicht davon ab,

---

[295] Akçam, Armenien und der Völkermord, S. 69.
[296] Der Völkermord an den Armeniern 1915/16, S. 315.
[297] Turfan, Rise of the Young Turks, S. 177.
[298] Kansu, The Revolution of 1908 in Turkey, S. 84f. und S. 222.
[299] Panayi, Outsiders, S. 111.
[300] Pomiankowski, Der Zusammenbruch des Ottomanischen Reiches, S. 352f.
[301] Milton, Paradise Lost, S. 15, S. 172 und S. 202–204.
[302] Mazower, Salonica – City of Ghosts, S. 152f. und S. 273.
[303] Anfang 1915 soll Rahmi auf Seiten Cavids, des zurückgetretenen Finanzministers und Führers des ententefreundlichen Parteiflügels, „eine Rolle gespielt haben", weshalb Talaat nur mit Mühe davon abgehalten worden sei, gegen ihn vorzugehen; vgl. The Armenian Genocide, Bd. 2, S. 174; zu Cavid: Reynolds, Shattering Empires, S. 112.
[304] Mazower, Salonica – City of Ghosts, S. 153 und S. 335; dieser friedliche Austausch gelang nicht, Rahmis Güter wurden später vom griechischen Staat konfisziert.

Ende 1916 nach polizeilichen Waffenfunden bei einzelnen Armeniern der gesamten armenischen Gemeinde Smyrnas mit Deportation zu drohen und letztere auch in Gang zu setzen.[305] Nur das Eingreifen des deutsch-osmanischen Marschalls Liman von Sanders, der mit einem Militäreinsatz gegen Rahmis Polizei drohte, nötigte den Gouverneur zum Nachgeben – woraufhin Rahmi dem Deutschen versicherte, er persönlich sei stets ein Gegner der Deportationen gewesen.[306] Der kluge Taktierer ließ im Übrigen seine Kontakte zur Entente nie abreißen und nutzte diese im Oktober 1918 schon vor dem Rücktritt Talaats zu Waffenstillstandsverhandlungen „auf eigene Faust".[307] Rahmi Bey gilt als Beschützer und Retter der bedrohten Armenier und Griechen Smyrnas.[308] Doch trifft es nicht zu, dass Smyrna von Talaats Deportationspolitik vollkommen verschont geblieben wäre.[309] Vielleicht war der Gouverneur von Absetzung bedroht, als er 1916 die Deportation von Griechen begann, diese freilich möglichst auf Angehörige der Unterschicht begrenzte, denen es – wie er dem amerikanischen Konsul anvertraute – letztlich überall schlecht ergehen würde.[310] Doch als Rahmi den Armeniern von Smyrna 1916 die Deportation androhte, musste er wissen, dass er sie faktisch mit dem Tode bedrohte, denn die Deportationen des Vorjahres hatten unübersehbare genozidale Resultate gehabt.

Über die Frage, ob die osmanische Regierung die Armenier-Deportationen mit genozidaler *Absicht* durchgeführt habe, wird bis heute gestritten. Der überwiegende Teil der Forschung geht davon aus, dass der Genozid beabsichtigt war.[311] Aus Sicht der deutschen und österreichischen Verbündeten trug die jungtürkische Staatsführung zumindest für die genozidalen *Folgen* Verantwortung.[312] Der deutsche Konsul Rößler in Aleppo, der von der britischen Propaganda als Anführer türkischer Mordkommandos angeprangert wurde[313], konstatierte am 27. Juli 1915: „Die türkische Regierung wird die Verantwortung […] nicht ablehnen können, hat sie doch die Verbannten mit Vorbedacht in dieses Chaos hineingetrieben."[314] Schon Ende Juni 1915, als 30 000 Armenier aus Trapezunt nach Syrien umgesiedelt werden sollten, gab der deutsche Konsul Dr. Bergfeld – erklärtermaßen „kein Freund der Armenier" – zu bedenken: „Ein derartiger Massentransport hunderte von Kilometern weit auf Wegen, wo es an Unterkommen und Verpflegung mangelt und die 300 Kilometer weit als durch Flecktyphus völlig verseucht gelten müssen", würde „besonders unter den Frauen und Kindern ungeheure

---

305 The Armenian Genocide, Bd. 2, S. 364 und S. 366–368.
306 Lewy, The Armenian Massacres in Ottoman Turkey, S. 205.
307 The Armenian Genocide, Bd. 2, S. 375 und S. 473; Pomiankowski, Der Zusammenbruch des Ottomanischen Reiches, S. 385.
308 Vgl. den freilich allzu unkritischen Ansatz bei Milton, Paradise Lost, S. 72 f.
309 So jedoch ebenda, S. 86.
310 Ebenda, S. 98 f.
311 Vgl. die Zusammenfassung der Debatte bei Barth, Genozid, S. 62–78.
312 So auch Stevenson, 1914–1918: Der Erste Weltkrieg, S. 150.
313 Morgenthau, Ambassador Morgenthau's Story, S. 456.
314 Der Völkermord an den Armeniern 1915/16, S. 216.

Opfer fordern".³¹⁵ Wiens Generalkonsul Kwiatkowski ergänzte: „Die Verbannung nach Mossul kommt bei der großen Entfernung mangels Unterkunft und Verpflegung an der verseuchten Strecke einer Verurteilung zum Tode gleich".³¹⁶ Botschafter Wangenheim ging jedoch am 7. Juli 1915 sehr viel weiter mit seiner Einschätzung, sowohl die Ausdehnung der „Austreibung und Umsiedelung" auf Landesteile, die „vorläufig von keiner feindlichen Invasion bedroht" seien, als auch die „Art, wie die Umsiedelung durchgeführt wird", machten deutlich, „daß die Regierung tatsächlich den Zweck verfolgt, die armenische Rasse im türkischen Reiche zu vernichten".³¹⁷ Und Wangenheims Nachfolger als Botschafter, Graf Wolff-Metternich, legte Anfang 1916 dem Reichskanzler ein Resümee aller „Uebergriffe und Ausschreitungen der türkischen Organe" gegen „das Leben der Ausgesiedelten" vor, das sich wie eine Anklageschrift liest:

„1) In sehr vielen Fällen sind von der Regierung armenische oder andere christliche Volkselemente ausgesiedelt worden, ohne daß die in dem Gesetze vom 14. Mai hierfür geforderten Voraussetzungen gegeben waren. [...]
2) Die türkischen Behörden haben es unterlassen, die zum Zwecke von Ausschreitungen gegen Leben und Eigentum der Ausgesiedelten organisierten Banden zu unterdrücken. Von vielen türkischen Beamten und Militärs ist offen zugegeben worden, daß das von der Regierung mit ihren Maßnahmen verfolgte Endziel nicht die Umsiedlung, sondern die Ausrottung der Armenier sei.
3) Türkische Polizisten, Gendarmen und Soldaten haben sich, teils auf Befehl ihrer Vorgesetzten, teils eigenmächtig, an der Tötung der Ausgesiedelten beteiligt. [...] Vielfach sind auch Privatpersonen von Regierungsbeamten zur Ausrottung von Umsiedlern angestiftet worden.
4) Die Regierung hat es unterlassen, die in den Umsiedlerzügen ausgebrochenen ansteckenden Krankheiten zu bekämpfen."³¹⁸

Von Anfang an gab es eine „Arbeitsteiligkeit" zwischen Innenministerium, Parteiführung und „Teskilat-i Mahsusa". Talaats Ministerium organisierte die Deportationen und sorgte für humane Anweisungen, das Zentralkomitee der Jungtürken sandte geheime „Vernichtungsbefehle in die verschiedenen Provinzen" und die von der Partei gesteuerte Miliz organisierte etliche Massaker.³¹⁹ Innenminister Talaat verfolgte den Ablauf der Deportationen aufmerksam; nach ihm vorgelegten Berichten wurden 924 000 Armenier zwangsumgesiedelt, während 250 000 durch die Flucht auf russisches Gebiet entkamen. Von 800 000 Deportierten aus Ostanatolien trafen demnach nur 500 000 lebend in Mesopotamien ein.³²⁰ Aufgrund der Koppelung von kräftezehrender Deportation und zielgerichteten Massakern sollen nur 20 Prozent der aus Ostanatolien Deportierten ihre Zielgebiete in Mesopotamien erreicht haben.³²¹ Im Unterschied zu den aus Ostanatolien und den aus Trapezunt (Trabzon) Deportierten, die zu Fuß, auf Reittieren oder Karren viele hundert Kilometer zu bewältigen hatten, wurden Deportierte aus Kilikien (Südanatolien) zumindest einen Teil des Weges „in Gepäck- und Viehwaggons

---

³¹⁵ Der Völkermord an den Armeniern 1915/16, S. 174.
³¹⁶ The Armenian Genocide, Bd. 2, S. 196.
³¹⁷ Der Völkermord an den Armeniern 1915/16, S. 185.
³¹⁸ Ebenda, S. 436f.
³¹⁹ Akçam, Armenien und der Völkermord, S. 66–68.
³²⁰ Reynolds, Shattering Empires, S. 151f.
³²¹ Bloxham, The Great Game of Genocide, S. 86.

über die Bagdad-Bahn [...] transportiert". Diese Menschen hatten „Glück", doch auch auf den Bahntransporten starben viele an den Entbehrungen. In Konya, wo die Eisenbahn endete und die „Trecks nach Süden" begannen, sollen „Zehntausende von Armeniern unter übelsten Bedingungen auf freiem Feld" kampiert haben: „Die türkischen Wachen trugen Schwämme vor der Nase, um den schrecklichen Gestank zu ertragen, den die kranke und sterbende Menschenmasse ausdünstete."[322]

Gerade die Kombination von Deportationen und Massakern machte die Ereignisse neuartig: An sich waren beide Phänomene kein Novum. Das Osmanische Reich hatte „traditionell die Praxis der Zwangsumsiedlung (Sürgün) christlicher und muslimischer Völker betrieben, um strategisch wichtige Gebiete zu bevölkern oder bestimmte Gruppen zu bestrafen". Neu waren 1915 die „Größenordnung der Deportationen" und ihr genozidales Resultat.[323] Neu war das Ziel der strikten Absonderung von Volksgruppen, während traditionelle Deportationen Völker vermischt hatten.[324] Morgenthau meinte 1918, die Armenier-Deportationen von 1915 seien eine neue Form des Massakers.[325] Der Wiener Diplomat Trauttmansdorff sprach 1915 präziser vom Ziel der „Exterminierung der armenischen Rasse."[326] Auch Feldmarschalleutnant Pomiankowski glaubte, der Deportationsbefehl komme „in Wirklichkeit der Ausrottung der armenischen Nation in Kleinasien gleich".[327] Der deutsche Journalist Harry Stürmer, der 1916 in die neutrale Schweiz gehen würde, um den Völkermord der Osmanen und die Komplizenschaft seiner deutschen Regierung anzuklagen[328], berichtete von der Einschätzung armenischer Gesprächspartner, was unter den Jungtürken geschehe, sei qualitativ etwas Anderes und in der Wirkung viel schlimmer als alle früheren Pogrome. Die Armenier, so Stürmer, bekämen fast Sehnsucht nach den „alten Massakern", denn die aktuelle Umsiedlungspolitik ziele auf die Ausrottung ihres gesamten Volkes. Dies sei die Tat einer zivilisierten Regierung, die gerade wegen ihrer Modernität viel gefährlicher sei als die frühere Sultansherrschaft.[329] Entsprechend urteilte später auch Fridtjof Nansen: „Abdul Hamids Metzeleien erscheinen als Läppereien neben den Taten dieser ‚modernen' Türken."[330]

---

[322] Naimark, Flammender Hass, S. 45f.
[323] Naimark, Flammender Hass, S. 44; Barkey, Empire of Difference, S. 128–130.
[324] Laut Barkey, Empire of Difference, S. 128f., hat das traditionelle „sürgün" verschiedene Volksgruppen zielgerichtet „zusammengeführt"; gegenläufig dazu Eichmann, Die Reformen des Osmanischen Reiches, S. 34.
[325] Morgenthau, Ambassador Morgenthau's Story, S. 374.
[326] The Armenian Genocide, Bd. 2, S. 243: „Talaat Bey sagte mir neulich selbst mit einer gewissen Genugtuung, daß es z. B. in Erzerum kaum mehr einen Armenier geben dürfte."
[327] Pomiankowski, Der Zusammenbruch des Ottomanischen Reiches, S. 159.
[328] Stürmer, Zwei Kriegsjahre in Konstantinopel; ders., Two War Years in Constantinople; laut Dadrian, German Responsibility in the Armenian Genocide, S. 179, war Stürmer der einzige Medienvertreter, der damals in Konstantinopel investigativen Journalismus betrieb.
[329] Stürmer, Two War Years in Constantinople, S. 49; diese wichtige Unterscheidung zwischen den „alten Massakern" der Jahre 1894–1896 und 1900 sowie dem Völkermord von 1915 auch bei Barth, Genozid, S. 63f.
[330] Nansen, Betrogenes Volk, S. 329.

Versuche, das Deportationsgesetz und die humanitär klingenden Talaat-Verordnungen als Belege für die „guten Absichten" der osmanischen Regierung zu nehmen, können somit nicht überzeugen.[331] Dass viele Armenier schon aufgrund der Transportbedingungen würden sterben müssen, war für die Regierung vorhersehbar.[332] In jüngster Zeit hat Guenter Lewy gegen die These, die osmanische Regierung trage Verantwortung, da sie die genozidalen Folgen hätte voraussehen können, zu argumentieren versucht, damit überschätze man die Voraussicht der jungtürkischen Führung ebenso wie deren Humanitätssinn. Lewys Argument, eine Führung, die ihrem eigenen Volk härteste Opfer im Kriege abverlangt habe, sei gegenüber den Leiden einer als Verräter angesehenen Bevölkerungsgruppe nicht übermäßig besorgt gewesen, ist durchaus stichhaltig. Dass die Führung des Osmanischen Reiches jedoch das Ausmaß der Katastrophe nicht habe voraussehen können, ist eine Behauptung, für die Lewy Belege schuldig bleibt[333] und die in Gegensatz steht zu den zahlreichen Warnungen, die der osmanischen Regierung sowohl durch verbündete als auch durch neutrale Diplomaten zukamen. Donald Bloxham hat treffend bemerkt, wenn es der osmanischen Regierung nur um Herstellung von Ruhe und Ordnung im Rücken der Front gegangen wäre, hätten ihre Umsiedlungen keine derart hohe Todesrate aufweisen dürfen, sondern vielmehr jenen Deportationen ähneln müssen, die zur selben Zeit vom zaristischen Russland durchgeführt wurden. Auch diese seien brutal verlaufen und hätten etliche Todesopfer gefordert – aber sie seien *räumlich begrenzt* gewesen und hätten keine genozidale *Absicht* erkennen lassen.[334] Selbst Michael Mann, der einen von Anfang an zentral geplanten Genozid der Jungtürken für nicht gesichert hält, erkennt in deren Deportationen „elements of politicide" (politisch motivierten Massenmord) und eine extreme Brutalität, die in Richtung Ethnozid weise.[335] Bei alledem herrscht – wie so oft, wenn es um ethnische „Säuberungen" geht – Unklarheit über die Zahl der Opfer: Schätzungen schwanken zwischen 600 000 und 1,5 Millionen Toten, seriös scheint die Annahme von 664 000 Todesopfern.[336] Mindestens 20 000, womöglich 200 000 Armenier vermochten durch Übertritt

---

[331] Extrem einseitig: Halaçoğlu, Die Armenierfrage, insb. S. 95 f.; McCarthy, The Ottoman Peoples, S. 110 f., und ders., Death and Exile, S. 193 und S. 196; zurückhaltender, aber ebenfalls nicht überzeugend: Lewy, The Armenian Massacres, S. 251–255.
[332] Lieberman, Terrible Fate, S. 105.
[333] Lewy, The Armenian Massacres, S. 255.
[334] Bloxham, The Great Game of Genocide, S. 94.
[335] Mann, The Dark Side of Democracy, S. 140 und S. 144.
[336] Reynolds, Shattering Empires, S. 155; das osmanische Innenministerium gab nach Kriegsende 800 000 Tote an, eine Zahl, die auch Atatürk akzeptierte; Akçam, Armenien und der Völkermord, S. 76 und S. 124; demgegenüber beharrt Halaçoğlu, Die Armenierfrage, S. 87, unter Berufung auf osmanische Akten auf weit niedrigeren Opferzahlen, die er auf „Banditenattacken" und Seuchen zurückführt und mit 50 000 Menschen beziffert, „die unterwegs umkamen"; ähnlich Çelik, Die Tragödie des armenischen Volkes 1915–1918, S. 70–74, demzufolge 438 758 Armenier deportiert wurden, von denen 382 148 ihre Bestimmungsorte in Syrien und Deir Ez-Zor erreicht hätten; ein Teil der übrigen sei nach dem Umsiedlungsstopp 1916 anderswo angesiedelt worden, weitere 30 000–40 000 seien „aufgrund von Krankheiten, Seuchen und Bandenangriffen kurdischer Stämme" umgekommen.

zum Islam zu überleben, vielen anderen – zwischen 250 000 und 300 000 Menschen – gelang rechtzeitig die Flucht nach Russland oder Persien.[337]

Morgenthaus Anschuldigung, deutsche Diplomaten und Militärs hätten die osmanische Führung zum genozidalen Vorgehen ermuntert, wird bis heute kontrovers diskutiert. Manche sehen eine generelle deutsche Mitverantwortung[338], andere Verstrickungen etlicher Offiziere[339], andere messen den Deutschen keine entscheidende Rolle zu.[340] Die Quellen zeigen Uneinheitliches: Als Konsul Scheubner-Richter – zugleich Offizier – im Mai 1915 berichtete, wie „mitleiderregend und peinlich" es ihm gewesen sei, um Hilfe flehenden armenischen Frauen „nicht helfen zu koennen", kommentierte Envers Generalstabschef Oberst Bronsart ungerührt: „Noch peinlicher ist das Morden von über 1000 Türken durch armenische Leute bei Zeitun! [...] Wir können doch nicht einer im gefährlichen Aufruhr gegen die türkische Regierung stehenden Bevölkerung helfen."[341] Marineattaché Humann soll im August 1915 erklärt haben, im Orient könne nur eine von zwei kämpfenden Rassen überleben, und die Türken hätten das Recht, die Armenier zu vernichten. Humann bestritt später diese ihm zugeschriebene Äußerung, doch Unterstützung hatten die Jungtürken vor allem unter hochrangigen deutschen Offizieren vor Ort. Noch 1921 nahm Bronsart den in Berlin ermordeten Talaat gegen den Vorwurf des Genozids in Schutz.[342] Neben diesen Militärs gab es freilich – nach dem unguten Vorbild Friedrich Naumanns[343] – auch zivile deutsche Stimmen, die eine türkische Vernichtung der Armenier als nationale Notwehr billigen. Der Archäologe Max von Oppenheim, im Weltkrieg Ministerresident bei Cemal Paşa in Damaskus, rechtfertigte im August 1915 gegenüber Reichskanzler von Bethmann Hollweg die „bei der Vertreibung" der Armenier „unvermeidliche[n] Grausamkeiten" mit solchen „staatsmännischen Gründen". Die Türken kämpften „um ihre Existenz", und wenn sie nach dem Armenier-Aufstand in Van „schon der bloßen Möglichkeit eines ähnlichen Verrates im Westen [...] mit allen zur Verfügung stehenden Mitteln" vorbeugen würden, dürfe man sich dem „nicht widersetzen".[344]

Oppenheims Einfluss wirkte, als Botschafter Graf Wolff-Metternich, der Nachfolger des im Herbst 1915 verstorbenen Wangenheim, dem Reichskanzler im Dezember 1915 eine öffentliche Distanzierung Deutschlands von der osmanischen Armenierpolitik vorschlug, da die Jungtürken auf intern vorgebrachte Kritik nicht reagierten. Wolff-Metternich, vor dem Weltkrieg Botschafter in London, wollte damit exakt das tun, was der prominente britische Politiker und Historiker Lord

---

[337] Naimark, Flammender Hass, S. 50; Barth, Genozid, S. 71.
[338] Dadrian, German Responsibility for the Armenian Genocide.
[339] Gust, Einführung.
[340] Bloxham, The Great Game of Genocide, S. 116; schon Arnold Toynbee glaubte 1915, die Türken hätten keiner Verführer von außen bedurft; vgl. Hull, Absolute Destruction, S. 273.
[341] Der Völkermord an den Armeniern 1915/16, S. 147.
[342] Söylemezoglu, Die andere Seite der Medaille, S. 119–122.
[343] Naumann, „Asia", S. 137f.
[344] Der Völkermord an den Armeniern 1915/16, S. 274.

James Bryce von Deutschland einige Monate zuvor im House of Lords gefordert hatte – die Jungtürken öffentlich unter Druck zu setzen, um den Genozid zu stoppen.³⁴⁵ Unterstaatssekretär Arthur Zimmermann hielt Wolff-Metternichs Vorschlag für richtig, wollte aber dessen Kritik erheblich mildern. Es war der Reichskanzler persönlich, der sein Veto einlegte: Öffentliche Kritik an einem Bundesgenossen im Kriege, so Bethmann Hollweg, sei „in der Geschichte noch nicht dagewesen", und das einzige Ziel der deutschen Politik bestehe darin, „die Türkei bis zum Ende des Krieges an unserer Seite zu halten, gleichgültig ob darüber Armenier zu Grunde gehen oder nicht".³⁴⁶ Wolff-Metternich wurde im Sommer 1916 abberufen; osmanische Regierungskreise hatten ihn längst als „Botschafter der Armenier" diffamiert.³⁴⁷

Der Zentrumsabgeordnete Matthias Erzberger behauptete nach Kriegsende, er habe „oftmals [...] mit maßgebenden deutschen Kreisen die Frage besprochen, ob wegen der Vorgänge in Armenien nicht ein solcher Druck auf die Türkei ausgeübt werden solle, der selbst vor der *Kündigung des Bündnisses* nicht zurückschrecke". Doch habe man „nach reiflicher Überlegung [...] hiervon Abstand genommen, da eine solche Maßnahme den Armeniern nicht genützt, sondern wahrscheinlich nur geschadet haben würde".³⁴⁸ Dass sich der seit Herbst 1917 amtierende neue Reichskanzler Graf Hertling, ebenfalls Zentrumspolitiker, über „die Gewaltmaßregeln der Türkei gegen die christlichen Armenier sehr abfällig" geäußert haben soll³⁴⁹, hatte daher keine öffentlichen Konsequenzen. Auch Erzberger hat es nie gewagt, die Armenierdeportationen im Reichstagsplenum anzusprechen. Dies blieb ein Monopol der Sozialdemokraten, die sich schon als Kritiker der Armeniermassaker des Sultans Abdul Hamid hervorgetan hatten.³⁵⁰ Am 11. Januar 1916 nutzte Karl Liebknecht – der spätere „Spartakus"-Führer von 1918/19 – noch die Spielregeln des parlamentarischen Systems für seine namens der SPD gestellte Anfrage, ob „dem Herrn Reichskanzler bekannt" sei, „daß während des jetzigen Krieges im verbündeten türkischen Reiche die armenische Bevölkerung zu Hunderttausenden aus ihren Wohnsitzen vertrieben und niedergemacht worden" sei. Liebknecht wollte wissen, „welche Schritte" der Reichskanzler „bei der verbündeten türkischen Regierung unternommen" habe, „um die gebotene Sühne herbeizuführen, die Lage des Restes der armenischen Bevölkerung in der Türkei menschenwürdig zu gestalten und die Wiederholung ähnlicher Gräuel zu verhindern". Wilhelm von Stumm antwortete für das Auswärtige Amt schmal-

---

³⁴⁵ Ebenda, S. 394f.; Bryce hatte gefordert, internationalen Druck auf Deutschland auszuüben, damit dieses seine passive Haltung aufgebe und Druck auf die Osmanen ausübe; British Parliamentary Debates on the Armenian Genocide 1915-1918, S. 10-13 und S. 62: Wolff-Metternich war bis 1912 deutscher Botschafter in London gewesen.
³⁴⁶ Der Völkermord an den Armeniern 1914/15, S. 394f.
³⁴⁷ Erzberger, Erlebnisse im Weltkrieg, S. 64.
³⁴⁸ Ebenda, S. 81f.
³⁴⁹ Ludendorff, Meine Kriegserinnerungen, S. 500, der 1919 den Genozid auch seinerseits als schweren Fehler wertete, der „durch nichts zu rechtfertigen" sei.
³⁵⁰ Vgl. Bernstein / Umfrid, Armenien, die Türkei und die Pflichten Europas; Levene, Genocide in the Age of the Nation State, Bd. 2, S. 265.

lippig, die osmanische Regierung habe, „durch aufrührerische Umtriebe unserer Gegner veranlasst, die armenische Bevölkerung bestimmter Gebietsteile des türkischen Reiches ausgesiedelt und ihr neue Wohnstätten angewiesen". Derzeit finde „wegen gewisser Rückwirkungen dieser Maßnahmen [...] zwischen der deutschen und der türkischen Regierung ein Gedankenaustausch statt", dessen „Einzelheiten" nicht mitgeteilt werden könnten. Als Liebknecht nachfragte, regte sich im Plenum „Heiterkeit", die in Aggression umschlug, als er zu fragen wagte, ob der Reichsleitung bekannt sei, dass der evangelische Theologe Johannes Lepsius „geradezu von einer Ausrottung der türkischen Armenier gesprochen" habe. Liebknecht konnte den Satz nicht zu Ende führen, ihm wurde unter Bravorufen vom Präsidenten das Wort entzogen.[351]

Johannes Lepsius, Sohn eines berühmten Ägyptologen und Mitbegründer der Deutsch-Armenischen Gesellschaft, hatte im Juli 1915 eine Informationsreise nach Konstantinopel unternommen und dabei nicht nur beim armenischen Patriarchen, sondern auch in der US-Botschaft Beweise für den Völkermord gesammelt. Diese publizierte er 1916 und verschickte sein Buch an alle Reichstagsmitglieder sowie an 20 000 weitere einflussreiche Personen. Infolge des Protests des osmanischen Botschafters Hakkı Paşa ließ Außenamts-Staatssekretär Gottlieb von Jagow die Restauflage konfiszieren – aber da hatte nicht nur Liebknecht längst Kenntnis von den verstörenden Nachrichten. Lepsius wich in die neutralen Niederlande aus, wo ihm vom deutschen Gesandten (und späteren Außenminister der Weimarer Republik) Friedrich Rosen Schweigen für die Dauer des Krieges anbefohlen wurde.[352] Nach der Niederlage publizierte Lepsius dann erneut Dokumente über die Armenierverfolgung, allerdings derart verkürzt, dass die deutsche Mitverantwortung möglichst abgeschwächt wurde.[353]

Liebknechts Auftritt im Reichstags-Plenum blieb einzigartig.[354] Die Mehrheits-SPD, die ihn wenig später ausschloss, beschränkte sich auf eine schriftliche Anfrage Philipp Scheidemanns vom August 1916[355] und einen Vorstoß Georg Ledebours im Mai 1917. Letzterer veranlasste den damaligen Außen-Staatssekretär Zimmermann zu ausführlicher Beantwortung im Hauptausschuss des Reichstages, doch blieb dieselbe nichtöffentlich und apologetisch.[356] Umso intensiver nutzten die Kriegsgegner der Mittelmächte ihre parlamentarischen Foren zur Anprangerung des Mordgeschehens – sowohl im britischen Oberhaus als auch in der russischen Duma.[357] Im osmanischen Parlament hingegen, dessen armenische

---

[351] Völkermord oder Umsiedlung?, S. 374 f.; vgl. Lepsius, Bericht über die Lage des armenischen Volkes in der Türkei.
[352] Dadrian, German Responsibility in the Armenian Genocide, S. 154 f.
[353] Vgl. Lepsius, Deutschland und Armenien 1914–1918; kritisch dazu: Gust, Einführung.
[354] Einen weiteren Vorstoss unternahmen die unterdessen von der SPD abgespalteten linken „Unabhängigen Sozialisten", zu denen auch Liebknecht gehörte, im Frühsommer 1918; vgl. Hull, Absolute Destruction, S. 285.
[355] Völkermord oder Umsiedlung?, S. 375.
[356] Der Völkermord an den Armeniern 1915/16, S. 551 und S. 554.
[357] Der Völkermord an den Armeniern 1915/16, S. 220; Schulthess' Europäischer Geschichtskalender 57.1916, Teilbd. 2, S. 404.

Abgeordnete im April 1915 deportiert und umgebracht worden waren, wurde das Deportationsgesetz im September 1915 widerspruchslos gebilligt. Es gab nur eine Ausnahme: Der ehemalige Führer der Jungtürkischen Partei, frühere Präsident des Abgeordnetenhauses und damalige Senator Ahmed Riza Bey hat „die Regierung ganz offen wegen der rücksichtslosen Verfolgung der Armenier getadelt", wofür er aus der Jungtürkischen Partei ausgeschlossen worden sein soll.[358] Riza attackierte im Senat die Enteignung der Deportierten als verfassungswidrig und stellte die Deportationen grundsätzlich in Frage.[359] Der Wiener Geheimdienst meldete am 26. September, Riza sei entschlossen, „einen Interpellationsantrag einzureichen, worin Aufklärungen über die Verfolgung der Armenier verlangt werden" würden, obschon derselbe kaum Chancen habe, zur Beratung zu kommen.[360] Am 1. Oktober 1915 erfuhr US-Botschafter Morgenthau, dass Talaat dem widerspenstigen Senator gedroht habe, falls Riza über die Armenier im Senat zu reden wage, werde die Regierung derart haarsträubende Berichte über armenische Untaten an Muslimen veröffentlichen, dass die Armenier von der Bevölkerung weit schlimmer behandelt werden würden als bisher.[361] Diese Drohung wirkte offenbar nicht, denn Morgenthau meldete am 4. November, die Regierung habe Riza versprochen, ihre repressive Haltung gegenüber den Armeniern zu ändern, falls er auf eine öffentliche Interpellation verzichte. Dem habe der Senator zugestimmt.[362] Nach dem Sturz der Regierung Talaat wurde Riza am 19. Oktober 1918 – im Angesicht der Kriegsniederlage – zum Präsidenten des Senats gewählt. Er nutzte seine Antrittsrede für die Erklärung, die Türken hätten in den vergangenen Jahren die Armenier *ermordet*. Als ein General dagegen protestierte und auf türkische Opfer armenischer Milizen verwies, replizierte Riza, tatsächlich gebe es türkische Opfer von Armeniern, aber diese seien Racheakten von Einzelnen zum Opfer gefallen, während es sich beim Armeniergenozid um türkische Regierungspolitik gehandelt habe.[363]

Die tödliche Bedrohung der Armenier hielt auch nach den Deportationen an. Überlebende Deportierte aus dem kilikischen Zeytun wurden zunächst in ansiedlungsfähigen Gebieten Mesopotamiens untergebracht, doch bald waren die Zielgebiete regelrechte Wüsten, in denen eine große Zahl von Menschen nicht überleben konnte. Der türkische Historiker Yusuf Halaçoğlu behauptet, die Regierung habe den zurückgelassenen Besitz der Deportierten zu seinem „wahren Wert an speziell gegründete Firmen verkauft" und den Erlös den Deportierten nachgesandt, um deren Versorgung zu erleichtern.[364] Wiederum erlebten die Verbündeten der Jungtürken anderes. Im August 1915 beobachtete Graf Dandini, der österreichisch-ungarische Konsul in Aleppo, „unter den Evakuierten [...] großes Elend

---

[358] The Armenian Genocide, Bd. 2, S. 242 f.
[359] Lessons from the Past, S. 1 f.; das Zitat Rizas nach Vahakn Dadrian.
[360] The Armenian Genocide, Bd. 2, S. 242 f.
[361] United States Diplomacy on the Bosphorus, S. 346.
[362] Morgenthau an Lansing, 4. 11. 1915 (Gomidas.org).
[363] Teaching the Armenian Genocide in the Light of Turkish Denials, S. 6.
[364] Halaçoğlu, Die Armenierfrage, S. 79 und S. 81.

und eine große Sterblichkeit", der die „Anstrengungen" der Lokalbehörden, „den Leiden der Evakuierten zu steuern", nicht beizukommen vermochten.[365] Zwar wurde US-Botschafter Morgenthau Ende September 1915 vom Sprecher der protestantischen Armenier durch die Mitteilung überrascht, dass es den im syrischen Zor angekommenen Deportierten relativ gut gehe; allerdings warnte sein Gewährsmann, der Winter würde tödlich, falls die Versorgung sich nicht verbessere.[366] Das Gegenteil geschah: Als im Oktober 1915 die Behörden von Aleppo die Räumung der Stadt von 20 000 „Verschickten" befahlen, die stattdessen in einem „Konzentrationslager" zusammengepfercht wurden, teilte ein osmanischer Beamter Konsul Dandini mit, diese Menschen würden „notgedrungen sich selbst überlassen und ,werden alle sterben'", denn es fehle „zur Ansiedlung alles und jedes".[367] Ähnliches berichtete im November 1915 der österreichisch-ungarische Konsul Ranzi in Damaskus, als von dort 50 000 Deportierte nach Süden geschickt wurden:

„Selbst wenn die Regierung ihnen Ländereien überlässt, werden sie ohne Arbeitszeug, ohne Zugvieh, ohne Sämereien damit nichts anfangen können. Gegenwärtig lagern sie in den ihnen zugewiesenen Gebieten außerhalb der besiedelten Orte, ohne Obdach im freien Felde und den Unbilden der jetzt beginnenden Regenzeit ausgesetzt. [...] Es ist wohl anzunehmen, daß diese ,Ansiedler' größtenteils dem Untergange geweiht sind. Hunger und Seuchen hausen schon jetzt fürchterlich unter ihnen; bei ihrem Aufenthalt in Damaskus kamen auf 1000 Personen wenigstens 10 Todesfälle täglich."[368]

Wiens Botschafter Pallavicini vernahm Anfang November 1915 von einem Mitglied der jungtürkischen Führung, diese sei sich bewusst, dass die Deportation der Armenier nach Mesopotamien „angesichts der Aufnahme[,] die ihnen die arabischen Stämme dort bereiten dürften, ihrer gänzlichen Ausrottung gleichkommen würde".[369] Zwar meldete Konsul Ranzi aus Damaskus im Februar 1916, „in der Ansiedelung und Behandlung der nach dem Wilajet Syrien verschickten armenischen Auswanderer" sei „in den letzten zwei Monaten eine bemerkenswerte Aenderung eingetreten", die er auf das Eingreifen des Generalgouverneurs Cemal Paşa zurückführte. Ein Teil der Armenier werde seither in besiedelte Gebiete geleitet, wo sie Unterkünfte und Erwerbsmöglichkeiten fänden.[370] Feldmarschallleutnant Pomiankowski beobachtete, dass Cemal gegen die „Maßnahmen Talaats und Envers prinzipielle Opposition" erkennen ließ, die „Armenier-Deportationen und Massakers" verurteilte und versuchte, „das Los der zahlreichen Nordsyrien passierenden Deportiertenkolonnen nach Möglichkeit zu erleichtern". Cemal habe Handwerker in Städten angesiedelt und durch Errichtung von Heimen Tausende von Waisenkindern gerettet.[371] Diese positive Entwicklung wurde im April 1916 durch einen Tscherkessenüberfall auf „das armenische Konzentrationslager

---

365 The Armenian Genocide, Bd. 2, S. 227 f.
366 United States Diplomacy on the Bosphorus, S. 340.
367 Der Völkermord an den Armeniern 1915/16, S. 337.
368 The Armenian Genocide, Bd. 2, S. 268 f.
369 Ebenda, S. 262 f.
370 Ebenda, S. 314.
371 Pomiankowski, Der Zusammenbruch des Ottomanischen Reiches, S. 199.

in Ras-el-Ain" konterkariert, bei dem der Großteil der „unbewaffneten 14 000 Insassen" umgebracht wurde.³⁷² Bis September 1916 folgte eine Massakerwelle in den syrisch-irakischen Konzentrationslagern. Noch mehr Armenier starben an Hungersnot und Seuchen.³⁷³ Bisher ist ungeklärt, ob diese Hungersnot von der Regierung gewollt oder durch Inkompetenz verursacht wurde. Klar ist hingegen, dass die Deportation der Armenier von der Regierung mit Ansiedlungsprojekten für 750 000 muslimische Flüchtlinge – von „Kurden, Tscherkessen und Arabern" – verknüpft wurde. Sie sollte folglich irreversibel sein.³⁷⁴

Der österreichisch-ungarische Militärbevollmächtigte Pomiankowski besuchte im Mai 1916 an der Seite von Enver Paşa die ostanatolischen Kerngebiete der Armenierdeportation. In Diyarbakir waren „die Armenier im Vorjahre fast gänzlich ausgerottet worden", so dass die Bevölkerung nur noch aus 35 000 Muslimen bestand, unter denen Kurden die Mehrheit stellten. Die „alte Armenierstadt" Harput fand man „ausgestorben und verlassen" vor:

„Wie uns einer der wenigen Zurückgebliebenen erzählte, waren die Einwohner im Sommer 1915 nach dem Süden übersiedelt worden. Die meisten Häuser waren von außen mit Brettern oder Balken verrammelt, die wenigen offenstehenden waren aber vollkommen leer. In einem Hause fanden wir zwei einsame alte Frauen, die über unser Erscheinen entsetzt waren und uns fragten, ob sie noch heute hinausgetrieben werden."³⁷⁵

Nach Kriegsende stellte ein US-Berichterstatter 1919 fest, dass vor dem Ersten Weltkrieg in Bitlis 30 000 Muslime und 10 000 Armenier gelebt hätten, während es nach Kriegsende nur noch 4000 Muslime und gar keine Armenier mehr gebe. Die muslimischen Gebäude seien alle zerstört, von armenischen Häusern 1000 intakt. In Van, dem Zentrum des armenischen Aufstandes von 1915, hätten vor dem Krieg 43 000 Muslime und 35 000 Armenier gelebt, 1919 seien es noch 5000 Muslime und 160 Armenier. Von 3400 muslimischen Häusern fand der Amerikaner nur drei unbeschädigt, von 3100 armenischen Häusern 1170.³⁷⁶ Das bedeutete: Neben den Armeniern waren auch zahlreiche Muslime Opfer ethnischer Gewalt geworden. Cemal Paşa – freilich kein unparteiischer Gewährsmann – schätzte 1921, „daß die ottomanische Regierung anderthalb Millionen Armenier aus den ostanatolischen Provinzen verschickt habe und daß sechshunderttausend von ihnen teils getötet, teils unterwegs durch Hunger und Elend umgekommen sind". Zugleich seien „viele kurdische und türkische Einwohner der Wilajets von Trapezunt, Erzerum, Wan und Bitlis in der grausamsten Weise von den Armeniern umgebracht worden", als 1915/16 „die Russen in diese Provinzen einmarschierten". Cemal bezifferte die Opfer auf über 1,5 Millionen Menschen und fügte bitter hinzu, diese Toten seien „nur Mohammedaner" gewesen, über die „kein deut-

---

³⁷² Der Völkermord an den Armeniern 1915/16, S. 456.
³⁷³ Mann, The Dark Side of Democracy, S. 145 und S. 152f.
³⁷⁴ Gerlach, Nationsbildung im Krieg, S. 372 und S. 390f.; Gerlach, Extrem gewalttätige Gesellschaften, S. 135f.
³⁷⁵ Pomiankowski, Der Zusammenbruch des Ottomanischen Reiches, S. 209–211.
³⁷⁶ McCarthy, The Ottoman Peoples and the End of Empire, S. 202.

scher oder amerikanischer Missionar" berichtet habe.[377] Man muss den Aufrechnungsversuch nicht akzeptieren, um auch die muslimischen Opfer zu beachten. In Ostanatolien, im Pontosgebiet und ab 1917/18 auch im Kaukasus hat es Gewalttaten verschiedener Konfliktparteien im Zuge von Machtwechseln gegeben. Der Österreicher Pomiankowski erfuhr im Juni 1918 vom armenischen General Kurganian (der bis 1917 unter dem Namen Kurganov als Generalstabsoffizier des Zaren gedient hatte), dass dieser „furchtbare Metzeleien von Armeniern durch Türken und Tataren persönlich erlebt" hatte. General Kurganian gab zu, dass seine Landsleute in diesem Kreislauf der Gewalt „nichts schuldig geblieben seien".[378]

Der (mehrfache) Wechsel zwischen Täter- und Opfer-Rollen lässt sich anhand der Kämpfe im Kaukasus und der Massaker in Baku, der Hauptstadt Aserbaidschans, im Laufe des Jahres 1918 veranschaulichen.[379] Im Februar 1918 meldete die österreichisch-ungarische Botschaft aus Konstantinopel, „daß an der Kaukasus-Front armenische Freiwillige an Stelle der abgegangenen regulären russischen Truppen aufgetaucht seien und die dortige mohammedanische Bevölkerung misshandelten". Muslimische „Flüchtlinge aus diesen Gebieten" hätten der osmanischen Regierung „schauerliche Dinge über die Greueltaten dieser aus armenischen und georgischen, vormals in russischen Diensten befindlichen Freischärlern gebildeten Banden" berichtet, namentlich über „Massen-Massacres von Türken, meistens Frauen und Kindern, […] in Erzinghian und Platana bei Trapezunt". Diese Nachrichten seien von der Regierung für Hass-Propaganda und zur Begründung des Einmarsches der osmanischen Armee in den Kaukasus genutzt worden. Zugleich gebe es Anzeichen für „Gegenbildung mohammedanischer Banden hinter der türkischen Front", die für eine „Säuberung des von den Armeniern infestierten Territoriums" gebraucht werden sollten. Die Wiener Diplomaten befürchteten, das jungtürkische Regime werde die Massaker an Türken als „ausgezeichneten Vorwand" benutzen, um sowohl gegen Überlebende „der unglücklichen ottomanischen Armenier" als auch gegen die Armenier im Kaukasus, die früheren Untertanen des Zaren, vorzugehen.[380]

1918 kam es folglich zur Gewalteskalation auf beiden Seiten, doch nur die osmanische verfügte bis Herbst 1918 über die Macht, von Massakern zum zielgerichteten Völkermord überzugehen, dem im Kaukasus während des Weltkriegsjahres 1918 bis zu 400 000 Armenier zum Opfer gefallen sein könnten.[381] Doch gab es weitere Akteure: Im März 1918 beschuldigte der für Nationalitätenfragen zuständige Volkskommissar Sowjetrusslands, der aus dem Kaukasus stammende Jossif Stalin, die „Transkaukasische Republik" und deren sozialdemokratischen Präsidenten Noe Schordania, einem „Massaker zwischen Armeniern und Tataren

---

[377] Djemal Pascha, Erinnerungen eines türkischen Staatsmannes, S. 358f.
[378] Pomiankowski, Der Zusammenbruch des Ottomanischen Reiches, S. 366f.
[379] Lieberman, Terrible Fate, S. 138.
[380] The Armenian Genocide, Bd. 2, S. 388f.
[381] Barth, Genozid, S. 70, verweist treffend auf diese geographische Ausweitung des türkischen Armeniergenozids, übersieht jedoch die wechselseitige Gewalteskalation.

Vorschub" geleistet zu haben, „offensichtlich um einen ‚Blitzableiter' zu haben".[382] Zur selben Zeit erfuhren die Österreicher in Konstantinopel von Angriffen armenischer Freischärler und sowjetrussischer Truppen auf die seit dem Sturz des Zaren in Baku herrschenden muslimischen Tataren, von denen über 12 000 massakriert worden seien.[383] Der deutsche Botschafter in Konstantinopel, Graf Bernstorff, spielte die den osmanischen Armeniern drohende Vergeltung herunter, da sich die von Talaat als Großwesir geführte Regierung „jetzt ernstlich bemüht" zeige, „Ausschreitungen zu verhindern".[384] Wiens Botschafter Pallavicini erhielt Mitte April die Versicherung Talaats, dass „gegenwärtig gegen die Armenier keine Gewaltmaßregeln ergriffen werden würden". Beruhigend klingen sollte Talaats Bemerkung, dass „in den Gebieten von Kars und Ardahan, wo die türkischen Truppen über die Grenze vordringen", gar „keine Armenier vorhanden" seien. Einen Tag später, am 12. April 1918, erreichte jedoch das Berliner Auswärtige Amt eine Erklärung des sowjetrussischen Volkskommissars für Auswärtige Angelegenheiten, Georgi Čičerin, und seines armenischen Stellvertreters Lev Karachan, dass „dem Vormarsche der türkischen Truppen an der Kaukasusfront [...] die Massenvernichtung der armenischen Bevölkerung" folge. Die Verantwortung für diese „Greueltaten" falle „auf die deutsche Regierung, mit deren Hilfe die Türkei für sich diese Gebiete ausbedungen hat".[385] Als der österreichisch-ungarische Diplomat Georg von Franckenstein im Sommer 1918 das osmanisch besetzte Aserbaidschan erreichte, fand er dort nicht nur zerstörte Tatarendörfer und Städte, er traf auch auf unversöhnlichen Hass bei den muslimischen Ministern des im Mai 1918 für unabhängig erklärten Landes, die ihre Sympathien für eine Ausrottung der Armenier nicht verbergen konnten. Als Franckenstein in Baku ankam, lag die Hauptstadt Aserbaidschans elf Tage nach ihrer Eroberung durch die Türken verödet. Armenier, die nicht ermordet oder geflüchtet waren, lebten in panischer Angst, die Tataren hingegen – kurz zuvor von den Armeniern verfolgt – traten voller Arroganz auf. Nur der Konsul Dänemarks hatte die Kämpfe als „komische Oper" erlebt.[386]

Schon 1905, in einer früheren Schwächephase imperialer Staatsgewalt, war im Kaukasus ein Konflikt zwischen Armeniern und Tataren in Massakern eskaliert.[387] Diese lokale Konfliktdisposition wurde 1918 durch das genozidale Vorgehen der osmanischen Truppen erheblich verschärft. Ende Mai 1918 berichtete der österreichisch-ungarische Botschafter in Berlin, Prinz Hohenlohe, an Außenminister Graf Burián, „die Türkei wolle ganz Kaukasien annektieren und die armenische Bevölkerung mit allen Mitteln völlig ausrotten; Massakres und Blutbäder wären an der Tagesordnung." Daraufhin habe Berlin der Türkei „zur Einstellung ihrer

---

[382] Stalin, Werke, Bd. 4, S. 53.
[383] Pomiankowski, Der Zusammenbruch des Ottomanischen Reiches, S. 335 f.
[384] Bernstorff, Erinnerungen und Briefe, S. 144.
[385] The Armenian Genocide, Bd. 2, S. 420 f.
[386] Franckenstein, Facts and Features of my Life, 204–206.
[387] McCarthy, Death and Exile, S. 123.

unvernünftigen und unmenschlichen Politik eine Art von Ultimatum" gestellt.[388] Besonders wirksam scheint das nicht gewesen zu sein. Denn am 25. Juni 1918 berichteten in Konstantinopel der Vorsitzende des Nationalrats der Republik Armenien, Aharonian, und sein Außenminister Alexander Katisov[389] dem Wiener Sondergesandten Baron Szilassy „von schrecklichen Verfolgungen und Massacres sowohl seitens der tatarischen Bevölkerung wie der türkischen Truppen". Im türkisch besetzten Gebiet „seien kaum mehr Armenier zu finden, über 600 000 seien aus diesem Gebiet nach Georgien und nordwärts geflüchtet".[390]

Schon 1915 hatte sich ein Teil der ostanatolischen Armenier – oft durch teuer bezahlte kurdische Fluchthelfer aus der Dersim-Region bei Harput[391] – in den russischen Kaukasus oder nach Persien retten können. Die Schätzungen schwanken zwischen 200 000 und 300 000 Menschen für 1915[392] und liegen bei 500 000 für die gesamte Kriegszeit bis 1918.[393] Im Juli 1918 informierte der Berliner Bevollmächtigte der armenischen Regierung Deutschland und Österreich-Ungarn, dass der türkische Vormarsch nach „Kaukasisch-Armenien" über 600 000 Armenier erneut zur Flucht gezwungen habe: „Der Strom der armenischen Flüchtlinge und ihre Sterblichkeit wächst von Tag zu Tag, die Morde und Plünderungen an Armeniern häufen sich in erschreckendem Maße, mohammedanische Banden, durch die Gegenwart der türkischen Truppen ermutigt, treiben ungestraft ihr Unwesen." 70 000 armenische Flüchtlinge bei Tiflis drohten zu verhungern; die armenische Kirche sah weitere 500 000 Flüchtlinge bei Erivan in verzweifelter Lage.[394] Der Diplomat Baron Franckenstein erlebte Armenien eingekesselt von den Türken, zur Ernährung der Bevölkerung nicht in der Lage und von verängstigten Flüchtlingen überfüllt.[395] Am 4. August 1918 telegraphierten die Vertreter Berlins und Wiens, General Kreß von Kressenstein und Franckenstein, aus der georgischen Hauptstadt Tiflis:

„Das jetzige kleine Armenien kann nicht einmal die sesshafte Bevölkerung ernähren, geschweige denn drei- bis fünfhunderttausend Flüchtlinge, die sich zur Zeit in Armenien befinden und die Herstellung der Ruhe und Ordnung unmöglich machen. Die schwere Lage der Flüchtlinge führt dauernd entgegen dem Willen der Regierung zu neuen Bandenbildungen und somit zu neuen Verwicklungen mit den Türken. Diese schließen Armenien hermetisch ab und verhindern jeden Handel und Verkehr, veranlassen türkische und persische Bevölkerung zur Abwanderung, was armenische Regierung Angriff auf Erivan befürchten lässt."[396]

Erst nach dem osmanischen Zusammenbruch im Oktober 1918 änderte sich die Lage. Der kaukasische Teil der Flüchtlinge konnte in seine Heimat zurückkeh-

---

[388] The Armenian Genocide, Bd. 2, S. 420f.
[389] Khatissian war der russische Bürgermeister von Tiflis, wurde 1919–1920 Ministerpräsident Armeniens und vertrat sein Land 1922/23 auf der Konferenz von Lausanne.
[390] The Armenian Genocide, Bd. 2, S. 443.
[391] Gerlach, Extrem gewalttätige Gesellschaften, S. 149.
[392] Gatrell, A Whole Empire Walking, S. 52f.; Sanborn, Unsettling the Empire, S. 313.
[393] Çelik, Die Tragödie des armenischen Volkes 1915–1918, S. 70–74.
[394] The Armenian Genocide, Bd. 2, S. 450 und S. 453f.
[395] Franckenstein, Facts and Features of my Life, S. 197.
[396] The Armenian Genocide, Bd. 2, S. 462.

ren.[397] Von 525 000 türkischen Armeniern, die ins Gebiet der Kaukasusrepublik Armenien geflüchtet waren, blieben nach Angaben des Flüchtlingskommissariats des Völkerbundes jedoch 400 000 im (seit 1920 sowjetischen) kaukasischen Armenien.[398] Zehn Prozent sollen in den Jahren 1918/19 an Hunger und Epidemien gestorben sein.[399] Damals tobte im Kaukasus ein Krieg „im staatsfernen Raum" – in jenem „Machtvakuum", das die zerfallenen Imperien des Zaren und des Sultans hinterließen.[400] Zuvor von den Türken in ihrer Existenz bedroht, betrieb nach deren Niederlage die Republik Armenien eine „großarmenische" Politik, die ethnische Gewalt gegen Muslime einschloss.[401] Schon während der Autonomie-Lösung von 1914 hatten die Führer der osmanischen Armenier eine ethnische „Säuberung" zugunsten ihres Volkes gefordert: Erst kürzlich dort angesiedelte muslimische Flüchtlinge aus dem Balkan müssten das ostanatolische Autonomiegebiet verlassen, dort seit langem ansässige Kurden oder Turkmenen dürften zumindest keine Bürgerrechte erhalten.[402] Solches Denken wirkte nach den Gewalterfahrungen des Weltkrieges in radikalisierter Form weiter: Rund 250 000 Muslime aus dem Kaukasus flüchteten nach 1918 im armenisch-aserischen Konflikt.[403] Doch der armenische Höhenflug war kurz, die Republik wurde 1920 von der kriegsmüden Entente im Stich gelassen und durch die Armeen Mustafa Kemals, Lenins und Trockis in die Zange genommen. Nach dem Motto „Lieber die Bolschewiken als die Türken" ergab sich Armenien dem nördlichen Nachbarn und verwandelte sich (bis 1991) in eine Sowjetrepublik.[404] Die nationaltürkische Armee brannte bei ihrem Vormarsch zahlreiche armenische Städte und Dörfer nieder und ermordete rund 60 000 Armenier. Nur das Auftauchen der sowjetischen Truppen vor Eriwan (Jerewan) „verhinderte die fast sichere Ausrottung des armenischen Volkes"[405], doch die bis 1918 osmanisch gewesenen Gebiete der Republik Armenien fielen an die neue Türkische Republik.[406]

Stalin triumphierte 1920, nachdem die Entente Armenien „auf die Türkei gehetzt und dann schmählich den Türken zum Fraß überlassen" habe, sei Armenien nichts übrig geblieben, als im „Bündnis mit Sowjetrussland" Schutz zu suchen. Denn weder Großbritannien und die USA „noch die marktschreierischen Versprechungen des Völkerbunds" hätten „Armenien vor den Massakern und der

---

[397] Franckenstein, Facts and Features of my Life, S. 209.
[398] Kulischer, Europe on the Move, S. 51.
[399] Hoerder, Cultures in Contact, S. 448f.; Ende der 1920er Jahre befanden sich weitere 225 000 Armenier in vorderasiatischen Ländern, in Westeuropa und in den USA.
[400] Vgl. Baberowski, Kriege in staatsfernen Räumen, S. 297; dessen Ansatz, sämtliche Gewaltphänomene zwischen 1914–1950 im Bereich Russlands bzw. der Sowjetunion als staatsfern zu definieren, unterschätzt jedoch die Rolle staatlicher Instanzen.
[401] Ther, Die dunkle Seite der Nationalstaaten, S. 83.
[402] Adanir, Bevölkerungsverschiebungen, Siedlungspolitik und ethnisch-kulturelle Homogenisierung, S. 183.
[403] Ther, Die dunkle Seite der Nationalstaaten, S. 83.
[404] Miliukov, Russlands Zusammenbruch, Bd. 1, S. 117.
[405] Barth, Genozid, S. 70f., der hierin Naimark, Flammender Hass, S. 55, folgt.
[406] Miliukov, Russlands Zusammenbruch, Bd. 1, S. 117.

physischen Vernichtung retten" können, erst die „Sowjetmacht" habe den Frieden gebracht, und sie werde die ethnischen Konflikte „zwischen Armenien und den umwohnenden Mohammedanern [...] durch die Herstellung der brüderlichen Solidarität zwischen den Werktätigen" aller Völker endgültig beilegen.[407] Zwar sah sich der Volkskommissar für Nationalitätenfragen schon im Juli 1921 genötigt, in Tiflis daran zu erinnern, dass Georgien verpflichtet sei, „sowohl mit den Armeniern in Georgien als auch mit Armenien unbedingt Frieden und brüderliche Zusammenarbeit zu pflegen".[408] Trotzdem blieb die Sowjetrepublik Armenien attraktiv genug, um nach dem Zweiten Weltkrieg einen Teil der in Südosteuropa und im Nahen Osten gestrandeten Flüchtlinge und Deportierten des Ersten Weltkrieges aufzunehmen: 1946 ließen sich 50 000 Armenier dorthin „repatriieren"; sie kamen überwiegend aus Syrien, dem Libanon und aus Iran. 1947 erwarteten die Sowjets 60 000 weitere Zuwanderer.[409] Diese Zahlen reichten an jene der 1920er Jahre heran, als 125 000 armenische Flüchtlinge in den Westen, vor allem nach Frankreich und in die USA, hatten immigrieren können.[410]

Unter dem Druck der Entente war zwischenzeitlich von Talaats Nachfolger als Großwesir, dem einst von Enver verdrängten jungtürkischen Kriegsminister-Marschall Ahmed Izzet Paşa, am 19. Oktober 1918 offiziell eine Rückkehr der deportierten anatolischen Armenier angekündigt worden.[411] Ein weiterer Feldmarschall-Großwesir, Ali Riza Paşa, erließ am 8. Januar 1920 auch ein Gesetz „über die Rückerstattung armenischer Güter". Doch bei jenen Bevölkerungsgruppen, die von Vertreibung und Enteignung der Armenier profitiert hatten, stieß dies auf Gegenwehr. Der Widerstand verstärkte sich, als die Entente-Besatzungstruppen versuchten, überlebende Armenier in ihren Heimatorten anzusiedeln, enteignete Güter zurückzugeben und verschleppte Angehörige aus türkischen Familien zu befreien. Mit den Franzosen war auch eine „armenische Legion" in Kilikien einmarschiert, die dort gewaltsam versuchte, „entrissenen Besitz wiederzuerlangen", und „Racheakte" an Muslimen verübte. Dies löste den ersten bewaffneten Widerstand der türkischen Nationalbewegung in Kilikien aus, und ähnlich ging es ab 1920 in Urfa, Maras oder Antep. Folgerichtig hob Mustafa Kemal nach seinem Sieg am 14. September 1922 das Restitutionsgesetz von 1920 sofort wieder auf und setzte das jungtürkische Enteignungsgesetz von 1915 erneut in Kraft.[412] Dies ging mit der Flucht und Vertreibung vieler zurückgekehrter Armenier einher: 200 000 waren nach 1918 nach Kilikien zurückgegangen, von denen 1920 30 000

---

[407] Stalin, Werke, Bd. 4, S. 362 und S. 364 f.
[408] Stalin, Werke, Bd. 5, S. 81.
[409] Kulischer, Europe on the Move, S. 293.
[410] Diese Armenier erhielten 1924 „Nansen-Pässe", die der Völkerbund-Hochkommissar für das Flüchtlingswesen 1921 zunächst für russische Bürgerkriegsflüchtlinge eingeführt hatte; Kulischer, Europe on the Move, S. 247; James, Geschichte Europas, S. 70; Hobsbawm, Das Zeitalter der Extreme, S. 74.
[411] Schulthess' Europäischer Geschichtskalender 59.1918, Teilbd. 2, S. 525 f.
[412] Akçam, Armenien und der Völkermord, S. 129–131; zu Kilikien auch Bloxham, The Great Game of Genocide, S. 151–154.

in Hadjim und Marasch ermordet wurden. 1922 vertrieben die Nationaltürken nicht nur Hunderttausende von Griechen, sondern auch Tausende von Armeniern aus Kleinasien.[413]

3. Deportation ohne Genozid: Die osmanischen Griechen

Der türkische Genozid an den Armeniern im Ersten Weltkrieg sollte nicht den Blick dafür verstellen, dass die auf ethnische „Säuberung" zielende Politik des jungtürkischen Regimes weit mehr Minderheiten des Osmanischen Reiches zu Opfern gemacht hat – allen voran die kleinasiatischen Griechen, aber auch assyrische Christen, muslimische Kurden, Araber und Juden. Dieser Zusammenhang ist den Zeitgenossen des Ersten Weltkrieges präsent gewesen – wenn auch deren Blick meist auf christliche und allenfalls jüdische Minderheiten begrenzt blieb. Später ist diese Gesamtperspektive verlorengegangen, um erst in jüngerer Zeit wieder betont zu werden.

Türkische Kritiker der genozidalen Armenierdeportationen waren nicht zwangsläufig Gegner jedweder ethnischen „Säuberung". Diese Erfahrung machte die britische Regierung im Dezember 1917, als sie in der schweizerischen Hauptstadt Bern Geheimverhandlungen mit Vertretern der jungtürkischen Partei führte. Diese Gruppe um den früheren Außenminister Ahmed Mukhtar Bey war mit der deutschen Bündnispolitik Envers und Talaats nicht einverstanden, und die britischen Unterhändler Philip Kerr und Sir Horace Rumbold erfuhren, dass die jungtürkischen Dissidenten nicht nur ihre Scham über die an den Armeniern verübten Verbrechen ausdrückten, sondern auch ihre Bereitschaft, die Zukunft Armeniens von der Entente entscheiden zu lassen. Gleichzeitig schlugen diese ententefreundlichen Jungtürken vor, alle Kurden aus den armenischen Provinzen zu „transferieren", um das Konfliktpotential zwischen beiden Ethnien zu beseitigen.[414] Deportationsdenken war zu dieser Zeit offenbar tief verankert. Es bedurfte nicht der Anregung von Europäern, etwa des protürkischen „Emin Efendi" Siegfried Lichtenstaedter von 1941, die Türkei solle sich rechtzeitig der Kurden entledigen, bevor ihr ein neues Minderheitenproblem erstünde.[415]

Insofern wundert es nicht, dass die Jungtürken den Ersten Weltkrieg benutzten, um ihr Projekt der ethnischen „Säuberung" auf andere Minderheiten auszuweiten. Dies traf vor allem die größte nichtmuslimische Bevölkerungsgruppe im Osmanischen Reich, die kleinasiatischen Griechen. Der deutsche Pressekorrespondent von Tyszka warnte das Berliner Auswärtige Amt auf dem Höhepunkt der Armenierdeportationen im September 1915: „Die Griechen hofft man später einmal dranzukriegen, durch eine echttürkische Politik, wenn die Türkei durch unseren Sieg so stark geworden ist, dass das kleine Griechenland nichts mehr gegen

---

[413] Nansen, Betrogenes Volk, S. 327.
[414] Lloyd George, War Memoirs, Bd. 2, S. 1504–1506.
[415] Lichtenstaedter, Sprachenpolitik, S. 153.

die Chikanierung der griechischen Bevölkerung in der Türkei machen kann. Einstweilen sind die Armenier das Opfer."[416] Auch der österreichisch-ungarische Botschaftsrat Graf Trauttmansdorff warnte am 30. September 1915, dass durch den „jetzt herrschenden ganz maßlos übertriebenen Chauvinismus der Türken [...] der Haß gegen alles Fremde und gegen den Christen" derart geschürt worden sei, dass unter den „in der Türkei so zahlreichen Griechen eine ziemliche Unruhe" entstanden sei. Zwar sei die militärische Mobilisierung Griechenlands in Konstantinopel „verhältnismäßig ruhig aufgenommen worden", doch Trauttmansdorff war pessimistisch:

„Sollte es [...] zum Kriegszustande zwischen der Türkei und Griechenland kommen, so müsste ich befürchten, daß die Türkei, welche heute in dem Wahne lebt, die Exterminierung der armenischen Rasse ungestraft ausführen zu können, die Gelegenheit benützen würde, um auch gegen die Griechen mit Gewaltmaßnahmen und Massenausweisungen vorzugehen. Es würde dann bei der praktischen Undurchführbarkeit solcher Maßnahmen die Griechen das gleiche Schicksal erwarten, wie es in den letzten Monaten die Armenier betroffen hat."[417]

Wiens Botschafter Pallavicini erfuhr im November 1915 von einem Mitglied der jungtürkischen Parteiführung, dass der „Ausrottung" der Armenier spätestens nach dem siegreichen Kriegsende „die Griechen folgen" sollten.[418] Kurz darauf versicherte den Österreichern der ehemalige Generalsekretär der Teskilat-i-Mahsusa-Miliz, Nuri Bey, sobald die Jungtürken mit den Armeniern fertig seien, würden sie mit der Massenvertreibung der Griechen („l'expulsion en masse des Grecs") beginnen.[419]

Die Griechen in Konstantinopel, die „Phanarioten", waren lange die einflussreichste christliche Volksgruppe im Osmanischen Reich gewesen. Sie hatten als Treuhänder des Sultans die Leitung der gesamten griechisch-orthodoxen Bevölkerung (Millet) innegehabt und damit viele andere Völker kontrolliert.[420] Diese privilegierte Position hatte der griechische Unabhängigkeitskrieg ab 1821 unterminiert. Türkische Historiker erinnern sich bis heute, dass „die erste ‚ethnische Säuberung' auf dem Balkan" 1821 von aufständischen Griechen an türkisch-muslimischen Opfern in der Morea (Peloponnes) verübt worden sei.[421] Der Sultan ließ daraufhin den orthodoxen Patriarchen von Konstantinopel als Oberhaupt des rebellischen Millet hinrichten.[422] Zwar brach die traditionelle Kooperation seither nicht völlig ab, doch war sie von Misstrauen begleitet. Etliche Griechen blieben nach der Unabhängigkeit Griechenlands im Dienst der Osmanen. Alexander Karatheodori Paşa, der 1906 verstorbene osmanische Botschafter in London und Delegierte auf dem Berliner Kongress von 1878, erhielt von Sultan Abdul

---

416 Der Völkermord an den Armeniern 1915/16, S. 298.
417 The Armenian Genocide, Bd. 2, S. 243 f.
418 Ebenda, S. 262 f.
419 Ebenda, S. 293.
420 Vgl. ausführlich zum Millet-System Kap. V.2.
421 Söylemezoglu, Die andere Seite der Medaille, S. 212 f.; ähnlich bereits: Djemal Pascha, Erinnerungen eines türkischen Staatsmannes, S. 319 f.
422 Kitromilides, The Orthodox Church in Modern State Formation, S. 38 f.; dabei hatte dieser Patriarch Gregorios V. die modernen revolutionär-nationalistischen Ideen bekämpft.

Hamid II. gegen Ende seiner Karriere demonstrativ den nur an Griechen verliehenen Ehrenposten eines Fürsten der autonomen Insel Samos. Der letzte osmanische Botschafter griechisch-orthodoxer Herkunft wurde erst im Oktober 1912 – nach Beginn des Ersten Balkankrieges, in dem Griechenland erneut die Osmanen bekämpfte – aus Wien abberufen.[423] Schon zuvor aber hatte die nationalistische Radikalisierung kooperationsbereite Phanarioten im Wortsinn unter Beschuss geraten lassen: Im März 1912, ein halbes Jahr vor der Annexion der Insel durch Griechenland, wurde der vorletzte osmanische Fürst von Samos, Andreas Kopassis Efendi, von einem Griechen ermordet.[424]

Der Erste Balkankrieg von 1912/13 brachte Griechenland enorme Territorialgewinne. Doch weiterhin lebten rund zwei Millionen Griechen in Kleinasien als Untertanen des Sultans, davon 300 000 in Konstantinopel.[425] Die osmanische Regierung ersuchte im Herbst 1913 um deutsche Hilfe für einen Ausgleich mit Griechenland, fürchtete aber zugleich den nationalistischen Separatismus. Gegenüber Botschafter von Wangenheim erklärte Großwesir Prinz Said Halim im September 1913, „die Griechen" seien „zweifellos die eigentlichen Feinde der Türkei". Sie strebten nach der Inbesitznahme von Konstantinopel, und von den Ägäisinseln aus werde „eine starke hellenische Propaganda längs der kleinasiatischen Küste betrieben". Es sei eine „Lebensfrage für die Türkei, daß diesem Treiben ein Ende bereitet werde".[426] Über die Ägäisinseln Mytilene, Chios und Samos gerieten Athen und Konstantinopel in heftigen Streit. Als Wangenheim im Mai 1914 wagte, den Großwesir auf den „griechischen Charakter" der Inseln hinzuweisen, reagierte Said Halim mit dem Hinweis auf französische Sympathien in Elsass-Lothringen, das Berlin dann wohl ebenso abtreten müsse wie die Osmanen die von Griechen bevölkerten Metropolen Smyrna oder Konstantinopel.[427]

Die jungtürkische Regierung war nach den Balkankriegen von 1912/13 an einem Austausch der muslimischen Minderheit in Griechenland gegen die weit größere griechische Minderheit in Kleinasien interessiert. Damit folgten die Jungtürken – bewusst oder unbewusst – einer Empfehlung, die der deutsche Publizist Siegfried Lichtenstaedter den türkischen Machthabern schon 1898 gegeben hatte. Lichtenstaedter hatte dieses Umsiedlungsplädoyer im Ersten Balkankrieg 1912 wiederholt und war darin 1913 von General Colmar von der Goltz unterstützt worden, dem langjährigen Chefausbilder des osmanischen Offizierskorps, dessen Wort hohes Gewicht in Konstantinopel besaß.[428] Da sich Athen einem Bevölkerungstransfer verweigerte, reagierte Konstantinopel mit der Duldung oder Anstiftung antigriechischer Unruhen in Ostthrazien und an der kleinasiatischen Ägäisküste, was zur Flucht oder Vertreibung von 100 000 Griechen führte, während

---

[423] Söylemezoglu, Die andere Seite der Medaille, S. 217 und S. 220.
[424] Schulthess' Europäischer Geschichtskalender 53.1912, S. 444.
[425] Conrad, Aus meiner Dienstzeit, Bd. 3, S. 397.
[426] Die Große Politik der europäischen Kabinette, Bd. 36,1, S. 67–69 und S. 80–82.
[427] Die Große Politik der europäischen Kabinette, Bd. 36,2, S. 780.
[428] Vgl. Kap. IV.4.

weitere 50 000 ins Innere Kleinasiens deportiert wurden.[429] Damit erzwang die osmanische Regierung im Juli 1914 die Zustimmung Athens zu einem Bevölkerungstransfer, der jedoch infolge des Weltkrieges dann nicht mehr umgesetzt wurde.[430] US-Botschafter Morgenthau gewann damals in Gesprächen mit Innenminister Talaat Bey den Eindruck, dieser wolle primär griechische Bauern entfernen, die urbanen Gruppen jedoch im Lande halten. Der jungtürkische Führer gestand den Vorsprung der Griechen in Bildung und Wirtschaft offen ein.[431] Die osmanische Regierung war noch nicht bereit, der Einschätzung Lichtenstaedters von 1898 zu folgen, wonach wirtschaftliche Erwägungen für die Politik eines Staates nicht ausschlaggebend sein durften, da der Nutzen einer Entfernung unzuverlässiger Bevölkerungsgruppen den ökonomischen Verlust „weit überwiegen" würde.[432]

Im Kriegskontext von 1915 aber hatten die Jungtürken gegenüber den Armeniern solche Bedenken bereits abgestreift. Im Gegenteil verband sich der Versuch der Deportation und partiellen Vernichtung des armenischen Volkes mit dem Projekt zur Schaffung einer türkisch-muslimischen „Ersatzbourgeoisie". Diese gewaltsame Transformationspolitik richtete sich bald gegen weitere Minderheiten und wurde bis 1924 vom nationaltürkischen Staate konsequent zu Ende geführt.[433] Auch die Griechen Kleinasiens gerieten in diesen Strudel. Denn, so Graf Trauttmansdorff 1915, „neben dem Armenier ist es der Grieche, der den Handel und das Wirtschaftsleben in der Türkei in der Hand hat".[434] Die österreichisch-ungarische Botschaft urteilte im Februar 1917, dass die jungtürkische Regierung den Weltkrieg gezielt „als günstige Gelegenheit" genutzt habe, „um namentlich in Anatolien und Syrien den Handel und die Industrie den Händen der Armenier und Griechen zu entreißen".[435] Diese „Nationalisierung" der Wirtschaft wurde von Atatürk fortgesetzt. Als dessen General Refet Paşa im November 1922 in Konstantinopel einmarschierte, erklärte er, selbst wenn die dortigen Griechen mit Rücksicht auf die Großmächte nicht ebenso vertrieben würden wie ihre kleinasiatischen Konnationalen, seien sie gut beraten, rasch auszuwandern, da sie in der Türkei wirtschaftlich nicht überleben könnten. Die Türken würden in Zukunft den Handel in eigene Hände nehmen.[436]

Obschon das Osmanische Reich im Weltkrieg bis November 1914 offiziell neutral blieb, bedrohte die jungtürkische Regierung schon Ende August die Griechen im kleinasiatischen Smyrna – das wegen seiner christlichen Bevölkerungsmehr-

---

[429] Laut Dadrian, German Responsibility in the Armenian Genocide, S. 228f., war die mit dem Armeniergenozid befasste jungtürkische Parteimiliz Teskilat-i-Mahsusa im April und Mai 1914 bereits an den Griechendeportationen beteiligt.
[430] Vgl. Kap. V.4.
[431] United States Diplomacy on the Bosphorus, S. 74f.
[432] Emin Efendi, Die Zukunft der Türkei, S. 17.
[433] Göcek, Rise of the Bourgeoisie, Demise of Empire, S. 110.
[434] The Armenian Genocide, Bd. 2, S. 244; um 1914 waren alle 40 Bankiers in Konstantinopel Nicht-Muslime, und ein volles Drittel der Osmanischen Handelskammer soll aus griechischen Unternehmen bestanden haben; vgl. Lieven, Empire, S. 153.
[435] The Armenian Genocide, Bd. 2, S. 374.
[436] Zitiert nach Gerolymatos, The Balkan Wars, S. 173.

heit „Giaur Izmir", „ungläubiges Smyrna", genannt wurde[437] – mit der Verbrennung der Stadt, um sie von einer Kollaboration mit den Briten abzuschrecken. Anfang Oktober kam Innenminister Talaat auf diese Drohung für den Fall einer Küsten-Invasion der Entente zurück und klärte US-Botschafter Morgenthau über sein Fernziel auf, Smyrna in eine muslimische Stadt zu verwandeln.[438] Für die Politik der ethnischen „Säuberung" an der Ägäisküste gab es offenbar deutsche Ratschläge. Als Morgenthau am 1. Februar 1916 nach Berlin reiste, klärte ihn der mitreisende deutsche Admiral von Usedom leutselig darüber auf, „sie" – die Deutschen – hätten den Osmanen zwei Jahre zuvor geraten, die illoyale griechische Bevölkerung von der Küste Kleinasiens zu entfernen.[439]

1918 wies Morgenthau öffentlich darauf hin, damit seien die kleinasiatischen Griechen noch vor den Armeniern zu den ersten Opfern des türkischen Nationalismus geworden. Dabei machte er allerdings einen wichtigen Unterschied: Anders als die Armenier seien die 100 000 schon 1914 deportierten Griechen nicht getarnten Massakern zum Opfer gefallen, sondern größtenteils mit dem Ziel wirklicher Neuansiedlung deportiert worden. Zugleich war Morgenthau jedoch davon überzeugt, dass die 1914 ausgebliebenen Proteste der „zivilisierten Welt" die Jungtürken ermutigt hätten, ihre Deportationspolitik im Weltkrieg zu radikalisieren. Der Polizeipräfekt von Konstantinopel, Bedri Bey, habe ihm selbst erklärt, die Türken hätten die Griechen so erfolgreich vertrieben, dass sie entschlossen seien, die Methode auf alle übrigen Rassen des Reiches auszuweiten.[440]

Im Grunde ging das Versagen der Großmächte noch weiter zurück – bis zu den wirkungslosen Protesten gegen die Armeniermassaker der Jahre 1894 bis 1896. Darauf spielte der sowjetrussische Volkskommissar Stalin an, als er 1917 mit Blick auf „das sogenannte ‚Türkisch-Armenien'" bemerkte, dort kenne man nichts als „Armenierpogrome und -massaker einerseits, pharisäische ‚Fürbitten' der Diplomaten aller Länder als Bemäntelung eines neuen Massakers andererseits".[441] Der Korrespondent Heinrich Albertall berichtete Ende 1915 dem Wiener Außenministerium, er sei, als er einem prominenten jungtürkischen Pascha „rueckhaltlose Vorwürfe" wegen der Armenier gemacht habe, mit der Bemerkung „abgespeist" worden, „dass in der gegenwaertigen Kriegsmassenschlaechterei dieser Aderlass keinen dauernden Eindruck zuruecklassen werde". Denn „auch die Abdul Hamid'sche Metzelei" der 1890er Jahre sei „rasch vergessen" worden, schon „bald darauf" habe Kaiser Wilhelm II. den „Sultan persönlich besucht und bei der Truppenparade neben dem sitzenden Sultan wie ein Vasall gestanden!"[442]

US-Botschafter Morgenthau notierte am 12. Mai 1915 treffend, die Türken wollten nicht länger wahrhaben, dass sie in einem *Osmanischen* Reich lebten –

---

[437] Hardinge, A Diplomatist in the East, S. 27.
[438] United States Diplomacy on the Bosphorus, S. 93 und S. 107.
[439] Ebenda, S. 452f.: „that it was they who urgently made the suggestion that the Greeks be moved from the seashore"; dieser zeitnahe Tagebucheintrag erscheint glaubwürdig.
[440] Morgenthau, Ambassador Morgenthau's Story, S. 390.
[441] Stalin, Werke, Bd. 4, S. 22.
[442] The Armenian Genocide, Bd. 2, S. 283f.

d. h. in einem Vielvölkerstaat, der nicht allein ihnen gehörte, sondern auch den darin lebenden Armeniern, Griechen oder Juden. Morgenthau hielt die jungtürkische Regierung für entschlossen, das Land gewaltsam zu islamisieren und alle Nicht-Muslime zu vernichten.[443] Die Analyse des deutschen Konsuls von Scheubner-Richter ging in dieselbe Richtung: Scheubner teilte Ende 1916 Reichskanzler von Bethmann Hollweg mit, ein Großteil der jungtürkischen Führung stehe „auf dem Standpunkt, dass das Türkische Reich nur auf rein mohamedanischer, pantürkistischer Grundlage aufgebaut werden" müsse. Daher sollten „die nicht mohammedanischen und nicht türkischen Bewohner […] gewaltsam mohamedanisiert und türkisiert" oder, „wo das nicht angängig, vernichtet werden". Die „Erledigung der Armenier" sei Bestandteil eines umfassenden Programms, das sich gegen alle Christen und die Araber richte.[444] Der Wiener Diplomat Graf Trauttmansdorff verzeichnete im Herbst 1915 einen „maßlos übertriebenen Chauvinismus der Türken" und wachsenden „Hass gegen alles Fremde und gegen den Christen". Wiens Botschafter Pallavicini beobachtete eine „Entartung der gegen die Armenier getroffenen Maßnahmen in eine immer deutlicher werdende Christenverfolgung, die […] leicht zu einer allgemeinen Bewegung gegen alle Fremden in der Türkei führen könnte".[445]

Die osmanischen Griechen befürchteten 1915 frühzeitig, in die genozidalen Armenierdeportationen einbezogen zu werden. Als im Oktober 1915 ein Teil der armenischen Bevölkerung Adrianopels zwangsdeportiert wurde, verbargen sich die Griechen in ihren Häusern, „die gesamte christliche Bevölkerung" verbrachte „qualvolle Stunden und lebt[e] in ständiger Angst".[446] Im Juli 1915 hatte in Konstantinopel die Meldung über 40 000 griechische Deportierte für Unruhe gesorgt, die von den Inseln des Marmara-Meeres und der hauptstadtnahen Küste ins Innere Kleinasiens zwangsumgesiedelt worden seien. Der griechische Geschäftsträger Tsamados intervenierte bei Großwesir Said Halim Paşa, der diese Berichte griechischer Konsuln als übertrieben und unzuverlässig abtat, jedoch forderte, die osmanischen Griechen müssten sich in Zukunft ganz auf ihre wirtschaftliche Tätigkeit konzentrieren und aufhören, politische Agenten für fremde Mächte zu sein. Der osmanische Regierungschef drohte, man werde keine Einmischung in innere Angelegenheiten gestatten, jeder Versuch werde das Gegenteil dessen bewirken, was er bezwecke. Tsamados schaltete daraufhin nicht nur den US-Botschafter ein, sondern auch Pallavicini. Letzterer erklärte resigniert, dass die Türken für humanitäre Argumente nicht empfänglich seien; sie wollten alle Armenier und Griechen vernichten oder zumindest so über ihr Reich zerstreuen, dass sie keine Macht mehr darstellten, und sie zwangsweise assimilieren.[447]

---

[443] United States Diplomacy on the Bosphorus, S. 229 und S. 273.
[444] Der Völkermord an den Armeniern 1915/16, S. 542; zum assyrischen Aufstand: Bloxham, The Great Game of Genocide, S. 98.
[445] The Armenian Genocide, Bd. 2, S. 243 f. und S. 263.
[446] Ebenda, S. 260.
[447] United States Diplomacy on the Bosphorus, S. 274 f.

Wiens Botschafter Pallavicini erhielt im November 1915 durch Tsamados „Nachrichten aus Thrazien [...], wo die griechische Bevölkerung in ähnlicher willkürlicher Art" wie die Armenier „aus ihren Heimstätten herausgetrieben" worden sei, „um den aus den bulgarischerseits besetzten Gebieten zuströmenden Mohamedanern Platz zu machen". Kurz zuvor war das neutrale Bulgarien auf Seiten der Mittelmächte in den Weltkrieg eingetreten und hatte dafür in der Konvention von Sofia am 6. September 1915 vom Osmanischen Reich eine territoriale Abtretung in Ostthrazien erpresst, was zur fluchtartigen Abwanderung von Muslimen geführt hatte. Um für diese Flüchtlinge Platz zu schaffen, deportierte die osmanische Regierung wiederum Teile der griechischen Minderheit im osmanischen Ostthrazien: „Diese Leute wurden zuerst nach Eregli [am Schwarzen Meer] gebracht und werden nun ins Innere Kleinasiens abgeschoben. Ihre Lage ist ganz jämmerlich, denn für ihre Verköstigung wird fast gar nicht gesorgt, so daß viele von ihnen an Hunger sterben." Pallavicini protestierte dagegen beim neuen osmanischen Außenminister Halil Bey, der ihm erwiderte, dass er „persönlich" diese Deportationen auch nicht billige. Halil behauptete, er habe „in diesem Sinne auf Talaat Bey einzuwirken versucht und bereits soviel erreicht, dass in Hinkunft weiteren Verschickungen Einhalt getan" werden würde. Pallavicini war „überzeugt, daß Halil mit Talaat nochmals reden wird, es ist nur fraglich, mit welchem Erfolge". Auch hielt der Botschafter einen Kurswechsel der Regierung nur für begrenzt wirksam, da die Verfolgung längst Eigendynamik gewonnen habe und Anweisungen der jungtürkischen Parteiführung eher befolgt würden als Regierungsbefehle.[448]

Die griechische Bevölkerung im östlichen Thrazien war schon während der Balkankriege von 1912/13 von bulgarisch-osmanischen Machtwechseln betroffen. Im Frühjahr 1914 war die osmanische Regierung, deren Armee diese Region im Spätsommer 1913 zurückerobert hatte, „mit repressiven und gewaltsamen Mitteln wie harte Besteuerung, Raub des Vermögens, allgemeine Mobilmachung, Schändungen, Vernichtung, Beschlagnahmung der Ernte sowie Handelsverbot" gegen die Griechen vorgegangen. Hinzu traten „Vertreibungen und Verbannungen", die manche griechische Historiker eindeutig dem „Generalstab des deutschen Heeres" anlasten, ohne dies jedoch klar zu belegen. Gewiss ist hingegen, dass der Besitz der Deportierten „im Schnellverfahren muhacirs übereignet" wurde, „muslimischen Flüchtlingen aus Epiros, Bosnien und vor allem aus Makedonien".[449] Nicht nur in diesem Falle nutzte das jungtürkische Regime muslimische Flüchtlinge der Balkankriege zur ethnoreligiösen Homogenisierung bestimmter Regionen des Osmanischen Reiches.[450] Den thrazisch-griechischen Zwangsausgesiedelten „wurde nicht gestattet, irgendetwas mitzunehmen, und

---

[448] The Armenian Genocide, Bd. 2, S. 269–271.
[449] Vakalopoulos, Vertreibung und Genozid an den Griechen Ost-Thrakiens (1908–1922), S. 128.
[450] Laut Berger / Miller, Nation-Building and Regional Integration, S. 320f. und S. 325, wurden Migration und Zwangsmigration in vielen Imperien zur Nationalisierung von Regionen genutzt – neben Anatolien auch in Sibirien, der Ukraine oder in Australien.

viele alte Menschen starben an Erschöpfung, Hunger sowie infolge der während der Elendsmärsche zu den Küsten begangenen Gewalttaten". Das war schlimm, doch wenn der griechische Historiker Konstantin Vakalopoulos die Vertreibungen zum „Genozid" stilisiert, kann man ihm nicht folgen.[451] Gut informierte Beobachter wie Arnold Toynbee oder Botschafter Morgenthau haben eine genozidale Absicht und Methode bei diesen Deportationen nicht erkennen können.[452] Auch armenische Historiker haben auf die im Vergleich zum Armeniergenozid „unterschiedliche Behandlung" der Griechen (und Juden) durch das jungtürkische Regime hingewiesen.[453] Zwar war, wenn man griechischen Angaben folgt, die Todesrate der nach Kleinasien deportierten 100 000 griechischen Ostthrakier sehr hoch, denn von diesen sollen 1918 „nur etwa die Hälfte, nämlich 54 000", zurückgekehrt sein, während die übrigen „infolge der erlittenen Strapazen, durch Zwangsarbeit und Krankheiten umgekommen" seien. Doch anders als im Fall der Armenier scheint es keine zielgerichteten Massaker gegeben zu haben. Gegen eine genozidale Absicht der osmanischen Regierung spricht ferner, dass die Mehrheit der Griechen nicht innerhalb des Reiches deportiert wurde, sondern „232 000 Ostthrakier zur Auswanderung in den griechischen Staat gezwungen" wurden. Es ging somit nicht um Massenmord, sondern um Massenvertreibung. Ebenso fragwürdig ist Vakalopoulos' Behauptung, in Griechenland seien nur wenige Gewalttaten an Muslimen vorgekommen; die „starke Auswanderung der muslimischen Bevölkerung aus Makedonien" sei „hauptsächlich auf gezielte jungtürkische Propaganda zurückzuführen" und nicht auf eine Vertreibungspolitik Athens. Betrachtet man die spätere Haltung der griechischen Regierungen bis 1923/24, wird man zumindest Zweifel anmelden. Zutreffen aber dürfte die Beobachtung, dass „Willkürakte an Türken" in Makedonien und Westthrakien „hauptsächlich" (also nicht ausschließlich) von „griechischen Flüchtlingen aus Ost-Thrakien und Kleinasien" ausgegangen seien, „die gewaltsam das Vermögen, die Häuser sowie die Schulen der Muslime in Besitz genommen hätten".[454] Auf beiden Seiten haben Vertriebene die Gewalt verschärft.

Hinsichtlich genozidaler Deportationen kann man am ehesten das Schicksal der Assyrer in Mesopotamien mit dem der Armenier vergleichen.[455] Auch für die griechische Historikerin Eleni Eleftheriou war im Vergleich zu den Deportationen der kleinasiatischen Griechen das Schicksal der Armenier schlimmer, nämlich genozidal.[456] Auch wenn die griechischen Deportierten schlimme Erfahrungen mit Gewaltmärschen, Hunger, Einkerkerung und Vergewaltigungen gemacht hatten,

---

[451] Vakalopoulos, Vertreibung und Genozid an den Griechen Ost-Thrakiens (1908–1922), S. 128f.; vgl. die Gegenargumente nun auch bei Barth, Genozid, S. 73.
[452] Morgenthau, Ambassador Morgenthau's Story, S. 390; Dadrian, German Responsibility in the Armenian Genocide, S. 229f.
[453] Dadrian, German Responsibility in the Armenian Genocide, S. 223.
[454] Vakalopoulos, Vertreibung und Genozid an den Griechen Ost-Thrakiens (1908–1922), S. 131f.
[455] Bloxham, Internal Colonization, Inter-Imperial Conflict and the Armenian Genocide, S. 334.
[456] Eleftheriou, Consequences of Population Transfers, S. 202.

war ihnen doch das Schicksal der Armenier erspart geblieben, einem systematischen Völkermord zum Opfer zu fallen.[457] Dennoch spricht Harry Tsirkinidis – ebenso wie Vakalopoulos – vom „Völkermord an den Griechen Kleinasiens", jedoch ohne Belege für Genozidabsichten. Zutreffend aber ist seine Beobachtung, dass neben den Armenier-Deportationen auch die Deportationen von Griechen in Kleinasien 1915 weiterliefen. Der österreichisch-ungarische Gesandte in Athen, Baron Szilassy, berichtete im Juli 1915, der griechische König Konstantin I. beschuldige die deutschen Diplomaten in Konstantinopel, „nichts für die Griechen" zu tun. Während Tsirkinidis zeigt, dass die Wiener Diplomatie 1916 zugunsten deportierter Griechen bei der osmanischen Regierung vorsprach, wirft er – auf zeitgenössische französische Quellen gestützt – dem deutsch-osmanischen Marschall Liman von Sanders vor, „die Aussiedlung der Griechen" persönlich angeordnet zu haben, „unter dem Vorwand, sie planten eine Erhebung sowie die Besetzung der Küste, um die Landung der griechischen Armee zu unterstützen". Tsirkinidis verweist zudem auf österreichische Quellen, wonach Liman im April 1917 aus militärischen Gründen die Deportation der griechischen Minderheit der Region Aivali (Ayvalik) veranlasst habe. Nur die Hälfte dieser 35 000 Deportierten sei bis 1919 zurückgekehrt.[458] Liman verwahrte sich nach Kriegsende gegen den Vorwurf, für Griechendeportationen verantwortlich zu sein; er habe im Gegenteil „den Griechen in Smyrna und im ganzen kleinasiatischen Küstengebiet in unzähligen Fällen gegen türkische Übergriffe geholfen".[459] Im Fall Ayvalik scheint die militärische Begründung der Deportation zutreffend gewesen zu sein, da dort Griechen für die Entente spioniert hatten.[460] Doch auch hier wurde eine ganze Bevölkerung für Verfehlungen Einzelner bestraft.

Offenbar wirkten neben deutschen Deportationsvorschlägen die osmanische Regierung und eigendynamische lokale Gewaltpotentiale in Richtung Vertreibung und Deportation. Der deutsche Journalist Harry Stürmer, ein scharfer Kritiker der Berliner Politik[461], hatte im Juni 1914 in Aydin und Smyrna beobachtet, wie türkischer Nationalchauvinismus im Verein mit rachsüchtigen muslimischen Balkan-Flüchtlingen bei der Vertreibung von Griechen zusammenwirkten.[462] Auch in Ostthrakien hatten 1913/14 muslimische Flüchtlinge aus Mazedonien und Kreta auf die Vertreibung dort ansässiger Griechen gedrängt und hatten sich – mit Unterstützung der osmanischen Behörden – deren Eigentum angeeignet. Regionale jungtürkische Funktionäre hatten freilich schon seit 1910 auf die „teilweise Umsiedlung von Christen und die Ansiedlung von Muslimen gedrängt".[463]

Doch auch die Tendenz zur relativen Mäßigung der Griechenverfolgung hat mit jungtürkischem Regierungshandeln zu tun. Dies lag am Interesse an der Neu-

---

[457] Mazower, Salonica – City of Ghosts, S. 358.
[458] Tsirkinidis, Der Völkermord an den Griechen Kleinasiens (1914–1923), S. 141–143.
[459] Liman von Sanders, Fünf Jahre Türkei, S. 188 und S. 70.
[460] Llewellyn Smith, Ionian Vision, S. 34.
[461] Vgl. Kap. II.2.
[462] Stürmer, Two War Years in Constantinople, S. 101 f.
[463] Gerlach, Extrem gewalttätige Gesellschaften, S. 158.

tralität des Nachbarstaates Griechenland und am Parallelinteresse Athens, die Bedrohung der griechischen Minderheit in Kleinasien abzumildern. Beide Seiten trieben ein diplomatisches Spiel, das vor dem Äußersten zurückschreckte. Botschafter Pallavicini bemerkte im April 1916: „Am liebsten hätten die Jungtürken auch gegen die Griechen dasselbe unmenschliche System angewendet [...] wie gegen die Armenier und sind sie nur durch Gründe der äussern Politik davon abgehalten worden."[464] Auch Morgenthau urteilte, mit ihrer Zurückhaltung bei den Griechendeportationen ab 1915 hätten die Türken der Tatsache Rechnung getragen, dass die kleinasiatischen Griechen auf Unterstützung einer benachbarten Regierung zählen konnten.[465] Tatsächlich musste die jungtürkische Regierung desto stärker Rücksicht auf Athen nehmen, je ungünstiger der Krieg verlief. Die ambivalente Situation beschrieb der Wiener Militär Pomiankowski: Die osmanische Regierung habe „die exponierte Lage ihrer christlichen Staatsbürger" dadurch „auszunützen" versucht, dass sie „vom Beginne des Krieges an in Athen mit Repressionen gegen die in der Türkei wohnenden Griechen" gedroht habe, falls sich Griechenland der Entente anschließen sollte. Diese Geiselnahme sei „einer der Gründe" gewesen, „warum sich König Konstantin der Entente nicht angeschlossen und [1915] am Angriff gegen die Dardanellen keinen Anteil genommen" habe. Diese Stillhaltepolitik habe aber nicht verhindert, dass „nicht nur die an den Küsten der Dardanellen, sondern zum Teil auch die am Marmara-Meer und an der Küste Kleinasiens ansässigen Griechen [...] aus militärischen Gründen ins Innere Anatoliens übersiedelt" wurden.[466]

Der griechische Geschäftsträger in Konstantinopel bestätigte im Juli 1915 dem Amerikaner Morgenthau die Absicht seiner Regierung, deutsche und österreichisch-ungarische Hilfe zu nutzen, um die Deportationen zu beenden. Tsamados verhehlte seine Skepsis nicht und befürchtete die Ausweitung der Deportationen auf die griechische Bevölkerung im Inneren Kleinasiens.[467] Dass es dazu nicht kam, bewirkte vermutlich die von König Konstantin gegen den Widerstand der griechischen Nationalisten aufrechterhaltene Neutralitätspolitik, bevor die Entente-Mächte seine Abdankung am 12. Juni 1917 erzwangen. Der deutsche Botschafter Graf Wolff-Metternich äußerte Anfang 1916 zum Sohn des US-Botschafters, Roosevelts späterem Finanzminister Henry Morgenthau jr., falls Griechenland gegen den Willen seines Königs in einen Krieg mit der Türkei geraten sollte, würden die osmanischen Griechen furchtbar darunter leiden.[468] Dieser von der Armenierverfolgung entsetzte deutsche Diplomat[469] dürfte dies kaum als Drohung gemeint haben.

---

[464] The Armenian Genocide, Bd. 2, S. 343.
[465] Morgenthau, Ambassador Morgenthau's Story, S. 392.
[466] Pomiankowski, Der Zusammenbruch des Ottomanischen Reiches, S. 158f.
[467] United States Diplomacy on the Bosphorus, S. 275; den Angaben von Tsamados zufolge waren 1914, in Friedenszeiten, 200 000 Griechen „bewegt" („moved") worden.
[468] Ebenda, S. 448.
[469] Vgl. Kap. II.2.

Im Februar 1917 wurde durch eine Regierungsumbildung Innenminister Talaat auch zum Großwesir. Der Hauptverantwortliche der osmanischen Politik ethnischer „Säuberung" machte plötzlich „programmatische Erklärungen", die dem neuen deutschen Botschafter Richard von Kühlmann als „Wendepunkt" erscheinen wollten. Der zum Paşa erhobene Talaat hatte „die Gleichberechtigung der ottomanischen Nationalitäten zum wichtigen Punkte des Regierungsprogrammes" gemacht, was Kühlmann „mit Genugtuung" begrüßte. Der Botschafter erfuhr zudem „vertraulich", dass „mit Einstellung der Armeniervertreibungen und mit Aufhören der an einzelnen Stellen hervorgetretenen Verfolgung gegen die Griechen bestimmt zu rechnen" sei. Bald aber dämpfte Kühlmann seine Euphorie. Zwar hielt er Talaats Kurswechsel für glaubwürdig, fügte aber hinzu:

„Die wilde nationalistische Richtung ist natürlich noch nicht tot. Die fähigen und rücksichtslosen Köpfe, die sie vertreten haben, werden sich bei ihrer zeitweiligen Niederlage nicht beruhigen. Auch darauf, daß nun {…} die Klagen aus verschiedenen Provinzen über Bedrückungen und Verfolgungen einzelner Verwaltungsbeamten völlig verstummen, ist nicht zu rechnen. Aber die Erfahrung lehrt doch, daß die in Konstantinopel ausgegebene Parole im großen ganzen [sic!] in der Provinz befolgt wird […]."[470]

Noch in Kühlmanns 1948 publizierten Memoiren scheint die hohe Wertschätzung und „freundschaftliche[…] Sympathie" des damaligen deutschen Botschafters für Talaat und die von diesem verkörperte „Art des guten Türkentums" ungetrübt auf.[471] Kühlmanns österreichisch-ungarischer Kollege Pallavicini setzte hingegen weniger auf Talaat als auf den ins Amt zurückgekehrten Finanzminister Cavid Bey, einen jungtürkischen Führer jüdischer Herkunft, der Ende 1914 wegen Differenzen über den Kriegseintritt zurückgetreten war. Für Pallavicini gab Cavid dem neuen Kabinett das „Gepräge". Daran ist so viel richtig, dass sein Wiedereintritt den ententefreundlichen Flügel der Jungtürken integrieren sollte. Der selbstbewusste Politiker hatte nach eigenem Bekunden „eine vollständige Änderung der Politik der Regierung in der armenischen, griechischen und arabischen Frage verlangt". Dem Wirtschaftsfachmann war klar, „daß die Türkei den Krieg nicht mehr lange wird fortsetzen können". Es ging um Frontbegradigung im Innern:

„Der Minister bezeichnete […] die Verfolgungen der Armenier, Griechen und Araber als größten Missgriff des früheren Kabinettes. Vom politischen Standpunkt sei es ein großer Fehler gewesen, ganze Nationen zu verfolgen und ausrotten zu wollen[,] und vom wirtschaftlichen Standpunkte wäre die Vernichtung arbeitsamer Völkerschaften in der Türkei ein Verbrechen gewesen. Die heutige Regierung sei aber fest entschlossen, nicht nur diese Politik aufzugeben, sondern sogar gut zu machen, was möglich sei. […] Talaat […], der populärste Mann des früheren Kabinettes und einer der Hauptschuldigen an der unseligen Politik der Verfolgung der nichttürkischen Elemente[,] hat die Logik der Argumente Cavids anerkannt. Er hat sich rasch gehäutet […]."[472]

Angesichts dessen wird erklärlich, weshalb der Eintritt Griechenlands in den Weltkrieg gegen die Mittelmächte und damit auch gegen das Osmanische Reich am 27. Juni 1917 die Lage der griechischen Minderheit nicht eskalieren ließ. War

---

[470] Der Völkermord an den Armeniern 1915/16, S. 546f.; mit neuer Skepsis: ebenda, S. 549f.
[471] Kühlmann, Erinnerungen, S. 446–448, S. 456 und S. 467; dabei sprach Kühlmann die Armenier- oder Griechenverfolgungen mit keinem einzigen Wort an.
[472] The Armenian Genocide, Bd. 2, S. 376f.

das türkische Vorgehen gegen die Griechen Kleinasiens schon bisher insofern „zurückhaltend und gemäßigt", als es nicht in einen Genozid überging[473], suchten beide Seiten auch nach der Kriegserklärung einen effektiven „Kriegszustand" zu vermeiden. Graf Trauttmansdorff berichtete im September 1917 nach Wien, dass die „in der Türkei lebenden Griechen, und zwar sowohl ottomanischer als [auch] hellenischer Staatsangehörigkeit", von der Regierung Talaats „über alle Erwartung gut behandelt" würden:

> „Man [...] will [...] vermeiden, der griechischen Regierung ernstlichen Anlass zu Rekriminationen zu geben. Der weitere und hauptsächlichste Grund liegt aber darin, daß man hier zur Einsicht gekommen ist, daß das seinerzeitige Vorgehen gegen die Armenier nicht nur die Türkei in den Augen der ganzen Welt tief herabgesetzt hat, sondern auch sonst ein großer Fehler war. Wäre es [...] zu einem Kriegszustande zwischen der Türkei und Griechenland gekommen, so wäre hier vielleicht in noch ärgerer Weise gegen das griechische Element gewütet worden als seinerzeit gegen die Armenier."[474]

Rücksicht nehmen musste die osmanische Regierung auch auf ihre deutschen Verbündeten. So verhinderte Feldmarschall von der Goltz 1916 durch Rücktrittsdrohung die Deportation griechischer Einwohner aus Bagdad, und mit ähnlicher Drohung konnte Marschall Liman noch im Dezember 1917 vereiteln, dass eine von Kriegsminister Enver geplante Deportation aller Griechen der kleinasiatischen Küstenprovinzen ins Landesinnere stattfand. Dennoch erfolgten Deportationen von bis zu 70 000 Menschen.[475] Morgenthau attestierte 1918 diesen Vorgängen ein hohes Maß an Rücksichtslosigkeit und Grausamkeit. Eine unbekannte Zahl von Menschen sei dabei zu Tode gekommen, er schätzte (propagandistisch) zwischen 200 000 und einer Million. Anders als im Falle der Armenier habe es jedoch kein „generelles Massaker" gegeben. Dies sei der Grund, weshalb der Westen viel weniger von diesen Deportationen erfahren habe als von den Armeniermassakern.[476]

Der griechisch-türkische Krieg, der 1917 vermieden wurde, begann 1919/20 umso härter. Zwar hatte auch dies nicht jene genozidalen Konsequenzen, die der Österreicher Trauttmansdorff 1915 befürchtet hatte, jedoch mündete dieser Krieg – so der türkische Söldner Hans Tröbst 1923 in der Münchner NS-Presse – in Massaker an 500 000 Christen „ohne Unterschied des Alters und Geschlechts". Sah es zunächst so aus, als würden die Griechen die Muslime aus dem westlichen Kleinasien vertreiben, führte der Sieg der Nationaltürken 1922/23 zur Flucht und Vertreibung fast aller kleinasiatischen Griechen, besiegelt im Transfer-Vertrag von Lausanne. Nur die Griechen in Konstantinopel blieben verschont.[477] Hingegen

---

[473] Dadrian, German Responsibility in the Armenian Genocide, S. 227.
[474] The Armenian Genocide, Bd. 2, S. 379.
[475] Dadrian, German Responsibility in the Armenian Genocide, S. 230f.
[476] Morgenthau, Ambassador Morgenthau's Story, S. 391f.
[477] Kurz vor dem Münchner Hitler-Putsch erklärte dessen Unterstützer Tröbst: „Die Türkei hat den Beweis geliefert, dass die Reinigung eines Volkes im größten Stile von Fremdkörpern jeder Art sehr wohl möglich ist. [...] Wann kommt der Retter unserem Lande, der diese Forderung der Stunde in die Tat umsetzen wird?" Siegfried Lichtenstaedter wertete dies als eindeutig antisemitischen Aufruf; vgl. Aly, Warum die Deutschen?. S. 267–270; Gebhardt, Mir fehlt eben ein anständiger Beruf, S. 20–22 und S. 250; zu Lausanne vgl. ausführlich Kap. V.3.

verlor das am Schwarzen Meer gelegene Trapezunt, die erst 1461 von den Osmanen eroberte zweite spät-byzantinische Kaiserstadt, alle ihre griechischen Bewohner.

Schon vor Beginn des Ersten Weltkrieges hatten sich die bislang „immerhin leidliche[n]" Beziehungen zwischen Griechen und Türken in Trapezunt und der umliegenden Pontosregion deutlich verschärft – so beobachtete jedenfalls der ortsansässige österreichisch-ungarische Generalkonsul Ernst von Kwiatkowski. Dazu trug offenbar die „übermütige" Reaktion der Pontos-Griechen auf die Siege des griechischen Nationalstaats über das Osmanische Reich im Ersten Balkankrieg 1912/13 ebenso bei wie die Reaktion der osmanischen Regierung, durch „gewaltsame örtliche Ansiedlungsversuche" muslimischer Flüchtlinge aus Thrazien die regionale Demographie zu verändern. Außerdem wurde ein Boykott griechischer Handelsunternehmen verfügt. Nach Kriegsbeginn richtete sich die jungtürkische Repression zunächst gegen die Armenier in Trapezunt, rund eine Million Menschen, die im Sommer 1915 zwangsdeportiert wurden und „von denen nur ein sehr geringer Teil dem Tode oder der Verbannung nach Mesopotamien [...] entging". Der armenische Aufstand im weit entfernten ostanatolischen Van und die Bildung armenischer Milizen auf Seiten des russischen Kriegsgegners hatten den Anstoß dazu gegeben. Die Griechen von Trapezunt nahmen laut Kwiatkowski „dank dem mäßigenden Einflusse ihres Metropoliten Chrysantos [...] eine vorsichtigere Haltung ein", obschon kein Zweifel bestand, dass „fast die Gesamtheit der Armenier und Griechen mit ihren Wünschen auf der Seite des damaligen Dreiverbandes", der Entente, stand.[478]

Im Juni 1918 lobte auch der deutsche Korrespondent Paul Weitz in einem Bericht, der sogar den deutschen Reichskanzler Graf Hertling erreichen sollte, das kluge und humane Vorgehen des Erzbischofs. Chrysantos, der in Deutschland studiert haben und fließend Deutsch sprechen sollte, galt demnach nicht als Freund der Armenier, sondern der Türken. Jedenfalls habe er sich deren Vertrauen erhalten und dadurch seine Diözese vor dem Untergang gerettet. Der Erzbischof betrachtete laut Weitz das türkische Vorgehen gegen die Armenier der Stadt als „grundlos", denn diese seien unpolitisch und „oft türkischer gesinnt" gewesen sei „als die Türken selbst". Das Lob des deutschen Journalisten hatte sich Chrysantos jedoch durch sein Verhalten unter russischer Besatzung verdient. Nach der Eroberung Trapezunts 1916 habe der neue Stadtkommandant, der armenische Fürst Bebudov, aus Rache für den Armeniergenozid viele muslimische Einwohner grundlos hinrichten lassen. Dagegen habe Chrysantos beim Vizekönig des Kaukasus, dem Großfürsten Nikolai, protestiert und tatsächlich die Abberufung Bebudovs erreicht, dessen Nachfolger General Schwartz die Verfolgungen beendet und die Muslime fortan geschützt habe – offenbar eine Ausnahme, da ansonsten rus-

---

[478] The Armenian Genocide, Bd. 2, S. 408f.; dass Cemal Azmi, der jungtürkische Gouverneur von Trapezunt, „ein systematisches Konvertierungsprogramm für Kinder" anvisierte und im Juli 1915 Tausende armenischer Kinder in Waisenhäuser einwies, um sie von muslimischen Familien adoptieren zu lassen, führte immerhin dazu, dass 15 000 dieser jungen Armenier 1916 von den in Trapezunt einmarschierenden Russen gerettet werden konnten; vgl. Gerlach, Extrem gewalttätige Gesellschaften, S. 147.

sische Kommandanten – namentlich solche armenischer Herkunft – ihre armenischen Verbündeten nicht hinderten, Rache an Muslimen zu nehmen, was 1916 eine Fluchtwelle von Hunderttausenden muslimischen Türken auslöste. In Trapezunt hingegen war laut Weitz „erst nach der russischen Revolution für die Muselmanen eine neue Schreckenszeit" angebrochen, indem 1917 armenische Freiwilligenregimenter nach Trapezunt verlegt worden seien und dort wiederum fast täglich Muslime massakriert hätten. Erneut sei es dem Erzbischof gelungen, durch geschickte Verhandlungen den „Blutdurst" der Armenier zu besänftigen.[479]

All dies geschah unter wechselnden Machtverhältnissen und während gegenläufiger „Säuberungen". Schon 1915 hatte das jungtürkische Regime in Trapezunt „auf barbarische Weise die griechischen Einwohner dafür" bestraft, dass diese „ihre Sympathien für den Feind ostentativ gezeigt hatten". Österreich-Ungarns Militärbevollmächtigter Pomiankowski berichtete, dass „gegen 1000 Griechen im Schwarzen Meer ertränkt worden sein" sollen.[480] Zugleich beobachtete Generalkonsul von Kwiatkowski 1915/16, dass griechische Partisanenbanden im Raum Samsun durch türkische Gewalttaten in den Dörfern Zulauf erhielten und seit August 1916 – dank russischer Unterstützung – bedrohliche Offensivkraft entfalteten. Als im April 1916 Trapezunt von den Russen besetzt wurde, legten die griechischen Einwohner ihre „vorsichtige Haltung" ab.[481] Laut Cemal Paşa wurden damals „viele kurdische und türkische Einwohner" der Provinz Trapezunt „in der grausamsten Weise von den Armeniern umgebracht", sobald „die Russen in diese Provinzen einmarschierten".[482] Und Fridtjof Nansen berichtete über diese Phase der Gewaltgeschichte des Pontos:

„Während die Stadt durch die Russen besetzt war und die Türken geflohen waren, plünderten die Griechen, zum Teil auch die Armenier, zur Vergeltung früherer Greuel die Häuser der Türken. Als dann die Türken bei der Rückkehr ihre Häuser geplündert vorfanden, rächten sie sich durch Mißhandlungen an den Griechen und Armeniern, und diese flüchteten daher, soweit sie nicht getötet wurden, aus Trapezunt sowie aus Samsun und den anderen Küstenstädten. Das wirkte aber vernichtend auf das Wirtschaftsleben dieser Städte, da Handel und Ausfuhr überwiegend in den Händen der Griechen und Armenier lagen."[483]

Schon als der Osten des Pontos mit der Hauptstadt Trapezunt 1916 von den Russen erobert wurde, reagierten die osmanischen Behörden im westlichen Pontos mit der Massendeportation von Christen. Truppen unter chauvinistischen Kommandeuren wie Refet Paşa wurden zur Partisanenbekämpfung zusammengezogen, was im Winter 1916/17 nicht nur zur „Plünderung und Niederbrennung einer größeren Anzahl griechischer Dörfer" führte, sondern auch zur Ausweisung von 200 verdächtigen Griechen aus Samsun, zur kollektiven Deportation der Griechen aus zwei Vororten dieser Stadt und zu „zahlreiche[n] Hinrichtungen

---

[479] Der Völkermord an den Armeniern 1915/16, S. 569f.; zur Haltung des Generals Schwartz in Trapezunt und zum entgegengesetzten Verhalten des russischen Kommandeurs Nazarbekov (armenisch: Nazarbekian) in Van und Bitlis: Mango, Atatürk, S. 116.
[480] Pomiankowski, Der Zusammenbruch des Ottomanischen Reiches, S. 159.
[481] The Armenian Genocide, Bd. 2, S. 409.
[482] Djemal Pascha, Erinnerungen eines türkischen Staatsmannes, S. 358f.
[483] Nansen, Betrogenes Volk, S. 49f.

von Banditen und Deserteuren" – oder von Menschen, die man dafür hielt. Zwar beobachtete Generalkonsul Kwiatkowski im Sommer 1917 – nach dem Zusammenbruch der Zarenherrschaft und der jungtürkischen Regierungsumbildung – „eine mildere Stimmung" gegenüber den Pontosgriechen, die sich auch in der Abberufung von Refet Paşa auswirkte. Doch der fortgesetzte Kampf griechischer Partisanen, die „vergeblichen Bemühungen" des Metropoliten Germanos von Samsun zur „Einstellung der Bandentätigkeit" und ein griechischer Überfall auf ein türkisches Dorf im Oktober 1917 führten erneut zu verschärfter Repression: Germanos wurde nach Konstantinopel verbannt, zugleich wurde die rücksichtslose Räumung aller griechischen Dörfer um den überfallenen türkischen Ort angeordnet, die noch im März 1918 andauerte. Kwiatkowski schätzte, dass 70 000 Griechen an der Pontosküste „von der Ausweisung und Zwangsansiedlung im Innern" betroffen waren, von denen „der größere Teil, da die Maßregel in der ungünstigsten Jahreszeit [des Winters 1917/18] zur Durchführung gelangte, umgekommen sein" dürfte. Der Hinweis, fast alle Städtebewohner seien bisher von der „allgemeinen Ausweisung der Griechen verschont" worden, deutet auf das Primärziel brutaler Partisanenbekämpfung.[484] Der weniger humanitär eingestellte deutsche Kollege Kwiatkowskis, Konsul Dr. Bergfeldt, bemerkte im September 1918 lapidar:

„Bei der Haltung und der Gesinnung der Armenier zu Beginn des Krieges war ihre Aussiedelung und zwar nicht nur diejenige der Männer, sondern der ganzen Familien […] eine militärische Maßnahme von zwingender Notwendigkeit. Denn die griechische Bewegung an der Küste des Schwarzen Meeres hat bewiesen, dass die Tätigkeit der Banden nicht auszurotten ist, solange diese bei ihren in der Gegend ihres Auftretens wohnenden Konnationalen Unterstützung, Unterkunft und Nahrung finden."[485]

Seit Februar 1918 weiteten sich diese „Säuberungen" auf das von den Osmanen zurückgewonnene östliche Pontosgebiet aus. Dort hatten in Trapezunt ab Frühjahr 1917 armenische Freischärler die infolge der revolutionären Ereignisse im Heimatland zerfallene russische Herrschaft abgelöst und erneut muslimische Einwohner massakriert.[486] Die armenischen Milizen, die kurzfristig auch Van und Erzerum eroberten, zeigten „kein Mitleid mit den Türken".[487] Die osmanische Wiederbesetzung Trapezunts ging mit türkischen Racheakten an christlichen Zivilisten einher. Als Russen und Armenier im Februar 1918 Trapezunt verließen, flüchteten auch viele griechische Einwohner, die erst nach dem Sieg der Entente über die Osmanen Ende 1918 zurückzukehren wagten. Doch die Lage blieb chaotisch und gewalttätig, schon bald nach der osmanischen Kapitulation wurde Samsun zum Ausgangspunkt der nationaltürkischen Kriegführung Mustafa Kemals, und in der Pontosregion begann der berüchtigte Partisanenführer Topal Osman einen Terrorkrieg gegen die christliche Zivilbevölkerung. Auf christlicher

---

[484] The Armenian Genocide, Bd. 2, S. 409 f.; zum damals geläufigen Muster des spanischen Kolonialkrieges auf Kuba von 1896/97 vgl. Kap. VI.2.
[485] Der Völkermord an den Armeniern 1915/16, S. 576.
[486] The Armenian Genocide, Bd. 2, S. 388 f.
[487] Naimark, Flammender Hass, S. 54.

Seite war der zurückgekehrte Bischof von Samsun, Germanos, ein ähnlich militanter Partisanenführer, der Vorerfahrungen aus seiner Tätigkeit im bis 1913 umkämpften Mazedonien mitbrachte. Demgegenüber blieb Chrysanthos von Trapezunt ein Mann des Ausgleichs. Die Russen hatten ihn während ihrer Besatzungsherrschaft in Verdacht gehabt, Spionage für die Osmanen zu treiben; zumindest hatte der Kirchenfürst die Fäden zur jungtürkischen Seite nie abreißen lassen, die wiederum seinen Einsatz für die bedrohte türkische Bevölkerung zu schätzen wusste. Als die Türken im Februar 1918 nach Trapezunt zurückkehrten, ernannte ihr Militärbefehlshaber Chrysanthos sogar zum Interimsgouverneur der Stadt.[488]

Nach der osmanischen Niederlage arbeitete Chrysanthos für einen eigenständigen pontischen Staat in föderativer Verbindung zu Griechenland. Bald aber ging es nur noch darum, das Überleben seiner Bevölkerungsgruppe zu sichern.[489] Denn der griechische Premierminister Venizelos plante im Herbst 1919 keine Einbeziehung des Pontos in den von ihm anvisierten großgriechischen Staat, sondern die Aussiedlung der Pontosgriechen nach Griechenland, um im Gegenzug Muslime Westanatoliens (das er annektieren wollte) in die Rest-Türkei und ins Pontosgebiet aussiedeln zu können.[490] Demgegenüber wollten 1920 die Ententemächte, allen voran US-Präsident Wilson und der britische Außenminister Lord Curzon, Trapezunt zum unabhängigen Armenien schlagen.[491] Am Ende fielen Stadt und Region an die siegreiche Türkische Republik. Die Ermordung oder Vertreibung der Pontosgriechen durch die nationaltürkischen Truppen bildete den letzten Akt eines zehnjährigen Krieges und Bürgerkrieges. Tief enttäuscht im Athener Exil, prangerte Erzbischof Chrysanthos 1933 das Versagen erst der Mittelmächte Deutschland und Österreich-Ungarn gegenüber den Jungtürken, dann der Ententemächte Großbritannien, Frankreich und USA gegenüber den Nationaltürken an; beides habe sukzessive den Untergang der Pontosgriechen herbeigeführt. Zwischen 1919 und 1922 habe die türkische Nationalbewegung „das Werk der Jungtürken vollendet" – erst durch einen totalen Krieg gegen die Zivilbevölkerung, dann durch den Transfervertrag von Lausanne, der 1923 die Zwangsumsiedlung aller noch nicht getöteten oder geflüchteten Pontosgriechen nach Griechenland beschlossen habe. Vergeblich widersetzten sich noch 1922 einige türkische Abgeordnete aus dem Pontosgebiet, obschon Anhänger Mustafa Kemals, den bevorstehenden gewaltsamen „Umsiedlungen" ihrer griechischen Mitbürger in der Nationalversammlung in Ankara.[492] Als 1927 Fridtjof Nansen, der am Abkommen von Lausanne mitgewirkt hatte, als Flüchtlingshochkommissar des Völkerbundes durch das türkische Trabzon kam, traf er auf Spuren dieser ethnischen

---

[488] Reynolds, Shattering Empires, S. 163f.
[489] Clark, Twice a Stranger, S. 110–112.
[490] Adanir, Bevölkerungsverschiebungen, Siedlungspolitik und ethnisch-kulturelle Homogenisierung, S. 186.
[491] Naimark, Flammender Hass, S. 56.
[492] Fotiadis, Der Völkermord an den Griechen des Pontos, S. 207–209 und S. 219.

"Säuberung", die zugleich eine gewaltsame Besitzumverteilung gewesen war: Die Villen der geflüchteten oder zwangsumgesiedelten griechischen Oberschicht waren „von Türken mit Beschlag belegt worden".[493]

4. Verhinderte Deportation: Die Juden im Osmanischen Reich

Als Hans von Wangenheim, der deutsche Botschafter in Konstantinopel, im Oktober 1915 seinem US-Kollegen Henry Morgenthau den oben erwähnten Plan entwickelte, die vom jungtürkischen Regime tödlich bedrohten Armenier aus dem Osmanischen Reich auszusiedeln und durch Juden aus dem deutsch besetzten russischen Teil Polens zu ersetzen[494], demonstrierte Wangenheims Begründung, man wolle keine Juden in der Nähe der Front, die tiefe Abneigung und das aus Spionage-Furcht gespeiste Misstrauen der deutschen Elite gegen die sogenannten „Ostjuden". Bei solchen Einstellungen rannte der Alldeutsche Heinrich Claß bei nicht wenigen deutschen Politikern und Militärs offene Türen ein, als er in seiner Kriegsziel-Denkschrift 1914 konstatierte, die im von Deutschland beanspruchten Teil Osteuropas lebenden Juden stünden auf einer derart niedrigen Kulturstufe, dass weder ihr Verbleib noch ihre Einwanderung nach Deutschland erwünscht seien. Claß schwebte daher eine Zwangsaussiedlung größten Stils vor. Die deutsche Regierung sollte bei selbstverständlich siegreichem Friedensschluss das besiegte Russland zur Aufhebung aller antijüdischen Ansiedlungsbeschränkungen bewegen, so dass der Großteil der osteuropäischen Juden aus dem von Deutschland beanspruchten Baltikum und aus Polen nach Osten ins verkleinerte Zarenreich würde abgedrängt werden können. Darüber hinaus befürwortete Claß die Förderung des Zionismus, denn *„diese Lösung, dem Gedanken der nationalen Sammlung entsprechend, würde die jüdische Frage an der Wurzel fassen*, die in dem Mangel einer völkischen Heimstatt zu suchen ist." Zur Schaffung dieser nationalen jüdischen Heimstätte sei „jetzt oder nie" im Weltkrieg „die Gelegenheit". Zusammen mit den Zionisten sollte Deutschland daher den Transfer osteuropäischer Juden nach Palästina in Angriff nehmen und die verbündeten Osmanen dazu bringen, „daß *Palästina unter türkischer Oberhoheit dem nationalen Judenstaat zur Verfügung gestellt wird*".[495]

Schon Paul de Lagarde hatte 1855 erstmals die „schwere Arbeit" der „Verpflanzung der polnischen und österreichischen Juden nach Palästina" propagiert – eine immerhin zwei Millionen Menschen betreffende Zwangsumsiedlung, die nicht nur Claß aufgreifen sollte, sondern die später auch Hitler in seinem Lagarde-Exemplar von 1934 markierte. Die Alternative dazu erblickte Lagarde – noch kein rassistischer Antisemit wie Hitler – in der völligen Assimilation der Juden: „Ganz

---

[493] Nansen, Betrogenes Volk, S. 49 f.
[494] Vgl. Kap. II.2.
[495] Claß, Zum deutschen Kriegsziel, S. 48–52.

herein mit ihnen, oder ganz hinaus."⁴⁹⁶ Spätere Rassen-Antisemiten hielten hingegen die Zwangsaussiedlung für alternativlos. So hatte Adolf Bartels 1913 die Aussiedlung sämtlicher Juden Osteuropas aus zukünftigen deutschen Annexionsgebieten skizziert: „Denken Sie sich die zahlreichen Juden, die sich dort finden, in Odessa auf Schiffe gesetzt und nach dem von dort nicht allzu fernen Palästina, der Stätte ihrer Sehnsucht befördert – doch ich merke, die Phantasie – ich bin ja ein Stück Dichter – fängt jetzt wirklich mit mir an durchzugehen." Im August 1914 jedoch pochte Bartels plötzlich darauf, solche Umsiedlungsphantasien seien „realpolitisch durch und durch". Letztlich hoffte er, nicht nur die osteuropäische, sondern auch die deutsche „Judenfrage" dadurch „gründlich" zu „lösen", dass Millionen Menschen „nach der jetzt unter jungtürkisch-jüdischer Herrschaft stehenden Türkei" zwangsumgesiedelt würden. Die türkischen Politiker, so Bartels abfällig, wären für dieses Projekt „für die nötigen Millionen [Mark] vielleicht zu haben".⁴⁹⁷

Solchen Palästina-Plänen lag die Annahme zugrunde, dass Juden im Osmanischen Reich als Zuwanderer erwünscht seien. Niemand fragte, ob diese Prämisse überhaupt tragfähig war. Im Zuge der Armenierverfolgung von 1915 hatte sich eine allgemeine chauvinistische Feindseligkeit gegen nichttürkische Minderheiten im Reich der Jungtürken etabliert.⁴⁹⁸ Diese Intoleranz richtete sich nicht nur gegen christliche Völker, sondern auch gegen Araber, obschon im Gegensatz zum Armenier-Genozid die mit britischer Unterstützung begonnenen Araberaufstände keine Massenmorde zur Folge hatten.⁴⁹⁹ Als der jungtürkische Generalgouverneur Cemal Paşa 5000 verdächtige Araber nach Anatolien deportieren ließ, reichte das jedoch, um die Furcht zu wecken, den Arabern könnte dasselbe geschehen wie den Armeniern.⁵⁰⁰ Im November 1915 wurden in Bagdad erstmals auch Juden verhaftet.⁵⁰¹ Anfang 1916 erfuhr US-Botschafter Henry Morgenthau vom Großrabbiner Nahum Efendi, dem Oberhaupt des jüdischen Millet im Osmanischen Reich, dass die jungtürkische Regierung alle Nichtmuslime aus Offizierskorps, Staatsverwaltung und Schuldienst entfernen wolle. Morgenthau gewann in diesem Gespräch den Eindruck, auch die jüdische Minderheit befürchte nunmehr, das Schicksal der Armenier zu erleiden.⁵⁰²

Die Bedrohung und daraus resultierende Todesangst der osmanischen Juden im Ersten Weltkrieg war umso bemerkenswerter, als das Zusammenleben zwischen Muslimen und Juden im Reiche der Osmanensultane lange harmonisch gewesen war. Es war diese alte türkisch-jüdische Symbiose, die 1915 den osmani-

---

⁴⁹⁶ Lagarde, Deutsche Schriften, S. 34f.; daneben dachte Lagarde an wirtschaftspolitischen Druck zur Abwanderung und an Zuwanderungsverbote für Juden aus Osteuropa; vgl. Schemann, Paul de Lagarde, S. 237f.; zu Hitler: Ryback, Hitler's Private Library, S. XVII.
⁴⁹⁷ Bartels, Der Siegespreis (Westrußland deutsch), S. 4f., S. 16–18 und S. 25–28.
⁴⁹⁸ Vgl. Kap. II.2 und II.3.
⁴⁹⁹ Mansel, Constantinople, S. 376.
⁵⁰⁰ Kayali, Arabs and Young Turks, S. 193f.
⁵⁰¹ The Armenian Genocide, Bd. 2, S. 269f.
⁵⁰² United States Diplomacy on the Bosphorus, S. 426 und S. 428; zum Millet-System vgl. Kap. V.2.

schen Innenminister Talaat Bey an US-Botschafter Morgenthau die verständnislose Frage richten ließ, warum sich dieser als Jude für die christlichen Armenier einsetze; Muslime und Juden harmonierten doch, die osmanische Regierung behandle die Juden ihres Reiches gut, warum also lasse Morgenthau die Türken nicht mit den Christen verfahren, wie es ihnen passe?[503]

Viele Juden waren nach ihrer Vertreibung aus dem katholischen Spanien im 16. und 17. Jahrhundert von den Sultanen aufgenommen worden und hatten dies nicht vergessen. Die jüdische Minderheit galt während der Balkanaufstände des 19. Jahrhunderts und noch in den Balkankriegen von 1912/13 als derart osmanentreu, dass sie oft gemeinsam mit den Muslimen massakriert oder vertrieben wurde. So wurden Juden mit Muslimen 1821 von den Griechen in Tripolitza umgebracht, Juden erlitten mit Muslimen dasselbe Schicksal im bulgarischen Aufstand von 1876, und während des Ersten Balkankrieges von 1912/13 beobachtete der deutsche Journalist Carl Pauli eine „regelrechte Judenverfolgung" im von der griechischen Armee eroberten Serres. Der russische Jude Lev Trocki berichtete im Herbst 1912 von Morden an osmanischen Juden im von Bulgarien eroberten Teil Mazedoniens. Der deutsche Journalistenkollege Richard von Mach hingegen geißelte das Hissen griechischer Fahnen durch die Juden Salonikis als feigen Opportunismus, ohne die dahinter stehende Bedrohung wahrzunehmen. Im März 1913 waren jedoch Juden und Muslime dieser Stadt akut gefährdet, als der griechische König Georg I. in Saloniki einem Attentat zum Opfer fiel, das ihnen angelastet wurde – bis sich der Mörder als Grieche herausstellte. Umgekehrt wurden 1922 die Juden von Smyrna von den türkischen Wiedereroberern demonstrativ verschont, als diese die griechischen und armenischen Viertel der eroberten Stadt niederbrannten.[504]

Das traditionell gute Verhältnis zwischen türkischen Muslimen und Juden hatte sich freilich getrübt, seitdem die osmanische Regierung die seit den 1880er Jahren laufende Einwanderung jüdischer Zionisten nach Palästina als Problem wahrnahm. Hatten 1880 nur 25 000 Juden in dieser osmanischen Provinz, der antiken Heimat des jüdischen Volkes, gelebt, so hatte sich deren Zahl bis 1914 vervierfacht.[505] Das war der Hintergrund für die bemerkenswerte Einschränkung im Umsiedlungsvorschlag des deutschen Botschafters Wangenheim vom Oktober 1915, anstelle der Armenier Juden aus Polen ins Osmanische Reich umzusiedeln, sofern gewährleistet sei, dass diese keine zionistischen Pläne verfolgten.[506] Zwar hatte es stets eine gewisse jüdische Zuwanderung nach Palästina gegeben; doch um 1914 hatte diese Zuwanderung massenhafte Ausmaße angenommen, wobei es

---

[503] Morgenthau, Ambassador Morgenthau's Story, S. 404.
[504] Lieberman Terrible Fate, S. 9 und S. 29; McCarthy, Death and Exile, S. 86f.; Pauli, Kriegsgreuel, S. 78f.; Mach, Briefe aus dem Balkankriege, S. 118; Trotzki, Die Balkankriege, S. 307; Gerolymatos, The Balkan Wars, S. 172; Mazower, Salonica, City of Ghosts, S. 299f., S. 354, S. 432f. und S. 442; erst Hitlers Deutschland sollte im Zweiten Weltkrieg 1943 die traditionsreiche jüdische Gemeinde Salonikis fast völlig auslöschen.
[505] Inalcik / Quataert, An Economic and Social History of the Ottoman Empire, S. 794.
[506] United States Diplomacy on the Bosphorus, S. 350f.

außerdem dem Großteil der Einwanderer nicht mehr um einen religiös motivierten Lebensabend, sondern um eine zionistische Zukunft und letztlich um nationalistische Staatsbildung ging.[507] Der Begründer des Zionismus, der Wiener Journalist Theodor Herzl, wollte seinen Glaubensgenossen, die er im modernen Sinne als Nation umdefinierte, „einen Staat […] geben, wie auch andere Völker einen hatten", um sie aus dem gefährdeten Minderheitendasein zu befreien und vor dem europäischen Antisemitismus zu retten, der um 1900 nicht nur in Russland, sondern auch im Frankreich der Dreyfuss-Affäre aggressiv auftrat. In diesem westlichen Mutterland der Judenemanzipation hat dies zwangsläufig viele Betroffene besonders „tief verstört", signalisierte die Affäre doch, dass die Gleichberechtigung der Juden auch nach einhundert Jahren plötzlich in Frage gestellt werden konnte.[508]

Die erste zionistische Einwanderungswelle (Alija) war zwischen 1882 und 1903 durch Pogrome in Russland und Rumänien ausgelöst worden und hatte bis zu 30 000 Zionisten nach Palästina geführt.[509] Obschon diese Zahlen überschaubar blieben – die gleichzeitige jüdische Auswanderung in die USA bewegte 1,5 Millionen Menschen[510] –, hatte die Regierung des Sultans Abdul Hamid II. 1891 doch ein Rundschreiben an die europäischen Großmächte erlassen, um unter Berufung auf die „aus der Anhäufung von israelitischen Einwanderern für die öffentliche Gesundheit sich ergebenden Gefahren […] als prophylaktische Maßregel den jüdischen Einwanderern das Betreten des türkischen Gebiets [zu] untersagen".[511] Gleichwohl entschloss sich Theodor Herzl 1901, ein (in der Folge stark umstrittenes) Huldigungstelegramm an diesen osmanischen Herrscher zu senden, der in der Weltöffentlichkeit wegen der Armeniermassaker der 1890er Jahre weithin verachtet und verhasst war. Herzl wurde von Abdul Hamid sogar in Audienz empfangen, doch obschon der Zionistenführer anbot, als Gegenleistung für eine jüdische Heimstätte in Palästina die zerrütteten osmanischen Staatsfinanzen zu sanieren, blieb der Sultan unverbindlich.[512] Selbst vor einer Begegnung mit dem antisemitischen Innenminister des Zaren, Viačeslav von Plehve, der als Urheber des damals in der Weltöffentlichkeit für Empörung sorgenden Judenpogroms von

---

[507] Hourani, Die Geschichte der arabischen Völker, S. 354.
[508] Blom, Der taumelnde Kontinent, S. 214 und S. 234; zu Russland: Löwe, Antisemitismus und reaktionäre Utopie; Judenpogrome kamen zuweilen auch im wilhelminischen Deutschland vor – etwa im rheinischen Xanten oder im westpreußischen Konitz 1900 –, aber sie blieben vereinzelt und wurden von der Staatsgewalt unterdrückt statt geschürt; im Vergleich zum Zarenreich und – mit Abstufung zu jenem – zum Habsburgerreich waren deutsche Juden rechtlich und sozial weniger diskriminiert, durch antisemitische Gewalt seltener bedroht und vom Staat besser geschützt; vgl. Baranowski, Nazi Empire, S. 26.
[509] Eisenstadt, Die Transformation der israelischen Gesellschaft, S. 173.
[510] Morgenthau, All in a Life-Time, S. 393.
[511] Schulthess' Europäischer Geschichtskalender 32.1891, S. 281.
[512] Auron, Jüdische, zionistische und israelische Reaktionen auf den Völkermord an den Armeniern, S. 578; Georgeon, Abdulhamid II, S. 320; derselbe Sultan hatte allerdings seinerseits – angesichts antisemitischer Pogrome in Russland – noch 1891 den jüdischen Oberrabbiner von Saloniki sondiert, ob man nicht massenhaft Juden im Osmanischen Reich ansiedeln könnte; vgl. Mazower, Salonica – City of Ghosts, S. 284.

Kišinev galt, scheute Herzl im Juli 1903 nicht zurück – nur drei Monate nach dieser Judenverfolgung, und wieder in der Hoffnung, Unterstützung für zionistische Auswanderung nach Palästina zu gewinnen. Plehve, die Inkarnation des russischen Polizeistaates, hatte im Vorjahr überraschend einen Zionistenkongress in Russland genehmigt und sagte Herzl tatsächlich seine „moralische und sachliche Unterstützung" bei allen Maßnahmen zu, die „zur Verringerung der jüdischen Bevölkerung in Russland führen" würden, in welcher der Minister den Ausgangspunkt all jener Terroristen und Revolutionäre erblickte, die sein Polizeiapparat vehement bekämpfte. Infolge der im Sommer 1904 erfolgten Ermordung Plehves durch sozialrevolutionäre Terroristen führte auch dieser Vorstoß Herzls zu nichts.[513] Gleichwohl brachte die jüdische Einwanderung zwischen 1904 und 1914 weitere 35 000 bis 40 000 Zionisten aus Russland nach Palästina, deren Gesamtzahl zu Beginn des Ersten Weltkrieges zwischen 55 000 und 70 000 geschätzt wurde.[514] Diese erwarben mit Hilfe eines internationalen Spendenfonds Agrarland, auf dem fortan keine Araber beschäftigt werden durften[515], und gründeten bis 1908 sechsundzwanzig Siedlungen. Palästina war damit als einzige Region des Osmanischen Reiches durch nennenswerte Einwanderung geprägt.[516]

Einer der Einwanderer war der aus Russisch-Polen stammende zwanzigjährige David Grün. Er erreichte im September 1906 Palästina und schrieb von dort seiner Familie, das Leben in Jaffa sei noch viel grotesker als in seiner Geburtsstadt Plonsk, denn selbst Straßen, die hebräische Namen trügen, seien voller arabischer Geschäfte. Grün siedelte rasch in einen „araberfreien" Kibbuz über und legte sich 1910 den hebräischen Namen Ben Gurion zu, bevor er zum Studium in die osmanischen Metropolen Selanik (das wenig später von den Griechen erobert wurde) und Konstantinopel ging. Als der Erste Weltkrieg ausbrach, forderte Ben Gurion alle jüdischen Einwanderer Palästinas auf, sofort die osmanische Staatsbürgerschaft anzunehmen. Der Hintergrund war, dass Angehörigen von Feindstaaten in allen kriegführenden Staaten Internierung oder Ausweisung drohte; da die große Mehrheit der Juden Palästinas noch Ausländer mit meist russischer Staatsbürgerschaft waren und Russland mit dem Osmanischen Reich im Krieg lag, war diese Formalität plötzlich lebenswichtig. Schon Ende 1914 befahl Generalgouverneur Cemal Paşa, alle Juden mit fremder Staatsangehörigkeit auszuweisen. Ben Gurion traf im Februar 1915 dieses Los. Er gelangte in die USA, trat der britischen Armee bzw. ihrer „Jüdischen Legion" bei und kehrte insofern 1918 mit der britischen Armee als Eroberer nach Palästina zurück.[517]

Nach der Jungtürkischen Revolution von 1908 saßen im osmanischen Parlament unter 288 Abgeordneten auch vier Juden. Diese waren, wie der mit dem Jungtürkenführer Talaat verbündete Emmanuel Carasso aus Selanik (türkifiziert

---

[513] Judge, Plehve, S. 107–110; Weizmann, Memoiren, S. 129f.
[514] Eisenstadt, Die Transformation der israelischen Gesellschaft, S. 173f. und S. 434.
[515] Hourani, Die Geschichte der arabischen Völker, S. 354.
[516] Inalcik / Quataert, An Economic and Social History of the Ottoman Empire, S. 862.
[517] Lieberman, Terrible Fate, S. 250f.; Friedman, Germany, Turkey and Zionism, S. 224f.; Dadrian, German Responsibility in the Armenian Genocide, S. 247.

„Karasu"), Verfechter eines staatsloyalen Judentums und damit Gegner des Zionismus, sofern dieser auf Separation abzielte.[518] Der damals noch stellvertretende Großrabbiner Nahum propagierte ein Bündnis zwischen Türken und Juden, um den Einfluss von Griechen und Armeniern zu begrenzen.[519] Innenminister Talaat galt als jenes Mitglied der Regierung, das den Zionisten noch am freundlichsten gesonnen war.[520]

Die oben zitierte verächtliche Rede alldeutscher Publizisten über die „unter jungtürkisch-jüdischer Herrschaft" stehende „Türkei" kam nicht von ungefähr. Schon im März 1911 hatten zwei oppositionelle türkische Abgeordnete der jungtürkischen Regierung vorgeworfen, sie stehe unter zionistischem Einfluss und erteile Juden ökonomische Privilegien. Der Abgeordnete Ismail Hakki attackierte die Zionisten, sich aus dem Osmanischen Reich einen eigenen Staat von Palästina bis Mesopotamien herausschneiden zu wollen, indem sie die Zahl der Juden in diesen Gebieten systematisch vergrößerten. Während die jüdischen Abgeordneten den Separatismusvorwurf bestritten, erklärten Innenminister Talaat und der damalige Großwesir Ibrahim Hakki Paşa jede Gleichsetzung der osmanischen Juden, mit denen die Regierung in der Tat gut zusammenarbeite, mit der Minderheit der Zionisten für haltlos. Besonders zionismusfreundlich klang das nicht. Die Vertreter der Araber waren gespalten, doch diese Debatte schuf erstmals eine zionismusfeindliche Öffentlichkeit im türkisch-arabischen Großraum.[521] Im Ersten Weltkrieg, im April 1915, teilte ein Mitglied des jungtürkischen Zentralkomitees dem unterdessen zum Großrabbiner aufgestiegenen Nahum im April 1915 mit, das derzeitige harte Vorgehen seiner Regierung gegen den Zionismus gehe darauf zurück, dass dieser einige Jahre zuvor vorgeworfen worden sei, sie würde das Osmanische Reich von Juden kontrollieren lassen. Diese Konflikte hätten die Jungtürkische Partei gespalten und zur Schwächung des Reiches in den Balkankriegen beigetragen.[522]

Der April 1915 markierte den Beginn der Armenierverfolgung. Gegenüber diesem Genozid verhielten sich die meisten Juden im Ersten Weltkrieg „gleichgültig". Der israelische Historiker Yair Auron attestiert prominenten Zionisten, 1915 sogar eine „pro-türkische Haltung" an den Tag gelegt zu haben, „da sie fürchteten, ein Eintreten für die Armenier könnte der Schaffung einer jüdischen Heimstätte in Palästina kaum förderlich sein". Dieser „opportunistischen Haltung" hätten nur Außenseiter widersprochen. Auron unterschätzt jedoch, wie sehr für dieses Verhalten auch Furcht vor eigener Verfolgung ausschlaggebend gewesen ist. Dazu

---

[518] Fromkin, A Peace to End All Peace, S. 42; Morgenthau, All in a Life-Time, S. 400; hingegen behauptet Dadrian, German Responsibility in the Armenian Genocide, S. 240, Carasso und andere jüdische Abgeordnete hätten den Zionismus nach 1908 ebenso unterstützt wie der nachmalige Großrabbiner Nahum.
[519] Dadrian, German Responsibility in the Armenian Genocide, S. 241.
[520] Friedman, Germany, Turkey, and Zionism, S. 188.
[521] Kayali, Arabs and Young Turks, S. 103–105; kursorisch auch: Dadrian, German Responsibility in the Armenian Genocide, S. 244.
[522] United States Diplomacy on the Bosphorus, S. 215.

trugen weniger jene zwei Ereignisse bei, welche Auron anführt, die aber erst zwei Jahre nach Beginn der Armenierdeportationen stattfanden – die „Vertreibung der Juden aus Jaffa" im April 1917 und die Aufdeckung eines britisch-jüdischen Spionagenetzwerks im Oktober 1917.[523] Auslöser der Furcht des Frühjahrs 1915 war weit mehr die bereits im Winter 1914/15 vom jungtürkischen Generalgouverneur in Syrien – und damit auch in Palästina – angeordnete Ausweisung jüdischer „Ausländer". Die osmanische Regierung betrachtete Zionisten nicht zwangsläufig antisemitisch (wie Auron unterstellt), sondern primär als illoyale Bevölkerungsgruppe wie andere nichtmuslimische Minderheiten des Reiches auch. Im Falle der Zionisten resultierte diese Unterstellung der Illoyalität aus der überwiegend russischen Herkunft der Einwanderer, aber auch aus dem Wissen um ihr zionistisches Staatsgründungsziel. Bedenkt man, dass viele russische Juden aufgrund antisemitischer Pogrome ausgewandert waren, war die Unterstellung einer Loyalität gegenüber dem Zaren absurd; sie erzeugte erst jene jüdisch-zionistische Loyalität zur Entente, die sie voraussetzte. Die Sorge vor zionistischem Separatismus in Palästina war hingegen nicht unbegründet, ebenso wenig wie jene vor einer zionistischen Kooperation mit den Briten.

Ende 1914 soll Cemal Paşa, der jungtürkische Marineminister und zugleich neuernannter Generalgouverneur für Syrien, in Vorbereitung seiner (später im Sande verlaufenen) Militäroffensive gegen Ägypten beschlossen haben, alle Zionistensiedlungen aufzulösen und alle jüdischen Ausländer – d. h. die große Mehrzahl der in Palästina lebenden Juden – ins britisch beherrschte Ägypten auszuweisen.[524] In der Hafenstadt Jaffa erfolgte am 17. Dezember 1914 die Ausweisung der ersten 600 Juden mit russischer Staatsbürgerschaft. Amerikanische Zionisten schalteten den deutschen Botschafter ein, der bei Innenminister Talaat intervenierte und den Stopp der Vertreibung erreichte, die bis zu 50 000 Menschen hätte betreffen können. Die osmanische Regierung verlängerte die Frist für das Einbürgerungsverfahren, das zudem technisch erleichtert wurde.[525] Die deutsche Regierung fürchtete eine antideutsche Reaktion der jüdischen öffentlichen Meinung in neutralen Ländern, besonders in den USA. Infolgedessen arbeiteten die Botschafter Morgenthau und Wangenheim im Hinblick auf den Ausweisungsstopp eng zusammen.[526] Wangenheim soll Morgenthau im April 1915 erklärt haben, anders als den Armeniern werde er den Zionisten helfen.[527]

---

[523] Auron, Jüdische, zionistische und israelische Reaktionen auf den Völkermord an den Armeniern, S. 578.
[524] Fromkin, A Peace to end all Peace, S. 210f.; Dadrian, German Responsibility in the Armenian Genocide, S. 250; das seit 1517 osmanisch beherrschte Ägypten war seit 1882 faktisch ein britisches Protektorat, die Oberhoheit des Sultans wurde 1914 abgeschafft.
[525] Friedman, Germany, Turkey, and Zionism, S. 191, und S. 213–215; United States Diplomacy on the Bosphorus, S. 156 und S. 158.
[526] Fromkin, A Peace to End All Peace, S. 210f.; nur auf Wangenheim fixiert: Dadrian, German Responsibility in the Armenian Genocide, S. 252.
[527] Morgenthau hatte im Februar 1915 Anteil daran, dass Talaat und Enver eine Erklärung der Provinzbehörden in Palästina widerriefen, in der die Bekämpfung aller Zionisten angekündigt wurde; vgl. United States Diplomacy on the Bosphorus, S. 175 und S. 217f.

Laut Auron ist unklar, ob diese Intervention Deutschlands und der USA die drohende Deportation verhinderte oder ob letzteres eher die Folge der „Angst Cemal Paşas vor der Macht des ‚internationalen Judentums'" war. Der osmanische Minister war freilich nicht der einzige, der mit dieser Macht rechnen zu müssen glaubte. Während die russische Regierung ihre Verbündeten von der weltweiten jüdisch-zionistischen Gefahr zu überzeugen suchte, glaubte der britische Diplomat Lord Sykes, der 1916 mit dem zaristischen Außenminister Sazonov und dem französischen Delegierten Georges-Picot den Nahen Osten aufteilte, dass man die Zionisten gerade wegen ihrer internationalen Macht für die Entente gewinnen müsse. Der Historiker David Fromkin glaubt, das Gerücht einer deutschen Unterstützung des Zionismus habe in der Londoner Regierung damals die Durchsetzung ihrer prozionistischen Politik beschleunigt.[528]

Die unter den Jungtürken verbreitete Vorstellung von der weltweiten Macht des Judentums[529] führte einerseits zu Vorsicht[530], befeuerte andererseits aber auch das Misstrauen gegen die Zionisten in Palästina. Innenminister Talaat drohte im März 1915 gegenüber Botschafter Morgenthau, man werde alle Juden mit Entente-Staatsbürgerschaften ausweisen, sofern diese nicht die osmanische Staatsbürgerschaft annähmen. Wangenheim hatte daran nichts auszusetzen und verwies auf Berichte seines Jerusalemer Konsuls über die „Übel des Zionismus". Im Mai 1915 sollten russische Juden ausgewiesen werden, obschon sie die osmanische Staatsbürgerschaft bereits beantragt hatten.[531] Der aus Lemberg stammende Zionist Alfred Nossig – ein einstiger Konkurrent des 1904 verstorbenen Theodor Herzl – suchte die jungtürkische Regierung für jüdische Ansiedlungsprojekte außerhalb Palästinas zu gewinnen und arbeitete mit Talaats jüdischem Vertrauensmann Carasso gegen den Zionismus. Nossig riet Morgenthau im September 1915 auch davon ab, sich weiter für die Armenier einzusetzen, da dies den Juden schaden könnte.[532] Großrabbiner Nahum hatte im April 1915 gewarnt, dass sich in Regierungskreisen eine Opposition nicht nur gegen Zionisten, sondern gegen alle Juden überhaupt entwickle. Morgenthau versicherte Talaat, die Zionisten hätten ihre Pläne für einen separaten Staat aufgegeben, fand damit jedoch keinen Glauben.[533] Immerhin gelang es dem US-Botschafter, im Mai 1915 einem Zionisten aus den USA eine Audienz beim osmanischen Innenminister zu vermitteln. Unterdessen versicherte Botschafter Wangenheim einem deutschen Zionisten im Juni 1915, alles zu unternehmen, um den Schutz der jüdischen Bevölkerung in

---

[528] Auron, Jüdische, zionistische und israelische Reaktionen auf den Völkermord an den Armeniern, S. 589.
[529] Fromkin, A Peace to End All Peace, S. 92 und S. 197; laut Weizmann, Memoiren, S. 281, erwartete Sykes seitens Sazonovs keine größeren Schwierigkeiten hinsichtlich einer jüdischen „Heimstätte" in Palästina.
[530] United States Diplomacy on the Bosphorus, S. 332.
[531] Dadrian, German Responsibility in the Armenian Genocide, S. 256.
[532] United States Diplomacy on the Bosphorus, S. 202 und S. 240.
[533] Ebenda, S. 319 und S. 332; Nossig wurde vom NS-Regime ins Warschauer Ghetto deportiert und als Mitglied des Judenrates 1943 vom jüdischen Widerstand erschossen; vgl. Friedländer, Das Dritte Reich und die Juden, S. 905.

Palästina sicherzustellen.⁵³⁴ Doch als ab November 1915 ein Zionistisches Komitee im britischen Ägypten aktiv wurde, drohte Außenminister Halil Bey, illegale zionistische Aktionen würden *alle* Juden im Osmanischen Reich schmerzhaft treffen. Talaat erklärte, sollte unter Juden Entente-Propaganda getrieben werden, würden alle Juden deportiert.⁵³⁵ Gegenüber dem Großrabbiner redete Halil am 30. November 1915 Klartext: Nahum wisse, was den Armeniern passiert sei.⁵³⁶

Das war der Kontext für Wangenheims Vorschlag vom Oktober 1915, die Armenier in die USA oder ins deutsch besetzte Polen auszusiedeln und stattdessen polnische Juden ins Osmanische Reich umzusiedeln, soweit sie keine zionistischen Ziele verfolgten.⁵³⁷ Als ein Magdeburger Rabbi (selbst kein Zionist) der Berliner Reichsleitung im Juni 1915 vorschlug, die Juden der neutralen Staaten dadurch für Deutschland zu gewinnen, dass die deutschen und osmanischen Regierungen eine autonome jüdische Provinz in Palästina für die Zeit nach dem Kriege ankündigten, dämpfte Unterstaatssekretär Zimmermann diese Hoffnung. Zwar werde Berlin alles tun, um Hindernisse für jüdische Einwanderer aus dem Weg zu räumen, doch die Schaffung einer autonomen Provinz dürfte große Schwierigkeiten machen. Wangenheim hatte im Juli 1915 dem Auswärtigen Amt deutlich gemacht, dass die Jungtürken die jüdische Einwanderung nach Palästina strikt begrenzen wollten, während jüdische Siedler in anderen Teilen des Osmanischen Reiches hingegen willkommen seien.⁵³⁸ Im November 1915 begegnete Außenminister Halil Morgenthaus Argument von der übertriebenen Furcht der Jungtürken vor der kleinen Zahl zionistischer Siedler mit der Bemerkung, diese Zahl sei nur deshalb so niedrig, weil man weitere Zuwanderung verboten habe.⁵³⁹ Die deutsche Politik verfolgte daher ein Einwanderungskonzept für Juden unter Ausklammerung Palästinas. Sonderbotschafter Fürst Hohenlohe erklärte im September 1915 eine Einwanderung von Juden aus Polen nicht zuletzt deshalb für wünschenswert, weil die Vertreibung und partielle Ausrottung der Armenier jene Händlerschicht beseitigt habe, die bisher den Außenhandel der Türkei mit Europa getragen habe. Im November 1915 erklärte Berlin in Konstantinopel, gegenüber den mit der „Förderung der Einwanderung und Ansiedlung ausländischer Juden" beschäftigten „Bestrebungen des Judentums" nehme die deutsche Regierung eine „freundlich[e]" und „wohlwollende Haltung" ein, soweit dies mit legitimen türkischen oder deutschen Interessen nicht in Widerspruch stehe.⁵⁴⁰ Deutschland suchte eine Kompromissformel, die jungtürkischen und zionistischen Interessen gleichermaßen gerecht werden konnte – denn beide Seiten waren für Deutschland im Ersten Weltkrieg wichtig.

---

⁵³⁴ United States Diplomacy on the Bosphorus, S. 215 f.
⁵³⁵ Friedman, Germany, Turkey, and Zionism, S. 243 und S. 248.
⁵³⁶ United States Diplomacy on the Bosphorus, S. 391–393.
⁵³⁷ Ebenda, S. 401: „You know what has happened to the Armenians."
⁵³⁸ Ebenda, S. 350 f.
⁵³⁹ Friedman, Germany, Turkey, and Zionism, S. 234, S. 252 f. und S. 255 f.
⁵⁴⁰ United States Diplomacy on the Bosphorus, S. 392.

War die jungtürkische Unterstellung russischer Loyalität der Zionisten unsinnig, so hatte deren britische Loyalität stärkere Wurzeln. Im August 1915 konnte der jüdische Abgeordnete Naftēl Fridman in der russischen Reichsduma befriedigt feststellen: „Die zionistische Jugend hat, als sie vor der Frage stand, entweder türkische Untertanen zu werden oder aus Palästina verjagt zu werden, es vorgezogen, nach Alexandrien zu fahren und in das englische Heer einzutreten."[541] Diese Wahl war anfangs nicht so eindeutig, wie Fridman behauptete, doch Cemals Ausweisungen hatten die Entscheidung vielen – auch Ben Gurion – abgenommen. Seit Ende 1916 arbeiteten der neue britische Premier David Lloyd George und sein Außenminister Arthur James Balfour daran, die Unterstützung der jüdischen Bevölkerung neutraler Länder zu gewinnen. Deshalb wurden Kontakte zum Zionistenführer Chaim Weizmann in London hergestellt; deshalb sicherte Balfour im November 1917 in der nach ihm benannten „Deklaration" gegenüber dem britischen Zionisten Lord Rothschild die Errichtung einer „jüdischen Heimstätte in Palästina" unter britischem Schutz zu. Lloyd George stellte die Balfour-Deklaration später als Gegenleistung für kriegswichtige Erfindungen des begabten Chemikers Weizmann dar.[542] Von einem jüdischen Staat war 1917 zwar nicht die Rede, und auch die Unterhändler der Zionisten, Weizmann und Nahum Sokolov, sprachen diesen Punkt nicht an. Allerdings hatte der britisch-jüdische Liberale Herbert Samuel gegenüber Außenminister Sir Edward Grey schon im November 1914 dafür geworben, den Kriegseintritt des Osmanischen Reiches zur Schaffung eines jüdischen Staates in Palästina unter britischer Ägide zu nutzen. Wie Premierminister Herbert Asquith, der Vorgänger Lloyd Georges, im Januar 1915 seinem Tagebuch anvertraute, forderte Samuel – dessen Plan Asquith als „lyrischen Ausbruch" abtat – die britische Annexion Palästinas, um drei bis vier Millionen Juden aus Europa dort anzusiedeln. Durch diese Umsiedlung hoffte Samuel offenbar, das Schicksal der in Europa zurückbleibenden Juden positiv zu beeinflussen – also den Antisemitismus zu dämpfen. In Palästina ging es ihm um Autonomie unter britischer Oberherrschaft – einer Art „Home Rule"-Lösung, wie sie lange für Irland debattiert worden war. In Regierungskreisen unterstützte einzig Asquiths späterer Nachfolger, der damalige Finanzminister Lloyd George, Samuels Projekt – allerdings, wie Asquith bemerkte, nicht aus Interesse an Vergangenheit oder Zukunft der Juden, sondern um Palästina nicht in die Hände des Konkurrenten Frankreich fallen zu lassen.[543]

Unterdessen wurde die Haltung des jungtürkischen Regimes zu den Juden immer feindseliger. Die Befürchtung des Großrabbiners Nahum vom Januar 1916, die Juden könnten das Schicksal der Armenier erleiden, kreuzte sich mit einem Gespräch, das der aus Ungarn stammende, in der Schweiz eingebürgerte jüdische Publizist Ludwig Stein in Berlin mit dem osmanischen Botschafter führte. Wie

---

[541] Schulthess' Europäischer Geschichtskalender 56.1915, Teilbd. 2, S. 1111.
[542] Lloyd George, War Memoirs, Bd. 1, S. 349.
[543] Samuel, Grooves of Change, S. 172–175; Asquith, Memories and Reflections, Bd. 2, S. 59f. und S. 65f.

US-Botschafter Morgenthau im selben Monat von Stein in Konstantinopel erfuhr, hatte Hakki Paşa, Ex-Großwesir der Jungtürken, in Berlin erklärt, die Türken wollten in ihrem Reich keinen Zionismus, weil sie die Juden notfalls nicht so behandeln könnten wie die Armenier, da die Juden überall auf der Welt Freunde hätten. Außerdem forderte Hakki, die osmanischen Juden müssten endlich Osmanen werden; leider würden die 1492 aus Spanien geflüchteten Juden nach vier Jahrhunderten im Reich des Sultans noch immer nicht die türkische Sprache beherrschen.[544] Es war konsequent, wenn sich dieser osmanische Botschafter Ende 1916 erregte, dass deutsche Zeitungen – etwa die „Jüdische Rundschau" – die feindliche Balfour-Deklaration über eine jüdische Heimstätte im immer noch osmanischen Palästina abdruckten.[545]

Morgenthaus Nachfolger als US-Botschafter in Konstantinopel war 1916/17 Abram Elkus, ebenfalls jüdischer Herkunft. Vielleicht hat die wachsende Sorge um die jüdische Bevölkerung des Osmanenreiches dazu beigetragen, dass sich Elkus spürbar weniger für die verfolgten Armenier eingesetzt zu haben scheint als sein Vorgänger.[546] Zudem wurde der neue Botschafter 1917 von Großwesir Talaat und Finanzminister Cavid – einem zum Islam konvertierten osmanischen Juden – hofiert.[547] Elkus berichtete später, während seiner Amtszeit habe es die ernste Gefahr von Repressionen nicht nur gegen Zionisten, sondern gegen alle Juden des Reiches gegeben, ähnlich den Maßnahmen gegen Armenier und Araber. Gerüchte, das internationale Judentum wolle den Jungtürken Palästina abkaufen, seien äußerst schädlich gewesen – wie überhaupt unvorsichtige Äußerungen von Zionisten oder von Personen jenseits des Atlantiks.[548] Ohne ihn zu nennen, kritisierte Elkus damit auch seinen Vorgänger Morgenthau, der als Wahlkämpfer für Präsident Wilson in Cincinnati am 21. Mai 1916 eine Rede gehalten hatte, in der er laut Londoner „Times" enthüllt haben sollte, als Botschafter der osmanischen Regierung wenige Monate zuvor den Verkauf Palästinas an die Zionisten angeboten zu haben, woraufhin die Jungtürken tatsächlich in Verhandlungen eingetreten seien. Der „Times"-Bericht löste Entrüstung in Konstantinopel aus, und Außenminister Halil beeilte sich, die angeblichen Verkaufspläne als lächerlich und unsinnig zu dementieren.[549] Elkus erfuhr in Begegnungen mit osmanischen Regierungsvertretern (die dabei offen über die Armeniermassaker sprachen), dass jeder Versuch der Abspaltung osmanischen

---

[544] United States Diplomacy on the Bosphorus, S. 442; Stein, Aus dem Leben eines Optimisten, insb. S. 245 f.; Stein war ein „in der Schweiz naturalisierter Ungar (ungarischer Jude)" mit besten internationalen politischen Verbindungen; vgl. Kessler, Das Tagebuch, Bd. 6, S. 81; zu Hakki Paşa auch: Bernstorff, Erinnerungen und Briefe, S. 130.
[545] Friedman, Germany, Turkey, and Zionism, S. 343.
[546] Der deutsche Botschafter Richard von Kühlmann meldete jedenfalls am 20.1.1917, dass „Herr Elkus bisher vermieden hat, […] die armenische Frage den Türken gegenüber zu berühren"; vgl. Der Völkermord an den Armeniern 1915/16, S. 546.
[547] Dadrian, German Responsibility in the Armenian Genocide, S. 256.
[548] Elkus, The Memoirs of Abram Elkus, S. 82–85.
[549] Friedman, Germany, Turkey, and Zionism, S. 275 f.

Territoriums als Verrat aufgefasst würde. Eine drohende Deportation von Juden konnte gleichwohl abgewendet werden.[550]

Diese Deportationsgefahr wurde im Frühjahr 1917 erneut akut, als Cemal Paşa die Deportation von Juden und Arabern aus Jaffa veranlasste. Dies mochte angesichts des britischen Vormarsches auf diese Stadt als militärisch motiviert erscheinen, doch die Deportation gen Syrien ohne ausreichende Nahrungsmittel erinnerte fatal an das Schicksal anderer Deportierter – weniger der Armenier als etwa der Griechen.[551] Briefe aus Jerusalem, die das neutrale Ausland erreichten, verglichen die Deportation aus Jaffa mit den Judendeportationen des zaristischen Russland im Jahre 1915 – und bewerteten die jungtürkische Aktion als schlimmer. Durch die Deportation von 9000 Juden wurde der jüdisch-zionistische Stadtteil Jaffas, Tel Aviv, zur Geisterstadt gemacht. Der bayerische Oberst Kreß von Kressenstein bestritt jeden militärischen Zweck und führte die Massenausweisung auf Cemals Absicht der Türkifizierung ganz Palästinas zurück. Kreß fürchtete eine Ausdehnung auf Jerusalem und erwirkte mit dem deutschen Generalkonsul daher bei Kriegsminister Enver Paşa im April 1917 ein an Cemal gerichtetes Verbot, auch Jerusalem zu „evakuieren". Als der deutsche Botschafter Kühlmann im Mai 1917 mit Talaat und Enver das Deportationsproblem behandelte, traf er nicht nur auf volles Entgegenkommen, sondern erfuhr auch, dass ursprünglich die Evakuierung aller jüdischen Siedlungen Palästinas geplant gewesen sei.[552] Angesichts der damaligen kriegsbedingten Hungersnot[553] hätte jede Deportation viele Todesopfer gefordert.[554]

Mitte 1917 glaubte Kühlmann, die internationalen Proteste wegen Jaffa hätten die jungtürkische Regierung beeindruckt. Zugleich aber befürchtete er Rachegelüste gegen die jüdische Bevölkerung im gesamten Osmanischen Reich. Die Weigerung Cemals, den Befehl des Großwesirs zur Rückführung der Deportierten nach Jaffa auszuführen, war bezeichnend.[555] Als im Herbst 1917 auch noch ein probritischer jüdischer Spionagering in Palästina aufgedeckt wurde, waren Vergeltungsmaßnahmen gegen die gesamte jüdische Bevölkerung zu befürchten. Auch diesmal schritten die Deutschen und Talaat erfolgreich ein.[556] Kühlmanns Nachfolger, Botschafter Graf Bernstorff, warnte den Regierungschef, einen einzelnen Spionagefall zum Vorwand für die Verfolgung *aller* Juden zu nehmen. Tatsächlich wurden – neben der Hinrichtung der Spione – nur vierzig amerikanische Juden und eine kleine Zahl Zionisten mit osmanischer Staatsangehörigkeit aus Jerusalem ausgewiesen. Doch gingen Gerüchte um, Cemal Paşa habe geschworen, falls sich die Türken aus Palästina zurückziehen müssten, würden die Juden nicht

---

550 Elkus, The Memoirs of Abram Elkus, S. 82–85.
551 Fromkin, A Peace to End All Peace, S. 308 f. mit dem überzogenen Armenier-Vergleich.
552 Friedman, Germany, Turkey, and Zionism, S. 350–353, S. 356 f. und S. 359; zu den zaristischen Deportationen vgl. Kap. II.5.
553 Elkus, The Memoirs of Abram Elkus, S. 82–85.
554 Fromkin, A Peace to End All Peace, S. 308 f.
555 Friedman, Germany, Turkey, and Zionism, S. 361 und S. 365.
556 Fromkin, A Peace to End All Peace, S. 308 f.

lange genug leben, um die Briten willkommen zu heißen.[557] Erst als Cemal Ende 1917 nach Konstantinopel zurückbeordert wurde, war die akute Deportationsgefahr gebannt. Ein deutscher Zionist berichtete am 15. November 1917 erleichtert aus Jerusalem, es sei „allgemein bekannt, daß uns nicht wiedergutzumachendes Unheil angetan worden wäre, wenn nicht die mächtige Hand der deutschen Regierung in Stunden der Bedrängnis uns geschützt hätte". Besonders Feldmarschall Erich von Falkenhayn habe „durch Verhinderung einer geplanten vollständigen Evakuierung dieses Gebietes die Zivilbevölkerung vor Untergang bewahrt".[558]

Botschafter Graf Bernstorff bemerkte Ende 1917 gegenüber dem späteren Reichskanzler Franz von Papen, der damals in Falkenhayns Stab diente, wenn die – unterdessen erfolgte – britische Besetzung Jerusalems von der Bevölkerung fast einhellig mit Jubel begrüßt worden sei, so trage die Repression der Jungtürken daran die Schuld. Bernstorff machte außerdem 1930 öffentlich, dass er Ende 1917 – etwa gleichzeitig mit der Balfour-Deklaration – „mit Talaat Pascha über die Errichtung eines Jüdischen Nationalheims in Palästina verhandelt" habe. Insofern war der deutsch-britische Wettlauf um die Gunst der Zionisten nicht nur ein Gerücht. Laut Bernstorff hatte sich Talaat zur Errichtung einer jüdisch-zionistischen Heimstätte grundsätzlich bereit erklärt, sofern „Palästina nach dem Kriege türkisch bliebe". Zugleich aber habe der Großwesir sibyllinisch erklärt: „Ich will gern Ihnen zu Liebe das Nationalheim der Juden errichten, aber ich sage Ihnen, dass die Araber die Juden totschlagen werden."[559]

5. Russische Deportationen: Volksdeutsche, Juden, Muslime

Im Juni 1915 überreichte der deutsche Botschafter in Konstantinopel der osmanischen Regierung einen Entwurf für deren Antwortnote auf die Armenier-Deklaration der Entente-Großmächte Großbritannien, Frankreich und Russland. Scharf wurde darin der Vorwurf der unmenschlichen Armenierverfolgung mit dem Hinweis auf die „Deportation der gesamten jüdischen Bevölkerung" der polnischen und baltischen Provinzen des Zarenreiches gekontert. Diese seien „weder durch militärische Gründe diktiert noch von Gefühlen der Menschlichkeit und Zivilisation inspiriert gewesen".[560]

Die demonstrative Sorge Deutschlands um die russischen Juden richtete sich primär an die Öffentlichkeit neutraler Staaten, namentlich an die USA mit ihrer großen jüdischen Bevölkerungsgruppe. Die für die eigene Öffentlichkeit bestimmte Kriegspropaganda – etwa Paul Rohrbachs Russland-Broschüre, die

---

[557] Friedman, Germany, Turkey, and Zionism, S. 370 und S. 372.
[558] Ebenda, S. 425.
[559] Bernstorff, Erinnerungen und Briefe, S. 148, S. 152 und S. 238–240; Friedman, Germany, Turkey, and Zionism, S. 373.
[560] Der Völkermord an den Armeniern 1915/16, S. 165.

1915/16 fünf Massenauflagen erlebte – thematisierte stärker die antideutsche Dimension der zaristischen Deportationspolitik, der im ersten Kriegsjahr „Hunderttausende von Deutschen" zum Opfer gefallen seien. Doch berichtete Rohrbach auch über deportierte kaukasische Muslime und über die „*Juden, die zu Hunderttausenden aus ihren Wohnorten ausgesiedelt wurden*". Im Jahre 1915 seien auch Polen und Letten davon betroffen gewesen. Letzteren habe der Vizegouverneur von Saratov ungehalten erklärt: „Ihr seid doch nur eine andere Sorte Deutsche, schert euch zum Teufel!"[561]

Tatsächlich war die Methode der „Entvölkerung sensibel erachteter Zonen in Kriegszeiten keineswegs den Osmanen vorbehalten". Laut James Sheehan hat die russische Armee „in den ersten drei Kriegsjahren" nicht weniger als sechs Millionen ihrer eigenen Staatsbürger vertrieben – „etwa fünf Prozent der Bevölkerung". Die meisten waren „Deutschstämmige" und Juden, aber auch Roma, Muslime und Balten wurden „zur Umsiedlung gezwungen, weil die offizielle Politik die Kampfzone von ‚unzuverlässigen' Gruppen reinigen wollte".[562] Dies betraf in erster Linie die im deutsch-russischen „Frontbereich" lebenden und „den Mittelmächten als freundlich gesinnt geltenden Juden" – dieselben Juden, die der deutsche Botschafter in Konstantinopel im Herbst 1915 als unerwünscht in der Nähe der deutschen Front betrachtete und am liebsten ins Osmanische Reich ausgesiedelt hätte.[563] Neben den Juden wurden zahlreiche volksdeutsche Untertanen des Zaren gen Osten getrieben, und am russisch-osmanischen Kriegsschauplatz im Kaukasus sahen sich Angehörige „turksprachiger mittelasiatischer Nomaden, Kasachen der Kirgisisch-Kasachischen Konföderation", im Winter 1914/15 „in die Wüste und die Berge gejagt […], um dort elendig zugrunde zu gehen".[564] Laut Volkszählung von 1897 lebten über 13 Millionen Turkotataren im Zarenreich, 3,7 Millionen Juden und 1,3 Millionen Volksdeutsche. Von Deportationen im Weltkrieg bedroht waren nicht alle diese Menschen in gleicher Weise, ab 1914 aber zumindest alle nahe den russisch-deutschen, russisch-österreichischen und russisch-osmanischen Fronten lebenden Angehörigen dieser Minderheiten. Dies betraf 1,9 Millionen Turkotataren im Kaukasus sowie alle im europäischen Russland siedelnden Deutschen und Juden, welche die große Mehrheit dieser Nationalitäten ausmachten.[565]

Die ersten Massendeportationen hatten in Russland schon lange vor dem Ersten Weltkrieg stattgefunden – an der kolonialen Peripherie des expandierenden Zarenreiches – und primär muslimische Völker im Kaukasus getroffen. Justin McCarthy hat die Stationen herausgearbeitet: 1827 bis 1829 führte Russland Kriege gegen Persien und die Osmanen, wobei die russischen Siege jeweils einen fluchtartigen Bevölkerungsaustausch zur Folge hatten. Aus der von Russland an-

---

[561] Rohrbach, Rußland und wir, S. 39f. und S. 59.
[562] Sheehan, Kontinent der Gewalt, S. 117.
[563] Vgl. Kap. II.2 und Kap. II.4.
[564] Diner, Das Jahrhundert verstehen, S. 201.
[565] Die Zahlen von 1897 bei Miliukow, Russlands Zusammenbruch, Bd. 1, S. 97.

nektierten Region Erivan emigrierte oder starb mit 26 000 Menschen fast ein Drittel der muslimischen Bevölkerung, während 45 000 Armenier vor den Osmanen ins nunmehr russische Gebiet flüchteten. Es bedurfte laut McCarthy zweier weiterer Russisch-Türkischer Kriege – 1853 bis 1856 und 1877/78 – mit ihren „Säuberungen", bevor Armenier in Armenien eine klare Bevölkerungsmehrheit stellten. Nach dem Krimkrieg warfen die Russen den Krimtataren vor, die Osmanen und deren westliche Verbündete unterstützt zu haben, was laut McCarthy aber nur „minimal" der Fall gewesen sein soll. Allerdings hatten die Briten, wie Hermann Wentker gezeigt hat, sehr wohl eine solche Politik der „Insurgierung" versucht und damit sowohl unter Tscherkessen als auch unter Tataren Erfolge erzielt; nicht umsonst evakuierten Russlands Kriegsgegner 1856 nicht weniger als 20 000 verbündete Krimtataren. Das war der Hintergrund für den Befehl des neuen Zaren Alexander II., die „Auswanderung" sämtlicher Krimtataren zu „erleichtern". Laut McCarthy geschah dies durch Missionsversuche, Deportationsgerüchte, Assimilationszwang und Steuerdruck – also nicht durch unmittelbare Vertreibungsmaßnahmen. Gleichwohl hatten nach 1860 rund 300 000 Krimtataren Russland verlassen, während ihr Land an christliche Neusiedler verteilt wurde. Denselben Abwanderungsdruck wandten laut McCarthy die Russen 1877/78 auch gegen Balkan-Muslime an, doch im Unterschied zu diesen habe die zaristische Politik den Kaukasus-Muslimen noch die Wahl gelassen, entweder ins Osmanische Reich auszuwandern oder im Zarenreich selbst umgesiedelt zu werden.[566] Folglich war die Emigration der Krimtataren um 1860 formell freiwillig.[567] Zu Recht weist Dominic Lieven darauf hin, dass die zaristische Elite mit ihrer europäischen Bildung und ihrem Suchen nach europäischer Reputation in ihrer Gewaltpolitik bestimmte Grenzen weder überschreiten wollte noch konnte. Von den Vorstellungen eines Hitler oder Stalin war man im St. Petersburg von 1860 noch weit entfernt.[568] Zudem müssen auch eigendynamische Abwanderungsmotive von Muslimen in Rechnung gestellt werden: Es war islamische Lehrmeinung, dass es eine Auswanderungspflicht für Muslime aus „ungläubigen" Ländern gebe, da es für einen Muslim unmöglich sei, dort ein gottgefälliges Leben zu führen.[569] Schon nach der russischen Annexion der Krim und des Kubangebiets 1783/84 soll der ranghöchste muslimische Würdenträger in Konstantinopel, der Scheich-ül-Islam, dazu geraten haben, „daß die Mohammedaner von dort auswandern können und gab ihnen eine Monatsfrist zur Auswanderung". Infolge dieser Aufforderung sollen „mehr als 20 000 Tataren in den Balkan, nach Donau-Bulgarien und besonders in die Dobrudscha" ausgewandert sein, darunter große Teile der

---

[566] McCarthy, Death and Exile, S. 17, S. 31 und S. 34; Wentker, Zerstörung der Großmacht Russland?, S. 216, S. 219 und S. 227–230; ähnlich: Levene, Genocide in the Age of the Nation State, Bd. 2, S. 297f., und Osterhammel, Die Verwandlung der Welt, S. 215.
[567] Naimark, Flammender Hass, S. 129; daher ist es fragwürdig, diese Abwanderungen ohne Einschränkung unter „Zwangsmigrationen" zu verbuchen, wie dies etwa bei Ferrara / Pianciola, L' Età delle Migrazioni Forzate, S. 61, geschieht.
[568] Lieven, Empire, S. 276f.
[569] Lewis, Der Untergang des Morgenlandes, S. 55.

Eliten. Obschon die meisten Tataren trotzdem „in der Heimat als russische Untertanen" verblieben[570], sollte auch die Dynamik „freiwilliger" Abwanderung nach religiösen Machtwechseln ernst genommen werden.[571]

Andererseits ist mit Benjamin Lieberman für das Zarenreich um 1860 eine Frühform ethnischer „Säuberung" zu konstatieren, die stärker von der zentralen Staatsmacht gesteuert war als anderswo zu dieser Zeit. Erstmals habe das russische Militär ein ganzes Volk zwangsweise aus dem Reich entfernt, statt es innerhalb des eigenen Imperiums umzusiedeln – die Tscherkessen. Allerdings sei die Politik Russlands „inconsistent" geblieben, denn in den 1860er Jahren habe es in den südlichen Grenzregionen keine generelle „Säuberung" gegeben. Das Hauptmotiv von Deportationen sei damals militärstrategisch gewesen, das Ziel ethnoreligiöser Homogenität habe nicht dominiert.[572] Wirtschaftliche und sicherheitspolitische Stabilität standen auch im Vordergrund jener Vertreibungsplanungen gegen nicht zu pazifizierende muslimische Kaukasusvölker, die ein hochrangiger Mitarbeiter des russischen Finanzministeriums, Juli Hagemeister, dem Zaren Nikolai I. schon 1844 unterbreitet hatte.[573] Ein im Terek-Gebiet eingesetzter russischer Hauptmann namens Zolotarev empfahl 1863 in einer Denkschrift die Exilierung potentiell illoyaler Völkerschaften als „endgültige Lösung" für die Kontrolle eines endemisch instabilen Gebiets, doch der regionale Militärkommandeur, der gebürtige Armenier und spätere russische Innenminister General Michail Loris-Melikov, lehnte – ebenso wie Kriegsminister Dmitri Miliutin und Zar Alexander II. – eine umfassende Vertreibungslösung ab. Loris-Melikov präferierte eine Mischung aus freiwilliger Abwanderung, Kooperation, gezielter Ansiedlung zuverlässiger Kosaken und begrenzter Zwangsaussiedlung von Völkern, die sich als „unfähig" erwiesen, sich an das Russische Imperium anzupassen.[574]

Lieberman unterscheidet vor diesem Hintergrund, exakter als McCarthy, zwischen gezielten „Vertreibungen", wie sie zwischen 500 000 und eine Million Tscherkessen trafen[575], und der anders gearteten Behandlung der Krimtataren. In diesem Falle habe der Staat zunächst die Auswanderung von 200 000 Tataren forciert, dann aber aus ökonomischen Rücksichten die weitere Emigration gestoppt, so dass die Mehrheit der Krimtataren in ihrer Heimat bleiben konnte, um erst achtzig Jahre später den Deportationen Stalins zum Opfer zu fallen. Eine von

---

[570] Sax, Geschichte des Machtverfalls der Türkei, S. 117 f.; laut Osterhammel, Die Verwandlung der Welt, S. 215, wanderten 100 000 Tataren zwischen 1783 und 1793 aus, darunter fast die gesamte Oberschicht.
[571] Jersild, From Savagery to Citizenship, S. 102 f.
[572] Lieberman, Terrible Fate, S. 14 f.; Jersild, From Savagery to Citizenship, S. 103; Ferrara / Pianciola, L' Età delle Migrazioni Forzate, S. 45–54, insb. S. 50 f.; insofern ist der Hinweis auf die angeblich schon von Zar Nikolai I. (1825–1855) ausgegebene Alternative „pacification or extirpation" bei Levene, Genocide in the Age of the Nation State, Bd. 2, S. 299, zu relativieren.
[573] Geraci, Genocidal Impulses and Fantasies in Imperial Russia, S. 352 und S. 355.
[574] Jersild, From Savagery to Citizenship, S. 103 f.
[575] Diese Schätzung bei Levene, Genocide in the Age of the Nation State, Bd. 2, S. 300, der unter Anspielung auf den Hererogenozid von einem „kaukasischen Waterberg" spricht.

McCarthy suggerierte generelle antimuslimische Vertreibungspolitik des Zarenreiches gab es nicht. Im Gegenteil wies das Russische Reich zwischen 1850 und 1917 infolge seiner territorialen Expansion in Zentralasien einen stetig wachsenden muslimischen Bevölkerungsanteil auf.[576] 1913 lebten allein „in Süd-Russland mehr als anderthalb Millionen Tataren".[577] Das Zarenreich errichtete 1873 Protektorate über die usbekischen Fürstentümer Chiva und Buchara, wobei die Emire von Buchara um 1910 ähnlich anerkannte Figuren des Petersburger Hoflebens wurden wie einige Fürsten Indiens im damaligen imperialen London.[578] Gleichwohl wurde ethnoreligiöse „Säuberung" gegen als illoyal geltende muslimische Bevölkerungen insbesondere in Grenzregionen frühzeitig angewandt. Im Kaukasus fielen dieser Politik am Ende eines jahrzehntelangen russischen Eroberungskrieges zwischen 1859 und 1864 „mindestens 450 000, vielleicht sogar bis zu eine Million Angehöriger muslimischer Bergvölker" zum Opfer, wobei Zehntausende „durch Hunger, Krankheiten und Unfälle" umkamen.[579] Nach türkischen Angaben betrug die Gesamtzahl aller Muslime aus der Krim, dem Kaukasus und dem Balkan, die zwischen 1783 und 1913 in den schrumpfenden Machtbereich des osmanischen Sultans geflüchtet waren, fünf bis sieben Millionen Menschen, von denen 3,8 Millionen aus von Russland eroberten Gebieten stammten.[580] Doch mit dem Ersten Weltkrieg drohte das um 1860 bereits erprobte Instrument der ethnischen „Säuberung" nicht nur reaktiviert, sondern umfassender denn je angewendet zu werden.

Ähnlich wie im Osmanischen Reich hatte im Zarenreich in den Jahrzehnten vor Kriegsbeginn ein intoleranter Nationalismus der „Herrennation" um sich gegriffen – dort der Türken, hier der Großrussen. Zwar hatte die Einführung eines gewählten Parlaments, der Reichsduma, im Zuge der Revolution von 1905 erstmals zu einer Beteiligung gewählter Eliten diverser Nationalitäten an der russischen Politik geführt: In der nach allgemeinem Männerwahlrecht zusammengesetzten ersten Reichsduma von 1906 standen 220 nichtrussische Abgeordnete den 270 Großrussen gegenüber.[581] In diese Duma hatte beispielsweise der polnisch-nationalistische „Kreis" (Kolo) 32 Abgeordnete entsandt, die bei der wenig später erfolgten Wahl zur zweiten Duma 1907 auf 46 anstiegen; in diesem zweiten Reichsparlament waren die Muslime mit 30 und die Kosaken mit 17 Abgeordneten vertreten. Ein von der zaristischen Regierung oktroyiertes restriktives Wahlrecht begünstigte bei der Wahl der dritten Duma 1907 nicht nur eine konservativ-rechtsliberale statt der bisherigen radikal-linksliberalen Mehrheit, sondern benachteiligte auch die nichtrussischen Nationalitäten: Der polnische Kolo schrumpfte auf 11 von 441 Abgeordneten, die Muslime gingen auf acht zurück, während eine polnisch-litauisch-weißrussische Gruppe sieben Abgeordnete stell-

---

[576] Lieberman, Terrible Fate, S. 14.
[577] Sax, Nachtrag zur Geschichte des Machtverfalls der Türkei, S. 118.
[578] Becker, Russia's Protectorates in Central Asia, S. 65–78, S. 195–198 und S. 227f.
[579] Osterhammel, Die Verwandlung der Welt, S. 215f.
[580] Inalcik / Quataert, An Economic and Social History of the Ottoman Empire, S. 793–795.
[581] Armour, A History of Eastern Europe, S. 237.

te. Es wunderte nicht, dass der Polen-Führer Roman Dmowski bei Eröffnung der dritten Duma im November 1907 den Ministerpräsidenten Piotr Stolypin, den Hauptverantwortlichen für die Wahlrechtsänderung, wegen Misshandlung der „unterworfenen Rassen" und namentlich des polnischen Volkes attackierte.[582] Stolypin antwortete mit der Aufforderung, die Polen sollten die Tatsache, dass sie Bürger des Russischen Reiches seien, so hoch schätzen lernen wie einst die Bewohner des Römischen Imperiums das dortige Bürgerrecht; erst dann würden sie vollkommen gleichberechtigte Bürger Russlands sein können.[583] Der Ton verschärfte sich in der Folgezeit noch: In den dritten und vierten Reichsdumas war die nationalistische großrussische Rechte bedeutend verstärkt, und auch die Regierung huldigte dem Nationalismus, wenn Stolypins Nachfolger als Premier, Vladimir Kokovcev, 1912 die Einheit und Unteilbarkeit des Zarenreiches mit der Vorherrschaft der russischen Nationalität und des orthodoxen Glaubens für untrennbar verknüpft erklärte.[584] Nach Beobachtung des liberalen Oppositionsführers in der Duma, Pavel Miliukov, wurden die Nationalitätenkonflikte durch die Existenz des Reichsparlaments nicht vermindert, sondern verschärft, da die zwischen 1907 und 1917 dominierende großrussisch-nationalistische Duma-Mehrheit „in nationalen Fragen beinahe noch reaktionärer" gewesen sei als die Regierung. So habe die Duma „eine äußerst chauvinistische Gesetzgebung" umgesetzt, „welche die Gefühle der bedeutendsten Nationalitäten, der Finnen, Polen, Mohammedaner, Ukrainer […], tief verletzte". Der großrussische Nationalismus habe Gegenreaktionen erzeugt, weshalb sich die Nationalitäten Russlands zum Zeitpunkt des Sturzes der Monarchie im März 1917 „erbittert und nachtragend" gegenübergestanden hätten.[585]

Im Januar 1915, noch vor den osmanischen Armenierdeportationen auf der anderen Seite der Front, ordnete die russische Regierung die Deportation von aus ihrer Sicht unzuverlässigen muslimischen Zivilisten aus den Grenzprovinzen Kars und Batumi an. Der transkaukasische Vizekönig Graf Voroncov-Daškov befahl, zunächst eintausend Muslime ins Innere Russlands zu entfernen. Binnen dreier Wochen traf weitere 5000 dieses Schicksal. Wie der Chef der Evakuierungsbehörde, Fürst Oldenburgski, berichtete, waren diese nach langen Eisenbahntransporten in die Provinzen Charkov, Kursk, Orlov, Tula und Nižni Novgorod völlig erschöpft und wurden häufig Opfer von Typhusepidemien.[586]

Eric Lohr beobachtet nach Beginn des Weltkrieges einen raschen Wandel der russischen Deportationsmotive. Sei zunächst die militärische Sicherung der Front gegen Aufstände ausschlaggebend gewesen, seien bald schon Pläne zur *dauerhaften Russifizierung* der Grenzregionen durch unumkehrbare Bevölkerungstransfers

---

[582] Ascher, P. A. Stolypin, S. 175, S. 210 und S. 217; Armour, A History of Eastern Europe, S. 237f.
[583] Ascher, P. A. Stolypin, S. 218.
[584] Armour, A History of Eastern Europe, S. 238.
[585] Miliukow, Russlands Zusammenbruch, Bd. 1, S. 105f.
[586] Lohr, Nationalizing the Russian Empire, S. 151.

hinzugetreten.[587] Kaukasische Muslime sollten für immer zwangsumgesiedelt und durch zuverlässige Russen oder Kosaken ersetzt werden. Der für Zivilangelegenheiten zuständige Stellvertreter des kaukasischen Vizekönigs, Pederson, unterbreitete dem russischen Ministerrat im Frühjahr 1915 den Vorschlag, die gesamte muslimische Bevölkerung der Provinzen Kars und Batumi zu deportieren und ihr zugleich die russische Staatsbürgerschaft abzuerkennen. Pederson argumentierte, diese Muslime hätten sich seit der Annexion dieser Provinzen im Jahre 1878 der Assimilation verweigert und seien dem osmanischen Feind treu ergeben geblieben. Ihre Deportation ins Innere Russlands sollte nur vorläufig sein, nach Kriegsende solle man sie für immer ins Osmanische Reich abschieben. Landwirtschaftsminister Alexander Krivožein unterstützte Pedersons Umsiedlungsprojekt, wollte das frei zu machende Agrarland dieser Muslime an russische Siedler umverteilen, um das Grenzland zu russifizieren – was er im März 1915, beim Vormarsch der russischen Armee nach Ostanatolien, dann auch für die von ihrer armenischen Bevölkerung durch Deportationen und Morde der Jungtürken geräumten osmanischen Provinzen Van, Erzerum und Bitlis ins Auge fasste. Der Ministerrat billigte Pedersons Plan, doch die bedrohten Muslime wurden durch georgische Duma-Abgeordnete gerettet, die darauf beharrten, dass es sich bei den Betroffenen gar nicht um Turkvölker, sondern um georgische Adscharen handle – und damit um loyale Untertanen des Zaren. Eine Untersuchungskommission unter Vorsitz des Großfürsten Georgi Michailovič befand die Vorwürfe der Illoyalität für unberechtigt. Daraufhin warf der Ministerrat die Deportationspläne wieder um. Freilich waren binnen sechs Monaten schon über 10 000 Muslime zwangsumgesiedelt worden. Den Überlebenden wurde erst im Juni 1917 gestattet, in den Kaukasus zurückkehren.[588]

Der Motivwandel von der Grenz- bzw. Frontsicherung zur dauerhaften ethnischen „Säuberung" wird durch den Umstand belegt, dass nicht nur Muslime Opfer der russischen Politik im Weltkrieg wurden, sondern auch die von den Türken verfolgten osmanischen Armenier, von denen 1915 zwischen 200 000 und 300 000 in den russischen Teil Armeniens geflüchtet waren.[589] Auch diese Armenier wurden nach anfänglicher Umwerbung durch die zaristische Politik der Unterscheidung zwischen erwünschten und unerwünschten Grenzlandbevölkerungen unterworfen. Die zaristische Regierung hatte nicht vergessen, dass sie in den revolutionären Wirren von 1905 im Kaukasus zeitweilig die Kontrolle verloren hatte, woraufhin Armenier und Muslime einen blutigen Bürgerkrieg begonnen hatten.[590]

---

[587] Ther, Die dunkle Seite der Nationalstaaten, S. 81, behauptet trotz Berufung auf Lohr, dass es sich bei den zaristischen Maßnahmen „um präventive, noch nicht auf Dauer angelegte Deportationen" gehandelt habe, ohne aber dafür Argumente und Belege beizubringen.

[588] Lohr, Nationalizing the Russian Empire, S. 151f.; Ferrara / Pianciola, L' Età delle Migrazioni Forzate, S. 104f.; zu den russischen Besiedlungsplänen für osmanisch-armenische Gebiete: Reynolds, Shattering Empires, S. 160f.

[589] Gatrell, A Whole Empire Walking, S. 52f.; Sanborn, Unsettling the Empire, S. 313.

[590] Lignitz, Russland's innere Krisis, S. 114–121; Baberowski, Kriege in staatsfernen Räumen, S. 291.

Noch im Jahre 1908 hatte sich der kaukasische Vizekönig Voroncov-Daškov gegen Vorwürfe des damaligen Ministerpräsidenten Stolypin zu verteidigen, in seiner Provinz einen Zustand ziviler Unordnung zu dulden, so dass die Herrschaft der revolutionären armenischen Partei der Dashnakzutiun in Teilen des Kaukasus an die Stelle der zaristischen Polizei getreten sei. Voroncov behauptete stattdessen, alle bewaffneten armenischen Kräfte zerschlagen und deren Aktivisten verhaftet oder exiliert zu haben.[591] Dies wiederum hatten die armenischen Akteure im Ersten Weltkrieg nicht vergessen. Im Juni 1918 berichtete der armenische Minister Khatissian – ein Dashnake[592], der bis 1917 unter dem russifizierten Namen Katisov zaristischer Bürgermeister von Tiflis gewesen war – dem österreichisch-ungarischen Militärbevollmächtigten Pomiankowski in Konstantinopel, ihm habe 1914 Vizekönig Voroncov-Daškov versprochen, Russland werde als Gegenleistung für armenische Waffenhilfe gegen die Osmanen „ein unabhängiges Armenien" auf türkischem Boden errichten, das allerdings den russischen Teil Armeniens nicht einschließen sollte. Nach der 1916 erfolgten Eroberung Türkisch-Armeniens jedoch hätten „die Russen von diesem Versprechen nichts mehr wissen" wollen. Statt die geflüchteten Armenier nach Ostanatolien zurückkehren zu lassen, habe die russische Besatzungsmacht sogar die von türkischer Verfolgung Verschonten aus der Heimat entfernt:

„Die Russen waren es selbst, welche alle noch übrig gebliebenen Armenier aus Türkisch-Armenien nach dem Kaukasus verschleppten. 60 000 Kosakenfamilien wurden bereit gestellt und zum Teil abtransportiert, um an die Stelle der abgeschafften Armenier in Türkisch-Armenien angesiedelt zu werden. Die Ausführung dieser Maßregel wurde jedoch durch den Ausbruch der Revolution verhindert."[593]

Als Zar Nikolai II. nach Beginn des Ersten Weltkrieges feierlich erklärte, das armenische Volk erwarte an der Seite Russlands eine glänzende Zukunft, waren damit weder Unabhängigkeit noch Autonomie gemeint. Wer die Russifizierungspolitik des Zarenreiches gegenüber seinen armenischen Untertanen zwischen 1881 und 1905 kannte, konnte davon nicht überrascht sein.[594] Großfürst Nikolai Nikolaevič, der im Oktober 1915 als Nachfolger Voroncovs in den Kaukasus entsandte neue Vizekönig, löste alle seit Kriegsbeginn gebildeten armenischen Freiwilligenverbände wieder auf. In seinen Augen gab es eine „armenische Frage" in Russland ebenso wenig wie eine jakutische. Angehörige der zaristischen Elite wie Fürst Gadžemuchov vertraten noch einen Tag vor dem überraschenden Sturz des Zaren im März 1917 ungerührt die Ansicht, die von den Türken betriebene Vernichtung des armenischen Volkes habe zumindest den positiven Aspekt, dass den Russen ein Armenien ohne Armenier überlassen werde.[595] Tatsächlich ging es der

---

[591] Ascher, P. A. Stolypin, S. 237–239.
[592] Reynolds, Shattering Empires, S. 200.
[593] The Armenian Genocide, Bd. 2, S. 444; zu Voroncovs armenischen Milizen auch Reynolds, Shattering Empires, S. 117.
[594] Kappeler, Russland als Vielvölkerreich, S. 219.
[595] Gatrell, A Whole Empire Walking, S. 152 und S. 273, Anm. 69; Reynolds, Shattering Empires, S. 143 und S. 156–158.

Regierung des Zaren „in erster Linie um das Land der Armenier und nicht um die Armenier selbst". Ein britisch-russisches Geheimabkommen vom Mai 1916 hatte den Großteil des armenischen Hochlandes dem Zarenreich zugesichert, ohne eine Autonomieregelung für dessen Bewohner vorzusehen – obschon Russland eine solche von den Türken stets gefordert hatte.[596]

Im Zarenreich waren zahlreiche nichtrussische Ethnien durch Einbeziehung ihrer indigenen Führungsschichten in den großrussischen Adel integriert worden – angefangen beim Tatarenadel, gefolgt vom slawischen (insb. polnischen) Adel der Westprovinzen sowie von den deutschbaltischen und georgischen Aristokratien. Obschon Russen an der Spitze der sozialen Hierarchie standen (wobei sich die Zarendynastie durch Heiraten weitgehend germanisierte), rückten Deutsche und Polen in administrative Spitzenpositionen auf, während Diaspora-Nationen wie die Armenier, Juden oder Tataren zu Trägern des Handels und Finanzwesens wurden. Dabei hat das Zarenreich laut Ronald Suny zwar keine systematische „Nationalitätenpolitik" betrieben, wohl aber ein Bewusstsein für ethnische und religiöse Distinktionen ausgebildet. Nicht als gleichwertig betrachtete Völker wurden zu „Fremdstämmigen" (inorodtsy) erklärt – mit niederem Rechtsstatus und spezieller Verwaltung. So wurden Juden auf eine Stufe mit nomadischen Kalmücken und Kirgisen gestellt. Die zeitweilige Förderung einiger Ethnien (Deutschbalten, Armenier) kontrastierte mit der Diskriminierung anderer (Juden und Ukrainer, gegen Ende auch Polen und Armenier).[597]

Ab Mitte des 19. Jahrhunderts veränderte das Aufkommen konkurrierender Nationalismen die Völkerhierarchie. Gräfin Marie Kleinmichel konstatierte 1922 im deutschen Exil, ihren russisch und zarentreu fühlenden Vater, einen Grafen Keller, hätte man „ins größte Erstaunen versetzt, wenn man ihm gesagt hätte, er sei kein Russe, oder wenn man ihn einen ‚Inorodez' (Fremdstämmigen) genannt hätte". Letztere „Benennung, die heute so beliebt ist", sei eine Generation zuvor „noch gar nicht bekannt" gewesen. Freilich hatte die aufmerksame Aristokratin gut beobachtet, dass seit der 1881 beginnenden Herrschaft des Zaren Alexander III. überwiegend nur noch Gegner der Deutschen Karriere gemacht hätten, ähnlich wie man unter dessen Vater Alexander II. deutschfreundlich habe sein müssen. Zwar habe es bis zuletzt einflussreiche Germanophile in höchsten Ämtern gegeben, die teilweise deutscher Abkunft gewesen seien wie Ministerpräsident Graf Sergei Witte in den Revolutionsjahren 1905/06, aber diese hätten nur „vereinzelt" agiert, während die Slawophilen unter Führung des Hofministers (und späteren kaukasischen Vizekönigs) Graf Voroncov-Daškov organisiert vorgegangen seien. Im Ersten Weltkrieg, so Gräfin Kleinmichel, hätten sich dann die längst vorhandenen antideutschen Ressentiments zu offener Feindschaft gesteigert. Nach dem Sturz des Zaren wurde Gräfin Kleinmichel in ihrem Palais in St. Petersburg,

---

[596] Gencer, Die armenische Frage, S. 201 f.
[597] Suny, The Revenge of the Past, S. 25 f.; Roshwald, Ethnic Nationalism and the Fall of Empires, S. 20 f.

das seit Kriegsbeginn den russifizierten Namen Petrograd trug, wegen angeblicher Spionage für die Deutschen selbst kurzfristig inhaftiert.[598]

Hauptopfer des Verdachts, ethnische Minderheiten könnten im Weltkrieg das Geschäft des Feindes besorgen, wurden in Russland Volksdeutsche und Juden. Beiden wurde kollektiver Verrat zugunsten des Deutschen Reiches unterstellt.[599] Damit fielen der chauvinistisch angeheizten Deportationspolitik zwei gesellschaftlich sehr unterschiedlich situierte Gruppen zum Opfer. Die Juden waren im Zarenreich, nachdem sie überwiegend erst im späten 18. Jahrhundert durch die Aufteilung Polens russische Untertanen geworden waren, fast durchgehend diskriminiert.[600] Wiederholt kam es zu antijüdischen Pogromen, vergleichsweise wenige Juden durften mit Ausnahmegenehmigungen in die Hauptstädte St. Petersburg und Moskau ziehen, die Mehrheit blieb an den 1835 geschaffenen „Ansiedlungsrayon" der Westprovinzen in Polen-Litauen gefesselt. Demgegenüber war die deutsche Minderheit – wie Paul Rohrbach noch 1915 festhielt – lange „die zweite Nation" nach den Russen im Zarenreich.[601] Baltendeutsche Adlige waren noch im Ersten Weltkrieg ein wichtiger Teil der Aristokratie des Zarenreiches. Daneben gab es eine bürgerliche Mittelschicht in größeren Städten und weitab bäuerliche Kolonisten, die von früheren Zaren ins Land geholt worden waren. Auch die Deutschen hatten seit 1881 unter der Russifizierungspolitik der beiden letzten Kaiser Alexander III. und Nikolai II. zu leiden[602], aber erst die massiv antideutsche Politik im Ersten Weltkrieg erschütterte das traditionelle Treueverhältnis zum russischen Imperator.[603]

Die Massendeportationen wurden möglich durch einen Zarenerlass vom Juli 1914, der dem militärischen Oberkommando „uneingeschränkte Rechte in allen frontnahen Gebieten" einräumte – ohne Rücksicht auf die Zivilverwaltung und deren Spitze, den Ministerrat in Petrograd.[604] Ohnehin hatten etliche zivile Provinzgouverneure biographische Bindungen ans Militär[605], so dass fraglich war, wieviel Widerstand sie militärischen Logiken entgegensetzen würden. Schon zu Kriegsbeginn soll es „mancherorts" an der Westfront zu militärischen Aussiedlungsbefehlen gegen Juden gekommen sein, die aber durch die Regierung noch konterkariert werden konnten.[606]

Nach der Kriegserklärung des Deutschen Reiches an Russland Anfang August 1914 beteuerten die volksdeutschen Abgeordneten der Reichsduma demonstrativ ihre Treue zum Zaren. Doch unmittelbar nach der schweren russischen Niederla-

---

[598] Kleinmichel, Bilder aus einer versunkenen Welt, S. 11 f., S. 135, S. 137 f., S. 198 und S. 235–237.
[599] Kappeler, Russland als Vielvölkerreich, S. 284 f.
[600] Roshwald, Ethnic Nationalism and the Fall of Empires, S. 23; Löwe, Antisemitismus und reaktionäre Utopie.
[601] Rohrbach, Rußland und wir, S. 39.
[602] Seraphim, Deutsche im Zarenreich; Kappeler, Russland als Vielvölkerreich.
[603] Rohrbach, Rußland und wir, S. 73.
[604] Solschenizyn, „Zweihundert Jahre zusammen". Die russisch-jüdische Geschichte, S. 470.
[605] Robbins, The Tsar's Viceroys, S. 33.
[606] Solschenizyn, „Zweihundert Jahre zusammen". Die russisch-jüdische Geschichte, S. 470.

ge bei Tannenberg in Ostpreußen wurde ab September 1914 ein Teil der deutschstämmigen Soldaten von der Westfront abgezogen und in Arbeitsbataillonen in den Kaukasus verschickt – ähnlich wie dies die Jungtürken damals mit armenischen Soldaten taten.[607] Schon im August 1914 hatte sich antideutscher Hass bei der Verwüstung der deutschen Botschaft in St. Petersburg ausgetobt, welche die zaristische Polizei ungehindert geschehen ließ. Russische Studenten fühlten sich verpflichtet, wie der französische Botschafter Maurice Paléologue spitz kommentierte, „die Innigkeit ihrer Vaterlandsliebe durch Plünderung deutscher Geschäfte zu bekunden". Paléologue – ein in Paris geborener rumänischer Adliger, der seine Abstammung von der 1453 durch die Osmanen gestürzten byzantinischen Kaiserfamilie herleitete – beobachtete, dass die antideutsche „Gehässigkeit" der Gesellschaft durch die Politik der Regierung noch gezielt verstärkt wurde. Im April 1915 versicherte ihm Ministerpräsident Goremykin, „das russische Volk" sei „bis ins Mark von Deutschenhass erfüllt".[608] Dass der Regierungschef damit nicht nur die im Krieg gegen Russland stehenden Bürger des Deutschen Reiches meinte, sondern auch die eigenen russischen Bürger deutscher Herkunft, sprach Goremykin gegenüber einem Vertreter der Baltendeutschen ganz offen aus: Russland führe nicht nur Krieg gegen die „Germanzy", sondern auch gegen die „Niemtzy".[609] Der *innere Deutsche* wurde zum Feind erklärt.[610]

Am 11. Juni 1915 kam es zu schweren antideutschen Ausschreitungen in Moskau. Für einen ganzen Tag verlor die Staatsgewalt die Kontrolle über die zweite Hauptstadt Russlands. Botschafter Paléologue registrierte, dass sich „die Polizei anfangs den Meuterern nicht entgegengestellt" habe – ein typisches Verhalten bei antisemitischen Pogromen. Beim Moskauer Deutschenpogrom aber waren Verratsvorwürfe gegen das Herrscherpaar – Zar Nikolai II. und seine deutsch-britische Gattin Alexandra – und Forderungen nach dessen Absetzung laut geworden. Diese Majestätsverbrechen und nicht der antideutsche Pogrom waren es laut Paléologue, die den Moskauer Generalgouverneur Fürst Jusupov stürzten.[611] Nach einer Ministerratssitzung unter Vorsitz des Zaren am 27. Juni 1915 wurde er amtsenthoben. Kriegsminister Polivanov berichtete, der Aristokrat habe „aufgeregt gestikulierend" die Schuld auf die Polizei geschoben und „gleichwohl den Eindruck" hinterlassen, „daß die tieferen Gründe dieser Unruhen in seiner persönlichen, vielleicht unbewussten Aufhetzung der Bevölkerung und Arbeiter gegen die

---

[607] Lieberman, Terrible Fate, S. 92; allerdings wurden viele (nicht alle) dieser armenischen Arbeitssoldaten alsbald systematisch ermordet; vgl. Hosfeld, Operation Nemesis, S. 144f., und Barth, Genozid, S. 68f.; Pomiankowski, Der Zusammenbruch des Ottomanischen Reiches, S. 204, berichtet, er sei 1916 mit Enver in Südpalästina auf vollkommen heruntergekommene Arbeitsbataillone von Arabern gestoßen, die ebenfalls als unzuverlässig betrachtet wurden: „Als Enver neben diesen Leuten vorbeiging, zeigten ihm viele ihre Blößen, deuteten an, daß sie froren und baten demütig um Kleider. Enver antwortete barsch, er habe für sie keine Bekleidung."
[608] Paléologue, Am Zarenhof während des Weltkrieges, Bd. 1, S. 168 und S. 324.
[609] Seraphim, Führende Deutsche im Zarenreich, S. 429.
[610] Beyrau, Aus der Subalternität in die Sphären der Macht, S. 74.
[611] Paléologue, Am Zarenhof während des Weltkrieges, Bd. 1, S. 350f.

Deutschen zu suchen seien".[612] Der russische Militärattaché in Paris, Graf Ignatiev, hatte kurz zuvor erlebt, wie Jusupov dem französischen Oberbefehlshaber Marschall Joffre erklärte, „unser größtes Unglück" sei „die Herrschaft der Deutschen", die das Moskauer Wirtschaftsleben kontrollierten und die russische Rüstung nach Kräften behinderten. Ignatiev (selbst keineswegs frei von antideutschen Ressentiments) konnten die Moskauer Exzesse daher „nicht mehr in Erstaunen versetzen", sie schienen ihm bei dieser Einstellung des Generalgouverneurs vielmehr „unvermeidlich".[613] Der Vorsitzende der Reichsduma, Michail Rodzianko, wusste von Konflikten zwischen Jusupov und Innenminister Maklakov: Während der Generalgouverneur „die Ausweisung aller deutschen Reichsangehörigen" aus Moskau „wiederholt gefordert" habe, hätten Maklakov und „gewisse Hofkreise" ständig weitere Ausnahmegenehmigungen erteilt. Neben „Meldungen über deutsche Spionage" habe dies den „Volkspogrom" heraufbeschworen, mit dem offenbar auch der Parlamentspräsident sympathisierte.[614]

Im Sommer 1915 stürzte ein weiterer Generalgouverneur, freilich aus entgegengesetzten Gründen. Großfürst Andrei Vladimirovič traf den Verwaltungschef der baltischen Provinzen, Gendarmeriegeneral Pavel Komarov-Kurlov, am 18. August 1915 im militärischen Hauptquartier. Kurlov, bis dahin Generalgouverneur der baltischen Provinzen, war soeben „offenbar auf Verlangen des Dumaabgeordneten Godnjew" amtsenthoben worden. Hilflos berief sich der Gestürzte gegenüber dem Großfürsten darauf, erst kürzlich habe ihm noch der Innenminister seine „volle Zufriedenheit" mit seiner Arbeit ausgesprochen.[615] Doch war es eben der neue liberale Innenminister Fürst Ščerbatov, der die Entlassung Kurlovs beim militärischen Höchstkommandierenden Großfürst Nikolai Nikolaevič durchgesetzt hatte. Letztlich fiel der Polizeibürokrat, der in der Duma ohnehin längst über zahlreiche Feinde verfügte, dem Vorwurf zum Opfer, zu wenige Deutsche deportiert zu haben.

Die im Russischen Reich stattfindenden Deportationen unterschieden sich von allem, was in anderen kriegführenden Staaten des Ersten Weltkrieges – mit Ausnahme des Osmanischen Reiches – stattfand. Schon bei der Internierung von Feindstaatsangehörigen ging die zaristische Politik nicht nur zeitlich anderen Ländern voran, sondern auch quantitativ über deren Praxis deutlich hinaus.[616] Dasselbe gilt – wieder mit Ausnahme des Osmanenreiches – für die Deportation eigener Staatsbürger. Eine Woche nach der Niederlage bei Tannenberg ordnete im September 1914 ein russischer Militärkommandeur die erste Ausweisung russlanddeutscher Siedler aus frontnahen Zonen des Gouvernements Suwalki an. Der dortige Gouverneur Kuprianov erreichte im November 1914 die Ausweitung dieses Befehls auf sämtliche Deutsche – nicht nur auf bäuerliche Siedler, sondern auch auf Stadtbürger und Beamte. Die folgende Deportation von 34 000 Men-

---

[612] Russland auf dem Wege zur Katastrophe, S. 249.
[613] Ignatiev, In hoher Mission, S. 250 f. und S. 310 f.
[614] Rodzianko, Erinnerungen, S. 120.
[615] Russland auf dem Wege zur Katastrophe, S. 184 f.
[616] Lohr, Nationalizing the Russian Empire, S. 121 und S. 127 f.; Bade, Europa in Bewegung, S. 246–248; Ferrara / Pianciola, L' Età delle Migrazione Forzate, S. 129, nennen 300 000.

schen wurde vom Höchstkommandierenden Großfürst Nikolai Nikolaevič und dessen Generalstabschef Nikolai Januškievič schrittweise zur Deportation aller Russlanddeutschen aus Russisch-Polen und dem Baltikum verallgemeinert. Am 23. Dezember 1914 befahl Generalquartiermeister Danilov, alle männlichen deutschen Siedler aus der Weichsel-Region zu entfernen – eine Anordnung, die nach Einschätzung des Warschauer Generalgouverneurs Fürst Jengalyčev über 200 000 Menschen traf. Jengalyčev, trotz tatarischer Herkunft Panslawist[617], verschärfte den Ausweisungsbefehl am 11. Februar 1915, indem er diesen nicht nur gegen bäuerliche Siedler, sondern auch gegen Landarbeiter, ländliche Händler und Gewerbetreibende richtete. Jengalyčev forderte gegenüber Januškievič, die strengsten Maßnahmen im Kampf gegen den „Germanismus" anzuwenden – die Deportation der größtmöglichen Anzahl von Deutschen, gleichgültig welchen Alters oder Geschlechts.[618] Während des russischen Rückzuges im Frühsommer 1915, der die Front um 480 Kilometer nach Osten verschob[619], wurde diese ethnische Deportationspolitik von allgemeiner Flucht und Evakuierung überlagert. So bald wie möglich aber kehrte die Militärführung zur speziellen Deportation der Deutschen zurück, die nun auf ukrainische und südrussische Provinzen (Kiev, Odessa, Bessarabien) ausgeweitet wurde.[620] Insgesamt dürften 1915 mindestens 200 000 Russlanddeutsche deportiert worden sein. Viele andere flüchteten auf die andere Seite der Front, um diesem Schicksal zu entgehen.[621]

Die Baltendeutschen betrachteten den Höchstkommandierenden Großfürst Nikolai Nikolaevič als Urheber ihrer Deportation. Allerdings konnte die von diesem Onkel des Zaren angeordnete „zwangsweise Aussiedlung der in Kurland lebenden deutschen Kolonisten [...] bei der Schnelligkeit, mit der der deutsche Einmarsch erfolgte, [...] nur zu einem sehr geringen Teil durchgeführt werden".[622] Der baltische Generalgouverneur Komarov-Kurlov hielt sich zugute, gegen einzelne deutsche Adlige gerichtete frühe Deportationspläne noch unterbunden zu haben. Das war ihm bei der vom Oberkommando befohlenen *allgemeinen* Aussiedlung der Deutschen aus Kurland jedoch nicht mehr möglich. Kurlov war entsetzt über „das Bild dieser neuen Völkerwanderung" im Frühjahr 1915:

„Die Chausseen von der preußischen Grenze bis Schaulen und Riga, späterhin aber auch weiter waren dicht besetzt von sich stauenden Flüchtlingen, die sich mit ihren Familien und Habseligkeiten fortzubewegen suchen. Die Errichtung von dringend notwendigen Verpflegungspunkten rief gewaltige Ausgaben und große Mühen hervor. Eine so starke Anhäufung von Volksmassen auf den Wegen hinderte auch den Vorbeimarsch von Truppenteilen [...]."[623]

---

[617] Jengalyčev war deshalb als Botschafter von der deutschen Regierung abgelehnt worden; vgl. Die Große Politik der europäischen Kabinette, Bd. 26,2, S. 536f.; Jengalyčev war zuvor zeitweilig Militärattaché in Berlin gewesen; vgl. ebenda, Bd. 40, S. 39.
[618] Lohr, Nationalizing the Russian Empire, S. 129–132.
[619] Stevenson, 1914–1918: Der Erste Weltkrieg, S. 192.
[620] Lohr, Nationalizing the Russian Empire, S. 133f.
[621] Bade, Europa in Bewegung, S. 253; Gatrell, A Whole Empire Walking, S. 23f., kommt zu höheren Einzelzahlen, nennt aber keine Gesamtschätzung.
[622] Seraphim, Führende Deutsche im Zarenreich, S. 429f.
[623] Komarov-Kurlov, Das Ende des Russischen Kaisertums, S. 268f. und S. 316–318.

Nicht nur Deutsche und Juden, auch protestantische Litauer wurden in diese Deportationen einbezogen – oder an Ort und Stelle als Spione getötet. Drei Fünftel der Bevölkerung Kurlands wurden 1915 aus ihrer Heimat verdrängt. Wie von Kurlov geschildert, waren Straßen und Städte von Flüchtlingsmassen überfüllt und damit auch die Bevölkerung der Transitregionen von Hungersnot und Epidemien bedroht.[624] Kurlov begriff im Unterschied zu vielen anderen Angehörigen der Regierungselite, dass diese Zwangsmaßnahmen nicht nur den Deportierten schweren Schaden zufügten, sondern auch der Kriegführung und „den *übrigen Teilen* Russlands, in die die Flüchtlinge gebracht wurden". Warenmangel und Teuerung in den überfüllten Aufnahmegebieten hätten „einen bedeutenden Einfluss auf den wirtschaftlichen Zusammenbruch des Staates vor der Revolution" geübt, meinte er rückblickend. Kurlov versuchte daher, die Deportationen zu bremsen, zog sich jedoch dadurch schwere „Vorwürfe" seiner „Obrigkeit" zu.[625] Deutschbalten bestätigten später sein „Eintreten für die deutsche Bevölkerung", welches „seine ungnädige Abberufung zur Folge" gehabt habe.[626] Mitglieder der Reichsduma wie der liberale Fürst Mansyrev oder der lettische Nationalist und spätere Minister der Republik Lettland Goldmanis waren hierfür verantwortlich. Goldmanis hatte Kurlov mit „ständigen Klagen" über den in seinen Augen zu deutschfreundlichen kurländischen Gouverneur Nabokov, einen Onkel des späteren Literaturnobelpreisträgers, überhäuft und schließlich dem Generalgouverneur selbst „mit einer Abrechnung bei der Eröffnung der Reichsduma" gedroht. Als das Parlament im August 1915 zusammentrat, hielt Goldmanis Wort. Innenminister Ščerbatov gab nach und ordnete nicht nur die Amtsenthebung Nabokovs an, sondern beantragte beim Höchstkommandierenden auch diejenige Kurlovs.[627]

Im Berlin des Jahres 1942, als Hitler seine zahlreichen Deportationen und den Massenmord an den europäischen Juden durchführte, notierte der nach Deutschland „umgesiedelte" deutschbaltische Publizist Ernst Seraphim – ein Deportationsopfer der Russen im Ersten Weltkrieg und Vater des damaligen NS-Umsiedlungsplaners Peter-Heinz Seraphim[628]: „Weit furchtbarer" als die Geschehnisse in Kurland sei 1915 „die unbarmherzige Austreibung der deutschen Kolonisten aus Polen und Galizien beim Herannahen der feindlichen Truppen" gewesen. Diese seien „zu Abertausenden […] von Haus und Hof verjagt und maßlosem Elend preisgegeben" worden. Seraphim verwies auf einen Plan der russischen Regierung, dem „der Zar grundsätzlich seine Zustimmung erteilt" habe, „nach Kriegs-

---

[624] Liulevicius, Kriegsland im Osten, S. 32 f.
[625] Komarov-Kurlov, Das Ende des Russischen Kaisertums, S. 268 f. und S. 316–318; dass „die Tausende von Flüchtlingen, die fortwährend mit den Soldaten zusammenseien", in der russischen Armee „allgemeine Unzufriedenheit" verbreiteten, „die sich gegen die Offiziere, die Regierung, die Gutsbesitzer, […] die ganze Oberschicht, d. h. gegen Alles, was nicht ‚Volk' sei", richtete, erfuhren auch deutsche Besatzungsoffiziere in Russisch-Polen im September 1915; vgl. Kessler, Das Tagebuch, Bd. 5, S. 411.
[626] Seraphim, Führende Deutsche im Zarenreich, S. 429.
[627] Komarov-Kurlov, Das Ende des Russischen Kaisertums, S. 318 und S. 328, der Goldmanis als „Goldmann" anspricht; zu dessen antideutscher Politik: Rohrbach, Russland und wir, S. 60.
[628] Zu letzterem: Friedländer, Das Dritte Reich und die Juden, S. 205 und S. 542 f.

ende eine allgemeine Liquidation des gesamten deutschen Kolonistenlandes" in Russland vorzunehmen. Man habe „mehrere hunderttausend russische Bauern und Kosaken auf den Krondomänen in Kurland anzusiedeln" geplant, um das aus russischer Sicht allzu deutsche Baltikum zu russifizieren.[629] Bereits der 1911 ermordete Ministerpräsident Piotr Stolypin hatte sich laut Seraphim mit solchen „Plänen getragen", die von seinem Nachfolger Vladimir Kokovcev weiterbetrieben worden seien. Es sei um „Massenansiedlungen russischer Bauern auf den Kronländereien, vor allem Kurlands", gegangen.[630] Der deutsche Publizist Paul Rohrbach behauptete im Kriegsjahr 1915, dass die russischen Minister für Inneres und Landwirtschaft, Maklakov und Krivožein, in den Jahren 1913/14 beschlossen hätten, der von deutschbaltischen Großgrundbesitzern privat geförderten Ansiedlung russlanddeutscher Bauernkolonisten im Baltikum durch eine staatliche Siedlungspolitik entgegenzutreten und durch „die Ansiedlung von 300000 großrussischen Bauern auf den kurländischen Domänen [des Zaren] zur völligen Russifizierung des Landes" zu gelangen.[631] Dieser Besiedlungsplan wäre, falls er existierte, nicht nur eine Parallele zu den Russifizierungsplänen Krivožeins und Pedersons für den Kaukasus, sondern auch das Gegenstück zu Eindeutschungsplänen, wie sie der Alldeutsche Heinrich Claß und später die deutschen Heerführer Hindenburg und Ludendorff für Kurland entwarfen.[632] Solche Russifizierungspläne wurden befeuert durch das Wissen um alldeutsche Besiedlungspläne und die schon seit 1906 laufende reale Ansiedlung von 20000 russlanddeutschen Bauern durch baltendeutsche Großgrundbesitzer auf deren Privatland.[633]

Schon im Herbst 1910 war das Thema der Entrechtung russlanddeutscher Bauernkolonisten zwischen dem zaristischen Regierungschef Stolypin und dem deutschen Botschafter Graf Pourtalès zur Sprache gekommen. Dieser räumte ein, dass es allein Sache der russischen Regierung sei, „Gesetze zu erlassen, um in ihren Grenzländern das russische Element gegenüber dem fremden zu stärken"; wenn jedoch solche Maßnahmen in der russischen Presse damit begründet würden, „daß die deutschen Kolonisten von der deutschen Regierung entsandte Spione seien, welche die doppelte Staatsangehörigkeit besäßen und mit Unterstützung der deutschen Regierung an den strategisch wichtigen Linien angesiedelt würden, um im Kriegsfalle gewissermaßen als Avantgarde der deutschen Armee zu dienen, so sei dies eine unerhörte Hetzerei, die eine große Gefahr für die deutsch-russischen Beziehungen bedeute". Stolypin bestritt diese Pressehetze und zählte „die deutschen Kolonisten" ausdrücklich „zu den besten Elementen in Rußland", verteidigte dann aber seine konkrete „Politik gegen die Fremdvölker" in Wolhynien mit einer zu starken Zunahme des nichtrussischen Elements in westlichen Grenzregionen. Stolypin hatte nicht Unrecht, wenn er betonte, von einer allgemeinen

---

[629] Seraphim, Führende Deutsche im Zarenreich, S. 432.
[630] Seraphim, Russische Porträts, Bd. 1, S. 313.
[631] Rohrbach, Rußland und wir, S. 39.
[632] Vgl. Kap. II.6.
[633] Lohr, Nationalizing the Russian Empire, S. 93 und S. 206, Anm. 44.

„Verfolgung der Deutschen in Rußland" könne „keine Rede sein, denn den deutschen Kolonisten im Innern Rußlands […] gehe es sehr gut". Doch mit Blick auf die westlichen Grenzprovinzen verschärfte sich offenkundig die Lage.[634] Als Stolypins Nachfolger, Ministerpräsident Kokovcev, auf einer Ministerratssitzung Ende 1912 davor warnte, das Deutsche Reich unnötig zu provozieren, löste er bei einigen Ministern heftige chauvinistische Repliken aus, die sich auch gegen die in Russland lebenden Deutschen richteten. Landwirtschaftsminister Krivožein postulierte, man müsse endlich aufhören, vor den Deutschen zu kriechen, und Verkehrsminister Ruchlov behauptete, die bäuerlichen Massen hätten mittlerweile die Notwendigkeit erkannt, sich „von den Deutschen zu befreien, die Rußland eigentlich beherrschten".[635]

Bereits der 1911 ermordete Stolypin hatte „den deutschen Kolonisten an der Wolga, in Wolhynien und Südrußland" 1909 per Gesetz den Ankauf oder die Anpachtung von zusätzlichem Land verbieten wollen. „Noch radikaler" gingen 1912 Kokovcev und Innenminister Makarov die Frage an. Letzterer wollte es „dem Gutdünken der Gouverneure anheimstellen […], jeden nicht gehörig ‚russischen' Kolonisten zu enteignen". Das Vorhaben Stolypins war 1910 von der Duma abgelehnt worden, was nicht zuletzt dem Einfluss des deutschen Abgeordneten Professor Lindemann zu danken war. Das sehr viel radikalere Gesetzesprojekt Makarovs wurde 1912 angesichts der ungünstigen Haltung der Duma-Mehrheit von vornherein zurückgezogen.[636] Erst der Kriegschauvinismus machte im Kontext der Massendeportationen auch diese ethnisch motivierten Enteignungen möglich. Nachdem 300 000 deutsche Kolonisten aus den Südwestprovinzen Russlands ausgewiesen worden waren, rechneten russische Bauern-Soldaten für die Zeit nach Kriegsende mit der Aufteilung sämtlicher deutscher Ländereien zu ihren Gunsten.[637] Der rechtsradikale Duma-Abgeordnete Nikolai Markov, Führer des antisemitischen „Bundes des Russischen Volkes", forderte im Parlament im Februar 1915, „alle deutschen Kolonisten aus Rußland zu verjagen und aus ihren Gütern einen Hilfsfonds für die Familien der [gefallenen] Helden zu bilden". Der ebenfalls antisemitische rechte Abgeordnete Puriškievič – Ende 1916 an der Ermordung Rasputins beteiligt – sprach sich ähnlich aus. Im selben Monat setzte der russische Ministerrat kaiserliche Verordnungen über den Grundbesitz von Untertanen feindlicher Staaten und von Siedlern deutscher Herkunft in Kraft, das diese Gruppen in sämtlichen westlichen Grenzprovinzen enteignete und zudem die Option enthielt, die Expropriation auf das gesamte Reich auszudehnen. Darüber hinaus wurde – unter Rückgriff auf Stolypins Projekt – allen ab 1880 eingewanderten Grundbesitzern deutscher oder österreichisch-ungarischer Herkunft Erwerb oder Anpachtung weiteren Grundbesitzes untersagt. Zwar sah die Regierung Ausnahmen vor für assimilierte oder eindeutig staatsloyale Personen – für „Kolo-

---

[634] Die Große Politik der europäischen Kabinette, Bd. 27, S. 856f.
[635] Kokovtsov, Out of my Past, S. 349.
[636] Seraphim, Russische Porträts, Bd. 1, S. 314.
[637] Beyrau, Aus der Subalternität in die Sphären der Macht, S. 74.

nisten orthodoxer Konfession und slawischer Herkunft und solcher, die in den Reihen der russischen Armee gekämpft haben und eine militärische Auszeichnung besitzen".[638] Diese ethnisch definierte Enteignungspolitik, mit der die Regierungsbürokratie im Weltkrieg bislang undurchführbare Pläne der Vorkriegszeit realisierte, ging mit ebenfalls ethnisch definierter Neubesiedlungspolitik einher: Im russischen Reichsrat hatte Grigori Laskarev kurz vor Veröffentlichung der Enteignungsdekrete vorgeschlagen, das betreffende Land an Neusiedler mit ausschließlich „russischer Nationalität" und allenfalls noch an polnische Kriegshelden zu verteilen. Dies hätte eine Veränderung der Dekrete bedingt, da diese keine Ethnoklausel für den Erwerb des enteigneten Landes kannten. Doch die Debatte ging immer stärker in diese Richtung: Als der Ministerrat am 2. Mai 1915 die Enteignungsdekrete erneut beriet, äußerten einige Mitglieder – darunter Außenminister Sazonov – ihre Ablehnung, obwohl sie die Verordnungen bisher mitgetragen hatten; sie begründeten dies nicht nur mit den veränderten Zielen der Enteignungsdekrete, sondern auch mit ihrer Befürchtung, dadurch ungewollt „Ideen unter den Bauern anzufachen, dass eine Zwangsenteignung von Land erlaubt und vom Staat gebilligt würde". Die vier Opponenten wurden von ihren Kollegen überstimmt. Slawischen Nationalisten, die den allgemeinen Landhunger der Landbevölkerung auf den Besitz deutscher oder jüdischer „Reichsfeinde" abzulenken bestrebt waren, um den Grundbesitz der russischen Aristokratie zu schonen, ging diese Enteignungspolitik hingegen nicht weit genug. Im Juni 1916 trat Fürst Mansyrev, ein fortschrittlicher Abgeordneter aus Riga, demonstrativ vom Vorsitz des Duma-Ausschusses „zur Bekämpfung der deutschen Vorherrschaft in Russland" zurück, weil die Regierung ihr Vorgehen nur auf kleine deutsche Landbesitzer beschränke und die Besitztümer der baltendeutschen Aristokratie ungeschoren lasse.[639]

In der Mehrheit des russischen Ministerrates gingen Germanophobie und Antisemitismus Hand in Hand. Der „glühende Nationalist" Ruchlov, der sich schon 1912 antideutsch exponiert hatte, war im Deportationsjahr 1915 das einzige Mitglied der Regierung, das gegen die Aufhebung der diskriminierenden Siedlungsbestimmungen für Juden stimmte – mit dem abenteuerlichen Argument, es könne nicht sein, dass ganz Russland im Weltkrieg leide und einzig die Juden privilegiert würden.[640] Die nationalistische Aggression seit Kriegsbeginn richtete sich – wie der Moskauer Pogrom 1915 demonstriert hatte – gleichermaßen gegen Volksdeutsche und Juden. Die deutsche Presse zumindest berichtete, dass die Mehrzahl der in Moskau geplünderten Geschäfte und Wohnungen nicht Deutsch- oder Österreichisch-Stämmigen gehört habe, sondern Juden.[641]

---

[638] Schulthess' Europäischer Geschichtskalender 56.1915, Teilbd. 2, S. 1089–1091.
[639] Lohr, Nationalizing the Russian Empire, S. 102f. und S. 166.
[640] Gurko, Features and Figures of the Past, S. 558–560.
[641] Schulthess' Europäischer Geschichtskalender 56.1915, Teilbd. 2, S. 1095; es wurde behauptet, der Mob habe über Adressenlisten auf Papier der Geheimpolizei verfügt.

Nicht nur die Volksdeutschen, auch die Juden in Russland wurden seit Kriegsbeginn kollektiv als deutsche Spione stigmatisiert. Ab 1914 dienten 500 000 Juden in der zaristischen Armee, doch zugleich wurden Hunderttausende von Juden als angebliche Feinde Russlands deportiert. Auf diese Weise wurden „die Juden neben den Russlanddeutschen zur eigentlichen inneren Feindnation gemacht".[642] Der Antisemitismus der russischen Regierung und Militärführung blieb deren westlichen Verbündeten nicht verborgen. Die britische Regierung wusste, dass Generalstabschef Januškevič im April 1915 die Meinung vertrat, sämtliche Sabotageakte an der Front würden gegen deutsche Bezahlung von Juden organisiert, denn sonst gebe es in Russland niemanden, der so etwas tun würde.[643] In aristokratischen Kreisen Petrograds kursierten Erzählungen über alltägliche Hinrichtungen angeblicher jüdischer Spione im Frontgebiet.[644]

Der russisch-jüdische Politiker und Historiker Simon Dubnov hatte im August 1914 mit Widerwillen eine jüdische Loyalitätsdemonstration in St. Petersburg erlebt, „die mit einem Kniefall vor dem Denkmal Alexanders III. geendet hatte" – jenes Zaren, der als Antisemit berüchtigt war und der seinen Sohn Nikolai II. hierin geprägt hatte. Dubnov verurteilte diese „Unterwürfigkeit" und meinte, das Zarenregime dürfe nur dann auf Loyalität seiner jüdischen Bevölkerung rechnen, wenn es ihr volle Gleichberechtigung gewähre. Stattdessen hätten „die jüdischen Soldaten in der Etappe und an der Front unter Verfolgung zu leiden".[645] Offenbar hatte der im August 1914 veröffentlichte Aufruf des Zaren an „Meine lieben Juden" mit dem Versprechen der Gleichberechtigung und der Eröffnung des Zugangs zu Offiziersstellen[646] keinen Geist der Gleichberechtigung erzeugt. Stattdessen beobachtete Dubnov, dass seit den ersten militärischen Rückschlägen die Antisemiten hemmungslos Gerüchte verbreiteten, die in Frontnähe lebenden „Juden seien österreichisch orientiert und hätten zugunsten des Feindes Spionage getrieben". Schon im Herbst 1914 begann der Höchstkommandierende Großfürst Nikolai „mit der unmenschlichen Vertreibung ganzer jüdischer Gemeinden", etwa in Novaia Alexandria bei Lublin. Am 16. Oktober 1914 erfuhr Dubnov von der Evakuierung vieler Kleinstädte und Dörfer im Raum Warschau „von der jüdischen Bevölkerung". Am 9. November notierte er: „Herzzerreißend ist das Jammergeschrei der Vertriebenen, die aus ihren Heimatsorten von ihrer ‚eigenen' russischen Regierung verjagt worden sind." Einen Tag später erhielt er „Mitteilungen über Militärpogrome". Dubnov, der seit Kriegsbeginn engen Kontakt zu jüdischen Duma-Abgeordneten wie dem liberalen Wilnaer Rechtsanwalt Naftél Fridman hielt, bemerkte, dass diese Verfolgung genau jene Abwendung der Juden von ihrer Obrigkeit in Richtung „Deutschfreundlichkeit" bewirkte, welche die Verfolger schon voraussetzten:

---

[642] Beyrau, Aus der Subalternität in die Sphären der Macht, S. 74–76.
[643] Lloyd George, War Memoirs, Bd. 1, S. 265.
[644] Kleinmichel, Bilder aus einer versunkenen Zeit, S. 216f.
[645] Dubnow, Mein Leben, S. 189f.
[646] Vgl. den Wortlaut in: Schulthess' Europäischer Geschichtskalender 55.1914, S. 845.

„Man berichtet zuverlässig, daß, als jüdische Familien auf den unmenschlichen Befehl des Armeekommandanten aus den Städten Skernevice und Grodsisk verjagt wurden (Greise, Frauen und Kinder mußten zu Fuß achtzig Werst bis nach Warschau wandern), sie unterwegs auf ein russisches Regiment stießen und den jüdischen Soldaten dieses Regiments flehentlich zuriefen: ‚Seht, Brüder, was mit uns geschieht!' Die jüdischen Soldaten wären in Tränen ausgebrochen, hätten aber nichts zu tun vermocht."[647]

Auch Maurice Paléologue, der französische Botschafter in Petrograd, hielt Ende Oktober 1914 fest, für die Juden in Polen und Litauen bedeute „dieser Krieg die härteste Prüfung, die ihnen je auferlegt" worden sei. Es seien „mehrere Hunderttausende, die ihre Wohnsitze in Lodz, Kielce, Petrokow, Iwangorod, Skierniewice, Wloslavsk, Suwalki, Grodno, Bjelostok [Bialystok] usw." hätten verlassen müssen. Zwar habe es bisher „noch keinen *Pogrom*, keine wohlvorbereitete Metzelei gegeben", doch im Frontgebiet vergehe „kein Tag, an welchem man nicht unter dem haltlosesten Vorwande des Spionierens einige Juden aufhängen würde".[648] Gleichwohl wagte es Außenminister Sazonov, auf einer Dumasitzung Anfang 1915 Nachrichten über antisemitische Militärpogrome als „Verleumdung" zurückzuweisen – und zwar mit dem ausdrücklichen Motiv, „die erregte öffentliche Meinung der Vereinigten Staaten Amerikas [zu] beruhigen". Doch „gerade in diesen Tagen" wanderten „20 000 vertriebene Juden Richtung Warschau, wobei viele von ihnen auf den Armen ihre erfrorenen Kinder trugen". Verantwortlich für die Ausweisung war General Russki, Generalstabschef der Nordwestfront.[649] Am 30. März 1915 resümierte Botschafter Paléologue:

„Seit dem Beginn des Krieges sind die Juden Polens und Litauens furchtbarer Drangsal ausgesetzt. Während des Monats August [1914] hat man sie gezwungen, sich aus der Zone, die an der Grenze liegt, schleunigst zu entfernen. Nach kurzer Frist haben die ebenso bündigen wie übereilten und grausamen Ausweisungen begonnen, die sich täglich weiter nach Osten hin erstrecken. Nach und nach ist die ganze israelitische Bevölkerung von Grodno, Lomza, Plozk, Kutno, Lodz, Pietrokow, Kielce, Radom, Lublin in das Innere des Landes gegen Podolien und Wolhynien zurückgedrängt worden. Überall wurde der Auszug, unter den wohlwollenden Augen der Behörden, von Gewalttätigkeiten und Plünderungen begleitet. So hat man Unglückliche zu Hunderttausenden durch den Schnee umherirren sehen, von Kosakenhaufen wie Vieh vor sich hergetrieben, in höchster Not, an Bahnhöfen verlassen, auf offenem Felde, vor den Toren der Städte zusammengepfercht, sterbend vor Hunger, Erschöpfung und Kälte. Und zur Stärkung ihrer Moral haben die bejammernswerten Menschen auf ihrem ganzen Wege dieselben Gefühle des Hasses und der Verachtung, dieselbe Verdächtigung der Spionage und des Verrates wiedergefunden. [...] Und doch gibt es in den Reihen der russischen Armee zweihundertvierzigtausend jüdische Soldaten, die sich sehr wacker schlagen!"[650]

Im April 1915 wurden binnen zweier Tage „190 000 Juden aus dem Gouvernement Kowno, Kurland und einigen anderen Bezirken vertrieben".[651] Dubnov hielt am 10. Mai 1915 fest, dass „als Aufenthalt" die weit entfernten Gouvernements Poltawa und Jekaterinoslaw „vorgesehen" seien, wohin „die Unglücklichen [...] in

---

[647] Dubnow, Mein Leben, S. 191 und S. 193f.; Kelner, Simon Dubnow, S. 336 und S. 378.
[648] Paléologue, Am Zarenhof während des Weltkrieges, Bd. 1, S. 170.
[649] Dubnow, Mein Leben, S. 194.
[650] Paléologue, Am Zarenhof während des Weltkrieges, Bd. 1, S. 314f.
[651] Löwe, Antisemitismus und reaktionäre Utopie, S. 147.

Viehwagen eingesperrt" transportiert würden.⁶⁵² Auch in diesem Fall wagte Generalgouverneur Kurlov, dem Befehl des Höchstkommandierenden, „alle Juden ohne Unterschied des Geschlechts, des Alters und der von ihnen bekleideten Stellung auszusiedeln", Widerstand entgegenzusetzen. Kurlov argumentierte, eine „allgemeine Aussiedlung" würde zum „Stillstand des Lebens im Gouvernement" führen, da die von Juden getragene Versorgung mit Lebensmitteln und Ärzten zusammenbrechen müsse; auch sei eine „Massenaussiedlung schon wegen des Mangels an Waggons nicht möglich". Tatsächlich gelang es Kurlov, beim Großfürsten Nikolai eine Änderung des Befehls zu erreichen, doch waren „bereits viele Juden Kurlands ausgesiedelt worden, was für sie natürlich äußerst schwere Folgen nach sich zog". Die Versorgung „dieser unfreiwilligen Flüchtlinge, die sich in Massen auf den Bahnhöfen ansammelten", wurde vom russischen Staat ganz der Privatinitiative der jüdischen Bürger überlassen.⁶⁵³

Frankreichs Botschafter stellte im Juli 1915 angesichts der Niederlagen gegen Deutschland ein vehementes „Wiedererwachen des Antisemitismus" in Russland fest, das durch die nationalistische Presse geschürt wurde. Paléologue registrierte seit Mai die Aussiedlung aller Juden aus Litauen und Kurland in Richtung Žitomir, Kiev und Poltava. „Wie immer", so der illusionslose Diplomat, würden „diese Befehle von den russischen Behörden ohne die mindeste Vorbereitung, ohne die mindeste Schonung, mit unerbittlicher Roheit vollzogen". So seien die in Kowno lebenden 40 000 Juden am 3. Mai aufgefordert worden, binnen 48 Stunden die Stadt zu verlassen. Die Ausweisung sei „von schmählichen Gewalttaten, von Plünderungen und Brandstiftungen begleitet" gewesen.⁶⁵⁴ Simon Dubnov erfuhr im August 1915 von Opfern dieser Deportationen von einem Massaker:

„Gestern besuchte ich das Asyl der Flüchtlinge aus der kleinen polnischen Stadt Malkin im hiesigen Armenhaus. Die abgehärmten Männer und Frauen erzählten mir von einem bisher unbekannt gebliebenen ungeheuerlichen Vorkommnis in Saremba-Koszelna. Die Bevölkerung hatte den Befehl erhalten, innerhalb einer bestimmten Frist den Ort zu verlassen. Als aber die Unglücklichen dem Befehl nicht rechtzeitig Folge leisteten, umzingelten Kosaken die Stadt und zündeten sie von allen Seiten an. Die Polen wurden herausgelassen, aber viele Juden büßten in den Flammen ihr Leben ein…"⁶⁵⁵

Bis Ende Mai 1915 hatten die russischen Militärbehörden 300 000 Juden aus Polen, Litauen und Kurland ins östliche Russland ausgewiesen. Paléologue notierte am 8. August 1915, die Gesamtzahl aller „Ausgewiesenen" erreiche 800 000:

„Bei jedem Rückzug der Armee setzt die Polizei die Ausweisung der Juden noch weiter fort. Überall […] wird dieses Verfahren hastig, mit ebensoviel Ungeschicklichkeit als Roh[h]eit durchgeführt. Die Beteiligten werden erst in letzter Stunde verständigt; sie haben weder Zeit noch Möglichkeit, irgend etwas mitzunehmen. Man pfercht sie eiligst in Eisenbahnzüge; man stößt sie auf den Straßen vor sich hin wie Herdenvieh; man gibt ihnen nicht einmal ihren Bestimmungsort kund, der übrigens zwanzigmal auf der Strecke geändert wird. Und fast überall stürzt sich, sowie ihr Abfahrtsbefehl in der Stadt verkündet wird, die orthodoxe Volksmenge zur

---

⁶⁵² Dubnow, Mein Leben, S. 196.
⁶⁵³ Komarov-Kurlov, Das Ende des Russischen Kaisertums, S. 314–316.
⁶⁵⁴ Paléologue, Am Zarenhof während des Weltkrieges, Bd. 1, S. 362.
⁶⁵⁵ Dubnow, Mein Leben, S. 199.

Plünderung auf das Ghetto. Nach Podolien, Wolhynien, Bessarabien und der Ukraine zurückgedrängt, sind sie einem furchtbaren Elend preisgegeben."[656]

Angesichts wachsender Probleme bei Transport, Versorgung und Unterbringung wehrte sich die russische Regierung im August 1915 gegen weitere Deportationsbefehle der Militärkommandeure.[657] Denn trotz der Deportationen galten unverändert die Ansiedlungsverbote für Juden in Russland, so dass die Ausgewiesenen nur in solchen Regionen untergebracht werden konnten, die noch zum „Ansiedlungsrayon" gehörten und zugleich nicht schon Kriegsgebiet waren. Diese Siedlungsbeschränkung der Juden auf die russischen Westgebiete hatte Zar Nikolai I. 1835 verfügt, ein Ukas seines Enkels Alexander III. hatte sie 1882 verschärft, und derselbe Zar hatte 1891 die Deportation von 22 000 Juden aus St. Petersburg und Moskau in den bereits überfüllten Ansiedlungsrayon veranlasst.[658] Angesichts des Zusammenbruchs der Front wurde im Frühsommer 1915 über „das ganze Ansiedlungsgebiet" der Kriegszustand verhängt. Dies bewirkte, so erinnerte sich der baltische Generalgouverneur Kurlov, „daß die auszusiedelnden Juden *nirgendswohin* geschickt werden konnten, was wiederum einen großen Schriftwechsel mit Petrograd zur Folge hatte."[659]

Der Erste Weltkrieg stürzte somit für Juden und Antisemiten gleichermaßen die Welt um: Es erwies sich „als absolut unmöglich", die jüdischen Ausgewiesenen – 500 000 bis eine Million Menschen[660] – im schrumpfenden Ansiedlungsrayon unterzubringen. Ein Teil der Deportierten wurde von der deutschen Offensive überholt und konnte – gleichwohl entwurzelt – irgendwo im besetzten Polen bleiben, doch 190 000 Juden wurden in Russland umgesiedelt. Juden, die zum Teil sehnlich gewünscht hatten, den Rayon verlassen zu dürfen, wurden zu ihrem Entsetzen plötzlich gewaltsam daraus vertrieben.[661] Und der Ministerrat des Zaren, der diesen Rayon einst geschaffen und 1,3 Millionen russische Juden dorthin zwangsumgesiedelt hatte[662], sah sich ebenso plötzlich gezwungen, diesen Rayon fast bedingungslos aufzuheben und den Juden die „Niederlassung in den Städten Russlands" zu gestatten.[663] Zwar glaubte Simon Dubnov, die Abschaffung des Ansiedlungsrayons sei „nur eine leere Geste", erzwungen durch den Vormarsch der Deutschen. Bezeichnenderweise sei den Juden kein Wohnrecht in den Hauptstädten, kaiserlichen Residenzen und in den Kosakengebieten gewährt worden.[664] Tatsächlich hatte am 25. August 1915 der Ministerrat beschlossen, „den Juden bis zur Revision aller sie betreffenden Gesetze die Erlaubnis zu geben, sich mit Ausnah-

---

[656] Paléologue, Am Zarenhof während des Weltkrieges, Bd. 1, S. 380.
[657] Lohr, Nationalizing the Russian Empire, S. 138–147.
[658] Hoerder, Cultures in Contact, S. 327.
[659] Komarov-Kurlov, Das Ende des Russischen Kaisertums, S. 316.
[660] Sanborn, Unsettling the Empire, S. 307; Kulischer, Europe on the Move, S. 31, nennt 600 000 zwangsevakuierte Juden im Sommer 1915.
[661] Kulischer, Jewish Migrations, S. 24 und S. 31, Anm. 3.
[662] Ebenda, S. 23.
[663] Kappeler, Russland als Vielvölkerreich, S. 284.
[664] Dubnow, Mein Leben, S. 200.

me von Petersburg, Moskau, Turkestan und den Kosakendistrikten am Don überall im russischen Reiche anzusiedeln und unbewegliches Eigentum zu erwerben".[665] Wo solche Ansiedlungen jedoch wirklich erfolgten, soll die einheimische Bevölkerung feindselig reagiert haben.[666]

Die zaristische Evakuierungs- und Deportationspolitik zeitigte keineswegs umfassende Ergebnisse. Je größer das Chaos des hastigen militärischen Rückzugs wurde, desto größer wurde die Zahl der „Flüchtlinge" oder Deportierten, die der russischen Armee „durch die Finger" rannen – nach Beobachtungen des deutschen Rittmeisters Harry Graf Kessler im September 1915 „zuerst Juden", später „auch Polen und Ruthenen" (Ukrainer):

„Je eiliger die Russen zurückmussten, um so unbequemer wurden ihnen die dichten Kolonnen der Bauern mit ihren undurchdringlichen, unabsehbaren Wagenreihen, die die wenigen Chausseen und Wege nach Osten verstopften. Man warf sie rücksichtslos von den Strassen rechts und links hinunter, um Platz zu schaffen für die abziehende Armee. So begann die große Rückwanderung [...]. Die Verschleppten, die ohne Verpflegung und Aufsicht blieben, strömten plötzlich ungehemmt zurück. Am Tage der Einnahme von Brest-Litowsk verstopften sie uns alle Vormarschstrassen. Jetzt kommen sie in Massen, eine Völkerwanderung, in endlosen, ungeordneten, hungernden Schaaren [sic!] mitten zwischen unseren nach dem Balkan oder Frankreich abziehenden Truppen hier vorbei. Wohin, weiss niemand, denn ihre Dörfer sind verbrannt, Juden und Polen durcheinander, gleich heimatlos im gleichen Elend."[667]

In einer Umgebung voll massenhaft verendetem Vieh, verbrannten Dörfern und geplünderten Scheunen sah man diese „armen hungernden Flüchtlinge, Juden und Polen, [...] die letzten unreifen Pflaumen von den Bäumen plündern und die letzten Kartoffeln aus den Feldern reissen". Nur das weit entfernte deutsche Armeeoberkommando phantasierte in realitätsfremden Verlautbarungen von den „reichen Vorräten des Landes".[668]

Zugleich war im August 1915 der Konflikt zwischen russischer Regierung und Militärführung über die Deportationspolitik eskaliert. Im Ministerrat wurde gegen den „unbeschreiblichen Terror" des Oberkommandos gewettert.[669] Die von den Militärs veranlassten Ziviltransporte verstopften nicht nur sämtliche Verkehrswege, sie zeitigten auch viele Hunger- und Seuchentote und führten zum Versorgungschaos im östlichen Russland, wo Wohnraum und Nahrungsmittel für die Neuankömmlinge fehlten. Auf der Ministerratssitzung vom 4. August 1915 beklagte Landwirtschaftsminister Krivožein, dass die Flüchtlinge die ganze Landwirtschaft ruinierten und unter der Bevölkerung der Durchzugs- und Aufnahmegebiete Panik auslösten. Die Regierung warf der Armeeführung vor, mit ihrer Deportationspolitik folglich das eigene Vaterland zu verwüsten. Der konservative Spitzenbürokrat Vladimir Gurko kritisierte zudem, streng rechtsstaatlich argumentierend, dass eine Deportation der gesamten jüdischen Bevölkerung der Westprovinzen selbst dann ungerechtfertigt sei, wenn sich tatsächlich zahlreiche Verrä-

---
[665] Schulthess' Europäischer Geschichtskalender 56.1915, Teilbd. 2, S. 1124 und S. 1127.
[666] Gurko, Features and Figures of the Past, S. 559.
[667] Kessler, Das Tagebuch, Bd. 5, S. 398.
[668] Ebenda, S. 397.
[669] Kulischer, Europe on the Move, S. 31.

ter unter dieser Gruppe befinden sollten. Gurko betrachtete das „sinnlose und hässliche" Vorgehen der Militärführung überdies mit Blick auf die außenpolitische Wirkung als schädlich. Jüdische Bankiers stellten dem zaristischen Finanzminister ein Ultimatum, um die Deportationen zu stoppen.[670] Tatsächlich wurde die Deportationspolitik im Spätsommer 1915 geändert – was durch die damalige Ablösung des Höchstkommandierenden Großfürst Nikolai und seines Generalstabschefs Januškievič am 21. August 1915 wesentlich erleichtert wurde. Seitdem fungierte der Zar selbst als Höchstkommandierender, und sein Generalstabschef Alexeiev gestattete „die massenhafte Ausweisung von Juden" nur noch als Ausnahme.[671] Bis dahin aber waren schon „über 600 000 Juden aus den Provinzen des Kriegsschauplatzes ausgewiesen" worden. Auch bedeutete die Einstellung der Deportationen kein Ende der Judenverfolgung insgesamt, denn unter Alexeiev versuchte das Militär, die den Juden weiterhin unterstellte Spionage alternativ verstärkt durch Geiselnahmen und Hinrichtungen zu bekämpfen.[672] Die Deportationen wurden im Übrigen nur reduziert, aber bis zum Sturz des Zaren im März 1917 nie völlig eingestellt.[673]

Die Judenverfolgung belastete das internationale Ansehen der Entente. Im Juli 1915 erfuhr US-Botschafter Morgenthau in Konstantinopel vom deutschen Zionisten Richard Lichtheim, dessen Organisation habe die britische Regierung um Hilfe gebeten. Letztere sei in Petrograd vorstellig geworden, doch habe das russische Außenministerium jede Einmischung in innere Angelegenheiten barsch zurückgewiesen.[674] War es „für die Regierungen Englands und Frankreichs" begreiflicherweise „unangenehm, das Verhalten ihres Verbündeten laut zu verurteilen", so wurde in der Öffentlichkeit der USA die häufig auf eigenen Verfolgungserfahrungen basierende antirussische Einstellung jener 1,5 Millionen russisch-jüdischer Einwanderer, die zwischen 1881 bis 1914 dorthin gelangt waren[675], durch das Bekanntwerden der Deportationen hochaktuell. Anfang 1916 wurde einer Delegation russischer Abgeordneter von Lord Rothschild, dem Sprecher der britischen Bankenwelt, bedeutet, die zaristische Judenverfolgung schade der Kreditwürdigkeit der gesamten Entente in den USA. Der liberale Parteiführer Miliukov wagte daraufhin in der Reichsduma ein Dekret des US-Präsidenten Wilson anzusprechen, „in dem für ganz Amerika ein Judentag angeordnet wird, an dem Hilfen für jüdische Opfer gesammelt werden sollen".[676]

Da die Entente die Unterstützung der neutralen USA dringend benötigte und auf deren Kriegseintritt hoffte (der einige Wochen nach dem Sturz des Zaren 1917 erfolgte), versuchten die Westmächte, den als liberal geltenden Außenminister Sazonov auf ihre Seite zu ziehen. Paléologue hatte Sazonov im Herbst 1914

---

[670] Gurko, Features and Figures of the Past, S. 558f.
[671] Löwe, Antisemitismus und reaktionäre Utopie, S. 148.
[672] Ebenda, S. 148; Paléologue, Am Zarenhof während des Weltkrieges, Bd. 1, S. 380.
[673] Lohr, Nationalizing the Russian Empire, S. 145.
[674] United States Diplomacy on the Bosphorus, S. 271.
[675] Miller, The Romanov Empire and Nationalism, S. 123.
[676] Solschenizyn, „Zweihundert Jahre zusammen". Die russisch-jüdische Geschichte, S. 478.

geraten, „sich so duldsam und freisinnig zu erzeigen, wie nur möglich", gerade mit Blick auf die jüdische Bevölkerung der USA, deren Groll über das antisemitische Russland von Deutschland geschickt ausgebeutet würde.[677] Das interessierte die russische Regierung wenig. Sazonov zeigte seine antisemitische Haltung dem Botschafter der USA, David Francis, ganz unverhohlen. Dieser war freilich – anders als Morgenthau und Elkus in Konstantinopel – kein Jude, sondern selbst nicht frei von antisemitischen Anwandlungen. Francis berichtete im Juni 1916 nach Washington, der russische Außenminister habe sich verwundert gezeigt, dass die USA als einziges Land, mit dem man Beziehungen unterhalte, die Behandlung der russischen Juden kritisiere. In Analogie zur oben zitierten Frage Talaats an US-Botschafter Morgenthau, warum sich das von einem Juden repräsentierte Amerika für die Behandlung der osmanischen Armenier interessiere, fragte Sazonov den US-Botschafter, warum sich das von einem Nicht-Juden repräsentierte Amerika für die Behandlung der russischen Juden interessiere. Diese seien sämtlich prodeutsch und russlandfeindlich, fast jeder deutsche Spion in Russland sei ein Jude – eine Meinung, die der US-Botschafter kritiklos weitergab.[678] Dabei wussten Polizeispezialisten wie General Kurlov nur zu gut, dass der Anteil der Juden an den überführten deutschen Spionen nicht über ihrem Bevölkerungsanteil lag.[679] Schon vor Francis hatte sein britischer Botschafterkollege Sir George Buchanan verbreitet, es könne nicht der geringste Zweifel sein, dass eine große Anzahl russischer Juden für Deutschland spioniert habe. Konservative Politiker und die Rechtspresse der westlichen Verbündeten des Zarenreiches zeigten sich empfänglich für die russische Insinuation einer globalen deutsch-jüdischen Verschwörung.[680]

Neben dem Antisemitismus der Elite spielte deren Furcht vor dem Antisemitismus des Volkes eine Rolle. Als der französische Botschafter im September 1916 den Stellvertretenden Außenminister Neratov zu überzeugen suchte, Reformen in der Judenpolitik würden die USA günstiger stimmen, wehrte dieser erschrocken ab: „Während des Krieges an die jüdische Frage rühren! ... Das ist unmöglich... Da hätte man das ganze Land gegen sich."[681] Möglicherweise bewirkten die interalliierten Beratungen der Entente in Petrograd Anfang 1917 einen Umschwung. Zumindest behauptete später der Geheimpolizei-General Globačev nach dem Sturz des Zaren, der letzte kaiserliche Justizminister Dobrovolski habe einen Gesetzentwurf zur Gleichberechtigung der Juden vorbereitet, der zu Ostern 1917 feierlich hätte verkündet werden sollen.[682] Die Februarrevolution kam dieser zweifelhaften Gnade des antisemitischen Zaren zuvor.

Der französische Botschafter hatte zu Recht auf die Ausschlachtung der russischen Judendeportationen durch die deutsche Propaganda hingewiesen. Trotz

---

677 Paléologue, Am Zarenhof während des Weltkrieges, Bd. 1, S. 170, und Bd. 2, S. 188–190.
678 Dollars and Diplomacy, S. 28 f., S. 33–35 und S. 49–51.
679 Kurlov, Das Ende des russischen Kaisertums, S. 316.
680 Fink, Defending the Rights of Others, S. 72, Anm. 29.
681 Paléologue, Am Zarenhof während des Weltkrieges, Bd. 2, S. 188–190.
682 Solschenizyn, „Zweihundert Jahre zusammen". Die russisch-jüdische Geschichte, S. 499.

eigener antisemitischer Einstellungen gerade innerhalb der deutschen Eliten[683] nahm sich Deutschland öffentlich – namentlich mit Blick auf die USA – der Judenverfolgung in Russland mitfühlend an. Schon die von Deutschland inspirierte osmanische Armeniernote an die Entente hatte im Juni 1915 die russische „Deportation der gesamten jüdischen Bevölkerung ihrer westlichen Provinzen" ausdrücklich verurteilt.[684] Mitte August 1915 erschien in der „Norddeutschen Allgemeinen Zeitung" ein Bericht über Dumareden des jüdischen Abgeordneten Fridman und des muslimischen Abgeordneten Džafarov, die gegen die Deportation ihrer Völker protestiert hatten:

„Diese Reden, die die Petersburger Telegraphenagentur und die Presse der Entente dem europäischen Publikum verschwiegen hat [sic!], sind ein bleibendes Denkmal der Schande für die russische Regierung. Da die Zeugnisse von Russen selbst stammen, da die russische Zensur es nicht gewagt hat, die Reden in den russischen Zeitungen zu unterdrücken, so handelt es sich um unverdächtige Zeugnisse, die von niemand bezweifelt werden können."[685]

Publizisten wie Paul Rohrbach nutzten diese Duma-Reden zur Diskreditierung Russlands. Im Kaukasus lasse es „auf Entsetzliches schließen, wenn die Regierung den Armeniern öffentlich erlaubt, die von den Bewohnern ‚verlassenen' tatarischen Dörfer einzunehmen". Über das Schicksal der Juden in Russland habe der Dumaabgeordnete Friedmann (Fridman) *„Mitteilungen so entsetzlichen Inhalts"* gemacht, *„daß sie nur in einer geschlossenen Sitzung zugelassen wurden"*. Dies veranlasste Rohrbach zum Vergleich der russischen Deportationen von 1915 mit der russischen Politik der verbrannten Erde gegen Napoleon hundert Jahre zuvor: „Man führt den Krieg wie 1812, nur mit dem Unterschied, daß es nicht wie damals auf Kosten der russischen Bevölkerung geht, sondern auf Kosten der fremdstämmigen Nationalitäten, die die Regierung vernichten will."[686]

Auch die Entente registrierte, dass die Deportationspolitik der russischen Armeeführung nirgends kritischer diskutiert wurde als im russischen Parlament.[687] Dieser Bruch des kriegsüblichen „Burgfriedens" war ein klares Indiz für die innere Krise des Zarenreiches. Dazu trug die Ungeschicklichkeit der russischen Regierung bei. Am 1. August 1915 hatte Ministerpräsident Goremykin vor der wiedereröffneten Reichsduma der polnischen Bevölkerung für ihre Treue zu Russland großes Lob gezollt, um die geplante Autonomie für das russische Königreich Polen zu legitimieren. Für die „anderen Nationalitäten" aber hatte der Premier nur

---

[683] So empfahl Graf Friedrich-Werner von der Schulenburg, Konsul in Erzerum und Hitlers späterer Botschafter in der Sowjetunion (1944 als Widerstandskämpfer hingerichtet), 1916 gegenüber Konstantin von Neurath, die Türkei werde „den russischen ‚rayon' einführen müssen", wenn sie ihr Volk vor Ausbeutung durch die den Juden ähnlichen armenischen Händler schützen wolle; vgl. Der Völkermord an den Armeniern 1915/16, S. 462.

[684] Der Völkermord an den Armeniern 1915/16, S. 165.

[685] Schulthess' Europäischer Geschichtskalender 56.1915, Teilbd. 1, S. 344; Džafarov setzte sich nach dem Sturz des Zaren 1917 bei der Provisorischen Regierung für Gleichberechtigung der Muslime in der Armee ein; vgl. Ischakov, Die russischen Muslime im Ersten Weltkrieg, S. 265; er wurde 1918 Minister im unabhängigen Azerbaidjan.

[686] Rohrbach, Rußland und wir, S. 40.

[687] Paléologue, Am Zarenhof während des Weltkrieges, Bd. 1, S. 380f.

die Bemerkung übrig gehabt, auch diese hätten „Beweis von ihrer Treue gegen das Vaterland abgelegt", und daher müsse die russische Innenpolitik „durchdrungen sein von dem Grundsatze der Unparteilichkeit und des Wohlwollens gegenüber allen treuen russischen Bürgern ohne Unterschied der Nationalität, des Glaubens und der Sprache". Tags darauf nahm der Liberale Naftël Fridman, der das von Deportationen hart getroffene Judentum Litauens repräsentierte, bitteren Bezug auf Goremykin, weil dieser „das Recht auf Gerechtigkeit [...] nur für die Polen in Aussicht gestellt" habe, hingegen den „übrigen Nationalitäten", die genauso „ihr Blut auf dem Schlachtfelde vergossen" hätten, „nur ein wohlwollendes Verhalten versprochen" habe – „und was ein wohlwollendes Verhalten in einem Polizeistaate bedeutet, das wissen wir".[688] Auch Simon Dubnov bemerkte „die scharfe Kritik, die an dem Verhalten der Behörden geübt wurde", zumal in den Reden des Liberalen Miliukov und des Sozialisten Tschcheidse ausdrücklich auch der jüdischen Leiden gedacht wurde. Vor dieser Dumasitzung hatte Dubnov noch befürchtet, dass „der jüdische Abgeordnete" gar „nicht zu Wort kommen" würde, „da alle nationalen Dumafraktionen den mohammedanischen Abgeordneten beauftragt haben, in ihrem Namen eine gemeinsame Erklärung abzugeben". Umso erfreuter konnte er verzeichnen, dass Fridman „wider Erwarten" doch noch „gesprochen und erschreckende Tatsachen vorgebracht" habe. In Dubnovs Augen hatte der Wilnaer Abgeordnete seine Sache sehr viel besser gemacht als im August 1914, als er eine „derart demütig[e]" Loyalitätserklärung abgegeben habe, „dass ihm sogar die Rechten applaudierten".[689]

Tatsächlich bildete die am 2. August 1915 gehaltene Rede Naftël Fridmans den Höhepunkt der im Zarenreich möglichen parlamentarischen Kritik. Der Rechtsanwalt aus Wilna beklagte, dass die Juden Russlands ein weiteres Mal zum „Sündenbock" gemacht würden, indem unwahre Legenden über jüdische Spionage „mit Hilfe der Regierung verbreitet" würden. Die Deportationspolitik der Militärführung griff Fridman als Maßnahme an, „die an Schrecklichkeit und Ungeheuerlichkeit in der Geschichte der Menschheit unerhört und noch nie dagewesen" sei. Der jüdische Abgeordnete rügte nicht nur Härten und Todesopfer, sondern vor allem das der Bevölkerungsmehrheit und der Armee gegebene Signal, ihre jüdischen Mitbürger seien vogelfrei:

„Wer gesehen hat, wie diese Aussiedlungen vor sich gingen, der wird sie sein ganzes Leben lang nicht vergessen. Zur Aussiedlung wurde ein Tag, manchmal auch zwei Tage Frist gegeben. Es wurden sowohl Frauen wie Greise, Kinder und Kranke verschickt. Man hat sogar die Irrsinnigen aus den Irrenanstalten herausgejagt [...]. In Mogilnitza wurden 5000 Leute im Laufe eines Tages in die Verbannung geschickt [...]. Man zwang sie [...], auf abseits liegenden Wegen nach dem Gouvernement Lublin zu ziehen[,] und nahm ihnen zugleich die Möglichkeit, ihr Eigentum mitzunehmen; viele mussten zu Fuß wandern. Als ich nach Lublin kam, waren für sie von dem Jüdischen Komitee Brot und Nahrungsmittel bereitgestellt, aber man erlaubte ihnen nicht, haltzumachen, sie mussten weiter wandern. Auf dem Wege kamen Unglücksfälle vor. Ein sechsjähriges Kind fiel hin und schlug sich zu Tode, aber man gab den Eltern keine Erlaubnis, das Kind zu beerdigen. [...] Man verschickte die Juden in Güterwagen wie das Vieh [...]."

[688] Schulthess' Europäischer Geschichtskalender 56.1915, Teilbd. 2, S. 1102f. und S. 1111f.
[689] Dubnow, Mein Leben, S. 198f.; zu Fridman 1914: Kelner, Simon Dubnow, S. 377.

Etliche Gouverneure hatten in den Provinzen laut Fridman den Deportierten Unterbringung und Versorgung verweigert. Es sei ein chaotisches Hin und Her von Judentransporten in überfüllten Viehwaggons entstanden – schlimm für die Menschen, schädlich für die Kriegführung. „Es gab Pogrome, Räubereien, Vergewaltigungen von Frauen." Abschließend verwahrte sich Fridman, der für seine Rede Beifall nur „von links" erhielt, gegen den kollektiven Spionagevorwurf und verwies auf Enthüllungen seines sozialistischen Kollegen Alexander Kerenski – des späteren Chefs der Provisorischen Regierung des Revolutionsjahres 1917 – im angeblichen Spionagefall Kuscha (Kuzy).[690] Im Dorf dieses Namens sollten Juden eine russische Kompanie in einen deutschen Hinterhalt gelockt haben. Den Juristen Fridman und Kerenski war jedoch der Nachweis gelungen, dass es sich beim Heeresbericht „um eine bewusste Falschmeldung" handelte.[691]

Ähnlich freimütig wie Fridman attackierte auch der muslimische Abgeordnete Džafarov – ein späterer Minister der Republik Azerbaidschan nach 1918 – die Stigmatisierung und Verfolgung von „Fremdstämmigen" im Kaukasus. Die einzige Konsequenz der beiden Reden bestand in einer auf Antrag des Panslawisten Graf Vladimir Bobrinski angenommenen Resolution der Duma, in der ausgerechnet der Armee – die doch für diese Deportationen verantwortlich war – demonstrativ das Vertrauen ausgesprochen wurde, um sodann eine ebenfalls vom Vertrauen des Volkes getragene Regierung zu verlangen. Gefordert wurde überdies die „wohlwollende Aufmerksamkeit der Behörden gegenüber den Interessen aller loyalen russischen Bürger ohne Unterschied des Namens, der Sprache und der Religion" – kein Deut mehr, als Ministerpräsident Goremykin bereits zugestanden hatte.[692]

Niemand in der Duma fand offenbar Anfang August 1915 den Mut, auch die Deportation der Volksdeutschen in Frage zu stellen. Die Liberalen Miliukov und Fridman hatten sich auf Andeutungen beschränkt. Erst als am 24. August 1915 die Rechtsradikalen einen Antrag zur „Einleitung einer Untersuchung über den deutschen wirtschaftlichen Einfluss in Russland" stellten, regte sich offener Widerspruch. Der Konservative Baron Meyendorff protestierte „gegen die Behauptung, daß es jetzt ein Schimpf sei, einen deutschen Familiennamen zu tragen", und verwies auf „furchtbare Leiden" deutscher Gutsbesitzer im Baltikum. Nun warnte auch Miliukov vor einem „blinden Hass gegen die Deutschen", der wirtschaftlich schädlich und kulturell völlig „unverständlich" sei, sei doch die große Zarin Katharina II. eine Deutsche gewesen. Auch Kerenski sprach gegen den germanophoben Antrag.[693]

All das erforderte in einer chauvinistischen Atmosphäre Mut. Am 25. Februar 1916 hetzte der antisemitische Abgeordnete Nikolai Markov, „außer unseren auswärtigen Feinden, den bestialischen Deutschen", gebe es noch gefährlichere inne-

---

[690] Schulthess' Europäischer Geschichtskalender 56.1915, Teilbd. 2, S. 1113–1116.
[691] Löwe, Antisemitismus und reaktionäre Utopie, S. 148.
[692] Schulthess' Europäischer Geschichtskalender 56.1915, Teilbd. 2, S. 1116f.
[693] Ebenda, S. 1109, S. 1113 und S. 1124.

re Feinde. Während „die Juden" Preiswucher und Beamtenkorruption trieben, hätten die Deutschen „unter der Maske russischen Staatsbürgertums viele Zentren in der Hand". Der Liberale Andrei Šingarëv konterte mit einer Kritik der gegen Juden und Deutsche hetzenden Rechts-Presse; außerdem beschuldigte dieser spätere Finanzminister der Provisorischen Regierung den Stellvertretenden Innenminister des Zaren, General Džunkovski, diese Pressehetze durch „Lügen und Verleumdung" anzuheizen.[694] Das hinderte den Rechtsradikalen Markov nicht, im November 1916 erneut gegen „die Marodeure des Hinterlandes und die Plünderer" der Staatskassen zu polemisieren. Auch ein bäuerlicher Abgeordneter aus Viatka, Tarasov, beschimpfte 1916 Juden und Deutsche als Schädlinge des russischen Volkes.[695] Den Gipfel erklomm der kurzzeitige Ministerpräsident General Trepov am 2. Dezember 1916 in seiner Duma-Rede: „Der gegenwärtige Krieg muß gekrönt werden von einem Sieg nicht nur über den äußeren Feind, sondern auch über den im Innern. Der Krieg hat uns die Augen geöffnet. Wir erkennen jetzt, daß die russische Industrie, die russische Schule, die russische Wissenschaft und die russische Kunst unter dem Joche des Deutschtums stehen."[696]

Frankreichs Botschafter Paléologue lobte Fridmans Duma-Auftritt vom August 1915 als „beredte Verwahrung" gegen das Unrecht an den russischen Juden.[697] Der britische Botschafter Sir George Buchanan berichtete wenig später, am 17. August 1915, kritisch über Verbrechen der Kosaken an Juden in den besetzten österreichischen Provinzen Galizien und Bukowina nach London.[698] Die Fridman-Rede erregte namentlich in den USA Aufsehen[699], während die französische Zensur verhinderte, dass jüdische Zeitungen über die Judenverfolgungen des russischen Bündnispartners berichteten[700]. Jacob Teitel, kurz vor Kriegsbeginn aus dem Amt gedrängter einziger langjähriger jüdischer Richter im Dienste des Zaren, stellte 1915 in London fest, dass die britische Öffentlichkeit von den zaristischen Judendeportationen kaum etwas erfuhr. Zwar sei „ein Hilfskomitee für die jüdischen Kriegsopfer" entstanden, doch sei es „unmöglich" gewesen, in britischen Zeitungen „über die Grausamkeit des russischen Kommandopersonals den Juden gegenüber zu schreiben". Auch hier überwog das Bündnisinteresse.[701]

Vor allem die Aufregung in den USA suchte Deutschland zu nutzen. Im Mai 1916 richtete eine „Liga der Fremdvölker Russlands", die sich im neutralen Stockholm unter Ägide des Berliner Auswärtigen Amtes konstituiert hatte[702], an US-Präsident Wilson ein Telegramm, um das von Russland begangene Unrecht im

---

[694] Schulthess' Europäischer Geschichtskalender 57.1916, Teilbd. 2, S. 407, S. 409f. und S. 412f.
[695] Solschenizyn, „Zweihundert Jahre zusammen". Die russisch-jüdische Geschichte, S. 485 und S. 497f.
[696] Schulthess' Europäischer Geschichtskalender 57.1916, Teilbd. 2, S. 431–434; Miliukov protestierte sodann „gegen die unmenschliche Behandlung der deutschen Grundbesitzer".
[697] Paléologue, Am Zarenhof während des Weltkrieges, Bd. 1, S. 380f.
[698] Levene, Frontiers of Genocide, S. 94; Übersetzung des Verfassers.
[699] Oppression of Jews denounced in Duma, in: New York Times v. 23.9.1915.
[700] Beer, L'Entente Annexioniste, S. 238.
[701] Teitel, Aus meiner Lebensarbeit, S. 197f.
[702] Fischer, Griff nach der Weltmacht, S. 199f.

Kontext des US-Präsidentschaftswahlkampfs anzuprangern. Wichtig war der Hinweis von Vertretern russischer Juden: „Durch den Krieg sind Hunderttausende von uns in die Fremde gehetzt worden und viele Tausende sind dabei elend umgekommen." Dieselbe „Liga" richtete im November 1916 auch ein Telegramm an den britischen Premierminister Asquith, nachdem sich dieser öffentlich der „Leiden der Armenier" im Osmanischen Reich angenommen hatte. Namens der Liga beteuerten ihr polnischer Vorsitzender Michel von Lempicki – ein übergelaufener Abgeordneter der russischen Reichsduma – und der deutschbaltische Baron Friedrich von der Ropp, das Schicksal dieses „Brudervolkes" gehe ihnen nahe, doch bäten sie, „nicht zu vergessen, daß wir Fremdvölker Russlands ungleich schwerere Leiden ertragen haben und noch ertragen müssen". Die Liga appellierte an Asquiths „Sinn für Gerechtigkeit" und forderte auch für die von ihr repräsentierten Völker die Einhaltung der Menschenrechte. Einen Monat später wandte sich von der Ropp an den neuen Premier Lloyd George, der nach den Duma-Reden Fridmans und Džafarovs Kenntnis haben müsse von „Vergewaltigungen und Rechtsbrüche[n]", „Plünderungen und Evakuierungen" der Minderheiten in Russland, gipfelnd in der „scheussliche[n] Vertreibung und Vernichtung von Hunderttausenden von Juden."[703]

Gab es in London Informationsdefizite? Als Zionistenführer Weizmann 1915 mit Marineminister Balfour zusammentraf, zeigte sich dieser überrascht von Weizmanns antirussischer Haltung, wo doch Russland ein wichtiger Verbündeter im Weltkrieg sei. Daraufhin, so erinnerte sich der spätere erste Präsident des Staates Israel, habe er dem britischen Minister und späteren Autor der Balfour-Deklaration von 1917 beschrieben, „was sich hinter den russischen Linien abspielte, besonders wenn die Russen in ein erobertes Gebiet einrückten, von den Pogromen und Vertreibungen, die jeden russischen Sieg zum Schrecken für die Juden machten, und das alles, während Hunderttausende von Juden in der russischen Armee kämpften." Weizmann musste überrascht feststellen: „Das war ihm neu."[704]

Die Aktivitäten der „Liga der Fremdvölker Russlands" waren namentlich im Jahre 1916 recht erfolgreich. Dem Generalsekretär der Liga, Friedrich von der Ropp, der gemeinsam mit dem Großgrundbesitzer Sylvio Bröderich-Kurmahlen die Deutschbalten in dieser deutsch finanzierten Organisation repräsentierte, gelang es mehrfach, die Aufmerksamkeit der internationalen Öffentlichkeit zu gewinnen. Zunächst vermochte Ropp namhafte nationale Dissidenten zu versammeln – etwa den russischen Duma-Abgeordneten polnischer Herkunft Staatsrat Lempicki oder den späteren litauischen Staatspräsidenten Antanas Smetona. Im Mai 1916 folgte das erwähnte Telegramm an US-Präsident Wilson, „von der Schweiz aus gesandt und in verschiedenen Sprachen der Presse der Welt zugänglich gemacht". Der Initiator freute sich über die Wirkung:

---

[703] Schulthess' Europäischer Geschichtskalender 57.1916, Teilbd. 2, S. 414–416, S. 431 und S. 437.
[704] Weizmann, Memoiren, S. 231.

„Obgleich die Zeitungen der Alliierten diesen Ruf naturgemäß zu überhören suchten, wurde er doch weithin bekannt, besonders in Rußland selbst. Hier entstand in der Duma, dem damaligen Parlament in Petersburg, vom 9. bis 11. Juli 1916 eine lebhafte Debatte über diese aufregende Äußerung russischer Staatsangehöriger. Es wurde beantragt, den Abgeordneten Lempicki aus der Duma auszuschließen. Aber der Präsident des Parlaments, Rodsianko, widersprach, da der Fall nicht genügend untersucht werden könne. Und der Führer der Arbeiterpartei, Kerenski […], sagte, daß das Überreichen eines solchen Memorandums an den Präsidenten der Vereinigten Staaten symptomatisch für die Unzufriedenheit der Fremdvölker sei. Sie müßten alle dem großrussischen Volke gleichgestellt werden. Und der Antrag der Ausstoßung Lempickis wurde verworfen. Ein deutliches Zeichen des Machtverlustes der Zarenregierung, ein unterirdisches Grollen der nahenden Revolution."[705]

Bald darauf erschien die Propaganda-Broschüre „Kennen Sie Rußland?" in Berlin, die in französischer Version auch in der Schweiz verbreitet wurde. Dort konstituierte sich die Liga am 25. Juni 1916 formell. Ihre wirksamste Aktivität für „die große Öffentlichkeit" entfaltete sie, als einige Mitglieder am internationalen „Minoritäten-Kongreß in Lausanne vom 26. bis 29. Juli" teilnahmen. Dieser wurde von der 1912 in Paris gegründeten und Entente-freundlichen „Union des Nationalités" veranstaltet, doch er verwandelte sich unversehens in eine Anklagetribüne gegen die Entente:

„Es erschienen Repräsentanten der verschiedensten unterdrückten Völker der Erde, die Iren, Katalenen [sic!], Ägypter […]. Aber unsere Gruppe, deren Sprecher zum Teil sehr wirksam redeten, überschwemmte alles andere. Der Pole und der Finnländer fielen durch ihre schweren Anklagen gegen den Zarismus besonders auf. Mit wahrer Leidenschaft riß der jüdische Redner die Versammlung hin, als er die Einsperrung der Juden in Rayons und Ghettos und die häufigen Pogroms schilderte, die von der Ochrana, der Geheimpolizei, inszeniert waren. […] Die Schweizer Presse berichtete täglich. Auch die Zeitungen der kriegführenden Mächte konnten das Ergebnis nicht übergehen."[706]

„Kennen Sie Rußland?" war eine Propagandabroschüre voller antirussischer Vorurteile. Was die „Evacuationspolitik" der „russischen Machthaber" anging, betrachteten die Autoren dieselbe nicht als Frucht längerfristiger Planung, sondern als panische Improvisation nach militärischen Niederlagen. Eigentlich habe die russische Regierung vorgehabt, nach einem Sieg über Deutschland die Fremdvölker im Zarenreich durch zielgerichtete Ansiedlung russischer Bauern zu russifizieren. Da dies nach den Niederlagen von 1915 „nicht mehr möglich" sei, habe man die bisherige „grausame Politik" ad hoc „durch eine noch viel *barbarischere* und *unmenschlichere* abgelöst". Diese Politik der „Evacuierung" habe das Ziel verfolgt, „die Fremdvölker Rußlands mit ihren unbequemen nationalen und kulturellen Aspirationen endgültig aus dem Weg zu räumen". Es war sogar von Ausrottung die Rede, doch war damit nicht Völkermord gemeint, sondern eine etliche Todesopfer in Kauf nehmende Deportation und möglichst zerstreute Neuansiedlung. Die Todesopfer unter der „vertriebenen Bevölkerung" schätzten die Autoren „bis zum Herbst 1915 auf 12 Millionen Menschen" – zweifellos eine gewaltige Übertreibung.[707] Die Broschüre hatte allerdings recht, wenn sie die schlechte Ver-

---

[705] Ropp, Zwischen Gestern und Morgen, S. 106–108.
[706] Ebenda, S. 108f.
[707] Kennen Sie Rußland?, S. 236–240.

sorgung der Deportierten anklagte, die „ohne jede Unterstützung, ohne jede Ernährungsmöglichkeit, ohne jede Unterkunft" großenteils „zugrunde gehen" würden. Die Autoren behaupteten, Bauern im Osten Russlands hätten Evakuierte als „Eindringlinge" wahllos massakriert.[708] Baron von der Ropp wusste von russischen „Güterzüge[n], verschlossen, auf toten Gleisen, vollgestopft mit Hungerleichen". Es sei kein Wunder gewesen, meinte er Jahrzehnte später nach dem deutschen Holocaust an den europäischen Juden, dass „damals" in Russland, während des Ersten Weltkrieges, „die Deutschen von den Juden als Befreier lebhaft begrüßt" worden seien.[709]

Der unterdessen als deutscher Diplomat in der Schweiz tätige Graf Harry Kessler nahm im November 1917 in Berlin an einer „Debatte über die russischen Fremdvölker" teil, bei der Baron von der Ropp und der liberale Reichstagsabgeordnete Friedrich Naumann die „Hauptredner" waren, bei der aber auch Vertreter der Finnen, Polen und Litauer sowie ein ukrainisches Mitglied des österreichischen Reichsrates zu Wort kamen. Offenbar ließen alle nicht-polnischen Redner „eine große Wut auf die Polen" erkennen und fanden damit bei ihren deutschen Zuhörern Beifall. Kessler gewann den „Eindruck, dass alle diese neubefreiten Völker nur darauf warten, übereinander herzufallen". Naumann bemerkte nur: „ein neuer Balkan".[710]

Trotz aller Härten hatte die russische Deportationspolitik nicht die exterminatorische Zielrichtung der osmanischen Armenierverfolgung. In beiden Fällen, so Mark Levene, seien die Verfolger vom Wunsch nach Vergeltung und durch ideologische Feindbilder geprägt gewesen, doch im Osmanischen Reich sei die Verfolgung stärker von der Zentrale als von der Peripherie bestimmt worden, während es in Russland umgekehrt gewesen sei (was für die Zivilregierung stimmt, nicht aber für die Armeeführung). Obschon der russische Ministerrat kaum weniger antisemitisch gedacht habe als die Armee, so Levene, habe es in der Petrograder Regierung keine Blaupause für Völkermord gegeben – anders als im Triumvirat der Jungtürken.[711] Eric Lohr wiederum hat die große Übereinstimmung der russischen Deportationen mit modernen Typen „ethnischer Säuberung" herausgearbeitet. Schon der Begriff „vollständige Säuberung" sei in Deportationsbefehlen der russischen Armee wörtlich zu finden gewesen. Ähnlich wie bei anderen Fällen ethnischer „Säuberung" gebe es die Motivkombination der nationalen Sicherheit und der Spionagebekämpfung, verbunden mit kollektiver Verdächtigung von Minderheiten und emanzipatorisch-nationalistischer Befreiungsrhetorik. Vergleichbar sei ferner der Wechsel von Assimilationspolitik, die auf die Nationalisierung von Menschen setzte, zur Nationalisierung der „Wirtschaft", des „Bodens", der „Bevölkerung" bei gleichzeitiger Enteignung und Entfernung unerwünschter Menschen bzw. ganzer Minderheiten.[712]

---

[708] Ebenda, S. 239f.
[709] Ropp, Zwischen Gestern und Morgen, S. 223.
[710] Kessler, Das Tagebuch, Bd. 6, S. 192.
[711] Levene, Frontiers of Genocide, S. 96f.
[712] Lohr, Nationalizing the Russian Empire, S. 154.

Die Deportationen des Ersten Weltkrieges bewirkten zwischen 1914 und 1921 massenhafte ethnische „Säuberungen". 1914/15 wurden 520 000 Volksdeutsche aus Kongresspolen deportiert, und dieses Schicksal traf zur selben Zeit zwischen 500 000 und eine Million Juden der russischen Westprovinzen. 1915/16 kamen 202 000 volksdeutsche Kolonisten aus Wolhynien, der Ukraine oder Bessarabien hinzu.[713] Bereits im Weltkrieg wanderten 60 000, bis 1921 weitere 120 000 Russlanddeutsche in die Heimat ihrer Vorfahren zurück. Auch von den 211 000 dauerhaft entwurzelten jüdischen Deportierten flüchteten viele gen Westen.[714] Simon Dubnov, der 1922 nach Litauen auswandern konnte (und 1941 in Riga von Hitlers Schergen ermordet wurde[715]), hatte 1915 Besuch vom Schriftsteller Salomon Anski, der in Galizien und Wolhynien „viel Schreckliches gesehen" hatte. Anski wollte „nach England, um die Idee englisch-jüdischer Legionen zu propagieren, die Palästina befreien sollen". Doch letztlich blieb er und starb 1920 in Warschau. Auch Dubnov kam von Osteuropa nicht los. Zwar notierte er im unter roter Diktatur und Hunger leidenden Petrograd 1919, gern würde er sich in Sicherheit bringen: „Darf ich aber die Untergehenden verlassen?"[716]

6. Deutsche Umsiedlungs-Planungen für Nordosteuropa

Für den Liberalen Ernst Jäckh war das „Fremdwort ‚evakuieren'", das im Ersten Weltkrieg Karriere machte, eindeutig „alldeutscher Herkunft". Laut Jäckh war das so bezeichnete Projekt zwangsweiser Entfernung fremdnationaler Bevölkerungen aus Gebieten, die Deutschland zu annektieren beabsichtigte, in den deutschen Führungseliten jedoch auf sehr unterschiedliche Resonanz gestoßen. Reichskanzler Theobald von Bethmann Hollweg und seine Umgebung seien ebenso zurückhaltend geblieben wie das zivile Umfeld Kaiser Wilhelms II. Hingegen hätten führende Kreise in „Marine und Militär" solche „Evakuierungen" schon vor Kriegsbeginn diskutiert und daher die alldeutschen Kriegsziele unterstützt.[717] Tatsächlich sah sich Kurt Riezler, ein enger Mitarbeiter des Reichskanzlers, bald nach Kriegsbeginn im Sommer 1914 mit dem Projekt eines Generals aus der Entourage König Ludwigs III. von Bayern konfrontiert, der zur Bestrafung des abtrünnigen Bündnispartners Italien vorschlug, den 1870 liquidierten Kirchenstaat des Papstes wiederherzustellen: „Mit oder durch Gewalt geht alles, sagt derselbe General, auf den Einwand, dass man ja die ganze Bevölkerung aus dem herzustellenden

---

[713] Ferrara / Pianciola, L' Età delle Migrazioni Forzate, S. 129.
[714] Oltmer, Deutsche „Rückwanderer" aus Russland, S. 506 f.; Haddad, The Refugee in International Society, S. 101.
[715] Kelner, Simon Dubnow, S. 457, S. 462, S. 504 und S. 523; Friedländer, Das Dritte Reich und die Juden, S. 643 f.
[716] Dubnow, Mein Leben, S. 200 und S. 234 f.; allerdings hatte Dubnov bis 1933 ein Jahrzehnt im Berliner Exil gelebt, bevor er vor Hitler nach Lettland emigrierte.
[717] Jäckh, Der goldene Pflug, S. 291 f.

Kirchenstaat evacuieren müsste. Warum nicht evacuieren?"[718] Halb belustigt, halb entsetzt beobachtete Riezler im Herbst 1914, dass „die politisierenden Offiziere im Generalstab bis auf Ariovist zurück" gingen, also zwei Jahrtausende alte Beispiele aus der Antike heranzogen, „um für die Evacuation von Belgien zu sprechen". Riezler konterte mit Blick auf die Wallonen: „7 Millionen kann man nicht evacuieren."[719] In der Reichskanzlei distanzierte man sich von solchen Vertreibungsforderungen. Der Behördenchef, Unterstaatssekretär Arnold Wahnschaffe, äußerte sich gegenüber Graf Friedrich Wilhelm von Schwerin, dem preußischen Regierungspräsidenten von Frankfurt/Oder, spöttisch über die hybriden Kriegsziele der Alldeutschen:

„Petersburg scheint nach ihrer Ansicht Sitz eines preußischen Regierungspräsidenten zu werden, die Marineakademie wird nach Toulon verlegt. Außer Belgien nehmen wir nach ihren Vorschlägen von Frankreich ein Stück, das durch eine Linie von Genf nach der Somme-Mündung abgeschnitten wird, [...] außerdem müssen Frankreich und Russland ihr Gebiet frei von Menschen liefern. Diese Gedanken werden allen Ernstes in einer großen Denkschrift vertreten. Wenn sie nicht zur Ausführung kommen, so liegt es natürlich nur an der schlappen Zivilregierung..."[720]

Schwerin jedoch – vom alldeutschen Verbandsführer Heinrich Claß wegen seiner stramm antipolnischen Haltung geschätzt[721] – riet der Reichsleitung, die ihn mit einer Denkschrift über die Kriegsziele in Osteuropa beauftragte, ungerührt zu umfangreichen Annexionen im Osten bei gleichzeitiger Germanisierung dieser Gebiete durch „Aussiedlung großer Teile der einheimischen Bevölkerung" und Ansiedlung deutscher Kolonisten.[722] Die Spitzen der preußischen Bürokratie waren sichtlich gespalten.

Die amtlichen Planungen der Reichsleitung betrafen zunächst nur eine kleine deutsch-polnische Grenzregion, weshalb man diminutiv vom „polnischen Grenzstreifen" sprach, der annektiert und von polnischen (sowie jüdischen) Einwohnern „evacuiert" werden sollte.[723] Nach Kriegsbeginn hatte die Reichskanzlei den früheren deutschen Generalkonsul in Warschau, Georg Albrecht von Rechenberg[724], der zwischenzeitlich Gouverneur der Kolonie Deutsch-Ostafrika gewesen war, mit einer „Denkschrift über die Zukunft Kongresspolens" beauftragt. Rechenberg wollte keine größeren Annexionen, sondern machte den Vorschlag, „die preußischen Polen Posens und Westpreußens" – gleichberechtigte Staatsbürger des Deutschen Reiches – „teilweise auszusiedeln und sie in den künftigen polnischen Staat zu überführen", der im noch russischen Teil des 1815 geteilten Polen geschaffen werden sollte.[725]

Solche Planspiele lagen seit der deutschen Eroberung Warschaus quasi in der Luft: Nicht nur räumlich wie politisch weit voneinander entfernte Vordenker eth-

---

[718] Riezler, Tagebücher – Aufsätze – Dokumente, S. 203.
[719] Ebenda, S. 214 und S. 216.
[720] Mommsen, Anfänge des „ethnic cleansing", S. 152, der Wahnschaffe irrig für adlig hält.
[721] Claß, Wider den Strom, S. 144.
[722] Müller, Die Nation als Waffe und Vorstellung, S. 152–154.
[723] Vgl. Geiss, Der polnische Grenzstreifen 1914–1918, passim.
[724] Schulthess' Europäischer Geschichtskalender 47.1906, S. 93.
[725] Fischer, Griff nach der Weltmacht, S. 103.

nischer „Säuberung" wie Siegfried Lichtenstaedter und George Montandon zielten in diese Richtung, auch der weltläufige Graf Harry Kessler hielt es Mitte August 1915 für selbstverständlich, „als Gegenkonzession" für die etwaige Schaffung eines autonomen polnischen Staates durch die Mittelmächte die Verpflichtung der neuen polnischen Regierung zu erhalten, „mit uns mitzuwirken an der *Übersiedlung* unserer Polen aus Posen etc. nach dem neuen Polenreich, so dass wir für das Aufgeben neuen Siedlungslandes in dem von uns eroberten [Russisch-]Polen entschädigt würden durch Freiwerden deutschen Siedlungslandes in Posen, Westpreußen, Schlesien."[726] Kessler betrachtete diese bilateral zu vereinbarende „Aussiedlung und Übersiedlung unserer preußischen Polen aus Westpreußen, Posen u.[nd] Schlesien nach Neu-Polen […] als *conditio sine qua non*", die jedoch beiden Völkern nutzen werde: Den Deutschen nehme diese Umsiedlungspolitik die Furcht vor einer polnischen „Irredenta" in Bezug auf die preußisch-deutschen Ostgebiete, während die Ansiedlung preußischer Polen im bisher russischen Polen dort für die polnische Nation deren „Gewicht den Juden und Deutschen gegenüber" stärken werde.[727] Als Kessler – damals Besatzungsoffizier im bisher russischen Polen – dieses Thema gegenüber einem Offizier der von den Mittelmächten aufgestellten „Polnischen Legion" – dem Piłsudski-Adjutanten und späteren polnischen General Bolesław Wieniawa-Długoszowski – im Oktober 1915 offen ansprach, lehnte Oberleutnant „von Długoszowski" eine solche „Übersiedlung der polnischen Bevölkerung aus Posen nach dem neuen Königreich […] nicht grundsätzlich ab", sondern meinte, „darüber liesse sich reden".[728]

Bald aber entwickelte sich aus diesem „Gedanken der Umsiedlung preußischer Polen nach Kongresspolen" ein anderes Projekt, sich nämlich zu Lasten Russisch-Polens „durch einen sogenannten polnischen Grenzstreifen" strategisch zu sichern. Eher dort als in Posen-Westpreußen sollte fortan auch „eine partielle Aussiedlung der polnischen Landbevölkerung sowie aller Juden" vorgenommen werden.[729] Die Reichskanzlei hatte 1915 „gutachtliche Stellungnahmen" bei Verwaltungs- und Militärexperten (darunter General Ludendorff) in Auftrag gegeben. Der Oberpräsident von Ostpreußen, Adolf Tortilowicz von Batocki, begrüßte die Annexion eines „polnischen Grenzstreifens". Seine Haltung zur Aussiedlung der polnischen Bevölkerung dieser Region wird von Wolfgang J. Mommsen als „zurückhaltend" bewertet, obschon Batocki gegen die zwangsweise Entfernung von bis zu 500 000 Menschen nichts einzuwenden hatte und auch „die Förderung der Auswanderung von Juden nach Palästina" verlangte. Zurückhaltung kann man allenfalls im Vorbehalt entdecken, diese „Umsiedlung" müsse „auf dem Wege völliger Freiwilligkeit unter Vermeidung jeglicher Härte" erfolgen. Zweifellos gab

---

[726] Kessler, Das Tagebuch, Bd. 5, S. 384.
[727] Ebenda, S. 390 und ähnlich S. 400; weniger ernst gemeint war Kesslers gleichwohl antisemitisch grundierte „Utopie" eines jüdischen Nationalstaates in Russisch-Polen, in den sich auch die deutschen Juden würden „zurückziehen" können, mit der Millionärsfamilie Rothschild als „schon von der Vorsehung vorbereitete[s] Herrscherhaus"; vgl. ebenda, S. 387.
[728] Ebenda, S. 457f.
[729] Fischer, Griff nach der Weltmacht, S. 103.

es radikalere Vorschläge wie jenen des Grafen Schwerin, der für „umfangreiche Annexionen im Osten" plädierte, „verbunden mit dem Vorschlag der Aussiedlung großer Teile der einheimischen Bevölkerung, gefolgt von einem umfangreichen Programm der ‚inneren Kolonisation' nach dem Vorbild der Preußischen Ansiedlungskommission". Nicht zufällig war Schwerin Vorsitzender der „Gesellschaft für innere Kolonisation".[730]

Es blieb nicht bei internen, für die Regierung letztlich unverbindlichen Gutachten. Im Juli 1915 sah sich Reichskanzler von Bethmann Hollweg mit einer Eingabe konfrontiert, die 1347 Personen des öffentlichen Lebens unterzeichnet hatten, darunter 352 Universitätsprofessoren, angeführt vom alldeutschen Historiker Dietrich Schäfer. Sie forderten, dass „längs der östlichen Grenze Posens und Schlesiens, sowie der südlichen Grenze Ostpreußens" ein „möglichst eigentumsfreier, deutscher Besiedlung zugänglicher Grenzgürtel geschaffen werden" müsse. Der damalige Krupp-Generaldirektor Alfred Hugenberg, der spätere Pressemagnat, deutschnationale Parteichef und kurzfristige Hitler-Minister von 1933, verlangte 1915 öffentlich, wie Rechenberg zuvor intern, „durch Umsiedlung – sozusagen eine völkische Flurbereinigung – zwischen dem polnischen Schutzstaat einerseits und dem Deutschen Reich andererseits [...] die Reibungsflächen möglichst zu beseitigen, die bisher zwischen Polen und Deutschen bestanden". Das geschah zu keiner Zeit, doch das Postulat blieb präsent. Als der deutsch-jüdische Romanist Victor Klemperer als Militärzensor bei „Oberost" eine im letzten Kriegsjahr erscheinende Broschüre verbieten wollte, in der „ein Anonymus den zwangsweisen Austausch der im Posenschen lebenden Polen gegen deutsche Bewohner Polens und der eroberten russischen Landesteile" propagierte, verordnete sein Vorgesetzter die Aufhebung des Verbots mit der Begründung, „der Vorschlag eines Austausches von Polen und Deutschen sei ‚nur ein frommer Wunsch'".[731] Doch im April 1918 beklagte der Alldeutsche Fürst Salm-Horstmar im preußischen Herrenhaus, dass man „die durch die Kriegsereignisse gebotene günstige Gelegenheit" zu nutzen versäumt habe, um „eine Umsiedlung vorzunehmen". Dabei habe man doch die russisch-polnischen Gebiete im Osten erobert, um „dort polnisch sprechende Preußen anzusiedeln" – und den preußisch-deutschen Teil Polens endgültig zu germanisieren.[732]

Sind solche Planungen Belege für einen ethnischen Kolonialismus Deutschlands im Osten Europas? Alldeutsche wie Ernst Hasse sprachen vor dem Ersten Weltkrieg von Deutschland als „Kolonialreich" und meinten damit den durch zumeist friedliche mittelalterliche Besiedlung gewonnenen ostdeutschen „Ansiedlungsboden". Derselbe Hasse aber machte der preußischen Polenpolitik nach Bismarcks Sturz 1890 Passivität, dem Bismarck-Nachfolger bis 1894, Graf Caprivi,

---

[730] Mommsen, Anfänge des „ethnic cleansing", S. 152–154.
[731] Klemperer, Curriculum Vitae, Bd. 2, S. 504f.
[732] Müller, Die Nation als Waffe und Vorstellung, S. 161f. und S. 422, wo der Fürst fälschlich als „Salm-Hostmar" firmiert; ferner: Schäfer, Mein Leben, S. 169–171; Kruck, Geschichte des Alldeutschen Verbandes, S. 78, S. 92–94, S. 115 und S. 174.

sogar eine „polenfreundliche[…] Politik" zum Vorwurf.[733] Eine konsistente antipolnische „Kolonial"-Politik Preußens im Osten gab es somit nicht, auch wenn gelegentlich die unter Polonisierungsdruck erfolgende Massenabwanderung von Deutschen aus Polen nach 1918 als „verfrüht" einsetzende „postkoloniale Remigration" missdeutet wird, die umstandslos mit jener der Algerienfranzosen aus der 1962 unabhängig gewordenen afrikanischen „Überseeprovinz" gleichgesetzt wird.[734] Auch irrige Argumente haben ihre Geschichte: Schon 1940 hatte der Außenminister der polnischen Exil-Regierung, August Zaleski, das seit Jahrhunderten deutsch besiedelte Ostpreußen als einzige innereuropäische „Kolonie" der Welt gebrandmarkt und von den alliierten Großmächten gefordert, diesen „deutschen Kolonialbesitz an der Ostsee zu liquidieren".[735] Mit der komplexen Geschichte der Region hatte solche chauvinistische Rhetorik nichts zu tun.[736]

Auch die 1886 von Bismarck initiierte preußische Ansiedlungspolitik, die fortan staatlicherseits einen „nationalen" Eigentumswechsel in den östlichen Grenzregionen durch Aufkauf polnischen Agrarlandes und dessen Übereignung an deutsche Neusiedler fördern wollte, kann nicht als Kolonialpolitik im Sinne des außereuropäischen Kolonialismus begriffen werden. Dazu war diese Maßnahme viel zu gemäßigt – und zudem wirkungslos. 1902 musste Graf Bülow, der Bismarck-Nachfolger als Reichskanzler und preußischer Ministerpräsident, offen eingestehen, dass die Ansiedlungspolitik in Posen und Westpreußen bisher erfolglos geblieben sei, denn „trotz der Tätigkeit der deutschen Ansiedelungskommission sind weit mehr Grundstücke aus deutschen Händen in die der Polen übergegangen, als aus polnischen in deutsche Hände".[737] Die Staatsintervention hatte lediglich zum Anstieg der Bodenpreise und zu einer gut organisierten nationalpolnischen Gegenwehr durch private Siedlungsvereine und Agrarbanken geführt, welche, während der preußische Staat polnischen Grundbesitzern zwischen 1896 und 1912 60 000 Hektar abkaufte, 100 000 Hektar von deutschen Grundbesitzern erwarben und an polnische Siedler verteilten.[738] Eine derartige zivilgesellschaftliche Selbstorganisation wäre in jeder außereuropäischen Kolonie völlig undenkbar gewesen, wo begehrtes Eingeborenen-Land nötigenfalls entschädigungslos enteignet wurde. Folgerichtig nahm sich die deutsche Kolonialverwaltung eine französische „Sequestrationsverordnung" zur Beschlagnahme von Araberland in Algerien zum Vorbild, um in Deutsch-Südwestafrika Afrikaner zu enteignen.[739] Derartig

---

[733] Hasse, Die Besiedelung des deutschen Volksbodens, S. 96f. und S. 125; ähnlich warf Hugenberg, Streiflichter aus Vergangenheit und Gegenwart, S. 300f., dem preußischen Staat unter Caprivi 1894 vor, über verschiedene Behörden gleichzeitig in den Ostprovinzen „germanisiert" und „polonisiert" zu haben; Borodziej, Geschichte Polens im 20. Jahrhundert, S. 42, bewertet die Ära Caprivi in dieser Hinsicht als Ausnahme.
[734] Vgl. etwa Ther, Deutsche Geschichte als imperiale Geschichte, S. 144f.
[735] Brandes, Der Weg zur Vertreibung, S. 184.
[736] Vgl. Lipski, Wir müssen uns alles sagen…, S. 194–196.
[737] Schulthess' Europäischer Geschichtskalender 43.1902, S. 13;
[738] Mazower, Hitlers Imperium, S. 31f.
[739] Gründer, Geschichte der deutschen Kolonien, S. 122; Osterhammel, Die Verwandlung der Welt, S. 630.

rücksichtslos verfuhr man gegenüber den Polen erst ab 1939 unter Hitler und Stalin.[740] Im denkbar größten Unterschied zu dieser rassistischen Gewaltpolitik des Hitler-Imperiums litt der polnische Grundbesitz durch die königlich-preußische Ansiedlungspolitik zwischen 1886 und 1918 „letztlich kaum".[741] Ebensowenig hat es der begrenzte Ansiedlungserfolg von 130 000 Deutschen im Osten zwischen 1886 und 1905 vermocht, die zur selben Zeit stattfindende West-Abwanderung von 940 000 Deutschen zu kompensieren.[742] Dennoch wurde die preußische Siedlungspolitik trotz ihrer Wirkungslosigkeit ein Exportschlager – von polnischen Nationaldemokraten, die sie nach 1918 in ihren eigenen Ostgebieten zur Schwächung der Ukrainer anwandten, über italienische Siedlungsbestrebungen im deutsch-österreichisch geprägten Südtirol, über jugoslawische Siedlungspolitik im Kosovo und rumänische in Siebenbürgen[743] bis zum heute noch aktuellen zionistischen Siedlungsbau in Palästina.[744]

Die Ansicht, die polnische Minderheit sei im Kaiserreich zu „Bürgern zweiter Klasse" und zu Objekten eines „kontinentalen Kolonialismus" herabgedrückt worden[745], hält der Überprüfung nicht stand. Vielmehr besaßen die Polen in Deutschland – trotz Diskriminierungen namentlich im kulturpolitischen Bereich – das Wahlrecht wie alle anderen Staatsbürger, und die ländliche Gebiete begünstigende Wahlkreiseinteilung hat neben den deutschen Konservativen ungewollt ausgerechnet die polnischen Nationalisten begünstigt.[746] Da Preußen-Deutschland in toto ein Rechtsstaat war, nahmen sich notfalls Verwaltungsgerichte der „Bürgerrechte der Polen" gegen Regierungswillkür an. Ohne zu idyllisieren, besaßen die Polen in Deutschland „rechtliche, ökonomische und politische Spielräume", die um ein Vielfaches größer waren als im benachbarten zaristischen Russland.[747] Dort war die 1815 von Zar Alexander I. gewährte, für damalige Verhältnisse fast mustergültige Autonomie für das Teil-Königreich Polen nach den gescheiterten polnischen Aufständen von 1831 und 1863 beseitigt und durch re-

---

[740] Im Herbst 1939 wurden im von Deutschland annektierten Westpreußen und Wartheland alle polnischen und jüdischen Grundbesitzer enteignet und entweder ermordet oder vertrieben; davon waren nicht nur Großbetriebe über 100 Hektar, sondern „vor allem im Gau Danzig-Westpreußen" auch „mittel- und großbäuerliche Betriebe" betroffen; vgl. Langguth, Betriebswirtschaftlicher Aufbau und zweckmäßige Organisation der landwirtschaftlichen Betriebe im eingegliederten Ostgebiet, S. 7f.; zur Ermordung der polnischen Führungsschichten im Herbst 1939: Barth, Genozid, S. 101.
[741] Borodziej, Geschichte Polens im 20. Jahrhundert, S. 40; ähnlich Ther, Die dunkle Seite der Nationalstaaten, S. 40.
[742] Baranowski, Nazi Empire, S. 23.
[743] Ther, Die dunkle Seite der Nationalstaaten, S. 51f.
[744] Vgl. Kap. VII.2.
[745] So jedoch Ther, Deutsche Geschichte als imperiale Geschichte, S. 136f.
[746] So feindselig sich deutsche und polnische Nationalisten gegenüberstanden, waren sie in der Verteidigung ihrer Wahlprivilegien einig; vgl. Vogel / Schultze, Deutschland, S. 215.
[747] Nipperdey, Deutsche Geschichte 1866–1918, Bd. 2, S. 269; ähnlich Armour, A History of Eastern Europe, S. 190; Wehler, Deutsche Gesellschaftsgeschichte, Bd. 3, S. 965, beobachtet hingegen bis 1914 im Kaiserreich eine „staatlich sanktionierte Aushöhlung des Rechtsstaates", die „Missachtung von Verfassungsrechten" zu Ungunsten der Polen und kommt zur Diagnose einer „schroffen Verschärfung" der „Nationalitätenpolitik".

pressive Zentralisierung und Russifizierung ersetzt worden.[748] Auch die späte Partizipation gewählter polnischer Abgeordneter in den russischen Reichsdumas zwischen 1906 bis 1917 änderte daran nicht viel.[749]

Am günstigsten waren polnische Partizipationschancen im Habsburgerreich. Dort konnte ab 1867 „keine Regierung" der österreichischen Reichshälfte „auf die Unterstützung des Polenklubs", der Wiener Parlamentsfraktion der Polen Galiziens, verzichten. Diese aristokratischen und dann auch bürgerlichen polnischen Eliten stellten ab 1871 bis zum Untergang der Doppelmonarchie einen „Landsmannminister" in jedem Wiener Kabinett.[750] Fast fünf Jahrzehnte hat diese polnisch-galizische Oligarchie das habsburgische „Österreich mitregiert und in Galizien (zum Unwillen der Ukrainer) allein geherrscht".[751] Wegen dieser Spielräume bildeten die österreichischen Polen „die Hauptstütze der deutschen Regierung Österreichs" gegen andere slawische Völker; man sprach in Wien von einem „Block der Deutschen und Polen". Die polnische De-Facto-Autonomie erschien reformorientierten Russen gleichwohl als Vorbild dessen, was den Polen im Zarenreich gewährt werden müsste, um dort aus der nationalitätenpolitischen Sackgasse herauszukommen.[752]

Von der Partizipation der Galizier in Wien waren die Polen in Deutschland weit entfernt, obschon beide Gruppen in beiden Imperien gleich stark waren – zehn Prozent der Bevölkerung. Dass die Polen in Preußen-Deutschland keinen Einfluss auf die Berliner Politik gewonnen hätten, kann man dennoch nicht behaupten. Wie in Wien existierte in Berlin eine aristokratische Partei der „Hofpole[n]" mit ihrer kompromissbereiten „Politik der günstigen Gelegenheiten".[753] Zugleich wuchs der Einfluss neuer bürgerlich-klerikaler Nationalisten im Reichstag und im preußischen Abgeordnetenhaus, der sich nicht auf jene vier bis fünf Prozent der Mandate beschränkte, die sie regelmäßig eroberten; entscheidend war vielmehr ihr Dauerbündnis mit der deutschen Zentrumspartei, die

---

[748] Kappeler, Russland als Vielvölkerreich, S. 204–211; Armour, A History of Eastern Europe, S. 233.

[749] Die Abgeordnetengruppe der nationalen Minderheiten, darunter der Polen, in der 3. Reichsduma von 1907 bis 1912 stimmten meist mit der Opposition, nachdem ihr Versuch eines Abkommens mit der stärksten Fraktion der liberalkonservativen „Oktobristen" gescheitert war; vgl. Pinchuk, The Octobrists in the Third Duma, S. 31.

[750] Höbelt, „Wohltemperierte Unzufriedenheit", S. 66f.; Czedik, Zur Geschichte der k. k. österreichischen Ministerien 1861–1916, Bd. 4, S. 25 Anm. 1.

[751] Sieghart, Die letzten Jahrzehnte einer Großmacht, S. 334f.; Armour, A History of Eastern Europe, S. 204; Polen stiegen in Österreich in höchste Regierungsämter auf – sie stellten Minister und Ministerpräsidenten der österreichischen Reichshälfte ebenso wie Außen- und Finanzminister der gesamten Doppelmonarchie.

[752] Trubetzkoi, Russland als Großmacht, S. 143 und S. 147.

[753] Sieghart, Die letzten Jahrzehnte einer Großmacht, S. 334; entweder waren solche Polen mit den Hohenzollern und anderen deutschen Aristokraten wie Reichskanzler Fürst Hohenlohe verwandt, wie die Fürsten Radziwill, oder wenigstens gut vernetzt, wie der Reichstagsabgeordnete von Koscielski oder das preußische Herrenhaus-Mitglied Graf Hutten-Czapski; nach 1894 setzte ein Relevanzverlust der Hofpartei ein; vgl. Hutten-Czapski, Sechzig Jahre Politik und Gesellschaft, Bd. 1, S. 318; Herzfeld, Johannes von Miquel, Bd. 2, S. 494, spricht zu weitgehend vom „Zusammenbruch der Hofpartei".

selbst viele polnische Wähler besaß. Durch deren Schlüsselstellung gewannen die Polen Einfluss im Reichstag, wenn auch nicht im antipolnisch geprägten preußischen Abgeordnetenhaus.[754]

Die These, „dass die Siedlungsgebiete der Polen in Preußen mental zu einer Kolonie wurden"[755], unterschätzt insbesondere das Niveau der polnischen Nationalbewegung. In den polnischen Ostgebieten Preußens trafen nicht deutsche „Kulturträger" auf unzivilisierte Polen, es kam vielmehr zum Zusammenprall zweier hoch entwickelter und ähnlich selbstbewusst-intoleranter Nationalismen.[756] Stärker noch minimiert die Verzerrung des preußisch-deutschen Kaiserreiches zum ostkolonialistischen Imperium den NS-Rassismus zur Spätvariante eines kontinuierlichen deutschen Kolonialismus in Osteuropa. In Wahrheit hatte Hitler gegenüber den Polen eine völlig andere Politik im Sinn als Bismarck oder Wilhelm II. Die NS-Politik kannte prinzipiell „kein Germanisieren oder Deutschisieren" mehr, „sondern nur eine Ausbreitung des eigenen Volkes" auf Kosten der slawischen Nachbarvölker, die man „kurzerhand entfernen" wollte (durch Mord oder Vertreibung), um den „dadurch freigewordenen Grund und Boden den eigenen Volksgenossen [zu] überweisen".[757] Dieser gravierende *Unterschied* muss ernst genommen werden. Zwar bildet der Erste Weltkrieg eine Transformationsphase – aber die wilhelminische Elite hegte trotz allem noch humane oder rechtsstaatliche Bedenken, die wir in der NS-Führung zwei Jahrzehnte später nicht mehr finden. Zu Recht warnt Mark Mazower daher vor der Gleichsetzung der wilhelminischen Polenpolitik mit der NS-Politik: Zwischen den beiden deutschen „Generalgouvernements" in Polen während des Ersten und des Zweiten Weltkrieges sei „ein größerer Kontrast [...] kaum vorstellbar". Eine Verbindungslinie zur NS-Politik zeigt sich zwar in den Annexions- und Deportationsplanungen des oben erwähnten „Grenzstreifen"-Projekts, doch bleibt dies ein Einzelaspekt.[758] Dieter Pohl betont treffend, „die entscheidende Differenz" beider deutscher Besatzungspolitiken liege in der völlig anders gearteten „Behandlung der jüdischen Minderheit".[759]

Forderungen nach ethnischer „Säuberung" stießen in der Reichskanzlei Bethmann Hollwegs zwischen 1914 und 1917 auf wenig Gegenliebe. In Graf Schwerins Denkschrift vom Januar 1916 fand Kanzlerberater Kurt Riezler „viele Übertreibungen und politische Unmöglichkeiten". Schwerin wollte die Region Bialystok „durch Aussiedlung der Polen freimachen, die er in dem zu dem neuen polni-

---

[754] Vogel / Schultze, Deutschland, S. 223, S. 229 und S. 352–355; Fesser, Reichskanzler Fürst von Bülow, S. 129f.; zur polnischen Reichstagsfraktion: Kotowski, Zwischen Staatsräson und Vaterlandsliebe; zum 10%-Anteil in Österreich-Ungarn: Wank, The Disintegration of the Habsburg and Ottoman Empires, S 99.
[755] Ther, Deutsche Geschichte als imperiale Geschichte, S. 138f.
[756] Nipperdey, Deutsche Geschichte 1866–1918, Bd. 2, S. 268; Borodziej, Geschichte Polens im 20. Jahrhundert, S. 39–43; Grabowski, Deutscher und polnischer Nationalismus.
[757] Wildt, „Eine neue Ordnung der ethnographischen Verhältnisse", S. 1.
[758] Mazower, Hitlers Imperium, S. 34f.; vgl. auch Roshwald, Ethnic Nationalism and the Fall of Empires, S. 122–124.
[759] Pohl, Die Herrschaft der Wehrmacht, S. 31.

schen Staat zu schlagenden Gouvernement Grodno ansiedeln" wollte, welches „wiederum durch Verpflanzung der weißrussischen Bevölkerung, die Russland zu leisten hätte, freigemacht werden" sollte. Das war alldeutsches Denken in Reinkultur. Riezler erklärte „eine Aussiedlung von Polen in diesem Umfange" für unvereinbar mit der deutschen Politik im Weltkrieg, welche die Polen als Verbündete gegen Russland zu gewinnen hoffte. Die Reichskanzlei reduzierte Schwerins Umsiedlungsplan auf die Entfernung eines Teils der polnischen Grundbesitzer aus dem Gouvernement Suwalki, das Deutschland annektieren wollte, ins autonome Polen. Generell hat sich Bethmann Hollweg an ihn herangetragene Umsiedlungsvorschläge nicht „vollinhaltlich zu eigen gemacht", sondern mit Skepsis und Verzögerungstaktik reagiert, um sich „freie Hand" zu wahren.[760] Das vom Reichskanzler skizzierte Grenzstreifenprojekt galt in Regierungskreisen daher als „maßvoll".[761] Zugleich aber bedeutete jedwede Grenzstreifen-Planung eine Radikalisierung gegenüber der Vorkriegszeit. Denn erstmals wurden Aussiedlung und Enteignung von Polen als Zwangsmaßnahmen amtlich geplant. Diese Politik drohte das gleichzeitig gewünschte gute Verhältnis zu Polen zu vergiften. Riezler warnte im August 1915: „Die Polen werden das ihnen gemachte Geschenk der Freiheit schneller vergessen als den Verlust des weggeschnittenen Gebietes, zumal diese Gebiete germanisiert, zum Teil sogar mit Deutschen besiedelt werden müssen". Daher riet Riezler nicht nur zum Verzicht auf größere Annexionen und Umsiedlungen, sondern auch zur Einstellung der antipolnischen Siedlungspolitik in Preußen selbst.[762]

Enteignung und Zwangsumsiedlung polnischer Bevölkerungsgruppen waren in Deutschland vor dem Weltkrieg unmöglich. Ein Warnzeichen bildete allerdings die am 20. März 1908 unter Reichskanzler-Ministerpräsident Fürst Bülow verabschiedete Novelle des preußischen Ansiedlungsgesetzes, die eine Enteignungsbestimmung ausschließlich zu Lasten polnischer Grundbesitzer enthielt. Paragraph 13 dieses Gesetzentwurfs gab der preußischen Regierung das Recht zur Enteignung (gegen Entschädigung) von Grundbesitz, der „zur Sicherung des gefährdeten Deutschtums" in den polnisch dominierten Provinzen Posen und Westpreußen „behufs Abrundung und Stärkung der bestehenden Ansiedlungsgruppen" unabdingbar sei. Hintergrund war nicht nur das evidente Scheitern der seit 1886 betriebenen Landankaufspolitik, sondern auch der 1906/07 erfolgte Bruch zwischen Bülow und der Zentrumspartei, woraufhin sich der Reichskanzler auf ein fragiles Bündnis aus Konservativen und Liberalen stützte, das in dezidiert antipolnischer Politik seinen einzigen gemeinsamen Nenner fand. Bülow nutzte die Enteignungsnovelle zur Integration des fragilen „Bülow-Blocks".[763]

---

[760] Mommsen, Anfänge des „ethnic cleansing" und der Umsiedlungspolitik im Ersten Weltkrieg, S. 156f., gegen Geiss, Der polnische Grenzstreifen.
[761] Hildebrand, Das vergangene Reich, S. 347.
[762] Riezler, Tagebücher – Aufsätze – Dokumente, S. 680f.
[763] Fesser, Reichskanzler Fürst von Bülow, S. 124f. und S. 129f.; vgl. auch Balzer, Die preußische Polenpolitik; Baranowski, Nazi Empire, S. 59f.

Das Zentrum stand in der Enteignungsfrage fest zur polnischen Minderheit. Graf Praschma erklärte im preußischen Abgeordnetenhaus im Januar 1908, „ein ähnliches Gesetz gegen die Deutschen in Ungarn oder Rußland würde Entrüstung erregen", und prangerte geschickt den „sozialdemokratischen Charakter" jedweder Enteignung an. Im Herrenhaus erklärte Fürst Ferdinand Radziwill namens der Polen, dass die Vorlage nicht nur „der Gleichberechtigung aller preußischen Staatsbürger" widerspreche, die ihnen von den preußischen Königen nach 1815 feierlich zugesagt worden sei, sondern auch im Gegensatz stehe zum „von allen Kulturstaaten anerkannten Grundsatz von der Unantastbarkeit des Privateigentums", der nunmehr dem nationalistischen Ziel einer „Stärkung des Deutschtums" geopfert werden solle.[764] Bülows Enteignungsgesetz wurde auch von vielen deutschen Konservativen und Zentrums-Katholiken als „Rechtsverletzung" bekämpft. Im Herrenhaus wandte sich der Breslauer Kardinal-Fürstbischof Georg von Kopp „mit großer Zähigkeit" gegen das „heidnische Prinzip", das Staatswohl zum höchsten Gesetz zu erklären. Konservative wie Graf Mirbach-Sorquitten fragten besorgt, was die Gesetzesbefürworter sagen würden, wenn mit ähnlichen Mitteln baltendeutsche Grundbesitzer in Russland enteignet würden – bekanntlich eine durchaus reale Gefahr im späten Zarenreich. Fürst Bülow warnte jedoch rhetorisch wirkungsvoll vor „abstraktem Formalismus" und stellte als oberste Pflicht des Staates die Selbstbehauptung heraus.[765] Vorwürfe des polnischen Abgeordneten Ludwik von Jazdzewski, selbst die Engländer hätten bei ihrer Unterdrückung der Iren nie zu Enteignungen gegriffen, konterte der deutsche Konservative Elard von Oldenburg-Januschau im preußischen Abgeordnetenhaus mit dem Hinweis, die Engländer hätten im Irland des 17. Jahrhunderts sehr wohl rigoros enteignet; von einer „Austreibung in diesem Stil" könne im aktuellen Fall „gar nicht die Rede sein", da es sich nur um die Enteignung von „vereinzelte[n] Besitzungen handeln" würde. Grundsätzlich müsse man aber die Polen vor die Wahl zwischen Assimilation oder Verdrängung stellen: „Wenn Sie Ihr Herz nicht geben wollen, dann müssen wir Ihr Land haben."[766]

Diesen chauvinistischen Sündenfall haben andere Völker Preußen-Deutschland nicht vergessen. Der Franzose Paul Vergnet betrachtete das Enteignungsgesetz 1913 als Symptom dafür, dass die radikalen alldeutschen Pläne im Kern Resonanz fänden.[767] Sein Landsmann André Sardou nahm Bülows Gesetz 1915 als Rechtfertigung für eigene antideutsche Enteignungs-Pläne in einem durch Annexionen vergrößerten Nachkriegs-Frankreich.[768] Auch die massiven Enteignungen deutscher Grundbesitzer durch den polnischen Staat nach 1918 reflektierten die preußische Gesetzgebung. Zwar behauptete der deutsche Konservative Graf Westarp

---

[764] Schulthess' Europäischer Geschichtskalender 49.1908, S. 5–9 und S. 18f.
[765] Hutten-Czapski, Sechzig Jahre Politik und Gesellschaft, Bd. 1, S. 502f., S. 529 und S. 529; Schulthess' Europäischer Geschichtskalender 49.1908, S. 52; Bülow, Denkwürdigkeiten, Bd. 2, S. 491.
[766] Oldenburg-Januschau, Erinnerungen, S. 92–94, dort fälschlich „Jadzewski" genannt.
[767] Rohrbach, Chauvinismus und Weltkrieg, Bd. 2, S. 236.
[768] Sardou, L'Indépendance Européenne, S. 47f.

1935, „daß die heiß umkämpfte preußische Ansiedlungspolitik [...] sich meilenweit fern hielt von der nationalen Gewaltpolitik, mit der später der polnische Staat in jenen Gebieten seinen Vernichtungswillen gegen das Deutschtum betätigt hat".[769] Er hatte insofern recht, als vom preußischen Staat zwischen 1908 und 1918 lediglich 1600 Hektar polnischen Grundbesitzes enteignet und die betroffenen vier Eigentümer voll entschädigt worden waren, während der polnische Staat 1921 3600 deutsche Siedler zunächst entschädigungslos und erst nach internationalem Protest gegen eine Entschädigung von „nicht ein[em] Drittel des Schadens" enteignet hat. Insgesamt wurden in Polen mindestens 400 000 Hektar Grundbesitz deutschen Eigentümern entzogen.[770] Beide Politiken waren somit nicht gleichzusetzen. Gleichwohl war der Weg zu nationalistischer „Gewaltpolitik" gegen das Eigentumsprinzip erstmals durch Bülows Gesetz von 1908 beschritten worden. Obwohl kaum angewandt, rief dieses Gesetz „den Eindruck der ständigen Bedrohung des polnischen Besitzes im Reich" hervor.[771]

Offensichtlich hatte das Enteignungsgesetz vor allem die Nationalliberalen für Bülow gewinnen sollen, in deren Reichstagsfraktion fast jedes zweite Mitglied dem Alldeutschen Verband angehörte, der solche antipolnischen Landenteignungen seit Jahren forderte. Die Konservativen mussten ihren anfänglichen Widerstand gegen jegliche Enteignungspolitik aus Koalitionsraison aufgeben.[772] Oldenburg-Januschau, der laut Bülow „mit Schwung und Schneid für die Enteignungsvorlage" eingetreten sein soll[773], betonte später seinen „Zwiespalt zwischen der Zurückweisung polnischer Machtwünsche einerseits und der Wahrung der Gerechtigkeit für alle preußischen Staatsangehörigen".[774] Den Alldeutschen zuzurechnende Ministerialbeamte wie Alfred Hugenberg im Finanzministerium oder Graf Schwerin im Innenressort hatten ein effektives Netzwerk gebildet, welches das Enteignungsgesetz nicht nur in der öffentlichen Meinung, sondern auch gegenüber den eigenen Ministern durchsetzte.[775] Hugenberg hatte einst selbst in der preußischen Ansiedlungskommission gearbeitet. Zusammen mit nationalistischen jüngeren Ministerialbeamten wie Graf Schwerin oder Arnold Wahnschaffe, dem Unterstaatssekretär der Reichskanzlei, bildete Hugenbergs „Freundeskreis" zeitweilig fast eine „Nebenregierung in der ostmärkischen Ansiedlungspolitik", deren Angehörige „weit über ihre formelle Zuständigkeit hinaus" gingen und „sogar gegen die Beschlüsse der zuständigen Instanzen" handelten. Als der in der Regierung lange als zu radikal betrachtete Gesetzentwurf von Bülow tatsächlich in den Landtag eingebracht wurde, trug im preußischen Herrenhaus der Schwie-

---

[769] Westarp, Konservative Politik im letzten Jahrzehnt des Kaiserreiches, Bd. 1, S. 33f.
[770] Kaestner, Posen und Westpreußen, S. 267–269 und S. 274.
[771] Borodziej, Geschichte Polens im 20. Jahrhundert, S. 41; trotz des Enteignungsgesetzes ging bis 1914 weiterhin mehr Land in den preußischen Ostprovinzen aus deutschem in polnischen Besitz über als umgekehrt; vgl. Armour, A History of Eastern Europe, S. 239.
[772] Fesser, Reichskanzler, Fürst von Bülow, S. 130; Claß, Wider den Strom, S. 86.
[773] Bülow, Denkwürdigkeiten, Bd. 2, S. 492.
[774] Oldenburg-Januschau, Erinnerungen, S. 90.
[775] Ebenda, S. 46 und S. 144; Hugenberg, Streiflichter aus Vergangenheit und Gegenwart, S. 280–288 und S. 222–224; Hutten-Czapski, Sechzig Jahre Politik und Gesellschaft, Bd. 1, S. 502f.

gervater Hugenbergs, der Frankfurter Oberbürgermeister Franz Adickes, erheblich zu dessen Durchsetzung bei.[776] Adickes war „der Hauptbefürworter des Gesetzes" in dieser Kammer[777] und formulierte am 30. Januar 1908 das Ziel, „das polnische Land dauernd deutsch zu machen":

„Das Gesetz enthalte Härten, aber es sei unvermeidlich. Wissen die Polen, die Deutschen sind konsequent, in einem Jahre werden 10 000, in 10 Jahren weitere 100 000 Deutsche angesiedelt, dann werden die Polen vielleicht Frieden machen. Nichts ist so verkehrt als ein Krieg mit unzulänglichen Mitteln."[778]

Die Konservativen beruhigten ihr schlechtes Gewissen dadurch, dass sie das Enteignungsgesetz zwar unterstützten, aber wirksame Beschränkungen einbauten. So wurde der Umfang des zu enteignenden Grundbesitzes auf 70 000 Hektar begrenzt und der Etat der Ansiedlungskommission gekürzt, worin Bülow eine „erhebliche Abschwächung" erblickte.[779] Vor allem enthielt das fertige Gesetz nicht mehr die ursprünglich vorgesehene „allgemeine Befugnis" zur Enteignung.[780] Bülow machte aus der Not eine Tugend und hob im Februar 1908 den „defensiven Charakter" der Enteignungsoption hervor.[781] Hinzu kam, dass Kaiser Wilhelm II. das Gesetz, dem gegenüber er sich ungewöhnlich lange „neutral" verhalten hatte, am Ende zwar zu unterstützen schien, weshalb sich Bülow auf das volle „Einverständnis mit der Krone" berief[782], dass aber derselbe Monarch sein Ministerium anwies, bei jedem Enteignungsvorhaben seine königliche „Willensmeinung" einzuholen. Dies sollte – wie sich 1912 zeigte – Enteignungen nicht verhindern, jedoch erheblich verzögern und erschweren.[783] Waren 1908 noch Gerüchte über ausufernde Enteignungspläne der Regierung in der Presse kursiert, die alle in jüngster Zeit erworbenen Güter der „polnischen Parzellierungsbanken" und fast des gesamten polnischen Hochadels hätten betreffen sollen[784], tendierte in Wahrheit die Wirksamkeit der Enteignungsvollmacht in der Folge gegen Null. Die Alldeutschen waren tief enttäuscht, sobald sie feststellten, „daß dieselbe Regierung,

---

[776] Diese Schilderung eines Angehörigen dieses Freundeskreises, Ludwig Bernhard, zitiert nach Wernecke / Heller, Der vergessene Führer, S. 41f.
[777] Hutten-Czapski, Sechzig Jahre Politik und Gesellschaft, Bd. 1, S. 527.
[778] Schulthess' Europäischer Geschichtskalender 49.1908, S. 19; Adickes versuchte im Februar 1908, den unterdessen abgemilderten Entwurf mit Blick auf die Enteignung kirchlichen Grundbesitzes wieder zu verschärfen; ebenda, S. 53.
[779] Schulthess' Europäischer Geschichtskalender 49.1908, S. 5 und S. 8; später stilisierte sich Bülow zum entschlossenen Germanisierungspolitiker und behauptete, wenn „das Enteignungsgesetz ohne unnötige Härten, aber mit ruhiger Festigkeit und Stetigkeit zehn Jahre durchgeführt" worden wäre, hätte „das Deutschtum im preußischen Osten gesiegt"; allein sein Sturz, 1909 durch Konservative wie Westarp „mit Hilfe der Polen" herbeigeführt, habe alles verdorben und letztlich „zu der Wiederherstellung von Polen und damit zum Verlust der deutschen Ostmark" geführt; vgl. Bülow, Denkwürdigkeiten, Bd. 2, S. 492f.
[780] So rückblickende Feststellungen des Konservativen von Heydebrandt und des Freikonservativen von Zedlitz im preußischen Abgeordnetenhaus im Mai 1911; vgl. Schulthess' Europäischer Geschichtskalender 52.1911, S. 103.
[781] Hutten-Czapski, Sechzig Jahre Politik und Gesellschaft, Bd. 1, S. 530.
[782] Ebenda, S. 530f.
[783] Hutten-Czapski, Sechzig Jahre Politik und Gesellschaft, Bd. 2, S. 53f.
[784] Hugenberg, Streiflichter aus Vergangenheit und Gegenwart, S. 218f.

die nur unter stärkstem Drucke die beiden Häuser des Landtages [...] dazu gebracht hatte, die Enteignungsvorlage anzunehmen, hernach nicht den Entschluß fand, dies Gesetz gegenüber den Polen auch anzuwenden". Der Hugenberg-Vertraute Ludwig Bernhard kritisierte 1912 öffentlich, dass die preußische Regierung unbegreiflicherweise zögere, „von der Waffe, die sie gefordert hatte, Gebrauch zu machen".[785] Hugenberg verließ resigniert den Staatsdienst, wurde Krupp-Manager und wetterte gegen die „Selbstpreisgabe" Preußen-Deutschlands im Osten.[786]

Obwohl auch die Nationalliberalen 1908 für die Beschränkung der Enteignungsbefugnis gestimmt hatten[787], spricht vieles dafür, dass vor allem konservative Widerstände diese Entschärfung bewirkten. Oldenburg-Januschau behauptete 1936, seine Partei habe versucht, „dem Gesetzentwurf die Giftzähne auszuziehen und ihn mehr zu einer Drohung zu machen". Entstanden sei ein „Kompromiß", von dem selbst Fürst Radziwill gesagt habe, er befürchte zumindest für den „alten polnischen Besitz" nun „keine Gefahr" mehr. Oldenburg-Januschau hielt es sich zugute, die einzige je vorgekommene Anwendung der Enteignungsbestimmung ebenfalls entschärft zu haben. Landwirtschaftsminister Klemens von Schorlemer sei 1912 nicht „entzückt" gewesen, auf Druck der Alldeutschen Enteignungen durchführen zu müssen. Er, Oldenburg, habe dem Minister geraten, die Enteignungen auf drei bis vier erst kürzlich von Polen erworbene Güter zu beschränken und die Enteigneten so großzügig zu entschädigen, dass keine Beschwerden erhoben würden. „Nach diesem Rezept" sei verfahren worden, „so daß das Enteignungsgesetz als Ganzes ohne große Wirkung geblieben" sei.[788]

In der Tat konnte der Landwirtschaftsminister dem alldeutschen „Druck" in Richtung Enteignung „auf die Dauer nicht widerstehen".[789] 1911 hatte sich Schorlemer noch gegen Presseforderungen gewandt, man solle „die letzte Scholle polnischen Bodens in deutschen Besitz" bringen, und erklärt, es gehe nicht um völlige Verdrängung der Polen, sondern um eine gezielte Stärkung des Deutschtums im Osten. Dabei rutschte der Minister freilich selbst in einen prekären Vergleich: „Wenn schon Amerika den Indianern, trotzdem sie gelegentlich immer noch Weiße skalpiert haben, ihre Reservationen gelassen hat, dann werden wir auch als Deutsche und Preußen den letzten Polen nicht aus dem Lande weisen dürfen."[790] Die Nationalliberalen widersprachen der vom Minister und den Konservativen vertretenen Auffassung, die Enteignungsbefugnis sei nur als „ultima ratio" aufzufassen, und verlangten die „Ausführung des Gesetzes".[791] Schorlemer reagierte am 11. Oktober 1912 mit der „erste[n] Anwendung des Enteignungsparagraphen [...] nach vierjährigem Bestehen", indem „vier polnische Rittergüter" verstaatlicht

---

[785] Wernecke / Heller, Der vergessene Führer, S. 42.
[786] Claß, Wider den Strom, S. 46 f.
[787] Schulthess' Europäischer Geschichtskalender 52.1911, S. 103.
[788] Oldenburg-Januschau, Erinnerungen, S. 90 f. und S. 94.
[789] Hutten-Czapski, Sechzig Jahre Politik und Gesellschaft, Bd. 2, S. 53.
[790] Schulthess' Europäischer Geschichtskalender 52.1911, S. 102.
[791] Ebenda, S. 103.

wurden.⁷⁹² Dies blieb die einzige Anwendung, deren Umfang 1655 Hektar betrug.⁷⁹³ Bei einem Umfang der Ost-Ansiedlung von 21 000 deutschen Bauernfamilien auf 230 000 Hektar seit 1886⁷⁹⁴ fiel dies nicht ins Gewicht und blieb letztlich rein symbolisch. Dennoch verurteilte Anfang 1913 die Mehrheit des Reichstages auf Antrag der polnischen Fraktion die „Zulassung der Enteignung [...] durch den Reichskanzler".⁷⁹⁵ Im preußischen Abgeordnetenhaus hingegen bekannten sich nach den Nationalliberalen auch die Freikonservativen dazu: „Wenn man einmal das Schwert der Enteignung in der Hand hat", so Johann Viktor Bredt 1913, „so sollte man auch energisch damit umgehen".⁷⁹⁶ Im März 1914 verstärkte sich diese parlamentarische Achse, der gegenüber Schorlemer seine „persönlichen Bedenken gegen die Anwendung des Enteignungsgesetzes" ebenso zum Ausdruck brachte wie seine Bereitschaft, die Bestimmung im Bedarfsfall begrenzt anzuwenden.⁷⁹⁷

Waren auch außenpolitische Rücksichten für die Nichtumsetzung des Enteignungsparagraphen ausschlaggebend? Laut Bülow wurde schon in den preußischen Landtagsdebatten von 1908 der Einwand vorgebracht, „daß unsere Ostmarkenpolitik in Österreich mißfiele und uns dort schaden würde". Dies hatte der Regierungschef mit der wilhelminisch-markigen Bemerkung gekontert, „vor jedem Stirnrunzeln des Auslandes zu erbeben", sei „nicht die Art großer Völker".⁷⁹⁸ Der Journalist Maximilian Harden behauptete dennoch, der österreichisch-ungarische Außenminister Graf Aehrenthal habe im Februar 1909 dem Reichskanzler erklärt, „es würde ihm sehr schwer fallen, an der bisherigen Bündnispolitik [mit Deutschland] festzuhalten, wenn von der Enteignungsbefugnis Gebrauch gemacht werden würde".⁷⁹⁹ Aehrenthal dürfte von der Wiener polnisch-galizischen Aristokratie alarmiert worden sein, die sich schon 1901 beim Wretschener Schulkonflikt in Posen mit den preußischen Polen gegen den Hohenzollernstaat solidarisiert hatte.⁸⁰⁰ Bülow aber hatte die im Herbst 1907 an ihn herangetragene Bitte Aehrenthals, „die Vorlage des Polengesetzes um drei Monate zu verschieben", um parlamentarische Verhandlungen in der Doppelmonarchie nicht zu belasten, einfach ignoriert.⁸⁰¹ Aehrenthal ließ den Wiener Generalstabschef Baron Conrad im Dezember 1907 wissen, Bülow sei ihm „durch seine Polendebatte sehr lästig geworden", obschon er den Reichskanzler „vorher ersucht" habe, ihm „keine Ungelegenheiten in dieser Richtung zu bereiten". Conrad wusste auch, dass „natürlich" der polnisch-konservative Abgeord-

---

⁷⁹² Schulthess' Europäischer Geschichtskalender 53.1912, S. 217.
⁷⁹³ Schulthess' Europäischer Geschichtskalender 58.1917, Teilbd. 1, S. 595.
⁷⁹⁴ Schulthess' Europäischer Geschichtskalender 54.1913, S. 94; davon stammten angeblich 5000 Ansiedler aus Russland oder Galizien; ebenda, S. 96.
⁷⁹⁵ Westarp, Konservative Politik im letzten Jahrzehnt des Kaiserreiches, Bd. 1, S. 214.
⁷⁹⁶ Schulthess' Europäischer Geschichtskalender 54.1913, S. 97.
⁷⁹⁷ Schulthess' Europäischer Geschichtskalender 55.1914, Teilbd. 1, S. 179f. und S. 182.
⁷⁹⁸ Bülow, Denkwürdigkeiten, Bd. 2, S. 491f.
⁷⁹⁹ Hutten-Czapski, Sechzig Jahre Politik und Gesellschaft, Bd. 2, S. 38.
⁸⁰⁰ Schulthess' Europäischer Geschichtskalender 42.1901, S. 202–204.
⁸⁰¹ Friedjung, Geschichte in Gesprächen, Bd. 2, S. 69..

nete „Abrahamowicz schon bei Ährenthal" vorstellig geworden sei.⁸⁰² Der Wiener Spitzenbeamte Rudolf Sieghart erinnerte sich, wie sehr das preußische Enteignungsgesetz die Polen in Österreich, die eigentlich gegenüber „den Deutschen nicht unfreundlich" eingestellt gewesen seien, zu „berechtigten Beschwerden" veranlasst habe.⁸⁰³ 1912 konstatierte auch der Wiener Publizist Theodor von Sosnosky, das Verhältnis zwischen Reichsdeutschen und Polen im Habsburgerreich wäre „zweifellos noch ein besseres, wenn es nicht immer wieder durch die bösen Nachrichten von den grausamen Verfolgungen getrübt würde, die die Polen im Deutschen Reiche erleiden" müssten. Der „Enteignungsukas", den Sosnosky durch diese Wortwahl mit zaristischen Gewaltmaßnahmen gleichsetzte, habe „alle Welt empört".⁸⁰⁴ Das Enteignungsgesetz erschien manchen generell als slawenfeindlich; so nannte Tomáš G. Masaryk im Wiener Abgeordnetenhaus 1908 als eine Ursache der „in der czechischen Bevölkerung gewachsenen Aufregung" das „Verhalten Deutschlands […] gegen die Polen (als Slawen), wogegen die österreichische Regierung nichts unternommen habe".⁸⁰⁵

Laut nie dementierten Berichten des Enthüllungsjournalisten Harden soll die Wiener Regierung 1909 von Bülow „Zusicherungen erbeten und erhalten" haben, dass das Enteignungsgesetz nicht angewendet werden würde. Der gut vernetzte Graf Hutten-Czapski, ein Vertrauensmann des verstorbenen Reichskanzlers Fürst Hohenlohe⁸⁰⁶, glaubte zwar nicht, dass sich dessen Nachfolger Bülow erst infolge der Wiener Intervention „zur Nichtanwendung der Enteignung entschlossen hätte". Gleichwohl meinte Czapski, dass Hardens Bericht im Kern zutreffend sei – nur dass nicht Aehrenthal, sondern Fürst Fürstenberg, ein in Deutschland wie Österreich gleichermaßen einflussreicher hocharistokratischer Freund Wilhelms II., als Vermittler gewirkt habe. Auch Bülow lastete diesem „Günstling" des Kaisers an, den Monarchen „in der Enteignungsfrage ins Schwanken" gebracht zu haben, so „daß er diese Maßnahme tadelte, daß er sie rückgängig machen wollte". Der 1909 gestürzte Reichskanzler registrierte erbittert, dass Wilhelm II. das Enteignungsgesetz als „Lieblingsthema" benutzte, um die „politische Beschränktheit und moralische Minderwertigkeit" seines Urhebers Bülow „zu beweisen".⁸⁰⁷ Dieser hatte schon vor Verabschiedung dieses Gesetzes 1908 gegenüber einem Mitglied des österreichischen Herrenhauses, dem polnischen Grafen Anton Wodzicki,

---

802 Conrad, Aus meiner Dienstzeit, Bd. 1, S. 529.
803 Sieghart, Die letzten Jahrzehnte einer Großmacht, S. 336f.
804 Sosnosky hielt Berlin zugute, sich auf Gefährdung des Staatswohls durch polnische Nationalisten berufen zu können, was „selbst eine so grausame Maßnahme wie das Enteignungsgesetz rechtfertigen würde, wenn auch nicht moralisch, so doch politisch"; hingegen hätten Deutschnationale in Österreich keine Rechtfertigung ihrer „alldeutschen slawenfeindlichen" Haltung, die „allen Begriffen von Recht und Menschlichkeit Hohn" spreche; vgl. Sosnosky, Die Politik im Habsburgerreiche, Bd. 1, S. 267f.
805 Czedik, Zur Geschichte der k.k. österreichischen Ministerien 1861–1916, Bd. 4, S. 159.
806 Jagemann, Fünfundsiebzig Jahre des Erlebens und Erfahrens, S. 144 und 148f.
807 Hutten-Czapski, Sechzig Jahre Politik und Gesellschaft, Bd. 2, S. 38f.; Bülow, Denkwürdigkeiten, Bd. 2, S. 489.

indiskret behauptet: „Ich bin gegen das Gesetz, aber der Kaiser drängt mich dazu."[808]

Im März 1917 ließ im preußischen Herrenhaus der Bülow-Nachfolger Bethmann Hollweg seine Bereitschaft signalisieren, eine polnische Loyalitätsadresse des Fürsten Radziwill „mit der Aufhebung des Enteignungsgesetzes" zu belohnen.[809] Vorangegangen war eine Demonstration deutscher Nationalisten im Abgeordnetenhaus Ende 1916[810], die im Januar 1917 ein scharfes Rededuell zwischen dem Polenführer Wojciech Korfanty und Innenminister von Loebell zur Folge hatte. Dabei warf der spätere polnische Ministerpräsident und Oberschlesien-Kämpfer Korfanty der preußischen Regierung vor, „die Polen als eine Art Albanier zu behandeln", obwohl sie jahrhundertelang ein Schutzwall der abendländischen Kultur gegen „asiatische Barbarei" gewesen seien.[811] Statt vager „Versprechungen" forderten die Polen „völlige Gleichberechtigung". Korfanty erklärte die avisierten deutschen Zugeständnisse – „Religionsunterricht in der Muttersprache" oder „Aufhebung des Enteignungsgesetzes" von 1908 – für ungenügend, denn das misstrauische polnische Volk fordere „die Möglichkeit einer freien nationalen und kulturellen Entwicklung", die jedoch „nicht im Widerspruch zu den Staatsgesetzen und zu den Interessen des deutschen Volkes" zu stehen brauche. Gemäßigte Polen wie Graf Hutten-Czapski bedauerten „zutiefst", dass Korfanty „durch seine heftigen Vorwürfe gegen die preußische Polenpolitik" die sich anbahnende deutsch-polnische „Zusammenarbeit gestört" hatte. Zugleich sah sich Korfanty Verratsvorwürfen aus dem extremen nationalpolnischen Lager ausgesetzt.[812]

Der Berliner Regierung war klar, dass das deutsch-polnische Verhältnis sich „verhängnisvoll" entwickeln könnte, „wenn nicht im Posenschen ein dauernder Waffenstillstand gelingt".[813] Diesen suchte Bethmann Hollweg ab März 1917 einzuleiten – über Versuche, durch die autonome polnische Regierung in Warschau auf preußische Polen „à la Korfanty einzuwirken", ferner „eine Loyalitätsrede Radziwills im Herrenhause zu erreichen und darauf mit der Aufhebung des Enteignungsgesetzes zu antworten".[814] Tatsächlich gab Fürst Radziwill am 28. März 1917 im Herrenhaus die gewünschte Erklärung ab, konstatierte aber zugleich die Notwendigkeit „vollkommener bürgerlicher Gleichberechtigung" als Basis für „ein harmonisches Verhältnis zwischen den Preußen und den preußischen Polen", das wiederum eine „gute Rückwirkung" auf das Verhältnis zum polnischen Staat

---

[808] Schicksalsjahre Österreichs 1908–1919, Bd. 1, S. 201; Schicksalsjahre Österreichs 1869–1936, Bd. 1, S. 546; diese Indiskretion Bülows empfanden Wodzicki und der von diesem informierte österreichisch-ungarische Botschafter in Berlin, Szögyény, als „Taktlosigkeit" des Reichskanzlers gegenüber dem eigenen Monarchen als „unverzeihlich".
[809] Riezler, Tagebücher – Aufsätze – Dokumente, S. 413, auch Anm. 2.
[810] Schulthess' Europäischer Geschichtskalender 57.1916, Teilbd. 1, S. 545f.
[811] Hutten-Czapski, Sechzig Jahre Politik und Gesellschaft, Bd. 2, S. 335; Schulthess' Europäischer Geschichtskalender 58.1917, Teilbd. 1, S. 54f.
[812] Karski, Albert (Wojciech) Korfanty, S. 172–174.
[813] Riezler, Tagebücher – Aufsätze – Dokumente, S. 320.
[814] Ebenda, S. 413.

entfalten könnte. Namens der preußischen Regierung erklärte Paul von Breitenbach die Bereitschaft zur Lockerung der antipolnischen Sprachenpolitik im Schulwesen und zur Aufhebung des Enteignungsparagraphen.[815] Dieser Ankündigung folgten nicht nur „kleinere Abänderungen"[816], sondern am 18. Mai 1917 ein Gesetzentwurf, der die Enteignungsbefugnis von 1908 förmlich außer Kraft setzen sollte.[817] Die Vorlage blieb jedoch „in der Kommission des Herrenhauses stecken".[818] Der Sturz Bethmann Hollwegs im Juli 1917 führte dann zur Wiederverhärtung der Fronten. Von einer Aufhebung des Enteignungsparagraphen war keine Rede mehr, obwohl dieser nur eine Verschärfung des deutsch-polnischen Konflikts und einen außenpolitischen Ansehensverlust Deutschlands bewirkt hatte.[819] Die Regierung behalf sich 1917/18 mit liberaler Verwaltungspraxis.[820] Im Oktober 1918 wies Graf Hutten-Czapski das Auswärtige Amt darauf hin, dass die Enteignungsbestimmung immer noch in Kraft sei und die Waffenstillstandsverhandlungen mit der Entente belasten könne.[821]

Fatalerweise konnten sich die Anhänger dieser Enteignungspolitik auf Bismarck berufen. Der von vielen verklärte Reichsgründer hatte im Januar 1886 als preußischer Ministerpräsident im Abgeordnetenhaus zur „Polenfrage" höchst problematische Ausführungen gemacht. Da die Gewährung gleicher Rechte die Polen nicht dazu gebracht habe, sich loyal gegenüber Deutschland zu verhalten, da sie sich vielmehr als Staatsangehörige „auf Kündigung" betrachteten, rief der „eiserne Kanzler" der national-polnischen Fraktion provokativ zu:

„Was nicht will deichen, das muß weichen; wer nicht mitarbeiten will an dem Staat zu seinem Schutz, der gehört nicht zum Staat, der hat keine Rechte an den Staat; er soll weichen aus dem Staat. So barbarisch sind wir nicht mehr, daß wir die Leute austreiben, aber es wäre eigentlich die gerechte Antwort gegen alle diejenigen, die den Staat [...] negieren, daß ihnen auch ihrerseits der staatliche Schutz in allen Beziehungen entzogen werde [...]. Das nannte man im alten Deutschen Reich Bann und Acht; es ist ein hartes Verfahren, zu dem wir heute zu weichmütig sind."[822]

Zugleich rechtfertigte der preußisch-deutsche Regierungschef seine gleichzeitige Politik der Ausweisung von Polen ohne deutsche Staatsangehörigkeit mit der – wie Rüdiger Drews treffend bemerkt – für alle Polen beleidigenden Bemerkung: „Wir wollen die fremden Polen los sein, weil wir an unseren eigenen genug haben. (Bravo! rechts)". Auch eine nationalistisch motivierte Enteignungspolitik war für den Kanzler denkbar, die er gegen den polnischen Adel richten wollte, da er diesen irrtümlich für die nach wie vor treibende Kraft des polnischen Nationalismus hielt. Der preußische Staat, so dessen Ministerpräsident, möge erwägen, ob er nicht einmalig 100 Millionen Mark als Entschädigung ausgeben könnte, um

---

815 Schulthess' Europäischer Geschichtskalender 58.1917, Teilbd. 1, S. 354.
816 Riezler, Tagebücher – Aufsätze – Dokumente, S. 415, Anm. 3.
817 Schulthess' Europäischer Geschichtskalender 58.1917, Teilbd. 1, S. 595f.
818 Westarp, Konservative Politik im letzten Jahrzehnt des Kaiserreiches, Bd. 2, S. 238.
819 Hutten-Czapski, Sechzig Jahre Politik und Gesellschaft, Bd. 2, S. 53f..
820 Westarp, Konservative Politik im letzten Jahrzehnt des Kaiserreiches, Bd. 2, S. 239.
821 Hutten-Czapski, Sechzig Jahre Politik und Gesellschaft, Bd. 1, S. 502, und Bd. 2, S. 513.
822 Schulthess' Europäischer Geschichtskalender 27.1886, S. 22–24 und S. 30f.

diesen illoyalen „Adel zu expropriieren". Auf ein lautes „Oho!" im Plenum erwiderte Bismarck, sein Vorschlag klinge gewiss „ungeheuerlich", aber er sei im Interesse von Staat und Nation viel stärker geboten als jede widerspruchslos hingenommene Enteignung für den Eisenbahnbau. Außerdem werde „ja keine Ungerechtigkeit verlangt", das Land solle „nach dem vollen Werte bezahlt werden, und die Herren würden zum Teil vielleicht sehr vergnügt sein, mit dem Gelde [...] sich in Galizien anzukaufen oder jenseits der russischen Grenze, da sind sie viel mehr unter sich". Einen Heiterkeitserfolg erzielte Bismarck durch den spöttischen Hinweis, auch die Vergnügungszentren Paris oder Monaco böten sich als Heimat für entschädigte polnische Aristokraten an.[823] Es war der Zentrumsführer Ludwig Windthorst, der sich daraufhin im Reichstag gegen Bismarck wandte – nicht nur aus katholischer Solidarität mit den Polen, sondern auch aus rechtsstaatlichem Denken: Windthorst gelang es nicht nur, Bismarcks Ausweisungspolitik missbilligen zu lassen, er griff auch dessen antipolnische Enteignungsdrohung als „Proklamierung eines vollständigen Ausnahmezustands" an, der „unter keinen Umständen toleriert werden" dürfe, da sonst „keine Klasse von Untertanen mehr sicher" sei. Windthorst fügte ironisch hinzu, nach Bismarcks antipolnischem Vorbild könne dereinst ein sozialistischer Regierungschef wie August Bebel Bismarcks eigene Güter enteignen und dem heimatlos Gemachten gütig „überlassen, ob er ferner in Hamburg oder anderswo wohnen" wolle.[824] Trotz dieser Kritik wurde die Bismarck-Rede mit 500 000 Exemplaren verbreitet; sie hatte offenbar „breiten Kreisen aus dem Herzen gesprochen".[825]

Bismarcks Drohungen zu Enteignung und Vertreibung preußisch-deutscher Staatsbürger polnischer Nationalität riefen im verbündeten Österreich-Ungarn heftige Reaktionen hervor. Im Februar 1886 kritisierte der Abgeordnete Otto Hausner, trotz seines deutschen Namens ein Vertreter des galizischen Polenklubs, Bismarcks Rede als „unerhörten Ausbruch wildesten Rassenhasses", während ein deutscher Parlamentarier die Vertreter der Wiener Regierung, Ministerpräsident Graf Taaffe und den aus Galizien stammenden Finanzminister Dunajewski, wegen ihrer Zustimmung zur Rede Hausners kritisierte: Es habe den Anschein, als ob „das Bündnis mit dem Deutschen Reich nur noch offiziell besteht".[826] Kurz vor der Bismarckrede hatte im Januar 1885 der prominente deutsche Philosophieprofessor Eduard von Hartmann auf die Bedrohung deutscher Bevölkerungsgruppen in Nachbarstaaten des Deutschen Reiches hingewiesen und daraus das Recht auf eine antislawische Politik in Deutschland abgeleitet: „Wenn die Slawen das Deutschthum in ihren Grenzen ausrotten, so müssen wir Repressalien üben, d. h. das Slawenthum in unseren Grenzen ausrotten, wenn nicht der Einfluß des Deutschthums in der Geschichte der Culturvölker beträchtlich sinken soll." Da-

---

[823] Ebenda, S. 32; ferner Drews, Ludwig Windthorst, S. 218.
[824] Drews, Ludwig Windthorst, S. 218f., der einem Vortrag von Winfried Becker folgt und dessen Irrtum übernimmt, das Ansiedlungsgesetz Bismarcks mit der Enteignungsdrohung zu verquicken; das Gesetz sah jedoch bis 1908 keine Enteignung vor.
[825] Pflanze, Bismarck, Bd. 2, S. 453.
[826] Kolmer, Parlament und Verfassung in Österreich, Bd. 4, S. 47.

bei meinte Hartmann mit Ausrottung nicht Völkermord, sondern eine gezielte „Germanisierung der Polen". Schon um der Gefahr einer Wiedererstehung des polnischen Staates vorzubeugen, die vom polnisch regierten autonomen Königreich Galizien in der Habsburgermonarchie ausgehe, forderte Hartmann eine am russischen Beispiel orientierte rücksichtslose Zwangsassimilationspolitik, die zugleich mit umfassender Besiedlungspolitik im preußischen Osten einhergehen müsse. Dabei ging Hartmann über die spätere preußische Siedlungspolitik deutlich hinaus, wenn er feststellte: „Es genügt hierzu nicht, sämmtliche [sic!] polnische Landgüter zu expropriiren [sic!] und deutsche Bauerndörfer aus ihnen zu machen, es muß auch auf die deutschen Landgüter ein Einwanderungsstrom deutscher Colonisten durch ausreichende Prämien hingelenkt, und für dieselben durch prämierte Auswanderung polnischer Landarbeiter nach unseren Colonien Platz geschaffen werden."[827] Hartmanns Artikel zeitigte zahlreichen Widerspruch fortschrittlich-liberaler oder sozialdemokratischer Journalisten und Politiker.[828] In der slawischen Öffentlichkeit jedoch blieb über Jahrzehnte hinweg Hartmanns vergröberter Schlachtruf „Rottet aus die Polen" in böser Erinnerung, den der tschechoslowakische Präsident T. G. Masaryk noch 1925 als schlagendes Beispiel für die „Philosophie und Politik des Pangermanismus" zitierte.[829]

Bürger der polnischen Provinzen Russlands oder Österreichs hatten lange ungehindert ins preußische Posen und Westpreußen einwandern können. Im Februar 1885 aber begann Bismarck seine „Abwehrpolitik"[830] und wies den preußischen Innenminister von Puttkamer an, eine „umfassende Ausweisung" aller Polen mit fremder Staatsbürgerschaft durchzuführen.[831] Die Aktion traf primär russische Staatsbürger polnischer oder jüdischer Herkunft, im Juli 1885 aber auch

---

[827] Zit. nach: Europastrategien des deutschen Kapitals 1900–1945, S. 92 f.
[828] Pflanze, Bismarck, Bd. 2, S. 450, der dabei fälschlich „Naturvölker" statt „Culturvölker" zitiert und Hartmanns Beobachtung antideutscher slawischer Politik auf die Russifizierungspolitik im Zarenreich und die Magyarisierungspolitik in Ungarn bezieht; Hartmanns Vergeltungsgedanke wurde 1895 in der „Gegenwart" in Wilhelm Friedrich Riedels Artikel „Phantasien über Großdeutschland" wiederholt, wo es mit Blick auf die antideutsche Zwangsassimilationspolitik von Magyaren und Tschechen hieß: „Die von ihnen jetzt ausgeübte Bedrängung des Deutschthums zerstört auch jedes ideale Recht auf einen Schutz, wenn sie später umgekehrt von den Deutschen bedrängt werden." Zit. nach: Europastrategien des deutschen Kapitals 1900–1945, S. 102–106, insb. S. 103.
[829] Masaryk, Die Weltrevolution, S. 355; dabei stellte er dem Hartmann-Zitat ein ebenfalls vergröbertes Zitat des deutschen Historikers Theodor Mommsen – „zertrümmert die harten Schädel der Tschechen (Mommsen)" – an die Seite; Mommsen hatte am 31. Oktober 1897 in der Wiener Presse einen offenen Brief veröffentlicht, in dem er sich im eskalierenden deutsch-tschechischen Sprachenkonflikt mit den Deutschösterreichern solidarisierte und forderte: „Seid hart! Vernunft nimmt der Schädel der Tschechen nicht an, aber für Schläge ist auch er zugänglich. Es ist mit unzeitiger Nachgiebigkeit in Österreich viel gesündigt und viel verdorben worden; es geht um Alles – Unterliegen ist Vernichtung." Dieser Brief löste „eine Flut von Angriffen und Beleidigungen von slawischer Seite auf Mommsen" aus; vgl. Kolmer, Parlament und Verfassung in Österreich, Bd. 6, S. 306; vom Zertrümmern von Schädeln jedoch war darin nicht die Rede.
[830] Gosewinkel, Einbürgern und Ausschließen, S. 264–266.
[831] Ebenda, S. 265–267; Broszat, Zweihundert Jahre deutsche Polenpolitik, S. 147 f.

österreichische Bürger. Diese Massenausweisung stellte international eine „ungewöhnliche Verschärfung" der Ausweisungspraxis dar, indem nicht mehr nur einzelne Kriminelle, Arme oder politisch Verfolgte, sondern ganze ethnische Gruppen betroffen waren.[832] Der „Massenabschub" dauerte bis Ende 1887 und soll 25914[833], möglicherweise 32000 Menschen erfasst haben, von denen ein Drittel Juden waren.[834] Die folglich ebenso antipolnisch wie antisemitisch motivierten Ausweisungen[835] wurden „teilweise überaus brutal durchgeführt, auch verloren die Betroffenen meist ihren Besitz".[836] „In der öffentlichen Meinung des In- und Auslandes" wurde all dies „sehr mißfällig aufgenommen".[837] Nicht nur die Reichstagsmehrheit – allen voran Zentrum, Linksliberale, Sozialdemokraten und Polen – verurteilte Anfang 1886 Bismarcks Vorgehen als „nicht gerechtfertigt".[838] Auch ein Konservativer wie der deutsche Botschafter in Russland, General Lothar von Schweinitz, kritisierte Bismarcks „unkluge und nutzlos grausame Ausweisungsmaßregel" als Tat „eines völlig rücksichtslosen Staatsmanns".[839] Eine Zeitlang schwelte ein deutsch-russischer Konflikt über den Nachweis der Staatsangehörigkeit, in dessen Folge sich im Winter 1885/86 Tausende elend an den Grenzübergängen stauten.[840] Während Zar Alexander III. gegen Bismarcks Schritt nichts einzuwenden hatte, befürchteten Schweinitz und der deutschstämmige russische Außenminister Nikolai von Giers, das Vorgehen könne auf deutsche Minderheiten in Russland zurückschlagen.[841] Auch der Vatikan reagierte nicht auf den kritischen Bericht, den der deutsche Zentrumspolitiker Ludwig Windthorst, ein längst profilierter Verteidiger der Bürgerrechte auch der polnischen Katholiken und Juden, Anfang 1886 wegen Bismarcks Ausweisungspolitik nach Rom gesandt hatte; stattdessen erschien im „Osservatore Romano" ein Artikel, der das preußische Vorgehen indirekt guthieß, indem er behauptete, bei den meisten Ausgewiesenen handle es sich um die „Pest der russisch-polnischen und galizischen Juden".[842]

Hatte sich der Verbündete Österreich-Ungarn während der Ausweisungen der 1880er Jahre noch zurückgehalten, führte eine weitere preußische Aktion dieser Art, die 1898 „viele österreichische Unthertanen slawischer Herkunft" in Schlesien traf, im Wiener Abgeordnetenhaus zu einer hitzigen Interpellation polnischer und tschechischer Abgeordneter, auf die Ministerpräsident Graf Franz Thun-

---

[832] Pflanze, Bismarck, Bd. 2, S. 452; Fahrmeir, Citizenship, S. 89f.; Nipperdey, Deutsche Geschichte 1866–1918, Bd. 2, S. 272; Baranowski, Nazi Empire, S. 22, wo dies fälschlich auf die Jahre 1883–1885 datiert wird.
[833] Broszat, Zweihundert Jahre deutsche Polenpolitik, S. 146–148.
[834] Nipperdey, Deutsche Geschichte 1866–1918, Bd. 2, S. 272; Gosewinkel, Einbürgern und Ausschließen, 267; Pflanze, Bismarck, Bd. 2, S. 452.
[835] Urban, Der Verlust, S. 23f.; Gosewinkel, Einbürgern und Ausschließen, S. 266.
[836] Urban, Der Verlust, S. 17 und S. 23.
[837] Lichtenstaedter, Sprachenpolitik, S. 93.
[838] Schulthess' Europäischer Geschichtskalender 27.1886, S. 12f.; Pflanze, Bismarck, Bd. 2, S. 452 und S. 456.
[839] Schweinitz, Denkwürdigkeiten, Bd. 2, S. 307f. und S. 313.
[840] Pflanze, Bismarck, Bd. 2, S. 451.
[841] Schweinitz, Denkwürdigkeiten, Bd. 2, S. 298f.
[842] Drews, Ludwig Windthorst, S. 218 und S. 220.

Hohenstein – Exponent „einer slawisch-konservativen Partei" – mit einer ungewöhnlich kritischen Stellungnahme reagierte. Thun erklärte, dass das unbestrittene Recht jedes Staates auf Ausweisung fremder Staatsangehöriger „nicht in der Weise gehandhabt werden" dürfe, „daß gewissermaßen ganze Kategorien und Klassen der Bevölkerung eines fremden Staates als solche von der Niederlassung schlechtweg ausgeschlossen würden". Zwar betonte der Regierungschef, dass Preußen dergleichen bisher nicht habe erkennen lassen, fügte aber hinzu, falls die preußischen Ausweisungen doch den „Charakter einer gegen einzelne Individuen wirksamen Polizeimaßnahme" verlieren sollten, werde die Wiener Regierung „die Rechte der österreichischen Unterthanen mit vollem Nachdrucke zu wahren" und „eventuell" den Grundsatz der „Reziprozität" anzuwenden wissen – also deutsche Staatsbürger aus Österreich ausweisen. Thuns Rede wurde von Deutschen und Magyaren scharf kritisiert, während Polen und Tschechen Beifall zollten.[843] Die Ausführungen des österreichischen Premiers führten nicht nur zu heftiger Kritik in der reichsdeutschen Presse, sondern auch im ungarischen Abgeordnetenhaus, wo man das Bündnis mit Deutschland gegen die slawische Majorität in Wien hochhielt. Im österreichischen Reichsrat wurde Thuns Rede vom böhmischen Deutschliberalen Gustav Groß als „Äußerung eines pygmänhaft [sic!] dilettantischen Staatsmannes" abqualifiziert, die das deutsch-österreichische Bündnis nicht zu erschüttern vermöge. Alsbald musste Thun zurückrudern, doch das Thema der „grundlosen Ausweisung österreichischer Staatsbürger tschechischer und polnischer Nationalität" aus dem Deutschen Reich beschäftigte das Wiener Parlament im Januar 1900 erneut. Zwar erklärte der österreichisch-ungarische Außenminister Graf Gołuchowski die Beschwerden für grundlos, da es sich „nicht um Massenausweisungen" gehandelt habe. Trotzdem verstummten die slawischen Proteste erst nach längerer Zeit.[844]

---

[843] Schulthess' Europäischer Geschichtskalender 39.1898, S. 174 und S. 230–232; Czedik, Zur Geschichte der k.k. österreichischen Ministerien 1861–1916, Bd. 2, S. 169 und S. 209 f.; der deutsche Botschafter Graf Eulenburg nahm Thuns Rede als „bedauerlich[en]" Beleg, „daß das slawische Element in Österreich an Einfluß unaufhörlich wächst", betonte aber, Außenminister Graf Gołuchowski, obschon Pole, habe erklärt, „daß die preußische Regierung ernste Gründe habe, das polnische Element in den Grenzprovinzen […] nicht anwachsen zu lassen"; vgl. Friedjung, Geschichte in Gesprächen, Bd. 1, S. 203 f.

[844] Kolmer, Parlament und Verfassung in Österreich, Bd. 7, S. 150–158; umgekehrt hatte der vehemente Kampf der Deutschösterreicher gegen eine in ihrer Sicht die Tschechen begünstigende Sprachenverordnung der österreichischen Regierung „in weiteren Kreisen der Reichsdeutschen nur geringen Widerhall" gefunden; nur alldeutsche Abgeordnete wie Hasse, Zimmermann und Förster hatten sich Ende 1897 im Reichstag solidarisiert, und der Abgeordnete Liebermann von Sonnenberg erklärte im Dezember 1898, ein „Österreich unter nichtdeutscher Führung" sei für Deutschland kein „wünschenswerter Bundesgenosse mehr"; man müsse im 20. Jahrhundert dafür sorgen, Deutschland und Österreich „wieder zu vereinigen"; vgl. Schnee, Georg Ritter von Schönerer, S. 58; derselbe antisemitische Abgeordnete hatte im Dezember 1897 gefordert, „daß die Reichsregierung den Deutschen Österreichs irgendwie zu Hilfe komme", um deren „Unterdrückung" zu hindern; Bülow mahnte damals als Staatssekretär des Auswärtigen zu „Mäßigung", „Besonnenheit" und zur „Achtung fremder Rechte"; vgl. Schulthess' Europäischer Geschichtskalender 38.1897, S. 164 f.

Im polnischen Gedächtnis blieben die preußischen Ausweisungen und ihr Urheber Bismarck als „deutscher Herodes" lebendig.[845] Nach dem Ersten Weltkrieg rechtfertigte die Warschauer Regierung ihre „administrativen Zwangsmaßnahmen gegen die Deutschen in Posen und Westpreußen" mit Bismarcks Ausweisungspolitik.[846] Nur das britisch-irische Verhältnis wies vor 1914 vergleichbare Schärfen auf. Im Mai 1886 leistete sich der konservative britische Oppositionsführer und spätere Premier Lord Salisbury eine ähnliche Vertreibungsphantasie wie Bismarck, als er im Parlament erklärte, die Iren seien zur Selbstregierung (Home Rule) ebenso unfähig wie die Hottentotten in Afrika, und den bösen Vorschlag machte, die Iren sollten nach Manitoba (Kanada) auswandern[847] – was bedeutet hätte, ihre Heimat den Briten zu überlassen. Doch auch in der irischen Nationalbewegung konnten sich viele eine Befreiung nur als Vertreibung der Briten vorstellen. Selbst Sir Roger Casement, weltweit gefeiert und vom britischen König geadelt, weil er 1904 die Kongo-Gräuel des Belgierkönigs Leopold II. öffentlich gemacht hatte, verzweifelte am Britischen Empire, dem er lange als Konsul gedient hatte, und stellte sich zu Beginn des Ersten Weltkrieges den Deutschen zur Verfügung, weshalb er 1916 in London als Hochverräter hingerichtet wurde.[848] Gerade sein humanitärer Einsatz für die Eingeborenen im Kongo oder für ausgebeutete Indios in Peru hatte seinen antibritisch-irischen Nationalismus gesteigert: Casement gelangte zur Überzeugung, seine Heimat Irland sei ebenso eine Kolonie wie der Kongo, und erlebte in Peru die Iren als die „weißen Indianer" der Briten. Seine Verteidigungsrede im Hochverratsprozess von 1916 pries das Recht auf nationale Selbstbestimmung und das daraus folgende Recht auf Rebellion derart emphatisch, dass sie den späteren indischen Unabhängigkeitskämpfer Jawaharlal Nehru tief beeindruckte.[849]

Einer der preußischen Ministerialbürokraten, die für das antipolnische Enteignungsgesetz von 1908 verantwortlich zeichneten, wurde ab 1914 auch in der Grenzstreifen-Politik aktiv. Graf Friedrich Wilhelm von Schwerin propagierte 1915 in einer für die Reichskanzlei erstellten Denkschrift das alldeutsche Schlagwort vom „Land ohne Menschen" und forderte, „an den Gedanken einer Umsiedlung großer Volksmengen […] sich rechtzeitig zu gewöhnen".[850] Bekanntlich hat der Alldeutschen-Vorsitzende Heinrich Claß im Herbst 1914 dieses Schlagwort vom „Land frei von Menschen" in seiner Kriegsziel-Denkschrift propagiert. Man schätzte einander: Noch 1932 wies Claß darauf hin, Schwerin habe zu jenen fünf jüngeren Beamten gehört, „die das Enteignungsgesetz in ihren Ministerien gewissermaßen ertrotzt hatten".[851]

---

[845] Pflanze, Bismarck, Bd. 2, S. 456; zur anhaltenden polnischen Erinnerung an Bismarcks Politik: Lipski, Wir müssen uns alles sagen…, S. 179 und S. 191.
[846] Urban, Der Verlust, S. 24.
[847] Gilmour, Curzon, S. 57.
[848] McCaffrey, The Irish Question, S. 120, S. 134 und S. 137f.
[849] Hochschild, King Leopold's Ghost, S. 267f., S. 270 und S. 286; Rodogno, Against Massacre, S. 179-182.
[850] Mazower, Hitlers Imperium, S. 81.
[851] Claß, Wider den Strom, S. 144 und S. 323.

Das Grenzstreifen-Projekt beinhaltete neben militärstrategischen Motiven die antipolnische (bzw. allgemein antislawische) Idee eines „germanisierten" Sperrriegels und der „Schaffung neuen Siedlungslandes für Deutsche aus dem Altreich ebenso wie für deutsch-russische Rückwanderer, vornehmlich aus dem Wolgagebiet". Fritz Fischer erblickte darin „eine Umwandlung des bisherigen preußisch-deutschen Patriotismus in einen völkisch orientierten neudeutschen Nationalismus, der mit seinem Rückgriff auf die Außenposten des Deutschtums die alten Staats- und Siedlungsgrenzen Osteuropas sprengen wollte".[852] Hitlers umsiedlungspolitische Kombination von 1939, eine Vertreibung von Polen mit einem Rückzug deutscher „Volkstumssplitter" aus anderen Teilen Osteuropas zu verbinden, hat hier zweifellos ihren Ursprung. Diese Idee der „Heimholung" der Wolgadeutschen verdichtete sich vor dem Hintergrund der damaligen Deutschenverfolgung im zaristischen Russland.[853] Reichskanzler von Bethmann Hollweg hatte im April 1916 die zaristische Politik, die dort lebenden „Deutschen russischer und deutscher Staatsangehörigkeit zu berauben und zu verjagen", als Verstoß „gegen alles Menschenrecht" angeprangert und daran die Forderung geknüpft, dass Russland „unseren verjagten und gepeinigten Landsleuten die Tür aus der russischen Knechtschaft öffnet".[854] Das konnte als Aussiedlungsplädoyer begriffen werden. Je länger diese Debatte lief, desto mehr ging sie in eine „aggressive Richtung zukünftiger Siedlungs- und Raumpolitik".[855] Claß betonte 1917: „Unsere Gegner machen uns das Beispiel vor", womit er vor allem die zaristische Politik im Weltkrieg meinte:

„Russland enteignet seine deutschen Bauern, obwohl sie treue Untertanen sind; es räumt das von ihnen besiedelte Land aus und setzt sie auf die Straße, nachdem seine leitenden Männer erklärt haben, der Krieg gelte nicht allein dem Deutschen Reiche, sondern dem deutschen Volke! *England* hat die deutsche Bevölkerung derjenigen unserer Kolonien, auf die es vorläufig Beschlag legen konnte, verschleppt, also auch die ,Ausräumung' durchgeführt. [...] Im Kriege wurden [in Russland] geradezu Menschenmassen aus den ,Westprovinzen' nach dem Innern des Reichs ,verpflanzt'. *Nun, man sollte denken, was der russischen Bureaukratie gelingt, sollte auch das deutsche Beamtentum zuwege bringen.*"[856]

Diese Ausführungen relativieren die These Isabell Hulls, russische Präzedenzfälle seien in Deutschland nur selten zitiert worden, und weder die Vorkommnisse auf dem Balkan 1913/14 noch jene in Russland 1914/15 hätten die deutsche Deportationspolitik angeregt.[857] Nicht nur Claß, Rohrbach oder von der Ropp wiesen auf die russischen Deportationen wiederholt hin; auch Siegfried Lichtenstaedter nahm 1917 in seinem Plädoyer für eine gesamteuropäische Transferpolitik sowohl auf die Balkan-Transfers als auch auf die Deportationen in Russland ausdrücklich Bezug.[858]

---

[852] Fischer, Griff nach der Weltmacht, S. 104.
[853] Vgl. Kap. II.5.
[854] Schulthess' Europäischer Geschichtskalender 57.1916, Teilbd. 1, S. 161.
[855] Hildebrand, Das vergangene Reich, S. 348.
[856] Claß, Zum deutschen Kriegsziel, S. 6 und S. 38.
[857] Hull, Absolute Destruction, S. 234f.
[858] Emin Efendi, Nationalitätsprinzip und Bevölkerungsaustausch, S. 41–43 und S. 52.

Ein enger Mitarbeiter des österreichischen Kaisers Karl I., Graf Polzer-Hoditz, war überzeugt, „daß die Alldeutschen während des Kriegs in der deutschen Heeresleitung die führende Rolle innehatten, und daß ihre Macht stieg, sobald der politische Barometer bei Erfolgen auf den Kriegsschauplätzen in die Höhe ging".[859] Generalfeldmarschall Paul von Hindenburg und sein Generalquartiermeister Erich Ludendorff, die zwischen Herbst 1916 bis Herbst 1918 die „Oberste Heeresleitung" (OHL) innehatten, unterstützten die alldeutschen Umsiedlungspläne und setzten die zivile Reichsleitung unter Druck. So schlug der von Ludendorff beauftragte ostpreußische Agrarlobbyist Wilhelm von Gayl „die Enteignung und Aussiedlung russischer Grundbesitzer, Letten und Juden sowie die Ansiedlung von Deutschen auf einem Gebiet für ca. 50 000 Bauernhöfe vor". Mit der deutschen Besetzung weiter Teile Russlands 1917/18 radikalisierten sich diese Planspiele. Hatte man 1914 nur an „Rücksiedlung der Russlanddeutschen in den polnischen Grenzstreifen" gedacht, wollte man nun „auch die deutschen Minderheiten" aus den „nichtdeutschen Teilen der Donaumonarchie" in den neuen „deutschen Osten" umsiedeln. Gedacht wurde an Volksdeutsche „aus Galizien, der Bukowina, Bosnien, der Herzegowina und der Ukraine".[860] Anfang 1917 präsentierte die OHL der Reichsleitung ausufernde Kriegszielvorstellungen: „Grodno Wilna Lomza Bialystok Brest-Litowsk deutsch[,] also ein großer Zipfel nach Süden um Polen herumreichend und von Polen im Westen und Norden doch ein dicker Strich weggenommen". In der Reichskanzlei empfand man dies als Unterminierung der deutsch-polnischen Bündnispolitik.[861] Doch bis März 1917 setzten Ludendorff und Gayl ihren Grundgedanken durch. Im Herbst desselben Jahres arbeiteten Beamte bereits an einem „großangelegten Plan zur Nutzung dieser Gebiete als deutsches Kolonialland". Vejas Liulevicius glaubt, dass damit „eine entscheidende Schwelle [...] überschritten und das Verschieben von ethnischen Gruppen denkbar geworden" sei.[862] Das war allerdings schon früher der Fall gewesen, nur das Ausmaß änderte sich.

Ludendorff selbst erklärte nach der Kriegsniederlage, in den Jahren 1915/16 habe er im besetzten Litauen „mit Absicht" noch „keinerlei völkische Politik" getrieben, „da diese nur nach Klärung unseres Verhältnisses zu Polen durchgeführt werden konnte".[863] Gerade dieses Verhältnis aber blieb – trotz der deutschen Proklamation eines autonomen Polen 1916 – bis Kriegsende ambivalent. Einerseits suchte das Deutsche Reich Polen zu einem verbündeten Satelliten zu machen, andererseits wirkten die preußische Siedlungspolitik und Grenzstreifen-Politik belastend. Ludendorffs Mitarbeiter Oberst Max Bauer rechtfertigte die Expansionspläne seines Chefs nach Kriegsende mit der unschuldig klingenden Behauptung, die Forderung nach „Änderung der deutsch-polnischen Grenze [...] etwa bis zum

---

[859] Polzer-Hoditz, Kaiser Karl, S. 151.
[860] Fischer, Griff nach der Weltmacht, S. 336f.; Baranowski, Nazi Empire, S. 102f.
[861] Riezler, Tagebücher – Aufsätze – Dokumente, S. 390.
[862] Liulevicius, Kriegsland im Osten, S. 125.
[863] Ludendorff, Meine Kriegserinnerungen, S. 159.

Narew" sei nichts anderes als die Wiederherstellung der „alte[n] preußische[n] Grenze von 1806 gewesen", die auf dem Wiener Kongress 1815 nicht „zurückzuerhalten" gewesen sei.[864] Ludendorff wollte Polen somit möglichst weit nach Osten verschieben. In einer von Hindenburg unterzeichneten Denkschrift vom 5. Juli 1918 an Reichskanzler Graf Hertling – welche die polnische Exilregierung im Zweiten Weltkrieg als Begründung für ihre eigenen Vertreibungspläne gegen Millionen Deutsche heranziehen sollte[865] – verlangte Ludendorff „die sofortige Räumung von ca. 8000 qkm von polnischer Bevölkerung, also [...] eines reichlichen Drittels der Gesamtfläche des in Aussicht genommenen ‚Grenzstreifens', sowie die Ansiedlung von Russlanddeutschen in der Größenordnung von bis zu 300 000 Familien". Dies sei keine „willkürliche, unberechtigte Härte", sondern das Recht des Siegers.[866] Als der Warschauer Generalgouverneur von Beseler Mitte Juli seinen Mitarbeiter Graf Hutten-Czapski davon in Kenntnis setzte, erkannte Letzterer darin das Bestreben, „den ‚großpolnischen' Traum zu vernichten und für alle Zeiten das Bestreben der polnisch sprechenden Gebiete Preußens, mit dem neugegründeten polnischen Staat vereinigt zu werden, zu vereiteln". Czapski hielt dies allerdings für einen „phantastischen Plan", für unrealistisch, und riet Beseler, darauf gar nicht zu reagieren.[867]

Als weiteres Sehnsuchtsobjekt trat das Baltikum hinzu. Im Herbst 1915 erhob der Staatssekretär des Auswärtigen, Gottlieb von Jagow, als erstes Mitglied der Reichsleitung die Forderung nach Annexion der russischen Provinzen Litauen und Kurland. Der Nationalökonom Max Sering befürwortete die Eindeutschung Kurlands durch Assimilation der Letten und „großzügige Ansiedlung" deutscher Bauern. Er dachte an „zwei Millionen deutscher Kolonisten Innerrusslands".[868] Die gebürtigen Kurländer Paul Rohrbach und Theodor Schiemann brachten das Thema in die Öffentlichkeit: Rohrbach erinnerte daran, dass zwischen 1905 und 1914 20 000 russlanddeutsche Neusiedler in Kurland und Livland von baltendeutschen Grundbesitzern angesiedelt worden seien. Nun gelte es, alle im Weltkrieg von der Zarenregierung enteigneten „deutschen Kolonistenbauern" zur „Abwanderung in das baltische Gebiet" zu bringen. Hatte sich Rohrbach vor 1914 für ein Kolonialreich in Übersee engagiert, pries er nun ein bäuerliches Kolonialreich im Osten, um Deutschland für immer „vor einer Überflutung durch die russischen Millionen" zu sichern.[869] Auch der konservative Reichstagsabgeordnete Graf Westarp beschäftigte sich „oft" mit der „Frage, ob es möglich sein werde, die Letten und Esten einzudeutschen".[870] Sein nationalliberaler Kollege Gustav Stresemann erinnerte im April 1916 im Reichstag an die zaristische Politik, im Balti-

---

[864] Bauer, Der Große Krieg in Feld und Heimat, S. 165.
[865] Vgl. Kap. VI.4.
[866] Mommsen, Anfänge des „ethnic cleansing", S. 159f.
[867] Hutten-Czapski, Sechzig Jahre Politik und Gesellschaft, Bd. 2, S. 491f.
[868] Fischer, Griff nach der Weltmacht, S. 233f.; vgl. ähnlich im September 1915 argumentierend: Kessler, Das Tagebuch, Bd. 5, S. 401.
[869] Rohrbach, Rußland und wir, S. 57 und S. 71.
[870] Westarp, Konservative Politik im letzten Jahrzehnt des Kaiserreiches, Bd. 2, S. 598.

kum „mehrere Hunderttausende" russische Bauern anzusiedeln, „um dem Deutschtum dort das Genick zu brechen". Dabei nahm er Pläne für Tatsachen, um den Traum vom germanisierten Baltikum dagegen zu stellen.[871] Noch nach der Niederlage hielten es Alldeutsche für möglich, den „hoffnungslos zerstoben[en]" Germanisierungstraum Lagardes wenigstens im Baltikum zu realisieren, in dem noch deutsche Truppen standen – obschon Lagarde an diese Gebiete nie gedacht hatte. Gerade dort, so Lagardes Biograph Ludwig Schemann 1919, werde sich zeigen, „ob wir noch berechtigt sind, uns als Erben der großen deutschen Kolonisatoren vergangener Jahrhunderte zu fühlen, ob wir noch imstande sind, neue Gebiete mit deutschem Volk und deutscher Art auszufüllen".[872]

Im Baltikum machten Deutsche fünf Prozent der Bevölkerung aus, besaßen jedoch 65 Prozent des Bodens.[873] Prinz Schönburg, ein früherer Flügeladjutant Wilhelms II., bereiste im Auftrage der OHL 1916 Kurland und traf dort mit dem Großgrundbesitzer Sylvio Bröderich zusammen, der vor 1914 begonnen hatte, die Russifizierungspläne der Zarenregierung durch privat organisierte Ansiedlung von 6000 „deutsche[n] Kolonisten aus Wolhynien und der Wolgagegend" zu konterkarieren.[874] Nach der deutschen Besetzung seiner Heimat hatte Bröderich 1915 eine Broschüre über „das neue Ostland" veröffentlicht, das durch Ansiedlung von Volksdeutschen und Aussiedlung assimilationsunwilliger Nichtdeutscher nach Russland germanisiert werden müsse.[875] 1916 suchte er „die baltischen Großgrundbesitzer dazu zu bringen, dem deutschen Reich ein Drittel ihres gesamten Besitzes zur unentgeltlichen Verteilung an auswanderungslustige Deutsche anzubieten."[876] Die Gründung dieser „Landgesellschaft Kurland" löste laut Ludwig Schemann den „Jubel aller wachen Deutschen" aus; ihr Erfolg schien sicher, als Hindenburg „dem Plane durch sein Eintreten für denselben das Siegel der Vollendung" verlieh.[877] Schönburg konnte auf einer „zweiten Ostlandfahrt" im Juni 1918 feststellen, dass die baltische Ritterschaft „noch einen höheren Prozentsatz an Land anzubieten" bereit war. Bröderich betrieb die Fusion Kurlands mit Preußen; dann könne auch den Letten und Esten (als Minderheiten) Partizipation zugestanden werden.[878] Im August 1918 war der deutschbaltische Großgrundbesitz in Kurland zur Abtretung von 300 000 Hektar für deutsche „Kolonisation" bereit, wobei jeder Neusiedler etwa 20 Hektar hätte erhalten sollen. Für Livland und Estland wurde Ähnliches geplant.[879] Graf Kessler, der durch den deutschen Reichskommissar in Kurland davon erfuhr, hatte schon im Herbst 1915 prognos-

---

[871] Schulthess' Europäischer Geschichtskalender 57.1916, Teilbd. 1, S. 170f.
[872] Schemann, Paul de Lagarde, S. 251f.
[873] Riezler, Tagebücher – Aufsätze – Dokumente, S. 460f.
[874] Schönburg-Waldenburg, Erinnerungen aus kaiserlicher Zeit, S. 272–275.
[875] Liulevicius, Kriegsland im Osten, S. 206f. und S. 282.
[876] Schönburg-Waldenburg, Erinnerungen aus kaiserlicher Zeit, S. 272–275.
[877] Schemann, Paul de Lagarde, S. 252.
[878] Schönburg-Waldenburg, Erinnerungen aus kaiserlicher Zeit, S. 278f.
[879] Kessler, Das Tagebuch, Bd. 6, S. 500.

tiziert, die baltischen Barone müssten sich den „neuen Verhältnissen anpassen oder wie die nordamerikanischen Häuptlinge untergehen".[880]

Nicht nur für Hindenburg war die Germanisierung des Baltikums „Herzenssache".[881] Ludendorff erklärte 1919: „Meinem Lieblingsgedanken, der Ansiedlung der in Rußland versprengten Deutschen neben unseren Soldaten in den Ostgebieten, ging ich dauernd nach. Ich nahm mich in diesem Sinne des Deutschtums gegenüber der Reichsregierung an." Pläne jedoch „wie die Gründung eines deutschen Kolonienstaates am Schwarzen Meere" habe er „als phantastisch ab[gelehnt]".[882] Ludendorffs Nachfolger als Generalquartiermeister der OHL im Herbst 1918, Wilhelm Groener, erinnerte sich später jedoch an ein Schreiben, in dem Ludendorff vom Auswärtigen Amt noch kurz vor Kriegsende gefordert habe: „Das Deutschtum in Südrussland müsse gestützt werden, das sei nur möglich, wenn man diejenigen Siedler, die in Russland bleiben wollten, zusammensiedle. Für Umsiedlung aus Bessarabien, Cherson, Wolhynien, Wolga und Kaukasus eigne sich die Krim am besten." Deutschen „Rückwanderern" aus Russland oder Übersee wollte Ludendorff offenbar Siedlungsland im Westen (Lothringen) und Osteuropa („polnischer Grenzstreifen, Litauen, Baltenland") zuweisen.[883] An parallele Massenausweisungen von Nichtdeutschen war dabei offenbar nicht gedacht, denn man wollte den früheren Domänenbesitz des Zaren und Landabtretungen baltendeutscher Grundbesitzer zur Landverteilung nutzen. Freiherr von Gayl und Graf Schwerin entwickelten diesen „Siedlungsplan".[884]

Diese Pläne lassen in ihrer „bizarren Vermischung von Rassischem und Kriegerischem"[885] eine „Analogie" zur Politik Hitlers erkennen – freilich nicht zur „rassischen Vernichtungspolitik" des NS-Imperiums.[886] Im Kaiserreich war „alles noch milder, begrenzter, rechts- und verfassungsstaatlich eingeschränkt".[887] Obschon die „Grundidee" hegemonialer ethnischer „Flurbereinigung" nach 1918 in der „extremen Rechten" fortlebte[888], war sie im Ersten Weltkrieg „nur eine Facette". Vom Rassenimperium Hitlers unterschied sich das Reich Wilhelms II. letztlich noch „fundamental".[889]

---

[880] Kessler, Das Tagebuch, Bd. 5, S. 416.
[881] Pyta, Hindenburg, S. 315 f.
[882] Ludendorff, Meine Kriegserinnerungen, S. 532.
[883] Groener, Lebenserinnerungen, S. 401 f.
[884] Westarp, Konservative Politik im letzten Jahrzehnt des Kaiserreiches, Bd. 2, S. 598.
[885] Hildebrand, Das vergangene Reich, S. 366.
[886] Ebenda, S. 370, in Anlehnung an Winfried Baumgart.
[887] Geiss, „Ethnische Säuberungen", Massaker und Genozid, S. 47.
[888] Mommsen, Anfänge des „ethnic cleansing", S. 160 f.
[889] Pohl, Die Herrschaft der Wehrmacht, S. 27 f.; ähnlich Baranowski, Nazi Empire, S. 246.

III. „Der Westen und der Rest": Außereuropäische Lernorte für ethnische „Säuberungen"

„Der Westen und der Rest": Samuel Huntington nutzte dieses Schlagwort, um in seiner kontroversen Schrift über den „Kampf der Kulturen" über „interkulturelle Streitfragen" zu diskutieren.[1] Doch statt mit dem von Huntington beschworenen Zusammenprall unveränderlich gedachter Kulturen des „Westens" und außereuropäischer „Zivilisationen" beschäftigt sich unsere Studie mit dem Gegenteil – mit der *wechselseitigen globalen Beeinflussung* von „Kulturen" oder „Zivilisationen" durch moderne Sozialtechnologien – wie zum Beispiel ethnische „Säuberung". Hier spielt das Verhältnis zwischen dem kolonisierenden westlichen „Zentrum" und den kolonisierten „Peripherien" eine entscheidende Rolle – ein Verhältnis voller Wechselwirkungen.

Daniel Goldhagen hat darauf hingewiesen, dass nicht nur für Vertreibungen oder Deportationen, sondern für alle Formen von „Auslöschungspolitik" imperialistische Antriebe in Kolonien ausschlaggebend gewesen seien – von der Ausrottung der Indianer bis zu den als „carryover" an der Schwelle vom 19. ins 20. Jahrhundert wirkenden Verbrechen der Belgier im Kongo oder der Deutschen in Südwestafrika. Diese kolonialistische Basis ethnischer Gewalt habe sich später ohne europäische Kolonialherren fortgesetzt in den japanischen Besatzungsverbrechen des Zweiten Weltkrieges, in der indonesischen Besatzungspolitik in Ost-Timor oder in der chinesischen Unterdrückung Tibets.[2] Doch Nichteuropäer waren nicht nur späte Nachahmer: Mark Levene demonstriert, dass bereits zwischen 1875 und 1884 das vom westlichen Kolonialismus bedrohte China zur Unterwerfung des gegen seine Oberhoheit rebellierenden muslimischen Khanats von Kaschgar (Xinjiang) einen Vernichtungskrieg führte, dem Zwangsassimilation und repressive Zentralisierung folgten.[3] Auch die jungtürkische Politik im Ersten Weltkrieg kann als nachahmende (und überbietende) Strategie defensiver Modernisierung gelten, die in aggressive ethnische „Säuberung" bis hin zum Genozid mündete.

Neben den kolonialen Peripherien Europas sind jene Russlands in den Blick zu nehmen. Jörg Baberowski meint, das Konzept ethnischer „Säuberung" möge von Europäern in Europa erdacht worden sein – verwirklicht worden aber sei es „an der europäischen Peripherie und in den Kolonien": „Der Diskurs über die moderne Gesellschaft und ihre Feinde kam aus dem kolonialen Kontext, in Europa ebenso wie in Russland. Gleiches gilt für die Techniken der ‚Modernisierung' durch ethnische Homogenisierung."[4]

---

[1] Huntington, Der Kampf der Kulturen, S. 291.
[2] Goldhagen, Worse than War, S. 24.
[3] Levene, Genocide in the Age of the Nation State, Bd. 2, S. 292.
[4] Baberowski, Diktaturen der Eindeutigkeit, S. 48.

Mark Levene betont, dass der osmanische Genozid an den Armeniern nicht der einzige unter den absteigenden Imperien gewesen sei, ähnlich wie der deutsche Genozid an den Herero nicht der einzige unter den aufsteigenden Imperien.[5] Koloniale Revolten gegen aufsteigende Kolonialimperien hätten um 1900 oft ähnlich massenmörderische Folgen gezeitigt wie im Fall Deutsch-Südwestafrikas.[6] Womöglich erscheine der osmanische Armeniergenozid von 1915 nur deshalb so einzigartig, weil er bekannter und besser aufgearbeitet sei als zahlreiche ähnliche imperiale Massenverbrechen um 1900.[7] Wie dem auch sei: Jedenfalls sollten die oft als konträr präsentierten Vertreibungen und Genozide an der kolonialen Peripherie und im europäischen Zentrum weniger als Gegensatz denn als zwei Seiten eines globalen Wirkzusammenhangs begriffen werden.[8] Der Westen und der „Rest" sind in der Geschichte ethnischer „Säuberung" nicht zu trennen.

Ein wichtiges Bindeglied bildet das Instrument der Massendeportation. Um 1900 kannten die gebildeten Schichten Europas dergleichen nur aus dem Schulwissen über die Antike, man wusste vom Vorgehen der Babylonier, Römer oder Hunnen, auf deren Schreckensherrschaft im Europa des 5. Jahrhunderts der deutsche Kaiser Wilhelm II. in seiner berüchtigten „Hunnenrede" gegen das vermeintlich „barbarische" China (wo der deutsche Gesandte ermordet worden war) im Jahre 1900 Bezug nahm. Sofern es im damaligen Europa Deportationen gab, trafen diese entweder einzelne Kriminelle oder kleine Gruppen „unerwünschter Ausländer". Massendeportationen nach antikem Muster schienen vor dem Ersten Weltkrieg einer „fernen Vergangenheit" anzugehören, weshalb die 1907 vereinbarte Haager Konvention solche Deportationen auch gar nicht erwähnte. Freilich galt diese völkerrechtliche Vereinbarung zur Zivilisierung der Kriegführung nur für Kriege unter „zivilisierten" Staaten, und ein flüchtiger „Blick auf die kolonialen Praktiken der europäischen Großmächte", auf deren rücksichtsloses Vorgehen gegen als unzivilisiert betrachtete Völker genügt, um die Kluft zwischen der binnen- und der kolonial-europäischen Praxis zur Zeit der Haager Konvention zu ermessen.[9]

Doch selbst noch 1917, als der Erste Weltkrieg die Grenze zwischen Innen und Außen schon schwer beschädigt hatte, gab sich der Deutsche Siegfried Lichtenstaedter immer noch überzeugt, dass die antike Methode der Vertreibung in der modernen Zivilisation nicht mehr realisierbar sei. Weder sei ein Massaker wie in der Bartholomäusnacht 1572 möglich noch ein „Vertreibungsedikt nach dem Muster der spanischen Edikte gegen die Juden und Mauren (1492 und 1609)", denn was gegen Tausende machbar gewesen sei, würde „nie und nimmermehr gegen 12 Millionen Menschen möglich" sein. Selbst ein Dschingis Khan, so der fortschrittsgläubige Technokrat, müsste im 20. Jahrhundert „der menschlichen

---

[5] Levene, Genocide in the Age of the Nation State, Bd. 2, S. 285.
[6] Ebenda, S. 249–276.
[7] Ebenda, S. 303.
[8] Nolte, Weltgeschichte des 20. Jahrhunderts, S. 307.
[9] Thiel, „Menschenbassin Belgien", S. 23 f.

1. „Säubernde" Siedler-Demokratien: Amerika und Australien im 19. Jahrhundert   187

Gefühlsrichtung als einem realen, politischen Faktor von überwältigender Macht Rechnung tragen".[10] Lichtenstaedter sollte nicht Recht behalten: Er kam 1942 in einem Konzentrationslager Hitlers zu Tode. Viele Millionen Menschen wurden Opfer eines systematischen Völkermordes, und noch mehr wurden Opfer von Vertreibung und Zwangsumsiedlung. Die Täter waren keine „barbarischen" Mongolen, sondern *moderne Menschen*.

War die Deportation *in* Kolonien eine Strafe für europäische Kriminelle, so wurde die Deportation *aus* einer Kolonie von Kolonialmächten gegen aufständische Siedler und Eingeborene verhängt – von den Briten gegen weiße Rebellen in Kanada 1837/38 ebenso wie gegen indigene Rebellen in Indien 1857/58. Im Russischen Reich war die Deportation nach Sibirien eine Strafe für Kriminelle und politische Dissidenten. Deportation als imperiale Strategie wurde von den Briten nicht erst gegen die Buren in Südafrika um 1900 genutzt, sondern schon gegen frankophone Akadier um 1750 und erneut gegen rebellierende Kikuyu und Kabaka in Kenia nach 1950. Zugleich wurden in Kolonien Muster für Umsiedlung und Neuansiedlung regime*loyaler* Bevölkerungen entwickelt: Etwa im Fall der bis 1783 aus den USA vertriebenen „Loyalisten", die dem britischen König treu geblieben waren und die von der Londoner Regierung – zum Teil mitsamt ihren afroamerikanischen Sklaven – in Kanada oder Australien neu angesiedelt wurden.[11]

Die Asymmetrie der Gewalt zwischen Zentrum und kolonialer Peripherie schlug im Ersten Weltkrieg auf Europa zurück – mit einer bis dahin für undenkbar gehaltenen Dichte von Massendeportationen, die plötzlich auch „zivilisierte" Völker zu Opfern machten. Binneneuropäische und außereuropäische Asymmetrien blieben allerdings nach dem Ersten Weltkrieg weiter wirksam; nicht nur als Abwertung nicht-europäischer Völker, sondern auch als zutiefst ungleiche binneneuropäische Völkerhierarchie. Als im Versailler Frieden 1919 der Schutz von Minderheiten völkerrechtlich vereinbart wurde, traten westeuropäische und nordamerikanische Großmächte zwar als Vertragspartner mit den osteuropäischen Staaten auf, „jedoch ohne die Vertragsgrundsätze etwa für Minderheiten im eigenen Lande anzuerkennen".[12] Der Westen verordnete und garantierte Minderheitenschutz andernorts, ohne sich selbst dazu zu verpflichten. Diese Ungleichbehandlung alter Großmächte und neuer Staaten führte in Europa dazu, dass Ländern wie Polen oder Rumänien der Minderheitenschutz völkerrechtlich aufgezwungen wurde, während das besiegte Deutschland als traditionelle Großmacht solche Verpflichtungen nicht eingehen musste.[13] Man unterschied herablassend zwischen „zivilisierten" Staaten im Westen und „unreifen" Staaten im Osten.[14]

---

[10] Emin Efendi, Nationalitätsprinzip und Bevölkerungsaustausch, S. 10f.; Lichtenstaedter stützte dieses Urteil rückblickend auf die öffentliche Missbilligung der Polenausweisung Bismarcks und des Transfers von Lausanne; Lichtenstaedter, Sprachenpolitik, S. 93.
[11] Hoerder, Cultures in Contact, S. 216, S. 231 und S. 410f.; Mazower, Violence and the State in the Twentieth Century, part 36.
[12] Friedensburg, Die Weimarer Republik, S. 61.
[13] Janowsky, Nationalities and National Minorities, S. 128.
[14] Mazower, Der dunkle Kontinent, S. 92f.

Insofern richtete sich die Aufkündigung des Minderheitenschutzvertrags durch die polnische Regierung 1934 nicht nur gegen Minderheiten und ihre Sonderrechte im eigenen Land, sondern auch gegen die westlichen Großmächte und deren Herabstufung Polens.[15]

Eine weitere „Heuchelei des Liberalismus" ergab sich im Verhältnis zwischen „Rassen".[16] Diese „Zwiespältigkeit der alliierten Politik" war schon im Ersten Weltkrieg deutlich geworden, als die „Union des Nationalités" 1916 im schweizerischen Lausanne ihre 3. Nationalitätenkonferenz veranstaltete. Ziel der mit der Entente sympathisierenden Organisatoren war die Bloßstellung der Mittelmächte: Man hoffte auf tschechische und rumänische Anklagen gegen Österreich-Ungarn. Überraschend waren es jedoch Vertreter ganz anderer Minderheiten, die sich Gehör verschafften. Neben von den Briten unterdrückten Iren und Ägyptern und von den Franzosen wider Willen „beschützten" Tunesiern traten Delegierte diverser nationaler Minderheiten Russlands auf. Damit machte die Lausanner Konferenz ungewollt „dem Imperialismus der Alliierten den Prozeß" und erinnerte die Weltöffentlichkeit an das „Schicksal der Marokkaner, Algerier, Balten, Tataren, Kirgisen". Die Schweizer Presse verwies auf den bislang „kaum beachteten Zusammenhang zwischen der Nationalitätenfrage und dem Kolonialproblem".[17]

Nach dem Ersten Weltkrieg wiesen jene liberalen Großmächte, die ihn gewonnen hatten, den in Versailles 1919 vom Delegierten Japans, Baron Makino, unterbreiteten Vorschlag zurück, in der Völkerbundsatzung die Gleichheit aller Menschen zu garantieren. Das war für die „weißen" Verbündeten Japans undenkbar. Die Demokraten der USA hatten nicht nur „die Rassentrennung in ihrem Land lange unwidersprochen hingenommen", sie tolerierten auch, dass das seit dem US-Bürgerkrieg existierende Wahlrecht der Afroamerikaner in den Südstaaten ausgehebelt wurde. Auch in den Imperien der Briten und Franzosen wurde es „Untertanen mit der ,falschen' Hautfarbe schwer, den vollen Staatsbürgerstatus zu erwerben".[18] Als daher die Japaner in Versailles die rassenübergreifende Anerkennung der „Gleichheit der Nationen und ihrer Bevölkerungen" forderte, lehnte dies der britische Außenminister Arthur Balfour mit der Bemerkung ab, die These von der Gleichheit aller Menschen sei eine aus dem 18. Jahrhundert stammende Ideologie, an deren Richtigkeit er nicht glauben könne. Für den japanischen Vorschlag stimmten Frankreich, Italien, Brasilien, die Tschechoslowakei, China, Griechenland und Jugoslawien, dagegen votierten Großbritannien, die USA, Polen, Portugal und Rumänien. Damit stieß der Vorschlag zwar nur bei einer Minderheit auf Widerstand, doch deren Veto reichte aus, da US-Präsident Wilson

---

[15] Laut Zahra, The „Minority Problem", S. 163, sind solche Grundmuster der Ungleichheit noch heute wirksam, denn nach wie vor verordnen westlich dominierte supranationale Organisationen wie EU oder OSZE osteuropäischen Staaten Minderheitenschutz-Standards, die in westeuropäischen Staaten selbst nicht immer gewährleistet scheinen.
[16] Mazower, Der dunkle Kontinent, S. 93.
[17] Ferro, Der Große Krieg 1914–1918, S. 179.
[18] Mazower, Der dunkle Kontinent, S. 93 f.; Keyssar, The Right to Vote, S. 227 f.

in Grundsatzfragen auf einstimmigen Beschlüssen beharrte. Ausgerechnet die angelsächsischen Demokratien brachten den Vorschlag zu Fall. Dahinter stand, neben Rassismus, die Furcht vor japanischer Einwanderung.[19] Im Übrigen verfuhren die in Versailles für Rassengleichheit kämpfenden Japaner im eigenen Kolonialimperium ganz anders – sowohl in den 1895 bzw. 1910 annektierten Kolonien Taiwan und Korea als auch im 1931/32 etablierten Vasallenstaat Mandschukuo. Das durch defensive Modernisierung zur Großmacht aufgestiegene Japan schwankte, ob es sich zum antiimperialistischen Wortführer der „Dritten Welt" aufschwingen oder einfach die westlichen Imperialismen nachahmen sollte.[20]

1919, inmitten der Versailler Verhandlungen um Rassengleichheit und Minderheitenschutz, deportierten die französischen Gastgeber dieser Friedenskonferenz „Zehntausende von algerischen Arbeitern als ‚nichtassimilierbar'" zurück nach Nordafrika. In den Kolonien der Entente-Großmächte Großbritannien, Frankreich oder Italien machte der Liberalismus „neuen Lehren von der separaten Entwicklung verschiedener Rassen, von Rassentrennung und Rassenschranken Platz".[21] Nicht-europäische Völker wurden seitens aller westlichen Mächte – Sieger wie Besiegten des Ersten Weltkrieges – nach 1919 bedenkenlos rassistisch behandelt. Dieser koloniale Rassismus beinhaltete die Herrschaftspraktiken der massenhaften Deportation und der ethnischen „Säuberung" – auch über das Jahr 1945 hinaus. Die Ironie der Geschichte wollte es, dass diese koloniale Gewaltpolitik auf das Schicksal der Europäer gewaltsam zurückschlug.

1. „Säubernde" Siedler-Demokratien: Amerika und Australien im 19. Jahrhundert

Zu Beginn des 20. Jahrhunderts soll laut James Sheehan „ein relativ friedliches Europa in einer gefährlichen Welt voller Gewalt" gelebt haben. Diese Gewalt war größtenteils die Folge *europäischer* Politik – einer Politik, die mit den Stichworten Imperialismus und Kolonialismus zu bezeichnen ist.[22] Diese transkontinentalen Wechselwirkungen berührte der französische Aristokrat Alexis de Tocqueville, als er 1830 die Zwangsumsiedlung von Indianervölkern durch die Einwanderer-Demokratie der USA miterlebte. Tocqueville deutete den Untergang der Indianer als unvermeidliche Folge ihrer Begegnung mit einer überlegenen Zivilisation und zog aus dieser ethnischen „Säuberung" umgehend Lehren für sein eigenes Land. Er begriff die „Ausdehnung der Vereinigten Staaten nach Westen als Modell für die Kolonialisierung Algeriens", das Frankreich damals zu erobern begann. Gewalttaten französischer Kolonialtruppen gegen die arabische Bevölkerung Alge-

---

[19] Macartney, National States and National Minorities, S. 220; Hertz, Nationality in History and Politics, S. 75; Stevenson, 1914–1918: Der Erste Weltkrieg, S. 601.
[20] Burbank / Cooper, Empires in World History, S. 302 f., wonach Japan zeitweilig ein antiwestliches Zusammengehen mit dem Osmanischen Reich erwogen habe.
[21] Mazower, Der dunkle Kontinent, S. 93 f.
[22] Sheehan, Kontinent der Gewalt, S. 71 f.

riens waren für diesen späteren Außenminister Frankreichs nur „leidige Notwendigkeiten" – wie die Vertreibung und Ausrottung der Indianer.[23]

Diese Wechselwirkung zwischen drei Kontinenten ist kein Einzelfall. Immanuel Geiss hat darauf hingewiesen, dass „generell […] alle expandierenden Völker an ihren wandernden Grenzen bei Widerstand der Vorbevölkerung eine Mischung von ‚ethnischen Säuberungen', Massakern und Völkermord" begingen. Dies sei in den USA trotz ihrer feierlichen Erklärung der Menschenrechte möglich gewesen.[24] Tocquevilles Frankreich als zweites Ursprungsland der modernen Menschenrechte fügt sich hier problemlos ein. Die revolutionär erstrittenen Menschenrechte waren sehr lange nur für Europäer, nicht für Nicht-Europäer gedacht. Schließlich sollten die in Europa entstehenden totalitären Diktaturen Hitlers und Stalins die Menschenrechte auch für Europäer außer Kraft setzen.

Im westlichen Kolonialismus hatte es schon vor dem 19. Jahrhundert eine „lange Vorgeschichte" ethnischer „Säuberungen" gegeben, die stets außerhalb Europas stattgefunden hatten. Jedoch waren solche Vorgänge Ausnahmen in einer Welt des Neben- oder Miteinanders gewesen. Im frühen 19. Jahrhundert änderte sich dies gravierend, wie Christopher Bayly gezeigt hat: Nach beginnenden Übergriffen ab 1780 setzte insbesondere „zwischen 1830 und 1890" eine regelrechte „Flut" von ethnisch motivierter Verdrängung und Deportation ein, „als die massive Ausbreitung der Siedlerbevölkerungen von Sibirien über Ozeanien und Südafrika bis zum amerikanischen Kontinent in großem Umfang zur Enteignung des Grundbesitzes und der Wälder der indigenen Völker führte". Nicht nur die USA entwickelten eine Deportationspolitik, die die „Wilden" in Reservate oder „Homelands" pferchte. Auch in Lateinamerika erfolgte zwischen den 1840er und 1870er Jahren eine solche Verdrängung der indigenen Bevölkerung. In globaler Perspektive vollzog sich die Niederlage der indigenen „Völker der Great Plains" in den USA „mehr oder weniger zeitgleich mit der Niederlage der indigenen Gemeinwesen Neuseelands und der Unterwerfung Süd- und Ostafrikas".[25]

Im Zuge dieses globalen Musters einer Politik ethnischer „Säuberung" in außereuropäischen, von einwandernden europäischen Siedlern geprägten „Neuen Welten" sind die USA das signifikanteste Beispiel. Sobald sich die nordamerikanische Siedlergesellschaft durch Revolution und Bürgerkrieg von der britischen Herrschaft befreit hatte, gab sie 1787 das Signal zur territorialen Westexpansion auf Kosten indigener Völker[26] – ein Prozess, der die nächsten hundert Jahre prägen sollte. Der britische König George III. hatte 1763 – zur großen Enttäuschung der Siedler – zur Verhinderung von Konflikten mit den Indianern noch das Appalachen-Gebirge als äußerste Westgrenze für weiße Besiedlung festgelegt und das westlich davon gelegene Gebiet bis zum Mississipi den indianischen Völkern vorbehalten. Diese königliche Proklamation war der erste Anstoß für die Siedlerrevo-

---

[23] Traverso, Moderne und Gewalt, S. 52f.
[24] Geiss, „Ethnische Säuberungen", Massaker und Genozid, S. 45.
[25] Bayly, Die Geburt der modernen Welt, S. 541–544, S. 549 und S. 552.
[26] Ebenda, S. 173.

1. „Säubernde" Siedler-Demokratien: Amerika und Australien im 19. Jahrhundert   191

lution ab 1776 gewesen, die mit der Unabhängigkeit der USA die Appalachengrenze unverzüglich beseitigte.[27] 1830 war man so weit, den Mississippi zur neuen Siedlungsgrenze zu erklären. Die Regierung der nordamerikanischen Demokratie ging seither dazu über, etliche innerhalb ihrer Grenzen lebende Indianerstämme – sogar assimilierte wie Cherokees oder Choctaws – zu enteignen und über den Mississippi in den „wilden", d. h. noch nicht von Weißen besiedelten Westen zu deportieren. Fast immer hatten diese „Umsiedlungsmaßnahmen" den Charakter von „Deportationen, die die Stämme erheblich dezimierten". Bei der Zwangsumsiedlung der Cherokees sollen 1838 zwischen 4000 und 8000 Menschen – ein Viertel oder die Hälfte des Stammes – umgekommen sein.[28] Über den Mississippi deportiert wurden in den 1830er Jahren 70 000 Indianer, meist aus südöstlichen US-Staaten; einzig die Irokesen in New York blieben verschont.[29]

Insgesamt kann man dieser „Zurückdrängung und weitgehende[n] Ausrottung der Indianer" in Nordamerika „viele Züge eines Völkermords" attestieren – „nicht im Sinne eines von oben erteilten Befehls zur systematischen Vernichtung, wohl aber einer Politik, die die Lebensbedürfnisse der Ureinwohner rücksichtslos den Interessen der Weißen [...] unterordnete".[30] Im Zuge dieses genozidalen Prozesses lässt sich auch eine konkrete Politik der Deportation oder Zwangsaussiedlung ausmachen. Der Hauptverantwortliche für diese Variante ethnischer „Säuberung" war der zwischen 1829 und 1837 amtierende US-Präsident Andrew Jackson. Nicht zufällig stammte dieser Staatschef der jungen Demokratie als erster aus einem „Frontier"-Staat, also von der Siedlungsgrenze, und hatte sich in Indianerkriegen als Kommandeur ausgezeichnet. Jackson war ein populistischer Siedler-Präsident und verband die von ihm vorangetriebene Entwicklung zur Massendemokratie mit einer aggressiven Indianerpolitik, die sich vom Paternalismus eines George Washington oder Thomas Jefferson bewusst abhob.[31] Zwar hatte schon Jefferson, damals noch Außenminister, 1791 für die Indianer nur die Alternative zwischen Assimilation und Auswanderung gesehen und während seiner Präsidentschaft (1801 bis 1809) den Indianern mit Deportation gedroht, falls sie erneut – wie im Unabhängigkeitskrieg – die Briten gegen die USA unterstützen sollten.[32] Trotzdem realisierte erst Jackson diese „Entfernung" („removal"), um eine „räumliche Trennung der Rassen" zu erreichen.[33] Kritische Vertreter der Ostküsten-Elite beruhigten sich damit, dass Jacksons Politik der „Entfernung" zumindest das Überleben der Indianer sichere und eine humane Alternative zur Ausrottung durch Siedlergewalt darstelle.[34] Dass die liberale Ostküstenelite Jacksons Populismus

---

[27] Dippel, Geschichte der USA, S. 17f.
[28] Sowell, Conquests and Cultures, S. 310.
[29] Osterhammel, Die Verwandlung der Welt, S. 494.
[30] Winkler, Geschichte des Westens, Bd. 1, S. 679.
[31] Sowell, Conquests and Cultures, S. 310 und S. 312.
[32] Kiernan, Blood and Soil, S. 327f.; zu den kriegerischen Konflikten zwischen Indianerstämmen und US-Amerikanern zwischen 1763 und 1818, die die Vertreibergeneration Jacksons prägten: Belich, Replenishing the Earth, S. 181f.
[33] Sowell, Conquests and Cultures, S. 312.
[34] Levene, Genocide in the Age of the Nation State, Bd. 2, S. 87f.

ebenso kritisierte wie seinen zynischen Umgang mit gültigen Verträgen, hielt diesen Vorkämpfer der Massendemokratie nicht davon ab, seinen Rassismus mit massenhafter Zustimmung seiner weißen Wähler rücksichtslos durchzusetzen.[35]

Im Mai 1830 wurde das „Entfernungsgesetz" (Indian Removal Act) vom Kongress verabschiedet und vom Präsidenten unterzeichnet. Jackson entließ den ersten US-Kommissar für Indianerangelegenheiten, Thomas McKenney, als dieser sich der Zwangsdeportation widersetzte und allenfalls freiwillige Auswanderung zulassen wollte. Noch 1830 schloss die US-Regierung den ersten Umsiedlungsvertrag: Die Choktaw mussten ihren Landbesitz in Alabama aufgeben, um versprochene Entschädigung im weit entfernten heutigen Oklahoma zu erhalten – wo ein „Indian Territory" (Indianergebiet) für zwangsweise umgesiedelte „Fünf zivilisierte Stämme" errichtet wurde.[36] Indem 46 000 Indianer in „homelands" westlich des Mississippi deportiert wurden, brachte die US-Regierung 443 000 Acres Land unter Kontrolle, um diese günstig an weiße Siedler zu verkaufen.[37]

Binnen vier Jahren starb ein Fünftel der 25 000 Chocktaw während der Zwangsumsiedlung nach Oklahoma. Kein Wunder, dass die benachbarten 23 000 Creeks in Alabama bleiben wollten und beschlossen, sich vollständig den Gesetzen der Weißen zu unterwerfen. Dennoch wurden sie deportiert, wobei zwischen 1832 und 1838 wiederum Tausende starben.[38] Thomas Sowell spricht von einem „logistischen und menschlichen Alptraum" dieser Zwangsumsiedlungen über weite Entfernungen in einer Zeit ohne moderne Verkehrsmittel. Die US-Regierung bediente sich privater Transportunternehmer, die sich oft auf Kosten der Indianer bereicherten. Die Presse berichtete von untauglichen Booten, deren Besatzungen weder auf Sicherheit noch auf menschenwürdige Unterbringung achteten. Die Deportationswege führten leichtbekleidete Indianer in winterliches Gebirgsklima. Die Todesraten dieser Umsiedlungspolitik lagen nicht selten bei 50 Prozent. Der Deportationsweg der 15 000 Cherokees ist in deren Erinnerung bis heute als „trail of tears" (Pfad der Tränen) lebendig. Dieses damals stark assimilierte Farmervolk wurde auf seinen Höfen von US-Soldaten umzingelt, in Sammellager verschleppt und von dort in die Verbannung über den Mississippi geschickt. Ein weißer Missionar beschrieb die Aufregung und Hilflosigkeit der Opfer, das Weinen der Frauen und Kinder. Angesichts der kurzfristig anbefohlenen Umsiedlung konnten die Indianer ihr Eigentum weder mitnehmen noch zu angemessenen Preisen verkaufen, es fiel zumeist Plünderungen oder Zerstörungen zum Opfer.[39]

Im Winter 1831/32 traf der Comte de Tocqueville in Memphis, Tennessee, auf eine von US-Soldaten bewachte Kolonne von Choctaw-Indianern, die bei winterlicher Kälte trotz Verwundeter und Kranker, Neugeborener und Sterbender unbarmherzig weiter getrieben wurde. In einem Brief an seine Mutter schilderte der Franzose:

---

[35] Darwin, After Tamerlane, S. 235; Stöver, United States of America, S. 134f., wertet Jacksons "Removal"-Gesetz sogar als „Übergang zum bewussten Völkermord".
[36] Kiernan, Blood and Soil, S. 332.
[37] Levene, Genocide in the Age of the Nation State, Bd. 2, S. 88 und S. 90.
[38] Kiernan, Blood and Soil, S. 332f.
[39] Sowell, Conquests and Cultures, S. 311.

1. „Säubernde" Siedler-Demokratien: Amerika und Australien im 19. Jahrhundert

„Dieser Anblick erzeugte eine allgemeine Stimmung von Ruin und Zerstörung, er vermittelte den Eindruck eines endgültigen Abschieds ohne Wiederkehr, den man nur schweren Herzens mitansehen konnte. Die Indianer waren gefasst, aber auch niedergedrückt und schweigsam. Einer von ihnen sprach Englisch. Ich fragte ihn, weshalb die Choctaws ihr Land verließen. ,Um frei zu sein', antwortete er. Ich konnte nichts weiter aus ihm herausbekommen. Morgen werden wir sie in der Wildnis von Arkansas aussetzen. Ich muss gestehen, dass es ein seltsamer Zufall ist, just dann in Memphis einzutreffen, um diese Vertreibung mitanzusehen – oder besser vielleicht die Auflösung eines der Überbleibsel einer der ältesten amerikanischen Nationen."[40]

Dem juristisch interessierten Grafen fiel auf, wie geschickt die US-Regierung die Indianer mit rechtsstaatlichen Mitteln ihrer Rechte beraubt hatte. Der spätere Minister der Französischen Republik meinte anerkennend, niemals sei eine Rasse mit mehr Respekt vor den Gesetzen der Menschlichkeit ausgelöscht worden.[41] Tocqueville zögerte nicht, dem „aristokratischen" Stolz der Indianerstämme seine Reverenz zu erweisen und ihre Auslöschung zu betrauern, doch er war überzeugt, dass die Indianer ihren Kontinent lediglich „besetzt", aber nie „besessen" hätten. Sie schienen darauf gewartet zu haben, durch Europäer verdrängt zu werden.[42] In seiner Schrift „Über die Demokratie in Amerika", die er nach dieser USA-Reise verfasste, deutete der französische Liberale den Untergang der Indianer als unvermeidliche Folge der Begegnung zweier Rassen auf unterschiedlichen Kulturniveaus.[43]

Tocqueville war Zeuge einer Deportationspolitik geworden, die von der US-Regierung in Gang gesetzt worden war, „um der zunehmenden Bevölkerung der Weißen Platz zu machen". Diese Politik wurde humanitär motiviert und mittels 94 aufgezwungener, formal aber freiwilliger „Umsiedlungs"-Verträge realisiert.[44] Versuche der Indianer, Widerstand zu leisten, wurden militärisch gebrochen.[45] Dazu gehörte die Einrichtung von Konzentrationslagern[46], vermutlich der ersten ihrer Art.[47] Lewis Cass, wie Jackson ein Held der Indianerkriege von 1812, bekundete 1827 als Gouverneur des Territoriums Michigan in der „North American Review" sein Unverständnis, dass die Indianer sich nach 200 Jahren Kontakt mit Weißen noch immer nicht „verbessert" hätten. Er wertete dies als angeborenen Defekt und folgerte, die tierähnlichen Indianer seien zum Aussterben bestimmt.[48] Als Kriegsminister unter Jackson wirkte Cass zwischen 1831 bis 1836 an jener Politik der Zwangsumsiedlung mit, die dieses Aussterben beschleunigte. Jacksons

---

[40] Johnson, A History of the American People, S. 389f.
[41] Ebenda, S. 352; Tocqueville bemerkte: „Halb überzeugt, halb gezwungen entfernen sich die Indianer [...] in unbewohnte Gebiete, wo die Weißen sie keine zehn Jahre in Frieden lassen werden. So erwerben die Amerikaner zu einem Spottpreis ganze Provinzen." Vgl. Stöver, United States of America, S. 68.
[42] Traverso, Moderne und Gewalt, S. 52f.
[43] Tocqueville, Über die Demokratie in Amerika, S. 132.
[44] Hicks, A Short History of American Democracy, S. 229f.
[45] Rotteck, Geschichte der neuesten Zeit, S. 370.
[46] Osterhammel, Die Verwandlung der Welt, S. 494.
[47] Die noch jüngst von Bloxham e. a., Europe in the World, S. 19f., wiederholte Ansicht, erst der spanische Kolonialkrieg auf Kuba 1895–1898 habe diese Lager generiert und dann zu einer erstaunlich raschen internationalen Rezeption in Kolonialkriegen geführt, wäre insofern zu überdenken.
[48] Johnson, A History of the American People, S. 348f.

Vizepräsident und Nachfolger Martin van Buren wiederum erklärte in seinem siegreichen Wahlkampf von 1836, kein Staat könne zivilisatorischen Fortschritt erreichen, solange er Indianern den Aufenthalt gestatte.[49] Van Burens Kriegsminister Joel Poinsett, ein versierter Botaniker, fügte 1840 hinzu, „den Indianer zu zähmen haben wir uns seit langem vergeblich bemüht; es gibt daher kein anderes Mittel, als ihn zu vertilgen."[50]

Diese rassistische These von der Anpassungsunfähigkeit der Indianer, die der Assimilationsalternative der Jefferson-Ära den Boden entzog, war im 19. Jahrhundert weit verbreitet. Selbst wer ihr widersprach, konnte für ethnische „Säuberung" plädieren. Als der bis 1825 amtierende US-Präsident James Monroe mit seinem Kabinett die „absolute Notwendigkeit" diskutierte, die Indianer auszusiedeln, wies Kriegsminister John Calhoun darauf hin, das Problem bestehe nicht in der Wildheit, sondern vielmehr in der erfolgreichen Zivilisierung der Indianer. Die 15 000 Cherokees in Georgia seien Landwirte mit Privateigentum und verfügten über eine demokratisch gewählte Regierung, ordentliche Gerichte und moderne Schulen. Calhoun – 1830 dann US-Vizepräsident zum Zeitpunkt des Removal Act – meinte, man müsse die Indianer gerade *wegen* ihrer Assimilationserfolge vertreiben, da diese die Vorherrschaft der Weißen gefährdeten.[51]

Tatsächlich zogen die Cherokees zur Verteidigung ihrer Rechte nicht auf den „Kriegspfad", sondern unter Führung ihres demokratisch gewählten Oberhäuptlings John Ross 1830 vor den Obersten Gerichtshof der USA. Die Ergebnisse waren zwiespältig: 1831 verwarf der Oberste Bundesrichter und frühere US-Außenminister John Marshall ihre Klage gegen den „Removal Act", denn die Cherokees seien eine „innere abhängige Nation" unter Vormundschaft der USA und müssten sich nach deren Gesetzgebung richten. 1832 wiederum entschied der Oberste Gerichtshof, dass die Gesetzgebung des Staates Georgia widerrechtlich in die Souveränität der Cherokee eingegriffen habe. Dieser Sieg nützte nichts, denn US-Präsident Jackson soll zynisch geäußert haben, der Bundesrichter müsse sein Urteil schon selber durchsetzen. Der britische Historiker und Botschafter in den USA James Bryce meinte 1909, der erfolgreiche Widerstand des Staates Georgia gegen dieses Cherokee-Urteil habe die Autorität des Obersten Gerichtshofes in den USA für lange Zeit schwer beschädigt. 1835 schloss die US-Regierung einen Vertrag mit Cherokee-Überläufern über den Verkauf ihres Landes und ihre Umsiedlung. Daraufhin begann 1838 Kriegsminister Poinsett die Deportation des Stammes in „Concentration Stockades", wo zwischen 2000 und 2500 Menschen zu Tode kamen. Die weitere Zwangsumsiedlung nach Oklahoma brachte eine Todesrate zwischen 20 und 40 Prozent.[52]

---

[49] Kiernan, Blood and Soil, S. 334.
[50] Rotteck, Geschichte der neuesten Zeit, S. 371, ohne Namensnennung des Ministers.
[51] Johnson, A History of the American People, S. 349.
[52] Nolte, Weltgeschichte, S. 220; Garrison, On the Trail of Tears, S. 38f. und S. 50–52; Bryce, The American Commonwealth, Bd. 1, S. 268f.; unklar zum Marshall-Urteil: Levene, Genocide in the Age of the Nation State, Bd. 2, S. 20; ausführlich hingegen: Kanstroom, Deportation Nation, S. 68–70.

1. „Säubernde" Siedler-Demokratien: Amerika und Australien im 19. Jahrhundert

Was die US-Politik um 1830 als endgültige Lösung durchzusetzen meinte, bedeutete für Überlebende des „Removal" nur eine Gnadenfrist von einer Generation. Der US-Kongress hatte 1834 in einem „Gesetz zur Regelung des Handels und der Beziehungen mit den Indianerstämmen und zur Erhaltung des Friedens in den neuen Siedlungsgebieten" sämtliche Gebiete westlich des Mississippi „mit Ausnahme der Staaten Missouri und Louisiana sowie des Territoriums Arkansas" zu Indianergebiet erklärt, das kein Weißer ohne Genehmigung betreten durfte. Doch die ab 1830 geschlossenen Verträge wurden spätestens nach dem Ende des US-Bürgerkrieges 1865 durch die nach Westen drängende Siedlungsbewegung zugunsten rücksichtsloser Verdrängung der Indianer fallengelassen.[53] Deren Widerstand wurde als Angriff auf die USA gewertet, und die bewährtesten Kommandeure der siegreichen „Nordstaaten", die Generäle Grant, Sherman und Sheridan, übernahmen die Kriegführung gegen die Indianer – wobei der Kriegsheld Grant, ähnlich wie eine Generation zuvor General Jackson, 1869 für acht Jahre zum Präsidenten der USA aufstieg.[54] Die im Bürgerkrieg erlernten, auf feindliche Zivilisten kaum Rücksicht nehmenden Kampfmethoden hatten in diesen Indianerkriegen genozidale Konsequenzen: Die Eingeborenen wurden dezimiert, Überlebende in armselige „Reservationen" gezwungen.[55] Gegenschläge wie der Sieg einer Indianerkoalition am Little Big Horn 1876 waren nicht nachhaltig. In den 1880er Jahren wurde überall – von Nordamerika über Kanada bis nach Australien oder Neuseeland – der Widerstand der Eingeborenen gegen die Siedlerdemokratien gebrochen.[56] Die Indianerkriege der USA endeten am 29. Dezember 1890, als die US-Armee 300 Sioux-Indianer – Männer, Frauen, Kinder – am Wounded Knee in South Dakota massakrierte. Im 20. Jahrhundert lebte das ursprüngliche Assimilationsangebot wieder auf, doch zwischenzeitlich waren von einer Million Indianern, die zu Beginn des 19. Jahrhunderts gelebt hatten, über zwei Drittel getötet worden.[57]

Offiziell dauerte die „Removal"-Politik bis 1887. Doch selbst nach Inkrafttreten des „Dawes Act" – jenes Gesetzes, das auf Initiative des Senators Henry Dawes 1887 das Indianerland in Privatbesitz aufteilte, um die Assimilation voranzutreiben und das Land dem Immobilienmarkt zuzuführen – dauerten Enteignungen und Deportationen fort.[58] Auch der Sklavenbefreier Abraham Lincoln hatte Anteil daran, als er 1862 im „Homestead Act" allen weißen Neusiedlern kostenloses Farmland in „freien" Gebieten zusicherte.[59] 1871 stellte der US-Kongress alles Land zwischen Atlantik und Pazifik unter seine Jurisdiktion und erkannte eigen-

---

[53] Brown, Begrabt mein Herz an der Biegung des Flusses, S. 19–21.
[54] Levene, Genocide in the Age of the Nation State, Bd. 2, S. 96.
[55] Stickler, „American Indian Holocaust"?, S. 76f.; Tooley, „All the People are now Guerilla".
[56] Darwin, After Tamerlane, S. 255; zu Little Big Horn: Levene, Genocide in the Age of the Nation State, Bd. 2, S. 94 und S. 96.
[57] Zinn, A People's History of the United States, S. 514.
[58] Haake, Breaking the Bonds of People and Land, S. 81; Levene, Genocide in the Age of the Nation State, Bd. 2, S. 98; demgegenüber hebt Johnson, A History of the American People, S. 521, die philanthropischen Motive von Dawes hervor.
[59] Nolte, Weltgeschichte, S. 222.

ständige Indianergebiete nicht mehr an.[60] 1889 wurde in Oklahoma ein weißes Siedlungsgebiet aus dem Indianer-Territorium von 1830 „herausgeschnitten"[61], und 1906 wurde auch das restliche Indianerterritorium aufgehoben und mit dem weißen „Oklahoma" 1907 zum gleichnamigen US-Staat verschmolzen.[62]

Um 1950 lebten 220 000 bis 300 000 Indianer in 210 Reservationen, in ihren Eigentumsrechten fremder Kontrolle unterworfen und, obwohl ihnen 1924 die US-Bürgerrechte zuerkannt worden waren, faktisch weiterhin „in einer Mittelstellung zwischen Bürgern und Pflegebefohlenen".[63] Immerhin blieb den Überlebenden der Ausrottungskriege eine Assimilationsalternative offen; diese als „unzivilisiert" Entrechteten wurden in „Reservate" verdrängt, um dort von der Zivilisation vor der Zivilisation „geschützt" zu werden, bis sie endlich „zivilisiert" und fortan gleichberechtigt geworden sein würden.[64] In einem Regierungsbericht räumte US-Innenminister Carl Schurz – ein eingewanderter demokratischer deutscher Revolutionär von 1848 – ein, dass die reservatflüchtigen Ponca-Indianer „ernsthaft Grund zur Klage" hätten, dass man ihnen jedoch keine Rückkehr in ihre alte Heimat gestatten könne, da dies sonst alle Indianervölker „mit Unruhe und dem Verlangen, ihrem Beispiel zu folgen, erfüllen würde". Schurz setzte zu Beginn seiner Amtszeit zwischen 1877 und 1881 die großräumigen Zwangsumsiedlungen seiner Vorgänger fort. Erst im November 1880, kurz vor seinem Ausscheiden als Minister, distanzierte sich Schurz prinzipiell von dieser rücksichtslosen, viele Todesopfer in Kauf nehmenden Deportationspolitik.[65]

Eine „wandernde", sich ständig verschiebende Siedlungsgrenze war kein Spezifikum der USA. Eine ähnliche Expansion auf Kosten von Eingeborenen beobachten wir im 19. Jahrhundert im russischen Sibirien und in Zentralasien, in den von Briten besiedelten Kolonien Australien oder Kanada, Neuseeland und Südafrika sowie an den Peripherien der asiatischen Imperien China und Japan.[66] Es war ein generelles Merkmal der „Dynamik kolonialer Konflikte", dass diese oft als „totale[r] Krieg" eskalierten – mit Massakern und Vertreibungen, die in der Summe oft einem Genozid gleich kamen.[67] Die an unzähligen Punkten der Siedlungsgrenze praktizierte „Exklusion nach ethnischen Kriterien" erzeugte global eine rassistische Legitimation für ethnische „Säuberung". Der Wirkzusammenhang dieser ethnischen „Säuberungen" an diversen kolonialen bzw. siedlerdemokratischen Peripherien beruhte auf der Dominanz des Westens im damaligen Weltsystem, wobei das Bevölkerungswachstum europäischer Länder immer neue Migrationswellen in die

---

[60] Levene, Genocide in the Age of the Nation State, Bd. 2, S. 20.
[61] Bryce, The American Commonwealth, Bd. 1, S. 578f.
[62] Kiernan, Blood and Soil, S. 332.
[63] Lemberg, Geschichte des Nationalismus in Europa, S. 253.
[64] Preece, Minority Rights, S. 65f.
[65] Brown, Begrabt mein Herz an der Biegung des Flusses, S. 352 und S. 377; Documents of United States Indian Policy, S. 152; Trefousse, Carl Schurz, S. 242 und S. 246.
[66] Geiss, „Ethnische Säuberungen", Massaker und Genozid, S. 45; Winkler, Geschichte des Westens, Bd. 1, S. 681–686.
[67] Sheehan, Kontinent der Gewalt, S. 74.

1. „Säubernde" Siedler-Demokratien: Amerika und Australien im 19. Jahrhundert 197

globalen Grenzräume führte.[68] Insofern war die gewaltsame Deportation der Cherokees um 1830 nur ein Vorbote dessen, was sich in den folgenden Jahrzehnten im Kaukasus, im Nahen Osten und schließlich im östlichen Europa selbst ereignen sollte. Was die US-Deportation der Cherokees um 1840 und die NS-Deportation polnischer Juden um 1940 trotz aller gravierenden Unterschiede miteinander verbindet, ist das rationale Vorhaben, eine als unerwünscht betrachtete Bevölkerung aus einem bestimmten Gebiet zu entfernen und sich ihr Eigentum anzueignen.[69]

Gleichzeitig mit der Removal-Politik Jacksons in den USA begegnete in der australischen Kolonie Tasmanien der britische Gouverneur George Arthur Forderungen dortiger weißer Siedler nach Ausrottung aller Eingeborenen im Oktober 1830 mit der Proklamierung einer „Schwarzen Linie", jenseits derer die Eingeborenen deportiert werden sollten. Eine Armee von 1500 bewaffneten Sträflingen und regulären Soldaten trieb die Aborigines in die Flucht – ein weiteres frühes Beispiel ethnischer „Säuberung" in europäischen Siedlergesellschaften außerhalb Europas. Bis 1832 herrschte in Tasmanien Kriegsrecht. Gouverneur Arthur wollte offenbar die Eingeborenen mit dieser Vertreibung vor genozidaler Siedlergewalt retten, beschleunigte jedoch ihren Untergang durch die mit Flucht oder Deportation verbundenen hohen Todesraten. Der Gouverneur erklärte später, die ursprüngliche Gewalt sei allein von den Siedlern ausgegangen.[70] Nicht Selbstverteidigung, sondern Fremdenfeindlichkeit und Landhunger waren die Motive dieser Gewalt.

Michael Manns These von der ethnischen „Säuberungs"-Dynamik weißer Siedler-Demokratien außerhalb Europas wird durch diese Beispiele ebenso eindrucksvoll bestätigt wie durch die Vertreibungs- und Vernichtungsfeldzüge südamerikanischer Siedlerrepubliken, wie sie im 19. Jahrhundert im Gran Chaco (einer zwischen Paraguay, Argentinien und Bolivien geteilten Region) oder im zwischen Chile und Argentinien geteilten Patagonien stattfanden. Man hat dies treffend als „inneren Kolonialismus gegen die Indianer" bezeichnet.[71] Überall betrachteten „Weiße" die Ausrottung von Eingeborenen als logische Konsequenz des Zusammentreffens mit ihrer eigenen, als überlegen gewerteten Rasse.[72] 1832 traf der britische Naturwissenschaftler Charles Darwin in Argentinien auf die Armee des Diktators Juan Manuel de Rosas am Rio Colorado und notierte geschockt, Rosas sei dabei, in Kooperation mit Truppen des Nachbarstaates Chile die Indianervölker der Pampas auszurotten.[73] Eine Generation später traf der britische Gesandte Sir Horace Rumbold 1874 in Chile auf die unabhängige „Enklave" der Araukaner-Indios, an deren Rändern die Chilenen eine militärische Grenzlinie errichtet hatten, die ihnen zunächst zur Verteidigung, dann jedoch als Ausgangspunkt für die Unterwerfung des Indianergebietes diente.[74] War Darwins

---

[68] Nolte, Weltgeschichte, S. 224–226.
[69] Levene, Genocide in the Age of the Nation State, Bd. 2, S. 20 und S. 57.
[70] Kiernan, Blood and Soil, S. 278f.
[71] Reinhard, Geschichte der europäischen Expansion, Bd. 2, S. 254–256.
[72] Rodogno, Against Massacre, S. 34.
[73] Levene, Genocide in the Age of the Nation State, Bd. 2, S. 97.
[74] Rumbold, Further Recollections of a Diplomatist, S. 56f.

Indianerkämpfer Rosas zweifellos ein „mörderischer Tyrann", so waren Argentien und Chile während der Indianerkriege der 1870er Jahre liberale Demokratien mit Massenzuwanderung aus Europa. Kaum zufällig gewann 1880 mit Julian Roca jener General die Präsidentenwahlen in Argentinien, der zuvor als Kriegsminister die Indianerterritorien erobert und damit die Fläche der Republik fast verdoppelt hatte, während die überlebenden Indianer ins Cordillera-Gebirge vertrieben worden waren.[75] Roca blieb sechs Jahre Präsident und erreichte in dieser Zeit angeblich, dass alle Indianer südlich des Rio Negro ausgerottet oder unterworfen waren.[76] Parallel zu diesen Indianerkriegen erfolgte um 1880 die britische Eroberung Südafrikas.[77] Europäische Siedlerdemokratien schufen auf mehr als einem fernen Kontinent durch Vertreibung oder Völkermord ihr „Neo-Europa".[78]

In den USA gab es neben Verdrängung und Ausrottung der indianischen Ureinwohner eine weitere rassistische Tradition, die auf ethnische „Säuberung" zielte – die Politik der „Repatriierung" ehemals versklavter Afroamerikaner „zurück" nach Afrika. Auch hier beriefen sich die weißen Initiatoren auf eine angeblich unüberbrückbare Kulturdifferenz zwischen zwei „Rassen", und erneut ging es angeblich um eine „humane" Lösung: „In einer zwangsweisen Emigration oder Umsiedlung an neue Ufer" erblickten Befürworter dieses transkontinentalen Transfers „die relativ beste Möglichkeit, das alte Unrecht der nordamerikanischen Negerversklavung halbwegs wiedergutzumachen". Wenig oder gar nicht berücksichtigt wurde, dass in Afrika „lang eingesessene Bewohner" lebten und von der ungebetenen Rücksiedlung von Afroamerikanern zwangsläufig massiv beeinträchtigt werden mussten. Zu Recht ist die Rücksiedlungspolitik als Übertragung weißer Kolonisationserfahrungen auf die „freigelassenen Negersklaven" gedeutet worden: Es ging um „Befreiung durch Zerschneiden sämtlicher Fäden der Tradition ohne Startkapital, ohne technisches Know-how."[79] Es ging ferner darum, einen nach Aufhebung der Sklaverei als unvermeidlich geltenden Rassenkonflikt in den USA durch Aussiedlung der schwarzen Rasse zu vermeiden. Im Jahre 1790 machten Afroamerikaner – damals fast ausschließlich Sklaven – 18 Prozent der US-Bevölkerung aus, bis 1860 ging ihr Anteil durch massive Neueinwanderung aus Europa auf 13 Prozent zurück. 1830 gab es 320 000 freigelassene Afroamerikaner in den USA, meist in Städten der Nordstaaten. Tocqueville befürwortete damals die Aussiedlung dieser Afroamerikaner nach Afrika mit dem von seinen weißen US-Gesprächspartnern übernommenen Argument, in einer von Weißen dominierten Demokratie sei das gleichberechtigte Zusammenleben beider Rassen unvorstellbar. An britische Rücksiedlungsinitiativen in einer 1808 gegründeten und programmatisch „Freetown" genannten Siedlung in Sierra Leone anknüpfend, mündeten US-Initiativen in die Gründung der (von Af-

---

[75] Halperín Donghi, Geschichte Lateinamerikas, S. 284–286 und S. 308–310; Rumbold, Further Recollections of a Diplomatist, S. 218.
[76] Levene, Genocide in the Age of the Nation State, Bd. 2, S. 97; Osterhammel, Die Verwandlung der Welt, S. 511 und S. 824.
[77] Osterhammel, Die Verwandlung der Welt, S. 505.
[78] Darwin, After Tamerlane, S. 173f.
[79] Hammer, Weltmission und Kolonialismus, S. 295f.

1. „Säubernde" Siedler-Demokratien: Amerika und Australien im 19. Jahrhundert   199

roamerikanern bis 1980 auf Kosten indigener Afrikaner beherrschten) Republik Liberia, dem „Land der Freien", dessen Hauptstadt Monrovia 1822 nach dem diese Aussiedlung befürwortenden US-Präsidenten James Monroe benannt wurde. Während die Briten 60 000 freigelassene Sklaven nach Sierra Leone umsiedelten, erreichten Liberia bis Mitte des 19. Jahrhunderts jedoch nur 16 000 Einwanderer aus den USA.[80] Schon als 1831 lediglich 1420 Afroamerikaner in Monrovia siedelten, war klar, dass das „Repatriierungsprojekt" gescheitert war. Die Umsiedlung war ein Anliegen der „Weißen", während die überwältigende Mehrheit der „Schwarzen" den Verbleib in den USA einer Auswanderung ins Ungewisse vorzog.[81]

Dennoch wirkte die Transfer-Politik mit ihrer Verschränkung von Antisklavereibewegung und ethnischer „Säuberung" lange nach. Als Präsident Lincoln 1862 die Befreiung aller Sklaven in den USA verkündete, legte die US-Regierung gleichzeitig ein Programm zur finanziellen Unterstützung für Afroamerikaner auf, die in die „Negerrepubliken" Liberia und Haiti auszuwandern wünschten.[82] Noch 1913 betrachtete der USA-Reisende Spiridion Gopčević, ein im österreichischen Triest geborener Nachfahre montenegrinischer Patrizier, die „fast 12 Millionen Neger und Mulatten in der Union" verächtlich als „Krebsschaden der zivilisierten Völker" und als bedrohliches „Geschwür im Innern des Körpers" der amerikanischen Nation:

„Es haben sich daher schon wiederholt Stimmen vernehmen lassen, daß man am besten täte, die Neger samt und sonders (soweit sie nicht [...] in einer nützlichen Weise tätig sind, wie die Weißen, also nur die *Faulen*) aus dem Lande zu schaffen. Das wäre in der Tat die beste Lösung, aber *wo* soll man sie auslassen? Liberia wäre allerdings dazu schon bei der Gründung erlesen gewesen, aber es ist nicht groß genug. Und alles andere ist in festem europäischen Besitz, wobei es fraglich erscheint, ob eine Macht geneigt wäre, die Neger aufzunehmen."[83]

James Bryce, damals britischer Botschafter in den USA, teilte die Skepsis dieses slawischen Österreichers in Bezug auf die Aufnahmefähigkeit Liberias, in dem nach 73 Jahren staatlicher Existenz neben einer Million Eingeborenen nur 18 000 Afroamerikaner lebten. Doch anders als Gopčević erklärte Bryce den Rücktransport der Schwarzen nach Afrika für ohnehin illusorisch: Erstens würden die „Neger" nicht gehen wollen, und zweitens würden die Weißen des Südens die billigen Arbeitskräfte auch nicht gehen lassen. Überdies sei die Verpflanzung von mehr als sieben Millionen Menschen über Kontinente hinweg – abgesehen von der Finanzierung ihrer Existenz in Afrika – kaum im Bereich des Machbaren. Im Gegensatz zu Gopčević stellte Bryce 1909 daher fest, dass die Rückführung mittlerweile von fast allen vernünftigen Menschen in Amerika verworfen und nur noch von Außenseitern verfochten werde.[84]

---

[80] Hoerder, Cultures in Contact, S. 254f. und S. 416.
[81] Johnson, A History of the American People, S. 312f. und S. 447; Tocqueville, Über die Demokratie in Amerika, S. 198f.
[82] Sandburg, Abraham Lincoln, S. 317; beide Staaten wurden damals von den USA diplomatisch anerkannt; zu Lincolns lebenslanger Kombination einer Politik aus „emancipation and removal": Kanstroom, Deportation Nation, S. 86–90.
[83] Gopčević, U.S.A. Aus dem Dollarlande, S. 348f.
[84] Bryce, The American Commonwealth, Bd. 2, S. 515f.

Im 20. Jahrhundert ist diese Idee dennoch nicht verschwunden, sondern wechselte sogar die Seiten. Es waren nicht mehr nur weiße Rassisten, die eine „Repatriation" forderten – wie der frühere Gouverneur von Mississippi und damalige demokratische US-Senator Theodore Bilbo, der 1939 eine „Repatriation Bill" in den Kongress einbrachte, um die Afroamerikaner in ein zu vergrößerndes Liberia („Greater Liberia") zurückzusiedeln.[85] Die auf der rassistischen Überzeugung von der Unverträglichkeit von „Schwarz" und „Weiß" basierende Politik der „Repatriierung" wurde nach dem Ersten Weltkrieg auch von „schwarzen Nationalisten" übernommen. Diese unterstützten nicht nur den Gesetzentwurf Bilbos von 1939 und ähnliche Bestrebungen weißer Senatoren bis in die 1950er Jahre, sondern hatten – wie der panafrikanische Nationalist Marcus Garvey – schon in den 1920er Jahren versucht, durch Verhandlungen in Europa (mit den Kolonialmächten) und in Afrika selbst (Liberia) eine „Rücksiedlung" afroamerikanischer US-Bürger zu erreichen.[86] Garvey predigte schwarzen Rassenstolz, doch seine selbstbewusst gemeinte Forderung nach Trennung der Rassen war letztlich ein Reflex auf den Rassismus der Weißen.[87] Folgerichtig ging die schwarze Selbstsegregation mit dem Sieg der US-Bürgerrechtsbewegung der 1960er Jahre wieder zurück. Doch die Idee lebt fort: Noch 2010, nach der Erdbebenkatastrophe in Haiti, machte der Präsident von Senegal, Abdoulaye Wade, den Vorschlag, den in Haiti eigentlich fremden, da einst als Sklaven dorthin verschleppten Opfern eine Existenz „auf afrikanischem Boden" zu schaffen, „dem Land ihrer Vorfahren".[88]

Die ethnischen „Säuberungen" „weißer" Siedlergesellschaften entfalteten negative Rückwirkungen. Kurz vor dem Ersten Weltkrieg wiesen nicht nur selbstkritische Europäer wie der Franzose Pierre Loti darauf hin, dass der Westen mit zweierlei Maß messe, wenn er türkische Untaten als „Barbarei" anprangere, während vergleichbare Untaten europäischer Völker verschwiegen würden.[89] Solche Kritik kam unterdessen auch von nichtwestlicher Seite. Während des italienischen Angriffskrieges auf das osmanische Libyen erklärte in einer Parlamentsdebatte in Konstantinopel 1911 Außenminister Hakki Rifat Paşa, „die zivilisierten Nationen" hätten „ihr Urteil über Italien" bereits „gefällt", und der jungtürkische Parteiführer Talaat Bey rief unter Beifall mit Blick auf die italienischen Aggressoren: ‚Nieder mit den Wilden!'" Es blieb nicht bei dieser Umkehrung des Barbaren-Vorwurfs, die Jungtürken gingen bald darauf zur aktiven Nachahmung westlicher „Säuberungs"-Strategien über. 1915 protestierte US-Botschafter Henry Morgenthau beim nunmehrigen Innenminister Talaat gegen die genozidale Deportation

---

[85] Bilbo, Take Your Choice, S. 312–314.
[86] Essien-Udom, Black Nationalism, S. 48–53; die ursprüngliche Bereitschaft der liberianischen Regierung, solche Einwanderung zuzulassen, änderte sich zwischen 1920 und 1924, als sie ihre oligarchische Herrschaft durch Neueinwanderer gefährdet glaubte; vgl. Geiss, Panafrikanismus, S. 210f.
[87] Zinn, A People's History of the United States, S. 373; Keyssar, The Right to Vote, S. 226–230.
[88] Perras, Die Solidarität der afrikanischen Brüder, S. 6.
[89] Loti, Die sterbende Türkei, S. 35–37; weitere Beispiele für diese Ungleichbewertung von Massakern an „zivilisierten" oder christlichen Völkern und an „nichtzivilisierten" Ethnien, die häufig zur selben Zeit stattfanden: Rodogno, Against Massacre, S. 11f.

1. „Säubernde" Siedler-Demokratien: Amerika und Australien im 19. Jahrhundert 201

der Armenier, erhielt jedoch auf seine humanitären Argumente zur Antwort, die Türken wollten die Armenier lediglich ebenso behandeln wie die Amerikaner ihre „Neger". Mit Blick auf die vielen Todesopfer bemerkte Morgenthau, Talaat habe wohl eher die Indianer gemeint.[90]

Es gibt konträre Ansichten über den Zusammenhang zwischen kolonialer Gewalt mit den Vertreibungen oder Genoziden im Europa des 20. Jahrhunderts. Michael Mann, der die Indianerkriege der 1860er Jahre in den USA, die gleichzeitigen russischen Tscherkessen-Deportationen im Kaukasus und den etwas späteren deutschen Vernichtungskrieg gegen Herero und Nama in Südwestafrika miteinander in Bezug setzt, geht davon aus, dass sich seit 1860 unter den Militärs unterschiedlicher Nationen eine Taktik des Massenmordes („distinct military tactic of overkill") entwickelt habe, die allen für diese Kolonialkriege verantwortlichen Generälen – Sherman, Miliutin oder von Trotha – gemein gewesen sei.[91] Demgegenüber betont Benjamin Lieberman, die westeuropäische Kolonialexpansion habe zwar rassistisches Denken gefördert und in Europa negative Wirkungen gezeitigt, doch mit Ausnahme Deutschlands hätten alle europäischen Kolonialmächte – Großbritannien, Frankreich, Belgien, Portugal und die Niederlande – bei ethnischen „Säuberungen" in Europa selbst keine Rolle gespielt. Darum sei ethnische „Säuberung" in Europa „homegrown", selbsterzeugt.[92]

Diese These ist mehr als fragwürdig. Lieberman selbst führt Beispiele an, die sie unterminieren – etwa den Umstand, dass nach dem gewaltsamen Verschwinden der Armenier und Griechen aus Kleinasien die Kurden zum Minderheitenproblem in der Türkei wurden.[93] Die Komplizenschaft eines Teiles der Kurden beim Armeniergenozid hinderte das jungtürkische Regime nicht, 1916/17 Hunderttausende von Kurden zu deportieren. Dies fand nach 1922 in der Türkischen Republik seine Fortsetzung.[94] Als die Kurden sich 1925 auflehnten, verfügte die Regierung in Ankara eine „großangelegte Zwangsumsiedlung", die laut Yves Ternon „eine getarnte Form der Tötung" gewesen ist, „denn die meisten Deportierten verschwanden unterwegs".[95] 1927 setzte Ankara ein förmliches Deportationsgesetz in Kraft. Namentlich die Region Dersim, ein traditionell staatsferner Rückzugsraum für unangepasste Bevölkerungsgruppen, wurde unter Atatürk zum Schauplatz kurdischer Rebellion und türkischer Repression. Ankara entschied sich 1937/38 für massive Militärschläge nach dem Muster jenes Krieges, den zur selben Zeit der italienische Diktator Mussolini in Äthiopien führte: Kurdische Dörfer wurden von der türkischen Luftwaffe bombardiert und zerstört, die Über-

---

[90] Schulthess' Europäischer Geschichtskalender 52.1911, S. 520.
[91] Mann, The Dark Side of Democracy, S. 109.
[92] Lieberman, Terrible Fate, S. XV, mit Bezug auf Europa einschließlich Kleinasiens.
[93] Ebenda, S. 108 und S. 272.
[94] Bloxham, The Great Game of Genocide, S. 98; Gerlach, Extrem gewalttätige Gesellschaften, S. 136f..
[95] Ternon, Der verbrecherische Staat, S. 289; zum Konnex jungtürkischer Bevölkerungs- und Exterminationspolitik: Schaller / Zimmerer, Late Ottoman Genocides.

lebenden deportiert, Dersim in Tunceli umbenannt.[96] Atatürks Adoptivtochter Sabiha Gökcen, als Ikone der modernen türkischen Frau zur Militärpilotin ausgebildet[97], hatte bei den Luftangriffen angeblich jene Bombe abgeworfen, die den Anführer der Aufständischen tötete.[98]

Angesichts dieser das westliche Vorbild nachahmenden defensiven Modernisierung der Türkei verwundert es nicht, dass unter türkischen Politikern Vergleiche mit den US-Indianerkriegen gezogen wurden. 1927 erklärte Außenminister Rüştü Bey, als er der britischen Mandatsverwaltung im Irak die Vertreibung der Kurden aus Anatolien ankündigte, dieses Volk sei unvermeidlich dem Untergang geweiht und werde das Schicksal der „Red Hindus" erleiden. Er sei mit Präsident Mustafa Kemal einig, dass die Kurden eine defekte Mentalität haben müssten, die ihnen eine Anpassung an die moderne Türkei unmöglich mache.[99] Vor dem türkischen Armeniergenozid von 1915 hatten auch armenische Politiker die Kurden Ostanataliens als rückständige Wilde betrachtet und als „Ausländer" entrechten wollen.[100] Ebenso verächtlich hatten im 19. Jahrhundert US-Politiker über Indianer schwadroniert – oder Europäer über Türken. Die brutale „Indianerpolitik" der Türken im Osten Anatoliens war jedenfalls alles andere als „homegrown"; sie war Teil eines globalen Kulturtransfers moderner ethnischer Gewaltpolitik.

2. Koloniale Genozide und Deportationen um 1900: Südwestafrika – Kuba – Südafrika – Philippinen

Die französische Kolonialverwaltung hatte in Algerien 1845 eine „Sequestrationsverordnung" zur Beschlagnahme von Eingeborenenland erlassen, um dieses an weiße Siedler umzuverteilen. Jahrzehnte später griff Deutschland dieses Vorbild auf, um nach Eingeborenenaufständen der Jahre 1904 bis 1907 in seiner Kolonie Deutsch-Südwestafrika (Namibia) das Grundeigentum selbst solcher Stämme zu enteignen, die an den Aufständen gar nicht beteiligt gewesen waren.[101] Ein Recht auf Grundeigentum für Eingeborene wurde von den Kolonialherren nicht anerkannte, sobald der Boden von Angehörigen der Kolonialmacht beansprucht wurde. So erklärte der Deutschbalte Paul Rohrbach, der nach dem Kolonialgenozid an Herero und Nama in Südwestafrika die dortige Ansiedlungskommission für deutsche Farmer geleitet hatte[102], im Jahre 1912 die Behauptung für „absurd"[103], dass „Existenzen, die keine Werte schaffen, einen Anspruch aufs Dasein haben".

---

[96] Lieberman, Terrible Fate, S. 272; Kreiser, Atatürk, S. 232.
[97] Kreiser, Atatürk, S. 62.
[98] Joseph / Najmabadi, Encyclopedia of Women and Islamic Cultures, Bd. 2, S. 361.
[99] Mansel, Constantinople, S. 421.
[100] Reynolds, Shattering Empires, S. 55.
[101] Gründer, Geschichte der deutschen Kolonien, S. 122.
[102] Levene, Genocide in the Age of the Nation State, Bd. 2, S. 240.
[103] Roloff, Geschichte der europäischen Kolonisation, S. 240, mit einer Paraphrase des folgenden Rohrbach-Zitats.

Rohrbach rechtfertigte die Verdrängung afrikanischer Naturvölker durch überlegene europäische Völker als neueste Phase einer langen innerafrikanischen Verdrängungsgeschichte:

„Soll das deutsche Volk darauf verzichten, größer und tüchtiger zu werden, für seine Söhne und Töchter freieren Lebensspielraum in der Welt zu suchen, weil vor 50 oder 300 Jahren irgendein Negerstamm seine Vorgänger erschlagen, verjagt oder versklavt hat und kraft solchen Rechts sein barbarisches Naturdasein auf der Scholle führen will, wo zehntausend deutsche Familien ein blühendes Dasein haben und Saft und Kraft unseres Volkstums mehren könnten? Erst dadurch, daß der Eingeborene im Dienst der höheren Rasse, d.h. im Dienste ihres und seines eigenen Fortschritts, Werte schaffen lernt, gewinnt er ein sittliches Anrecht auf sein Dasein."[104]

Diese Überlegungen bezog Rohrbach ausdrücklich auch auf die Hereros in Südwestafrika.[105] Der dortige Kolonialkrieg ist jedoch wegen schlimmerer Ereignisse in Erinnerung geblieben. Nachdem die Herero 1904 den Kampf gegen die deutsche Kolonialherrschaft aufgenommen und in einem Überraschungsangriff 123 Soldaten und Zivilisten umgebracht hatten, nachdem sie ferner zunächst nicht besiegt werden konnten, wandte der neuernannte deutsche Oberbefehlshaber General Lothar von Trotha eine rücksichtslose Vernichtungsstrategie an. Trotha hatte Kolonialkriegserfahrung während der Kollektivintervention der europäischen Großmächte im chinesischen „Boxerkrieg" von 1900/01 gesammelt[106], einem heute fast vergessenen Exzess westlicher Kolonialgewalt, an den sich der Augenzeuge Pierre Loti 1913 nur mit Schaudern erinnerte – ebenso wie an die britischen Massaker im Sudan 1898, an die britischen Konzentrationslager in Südafrika um 1900 und an die französischen Massaker in Algerien. Loti resümierte:

„Die Hunnen hätten es nicht ärger treiben können, als wir alle es damals trieben. [...] Man braucht nur die zeitgenössische Geschichte nachzulesen, um sich davon zu überzeugen, dass das blinde, wütende Drauflosmorden heute noch ebenso wie im Mittelalter an der Tagesordnung ist, sobald es sich um Gegner anderer Rasse und Religion handelt."[107]

Loti betonte die Allgegenwärtigkeit europäischer Kolonialmassaker. War also das, was in Südwestafrika geschah, ein qualitativer Sprung? Die Herero wurden von deutschen Kolonialtruppen gezielt in Wüstengebiete getrieben, wo sie größtenteils verdursten mussten – nicht nur die Krieger, sondern auch Frauen und Kinder. Dass einem Teil des Volkes nach Durchquerung der Wüste die rettende Flucht auf fremdes Kolonialgebiet gelang, war nicht Absicht oder Verdienst der deutschen Truppen. In seinem „Aufruf an das Volk der Herero" vom 2. Oktober 1904 hatte „der große General des mächtigen deutschen Kaisers", wie sich deren Kommandeur von Trotha den Herero gegenüber nannte, klar gemacht, dass die „Säuberung" der Kolonie durch Vertreibung oder Vernichtung des aufständischen Volkes sein Ziel war:

---

[104] Rohrbach, Der deutsche Gedanke in der Welt, S. 132 f; das Buch erlebte im Ersten Weltkrieg diverse Auflagen und wurde im Zweiten Weltkrieg 1941 neu aufgelegt.
[105] Ebenda, S. 132.
[106] Levene, Genocide in the Age of the Nation State, Bd. 2, S. 263f.
[107] Loti, Die sterbende Türkei, S. 35–37.

"Herero sind nicht mehr deutsche Untertanen. Sie haben gemordet und gestohlen [...] und wollen jetzt aus Feigheit nicht mehr kämpfen. [...] Das Volk der Herero muss jetzt das Land verlassen. Wenn das Volk dies nicht tut, so werde ich es [...] dazu zwingen. Innerhalb der deutschen Grenze wird jeder Herero, mit und ohne Gewehr, [...] erschossen, ich nehme keine Weiber und Kinder mehr auf, treibe sie zu ihrem Volk [in die Wüste] zurück oder lasse auf sie schießen."[108]

Heftige Proteste gegen diesen vermeintlichen „Genozid-Befehl Trothas"[109], den man „auch als Aufforderung zu drastischen ethnischen Säuberungen" lesen kann[110], kamen in Deutschland von der Sozialdemokratie sowie von kirchlichen Kreisen. Diese Kontroverse bewirkte – freilich erst nach einem Jahr – die Ablösung des Generals im November 1905 und einen mildernden Befehl Kaiser Wilhelms II., wonach „alle sich freiwillig stellenden Herero bis auf die Anführer und ‚Mörder' am Leben bleiben sollten".[111] Doch auch die neue Politik zeitigte tödliche Folgen: 75 bis 80 Prozent des Hererovolkes sollen den Krieg nicht überlebt haben. Daran hatte nicht nur Trothas Militärstrategie Anteil, sondern auch die Realität der Internierungslager fernab der Kampfhandlungen. In diesen „Konzentrationslager[n]", wie sie Reichskanzler Graf Bülow gegenüber Trotha im Dezember 1904 (unter Anspielung auf das britische Vorbild der „concentration camps" im südafrikanischen Burenkrieg) bezeichnete, starben infolge schlechter Klima- und Versorgungsbedingungen 45 Prozent der Gefangenen. In den Lagern Swakopmund und Lüderitzbucht, mit ihrem für die Internierten ungewohnten Küstenklima, wurden 14 000 Herero eingesperrt, von denen „Monat für Monat 500" zu Tode gekommen sein sollen. Auch vom ebenfalls rebellischen Volk der Nama scheint nur die Hälfte überlebt zu haben. Ein Viertel dieser Überlebenden beider Völker wurde von den deutschen Siegern längerfristig deportiert – der Großteil innerhalb Südwestafrikas, ein kleinerer Teil in das entfernte westafrikanische Protektorat Kamerun, wo bis 1912 wiederum ein Drittel am ungewohnten Klima oder an unzureichender Versorgung starb. Der stellvertretende Gouverneur von Südwestafrika, Hans Tecklenburg, lehnte ein Rückkehrgesuch ab und rechtfertigte die hohe Todesrate als Vergeltung für den Aufstand – woraufhin ein Beamter der Berliner Kolonial-Zentrale ein kritisches Fragezeichen am Rande des Berichts aus Windhuk notierte.[112] Der neue Zivilgouverneur Friedrich von Lindequist, nach Trothas Abgang 1907 eingesetzt, hätte gern mehr Menschen zwangsumgesiedelt. Er plante, „nach Aufhebung des Kriegszustandes die afrikanische Bevölkerung Südwestafrikas wechselseitig auszutauschen, also die Herero im Süden und die Nama im Norden anzusiedeln". Zu dieser „Auslöschung ihrer Geschichte" durch Zwangstransfers kam es jedoch ebensowenig wie zur Verwirklichung von Lindequists Vorschlag, „weitere großräumige Umsiedlungen vorzu-

---

[108] Zitiert nach Kuß, Deutsches Militär auf kolonialen Kriegsschauplätzen, S. 94; vgl. auch Brehl, „Diese Schwarzen haben vor Gott und Menschen den Tod verdient", S. 80.
[109] Gründer, Geschichte der deutschen Kolonien, S. 122.
[110] Barth, Genozid, S. 130.
[111] Gründer, Geschichte der deutschen Kolonien, S. 122.
[112] Ebenda, S. 120–122; Albertini, Europäische Kolonialherrschaft, S. 457; Evans, Das Dritte Reich, Bd. 1, S. 458; Hull, Absolute Destruction, S. 73 und S. 80.

nehmen" und einige Hundert Witbooi bis nach Deutsch-Neuguinea zu verschiffen. Dies lehnte das Reichskolonialamt aus Kostengründen ab, doch 1910 gelang es dem Gouverneur, 93 Witbooi zumindest nach Kamerun zu deportieren.[113]

Waren die Kriegführenden vor Ort, Trotha wie Tecklenburg, hinsichtlich ihrer Rücksichtslosigkeit sehr offen, redeten Nationalisten im deutschen Zentrum den genozidalen Kolonialkrieg schön. Der Gießener Kolonialhistoriker Gustav Roloff schilderte 1905 den Kriegsverlauf dergestalt, dass die Hereros sich nach Verstärkung der deutschen Truppen ins unzugängliche Waterberg-Plateau zurückgezogen hätten und dass die Versuche von Trothas, den Feind durch einen konzentrischen Angriff zur Kapitulation zu zwingen, an der „gewaltigen Ausdehnung" des Gebiets gescheitert seien. Das war militärisch richtig gesehen, änderte jedoch nichts am tendenziell genozidalen Vertreibungsbefehl, den Roloff zu verharmlosen suchte:

„Ein unglücklich gefasster Tagesbefehl Trothas, der von der Vernichtung der Insurgenten sprach, aber wohl nur die Vernichtung ihrer Gefechtskraft im Auge hatte, wurde in Deutschland vielfach aufgefasst als die Absicht, die Hereros auszurotten, und deshalb lebhaft kritisiert. Der Reichskanzler ließ aber sogleich keinen Zweifel darüber, daß diese Auslegung irrig ist und die Eingeborenen nach ihrer Unterwerfung mit Milde zu behandeln sind."[114]

Wer diesen Kolonialkrieg als „ersten deutschen Vernichtungskrieg" betrachtet[115], suggeriert eine direkte Verbindung zum NS-Völkermord an den europäischen Juden. Diese jedoch ist historisch mehr als fragwürdig. Man darf nicht übersehen, dass sich beide Völkermorde in wichtigen Punkten unterscheiden – nicht nur durch die Systematik des NS-Judenmords, von der Soldaten wie Trotha oder Bürokraten wie Tecklenburg noch weit entfernt waren, sondern vor allem durch die Tatsache, dass der Holocaust ein Völkermord *von Europäern an Europäern mitten in Europa* gewesen ist. Der Genozid an Herero und Nama war kaum systematisiert, eher Angelegenheit der Handelnden vor Ort als der Zentrale, die ihn bremste und beendete, und er fand fern von Europa an Menschen statt, die das rassistische Denken längst als „minderwertig" zu definieren und behandeln gelernt hatte. Genau besehen haben wir es in Südwestafrika eher mit „drastischen ethnischen Säuberungen" zu tun, die freilich „an Völkermord grenzten".[116]

Eine isolierte, nur auf Deutschland konzentrierte Betrachtung der Geschehnisse übersieht vollkommen, dass der deutsche Kolonialkrieg in Südwestafrika mit seinen genozidalen Folgen damals keineswegs einzigartig war, sondern Bestandteil einer *gesamteuropäischen* Praxis brutaler Kolonialkriegsführung. Diese Entgrenzung von Gewalt vollzog sich in Kriegen vieler imperialistischer Mächte an zahlreichen kolonialen Peripherien, deren Bewohner längst rassistisch abgewertet worden waren; sie war ein rücksichtsloses Mittel gegen indigene Partisanenbewegungen, deren Kriegsführung anders nicht überwindbar schien.[117] Vergleichbar

---

[113] Kuß, Deutsches Militär auf kolonialen Kriegsschauplätzen, S. 100f.
[114] Schulthess' Europäischer Geschichtskalender 45.1904, S. 361f.
[115] Beer, Der Genozid an den Herero; Zimmerer / Zeller, Völkermord.
[116] Barth, Genozid, S. 131f.
[117] Ebenda, S. 134.

ist daher ein Kolonialkrieg wie der deutsche in Südwestafrika weniger mit dem NS-Holocaust als mit der enthemmten Partisanenkriegsführung der deutschen Wehrmacht im Zweiten Weltkrieg, die auf Vorerfahrungen von europäischen „Kolonialfeldzügen" und entsprechender Repressionspolitik im Ersten Weltkrieg zurückgriff und insofern – so Mark Mazower – „eher das Produkt einer bestimmten Art europäischer Kriegsführung […] als des Nationalsozialismus" gewesen ist.[118] Nicht nur Pierre Loti hat 1913 auf den gesamteuropäischen Konnex kolonialistischer Gewaltpolitik hingewiesen; selbst der kolonialapologetische Gustav Roloff spielte darauf an, als er 1911 nebulös feststellte, „die Fehler und Mängel" der deutschen Kolonialpolitik, auf die „im In- und Auslande oft mit großer Emphase" hingewiesen worden sei, seien „dieselben, die jede Bewegung im jugendlichen Alter aufweist, und die, wie ein Blick nach England oder Frankreich lehrt, auch von alten Kolonialvölkern noch keineswegs vermieden" würden.[119] Daran war so viel richtig, dass eine Gewaltpolitik, die „eingeborene" Völker aus verwüsteten Wohngebieten in unwegsame, durch Hunger und Seuchen zur Todesfalle werdende Gebiete jagte, nicht nur die Eingeborenenkriege im Amerika und Australien des 19. Jahrhunderts geprägt hat, sondern auch die französische Eroberung Algeriens um 1840.[120]

Im Unterschied zum NS-Genozid ging es den europäischen Kolonialeroberern bis 1914 nicht eigentlich um Ausrottung (obschon diese die Folge ihrer enthemmten Kriegsführung sein konnte), sondern um Vertreibung oder Unterwerfung: Die eigentlichen Ziele der Landeroberung und ethnischen „Säuberung" entwickelten in kolonialistischen Kontexten vor allem dann „genozidale Momente", wenn Eingeborene hartnäckig Widerstand leisteten; folglich endete genozidale Kriegsführung sofort, sobald der Widerstand durch Vernichtung oder Unterwerfung vorüber war.[121] Anders als dem NS-Regime ging es den europäischen Kolonialmächten des 19. und frühen 20. Jahrhunderts sehr viel stärker um *Verwertung* ihrer Opfer als um deren Vernichtung. Gustav Roloff forderte 1904 die Internierung der besiegten Eingeborenen-Rebellen in Arbeits- und Erziehungslagern zum Zwecke ihrer optimalen Ausbeutung: „Von einer Vernichtung des Stammes kann selbstverständlich keine Rede sein, da das Land nach dem Kriege die Arbeitskräfte mehr als je nötig haben wird."[122]

Zugleich darf man sich weder die europäische noch die deutsche Gesellschaft um 1900 als rassistischen Block vorstellen. Diverse Motive und Weltbilder bündelten oder kreuzten sich, wie an der widersprüchlichen Haltung christlicher

---

[118] Allerdings hat das NS-Regime im Unterschied zu anderen zivilen Regierungen diesen Militärterror nicht gehemmt, sondern systematisch angespornt und dadurch gravierend verschärft; vgl. Mazower, Hitlers Imperium, S. 328f.

[119] Loti, Die sterbende Türkei, S. 35–37; Roloff, Geschichte der europäischen Kolonisation seit der Entdeckung Amerikas, S. 235.

[120] Paczensky, Die Weißen kommen, S. 163; auf die Existenz einer milderen französischen Kolonialkriegs-Schule neben der algerischen verweist Kuß, Deutsches Militär auf kolonialen Kriegsschauplätzen, S. 196–198.

[121] Diese These von A. Dirk Moses nach: Finzsch, „The aborigines…", S. 261.

[122] Schulthess' Europäischer Geschichtskalender 45.1904, S. 362.

Missionare zum Hererokrieg gezeigt werden kann.[123] Es war eine Melange aus christlich-humanitären, machtpolitischen und ökonomischen Motiven, welche die britische Öffentlichkeit ab 1904 gegen die brutale Kolonialherrschaft des belgischen Königs Leopold II. in dessen Kongo-Freistaat aufbrachten.[124] Noch 1896 hatte dieser König der Belgier in humanitärer Pose dem britischen Premier Salisbury anbieten können, weiße Offiziere seiner mörderischen Kongo-Schutztruppe für eine europäische Interventionstruppe bereitzustellen, die die türkisch-kurdischen Massaker an Armeniern im Osmanischen Reich hätte beenden sollen. Ähnliches hatte Leopold II. den Briten in der Kreta-Krise von 1897 vorgeschlagen. Nur wenig später stellten sich die Kritiker des belgischen Monarchen, namentlich der Journalist Edmund D. Morel, in die Tradition der „britischen humanitären Kreuzzüge" gegen die türkischen Bulgarenmassaker von 1876 oder die Armeniermassaker der 1890er Jahre. Böse Pressekarikaturen ließen König Leopold mit dem „blutigen" Sultan Abdul Hamid II. tafeln und prahlerisch ihre Massaker-Erfolge an Kongolesen und Armeniern vergleichen.[125]

Obschon der deutsche Genozid an den Herero in Südwestafrika international 1905/06 wenig Beachtung fand, da zur selben Zeit die Kongo-Gräuel heftig debattiert wurden, löste er immerhin Proteste in der deutschen Öffentlichkeit selbst aus.[126] Dabei waren die Motiv-Kombinationen ähnlich gemischt wie in der britischen Kongo-Debatte.[127] Das Vorgehen in Südwestafrika wurde im Reichstag von der Sozialdemokratie und von der katholischen Zentrums-Partei, außerparlamentarisch auch von protestantischen Missionaren scharf kritisiert.[128] Solche Kritiker wurden von Nationalisten als Verräter gebrandmarkt; selbst Reichskanzler von Bülow war sich in einer Reichstagssitzung im Mai 1904 nicht zu schade, gegen „Angriffe, die von einzelnen Missionaren gegen unsere Landsleute gerichtet worden sind", Front zu machen und nationale Solidarität mit den Tätern einzufordern, statt Solidarität mit den Opfern zu demonstrieren.[129] Tatsächlich wandelten sich im Zuge dieser Debatten die anfangs kolonialkritischen Zentrumskatholiken und Linksliberalen zu Unterstützern der wilhelminischen Kolonialpolitik. Die bürgerliche Mehrheit für Bülow wurde größer als zuvor und erfuhr in der chauvinistischen Stimmung der Reichstagswahlen von 1907 – die sogenannten „Hottentottenwahlen" – eine Bestätigung.[130] Lediglich die Sozialdemokraten blieben kolonialkritisch. Schon die Etatdebatte des Reichstages im Dezember 1904 erlebte eine scharfe Auseinandersetzung zwischen Bülow und der SPD, die das

---

[123] Kinet, „Licht in die Finsternis"; Hammer, Weltmission und Kolonialismus; Gründer, Geschichte der deutschen Kolonien.
[124] Gehrmann, Kongo-Greuel; Hochschild, King Leopold's Ghost.
[125] Hochschild, King Leopold's Ghost, S. 167f., S. 211 und S. 222.
[126] Ebenda, S. 282.
[127] Winkler, Geschichte des Westens, Bd. 1, S. 888, weist darauf hin, dass in Deutsch-Südwestafrika ein Genozid stattgefunden habe, im Kongostaat trotz aller Brutalität nicht.
[128] Sheehan, Kontinent der Gewalt, S. 76; Hammer, Weltmission und Kolonialismus, S. 244–246.
[129] Hammer, Weltmission und Kolonialismus, S. 244.
[130] Hull, Absolute Destruction, S. 106; Levene, Genocide in the Age of the Nation State, Bd. 2, S. 265.

Vorgehen Trothas scharf angriff, während Bülow bestritt, dass Ausrottung beabsichtigt sei:

„Wir sind weder so grausam, noch sind wir so töricht, die einzige Möglichkeit der Wiederherstellung geordneter Zustände darin zu erblicken, daß die jetzt aus den Wüsten des Sandfeldes hervorströmenden halbverhungerten und verdursteten Hererobanden erbarmungslos niedergeknallt werden. Davon kann keine Rede sein. [...] von einer Ausrottung der Eingeborenen kann, abgesehen von allen Gründen der Menschlichkeit, die wir immer hochhalten werden, schon aus der praktischen Erwägung nicht die Rede sein, daß wir die Eingeborenen für jede Art des wirtschaftlichen Betriebes in Südwestafrika [...] nicht entbehren können."[131]

Auch nachdem Trotha abberufen worden war, bestritt Bülow in der Etatdebatte vom Dezember 1905 die Existenz eines Genozidbefehls „mit der größten Entschiedenheit".[132] Erst in seinen 1930 posthum publizierten Erinnerungen wertete der Ex-Reichskanzler Trothas Strategie als genozidal: Trotha habe vorgeschlagen, die Hereros „mit Frauen und Kindern in eine wasserlose Wüste zu treiben, wo sie einem sicheren und qualvollen Tod entgegengegangen wären". Bülow behauptete nun von sich selbst, er habe damals Kaiser Wilhelm II. erklärt, dass er seine „Zustimmung zu diesem Vorgehen nicht geben würde". Der Kaiser habe Trothas Strategie zunächst gebilligt, sich dann aber dem Argument gebeugt, dass Kriege nicht nur militärisch gewonnen würden und Trotha außenpolitisch zu viel Schaden anrichte.[133] Entgegen Bülows später Selbststilisierung als Genozid-Gegner weiß man heute, dass der entscheidende Schritt von Generalstabschef Graf Schlieffen ausging, der sich am 23. November 1906 an Bülow gewandt hatte, um den „unrealistischen" Befehl Trothas aufheben zu lassen.[134]

Für die Entschlüsse der deutschen Führung spielten jedoch auch die „kritischen öffentlichen Diskussionen" eine Rolle. Die deutsche Zivilgesellschaft erwies sich damals als fähig, zu einer (wenn auch späten) Beendigung der „kolonialen Vernichtungspolitik" beizutragen.[135] Ähnlich hatte die britische Kolonialkriegführung im südafrikanischen „Burenkrieg" zwischen 1899 und 1902 in der britischen Öffentlichkeit „zu heftigen Debatten" und auch zu vehementer „internationaler Kritik" geführt. Der Burenkrieg war in Großbritannien so umstritten wie in Deutschland später der Hererokrieg. Beide Phänomene zeigen einen markanten Unterschied der europäischen Gesellschaften vor 1914 zum NS-Rassismus im Zweiten Weltkrieg. Die kolonialistische Gewaltkultur des Imperialismus wurde in dessen Zentren um 1900 nicht widerspruchslos hingenommen. Dabei führte die Opposition ähnliche Argumente mit ähnlicher moralischer Emphase ins Feld wie spätere Friedensbewegungen des 20. Jahrhunderts.[136]

Jedenfalls gab es 1904 keinen genozidalen „Sonderweg" in Deutsch-Südwestafrika, der als direkte Vorgeschichte des NS-Holocausts betrachtet werden könn-

---

[131] Schulthess' Europäischer Geschichtskalender 45.1904, S. 166.
[132] Schulthess' Europäischer Geschichtskalender 46.1905, S. 147.
[133] Bülow, Denkwürdigkeiten, Bd. 2, S. 21.
[134] Fesser, Reichskanzler Fürst von Bülow, S. 106.
[135] Gerwarth / Malinowski, Der Holocaust als „kolonialer Genozid"?, S. 461f.
[136] Sheehan, Kontinent der Gewalt, S. 76.

te.¹³⁷ Vielmehr existierte vor 1914 ein gemeinsames koloniales Gedächtnis („colonial archive") sämtlicher Kolonialmächte – ein langfristig akkumuliertes, sich wechselseitig beeinflussendes Wissen „über die Herstellung, Behandlung, Ausbeutung und Vernichtung von ‚Untermenschen'", das bei Bedarf „immer wieder abgerufen werden" konnte.¹³⁸ Im globalen Kontext kolonialer Gewalt um 1900 nimmt sich der Fall Südwestafrika nicht außergewöhnlich aus.¹³⁹ Im indonesischen Java hatten die Niederländer schon 1825 einen grausamen Eroberungskrieg geführt, der „weite Gebiete der Insel verwüstete und 200 000 Menschen das Leben kostete". Bereits ab 1873, besonders brutal jedoch zwischen 1898 und 1904 unter ihrem Kommandeur van Daalen führten die Niederländer einen Eroberungskrieg gegen das Sultanat Aceh auf Sumatra, der ebenso an Trothas Vorgehen erinnert wie die Niederschlagung eines muslimischen Aufstands in Nigeria durch den britischen Gouverneur Sir Frederick Lugard im Jahre 1906. In den 1880er Jahren waren die Franzosen in Annam (Vietnam) und die Briten in Burma (Myanmar) mit Aufständen konfrontiert, zu deren Niederschlagung sie Massenerschießungen und das systematische „Niederbrennen von Dörfern" (zur Vertreibung der Bevölkerung) durchführten. Die Briten schlugen 1896/97 Aufstände der Umvukela- und Chimurenga-Stämme in Rhodesien auf eine Weise nieder, die das deutsche Vorgehen gegen Herero und Nama vorwegnahm. Die nach westlichem Vorbild modernisierte japanische Armee ging zur selben Zeit brutal gegen nationale Aufstände in Korea vor, welches 1910 zur Kolonie gemacht wurde. Ihren Höhepunkt erreichte die Brutalität der Kolonialkriege nicht nur mit dem deutschen Krieg in Südwestafrika, sondern bereits um 1900 mit den Kriegen der Spanier auf Kuba, der Briten gegen die Buren in Südafrika und der USA auf den Philippinen. All diese Kolonialkriege verursachten viele Todesopfer und kombinierten das traditionelle Herrschaftsinstrument der Deportation mit dem neuen Instrument der Lagerinternierung.¹⁴⁰

Die Kolonialkriege eröffneten Handlungsspielräume für rücksichtslose Kommandeure und deren Politik der „eisernen Faust": Der Deutsche von Trotha in Südwestafrika ähnelte darin fatal dem Spanier Weyler auf Kuba oder dem Briten Kitchener in Südafrika.¹⁴¹ Den Anfang machte Kuba. Als die spanische Kolonialmacht auf dieser Karibikinsel einen Unabhängigkeitskrieg nicht in den Griff bekam, ging der deutschstämmige General Valeriano Weyler 1896/97 zum Deportationssystem der „Reconcentración" über, das er schon zwischen 1888 und 1891 als Gouverneur der Philippinen erprobt hatte. Entsprechende Pläne – damals

---

137 Levene, Genocide in the Age of the Nation State, Bd. 1, S. 19.
138 Gerwarth / Malinowski, Der Holocaust als „kolonialer Genozid"?, S. 447; Bloxham e. a., Europe in the World, S. 19; ähnlich hat Hannah Arendt den kolonialen Rassismus nicht als spezifisch deutsches, sondern europäisches Phänomen gedeutet; ebenda, S. 445.
139 Levene, Genocide in the Age of the Nation State, Bd. 2, S. 269.
140 Albertini, Europäische Kolonialherrschaft, S. 148 f., S. 238 und S. 199; Levene, Empires, Native Peoples, and Genocide, S. 192 f.; Levene, Genocide in the Age of the Nation State, Bd. 2, S. 260.
141 Levene, Genocide in the Age of the Nation State, Bd. 2, S. 269.

noch schwankend zwischen freiwilliger Umsiedlung und Zwang – hatten die Spanier in einem früheren Bürgerkrieg auf Kuba um 1870 entwickelt, wenn auch noch nicht systematisch umgesetzt, und bereits diese Frühphase hatte Weyler als junger Kolonialoffizier miterlebt.[142] 1896 verfügte der neuernannte Generalkapitän auf Kuba nur über 50 000 Soldaten und versuchte daher, „mit offenem Militärterror das Blatt zu wenden". Seine Politik der auf Zwang gestützten „Reconcentración" – denn jeder, der in einer offiziell geräumten Zone angetroffen wurde, konnte als Rebell hingerichtet werden – bedeutete, die gesamte „bäuerliche Bevölkerung in der Nähe von Städten zusammenzusiedeln, um den Aufständischen den Rückhalt des flachen Landes zu nehmen". Mit Massendeportation und Internierung erzielte Weyler kurzfristig Erfolge, „auf die Dauer aber waren die Kontraeffekte, vor allem die Zerstörung der Subsistenzlandwirtschaft und die Leiden der Landbevölkerung, so groß, dass diese sich gegen ihn wandte".[143]

Vielleicht hätte Weylers Repressionspolitik erfolgreich sein können, wenn nicht sein politischer Rückhalt in Madrid weggebrochen wäre und die USA nicht militärisch zugunsten der Unabhängigkeitsbewegung interveniert hätten. Der Preis für potentiellen Erfolg war, dass Weyler Kuba in ein einziges großes Konzentrationslager verwandelte.[144] 300 000 Kubaner wurden in „Konzentrationslager" gesperrt; Zehntausende, vielleicht ein Drittel dieser Menschen sollen durch „Unterernährung und Vernachlässigung" umgekommen sein.[145] Der US-Sonderbeauftragte William Calhoun, der Kuba drei Wochen lang bereiste, berichtete über die Region zwischen Havana und Matanzas, dort sei jedes Haus niedergebrannt, jede Bananenstaude niedergehauen, jedes Zuckerrohrfeld verwüstet; er habe weder Menschen noch Tiere dort angetroffen, nicht einmal einen Hund. Der Anblick der in den Schutzzonen zusammengepferchten hungernden Bevölkerung habe ihn schwer erschüttert.[146] Durch diese Maßnahmen ruinierte Weyler die Landwirtschaft und erhielt in der US-Medienöffentlichkeit das Negativimage des „Schlächters", gegen den man einschreiten müsse. Zugleich vermochte Weyler die Rebellen nicht rasch zu besiegen; infolgedessen soll sein Auftraggeber – der konservative Premier Cánovas del Castillo – an Rücktritt gedacht haben, falls der Krieg auf Kuba nicht bis Ende 1897 abgeschlossen werden könnte. Cánovas' Ermordung durch einen Anarchisten im August 1897 – möglicherweise unterstützt durch die kubanische Freiheitsbewegung – kam dem zuvor, brachte die liberale Opposition in Madrid ans Ruder und leitete das Ende der Reconcentración ein, indem Weyler im Oktober 1897 zurücktrat.[147] Obwohl die neue spanische Regie-

---

[142] Tone, War and Genocide in Cuba, S. 195 f.
[143] Zeuske, Kleine Geschichte Kubas, S. 141; zur Behandlung der Menschen in den entvölkerten Zonen: Thomas, Cuba, S. 329 f.
[144] Thomas, Cuba, S. 329 und S. 339.
[145] Tooley, World War I and the Emergence of Ethnic Cleansing in Europe, S. 72 f.; Zeuske, Kleine Geschichte Kubas, S. 141; Osterhammel, Die Verwandlung der Welt, S. 699; Pérez, Cuba between Empires, S. 55 f.
[146] Offner, An Unwanted War, S. 47.
[147] Pérez, Cuba between Empires, S. 143–145 und S. 152; Thomas, Cuba, S. 336 und S. 350.

rung auf Kuba einen Versöhnungskurs steuerte, erklärten 1898 die USA Spanien den Krieg, um Kuba zu „befreien". Präsident William McKinley begründete dies damit, man müsse im Namen der „Humanität" den „Barbareien" der Spanier ein Ende bereiten.[148] Es spielte keine Rolle, dass Weyler längst abberufen, seine Politik der Reconcentración beendet und von seinem liberalen Nachfolger mit gemäßigten Kubanern eine autonome Regierung geschaffen worden war.[149]

Die Regierung Cánovas hatte, als sie sich im Juni 1897 mit Protesten der USA gegen die „unzivilisierte und inhumane" Repression Weylers auf Kuba konfrontiert sah, eine interessante Replik nach Washington übermittelt. Der mit Präsident McKinley ins Amt gelangte US-Außenminister John Sherman war seit langem als Unterstützer der kubanischen Rebellen und Befürworter eines Interventionskrieges bekannt.[150] Noch bekannter aber war der 1891 verstorbene Bruder des Ministers, General William T. Sherman, ein Held des amerikanischen Bürgerkrieges und der Indianerkriege. Darauf nahmen mit feiner Ironie im August 1897 Cánovas und dessen Außenminister, der Herzog von Tetuán, Bezug, als sie die humanitären Proteste des US-Außenministers mit der Bemerkung beantworteten, General Weyler verfahre auf Kuba doch nur ebenso wie seinerzeit General Sherman während des US-Bürgerkrieges im besetzten Georgia und South Carolina. Die Spanier zitierten sogar aus General Shermans Memoiren, um gegenüber dessen Bruder Weylers Repressionspolitik zu rechtfertigen.[151]

In der Endphase des nordamerikanischen Bürgerkrieges 1864/65 hatten sowohl General Sherman als auch sein Bruder, der damalige Senator John Sherman, in der Tat ernsthaft erwogen, die weiße Bevölkerung der Südstaaten wegen Illoyalität zur Verfassung der USA zu enteignen und vollständig zu deportieren – ähnlich wie dies ein Jahrhundert zuvor mit amerikanischen Anhängern des britischen Königs geschehen war. Die Sherman-Brüder wollten in den „gesäuberten" Südstaaten entweder die befreiten Afroamerikaner allein leben lassen oder zusätzlich weiße Siedler aus den Nordstaaten und Europa ansiedeln.[152] General Sherman hatte 1865 im besetzten Georgia damit begonnen, beschlagnahmten Grundbesitz konföderierter Sklavenhalter auf eigene Faust an 40 000 schwarze Farmer umzuverteilen; dies wurde allerdings durch die US-Regierung nach Kriegsende wieder rückgängig gemacht.[153] In den politisch motivierten „Säuberungs"-Planungen der Shermans kann man womöglich ein Modell für jene Pläne erkennen, die der deutsche General Erich Ludendorff im Ersten Weltkrieg zur „Umvolkung" osteu-

---

[148] Swatek-Evenstein, Geschichte der „Humanitären Intervention", S. 50; Offner, An Unwanted War, S. 48; zur breiteren Motivkombination McKinleys: Kreutzmann, Missbrauch der humanitären Intervention im 19. Jahrhundert, S. 106f.
[149] Everdell, The First Moderns, S. 118f.; Peréz, Cuba between Empires, S. 145; Hart, Comparing Empires, S. 144.
[150] Thomas, Cuba, S. 256f., S. 332, S. 341 und S. 349.
[151] Everdell, The First Moderns, S. 118; Offner, An Unwanted War, S. 19, S. 48 und S. 50f.; Thomas, Cuba, S. 349f.
[152] Tooley, „All the People are now Guerillas", S. 365.
[153] Zinn, A People's History of the United States, S. 192f.

ropäischer Regionen entwickelte[154] – freilich noch ohne die deutsche Zielsetzung ethnischer Umgestaltung. Noch deutlicher ist der Zusammenhang zwischen Shermans Deportationspolitik und jener der Spanier auf Kuba. General Weyler hatte als junger Militärattaché in Washington Shermans damals außergewöhnlich brutal wirkenden Umgang mit feindlichen Zivilisten erlebt, bewundert und alsbald nachgeahmt.[155] Aufsehen erregte besonders Shermans Vertreibung der Bevölkerung des eroberten Atlanta, der Hauptstadt Georgias, die im September 1864 mit militärischer Notwendigkeit begründet wurde. Sherman erklärte, er wolle in dieser Stadt nicht die Familien seiner Feinde, sondern ein reines Gibraltar – einen kahlen, menschenleeren Ort. Zwar behauptete er öffentlich, sein Deportationsbefehl diene dem Schutz dieser Zivilisten vor Kriegshandlungen, doch im Grunde wollte er die Südstaatler für ihren Sezessionskrieg bestrafen. Diese Gewaltpädagogik scheint wenig gefruchtet zu haben, denn nicht nur während des Krieges verglichen erbitterte Südstaatler Shermans Vertreibung hilfloser Greise, Frauen und Kinder mit den Untaten des antiken Hunnenkönigs Attila; noch ein Vierteljahrhundert später bemühte der Ex-Präsident der Konföderierten, Jefferson Davis, gegen Sherman die Analogien der unter Demokraten verhassten Söldnerführer Wallenstein oder Alba. Auch Sherman gab sich in seiner lebenslang erforderlichen Rechtfertigung geschichtsbewusst: In den dynastischen Kriegen des 18. Jahrhunderts habe man zwar die Zivilbevölkerung möglichst geschont, doch im Falle von Aufständen gegen legitime Herrscher sei dies anders gewesen. So hätten um 1690 die Engländer nach einer Revolte in Irland nicht nur Krieg gegen Zivilisten geführt, sondern diese auch dauerhaft von ihrem Grundbesitz vertrieben und durch loyale Neusiedler ersetzt.[156] Dieses Argument spielte, wie wir gesehen haben, später auch in den deutsch-polnischen Kontroversen um Bülows antipolnisches Enteignungsgesetz von 1908 eine Rolle.

Nur zu bald waren die US-Amerikaner, die 1896/97 die Methoden des „Schlächters" Weyler scharf verurteilt hatten, bereit, von diesem spanischen General zu lernen. Während die im Krieg gegen Spanien rasch siegreichen Amerikaner 1898 die Karibikinsel Puerto Rico annektierten und auf Kuba eine schein-souveräne Republik installierten, sahen sie sich nämlich auf den bislang ebenfalls spanisch beherrschten Philippinen mit einer starken Widerstandsbewegung konfrontiert. Eine von Präsident McKinley 1899 eingesetzte Expertenkommission unter Vorsitz des Präsidenten der Cornell University, Jacob Schurman, kam 1900 zu dem Schluss, dass die Philippinen für Unabhängigkeit noch nicht reif seien.[157] Die neuen US-Kolonialherren griffen zur Durchsetzung ihrer als zivilisatorisch definierten Herrschaft auf die „als erfolgreich erwiesenen Methoden" der „Indianerkriege" zurück, zu denen Kriegsminister Elihu Root öffentlich aufrief und die

---

[154] Tooley, „All the People are now Guerillas", insb. S. 365; nicht gefolgt werden kann der Parallelisierung der Sherman-Pläne und der Deportationen Hitlers und Stalins, deren Gemeinsamkeit Tooley im Konzept der Kollektivschuld und Kollektivbestrafung erblickt.
[155] Everdell, The First Moderns, S. 118; Osterhammel, Die Verwandlung der Welt, S. 699.
[156] Marszalek, Sherman, S. 250 f., S. 285 f., S. 310 und S. 472.
[157] Moser, Jacob Gould Schurman, S. 1 und S. 42–48.

einige der auf den Philippinen kämpfenden US-Generäle selbst noch angewandt hatten. Die US-Truppen gingen unter ihren Kommandeuren Arthur MacArthur und Adna Chaffee gegen die Philippinos „nicht weniger brutal" vor als Weylers Spanier gegen die Kubaner. Der US-Eroberungskrieg auf den Philippinen war auch insofern eine „Fortsetzung der Indianerkriege", als er auf dem kolonialen Bewusstsein basierte, „daß ‚unzivilisierte' Völker kein Recht hatten, sich dem Herrschaftsanspruch eines zivilisierten Volkes in den Weg zu stellen".[158] Die US-Amerikaner verloren 5000 Soldaten und brachten 200 000 Philippinos um. General Jacob Smith, ein Veteran des Indianermassakers von Wounded Knee 1890, gab den Befehl, keine Gefangenen zu machen, sondern jeden Philippino im Alter von über zehn Jahren zu erschießen. Dafür wurde er später (mit geringfügigen Folgen) vor ein Kriegsgericht gestellt, doch auch seine verbal zurückhaltenderen Kameraden schonten Frauen und Kinder nicht. US-Brigadegeneral Samuel Young forderte die Anwendung jener Methoden, wie sie „von den Spaniern und anderen europäischen Nationen" erprobt worden seien. Bei der Einrichtung von Konzentrationslagern dachte man nicht nur an das Vorbild jenes spanischen Generals, den die US-Presse 1896 als „Schlächter Weyler" angeprangert hatte, sondern auch an die Internierungslager der eigenen Indianerkriege. General Youngs Hinweis auf „andere europäische Nationen" zielte im Übrigen in dieselbe Richtung wie der Ratschlag des jungen Winston Churchill, der die US-Amerikaner aufforderte, die im Burenkrieg erprobten Konzentrationslager Lord Kitcheners nachzuahmen. Schon im November 1900 hatte die US-Presse berichtet, dass die Washingtoner Regierung Kitcheners „plan of reconcentration" – hier war der spanische Terminus Weylers bereits ins Englische mutiert – für eine Anwendung auf den Philippinen aufmerksam studierte; im Kriegsministerium sei man überzeugt, dass der Aufstand auf den Philippinen anders nicht würde unterdrückt werden können. Etwa 11 000 Philippinos sollen in US-Konzentrationslagern zu Tode gekommen sein; auf 200 000 werden die Opfer der US-Kriegführung insgesamt geschätzt. Noch tödlicher war die bewusst herbeigeführte Hungersnot durch Zerstörung der Ernte, was 1901/02 eine Million (von sieben Millionen) Philippinos das Leben gekostet haben soll und die Befreiungsbewegung zur Kapitulation zwang.[159] Ungerührt verglich der Nachfolger des von einem Anarchisten ermordeten McKinley, Präsident Theodore Roosevelt, die „Aufgabe" der USA auf den Philippinen mit der Befriedungspolitik Österreich-Ungarns in Bosnien-Herzegovina.[160] Viel eher orientierte sich die reale US-Kriegführung auf den Philippinen, ebenso wie

---

[158] Winkler, Geschichte des Westens, Bd. 1, S. 962f.; Levene, Genocide in the Age of the Nation State, Bd. 2, S. 267f.

[159] Osterhammel, Die Verwandlung der Welt, S. 494 und S. 700; Levene, Genocide in the Age of the Nation State, Bd. 2, S. 268f.; Baranowski, Nazi Empire, S. 64; zur US-Presse: Everdell, The First Moderns, S. 120; für den freundlichen Hinweis auf die Indianerlager dankt der Verfasser herzlich Herrn Prof. Dr. Matthias Stickler, Würzburg.

[160] Baernreither, Der Verfall des Habsburgerreiches und die Deutschen, S. 142; vgl. hierzu Kap. IV.2.

später die deutsche in Südwestafrika, an Vorstellungen vom „totalen Krieg" gegen „wilde" Indianer in Amerika.[161]

Jene strenge Untersuchung des Vorgehens der US-Armee auf den Philippinen, die Roosevelt nach Amtsantritt einer offensichtlich nicht nur unkritischen US-Öffentlichkeit versprochen hatte, wurde niemals umgesetzt.[162] Stattdessen kam die US-Regierung zu dem Schluss, dass Weylers Politik der Reconcentración auf Kuba entgegen ihrer früheren Bewertung keineswegs zu verurteilen sei. Diese Sicht hatte Konteradmiral Chadwick popularisiert, ein als Publizist aktiver US-Militär, der die Ansicht vertrat, die Rekonzentrationspolitik Weylers sei keineswegs außergewöhnlich und völlig mit den damals gültigen Regeln der Kriegführung in Einklang. General Weyler, der zum Zeitpunkt seiner unerwarteten Rehabilitation in den USA in Madrid schon zum Kriegsminister aufgestiegen war, hatte dieselbe Ansicht schon Ende 1897 vertreten: Seine Befehle zur Konzentration der kubanischen Bauern dürften die Weltöffentlichkeit nicht erschrecken, denn sie hätten nichts Grausames an sich und seien nur aus militärischer Notwendigkeit erfolgt, um dem Feind die Versorgung abzuschneiden. Man habe alle Umgesiedelten ordentlich versorgt, und außerdem sei die Rekonzentration der Bauern zum Teil freiwillig bzw. als Flucht vor den Partisanen erfolgt.[163] 1910 betonte Weyler, der vom spanischen König Alfonso XIII. später zum Herzog erhoben werden würde, die Parallele zwischen seiner Deportationspolitik und jener des britischen Kriegshelden Kitchener in Südafrika.[164] Für jene Machttechnik der Deportation, welche „die Briten in Südafrika und Indien, die Franzosen in Algerien und die Spanier auf Kuba erprobten", brachten gleichzeitig auch in Russland „die zarischen Generäle und Beamten großes Interesse auf".[165]

Die britische Kriegführung gegen die südafrikanischen Siedlerrepubliken der meist aus den Niederlanden stammenden „Buren" (Bauern) in Transvaal und im Oranje-Freistaat war um 1900 ein weiteres Beispiel für die Verschränkung von Kolonialkrieg, Deportation und Lagerinternierung. Um dem burischen Guerillakampf den Rückhalt zu nehmen, der bald an die Stelle des ungleichen regulären Krieges getreten war, verbrannte die britische Armee unter den Generälen Lord Roberts und Lord Kitchener of Khartoum – dem späteren Kriegsminister des Ersten Weltkrieges – systematisch die Farmen der Buren. Die dort gefangengenommenen Frauen und Kinder der Feinde wurden in „Konzentrationslager" fernab der Kampfgebiete deportiert. Die Briten hatten (wie die Amerikaner) diese Methode den Spaniern abgeschaut, wo sie bereits auf Kuba gegen eine „rassisch" gemischte, also teilweise „weiße" Bevölkerung angewendet worden war. In Südafrika fielen dieser Deportation in Konzentrationslager erstmals zielgerichtet „weiße" Zivilisten zum Opfer. Dabei waren auch die britischen Kommandeure in Südafri-

---

[161] Baranowski, Nazi Empire, S. 64.
[162] Everdell, The Last Moderns, S. 123.
[163] Tone, War and Genocide in Cuba, S. 195 und S. 203 f.
[164] Thomas, Cuba, S. 330, Anm. 5.
[165] Baberowski, Diktaturen der Eindeutigkeit, S. 48.

ka in diversen Kolonialkriegen geschult: Lord Roberts hatte schon an der Niederschlagung des Sepoy-Aufstandes in Indien 1857/58 mitgewirkt, 1878/79 in Afghanistan gekämpft und 1886 Burma unterworfen, Kitchener wiederum hatte Aufstände in Ägypten und namentlich im Sudan rücksichtslos niedergeschlagen.[166] In den britischen Lagern Südafrikas starben in den Jahren 1900 und 1901 von 117 000 internierten Buren 28 000 an Unterernährung und Seuchen, davon 22 000 Kinder. In den nach „Rassen" getrennten Lagern für „Schwarze", die ihre burischen Herren unterstützt hatten, kamen 13 000 von 107 000 Häftlingen um. Ein Teil der britischen Öffentlichkeit protestierte dagegen – zumindest, wenn „Weiße" derart schlecht behandelt wurden.[167] Kitcheners Forderung nach Enteignung aller „rebellischen" Buren und ihrer Verbannung nach Südamerika, was an die dauerhaften antikonföderierten Deportations-Pläne General Shermans aus dem US-Bürgerkrieg erinnert, wurden vom britischen Kriegsminister St. John Brodrick jedoch ebenso abgelehnt[168] wie vom südafrikanischen Zivilgouverneur Lord Milner. Allerdings wurde Kitchener im August 1901 gestattet, zumindest den Führern des Burenkrieges dauerhafte Verbannung anzudrohen, doch auch dies wurde später nicht umgesetzt.[169] Dennoch fand Deportationsgewalt gegen feindliche Zivilisten, die man dem *eigenen* Kulturniveau zurechnete und nicht rassistisch als „*Untermenschen*" abqualifizierte, erstmals um 1900 in Südafrika statt. Diese Gewalt sollte, wie wir bereits gesehen haben, ab 1914 in den Deportationen des Ersten Weltkrieges auf Europa und europäische Opfer überspringen. Der Erste Weltkrieg setzte außerdem diese Gewaltpolitik auch gegen weiße Kolonial-Zivilisten fort: Als „einen Akt, der seit Jahrhunderten in der Weltgeschichte einzig dasteht", attackierte nach 1918 der ehemalige deutsche Kolonialgouverneur Theodor Seitz, dass die Entente „in geradezu barbarischer Weise – mit alleiniger Ausnahme von Südwestafrika – sämtliche Deutsche aus den Schutzgebieten vertrieben" habe.[170]

Die Internierung von Zivilisten ist treffend als Kennzeichen kolonialer Kriegführung bezeichnet worden.[171] Die Gewalt an der Peripherie erzeugte im europäischen Zentrum höchst unterschiedliche Reaktionen. Neben Gewöhnungs- und Übernahmeeffekten – insbesondere auf Seiten der Militärs – gab es offene Ablehnung und Widerstand. So stieß das harte britische Vorgehen gegen die „weiße" burische Zivilbevölkerung in Südafrika weltweit auf Empörung – während die ebenfalls betroffenen „schwarzen" Opfer kaum wahrgenommen wurden. Im Jahre 1900 galt nicht das wilhelminische Deutschland, sondern das viktorianische Großbritannien als „die weitaus kriegerischste europäische Macht", deren Armee das ganze 19. Jahrhundert hindurch irgendwo auf der Welt Krieg geführt hatte

---

[166] Sheehan, Kontinent der Gewalt, S. 72.
[167] Reinhard, Geschichte der europäischen Expansion, Bd. 4, S. 61; Tooley, World War I and the Emergence of Ethnic Cleansing in Europe, S. 72f.
[168] Hull, Absolute Destruction, S. 186; Everdell, The Last Moderns, S. 120.
[169] Marlowe, Milner, S. 113f.
[170] Seitz, Die deutschen Kolonien, S. 55.
[171] Hull, Absolute Destruction, S. 152.

und die im Burenkrieg der Weltöffentlichkeit ihr hässliches Gesicht zeigte.[172] Im österreichischen Abgeordnetenhaus solidarisierten sich Deutschnationale und Alldeutsche mit den bedrängten Buren und forderten, „England solle den Anforderungen des Völkerrechtes und der Menschlichkeit gerecht werden".[173]

Die Einrichtung von „Konzentrationslagern" in Südafrika folgte dem spanischen Beispiel auf Kuba[174] auch darin, dass die „Konzentration" feindlicher Zivilisten deren Hungersterben in den Lagern einkalkulierte – nicht als „Politik des gezielten Genozids", sondern als „Folge einer rigorosen Kriegsführung, die Repressalien gegenüber der Zivilbevölkerung in ihre Strategie mit einbezog, ohne deren Folgen planerisch und verwaltungstechnisch bewältigen zu können".[175] Das Oberkommando der Buren klagte die „Grausamkeit" der britischen Kriegführung öffentlich an. Aufgefangene „Briefe englischer Soldaten" ergänzten dies, in europäischen Zeitungen präsentiert, durch „Anklagen [...] gegen die englische Armee wegen Ausschreitungen gegen die Burenfrauen in den Konzentrationslagern".[176] Kriegsminister Brodrick hatte im Februar 1901 noch behauptet, „daß die Frauen keine Kriegsgefangenen seien, daß die Lager zu ihrem Schutze errichtet wären, und daß sie dieselben nach Belieben verlassen könnten". Doch Brodrick hatte zugeben müssen, dass „große Schwierigkeiten bestünden, die Frauen in den Lagern mit den nötigen Nahrungsmitteln zu versehen, und daß man in der Behandlung derselben einen Unterschied mache zwischen denen, die sich mit ihren Männern ergeben hätten, und denen, die ins Lager gekommen seien, um mit Nahrungsmitteln versorgt zu werden, während ihre Anverwandten noch in den Reihen des Burenheeres standen".[177] Gleichwohl behauptete Kolonialminister Joseph Chamberlain noch im August 1901, „es handle sich bei der Schaffung von Flüchtlingslagern um eine Frage der Humanität", um hilflose Frauen und Kinder zu versorgen. Chamberlain verschwieg, dass diese burischen Frauen und Kinder erst durch die systematische Zerstörung von 30 000 Farmen in diese Notlage gebracht worden waren. Ehrlicher war das Zusatzargument, man habe es bei der Kriegführung des Feindes mit Räuberei und Verbrechen zu tun, weshalb nun auch die eigene „Politik mißverstandener Milde [...] zu Ende" sei.[178]

Die daraus resultierende Krise des britischen Ansehens war gravierend:

„Ohne Umschweife räumte [Kolonialminister Joseph] Chamberlain ein, Großbritannien werde von der Welt gehasst, aber er tröstete seine Landsleute mit der Bemerkung: gehasst sei nur der Starke. Vornehm denkende Briten litten tief, weil sie dem Urteil über ihr Vaterland nicht Unrecht geben konnten. Zu ihnen gehörte Königin Viktoria [...]. Alle anderen Zeugnisse stehen aber an Gewicht hinter dem des Führers der liberalen Opposition in England, Campbell-Bannermann, zurück. Er widersetzte sich zwar keiner Forderung des Ministeriums nach Mannschaft und Geld zur Erringung des Sieges, doch brach er am 30. Mai 1901 in den bitteren Vorwurf aus:

---

[172] Sheehan, Kontinent der Gewalt, S. 74.
[173] Kolmer, Parlament und Verfassung in Österreich, Bd. 8, S. 356.
[174] Welsh, A History of South Africa, S. 334.
[175] Wende, Das Britische Empire, S. 203.
[176] Schulthess' Europäischer Geschichtskalender 42.1901, S. 303 und S. 306.
[177] Ebenda, S. 212; zur Motivation der Internierung: Hull, Absolute Destruction, S. 152.
[178] Schulthess' Europäischer Geschichtskalender 42.1901, S. 220f. und S. 223f.

'Verloren Blut und Schatz, Macht und Prestige! Verloren das, worauf die Stärke beruht, die Sympathie nämlich, die Anerkennung und die Achtung des allgemeinen Gewissens der Menschheit!'[179]

Ähnlich wie die US-Presse gegenüber General Weyler auf Kuba oder die deutsche Sozialdemokratie gegenüber General von Trotha in Südwestafrika nahm sich in Großbritannien die oppositionelle liberale Partei der Sache der Menschlichkeit an, obschon nur deren linker Flügel grundsätzliche Kritik übte.[180] Am 2. August 1901 attackierte der liberale Oppositionsführer (und spätere Premierminister) Sir Henry Campbell-Bannermann „das System Kitcheners, das Land zu veröden und Flüchtlingslager zu bilden". Was militärisch sinnvoll sein möge, wirke politisch verheerend und schüre nur Hass, statt einen raschen Sieg herbeizuführen. Minister Chamberlain hielt jedoch an Kitchener fest. Ende 1901 erbrachte ein „Blaubuch über die Konzentrationslager" den Nachweis, dass das britische Militär Frauen und Kinder als Geiseln benutzte, um die Buren zur Kapitulation zu zwingen. Meldungen über hohe Kindersterblichkeit in den Lagern kamen hinzu.[181] Der in Südafrika anwesende deutsche Militärattaché Ludwig von Estorff berichtete später, dass er beim Besuch eines britischen Konzentrationslagers, den er zusammen mit dem deutschen Generalkonsul von Lindequist – dem späteren deportationsfreudigen Gouverneur von Deutsch-Südwestafrika – hatte unternehmen dürfen, zwar festgestellt habe, dass Frauen und Kinder an beengtem Raum und nächtlicher Kälte gelitten hätten, weshalb verheerende Krankheiten ausgebrochen seien, jedoch zumindest in diesem Lager keinen Hunger bemerkt habe.[182] Emily Hobhouse hingegen, die als Angehörige einer liberalen Politikerfamilie die Konzentrationslager besuchen durfte, veröffentlichte 1901 einen vernichtenden Bericht, der auch im Ausland Beachtung fand.[183] Darin verglich Hobhouse die „Konzentration" der Buren mit der antiken Deportation der Juden nach Babylon – einem allen Juden und Christen als himmelschreiendes Unrecht geltenden Gewaltakt eines Tyrannen gegen das auserwählte Volk Gottes.[184] Großbritannien sah sich in der Weltöffentlichkeit – namentlich in den Niederlanden, in Deutschland und der Schweiz, wo man mit den Buren offen sympathisierte – der „härtesten, dem Völkerrecht widersprechenden Maßregeln gegen die Kämpfer wie gegen deren Familien" angeklagt.[185] Der deutsche Diplomat Friedrich von Holstein, die graue Eminenz der damaligen Berliner Außenpolitik, urteilte im September 1901, das „Zusammenpferchen von Frauen und Kindern zehntausendweise in Lagern, wo sie als Gefangene behandelt werden", kenne „keinen Präzedenzfall in der Kriegführung zivilisierter Völker".[186]

---

[179] Friedjung, Das Zeitalter des Imperialismus, Bd. 1, S. 303 f.
[180] Samuel, Grooves of Change, S. 57.
[181] Schulthess' Europäischer Geschichtskalender 42.1901, S. 220 f. und S. 223 f.
[182] Kuß, Deutsches Militär auf kolonialen Kriegsschauplätzen, S. 318 f.
[183] Hobhouse, Die Zustände in den südafrikanischen Konzentrationslagern.
[184] Everdell, The First Moderns, S. 117.
[185] Friedjung, Das Zeitalter des Imperialismus, Bd. 1, S. 297.
[186] Die Große Politik der europäischen Kabinette, Bd. 17, S. 186 f.

Doch kurz nach dem für Großbritannien siegreichen Kriegsende erklärte 1902 der deutsche Botschafter in London, der über ein Jahrzehnt später mit den osmanischen Armeniermorden konfrontierte Graf Wolff-Metternich, gegenüber König Edward VII., „daß die wegen angeblicher Grausamkeiten des englischen Heeres ursprünglich irregeleitete öffentliche Meinung in Deutschland […] eines Besseren belehrt sei und daß bei uns eine ruhigere Beurteilung der Dinge Platz gegriffen hätte".[187] Ein Jahrzehnt später war im Ersten Weltkrieg die schlechte Reputation der Briten infolge des Burenkrieges schon fast vergessen.[188] Selbst der Biograph des liberalen Politikers James Bryce, der die Gewaltpolitik Kitcheners seinerzeit scharf bekämpft hatte, glaubte nach dem Ersten Weltkrieg die Geschehnisse in Südafrika in milderes Licht tauchen zu dürfen. Hatten während des Burenkrieges die späteren liberalen Premiers Campbell-Bannerman und Lloyd George die britischen Konzentrationslager noch als barbarische Methode nach spanischem Vorbild gebrandmarkt und sogar von einer „Politik der Ausrottung" gesprochen[189], erklärte 1927 der frühere liberale Erziehungsminister Herbert Fisher in seiner Bryce-Biographie, zwar sei für die Generation der Jahrhundertwende diese Behandlung von alten Menschen, Frauen und Kindern zweifellos ein „shock" gewesen, doch im Lichte der „modernen Bedingungen" erscheine das britische Vorgehen in Südafrika als extrem zurückhaltend. Die „Tragödie" des Lager-Sterbens führte Fisher eher auf Ignoranz und Missmanagement denn auf Böswilligkeit zurück.[190] Einen weiteren Weltkrieg später neigte selbst der Schweizer Theologe Leonhard Ragaz, der im Burenkrieg einst ein scharfer Wortführer antibritischer Proteste gewesen war, zu freundlicherer Beurteilung. Ragaz fragte 1952: „Was […] waren diese Lager Joe Chamberlains, verglichen mit denen Adolf Hitlers?"[191] Ähnlich hatte zehn Jahre zuvor Hitlers Militärbevollmächtigter in Kroatien, General Glaise-Horstenau, empfunden, als er im Herbst 1942 ein Ustaša-Konzentrationslager besuchte: „Furchtbare Zustände. […] Zum Teil schon tote, zum Teil sterbende Kinder. Man soll nicht vergessen, daß die Erfinder der Konzentrationslager die Briten im Burenkriege gewesen sind. Aber diese Stätten des Grauens haben hier in Kroatien, unter dem von uns eingesetzten Poglavnik [Führer], den Gipfelpunkt des Schrecklichen erklettert."[192] Angesichts der NS-Propaganda, die im September 1939 erneut von den „Greueln der Engländer gegen die Buren" sprach, kommentierte ein sozialdemokratischer NS-Gegner bitter, der Nazi-„Schwätzer" im Rundfunk möge besser von den Opfern des NS-Regimes berichten, die „im tiefen Frieden in den *deutschen* Konzentrationslagern" zu Tode gekommen oder angeblich „,auf der Flucht erschossen'" worden seien. Und: „Hat dieser Idiot nichts von einem 9. od. [er] 10. Nov. 1938 gehört? Wo sämtliche Synagogen zerstört wurden."[193]

---

[187] Ebenda, S. 208.
[188] Friedjung, Das Zeitalter des Imperialismus, Bd. 1, S. 304.
[189] Everdell, The First Moderns, S. 121.
[190] Fisher, James Bryce, Bd. 1, S. 316f.
[191] Hammer, Weltmission und Kolonialismus, S. 288.
[192] Broucek, Ein General im Zwielicht, Bd. 3, S. 167.
[193] Kellner, „Vernebelt, verdunkelt sind alle Hirne", Bd. 1, S. 22.

Gewiss handelte es sich bei den Konzentrationslagern des Burenkrieges nicht um „Vernichtungslager" wie Auschwitz.[194] Doch 250 000 Zivilisten wurden von der britischen Armee in Konzentrationslager gesperrt[195], und 20 000, vielleicht 28 000 Tote waren bei einer Gesamtbevölkerung von 500 000 Buren eine „erschreckende Proportion".[196] Hinzu kommen 20 000 „schwarze" Opfer.[197] Der deutsche Krieg gegen Herero und Nama war ähnlich mörderisch: Nimmt man Kriegführung, Internierung und Deportation zusammen, kam mindestens die Hälfte beider Völker zu Tode, bei den Herero sind zwei Drittel oder gar drei Viertel wahrscheinlich.[198] Es gab somit „Zehntausende" von Opfern.[199] In der philippinischen Provinz Batangas wurden durch US-General Bell 100 000 Zivilisten in Konzentrationslager gesperrt, von denen viele nicht überlebten.[200] Weylers „reconcentración" auf Kuba soll 100 000 Tote verursacht haben.[201]

Die kombinierten Instrumente der Massendeportation und Lagerinternierung fanden Beifall und Nachahmung bei Generälen diverser Nationen. Zudem signalisierten die Gewaltmaßnahmen gegen Zivilisten „aller Rassen" – nur im Ansatz auf Kuba, ohne Unterschied im südafrikanischen Burenkrieg[202]–, dass nicht mehr nur „farbige" Menschen, sondern auch „weiße" Kriegsgegner mit denselben brutalen Methoden „behandelt" werden würden, die anfangs in Kolonialkriegen nur gegen „Farbige" angewendet worden waren. Bei alledem blieben die europäischen Mächte zumindest bis 1914 schizophren: Während sie außerhalb Europas rücksichtslose Kolonialkriege führten, beschlossen sie auf den Haager Konferenzen von 1899 und 1907 humanitäre Richtlinien für eine „zivilisierte Kriegführung" – zumindest zwischen ihnen selbst.[203] Dabei wurde das „Problem der Massendeportation" völkerrechtlich erstmals unter Bezugnahme auf die „britischen Maßnahmen während des Burenkrieges" auf der Zweiten Friedenskonferenz in Den Haag 1907 diskutiert. Japan und Italien beantragten damals, „ein ausdrückliches Verbot der Deportation von Zivilpersonen aus einem besetzten Feindgebiet" festzuschreiben. Dies wurde mehrheitlich abgelehnt, jedoch nicht aus inhaltlichem

---

[194] Reinhard, Geschichte der europäischen Expansion, Bd. 4, S. 61; Everdell, The First Moderns, S. 116.
[195] Hammer, Weltmission und Kolonialismus, S. 288.
[196] Welsh, A History of South Africa, S. 334.
[197] Butlin, Geographies of Empire, S. 170, schätzt 28 000 burische und 20 000 „schwarze" Opfer.
[198] Hull, Absolute Destruction, S. 88.
[199] Osterhammel, Die Verwandlung der Welt, S. 197; die dort vertretene Ansicht, der Krieg in Südwestafrika habe keinen Normal-, sondern einen „Extremfall" dargestellt, kann nicht geteilt werden und wird von Osterhammel selbst durch Verweis auf den als genozidal gewerteten US-Eroberungskrieg auf den Philippinen relativiert; vgl. ebenda, S. 1183.
[200] Everdell, The Last Moderns, S. 123.
[201] Osterhammel, Die Verwandlung der Welt, S. 699.
[202] Osterhammel, ebenda, setzt Kuba und Südafrika hierin gleich, doch dürfte die kubanische Landbevölkerung zu großen Teilen aus Afrokubanern oder Mulatten bestanden haben, so dass nicht primär „Weiße" den Internierungsmaßnahmen zum Opfer fielen; die Aufständischen bestanden US-Diplomaten zufolge jedenfalls 1898 fast ausschließlich aus „Negern"; vgl. Hart, Comparing Empires, S. 144.
[203] Levene, Genocide in the Age of the Nation State, Bd. 2, S. 266.

Dissens, sondern weil man der Meinung des belgischen Ausschussvorsitzenden folgte, dass sich bereits aus dem geltenden Recht das „Verbot jeglicher Willkürmaßnahmen zwingend" ergäbe. Auf Antrag Italiens wurde jedoch im Protokoll vermerkt, „daß die massenhafte Deportation fremder Staatsangehöriger ebenso verboten sei wie ihre massenhafte Internierung".[204]

Diese Aufspaltung in verbotene Gewalt gegen Weiße und akzeptable Gewalt gegen Nicht-Weiße ließ sich nicht lange halten: Die in Kuba oder Südafrika eingeübte Deportationsgewalt sprang zwischen 1914 und 1918 sowie erst recht zwischen 1939 und 1945 auf Europa über. Dabei wurde die ursprünglich zeitweiliger militärischer „Befriedung" dienende Methode der Massendeportation zum Instrument für dauerhafte ethnische „Säuberung".

3. Von der Peripherie ins Zentrum: Kolonialistische Ethnogewalt in Europa 1914–1945

Wegen der Gewalteskalation in zwei aufeinander folgenden Weltkriegen hat man Europa den „dunklen Kontinent" genannt.[205] Diese Ethno-Gewalt in Europa steht in Beziehung zu jener „kolonialen Säuberung" („colonial cleansing"), die von europäischen Kolonialmächten und Siedlergesellschaften zuvor gegen eingeborene Völker auf nichteuropäischen Kontinenten gerichtet worden ist.[206] Die „kolonialen Säuberungen", die während des 19. und frühen 20. Jahrhunderts an der amerikanischen, südafrikanischen oder australischen Peripherie erfolgten, wirkten im 20. Jahrhundert radikalisierend auf das europäische Zentrum zurück. Michael Mann geht von einem *kolonialen Erprobungsfeld* für ethnische „Säuberungen" in Europa aus.[207] Hunt Tooley erkennt eine *Wechselwirkung* zwischen Zentren und kolonialen Peripherien und verweist darauf, dass viele kommandierende Generäle des Ersten Weltkrieges – so die französischen, deutschen und amerikanischen Oberkommandierenden Joffre, Falkenhayn und Pershing – einen Teil ihrer Laufbahn mit kolonialer Kriegführung verbracht hätten. Tooley fragt, inwiefern sich dies auf die Behandlung feindlicher Zivilisten im Weltkrieg auswirkte.[208] Freilich muss man sehen, dass alle genannten Armeen sich damals noch ziemlich zurückhaltend verhielten; auch die kaiserliche deutsche Armee übertrug ihre genozidale Gewalterfahrung gegen Kolonialvölker nicht bruchlos auf europäische Zivilisten des Ersten Weltkrieges. Ein solches Vorgehen war in Europa immer noch „undenkbar".[209] Während man folglich gegen allzu simple Kontinuitätsthesen zwischen Kolonialkriegen und europäischen Vernichtungskriegen Einwände erheben

---

[204] Rehs, Das „Recht auf die Heimat".
[205] Mazower, Der dunkle Kontinent.
[206] Bell-Fialkoff, Ethnic Cleansing, S. 51–53.
[207] Mann, The Dark Side of Democracy, S. 4.
[208] Tooley, World War I, S. 69f. und S. 74f.
[209] Pohl, Die Herrschaft der Wehrmacht, S. 29.

kann²¹⁰, scheint eine Verbindung zwischen kolonialistischen Deportationen und ethnischen „Säuberungen" in Europa hingegen wahrscheinlich. Im Ersten Weltkrieg vermischten sich kriegstechnische Beweggründe für Deportationen von Zivilisten aus umkämpften Grenzregionen mit Konzepten nationaler Homogenisierung durch dauerhafte ethnische „Säuberung", wie wir dies im Falle des Osmanischen Reiches, des Russischen Reiches und (als Planspiel) auch des Deutschen Reiches bereits eingehend diskutiert haben.

In diesem Zusammenhang ist die Nahtstelle Belgien interessant. Man erkennt „strukturelle Ähnlichkeiten" zwischen den (nicht ethnisch motivierten) deutschen Deportationen von Belgiern und Franzosen im Ersten Weltkrieg und der Deportationspraxis in früheren deutschen Kolonialkriegen. Auch bei der kolonialen Zwangsarbeit gibt es „Entwicklungslinien und Erfahrungshintergründe", die ab 1914 in Europa selbst wirksam wurden.²¹¹ Dasselbe gilt für die Kriegführung nach Kolonialkriegsmustern: Dass der deutsche Generalstabschef Helmuth von Moltke schon im August 1914 Deportationen in europäischen Frontgebieten anregen konnte, wird angesichts der in Europa fehlenden Deportationstradition des deutschen Militärs auf dessen Kolonialkriegstradition zurückgeführt. Allerdings muss Isabell Hull diese ihre These durch den Hinweis einschränken, dass Deportationspläne im Ersten Weltkrieg stärker von zivilen als von militärischen Stellen entwickelt worden seien.²¹² Auch hat der oberste deutsche Zivilbeamte, Reichskanzler von Bethmann Hollweg, mit Blick auf das eroberte Belgien erklärt, „ein Ägypten" – also ein „halbkolonialer Tributärstaat" wie jenes damalige britische Protektorat – sei „im kontinentalen Europa doch wohl nicht möglich".²¹³ Dies hinderte die Deutschen aber nicht, in Belgien jene Verbindung von Deportation und Zwangsarbeit umzusetzen, wie sie Europäer bis dahin nur aus ihren Kolonien kannten – jenen vielen „Ägypten", wo dergleichen zu Lasten der „Eingeborenen" längst praktiziert wurde.²¹⁴ Nicht zufällig sprachen deutsche Diplomaten von „Sklavenjagden" in Belgien, redete 1917 der britische Ex-Premier Asquith von „Versklavung".²¹⁵ Ein belgischer Industrieller soll schon 1915 erklärt haben: „Für die Deutschen sind wir jetzt die Neger."²¹⁶

Bekanntlich hatte der belgische König Leopold II. ab 1885 im Kongo mit Billigung der europäischen Großmächte einen „Freistaat" errichtet, der auf einem für damalige Verhältnisse extrem brutalen Zwangsarbeitsregime basierte. Die internationale Kritik an diesen „Kongo-Greueln" – angestoßen vom britischen Konsul Roger Casement – wurde schließlich so stark, dass Leopold 1908 gezwungen war,

---

210 Hochgeschwender, Kolonialkriege als Experimentierstätten, S. 270–275; Kuß, Deutsches Militär auf kolonialen Kriegsschauplätzen, S. 26.
211 Thiel, „Menschenbassin Belgien", S. 29f.
212 Hull, Absolute Destruction, S. 233 und S. 132; dies wird relativiert durch den Verweis auf das europäische Vorbild der Polenausweisungen Bismarcks um 1886.
213 Hildebrand, Das vergangene Reich, S. 325; Wehler, Deutsche Gesellschaftsgeschichte, Bd. 4, S. 29, missversteht hingegen dieses Zitat zu Lasten Bethmann Hollwegs.
214 Thiel, „Menschenbassin Belgien", S. 23f.
215 Rosen, Aus einem diplomatischen Wanderleben, Bd. 3/4, S. 81 und S. 108.
216 Zitiert nach Thiel, „Menschenbassin Belgien", S. 29.

seine Kolonie dem belgischen Staat zu überschreiben.[217] Als die belgische Kolonialmacht ihrerseits 1914 von deutschen Truppen überfallen wurde, die dabei massenhafte Kriegsverbrechen an belgischen Zivilisten verübten[218], erfolgte ein medialer Rollentausch: Jene Gräueltaten, welche Söldner des belgischen Königs kurz zuvor im Kongo verübt hatten, wurden in der Entente-Propaganda zu deutschen Gräueltaten an Belgiern. Neben faktisch begründete Berichte über deutsche Gewaltakte traten erfundene Gräuelmeldungen, wonach deutsche Soldaten Säuglinge gekreuzigt oder Kindern Hände abgeschnitten haben sollten. Niemand in der Entente wollte sich erinnern, dass ein erst 1909 verstorbener belgischer Monarch für solche Verbrechen an Afrikanern verantwortlich gewesen war.[219] Jedenfalls kamen ab 1914 koloniale Gewaltformen in Europa an – teils als reale, teils als imaginierte Verbrechen von Europäern an Europäern.

Generell wurden im Ersten Weltkrieg europäische Zivilisten mit militärischen Begründungen derart behandelt, dass Ähnlichkeiten mit kolonialistischen Praktiken unübersehbar sind. Dazu zählt Isabell Hull die Massendeportationen von Zivilisten.[220] James Sheehan erinnert daran, dass „die schlimmsten Kriegsgräuel an Zivilisten", auch im Falle dieser Deportationen, „nicht von fremden Armeen, sondern von staatlichen Organen an den eigenen Bürgern begangen" wurden.[221] Das uralte Mittel imperialer Deportation erhielt eine moderne Zielsetzung als dauerhafte ethnische „Säuberung". Diese Modernität prägte nicht nur die Deportationen der Jungtürken, sondern auch jene des Zarenreiches und die deutschen Umsiedlungsplanungen des Ersten Weltkrieges.

Peter Holquist wendet die These, die koloniale Peripherie sei ein Erprobungsfeld für jene Deportationen gewesen, die während dieses Weltkrieges dann in Europa zur Anwendung gelangt seien, konkret auf Russland an. Dort sei an den Peripherien des Kaukasus oder Zentralasiens jahrzehntelang eingeübt worden, was ab 1914 eine Ausweitung auf das westliche europäische Russland erfahren habe. Im Ersten Weltkrieg und im anschließenden Russischen Bürgerkrieg explodierte zwischen 1914 und 1921 nicht nur der Umfang solcher Deportationen, es trat auch das Ziel dauerhafter ethnischer „Säuberung" hervor: Als „unzuverlässig" betrachtete Völker sollten ebenso vollständig wie endgültig entfernt werden. Anfänglich provisorische Maßnahmen wurden von der Erwägung überlagert, dass man das Problem der Zuverlässigkeit ethnischer Minderheiten nur durch vollständige Ausweisung endgültig lösen könne. Dieser Übergang wurde durch einen seit Mitte des 19. Jahrhunderts eingeübten bevölkerungspolitischen Blick ermöglicht, der die Völker des Zarenreiches militärstatistisch in zuverlässige und unzuverlässige „Elemente" teilte. Der Erste Weltkrieg wurde zur Transformationsphase, die solche Projektionen in Deportationen von rund einer Million als „unzuverläs-

---

[217] Albertini, Kolonialherrschaft, S. 430–433; Butlin, Geographies of Empire, S. 602 f.
[218] Bade, Europa, S. 250; Horne / Kramer, Deutsche Kriegsgreuel 1914.
[219] Hochschild, King Leopold's Ghost, S. 295 f.
[220] Hull, Absolute Destruction, S. 4.
[221] Sheehan, Kontinent der Gewalt, S. 116 f.

sig" geltender Menschen verwandelte.²²² Ähnlich lassen sich die Deportationen des Jungtürken-Regimes ab 1914/15 auf Ansätze einer Bevölkerungspolitik zurückführen, die um 1880 unter dem nicht nur reaktionären Sultan Abdul Hamid II. entwickelt worden waren – ebenfalls von wissenschaftlichen Expertenkommissionen.²²³

Jörg Baberowski teilt Holquists These vom kolonialen Erprobungsfeld für ethnische „Säuberungen", die im Ersten Weltkrieg auch ins kolonialistische Zentrum verlagert worden seien. Baberowski betrachtet nicht nur die russische Deportationstradition im Kaukasus, sondern verweist auch auf ein *kollektives Lernen* aller Kolonialmächte durch wechselseitige Beobachtung. So habe die russischen Generäle und Regierungsbeamten sehr interessiert, „was die Briten in Südafrika und Indien, die Franzosen in Algerien und die Spanier auf Kuba erprobten". 1909 habe ein neues Lehrbuch des russischen Generalstabes den Grundsatz aufgestellt, die „ideale Bevölkerung" eines Staates sei „eine monoethnische Bevölkerung mit einer Sprache". Gemessen daran bewertete das Lehrbuch die ethnische Zusammensetzung des russischen Kernlandes als „zufriedenstellend", diejenige der Peripherie aber als „unerwünscht". Zwar gab es laut Baberowski im Zarenreich früher als anderswo eine „Enthemmung der militärischen Eliten" durch die Deportationspolitik im Kaukasus ab 1860, doch als im Ersten Weltkrieg die Deportationspraxis „von der Peripherie ins Zentrum des Imperiums" verlagert worden sei, habe die russische Elite nur einem globalen Trend gehorcht. Auf dieser Basis kam es 1915 zur ethnischen „Säuberung" der Westprovinzen Russlands von ihrer deutschen und jüdischen Bevölkerung. Auf dieser Basis plante 1916 der Generalgouverneur von Kasachstan, der ehemalige Kriegsminister Kuropatkin, nach einem muslimischen Aufstand die Trennung von Russen und Kasachen, bei der „mehrere Hunderttausend Menschen [...] getötet oder aus ihrer Heimat vertrieben" worden sein sollen. Baberowski urteilt pointiert: „Das Sinnbild der zarischen Moderne war der Flüchtling."²²⁴

Zweifellos konnte die Abwertung der „Anderen" zu „Minderwertigen" und „Barbaren", die im kolonialen Diskurs eingeübt worden war, nach 1914 in Europa handlungsorientierend werden. Trotzdem lag zwischen dem Ersten und dem Zweiten Weltkrieg noch eine beträchtliche Kluft. Erst Hitler sollte den „Transfer des Transfers" aus dem außereuropäischen Kolonialismus in sein rassistisches Kolonialreich in Osteuropa mit aller Konsequenz vollenden. Zuvor gab es stets Widerspruch: Alldeutsche Phantasien von deutscher Vorherrschaft in Mittel- und

---

[222] Holquist, Making War, Forging Revolution, S. 175f. und S. 194; gegen Holquists einseitige Betonung militärischer Denkstile: Geraci, Genocidal Impulses and Fantasies, S. 348–355; zu Zentralasien: Ischakov, Die russischen Muslime im Ersten Weltkrieg, S. 258.

[223] Adanir, Bevölkerungsverschiebungen, Siedlungspolitik und ethnisch-kulturelle Homogenisierung, S. 176f.

[224] Baberowski, Diktaturen der Eindeutigkeit, S. 48f., der allerdings Kuropatkin fälschlich als „Kriegsminister" bezeichnet, was dieser nur zwischen 1898 und 1904 gewesen ist; zu den Hunderttausenden von Opfern: Baberowski, Ordnung durch Terror, S. 149f.; Lieven, Empire, S. 210, nennt 200 000 Tote und viele weitere Flüchtlinge.

Osteuropa, wie sie den jungen Hitler in ihren Bann zogen, hielten viele für ein „Armutszeugnis". Schließlich, so der Wiener Publizist Theodor von Sosnosky 1912, befinde man sich nicht in irgendwelchen Kolonien, und „in Europa" sei dergleichen „undenkbar".[225] Drei Jahrzehnte später war das Undenkbare Wirklichkeit – in schlimmster, genozidaler Form. Zwar kann man einwenden, dass „sich Hitler 1939 und 1941 zur Legitimierung der Feldzüge im Osten nicht auf die deutschen Kolonialkriege bezogen" habe.[226] Dennoch war der Kontext kolonialer Gewaltanwendung bei deren NS-Transformation auf Osteuropa sehr präsent. 1942 erklärte der Philosoph Karl Korsch, ein ins US-Exil geflüchteter deutscher Kommunist, „die Neuheit der totalitären Politik" Hitlers bestehe darin, „dass die Nazis auf die ‚zivilisierten' europäischen Völker die Methoden ausgeweitet haben, die bisher den ‚Eingeborenen' und den ‚Wilden' vorbehalten waren, die außerhalb der sogenannten Zivilisation lebten".[227]

1893 hatte der US-Historiker Frederick Jackson Turner seinen berühmten Vortrag über die Bedeutung der Grenze („frontier") in der Geschichte der USA gehalten. Für Turner war die wandernde, immer weiter nach Westen verschobene Grenze nicht nur die Quelle von Demokratie und Individualismus, sondern auch „der Treffpunkt zwischen der Wildnis und der Zivilisation", wo „der Wilde" zwangsläufig aufhören müsse „zu existieren".[228] Tatsächlich hatte sich an den Siedlungsgrenzen der USA und vieler südamerikanischer Staaten ein „exklusiv wirksamer Mechanismus" zu Lasten der Eingeborenen entfaltet, während in Asien und großen Teilen Afrikas „größere Spielräume für die einheimische Bevölkerung blieben".[229] Doch das an allen „Frontiers" der Welt[230] geschaffene Konstrukt des „Wilden", den man vertreiben oder vernichten durfte, kam – kombiniert mit „Säuberungs"-Erfahrungen des Balkans – im 20. Jahrhundert immer mehr in Europa selbst zur Geltung. Schon 1886 hatte der britische Oppositionsführer und spätere Premierminister Lord Salisbury die Iren als zur Selbstregierung ebenso unfähig erklärt wie die Hotentotten (Nama) in Afrika und daran den Vorschlag einer völligen Auswanderung der Iren aus Irland geknüpft.[231] Die Europäer kannten um 1900 nicht nur „Wilde" außerhalb ihres Kontinents, sie fanden dergleichen auch an den europäischen Peripherien. So setzten britische Journalisten die Montenegriner mit Cherokees und Choktaws gleich[232], deren Zwangsumsiedlung Tocqueville einst als unvermeidliche Folge der Begegnung mit einer höheren Zivilisation interpretiert hatte. Während der Balkankriege von 1912/13 beschrieb der Journalist Richard von Mach die Vertreibung der Muslime als unvermeidlichen

---

[225] Sosnosky, Die Politik im Habsburgerreiche, Bd. 1, S. 207.
[226] Kuß, Deutsches Militär auf kolonialen Kriegsschauplätzen, S. 26.
[227] Zitiert nach Traverso, Moderne und Gewalt, S. 53 f.
[228] Traverso, Moderne und Gewalt, S. 64; ausführlich: Osterhammel, Die Verwandlung der Welt, S. 468–472.
[229] Osterhammel, Die Verwandlung der Welt, S. 479.
[230] Ebenda, S. 511.
[231] Gilmour, Curzon, S. 57.
[232] Todorova, Imagining the Balkans, S. 107.

Verdrängungsprozess zwischen stärkeren und schwächeren „Rassen" und setzte die fliehenden Türken mit Indianern gleich: „Die Kultur wird den Türken verzehren wie die letzte Rothaut in Amerika."[233] 1924 erklärte die Regierung des (jugoslawischen) Königreiches der Serben, Kroaten und Slowenen dem Völkerbund, bei den Albanern ihres Landes handle es sich „um einen unzivilisierten, räuberischen Volksstamm ohne nationales Bewusstsein"; Kämpfe mit solchen Räuberbanden seien nichts als legale Selbstverteidigung.[234] 1927 verglich der türkische Außenminister Tefvik Rüştü Bey die Kurden seines Landes mit den Indianern: Die Kurden seien ebenso dem Untergang geweiht wie die „Red Hindus" in den USA.[235] Das Verbindende lag in der Verdrängung eines „Naturvolkes" durch eine überlegene „Kultur" oder „Rasse". Diese Verdrängungs- oder Ausrottungsmentalität rückte von den Peripherien immer mehr ins europäische Zentrum. Maria Todorova hat treffend bemerkt, dass die um 1900 gängige Metapher vom Balkan als Indianerterritorium Europas von Hitler später in grausame Realität verwandelt worden sei – unter Ausdehnung des „Indianerterritoriums" auf ganz Osteuropa[236] bzw. auf jene osteuropäische Gewaltzone in Polen, Weißrussland, der Ukraine und dem Westen Russlands, die Timothy Snyder als „Bloodlands" definiert.[237]

Berücksichtigt man den Zusammenhang zwischen „Frontier" und Gewalt gegen „Wilde", erscheint es nicht zufällig, dass ethnische „Säuberungen" oft von politischen Führern ausgelöst wurden, die selbst aus umstrittenen Grenzräumen stammten: Hitler war von den deutsch-slawischen Nationalitätenkonflikten im Österreich seiner Jugend derart geprägt, dass man von einer „Pathologie der Grenze" sprechen kann. Alfred Rosenberg stammte aus dem zwischen Deutschen, Russen und Esten umkämpften Reval (Tallinn), Herbert Backe aus Batumi im Kaukasus, Arthur Seyss-Inquart aus einem Dorf nahe der mährischen Stadt Jihlava (Iglau), einer deutschen „Sprachinsel" umgeben von Tschechen. Ob Wenzel Jakschs frühe Diagnose von 1939, der Nationalsozialismus sei „überwiegend ein Werk von Auslandsdeutschen", nicht zu überpointiert war, bleibe dahingestellt; doch ist der Wertung heutiger Historiker zuzustimmen, dass „die Rolle von Auslandsdeutschen [...] mit Sicherheit zu bedeutend" sei, als dass man sie vernachlässigen dürfe.[238]

Diese „Pathologie der Grenze" war kein exklusiv deutsches Phänomen.[239] Auch Stalin und Beria waren keine Russen, sondern stammten von der kaukasischen Peripherie. Der Jungtürken-Ideologe Ziya Gökalp kam aus der zwischen Türken, Kurden und Armeniern umstrittenen Region Diyarbakir[240], der jungtürkische

---

[233] Mach, Briefe aus dem Balkankriege, S. 120 f.
[234] Scheuermann, Minderheitenschutz contra Konfliktverhütung?, S. 280.
[235] Mansel, Constantinople, S. 421.
[236] Todorova, Imagining the Balkans, S. 107.
[237] Snyder, Bloodlands.
[238] Hahn / Hahn, Die Vertreibung im deutschen Erinnern, S. 753, unter Bezug auf Jaksch; zur „Pathologie der Grenze": Foerster, Erlebte Weltgeschichte, S. 250.
[239] Hertz, Nationality in History and Politics, S. 250.
[240] Levene, Genocide in the Age of the Nation State, Bd. 1, S. 111 f.

Regierungschef Mehmed Talaat war ein „Pomak (mohammedanischer Bulgare)" aus dem zwischen Türken, Bulgaren und Griechen umkämpften Ostthrazien, der in Istanbul geborene Ismail Enver war serbisch-albanischer Herkunft, und Ahmed Cemal stammte als Sohn eines muslimischen Offiziers und einer Griechin aus Midilli auf Lesbos, einer Insel, die 1912/13 – nach ihrer Eroberung durch Griechenland – in Mytilene umbenannt wurde. Cemal reagierte auf den Verlust seiner Heimat damit, dass er als Marineminister 1914 das den Osmanen überlassene deutsche Kriegsschiff „Breslau" in „Midilli" umtaufte.[241] Die europäisch-kleinasiatischen Peripherien späterer Völkermörder ähneln in mancher Hinsicht den „frontiers" außereuropäischer Siedlerdemokratien oder Kolonialreiche mit ihren vielen „obskuren" Genoziden, die in Europa nie beachtet wurden.[242]

Hunt Tooley will daher zur Erklärung ethnischer „Säuberungen" in Europa die „Peripherien" der westlichen Mächte um 1900 untersuchen.[243] Ähnlich möchte Enzo Traverso die „koloniale Kultur" und die „imperialistische Ideologie" ernst nehmen, um sie auf Rückwirkungen auf den kolonisierenden Westen zu befragen. Dann wäre „die Verbindung zwischen Nationalsozialismus und klassischem Imperialismus" nämlich „nicht, wie heute, beinahe unsichtbar". Für manche Zeitgenossen Hitlers sei dieser Zusammenhang „ganz offensichtlich" gewesen: Nicht nur Karl Korsch, auch Hannah Arendt habe „den europäischen Imperialismus als wesentliche Etappe in der Genese des Nationalsozialismus" begriffen. Die „Gewalt in den Kolonien des 19. Jahrhunderts" erschien Arendt 1951 als „eine der Vorbedingungen der ein Jahrhundert später an Europäern und besonders Juden begangenen Verbrechen".[244]

„Die Nazis planten Europa so zu beherrschen wie die Briten Asien oder Afrika – so glaubten sie zumindest", konstatiert Mark Mazower und verweist auf das Schwadronieren des Hitler-Satrapen Erich Koch über slawische „Neger" in der Ukraine.[245] In der SS-Junkerschule Bad Tölz erklärte Heinrich Himmler 1942 den „Osten" zur „Hauptkolonie unseres Reiches" und gab die Siedlungs-Parole aus: „Heute Kolonie, morgen Siedlungsgebiet, übermorgen Reich."[246] Für die Nationalsozialisten verengte sich der ältere imperialistische Widerstreit zwischen der „zivilisatorischen Mission" und einer am „Interesse des kolonisierenden Staates" orientierten Ausbeutung[247] auf den rücksichtslosen „Herrenmenschen"-Standpunkt, demgegenüber die NS-Publikationen über eine europäische „Neue Ordnung" zur surrealen Propaganda verkamen: „Zwar erzwangen Hitlers Eroberungen ein ‚mehr oder minder vereinigtes Europa', in dem eine Art Konformität militärisch durchgesetzt wurde, aber sein dauerhafter Bestand hätte den Krieg als

---

[241] Pomiankowski, Der Zusammenbruch des Ottomanischen Reiches, S. 31 und S. 74.
[242] Zu „obskuren" Genoziden: Levene, Genocide in the Age of the Nation State, Bd. 1, S. 19.
[243] Tooley, World War I, S. 74f.
[244] Traverso, Moderne und Gewalt, S. 53f.
[245] Mazower, Hitlers Imperium, S. 16; Baranowski, Nazi Empire, S. 289.
[246] Zitiert nach Dieckmann, Plan und Praxis, S. 95.
[247] Roloff, Geschichte der europäischen Kolonisation, S. 239.

Normalzustand vorausgesetzt."[248] Hinzu kam das rassistische West-Ost-Gefälle in der Behandlung unterworfener Völker (von dem nur Juden in tödlicher Weise ausgenommen waren). Für diese Nationalitätenhierarchie des NS-Imperiums, dessen europäische „Völkerfamilie" neben dem deutschen „Herrenmenschen" nur abgestufte Satelliten- und Heloten-Völker kannte[249], lieferte der SS-Stratege Werner Best, zeitweilig Heydrichs Stellvertreter im Reichssicherheitshauptamt und später Hitlers „Generalbevollmächtigter" im besetzten Dänemark, den theoretischen Rahmen.[250] In einer Festschrift für Himmler entwickelte Best 1940 eine „Typologie der Besatzungsregime" im NS-Imperium, die von der locker überwachten „Bündnis-Verwaltung" wie in Dänemark, das seine Eigenstaatlichkeit behalten hatte, über die „Aufsichts-Verwaltung" wie im besetzten Frankreich, wo deutsche Spitzen die einheimische Bürokratie benutzten, über eine viel tiefer eingreifende „Regierungs-Verwaltung" wie im „Reichsprotektorat" bis zur vollständig von Deutschen getragenen „Kolonialverwaltung" im polnischen „Generalgouvernement" differenzierte. Im kolonialen Osteuropa mussten die Deutschen laut Best wegen des niedrigen Kulturniveaus die Last des Regierens selbst tragen, sollten dieselbe jedoch gerade deshalb auf ein Minimum der Sicherung von „Ordnung und Gesundheit" reduzieren. Bei alldem vertrat der SS-Vordenker, wie Mark Mazower gezeigt hat, ein für NS-Verhältnisse noch gemäßigtes Konzept, denn Best „unterschied koloniale Herrschaft von Versklavung", da letztere entweder zum Untergang der Sklaven oder zu deren massenhaftem Widerstand führe.[251] Die NS-Führung hielt Best folgerichtig eher für ein Satrapen-Amt in Dänemark als in Osteuropa geeignet. Dennoch drängte Best im Sommer 1943 in Berlin auf die Deportation aller dänischen Juden, die nur durch beispiellose Fluchthilfe-Aktionen der dänischen Bevölkerung fast völlig vereitelt werden konnte.[252]

Was den Osten Europas angeht, erklärte Hitler 1942, man müsse die „unterworfenen Völker auf einem möglichst niedrigen Kulturniveau" halten, „wie bei den Negern und Indianern" – von deren Entwicklung in Afrika oder den USA er nichts mitbekommen hatte. Der Diktator betonte, im Schulwesen müsse man „in den besetzten Ostgebieten dieselben Methoden anwenden" wie „in Kolonien". Scharf grenzte sich Hitler vom „Aufklärungsrummel", von der Bildungspolitik des wilhelminischen Kolonialismus ab. Solchen „Unsinn" dürfe man nicht wiederholen: „General Jodl habe ganz recht, wenn er ein Plakat beanstande, durch das in ukrainischer Sprache das Betreten eines Bahnkörpers verboten werde. Ob ein Einheimischer mehr oder weniger überfahren werde, könne uns doch gleich sein."[253]

Schon 1937 hatte Hitler gegenüber Lord Halifax die allzu laxe britische Kolonialherrschaft in Indien kritisiert. Halifax, ein früherer Vizekönig von Indien, berichtete Außenminister Eden, Hitler habe ihm beim Mittagessen „ungeniert" den

---

[248] Kletzin, Europa aus Rasse und Raum, S. 215f.
[249] Ebenda, S. 137.
[250] Baranowski, Nazi Empire, S. 259.
[251] Mazower, Hitlers Imperium, S. 219f.
[252] Kershaw, Hitler, Bd. 2, S. 785.
[253] Picker, Hitlers Tischgespräche, S. 270f. und S. 470.

Ratschlag erteilt: „Sie brauchen doch nur Gandhi zu erschießen [...]. Und wenn nötig, müssen Sie noch andere Führer der Kongresspartei erschießen. Sie werden überrascht sein, wie schnell es dann Ruhe gibt." Eden, der sich damals mit deutschen Forderungen nach Rückgabe der im Ersten Weltkrieg verlorenen Kolonien beschäftigte, sollte nach 1945 bemerken, diese Äußerung des deutschen Diktators habe ihn „nicht gerade" angeregt, „Eile bei der Befriedigung von Hitlers Kolonialansprüchen an den Tag zu legen".[254] Dies bewahrte zumindest Afrikaner vor den Herrschaftsmethoden Hitlers, nicht aber Millionen von Osteuropäern und Juden aus allen Teilen des deutsch besetzten Europa.

Der zum Herrscher des NS-Imperiums aufgestiegene Verehrer Karl Mays zog „unmittelbare Parallelen zwischen dem Wilden Westen Old Shatterhands und dem Wilden Osten, den er selbst Anfang der 1940er Jahre zu schaffen begann".[255] Hitlers ethnische „Säuberungen" in Osteuropa wurden zur „Extremform" des „Siedlungskolonialismus"[256], dem schon vor 1914 von Kolonialexperten wie Gustav Roloff eine Tendenz zu genozidaler Radikalität attestiert worden war.[257] Hitler bewunderte die britische Kolonialmacht, weil sie mit wenigen Soldaten in Indien ein riesiges Gebiet beherrsche, die Bevölkerung sich selbst überlasse und rücksichtslos ausbeute. Wenn England in Indien scheitere, liege das nur daran, dass es nicht mehr die Kraft habe, als Erobererevolk zu herrschen. Doch: „Was für England Indien ist, wird für uns der Ostraum sein."[258]

Dieses Herrschaftsprogramm wurde grausame Realität. 1942 stellte der in die USA geflüchtete deutsch-jüdische Politikwissenschaftler Franz Neumann fest, die Nazis hätten ab 1939 im besetzten Polen koloniale Herrschaftsmethoden in schlimmster Form eingeführt. Das Land werde wie eine „deutsche Kolonie" behandelt, der „colonial status" werde besonders an der fehlenden Gewaltenteilung sichtbar, denn in dieser „colony pur[e] and simple" seien die SS- und Polizeiführer Ankläger, Richter und Henker in einer Person.[259] Bereits die Bezeichnung Polens als „Generalgouvernement" – mit einem zivilen „Generalgouverneur für die besetzten polnischen Gebiete" an der Spitze[260] – zeugte von kolonialistischer Mentalität: Der Begriff war der deutschen Verwaltungsgeschichte eher fremd, nur selten und kurzfristig hatte es in Kriegskontexten militärische „Generalgouvernements" gegeben – während der Befreiungskriege gegen Napoleon, als Übergangsverwaltung 1870/71 in Elsass-Lothringen und Nordfrankreich, dann im Ersten Weltkrieg in Belgien und in Warschau (dem besetzten russischen Teil Polens).

---

[254] Eden, Angesichts der Diktatoren, S. 597.
[255] Osterhammel, Die Verwandlung der Welt, S. 532.
[256] Ebenda, S. 531 f.
[257] Roloff, Geschichte der europäischen Kolonisation, S. 195.
[258] Zitiert nach Wildt, „Eine neue Ordnung der ethnographischen Verhältnisse", S. 5.
[259] Neumann, Behemoth, S. 147 f.; ein Beispiel bietet die von Generalgouverneur Frank am 2. Oktober 1943 erlassene „Verordnung zur Bekämpfung von Angriffen gegen das deutsche Aufbauwerk im Generalgouvernement", infolge derer geringfügige Rechtsverstöße durch Standgerichte der Sicherheitspolizei (SS) wegen „Sabotage" willkürlich mit dem Tode bestraft werden konnten; vgl. Schenk, Hans Frank, S. 297.
[260] So der Hitler-Erlass vom 12.10.1939, zit. nach Schenk, Hans Frank, S. 147.

Doch das von Hitler 1939 errichtete „Generalgouvernement" in Polen war gerade keine Militärverwaltung, sondern löste eine solche ab. Für polnische Ohren erinnerte die NS-Namensgebung an die Auslöschung polnischer Staatlichkeit durch jenes russische „Generalgouvernement", das die Zaren nach gescheiterten polnischen Befreiungskämpfen in den 1870er Jahren errichtet und bis zum Ersten Weltkrieg aufrechterhalten hatten. Zugleich war diese Verwaltungsbezeichnung Europäern aus ihren Kolonialimperien vielfach geläufig. Hitlers Generalgouverneur „an der Spitze eines ausbeuterischen Kolonialregimes" im Herzen Europas, der NS-Spitzenjurist und Reichsminister ohne Geschäftsbereich Hans Frank, verschärfte den üblichen kolonialen Rassismus, wenn er 1940 erklärte, sein „Verhältnis zu den Polen" sei „das Verhältnis zwischen Ameise und Blattlaus". Auch die ihm ausgelieferten Juden erwähnte er im gleichen Atemzug mit Läusen, welche er im ersten Jahr seiner Amtszeit ebenfalls noch nicht sämtlich habe „beseitigen" können.[261]

Im März 1939 war zudem dem tschechischen Teil der zerschlagenen Tschechoslowakei der demütigende Name „Reichsprotektorat" aufgezwungen worden.[262] Diesen hatte Hitler „persönlich gewählt, um an britische Vorbilder anzuknüpfen".[263] Das war nicht nur zynisch[264], weil es um Unterdrückung statt um Schutz ging, sondern beinhaltete eine ernsthafte neokoloniale Programmatik: Als „Protektorate" hatten imperialistische Großmächte bis dahin fast ausschließlich außereuropäische koloniale Herrschaftsgebiete bezeichnet.[265] Der Grundgedanke einer Protektoratsherrschaft war im Unterschied zu direkt verwalteten Kolonien die „indirekte Herrschaft" („indirect rule") – jenes vom britischen Gouverneur Lord Lugard um 1900 in Nigeria perfektionierte System der Überwachung und Steuerung einheimischer Regierungen durch eine im Hintergrund herrschende Kolonialmacht. Dieses System, das Massaker an Aufständischen einschloss[266], war effizienter als eine direkte Kolonialverwaltung, denn es kam billiger, integrierte indigenen Sachverstand und verschleierte die wahren Machtverhältnisse. Als der französische Diplomat Paul Cambon 1882 zum Generalresidenten des neuen Protektorats Tunesien ernannt wurde, bemerkte er programmatisch, man werde die Regierung des einheimischen Beys beibehalten, unter deren Hülle und in deren Namen alles geschehen solle, während der französische Generalresident die eigentliche Macht ausübe.[267]

---

[261] Ebenda, S. 158, S. 165 und S. 171.
[262] Kittel / Möller, Die Benes-Dekrete und die Vertreibung der Deutschen im europäischen Vergleich, S. 578, sprechen vom „zum ‚Protektorat' erniedrigten Tschechien".
[263] Broucek, Ein General im Zwielicht, Bd. 2, S. 345; laut Gerwarth, Heydrich, S. 412, Anm. 5, zog der Architekt der Protektoratsverwaltung, Innen-Staatssekretär Wilhelm Stuckart, 1939 „die Vizekönig-Analogie zu Britisch-Indien"; auch der erste „Reichsprotektor" Konstantin von Neurath definierte sich im März 1939 „als eine Art von ‚britischer Vizekönig von Indien'"; vgl. Kessel, Gegen Hitler, S. 50.
[264] Graml, Hitler und England, S. 106.
[265] Eine Ausnahme bildete das Protektorat der Großmächte bzw. faktisch Großbritanniens über die 1815 gebildeten „Vereinigten Staaten der Ionischen Inseln", bis diese sich 1864 Griechenland hatten anschließen dürfen; Schulz, Normen und Praxis, S. 48.
[266] Lugard war 1906 für ein Massaker in Nigeria verantwortlich und wurde deshalb von Churchill der „Schlächterei" angeprangert; Levene, Genocide in the Age of the Nation State, Bd. 2, S. 271.
[267] Cambon, Correspondance, Bd. 1, S. 162.

Das 1939 den Tschechen aufgezwungene „Regime der Deutschen" zeigte „offensichtliche Ähnlichkeit mit den Protektoraten der Kolonialmächte, etwa den französischen Verträgen mit Tunis und Marokko".[268] Hitler errichtete somit mitten in Europa eine „De-Facto-Kolonie".[269] In Prag wurde ein deutscher „Reichsprotektor" installiert, der die tschechische „Protektoratsregierung" kontrollierte ähnlich kontrollierte wie Cambon und dessen Nachfolger jene der Beys von Tunis. Wie die formal unabhängigen Staaten Ägypten, Irak oder Kuba, die faktisch von britischen oder US-Diplomaten regiert wurden, behielt Hitlers Reichsprotektorat „viele, aber nicht alle Attribute der Souveränität". Es verfügte über eine eigene Regierung, Miliz und Verwaltung; doch alle Hoheitsrechte mussten „im Einklang" mit den Interessen des „Großdeutschen Reiches" wahrgenommen werden, wofür der „Reichsprotektor aus Berlin mit eigener Zivilverwaltung, Truppen und Polizei sowie der Autorität, Mitglieder der tschechischen Regierung zu bestätigen oder abzulehnen", Sorge trug. An koloniale Praxis angelehnt war „auch der Aufbau eines doppelten Rechtssystems wie in Französisch-Algerien, durch das Deutsche mit tschechischer Staatsbürgerschaft automatisch die Staatsbürgerschaft des Deutschen Reiches erhielten, während alle anderen Bürger des Protektorats blieben".[270] Diese Reichsbürgerschaft für Volksdeutsche und die damit verbundene Verwaltungsexpansion reichsdeutscher Stellen ins Protektorat untergrub von Anbeginn die indirekte Herrschaftsmethode, so dass – wie der österreichische NS-Minister Glaise-Horstenau schon im Herbst 1939 bemerkte – „aus dem Reichsprotektor bald ein Reichsstatthalter werden" musste. Glaises Alternativvorschlag, bei der Integration der Tschechen in das Großdeutsche Reich „auf den mährischen Ausgleich von 1910" – einen rechtsstaatlichen Kompromiss des Habsburgerreiches – zurückzugreifen, war unter den Bedingungen des NS-Rassenimperialismus ebenso anachronistisch wie naiv.[271]

1970 berührte der Publizist Heinz Langerhans – ein Freund Karl Korschs – die vom NS-Regime herbeigeführte „Koinzidenz des beginnenden Zusammenbruchs des Kolonialsystems und eines Rückgriffs auf koloniale Herrschaftsmethoden mitten in Europa". Langerhans kommentierte: „Es war ein ungeheuerlicher Schock, als die Schranke durchbrochen wurde: auf europäischem Boden ein ‚Generalgouvernement', ein ‚Protektorat' und massenhafte Rekrutierung von Zwangsarbeitern."[272] Tatsächlich waren im März 1939 zum ersten Mal koloniale Herrschaftsstrukturen einem europäischen Staat aufoktroyiert worden. Der Emigrant Eugen Erdely schrieb 1942 in London: „Keinem Volk der weißen Rasse sind

---

[268] Mazower, Hitlers Imperium, S. 65.
[269] Burleigh, Die Zeit des Nationalsozialismus, S. 469.
[270] Mazower, Hitlers Imperium, S. 65 f.
[271] Broucek, Ein General im Zwielicht, Bd. 2, S. 367; das Vorbild des Mährischen Ausgleichs, der 1905 und nicht 1910 vereinbart worden war, diskutierte Glaise mit Außenamts-Staatssekretär Ernst von Weizsäcker und dem kurz darauf zum Unterstaatssekretär beim Reichsprotektor ernannten Kurt von Burgsdorf, der dann als späterer NS-Gouverneur von Krakau eine ganz andere Besatzungspolitik exekutierte.
[272] Langerhans, Rezension zu Paczensky, S. 669; dieser Marxist sah diese „Koinzidenz" ab 1945 nicht als beendet an, sondern als „Übergang in die gegenwärtige Epoche".

je solche Bedingungen aufgezwungen worden. Es war das erste deutsche Kolonialstatut in der modernen Geschichte für eine weiße und zivilisierte Nation." Die bis Kriegsbeginn September 1939 womöglich denkbare Nebenabsicht Hitlers, durch Errichtung einer indirekten Herrschaft in Prag die internationale Öffentlichkeit zu beruhigen und in Osteuropa werbend zu wirken, wurde nur von wenigen erwogen – etwa vom US-Diplomaten George Kennan, der im April 1939 die Errichtung des Protektorats als „Präzedenzfall" betrachtete, als „Ermutigung für andere Länder, die Einbeziehung in die deutsche Einflusssphäre nicht als Beendigung ihrer nationalen Existenz anzusehen".[273] Ansonsten überwog die Erschütterung über die Herabwürdigung eines europäischen Nachbarvolkes, wenn der britische Publizist Philip Paneth noch 1945 die Etablierung des „Protektorats" über Böhmen und Mähren als etwas in Europa Unerhörtes wertete – als Oberherrschaft, wie sie bis dahin nur über Eingeborenenstämme im dunkelsten Afrika ausgeübt worden sei.[274]

Selbst der tschechische NS-Kollaborateur Emanuel Moravec, den die Enttäuschung über den Verrat der Westmächte beim Münchner Abkommen von 1938 zur völligen Unterwerfung unter Deutschland brachte, für das er zwischen 1942 und 1945 als Bildungsminister der Protektoratsregierung fungierte, konnte ein Gefühl quasi-kolonialer Demütigung nicht verbergen, als er 1939 mit Blick auf Großbritannien öffentlich feststellte: „Bevor man den Deutschen Ost-Afrika zurückgibt, überlässt man ihnen lieber die Tschechoslowakei".[275] Britische Politiker dachten noch bis Mitte 1940 ernsthaft darüber nach, die frühere Tschechoslowakei in einem Kompromissfrieden Hitler-Deutschland zu überlassen – sowohl das Protektorat als auch die Slowakei. Noel Buxton wollte im Januar 1940 daneben auch Polen dem Deutschen Reich als Einflusssphäre konzedieren – allerdings unter der Bedingung international garantierter Autonomierechte und der Zulassung slawischer Abgeordneter zum Berliner Reichstag. Das quasi-afrikanische Kolonialregime Hitlers in Mittelosteuropa hätte demnach „zivilisiert", ein wenig „europäisiert" werden sollen.[276]

Mark Mazower hat in seiner Studie über „Hitlers Imperium" auf die stark abgestufte Behandlung slawischer Völker durch die Deutschen im Zweiten Weltkrieg hingewiesen: „Die Slowaken durften sich selbst regieren, und sogar im Protektorat Böhmen und Mähren herrschten die Deutschen mittels einer tschechischen Bürokratie und eines tschechischen Marionettenpräsidenten, was den Polen verwehrt blieb." Nicht das Protektorat über die Tschechen, sondern das ein halbes Jahr später etablierte „Generalgouvernement" über die Polen sei folglich die „erste neue deutsche ‚Kolonie'" in Europa geworden. Dabei habe Hitlers Generalgouverneur Hans Frank geschwankt, ob er sein Herrschaftsgebiet als „Schutzstaat, eine

---

[273] Mazower, Hitlers Imperium, S. 66 f.
[274] Paneth, Benes, S. 94.
[275] Moravec, Das Ende der Benesch-Republik, S. 276; das tschechische Original erschien 1939, die deutsche Übersetzung 1941; Moravec beging im Mai 1945 Selbstmord.
[276] Zeman / Klimek, The Life of Edvard Beneš, S. 170.

Art Tunis", oder als „Lebensreservat" des „polnischen Volkes" im Vergleich zu den Indianern in den USA betrachten sollte.[277] Jedenfalls „importierten die Deutschen das koloniale Modell der Beziehungen zwischen fortgeschrittenen und zurückgebliebenen Völkern nach Europa" und hätten mit der Staatlichkeit der Polen und der Tschechen die progressive Annahme zerstört, eine einmal erlangte Souveränität könne einem zivilisierten Volke nie wieder genommen werden.[278]

Hitlers Übertragung kolonialer Herrschaftsmuster auf osteuropäische Völker hat Franz Neumann 1942 als Pervertierung des Prinzips der „indirect rule" gewertet.[279] Niederschriften der tschechischen Delegation in Berlin vom März 1939 scheinen zu belegen, dass Hitler bei Benennung und Organisation des „Reichsprotektorats" das französische Protektorat über Tunesien zum Vorbild nahm.[280] Die dortigen französischen Proktektoren hatten seinerzeit ebenfalls historische Vorbilder beschworen: Generalresident Cambon erhielt 1882 von Finanzminister Léon Say den Rat, er solle sich durch die Briten in Indien, durch Pizarro in Peru und durch die Römer in Karthago inspirieren lassen, dann werde alles leicht sein.[281] Doch die französische Herrschaft über Tunesien war ungleich milder als Hitlers Kolonialreminiszenz: 1941/42 berief sich der deutsche Diktator denn auch nicht auf indirekte Herrschaftsmethoden Großbritanniens à la Lugard, sondern auf jene rücksichtslosen Kolonialkriege, welche die Briten im 19. Jahrhundert in Indien geführt hätten. Zugleich beschwor Hitler das genozidale Vorgehen der USA gegen die Indianer. Offensichtlich betrachtete Hitler die „Unterwerfung der slawischen Völker und ihre Versklavung, die Ausrottung der Zigeuner und vor allem der Juden […] als verschiedene Aspekte eines Prozesses […], für den die kolonialen Eroberungen der Europäer in Afrika und Asien wie die Indianerkriege im Westen Amerikas das Modell darstellten".[282] Anregungen für seine brutale Besatzungspolitik in Osteuropa bezog Hitler somit nicht nur aus Kleinasien – obschon der Verehrer des jungtürkischen Völkermörders Enver Paşa[283] seinen auf Ausrottung polnischer Eliten zielenden Mordbefehl von 1939 angeblich mit dem zynischen Hinweis garniert haben soll: „Wer redet heute noch von der Vernichtung der Armenier?"[284] Vor allem aber forderte der deutsche Diktator seine Gefolgsleute auf, „die Ureinwohner" Osteuropas „als Indianer zu betrachten", und verglich 1942 die Partisanenbekämpfung in der Sowjetunion mit den „Indianerkämpfen in Nordamerika". Wenn Hitlers „Reichskommissar für die Ukraine", der ostpreußische Gauleiter Erich Koch, damit prahlte, „einen Kolonialkrieg wie ‚un-

---

[277] Mazower, Hitlers Imperium, S. 79f.
[278] Ebenda S. 539.
[279] Neumann, Behemoth, S. 146, mit der Überzeugung, die Übertragung kolonialer Herrschaftsmethoden auf Mitteleuropa müsse in einer hochindustrialisierten Gesellschaft wie der tschechischen tragische Resultate zeigen.
[280] Teichova, The Protectorate, S. 272 und S. 299; Gruša, Beneš als Österreicher, S. 110.
[281] Cambon, Correspondance, Bd. 1, S. 155.
[282] Traverso, Moderne und Gewalt, S. 74.
[283] Hitler, Mein Kampf, S. 768.
[284] Völkermord oder Umsiedlung?, S. 380.

ter Negern' geführt" zu haben, hatte dies schlimme reale Hintergründe.[285] Shelley Baranowski konstatiert, mit Ausnahme der Ausrottung der Indianer Amerikas habe es niemals in der Geschichte schlimmere Grausamkeiten gegen unterworfene Völker gegeben als jene des deutschen Eroberungskrieges in der Sowjetunion. Dabei seien die NS-Verbrechen, im Unterschied zum Indianer-Vergleichsbeispiel, in voller Absicht verübt worden.[286]

1921 – zwei Jahrzehnte nach den Ereignissen, auf die er anspielte, und zwei Jahrzehnte vor seinem völkermörderischen Imperium über Osteuropa – soll Hitler erklärt haben, er werde die deutschen Juden in „Konzentrationslager" nach dem Vorbild der Lager im Burenkrieg sperren.[287] Dieses Kolonialkriegs-Vorbild, das mit den späteren NS-Konzentrationslagern „nur sehr bedingt [...] vergleichbar" war[288], rechnete gleichwohl mit der hohen Mortalität solcher Lagerinternierung durch Unterernährung und Seuchen. Dies erinnert weniger an Auschwitz als an die 1939/40 eingerichteten Ghettos im besetzten Polen mit ihren latent genozidalen Lebensbedingungen.[289] Zwar soll Hitlers Verbündeter Mussolini 1941 kritisiert haben, man könne „europäische Länder nicht wie Kolonien behandeln". Genau das aber war im osteuropäischen Teil des NS-Imperiums der Fall. Dieser Teil Europas war „praktisch Deutschlands Indien" geworden[290] – aber eine Art „germanisches Indien", wie Hitler es nannte, dessen Einwohner eher als auszurottende Indianer behandelt wurden.[291]

Gert von Paczensky meinte 1970: „Vielleicht war die deutsche Terrorherrschaft in Afrika [...] eine Vorstufe, der Exerzierplatz für das, was später in Osteuropa geschehen ist." Er betrachtete die Nationalsozialisten als „eifrige Schüler" des europäischen Kolonialismus. Der Unterschied habe nur darin bestanden, dass Hitlers Ausrottungspolitik „auch die weiße Rasse" getroffen und sich höher entwickelter Mordtechnologien bedient habe. Doch „als die Nazi-Greuel beendet waren, gab es noch immer Kolonialgreuel."[292] Auch Mark Mazower verweist darauf, dass die Nazis ethnische „Säuberungen" weder erfunden noch mit in ihren Untergang gerissen hätten. Während Hitler die koloniale Deportation nach Europa verpflanzt habe, habe nach Hitlers Untergang die globale Entkolonialisierung – etwa in Indien und Palästina – das intolerante europäische Nationalstaatsprojekt vollends nach Übersee exportiert.[293]

---

[285] Traverso, Moderne und Gewalt, S. 75 f., unter Berufung auf Nolte, Der europäische Bürgerkrieg, S. 506.
[286] Baranowski, Nazi Empire, S. 294.
[287] Evans, Das Dritte Reich, Bd. 1, S. 458.
[288] Kuß, Deutsches Militär auf kolonialen Kriegsschauplätzen, S. 97, verweist darauf, dass in den NS-Lagern „Vernichtung durch Arbeit" systematisch praktiziert worden sei, während sie in den wilhelminischen Lagern allenfalls billigend in Kauf genommen worden sei.
[289] Friedländer, Das Dritte Reich und die Juden, S. 537–539.
[290] Mazower, Hitlers Imperium, S. 538 f.
[291] Traverso, Moderne und Gewalt, S. 74–76.
[292] Paczensky, Die Weißen kommen, S. 11, S. 142, S. 257 und S. 274 f.
[293] Mazower, Hitlers Imperium, S. 538 f. und S. 548.

IV. Modernisierung durch Vertreibung: Der Balkan als europäischer Lernort für ethnische „Säuberungen"

Ethnische „Säuberungen" waren auf dem Balkan, an der südöstlichen Peripherie Europas, nicht erst mit dem Transfervertrag von Lausanne 1923 eingeführt worden, der weltweite Beachtung finden sollte.[1] Sie waren bereits seit dem frühen 19. Jahrhundert Begleiterscheinung fast jeder Nationalstaatsbildung in Südosteuropa.[2] Wird in Mitteleuropa das 20. Jahrhundert als „Jahrhundert der Vertreibungen" erinnert, so muss man ein volles Jahrhundert zurückgehen, um die Vertreibungsgeschichte des Balkans voll zu erfassen. Dabei ist die dortige Ethno-Gewalt nicht als „barbarisch" zu deuten, als balkan-spezifischer Modernitätsrückstand im Vergleich zum „zivilisierten" Europa. Im Gegenteil: Endogene Konfliktdispositionen mischten sich auf dem Balkan seit dem frühen 19. Jahrhundert mit exogenen europäischen Einflüssen – durch Import von Ideen, Modellen und Praktiken der westlichen Moderne. Mehr noch: Die ethnischen „Säuberungen" des Balkans waren niemals ausschließliche Angelegenheiten endogener Konfliktparteien, stets waren die europäischen Großmächte daran beteiligt – nicht nur als entsetzte Zuschauer, sondern vor allem als kanalisierende „Lenker" und „Ordner". Gerade der griechisch-türkische Transfer von 1923 demonstriert mit der Patenschaft Großbritanniens, Frankreichs, Italiens und zudem des frischgebackenen Völkerbundes diesen internationalen Konnex. Doch schon ein volles Jahrhundert früher wurde die südosteuropäische Peripherie zu einem Lernort, dessen ethnische „Säuberungen" die europäischen Zentren beobachteten, deren Versuchsanordnungen sie mitgestalteten und aus deren Resultaten sie lernten. Die frühen ethnischen „Säuberungen" auf dem Balkan waren für Europa ein wesentliches Testfeld für die Entwicklung einer Sozialtechnologie, die weit über diese Region hinausgreifen sollte.

Donald Bloxham hat darauf hingewiesen, dass jenes europäische „lange Jahrhundert" ethnischer „Säuberungen", das er zwischen 1875 und 1949 verortet, nicht nur mit einer *Balkan*krise begonnen habe, sondern die imperialen Peripherien Südosteuropas und später ganz Mittel- und Osteuropas auch am stärksten getroffen habe. Der Grund, weshalb die Eliten des europäischen Zentrums bis 1938 solche ethnischen „Säuberungen" nur für die Randzone im europäischen Südosten als Problemlösung erwogen hätten, sei schlicht rassistische Überheblichkeit.[3] Zwangstransfers mochten für „die da unten" passen, aber nicht für „gesittete" Europäer. Für den Siegeslauf des Modells von Lausanne von der Peripherie ins Zentrum Europas, wie er zwischen 1938 und 1945 erfolgte, bedurfte es nicht nur der aggressiven Zerstörung alternativer Modelle, namentlich des Min-

---

[1] Vgl. Kap. V.3.
[2] Mulaj, Politics of Ethnic Cleansing, S. 22.
[3] Bloxham, The Great Unweaving, S. 168, S. 172, S. 179 und S. 202.

derheitenschutzes von Versailles, durch Hitlers Deutschland und der parallelen Abkehr der früheren Entente-Siegermächte Großbritannien, Frankreich und USA von diesem ihrem Ordnungsmodell. Ebenso wichtig wurde, dass im Labor Balkan seit längerem die Politik-Alternative der „Säuberung" von einer bloßen Begleiterscheinung von Kriegen zur großräumig angelegten Friedensregelung ausdifferenziert worden war. Bereits Lausanne war die Summe eines Jahrhunderts organisierter Gewaltpolitik.

Gegen die These von der Frühzeitigkeit ethnischer „Säuberungen" in Südosteuropa könnte man einwenden, dass solche „Säuberungen" nicht nur auf dem Balkan langfristige Prozesse gewesen seien; derartige ethnische „Entflechtung" habe nicht nur in Südosteuropa, sondern auch in Ost- und Ostmitteleuropa 75 Jahre lang gedauert.[4] Selbst wenn wir diese (für Mitteleuropa übertriebene) Zeitspanne akzeptieren wollten, statt mit guten Gründen eine kürzere – zwischen 1912 und 1948 – vorzuschlagen, würde dies nichts daran ändern, dass für Muslime in Südosteuropa der Prozess ihrer gewaltsamen Entfernung über ein Jahrhundert lang gedauert hat und sehr viel früher begann als vergleichbare Phänomene in anderen Teilen Europas. Der Prozess ethnischer oder ethnoreligiöser „Säuberungen" auf dem Balkan setzte nicht nur vor 1914 ein, er begann nicht nur lange vor den oft als Initialzündung genannten Balkankriegen von 1912/13 – selbst Bloxhams Einstiegsdatum 1875 (der Bosnische Aufstand mitsamt dem Russisch-Osmanischen Krieg von 1877/78) ist viel zu spät angesetzt.[5]

Zwar war der Balkan im Europa um 1900 nur eine von mehreren Peripherien, die sich durch schwache Staatsgewalt und vehemente gesellschaftliche Binnen-Gewalt (bis hin zu Bürgerkriegen) auszeichneten. Doch anders als westeuropäische Krisenherde „am Rande Europas", wie man sie damals in Irland, Spanien, Portugal oder Süditalien findet, hat „die Instabilität auf dem Balkan" laut James Sheehan „direkte Auswirkungen auf die internationale Ordnung" gezeigt, „weil die lokale Gewalt hier den Niedergang des Osmanischen Reichs beschleunigte und die Konkurrenz der Großmächte anfachte", vor allem zwischen Österreich-Ungarn und Russland[6], die nicht zu Unrecht zusammen mit dem Osmanischen Reich als „zusammenbrechende Reiche" bezeichnet worden sind.[7] Im Vergleich mit anderen Konfliktzonen war der Balkan ein besonders explosives „Pulverfass", das internationale Kettenreaktionen zu erzeugen vermochte, die andernorts unwahrscheinlicher oder ungefährlicher waren. Das hing damit zusammen, dass in Südosteuropa gleich drei Imperien – die der Habsburger, Romanovs und Osmanen – aufeinanderstießen und in grenzüberschreitende Nationalitätenkonflikte verstrickt waren. Im Gegensatz zu westlichen Imperien wie Großbritannien oder Preußen-Deutschland verfügten diese drei östlichen Kontinentalimperien über keine hegemoniale nationale Identität, sondern über einen „ausgeprägt multikul-

---

[4] Brubaker, Aftermaths of Empire and the Unmixing of Peoples, S. 167.
[5] Bloxham, The Great Unweaving, S. 168f.
[6] Sheehan, Kontinent der Gewalt, S. 78 und S. 81.
[7] Reynolds, Shattering Empires.

turellen Charakter".⁸ Der Zusammenbruch dieser Imperien trat 1917/18 durch infrastrukturelle Überforderung und militärische Niederlage im Ersten Weltkrieg ein, wurde jedoch durch unterminierende Konflikte konkurrierender Ethnonationalismen vorbereitet.⁹ Längst vor ihrem Zerfall heizten die drei Imperien und auch das Deutsche Reich ethnische Konflikte untereinander an, indem sie mit „völkischen" Ideologien um die Loyalität von Minderheiten über Reichsgrenzen hinweg kämpften.¹⁰

Seit dem 15. Jahrhundert beherrschte das Osmanische Reich weite Teile des Balkans. Doch mit dem Aufkommen des modernen Nationalismus zerstörten nationale Freiheitskämpfe der Balkanvölker – von imperialen Konkurrenten instrumentalisiert – die multiethnischen „Traditionen der Koexistenz". Diese sollten nicht idyllisiert werden, zumal sie zwangsläufig auf Ungleichheit basierten, die zunehmend als Ungerechtigkeit gedeutet wurde. Solange nichtislamische Bevölkerungen Steuern zahlten und sich loyal zum Sultan verhielten, konnten sie auf Autonomie und Toleranz rechnen; härter verfuhren die Osmanen mit Schismatikern und Häretikern innerhalb der islamischen Gemeinschaft selbst, wie die Konflikte zwischen sunnitischen Osmanen und schiitischen Persern demonstrieren, wo die rivalisierenden Monarchien des Sultans und Schahs zu Massakern, Vertreibungen und Zwangsbekehrungen schritten.¹¹ Das Ende der Loyalität der Balkanchristen führte offenbar dazu, diese Methoden auch in Südosteuropa zur Anwendung zu bringen – nicht nur seitens des Sultans, sondern auch seiner Widersacher.

Die auf dem Balkan durch Aufstände ausgelösten Bürgerkriege oder „Befreiungskriege" hatten stets Zwangsmigrationen zur Folge: Griechische Flüchtlinge aus Chios gelangten bis nach London, bulgarische Rebellen flohen in die Moldau und Walachei, Christen aus Bosnien und Herzegovina gingen nach Österreich oder Serbien, über 370 000 Christen aus Mazedonien flohen 1878 nach Bulgarien, während 177 000 Muslime nach Anatolien flüchteten. In fast allen Fällen rächten sich verbitterte Flüchtlinge in ihren Aufnahmeorten an Angehörigen jenes Volkes oder jener Religion, von dem oder der sie sich vertrieben wussten.¹² Die ethnischen Konflikte endeten nicht mit einer bestimmten „Säuberung", sie pflanzten sich räumlich und zeitlich fort und erhöhten das Konfliktpotential der Zukunft.

Fluchtbewegungen und Vertreibungen auf dem Balkan und in Kleinasien wurden durch Machtverschiebungen infolge militärischer Konflikte ausgelöst. Der für beide Weltkriege bereits diskutierte Konnex von Krieg, Bürgerkrieg und ethnischer „Säuberung" ist auch für die früheren Balkankonflikte konstitutiv. Da die südosteuropäischen Machtverschiebungen im 19. und frühen 20. Jahrhundert fast immer zu Lasten des Osmanischen Reiches gingen, waren Muslime die Haupt-

---

⁸ Hroch, Das Europa der Nationen, S. 43; dabei hatten die westlichen Nationalstaaten ihre Homogenität oft durch forcierte Assimilierungspolitik durchgesetzt; ebenda, S. 66f.
⁹ Roshwald, Ethnic Nationalism and the Fall of Empires, S. 7-33 und S. 70-115.
¹⁰ Miller, Comparing Contiguous Empires, S. 20 und S. 27.
¹¹ Lieven, Empire, S. 149.
¹² Hoerder, Cultures in Contact, S. 448.

leidtragenden. Die Initialzündung gaben die nationalen Aufstände der Serben ab 1804 und der Griechen ab 1821, die zur Errichtung moderner Nationalstaaten, aber auch zur Ermordung oder Vertreibung der muslimischen Einwohner dieser Territorien führten. Die ethnoreligiösen Bürgerkriege erfolgten zunächst in einer Art Interregnum – nach Zerstörung alter und vor Etablierung neuer Staatlichkeit. Doch auch im späteren 19. Jahrhundert, als Kriege auf dem Balkan seit 1876/77 viel stärker den Charakter von Staatenkriegen angenommen hatten oder zumindest einen Doppelcharakter aufwiesen, blieb das Grundmuster der ethnoreligiösen Bürgerkriege zwischen Zivilisten bzw. aus Zivilisten gebildeten Milizen weiterhin präsent – bis hinein ins Jugoslawien des späten 20. Jahrhunderts.

Am engsten scheint der Zusammenhang zwischen Nationalstaatsbildung und Vertreibung zwischen 1878 und 1923 gewesen zu sein.[13] Dabei erfolgten Kriege und parallele ethnische „Säuberungen" nicht kontinuierlich, sondern wellenartig: Bloxham unterscheidet die Balkankrise von 1875–1878, die Balkankriege mitsamt dem Ersten Weltkrieg zwischen 1912–1922 und den Zweiten Weltkrieg mit seiner Vor- und Nachgeschichte zwischen 1936–1949.[14] Dieses Modell der „Säuberungs"-Wellen ist zutreffend, müsste allerdings um zwei vorgelagerte Wellen der 1820er und 1860er Jahre sowie um die bislang jüngste Welle der 1990er Jahre ergänzt werden.

Diese ethnischen „Säuberungen" waren kein isoliertes Phänomen, das den Rest Europas wenig berührte. Im Gegenteil: Durch die Politik der Großmächte war Europa von Anfang an in die Geschehnisse an seiner südöstlichen Peripherie tief verstrickt. Im Falle der Griechenaufstände ab 1821 und der Bulgarenaufstände ab 1876 entstand in den Öffentlichkeiten Europas eine einseitige, zugleich traditionell-religiös und modern-nationalistisch motivierte Parteinahme für die christlichen Konfliktparteien – was im Umkehrschluss dazu führte, dass sich Europa für die Ermordung oder Vertreibung von Muslimen kaum interessierte. Das änderte sich erst im Russisch-Türkischen Krieg 1877/78 und insbesondere nach den Balkankriegen von 1912/13, als internationale Untersuchungskommissionen wie die Rhodope-Kommission oder die Carnegie-Kommission das Schicksal auch der muslimischen Zwangsmigranten ins Auge fassten.

1. Nationale Befreiung durch Vertreibung: Serbien – Griechenland – Bulgarien 1804–1878

Der rumänische Historiker Nicolae Jorga beschrieb 1913 – zum Zeitpunkt des völligen Zusammenbruchs der osmanischen Herrschaft auf dem Balkan – den Beginn dieses Prozesses volle einhundert Jahre zuvor: den serbischen Aufstand von 1804. Dabei hob er die „massenhafte Verjagung des mosleminischen Ele-

---

[13] Adanir, Bevölkerungsverschiebungen, Siedlungspolitik und ethnisch-kulturelle Homogenisierung, S. 172.
[14] Bloxham, The Great Unweaving, S. 169.

ments" durch die Serben hervor. Jorga räumte ein, dass solche Vertreibungen im Kontext kriegerischer Konflikte nicht ungewöhnlich gewesen seien.[15] Das Neuartige am serbischen Aufstand, seinen Vertreibungen und Massakern[16] war demgegenüber, dass er 1817 ein kleines, aber autonomes Fürstentum Serbien ins Leben rief, aus dessen Gebiet die muslimische Bevölkerung schrittweise verdrängt wurde. Bereits zwischen 1817 und 1829, dem Autonomiestatut für Serbien und dessen internationaler Anerkennung nach dem russisch-osmanischen Friedensvertrag von Adrianopel, verließen zwischen 15 000 und 20 000 Muslime das faktisch christlich regierte Land, während weitere 20 000 in Serbien ausharrten. Sie lebten im wesentlichen konzentriert in den Städten, in einem Zustand der „Exterritorialität", da sie nicht der serbischen, sondern weiterhin der osmanischen Verwaltung und Gerichtsbarkeit unterstanden.[17] 1830 hatte Sultan Mahmud II. den muslimischen Einwohnern Serbiens infolge serbischen und russischen Drucks den Befehl erteilt, „sich aus den ländlichen Gegenden Serbiens in Garnisonsstädte zurückzuziehen". Wiederum „dreißig Jahre später wurde vereinbart, daß alle Türken, die nicht in diesen Städten lebten, abgeschoben würden und ihr Besitz verkauft würde".[18] Zwischenzeitlich herrschte eine prekäre Koexistenz, die in den 1840er Jahren den französischen Wissenschaftler Adolphe Blanqui zur überoptimistischen Deutung Serbiens als „Laboratorium" der Integration veranlasste, in dem „die Verschmelzung, die man nach so viel Unterdrückung von der einen und nach so viel Nachsicht von der andern Seite erwarten kann, in's Werk gesetzt" werde: „Dort ist es, wo die beiden Bevölkerungen, die mehr neben einander gestellt als vereinigt sind, unter halb christlicher, halb türkischer Verwaltung einen neuen gesellschaftlichen Zustand versuchen, der einst dem ganzen übrigen Reiche zum Muster dienen, oder doch wenigstens die Vermittelung zwischen der jetzigen und einer besseren Regierungsart bilden wird."[19]

Statt zum „Laboratorium" für gelingendes Miteinander wurde Serbien zum Labor für ethnische „Säuberung" – wenn auch etappenweise.[20] Dafür gab es Voraussetzungen: Blanqui hatte vor den Toren von Nissa (das 1878 an Serbien gelangende Niš) den berüchtigten Schädelturm gesehen, den die Osmanen einige Jahrzehnte zuvor aus Köpfen gefallener Serben als „barbarische Siegessäule" errichtet hatten.[21] Etwa gleichzeitig hatte der Fürstbischof von Montenegro, Petar II., 1847 sein Epos „Der Bergkranz" veröffentlicht, das als größte patriotische Tat der Montenegriner die Ausrottung aller Muslime zu Beginn des 18. Jahrhunderts verherrlichte. Diese poetische Rechtfertigung von Massakern und Vertreibungen wurde zum Fanal des großserbischen Nationalismus und sollte noch die jugendlichen

---

[15] Jorga, Geschichte des Osmanischen Reiches, Bd. 5, S. 154 und S. 158.
[16] Sax, Geschichte des Machtverfalls der Türkei, S. 156.
[17] Ferrara / Pianciola, L' Età delle Migrazioni Forzate, S. 56.
[18] Mazower, Der Balkan, S. 188.
[19] Blanqui, Betrachtungen über den gesellschaftlichen Zustand der europäischen Türkei, S. 3f.
[20] Ther, Die dunkle Seite der Nationalstaaten, S. 62.
[21] Blanqui, Betrachtungen über den gesellschaftlichen Zustand der europäischen Türkei, S. 14.

Verschwörer begeistern, die 1914 die Ermordung des habsburgischen Thronfolgers Franz Ferdinand und seiner Ehefrau durchführten.[22]

Gewaltdispositionen gab es somit auf beiden Seiten, und sie wurden wirksam. Im Februar 1861 hatte die serbische Regierung vom Sultan einen Truppenabzug und die „Auswanderung der in Belgrad wohnenden Türken oder Unterordnung derselben unter die serbischen Behörden" gefordert. Im Juni 1862 kam es in Belgrad zu blutigen Ausschreitungen zwischen Muslimen und Serben, woraufhin die mehrheitlich von Serben bewohnte Stadt von der türkischen Festung aus beschossen wurde. Daraufhin schalteten sich die europäischen Großmächte ein und erzwangen am 4. September 1862 die Unterzeichnung eines „Conferenzprotokolls" in Konstantinopel, das eine einseitige ethnische „Säuberung" zu Lasten der muslimischen Zivilbevölkerung ins Werk setzte. Der britische Botschafter Sir Henry Bulwer überwachte in Belgrad im Oktober 1862 persönlich die Ausführung:

„Der Ausgleich, den die europäische Commission getroffen, besteht darin, daß zur Vermeidung zukünftiger Conflicte zwischen Serben und Türken, letztere die Stadt Belgrad zu verlassen haben. In dem sogenannten Türkenviertel werden alle Häuser geschleift; Serbien entschädigt die dort wohnenden Türken und die hohe Pforte entschädigt die serbischen Bewohner, die dort Häuser haben. Die kirchlichen Gebäude der Serben [...] bleiben jedoch von der Demolirung ausgenommen. Außerdem zieht die Pforte ihre Besatzung aus zwei kleinen Forts im Innern Serbiens zurück. Zwei gemischte Commissionen werden ernannt, die eine, um die gegenseitigen Entschädigungssummen zu ermitteln; die andere, um den Umkreis strategisch festzustellen, der fortan zwischen der Festung und der Stadt Belgrad gewissermaßen als neutrales Gebiet liegen soll."[23]

Mit der Zwangsaussiedlung dieser 8000 Muslime aus Belgrad[24] knüpften die europäischen Großmächte nicht nur an die von ihnen in den 1820er Jahren betriebene einseitige ethnoreligiöse „Säuberung" Griechenlands an, sondern auch an neuere Transferplanungen, welche die Botschafterkonferenz der Großmächte in Konstantinopel im März 1861 zur Beruhigung eines Bürgerkrieges im osmanischen Libanon debattiert, dann jedoch nicht realisiert hatte. Gleichwohl hatte 1861 eine so hochrangige Figur wie der Kriegsminister Napoleons III., Marschall Randon, vorgeschlagen, den Konflikt im Libanon durch Aussiedlung der christlichen Maroniten in die französische Kolonie Algerien, also durch weiträumigen Bevölkerungstransfer, zu lösen.[25]

Seit Herbst 1862 hielten die Osmanen in Serbien nur noch die Belgrader Festung und einige Provinzforts besetzt. Auch deren Übergabe erreichte Fürst Mihailo Obrenović – unter Ausnutzung des griechischen Aufstands auf Kreta – mit Hilfe der Großmächte bereits 1867 und 1869. Die muslimische Zivilbevölkerung verließ mit dem Militär das Land und wurde auf Befehl des Sultans zumeist im benachbarten Bosnien angesiedelt.[26] Nur wenige Jahre später geriet auch dort die

---

[22] Carmichael, Ethnic Cleansing in the Balkans, S. 23f.
[23] Schulthess' Europäischer Geschichtskalender 3.1862, S. 336–339; vgl. auch Ferrara / Pianciola, L'Età delle Migrazioni Forzate, S. 56f; zu 1861: Wernicke, Die Geschichte der Welt, Teil V, Bd. 3, S. 465.
[24] Ferrara / Pianciola, L'Età delle Migrazioni Forzate, S. 57.
[25] Rodogno, Against Massacre, S. 113f. und S. 306, Anm. 87, ohne den Namen des Ministers.
[26] Sax, Geschichte des Machtverfalls der Türkei, S. 369f. und S. 377f.; Schulthess' Europäischer Geschichtskalender 8.1867, S. 413f. und S. 437; ebenda, 10.1869, S. 450.

osmanische Herrschaft ins Wanken. Als Serbien 1878 die Unabhängigkeit und die Ausdehnung seines Territoriums erreichte, bewegte sich wieder ein muslimischer „Flüchtlingsstrom über die osmanisch-serbische Grenze"[27] – ungeachtet aller Minderheitenschutz-Zusagen, die Serbien nebst anderen Balkanstaaten auf dem Berliner Kongress den Großmächten hatte konzedieren müssen. Doch war es dort ohnehin eher um den Schutz jüdischer als muslimischer Minderheiten gegangen.[28]

Von noch größerer und vor allem beschleunigter „Säuberungs"-Wirkung war ab 1821 der griechische Unabhängigkeitskrieg gewesen. Hier war nicht nur die Zahl der Vertriebenen oder Ermordeten größer als in Serbien, hier erfolgte die „Säuberung" auch so rasch wie umfassend. Griechenland übersprang völkerrechtlich die serbische Frühphase der Autonomie und erlangte mit Hilfe der Großmächte nicht erst 1878, sondern schon 1830 die Unabhängigkeit.[29] Seither konnte der Sultan muslimische Bürger nicht einmal in der vagen Eigenschaft des Suzeräns (Oberherrn) beschützen, wie dies in Serbien noch bis in die 1860er Jahre der Fall war. Immerhin bemühten sich die Großmächte, künftigen „Konflikten ethnischer beziehungsweise religiöser Homogenisierung entgegenzuwirken", indem sie den unabhängig gewordenen griechischen Staat vertraglich verpflichteten, „der nichtorthodoxen Bevölkerung dieselben Rechte einzuräumen, wie sie auch hellenischen Griechen zustanden". Diese Rechtsbindung erfolgte ein knappes Jahrhundert vor Versailles, wo die Großmächte gegenüber osteuropäischen Staaten wie Polen ähnlich verfuhren. Griechenland musste schon 1830 im „Londoner Protokoll" die „Gleichbehandlung der nichtorthodoxen Bevölkerung" zusagen. Diese Bestimmung wurde zum Vorbild für den Berliner Kongress von 1878, wo die Großmächte sie „als Präzedenzfall für die Durchsetzung von Minderheitenschutz" in den Balkanstaaten Rumänien, Serbien und Montenegro verwendeten.[30] Für die Gleichberechtigung der rumänischen Juden sorgten damals zwei Staatsmänner, die selbst über Minderheitenerfahrungen verfügten – der jüdische Premierminister Großbritanniens, der zum Lord Beaconsfield aufgestiegene Benjamin Disraeli, und der französische Außenminister Waddington, ein Protestant britischer Herkunft in katholisch geprägter Mehrheitsgesellschaft.[31]

Wenn man diese Anfänge internationalen Minderheitenschutzes würdigt, darf man freilich nicht übersehen, dass in Kern-Griechenland ab 1821 eine derart massive „ethnische Säuberung" erfolgt war, dass es 1830 nicht mehr viele muslimische Einwohner zu schützen gab. Im griechischen Aufstandsgebiet stellten Muslime um 1821 etwa zehn Prozent der Bevölkerung, von denen ein Viertel bereits zu Beginn des Aufstands massakriert wurden.[32] Der österreichische Histo-

---

[27] Mazower, Der Balkan, S. 188.
[28] Ther, Die dunkle Seite der Nationalstaaten, S. 40 f.; Rodogno, Against Massacre, S. 166–168.
[29] Boyar, Ottomans, Turks and the Balkans, S. 65.
[30] Diner, Das Jahrhundert verstehen, S. 30 f.; Preece, Minority Rights, S. 46; Schulthess' Europäischer Geschichtskalender 19.1878, S. 110 f.
[31] Jorga, Histoire des États Balkaniques, S. 362.
[32] Ferrara / Pianciola, L' Età delle Migrazioni Forzate, S. 57.

riker Carl Ritter von Sax hat den damaligen Kämpfen „den Charakter eines Vertilgungskrieges" attestiert, der „von beiden Seiten mit barbarischer Erbitterung geführt" worden sei. Binnen eines Monats nach Beginn des Aufstands der Griechen sollen 1821 in der Provinz Morea (Peloponnes) „dreitausend türkische Häuser zerstört und fast zehntausend Mohammedaner getötet" worden sein, wofür sich andernorts „die Türken an den Griechen [...] durch Plünderung, Mord, Brandlegung und Fortschleppung von Weibern und Kindern in die Sklaverei" rächten.[33] Die Bedrohung der Muslime in der Aufstandsregion war derart, dass „in kürzester Zeit fast alle Türken des inneren Landes nach der Hauptstadt Tripolitsa oder in die Festungen der Küste geflüchtet" waren. Gelang es den Griechen, einen dieser Orte zu erobern, wurde er zerstört und dessen Einwohner massakriert. Dies löste wiederum Gewaltreaktionen der Muslime im gesamten Reich aus: Türken verfolgten Griechen pogromartig in Smyrna, obgleich sich dieselben am weit entfernten Aufstand nicht beteiligt hatten.[34] Während die Großmächte die Griechen vor türkischen Massakern zu schützen suchten, wurde im Oktober 1821 im eroberten Tripolitza von griechischen Aufständischen „unter der mohammedanischen Bevölkerung [...] ein furchtbares Blutbad angerichtet", dem 32 000 Menschen zum Opfer gefallen sein sollen.[35] Jorga wertete später die Untaten der „völlig zuchtlosen Griechen" als „schlimmer als die wildesten Asiaten": Die muslimischen „Hingemordeten in Tripolitza wie in der Umgebung" seien „unvergleichlich mehr" gewesen „als alle christlichen Opfer der Türken im ganzen Reiche".[36] Ob dieses Geschehen die Sympathien Europas für die Griechen zeitweilig beeinträchtigte oder ob es kaum zur Kenntnis genommen wurde, ist umstritten.[37] Was immer dieses Massaker an Sympathieverlusten für die Griechen bewirkt haben mochte, verspielten die Osmanen jedoch im folgenden Jahre, als sie die von Aufständischen besetzte Ägäisinsel Chios zurückeroberten und dort „fürchterliche Rache für die Grausamkeiten" nahmen, „welche die Griechen in Tripolitza und an so vielen anderen Orten an den Mohammedanern verübt hatten". Bei einer Bevölkerung von 150 000 Menschen sollen 23 000 ermordet und über 40 000 in die Sklaverei verschleppt worden sein. Der Rest der griechischen Chioten wurde amnestiert und „unter die Garantie der europäischen Konsuln gestellt". Diese brutale Repression hat den Osmanen „sehr geschadet" und letztlich den Sieg gekostet, da die öffentliche Meinung Europas – namentlich organisierte philhellenische Komitees in Großbritannien und Frankreich – die griechische

---

[33] Sax, Geschichte des Machtverfalls der Türkei, S. 194.
[34] Gervinus, Geschichte des Neunzehnten Jahrhunderts, Bd. 5, S. 188, S. 190, S. 204 und S. 235 f.
[35] Sax, Geschichte des Machtverfalls der Türkei, S. 200 f.; Gervinus, Geschichte des Neunzehnten Jahrhunderts, Bd. 5, S. 265 f.; kritisch zu zeitgenössischen Opferzahlen: Ther, Die dunkle Seite der Nationalstaaten, S. 61, der 8000 Opfer in Tripolitza und zwischen 15–25 000 für die gesamte Peloponnes annimmt; Ferrara/Pianciola, L'Età delle Migrazioni Forzate, S. 57, nennen 25 000 muslimische Tote; Armour, A History of Eastern Europe, S. 161, schätzt die getöteten Muslime der Region auf 15 000 von 40 000 Einwohnern; ebenso Schulz, Normen und Praxis, S. 90.
[36] Jorga, Geschichte des Osmanischen Reiches, Bd. 5, S. 268.
[37] Schulz, Ein Sieg der zivilisierten Welt?, S. 175, auch Anm. 84.

Bürgerkriegspartei unterstützte, wodurch einige europäische Regierungen schließlich zur militärischen Intervention veranlasst wurden.[38]

Schon zu Beginn des griechischen Aufstands hatte Russland dem Osmanenreich im Juni 1821 ein Ultimatum gestellt, das „die fernere Coexistenz" der Türkei mit den christlichen Staaten Europas davon abhängig machte, „daß die Pforte die christliche Religion nicht mit Krieg und Beschimpfung bedrohe" und „daß sie nicht die Absicht der Vernichtung eines ganzen Volkes argwöhnen lasse". Russland erklärte feierlich, mit diesen Forderungen keine eigennützige, sondern „eine europäische Sache" zu verfechten[39], denn die osmanische Regierung verletze „durch ihr unmenschliches Verhalten gegen die Griechen die Gefühle der christlichen Völker". Sie müsse, wenn sie Frieden wolle, „von der Vernichtung des griechischen Volkes ablasse[n]" und bei Bekämpfung des Aufstandes „die Unschuldigen von den Schuldigen unterscheiden". Diesen Forderungen schloss sich Österreich an.[40] Die Mischung aus Überlegenheitsgestus gegenüber asiatischen „Barbaren" und Parteinahme für christliche Glaubensbrüder findet sich in den folgenden Jahrzehnten immer wieder. Als 1876 türkische Massaker an aufständischen oder unbeteiligten Bulgaren die europäische, namentlich die britische Öffentlichkeit aufregten, wobei der liberale Oppositionsführer William Gladstone zum schärfsten Ankläger dieser von Türken verübten „Bulgarian Horrors" wurde[41], motivierte 1877 Zar Alexander II. seine Kriegserklärung gegen die Osmanen ähnlich wie sein Oheim Alexander I. einst das Ultimatum von 1821: „Die Sache ist keine russisch-türkische, keine slawische, sondern eine europäische der Humanität und Christenheit." Der russische Botschafter d'Oubril sekundierte in Berlin mit einem „ohne alle Hintergedanken" vertretenen „Standpunkt der Menschlichkeit".[42] Im Ersten Weltkrieg griffen die Entente-Mächte diese Argumentation erneut auf. Mit Blick auf die völkermörderische Deportation der Armenier sprach Russlands Außenminister Sazonov, als er im Mai 1915 den Anstoß für eine russisch-britisch-französische Kollektivdemarche gab, von türkischen Verbrechen gegen das „Christentum" und die „Zivilisation". Briten und Franzosen setzten jedoch – mit Rücksicht auf ihre muslimischen Kolonial-Untertanen – eine terminologische Änderung durch: In der Endfassung der Note war erstmals von „Verbrechen gegen die Menschlichkeit" bzw. „Menschheit" (humanité) die Rede, nicht mehr gegen das Christentum. Damit befreite sich die Deklaration von 1915

---

[38] Sax, Geschichte des Machtverfalls der Türkei, S. 201 f.; Gervinus, Geschichte des Neunzehnten Jahrhunderts, Bd. 5, S. 311 f., nennt 5000 Entkommene, 23 000 Ermordete und 47 000 Versklavte; vgl. Jorga, Geschichte des Osmanischen Reiches, Bd. 5, S. 278; zu den philhellenischen Komitees: Rodogno, Against Massacre, S. 72–75.

[39] Gervinus, Geschichte des Neunzehnten Jahrhunderts, Bd. 5, S. 224 f.

[40] Sax, Geschichte des Machtverfalls der Türkei, S. 196 und S. 199; vgl. auch: Kreutzmann, Missbrauch der humanitären Intervention im 19. Jahrhundert, S. 56.

[41] Lieberman, Terrible Fate, S. 17 f.

[42] Bismarck kommentierte bissig: „wozu die Heuchelei im vertraul.[ichen] Verkehr?"; vgl. Die Große Politik der europäischen Kabinette, Bd. 2, S. 125 und S. 177–179.

aus der antimuslimischen Tradition europäischer Diplomatie und schuf eine neue Kategorie des Völkerrechts.[43]

Der alte europäische Vorwurf an die Türken, Christenverfolger zu sein, wurde meist ergänzt durch die Forderung, diese „Barbaren" aus Europa hinauszutreiben, in das sie einige Jahrhunderte zuvor als Eroberer gelangt waren. Es handelte sich somit im langen 19. Jahrhundert auf dem Balkan nicht um einen selbstgewollten „Rückzug des Osmanischen Reiches aus Europa"[44], sondern um gewaltsame Vertreibung der osmanischen Herrschaft und großer Teile der muslimischen Bevölkerung. Schon „seit den Türkenkriegen" vergangener Jahrhunderte gehörte, wie Fikret Adanir gezeigt hat, „der Hinauswurf des muslimischen Feindes zu den vorrangigen Zielen europäischer Politik". In der Aufklärungsepoche trat die Überzeugung hinzu, „dass aller Despotismus aus dem Orient stamme".[45] Der Habsburgerkaiser Joseph II. bündelte beide Traditionslinien, als er in einem Türkenkrieg 1789 – zur Zeit, als die revolutionäre Nationalversammlung in Frankreich ihre Deklaration der Menschenrechte veröffentlichte – das Ziel formulierte, „die Barbaren des Orients' aus Europa zu vertreiben".[46] Dass die russische Kaiserin Katharina II. 1779 einen Enkel auf den byzantinischen Kaisernamen Konstantin taufen ließ, wurde ebenfalls als Programm zur Rückeroberung der alten Kaiserstadt Konstantinopel begriffen – ähnlich wie 1827, als Katharinas Enkel Nikolai I. einem seiner Söhne erneut diesen Namen gab.[47] Auch französische Politiker wie Benjamin Constant, René de Chateaubriand oder Francois Guizot favorisierten im frühen 19. Jahrhundert eine Vertreibung der Türken aus Europa, ebenso eine Generation später der britische Liberale William Gladstone, der 1876 die berühmt-berüchtigte Forderung erhob, die Türken müssten mit Sack und Pack – „bag and baggage" – verjagt werden.[48] Adolphe Blanqui, der im Auftrag des französischen Königs Louis Philippe den Orient bereiste, sagte 1846 im Konflikt zwischen muslimischer „Barbarei" und christlicher „Civilisation"[49] einen „Pro-zess der Vertreibung der Türken aus Europa" voraus.[50] Blanqui prognostizierte hellsichtig: „Ohne Zweifel gehen die Türken

---

[43] Barth, Genozid, S. 43 f., hält den deutschen Terminus „Verbrechen gegen die Menschlichkeit" für eine Fehlübersetzung, da „humanity" als „Menschheit" zu verstehen sei; zur Erstanwendung dieser Rechtskategorie im Nürnberger Prozess 1945/46: Bloxham, The Great Game of Genocide, S. 137.
[44] So jedoch Ferrara / Pianciola, L' Età delle Migrazioni Forzate, S. 54, obwohl auch diese Autoren inhaltlich auf die Vertreibung von Staatsmacht und Muslimen abzielen.
[45] Adanir, Bevölkerungsverschiebungen, Siedlungspolitik und ethnisch-kulturelle Homogenisierung, S. 174.
[46] Springer, Geschichte Österreichs, Bd. 1, S. 363.
[47] Wurm, Diplomatische Geschichte der orientalischen Frage, S. 393; Sax, Geschichte des Machtverfalls der Türkei, S. 114; der römische Kaiser, der Konstantinopel zur Reichshauptstadt gemacht hatte, hatte diesen Namen ebenso getragen wie der letzte byzantinische Kaiser, der 1453 im Kampf gegen die Osmanen gefallen war.
[48] Rodogno, Against Massacre, S. 24 f; 1919 wiederholte Lloyd George diese Vertreibungsforderung seines Jugendidols auf der Pariser Friedenskonferenz; vgl. Hanioglu, Atatürk, S. 90 f.; Hattersley, David Lloyd George, S. 554.
[49] Blanqui, Betrachtungen über den gesellschaftlichen Zustand der europäischen Türkei, S. 1 f.
[50] Adanir, Bevölkerungsverschiebungen, Siedlungspolitik und ethnisch-kulturelle Homogenisierung, S. 175.

und die Christen kommen, aber […] nach und nach; und die Auswanderung könnte wohl noch funfzig Jahre dauern."[51] Gegenstimmen gab es freilich auch. So meinte der preußische Diplomat Friedrich Eichmann 1858, „dass die Vertreibung der Türken aus Europa und die Gründung eines christlichen Reiches an den Ufern des Bosporus Chimären wären".[52] Tatsächlich hatten die Westmächte im Krimkrieg zwischen 1853 und 1856 das Osmanische Reich gegen Russland verteidigt und den Sultan im Gegenzug genötigt, die Gleichberechtigung seiner Untertanen ohne Rücksicht auf deren Religion auszusprechen. Das geschah 1856[53], aber – so Eichmann skeptisch – „die Herrschaft hat darum nicht aufgehört[,] in den Händen der Türken allein concentrirt zu sein".[54]

Der Umschwung kam rasch. In der Balkankrise von 1877 waren sich die führenden europäischen Staatsmänner einig, dass die Türken sich in Europa nicht länger halten würden – ja dass sie gar nicht nach Europa gehörten. Bismarck teilte die russische Einschätzung, die Türkei sei „auf dem Wege der Auflösung: in Europa werde ihr nicht viel andres als Konstantinopel bleiben – sie gehöre nach Asien hin". Auch der britische Außenminister Lord Salisbury hielt die Herrschaft der Osmanen in Europa „nicht mehr für haltbar", allenfalls in Asien könne die Türkei „noch eine gewisse Dauer, vielleicht selbst eine gewisse Zukunft haben".[55] Für Salisbury waren die Türken eine „sterbende Nation", und mit derselben Überzeugung sollte zu Beginn des 20. Jahrhunderts der britische König Edward VII. erklären, die Türken hätten sich „überlebt", die Zukunft auf dem Balkan gehöre den christlichen Nationen.[56] Als die Balkanvölker 1912 zum Großangriff gegen die Türken antraten, schlugen ihre Führer in dieselbe Kerbe: König Ferdinand von Bulgarien sprach vom „Kampfe des Kreuzes gegen den Halbmond" und „der Freiheit gegen die Tyrannei" und beschwor die Unterstützung aller, „welche die Gerechtigkeit und den Fortschritt lieben". König Georg I. von Griechenland deutete den Balkankrieg als „Kreuzzug des Fortschrittes, der Zivilisation und der Freiheit gegen asiatische Eroberung".[57]

Auf solchen Dichotomien gründeten Forderungen nach Vertreibung. Russlands Botschafter in Berlin, d'Oubril, erklärte 1878, nachdem die Gewalt des Sultans erschüttert sei, „müssten die fremd Gebliebenen das Land verlassen". Folgerichtig verlangten, wie der britische Botschafter aus Konstantinopel berichtete, die Russen von der osmanischen Regierung die „Ausweisung aller Türken, selbst der Kinder und Greise, aus Bulgarien".[58] Nach den Balkankriegen von 1912/13 betrachtete

---

51 Blanqui, Betrachtungen über den gesellschaftlichen Zustand der europäischen Türkei, S. 38; das französische Original war 1843 erschienen.
52 Eichmann, Die Reformen des Osmanischen Reiches, S. 41.
53 Macartney, National States and National Minorities, S. 163.
54 Eichmann, Die Reformen des Osmanischen Reiches, S. 208.
55 Die Große Politik der europäischen Kabinette, Bd. 2, S. 125, S. 177–179 und S. 277.
56 Bülow, Denkwürdigkeiten, Bd. 1, S. 252, und Bd. 2, S. 29; vgl. auch Mazower, Salonica – City of Ghosts, S. 221.
57 Zitiert nach Adanir, Bevölkerungsverschiebungen, Siedlungspolitik und ethnisch-kulturelle Homogenisierung, S. 182.
58 Die Große Politik der europäischen Kabinette, Bd. 2, S. 177 und S. 195.

Jacob Gould Schurman, Gesandter der USA in Griechenland und Montenegro, die „Vertreibung der Türken aus Europa" als unvermeidliche Folge der Expansion der Slawen und Griechen. Unbeeindruckt von der realen Gewalt der Balkankriege verglich Schurman gegenüber Ex-Außenminister und Friedensnobelpreisträger Elihu Root den Sieg der Griechen über die Türken mit den Siegen der antiken Athener über die asiatische Despotie der Perser.[59] Von Massakern, Massenflucht und Vertreibung sprach dieser humanistisch gebildete Vertreter des Westens kein Wort. Als die Entente-Großmächte im Ersten Weltkrieg die Aufteilung des Osmanischen Reiches planten, wurden dieselben Argumente der „mörderischen Tyrannei" und Zivilisationsferne bemüht, um die Vertreibung („expulsion") der Türken zu motivieren – die nicht mehr allein eine Vertreibung aus Europa sein, sondern auch weite Teile Kleinasiens und des Nahen Ostens umfassen sollte.[60] Lord Bryce argumentierte 1916, die Gesamtbilanz der türkischen Herrschaft der letzten Jahrhunderte sei derart negativ, dass man den Türken nicht länger erlauben dürfe, Menschen anderen Glaubens zu beherrschen.[61] Frankreichs Premier Aristide Briand, ein späterer Friedensnobelpreisträger, forderte 1917 „die Befreiung der Bevölkerungen, welche der blutigen Tyrannei der Türken unterworfen sind, und die Entfernung des osmanischen Reiches aus Europa, weil es zweifellos der westlichen Zivilisation fremd ist".[62]

Der Gedanke, ethnoreligiöse Konflikte durch Vertreibung der muslimischen Konfliktpartei zu lösen, hatte sich schon während des griechischen Aufstands nach 1821 durchgesetzt. Die Militärintervention europäischer Großmächte entschied diesen Konflikt, auch wenn derselbe ein volles Jahrzehnt dauerte und die Osmanen zeitweilig darin die Oberhand gewannen. Letzteres war vor allem das Verdienst ihrer europäisch ausgebildeten ägyptischen Hilfstruppen, die 1824 den griechischen Aufstand auf Kreta niederschlugen, 1825 auf der Peloponnes (Morea) landeten und auch dort die Aufständischen zurückdrängten.[63] „Eine weitverbreitete Sage", die namentlich von der russischen Diplomatie verbreitet wurde, unterstellte deren Oberbefehlshaber, dem späteren ägyptischen Vizekönig Ibrahim Paşa, die Absicht, „alle Christen aus Morea nach Ägypten zu verpflanzen und sie mit Arabern zu ersetzen".[64] Das wäre ein klassischer Fall imperialer Deportation gewesen, wie er Osmanen und Russen vertraut war. Ein solcher Plan, falls es ihn gab, kam nie zur Ausführung, doch die Furcht davor war real.[65] Auf jeden Fall lieferte die erstmals vom russischen Botschafter in London, Fürst Christoph von Lieven, im Oktober 1825 geäußerte Behauptung, es gebe osmanisch-ägyptische Pläne, „die christliche Bevölkerung zu vertreiben", zu versklaven „und die betrof-

---

[59] Schurman, The Balkan Wars, S. 3 und S. 30.
[60] Fromkin, A Peace to End All Peace, S. 254.
[61] Fisher, James Bryce, Bd. 2, S. 143f.
[62] Schulthess' Europäischer Geschichtskalender 58.1917, Tbd. 2, S. 379.
[63] Schulz, Ein Sieg der zivilisierten Welt?, S. 198.
[64] Gervinus, Geschichte des Neunzehnten Jahrhunderts, Bd. 6, S. 67; zur Rolle Russlands: Rodogno, Against Massacre, S. 79f.
[65] Swatek-Evenstein, Geschichte der „humanitären Intervention", S. 90 und S. 106.

fenen griechischen Gebiete mit Muslimen neu zu besiedeln", ein „zivilisatorisches Argument", das der britische Außenminister George Canning als „Barbarisierungsthese" hervorragend als „Legitimationsgrundlage für die russisch-britische Kooperation" in Griechenland zu nutzen verstand.[66] Canning erklärte im Januar 1826 dem Botschafter in Konstantinopel, seinem Cousin Stratford Canning, die Kriegführung Ibrahims in der Morea habe eine völlig neue Qualität, auf die man reagieren müsse; Massaker, Versklavung und Zwangskonversion zielten ebenso auf eine Islamisierung Griechenlands wie die geplante Deportation der Christen („dispeopling of Christendom") und die Neuansiedlung von Muslimen. Vergeblich versicherte die osmanische Regierung, ein solcher Plan existiere nicht.[67]

Eine solche gewaltsame Bevölkerungsverschiebung realisierten nicht die Muslime, sondern die freiheitsliebenden Griechen und die sie unterstützenden Großmächte. Im April 1826 verständigten sich im St. Petersburger Protokoll Russland und Großbritannien darauf, Griechenland zu einem autonomen Staat unter Oberhoheit des Sultans zu machen – und dabei „eine völlige Trennung zwischen Menschen der beiden Nationen zu erreichen und Zusammenstöße zu verhindern, die zwangsläufig die Konsequenz eines Streits von so langer Dauer wären".[68] Diese Vereinbarung wurde vom Staatskanzler des Zaren, Graf Nesselrode, dem aus London angereisten Botschafter Fürst Lieven und vom britischen Sondergesandten, dem wegen seiner militärischen Siege über Napoleon berühmten Herzog von Wellington, unterzeichnet.[69] Dabei war der Passus entscheidend, dass „zum Zwecke der völligen Trennung der Nationen" einseitig allein „die Türken die griechischen Gebiete […] räumen" sollten.[70] Diese ursprünglich griechische Forderung nach Enteignung und Ausweisung aller Muslime machte sich im Londoner Vertrag vom 6. Juli 1827 neben Großbritannien und Russland auch Frankreich zu eigen.[71] Die drei Großmächte kamen überein, die Übereignung türkischen Privatbesitzes in Griechenland (gegen Entschädigung, die nie erfolgte) an „die Griechen" durchzusetzen, und bekräftigten dieses erstmals in der europäischen Geschichte verfolgte Ziel umfassender ethnoreligiöser „Säuberung" mit der Erklärung, man wolle eine „vollständige Trennung der Individuen beider Nationen" erreichen, um für die Zukunft gewaltsame Zusammenstöße zu vermeiden.[72] Dies wurde nicht nur mit den „Gefühlen der Humanität" begründet, sondern auch mit der Aufrechterhaltung der „Ruhe in Europa".[73]

---

66 Schulz, Ein Sieg der zivilisierten Welt?, S. 208f.
67 Rodogno, Against Massacre, S. 80f.
68 Mazower, Der Balkan, S. 188.
69 Schulz, Normen und Praxis, S. 92; Rodogno, Against Massacre, S. 81; Schulz, Ein Sieg der zivilisierten Welt?, S. 221.
70 Gervinus, Geschichte des Neunzehnten Jahrhunderts, Bd. 6, S. 185.
71 Schulz, Normen und Praxis, S. 92.
72 Ghillany, Diplomatisches Handbuch, Bd. 2, S. 390: „Pour opérer une séparation entière entre les individus des deux nations, et pour prévenir des collisions, suite inévitable d'un lutte aussi longue".
73 Rodogno, Against Massacre, S. 82.

Der österreichische Staatskanzler Fürst Metternich hat den Londoner Vertrag, der erstmals eine humanitär begründete Intervention gegen einen souveränen Staat legitimierte, erfolglos kritisiert.[74] Die Londoner Vertragspartner versuchten Mitte 1828 nicht nur, nach Ägypten verschleppte griechische Sklaven – notfalls durch Freikauf – in ihre Heimat zurückzuführen[75], sie autorisierten im Juli 1828 auch eine französische Militärintervention in der Morea, um das ägyptische Expeditionskorps zu vertreiben. Die Expeditionstruppen unter General Nicolas-Joseph Maison – einem späteren Marschall von Frankreich und Minister Louis Philippes[76] – hatten außerdem die Aufgabe, die „Wiederherstellung des Friedens in Europa" durch Zwangsaussiedlung aller noch dort lebenden muslimischen Zivilisten herbeizuführen. Da die Ägypter vertragsgemäß abzogen und die osmanischen Rest-Truppen den Franzosen kaum Widerstand entgegensetzten, wundert es nicht, wenn Nicolae Jorga über die muslimischen Zivilisten lapidar berichtet: „die türkischen Einwohner ließen sich ruhig nach Asien abführen".[77] Tatsächlich wurden im November 1828 etwa 2500 Muslime aus der Peloponnes auf französischen Schiffen ins kleinasiatische Smyrna „transferiert" – der Beginn einer internationalen Staatspraxis ethno-religiöser „Säuberung", die im Verlauf des 19. Jahrhunderts immer alltäglicher werden sollte.[78] Dieselbe Forderung besiegelte Russland nach seinem siegreichen Krieg gegen die Osmanen im Frieden von Adrianopel 1829 nochmals und weitete sie auf das spätere Rumänien (Moldau / Walachei) aus, wo allerdings kaum Muslime lebten.[79]

Diese Politik der Vertreibung war von den Griechen ausgegangen und von den europäischen Interventionsmächten zum Zwangstransfer ausgebaut worden. Doch auch die muslimische Seite war beteiligt. Es gab nicht nur Emigrationsdruck aus religiöser Überzeugung, da Muslime möglichst nicht unter nicht-islamischer Herrschaft leben sollten[80]; hinzu kamen Symbole des endgültigen Abschieds und Rückzugs, indem etwa Ibrahim Paşa im Februar 1828 beim Abzug seiner Armee aus der Hauptstadt der Morea, Tripolitsa, „unter Trompetenschall die Stadt dem Erdboden gleichgemacht und die Stätte mit Salz bestreut" hatte.[81] 1832 ließ Sultan Mahmud II. das gesamte Territorium des unabhängigen Griechenland von noch verbliebenen muslimischen Einwohnern räumen.[82]

Mit den Verträgen von 1826/27 wurde erstmals im Zusammenspiel dreier Großmächte eine Friedensregelung für den Balkan entwickelt, die ethnoreligiöse

---

[74] Swatek-Evenstein, Geschichte der humanitären Intervention, S. 51 und S. 96.
[75] Schulz, Ein Sieg der zivilisierten Welt?, S. 332.
[76] Ebenda, S. 70.
[77] Jorga, Geschichte des Osmanischen Reiches, Bd. 5, S. 340.
[78] Rodogno, Against Massacre, S. 85 und S. 300, Anm. 65, damit die vergessenen Ergebnisse einer Studie von Vernon John Puryear aus dem Jahre 1941 aufgreifend.
[79] Gervinus, Geschichte des Neunzehnten Jahrhunderts, Bd. 6, S. 289; Sax, Geschichte des Machtverfalls der Türkei, S. 239; Schulz, Ein Sieg der zivilisierten Welt?, S. 367.
[80] Lewis, Der Untergang des Morgenlandes, S. 55.
[81] Gervinus, Geschichte des Neunzehnten Jahrhunderts, Bd. 6, S. 441.
[82] Schulz, Normen und Praxis, S. 93 und S. 100; zum Kontext der osmanischen Reichskrise: Darwin, After Tamerlane, S. 213.

Konflikte durch einseitige Zwangsaussiedlung einer Bevölkerungsgruppe lösen wollte. Der liberale deutsche Historiker Gervinus sprach nur die Grundhaltung der europäischen Öffentlichkeit aus, wenn er 1862 – zum Zeitpunkt einer weiteren Zwangsaussiedlung von Muslimen aus Belgrad – mit Blick auf Griechenland bemerkte, „daß nach diesem entsetzlichen Kampfe, dieser Wuth des Widerstandes, […] dieser Unversöhnlichkeit gegen den Unterdrücker an ein friedliches Zusammenleben dieser Stämme nie mehr zu denken war!"[83] Mit derselben Begründung wurde 1945 die Vertreibung von bis zu fünfzehn Millionen Deutschen aus Ostdeutschland und Osteuropa motiviert, die angeblich mit ihren slawischen Nachbarn nicht mehr zusammenleben könnten. Ähnlich wie das Modell von Lausanne im frühen 20. Jahrhundert setzte sich das Trennungskonzept des Londoner Vertrages von 1827 als Politikmodell für den Balkan im 19. Jahrhundert allerdings nicht bruchlos durch, wie das spätere Verhalten der Großmächte im Kreta-Konflikt von 1866/69 belegt, in dem sie sich für eine Absicherung der multiethnischen Struktur der Insel entschieden und von anderweitig praktizierten „Säuberungs"-Konzepten abkehrten.[84] Dennoch prägte das ursprüngliche griechische „Säuberungs"-Modell der 1820er Jahre die Zukunft, indem es ethnisch motivierte Vertreibungen während eines Krieges oder Bürgerkrieges in systematische Friedenspolitik durch Zwangstransfers nach Kriegsende transformierte. Seltsamerweise kam dabei niemand auf die Idee, die Begründung dieser „Säuberung" – Konfliktprävention durch Entfernung einer Konfliktpartei wegen unmöglich gewordenen Zusammenlebens – mit der Tatsache zu konfrontieren, dass die große Mehrheit der Griechen weiterhin im Osmanischen Reiche leben und mit den dort herrschenden Muslimen weiter zusammenleben würde. Doch auch der Sultan, an der Wirtschaftskraft seiner griechischen Untertanen interessiert, forderte deren Zwangsaussiedlung nach Griechenland nicht. So umfasste der unabhängige hellenische Nationalstaat mit seinen nach dem Bürgerkrieg nur noch 800 000 Einwohnern ein Viertel, bestenfalls ein Drittel der gesamten griechischen „Nation".[85]

Die dauerhafte Vertreibung der Muslime war ein Hauptziel des griechischen Aufstandes von Anfang an. Selbst als die Sache der Rebellen ungünstig stand, gewannen westliche Diplomaten „den Eindruck, daß sich alle Griechen jetzt willig [dem Sultan] wieder unterwerfen würden, wenn man ihnen nur verbürgte, daß die Moslimen ihren Boden räumten".[86] Damit ist ein zentrales Motiv für ethnische „Säuberung" benannt – die gewaltsame Umverteilung von Eigentum, insbesondere von Grundbesitz. Schon beim serbischen Aufstand war 1806 ein Vertrag zwischen dem Serbenführer Karadžordže und Sultan Selim III. zustande gekommen, mit dem die Serben durchsetzten, dass den türkischen Grundbesitzern, den „Spahis", „die Rückkehr auf immer verboten werden sollte".[87] Auch der griechi-

---

[83] Gervinus, Geschichte des Neunzehnten Jahrhunderts, Bd. 6, S. 227.
[84] Rodogno, Against Massacre, S. 126.
[85] Armour, A History of Eastern Europe, S. 162.
[86] Gervinus, Geschichte des Neunzehnten Jahrhunderts, Bd. 6, S. 227.
[87] Jorga, Geschichte des Osmanischen Reiches, Bd. 5, S. 158.

sche Aufstand auf Kreta in den 1890er Jahren hatte weniger ethnische oder rassische Motive (da Muslime und Christen überwiegend derselben griechischen Abstammung waren), sondern religiöse und soziale Konfliktursachen – die Muslime verfügten über den Großteil des Eigentums.[88] Auch für die aufständischen Festland-Griechen ab 1821 waren Vertreibung und Enteignung der muslimischen Feudalherren wichtig: Der britische Historiker George Finlay berichtete 1861 von einer Begegnung mit einem alten griechischen Bauern, der ihm angesichts einer Ruine erklärt habe, dies sei die Burg des Grundbesitzers Ali Aga gewesen, der 1821 zusammen mit Harem und Sklaven von ihm und anderen Griechen erschlagen worden sei. Daraufhin habe der alte Bauer ruhig den Acker weiter gepflügt, den er durch Ermordung des früheren Besitzers gewonnen hatte. Finlay kommentierte, dieses Verbrechen sei das Verbrechen einer ganzen Nation, folglich müsse es das Gewissen der gesamten Nation belasten, ebenso wie alle Zeichen von Reue von der Nation ausgehen müssten.[89]

In den 1820er Jahren waren aus Serbien rund 15 000 Muslime vertrieben worden oder unter Druck abgewandert; die anti-muslimische „Säuberung" im aufständischen Griechenland führte gleichzeitig zur Ermordung, Flucht, Vertreibung oder Zwangsaussiedlung von insgesamt rund 100 000 Muslimen. Diese Dimensionen gemahnten an Abwanderung oder Flucht von rund 80 000 Krimtataren nach der russischen Annexion ihrer Heimat 1784/85, aber auch an die Flucht oder Zwangsmigration von rund 130 000 griechischen und armenischen Christen aus Persien und dem Osmanischen Reich nach Russland während der Kriege zwischen diesen Imperien in den Jahren 1828 bis 1830.[90] Der preußische Diplomat Friedrich Eichmann glaubte, nur weil in Hellas und auf dem Peloponnes die Türken nicht die Bevölkerungsmehrheit, sondern lediglich kleine Einsprengsel gestellt hätten, sei es „möglich gewesen, dass nach der Revolution jede Spur der türkischen Bevölkerung aus dem Königreich Griechenland entschwunden ist".[91] Er ahnte noch nicht die Möglichkeiten künftiger moderner Vertreibungspolitik. Die Zwangsmigrationen muslimischer Tataren und Tscherkessen aus der russischen Krim und dem russischen Kaukasus betrafen in den 1850er und 1860er Jahren bereits weit über eine halbe Million Menschen. Dieselbe Größenordnung erreichten wenig später die Flucht und Vertreibung der muslimischen Zivilbevölkerung aus Bulgarien im Russisch-Osmanischen Krieg von 1877/78, von der 515 000 Menschen betroffen gewesen sein sollen. Parallel dazu erfolgten Zwangsmigrationen von je 70 000 Muslimen aus dem durch denselben Krieg vergrößerten Serbien und aus dem russischen Kaukasus. Insgesamt waren in dieser Frühphase moderner ethnischer „Säuberungen" auf dem Balkan, der Krim und in der Kaukasus-Region zwischen 1784 und 1878 über 1,4 Millionen Menschen von

---

[88] Rodogno, Against Massacre, S. 219 und S. 223.
[89] Finlay, History of the Greek Revolution, Bd. 1, S. 172; vgl. ferner McCarthy, Death and Exile, S. 10.
[90] Ferrara / Pianciola, L' Età delle Migrazioni Forzate, S. 57 und S. 61, wobei in der resümierenden Statistik die Muslime Griechenlands nicht mit aufgelistet werden.
[91] Eichmann, Die Reformen des Osmanischen Reiches, S. 41 und S. 48.

Zwangsmigrationen betroffen, die überwältigende Mehrheit davon Muslime, die wiederum zumeist (1,2 Millionen Menschen) in den fünfzehn Jahren zwischen 1853 und 1878 vertrieben worden waren.[92]

Im später unabhängigen Griechenland hatte sich während des Bürgerkrieges die Bevölkerungszahl von 939 000 Menschen im Jahre 1821 auf 753 000 im Jahre 1828 verringert.[93] Zugleich lebten im Königreich Griechenland 1832 aber nur 800 000 von zweieinhalb Millionen Griechen.[94] Seither bewirkte jede Expansion Griechenlands – ähnlich wie im Parallelfall Serbiens – wiederum die Flucht oder Vertreibung von Muslimen. Statt alte Konflikte zu lösen, generierte das ethnonationale Homogenitäts-Konzept fortlaufend neue. Besonders krisenhaft, da unter stets wechselnden Machtverhältnissen, verlief die Entwicklung auf Kreta, das zwischen 1821 und 1912 zwischen Griechen und Türken umkämpft blieb. Der Kreta-Konflikt war nur scheinbar regional begrenzt, denn die Flüchtlinge beider Seiten verbreiteten Gewalterlebnisse und Revanchestimmungen. Viele Muslime – überzeugt, auf Kreta nicht mehr mit Griechen zusammenleben zu können – emigrierten nach Smyrna und trafen dort auf neue griechische Nachbarn. Kreta-Flüchtlinge wandten sich nach Selanik (Saloniki), der Geburtsstadt Atatürks, das 1912 unter Mitwirkung griechischer Gendarmen aus Kreta von Griechenland erobert wurde[95] – sieben Jahre, bevor die Griechen auch Smyrna besetzten. Atatürk sollte nie vergessen, dass in Selanik – wo Mutter und Schwester 1912 noch lebten – „schmutzige griechische Soldatenstiefel" über das Grab seines Vaters „trampelten". Der Kreislauf der Gewalt kulminierte zwischen 1922 und 1924 in der Vertreibung aller kleinasiatischen Griechen und der Zwangsaussiedlung vieler Muslime aus Griechenland.[96]

Die christlichen Opfer der ethnoreligiösen Konflikte auf dem Balkan und in Kleinasien sind in Europa bekannter als ihre muslimischen Leidensgenossen. Der Österreicher Carl von Sax verwies 1913 auf den Widerspruch, dass die Balkanmuslime unter der Parole „Der Balkan den Balkanvölkern!" getötet oder vertrieben worden seien, als ob nicht auch „die Türken seit mehr als sechshundert Jahren ebenfalls zu den Balkanvölkern" gehört hätten.[97] Das war der Hintergrund für den schäbigen Versuch des jungtürkischen Führers Cemal Paşa, den türkischen Genozid an den Armeniern durch den Hinweis zu relativieren, dass zur selben Zeit Russen und Armenier über 1,5 Millionen Türken und Kurden getötet hätten. Ohne Cemals Aufrechnungsversuch zu folgen, sollte dessen polemische Frage dennoch nachdenklich stimmen, ob die ermordeten „Türken und Kurden in den Augen der Menschheit [...] nicht mehr Wert als Fliegen besitzen?"[98] Die europäische Politik und Öffentlichkeit hat eine lange Tradition der Einäugigkeit

---

[92] Ferrara / Pianciola, L' Età delle Migrazioni Forzate, S. 61.
[93] Osterhammel, Die Verwandlung der Welt, S. 215.
[94] Schulz, Normen und Praxis, S. 101.
[95] Mach, Briefe aus dem Balkankriege, S. 119–121.
[96] Lieven, Empire, S. 153; Mazower, Salonica – City of Ghosts, S. 345f; Hanioglu, Atatürk, S. 27f.
[97] Sax, Nachtrag zur Geschichte des Machtverfalls der Türkei, S. 650 und S. 652f.
[98] Djemal Pascha, Erinnerungen eines türkischen Staatsmannes, S. 359.

aufzuweisen, durch welche christliche Opfer muslimisch-türkischer Gewalt einseitig beklagt, muslimische Opfer christlicher Gewalt einseitig missachtet wurden.[99] Man wird stets *alle* Opfer in den Blick nehmen müssen – und damit auch die verschärfende Wechselwirkung von Gewalteskalationen. Nach heutigen Schätzungen dürften zwischen 1821 und 1922 etwa 5,5 Millionen muslimische Einwohner der europäischen Gebiete des Osmanischen Reiches getötet, vertrieben oder infolge von Fluchtstrapazen gestorben sein.[100] Dies war eine gewaltige ethnische „Säuberung".[101] Allerdings erfolgte diese nicht auf einen Schlag, sondern schrittweise, regional begrenzt und von Friedenszeiten unterbrochen – was sie für viele unkenntlich machte, bis die Balkankriege 1912/13 der Weltöffentlichkeit diese ethnische „Säuberung" schlagartig und unübersehbar vor Augen führten.

Bereits 1875 löste die osmanische Repression eines Christenaufstandes in Bosnien massenhafte Fluchtbewegungen aus – ebenso wie 1877 der russische Einmarsch in das osmanische Bulgarien. In Bosnien und der Herzegovina war 1875, gleichzeitig mit dem bulgarischen Aufstand, eine Rebellion der christlichen Bevölkerung gegen die Osmanen ausgebrochen. Im September 1875 befanden sich 30 000 christliche Flüchtlinge aus der Herzegovina im benachbarten Montenegro, wo sie durch die Großmacht Österreich-Ungarn mit Ärzten und Lebensmitteln versorgt wurden.[102] Im Frühjahr 1876 glich die österreichische Hafenstadt Ragusa (Dubrovnik) einem bosnischen „Insurgentenheerlager", wobei dieser zeitgenössische Begriff indiziert, dass es sich bei den Flüchtlingen nicht nur um hilflose Zivilisten handelte, sondern auch um bewaffnete Banden, die in „Massenflucht" vor dem osmanischen Militär über die Grenze gegangen waren.[103] Im April 1876 verhandelte der österreichische Statthalter von Dalmatien, Baron Rodich, erfolglos mit den Flüchtlingen über Rückkehr. Die Anführer machten die Umverteilung namentlich von Land in ihrer Heimat zur Bedingung.[104]

Seit August 1876 wurde der Bürgerkrieg in Bosnien vom Staatenkrieg ergänzt, indem Serbien den Aufständischen zu Hilfe kam. Türkische Truppen marschierten in Serbien ein und lösten dort eine panische Massenflucht aus, so dass die Osmanen menschenleere Grenzstädte besetzten.[105] Ähnliche Erfahrungen wurden auch später – etwa im osmanisch-griechischen Krieg 1897 – gemacht, als die griechische Bevölkerung Thessaliens vor der osmanischen Armee die Flucht ergriff. Benjamin Lieberman erkennt darin eine vom Kreislauf der Gewalt erzeugte Dynamik von Flucht und „Säuberung".[106]

---

[99] Rodogno, Against Massacre, S. 28.
[100] Mann, The Dark Side of Democracy, S. 113f.; ausführlich: McCarthy, The Ottoman Peoples, und McCarthy, Death and Exile.
[101] Hupchik, Bulgaria's „Turks", S. 143.
[102] Schulthess' Europäischer Geschichtskalender 16.1875, S. 489.
[103] Sosnosky, Die Balkanpolitik Österreich-Ungarns, Bd. 1, S. 148.
[104] Schulthess' Europäischer Geschichtskalender 17.1876, S. 485f. und S. 489.
[105] Ebenda, S. 516 und S. 535.
[106] Lieberman, Terrible Fate, S. 35.

In der Balkankrise der Jahre 1875 bis 1878 waren auch Serben, Kroaten, Griechen und Bulgaren von Massenflucht betroffen, doch am härtesten traf es – bedingt durch den Kriegsausgang – etliche Balkanmuslime. Mit dem Eingreifen Russlands 1877 wendeten sich die Machtverhältnisse. Im Umfeld der verlustreichen Schlacht um die osmanische Festung Plevna, die im Dezember 1877 kapitulierte, sahen russische Soldaten türkische Männer, Frauen und Kinder stumm im Straßenstaub sitzen – Flüchtlinge aus Bauerndörfern, die in einem osmanischen Fort Schutz gesucht hatten, um der Rache der Bulgaren zu entgehen.[107] Bis zu 300 000 Balkanmuslime wurden während des russischen Vormarsches durch Soldaten des Zaren und bulgarische Milizionäre getötet, „eine noch viel größere Zahl heimatlos" gemacht.[108] Nach Beobachtungen deutscher Diplomaten handelte es sich bei den Flüchtlingen fast ausschließlich um Frauen, Kinder und alte Männer, die während des Winters in Lebensgefahr gerieten. Die Fluchtbewegung ging in Richtung der Eisenbahnlinien, um rascher zu entkommen, doch waren die Waggons völlig überfüllt, ein Kampf aller gegen alle setzte ein, Familien wurden auseinandergerissen. Die Fluchtwelle löste weitere aus: Nicht nur von Westen, auch vom Marmarameer östlich der Front flohen Muslime aus Angst vor den Russen, ferner nichtmuslimische Oberschichten aus Angst vor der Rache muslimischer Flüchtlinge. Nach langem Nichtstun organisierte die osmanische Regierung Transporte nach Brussa, Smyrna oder Gallipoli, da die Hauptstadt Konstantinopel von Flüchtlingen überfüllt und von Seuchen bedroht war. Da an den meisten Orten für Versorgung und Unterbringung nichts vorbereitet war, wurden häufig Einwohner (Christen) durch Flüchtlinge bedroht, wobei sich Tscherkessen als besonders gefährlich erwiesen.[109]

Zum ersten Mal seit der türkischen Eroberung Konstantinopels 1453 musste sich die Metropole des Osmanenreiches mit dem Anblick von Flüchtlingskolonnen vertraut machen. Bis dahin war Migration, sei es kriegsbedingte Flucht aus Grenzprovinzen oder die Aussiedlung von Muslimen aus verlorenen Gebieten, ein als „normal" betrachtetes Phänomen, das sich an entlegenen Peripherien abspielte. Die Erfahrung des Russisch-Türkischen Krieges von 1877/78 änderte die Wahrnehmung grundlegend: Flüchtlingsbewegungen wurden seither als „abnormal und traumatisch" betrachtet. Die Erfahrung der gravierenden Not der muslimischen Balkanflüchtlinge – Flüchtlinge aus dem Kaukasus wurden hingegen von der osmanischen Elite kaum wahrgenommen – prägte die Erinnerung jener Generationen, die nach 1920 zur Führungselite der Türkischen Republik aufsteigen sollten. Die Hilflosigkeit der am Hauptstadtbahnhof Sirkeci eintreffenden Flüchtlinge, das Zittern und Stöhnen der Kinder, das Flehen ihrer Mütter um Hilfe und die Hoffnungslosigkeit der Kranken und Alten wurden zum Thema in der Presse der osmanischen Hauptstadt.[110] Die Flüchtlinge trafen in modernen Eisenbahn-

---

[107] Tcharykow, Glimpses of High Politics, S. 120.
[108] Osterhammel, Die Verwandlung der Welt, S. 217.
[109] Raschdau, Ein sinkendes Reich, S. 126 f. und S. 130 f.
[110] Boyar, Ottomans, Turks and the Balkans, S. 130 f.

waggons, aber auch auf archaischen Ochsenkarren ein. Eine riesige Zeltstadt befand sich vor der Kaiserresidenz, deren Moscheen zu Flüchtlingslagern wurden. Rund 300 000 Balkanflüchtlinge passierten Konstantinopel und wurden meist nach Anatolien weitergelenkt.[111] Der deutsche Diplomat Ludwig Raschdau beschrieb die Folgen dieser „Massenaustreibung":

> „Der Zustand, in dem die Flüchtigen in Konstantinopel ankamen, war unsagbar. Allen, die damals in der Hauptstadt gelebt […] haben, wird der Anblick unvergeßlich bleiben. Die meisten, namentlich während der großen Kälte, trafen mehr tot als lebendig ein. Nicht wenige wurden als Leichen aus den Wagen heraus getragen, Frauen hielten noch ihre Kleinen in den Armen, denen der Todesengel bereits sein Zeichen auf die bleiche Stirn gedrückt, andere wurden sofort den Ärzten übergeben, um durch Amputation ihrer erfrorenen Gliedmaßen ihr Leben zu retten, Weiber, die unterwegs niedergekommen waren, wurden mit Mühe herausgeschafft, vielleicht nur um an einem anderen Fleck zugrunde zu gehen."

Raschdau schilderte die provisorische Unterbringung in Moscheen, Kasernen und Schulen. Der deutsche Diplomat würdigte die Organisationsleistung der Regierung, deren Erfolg den europäischen Beobachtern ein Rätsel geblieben sei. Raschdau schätzte die Gesamtzahl der Flüchtlinge auf mindestens 500 000, der österreichische Konsul in Adrianopel, Carl von Sax, sprach von einer Million. Der britische Konsul in Philippopel (Plovdiv) meldete, dass von 300 000 vor dem Krieg dort lebenden Türken nur 15 000 zurückgeblieben seien. Raschdau kommentierte später rückblickend:

> „Das darf so gut eine Völkerwanderung genannt werden, wie jene Ereignisse, die im dritten und vierten Jahrhundert unserer Zeitrechnung einen Wendepunkt in der Weltgeschichte bedeuten. […] Aber dieses Mal bedeutete der Zug keine einschneidende Tat in der Entwicklung der Völker. Er hat schon auf die Zeitgenossen keine erheblichere Wirkung geübt, heute [1934] ist das Ereignis fast schon vergessen. […] Für die Weltgeschichte hat der Vorgang gleichsam eine nur negative Bedeutung; er war ein weiteres Moment in der unerbittlichen Entwicklung, die sich seit einem Jahrhundert vollzieht, der Ausweisung der Türken aus Europa."[112]

Nach Kriegsende 1878, das mit erheblichen Gebietsverlusten auf dem Balkan verbunden war, musste das Osmanische Reich eine halbe Million Flüchtlinge dauerhaft unterbringen.[113] Denn ein Drittel der 1,5 Millionen muslimischen Flüchtlinge vom Balkan blieb endgültig vertrieben.[114] Zuvor waren zwischen 1876 und 1878 allein in Bulgarien 260 000 Muslime getötet worden oder an Krankheit und Hunger zugrunde gegangen, weitere 500 000 geflüchtet oder vertrieben worden. Diese fanden sich als „Muhadjirs" (muhacirs, Flüchtlinge) im osmanischen Thrazien und Anatolien wieder.[115] Die multiethnische Bevölkerung Konstantinopels verdoppelte sich durch muslimische Balkanflüchtlinge.[116] Seither gab es tscherkessische, tatarische oder lasische Flüchtlinge im ganzen Reich – von Kleinasien bis Palästina.[117] Viele Vertriebene schürten den Hass auf die im verkleinerten

---

[111] Mansel, Constantinople, S. 305.
[112] Raschdau, Ein sinkendes Reich, S. VI und S. 128 f.
[113] Osterhammel, Die Verwandlung der Welt, S. 217; Toumarkine, Les Migrations, S. 29.
[114] Levene, Genocide in the Age of the Nation State, Bd. 2, S. 313.
[115] Hupchik, Bulgaria's „Turks", S. 145.
[116] Hoerder, Cultures in Contact, S. 448.
[117] Levene, Genocide in the Age of the Nation State, Bd. 2, S. 315.

Reich lebenden christlichen Minderheiten – und die Furcht vor Aufständen dieser Christen, besonders in Kollaboration mit dem verhassten Russland.

Zugleich fanden durch die Kriegs- und Vertreibungserfahrung ethnische „Säuberungs"-Pläne in der osmanischen Elite Anklang. Als der Gouverneur der Balkanmetropole Selanik, des späteren Saloniki, 1878 einen Aufstand der griechischen Bevölkerung zugunsten der Russen befürchtete, drohte er härteste Vergeltungsmaßnahmen an. Der britische Konsul bemerkte, der Pascha gehöre zu einer türkischen Partei, die überzeugt sei, dass die Nationalitätenkonflikte im Osmanischen Reich nur durch Vernichtung oder zumindest Entfernung („expatriation") aller Christen aus den europäischen Provinzen gelöst werden könnten – bei gleichzeitiger Neuansiedlung von Tscherkessen und muslimischen Kolonisten aus Asien.[118]

Russland wiederum forderte 1878 die Zwangsaussiedlung aller noch in Bulgarien verbliebenen Muslime.[119] Auch die osmanische Regierung begann den Gedanken ethnoreligiöser „Säuberung" zu akzeptieren und in ein bilaterales Transfer-Projekt umzuformen. Die Regierung des neuen Sultans Abdul Hamid II. schlug 1878 den „Austausch türkischer und bulgarischer Einwohnerschaft" vor, als es um Errichtung eines autonomen Bulgarien und einer halbautonomen Provinz Ostrumelien ging. Die osmanische Regierung rechnete offenbar nicht damit, dass Muslime in diesen Gebieten noch eine Zukunft hätten und wollte parallel bulgarische Minderheiten aus osmanisch beherrschten Nachbargebieten entfernen. Damals wurde diese Transfer-Idee noch „zurückgewiesen".[120] Stattdessen setzten die Großmächte auf dem Berliner Kongress 1878 durch, dass Bulgarien mehrere tausend geflüchtete Muslime wieder aufnehmen müsse – was 1880 unter Druck tatsächlich geschah.[121] Insofern stimmt es nicht ganz, dass europäische Muslime unter den Großmächten „keine Lobby" gehabt hätten.[122]

Der elende tägliche Tod von Hunderten in den Aufnahmelagern bei Konstantinopel bestimmte die Großmächte, sich für die Rückführung einzusetzen. Doch diese verlief zäh: Russland, in Bulgarien Besatzungsmacht, erklärte sich dazu nur bereit, falls das Osmanische Reich die Finanzmittel bereitstellen würde, wozu dieses aber nicht in der Lage war. Außerdem wollten viele Flüchtlinge in ihre unter christlicher Herrschaft stehende Heimat gar nicht zurück und wurden darin von der osmanischen Presse bestärkt.[123] In Bulgarien und Ostrumelien waren verdrängte muslimische Bauern durch bulgarische Neusiedler ersetzt worden. In Vidin wurden tatarische Bauern, die das osmanische Regime in den 1860er Jahren als Umsiedler aus Russland dort angesiedelt hatte, nach Inkrafttreten der Autonomie 1878 sofort vertrieben.[124] Diese Tataren waren in Bulgarien ebenso verhasst,

---

[118] Mazower, Salonica – City of Ghosts, S. 178.
[119] Die Große Politik der europäischen Kabinette, Bd. 2, S. 195.
[120] Mazower, Der Balkan, S. 189.
[121] Sax, Geschichte des Machtverfalls der Türkei, S. 461f.
[122] So jedoch Ther, Die dunkle Seite der Nationalstaaten, S. 41.
[123] Raschdau, Ein sinkendes Reich, S. 179f.
[124] Palairet, The Balkan Economies, S. 184f.

wie sie selbst die dortigen Christen ablehnten, seit sie durch die Russen zur Abwanderung aus ihrer kaukasischen Heimat gezwungen worden waren.[125] Rund 300 000 bis 400 000 Tataren und Tscherkessen waren damals ins Osmanische Reich ausgewandert und primär in Bulgarien und Mazedonien angesiedelt worden.[126] Die dortigen Christen hatten erlebt, dass sie teils durch Regierungserlasse, teils durch Willkür der Neuankömmlinge aus ihren Dörfern verjagt wurden, während die muslimischen Flüchtlinge Häuser und Land okkupierten. Tausende von Christen waren nach Rumänien oder Serbien geflüchtet, wo sie Partisanengruppen bildeten und seit dem bulgarischen Aufstand von 1876 Rache übten.[127] Umgekehrt hatten sich 50 000 Pomaken, islamisierte Bulgaren, vor den Russen und christlichen Milizen ins Gebirge geflüchtet und ihrerseits den Kampf aufgenommen.[128] Der Historiker Ibrahim Rafet gab 1913 zu, dass die osmanische Regierung sich nur dadurch zu helfen gewusst habe, Tscherkessen und Pomaken zum Angriff gegen die bulgarischen Komitadschis zu bewegen, wodurch der Balkan von Blut überflutet worden sei.[129] Bis 1878 eskalierte der Konflikt in wechselseitigen Ausrottungs- und Vertreibungsversuchen. Es gab „Bulgarian Horrors" sowohl *an* Bulgaren als auch *von* Bulgaren, doch beklagte die europäische Öffentlichkeit überwiegend nur die christlichen Opfer, während osmanische Autoren allein die muslimischen Opfer in den Blick nahmen.[130]

Großbritannien allerdings war tief gespalten zwischen proslawisch-humanitären und protürkisch-realpolitischen Lagern. Als die liberale Opposition die muslimischen Massaker an Bulgaren anprangerte und namentlich das muslimische Kaukasusvolk der Tscherkessen als Täter anklagte, erinnerte der konservative Premier Disraeli in der Unterhausdebatte vom Juli 1876 daran, dass man diese Tscherkessen nur wenige Jahre zuvor noch mitfühlend als Vertreibungsopfer der Russen oder als tapfere Bundesgenossen der Briten im Krimkrieg betrachtet habe. Diese Tscherkessen seien keine Söldner des Sultans, sondern verteidigten sich in Bulgarien gegen Angriffe christlicher Partisanen, die ihre Dörfer plünderten und verwüsteten. Von Tscherkessen verübte Grausamkeiten gab Disraeli zu, entschuldigte diese jedoch mit deren geringen Zivilisationsgrad.[131] Demgegenüber erhob der liberale Oppositionsführer William Gladstone scharfe Anklagen gegen die Bulgarenmassaker der Muslime und erklärte in seinem berühmten Pamphlet über die „Bulgarian Horrors", die einzige Lösung zur Beendigung der Gewalttaten der

---

[125] McCarthy, Death and Exile, S. 17.
[126] Ebenda; Glenny, The Balkans, S. 96; Osterhammel, Die Verwandlung der Welt, S. 215, nennt die Zahl von 200 000.
[127] Glenny, The Balkans, S. 96.
[128] Raschdau, Ein sinkendes Reich, S. 180f.
[129] Boyar, Ottomans, Turks and the Balkans, S. 102.
[130] Zur westlichen Einseitigkeit: Lieberman, Terrible Fate, S. 17f. und S. 22f., sowie Keisinger, Unizivilisierte Kriege im zivilisierten Europa?, S. 82–92; diese Einseitigkeit wurde von osmanischen Intellektuellen gerügt, die jedoch ihrerseits die Bulgaren zu Barbaren abstempelten und nur die muslimischen Opfer in Bulgarien oder später auf Kreta schilderten; vgl. Boyar, Ottomans, Turks and the Balkans, S. 101f. und S. 108f.
[131] Rodogno, Against Massacre, S. 148 und S. 152.

Türken sei, die Türken selbst zu entfernen – „by carrying off themselves". Gladstone bezog seine berüchtigte Forderung, die Türken „one and all, bag and baggage" hinauszuwerfen, offenbar auf Träger der osmanischen Herrschaft und auf jene Provinz, die das spätere Bulgarien bilden sollte; doch in der britischen Öffentlichkeit wurde sein Aufruf als allgemeine Vertreibungsforderung verstanden, was von Gladstone zwar dementiert, von anderen prominenten Liberalen wie dem Herzog von Argyll jedoch ebenso öffentlich weitervertreten wurde.[132]

Der Berliner Kongress beschloss im Juli 1878, eine Großmächte-Kommission zu bilden, welche für das Rhodope-Gebiet (Thrazien) die Zahl der (rund 150 000) Flüchtlinge, deren Fluchtursachen und die Möglichkeiten der Abhilfe (Rückkehr) klären sollte. Das Projekt der Flüchtlingsrückführung hatte dabei in erster Linie keine humanitären Motive, sondern diente der Stabilisierung der von Flüchtlingen überfüllten semi-autonomen Provinz Ostrumelien und damit der ganzen Kompromisslösung des Berliner Friedens. Davide Rodogno gibt zu bedenken, dass die Mächte, hätten sie eine effektive Rückführung der Flüchtlinge gewünscht, der Kommission exekutive Befugnisse hätten geben müssen; da diese fehlten, habe die Kommissionspolitik durch die russische Militärverwaltung und die Gegenwehr der christlichen Bevölkerungsmehrheit sabotiert werden können.[133] In der Tat: Kaum war die Kommission vor Ort eingetroffen, erklärte der russische Generalgouverneur Fürst Dondukov-Korsakov „entschieden, daß eine Rückkehr der Flüchtlinge in ihre Heimatorte von den russischen Behörden nur von Fall zu Fall [...] gestattet werden würde". Der „Haß zwischen Türken und Bulgaren" sei zu groß, die bulgarische Polizei würde die Rückkehrer nicht schützen können, außerdem müssten Rückkehrer erst seuchenpolizeilich kontrolliert werden und ihre Waffen abgeben. Die Blockadeabsicht war evident.[134] Als die Kommission Flüchtlinge vernahm und damit als Vorläuferin der bekannteren Carnegie-Kommission von 1913 agierte, hörte sie immer wieder die Beschuldigung, dass die Vertreibung von der russischen Armee ausgegangen sei, während die Muslime darauf beharrten, mit den Bulgaren „in Frieden und Freundschaft gelebt" zu haben. Ludwig Raschdau, deutscher Vertreter in der Untersuchungskommission, fasste zusammen:

„Der Sprecher fast jeder vor uns erscheinenden Gruppe erging sich [...] in Schilderungen schrecklicher Mißhandlungen, die ohne Ausnahme von russischen Soldaten begangen sein sollten. Die Massen, die wir hier um Xanthi sahen, hatten danach alle einen ihrer nächsten Angehörigen oder auch mehrere [...] verloren, und zwar nicht sowohl auf dem Schlachtfeld, als durch feigen Mord. Einer der ersten, der aussagte, war ein gewisser Abdullah aus einem Dorfe nahe bei Philippopel. Er erzählte, wie er zur Zeit des Einmarsches der Russen in diese Hauptstadt durch den Ort Karlowa gekommen sei; dort habe er gesehen, wie dreiundachtzig seiner Landsleute von den Russen ergriffen und enthauptet worden seien. In einem andern Orte seien etwa zwanzig Bauern von russischen Soldaten erschlagen und sieben junge Mädchen fortgeführt worden. Diese Vorgänge haben, so erklärte er, uns bewogen, unser Dorf zu verlassen. Er sei mit fünfzehn

---

[132] Rodogno, Against Massacre, S. 155; Blake, Disraeli, S. 598; Shannon, Gladstone – Heroic Minister, S. 174.
[133] Rodogno, Against Massacre, S. 167.
[134] Raschdau, Ein sinkendes Reich, S. 223–228.

Familienmitgliedern geflohen; von ihnen sei nur dreien die Flucht geglückt, seine zwei Töchterchen hätte er auf seinem Rücken gerettet. Die Gruppe stimmte in die Klagen des Sprechers ein; die Leute bestätigten das Morden und Plündern, die Notzucht und Erpressung durch die russische Soldateska. Sie könnten nimmermehr in ihre Heimat zurückkehren, solange die Russen dort die Herrschaft führten; erst müsse die türkische Regierung wiederhergestellt werden."[135]

Der russische Delegierte Alexander von Basily bestritt die Glaubwürdigkeit solcher Zeugenaussagen und drohte, durch seine Abreise die Kommission zu sprengen. Raschdau unterstützte den Einspruch, doch die Mehrheit sah kein generelles Glaubwürdigkeitsproblem und setzte die Vernehmungen fort. Daraufhin zog sich Russland tatsächlich zurück, und wenig später zerbrach die Kommission, ohne konkrete Resultate erreicht zu haben. Laut Raschdau waren zwar diverse Vorschläge zur Rückführung von 250 000 Flüchtlingen erörtert worden, doch deren Verwirklichung sei ebenso an der Weigerung der Osmanen gescheitert, die Rückkehr mitzufinanzieren, wie an der Weigerung der Russen, diese Rückkehr zuzulassen. Nach Einschätzung des Deutschen hatte diese russische Blockade sicherheits- und gesundheitspolitische Motive, war jedoch ebenso Konsequenz der „unzweifelhaft verfolgten Politik", in Bulgarien „den slawischen Charakter der Bevölkerung möglichst einheitlich zu gestalten". Wenig später machte auch eine internationale Kommission für Ostrumelien die Erfahrung, dass die dort kommandierenden russischen Generäle Todleben, Dondukov und Stolypin das Ziel verfolgten, „das türkische Element aus dem Lande zu verjagen".[136]

Als diese Ostrumelien-Kommission im November 1878 die „Repatriirung der muhamedanischen Flüchtlinge" beschloss, entstand heftige Aufregung unter den Bulgaren, „die sich inzwischen ihrer Güter bemächtigt" hatten. Die geplante Rücksiedlung von Muslimen wurde durch die anhaltende Flucht von Bulgaren aus osmanischen Nachbarregionen zusätzlich erschwert. So waren im Herbst 1878 „viele bulgarische Familien" aus Thrazien aus Furcht vor türkischen Racheakten geflüchtet, sobald die russische Besatzungsarmee abrückte.[137] Als im März 1879 die Russen Adrianopel räumten, sollen „nicht weniger als 20 000 bulgarische Familien" mit ihnen „abgezogen" sein.[138] Die österreichische Presse ergriff Partei für die Muslime Bulgariens, „denen der Berliner Vertrag dieselben Rechte und Freiheiten wie den christlichen Einwohnern zusicherte" und die dennoch „misshandelt, aus ihrem Besitze vertrieben, getödtet" würden. Im September 1879 hatte die von den Großmächten erzwungene Rückführung muslimischer Flüchtlinge nach Ostrumelien begonnen, stieß jedoch auf „große Schwierigkeiten seitens der bulgarischen Bevölkerung". Eine osmanische Zirkularnote warf der Provinzialverwaltung in Plovdiv (dem bisherigen Filibe) Komplizenschaft mit bulgarischen Nationalisten vor. Ein deutscher Kommentator meinte, die Lage habe sich „einfach in ihr Ge-

---

[135] Ebenda, S. 230f.
[136] Ebenda, S. 232–235, S. 248–251 und S. 281; der Sohn Basilys berichtete später, sein Vater habe seit 1877/78 einen Horror vor Krieg empfunden und weitere Kriege zu vermeiden versucht; vgl. Basily, Diplomat of Imperial Russia 1903–1917, S. 11.
[137] Schulthess' Europäischer Geschichtskalender 19.1878, S. 484 und S. 481.
[138] Schulthess' Europäischer Geschichtskalender 20.1879, S. 500.

gentheil verkehrt: früher wurden die Bulgaren von den Türken bedrängt, jetzt werden die Türken von diesen bedrängt und in jeder Weise verfolgt und misshandelt". Bei den Wahlen zur ostrumelischen Provinzialversammlung konnten sich im Oktober 1879 nur wenige Vertreter muslimischer und griechischer Minderheiten durchsetzen. Die von Bulgaren dominierte Versammlung nahm einen Gesetzentwurf an, der die Muslime „der Gefahr einer Massenverfolgung" aussetzte. Ende 1879 war „die Flüchtlingsfrage [...] noch immer nicht gelöst" – was im Winter eine Katastrophe bedeutete. Die westliche Presse berichtete:

„Die türkische Regierung sendet unaufhörlich massenhaft Flüchtlinge nach Ostrumelien und Bulgarien. Da dieselben von der bulgarischen Regierung zurückgewiesen werden, überfluten sie Ostrumelien derart, daß die ostrumelische Verwaltung [...] rathlos dasteht gegenüber der Unmöglichkeit, so viele Personen zu ernähren und unterzubringen. Unablässige diesbezügliche Vorstellungen werden von der Pforte systematisch nicht beachtet. [...] Nach den Berichten der ostrumelischen Grenzbehörden ist es schon jetzt keine Seltenheit, daß muselmanische Flüchtlinge zu zehn und zwanzig auf den Straßen elend zu Grunde gehen. In den Districten von Eski-Zagra und Jeni-Zagra kommen förmliche Kämpfe zwischen Bulgaren und Türken vor, die sich den Besitz der noch vorhandenen armseligen Hütten streitig machen. Gewiss haben die Bulgaren nicht minder zu leiden, als die Türken, da auch sie in Folge des Krieges zumeist um ihre Habe gebracht wurden. [...]
Auch muss man anerkennen, daß die armen Leute ohne Unterschied des Glaubensbekenntnisses, den alten Groll vergessend, sich gegenseitig in brüderlicher Weise unterstützen. In manchen Dörfern werden zahlreiche Häuschen zur Hälfte von Christen, zur andern Hälfte von Mohamedanern bewohnt. Streitigkeiten entstehen nur dann, wenn Neuankommende Eigenthumsansprüche erheben und die gegenwärtigen Bewohner delogieren wollen."[139]

Jene Muslime, die in Bulgarien oder in Ostrumelien bleiben oder dorthin zurückkehren konnten, sahen sich entweder offenem Vertreibungsdruck oder der Diskriminierung eines slawischen Nationalstaates ausgesetzt.[140] Im Unterschied zu anderen Balkanstaaten erfolgte jedoch in Bulgarien nie eine systematische Vertreibung der gesamten muslimischen Minderheit, wenn auch zwischen 1878 und 1913 ihr Bevölkerungsanteil von 26 Prozent auf 14 Prozent deutlich absank.[141] Dazu trug freilich nicht nur muslimische Abwanderung bei, denn bis Mitte der 1890er Jahre hatten auch 100 000 Bulgaren das osmanische Mazedonien in Richtung Bulgarien verlassen.[142] Im 20. Jahrhundert kam es wiederholt zu antimuslimischen Vertreibungs- oder Fluchtwellen. Fast 100 000 Muslime verließen ihre bulgarische Heimat zwischen 1934 und 1939, weitere 155 000 um 1950/51, die größte Massenflucht von 370 000 Menschen erfolgte 1989 und umfasste die Hälfte der muslimischen Minderheit, die dem Druck des kommunistischen Regimes in Richtung Türkei zu entkommen suchte. 155 000 Flüchtlinge kehrten nach dem Sturz der Kommunisten allerdings nach Bulgarien zurück.[143]

---

[139] Ebenda, S. 504f., S. 510f., S. 512f. und S. 515f.
[140] Rodogno, Against Massacre, S. 167f.
[141] Hupchik, Bulgaria's „Turks", S. 146; Lieberman, Terrible Fate, S. 22; nach 1878 konnten 80 000 von 150 000 Flüchtlingen zurückkehren; in den 1890er Jahren verließen 239 000 Muslime Bulgarien, während 1910 noch 484 000 „Turcs et Tatars" dort lebten; vgl. Toumarkine, Les Migrations, S. 33–35.
[142] Osterhammel, Die Verwandlung der Welt, S. 217.
[143] Brubaker, Aftermaths of Empire and the Unmixing of Peoples, S. 159.

Was hat der 1878 verordnete Minderheitenschutz in Bulgarien bewirkt? Er hat ethnonationalistische Gewalt nicht sistiert, aber gebremst und gemildert. Harold James sieht sogar einen Zusammenhang zwischen den Schutzbestimmungen von 1878 und der Weigerung Bulgariens im Zweiten Weltkrieg, sich an der von Hitler befohlenen Deportation der europäischen Juden zu beteiligen. Zwar wurden auch vom bulgarischen Staat über 10 000 Juden aus besetzten Neu-Provinzen (Mazedonien, Thrazien) den deutschen Völkermördern ausgeliefert, doch die Juden im eigentlichen Bulgarien wurden von der Regierung des mit Hitler verbündeten Königs Boris III. weitgehend gerettet – von einem Regime, „das zwar nicht gezögert hatte, judenfeindliche Gesetze zu erlassen, die Forderung, einen Teil seiner Bürger auszuliefern, jedoch als eine Verletzung seiner Souveränität und der Bestimmungen des Berliner Friedens von 1878 betrachtete".[144]

Weit stärker als Bulgarien war der übrige Balkan von Vertreibungen, Zwangsumsiedlungen oder scheinbar „freiwilligen" Abwanderungen geprägt. Für den Historiker ist dabei „zwischen offener Vertreibung und nahezu unausweichlich werdender Flucht [...] kaum ein Unterschied zu sehen."[145] Als 1880 die Abtretung der osmanischen Hafenstadt Dulcigno (Ulcinje) an Montenegro erzwungen wurde, wanderten muslimisch-albanische Einwohner „schaarenweise" ab.[146] Die Stadt soll 8000 Einwohner gehabt haben, drei Jahrzehnte später waren es „höchstens 4500".[147] Ein Herrschaftswechsel auf dem Balkan führte zwischen 1800 und 1914 stets zu Flucht, Vertreibung oder Abwanderung von Muslimen und häufig zu wechselseitigen Migrationsströmen, die auf „Bevölkerungsaustausch" hinausliefen. Da Muslime überwiegend in Städten gelebt hatten, kamen diese Veränderungen einer De-Urbanisierung und der Schädigung von Handel und Gewerbe in den „befreiten" Balkanstaaten gleich. Die von Montenegro 1878/80 annektierten vier Städte hatten vor dem Herrschaftswechsel 23 000 Einwohner gehabt, während sich dort 1881 nur noch 9114 Bewohner aufhielten. Ähnlich verlief die Entwicklung in der 1878 von Serbien annektierten Provinz Niš.[148] Unterbevölkerung war häufig die Folge von Vertreibung.[149]

Ob sich die mit der Unabhängigkeit verbundenen Hoffnungen der von Sultansherrschaft und muslimischen Mitbewohnern „befreiten" Balkanvölker realisierten, ist angesichts dieses Niedergangs fraglich. Hinzu kamen die Kosten der Nationalstaatlichkeit. Friedrich Engels stellte 1882 am Beispiel Serbiens deren Nutzen offen in Frage und wies darauf hin, dass die modernen Staatsbürokratien des Balkans nach österreichischem Muster durch Personen gebildet würden, die aus Städten stammten, im Westen studiert hätten und vom Leben der Bauern –

---

[144] James, Geschichte Europas im 20. Jahrhundert, S. 213; eine kritischere Bewertung Bulgariens bei Friedländer, Das Dritte Reich und die Juden, S. 834f. und S. 866f.
[145] Osterhammel, Die Verwandlung der Welt, S. 217.
[146] Schulthess' Europäischer Geschichtskalender 21.1880, S. 492.
[147] Mandl, Österreich-Ungarn und Serbien, S. 25.
[148] Palairet, The Balkan Economies, S. 29 und S. 31.
[149] Am Beispiel des Toplitzatals nach 1878: Mandl, Österreich-Ungarn und Serbien, S. 24; Toumarkine, Les Migrations, beziffert für die Jahre 1879–1896 295 000 muslimische Balkanflüchtlinge ins Osmanische Reich.

der Mehrheit ihrer Völker – „gar nichts" verstünden. Daher entsprächen die Gesetze dieser Bürokraten nicht den Bedürfnissen, „so daß die Bauern massenhaft verarmen und expropriiert werden, während sie zur Türkenzeit *volle Selbstregierung* hatten, reich wurden und weit weniger Steuern zahlten". Mit Blick auf die Vertreibung von Muslimen durch die Bulgaren bemerkte Engels lakonisch: „Wären die Türken mit ihnen ebenso verfahren [...], so wäre die ganze Bulgarenfrage aus der Welt."[150]

2. Interventionen und Koexistenz-Projekte: Bosnien-Herzegovina – Kreta – Mazedonien 1878–1914

Der Berliner Kongress von 1878 wurde zum Höhepunkt der vielen Großmächte-Interventionen in die inneren Verhältnisse des Osmanischen Reiches, die durch eine Kette von Aufständen auf Kreta (1866), in Bosnien (1875) und in Bulgarien (1877) provoziert worden waren und sich in Mazedonien (1887) fortsetzten.[151] Doch gerade die von außen aufgezwungene neue „Ordnung" erzeugte, wie Jürgen Osterhammel betont, „gravierende Konsequenzen für religiöse und ethnische Minderheiten", indem sie „Säuberungen" eher verstärkte als unterband: „Flüchtlinge setzten sich in Marsch, um der Rache von Eroberern anderer Religion oder Nationalität zu entgehen oder um nicht von Ungläubigen regiert zu werden."[152]

Allerdings haben Interventionen der Großmächte ethnische „Säuberungen" zuweilen auch verhindert oder gemildert. Ferner haben die Großmächte auf dem Berliner Kongress den für unabhängig erklärten Balkanstaaten Rumänien, Serbien und Montenegro die Achtung von Minderheitenrechten zur Pflicht gemacht.[153] Ihre Vorläufer hatte diese Minderheitenschutzpolitik in konfessionellen Schutzbestimmungen für das Königreich der Vereinigten Niederlande auf dem Wiener Kongress 1814/15. Auch Griechenland musste 1830 (und erneut 1881 nach Annexion Thessaliens) den Großmächten die Gleichberechtigung aller Bürger sowie die Respektierung aller religiös-kulturellen Sitten garantieren.[154] Natürlich sah der Alltag meist anders aus.

Nach 1878 schienen die Großmächte neue Krisenherde – anders als einst in Griechenland und Serbien – nicht durch ethnische „Säuberung", sondern durch Stabilisierung oder gar Wiederherstellung des Status quo beruhigen zu wollen. Diese Stabilisierungspolitik charakterisiert die Entwicklung in Südosteuropa zwischen 1878 und 1912, doch zeitigte sie sehr unterschiedliche Resultate. Abgesehen von Bulgarien, wo es gelang, um 1880 Flucht und Vertreibung der vorangegangenen Kriegsjahre seit 1876 teilweise rückgängig zu machen, können wir drei zentrale Deeskalationsversuche durch internationale Interventionen beobachten – in

---

150 Marx / Engels, Werke, Bd. 35, S. 282.
151 Kreutzmann, Missbrauch der humanitären Intervention im 19. Jahrhundert, S. 76.
152 Osterhammel, Die Verwandlung der Welt, S. 217.
153 Diner, Das Jahrhundert verstehen, S. 30 f.
154 Kraus, Das Recht der Minderheiten, S. 47 f.

Bosnien-Herzegovina, Kreta und Mazedonien. Zwei Versuche scheiterten alsbald; allein das bosnische Koexistenzprojekt blieb längerfristig stabil.

Die Vermeidung ethnischer „Säuberung" gelang in Bosnien-Herzegovina durch Integration dieser Vielvölkerregion in zwei Vielvölkerstaaten – 1878 in die Doppelmonarchie Österreich-Ungarn, 1918 in das Königreich der Serben, Kroaten und Slowenen, das sich ab 1929 Jugoslawien nannte. Die osmanischen Provinzen Bosnien und Herzegovina blieben ab 1878 formell unter Oberherrschaft des Sultans, wurden jedoch faktisch im Auftrag der Berliner Kongressmächte seither von Österreich-Ungarn verwaltet und 1908 auch formell annektiert. Dabei hatte das Habsburgerreich 1878 völkerrechtlich die Achtung und Gleichberechtigung aller Religionen und den Schutz jeglichen Eigentums proklamiert und dies 1908 erneut bekräftigt.[155] Zwischen 1878 und 1909 erhielten die bosnischen Muslime religiöse Kulturautonomie, bei der islamische Richter und Religionslehrer weiterhin dem Scheich-ül-Islam in Konstantinopel unterstellt blieben[156]; erst nach der Annexion wurde dieser Apparat vom Osmanischen Reich getrennt.[157] Die regionale Kulturautonomie der Muslime in Bosnien wurde ausgeweitet, indem 1912 der Islam in ganz Österreich als gleichberechtigte Religion anerkannt wurde.[158] Als nach der Annexion eine muslimische Deputation aus Bosnien Kaiser Franz Joseph I. als ihrem neuen Monarchen anstelle des Sultans huldigte, erwogen Regierungskreise den Bau einer Moschee in Wien, „um der freundlichen Gesinnung für die neuen Staatsbürger Ausdruck zu geben".[159]

Angesichts der Vorkommnisse in Bulgarien und der auf Bosnien-Herzegovina gerichteten Annexionspläne Serbiens und Montenegros begreift man, dass die muslimische Elite der Region 1878 alles tat, um nicht unter christlich-slawische Herrschaft zu geraten. Schon im Februar 1878 beschloss eine Versammlung bosnischer Großgrundbesitzer (Begs) in Sarajevo, eine Delegation nach Wien zu entsenden. Die bosnischen Serben waren daran nicht beteiligt, der Delegation gehörte neben drei Begs nur ein katholischer Pfarrer als Vertreter der Kroaten an.[160] Außenminister Graf Andrássy ließ sich – trotz Widerständen in seiner Heimat Ungarn gegen eine Zunahme slawischer Bevölkerung in der Doppelmonarchie – diese Gelegenheit nicht entgehen. Eine in Andrássys Ministerium entstandene Denkschrift erklärte im April 1878 die von Russland favorisierte Provinzialautonomie für Bosnien-Herzegovina für unmöglich, weil es dort einen Agrarkampf „der Besitzlosen gegen die Besitzenden" gebe, der sich mit religiösen Konfliktlinien decke. Würde das Land sich selbst überlassen, wären „Massacres" vorhersehbar, „und binnen kurzem hätten wir an unseren Grenzen ebensoviele [sic!] mohammedanische Flüchtlinge aufzunehmen, als wir heute christliche beherbergen

---

[155] Macartney, National States and National Minorities, S. 171.
[156] Schulze, Geschichte der islamischen Welt im 20. Jahrhundert, S. 54.
[157] Lapidus, A History of Islamic Societies, S. 786.
[158] Czedik, Zur Geschichte der kk. österreichischen Ministerien 1861–1916, Bd. 4, S. 358.
[159] Funder, Vom Gestern ins Heute, S. 442; dazu kam es bis 1918 nicht, während in St. Petersburg der dem Zaren unterworfene Emir von Buchara 1914 eine Moschee errichtete.
[160] Schulthess' Europäischer Geschichtskalender 19.1878, S. 461.

müssen". Da aus machtpolitischen Erwägungen die Region nicht den slawischen Nachbarstaaten zufallen dürfe, bleibe für die Doppelmonarchie nur die eigene Machtübernahme. Das Habsburgerreich argumentierte, nur unter seiner Herrschaft sei die Rückkehr von 150 000 christlichen Flüchtlingen denkbar, und hob seine Rolle als Beschützer der Muslime hervor: Man wolle „den ersten praktischen Beweis liefern, daß [...] ein friedliches Zusammenleben, eine wirkliche Gleichberechtigung zwischen Christen und Muselmanen durchführbar ist, und daß die Wohlfahrt des einen Elementes nicht die Unterdrückung und Ausrottung des andern erheischt".[161]

Auf dem Berliner Kongress erhielt die Wiener Regierung im Juli 1878 die Zustimmung der Großmächte zur als „Okkupation" verhüllten „Annexion zur linken Hand", welche der britische Außenminister Lord Salisbury als Segen für den Frieden Europas feierte. Premierminister Lord Beaconsfield begründete das Mandat damit, dass sich die Osmanen als unfähig erwiesen hätten, den Frieden zu wahren, während sich das Slawentum bisher „wenig geeignet" gezeigt habe, „andern Nationen gerecht zu werden". Österreich-Ungarn hingegen habe „noch niemals die Interessen irgend jemandes in der Welt gestört". Das Habsburgerreich übernahm somit die Verwaltung Bosniens und der Herzegovina „nicht auf eigene Faust", sondern „im Auftrag" der Großmächte.[162] Kritik am „unklaren Berliner Mandat" übte der Deutschliberale Ernst von Plener im Reichsrat schon 1879.[163] Die Wiener Außenpolitik zog 1908 durch einseitige Annexion die ebenso späte wie brüske Konsequenz. Besonders in Großbritannien erhob sich heftige Kritik gegen diese Missachtung der Berliner Signatarmächte: Man zitierte nicht mehr das Lob Beaconsfields, sondern die Kritik seines Konkurrenten Gladstone, der 1880 erklärt hatte: „Es gibt keinen Punkt auf der Landkarte, auf den man den Finger legen und sagen könnte: ‚hier hat Österreich Gutes getan'."[164] Dennoch wurde die Annexion 1909 international akzeptiert.

Dass serbische Nationalisten die Wiener Herrschaft über Bosnien bekämpften, ist nicht überraschend. Doch 1878 stieß die Okkupationsarmee nicht nur auf serbischen, sondern auch auf muslimischen Widerstand.[165] 1882 waren Serben und Muslime trotz gegenseitigen Hasses sogar im Aufstand gegen die Fremdherrschaft vereint. Serbische Bauern fühlten sich in der Erwartung betrogen, der christliche Kaiser werde ihre Abgaben an die Begs, die Großgrundbesitzer, reduzieren, während der muslimischen Elite erste Einschränkungen schon längst zu weit gin-

---

[161] Die Große Politik der europäischen Kabinette, Bd. 2, S. 280, S. 282–284 und S. 287; das Rückführungsargument in Schulthess' Europäischer Geschichtskalender 19.1878, S. 105.
[162] Sosnosky, Die Balkanpolitik Österreich-Ungarns, Bd. 1, S. 183 und S. 186f.; Schulthess' Europäischer Geschichtskalender 19.1878, S. 105; Czedik, Zur Geschichte der k.k. österreichischen Ministerien 1861–1916, Bd. 4, S. 283.
[163] Plener, Reden 1873–1911, S. 99.
[164] Sosnosky, Die Balkanpolitik Österreich-Ungarns seit 1866, Bd. 2, S. 156f. und S. 160f.
[165] Jorga, Histoire des Ètats Balkaniques, S. 362; Sosnosky, Die Balkanpolitik Österreich-Ungarns, Bd. 1, S. 190f.; Czedik, Zur Geschichte der k.k. österreichischen Ministerien 1861–1916, Bd. 4, S. 285.

gen.¹⁶⁶ Aus Bosnien-Herzegovina wanderten nach 1878 Muslime ab.¹⁶⁷ Erst 1901 beobachtete der mit der Verwaltung der Provinz beauftragte österreichisch-ungarische Finanzminister Benjamin von Kállay, dass „die Mohammedaner, die sich bei Beginn der Okkupation der politischen Bewegung ferngehalten hatten und in großer Zahl ausgewandert waren, [...] Vertrauen in die Landesverwaltung" zeigten, da sich diese „strenge an die Grundsätze konfessioneller Gleichberechtigung hielt".¹⁶⁸ Tatsächlich ging der Auswanderungstrend ins Osmanische Reich nach der Jungtürkischen Revolution von 1908 und der Annexion Bosnien-Herzegovinas stark zurück, es kam sogar zu Rückwanderungen. Doch erreichten die Muslime nie mehr jene 48 Prozent Bevölkerungsanteil, die sie vor 1878 gestellt hatten.¹⁶⁹

Neuerdings hat man den Vielvölkerstaat Österreich-Ungarn in *kolonialistischer* Perspektive analysiert – mit der These, das Habsburgerreich habe in seiner Spätphase „innere Peripherien als Ersatz für äußere Kolonien" genutzt.¹⁷⁰ Doch agierte die Doppelmonarchie in Südosteuropa mit denselben imperialistischen Denkstilen und Methoden wie Kolonialmächte außerhalb des Kontinents? Solche Gleichsetzungen wären zu undifferenziert – denn anders als in überseeischen Kolonien waren in den „inneren Peripherien" des Habsburgerreiches weder Zwangsarbeit noch Deportation noch Genozid üblich – jedenfalls nicht bis zum Ersten Weltkrieg, der die Behandlung „feindlicher" Bevölkerungsgruppen drastisch änderte.¹⁷¹ Es spricht daher viel dafür, Kolonialismus-Analogien nur sehr zurückhaltend zu verwenden. Das gilt, obschon für Bosnien-Herzegovina die übliche „koloniale" zivilisatorische Mission reklamiert wurde.¹⁷² So feierte der Wiener Historiker Richard Charmatz 1907 die „eminente Kulturarbeit" der habsburgischen Verwaltung, die die Region seit 1878 „modernisiert" und viele „Züge der Barbarei" abgebaut habe. Mit Blick auf die Schaffung eines modernen Schulwesens, dem gegenüber er die vielen Koranschulen ebenso wenig gelten ließ wie die vor 1878 bestehenden christlichen Elementarschulen, pries Charmatz die Wiener Kulturarbeit als „wahre Freude", denn diese habe „ein verwahrlostes Gebiet [...] allmählich zur Stätte der Zivilisation" gemacht.¹⁷³ Die Ethnisierung bisher primär religiöser Unterschiede war zwar keine habsburgische Erfindung, wurde aber unter Wiener Herrschaft verschärft.¹⁷⁴ Dennoch konstatiert Jürgen Osterhammel treffend: „In keinem einzigen der anderen Reiche war der Begriff der Kolonie so fehl am Platze wie in der Habsburgermonarchie. Es gab noch nicht einmal eine derart benachteiligte ‚innere' Kolonie, wie Irland es im Verhältnis zu England war."¹⁷⁵

---

166 Sosnosky, Die Balkanpolitik Österreich-Ungarns, Bd. 2, S. 30 f.
167 Palairet, The Balkan Economies, S. 31.
168 Kolmer, Parlament und Verfassung in Österreich, Bd. 8, S. 230.
169 Mentzel, „Ethnic cleansing", Emigration, and Identity, S. 103.
170 Komlosy, Habsburgermonarchie, Osmanisches Reich und Britisches Empire, S. 16 und S. 25.
171 Vgl. Kap. II, Einführung.
172 Ruthner: K.u.k. Kolonialismus, S. 114–116 und S. 119; Burbank / Cooper, Empires in World History, S. 362 f.
173 Charmatz, Deutsch-Österreichische Politik, S. 388.
174 Wirsching, Der Preis der Freiheit, S. 123.
175 Osterhammel, Die Verwandlung der Welt, S. 624.

Zwar waren Kaiser Franz Josef und der für Bosnien-Herzegovina zuständige Finanzminister der Doppelmonarchie, der Pole Leon von Bilinski, noch 1912 davon überzeugt, „dass die Bosnier doch politische Kinder seien", doch gab es auch davon deutlich „abweichende Ansicht[en]".[176] Die „in Wien verbreitete Meinung von der geringen Zivilisation dieser Länder" wurde von solchen Vertretern der Zentrale, die die Peripherie aus eigener Anschauung kannten, als „vollständig falsch" zurückgewiesen. Der Reichsratsabgeordnete Josef Redlich fällte dieses Urteil 1912 mit Blick auf politische Bildung und Pressewesen in Bosnien.[177] Schon 1908 hatte sein Parlamentskollege Joseph Baernreither darauf hingewiesen, „daß die politischen Bestrebungen und das nationale Bewußtsein der Bevölkerung viel lebendiger seien, als man sich in Wien das vorstelle". Zugleich lastete dieser ehemalige österreichische Handelsminister die immer noch gegebene Unterentwicklung nicht mehr den Türken, sondern der eigenen Politik an. Baernreither attackierte die empörende „Rückständigkeit des Agrar- und Schulwesens sowie die Vernachlässigung jeder Entwicklung der Selbstverwaltung" und machte sich zum Fürsprecher „einer großen planmäßigen Reform auf diesem Gebiete […], die diese Länder aus ihren noch teilweise mittelalterlichen Formen des Besitzes und der Wirtschaft nach und nach emporheben sollte".[178] Damit attestierte Baernreither – anders als Charmatz – der Wiener Modernisierungspolitik nach guten Anfängen krasses Versagen. Die kommunale Selbstverwaltung sei unterentwickelt, die vorsichtigen Aufbaupläne einer „Verwaltungspyramide" von unten nach oben, wie sie der österreichisch-ungarische Finanzminister Baron István Burián damals hegte, erschienen Baernreither lächerlich, da sie die längst weiterreichenden Partizipationsforderungen der Bevölkerung ignorierten. Das Schulwesen fand Baernreither „rückständig", da es „nur etwa 120 Schulen mehr als vor 15 Jahren" gab, so dass 1906 lediglich 14 Prozent der schulpflichtigen Jugend Unterricht hätten erhalten können. Noch schlimmer stand es in der Agrarfrage, denn erst 20 Prozent der 100 000 Bauern waren „durch Freikauf abgelöst", also von der Bindung an die muslimischen Feudalherren befreit worden. Baernreither hielt es für skandalös, dass diese Teilentlastung dreißig Jahre gebraucht hatte – und das „in einem Lande, das an Serbien, Ungarn und Kroatien grenzt, wo es überall längst einen freien Bauernstand gibt."[179] Auch die seit 1908 verfolgte Politik, die Bauernbefreiung durch Regierungsanleihen zu fördern, sollte bis 1914 „geringe Wirkung" zeitigen.[180]

Demgegenüber zeichnete der britische Beobachter Seton-Watson 1913 ein milderes Bild, wenn er zwar „Unterlassungssünden" in der Agrar- und Bildungspolitik geißelte, zugleich aber Wien zugute hielt, von den Türken „eine öde Wüste" übernommen zu haben. Zwar sei zu wenig getan worden, um „das Herz des Volkes zu gewinnen", doch könne man „den großen materiellen Fortschritt der letzten

---

[176] Schicksalsjahre Österreichs 1869–1936, Bd. 1, S. 474.
[177] Schicksalsjahre Österreichs 1908–1919, Bd. 1, S. 161; Schicksalsjahre Österreichs 1869–1936, Bd. 1, S. 485.
[178] Baernreither, Fragmente eines politischen Tagebuches, S. 59 und S. 68.
[179] Ebenda, S. 64–66.
[180] Kann, Geschichte des Habsburgerreiches, S. 418.

35 Jahre" nicht bestreiten.[181] Seton-Watson milderte damit das scharfe Urteil des tschechischen Reichsratsabgeordneten Tomáš G. Masaryk, der 1909 erklärt hatte, dass man „mit technischen Mitteln der Kultur, mit Straßenbahnen, Meliorationen, Tabakanpflanzungen usw." allein „die Herzen eines Volkes nicht gewinnen" könne.[182] Tatsächlich hatte die habsburgische Administration seit 1878 Land- und Viehwirtschaft „erheblich verbessert", doch der Export bosnischer Agrarerzeugnisse wurde von der ungarischen Regierung aus Eigeninteresse behindert.[183] Wenn die Wiener Administratoren nationale Spannungen durch Hebung des Lebensstandards neutralisieren wollten, unterschätzten sie laut Seton-Watson die Folgen jener sozialen Mobilisierung, die sie selbst ausgelöst hatten: Urbanisierung, Arbeitsmigration und Bildungsexpansion zogen nationalistische Ideologien nach sich.[184] Auch tschechische Nationalisten solidarisierten sich bei der Annexion Bosnien-Herzegovinas 1908 nicht mit dem Habsburgerstaat, sondern mit dem gedemütigten Serbien. In Prag kam es zu antideutschen Ausschreitungen, die sich auch gegen das Palais des für die Annexion verantwortlichen Außenministers Baron Aehrenthal richteten. Dieser sprach daraufhin erbittert vom „böhmischen Belgrad".[185]

1905 hatte US-Präsident Theodore Roosevelt Österreich-Ungarn noch gelobt, „in Bosnien Phänomenales geleistet" zu haben; Finanzminister Kállay habe es „verstanden, die verschiedenen Nationen und Religionen in diesem Lande auf gleichem Fuße zu behandeln und dadurch so große Erfolge zu erzielen". Roosevelt betrachtete die Wiener Herrschaft in Bosnien als „Muster" für eine Zusammenfassung weiterer südslawischer Völker unter dem wohltätigen Szepter der Habsburger.[186] Bosnische Politiker waren von solchem Lob weit entfernt, sie betrachteten „die gemeinsame Regierung" der Doppelmonarchie „hauptsächlich als Agitator Ungarns".[187] In der Tat konnte die zwanzigjährige Amtszeit des Magyaren Kállay, die der Infrastruktur Bosniens bis 1902 unleugbar Fortschritte gebracht hatte[188], auch als Ursache einer stark magyarisch durchsetzten und an den Interessen Ungarns ausgerichteten Landesverwaltung betrachtet werden.[189] Kállays Passivität bei der Landreform, worin die sozialkonservative Solidarität magyarischer und muslimischer Großgrundbesitzer zum Ausdruck kam, hatte die Modernisierung Bosniens beeinträchtigt.[190] Deren Fortschritte reichten nicht,

---

[181] Seton-Watson, Die Südslawische Frage im Habsburger Reiche, S. 8; vgl. Dzaja, Bosnien-Herzegowina in der österreichisch-ungarischen Epoche, S. 41, S. 76 und S. 235: Okey, Taming Balkan Nationalism, S. 247.
[182] Czedik, Zur Geschichte der k.k. österreichischen Ministerien 1861–1916, Bd. 4, S. 322.
[183] Kann, Geschichte des Habsburgerreiches, S. 418.
[184] Glenny, The Balkans, S. 275.
[185] Adlgasser, Die Aehrenthals, Bd. 2, S. 944, Anm. 2034, und S. 949, Anm. 2046.
[186] Baernreither, Der Verfall des Habsburgerreiches und die Deutschen, S. 141 f.
[187] Schicksalsjahre Österreichs 1908–1919, Bd. 1, S. 159; Schicksalsjahre Österreichs 1869–1936, Bd. 1, S. 482; gemeint war vermutlich „Agent" oder „Agentur".
[188] Vgl. dazu Kolmer, Parlament und Verfassung in Österreich, Bd. 8, S. 366 f.
[189] Czedik, Zur Geschichte der k.k. österreichischen Ministerien 1861–1916, Bd. 4, S. 288.
[190] Glenny, The Balkans, S. 274 f.

„um in dem besetzten und später annektierten Land den Bestrebungen der [südslawischen] Einigungsbewegung das Wasser abzugraben".[191] Nicht zufällig wurde Kállays muslimfreundliche Politik von seinem Nachfolger Burián kritisiert, der sich stattdessen „auf das serbische Element stützen" wollte.[192] Kállay hatte vergeblich versucht, die nationalen Identitäten von Serben und Kroaten durch Förderung eines „gemeinsamen bosnischen Landesbewußtsein[s]" zu lockern. Doch weder diese Symbolpolitik mittels Landesflagge, Wappen und Uniformen erzielte nachhaltige Wirkung noch Kállays „Versuch [...], den bosnischen Dialekt zu einer besonderen bosnischen Sprache zu erheben".[193] Ausländische Beobachter werteten die Sprachpolitik „bloß" als „geschicktes Manöver, um die kroatisch-serbische Einheitsbewegung einzudämmen".[194]

Vor diesem Hintergrund entwickelten sich Planspiele, die Bevölkerungsstruktur Bosniens durch Siedlungspolitik zu verändern. Ein Vorgänger Baernreithers als österreichischer Handelsminister, der Balkankenner Alfred von Kremer, machte 1885 mit dem Ziel, die Bildung eines für Habsburg bedrohlichen südslawischen Staates zu verhindern, in Bezug auf Bosnien-Herzegovina den Vorschlag, „durch Aufmischung der dortigen Bevölkerung mittelst ausgiebiger Einwanderung und Colonisation diesen beiden Ländern den Charakter einer national gemischten österreichischen Provinz zu geben". Es ging Kremer darum, die Dominanz der Serbokroaten durch nicht-südslawische Neusiedler abzuschwächen.[195] Ähnliches versuchte zur selben Zeit Bismarcks antipolnische Siedlungspolitik in den Ostprovinzen Preußens.[196] Die bäuerlichen Siedler, die aus anderen Regionen Österreich-Ungarns tatsächlich nach Bosnien gingen, folgten jedoch eher privaten Entscheidungen als staatlicher Siedlungspolitik.[197] Trotz dieser Migration bestand die Bevölkerung Bosnien-Herzegovinas 1910 zu mindestens 96 Prozent aus „Serbo-Kroaten".[198] Zu diesem Zeitpunkt wurde Kremers Bevölkerungspolitik der Vermischung von Verfechtern einer Politik gezielter ethnischer Entmischung übrigens scharf kritisiert. Aurel Popovici, der das Habsburgerreich durch Neugliederung in ethnisch möglichst homogene föderative Bestandteile zu retten hoffte, polemisierte 1906: „Ist das Politik oder Wahnsinn? Will man denn durch die Förderung der ‚Aufmischung' die Entwirrung ganz unmöglich machen?"[199] Hitler und seine SS leiteten ab 1941 die „Entwirrung" dieser habsburgischen Ansiedlung

---

[191] Kann, Geschichte des Habsburgerreiches, S. 419.
[192] Vgl. die Ausführungen Buriáns auf der Ministerkonferenz vom 1.12.1907 bei Conrad, Aus meiner Dienstzeit, Bd. 1, S. 518.
[193] Baernreither, Fragmente eines politischen Tagebuches, S. 59f.
[194] Seton-Watson, Die Südslawische Frage im Habsburger Reiche, S. 8.
[195] Kremer, Die Nationalitätsidee und der Staat, S. 127, der darauf verwies, dass Ähnliches „für die Bukowina mit bestem Erfolge unter der alten österreichischen Verwaltung geschah"; zu Kremers Vergangenheit im Konsulardienst „im Orient": Czedik, Zur Geschichte der k. k. österreichischen Ministerien 1861–1916, Bd. 1, S. 363–365.
[196] Vgl. Kap. II.6.
[197] Palairet, The Balkan Economies, S. 206.
[198] Seton-Watson, Die Südslawische Frage im Habsburger Reiche, S. 8.
[199] Popovici, Die Vereinigten Staaten von Groß-Österreich, S. 298.

ein, indem sie 10 000 Volksdeutsche aus Bosnien zwangsaussiedelten – wobei einige ihrem in Sarajevo zurückgebliebenen evangelischen Bischof schrieben, „wie unglücklich" sie in ihrer ihnen aufgezwungenen neuen Heimat seien.[200]

Berücksichtigt man die Motive, die den österreichisch-ungarischen Außenminister Baron Aehrenthal 1908 zur Annexion Bosnien-Herzegovinas veranlassten, so erweist sich die scheinbar stabile Habsburger-Herrschaft als reichlich fragil. Gegenüber Ernst von Plener, einem ehemaligen österreichischen Minister, bezeichnete Aehrenthal die „Zustände in Bosnien als unhaltbar" und die Annexion als „das einzige Mittel, um unsere Herrschaft dort zu erhalten, unsere Gegner einzuschüchtern und unsere Anhänger zu ermutigen". Der unklare Rechtszustand der Besatzung „lasse kein Vertrauen aufkommen und biete den irredentistischen serbischen Umtrieben freien Spielraum".[201] Andernorts wies der Minister auf die „unklaren Rechtsverhältnisse" der autonomen osmanischen Insel Kreta hin, die man für Bosnien unbedingt habe vermeiden müssen.[202] Verfolgte die Wiener Politik mit der Annexion das Ziel der Stabilisierung, scheinen die Folgen kontraproduktiv gewesen zu sein. Das hatte nicht nur mit den unterschiedlichen Reaktionen der „im Verhältnis wie 3 zu 2 zu 1" stehenden Bevölkerungsgruppen[203] zu tun – „Entrüstung bei Serben, Enttäuschung bei Muslimen, Hoffnung (auf Vereinigung mit Kroatien) bei Kroaten".[204] Es hing auch damit zusammen, dass die Instabilität Bosnien-Herzegovinas nicht nur außenpolitisch begründet war. Die habsburgische Herrschaft hatte dort auf eine Weise etabliert werden müssen, die das 1867 geschaffene Gleichgewicht zwischen den Reichshälften Österreich und Ungarn nicht veränderte. Bosnien konnte weder Österreich noch Ungarn angeschlossen werden und wurde auf ähnliche Weise „eine Art provisorisches Reichsland" unter Direktverwaltung der Reichszentrale, wie dies im Deutschen Reich mit Elsass-Lothringen der Fall war.[205] Die konkurrierenden Regierungen in Wien und Budapest kontrollierten antagonistisch die Administration in Sarajevo, die in Ermangelung einer besseren Lösung dem gemeinsamen österreichisch-ungarischen Finanzminister überlassen blieb.[206] Die komplizierte Konstruktion wurde nach der Annexion 1908 infolge ungarischer Blockaden kaum verbessert, was nach Wahrnehmung des Reichsratsabgeordneten Alois von Czedik „in den einverleibten Ländern auch weiters als Zurücksetzung gegenüber den anderen Ange-

---

[200] Broucek, Ein General im Zwielicht, Bd. 3, S. 227f.
[201] Plener, Erinnerungen, Bd. 3, S. 387.
[202] Schicksalsjahre Österreichs 1869–1936, Bd. 1, S. 287.
[203] Musulin, Das Haus am Ballplatz, S. 163; Conrad, Aus meiner Dienstzeit, Bd. 1, S. 16, nennt für 1908 eine Gesamtbevölkerung Bosnien-Herzegovinas von 1,6 Millionen, die sich in 674 000 orthodoxe Serben, 334 000 katholische Kroaten, 8 000 Juden und 548 000 Muslime gliederte, „welche zwar serbisch-kroatischen Stammes waren, aber eine eigene Nationalität repräsentierten, die sich von den beiden anderen scharf abtrennte".
[204] Dzaja, Bosnien-Herzegowina in der österreichisch-ungarischen Epoche, S. 218.
[205] Plener, Reden 1873–1911, S. 154f.; Plener wählte den Vergleich mit britischen „Kronkolonien", die keine Autonomierechte hätten; ebenda, S. 153.
[206] Auch vor Ort war die Staatsgewalt gespalten; an der Spitze stand als „Landeschef" der kommandierende General, dessen Befugnisse durch einen vom Finanzminister ernannten „Ziviladlatus" beschnitten wurden; vgl. Conrad, Aus meiner Dienstzeit, Bd. 1, S. 90.

hörigen der Monarchie, als *Degradierung zu Untertanen zweiter Klassen und als brennende Ursache andauernder Unzufriedenheit empfunden*" wurde. Die Bosnier erhielten zwar Mitspracherechte im eigenen Land, aber nicht in Reichsangelegenheiten.[207] Trialisten wie Baernreither setzten sich mit ihren Vorschlägen zur Bildung eines dritten, südslawischen Teilreiches aus Bosnien und Kroatien-Dalmatien ebensowenig durch wie der Wiener Diplomat Constantin Dumba, der als Mitarbeiter Aehrenthals damals glaubte, „durch eine geänderte, serbenfreundliche Politik Sarajevo zum Mittelpunkt des Serbentums" machen und dadurch „Belgrad in den Hintergrund" schieben zu können. Dumba votierte dafür, einen liberalen Erzherzog in Sarajevo zu installieren und nicht nur möglichst viele Serbenführer materiell für die österreichische Herrschaft zu interessieren, sondern durch Entlastung der serbisch-bosnischen Bauern auch diese wichtige soziale Gruppe für Wien zu gewinnen.[208] All dies geschah nicht oder blieb Stückwerk. Seton-Watson zitierte 1913 die Kritik österreichischer Politiker, „seit der bosnischen Annexion" sei der von den Magyaren heftig bekämpfte „Trialismus schon da – freilich in „unnatürliche[r] und unpraktische[r] Form", die nur dazu führen könne, „partikularistische und zentrifugale Bestrebungen in den okkupierten Provinzen wachzuhalten".[209]

Das Einzige, was sich mit der Annexion änderte, war der regionale Verwaltungsabsolutismus. Diesen hatte der Deutschliberale Ernst von Plener 1880 gegen Forderungen nach „Selbstverwaltung und Selbstregierung" noch mit der Parole legitimiert, ein so sehr von sozialen und religiösen Konflikten zerrissenes rückständiges Land wie Bosnien müsse zunächst „durch ein Stadium der absoluten Gewalt hindurch"; selbst im hochentwickelten Elsass-Lothringen sei dies nach dem Wechsel von der französischen zur deutschen Herrschaft 1870/71 nicht anders als durch zeitweilige „diktatorische Gewalt" möglich gewesen.[210] Auf denselben bürokratischen Absolutismus hatte Richard Charmatz 1907 alle Erfolge der Habsburger-Herrschaft in Bosnien zurückgeführt; dort könne die Bürokratie noch „mit starker Hand" regieren, was andernorts längst undenkbar sei. „Die politische Rechtlosigkeit ist die Basis der günstigen Ergebnisse", behauptete Charmatz, sonst wäre Bosnien längst in ähnliche ethnoreligiöse Radikalisierung abgeglitten wie die benachbarten Balkanstaaten. Dort „eine Verfassung wie etwa in Serbien einzuführen", würde nur die religiösen Gegensätze anheizen, die auf dem Balkan „ebenso stark" seien „wie die nationalen in Mitteleuropa".[211]

Eben dies geschah nach 1908: Die österreichisch-ungarische Regierung musste, wie der russische Diplomat Fürst Trubeckoi beobachtete, ihre Annexion mit einer

---

[207] Czedik, Zur Geschichte der k.k. österreichischen Ministerien 1861–1916, Bd. 4, S. 290 und S. 318f.; Cormons, Schicksale und Schatten, S. 88f.
[208] Dumba, Dreibund- und Entente-Politik in der Alten und Neuen Welt, S. 237f.; Dumba meinte später selbstkritisch, damals zu optimistisch gewesen zu sein und „die Kraft der nationalen Strömungen" deutlich unterschätzt zu haben.
[209] Seton-Watson, Die Südslawische Frage im Habsburger Reiche, S. 443.
[210] Plener, Reden 1873–1911, S. 150 und S. 152f.
[211] Charmatz, Deutsch-Österreichische Politik, S. 389–391.

„umfassenden Autonomie in der Provinz rechtfertigen".[212] Der verfassungslose Zustand ließ sich, wie Minister Burián schon Ende 1907 bemerkte, auch deshalb nicht länger halten, weil nicht nur die umliegenden Balkanstaaten (und ab 1908 das Osmanische Reich) über Verfassungen und Parlamente verfügten[213], sondern auch das übrige Habsburgerreich eine konstitutionelle Monarchie war, die in ihrer österreichischen Reichshälfte 1907 sogar das allgemeine gleiche Männerwahlrecht einführte. Die Einverleibung Bosnien-Herzegovinas wurde daher mit dem Wunsch Kaiser Franz Josephs begründet, auch diese Provinz „auf eine höhere Stufe des politischen Lebens zu heben" und seine dortigen Untertanen „mitreden" zu lassen.[214] Im Gegensatz zu bosnischen Demokratisierungshoffnungen[215] hatte der Monarch die Weisung erteilt, die „Landesvertretung in einer die konfessionellen Verhältnisse" sowie „die alt ererbte soziale Schichtung der Bewohner schonenden Form" zu errichten.[216] Wien zementierte mit dem ethnoreligiösen auch den sozialen Status quo.[217]

Heraus kam mit der 1910 oktroyierten Verfassung und mit Hilfe eines „enorm komplizierten" Wahlrechts nach Zensus- und Religionsproporz nur eine Milderung der bürokratischen Herrschaft. Der neue bosnische Landtag hatte nur beratende Befugnisse und kein Gesetzgebungsrecht.[218] Zudem standen seine Beschlüsse unter dem „dreifachen Veto des gemeinsamen Finanzministeriums und der österreichischen und ungarischen Parlamente".[219] Dennoch schien „die bosnische Bürokratie seit 1909 jede Sicherheit verloren zu haben", während die Landtagsabgeordneten sich als „außerordentlich stark" einschätzten und „eigentlich [als] die Herren des Landes und seiner Verwaltung" fühlten, wie Josef Redlich im Herbst 1912 beobachtete.[220] Dieser spätere österreichische Minister hatte sich 1908/09 nicht nur für Religionsproporz im bosnischen Landtag eingesetzt, sondern auch für eine staatlich geförderte Ablösung der bäuerlichen Feudallasten[221], die bis dahin aus Rücksicht auf die muslimischen Großgrundbesitzer unterlassen worden war.[222] Doch wurden die Partizipation im neuen Landtag von den Muslimen zur Verbesserung ihrer Position gegenüber den slawischen Bauern und gegen Reformbestrebungen der Verwaltung genutzt.[223]

---

[212] Trubetzkoi, Russland als Großmacht, S. 119 f.
[213] Conrad, Aus meiner Dienstzeit, Bd. 1, S. 527; Cormons, Schicksale und Schatten, S. 88.
[214] Zitiert nach Sosnosky, Die Balkanpolitik Österreich-Ungarns seit 1866, Bd. 2, S. 152.
[215] Vgl. die auf eine Autonomie innerhalb des Osmanischen Reiches zielenden Beschlüsse einer serbischen Volksversammlung in Sarajevo vom November 1907 bei Conrad, Aus meiner Dienstzeit, Bd. 1, S. 511 f,
[216] Czedik, Zur Geschichte der k.k. österreichischen Ministerien 1861–1916, Bd. 4, S. 291 f.
[217] Macartney, National States and National Minorities, S. 171.
[218] Pleterski, Die Südslawenfrage, S. 132; Franke / Ziemer, Jugoslawien, S. 754–756.
[219] Kann, Geschichte des Habsburgerreiches, S. 401.
[220] Schicksalsjahre Österreichs 1908–1919, Bd. 1, S. 161; Schicksalsjahre Österreichs 1869–1936, Bd. 1, S. 485 f.
[221] Czedik, Zur Geschichte der k.k. österreichischen Ministerien 1861–1916, Bd. 4, S. 312 f. und S. 318.
[222] Dumba, Dreibund- und Entente-Politik in der Alten und Neuen Welt, S. 237.
[223] Palairet, The Balkan Economies, S. 207.

Die parlamentarische Allianz aus Muslimen und Kroaten in Sarajevo hemmte die Bauernbefreiung ebenso, wie sie für eine Vereinigung Bosniens mit Kroatien eintrat.[224] Eine solche Vereinigung, die den Südslawen eine mit Deutschen und Ungarn gleichberechtigte „trialistische" Stellung in der Monarchie eingeräumt hätte, unterblieb jedoch[225] – obschon Masaryk darauf verwies, dass seit der Annexion im Habsburgerreich „neun Millionen Serbokroaten geschlossen beisammen wohnen, aber unter verschiedenen staatlichen Administrationen und Verwaltungen ganz zerstückelt sind".[226] „Annexion ohne Reform ist vergebliche Mühe", postulierte auch Baernreither 1908, wollte sich aber mit einer „Änderung des Regierungssystems in den beiden Ländern" bescheiden.[227] Ernst von Plener hingegen betrachtete die Annexion als Einstieg in ein „Lösungsprogramm für die südslawische Frage in der Monarchie" – in die Umwandlung der Doppelmonarchie in einen trialistischen Staat.[228] Dieses Ziel soll auch Aehrenthal verfolgt haben, musste sich jedoch „mit einer vorläufigen und beiläufigen Lösung des Problems begnügen".[229] Natürlich konnte man die Frage stellen: „Wäre dieses Staatengebilde überhaupt lebensfähig gewesen? Hätten die Polen nicht mit demselben Recht wie die Südslawen eine selbständige Stellung und größere Autonomie, also den Quadralismus, verlangt?"[230]

Während alle Reformhoffnungen zerstoben, klagte man in Bosnien-Herzegovina weiterhin verbittert „über den Druck Ungarns im Lande".[231] 1912 kam es zu „magyarenfeindlichen Demonstrationen" von Muslimen und Kroaten in Sarajevo, wo sich die Landtagsmehrheit offen mit dem von der magyarischen Aristokratie unterdrückten Kroatien solidarisierte.[232] Der bosnische Landtag, dessen Religionsproporz Muslimen, Serben, Kroaten und Juden Gruppenrechte sicherte[233], wurde nicht nur zum Forum ethnoreligiöser Integration, sondern – wie Charmatz befürchtet hatte – auch der nationalistischen Konfrontation. Im November 1912 verabschiedeten die serbisch-bosnischen Abgeordneten angesichts der „glänzenden Siege der serbischen Armee" im Balkankrieg eine Resolution, in der sie Wien den Vorwurf machten, „den Südslawen der eigenen Länder" Rechte vorzuenthalten, aber „für die unkultivierten Albaner die Autonomie" zu fordern, statt das hochkultivierte serbische Volk in Albanien „die Früchte seines Sieges" genießen zu lassen. Zur selben Zeit demonstrierten Tausende Muslime in Sarajevo für

---

[224] Seton-Watson, Die Südslawische Frage im Habsburger Reiche, S. 8f.
[225] Funder, Vom Gestern ins Heute, S. 473.
[226] Czedik, Zur Geschichte der k.k. österreichischen Ministerien 1861–1916, Bd. 4, S. 321.
[227] Baernreither, Fragmente eines politischen Tagebuches, S. 64 und S. 67.
[228] Plener, Erinnerungen, Bd. 3, S. 527f.
[229] Musulin, Das Haus am Ballplatz, S. 159, S. 165 und S. 170f.; bescheidenere Pläne Aehrenthals von 1909 bei Redlich: Schicksalsjahre Österreichs 1908–1919, Bd. 1, S. 16; Schicksalsjahre Österreichs 1869–1936, Bd. 1, S. 237.
[230] Dumba, Dreibund- und Entente-Politik in der Alten und Neuen Welt, S. 239.
[231] Schicksalsjahre Österreichs 1908–1919, Bd. 1, S. 159; Schicksalsjahre Österreichs 1869–1936, Bd. 1, S. 482.
[232] Seton-Watson, Die Südslawische Frage im Habsburger Reiche, S. 9 und S. 400.
[233] Pernthaler, Das Nationalitätenrecht Österreich-Ungarns, S. 95.

das Habsburgerreich.²³⁴ 1913 traten serbische Abgeordnete demonstrativ aus dem Landtag aus; sie forderten als Vertreter der größten Bevölkerungsgruppe dessen Demokratisierung durch Abschaffung des die Serben benachteiligenden Religionsproporzes und durch Wahl des bisher vom Kaiser ernannten Parlamentspräsidenten.²³⁵ Wenn der Russe Trubeckoi 1913 die Folgen der Autonomie für Bosnien-Herzegovina „wohltuend" nannte²³⁶, war dies ein zweideutiges Lob. Radikale serbische Studenten betrachteten die Parlamentarisierung nicht als Fortschritt, sondern als Ausdruck kolonialer Fremdherrschaft und hätten die Abgeordneten am liebsten ertränkt.²³⁷ Die Serben nahmen auch nach der Annexion in Bosnien „die Hegemonie für sich in Anspruch".²³⁸ Das Konfliktpotential mündete in das Attentat serbisch-bosnischer Terroristen auf den österreichisch-ungarischen Thronfolger und dessen Gattin in Sarajevo im Juni 1914.

Nach dem Zusammenbruch Österreich-Ungarns im Herbst 1918, der Bosnien-Herzegovina dem serbisch dominierten Vielvölkerstaat Jugoslawien überantwortete, beharrten nur einige habsburgische Politiker darauf, dass ihre vierzigjährige Herrschaft ein Erfolg gewesen sei. Der 1918 noch zum Grafen erhobene ehemalige Minister Burián, unbeeindruckt davon, dass Mitglieder der Wiener Regierungs- und Militärelite seiner „bosnische[n] Serbenpolitik" längst „Bankrott" attestiert hatten²³⁹, räumte lediglich ein, dass sich die Haltung der ethnischen Gruppen in Bosnien zwischen 1878 und 1914 nicht wesentlich verändert habe. Muslime und Kroaten seien habsburgerfreundlich geblieben, die Serben abwartend oder großserbisch gesinnt. Für Burián war entscheidend, dass die Wiener Herrschaft den Frieden gesichert hatte. Man habe alle Gruppen gelehrt, auf der Basis gleicher Rechte tolerant miteinander umzugehen. Zwar hätten die Nationalitäten die Fremdherrschaft nicht geliebt, doch sie hätten gelernt, sie zu respektieren und für ihr Land zu nutzen.²⁴⁰

Aufmerksame Leser bemerkten, dass Burián die radikale serbische Studentenbewegung nicht thematisierte – was er fataler weise auch während seiner Ministerzeit nicht getan haben soll.²⁴¹ Dabei hatte Wiens Modernisierungspolitik dazu beigetragen, die Fürstenmörder von 1914 erst heranzubilden – darunter den siebzehnjährigen Vasa Čubrilović, Nachfahre eines bosnisch-serbischen Freiheitskämpfers von 1875, der – anders als sein Bruder – zu jung für den habsburgischen Galgen war. Čubrilović überlebte eine mehrjährige Festungshaft²⁴² und wurde

---

²³⁴ Czedik, Zur Geschichte der k.k. österreichischen Ministerien 1861–1916, Bd. 4, S. 383.
²³⁵ Funder, Vom Gestern ins Heute, S. 479.
²³⁶ Trubetzkoi, Russland als Großmacht, S. 119.
²³⁷ Okey, Taming Balkan Nationalism, S. 192.
²³⁸ Conrad, Aus meiner Dienstzeit, Bd. 1, S. 21.
²³⁹ So Ex-Außenminister Graf Berchtold 1916 gegenüber Kaiser Karl I., der Burián dennoch erneut zum Minister berief; vgl. Hantsch, Leopold Graf Berchtold, Bd. 2, S. 794; ähnlich kritisch: Conrad, Aus meiner Dienstzeit, Bd. 2, S. 39f.
²⁴⁰ Burián, Austria in Dissolution, S. 299f. und S. 370.
²⁴¹ Okey, Taming Balkan Nationalism, S. 192.
²⁴² Ebenda, S. 209, S. 212 und S. 258.

später in Jugoslawien als Hochschullehrer und Minister ein Wegbereiter ethnischer „Säuberung".

Wäre der Erste Weltkrieg nicht gewesen, hätte Burián vielleicht trotzdem recht behalten. Nicht zufällig hatte er auch die Jahre des Weltkrieges in seiner Bilanz der Habsburgerherrschaft unterschlagen. Der Krieg hatte 1914 die Wiener Aufbau-Politik abrupt beendet, wenn nicht schlagartig dementiert. Der bosnische Landtag wurde sofort nach dem Doppel-Mord von Sarajevo vertagt und im Februar 1915 auch offiziell aufgelöst.[243] Die Militärbehörden schritten zu massiver Repression gegen die serbische Bevölkerung. Unmittelbar nach dem Thronfolger-Attentat, dessen Gelingen eklatante Mängel der von ihm zu verantwortenden Sicherheitsmaßnahmen bloßgelegt hatte, trat der für Bosnien zuständige Miilitärkommandeur Oskar Potiorek nicht nur für Krieg gegen Serbien ein, sondern auch für die „Umsiedlung aller Serben" aus der Grenzprovinz.[244] Potioreks Repressionskurs wurde vor Beginn des Krieges vom zuständigen Finanzminister Bilinski noch abgeblockt.[245] Doch bereits mit Abbruch der diplomatischen Beziehungen Österreich-Ungarns zu Serbien wurde am 25. Juli 1914 über Bosnien das Kriegsrecht verhängt, wurden unliebsame Zeitungen verboten sowie Oppositionelle und angebliche Spione „verhaftet, deportiert oder massenhaft exekutiert", um „die vorhersehbare Welle der Solidarisierung mit Serbien durch Repressionen zu unterdrücken". Der Ende Juli 1914 beginnende Krieg war auf dem Balkan von „Brutalisierung und Totalisierung" geprägt. Als ein serbisches Freiwilligenkorps im September 1914 die bosnische Stadt Srebrenica besetzte und von der österreichisch-ungarischen Armee zurückgetrieben wurde, übten die Österreicher mit muslimisch-kroatischen Milizen „grausame Vergeltung" an der bosnisch-serbischen Zivilbevölkerung. Das brutale Vorgehen gegen serbische Zivilisten in Bosnien und auch im besetzten Serbien selbst verallgemeinerte sich als Vergeltung für vermeintliche oder tatsächliche „Partisanenangriffe".[246] Als die erste österreichisch-ungarische Serbien-Offensive unter Potiorek scheiterte und Teile der serbischen Bevölkerung Bosniens und Südungarns sich als unzuverlässig erwiesen, konstatierte der jüdisch-sozialistische Journalist Josef Diner-Dénes Anfang Oktober 1914 in Ungarn einen „Rassenkrieg" der nationalistischen Regierung des Grafen Tisza gegen die serbische Minderheit, der der Öffentlichkeit ebenso verschwiegen werde wie der gleichzeitige Serben-Aufstand im benachbarten Bosnien. In Ungarn würden „zu Hunderten [...] Serben verhaftet, viele davon unschuldig", und in Internierungslager deportiert. Bis Mitte November 1914 seien in Syrmien – einer primär von Serben bewohnten ungarisch-kroatischen Provinz (Vukovar)

---

[243] Dzaja, Bosnien-Herzegowina in der österreichisch-ungarischen Epoche, S. 225.
[244] Hantsch, Leopold Graf Berchtold, Bd. 2, S. 574.
[245] Kronenbitter, „Krieg im Frieden", S. 462–464; die Vertagung (nicht: Auflösung) des Landtages zur besseren Verfolgung der Serben war allerdings eine Konzession Bilinskis an die Militärs; der Galizier Bilinski, österreichischer Finanzminister 1895–1897 und 1909–1911 sowie österreichisch-ungarischer Finanzminister 1912–1915, wurde 1919 kurzfristig Finanzminister der neuen Polnischen Republik, starb aber 1923 in Wien.
[246] Calic, Geschichte Jugoslawiens im 20. Jahrhundert, S. 71f.

– 10 000 Serben „als Verräter getötet" und „ganze Landstriche [...] an der Save und an der Donau entvölkert" worden. Der ehemalige ungarische Landwirtschaftsminister von Tallian, ein Gefolgsmann Tiszas, habe „als königlicher Kommissär die Ausrottung der Serben geleitet". Die Repression war laut Diner-Dénes so hart, dass viele ungarische Serben „an Massenauswanderungen nach Amerika" gedacht haben sollen. Nach dem Aufstand der Serben Bosnien-Herzegovinas, der von Serbien aus unterstützt worden war, wurde vom habsburgischen Militär auch in Bosnien eine „systematische Ausrottungspolitik gegen die Orthodoxen" betrieben.[247] Das Wort „Ausrottung" war im Lichte späterer Ereignisse nicht der treffende Ausdruck, doch die von Potiorek schon länger geplanten Zwangsumsiedlungen und Internierungen trafen nun Tausende, während viele andere nach Serbien und Montenegro flüchteten.[248] Bis März 1915 hatte das österreichische Militär in Bosnien-Herzegovina 4 000 serbische Geiseln in „Tunnels" interniert, wo sie – wie der neue österreichisch-ungarische Finanzminister Ernest von Koerber einem Vertrauten berichtete – „fürchterlich unter der Behandlung leiden" mussten. „In den ersten Kriegsmonaten" hatten demnach auch Ukrainer in Galizien, Nordungarn und der Bukowina eine „furchtbare Verfolgung" durch die k.u.k. Armee erlitten. Beim Rückzug aus diesen Ostprovinzen 1914 und bei deren Wiedereroberung 1915 wurden jeweils „Zehntausende" unter Verdacht der Kollaboration mit den Russen in Internierungslager nach Deutsch-Österreich deportiert. Das „entsetzliche Los" solcher „Ruthenen", die „in Thalerhof bei Graz evakuiert" waren, wurde im Sommer 1916 unter Wiener Politikern erneut zum Thema, da sie „zu einem Drittel vom Flecktyphus vernichtet worden" waren.[249] Der „Impuls zur Einrichtung von Lagern für national unverläßliche Elemente, Lagern, die – natürlich ohne die Grausamkeiten – schon an die späteren KZ-Lager gemahnten, zum Beispiel Thalerhof bei Graz", stammte offenbar vom Chef des militärischen Geheimdienstes beim Armee-Oberkommando, dem kroatischen Oberst Oskar von Hranilović.[250]

Richtete sich im Habsburgerreich militärische Deportationsgewalt zunächst gegen eigene Staatsbürger, so waren auch feindliche Zivilisten betroffen, sobald Österreich-Ungarn Besatzungsmacht wurde.[251] Der in Deutschland gebürtige, aber in Lausanne als Kriminalistik-Professor tätige Rodolphe Reiss führte 1915

---

[247] Schicksalsjahre Österreichs 1908–1919, Bd. 1, S. 280 und S. 289; Schicksalsjahre Österreichs 1869–1936, Bd. 1, S. 673 und S. 686.
[248] Mulaj, Politics of Ethnic Cleansing, S. 27.
[249] Schicksalsjahre Österreichs 1908–1919, Bd. 2, S. 21 und S. 135; Schicksalsjahre Österreichs 1869–1936, Bd. 2, S. 24 und S. 196f.; Pohl, Die Herrschaft der Wehrmacht, S. 30; zur „Kriegspsychose" und dem Hinrichtungswettlauf gegen angebliche ukrainische Spione Glaise-Horstenau in Broucek, Ein General im Zwielicht, Bd. 1, S. 290 und S. 314.
[250] Broucek, Ein General im Zwielicht, Bd. 1, S. 345, auch Anm. 222; der Geheimdienstchef war vor dem Weltkrieg Militärattaché in Sofia und Bukarest gewesen und hatte die Grausamkeiten der Balkankriege gut studieren können.
[251] Insofern kann der habsburgischen Besatzungspolitik auf dem Balkan keine gewaltmindernde Rechtsstaatsorientierung attestiert werden; vgl. dazu Hull, Absolute Destruction, S. 321f. und Roshwald, Ethnic Nationalism and the Fall of Empires, S. 125f.

auf serbischem Boden Untersuchungen über Kriegsverbrechen der zeitweilig wieder zurückgedrängten österreichisch-ungarischen Armee durch. Der (proserbische) Autor konstatierte Verbrechen gegen die Zivilbevölkerung, bis hin zu Massakern, doch Deportationen „serbische[r] Zivilgefangene[r]" mit den üblichen Begleiterscheinungen der Unterernährung, Demütigung, Gewaltanwendung („Kolbenhiebe") und gelegentlichen Hinrichtung berührte Reiss nur beiläufig.[252] Als die Kriegslage gegen Serbien im Frühjahr 1915 wieder ungünstig stand, wurden in Österreich-Ungarn 20 000 Menschen – meist Serben – aus bosnischen Festungen in andere Landesteile zwangsevakuiert. Nach der deutsch-österreichischen Eroberung Serbiens Ende 1915 fielen dann den Besatzern jene „Expatriierten" in die Hände, die im Herbst 1914 aus Bosnien geflüchtet waren. Finanzminister Koerber wusste, dass die Männer dieser Gruppe „standrechtlich oder gerichtlich behandelt" wurden, während Frauen und Kinder – „1500 allein in Plevlje" – in Lagern „interniert" worden seien, wo sie „einen jammervollen Anblick" böten.[253] Im Sommer 1916 befahl Generalstabschef Baron Conrad, jeden Widerstand in Serbien rücksichtslos niederzuschlagen. Bis November 1916 wurden 16 500 serbische Männer interniert. Noch härter griffen die verbündeten Bulgaren in ihrer Besatzungszone durch: Sämtliche Vertreter der serbischen Intelligenz, derer man habhaft werden konnte (Lehrer, Ärzte, Journalisten, Beamte etc.), wurden interniert, erschossen oder nach Bulgarien deportiert. Deportiert wurden auch 46 000 Serben, um in Bulgarien als Zwangsarbeiter eingesetzt zu werden. Im Unterschied zu den Österreichern verfolgten die Bulgaren auch Muslime.[254]

Ebenfalls rigoros ging die Wiener Besatzungsmacht im 1916 eroberten Montenegro vor. Unverzüglich wollte Generalstabschef Conrad, wie der frühere Minister Graf Berchtold durch den Thronfolger und späteren Kaiser Karl erfuhr, „alle männlichen Montenegriner aus dem Lande verweisen und in Bosnien ansiedeln".[255] In Montenegro waren bis Herbst 1918 „Verhaftungen, Internierungen und Hinrichtungen […] an der Tagesordnung", um einen Partisanenkrieg einzudämmen, der dadurch erst richtig angefacht wurde. „Viele Tausend" Männer und Jugendliche wurden außer Landes deportiert und in Lagern interniert. Dabei war „der Widerstand der Bevölkerung" anfangs „offensichtlich nicht organisiert, sonst wäre es" – nach der stolzen Einschätzung von Milovan Djilas – „unmöglich gewesen, einige Tausend Montenegriner zu internieren".[256] Nach „Unruhen" im Sommer 1916 wurden, wie Minister von Koerber wusste, „mehrere Hunderte der gebildeten Montenegriner in die Gefangenschaft nach Drosendorf in Nieder-

---

[252] Reiss, Wie die Österreicher und Ungarn in Serbien Krieg führten, S. 20; zu Reiss auch Calic, Geschichte Jugoslawiens im 20. Jahrhundert, S. 73.
[253] Schicksalsjahre Österreichs 1908–1919, Bd. 2, S. 41 und S. 101; Schicksalsjahre Österreichs 1869–1936, Bd. 2, S. 54 und S. 145.
[254] Calic, Geschichte Jugoslawiens im 20. Jahrhundert, S. 75.
[255] Hantsch, Leopold Graf Berchtold, Bd. 2, S. 757 f.
[256] Djilas, Land ohne Recht, S. 74 f.

österreich gebracht, viele Leute standrechtlich gehängt".[257] Für die Besatzungsarmee, die Nordwestserbien und Montenegro beherrschte[258], waren „Massenhinrichtungen, Konzentrationslager und Deportationen von Serben" alltägliche Herrschaftsmittel.[259] 50 000 Serben sollen in Lager deportiert[260] und Tausende jeden Alters und Geschlechts darin umgekommen sein.[261]

Diese Gewalteskalation eines absteigenden Imperiums im Ersten Weltkrieg muss man nicht unbedingt als Genozid einstufen[262], um zu begreifen, wie sehr dadurch die Erfolgsbilanz der Habsburgerherrschaft verfinstert worden ist. Dennoch ist es auf die vierzigjährige Herrschaft Österreich-Ungarns zurückzuführen, dass Bosnien-Herzegovina neben Albanien heute das einzige Land in Europa ist, wo eine islamische Bevölkerungsgruppe die Mehrheit der Bevölkerung stellt.[263] Man kann argumentieren, dass die muslimische Gruppe in Bosnien erst in der Endphase Jugoslawiens nach 1991 zur Minderheit im modernen Sinne geworden sei, als sie wachsender Feindseligkeit eines standardisierenden Staates ausgesetzt wurde.[264]

Das Vertreibungsschicksal vieler anderer Balkanmuslime zwischen 1877 und 1914 blieb den bosnischen Muslimen jedenfalls lange erspart. Im Zweiten Weltkrieg wurde durch Hitlers Zerschlagung Jugoslawiens zwar ein grausamer ethnoreligiöser Bürgerkrieg entfacht, der auch in Bosnien tobte; dieser machte jedoch nicht primär Muslime zu Opfern, die partiell sogar zu Tätern an der Seite der Deutschen und der kroatischen Faschisten wurden.[265] Die Ethnogewalt wurde unter der 1944/45 etablierten kommunistischen Diktatur Titos nach anfänglichen Massakern erneut für mehrere Jahrzehnte sistiert – sowohl durch zentralistische Repression, die „das Recht auf kulturelle Differenz" negierte, als auch – besonders seit der Verfassungsreform von 1974 – durch „einen formalen Föderalismus, der die faktische Existenz verschiedener ‚Völker und Volksgruppen' hervorhob und ihnen Gleichberechtigung versprach". Dieses System erodierte seit dem Tode Titos 1980 rapide. Die „Nationalitätenfrage" trat in unvermuteter Heftigkeit erneut zutage. Dabei geschah, so Andreas Wirsching treffend, in Jugoslawien „im kleineren Raum und gleichsam wie im Zeitraffer" lediglich das, was im gesamten kommunistisch beherrschten „Ostblock" festzustellen war: „Die Peripherie stellte sich

---

[257] Schicksalsjahre Österreichs 1908–1919, Bd. 2, S. 126; Schicksalsjahre Österreichs 1869–1936, Bd. 2, S. 182.
[258] Kirch, Krieg und Verwaltung, S. 25.
[259] Mazower, Der Balkan, S. 190 f.
[260] Levene, Genocide in the Age of the Nation State, Bd. 2, S. 335 f.
[261] Sheehan, Kontinent der Gewalt, S. 115; insgesamt sollen im Ersten Weltkrieg 800 000 serbische Nonkombattanten (bei einer Bevölkerung von 4,5 Millionen) umgekommen sein, viele allerdings während Kampfhandlungen; vgl. Levene, Empires, Native Peoples, and Genocide, S. 196.
[262] So jedoch Levene, Genocide in the Age of the Nation State, Bd. 2, S. 323 und S. 336.
[263] Therborn, Die Gesellschaften Europas 1945–2000, S. 229.
[264] Panayi, Outsiders, S. 49 f.
[265] Insgesamt kamen zwischen 1941 und 1945 rund 1,7 Millionen Bürger Jugoslawiens zu Tode, zwei Drittel davon Zivilisten; vgl. Baranowski, Nazi Empire, S. 272 f.

gegen das Zentrum, das als kommunistisch galt und seine Legitimation eingebüßt hatte", und nutzte allerorten „die prägenden Parolen Nation, Region und Kultur", auf welche sich die neue Ethnisierung sozioökonomischer und politischer Konflikte stützte.[266] In den 1990er Jahren, mit dem Zerfall Tito-Jugoslawiens, wurde Bosnien-Herzegovina durch einen Bürgerkrieg ethnoreligiös gespalten, „gesäubert" und parzelliert. Bis 1995 stammten zwei Drittel der vier Millionen innerjugoslawischen Flüchtlinge aus Bosnien-Herzegovina.[267] Als Deutschland im Januar 1992 gegen Frankreich und Großbritannien den EG-Beschluss zur Anerkennung Kroatiens und Sloweniens durchsetzte, wurden die Teilrepubliken Mazedonien und Bosnien-Herzegovina nicht ebenfalls als unabhängig anerkannt. Im letzteren Fall begünstigte dies eindeutig Fragmentierung und Gewalteskalation. „Fatal" war, dass der Brite Lord Carrington und andere EU-Beauftragte 1992 mit den Führern der drei Volksgruppen über die Bildung separater ethnischer Kantone statt über eine gemeinsame Regierung mit kulturellen Autonomierechten für alle Gruppen verhandelten. Indem die EU den habsburgisch-jugoslawischen Ansatz aufgab, förderte sie Ethnisierung und Staatszerfall. Die westlichen Großmächte intervenierten nur zögernd und trugen zu einer Lösung bei, welche die Ergebnisse von Flucht und Vertreibung festschrieb. Der Friedensvertrag von Dayton besiegelte am 21. November 1995 die Teilung des Landes trotz formell beibehaltener Einheit, denn faktisch erfolgte eine Dreiteilung nach ethnischen Gesichtspunkten.[268] Immerhin beendete Dayton den Bürgerkrieg und stipulierte ein Recht auf Rückkehr, das bislang von einer Million Flüchtlingen genutzt wurde.[269]

Wie erfolgreich die Stabilisierung Bosnien-Herzegovinas durch Österreich-Ungarn zwischen 1878 und 1914 gewesen ist, erschließt sich erst, wenn man diese mit Krisenregionen vergleicht, in denen Ähnliches versucht wurde. Der erste Vergleichsfall ist Kreta – die nach Zypern größte Insel des östlichen Mittelmeers, die erst im 17. Jahrhundert von den Osmanen erobert worden war, dafür aber auch ein knappes Jahrhundert länger unter deren Herrschaft blieb als das kontinentale Griechenland. Kreta hatte sich 1821 am griechischen Aufstand gegen die Osmanen beteiligt, war jedoch 1825 von ägyptischen Truppen erobert und der Herrschaft des Sultans erhalten worden. Im Laufe des 19. Jahrhunderts strebte Griechenland als „große Idee" (megali idea) die „Befreiung" aller Landsleute durch ein Großgriechisches Reich an – ähnlich wie das kleine Serbien die Zusammenfassung aller Südslawen in einem nationalen „Plan" anvisierte.[270] Die „Befreiung" Kretas wurde zum wichtigen Teilschritt dieser „großen Idee". Der bedeutendste Politiker Griechenlands im frühen 20. Jahrhundert, Eleftherios Venizelos, war Kreter und wurde durch die ethnischen Konflikte seiner Heimat tief geprägt – vor

---

[266] Wirsching, Der Preis der Freiheit, S. 124 und S. 126.
[267] Hoerder, Cultures in Contact, S. 515.
[268] Giersch, Der Jugoslawien-Konflikt als Testfall europäischer Sicherheit, S. 30–32 und S. 37; Calic, Geschichte Jugoslawiens im 20. Jahrhundert, S. 310 f., S. 313, S. 320 und S. 324.
[269] Wirsching, Der Preis der Freiheit, S. 141 f.
[270] Armour, A History of Eastern Europe, S. 157 und S. 163.

allem durch die Verquickung von Nationalismus und Guerillakrieg.²⁷¹ Als Venizelos zwei Jahre alt war, beteiligte sich sein Vater 1866 an einem Aufstand gegen den Sultan – was zur Folge hatte, dass die Familie ein jahrelanges Flüchtlingsdasein in Griechenland ertragen musste, bevor ihr eine Amnestie des Sultans Abdul Aziz 1872 die Rückkehr gestattete. Venizelos selbst wurde 1897 zum Führer eines weiteren griechischen Aufstands auf Kreta gegen den Sultan und die muslimischen Mitbewohner.²⁷² Die Vereinigung mit Griechenland kam allerdings erst 1912 im Ersten Balkankrieg zustande; Venizelos hatte die Genugtuung, als griechischer Ministerpräsident sich selbst zum Generalgouverneur der „befreiten" Heimat zu ernennen.²⁷³

Ein ähnlich langfristiger griechisch-türkischer bzw. christlich-muslimischer Konflikt hat im 20. Jahrhundert die Insel Zypern geprägt, die seit dem späten 16. Jahrhundert osmanisch beherrscht wurde, bevor sie zwischen 1878 und 1960 vom Britischen Empire regiert wurde. Die britische Kolonialherrschaft hat die ethnischen Konflikte auf Zypern sistiert, doch umso heftiger wurde die Insel nach ihrer Unabhängigkeit zum typischen Beispiel post-osmanischer und post-imperialer Konflikte.²⁷⁴ 1974/75 wurde Zypern in zwei weitgehend „gesäuberte" griechische bzw. türkische Teilstaaten gespalten.²⁷⁵ Kreta war gewissermaßen das Zypern des 19. Jahrhunderts, während Zypern damals eine ethnische „Säuberung" durch die britische Herrschaft erspart blieb, die 1878 dort etabliert worden war und die bis 1960 ähnlich pazifizierend wirkte wie die Habsburgerherrschaft in Bosnien-Herzegovina. Auf Kreta folgte hingegen zwischen 1821 und 1912 ein griechischer Aufstand dem andern.

William Stillman, Konsul der USA in der kretischen Hauptstadt Canea (Chania), beobachtete 1866, wie der Einmarsch der Muslime in kretische Städte zur panischen Flucht der christlichen Bewohner führte.²⁷⁶ Doch Fluchtbewegungen waren beidseitig: Als der Griechenaufstand ausbrach, erfolgte 1866 das, was man 1821 in der Morea hatte beobachten können: „Die türkische Bevölkerung zieht sich in die festen Plätze der Nordküste zurück und überlässt das offene Land den Christen". Es begann ein zäher Partisanenkrieg zwischen den Aufständischen, die von Griechenland unterstützt wurden, und osmanischen Truppen.²⁷⁷ Zugleich herrschte gnadenloser Bürgerkrieg zwischen griechischen und muslimischen Milizen. Im Sommer 1867 stellten Russland und Frankreich Kriegsschiffe zur Verfü-

---

²⁷¹ Buxton / Buxton, The War and the Balkans, S. 63.
²⁷² Eleftherios Venizelos.
²⁷³ Boeckh, Von den Balkankriegen zum Ersten Weltkrieg, S. 203; ausführlicher: Elz, Die europäischen Großmächte und der kretische Aufstand 1866–1867; ferner Swatek-Evenstein, Geschichte der „humanitären Intervention", S. 139–143; zur Krise 1897/98: Dülffer, Die Kreta-Krise und der griechisch-türkische Krieg 1890–1898.
²⁷⁴ Lieven, Empire, S. 359.
²⁷⁵ Panayi, Outsiders, S. 52f.; Clark, Twice a Stranger, S. 241 spricht von „De-Facto-Bevölkerungsaustausch", der jedoch im Unterschied zu Lausanne nicht als legitim anerkannt worden sei.
²⁷⁶ Lieberman, Terrible Fate, S. 31.
²⁷⁷ Schulthess' Europäischer Geschichtskalender 7.1866, S. 408, S. 412, S. 418 und S. 423.

gung, um bedrohte griechische Frauen und Kinder nach Griechenland zu überführen, nachdem ein englischer Kapitän solche Rettungsaktionen 1866 auf eigene Faust vorexerziert hatte.[278] Die osmanische Regierung erhob Einspruch, da die Evakuierung der Familien der Aufständischen den Aufstand der Männer nur anheizen würde, ließ die Transporte jedoch geschehen[279] und schlug bald selbst eine Aussiedlung aller Aufständischen vor: Diese könnten „die Insel unbelästigt verlassen", sollten jedoch ihr „Heimatrecht" verlieren und „ohne vorgängige Erlaubnis der Regierung auch nicht mehr heimkehren" dürfen. Dazu kam es nicht, doch im Oktober 1867 befanden sich 40 000 geflüchtete Frauen, Kinder und Greise in Griechenland.[280] Bis Januar 1868 stieg deren Zahl auf 70 000 an, davon 17 000 allein in Athen[281], die meist unter elenden Bedingungen vegetierten, mit hohen Krankheits- und Mortalitätsraten.[282] 1868 bot die osmanische Regierung an, einen Teil der Flüchtlinge nach Kreta zurückzulassen.[283] Doch erst, als sich die Aufständischen im Februar 1869 ergeben hatten und ein von den Großmächten verlangtes Autonomiestatut umgesetzt worden war, forderten die Flüchtlinge selbst die Rückkehr. Französische Schiffe übernahmen den Rücktransport. Nur 5000 blieben dauerhaft in Griechenland.[284]

Die weitere Entwicklung auf Kreta hing mit den sich rasch verändernden außenpolitischen Rahmenbedingungen eng zusammen. Nach dem Berliner Kongress von 1878 wurde das Autonomiestatut der Insel durch den „Pakt von Halepa" zugunsten der Christen revidiert: Fortan konnte der Gouverneur (Wali) ein Christ sein, der freilich einen muslimischen Stellvertreter erhielt, und in der beratenden Insel-Versammlung stellten nun Griechen die Majorität. Tatsächlich wurden christliche Walis, darunter der prominente Phanariot Alexander Karatheodori, eingesetzt. Die Zugeständnisse der osmanischen Regierung erwiesen sich jedoch als unzureichend, sobald Bulgarien den Berliner Vertrag brach und 1885 die osmanische Provinz Ostrumelien annektierte. Dies nahmen griechische Nationalisten auf Kreta zum Anlass, sich aus dem Parlament zurückzuziehen und einen Bürgerkrieg zu beginnen[285], um den Anschluss an Griechenland zu erzwingen. Die Rebellen behaupteten 1889, die Regierung habe den Vertrag von Halepa selbst gebrochen.[286] Differenzen zwischen den Griechen Kretas und der osmanischen Verwaltung hatten sich schon 1883 bemerkbar gemacht[287], waren jedoch

---

[278] Rodogno, Against Massacre, S. 125, S. 129 und S. 132f.
[279] Schulthess' Europäischer Geschichtskalender 8.1867, S. 442; Rodogno, Against Massacre, S. 133; Elz, Die europäischen Großmächte und der kretische Aufstand 1866–1867, S. 111 und S. 189.
[280] Schulthess' Europäischer Geschichtskalender 8.1867, S. 443, S. 446 und S. 450.
[281] Schulthess' Europäischer Geschichtskalender 9.1868, S. 496.
[282] Rodogno, Against Massacre, S. 135.
[283] Schulthess' Europäischer Geschichtskalender 9.1868, S. 481.
[284] Schulthess' Europäischer Geschichtskalender 10.1869, S. 443, S. 445 und S. 470f.; zum vergleichsweise großzügigen Autonomiestatut: Rodogno, Against Massacre, S. 135–137.
[285] Hardinge, A Diplomatist in the East, S. 20f.
[286] Rodogno, Against Massacre, S. 213.
[287] Schulthess' Europäischer Geschichtskalender 24.1883, S. 375f.

durch finanzielle Zugeständnisse beruhigt worden.²⁸⁸ Doch schon vor der Ostrumelien-Krise hatte die Ernennung eines unliebsamen christlichen Gouverneurs „sehr lebhafte" Proteste ausgelöst, in die sich Forderungen nach Anschluss an Griechenland mischten.²⁸⁹ 1887 gelang es der osmanischen Regierung, nochmals einen Kompromiss zu erreichen, nachdem es zu Kämpfen und Fluchtbewegungen gekommen war.²⁹⁰ Doch im Sommer 1889 brachen neue Unruhen aus, die sich durch eine Interventionsdrohung Griechenlands zur internationalen Krise zuspitzten. „Moslems und Christen schonten einander nicht", wie der Historiker Nicolae Jorga später feststellte. Die Osmanen entsandten Truppenverstärkungen und ersetzten den christlichen Gouverneur, einen Polen, durch den Muslim Şakir Paşa, der das Kriegsrecht verhängte und „die Ruhe" repressiv wiederherstellte. Im Dezember 1889 widerrief Sultan Abdul Hamid II. den Pakt von Halepa.²⁹¹ Zwar wurden auch die Kriegsgerichte 1890 aufgehoben²⁹², doch 1894 brachen „agrarische Unruhen auf Kreta" aus.²⁹³ Die versöhnliche Geste des Sultans, der auf Druck der Großmächte weitreichende Autonomie gewährte²⁹⁴ und Karatheodori 1895 nochmals zum Wali von Kreta ernannte, erwies sich als kontraproduktiv, da nun die kretischen Muslime und die Miliz rebellierten, während Karatheodoris Wiederablösung durch einen Muslim die Rebellion der Griechen verstärkte. Der Bürgerkrieg wurde durch Milizen aus Griechenland verschärft. Trotz der Reformen, die besonders in der Justiz und in der Gendarmerie unter Aufsicht der europäischen Konsuln erfolgen sollten und die im September 1896 von der kretischen Nationalversammlung akzeptiert wurden (wobei die muslimische Minderheit protestierte), eskalierte die Lage derart, dass sich fast alle Großmächte – Briten, Franzosen, Italiener, Russen und Österreicher-Ungarn – Anfang 1897 zur Militärintervention veranlasst sahen.²⁹⁵ Der britische Diplomat Arthur Hardinge betrachtete das konfliktgeschüttelte Kreta als „eine Art orientalisches Irland".²⁹⁶

War es nach 1866 noch gelungen, christliche Flüchtlinge zurückzuführen, leitete der Aufstand der 1890er Jahre die dauerhafte Vertreibung der kretischen Muslime ein. Diese Bevölkerungsgruppe hatte ihr Vertrauen in die osmanische Regierung mittlerweile verloren und wandte sich 1896 an die Weltöffentlichkeit und an die Konsuln der Großmächte, um an Humanität und Minderheitenrechte zu ap-

---

[288] Schulthess' Europäischer Geschichtskalender 25.1884, S. 377f.
[289] Schulthess' Europäischer Geschichtskalender 26.1885, S. 363; Schulthess' Europäischer Geschichtskalender 27.1886, S. 398 und S. 401f.; zu dieser Vorgeschichte findet sich bei Rodogno, Against Massacre, S. 213f., leider nichts.
[290] Schulthess' Europäischer Geschichtskalender 28.1887, S. 453–456.
[291] Schulthess' Europäischer Geschichtskalender 30.1889, S. 288–291; Jorga, Geschichte des Osmanischen Reiches, Bd. 5, S. 602.
[292] Schulthess' Europäischer Geschichtskalender 31.1890, S. 290.
[293] Schulthess' Europäischer Geschichtskalender 35.1894, S. 303; der Klassenkampf-Aspekt des kretischen Bürgerkrieges war 1897 führenden britischen Vertretern vor Ort völlig geläufig; vgl. Rodogno, Against Massacre, S. 219 und S. 223.
[294] Rodogno, Against Massacre, S. 214–216.
[295] Schulthess' Europäischer Geschichtskalender 37.1896, S. 275–277; Jorga, Geschichte des Osmanischen Reiches, Bd. 5, S. 602f.; Rodogno, Against Massacre, S. 216f.
[296] Hardinge, A Diplomatist in the East, S. 21.

pellieren und die eigene Friedensliebe zu betonen: Man wolle mit den christlichen „Mitbürgern" zusammenleben und für die Entwicklung Kretas arbeiten.²⁹⁷ Das war den Muslimen nicht beschieden, obschon die Interventionstruppen zunächst von den griechischen Rebellen attackiert wurden, da diese sie als Agenten der osmanischen Regierung betrachteten.²⁹⁸ Benjamin Lieberman glaubt, dass die 1896/97 einsetzende Massenflucht von Muslimen von Kreta weniger als Folge staatlicher Verbrechen denn eines Bürgerkrieges zwischen bewaffneten Zivilisten gesehen werden muss. Das war „ethnic cleansing […] from the grass roots", eine „Säuberung" von unten. Die auf dem Balkan und in Kleinasien entwickelte Frühform ethnischer „Säuberung" im 19. Jahrhundert, so Lieberman, habe stets eine Doppelnatur aus Regierungs- und „grassroots"-Gewalt aufgewiesen. Ethnische „Säuberung" sei niemals einer an sich friedlichen Bevölkerung nur von „oben" aufgezwungen worden.²⁹⁹

Als im Februar 1896 die Unruhen auf Kreta ausbrachen, wiederholte sich das aus der Morea und vom kretischen Aufstand 1866 bekannte Muster wechselseitiger „Säuberung". Im Innern der Insel wurden Muslime zu Opfern von Griechen, während es in den Küstenstädten umgekehrt lief. Als im Januar 1897 viele muslimische „Landleute" vor der Gewalt der griechischen Rebellen in die Hauptstadt Canea flüchteten, löste dies eine Fluchtwelle dortiger Christen aus, die sich auf europäische Schiffe retteten, während ihre Häuser von Muslimen geplündert wurden. Daraufhin erfolgte am 15. Februar 1897 die Besetzung Caneas durch eine internationale Interventionstruppe aus Russen, Franzosen, Briten, Italienern sowie Österreichern und Ungarn, zu denen später zeitweilig Deutsche stießen. Den Mächten ging es weniger um humanitäres Einschreiten als um die Aufrechterhaltung des geopolitischen Status quo. In einer Kollektivnote vom 3. März 1897 diktierten die Interventionsmächte der osmanischen Regierung die Bedingungen für die künftige Autonomie Kretas und verhinderten gleichzeitig den Anschluss der Insel an Griechenland. Da die Rebellen weiterkämpften, wurden sie von der Interventionsarmee beschossen.³⁰⁰ Zu dieser gehörte der österreichisch-ungarische Offizier Baron Giesl, der das Grundmuster wechselseitiger ethnischer „Säuberung" folgendermaßen skizzierte:

„Wohl konnten die in der Sudabai liegenden Kriegsschiffe der internationalen Kommission […] Angriffe der Aufständischen auf die wichtigeren Küstenorte verhindern, aber im Landinnern mehrten sich […] Überfälle und Mordtaten. Die mohammedanische Bevölkerung floh in Massen aus den Dörfern in die gesicherten Hafenstädte. […] Viele Dörfer standen in Flammen, andere waren verlassen und ausgeplündert. Wir begegneten zahllosen, mit ihren Familien flüchtenden Mohammedanern, die ihr Hab und Gut auf Tragtieren verladen hatten; oft zählten solche Scharen bis zu tausend Menschen, die sich aus mehreren Ansiedlungen zusammengefunden hatten, um unter dem Feuerschutz der Besatzung eines türkischen Blockhauses das Netz der herbeieilenden Insurgenten zu zerreißen und Kandia zu erreichen. Auf den Bergkuppen sam-

---

297 Boyar, Ottomans, Turks and the Balkans, S. 61f.
298 Rodogno, Against Massacre, S. 217.
299 Lieberman, Terrible Fate, S. 32 und S. 50.
300 Schulthess' Europäischer Geschichtskalender 38.1897, S. 302–309; zur Rechtsgrundlage 1868/78: Kreutzmann, Missbrauch der humanitären Intervention im 19. Jahrhundert, S. 79.

melten sich Gruppen von Aufständischen [...]. Unmöglich zu erkennen, wer an einem Punkte der Angreifer, wer der Überfallene war."[301]

Im Frühjahr 1898 teilten – nach Rückzug Deutschlands und Österreich-Ungarns – die verbliebenen Interventionsmächte Kreta in vier Besatzungszonen. Dort hatten die Mächte nicht nur mit Bürgerkrieg, sondern auch mit einem erheblichen Flüchtlingsproblem zu tun: Schon im Frühjahr 1897 hatte man 58 000 Flüchtlinge geschätzt; allein in der Stadt Candia (Kandye, heute Iraklio) lebten rund 32,000 muslimische Flüchtlinge unter elenden Bedingungen.[302] Die europäische Truppenpräsenz verhinderte nicht die Revolte dieser Muslime gegen die griechische Bevölkerung und die britische Armee in Candia im Spätsommer 1898, wobei mehrere hundert Christen, 21 britische Soldaten und der britische Konsul den Tod fanden. Daraufhin zerstörten britische Kriegsschiffe durch Artilleriebeschuss den Großteil der Stadt. Nach Niederschlagung des Aufstands erzwangen die Interventionsmächte im Oktober 1898 den Rückzug aller osmanischen Truppen, „da diese die Herstellung der Ordnung hinderten". Am 4. November 1898 ging Kreta in die Verwaltung der vier Großmächte über, obschon es formell osmanische Provinz blieb. Prinz Georg, ein Sohn König Georgs I. von Griechenland, wurde zum Gouverneur ernannt und „von der christlichen Bevölkerung jubelnd begrüßt".[303] Über 10 000 Muslime verließen Kreta mit den osmanischen Truppen; „viele blieben aber doch auf der Insel zurück".[304]

Zu diesem Zeitpunkt diskutierten europäische Politiker, Militärs und intellektuelle „Experten" längst die ethnische „Säuberung" der Insel von ihren muslimischen Bewohnern. Der französische Admiral Edouard Pottier regte an, die Muslime seiner Besatzungszone nach Tunesien zu transferieren. Der Wissenschaftler und spätere französische Senator Victor Bérard, ein Kritiker der türkischen Gewaltpolitik gegen christliche Minderheiten, schlug 1898 die dauerhafte Umsiedlung aller kretischen Muslime in andere Provinzen des osmanischen Reiches vor, beispielsweise nach Rhodos oder Adalia, wohin schon um 1830 die Muslime der Morea zwangsumgesiedelt worden seien. Offenbar zeigte sich die osmanische Regierung nicht grundsätzlich abgeneigt, verwies jedoch auf das Problem der Finanzierung dieses Zwangstransfers und auf den Mangel an verfügbarem Landbesitz zur Neuansiedlung.[305]

Mit der Übernahme der Regierungsgewalt auf Kreta im Herbst 1898 waren die vier Interventionsmächte nolens volens zu Beschützern der muslimischen Minderheit geworden. Sie hinderten jedoch nicht, dass die neue Verwaltung des Prinzen Georg Griechisch zur alleinigen Amtssprache erklärte und alle Beschränkungen für muslimische Emigration aufhob. Sie tolerierten die stillschweigende Flucht

---

[301] Giesl, Zwei Jahrzehnte im Nahen Orient, S. 80–83; Giesl sollte 1914 als Gesandter in Belgrad jenes Ultimatum überreichen, das den Ersten Weltkrieg auslöste.
[302] Rodogno, Against Massacre, S. 219.
[303] Schulthess' Europäischer Geschichtskalender 39.1898, S. 332 und S. 339f.; Dülffer, Die Kreta-Krise und der griechisch-türkische Krieg 1890–1898, S. 47–49.
[304] Sax, Geschichte des Machtverfalls der Türkei, S. 523.
[305] Rodogno, Against Massacre, S. 219f. und S. 331, Anm. 43.

und Vertreibung von Muslimen aus den ländlichen Bezirken der Insel, die kaum zu kontrollieren waren. Zu den muslimischen Flüchtlingen in den Küstenstädten kam ab 1899 die Rückkehr griechischer Flüchtlinge aus Griechenland, wo sie nicht länger versorgt wurden. Der Schutz der Muslime durch die Mächte war, wie Davide Rodogno zeigt, unbeabsichtigte Nebenfolge der Intervention, keine geplante Aktion.[306]

In den Augen des deutschen Botschafters in Konstantinopel, Freiherr Marschall von Bieberstein, bewirkte das Vorgehen der vier Mächte das Gegenteil von Stabilisierung. Die Ernennung eines griechischen Prinzen werde als Belohnung für den Aufstand verstanden und zwangsläufig bei allen Nachbarn des Osmanischen Reiches den Lerneffekt zeitigen, „daß bei Aufstand und Krieg gegen die Türken nichts zu verlieren, aber alles zu gewinnen sei". Kreta werde bei „unzufriedenen Elemente[n] Mazedoniens, Serbiens und Bulgariens" bald Nachahmer finden.[307] Marschall kritisierte die Interventionsmächte vor allem, weil sie von ihrer anfänglichen Unparteilichkeit nach dem „Blutbad" in Candia abgerückt seien. Ursprünglich seien die Mächte davon ausgegangen, „daß man ein aufständisches Land nur dann pazifizieren kann, wenn man auch der Minorität Schutz für ihre Rechte gewährt". Darum hätten „die Muselmanen, welche von den christlichen Insurgenten von Haus und Hof vertrieben worden waren, in ihren Besitz wieder eingesetzt werden" sollen. Zudem habe es Verfassungsgarantien für Muslime geben sollen, bevor die osmanischen Truppen zurückgezogen werden sollten. Dieses Programm sei jedoch noch 1898 fallengelassen und ins Gegenteil verkehrt worden:

„Die neuere Kretapolitik [...] bekennt sich unverhüllt zu der Anschauung, [...] daß in dem Verhältnis von Christ zu Muselman sich der erstere jedes Unrecht erlauben kann und der letztere jedes Unrecht zu dulden hat. Das Zerrbild von Regierung, welches man errichtet hat, ist nur ein Werkzeug der Insurgenten. Keinen Finger hat man gerührt, um den Muselmanen ihren Landbesitz zurückzugeben; dem höhnischen Verlangen der Insurgenten, daß die Rückgabe der Ländereien an ihre rechtmäßigen Eigentümer erst dann erfolgen könne, wenn die türkischen Truppen die Insel verlassen hätten, haben die Mächte ohne weiteres willfahrt, ‚weil die Anwesenheit der Truppen die Christen aufrege' – als ob [...] nach Beseitigung der letzten Reste ottomanischer Macht die Insurgenten freiwillig den geraubten Besitz herausgeben würden. So blieben die depossedierten Muselmanen in den Städten, vornehmlich Kandia, eingepfercht, dem Hunger und Elend preisgegeben."[308]

Zwar hatten die Interventionsmächte den osmanischen Truppenabzug aus Kreta mit Garantien zur Aufrechterhaltung der Souveränität des Sultans und der Rechte der muslimischen Minderheit begleitet.[309] Marschall hielt diese Garantien jedoch für eine „inhaltlose Phrase" und meldete Ende 1898 nach Berlin, der russische Botschafter in Konstantinopel habe ihm vertraulich zugestanden, dass die Interventionsarmee „nichts anderes getan" habe, „als blindlings die Wünsche der Christen zu erfüllen". Die Diskriminierung der muslimischen Minderheit stand seither fest:

---

[306] Ebenda, S. 221–224 und S. 227.
[307] Die Große Politik der europäischen Kabinette, Bd. 12,2, S. 453.
[308] Ebenda, S. 498f.
[309] Ebenda, S. 505–507.

„Die Muselmanen, die Christen getötet, sind hingerichtet worden, die Christen, welche Muselmanen ermordeten, sind frei ausgegangen und erfreuen sich noch heute des geraubten Besitzes. Den Muselmanen hat man die Waffen genommen, die Christen haben sie behalten. Das Versprechen der letzteren, Waffen und muselmanischen Besitz herauszugeben, wenn erst die türkischen Truppen die Insel verlassen haben, wird niemals eingelöst werden."[310]

Der deutsche Diplomat sollte recht behalten. Zwar schrieb die im März 1899 angenommene Verfassung Kretas die Gleichberechtigung aller religiösen Bekenntnisse fest. Doch verließen im folgenden Sommer 18 000 Muslime die Insel, meist Ackerbauern, deren Dörfer bedroht oder zerstört waren.[311] Zwei Jahre später versuchte Prinz Georg, die Mächte zur Billigung des Anschlusses Kretas an Griechenland zu bewegen, was jedoch verweigert wurde.[312] Unter dem bis 1906 regierenden Prinzen und seinem Nachfolger, dem früheren griechischen Premier Alexandros Zaimis, blieb die Lage prekär, obwohl Zaimis den Schutzmächten 1908 berichtete, dass eine neue Gendarmerie die Sicherheit auch der Muslime garantiere.[313] In Wahrheit verließen diese die Insel: Hatten 1881 73 000 Muslime (27 Prozent der Bevölkerung) auf Kreta gelebt, waren es 1900 33 281, 1911 noch 27 850. Die Motive waren vielfältig: „Einige flohen, um dem Krieg zu entkommen, andere, um der Schikane durch Banden oder Zivilisten zu entfliehen oder einfach solchen Demütigungen wie in der Armee unter christlichen Offizieren dienen zu müssen."[314]

Den Interventionsmächten gelang es nie, die ganze Insel unter Kontrolle zu bringen, weshalb sich in der Weltöffentlichkeit das „Wortspiel" von den vier „Ohnmächten" verbreitete.[315] Die Jungtürkische Revolution und die Annexionskrise um Bosnien spalteten 1908 die vier Großmächte. Im Sommer 1909 zogen sie auf Vorschlag Großbritanniens ihre Landtruppen aus Kreta zurück, ohne für eine tragfähige Lösung gesorgt zu haben.[316] Vergeblich hatte die neue osmanische Regierung „die Sicherung der stets bedrohten Mohammedaner, welchen die Ausrottung in Aussicht gestellt wird", gefordert. Die Großmächte sicherten lediglich zu, vor Kreta „je ein Kriegsschiff" zu stationieren, „um die mohammedanischen Bewohner zu schützen und die Hoheitsrechte des Osmanischen Reichs zu sichern".[317] Selbst die Autonomieverwaltung konnte sich gegen die nationalistischen Milizen kaum noch behaupten. Im Juni 1910 erklärte der griechische Außenminister Kallergis, selbst kretischer Herkunft, dem deutschen Gesandten Baron Wangenheim, „in Kreta herrsche vollkommene Anarchie".[318]

Einen Monat zuvor, im Mai 1910, war die Eröffnung der kretischen „Nationalversammlung" provokativ „im Namen des Königs der Hellenen" erfolgt. Die

---

[310] Ebenda, S. 510f.
[311] Schulthess' Europäischer Geschichtskalender 40.1899, S. 280f.
[312] Schulthess' Europäischer Geschichtskalender 42.1901, S. 286f.
[313] Schurman, The Balkan Wars, S. 45.
[314] Mazower, Der Balkan, S. 188; Lieberman, Terrible Fate, S. 34; Toumarkine, Les Migrations, S. 36.
[315] Sosnosky, Die Balkanpolitik Österreich-Ungarns, Bd. 2, S. 117.
[316] Die Große Politik der europäischen Kabinette, Bd. 27,1, S. 150.
[317] Sax, Nachtrag zur Geschichte des Machtverfalls der Türkei, S. 566.
[318] Die Große Politik der europäischen Kabinette, Bd. 27,1, S. 134f. und S. 150; zu Kallergis: Schulthess' Europäischer Geschichtskalender 51.1910, S. 626.

muslimischen Abgeordneten wurden ausgeschlossen, bis sie den Eid auf König Georg abgelegt hätten. Die osmanische Regierung protestierte bei den Schutzmächten, und deren Konsuln drohten der Autonomieregierung, die Folgen für Kreta würden sehr ernst sein, falls die muslimischen Abgeordneten ihre Sitze nicht wieder einnehmen dürften. Die Versammlung beschloss auf Antrag des Insel-Regierungschefs Venizelos das Gegenteil und forderte die „moralische Unterstützung" der Interventionsmächte für den Anschluss Kretas an Griechenland.[319] Die französische Regierung schlug daraufhin vor, die Zulassung der muslimischen Abgeordneten notfalls durch „Wiederbesetzung" der Insel zu erzwingen; schlimmstenfalls solle man den Osmanen freie Hand geben. Italien aber, das eigene territoriale Ambitionen in der Ägäis hegte, legte gegen alles, was über Wiederbesetzung hinausging, Widerspruch ein. Am 9. Juli 1910 stellten die Schutzmächte Kreta das Ultimatum, muslimische Abgeordnete zuzulassen und muslimische Beamte nicht zu behindern, widrigenfalls man Truppen landen würde. Die kretische Nationalversammlung gab nach, Venizelos trat zurück und ging nach Athen, um bald darauf griechischer Ministerpräsident zu werden.[320]

Der Erfolg dieser westlichen Demonstration der Stärke erwies sich als kurzlebig. Die Hilflosigkeit der meist uneinigen Interventionsmächte wurde in einer am 26. Februar 1912 ergangenen Note an die kretische Regierung dokumentiert, in der es hieß: „Wenn die Bestrebungen, kretische Abgeordnete nach Athen zu entsenden […] und die mohammedanischen Beamten abzusetzen, fortdauern und die Ermordungen von Mohammedanern nicht aufhören, würden die Mächte Maßregeln ergreifen". Man drohte erneut mit militärischem Eingreifen, doch als die kretische Nationalversammlung im März Abgeordnete in das Athener Parlament zu entsenden beschloss, konnten sich die Schutzmächte nur darauf einigen, nichts zu tun: Man werde die Provokation nicht mit Truppenlandungen beantworten, aber „sofort zur Besetzung der Insel schreiten, wenn die dortige muselmanische Bevölkerung in ihrem Leben oder Eigentum gefährdet werden sollte". Die griechische Regierung allerdings konnte sich dem internationalen Druck weniger entziehen als die kretischen Separatisten und verweigerte deren Abgeordneten die Anerkennung. Erst nachdem Griechenland, verbündet mit drei anderen Balkanstaaten, dem Osmanischen Reich im Oktober 1912 den Krieg erklärt hatte, zogen kretische Abgeordnete offiziell ins Athener Parlament ein, von ihrem Landsmann Venizelos als Regierungschef begrüßt.[321] Erst der Vertrag von Lausanne zwang 1923 alle noch auf Kreta verbliebenen Muslime zur Umsiedlung ins türkische Kleinasien, während von dort vertriebene Griechen auf Kreta angesiedelt wurden.[322]

Der deutsche Gesandte in Athen, Hans von Wangenheim, berichtete 1911, dass die Kretafrage unter Muslimen der gesamten Türkei nationalistische Gefühle und

---

[319] Schulthess' Europäischer Geschichtskalender 51.1910, S. 606–608.
[320] Ebenda, S. 131, S. 609–614 und S. 631.
[321] Schulthess' Europäischer Geschichtskalender 53.1912, S. 443f. und 480f.
[322] Vgl. Kap. V.3.

Hass auf Griechenland erzeugt habe.[323] Der Insel-Bürgerkrieg wirkte als Initialzündung für weitere ethnische „Säuberungen"; die nationaltürkische Schriftstellerin Halide Edib konstatierte später, kein Muslim hasse den Griechen so sehr wie ein Muslim aus Kreta.[324] Viele kretische Muslime waren vor 1912 in die osmanische Metropole Selanik ausgewandert, während Griechen von dort nach Kreta gingen, „wo das Land der Mohammedaner billig zu haben war". Im Ersten Balkankrieg marschierten 1912 griechische Truppen in Selanik ein, das seitdem Saloniki heißt, woraufhin dort lebende Muslime aus Kreta auch diese neue Heimat verlassen mussten.[325] 1919 glaubten in Smyrna lebende Muslime aus Kreta, Thrazien oder Mazedonien zu wissen, was ihnen drohte, sobald die griechische Armee auch diese Stadt besetzte.[326] Die Kreta-Erfahrung brachte die jungtürkische Führung des bröckelnden Osmanischen Reiches zu einer präventiv verstandenen Gewalt-Politik, die 1915 nicht nur in den Armenier-Genozid mündete, sondern auch in Vertreibung oder Deportation kleinasiatischer Griechen. Keine Region des Osmanischen Reiches, so der Jungtürke Cemal Paşa ein Jahrzehnt nach der Vereinigung Kretas mit Griechenland, habe so weitreichende Autonomierechte besessen wie diese Insel, und doch hätten alle Zugeständnisse den Türken nichts genutzt. Cemal argumentierte zutreffend, dass es in allen osmanischen Territorien, die im Laufe des 19. Jahrhunderts Autonomierechte erhalten hätten, nicht bei Autonomie geblieben sei, sondern entweder die Unabhängigkeit oder der Anschluss an Nachbarstaaten die Folge gewesen seien. Stets seien muslimische Einwohner getötet oder vertrieben worden.[327] Die jungtürkischen Politiker reagierten mit Konzepten ethnischer „Säuberung", die bis zum Genozid gehen konnten. Bevor sie noch mehr Land durch christlichen Separatismus verlieren würden, sollte dieses Land von Christen „gesäubert" werden.[328] Diese jungtürkische „Säuberungs"-Politik war der radikale Höhepunkt bevölkerungspolitischer Planungen und realisierter Umsiedlungen, die im Osmanischen Reich schon nach der Niederlage im Russisch-Türkischen Krieg 1877/78 eingesetzt hatten. Bereits Sultan Abdul Hamid II. hatte die Integration muslimischer Balkan-Flüchtlinge genutzt, um in bislang von Muslimen schwach bevölkerten Regionen „die Flut der mohammedanischen Expansion wiederherzustellen". Es ging darum, durch „Besiedlungspolitik" in „strategisch sensiblen Regionen" wie den Dardanellen die demographischen Verhältnisse zugunsten der Türken oder Muslime zu verändern.[329]

Es ist kein Zufall, dass der Kreta-Konflikt, der 1897 zur Intervention der europäischen Großmächte und zu einem griechisch-osmanischen Krieg führte, die

---

[323] Die Große Politik der europäischen Kabinette, Bd. 27,1, S. 152f.
[324] Lieberman, Terrible Fate, S. 34.
[325] Mach, Briefe aus dem Balkankriege, S. 119.
[326] McCarthy, Death and Exile, S. 261–265.
[327] Djemal Pascha, Erinnerungen eines türkischen Staatsmannes, S. 323; Mann, The Dark Side of Democracy, S. 118.
[328] Mann, The Dark Side of Democracy, S. 158f.
[329] Georgeon, Abdulhamid II, S. 317f.; Adanir, Bevölkerungsverschiebungen, Siedlungspolitik und ethnisch-kulturelle Homogenisierung, S. 176f.

vermutlich erste Anregung eines Europäers für einen Bevölkerungsaustausch auslöste. Zwar erhielten erst im Ersten Weltkrieg solche Pläne gesamteuropäische Reichweite, und erst damals gewannen sie nachhaltige Wirkung auf Planungen der politischen und militärischen Führungseliten. Doch bereits 1898 erschien ein Vorschlag dieser Art unter dem Pseudonym „Mehemed Emin Efendi" und erlebte immerhin in Deutschland zwei Auflagen.[330] Der Verfasser war weder Türke noch Muslim, sondern der deutsch-jüdische Publizist und bayerische Finanzbeamte Siegfried Lichtenstaedter. Dieser richtete 1898 seine Vorschläge für eine Neuordnung des Osmanischen Reiches nach seiner Grundüberzeugung, dass „die Existenz verschiedener Rassen, Sprachen, Religionen in einem Staatswesen […] überall in der einen oder anderen Form, in hohem oder niedrigem Grade einen Kampf hervor[rufen]" müsse. Demnach war ein Vielvölkerreich nicht länger haltbar; es musste national homogenisiert werden, wenn es nicht untergehen sollte. Selbst die volle Gleichberechtigung der Christen, so Lichtenstaedter im Vorgriff auf den Jungtürken Cemal, würde nicht helfen, da der Unabhängigkeitsdrang stets stärker sein würde als die Bereitschaft zur Unterordnung auch unter die „mildeste" Regierung. Daraus folgte der Schluss: „Solange die christlichen Völkerschaften in der bisherigen Zahl und Größe im Gebiete des türkischen Reiches existiren, ist eine dauernde Gesundung desselben nicht möglich. *Folglich müssen die ersteren, soweit möglich, vom Gebiete des türkischen Reiches verschwinden.*"[331]

Daher favorisierte Lichtenstaedter, dessen Pseudonym Parteinahme für die türkische Seite signalisierte, eine flächendeckende ethnoreligiöse „Säuberung" im Osmanischen Reich: „Das Beste wäre es offenbar, die Christen zur *freiwilligen* Auswanderung zu bewegen; bis zu einem gewissen Grade wird sich dies wohl ohne größere Härte bewirken lassen." Dafür müsse die Regierung des Sultans Auswanderungshemmnisse beseitigen und den Auswandungswilligen Subventionen gewähren. Wirtschaftliche Erwägungen dürften die Verdrängung nicht hindern. „Soweit aber sich die Christen zu einer freiwilligen Auswanderung nicht zu entschließen vermögen, halte ich auch einen Zwang nicht für unmenschlich, vorausgesetzt, daß für eine neue Heimath der Auswanderer Sorge getragen wird." Lichtenstaedter wollte keineswegs alle Christen aus dem Osmanenreich verdrängen; es sollten so viele bleiben dürfen, wie sich mit einer Politik der „*Einkapselung* der Minoritäten in den Volkskörper", also mit Assimilation, vereinbaren lasse.[332] Am Beispiel Kretas demonstrierte der deutsche Ratgeber für eine ethnisch gesäuberte „Zukunft der Türkei" den Nutzen einer Kombination aus Gebietsabtretung und (Zwangs-)Umsiedlung. Für Lichtenstaedter war Kreta für die Türkei auf Dauer nicht zu behaupten, es sei denn durch Ausrottung, Vertreibung oder Zwangsislamisierung der Christen. Da er dies für unmöglich hielt, riet er dazu, Kreta freiwillig aufzugeben. Da die muslimische Bevölkerung Kretas in solchem Fall Gefahr laufe, diskriminiert zu werden, solle diese „*auswandern* und zwar

---

[330] Frank, Expelling the Germans, S. 16; eine englische Übersetzung folgte 1907.
[331] Emin Efendi, Die Zukunft der Türkei, S. 4 und S. 7–14.
[332] Ebenda, S. 15–18 und S. 20f.

dorthin, wo die muselmanische Bevölkerung überwiegt und wo nach meinem Vorschlage [...] die christliche Bevölkerung das Feld räumen soll: nach Anatolien". Lichtenstaedter schlug nichts Geringeres vor als jenen umfassenden griechisch-türkischen Bevölkerungstransfer, wie er in Lausanne 1923 realisiert werden würde:

„So liegt der Gedanke nahe, diese doppelte Auswanderung durch eine passende Organisation zu einander in Beziehung zu setzen. Gäbe man den kretischen Muselmanen die Besitzungen auswandernder anatolischer Christen, den auswandernden anatolischen Christen die Besitzungen kretischer Muselmanen, so wäre, meine ich, damit allen Theilen genützt. Nicht nur dem Friedensinteresse, sondern auch der Billigkeit und Gerechtigkeit würde diese Lösung in hohem Grade entsprechen. [...]
Der Gedanke eines derartigen *Bevölkerungsaustausches* mag wohl Manchem befremdlich erscheinen und widerstreben. Ich verkenne auch nicht, daß ein solches Unternehmen eine gewaltige Summe von Geschick, Organisationstalent, Thatkraft und Ausdauer erfordern wird. Allein dem Ziele, das jede zugleich verständige und ehrliche Orientpolitik verfolgen muß – Beseitigung der religiösen Gegensätze und Schaffung von Friede und Ordnung – würde man wenigstens in einem Theile des Orients um eine Strecke näher kommen."[333]

Dieser wechselseitige Transfer sollte nicht nur Kreta, sondern auch andere geo- oder bevölkerungspolitisch unhaltbare christliche Gebiete von Muslimen räumen, um umgekehrt ganz Kleinasien für die Türken „in *ethnischer* Beziehung zu erobern". Mit dem Schlachtruf „Anatolien für die Türken, *nur* für die Türken!" nahm Lichtenstaedter die 1922/23 kriegerisch etablierte Ethno-Republik Atatürks vorweg. Ebenso prophetisch war seine Einschätzung, dass neben Kreta auch in Mazedonien die türkische Herrschaft nicht haltbar sei. Auch hier sollte daher der türkische Staat die Sicherheit der muslimischen Bevölkerung durch rechtzeitigen Bevölkerungsaustausch gewährleisten:

„Insbesondere wird die Türkei dafür Sorge tragen müssen, daß die Muselmanen nicht, wie es in Bulgarien und anderwärts geschehen, von der christlichen Bevölkerung massenhaft niedergemetzelt werden, daß den Auswandernden soweit als möglich ihre unbewegliche und bewegliche Habe erhalten bleibt, daß die Zurückbleibenden nicht allzu hart zu leiden haben. Recht wohl könnte man vielleicht auch in Macedonien einen Bevölkerungsaustausch veranstalten, indem man die Ländereien auswandernder Muselmanen solchen Griechen, die aus Anatolien auswandern[,] und umgekehrt, überließe."[334]

Während des Ersten Weltkrieges wurde diese „Säuberungs"-Alternative auch andernorts diskutabel. 1915 konstatierten zwei britische Unterhausabgeordnete, die Brüder Charles und Noel Buxton, wenn der Balkan der Gefahrenpunkt Europas sei, sei der größte Gefahrenherd des Balkans Mazedonien. Sie riefen eine Einschätzung des britischen Außenministers Lord Lansdowne aus der Zeit um 1900 in Erinnerung, wonach diese Region seit Jahrzehnten eine ständige Bedrohung des europäischen Friedens gewesen sei. Diese Brisanz müsse man nach Kriegsende nicht zuletzt durch wechselseitige Bevölkerungstransfers beheben. Serbiens weitgehende Eroberung Mazedoniens in den Balkankriegen von 1912/13 begriffen die Buxtons als Friedenshindernis, da die Mehrheit der Bevölkerung zu

---

[333] Ebenda, S. 22 und S. 27–30.
[334] Ebenda, S. 31–33.

Bulgarien tendiere. Serbien sollte auf Mazedonien verzichten und sich stattdessen die in Österreich-Ungarn lebenden Teile des eigenen Volkes einverleiben. Die mazedonische Frage sollte folglich integriert im Rahmen einer Neuordnung aller Balkangrenzen gelöst werden. Dafür war das Ende der Vielvölkerreiche der Osmanen und Habsburger die Vorbedingung.[335]

Bereits zur Zeit Lansdownes, um 1900, fürchteten die Mächte in Mazedonien die Nachahmung des Kreta-Konflikts. Der österreichisch-ungarische Außenminister Graf Gołuchowski war überzeugt, „daß das Beispiel Kretas allen denen im Kopfe stecke, die jetzt in Mazedonien, Albanien oder wo sonst es im Türkischen Reiche sei, Agitation betreiben".[336] Was heute als „wenig bekannter Auftakt zu den Greueln der Balkankriege" erscheint, jene „Gemetzel von Komitadschi-Kämpfern, von halbstaatlichen Komitees ausgerüsteten Einheiten der Balkanstaaten (Griechenland, Bulgarien, Serbien, Rumänien)", die „gegen ‚feindliche' Bevölkerungsteile im stets ethnisch gemischten Makedonien" erfolgten[337], bildete damals als „Makedonische Frage" ein Dauerproblem europäischer Politik.[338] 1904 erklärte US-Präsident Roosevelt dem entzückten österreichischen Politiker Joseph Baernreither, Österreich habe in Bosnien-Herzegovina alle Volks- und Religionsgruppen derart mustergültig gleichberechtigt, dass es am besten „die gleiche Aufgabe in Mazedonien übernehmen" sollte.[339]

Nach dem Berliner Kongress war Mazedonien der einzige Teil des bulgarischen Siedlungsraumes, der unter direkter türkischer Herrschaft blieb. Ein Partisanenkrieg scheiterte, die nationalistische „Intelligenz" fiel türkischen Verfolgungen zum Opfer oder flüchtete nach Bulgarien. Dort bildete sich die nächste Generation des bewaffneten Kampfes.[340] Nach 1878 lebten an die 200 000 christliche Flüchtlinge aus Mazedonien im autonomen Bulgarien, aus dem seinerseits zeitweilig 150 000 Muslime geflüchtet waren.[341] An der Spitze der Regierungen in Sofia standen „zumeist" Personen, „die aus Mazedonien stammten und nach Bulgarien ausgewandert waren, wo sie alles aufboten, für die Bulgarisierung ihres Heimatlandes Anhänger zu werben und auch die Regierung dafür zu gewinnen". Das Venizelos-Phänomen – die Machtübernahme im Zentrum durch Kämpfer aus der Peripherie – war nicht auf Griechenland beschränkt. 1894 fand das Schlagwort „Mazedonien den Mazedoniern!" seinen Weg in die internationale Öffentlichkeit, wobei mit den zur Selbstbestimmung Berechtigten „natürlich nur die Einwohner *bulgarischer* Nationalität gemeint waren". Bald erhielt die bulgarische Befreiungsbewegung aber griechische und serbische Konkurrenz – ebenfalls von den „Mutterländern" gestützt oder gesteuert. Der Kreta-Aufstand von 1897

---

[335] Buxton / Buxton, The War and the Balkans, S. 11 f., S. 45–47, S. 81 f. und S. 109 f.
[336] Die Große Politik der europäischen Kabinette, Bd. 18, S. 115 f.
[337] Geiss, „Ethnische Säuberungen", Massaker und Genozid, S. 45.
[338] Adanir, Die Makedonische Frage; Die Große Politik der europäischen Kabinette, Bd. 18, S. 122.
[339] Baernreither, Der Verfall des Habsburgerreiches und die Deutschen, S. 141 f.
[340] P. N. Miliukoff über Makedonien, S. 67.
[341] Armour, A History of Eastern Europe, S. 225.

gab das Signal für einen von Thessalien aus organisierten griechischen Partisanenkampf.[342] Seit 1905 hatte man auch mit einer „serbischen Bandenpolitik" zu tun, „die den politischen Mord zu dem wichtigsten Bestandteil der serbischen Politik in Mazedonien machte".[343] Schließlich wurden die bulgarischen, griechischen und serbischen Freischärler durch eine türkische Miliz ergänzt – den Prototyp der späteren jungtürkischen Geheimmiliz Teskilat-i-Mahsusa, die in den Völkermord an den Armeniern während des Ersten Weltkrieges involviert war.[344]

Der deutsche Botschafter in Konstantinopel, Baron Marschall, meinte 1901, zwar gebe es „*sporadisch*" ethnische Konflikte im osmanischen Mazedonien, aber erst nach dem Zusammenbruch der Türkenherrschaft würde das Morden „nicht nur zwischen Christen und Muhammedanern, sondern unter den Christen selbst ein *allgemeines* sein".[345] Auch der österreichisch-ungarische Finanzminister Kállay erklärte 1903 „den Gedanken einer Autonomie Mazedoniens und Albaniens" deshalb „für unpraktisch", weil Autonomie für „Orientalen" so viel bedeute „wie unumschränkte Selbstherrschaft der in der Mehrheit befindlichen Nationalität oder Konfession über alle anderen". Der Magyare prognostizierte, „sobald die türkische Autorität verschwinde, werde ein Morden auf der Balkanhalbinsel eintreten".[346] Tatsächlich konstatierte der Wiener Publizist Theodor von Sosnosky im Rückblick von 1914, sobald die osmanische Herrschaft schwach geworden sei, habe der „Hass der nichttürkischen Völkerschaften Mazedoniens" nicht mehr primär den Türken gegolten, „sondern den eigenen Glaubens- und bisherigen Leidensgenossen". Die stärkste Nationalbewegung, die der Bulgaren, habe begonnen, alle serbischen, griechischen und rumänischen Minderheiten „zum Bulgarentume zu pressen", woraufhin diese den Terror „nach Kräften erwidert" hätten.[347] Im Rahmen dieses „blutigen, mit ausnehmender Grausamkeit, zunächst von bulgarischen Freischaren geführten Kleinkrieges, denen sich bald griechische und serbische Banden entgegenstellten", ging es laut Constantin Dumba – damals Wiens Gesandter in Serbien – „um den nationalen Besitzstand an Schulen und Kirchen", also um Kulturautonomie, häufig unter Einsatz „gewaltsame[r] Bekehrungsmethoden".[348] Alle christlichen Partisanenbanden „wüteten gegen die Mohammedaner", weshalb die Regierung die Bildung eines muslimischen Landsturmes („Baschi Bozuks") zuließ, die ihrerseits „mit Raub und Plünderung, Mordtaten und Einäscherung von Dörfern vorgingen".[349] Frühere Gewalterfahrungen wirkten verschärfend: So hatte sich „auf dem Kossowopolje in den Bezirken Gilan, Pristina, Wucitru und Mitrowitza […] die im Jahre 1878 aus den zu Serbien geschlagenen Teilen des Paşaliks von Nisch fortgejagte albanische Bevölkerung

---

[342] Sosnosky, Die Balkanpolitik Österreich-Ungarns, Bd. 2, S. 123-125.
[343] Mandl, Österreich-Ungarn und Serbien, S. 31f.
[344] Pelt, Organized Violence in the Service of Nation Building, S. 235f.
[345] Die Große Politik der europäischen Kabinette, Bd. 18, S. 122 und S. 124f.
[346] Friedjung, Geschichte in Gesprächen, Bd. 1, S. 487f.
[347] Sosnosky, Die Balkanpolitik Österreich-Ungarns, Bd. 2, S. 121 und S. 129.
[348] Dumba, Dreibund- und Entente-Politik in der Alten und Neuen Welt, S. 160f.
[349] Friedjung, Das Zeitalter des Imperialismus, Bd. 1, S. 347.

angesiedelt". Vertreibungserfahrungen hatten auch die um Plevlje siedelnden, „im Jahre 1879 aus Niksic und Umgebung unter Verhöhnung des Rechtes und der Humanität vertriebenen mohammedanischen Serben".[350]

Zwar ernannte der Sultan Ende 1902 den bewährten Gouverneur Hüseyn Hilmi Paşa, den späteren Großwesir der Revolutionsjahre 1908/09, zum „Generalinspekteur" für Rumelien (Mazedonien), doch ließen ihm die Großmächte keine Zeit für eigenständige Handlungen. Nicht nur der französische Konsul in Saloniki, Louis Steeg, tat sich als Kritiker des osmanischen Reformplans hervor.[351] Der Bürgerkrieg provozierte ein Zusammengehen jener Großmächte, die eigentlich Konkurrenten in Südosteuropa waren.[352] Im Oktober 1903 einigten sich die Außenminister Russlands und Österreich-Ungarns, Graf Lambsdorff und Graf Gołuchowski, in der Konvention von Mürzsteg auf eine gemeinsame nicht-militärische Intervention in Mazedonien, der sich die übrigen Mächte anschlossen. Der osmanische Generalinspekteur für die Provinzen Saloniki (Selanik), Kosovo und Monastir – also Hilmi Paşa – sollte ohne Zustimmung der Großmächte nicht mehr absetzbar sein, außerordentliche Vollmachten erhalten, vor allem aber von österreichisch-ungarischen bzw. russischen „Zivilagenten" kontrolliert werden. Die Gendarmerie der Großprovinz sollte künftig aus Angehörigen aller Nationalitäten im Verhältnis zur Bevölkerungsstruktur bestehen und ausländischen Offizieren unterstellt werden; die Provinzen erhielten Finanzautonomie gegenüber Konstantinopel, wobei die Steuererhebung modernisiert und den Bedürfnissen der christlichen Bauern angepasst werden sollte. Die osmanische Zentralregierung wurde „verpflichtet, größere Summen für den Wiederaufbau der im Bandenkrieg verbrannten Dörfer, Kirchen und Schulen und für die Wiederansiedlung der Flüchtlinge" des Bürgerkrieges bereitzustellen. Offenbar wollten die Großmächte Mazedonien zum Muster für „good-government" umbauen.[353]

Dem Sultan wurden die Gendarmerie-Reform und 1905 die Finanzreform aufgezwungen, während 1908 zusätzlich entwickelte britisch-russische Pläne für eine Reform des Justizwesens infolge der Jungtürkischen Revolution nicht mehr umgesetzt wurden.[354] Ebenso wenig realisiert wurde infolge russisch-österreichischer Widerstände der britische Vorschlag, in Mazedonien einen christlichen Generalgouverneur nach dem Muster Kretas einzusetzen[355], was das Signal zum völligen Machtverlust der Türken gewesen wäre. Der protürkische deutsche Botschafter Marschall bekämpfte diese Reformpolitik vehement, da sie seines Erachtens die Unruhe in der Region steigerte statt verminderte.[356] Marschall berief sich im März 1908 auf das Urteil des französischen Finanz-Delegierten Louis Steeg, dem

---

[350] Mandl, Österreich-Ungarn und Serbien, S. 18f.
[351] Rodogno, Against Massacre, S. 232f.
[352] Levene, Genocide in the Age of the Nation State, Bd. 2, S. 330.
[353] Dumba, Dreibund- und Entente-Politik in der Alten und Neuen Welt, S. 160–162; Rodogno, Against Massacre, S. 233f.
[354] Macartney, National States and National Minorities, S. 170f.
[355] Friedjung, Geschichte in Gesprächen, Bd. 2, S. 69, auch Anm. 24.
[356] Die Große Politik der europäischen Kabinette, Bd. 25, Teilbd. 2, S. 429.

zufolge die osmanische Justiz in Mazedonien bei weitem nicht so schlecht funktionierte, wie Russland oder Großbritannien behaupteten. Der französische Experte hatte als „erheblichen Mangel" der Intervention kritisiert, „daß zwischen den verschiedenen fremden Reformagenten keinerlei Zusammenhang und noch weniger irgendeine Zusammenarbeit bestehe".[357] Dem Urteil Steegs war Gewicht beizumessen, soll doch „der Plan der mazedonischen Reformen" von 1903 nicht zuletzt seiner Berichterstattung zu verdanken gewesen sein.[358] Auch der Wiener Historiker Heinrich Friedjung bewertete die Reformen skeptisch:

„Das alles sah auf dem Papier recht gut aus [...].Das Ergebnis war jedoch geringfügig. Das Beste war noch, daß bis März 1904 von den 10 000 verbrannten Häusern 6000 auf Kosten der Regierung wieder aufgebaut wurden. Sonst aber änderte sich so gut wie nichts. [...] Von Stambul aus wurde den Reformen passiver Widerstand entgegengesetzt [...]. Und nach einem oder zwei Jahren ging, von den Balkanregierungen geduldet oder auch genährt, wieder ein frischer, fröhlicher Bandenkrieg los."[359]

Auch aus heutiger Sicht gilt die Mazedonien-Intervention der Großmächte als völlig gescheitert. Das in Großbritannien als christliche Lobby agierende und vom prominenten liberalen Historiker und Politiker James Bryce geleitete „Balkan Comittee" resümierte 1908, dass seit Beginn der internationalen Intervention im Jahre 1903 in Mazedonien, einer Provinz mit 1,5 Millionen Einwohnern, über 10 000 Menschen getötet worden seien, zumeist wehrlose Frauen und Kinder.[360] Dieser blutige Guerillakrieg wurde nicht nur trotz, sondern zum Teil *wegen* der internationalen Intervention fortgesetzt oder gar verschärft. Denn das Mürzsteger Reformprogramm schrieb, so Fikret Adanir, „zum Entsetzen aller Beteiligten vor, die territorialen Grenzen der Verwaltungsbezirke in den Vilayets Saloniki, Monastir und Kosovo unter dem Gesichtspunkt einer einheitlichen Gruppierung der einzelnen Ethnien neu festzulegen". Dies musste sich laut Adanir als „Einladung an die Konfliktparteien" auswirken, „ihre letzten Reserven zu mobilisieren, um noch rechtzeitig die von ihnen beanspruchten Gebiete von fremden Elementen zu säubern".[361] Der von Anfang an skeptische Botschafter Marschall kam 1905 zu dem Schluss, „daß die Reform die türkische Herrschaft nicht verbessert, sondern

---

[357] Ebenda, S. 399f.; zu Steegs Miterleben des bulgarischen Sprengstoffanschlags in Saloniki 1903, der zu Revanche-Massakern von Türken an Bulgaren in der Region führte: Glenny, The Balkans, S. 202; zu diesem und weiteren Attentaten bulgarischer Terroristen sowie der Ermordung des russischen Konsuls in Monastir durch einen türkischen Gendarmen: Schulthess' Europäischer Geschichtskalender 44.1903, S. 348f.

[358] Schiemann, Deutschland und die Große Politik, Bd. 3, S. 43, behauptete sogar: „Jener Konsul in Saloniki, dem der Plan der mazedonischen Reformen zu danken ist, führt [...] den Namen Steeg. Wir mutmaßen in ihm einen ehemaligen Landsmann und das möchten wir mit Stolz konstatieren." Entsprechende Behauptungen eines offiziellen französischen Gelbbuches führten zu Verärgerung der Mürzsteger Partner und „zu einer scharfen russisch-französischen Preßfehde"; vgl. Die Große Politik der europäischen Kabinette, Bd. 18, Teilbd. 1, S. 236, Anm. 2.

[359] Friedjung, Das Zeitalter des Imperialismus, Bd. 1, S. 349f.

[360] Rodogno, Against Massacre, S. 244.

[361] Adanir, Bevölkerungsverschiebungen, Siedlungspolitik und ethnisch-kulturelle Homogenisierung, S. 176; ders., Die makedonische Frage, S. 204.

lediglich erschüttert" habe. Die „mazedonische Gefahr" sei durch das Eingreifen Russlands und Österreich-Ungarns verschärft worden.[362] „Für geradezu *gefährlich*" erklärte der deutsche Spitzendiplomat den 1908 lancierten Vorschlag Russlands, aus Angehörigen aller Nationalitäten bewaffnete Kommunalgarden zur Aufrechterhaltung der Ordnung zu bilden: „Wer da glaubt, daß Griechen, Bulgaren und Serben, wenn man sie bewaffnet, in gemeinsamer Arbeit für die öffentliche Ordnung eintreten werden, der leugnet die Existenz der mazedonischen Frage. Denn der Kernpunkt derselben ist eben der leidenschaftliche Haß zwischen diesen Nationalitäten, der jede gemeinsame Arbeit ausschließt."[363] Auch Baron Aehrenthal, 1903 als österreichisch-ungarischer Botschafter in Russland einer der Autoren von Mürzsteg, der auch als Außenminister noch 1906 Fortschritte bei der Eindämmung bulgarischer Banden erkennen wollte, hatte bis November 1907 den Glauben an die Intervention verloren und hielt einen türkisch-christlichen Entscheidungskampf für unvermeidlich.[364]

Die liberale britische Regierung dieser Jahre, namentlich Außenminister Sir Edward Grey, behielt hingegen bis 1908 ihren grundlegenden Reform-Optimismus. Dies galt freilich nicht für alle Liberalen: Der Unterhausabgeordnete Noel Buxton publizierte 1907 ein Buch über „Europa und die Türken", worin er sich als Anhänger der antitürkischen „bag and baggage"-Vertreibungsaufrufe Gladstones von 1876 präsentierte und Mazedonien zum „großen Schlachtfeld zwischen Ost und West, zwischen Barbarei und Zivilisation" stilisierte.[365] Dieses Pamphlet, das möglichst viele Gewalttaten in der umkämpften Balkanregion allein den Muslimen anlastete, war die Vorstufe für Buxtons späteres Plädoyer einer umfassenden ethnischen „Säuberung" in Südosteuropa.

Die beiden Hauptträger der Intervention, deren „einheitliche[s] Auftreten und Vorgehen in Mazedonien" sich „auf die Dauer kaum aufrechterhalten" ließ und in der Bosnienkrise von 1908 tatsächlich für immer zerbrechen sollte[366], gelangten im September 1907 gegenüber Bulgarien, Griechenland und Serbien noch zur gemeinsamen Feststellung, „daß die aus ihren Ländern nach Makedonien eindringenden christlichen Banden *nicht mehr so sehr gegen die türkische Regierung, als vielmehr gegen deren christliche Untertanen kämpfen, um sie zur Annahme ihrer (der Bulgaren, bzw. Griechen und Serben) Nationalität und Kirchengemeinschaft zu zwingen*". Solche Deklamationen bewirkten allenfalls, dass „*den Terroristen die Befreiermaske herabgerissen und offiziell die Wahrheit gesagt worden*" sei.[367]

Die Bedrängnis der muslimischen Bevölkerung trug zum Erfolg des jungtürkischen Militärputsches gegen Abdul Hamid II. im Juli 1908 nicht wenig bei. Baron Marschall berichtete, die putschenden „mazedonischen Offiziere und Soldaten würden […] ihr Ziel nicht erreicht haben, wenn sie nicht einen festen Rückhalt in

---

[362] Die Große Politik der europäischen Kabinette, Bd. 22, S. 207 und S. 213.
[363] Die Große Politik der europäischen Kabinette, Bd. 25, Teilbd. 2, S. 413.
[364] Friedjung, Geschichte in Gesprächen, Bd. 2, S. 46 und S. 69f.
[365] Rodogno, Against Massacre, S. 236 und S. 242.
[366] Sosnosky, Die Balkanpolitik Österreich-Ungarns, Bd. 2, S. 139.
[367] Sax, Nachtrag zur Geschichte des Machtverfalls der Türkei, S. 554f.

der *muselmanischen* Bevölkerung des Landes gehabt hätten". Die Muslime hätten seit Beginn der international erzwungenen Reformen eine „Leidenszeit" erlebt, in der „christliche Banden das Land durchzogen, brandschatzend, plündernd und mordend".[368]

Ein Interventionsziel war die Repatriierung christlicher Flüchtlinge gewesen.[369] In Mürzsteg hatten 1903 Lambsdorff und Gołuchowski an das Vorgehen des Berliner Kongresses in Bulgarien und Ostrumelien nach 1878 angeknüpft und eine Wiedergutmachung für Flüchtlinge festgelegt:

> „Gewährung von Entschädigungssummen seitens der ottomanischen Regierung für die Repatriierung der aus dem Lande geflohenen Christen, für die Unterstützung der um ihr Hab und Gut gebrachten Christen und für den Wiederaufbau der zerstörten Privathäuser, Kirchen und Schulen. Verteilung dieser Beträge durch hierzu berufene Kommissionen, in denen auch Christen vertreten sein sollen; Überwachung der Verwendung durch die Konsuln der beiden Ententemächte."[370]

Durch eine 1904 erlassene Amnestie des Sultans wurden über 1600 Gefangene freigelassen und „über 6000 Flüchtlinge repatriiert".[371] Die Rückführung der Menschen und der Wiederaufbau ihrer Häuser[372] waren nach Einschätzung der Petersburger und Wiener Öffentlichkeit bis Ende 1904 die wichtigsten Beiträge zur Befriedung des Krisenherds.[373] Der deutsche Botschafter stellte solche Erfolge in Abrede, und 1908 war auch sein französischer Kollege in Konstantinopel offenbar so weit, die Reformpolitik in Mazedonien als „absurd" zu verurteilen.[374] Der Publizist Aurel Popovici erblickte hingegen in der Wiener Politik, „betreffs Mazedonien [...] sich zur Anschauung zu bekennen, daß nur die Autonomie der abzusondernden Nationalitäten den Frieden verbürgen könnte", 1906 eine Bestätigung seiner Pläne für die innere Umgestaltung der Habsburgermonarchie.[375]

Die Jungtürkische Revolution vom Juli 1908, die von Mazedonien ausging[376], machte den Reformprojekten ein Ende. Angeblich soll das Gerücht, der britische König und der Zar hätten sich geeinigt, Mazedonien nicht länger unter türkischer Herrschaft zu lassen, den von Enver Bey angeführten Armeeputsch in Selanik (Saloniki) ausgelöst haben.[377] Während sich Wien und St. Petersburg über die daraufhin erfolgte Annexion Bosnien-Herzegovinas durch die Habsburgermonarchie verfeindeten, wurden in Mazedonien die Mürzsteger Reformen zurückgenommen und die europäischen Gendarmerie-Offiziere abberufen. Im Sommer

---

368 Die Große Politik der europäischen Kabinette, Bd. 25,2, S. 612 und S. 615.
369 Die Große Politik der europäischen Kabinette, Bd. 22, S. 179f.
370 Sosnosky, Die Balkanpolitik Österreich-Ungarns, Bd. 2, S. 133; der Begriff „Ententemächte" bezeichnet hier die Mürzsteger „Entente" von 1903.
371 Sax, Nachtrag zur Geschichte des Machtverfalls der Türkei, S. 551.
372 Rund 6000 von 10 000 zerstörten Wohnhäusern sollen 1903/04 wieder aufgebaut worden sein; vgl. Friedjung, Das Zeitalter des Imperialismus, Bd. 1, S. 349f.
373 Schulthess' Europäischer Geschichtskalender 45.1904, S. 306f.
374 Die Große Politik der europäischen Kabinette, Bd. 22, S. 207, S. 213, S. 488 und S. 492.
375 Popovici, Die Vereinigten Staaten von Groß-Österreich, S. 290.
376 Darwin, After Tamerlane, S. 361.
377 Levene, Genocide in the Age of the Nation State, Bd. 2, S. 331.

1909 – parallel zum Rückzug anderer Interventionsmächte aus Kreta – endete die internationale Kontrolle über die osmanische Balkanprovinz.

Die durch anfängliche Revolutionseuphorie bewirkte Versöhnung der Nationalitäten wich in Mazedonien bald neuen Gewalttaten – wobei die Muslime stärker als früher ebenfalls ihren „Herrenstandpunkt" vertraten.[378] Während österreichische Spitzendiplomaten noch im September 1912 davon ausgingen, dass „bezüglich Mazedoniens [...] eine totale Aufteilung unmöglich" sei, weshalb für die nächsten drei Jahrzehnte allenfalls ein christlicher Generalgouverneur unter der Oberhoheit des Sultans eingesetzt werden könnte, „wie früher in Rumelien"[379], bereiteten die Diplomaten des Zarenreiches und der „Balkanbund" diverser Balkanstaaten die gewaltsame Eroberung und Teilung Mazedoniens vor.[380] Russische Diplomaten monierten, dass die jungtürkische Regierung in Mazedonien zu Maßnahmen griff, „die sich mit dem Prinzip der Gleichberechtigung der Nationalitäten nur schwer vereinbaren" ließen und „die neue Ära nur wenig von den bösesten Tagen des alten Regimes" unterschied. Die neue Willkür war nicht nur den Lokalbehörden anzulasten, sondern wurde „augenscheinlich von den einflußreichen Organen der Jungtürken in Konstantinopel angefeuert".[381] Österreichische Beobachter fanden andere Schuldige: Demnach verübten bulgarische Terroristen Bombenanschläge, um Racheakte und Krieg zu provozieren.[382] Das bewusst entfachte Chaos in Mazedonien bot den Vorwand für den Angriff vier verbündeter Balkanstaaten (Bulgarien, Serbien, Griechenland und Montenegro) auf das Osmanische Reich. Am 3. Oktober 1912 forderte dieser Balkanbund von der Pforte, „Altserbien, Mazedonien, Albanien und Kreta innerhalb dreier Tage Autonomie zu gewähren". Tatsächlich führte die osmanische Regierung – damals waren konservative Gegner der Jungtürken am Ruder – am 7. Oktober 1912 in Mazedonien die einst 1880 für Ostrumelien geschaffenen Autonomiegesetze ein.[383] Während Montenegro trotzdem sofort den Krieg eröffnete, spielten die Regierungen der wichtigeren Staaten auf Zeit, um den Großmächten entgegenzukommen. Am 13. Oktober forderten sie eine „Bestätigung der ethnischen Autonomie der Nationalitäten des türkischen Reichs mit allen ihren Konsequenzen". Die osmanische Regierung sollte sich verpflichten, „den ethnographischen Charakter der türkischen Provinzen nicht durch Hinverpflanzen von Ottomanen zu ändern". Dieses Autonomieprojekt hätte nicht nur von den Großmächten, sondern auch von den „Balkanstaaten" kontrolliert werden sollen – eine Forderung, die die Osmanen als demütigend ablehnten.[384] Das war der Krieg. Der russische Diplomat Andrei Mandelstam deutete diese Forderung später als Emanzipation der

---

[378] Die Große Politik der europäischen Kabinette, Bd. 25,2, S. 612 und S. 617 f.
[379] Schicksalsjahre Österreichs 1869–1936, Bd. 1, S. 471.
[380] Vgl. zur Entstehung des Balkanbundes 1911/12: Sax, Nachtrag zur Geschichte des Machtverfalls der Türkei, S. 618–620; Korff, Russia's Foreign Relations, S. 122–125.
[381] Trubetzkoi, Russland als Großmacht, S. 152 f.
[382] Sax, Nachtrag zur Geschichte des Machtverfalls der Türkei, S. 567 und S. 584 f.
[383] Schulthess' Europäischer Geschichtskalender 53.1912, S. 455–458.
[384] Sosnosky, Die Balkanpolitik Österreich-Ungarns, Bd. 2, S. 279 f.

Balkanstaaten, die den Händen der Großmächte das Instrument humanitärer Intervention entwunden habe.[385] Doch war die Intervention der Balkanstaaten kaum humanitär motiviert.

Manche Beobachter – etwa der österreichische Marxist Otto Bauer – hielten den siegreichen Balkanbund von 1912 für die Keimzelle einer dauerhaften Balkanföderation. Das war ein Irrtum, denn der Bund hielt nur wenige Monate, bevor seine Mitglieder 1913 im „Zweiten Balkankrieg" über die Verteilung der Beute uneins wurden und übereinander herfielen. Der zweite Krieg wurde primär um Mazedonien geführt. In anderer Hinsicht erwies sich jedoch der spätere Außenminister der „Republik Deutsch-Österreich" als hellsichtig, denn Bauer meinte 1912, dass der „Kampf um Mazedonien" mit dem Klassenkampf zwischen „Feudalismus und Kapitalismus in der Türkei" eng verknüpft sei. Ähnlich wie in Bosnien-Herzegovina deckten sich in Mazedonien „religiöse und Klassengegensätze, standen muslimische Großgrundbesitzer gegen christliche Bauern und Pächter".[386] Damit war eine wichtige Motivation für ethnoreligiöse „Säuberung" benannt, wie wir sie im 19. Jahrhundert bereits in Serbien oder Griechenland beobachten konnten. Über die vielen ermordeten, geflüchteten oder vertriebenen muslimischen Zivilisten verlor der marxistische Analytiker jedoch kein Wort. Aus marxistischer Sicht waren offenbar alle Muslime Großgrundbesitzer und damit legitime Opfer im „Klassenkampf". Auch Bauers russischer Genosse Lenin, damals im Exil in Zürich, leugnete die Existenz von „*türkischen* Bauern".[387] Selbst Lev Trocki, als Kriegsberichterstatter vor Ort, bekräftigte diese Deutung und bestritt, dass Partisanenbanden (Tscheti) für die christlichen Bauern Mazedoniens eine Belastung gewesen seien; sie hätten vielmehr deren Konflikte mit den muslimischen Beys positiv beeinflusst.[388] Die ethnische „Säuberung" des Balkans von den meisten dort lebenden Muslimen ließ sich zwar mit Klassenkampf-Kategorien nicht erschöpfend erklären. Doch exakt diese Legitimation diente später in der Sowjetunion zur Begründung der Zwangsumsiedlungen von Großbauern („Kulaken"), die – zufällig oder nicht – überwiegend Ukrainer waren.[389] Auch in diesem Fall überlagerten sich Klassenkampf und Ethnokonflikt.

Statistiken sind unsicher und geben nur Andeutungen des Geschehens. Sofern man ihnen Glauben schenkt, sind im Herbst 1912 10 000 Muslime aus Mazedonien und über 100 000 aus Ostthrazien vor den griechischen und bulgarischen Armeen geflüchtet. Mitte 1913 flüchteten 15 000 Bulgaren aus Mazedonien mit der geschlagenen bulgarischen Armee vor den siegreichen Griechen, während 10 000 Griechen aus den serbischen und bulgarischen Teilen Mazedoniens in den griechischen fluchtartig übersiedelten. Dasselbe taten 70 000 Griechen aus dem bulgarischen Westthrazien, die ebenso ins griechische Mazedonien einwanderten

---

[385] Swatek-Evenstein, Geschichte der „humanitären Intervention", S. 185 und S. 187.
[386] Bauer, Der Balkankrieg, S. 40f. und S. 5–9.
[387] Lenin, Werke, Bd. 18, S. 391.
[388] Trotzki, Die Balkankriege, S. S. 263.
[389] Snyder, Bloodlands, S. 43–51 und S. 74 mit der Berufung auf Raphael Lemkins Beurteilung der Ukraine als „das klassische Beispiel eines sowjetischen Genozids".

wie 5000 Griechen aus dem russischen Kaukasus. Gleichzeitig mussten 47 000 Bulgaren als Konsequenz des Transfervertrags von Konstantinopel vom Herbst 1913 aus Ost- nach Westthrazien „emigrieren". 1914, so Elisabeth Kontogiorgi, seien 115 000 Griechen aus dem osmanischen Ostthrazien nach Griechenland vertrieben und weitere 85 000 nach Kleinasien deportiert worden, von wo 150 000 Griechen aus den Küstenregionen nach Griechenland vertrieben worden seien. Zur selben Zeit seien 115 000 Muslime aus dem griechischen Mazedonien (und weitere 35 000 aus anderen Balkanstaaten) ins Osmanische Reich „migriert", infolge des politischen Wandels nach den Balkankriegen und infolge jungtürkischer Umsiedlungspropaganda. Eine Vertreibungspolitik namentlich Griechenlands sieht Kontogiorgi nicht.[390]

Am 29. Oktober 1913, kurz nach dem Ende der Balkankriege, konstatierte die Zeitung „Echo de Bulgarie" in Mazedonien einen „Anschlag gegen die Menschlichkeit sowie gegen die heiligsten Rechte der Völker". Die bulgarische Bevölkerung Mazedoniens sehe sich von den neuen serbischen und griechischen Herrschern „aller der Rechte beraubt, die [...] von den Türken sogar in Augenblicken der Verfolgung respektiert worden" seien. Offenbar folgte die Nachkriegsrealität nicht dem christlichen Idealismus des Athener US-Gesandten Jacob Schurman, der den Mazedoniern dasselbe Recht auf Emanzipation zusprach wie allen übrigen Balkanvölkern.[391] Vielmehr hatten sich die düsteren Vorahnungen des kurz vor dem Ersten Balkankrieg verstorbenen deutschen Botschafters Marschall erfüllt, denn Mazedonien blieb nach seiner „Befreiung" von osmanischer Herrschaft und nach der Aufteilung zwischen Griechenland (Saloniki), Serbien (Skopje) und Bulgarien ein ethnischer Konfliktherd, in dem von „Emanzipation" kaum die Rede sein konnte. Die jeweils herrschenden Nationalisten taten alles, um die ihnen ausgelieferte Bevölkerung zwangsweise zu assimilieren oder zu vertreiben. Nur im jugoslawischen Teil Mazedoniens – der heutigen Republik – blieb diese „kolonialistische" Serbisierung bis 1941 erfolglos.[392]

Im Zweiten Weltkrieg erlebte Mazedonien, bedingt durch die Machtwechsel von 1941 und 1944/45, erneut heftige ethnische Gewalt. In den 1990er Jahren aber kam es anders: Trotz ähnlicher Strukturprobleme wie in Bosnien-Herzegovina blieb der jugoslawische Teil Mazedoniens von ethnischem Bürgerkrieg weitgehend verschont. Die regierenden Eliten setzten nicht auf integralen Nationalismus, sondern stabilisierten ihre Lage durch Einbeziehung der „internationalen Staatengemeinschaft". In gewisser Weise kehrte Mazedonien am Ende des 20. Jahrhunderts zu jener Stabilisierung durch Internationalisierung zurück, die der Region zu Beginn desselben Jahrhunderts extern aufgezwungen worden war.

Unerlässliche Voraussetzung zur Vermeidung des Bürgerkrieges in den 1990er Jahren war die Erfindung der mazedonischen Nation durch die kommunistische

---

[390] Kontogiorgi, Population Exchange in Greek Macedonia, S. 38 f.
[391] Schulthess' Europäischer Geschichtskalender 54.1913, S. 653; Schurman, The Balkan Wars, S. 31.
[392] Barbusse, Die Henker; Boskovska Leimgruber, Das jugoslawische Makedonien, S. 349–354.

Nationalitätenpolitik in den Jahrzehnten zuvor. Diktator Tito hatte 1944 eine Republik Mazedonien innerhalb der künftigen kommunistischen Bundesrepublik Jugoslawien konstituiert. Dabei wurde die bulgarische Identität eines Großteils der Bevölkerung unterdrückt und nach sowjetischem Muster eine neue nationale Identität durch Sprach- und Geschichtspolitik erzeugt, deren Kritik unter Tito strafbar war.[393]

Zuvor blieb Mazedonien als Problem sprichwörtlich.[394] Auch der Diktator des „Großdeutschen Reiches" hatte diesen Krisenherd seiner Wiener Jugend nicht vergessen. Als er im August 1939 den Krieg mit Polen ansteuerte, erklärte Hitler dem französischen Botschafter Coulondre unter Verweis auf deutsch-polnische Nationalitätenkonflikte, „den mazedonischen Zuständen an der deutschen Ostgrenze müsse ein Ende bereitet werden".[395]

3. Totaler Krieg und Weltöffentlichkeit: Flucht und Vertreibung in den Balkankriegen 1912/13

Die das 19. Jahrhundert auf dem Balkan kennzeichnende Parallelität zwischen nationaler Befreiung und ethnoreligiöser Vertreibung kulminierte in den „Balkankriegen" der Jahre 1912/13. Der erste dieser Kriege richtete sich gegen die osmanische Herrschaft in Europa, während im zweiten der siegreiche „Balkanbund" zerbrach, indem Bulgarien mit seinen bisherigen Verbündeten Serbien und Griechenland um die territoriale Beute kämpfte und dabei vom neutralen Rumänien und vom zuvor besiegten Osmanischen Reich ebenfalls angegriffen wurde. Der Erste Balkankrieg führte zum Zusammenbruch des Osmanischen Reiches in Europa, der Zweite Balkankrieg zur Niederlage und Verkleinerung Bulgariens, das zuvor die am weitesten reichenden Ansprüche auf das osmanische Erbe erhoben hatte.

Dan Diner hat bemerkt, die beiden Balkankriege seien „von einer Intensität und Grausamkeit" gewesen, die damals – vor dem Ersten Weltkrieg – „auf dem europäischen Kontinent fremd" erschienen seien. Europa lebte noch in der Tradition begrenzter Staatenkriege, zu deren Einhegung wenige Jahre zuvor noch die Haager Landkriegsordnung geschaffen worden war. Demgegenüber wurden 1912/13 auf dem Balkan „ethnische ‚Bürgerkriege'" geführt, deren Brutalität und Durchschlagskraft aus dem Verzicht auf die „Unterscheidung von innen und außen, von Militär und Zivil" resultierte. Die Kombination von Krieg und Bürgerkrieg verfolgte das Ziel der „Austreibung ganzer Volksgruppen". Der Erste Balkankrieg zerschlug zwischen Oktober 1912 und Juni 1913 nicht nur die Herrschaft

---

[393] Rae, State Identities and the Homogenisation of Peoples, S. 251, S. 272 und S. 276f.
[394] Vgl. Lavergne, Munich – Défaite des Démocraties, S. 15.
[395] Coulondre, Von Moskau nach Berlin, S. 428 und S. 430; Dokumente der deutschen Politik, Bd. V, S. 103; bei Bonnet, Vor der Katastrophe, S. 275, heißt es: „Die mazedonische Lage an unserer Ostgrenze muss geklärt werden."

des Osmanischen Reiches auf dem Balkan, sondern trieb auch „Hunderttausende von türkischen Flüchtlingen und Vertriebenen" nach Südosten, „nach Istanbul" und Kleinasien.[396] Der Österreicher Josef Redlich freute sich im Herbst 1912 spontan – wie viele andere Europäer – über die „überraschenden Siege der Serben und Bulgaren" und über deren Konsequenz, „dass es mit dem Türkentum in Europa zur Neige geht". Redlich meinte die „Türkenherrschaft", die „in Europa zu Ende" sei, „wenn auch vielleicht Konstantinopel noch ein paar Jahre Sultanstadt bleiben" könne, und verschwendete kaum einen Gedanken an die betroffenen Menschen.[397] Ein anderer Österreicher, Heinrich Friedjung, betonte hingegen später den inhumanen „Vorsatz" dieser Kriegführung, „durch Ermordung oder Vertreibung der mohammedanischen Einwohner das ganze Land den Christen zurückzugeben":

„In den ersten Wochen zumal häuften sich Greuel, später wehrten die Regierungen der Balkanstaaten wenigstens dem Morden, während die Brandschatzung und die Vertreibung von Hof und Acker fortdauerten. Zu dem National- und dem Religionshasse trat die Begierde, sich dort zu rächen, wo die Türken frühere Aufstände in Blut erstickt hatten; dazu der soziale Gegensatz zwischen dem christlichen Bauer und dem türkischen Grundherrn, dem Beg, der alles büßen sollte, was seine Vorfahren sich angemaßt hatten. Bulgaren, Griechen und Serben wetteiferten in dem entsetzlichen Missbrauche des Sieges. In den Landstrichen um Monastir [...] wurden 80 Prozent aller mohammedanischen Dörfer verbrannt. Die nach größeren Städten flüchtenden Bewohner starben dort den Hungertod."[398]

Eine von serbischen Truppen ausgelöste Massenflucht erlebte im Oktober 1912 der deutsche Journalist Carl Pauli in der mazedonischen Hauptstadt Üsküb (Skopje) mit, von deren 47 000 Einwohnern 30 000 Muslime waren:

„Die Einheimischen suchten so rasch als möglich die Stadt zu verlassen, die Christen in ihrer Furcht vor einem Gemetzel [durch die Türken], die Türken in ihrer Angst vor einem Bombardement der Stadt [durch die Serben]. [...] Auf allen Seiten drängten die Massen heran und strömten gegen den Bahnhof [...]. Alle die Hunderte leer liegenden Lastwagen waren besetzt; zu Hunderten hockten Weiber und Kinder in einem Wagen, und auch auf den Wagendächern hockten die kläglichen Gestalten der armen türkischen Frauen mit ihren weinenden Kindern und mit dem in Todesangst zusammengerafften Bündel. Und der kalte Regen rieselte mitleidlos über dem unsäglichen Jammer, [...] Menschenknäuel, Flüchtlinge, die nur das eine riefen, baten und bettelten, mussten und kannten: Fort, Flucht, Hilfe! Dazwischen trotteten einzelne Abteilungen Militär [...], alles planlos, verwirrt, ohne Kopf und ohne Sinn. Es war die Todesfurcht, die Angst vor etwas nie erlebtem, die alle Menschen gleichmäßig gepackt hatte, und da gab es kein Halten mehr."[399]

Die Furcht vor Massakern war begründet. Sie nährte sich nicht nur aus früheren Konflikterfahrungen, sondern resultierte auch aus aktuellen Untaten. Diese totale Kriegführung im Balkankrieg, die die Zivilbevölkerung gezielt zu Opfern machte, schien die alte Wahrnehmung von der kulturellen Kluft zwischen dem eigentlichen Europa und den bestenfalls halbzivilisierten Balkanvölkern zu bestätigen.

---

[396] Diner, Das Jahrhundert verstehen, S. 33 und S. 199.
[397] Schicksalsjahre Österreichs 1869–1936, Bd. 1, S. 489 f.
[398] Friedjung, Das Zeitalter des Imperialismus, Bd. 3, S. 207 f.; vgl. auch Mazower, Salonica – City of Ghosts, S. 335 f.
[399] Pauli, Kriegsgreuel, S. 56–58; zur Bevölkerungszahl: Kirch, Krieg und Verwaltung, S. 15.

In der Julikrise des Jahres 1914, die in den Ersten Weltkrieg münden sollte, wies der deutsche Botschafter in London, Fürst Lichnowsky, Außenminister Grey darauf hin, „daß man die Balkanvölker nicht mit demselben Maßstabe messen dürfe wie europäische *Kulturvölker*", was „schon die barbarische Art ihrer Kriegführung gezeigt" habe, weshalb man mit ihnen auch „eine andere Sprache führen müsse" – wie dies Österreich-Ungarn soeben gegen das der Unterstützung des Fürstenmordes von Sarajevo verdächtige Nachbarland Serbien tat. Grey erwiderte höflich, selbst wenn er „diese Auffassung vielleicht teilen" würde, glaube er nicht, „daß sie in Rußland geteilt werde". Dort sorgte sich Außenminister Sazonov um die territoriale Integrität und die „Souveränitätsrechte" des kleinen slawischen Bruderstaates, der nicht zum „Vasallenstaat Österreichs herabsinke[n]" dürfe. Es waren allerdings primär „Rußlands vitale Interessen", die den Vertreter des Zarenreiches unter Anspielung auf dessen eigenes Protektorat in Zentralasien zu dem Ausruf verleiteten: „Serbien dürfe kein Buchara werden."[400]

Nicht wenige Briten teilten den kulturchauvinistischen Standpunkt Lichnowskys. Mary Edith Durham, eine engagierte Fürsprecherin des albanischen Volkes, sandte 1913 eine Ehrenmedaille, die ihr einst von König Nikola I. von Montenegro verliehen worden war, als „blutbefleckte Medaille" demonstrativ nach Cetinje zurück und veröffentlichte in der britischen und österreichischen Presse eine Erklärung, sie habe sich „oft über Leute gewundert, die Orden von Abdul Hamid annahmen" (dem wegen der Armeniermassaker berüchtigten osmanischen Sultan); nun aber wisse sie, dass die Montenegriner „sogar noch grausamer seien als die Türken". Die Engländerin versuchte, beim britischen Außenministerium „Schutz für die Balkan-Mohammedaner" zu organisieren. Die Beamten gaben zu, „daß die Berichte der Konsuln aus Üsküb und Monastir sehr schlimm lauteten, meinten aber, es sei nicht ratsam, sie zu veröffentlichen".[401] Dabei gaben sich Serben und Montenegriner laut Durham kaum Mühe, ihre Massaker zu vertuschen:

> „Ein serbischer Offizier erstickte beinahe vor Lachen über seinem Bier, als er erzählte, wie seine Leute in Ljuma die Frauen und Kinder auf die Bajonette spießten. […] Niemals haben die Türken die Armenier schlimmer behandelt als die beiden serbischen Völker die Albaner im Namen der Heiligen Orthodoxen Kirche. Stanko Markowitsch, der [montenegrinische] Gouverneur von Podgoritza, verbot, den hungernden Bewohnern der niedergebrannten Ortschaften zu essen zu geben, und sagte mir geradeheraus, daß sie zum Tode verurteilt seien. Die Leute von Podgoritza meinten laut, er sei ein Narr, mir das zu sagen: ‚Jetzt wird sie uns in England und Amerika anklagen!' Aber sie leugneten es nicht."[402]

Auch Lev Trocki, damals als Kriegskorrespondent einer Kiever Zeitung auf dem Balkan unterwegs, beobachtete Ende 1912, dass unter serbischen Soldaten und Zivilisten über Vergewaltigung, Raub und Mord „ganz offen, ruhig, und gleichmütig gesprochen" wurde: „Es ist etwas Alltägliches."[403]

---

[400] Die Deutschen Dokumente zum Kriegsausbruch, Bd. 1, S. 170, und Bd. 2, 142.
[401] Durham, Die slawische Gefahr, S. 303 f. und S. 307 f.
[402] Ebenda, S. 284.
[403] Trotzki, Die Balkankriege, S. 300 f.

Nicht wenigen wollte diese Gewalt als Erbe uralter nationaler Gegensätze erscheinen.[404] Doch die interethnische Gewalt basierte primär auf Modernisierungs- und Verwestlichungsprozessen. Allein schon die intolerante nationalistische Ideologie war ein westeuropäischer Import. Entsprechend erklärt Maria Todorova, die ethnischen „Säuberungen" auf dem Balkan hätten auf zugegeben brutale Weise das europäische Vorbild des homogenen Nationalstaates in die Tat umgesetzt und seien damit der Weg des Balkans zu Modernisierung und Europäisierung gewesen.[405] Cathy Carmichael betont, Europa habe durch den Transfer dieser seiner nationalistischen Ideologie die gewalttätige „Europäisierung" des Balkans erst ermöglicht.[406] Auch diente die Gewalt der Balkankriege nicht wie in älteren Zeiten nur spontaner Rache und Plünderung, sie hatte vielmehr die dauerhafte Vertreibung von unerwünschten Teilen der Zivilbevölkerung zum Ziel.[407] Die ethnische „Säuberung" war das Werk von Regierungen, wurde aber auch von vielen einfachen Menschen mitgetragen. Durham hörte zwei Montenegriner in Rijeka sagen, „die Serben" hätten richtig gehandelt, die nichtslawische Bevölkerung „im Vorbeigehen über die Klinge springen" zu lassen, um das Land zu „säubern".[408]

Der Journalist Carl Pauli sah 1912 im eroberten Mazedonien, wo die Bulgaren „systematisch die türkische Bevölkerung auszurotten" versuchten, entweder „die Tage der Hunnen" – eines antiken Reitervolkes von mörderischem Ruf – „wiedergekehrt" oder die „schlimmsten Zeiten des 30jährigen Krieges".[409] Sein Kollege Richard von Mach hingegen fand 1913 im Balkankrieg eher Zukunftsweisendes: Dieser unterscheide sich von früheren Konflikten dadurch, dass die siegreichen Türken einst besiegte Völker nicht vertrieben oder getötet, sondern „als Arbeiter im Lande" behalten hätten; nun aber werde die Zivilbevölkerung der besiegten Nation systematisch vertrieben. Die Kriegführung sei gewissermaßen „gründlicher" geworden.[410] Der liberale russische Politiker Pavel Miliukov wiederum erkannte in den ethnischen Gewalttaten der Balkankriege sowohl archaische als auch moderne Züge. Er hatte den Eindruck, sobald die osmanische Herrschaft zusammengebrochen sei, habe ein mühsam unterdrückter uralter Kampf zwischen den christlichen Balkanvölkern erneut begonnen. Zugleich nahm der gelernte Historiker aber auch moderne Elemente wahr, etwa die gesteigerte Durchschlagskraft moderner Armeen oder die systematische Vertreibung andersnationaler Bildungseliten.[411] Der französische Senator d'Estournelles, Vorsitzender der internationalen Carnegie-Kommission, der auch Miliukov angehörte, führte 1914 die Vernichtungskraft der Balkankriege auf den Umstand zurück, dass diese

---

[404] Roberts, Twentieth Century, S. 205.
[405] Todorova, Imagining the Balkans, S. 13.
[406] Carmichael, Ethnic Cleansing in the Balkans, S. 10.
[407] Hall, The Balkan Wars, S. 136f.
[408] Durham, Die slawische Gefahr, S. 308.
[409] Pauli, Kriegsgreuel, S. 48f.
[410] Mach, Briefe aus dem Balkankriege, S. 117.
[411] Miliukov, Political Memoirs, S. 258f.

Kriege „nicht nur von den Armeen, sondern von den Völkern selbst geführt" worden seien.[412]

Die von vielen Europäern empfundene Kluft zwischen dem „barbarischen" Balkan und dem „zivilisierten Europa" kam symbolisch in der „Carnegie-Kommission" zum Ausdruck, jener von der Stiftung des US-Multimillionärs Andrew Carnegie finanzierten internationalen Expertengruppe, die im Sommer 1913 den Balkan als unabhängige Untersuchungskommission bereiste, Zeugenaussagen aller Opfergruppen auswertete und ihren Bericht pünktlich zu Beginn des Ersten Weltkrieges im Sommer 1914 publizierte – weshalb er kaum mehr zur Kenntnis genommen wurde.[413] Der Wiener Staatsrechtler Josef Redlich hatte die ihm angetragene Mitwirkung in der Kommission abgelehnt – auch weil er glaubte, diese werde mit ihrer absehbaren „Feststellung, daß alle Balkanvölker Barbaren sind, nur offene Türen einrennen".[414] Der Pessimismus war überzogen: Die Kommission wertete die Untaten aller Kriegsparteien keineswegs als balkantypisch, sondern machte das allgemeine Wesen des Krieges dafür verantwortlich.[415] Für balkantypisch hielt sie hingegen das massenhafte Fluchtverhalten der Zivilbevölkerung. Seit den Massenfluchten des Ersten Weltkrieges würde man darüber ebenfalls anders denken[416]; 1913 aber war, so Maria Todorova, die fluchtartige Emigrationsbewegung der Balkankriege noch untypisch für das übrige Europa. Das Ausmaß der ethnischen „Säuberung", die mit den beiden Balkankriegen begann und über den Ersten Weltkrieg in Südosteuropa bis zum griechisch-kleinasiatischen Massentransfer von Lausanne 1923 reichte, wurde Todorova zufolge – sowohl an Opferzahlen als auch an räumlicher Ausdehnung – erst durch den Zweiten Weltkrieg übertroffen.[417]

Für die Balkan-Kriegsjahre 1912/13 konstatierte die Carnegie-Kommission, in Mazedonien und Thrazien sei eine „regelrechte Völkerwanderung", ein „Exodus" mit vielen Todesopfern erfolgt. Türken seien vor Christen geflüchtet, Bulgaren vor Griechen und Türken, Griechen und Türken vor Bulgaren, Albaner vor Serben.[418] Spätere Historiker haben halbwegs gesicherte Opferzahlen nachgeliefert. Demnach wurden keine Minderheiten in die Flucht getrieben, sondern beispielsweise die Mehrheit der Bevölkerung des osmanischen Balkans von 1912, die bis dahin muslimisch war. Von 2,3 Millionen Balkan-Muslimen lebten gegen Ende des Ersten Balkankrieges Mitte 1913 – nach neun Monaten Krieg – nur noch 1,4 Millionen in den Balkangebieten. Wahrscheinlich sind 632 000 Menschen oder 27 Prozent der Balkan-Muslime zu Tode gekommen, womöglich auch ‚nur' 200 000. Durch die systematische Kombination von Massenmord, Vertreibung und Rückkehrverbot wurden in den eroberten Gebieten die demographischen Verhältnisse revolutio-

---

[412] Sheehan, Kontinent der Gewalt, S. 83f.
[413] Todorova, Imagining the Balkans, S. 3f.
[414] Schicksalsjahre Österreichs 1908–1919, Bd. 1, S. 207; Schicksalsjahre Österreichs 1869–1936, Bd. 1, S. 556.
[415] Hall, The Balkan Wars, S. 138.
[416] Vgl. Kap. II, Einführung.
[417] Todorova, Imagining the Balkans, S. 175.
[418] The Other Balkan Wars, S. 151 und S. 154.

niert und neue „nationale Mehrheiten" geschaffen, auch wenn die Minderheiten damals nicht „komplett vertrieben" wurden. Traf dieses Vorgehen im Ersten Balkankrieg 1912/13 vorwiegend Muslime, so richtete es sich im Zweiten Balkankrieg vom Sommer 1913 massiv gegen christliche Bevölkerungsgruppen. Das in diesem zweiten Krieg besiegte Bulgarien hatte zwischen 35 000 und 40 000 Flüchtlinge aufzunehmen, die meist im 1912 eroberten Westthrazien angesiedelten wurden, wo der Besitz vertriebener Muslime und Griechen verfügbar war. Denn nach erneuter Niederlage im Ersten Weltkrieg verlor Bulgarien 1919 diese Gebiete, die von dort lebenden Bulgaren geräumt werden mussten.[419]

Beschämend war, dass die europäischen Großmächte während der Balkankriege keinen Schutz für die Zivilbevölkerung durchsetzten. Zwar setzte sich die Habsburgermonarchie für weitreichenden Minderheitenschutz zugunsten der Albaner in den vergrößerten Balkanstaaten ein. Doch die in London versammelte Botschafterkonferenz der Großmächte konnte sich nur darauf verständigen, von den Balkanstaaten vage den Schutz der katholischen, muslimischen und albanischen Minderheiten gemäß dem Berliner Vertrag von 1878 zu verlangen.[420] Serbien und Montenegro verwiesen auf vorhandene, angeblich ausreichende Verfassungsgarantien, und die Großmächte verfolgten im Londoner Friedensvertrag, der im Mai 1913 den Ersten Balkankrieg beendete, die Sache nicht weiter. Auf der Konferenz von Bukarest, die im August 1913 den Zweiten Balkankrieg abschloss, setzte sich keine europäische Großmacht für den Schutz der bulgarischen Minderheiten in den Siegerstaaten ein. Eine solche Forderung der USA, die am Verhandlungstisch nicht vertreten waren, blieb folgenlos.[421]

Heinrich Friedjung beklagte später, dass sich die westeuropäische Öffentlichkeit für die muslimischen Opfer der Balkankriege kaum interessiert habe. Der französische Schriftsteller Pierre Loti habe, als er die Verbrechen der Balkanstaaten an der muslimischen Bevölkerung habe zur Sprache bringen wollen, „kein großes Blatt" finden können, „das seine Aufsätze hätte veröffentlichen wollen". Auch in Großbritannien hätten „nur die radikalen Zeitungen Berichte über die Greuel" an Muslimen gebracht:

„Als ein Komitee von Moslim[en], das in Konstantinopel zusammentrat, seine Beschwerden in den führenden Blättern der zwei großen englischen Parteien vorbringen wollte, wurde es abgewiesen. In einem späteren Zeitpunkte, September 1913, schrieb die der Regierung nahestehende ‚Westminster Gazette' den merkwürdigen Satz nieder: England habe genug an den Berichten über die Grausamkeiten, es sei an der Grenze seiner Aufnahmsfähigkeit angelangt."[422]

Das von Friedjung gezeichnete Bild war etwas zu einseitig. Zwar haben neueste Forschungen bestätigt, dass ab Herbst 1912 die militärischen Erfolge der Balkanstaaten zu einer Art „Balkaneuphorie" in der europäischen Presse führten, die

---

[419] Die Zahlen bei McCarthy, The Ottoman Peoples, S. 91–93, Toumarkine, Les Migrations, S. 77; zur begrenzten „Säuberung": Lieberman, Terrible Fate, S. 77; Ther, Die dunkle Seite der Nationalstaaten, S. 79.
[420] Hantsch, Leopold Graf Berchtold, Bd. 2, S. 450.
[421] Macartney, National States and National Minorities, S. 173f.
[422] Friedjung, Das Zeitalter des Imperialismus, Bd. 3, S. 209f.

auch bislang kritische konservative Blätter Großbritanniens sowie einen Großteil der deutschen Presse die slawischen Sieger feiern ließ. Diese einseitige Parteinahme war allerdings von kurzer Dauer: Konservative Blätter verschiedener Länder kehrten rasch zu einer kritischen Beurteilung der Kriegführung gegen Zivilisten zurück, und die mit dem Zweiten Balkankrieg einsetzenden Gewalttaten unter den slawischen Völkern selbst zwang sogar die traditionell antitürkische liberale Presse Großbritanniens zur Revision ihrer allzu pro-slawischen Sicht. Dieser Teil der Presse äußerte sich allerdings weiterhin scharf antitürkisch.[423] Doch gab es in der Welt von 1913 nicht nur eine westliche Öffentlichkeit: Die Muslime im Britischen Empire, namentlich in Indien, reagierten empört auf die Massaker und Massenvertreibungen, denen ihre Glaubensbrüder auf dem Balkan zum Opfer fielen, und reagierten auf die Gleichgültigkeit Europas mit wachsender Politisierung[424], die damals noch eher eine panislamische als nationalistische Färbung trug.[425] Solche Zusammenhänge scheinen auch Balkanmuslimen bekannt gewesen zu sein. Jedenfalls traf im Spätsommer 1913 Mary Edith Durham in Nordalbanien auf muslimisch-albanische Flüchtlinge aus dem von Montenegro annektierten Gusinje, die von einer Kombination aus Assimilationszwang, Massakern, Vergewaltigungen und Vertreibungen berichteten: „Ich wurde angefleht, den König von England, der viele mohammedanische Untertanen hat, zu bitten, er möge diese unglücklichen Mohammedaner vor der Ausrottung bewahren."[426]

Tatsächlich hatte Pierre Loti Probleme gehabt, Berichte über Gräueltaten der Balkan-Armeen an muslimischen Zivilisten zu publizieren. Dabei forderte er bei aller eigenen Parteilichkeit zugunsten der Türken letztlich nur objektive Berichterstattung ein.[427] Loti polemisierte Ende 1912 gegen das „Klischee" der „Türkische[n] Grausamkeiten", das durch ein „in London bestehendes sogenanntes ‚Balkan-Komitee' mit Hilfe seiner Banknoten propagiert" und „immer von neuem in der französischen Presse triumphhaft zum Abdruck gebracht" werde.[428] Dem Direktor der „L'Humanité", dem wegen seiner pazifistischen Haltung im Sommer 1914 von einem französischen Nationalisten ermordeten Sozialistenführer Jean Jaurès, dankte Loti Anfang 1913 öffentlich dafür, dass dessen Zeitung „zu den wenigen gehört" habe, die „unparteiisch geblieben" seien „und sich der Beleidigung der Besiegten enthalten" hätten. Zuvor hatte nur die satirische Zeitschrift „Gil Blas" den Mut gehabt, Loti zu drucken und „den Bann des Schweigens zu brechen, das wie auf Verabredung von unserer Presse über die Grausamkeiten der christgläubigen Armeen beobachtet wurde". Doch Loti klagte auch die Großmächte an, welche die „Fackel der Zivilisation" gegen den angeblich barbarischen Orient hochhielten, sich jedoch in ihren außereuropäischen Kolonialkriegen fortwährend ähnlicher Massaker schuldig gemacht hätten. Damit nahm Loti die Tür-

---

[423] Keisinger, Unzivilisierte Kriege im zivilisierten Europa?, S. 123–127.
[424] Vgl. Kap. VII.1.
[425] Pal, Nationality and Empire, S. 158–160 und S. 362–390.
[426] Durham, Die slawische Gefahr, S. 300.
[427] Loti, Die sterbende Türkei, S. 35 und S. 57f.
[428] Ebenda, S. 67.

ken gegen westliche Barbarei-Vorwürfe in Schutz.[429] Auch der Wiener Publizist Theodor von Sosnosky hielt 1914 die „gedrängteste Fülle blutrünstiger Scheusslichkeiten" in beiden Balkankriegen nicht für eine regionale Besonderheit, sondern für ein „furchtbares Menetekel", das der „Kulturwelt" vor Augen geführt habe, „wie wenig Ursache sie hat, sich immer mit ihrem Fortschritt und ihrer Humanität zu brüsten". Die Gräuel des Dreißigjährigen Krieges seien trotz einem Vierteljahrtausend Abstand wiederholbar. Doch mit der resignativen Feststellung, die Balkankrise sei ein „moralisches Débacle der Menschheit", begnügte sich der Österreicher nicht. Sosnosky warf den Europäern vor, an den Verbrechen auf dem Balkan Mitschuld zu tragen, „denn sie haben nicht nur nichts getan, diese Greuel zu verhindern, sondern durch ihre heimliche Hetze noch gefördert und sich dadurch zu deren Mitschuldigen gemacht".[430]

Die deutsche Presse war zwischen Sympathien für die bulgarische Armee („Preußen des Balkans") und die jungtürkische Sache („der aufgehende Halbmond") hin- und hergerissen. Pauli meldete wahrheitsgetreu über die „Kriegsgreuel" von 1912, dass diese auf allen Seiten vorgefallen seien. Er brachte zahlreiche Belege, dass die Serben die Albaner auszurotten suchten – und warf der europäischen Öffentlichkeit Desinteresse vor:

„Bis jetzt nahm sich die gesamte europäische Presse stets liebevoll der Albanier an. Man warf der Türkei vor, daß sie sich gegen Reformen stemmte, hatte Mitleid mit dem albanischen Gebirgsvolk. Jetzt, da die Welt von den Greueln, die an der albanischen Bevölkerung von den serbischen Truppen verübt werden, widerhallt, hüllen sich die europäischen Zeitungen in Schweigen."[431]

Ganz anders klang ein im Januar 1913 in der „Kölnischen Zeitung" veröffentlichtes „Urteil über die Grausamkeiten" aus der Feder des Kriegsberichterstatters von Mach, der die bulgarische Armee auf dem Marsch bis vor Konstantinopel begleitete – eine Frühform von „embedded journalism":

„Es kommen jetzt nicht selten Berichte in die Zeitungen, in denen von Grausamkeiten erzählt wird, die Christen an Mohammedanern begangen hätten. Schon vor Ausbruch des Krieges konnte es nicht zweifelhaft sein, daß bei dem Zusammenprall der Heere und noch mehr bei dem Ringen bewaffneter Völker, die die Heere begleiten, ohne viel Menschlichkeit vorgegangen werden würde. Denn im Laufe der Jahrzehnte hatte sich eine Fülle leidenschaftlichen Hasses angesammelt. Man würde aber fehlgehen, diese Grausamkeiten als Merkmale der Christen zu kennzeichnen und ihnen den edlen Mohammedaner gegenüberzustellen. Es ist sogar ganz zweifellos, daß die ersten Unmenschlichkeiten in diesem Kriege von den Türken begangen worden sind [...]. Im ganzen werden sich die Anhänger des Halbmondes und Bekenner des Kreuzes wenig schuldig geblieben sein. Bis zu einem gewissen Grade erklärt sich, wenn es überhaupt vorhanden ist, das Mehr an Grausamkeit auf seiten der christlichen Sieger aus dem Weniger an Erfolg, der den Mohammedanern beschieden war."[432]

Der Exil-Bolschewik Trocki legte sich mit bürgerlichen Journalisten seines Vaterlandes an, welche die Gräuel der Balkanstaaten gezielt verharmlosten. Trocki hatte Aussagen serbischer Soldaten und plündernder Bauern gesammelt, die die syste-

---

[429] Ebenda, S. 113 und S. 35–37.
[430] Sosnosky, Die Balkanpolitik Österreich-Ungarns, Bd. 2, S. 375.
[431] Pauli, Kriegsgreuel, S. 41 und S. 46.
[432] Mach, Briefe aus dem Balkankriege, S. 125 f.

matische Massakrierung männlicher Albaner im Kosovo und in Mazedonien bestätigten. Das Militär verschonte nach eigener Aussage Kinder unter zwölf Jahren, wollte sich aber für das Handeln der Milizen nicht verbürgen.[433] Ende November 1912 brachte Trocki den Augenzeugenbericht eines bulgarischen Bankangestellten aus dem mazedonischen Stip, das zuvor von den Bulgaren erobert worden war:

„Ich bin vor vier Tagen angekommen und bedaure schon, daß ich überhaupt hierher gefahren bin. Ich fand einen absolut fürchterlichen Zustand vor. Ich hätte niemals gedacht, daß so etwas möglich sein könnte. […] Die türkischen und jüdischen Häuser, also die halbe Stadt, sind völlig leer. Alle Läden und Häuser in diesem Stadtteil sind geplündert und sogar zerstört. Diebstahl und Mord passieren die ganze Zeit über. Vor meinen Augen überfielen am 2. November mittags 20 bis 25 Cetniks und Landstreicher einen alten Juden von 60 oder 70 Jahren und zerschlugen ihm den Kopf. Ich mischte mich ein und begann nach der Polizei zu rufen. ‚Haltet ihn, er ist auch ein Jude!' Sie jagten mir hinterher, und ich musste fliehen. Ich verbarg mich in meiner Wohnung […]. Nach einer kurzen Belagerung entfernten sich die Pogromhelden. […] Ohne Mühe fand man heraus, wer den alten Mann getötet hatte: Es waren wohlbekannte Cetniks […]. Niemand von ihnen wurde jedoch bestraft. Es gibt hier keine Armeetruppen, und diese Cetniks sind die absoluten Herren der Lage. […]
Ein furchtbarer Zustand! Manchmal musst du zusehen, wie diese friedlichen türkischen Bauern ohne Grund getötet werden, wie ihre Sachen geplündert werden und wie die Frauen und Kinder vor Hunger sterben – da zerspringt dir das Herz fast vor Kummer. Auf dem Weg von Radoviste nach Stip sind etwa 2000 türkische Flüchtlinge, vorwiegend Frauen und Kinder, gestorben, vor Hunger, im direkten Sinne des Wortes, vor Hunger…"[434]

Muslimische Flüchtlinge verhungerten nicht nur in den vom Balkanbund eroberten Provinzen, sondern auch in den osmanischen Aufnahmegebieten. Carl Pauli wies darauf hin, dass die nach Konstantinopel und Selanik (Saloniki) geflüchteten Muslime vom schwachen osmanischen Staat kaum versorgt würden. Er zitierte den britischen Journalisten Allan Ostler:

„[…] Die Türkei ist gebrochen, Organisation ist nicht vorhanden, das Land ist außerstande, seine Soldaten vor dem Hungertode zu schützen, wie soll sie dem Millionenansturm gegenübertreten? […] Konstantinopel kann nicht ein Zehntel dieser Masse in sich aufnehmen, auch wenn man berücksichtigt, daß der Zug der Hungernden kleiner wird, weil schon jetzt die Erschöpften am Wegrand liegen bleiben, um zu sterben. […] Das Land, das verlassen hinter diesem Volke liegt, wird in einer Generation nicht wieder bevölkert werden können. Doch das ist ferne Zukunft. Erst wird der Tod noch furchtbare Ernte halten. […] Eine halbe Nation wird buchstäblich verhungern."[435]

In der von den Bulgaren bedrohten und von Flüchtlingen überschwemmten osmanischen Hauptstadt fürchtete man Vergeltungsmassaker an christlichen Minderheiten. Dort herrschte das Gerücht, die Muslime wollten alle „Fremden" ermorden, auch die West- und Mitteleuropäer.[436] Nachdem in der Hauptstadt bei Kriegsbeginn „zahlreiche Bulgaren hingemordet worden" waren[437], nahmen die Großmächte solche Gerüchte ernst und landeten Mitte November 1912 Tausende Marinesoldaten zum Schutz der Botschaften und des Ausländerviertels.[438] Da-

---

[433] Trotzki, Die Balkankriege, S. 300–303.
[434] Ebenda, S. 307–309.
[435] Pauli, Kriegsgreuel, S. 126.
[436] Ebenda, S. 214f. und S. 221.
[437] Ebenda, S. 42.
[438] Mansel, Constantinople, S. 366.

mals ging, wie Pauli berichtete, eine „alte Prophezeiung" unter Muslimen „von Mund zu Mund", wonach „eine Zeit kommen" werde, „daß das alte Brussa, wo die Grabstätten der ersten Sultane liegen, wieder zur Hauptstadt der Türkei werden wird. Das Türkenvolk wird dann in Anatolien ein Reich aufrichten, das ihm ausschließlich gehört und keine fremden Rassen als Mitbesitzer duldet." Solche Dinge hätten früher nur alte Frauen und Ultrareligiöse interessiert, meinte Pauli, mittlerweile aber spreche das ganze Volk davon: „Selbst die Gebildeten geben zu, daß das Türkenvolk zu seiner alten Heimstätte zurückkehren wird, um dort in kleinerem Kreise, aber mit geschlossenen Reihen und ohne die alten Fehler, sich das Glück zu verschaffen, das ihm die großen Horizonte nicht gewähren."[439] In dieser Zukunftsvision eines anatolisch-türkischen Kernstaates war für christliche Minderheiten kein Platz mehr. Die türkischen Intellektuellen reagierten auf den Ausgang der Balkankriege nicht nur mit Frustration und Verzweiflung, sondern auch mit dem Übergang von einer imperialen zur nationalistischen Ideologie. Der Jungtürke Ziya Gökalp, der 1911 noch den Begriff einer das gesamte Reich einschließenden osmanischen Nation (millet) verfochten hatte, die aus unterschiedlichen „Stämmen" der Türken, Griechen, Kurden, Albaner oder Armenier bestehen sollte, distanzierte sich nunmehr scharf von diesem „Fehler".[440]

Brussa (Bursa) ist heute die viertgrößte Stadt der Türkischen Republik, aber entgegen der Prophezeiung von 1913 nicht Hauptstadt des anatolischen Nationalstaates. Diese Funktion erhielt ab 1920 das noch abgelegenere und damit noch besser zu verteidigende Ankara. Für Brussa ging jedoch ein anderer Teil der Prophezeiung in Erfüllung – dass die Türken keine fremden Völker mehr unter sich dulden würden. 1915 berichtete ein österreichisch-ungarischer Konsularagent über die „Ausweisung der armenisch-gregorianischen Bevölkerung" aus Brussa und stellte fest, sollte sich das Gerücht bewahrheiten, „daß diese Ausweislinge von Konia aus die Reise zu Fuß fortzusetzen haben, so kann man mit Bestimmtheit annehmen, daß nicht einmal ein Drittel dieser […] abgeschobenen 9000 Personen ihren Bestimmungsort erreichen wird".[441] Drei Jahre später, im Juni 1918, erfuhr ein anderer Wiener Diplomat, Baron Franckenstein, von einer in Brussa ansässigen europäischen Familie, dass 1915 der Großteil der armenischen Bevölkerung deportiert und überwiegend auf dem Weg Richtung Angora (Ankara) umgekommen sei. Die griechische Minderheit sei von den Türken beschuldigt worden, feindlichen Unterseebooten Treibstoff geliefert zu haben, und ebenfalls umgesiedelt worden. Alle Wohnungen seien mit Türken neu besetzt worden. Franckenstein traf selbst auf gebildete griechische Mädchen, die damals halbverhungert auf den Straßen Brussas umherirrten.[442]

In beiden Balkankriegen wurde die thrazische Metropole Adrianopel (Edirne) zum Symbol osmanischen Widerstands. Von den Bulgaren ab Herbst 1912 be-

---

[439] Pauli, Kriegsgreuel, S. 211.
[440] Boyar, Ottomans, Turks and the Balkans, S. 53 f., S. 78 f. und S. 131.
[441] The Armenian Genocide, Bd. 2, S. 214 f.
[442] Franckenstein, Facts and Features of my Life, S. 190.

lagert, hielt die Stadt lange stand, bevor sie ausgehungert kapitulierte. Mit dem Frieden von London im Mai 1913 an Bulgarien abgetreten, konnte Edirne im Zweiten Balkankrieg von den Osmanen im Juli 1913 zurückerobert und gegen den Willen vieler Großmächte behauptet werden. Im Januar 1913, noch während der bulgarischen Belagerung, hatte Pierre Loti in der französischen Presse betont, dass die Stadt keinesfalls bulgarisch werden dürfe, denn Adrianopel sei „eine überwiegend muselmanische Stadt, in der die Bulgaren nur eine ganz geringe Minorität bilden" würden. Auch die umliegende Provinz sei „zu mehr als zwei Dritteln" von Muslimen bewohnt. Diese würden jedoch von der bulgarischen Armee gezielt vertrieben, während deren König Ferdinand der türkischen Bevölkerung, „ohne mit der Wimper zu zucken, eine ‚privilegierte Stellung' unter seiner zukünftigen Herrschaft versprochen" habe.[443]

Die bulgarische Herrschaft über „Odrin" währte nur vom 26. März bis zum 22. Juli 1913. Dann folgte unter Führung des Obristen Enver Bey – des späteren jungtürkischen Kriegsministers und Armenier-Verfolgers[444] – die osmanische Rückeroberung von „Edirne". Diese Tat des jungtürkischen Militärführers wurde noch ein Jahrzehnt später, als Enver längst gestürzt und von Rotarmisten irgendwo bei Samarkand getötet worden war, von Adolf Hitler bewundert.[445] Eine im August 1913 überreichte Kollektivnote der Großmächte, welche die Rückgabe Edirnes an Bulgarien forderte, lehnte die osmanische Regierung ab. Die Wiedereroberung der Großstadt wurde mit der „gebieterischen dringenden Notwendigkeit" begründet, gegen die „systematische Ausrottung" der muslimischen Bevölkerung durch die Bulgaren „einzuschreiten".[446]

Im September 1913 arbeitete die Carnegie-Kommission in Edirne. Miliukov erinnerte sich später, dass griechische Vorwürfe gegen die bulgarische Armee, die sich auf deren Vorgehen bei der Besetzung der Stadt im März bezogen, als unbegründet entkräftet worden seien. Zwar habe es tatsächlich eine Phase des Plünderns und Mordens in den ersten Tagen gegeben – aber die örtliche Bevölkerung, auch deren griechischer Teil, habe sich daran aktiv beteiligt. Danach sei die Besatzungsherrschaft der Bulgaren relativ geordnet verlaufen – mit Ausnahme der Vernachlässigung osmanischer Kriegsgefangener, von denen viele zugrunde gegangen seien. Plünderungen und Morde hätten sich aber wiederholt, als die bulgarische Armee im Juli die Stadt fluchtartig habe räumen müssen – wobei diesmal Türken, die Opfer der ersten Gewaltwelle, zu Tätern geworden seien. Folglich sei keine einzige beteiligte Nation frei von Schuld, sämtliche Haager Konventionen zum Schutz der Zivilbevölkerung oder der Kriegsgefangenen verletzt zu haben.[447]

Tatsächlich wurden bei der osmanischen Rückeroberung von Edirne bulgarische Häuser und Kirchen verbrannt. Bulgarische Flüchtlinge in Konstantinopel berichteten von Morden, die teils von der Armee, teils von irregulären Kampfver-

---

[443] Loti, Die sterbende Türkei, S. 94 f.
[444] Vgl. Kap. II.2.
[445] Hitler, Mein Kampf, S. 768.
[446] Schulthess' Europäischer Geschichtskalender 54.1913, S. 634 und S. 637.
[447] Miliukov, Political Memoirs, S. 261–263.

bänden wie den „Arabern" verübt worden seien. Die Türken griffen auch die griechische Minderheit an, Armenier wurden als Verräter betrachtet. Tatsächlich hatten manche armenische Freischärler auf bulgarischer Seite gekämpft, doch weit mehr hatten loyal in der Armee des Sultans gedient.[448] Anders als in Brussa blieben während des Ersten Weltkrieges die Armenier von Edirne jedoch von der genozidalen Deportation ihrer Landsleute offenbar weitgehend verschont. Im November 1915 berichtete allerdings der österreichisch-ungarische Botschafter, sie sollten „ebenfalls ausgewiesen" werden. Wahrscheinlich war es der Intervention Botschafter Pallavicinis zu verdanken, dass diese Deportationen gestoppt wurden und der Befehl erging, den „aus Konstantinopel, Adrianopel und Rodosto verschickten Armeniern die Heimkehr wieder zu gestatten".[449]

Der ethnische Konflikt ging in eine neue Runde, als Griechenland 1920 Edirne besetzte und dessen König Alexander I. ebenso triumphal in die Stadt einzog, wie dies 1913 im Schatten Envers der damalige osmanische Thronfolger getan hatte. Dann wurden die Griechen 1922 von den National-Türken besiegt, die jenen General Refet Paşa als Präfekten nach Edirne entsandten, der unterwegs einem britischen Diplomaten in Konstantinopel erklärte, die griechische Minderheit solle die neue Türkei möglichst rasch verlassen.[450] Edirne-Odrin-Adrianopel hatte zu dieser Zeit ein Jahrzehnt gewaltsamer Bevölkerungsverschiebungen erlebt. Mehr als die Hälfte der 476 000 Menschen, die 1922 dort lebten, hatte einen Flüchtlingshintergrund. In den Balkankriegen von 1912/13 und im türkisch-griechischen Krieg von 1920 bis 1923 sollen in der Region Edirne überdurchschnittlich viele Menschen getötet worden sein.[451]

4. Geordneter „Bevölkerungsaustausch" statt Vertreibung? Bilaterale Umsiedlungsverträge 1913–1919

1917 erörterte der deutsch-jüdische Publizist Siegfried Lichtenstaedter – immer noch unter seinem 1898 angenommenen türkischen Pseudonym „Mehemet Emin Efendi" – den Unterschied zwischen Vertreibung und Umsiedlung. Voraussetzend, dass vormoderne Gewaltakte der „Hinschlachtung oder Austreibung ganzer ‚heterogener' Bevölkerungen" in seiner zivilisierten Gegenwart unmöglich geworden seien, glaubte Lichtenstaedter, der ein Vierteljahrhundert später in Hitlers Konzentrationslagern umkommen sollte, dass „selbst eine rücksichtsvolle, alle Individualexistenzen schonende Entfernung der unbequemen Bevölkerung […] den größten Schwierigkeiten und Bedenken internationalen Charakters begegnen" müsse. Kein Volk würde angesichts seiner natürlichen Ausdehnungsbestrebungen eine Entfernung eigener Bevölkerungsgruppen aus anderen Staaten widerspruchs-

---

[448] Lieberman, Terrible Fate, S. 73.
[449] The Armenian Genocide, Bd. 2, S. 262 f. und S. 271.
[450] Mansel, Constantinople, S. 393 und S. 410.
[451] McCarthy, The Ottoman Peoples, S. 195 f.

los akzeptieren. Allerdings, so der damals bereits seit zwei Jahrzehnten aktive Befürworter wechselseitiger ethnischer Transfer-Politik, könnten „derartige internationale Verstimmungen oder Verwicklungen" womöglich „vermindert oder ganz vermieden werden, wenn es gelingt, Verlust und Gewinn auszugleichen" – und zwar „durch gegenseitige Abtretung" und „durch einen *Bevölkerungsaustausch*". Zum Beweis, dass dies funktionieren könne, verwies Lichtenstaedter auf die damals kurz zurückliegenden Balkankriege von 1912/13: „Es ist bekannt, in wie großem Umfange nach den letzten Balkankriegen ein solcher Bevölkerungsaustausch – namentlich zwischen Griechen und Bulgaren, sowie zwischen diesen Völkern einerseits und den Türken andererseits – stattgefunden hat. Die Konfliktmöglichkeiten sind dadurch für die Zukunft beträchtlich verringert worden." Er selbst habe schon 1898 und erneut während des Ersten Balkankrieges 1912 einen Bevölkerungsaustausch als Lösung für den Balkan vorgeschlagen.[452] Noch gegen Ende seines Lebens erinnerte sich Lichtenstaedter dankbar, dass 1913 der prominente deutsche Chefausbilder der osmanischen Armee, General Colmar von der Goltz, diesen Transfergedanken öffentlich unterstützt und die Anregung gegeben habe, die Jungtürken sollten sich „mit den vergrößerten Balkanstaaten über einen Bevölkerungsaustausch verständigen und ihn nach beiderseitiger Übereinkunft auf die besseren Monate im Jahr verlegen".[453]

Wie avantgardistisch der Balkan in der für die westliche Moderne typischen Verschränkung von ethnischer „Säuberung" und „Humanität" zu agieren vermochte, zeigte sich in jenem Übergang, der 1913/14 – noch vor dem Ersten Weltkrieg – von den Massakern, Fluchtbewegungen und Vertreibungen während der Balkankriege zur formalisierten Nachkriegsgewalt staatlich organisierter Bevölkerungstransfers führte. Solche Transfers wurden nach beiden Balkankriegen zwischen einigen Kriegsparteien erstmals vereinbart. Der Brite Carlyle A. Macartney hat später die osmanische Türkei als Erfinderin des Bevölkerungsaustauschs von 1913 bezeichnet[454] – doch das einzig Neue an den damaligen Projekten war der *wechselseitige* Austausch, wo im 19. Jahrhundert nur *einseitig* ausgesiedelt worden war, und diese Debatten wurden 1912/13 – wie wir gesehen haben – nicht nur von Türken geführt. Zwar wirkten die ersten Transferabkommen von 1913 und 1914 modellhaft auf die weitere Entwicklung im 20. Jahrhundert, sie wären jedoch ihrerseits ohne die von europäischen Großmächten mitgetragenen Modelle einseitiger Aussiedlung auf dem Balkan – der Vertrag von London 1827 oder das Abkommen über Belgrad 1862 – nicht denkbar gewesen. Es ist zweifelhaft, ob allein die jungtürkischen Führer als Urheber der Transferverträge anzusprechen sind. Der ehemalige griechische Außenminister Georgios Streit behauptete später, die Idee des Bevölkerungsaustauschs sei 1913 während der Londoner Friedensverhandlungen der vier verbündeten Balkanstaaten mit dem Osmanischen Reich zuerst vom Regierungschef

---

[452] Emin Efendi, Nationalitätsprinzip und Bevölkerungsaustausch, S. 40–42.
[453] Lichtenstaedter, Sprachenpolitik, S. 133.
[454] Macartney, National States and National Minorities, S. 432; Ther, Die dunkle Seite der Nationalstaaten, S. 127 und S. 265, präsentiert ihn irrtümlich als „Paul Macartney".

4. Geordneter „Bevölkerungsaustausch" statt Vertreibung? 311

seines Landes, dem griechischen Premierminister Venizelos, „ausgesprochen" worden.[455] Dieser kannte solche einseitigen Transfer-Debatten aus seiner Zeit auf Kreta, wo dergleichen zur Aussiedlung der kretischen Muslime schon 1898 diskutiert worden war – wiederum primär von Europäern, namentlich Franzosen, aber auch durch den deutsch-jüdischen Avantgardisten Lichtenstaedter.[456]

Das erste wechselseitige Transfer-Abkommen zwischen zwei Staaten war der am 29. September 1913 in Konstantinopel geschlossene Friedensvertrag zwischen dem Osmanischen Reich und Bulgarien, der den Zweiten Balkankrieg zwischen diesen Ländern beendete. Hatte der Erste Balkankrieg, vor dem Hintergrund des Sieges Bulgariens und seiner Verbündeten, noch mit einseitiger Flucht und Vertreibung muslimischer Einwohner geendet, so handelte es sich nunmehr um einen Frieden zwischen zwei nacheinander besiegten Staaten, wobei die Osmanen im Zweiten Balkankrieg im Windschatten der bulgarischen Niederlage gegen andere Staaten eine Art Neben-Sieg errungen hatten. Gerade die beidseitige Erschöpfung dürfte die wegweisende Vereinbarung auf Gegenseitigkeit ermöglicht haben. Dabei war der in einem „Zusatzprotokoll" zum Friedensvertrag fixierte osmanisch-bulgarische Bevölkerungsaustausch auf „eine 15 km lange Zone entlang der gemeinsamen Grenze" beschränkt und damit quantitativ unbedeutend. Es ist sogar gesagt worden, dass dieser Austausch hypothetisch geblieben sei, da „die betroffene Bevölkerung" – 48 000 Bulgaren und 49 000 Muslime – „bereits vor Abschluss des Vertrages emigriert" sei. Den Regierungen in Konstantinopel und Sofia sei es nur noch darum gegangen, die bereits erfolgte ethnische „Säuberung" völkerrechtlich zu bestätigen und Vermögenswerte zu verrechnen.[457] In der Realität war der Austausch aber weder freiwillig noch blieb er auf diese Fünfzehn-Kilometer-Zone beschränkt.[458] Auch hätten einige Vertragsbestimmungen wenig Sinn gemacht, wenn es nach Kriegsende nicht noch Minderheiten im Grenzgebiet gegeben hätte. Denn mit dem Abkommen, das Großwesir Prinz Said Halim Paşa mit der bulgarischen Regierung Radoslavov über deren Delegierte – den Gesandten und späteren Premier Tošev und den Generalleutnant und späteren Kriegsminister Savov[459] – abschloss, wurde „den Mohammedanern des von Bulgarien besetzten" früheren osmanischen Gebiets „eine vierjährige Frist gegeben, nach der sie entweder das bulgarische Gebiet verlassen oder die bulgarische Nationalität annehmen" mussten. Während dieser Frist sollte Abwanderungswilligen die Möglichkeit gegeben werden, „ihre Güter [zu] verkaufen". Der Vertrag bekräftigte die 1878 vom Berliner Kongress verordnete Gleichstellung aller Muslime, die in Bul-

---

[455] Laun, Staat und Volk, S. 268, unter Berufung auf Streit, Der Lausanner Vertrag und der griechisch-türkische Bevölkerungsaustausch, S. 20–22.
[456] Vgl. Kap. IV.2.
[457] Boeckh, Von den Balkankriegen zum Ersten Weltkrieg, S. 269 f., und dieser folgend auch Ther, Die dunkle Seite der Nationalstaaten, S. 76 f.; Gerolymatos, The Balkan Wars, S. 17, nennt als Betroffene 48 500 Muslime und 46 700 Bulgaren.
[458] Macartney, National States and National Minorities, S. 434, Anm. 1.
[459] Die Große Politik der europäischen Kabinette Bd. 36.1, S. 58, Anm. 1, wo der Diplomat Tošev fälschlich als General firmiert; korrekt hingegen Bd. 40, S. 132 und S. 148.

garien zu bleiben wünschten.[460] Die Osmanen gewährten ihrer bulgarischen Minderheit entsprechende Rechte. Auf dem Papier war dieser 1913 bilateral postulierte „Schutz der Minderheiten weit umfangreicher als auf den vorherigen internationalen Friedenskonferenzen".[461] Angesichts der Gewalteskalation der Balkankriege waren jedoch an der Umsetzung dieser Rechtsstandards Zweifel erlaubt. Der Zeitgeist zielte auf Verdrängung, nicht auf Minderheitenschutz. Entsprechend wertete der osmanische Marineminister Cemal Paşa die Durchführung des Transfer-Abkommens als erfolgreich und glaubte, dadurch seien die Spannungen zwischen beiden Staaten vermindert worden. Deshalb bemühte sich das jungtürkische Regime, dem Cemal angehörte, auch um einen ähnlichen Vertrag mit dem feindlichen Nachbarn Griechenland.[462]

Die griechisch-osmanische „Übereinkunft zu einem Bevölkerungsaustausch" vom Juli 1914 hatte einen anderen Kontext als der osmanisch-bulgarische Vertrag von 1913. Griechenland gehörte zu den Siegern beider Balkankriege und ließ dies die Osmanen auch spüren.[463] Gerade wegen der Ausbreitung griechischen Territoriums in der Ägäis wollte das jungtürkische Regime die osmanischen „Griechen an der anatolischen Küste" nicht länger dulden.[464] Die Ansiedlung von 400 000 muslimischen Balkanflüchtlingen in Kleinasien erhöhte die Spannungen mit dortigen christlichen Minderheiten.[465] Im Rückblick waren westliche Beobachter davon überzeugt, dass die Jungtürken bereits 1914 entschlossen gewesen seien, alle christlichen Minderheiten „loszuwerden" und durch muslimische Zuwanderer aus dem Balkan zu ersetzen, weshalb sie eine durchaus erfolgreiche Propaganda zur freiwilligen Umsiedlung solcher Muslime entfaltet hätten.[466] Damals erreichten die jungtürkische Regierung auch Ratschläge deutscher Militärs, die illoyale griechische Küstenbevölkerung Kleinasiens in andere Teile des Osmanenreiches zwangsumzusiedeln.[467] Ende 1913 erfuhr der deutsche Gesandte in Athen, Graf Bassewitz, dass die osmanische Regierung die Übernahme muslimischer Umsiedler aus Griechenland nutzen wolle, um einen wechselseitigen Bevölkerungsaustausch zu organisieren:

„Von griechischer Seite wird das Verlangen gestellt, daß diejenigen Bewohner der eroberten Gebiete, die für die türkische Staatsangehörigkeit optieren, ihren Wohnsitz in der Türkei nehmen. Auf türkischer Seite ist man bereit, diesem Verlangen zu entsprechen, falls umgekehrt die für Griechenland optierenden Angehörigen der eroberten Gebiete, die ihren Wohnsitz in anderen Provinzen der Türkei haben, nunmehr ihren Wohnsitz in Griechenland nehmen."[468]

---

[460] Schulthess' Europäischer Geschichtskalender 54.1913, S. 638 und S. 652.
[461] Ther, Die dunkle Seite der Nationalstaaten, S. 77.
[462] Boyar, Ottomans, Turks and the Balkans, S. 132; durch Cemals Protektion wurde Kemal (Atatürk) im November 1913 zum Militärattaché in Sofia ernannt und konnte dort die Umsetzung des Transfers beobachten; vgl. Hanioglu, Atatürk, S. 46f.
[463] Die Große Politik der europäischen Kabinette Bd. 36.1, S. 58.
[464] Sax, Nachtrag zur Geschichte des Machtverfalls der Türkei, S. 649; Boeckh, Von den Balkankriegen zum Ersten Weltkrieg, S. 270.
[465] Mansel, Constantinople, S. 369.
[466] Macartney, National States and National Minorities, S. 434.
[467] Vgl. Kap. II.3.
[468] Die Große Politik der europäischen Kabinette, Bd. 36,1, S. 80–83 und S. 92.

Griechenland lehnte diesen wechselseitigen Transfer, der offenbar auf Zwang abzielte[469], zunächst ab. Die osmanische Regierung musste sich im Friedensprotokoll vom 11. November 1913 verpflichten, einseitig muslimische Optanten aufzunehmen, die nicht „griechische Untertanen" werden wollten und daher „binnen dreier Jahre" auszuwandern hatten.[470] Mit dieser Einseitigkeit wollte sich die osmanische Seite nicht abfinden; die regierenden Jungtürken duldeten oder organisierten Gewaltaktionen gegen Griechen an der Westküste Kleinasiens, um diese zur formell „freiwilligen" Emigration zu drängen. Im April 1914 erregte diese nur notdürftig verdeckte „Vertreibung" im östlichen Thrazien „die öffentliche Meinung in Griechenland auf das heftigste". Die Presse forderte von Premierminister Venizelos „energische Schritte", doch dieser beschränkte sich auf „ernste Vorstellungen in Konstantinopel". Die osmanische Seite konterte, indem sie „den Griechen dieselben Vorwürfe" organisierter Vertreibung machte, „die diese gegen die Türken" erhoben.[471] Tatsächlich liefen Vertreibungs- und Enteignungsprozesse im griechischen Westthrazien (gegen Muslime) und im osmanischen Ostthrazien (gegen Griechen) 1914 nicht nur parallel[472], sondern verstärkten einander. Immerhin gestand Großwesir Said Halim dem deutschen Botschafter Baron Wangenheim zu, dass der „Vertreibung der griechischen Bevölkerung aus Thrazien" rasch „ein Ende gemacht werden müsse". Am 2. Juni 1914 erklärten Said Halim und Innenminister Talaat, „daß von der fanatischen türkischen Bevölkerung Thraziens zum Teil unter Duldung der Behörden schwere Exzesse gegen Griechen begangen worden" seien, zum Teil von organisierten Banden, die griechische Dörfer zerstört hätten. Die Regierung werde „mit der äußersten Strenge gegen die Schuldigen [...] vorgehen".[473]

Selbst wenn diese Vertreibung wirklich eher eine „grass-roots"-Bewegung als ein jungtürkisches Projekt gewesen sein sollte[474], nutzte die Regierung in Konstantinopel die Ereignisse, um ihren ursprünglichen Plan eines wechselseitigen Bevölkerungsaustauschs wiederzubeleben. Am 20. Mai 1914 bot der osmanische Gesandte in Athen, Galip Kemali Bey, der griechischen Regierung als angeblich persönliche Meinungsäußerung an, einen „Austausch griechischer Bevölkerung um Smyrna herum gegen mohammedanische Bevölkerung in Mazedonien vorzunehmen". Venizelos sagte zu, dies im Ministerrat zu besprechen.[475] Offenbar fürchtete der Athener Premier, in einem neuen Krieg isoliert dazustehen.[476] Der

---

[469] Mazower, Salonica – City of Ghosts, S. 344.
[470] Schulthess' Europäischer Geschichtskalender 54.1913, S. 639.
[471] Die Große Politik der europäischen Kabinette 1871–1914, Bd. 36,2, S. 774f.
[472] Gerlach, Extrem gewalttätige Gesellschaften, S. 160; laut Kontogiorgi, Population Exchange in Greek Macedonia, S. 39, hatte die Vertreibung im griechischen Mazedonien lokale Ursachen, während sie auf osmanischer Seite Politik der Zentralregierung war.
[473] Die Große Politik der europäischen Kabinette 1871–1914, Bd. 36,2, S. 776 und S. 802.
[474] Zum Konnex von Regierungs- und Basisgewalt Lieberman, Terrible Fate, S. 32 und S. 50.
[475] Die Große Politik der europäischen Kabinette 1871–1914, Bd. 36,2, S. 792; vgl. zur „personal opinion" die 1946 entstandenen Erinnerungen Galip Kemali Söylemezoglus bei Boyar, Ottomans, Turks and the Balkans, S. 132f.
[476] Kitromilides, Eleftherios Venizelos, S. 152.

damalige Außenminister Georgios Streit – ein Nachfahre deutscher Einwanderer – ließ den deutschen Gesandten Graf Quadt wissen, dass Venizelos mit dieser Zustimmung zum „Bevölkerungsaustausch" innenpolitisch „zu weit gegangen" sei. Doch auch Transfergegner wie Streit zögerten mit dem Widerruf der Verhandlungen, weil die Türkei sonst die „griechische Bevölkerung durch Verfolgung auszuwandern zwingen" würde. Diese Einsicht erzwang am 26. Mai 1914 die Zustimmung Athens zur Erarbeitung eines bilateralen Transfer-Abkommens, das die griechische „Bevölkerung von Thrazien und eines Teiles von Kleinasien gegen [die muslimische] Bevölkerung von Mazedonien auszutauschen" beabsichtigte. In Ostthrazien sollte eine „gemischte Kommission" der osmanischen Regierung und des Patriarchats von Konstantinopel arbeiten, im osmanischen Smyrna und im nunmehr griechischen Saloniki sollten bilaterale staatliche Kommissionen zur „Durchführung des Bevölkerungsaustausches" zusammentreten.[477] Es dürfte zutreffen, dass die griechische Seite vor allem Zeit gewinnen wollte, um die Flucht und Vertreibung kleinasiatischer Griechen zu stoppen, während die Jungtürken bereits eine „möglichst umfassende Lösung" im Blick hatten.[478]

Da die „Griechenverfolgungen" dennoch nicht aufhörten und mittlerweile die europäische Öffentlichkeit beschäftigten, forderte der deutsche Botschafter in Konstantinopel am 8. Juni 1914 dringend, „die Vergewaltigungen der Griechen unverzüglich einzustellen"; die Regierung müsse notfalls mit Gewalt „gegen die unbotmäßigen Lokalbehörden" einschreiten. Der Großwesir bat um Verständnis: „Die türkische Bevölkerung werde durch die Erzählungen der nach unsäglichen Qualen aus Neu-Griechenland zurückkehrenden Muhadschirs täglich mehr aufgeregt."[479] Venizelos drohte am 11. Juni 1914 vor dem Athener Parlament, Griechenland werde die „Katastrophe" der „unerhörten Verfolgungen" nicht länger mit ansehen können. Erst jetzt trat Talaat die angekündigte Inspektionsreise nach Thrazien an, während die türkische Presse Venizelos attackierte, nur von „griechischen Greueltaten in Mazedonien" ablenken zu wollen.[480] Anders als sein Botschafter wertete der deutsche Kaiser Wilhelm II. das späte Eingreifen des Innenministers als bloßes Scheinmanöver, das erst erfolgt sei, nachdem „40–50 000 Menschen hinausgeworfen" worden seien. Der deutsche Gesandte in Athen erklärte es gleichzeitig für „kaum möglich [...], wie die Türken dies annehmen, sämtliche Griechen aus der Türkei zu entfernen. Leichter wäre dies bei den Mohammedanern auf griechischem Gebiet, da ja schon jetzt eine sehr große Zahl derselben ausgewandert ist."[481]

Am 22. Juni 1914 machte die osmanische Regierung Athen erneut den Vorschlag, „die griechischsprechende und mohammedanische Bevölkerung sowie die Güter der ausgewanderten Personen gegenseitig auszutauschen". Fünf Tage später

---

[477] Die Große Politik der europäischen Kabinette 1871–1914, Bd. 36,2, S. 792f., S. 798 und S. 802.
[478] Ther, Die dunkle Seite der Nationalstaaten, S. 78f., unter Berufung auf Jannis Mourelos.
[479] Die Große Politik der europäischen Kabinette 1871–1914, Bd. 36,2, S. 804f.
[480] Schulthess' Europäischer Geschichtskalender 55.1914, Teilbd. 2, S. 937f. und S. 865f.
[481] Die Große Politik der europäischen Kabinette, Bd. 36,2, S. 808f., S. 812, S. 818f. und S. 826f.

stimmte Venizelos zu. Der Austausch sollte „unter dem Schutze der beiden Regierungen erfolgen, nachdem die gemischten Kommissionen den Wunsch der Bevölkerung, auszuwandern, festgestellt und die Güter behufs Entschädigung abgeschätzt" hätten. Angesichts der Vorgeschichte war das Beharren auf Freiwilligkeit Makulatur. Am 29. Juli 1914 wurde die griechisch-osmanische Transfer-Kommission gebildet, doch der beginnende Erste Weltkrieg setzte ihrer Tätigkeit ein rasches Ende.[482] Der osmanische Gesandte in Athen, Galip Bey, bedauerte dies noch Jahrzehnte später, da die Durchführung dieses geregelten Bevölkerungsaustauschs beide Nationen später vor „großen Verwicklungen" bewahrt haben würde.[483] Er meinte den türkisch-griechischen Krieg ab 1919 und das angesichts massenhafter Flucht und Vertreibung kaum noch „ordnend" wirkende Transferabkommen von Lausanne 1923.

Beim Abschluss des Transfervertrags von 1914 orientierte sich der griechische Premier Venizelos vermutlich an einer bulgarisch-griechischen Konvention vom September 1913, als er auf den „spontanen Charakter" (Freiwilligkeit) der Auswanderung Wert legte und die gegenseitige Eigentumsverrechnung sichern wollte. Der Unterschied zur osmanisch-bulgarischen Konvention von 1913, welche sich die Jungtürken zum Vorbild genommen haben dürften, lag wiederum darin, dass der osmanisch-griechische Vertrag „eine wesentlich größere Zahl von zu transferierender Bevölkerung (über eine Million)" betroffen hätte, die „auf relativ weitem Raum (Makedonien, Epiros sowie Thrakien und Westanatolien) siedelte". Durch einseitige Vertreibung waren seit Anfang 1914 rund 150 000 Griechen zur fluchtartigen Auswanderung nach Griechenland veranlasst und weitere 50 000 von der osmanischen Regierung nach Anatolien deportiert worden.[484] Die Griechen bezeichneten dies als „diogmos" (Verfolgung). Türkische Freischaren (chete) attackierten griechische Dörfer und trieben die Bewohner in die Flucht. Die Tatsache, dass der Abschluss des Transferabkommens vom Juni 1914 die Situation umgehend erleichterte[485], scheint auf zentrale Steuerung der scheinbaren Basis-Gewalt hinzudeuten. Da der Transfer sich nicht auf Grenzzonen erstrecken sollte wie sein türkisch-bulgarisches Vorbild, sondern Großregionen wie Mazedonien, Epirus, Thrazien, Westanatolien umfassen sollte, wären über eine Million Menschen betroffen gewesen.[486]

Letztlich wurden die Transfer-Abkommen von 1913/14 zu Modellen für ähnliche Nachkriegsprojekte des Ersten Weltkrieges – zunächst 1919 auf dem Balkan, dann 1923 beim „Bevölkerungsaustausch" von Lausanne.[487] 1919 wurde das im Ersten Weltkrieg erneut besiegte Bulgarien im Friedensvertrag von Neuilly zu ei-

---

[482] Ebenda, S. 868; insofern hat Ther, Die dunkle Seite der Nationalstaaten, S. 78, auch Anm. 15, nicht Recht, seine frühere Sicht als fehlerhaft zu widerrufen, die Vereinbarung sei tatsächlich abgeschlossen worden.
[483] Boyar, Ottomans, Turks and the Balkans, S. 132f.
[484] Boeckh, Von den Balkankriegen zum Ersten Weltkrieg, S. 270.
[485] Llewellyn Smith, Ionian Vision, S. 31 und S. 33.
[486] Pentzopoulos, The Balkan Exchange of Minorities and its Impact on Greece, S. 56f.
[487] Schechtman, European Population Transfers 1939–1945, S. 12f.

nem solchen Transfervertrag mit Griechenland genötigt. Zuvor hatte Bulgarien – ab Herbst 1915 Bündnispartner der Deutschen und Österreicher – im besetzten Serbisch-Mazedonien und Südserbien eine derart brutale Besatzungspolitik entfaltet, „dass sie Aufstände provozierte".[488] Der Kriegseintritt Bulgariens gegen Serbien verwandelte den Ersten Weltkrieg in Südosteuropa in einen „Dritten Balkankrieg"[489] – im Sinne totaler Kriegführung gegen fremdnationale Zivilbevölkerungen.[490] Sogar die organisierte „Vernichtung von unschuldigen Menschenleben", wie sie später das NS-Regime betreiben sollte, hielten deutsche Diplomaten damals auf dem Balkan für möglich.[491]

Nach 1918 erschien den Siegern des Ersten Weltkrieges ein Rückgriff auf den „rationale{n} Duktus" der griechisch-osmanischen Verhandlungen von 1914[492] passend für die Nachkriegsgestaltung. Treibende Kraft war der griechische Regierungschef Venizelos, der sich auf der Friedenskonferenz in Frankreich 1919 erfolgreich für die „rassische Anpassung" von Nation und Territorium einsetzte.[493] Damit folgte er Vorschlägen der westlichen Kriegsöffentlichkeit, wie sie etwa die Briten Charles und Noel Buxton, zwei liberale Unterhausabgeordnete, 1915 vorgelegt hatten. Für die Buxtons lag Griechenlands Zukunft in Kleinasien, dessen Westküste mit Smyrna annektiert werden sollte, während es auf dem Balkan um einen Ausgleich mit Serbien und Bulgarien gehen sollte, der durch ethnisch stimmige Grenzkorrekturen und Bevölkerungstransfers zu erfolgen habe.[494] Edward H. Carr, 1919 ein junger britischer Diplomat, erinnerte sich 1945, dass Venizelos in Versailles auch eine „Säuberung" Kleinasiens – mit zugunsten seines Landes verschobenen Grenzen – durch „vollständigen und wechselseitigen Bevölkerungstransfer" zwischen Griechen und Türken gefordert habe.[495]

Auf das Transferabkommen von 1914 hatte Venizelos schon 1915 als Modell zurückgegriffen, als er (erfolglos) dem damals noch neutralen Bulgarien einen Transfer zur Bereinigung der wechselseitigen Minderheitenkonflikte vorgeschlagen hatte.[496] 1919 zwang er diesen Austausch den besiegten Bulgaren auf, strebte vergeblich weitere Transferabkommen mit Jugoslawien und Albanien an und versuchte, wieder ohne Erfolg, auch einen griechisch-türkischen Austausch durchzusetzen.[497] Als Venizelos in Versailles einen umfassenden Minderheiten-Transfer

---

[488] Mazower, Der Balkan, S. 190.
[489] Glenny, The Balkans, S. 333.
[490] Vgl. Kap. IV.3.
[491] Der deutsche Staatssekretär Richard von Kühlmann notierte Ende 1917 das Gerücht, die Serben würden von den Bulgaren „auf dem Verwaltungswege ‚erledigt'", man bringe sie „der Reinigung wegen in Entlausungsanstalten und eliminiere sie durch Gas"; vgl. Hildebrand, Das vergangene Reich, S. 371.
[492] So Ther, Die dunkle Seite der Nationalstaaten, S. 79, der allerdings die kühle Rationalität gegenüber den Bevölkerungsemotionen von Hass und Rache überzubetonen neigt.
[493] Frank, Expelling the Germans, S. 18.
[494] Buxton / Buxton, The War and the Balkans, insb. S. 81 f. und S. 106.
[495] Carr, Nationalism and After, S. 33.
[496] Macartney, National States and National Minorities, S. 435.
[497] Ebenda, S. 435 f. und S. 443; Frank, Expelling the Germans, S. 17–19.

zwischen Griechenland, Serbien und Bulgarien forderte, unterstützte der zuständige Ausschuss der Friedenskonferenz dies zwar, ließ jedoch dem verbündeten Serbien die Wahl, ob es sich beteiligen wollte, während die besiegte Türkei zwangsweise einbezogen werden sollte. Außerdem wurde erwogen, den Transfer nicht nur auf Teilregionen, sondern auf Gesamtfläche und Gesamtbevölkerung der betroffenen Staaten auszuweiten, um eine „dauerhafte Lösung" zu erreichen. Im Wechselspiel zwischen Athener Peripherie und Pariser Zentrum entstand somit erstmals eine flächendeckende Sozialtechnologie der Vertreibung. Der serbisch dominierte SHS-Staat (Jugoslawien) lehnte eine Beteiligung ab, während das besiegte Bulgarien im Vertrag von Neuilly am 27. November 1919 zum formal freiwilligen Transfer gezwungen wurde. Die bulgarische Regierung versuchte – im Rückgriff auf osmanische Strategien während des Berliner Kongresses 1878 – einen Beschluss herbeizuführen, rund 200 000 bulgarische Flüchtlinge aus 1913 an Serbien und Griechenland verlorene Gebieten zurücksiedeln zu dürfen. Doch die Siegermächte lehnten ein unbegrenztes Rückkehrrecht dieser vermeintlichen bulgarischen Nationalisten strikt ab.[498]

Die im osmanisch-bulgarischen Abkommen von 1913 für den Transfer vorgesehene osmanische Minderheit war nicht ethnonational (etwa als türkisch) definiert worden wie umgekehrt die bulgarische, sondern religiös: Es war von einem „échange facultatif mutuel des populations bulgare et musulmane", vom freiwilligen wechselseitigen Austausch der bulgarischen und muslimischen Bevölkerungen die Rede gewesen. Das Lausanner Abkommen sollte 1923 sogar für *beide* Minderheiten nur religiöse (christlich-muslimische) Kategorien bereithalten. Im Gegensatz dazu sprach der in Neuilly 1919 diktierte Friedensvertrag mit Bulgarien erstmals ausschließlich von „ethnischen Minderheiten". Dies fächerte allerdings das griechisch-bulgarische Transferabkommen vom 27. November 1919 wieder in ethnische, religiöse und sprachliche Minderheiten auf, wobei man damit der unterdessen etablierten Formel der Versailler Minderheitenschutzverträge folgte.[499] Insofern schwankten 1919 die Definitionen der international erarbeiteten Transferpolitik zwischen modernen ethnischen und religiösen Kategorien.

Der griechisch-bulgarische Transfervertrag basierte fast vollständig auf einem Entwurf des griechischen Außenministers Nikolaos Politis[500], der sich in Versailles mit der Beweisführung hervortat, alle griechischen Annexionsziele seien mit dem Prinzip der nationalen Selbstbestimmung vereinbar.[501] In Politis' Entwurf wurde ethnischen, religiösen oder sprachlichen Minderheiten das Recht auf Auswanderung in den Staat, in dem ihre eigene Gruppe dominierte, zuerkannt. Zudem enthielt er Regelungen zur Mitnahme beweglicher Habe und zur Liquidation der Immobilien durch Staatskommissionen, die von der Friedenskonferenz auf alle Emigranten der letzten zwei Jahrzehnte ausgeweitet wurden. Jedoch leisteten die

---

[498] Macartney, National States and National Minorities, S. 435–437.
[499] Laun, Staat und Volk, S. 268f.
[500] Ebenda, S. 438.
[501] Kitromilides, Eleftherios Venizelos, S. 137 und S. 186, Anm. 73.

in Griechenland lebenden Bulgaren hinhaltenden Widerstand gegen ihren „freiwilligen" Transfer; bis Mitte 1923 waren erst 197 griechische und 166 bulgarische Anträge gestellt worden. Der Transfer funktionierte erst durch massiven staatlichen Zwang. Faktisch waren die bulgarischen „Optanten" der Jahre 1923/24 Flüchtlinge vor griechischer Regierungsgewalt – in Gang gesetzt durch den Putsch-Premier Oberst Gonatas und dessen Innenminister Papandreou, bevor Venizelos 1924 an die Macht zurückkehrte und diese Vertreibung fortsetzte. Damit war der bulgarisch-griechische Transfer letztlich ein Seitenstück des türkisch-griechischen Zwangstransfers von Lausanne. Am Ende waren 155 000 Menschen betroffen, darunter 101 800 Bulgaren und 52 891 Griechen, von denen – da 60 000 Personen vor 1918 abgewandert waren – 55 000 Bulgaren und 30 000 Griechen als direkte Opfer des Transfervertrags bezeichnet werden können.[502] Bulgarien musste insgesamt nach 1918 den Zustrom von einer Viertelmillion Menschen verkraften.[503]

Insgesamt liegt die Bedeutung der frühen Transferverträge des Balkans zwischen 1913 und 1919 weniger in ihrer noch relativ begrenzten Wirkung als in ihrer Präzedenzfunktion – bis hin zum Zweiten Weltkrieg.[504] Dabei wurde Lausanne 1923 zum entscheidenden Meilenstein – zum Modell, das sich gegen die Alternativen des Minderheitenschutzes von Versailles, aber auch der Nationalitätenautonomie in Vielvölkerstaaten zunehmend international profilierte. US-Diplomaten verfolgten das griechisch-bulgarische Transfer-„Experiment" 1919 „mit Interesse".[505] Die „Idee einer freiwilligen ‚Repatriierung'" wurde auch vom jungen britischen Diplomaten Edward H. Carr propagiert, der Venizelos und dem britischen Geopolitiker Mackinder verpflichtet war.[506] Der spätere Historiker regte an, man solle „Minderheiten einen Anreiz bieten, in ihren jeweiligen Nationalstaat auszuwandern", wie dies „im kleineren Maßstab" von Griechenland und Bulgarien schon „versuchsweise durchgeführt" würde. Das Transferprojekt blieb im Foreign Office unbeachtet, weist aber auf die britische Beteiligung am Vertrag von Lausanne voraus.[507] Schon im April 1922 favorisierte Außenminister Curzon einen wechselseitigen Austausch von Minderheiten als Friedenslösung für den Balkan.[508]

---

[502] Macartney, National States and National Minorities, S. 438–441; ähnlich Sutaj, Zwangsaustausch, S. 255.
[503] Kulischer, Europe on the Move, S. 150f.; demnach waren 70 000 Bulgaren 1918 vor den Griechen geflüchtet, nur 53 000 und 46 000 Griechen wurden umgesiedelt.
[504] Vishniak, The Transfer of Populations, S. 92f.
[505] Frank, Expelling the Germans, S. 18f.
[506] Carr, Nationalism and After, S. 33, nennt diese beiden als wichtigste Vertreter der Transferpolitik von 1919.
[507] Mazower, Der dunkle Kontinent, S. 87 und S. 97.
[508] Frank, Expelling the Germans, S. 19.

V. Alternativen der Zwischenkriegszeit 1919–1939: Drei Modelle ethnischer Konfliktlösung

Nationen, Nationalstaaten und nationale Minderheiten sind nichts Natürliches, sondern historisch bedingte Konstrukte. Jene ethnischen oder ethnoreligiösen Gruppen von Menschen, die innerhalb der europäischen Staaten zusammenlebten, waren im Osten dieses Kontinents erst durch die Neuordnung nach dem Ersten Weltkrieg, durch die Substitution bisheriger Vielvölker-Imperien durch Nationalstaaten, eindeutig in „Staatsvölker" oder „Minderheiten" geschieden worden. Denn „nur dort, wo ein Staat eine Staatsnation besitzt, kann es auch nationale Minderheiten geben".[1]

Anton Springer hat 1865 darauf verwiesen, wie sehr sich die nationale Revolution der Magyaren 1848/49 auf Rechtsstatus und Identitäten der übrigen Nationen im Vielvölkerreich Ungarn auswirkte. Im Königreich Böhmen wiederum sei seit 1848 ein neuartiger Nationalitätenkonflikt zwischen Deutschen und Tschechen entstanden, der auf den modernen Antagonismus von Mehrheitsnation und Minderheit zurückgehe: „Die Deutschen wurden beschuldigt, daß sie hartnäckig an ihrer privilegirten Stellung festhielten, den Czechen kein gleiches Recht gönnten, die letzteren wieder standen in dem Verdachte, auf ihr numerisches Übergewicht gestützt, die Alleinherrschaft anzustreben, das deutsche Element aus Böhmen verdrängen zu wollen".[2] Tschechische Demokraten hofften 1848 auf eine „Säuberung" Böhmens durch das demographische „Aussterben" der Deutschen und assimilierten Tschechen; rumänische Revolutionäre träumten von einer „Säuberung" Siebenbürgens von den herrschenden Magyaren – beides machtlose „Phantasien ethnischer Säuberungen", aber Vorboten kommender Dinge.[3]

Konfliktfördernd wirkte sich die nationale Revolution von 1848 auch auf das deutsch-polnische Verhältnis aus: Deutsche Revolutionäre erzwangen damals die Einbeziehung der mehrheitlich von Polen bewohnten preußischen Provinzen Posen und Westpreußen in den Deutschen Bund (und damit in das spätere Deutsche Reich); polnische Nationalisten akzeptierten das Angebot der Berliner Regierung zur „nationale[n] Reorganisation" der Provinz Posen auf binationaler Grundlage nur zum Schein und anerkannten Vertreter der 500 000 Deutschen in Posen neben denen der 700 000 Polen nur als „Gäste", bevor sie zum offenen Aufstand übergingen.[4] Nicht nur die Deutschen stellten seither mehrheitlich das nationale Eigeninteresse über das Selbstbestimmungsrecht der anderen, auch die Polen suchten die in den preußischen Ostgebieten lebenden Deutschen zu dominieren. Dieses „Gegeneinander der Nationalitäten und Nationalismen" war vielleicht „unvermeidlich", auf jeden Fall aber „tragisch".[5]

[1] Scheuermann, Minderheitenschutz contra Konfliktverhütung?, S. 15.
[2] Springer, Geschichte Österreichs seit dem Wiener Frieden 1809, Bd. 2, S. 265 und S. 287.
[3] Ther, Die dunkle Seite der Nationalstaaten, S. 29.
[4] Sybel, Die Begründung des Deutschen Reiches durch Wilhelm I., Bd. 1, S. 153–156.
[5] Nipperdey, Deutsche Geschichte 1800–1866, S. 626–628.

Laut Jürgen Osterhammel proklamieren Nationalstaaten Homogenität, Imperien hingegen Heterogenität. Nationalstaaten etablieren eine auf Rechtsgleichheit basierende Staatsbürgerschaft, Imperien konservieren „eine Hierarchie abgestufter Berechtigungen". Infolgedessen, so Osterhammel, müssten sich Minoritäten „im Nationalstaat Sonderrechte erst erkämpfen", während ein Imperium „*von Anfang an* auf der Zuweisung von Sonderrechten und -pflichten" beruht habe.[6] Betrachtet man diese Binarität, erscheint der in Versailles 1919 für Mittel- und Osteuropa implementierte Minderheitenschutz als Versuch, der prekären Übergangssituation zwischen Imperien und Nationalstaaten zu steuern, indem er den in Nationalstaaten neu konstruierten ethnischen Minderheiten bestimmte Schutzrechte verlieh.

Anstelle Österreich-Ungarns und der europäischen Teile des Russischen Reiches wurden 1919/20 in den Pariser Vorortverträgen ein Dutzend neuer Staaten geschaffen, nachdem der europäische Besitz des Osmanischen Reiches schon in den Balkankriegen von 1912/13 bis auf geringe Reste umverteilt worden war. Abgesehen von den offenkundigen neuen Vielvölkerstaaten, der Tschechoslowakei und dem SHS-Staat/Jugoslawien, die den Strukturproblemen der zerfallenen Vielvölkerreiche am wenigsten entkamen, verfügte jeder dieser neuen Staaten nach 1918 über eine Hegemonialnation, die mindestens 65 Prozent der Gesamtbevölkerung stellte. Jeder Einwohner, der nicht die Staatsbürgerschaft des herrschenden neuen Staates aufgezwungen haben wollte, erhielt das Recht, binnen eines Jahres in einen Staat seiner Wahl auszuwandern (Optionsrecht). Immerhin: Waren vor 1914 über 60 Millionen Europäer von fremden Nationen beherrscht worden, so hatte sich diese Zahl durch die Neuordnung von 1919 auf 25 Millionen reduziert. Allerdings wurde jede Staatsbürgerschaft seither wesentlich stärker mit einer bestimmten Ethnizität identifiziert als zuvor, was die neuen „nationalen Minderheiten" einer ebenso gestiegenen Gefahr aussetzte, kollektiv zu Bürgern zweiter Klasse herabgedrückt zu werden. Laut Michael Mann rechneten die verantwortlichen Politiker in Versailles – allen voran die Führer Großbritanniens, Frankreichs und der USA, Lloyd George, Clemenceau und Wilson – damit, dass diese Minderheiten in jene Nachbarstaaten auswandern würden, wo ihre eigene Nation die Mehrheit stellte. Diejenigen, die in ihrer Heimat bleiben wollten, mussten der Vertragstreue der neuen Staaten im Hinblick auf den völkerrechtlich zugesagten Minderheitenschutz vertrauen – eine recht dürftige Hoffnung.[7]

Die Friedensverträge von 1919/20 hatten etliche Länder in Mittel- und Osteuropa „nationalisiert", deren Identität bislang auf Multiethnizität beruht hatte.[8] Die Folgen bestanden in der Diskriminierung ethnischer Minderheiten und in (partieller) Zwangsemigration.[9] Entsprechend wurden der Erste Weltkrieg und

---

[6] Osterhammel, Die Verwandlung der Welt, S. 608.
[7] Mann, The Dark Side of Democracy, S. 67; Mann benutzt in seinem Buch mehrfach den Terminus „imperial nations" für hegemoniale Nationen in Vielvölkerstaaten.
[8] Traverso, Im Bann der Gewalt, S. 145.
[9] Mann, The Dark Side of Democracy, S. 67.

seine Nachkriegszeit laut Enzo Traverso zur Formationsphase für eine „neue Gruppe von Menschen" – Flüchtlinge und Staatenlose. Den türkischen Armeniergenozid von 1915 wertet Traverso als „ersten Völkermord im Namen des modernen Nationalismus", als „Gründungsakt eines Nationalstaates westlicher Prägung, der nun an die Stelle eines alten multinationalen Imperiums trat". Dieselbe Logik habe jene „Säuberungsaktionen" geprägt, die nach 1918 in Mitteleuropa und auf dem Balkan stattgefunden hätten.[10] Für das Ziel ethnischer „Säuberung" ist diese Feststellung zutreffend, doch sollte der zentrale Unterschied zwischen Genozid und Vertreibung deutlich gemacht werden. Zuzustimmen ist Traverso bei seinem Vergleich der Friedensregelungen von 1919 und 1945:

> „Versailles hatte den Zusammenbruch der multinationalen Reiche besiegelt und eine ganze Reihe von Staaten entstehen lassen, die mit aller Macht ihren nationalen Charakter geltend machten, dabei aber oft nur über eine sehr schwache nationale und sprachliche Homogenität verfügten. In Potsdam versuchten dann die Sieger, die nationalen und politischen Grenzen mit Hilfe erzwungener Bevölkerungstransfers in Übereinstimmung zu bringen."[11]

Die postimperiale Neuordnung Mittel- und Osteuropas von 1919 ging mit heute fast vergessenen Massenmigrationen einher. Diese waren zum Teil die Folge zielgerichteter ethnischer „Säuberung", zum Teil liefen sie in der Konsequenz auf ethnische „Säuberung" hinaus. Schon während des Ersten Weltkrieges hatte man Flüchtlingsmassen gesehen, aber die Friedensregelungen der Pariser Vorortverträge von 1919/20 haben – so Michael Mann – diese Zwangsmigrationen noch erheblich gesteigert. Bis 1926 hat es rund zehn Millionen Zwangsmigranten in Europa gegeben – über zwei Millionen Russen und Ukrainer, zwei Millionen Polen, 1,5 Millionen Griechen und Türken und fast eine Million Deutsche. Kleinere Gruppen stellten 280 000 Vertragsumsiedler zwischen Griechenland und Bulgarien, fast 250 000 Magyaren, 200 000 Esten, Letten oder Litauer.[12] Nur ein Teil dieser Zwangsmigranten durfte freilich den Vorortverträgen die Schuld geben – allen voran Deutsche und Ungarn. Russen, Ukrainer und ein Teil der Polen hingegen waren Opfer osteuropäischer Kriege und Bürgerkriege, die mit den Friedensschlüssen des Ersten Weltkrieges unmittelbar nichts zu tun hatten.

Und dennoch: Als der in Kiev geborene Eugene Kulischer 1948 in New York sein Standardwerk „Europe on the Move" veröffentlichte, hob er zu Recht nächst dem Zweiten Weltkrieg auch den vorangegangenen Ersten Weltkrieg und die Neuordnung von Versailles als wichtige Anschubphasen dieser Massenmigrationen hervor. Es habe nach 1918 in Europa einen internationalen Trend zur „Repatriierung", zur Verdrängung oder Abwanderung von Minderheiten in die Kernstaaten ihrer jeweiligen Völker gegeben.[13] Allerdings muss man hinzufügen, dass dieser Trend trotz seiner bereits massenhaften Ausmaße die große Mehrheit der betroffenen Volksgruppen noch nicht erfasste. Dies kann sehr gut am Beispiel der Deut-

---

[10] Traverso, Im Bann der Gewalt, S. 139.
[11] Ebenda, S. 144.
[12] Mann, The Dark Side of Democracy, S. 67; die Gesamtzahl auch bei Traverso, Im Bann der Gewalt, S. 140.
[13] Kulischer, Europe on the Move, S. 250.

schen gezeigt werden: Bis 1925 waren rund 1,38 Millionen Deutsche in das Deutsche Reich in seinen Nachkriegsgrenzen von 1919 eingewandert, die 1914 außerhalb dieser Grenzen gelebt hatten.[14] Gleichzeitig lebten 1930 aber rund neun Millionen Deutsche außerhalb des deutschen Nationalstaates – verteilt über die Tschechoslowakei, Polen, Rumänien, Jugoslawien, Ungarn, Italien und die baltischen Staaten. Die Friedensschlüsse des Ersten Weltkrieges hatten nach den Ukrainern die Deutschen zur größten nationalen Minderheit in Europa gemacht.[15] Aber sie hatten diese Deutschen – anders als es 1945 geschehen sollte – mehrheitlich nicht in das verkleinerte Deutschland vertrieben oder zwangsumgesiedelt. Ähnlich erging es anderen Nationen, deren außerhalb der Kernstaats-Grenzen lebende „Minderheiten" trotz erheblicher Diskriminierung mehrheitlich in ihren Heimatgebieten verblieben, statt freiwillig abzuwandern oder gewaltsam vertrieben zu werden. Neben zehn Millionen Ukrainern in fünf Staaten, 8,3 Millionen Deutschen in 13 Staaten, 3,2 Millionen Ungarn in vier Staaten und ebenso vielen Weißrussen in sechs Staaten sind drei Millionen Großrussen in fünf Staaten, 2,3 Millionen Polen in sieben Staaten und 1,4 Millionen Türken in vier Staaten zu nennen, ohne dass damit die Liste erschöpft wäre.[16]

Hinzu kommt – über viele Staaten verteilt und ohne schützenden Kernstaat – die jüdische Bevölkerung Osteuropas. Derselben war, wie der aus Weißrussland stammende und in Petrograd lebende Simon Dubnov im Februar 1918 konstatierte, durch den Zerfall des Russischen Reiches „ins lebendige Fleisch geschnitten" worden, indem „die sechs Millionen starke russische Judenheit" durch staatliche Neugründungen in Osteuropa „in sechs Teile gerissen" wurde.[17] Die rund neun Millionen osteuropäischen Juden lebten 1920 überwiegend in Polen (3,2 Millionen), in der sowjetischen Ukraine (1,2 Millionen), in Rumänien (778 000), in Sowjet-Russland (553 000), in Litauen und Estland (245 000) sowie in der Tschechoslowakei (180 000).[18]

Ins nationale „Fleisch geschnitten" wurde durch die postimperiale Neuordnung von 1919 vielen Völkern und damit vielen Millionen Individuen. Rudolf Sieghart bemerkte 1932, den Siegern von 1919 ergehe es „wie dem Zauberlehrling" Goethes, „der den einen Besen in Stücke geschlagen hat und nun jeden Splitter zum neuen Wasserträger werden sieht". Sieghart meinte damit, dass „aus einer Kriegsgefahr", dem kriselnden Österreich-Ungarn, nach dessen Verschwinden „ein Dutzend Gefahrenquellen geworden" seien, „so wie ja Europa nun statt des einen Elsaß-Lothringen", das zwischen 1871 und 1918 das deutsch-französische Verhältnis belastet hatte, „deren viele" bekommen habe. Die 1918/19 erfolgte „Liquidierung des Donaureichs" habe das Problem des europäischen Friedens „nicht gelöst, nicht einmal erleichtert, vielmehr verwickelt und erschwert". Denn die

---

[14] Ebenda, S. 175.
[15] Mazower, Hitlers Imperium, S. 43.
[16] Scheuermann, Minderheitenschutz contra Konfliktverhütung?, S. 21, Anm. 68.
[17] Dubnow, Mein Leben, S. 220.
[18] Wintgens, Der völkerrechtliche Schutz der nationalen, sprachlichen und religiösen Minderheiten, S. 177.

wichtigsten Nachfolgestaaten Österreichs seien eben keine Nationalstaaten, sondern – allen voran Jugoslawien, die Tschechoslowakei und Polen – „ausgesprochne Nationalitätenstaaten", in denen sich jedoch die Lage der ethnischen Minderheiten im Vergleich zu 1914 oft verschlechtert habe.[19]

Ein „Zeitalter der Nationalstaaten" hat es somit bei genauem Hinsehen nie gegeben – auch nach 1918 nicht. Es gab allenfalls ein Zeitalter der Nationalstaatsideologie, welche die Menschen und Völker in ihr Raster zu pressen versuchte. Das Problem intoleranter Nationalismen in sich als Nationalstaaten gebenden Vielvölkerstaaten wurde nach dem Ersten Weltkrieg mit drei konkurrierenden Ordnungsmodellen zu regulieren versucht. Das westlich-demokratische Modell von Versailles versuchte es mit völkerrechtlichem Minderheitenschutz in den neu geschaffenen unechten Nationalstaaten. Ein alternatives Ordnungsmodell bot die föderativ strukturierte Sowjetunion, die wegen ihrer Nationalitätenpolitik von manchen als modernisierte Fortsetzung des 1918 gescheiterten Habsburgerreiches betrachtet wurde. In der Tat besaß das sowjetische Föderationsmodell unterschiedlich weit in die Geschichte zurückreichende mitteleuropäische und südosteuropäische Wurzeln, auf die noch einzugehen sein wird. Das dritte Ordnungsmodell nach 1918 wurde die gezielte ethnische „Säuberung" durch organisierte Bevölkerungstransfers. Dieses Modell von Lausanne, benannt nach dem wichtigsten Transferabkommen jener Zeit, der 1923 in Lausanne zwischen Griechenland und der Türkei vereinbarten und international gebilligten ethnischen „Säuberung" zweier verfeindeter Staaten von ihren unerwünschten Minderheiten, wurde zunächst nur an der südöstlichen Peripherie Europas angewendet. Noch hielt man Vertreibung für „barbarisch", auf das „eigentliche" Europa nicht für anwendbar. Der Zweite Weltkrieg sollte dies ändern und Lausanne gewissermaßen zum (unscharfen) Vorbild für Potsdam werden lassen. Hitlers Gewaltverbrechen wurden zum Bindeglied.

Hans Heinrich Nolte hat für die Zeit nach 1918 eine andere Trias übernationaler Ordnungsmodelle vorgeschlagen: Neben dem von den Siegern des Ersten Weltkriegs durchgesetzten liberalen Modell einer Welt kapitalistischer Nationalstaaten mit locker übergeordneter Weltorganisation (Völkerbund) und dem sowjetischen Modell des Nationalitätenföderalismus betrachtet Nolte den ebenso antiliberalen wie antikommunistischen Faschismus als drittes übernationales Ordnungsmodell, das die Führung der Welt durch diktatorisch regierte Großmächte vorsah.[20] Tatsächlich haben sowohl das nationalsozialistische Deutschland als auch das faschistische Italien imperiale Ambitionen entwickelt und kurzfristig auch realisiert[21], doch diese beiden Imperien – von denen Hitlers Großdeutschland zeitweilig fast ganz Europa beherrschte – waren lediglich auf Krieg gegründet und entsprechend instabil. Das von Hitler erträumte „Tausendjährige Reich"

---

[19] Sieghart, Die letzten Jahrzehnte einer Großmacht, S. 446 f. und S. 449 f.
[20] Nolte, Weltgeschichte des 20. Jahrhunderts, S. 52.
[21] Vgl. Mazower, Hitlers Imperium; Baranowski, Nazi Empire; Rodogno, Fascism's European Empire; Snyder, Bloodlands, S. 171-173.

währte – als europäisches Imperium – nur knappe fünf Jahre, vom Pariser Triumph 1940 bis zum schmählichen Ende in Berlin 1945. Schon nach außen entbehrte das nur auf Gewalt gegründete NS-Imperium der Stabilität, denn selbst im „Zenit seines Triumphes, im Sommer 1940", zeichnete sich ab, dass der „unnatürlich erweiterte[...] Handlungsspielraum" von der angelsächsisch-sowjetischen Gegen-Allianz bald wieder aufgehoben werden würde.[22] Den Faschismus kann man jedoch vor allem deshalb nicht als Ordnungsalternative im Sinne Noltes betrachten, da sich Hitlers Imperium auch intern als strukturell nicht friedensfähig erwies. Ein von Hitler-Deutschland gewonnener Zweiter Weltkrieg hätte, wie der deutsche Hitler-Gegner Friedrich Kellner 1941 erkannte, die „Fortsetzung des Kriegszustandes" als „Europäischer Hitler-Polizeistaat" und „Hitler-Tyrannei in größtem Ausmaß" bedeutet.[23]

Im Unterschied zu früheren oder konkurrierenden Imperien und selbst zum faschistischen Italien war Hitlers Reich ein Rassenimperium, das letzten Endes nur Menschen „deutschen Blutes" akzeptierte.[24] Damit war Hitlers Großreich weit weniger inklusionistisch als frühere Vielvölkerreiche und die konkurrierenden Großstaatsordnungen USA, Großbritannien oder Sowjetunion, es war die Extremvariante eines exklusionistischen Imperiums, das zu viele Völker und Rassen ausschloss, verfolgte oder ermordete.[25] Zwar agierte das NS-Imperium gegenüber verbündeten oder unterworfenen Völkern in West-, Nord- und Osteuropa unterschiedlich, doch im eroberten und besetzten Osteuropa – namentlich in Polen, Jugoslawien und den besetzten Teilen der Sowjetunion – behandelten die deutschen Eroberer Zivilisten mit äußerster Brutalität. Die deutschen Verbrechen im europäischen Osten waren die schlimmsten, die ein europäisches Volk jemals an anderen Nationen verübte, ihnen könnten allenfalls – wie bei Shelley Baranowski – die Grausamkeiten der kolonisierenden Europäer gegenüber den „Indianern" Amerikas an die Seite gestellt werden. Das deutsche Rassen-Imperium im Zweiten Weltkrieg schob alle Rücksichtnahme auf Legalität und Humanität beiseite, seine Ethik beschränkte sich auf die Erlösung allein des eigenen „Volkes". Dieser unheilige Egoismus besiegelte den raschen Untergang.[26] Denn die diskriminierende „Rassenhierarchie" und die permanente Gewalttätigkeit im Osten Europas beraubten Hitlers Imperium der Chance, in hinreichender Weise „den Nationalismus als politisches Instrument zu nutzen". Dies gelang Hitler nur kurzfristig durch Instrumentalisierung des Revisionismus anderer 1918 besiegter Nationen wie Ungarn oder Bulgarien zwischen 1938 und 1941; doch während des Zweiten Weltkrieges wandten sich die Nationalismen Europas überwiegend gegen die deutsche Besatzungsmacht.[27] Der rumänisch-jüdische Schriftsteller Mihail

---

[22] Hildebrandt, Das vergangene Reich, S. 896.
[23] Kellner, „Vernebelt, verdunkelt sind alle Hirne", Bd. 1, S. 173 f.
[24] Rodogno, Facism's European Empire, S. 68 f.
[25] Burbank / Cooper, Empires in World History, S. 451; Hildebrandt, Das vergangene Reich, S. 703.
[26] Baranowski, Nazi Empire, S. 284 f., S. 290 f., S. 294 und S. 356
[27] Mazower, Hitlers Imperium, S. 148 und S. 540.

Sebastian wusste im Mai 1940, „daß der deutsche Triumph die Sklaverei bringt" – mit dem freilich bedeutenden Unterschied, dass nichtjüdische Rumänen „nur die Sklaverei" zu fürchten hätten, die Juden hingegen „den Tod".[28] Auch der in Warschau stationierte deutsche Offizier Wilm Hosenfeld beobachtete im September 1941 einen „Zustand der Rechtlosigkeit", der die Polen „mit dem stärksten Mißtrauen" erfüllen müsse und jede „gedeihliche Zusammenarbeit" unmöglich mache: „Wie lächerlich sind die großen Worte von der Neuordnung Europas und der Befriedung, wenn alle Maßnahmen nur den Geist des Unrechts und der Unterdrückung zeigen."[29]

Sowohl die liberalen Großmächte des Westens als auch die Sowjetunion vermochten fremde Nationalismen besser zu instrumentalisieren und zu integrieren als Hitler-Deutschland. Dessen Herrschaftsmethode war „völlig kontraproduktiv", weil die NS-Ideologie „es den meisten eroberten Völkern unmöglich machte, jemals Staatsbürger zu werden".[30] Bedenkt man, dass die Nationalsozialisten im Unterschied zu britischen Kolonial-Rassisten „nur die Perspektive des Kolonisierens und Unterwerfens" kannten, wobei „die Ermordung der europäischen Juden, die Genozide an Roma, Sinti und anderen Volksgruppen zeigen, zu welcher Konsequenz diese völkisch-rassistische Konzeption in der Lage war", muss man der „kurze[n] Zeit der NS-Herrschaft in Europa" die Qualität einer dauerhaften imperialen Ordnung eindeutig absprechen.[31]

Unsere Analyse der drei Alternativen des Hitler-Imperiums wird zeigen, dass auch diese Ordnungssysteme – Versailles, Moskau und Lausanne – trotz stärkerer Integrationskraft, als sie das NS-Imperium besaß, in unterschiedlichen Graden auf struktureller Gewalt beruhten und dass alle punktuell auf offene Gewaltanwendung zurückgriffen. Diese Gewaltabhängigkeit gefährdete die Stabilität aller Ordnungsmodelle der „Zwischenkriegszeit". Es fehlte eine rundum anerkannte „gerechte Ordnung".

1. Nationalstaaten und Minderheitenschutz: Das Modell von Versailles 1919

Die westlichen Siegermächte des Ersten Weltkrieges tendierten 1919 zur Schaffung einer europäischen Nachkriegsordnung, die nicht auf Vertreibung und Zwangsaussiedlung beruhte, sondern auf der Errichtung moderner Nationalstaaten bei völkerrechtlicher Sicherung moderner Minderheitenrechte. Die Entente-Großmächte ließen daher 1919/20 sämtliche Staaten Osteuropas „Verträge über

---

[28] Sebastian, „Voller Entsetzen, aber nicht verzweifelt", S. 403.
[29] Hosenfeld, „Ich versuche jeden zu retten", S. 535f.
[30] Mazower, Hitlers Imperium, S. 20.
[31] Wildt, „Eine neue Ordnung der ethnographischen Verhältnisse", S. 6; gleichwohl bleibt, wie Wildt treffend bemerkt, die Auseinandersetzung mit der „ungeheuren Destruktivität" des Hitler-Imperiums notwendig, „um nicht nur die Ordnungs-, sondern auch die Zerstörungsmacht" eines jeden Imperiums und des imperialen Kolonialismus zu begreifen.

Minderheitenrechte unterzeichnen", um Unterdrückung oder Vertreibung nationaler Minderheiten auszuschließen. Entscheidend war, dass „diese Verträge [...] über den alten Schutz des Individuums, wie er im neunzehnten Jahrhundert bestand", klar hinausgingen, „um kollektive Rechte zu sichern, deren Bedeutung durch die Ergebnisse des Krieges noch unterstrichen worden waren".[32]

Völkerrechtlicher Minderheitenschutz war seit dem 17. Jahrhundert zunächst mit religiöser Motivation entwickelt worden, hatte jedoch seit dem Wiener Kongress von 1815 (zum Schutze der Autonomierechte der Polen gegenüber Russland, Preußen und Österreich) auch eine nationale Dimension erhalten. Gleichzeitig wurden die dem Osmanischen Reich seit dem 17. Jahrhundert aufgezwungenen Schutzbestimmungen für christliche Minderheiten auf die im 19. Jahrhundert neu entstehenden christlichen Staaten Südosteuropas übertragen – mit dem Ziel des (freilich kaum effektiv realisierten) Schutzes auch muslimischer und jüdischer Minderheiten.[33]

Während des Ersten Weltkrieges hatten internationale Organisationen an der Ausgestaltung des nationalen Minderheitenschutzes gearbeitet – allen voran das „Office des Nationalités" in Lausanne und die „Central Organization for a Durable Peace" in Den Haag. Die erstgenannte NGO publizierte 1916 den Entwurf einer „Erklärung der Rechte der Nationalitäten", die als Ergänzung der französischen Menschenrechtsdeklaration von 1789 begriffen wurde. Während homogenen Nationalitäten das Recht auf staatliche Unabhängigkeit oder föderativen Staatsaufbau zugesprochen wurde, sollten in ethnisch gemischten Staaten kommunalpolitische, kulturelle und religiöse Autonomieregeln greifen. Die zweite NGO wiederum hatte 1915 in ihrem Friedensprogramm gefordert, Staaten sollten ihren Nationalitäten Territorium, Rechtsgleichheit, religiöse Freiheit und freien Sprachgebrauch garantieren. 1917 legte diese Haager Organisation einen Vertragsentwurf über nationale Minderheitenrechte vor, der durch den österreichischen Völkerrechtler Rudolf Laun geprägt war. Hier wird die Vorbildfunktion des Habsburgerreiches für die Minderheitenschutzdebatten des frühen 20. Jahrhunderts unmittelbar greifbar – wobei weniger die realen Strukturen der kriselnden Doppelmonarchie vorbildlich wurden als ihre elaborierte Rechtsstaatlichkeit mitsamt ihrer ausdifferenzierten politischen Reformdebatten. Im Sommer 1916 forderte auch die Sozialistische Konferenz der neutralen Staaten in Den Haag die Autonomie für alle nationalen Minderheiten. Ein vierter Anstoß kam von jüdischen Organisationen: Der Sozialistischen Internationale wurde 1915 von der jüdisch-sozialistischen Organisation „Poale Zion" eine Denkschrift über das Selbstbestimmungsrecht der jüdischen Minderheiten übersandt. Jüdische Lobbyisten in Frankreich und Großbritannien erwirkten Sympathieerklärungen der dortigen Regierungen, die aber primär auf eine jüdische „Heimstätte" in Palästina und nicht auf Schutz der jüdischen Minderheiten in Europa gerichtet waren. Die Organisationen der osteuropäischen Juden forderten stattdessen die Wiederherstel-

---

[32] Mazower, Der Balkan, S. 192f.
[33] Macartney, National States and National Minorities, S. 157–164, S. 166 und S. 172.

lung ihrer traditionellen Kulturautonomie (kahal). Darin wurden sie unterstützt durch die organisierten Juden Italiens, Palästinas, Kanadas und der USA. Ein Führer der amerikanischen Juden, US-Bundesrichter Louis Brandeis, war ein Freund Präsident Wilsons, welcher ihm zusagte, sowohl die Rechte der Juden als auch der Deutschen im 1918 neu errichteten Staate Polen zu schützen. Wilson erklärte im Mai 1919 ausdrücklich, die Garantie der Minderheitenrechte in allen neuen Staaten Europas sei ein wesentlicher Bestandteil der Friedensgarantie der Siegermächte, da nichts den Frieden so sehr gefährde wie eine falsche Behandlung der Minderheiten.[34]

Die östlichen Vielvölkerreiche wurden nach 1917/18 – mit Ausnahme Russlands, das sich kommunistisch neu erfand – durch Nationalstaaten abgelöst. Ältere Historiker glaubten, der Trend zur Nationalstaatlichkeit sei „niemals so groß" gewesen „wie in den Tagen nach dem Ende des I. Weltkriegs".[35] Auch viele Zeitgenossen waren davon überzeugt – in erster Linie die Nationalisten. Für den Mitbegründer der Tschechoslowakischen Republik, Edvard Beneš, bedeutete Demokratisierung auf internationaler Ebene die Durchsetzung der „nationalen Selbstbestimmung", entweder durch Gründung neuer Nationalstaaten oder durch „Dezentralisation und Autonomisation […] der zusammengesetzten Imperien" wie in Großbritannien oder Sowjetrussland.[36] Entscheidenden Einfluss auf diesen Trend hatte laut Beneš US-Präsident Wilson mit seinen 1918 verkündeten „Zehn Punkten" gehabt, von denen einer explizit das Selbstbestimmungsrecht der Völker postulierte. Ebenso wichtig erschien dem Tschechenführer jedoch die Revolution in Russland, denn das dort seit 1917 verkündete und angewandte Prinzip der nationalen Selbstbestimmung habe die westeuropäischen Großmächte genötigt, ihre Machtpolitik daran stärker anzupassen.[37] Die Entstehung der Nationalstaaten in Osteuropa verdankte sich folglich nicht nur dem Untergang alter imperialer Zentren, sondern auch dem Aufstieg der beiden neuen Zentren der demokratischen und kommunistischen Ideologien des 20. Jahrhunderts: Washington und Moskau.

Freilich haben Angehörige der 1918 besiegten Nationen stets darauf verwiesen, dass dieses Prinzip nationaler Selbstbestimmung nicht auch für ihre Völker gegolten habe. Diese Einseitigkeit hatte zur Folge, dass die seit 1919 als Nationalstaaten etablierten neuen Länder keine echten Nationalstaaten waren, da sie aus geostrategischen oder ökonomischen Motiven stets auch mehrheitlich von anderen Nationalitäten besiedelte Regionen arrondierten. Die neuen Grenzen waren zumeist unter Nichtbeachtung ethnisch-linguistischer Bedingungen gezogen worden.[38] Hatte das habsburgische Kaisertum Österreich 1867 aus neun Nationalitäten bestanden und das ebenfalls habsburgische Königreich Ungarn aus sieben,

---

[34] Ebenda, S. 213–218 und S. 232; zu Wilson auch Ahonen e.a., People on the Move, S. 4.
[35] Schieder, Typologie und Erscheinungsformen des Nationalstaats in Europa, S. 120.
[36] Beneš, Der Aufstand der Nationen, S. 714 und S. 716.
[37] Ebenda, S. 716.
[38] Ahonen e.a., People on the Move, S. 3.

so umfassten die 1918 an Stelle dieser Doppelmonarchie getretenen Staaten Tschechoslowakei und Jugoslawien ebenfalls sieben bzw. neun Nationalitäten. Durch die Neuordnung von 1919 war, wie Ferenc Fejtö treffend feststellt, „das Nationalitätenproblem [...] nicht gelöst, sondern nur verlagert worden".[39] Laut Eric Hobsbawm wurde die staatliche Neugestaltung in Ost- und Südosteuropa nach 1918 deshalb „zum Desaster", das bis in die Nationalitätenkonflikte der 1990er Jahre hinein nachgewirkt habe.[40] Eine Durchführung des von US-Präsident Wilson vertretenen Prinzips nationaler Selbstbestimmung war „wegen abweichender machtpolitischer Interessen einerseits" und „der weitverbreiteten Mischsiedlung der Sprachgruppen andererseits" ohnehin „ein Ding der Unmöglichkeit". Daher entstand „ein Gürtel neuer Nationalstaaten" mit diversen Minderheiten, „was die Probleme noch vervielfachte".[41] Der österreichische Historiker Viktor Bibl sprach 1924 treffend davon, anstelle des Habsburgerreiches seien mit der Tschechoslowakei, Jugoslawien, Rumänien und Polen viele „Österreichs im kleinen" geschaffen worden – und damit neue „Zwangsstaaten" und „Anachronismen".[42] Constantin Dumba, der ehemalige Botschafter Österreich-Ungarns in den USA, verwies auf die Autonomierechte und Partizipationsmöglichkeiten der Nationalitäten des Habsburgerreiches und folgerte 1931: *„In Wirklichkeit war Österreich das gelobte Land der Nationalitäten und nicht das Land der Unterdrückung derselben. [...] Die früher angeblich bedrückten Völker sind jetzt zu Staatsvölkern avanciert, welche ihre Minderheiten hundertmal mehr bedrücken und überdies wirtschaftlich zu schwächen oder sogar ganz zu entnationalisieren bestrebt sind."*[43] Dumbas Landsmann Heinrich Friedjung hatte 1919 die österreichische Macht- und Rechtsordnung als wirksame Friedensordnung für zahlreiche Völker posthum zu rechtfertigen versucht: Die „Donaumonarchie" habe über zwei Jahrhunderte lang im Donauraum eine „sichere Rechtsordnung" geschaffen und – mit Ausnahme von 1848/49 – „den Bürgerkrieg zwischen den Nationalitäten verhindert". Durch ihren „Zerfall" sei ab 1918/19 „in der Mitte Europas eine ungeheure Lücke entstanden", die nicht von zerstrittenen Nationalstaaten, sondern nur von einem neuen übergreifenden Bund ausgefüllt werden könne.[44] Selbst einstige Kriegsgegner wie die Briten Charles und Dorothy Buxton beklagten die 1919 erfolgte „Balkanisierung Europas" und gestanden den früheren Vielvölkerimperien zu, bei allen Ungerechtigkeiten doch den Frieden gesichert zu haben. Die Friedensschlüsse von 1919/20 hätten jene Unruhe, die bis 1914 nur dem Balkan zu Eigen gewesen sei, in einem ungleich größeren Teil Europas reproduziert. Mitteleuropa sei damit dem Balkan angeschlossen worden, der Balkan an die Ostsee, die Oder und den Rhein vorgerückt. Die neuen Staaten Polen, Tschechoslowakei,

---

[39] Fejtö, Geschichte der Volksdemokratien, Bd. 1, S. 26.
[40] Hobsbawm, Das Zeitalter der Extreme, S. 49f.
[41] Reinhard, Geschichte der Staatsgewalt, S. 453.
[42] Bibl, Der Zerfall Österreichs, Bd. 2, S. 560 und S. 562.
[43] Dumba, Dreibund- und Entente-Politik in der Alten und Neuen Welt, S. 368–371, insb. S. 370f.
[44] Friedjung, Vorrede, S. XII, S. XIV und S. XVI.

Rumänien und Jugoslawien erinnerten in vielem an die alten Imperien des Ostens, aus denen sie hervorgegangen seien; gerade deren permanente Verletzung der Nationalitätenrechte habe man stets als Gefahr für den Frieden betrachtet.[45] Insofern war „der Hauptfehler des Systems von Versailles", um es mit Ferenc Fejtö zu sagen, „daß das Nationalitätenproblem des alten Österreich unter neuen Vorzeichen wiederbelebt wurde".[46] Nach 1918 wurde die Unterdrückung ethnischer Minoritäten sogar tendenziell verschärft.[47]

In welch schwierige Lagen Angehörige von Minderheiten im Europa von Versailles gelangen konnten, zeigt die Völkerbundpetition des ungarischen Lehrers András Gocza aus dem Jahre 1927. Im habsburgischen Königreich Ungarn geboren und dort auch berufstätig, gehörte sein Geburtsort nach den neuen Grenzziehungen plötzlich zu Rumänien, sein Arbeits- und Wohnort zur Tschechoslowakei. Der Lehrer schrieb verzweifelt nach Genf: „Ich besitze nun drei Vaterländer, von denen mich keines haben will." Als Vollinvalide des Ersten Weltkrieges war Gocza berufsunfähig und hilfsbedürftig. Wegen seiner zu kurzen Ansässigkeit in der Slowakei – er lebte dort seit 1907 – hatte Gocza nicht die tschechoslowakische Staatsbürgerschaft erhalten. Gleichwohl erklärte sich die Prager Regierung bereit, eine Rentenzahlung an den Kriegsinvaliden, der für ein Vaterland gekämpft hatte, dessen Zerstörung die nun Regierenden gewollt hatten, wohlwollend zu prüfen.[48]

Für Hagen Schulze waren die „Nationalstaaten" der Zwischenkriegszeit von 1919 bis 1939 „in Wirklichkeit staatliche Agenturen nationaler Mehrheiten, die über beträchtliche nationale Minderheiten herrschen, welche in den meisten Fällen schrankenloser Unterdrückung ausgesetzt waren".[49] Tendenziell hegten die neuen Hegemonialnationen Revanchegelüste, die entmachteten Völker Revisionsgelüste. Letztere „hatten gesehen, dass zwischen 1912 und 1922 Grenzen schnell und dramatisch verändert worden waren, und hofften, dies könnte noch einmal gelingen". Hitler zog zwischen 1938 und 1941 nicht nur etliche revisionistische volksdeutsche Minderheiten, sondern auch Verliererstaaten des Ersten Weltkrieges wie Ungarn oder Bulgarien in sein Bündnis, während er von der Entente begünstigte Staaten wie die Tschechoslowakei, Polen und Jugoslawien zerschlug oder wie Rumänien zumindest ihrer meisten Territorialgewinne beraubte.[50] Hitler hat das Versailler Ordnungssystem deshalb zerstören können, weil er nationale Revisionismen erfolgreich zu instrumentalisieren verstand.[51]

Die Tschechoslowakei war kein demokratischer Nationalstaat, sondern ein Nationalitätenstaat mit Demokratiedefiziten im Hinblick auf seine Minderheiten – auch wenn der Prager Staat im Vergleich zu seiner Nachbarschaft fast schon wie-

---

[45] Buxton / Buxton, The World after the War, S. 16, S. 21–23 und S. 25.
[46] Fejtö, Geschichte der Volksdemokratien, Bd. 1, S. 26.
[47] Ther, The Spell of the Homogeneous Nation-State, S. 84.
[48] Scheuermann, Minderheitenschutz contra Konfliktverhütung?, S. 179f.
[49] Schulze, Staat und Nation in der europäischen Geschichte, S. 294.
[50] Mazower, Der Balkan, S. 194f.; Polen hatte nur kurzfristig 1938 von Hitlers Macht nach dem Münchner Abkommen territorial auf Kosten der Tschechoslowakei profitiert.
[51] Mazower, Hitlers Imperium, S. 54 und S. 306.

der als demokratisches „Modell" erscheinen mag.⁵² Nur einen Tag, nachdem die National-Tschechen in Prag die Unabhängigkeit der Tschechoslowakei vom Habsburgerreich ausgerufen hatten, hatte sich am 29. Oktober 1918 in Wien auch eine Nationalversammlung für „Deutschböhmen" konstituiert. Diese Sudetendeutschen wollten nicht im nun tschechisch dominierten Staatsverband Böhmens und Mährens verbleiben, sondern sich Deutsch-Österreich und möglichst dem Deutschen Reich anschließen.⁵³ Ihre Führer, der Deutschnationale Rudolf Lodgman von Auen und der Sozialdemokrat Rudolf Seliger, sprachen sich im Januar 1919 gegen Kompromisse mit „den Tschechen" aus, da es über das Selbstbestimmungsrecht „kein Verhandeln" gebe.⁵⁴ Kompromisse wollte freilich auch die andere Seite nicht. Tschechische Nationalrevolutionäre, die vom Habsburger-Regime kurz zuvor noch als Hochverräter verurteilt worden waren, erklärten nach ihrem erfolgreichen Umsturz den auf dasselbe nationale Selbstbestimmungsrecht pochenden Sudetendeutschen ohne Sinn für die Ironie der Geschichte: „Mit Rebellen verhandeln wir nicht."⁵⁵ Dieser brüske Satz war die bewusste „Wiederholung einer 1848 den Tschechen in Prag erteilten Antwort"; damals hatte der österreichische General Fürst Windischgraetz nach Niederwerfung eines revolutionären Aufstands den unterlegenen Tschechen diese Antwort erteilt.⁵⁶

Der österreichische Sozialdemokrat (und damalige Wiener Außenminister) Otto Bauer warnte die Siegermächte 1919 vor einem „neuen Irredentismus", falls sie auf das Selbstbestimmungsrecht der Sudetendeutschen keine Rücksicht nähmen. Wiens Bundeskanzler Karl Renner – ebenfalls ein Sozialdemokrat – richtete einen „bewegenden" Appell an Frankreichs Premier Clemenceau: Dieser habe jahrzehntelang für die Rückgewinnung des 1871 an Deutschland verlorenen Elsass-Lothringen gekämpft; doch während nun in Versailles das am Elsass verübte Unrecht wiedergutgemacht werde, schaffe die Entente im Sudetenland ein „doppeltes Elsass" und damit „im Zentrum Europas" einen neuen „Bürgerkriegsherd", der „für die Welt [...] viel gefährlicher werden könnte" als der Balkan vor dem Ersten Weltkrieg.⁵⁷

Die Machtpolitiker von Versailles wischten solche Warnungen beiseite. Sie verliehen die Hegemonie in den neuen Staaten Mittel- und Osteuropas vorzugsweise solchen Nationen, die antideutsch und antibolschewistisch zugleich orientiert waren. Mark Mazower resümiert die Folgen:

„Versailles hatte sechzig Millionen Menschen eigene Staaten gegeben, dafür aber weitere fünfundzwanzig Millionen zu Minderheiten gemacht. Darunter befanden sich nicht nur Juden, Zi-

---

⁵² So jedenfalls bei James, Geschichte Europas im 20. Jahrhundert, S. 68.
⁵³ Křen, Die Konfliktgemeinschaft, S. 392.
⁵⁴ Lemberg, 1918, S. 130.
⁵⁵ Mit diesen Worten wies der 1915 von habsburgischen Gerichten als Hochverräter verurteilte, aber 1917 von Kaiser Karl I. begnadigte erste Finanzminister der ČSR, Alois Rašín, im November 1918 den deutschböhmischen Sozialdemokraten Anton Seliger zurück; vgl. Bauer, Die österreichische Revolution, S. 108; Schlesinger, Federalism in Central and Eastern Europe, S. 294.
⁵⁶ Brügel, Tschechen und Deutsche 1918–1938, Bd. 1, S. 64 und S. 524.
⁵⁷ Zitiert nach: Bonnet, Vor der Katastrophe, S. 20.

geuner, Ukrainer und Makedonier, sondern auch ehemals herrschende Volksgruppen wie etwa Deutsche, Ungarn oder Muslime. Besonders die Letztgenannten betrachteten sich als zivilisierter als die bäuerlichen Emporkömmlinge, die jetzt das Sagen hatten, und taten sich schwer damit, in der neuen Nationalkultur aufzugehen, sich zu assimilieren, wie es die liberale politische Theorie vorsah. Tatsächlich glaubten im Europa der Zwischenkriegszeit weder die Minderheiten noch die Mehrheiten ernsthaft an die Möglichkeit der Assimilation; die ethnischen Beziehungen in den neuen Demokratien waren von Abgrenzung und Feindseligkeit bestimmt."[58]

Ob die Friedensschlüsse die Unterdrückung nationaler Minderheiten behoben oder lediglich verschoben, blieb ein endloser Streitpunkt zwischen Siegern und Verlierern des Ersten Weltkrieges. 1946 wies ein deutscher Publizist darauf hin, dass „von 30 Millionen Minderheiten in Europa" nach 1918/19 „mehr als ein Drittel allein auf das deutsche Volk" entfallen sei.[59] Ein weiterer Vertreter eines gestürzten „Herrenvolkes", der magyarische Baron Gyula Szilassy, monierte mit Blick auf die Nachkriegsgrenzen Ungarns, dass dadurch „mehr als ein Drittel der magyarischen Rasse" unter „Fremdherrschaft" gestellt worden sei.[60] Andererseits gab 1942 der Slowake Milan Hodža zu bedenken, dass die viel gescholtene Ordnung von Versailles das Minderheitenproblem zumindest verringert und dadurch gerechter gemacht habe: Bis 1918 habe es in Mitteleuropa 54 Millionen Angehörige nationaler Minderheiten gegeben, „nach dem Krieg verminderte sich ihre Zahl auf 21 Millionen".[61] Ähnlich konterte der erste Präsident der Tschechoslowakei, Tomáš G. Masaryk, den Vorwurf, er habe ungerechterweise den Sudetendeutschen das Recht auf Selbstbestimmung verweigert, das er für sein eigenes Volk in Anspruch nehme: „Ist es gerechter, daß drei Millionen, d. i. ein Bruchteil des deutschen Volkes, in einem nichtdeutschen Staate verbleiben oder daß zehn Millionen Tschechen und Slowaken, d. i. ein ganzes Volk, in einem deutschen Staate leben?"[62]

Tatsächlich wurden die Grenzen der neuen Tschechoslowakei höchst widersprüchlich legitimiert: Für Böhmen und Mähren beriefen sich die Tschechen auf die „historischen Grenzen" der ehemaligen habsburgischen Kronländer und verwarfen eine moderne Grenzziehung nach ethnischen Gesichtspunkten, um eine Abspaltung der Sudetendeutschen abzuwehren. Im Falle der Slowakei und der Karpatho-Ukraine hingegen wurden historische Grenzen – in diesem Falle des habsburgischen Ungarn – bewusst zerstört, um eine „tschechoslowakische" Nation und deren Nationalstaat schaffen zu können.[63] Nicht nur in diesem Fall schwankten die neuen Grenzziehungen zwischen historischer und ethnonationaler Legitimation.[64]

Rudolf Sieghart hat 1932 die Auffassung vertreten, die Machtverhältnisse zwischen Nationalitäten hätten sich nach 1918 dadurch verschärft, dass es im Zeit-

---

[58] Mazower, Der dunkle Kontinent, S. 70.
[59] Friedensburg, Die Weimarer Republik, S. 60f.
[60] Szilassy, Der Untergang der Donau-Monarchie, S. 317 und S. 369f.
[61] Hodža, Schicksal Donauraum, S. 146f.
[62] Masaryk, Die Weltrevolution, S. 461.
[63] Szilassy, Der Untergang der Donau-Monarchie, S. 370.
[64] Nolte, Weltgeschichte des 20. Jahrhunderts, S. 47.

alter des Nationalismus nur noch Herrschende und „Untertanen" gegeben habe, während im Habsburgerreich auch benachteiligte Nationen nicht bloß Minderheit gewesen seien, sondern über ihre Eliten „an allen Graden der Über- und Unterordnung" hätten teilhaben können.[65] Moderne Forscher haben sich diesen Gesichtspunkt zu eigen gemacht: Laut Panikos Panayi existierten Minderheiten zwar schon in vormoderner Zeit, doch erst die Entstehung des modernen Nationalstaates habe die Situation grundlegend verändert, indem fortan jedermann in seiner nationalen Zugehörigkeit sichtbar geworden, eingeordnet und abgestempelt worden sei. Ganz im Sinne Siegharts konstatiert Panayi, die Gründung der Tschechoslowakei habe 1918 das Entstehen einer deutschen Minderheit bewirkt. Zugleich hätten neue Technologien, der wachsende administrative Perfektionismus und die nationalistische Ideologie bewirkt, dass diese neu konstituierten Minderheiten einen Grad an Repression oder Verfolgung hätten aushalten müssen, der in früherer Zeit unmöglich gewesen wäre.[66]

Erscheint damit die alte These Siegharts durchaus erhellend, sollte man sich gleichwohl hüten, Imperien wie jenes der Habsburger retrospektiv zu idyllisieren. Die tiefe Ungleichheit der Nationen im Habsburgerreich ließ sich schon daran ablesen, dass in der österreichischen Reichshälfte die Deutschen über fünf Universitäten verfügten, die Tschechen über eine und die Polen über zwei, während die übrigen Nationen „ganz leer" ausgingen.[67] Erst recht wurde die in der ungarischen Reichshälfte den Magyaren seit 1867 eingeräumte Hegemonie von allen übrigen Nationen als „tief verletzend" empfunden.[68] Zwar war dieses Imperium rechtsstaatlich organisiert und begrenzt reformierbar, doch die von Sieghart angeführte Partizipation der Eliten verweist zugleich auf Demokratiedefizite und auf die zentrifugale Kraft der Massen-Nationalismen im Zuge fortschreitender Demokratisierung.

Eugen Lembergs Diktum, durch den habsburgischen Dualismus von 1867 seien die meisten Völker dieses Vielvölkerreiches den deutschen bzw. magyarischen „Kernvölkern" beider Reichshälften „auf Gnade und Ungnade ausgeliefert" worden[69], trifft besonders für die ungarische Reichshälfte zu. Baron Szilassy, ein Gegner dieses Systems, dessen von Kaiser Karl 1918 beabsichtigte Ernennung zum österreichisch-ungarischen Außenminister am Widerstand der herrschenden magyarischen Elite gescheitert sein soll[70], wies nach 1918 auf den Zusammenhang der magyarischen Reformverweigerung mit dem Ende der Doppelmonarchie und des historischen Ungarn hin:

„[...] Schuld an dem Zusammenbruch trägt allein neben der ganzen verfehlten Politik der Monarchie der unselige, ehemalige ungarische Kurs, welcher eine zeitgemäße innere und äußere Politik unmöglich machte; schuldig allein ist der von Ungarn erfundene Dualismus, der nicht

---

[65] Sieghart, Die letzten Jahrzehnte einer Großmacht, S. 448–450.
[66] Panayi, Outsiders, S. 9, S. 59 und S. 61 f.
[67] Kautsky, Habsburgs Glück und Ende, S. 41.
[68] Popovici, Die Vereinigten Staaten von Groß-Österreich, S. 3 und S. 9 f.
[69] Lemberg, Geschichte des Nationalismus in Europa, S. 226.
[70] Karolyj, Fighting the World, S. 316–318.

nur die Einführung eines einzig heilbringenden und zeitgemäßen föderativen Systems in Ungarn unmöglich machte, sondern auch die vollständige Ausgestaltung eines solchen Systems in der österreichischen Reichshälfte verhinderte. Man befürchtete in Budapest jede den Tschechen in Österreich gemachte Konzession so lange, bis die Tschechen nun in Preßburg sitzen."[71]

Der ungarische Rumäne Aurel Popovici hatte schon 1906 darauf verwiesen, wer seit 1867 das „historische Recht" der Magyaren anerkenne und als Begründung ihrer Herrschaft über alle anderen Nationalitäten in Ungarn gelten lasse, werde auch das „historische Recht" der Tschechen auf ihre Herrschaft in Böhmen auf Dauer nicht abwehren können. Dessen Anerkennung aber wäre „gleichbedeutend […] mit der Auslieferung mehrerer Millionen Deutschen und auch anderer Nationalitäten an die wiederherzustellenden mittelalterlichen Königreiche mit ihren absolut willkürlichen ethnographischen Grenzen; das hieße also den Nationalitätenkampf auf seine äußerste Spitze treiben".[72] Popovici hatte daher eine neue föderale Ordnung auf der Basis größtmöglicher ethnischer Grenzziehungen finden wollen.

Nach 1918 ließen bisher unterdrückte oder benachteiligte Nationen ihre entmachteten deutschen und ungarischen Unterdrücker „in verschärfter Form" büßen: „was früher Gläubiger, Kläger, Ankläger war, wurde nunmehr Schuldner, Beklagter, Angeklagter – und umgekehrt", wie Siegfried Lichtenstaedter im Rückblick von 1941 bemerkte.[73] Ferenc Fejtö attestiert dabei den entmachteten deutschen und ungarischen Minderheiten eine Mitschuld an der Eskalation der Nationalitätenkonflikte nach 1918, denn „manche Minderheiten" hätten sich schon „unterdrückt" gefühlt, „bloß weil sie nicht mehr die frühere dominierende Stellung innehatten".[74] Folgerichtig warf der tschechoslowakische Präsident Masaryk den Sudetendeutschen eine Herrenvolkmentalität vor und bot ihnen echte Partizipation nur unter der Bedingung an, dass sie sich „entösterreichern", „sich der alten Gewohnheit der Vorherrschaft und der Vorrechte begeben" würden.[75] Dies sahen Einsichtige auf deutscher Seite ähnlich: Karl Renner, der 1919 noch den Anschluss Österreichs und der Sudetengebiete an Deutschland gewünscht hatte, erklärte 1926 in Prag, die Deutschen könnten ihr Miteigentum an der Tschechoslowakei nur dann einfordern, wenn sie anerkennten, dass dort die „Anderen" die Mehrheit stellten. Freilich kritisierte er auch den tschechischen Nationalismus, der die Fehler deutscher Nationalisten nachahme.[76] In der Tat hätte es nicht geschadet, wenn sich auch tschechische Nationalisten ‚entösterreichert' hätten – allen voran Edvard Beneš, der 1930 dem britischen Gesandten in Prag kühl erklärte, vor dem Ersten Weltkrieg seien die Deutschen oben und die Tschechen unten gewesen, seit 1918 sei es eben umgekehrt.[77] Zwar war die ČSR der am meis-

---

[71] Szilassy, Der Untergang der Donau-Monarchie, S. 317 und S. 368.
[72] Popovici, Die Vereinigten Staaten von Groß-Österreich, S. 17f.
[73] Lichtenstaedter, Sprachenpolitik, S. 121.
[74] Fejtö, Geschichte der Volksdemokratien, Bd. 1, S. 26f.
[75] Masaryk, Weltrevolution, S. 463f.
[76] Renner, Probleme der Tschechoslowakei, S. 14.
[77] Zeman / Klimek, The Life of Edvard Beneš, S. 80.

ten demokratische neue Staat Osteuropas – und damit der am wenigsten minderheitenfeindliche.[78] Dennoch stellte Theodor Heuss 1926 treffend fest, „daß dieser Staat zwar auf demokratischen Lebensformen ruht, sie aber nicht sich frei entfalten lassen kann, sondern gezwungen ist, sie zu einem Herrschaftssystem des einen Volkes gegenüber den anderen Völkern zu gestalten".[79] Der Magyare Szilassy hatte sich schon 1921 gefragt, „wie das Parlament zu Prag, dessen deutsch-ungarische, wahrscheinlich ruthenische und vielleicht sogar slowakische Opposition fast so zahlreich wie die Regierungspartei sein dürfte, dieses Land mit rein ungarischen und deutschen Städten, wie Preßburg und Karlsbad, verwalten wird", und hellsichtig hinzugefügt: „Zu spät dürften die böhmischen Machthaber zur Einsicht gelangen, daß solche Annexionen heutzutage mehr Schwäche als Stärke bedeuten".[80]

Theodor Heuss hatte die Erkenntnis Friedrich Naumanns verinnerlicht, der 1906 mit Blick auf das habsburgische Österreich von der „Problematik der ‚formalen Demokratie' im nationalgemischten Staat" gesprochen hatte.[81] Letztlich haben weder deutsche noch tschechische Nationalisten – weder vor noch nach 1918 – die Mahnung des deutschböhmischen Politikers Ernst von Plener von 1909 beherzigt, dass jeder auf Selbstbestimmung des eigenen Volkes pochende Nationalismus „auf die Dauer die Freiheit des anderen selbst, wenn der andere sich in der Minderheit befindet, nicht ausschließen" könne: „Nur, wenn beide Teile erkennen, daß keiner den andern niederwerfen kann, daß jeder Opfer bringen muß, um die gerechten Forderungen des andern anzunehmen", nur dann bleibe man von „Rassenkampf" und „gegenseitige[r] Ausrottung" verschont.[82] Diese Worte waren seinerzeit primär an die radikalen deutschen Nationalisten im habsburgischen Österreich und nur in zweiter Linie an ihre tschechischen Kontrahenten gerichtet. Unter den umgekehrten Machtverhältnissen ab 1918/19 mussten sich jedoch vor allem kluge tschechische Politiker finden, die der deutschen Minderheit vielleicht nicht das Recht auf Separation, aber doch auf volle Gleichberechtigung und regionale Autonomie in einem gemeinsamen, diesmal von Tschechen dominierten Staat hätten anbieten wollen. Dass es daran fehlte, zeigt Karl Renners 1926 erhobener Vorwurf an das in der Tschechoslowakei herrschende tschechische Bürgertum, „nichts anderes gelernt" zu haben, „als die Deutschen in ihren Irrtümern zu kopieren".[83] Stalin hatte schon 1925 diagnostiziert: „Der tschechoslowakische Staat stellt einen Staat des nationalen Sieges der Tschechen dar."[84]

---

[78] Haas, Ethnische Homogenisierung unter Zwang, S. 144, verweist darauf, dass dort „viele altösterreichische nationalitätenrechtlich relevante Bestimmungen in Kraft" blieben und die „nur unzureichend gewährleisteten Nationalitätenrechte" ergänzten.
[79] Heuss, Staat und Volk, S. 280.
[80] Szilassy, Der Untergang der Donau-Monarchie, S. 369f.
[81] Heuss, Friedrich Naumann, S. 440.
[82] Plener, Reden 1873–1911, S. 1030f.
[83] Renner, Das nationale und das ökonomische Problem, S. 1, S. 9 und S. 13f.
[84] Stalin, Werke, Bd. 7, S. 52.

Zwar hatte die Prager Regierung auf Druck der Entente-Siegermächte 1919 einen völkerrechtlich bindenden Minderheitenschutzvertrag unterzeichnen müssen. Doch selbst gemäßigten Vorschlägen, wie sie der aus Nordböhmen stammende österreichische Ex-Minister Baernreither und Ex-Botschafter Dumba lancierten, wurde nicht entsprochen; diese beiden hatten eine Regionalautonomie nach dem Vorbild schweizerischer Kantone für drei rein deutsch bewohnte Kreise der Tschechoslowakei angeregt, während für die Mehrzahl der gemischtnationalen Regionen eine „Sicherung der Sprache und Kultur der Minoritäten nach dem in Mähren bestehenden Muster" der späten Habsburgerzeit angeregt wurde.[85] Angesichts der tschechischen Weigerung fürchteten die Sudetendeutschen, die als größte nationale Minderheit in der Tschechlosowakei 23,4 Prozent der Bevölkerung stellten[86], „der Begriff Minderheit bedeute zugleich, minderberechtigt zu sein, und strebte[n] daher die Anerkennung als drittes Staatsvolk an"[87]. Der Sozialdemokrat Wenzel Jaksch erklärte 1936: „Wir betrachten uns nicht als bloße Minderheit und wollen nicht als solche angesehen werden. Wer uns Minderheit nennt, verweist uns gewissermaßen jenseits der Grenzen, sagt uns, dass wir Teile eines anderen Volkes sind, das in diesem Staate nicht zu Hause ist." Stattdessen wollten die Sudetendeutschen „auch eine Staatsnation sein", gleichrangig mit den Tschechen.[88] Hier schwang das Erbe der österreichischen Reformdebatten bis 1918, die zumindest bis 1914 auch von Tschechenführern wie Masaryk mit dem Ziel der Gleichberechtigung geführt wurden, ebenso mit wie das von Masaryk und Beneš propagierte Schweizer Vorbild für die Tschechoslowakei, welches diese nie erreichte.

Im Gegenteil: In seiner Antrittsbotschaft als Präsident der Tschechoslowakei vom Dezember 1918 hatte Masaryk erklärt, „wir" – gemeint waren die Tschechen bzw. Tschechoslowaken – hätten den neuen Staat geschaffen, woraus sich die staatsrechtliche Stellung der Deutschen im Lande ableite, die „ursprünglich als Immigranten und Kolonisten ins Land" gekommen seien.[89] Die „deutschen Kolonisten und Immigranten" revanchierten sich, indem deren bürgerliche Abgeordnete bei der Präsidentenwahl von 1920 demonstrativ den Saal verließen. Wenig später erklärte ihr deutschnationaler Wortführer Rudolf Lodgman im Prager Abgeordnetenhaus: „Vergebens haben wir versucht, das Schicksal unseres Siedlungsgebietes selbst zu bestimmen. [...] Das Ergebnis der Friedensverträge ist die Sanktionierung eines Gewalt-, aber niemals eines Rechtszustandes. [...] Wir verkünden [...] feierlich, daß wir niemals aufhören werden, das Selbstbestimmungsrecht unseres Volkes zu fordern."[90] Damit wiederholte Lodgman unter dramatisch gewandelten Umständen jene Position, die sein deutschliberaler Vorgänger

---

[85] Dumba, Dreibund- und Entente-Politik in der Alten und Neuen Welt, S. 438f.
[86] Zeman, The Masaryks, S. 145; die anderen Minderheiten waren viel geringer, die Ungarn stellten 1928 etwa 5,6% der Bevölkerung, Ukrainer 3,4%, Juden 1,3% und Polen 0,6%.
[87] Scheuermann, Minderheitenschutz contra Konfliktverhütung?, S. 150.
[88] Zitiert nach Hahn / Hahn, Die Vertreibung im deutschen Erinnern, S. 142f.
[89] Zitiert nach Hoensch, Geschichte Böhmens, S. 423.
[90] Schulthess' Europäischer Geschichtskalender 61, 1.1920, S. 405f.

Plener 1885 gegenüber der tschechischen Forderung nach einem autonomen, zwangsläufig tschechisch dominierten Böhmen im Habsburgerreich eingenommen hatte: Sollte es jemals zu einer die Autonomie symbolisierenden „Königskrönung in Böhmen" kommen, würden „die Deutschen in Böhmen" dabei „nicht anwesend sein".[91]

Seit dem Regierungseintritt demokratischer deutscher Parteien 1926 bzw. 1929, deren Mitarbeit bis 1938 andauerte, verbesserte sich die Situation zunächst. Kompromissbereite Tschechoslowaken suchten selbst der „Sudetendeutschen Partei" Henleins, der späteren Speerspitze Hitlers, die ursprünglich noch einen „Nationalitätenstaat" mit Autonomierechten forderte[92], entgegenzukommen. Der zwischen 1935 und 1938 regierende Ministerpräsident Milan Hodža – ein in Minderheitenfragen erfahrener Slowake, der bis 1918 die drückende ungarische Herrschaft über sein Volk erlebt hatte – erklärte Ende 1937 im Prager Abgeordnetenhaus, dass die Sudetendeutschen ihrem Bevölkerungsanteil entsprechend im öffentlichen Leben beteiligt sein müssten, und gab zu, dass dies noch nicht überall der Fall sei. Zugleich markierte Hodža die Grenze, welche die Sudetendeutschen nicht überschreiten dürften – die Loyalität „zu unserer gemeinsamen Staatlichkeit und ihrer Demokratie".[93]

Die Glaubwürdigkeit der tschechischen Politikelite war zu diesem Zeitpunkt schwach. Allzu lange hatten die Tschechen den nationalen Minderheiten territoriale Autonomierechte verweigert – selbst dort, wo dies vertraglich zugesagt war, wie im Falle der Karpato-Ukraine. Die Prager Regierung entschuldigte ihren Wortbruch im Völkerbund als vorübergehend, bedingt durch die nationale Unreife der Ruthenen (Ukrainer) und die Gefahr einer von diesen betriebenen Politik zugunsten Ungarns. Dies akzeptierte der Völkerbund zunächst, doch 1928 monierte der niederländische Außenminister Beelaerts van Blockland, die Tschechoslowakei habe offenbar nicht vor, die Autonomie jemals zu verwirklichen. Tatsächlich wurde dieselbe erst im Oktober 1938 – zusammen mit jener für die Slowakei – nach dem Münchner Abkommen realisiert und kam zu spät, um noch stabilisierend zu wirken.[94]

Zwar bot die Tschechoslowakei – verglichen mit ihren Nachbarstaaten, die fast sämtlich um 1930 in Diktaturen abglitten – noch die günstigsten Chancen für einen Nationalitätenkompromiss. So beobachtete der deutsch-jüdische Kommunist Ernst Bloch, ein NS-verfolgter Emigrant in Prag, im Juli 1938:

„Es ist wahr, die Tschechen haben anfangs, bei der Gründung der Republik, ihre Sudetendeutschen nicht als ‚Staatsvolk' neben den Tschechen und Slowaken herangezogen. Aber es ist ebenso wahr, daß die Sudetendeutschen gar kein Staatsvolk sein wollten, sondern ihrer verlorenen

---

[91] Plener, Reden 1873–1911, S. 317.
[92] Schulthess' Europäischer Geschichtskalender 75.1934, S. 320 f.
[93] Schulthess' Europäischer Geschichtskalender 78.1937, S. 228 f.
[94] Scheuermann, Minderheitenschutz contra Konfliktverhütung?, S. 150 f., S. 181 f., S. 189 und S. 193, wo Beelaerts fälschlich als „Beelarts" firmiert; zu Masaryk 1918 und 1920: Zeman, The Masaryks, S. 125; zum Verhalten der deutschen Abgeordneten: Schulthess' Europäischer Geschichtskalender 61,1.1920, S. 404; Gruša, Beneš als Österreicher, S. 85 f.

Stellung als ‚Herrenvolk' nachtrauerten und den demokratischen Staat, der im Kampf gegen die österreichische Tyrannei entstanden war, sabotierten. Es ist ebenso wahr, daß im Lauf der Jahre zwischen Tschechen und Deutschen ein Ausgleich gekommen ist, der eben zu drei deutschen Ministern geführt hat, und daß die Fortentwicklung dieses Ausgleichs durch Hitler mit Gewalt, List und Blendwerk verhindert wurde."[95]

Der österreichische Diplomat Georg Franckenstein – ein Hitler-Gegner im Londoner Exil – urteilte 1939 weniger freundlich über die Minderheitenpolitik der habsburgischen Nachfolgestaaten. Die Behandlung der Kroaten durch die Serben in Jugoslawien oder die der Sudetendeutschen und Slowaken durch die Tschechen in der Tschechoslowakei sei weit schlimmer gewesen als jene, die den nichtdeutschen Minderheiten bis 1918 im Habsburgerreich zuteil geworden sei.[96] Wichtig für die Krise von 1938 wurde, dass die politische Elite Großbritanniens diese Einschätzung teilte. Sir Nevile Henderson, der sowohl 1923 am Bevölkerungstransfer von Lausanne als auch 1938 am Münchner Abkommen mitwirkte, gab 1940 seiner Überzeugung Ausdruck, die Siegermächte des Ersten Weltkrieges seien, als sie 1919 die Errichtung der Tschechoslowakei unter Einschluss der sudetendeutschen Gebiete gebilligt hätten, davon ausgegangen, dass sich der neue Staat zu einem gleichberechtigten „state of nationalities" entwickeln würde. Aber die tschechische Führung habe geglaubt, dass ein solcher Staat nicht lebensfähig sein würde, und im Vertrauen auf die Westmächte der deutschen Minderheit jedes Zugeständnis verweigert.[97] Premier Chamberlain meinte 1938, „die Sudetendeutschen würden mit der Forderung nach Selbstbestimmung nur das anstreben, was die Tschechen vor 1914 gewollt hatten".[98] Das war nicht nur die Ansicht von Appeasement-Politikern, auch Churchill hielt 1938 tschechische Zugeständnisse für angemessen und überwarf sich mit Chamberlain erst wegen des Münchner Abkommens.[99]

Wer den schwerfälligen Parlamentarismus der Tschechoslowakei als Hindernis für einen Nationalitäten-Ausgleich ansieht[100], mag nicht Unrecht haben, sollte aber berücksichtigen, dass dieses Parlament den Minderheiten ein Maß an Partizipation und Rechtsstaatlichkeit sicherte, von dem andere Staaten Osteuropas – von Hitlers Deutschland zu schweigen – weit entfernt waren. Überall in der Nachbarschaft der Prager Demokratie treffen wir – in Polen 1926, in Jugoslawien 1929, in Rumänien 1938 – auf die „Etablierung von autoritären und diktatorischen Regimen in Ostmittel- und Südeuropa", was sich „verschärfend auf die Lage der Minderheiten" auswirkte.[101] Zwar diskriminierte auch die 1920 verabschiedete

---

[95] Bloch, Gesamtausgabe, Bd. 11, S. 266f.
[96] Franckenstein, Facts and Features of my Life, S. 149; folgerichtig erklärte der Kroatenführer Vladimir Maček, als er im Januar 1939 Autonomie bis zur Selbstbestimmung für sein Volk forderte: „Wir sind die Sudetendeutschen von Jugoslawien." Vgl. Jaksch, Europas Weg nach Potsdam, S. 345.
[97] Henderson, Failure of a Mission, S. 131.
[98] Mazower, Hitlers Imperium, S. 62.
[99] Addison, Churchill, S. 149f.
[100] Hoensch, Geschichte Böhmens, S. 432f.
[101] Diner, Das Jahrhundert verstehen, S. 208.

demokratische Verfassung der Tschechoslowakei die Sudetendeutschen, indem sie lediglich der Slowakei und der Karpato-Ukraine Autonomierechte in Aussicht stellte. Andererseits gewährleistete das tschechoslowakische Wahlrecht allen Minderheiten eine ihrem Bevölkerungsanteil entsprechende Repräsentation, wovon in Polen ab 1930 keine Rede mehr sein konnte.[102] Kritisiert werden muss, dass das 1926 von Prag eingeführte Sprachgesetz deutschsprachige Beamte gezielt verdrängte und dass die Bodenreform nach nationalistischen Kriterien einseitig gestaltet wurde. Andererseits verfügten die Sudetendeutschen über eine starke Vertretung im Prager Parlament und vermochten die wachsende Kooperation in Wirtschaft und Politik zu nutzen. In Polen war die Lage der deutschen Minderheit ungleich „rauer". Deutsche galten dort klar als Bürger zweiter Klasse, wenn nicht als prorussische Verräter im polnisch-russischen Krieg 1920/21. „Nach dem Rückzug der Roten Armee flohen Deutsche in solcher Zahl aus Polen, dass der Gouverneur [i. e. Oberpräsident] von Ostpreußen sogar einen Bevölkerungsaustausch vorschlug", wie Mark Mazower bemerkt. Die Bodenreform wurde in Polen zur „Hauptwaffe gegen die Deutschen", da sie nicht nur (wie in der Tschechoslowakei) den deutschen Großgrundbesitz, sondern auch Bauern enteignete und damit 68 Prozent des deutschen Landbesitzes, aber nur 11 Prozent des polnischen umverteilte. Offen formulierte Ministerpräsident General Sikorski 1923 das Ziel der „Entgermanisierung" der Westprovinzen, das in der Folge besonders in Poznan (Posen) und Bydgoszcz (Bromberg) weitgehend erreicht wurde.[103]

Diese repressive Politik zeitigte Rachegelüste. Im November 1939 traf der deutsche General Edmund Glaise-Horstenau, der aus Österreich stammte und in der Vielvölker-Tradition der Habsburger einst mit vielen polnischen Offizierskameraden befreundet gewesen war, im besetzten Bromberg auf eine Atmosphäre tiefen Polenhasses. Als man „die Frage der Umsiedlung" unerwünschter Bevölkerungsgruppen diskutierte, bemerkte ein junger deutscher Studienrat, dazu gehöre „entsprechende Härte", die er aber „den Polen" gegenüber problemlos aufbringen würde:

„Der Mann stammte aus Bromberg und schilderte, wie im Jahre 1920 seine in guter Stellung lebenden Eltern binnen 24 Stunden von Stadt und Arbeitsplatz ausgewiesen worden seien und welches Schicksal ihrer geharrt hatte, bis sie – nach einigen Jahren – in Deutschland neuerlich ein gesichertes Dasein gewonnen hätten. Er sprach – ein durchaus sympathischer Mensch – mit verbissenem Groll und gedachte in der Folge auch der vielen alten Bekannten, die vor wenigen Wochen, zu Kriegsbeginn, in Bromberg von bestialischen Mördern getötet worden sind."[104]

Dieses polnische Massaker an 700 bis 1000 deutschen Einwohnern der Stadt Bydgoszcz (Bromberg) erfolgte nach dem Angriff der deutschen Wehrmacht auf Polen Anfang September 1939. Die von deutscher Seite als „Bromberger Blutsonntag" bezeichnete Untat war offenbar eine Reaktion auf Gerüchte, wonach deutsche Zivilisten heimtückisch polnische Soldaten beschossen hätten, und erinnert an Brutalitäten des deutschen Militärs im Ersten Weltkrieg, die namentlich in

---

[102] Schultze, Tschechoslowakei, S. 1289f. und S. 1292f.; Schrode, Polen, S. 978 und S. 980–984.
[103] Mazower, Hitlers Imperium, S. 45f. und S. 49.
[104] Broucek, Ein General im Zwielicht, Bd. 2, S. 426.

Belgien ebenfalls von Partisanenfurcht ausgelöst worden waren. Außerdem kam es in Polen nach Kriegsbeginn zu Verhaftungen und Deportationen größerer Gruppen von Volksdeutschen.[105] Die polnische Regierung ließ im September 1939 10 000 bis 15 000 Volksdeutsche „in Gewaltmärschen Richtung Osten" deportieren; dabei sollen zwischen 4500 bis 6000 ums Leben gekommen sein, „einige infolge von Misshandlungen während des Marschs, andere bei Erschießungsaktionen durch reguläre polnische Soldaten".[106] Diese polnische Gewaltpolitik gegen Volksdeutsche wird selbst in neuesten wissenschaftlichen Darstellungen zuweilen schlicht verschwiegen.[107] Man muss jedoch die Gewaltpolitik aller Seiten ansprechen, um Wechselwirkungen ebenso herausarbeiten zu können wie signifikante Unterschiede. Gerade durch den Vergleich zwischen polnischen und deutschen Gewaltaktionen im Kriegsjahr 1939 wird deutlich, dass die polnische Gewalt – anders als die nationalsozialistische – weder auf generelle Vertreibung noch auf allgemeine Ermordung abzielte.[108] Im Grunde wandte die polnische Regierung 1939 Repressionsmethoden des Ersten Weltkrieges an, während das NS-Regime mit seiner gleichzeitigen brutalen Rassenpolitik längst viel weiter – moderner und enthemmter – war.

Denn was der hasserfüllte junge Volksdeutsche aus Bromberg seinem Gesprächspartner Glaise-Horstenau nicht berichtete, war der Umstand, dass sofort nach der deutschen Besetzung dieser Stadt SS-Verbände im Verein mit bewaffneten volksdeutschen Milizen ihrerseits Massaker an 1000 polnischen Zivilisten in Bromberg bzw. an 5000 Polen in der Region verübten.[109] Zuweilen wird die regionale Opferzahl in Bydgoszcz mit 900 getöteten Polen niedriger angesetzt. Wichtig ist: Die deutschen Massenmorde erfolgten nicht primär aus spontaner Rache, sie waren Teil eines von Hitler geplanten systematischen Vernichtungsprogramms zur vollständigen „Ermordung der polnischen Elite".[110] Die antipolnischen Mordaktionen erfuhren zwar laut Ulrich Herbert erst durch das vorangegangene polnische Massaker an Deutschen in Bromberg ihre „dramatische Verschärfung und Radikalisierung"[111], doch soll Reinhard Heydrich untergebenen SS-Führern schon vor Kriegsbeginn zu verstehen gegeben haben, dass „im Rahmen der Bekämpfung von Widerstandsbewegungen und Gruppen alles erlaubt sei, also sowohl Erschießungen als auch Verhaftungen".[112] Jedenfalls zielte das NS-Regime seit September 1939 auf eine „völkische Flurbereinigung" durch ein „Programm der Vertreibung der Bevölkerung und der Germanisierung des Landes". Zugleich

---

[105] Mazower, Hitlers Imperium, S. 74.
[106] Gerwarth, Reinhard Heydrich, S. 178.
[107] Vgl. dieses Weglassen bei Snyder, Bloodlands, S. 142, oder bei Borodziej, Geschichte Polens im 20. Jahrhundert, S. 193; vgl. demgegenüber den Hinweis auf ein Massaker an Volksdeutschen unweit Warschaus bei Broucek, Ein General im Zwielicht, Bd. 2, S. 435 f..
[108] Eine vorbildlich abgewogene Gesamtdarstellung der 1939er Ereignisse in Westpolen bietet nunmehr auch: Douglas, Ordnungsgemäße Überführung, S. 64–69.
[109] Mazower, Hitlers Imperium, S. 74.
[110] Snyder, Bloodlands, S. 142; Borodziej, Geschichte Polens im 20. Jahrhundert, S. 193.
[111] Herbert, Best, S. 239 f.
[112] Die Aussage des Zeugen Dr. Ernst Gerke zit. nach: Gerwarth, Reinhard Heydrich, S. 172.

sollte, wie Heydrich am 7. September 1939 erklärte, „die führende Bevölkerungsschicht in Polen" durch Massenmord „so gut wie möglich unschädlich gemacht werden": „Die kleinen Leute wollen wir schonen, der Adel, die Popen und Juden müssen aber umgebracht werden." Die Angabe, bis Frühjahr 1940 hätten die SS-Einsatzgruppen im Verein mit volksdeutschen Milizen mehr als 11 000 Menschen umgebracht[113], greift vermutlich noch zu niedrig. Der NS-Ausrottungspolitik fielen in Westpreußen offenbar 30 000 Polen, im ganzen deutsch besetzten Polen 47 500 Polen und 7000 Juden zum Opfer.[114] Diese Gewalt wäre ohne Hitlers Angriffskrieg und ohne die spezifische NS-Rassenpolitik nie entfaltet worden. Dennoch spielten bei der Eskalation von 1939 auch längerfristige nationalistische Konflikte in Polen eine verschärfende Rolle. Das gilt nicht allein für die deutsch-polnische Konfliktkonstellation, sondern auch für die polnisch-ukrainische, die im Zweiten Weltkrieg eine brutale ukrainische Gegenreaktion heraufbeschwor.

Die Ende 1918 begründete Polnische Republik war kein Nationalstaat, sondern ein von der polnischen Nation dominierter Vielvölkerstaat. Der ehemalige russische Außenminister Sazonov – der seinerseits einem nationalistischen Imperium gedient hatte, 1916 aber immerhin ein Autonomie-Projekt für Russisch-Polen propagiert und deswegen sein Amt verloren hatte[115], kritisierte nach 1918 die russische Teil-Annexion Polens auf dem Wiener Kongress von 1815 nicht nur mit Blick auf das polnische Volk als „ungerecht", sondern auch vom nationalen „russischen Standpunkt" aus als „unverzeihlich" und als „verhängnisvollen Fehler". Hingegen rechtfertigte er die Dritte Teilung Polens von 1795, weil damals Russland „nicht einen Fuß breit polnischen Bodens" erworben, sondern lediglich die „Wiedergewinnung urrussischer Landstriche" vollzogen habe, die einst von Litauen erobert und „dann mit diesem Staat der polnischen Krone einverleibt" worden seien. Aus diesem Grunde kritisierte der im französischen Exil lebende Ex-Minister des Zaren, der auch unter westeuropäischen Politik-Eliten weiterhin hohes Ansehen genoss, das neue Polen vehement, da dieses im Krieg gegen Sowjet-Russland 1920/21 die umstrittenen Randgebiete der Ukraine und Weißrusslands erneut erobert hatte. Sazonov bestritt, dass es sich bei den Einwohnern der Gebiete um eigene Nationen statt um Russen handle, und erklärte, Polens neuerliche „Besitzergreifung russischer Gebiete mit russischer Bevölkerung, die in den Polen stets die Feinde ihrer Religion und Heimat sieht", sei „ein ebenso schweres Verbrechen" wie die frühere Annexion Polens durch das Zarenreich, ja „nach dem derzeitigen Zeitgeist sogar ein noch schwereres". Sazonov prognostizierte dem neuen polnischen Staat infolge seiner Vielvölkerstruktur eine gefährliche Instabilität: Mit 45 Prozent „Nichtpolen" in der Bevölkerung gleiche der neue Staat auffällig „der Habsburger Monarchie, die gerade durch die Buntheit ihres Völkergemisches unterging". Europa brauche jedoch „ein festgefügtes lebensfähiges Polen",

---

[113] Herbert, Best, S. 240 f. und S. 244.
[114] Snyder, Bloodlands, S. 142; Borodziej, Geschichte Polens im 20. Jahrhundert, S. 193.
[115] Buchanan, Meine Mission in Russland, S. 144–146; Paléologue, Am Zarenhof während des Weltkrieges, Bd. 2, S. 151 und S. 156–164; Leslie, The History of Poland since 1863, S. 118 f.

nicht „ein aus losgerissenen Teilen der Nachbarstaaten zusammengefügtes", das den Frieden eher gefährde als sichere.[116]

Die zwischen 1919 und 1938/39 in Europa herrschende Ordnung von Versailles hatte primär machtpolitische Zwecke. Zugleich wurde sie in Osteuropa mit einem völkerrechtlich verbindlichen Minderheitenschutz verknüpft, um nationalen oder religiösen Minderheiten „eine angemessene Behandlung" durch die in den neuen Staaten herrschenden Mehrheits-Nationen zu sichern, „damit sie irgendwann ein Gefühl von nationaler Zugehörigkeit entwickeln" könnten. Dieses Schutzsystem war im Kern hundert Jahre alt, in seiner Struktur jedoch neu. Die Großmächte hatten im Laufe des 19. Jahrhunderts die Anerkennung neuer Staaten – etwa Griechenlands 1830 oder Rumäniens, Serbiens und Montenegros 1878 – davon abhängig gemacht, dass diese Religionsfreiheit und kulturelle Autonomie für Minderheiten zu respektieren versprachen. An der Versailler Minderheitenschutzgesetzgebung war demgegenüber neu „vor allem das Eintreten für ‚nationale' statt ausschließlich religiöser und für kollektive statt individueller Freiheitsrechte; und neu war ebenso, dass bei Streitfragen künftig „eine supranationale Körperschaft" – der Völkerbund in Genf – entscheiden sollte." Dieser Minderheitenschutz wurde von den drei westlichen Großmächten „zuerst den Polen aufgenötigt" und, nachdem diese nicht hatten ablehnen können, zum „Modell für eine ganze Reihe von Verträgen" in Osteuropa gemacht. Die Schutzpflichten wurden nicht nur „nahezu sämtlichen neugegründeten Staaten auferlegt", sondern „auch älteren Ländern wie Rumänien und Griechenland, denen man im Zuge des Krieges neue Territorien zugesprochen hatte".[117]

Es blieb umstritten, ob dieser Minderheitenschutz auf schrittweise Assimilation zielte oder dauerhaft wirken sollte. Jedenfalls hatte das Versailler Schutzsystem unbeabsichtigte Wirkungen. Die Hoffnung der Minderheiten auf internationale Unterstützung kollidierte mit der Furcht der neuen Hegemonialnationen vor Separatismus: „Mit der weltweiten Ermutigung nationalistischer Befreiungsbestrebungen wuchs daher auch die Bereitschaft nationalistischer Akteure, diesen durch ethnische Säuberungen, durch Genozide, Bevölkerungstransfers und systematische Aberkennung der Bürgerrechte vorzubeugen."[118] Es stellte sich heraus, dass hehre „westliche Prinzipien" in den „kulturgeographischen und politischen kontinentalen Kontexten Mittel- und Ostmitteleuropas nicht zu realisieren" waren. Die neuen Staaten und ihre führenden Nationen empfanden den Minderheitenschutz als „Einschränkung mühsam errungener Souveränität". Folglich war die Zwischenkriegszeit von permanenten Konflikten gekennzeichnet, „die aus der Spannung zwischen Nominalnationen und Minderheiten erwuchsen, einer Spannung zwischen dem Versuch der neuen und erweiterten Staaten, sich des ihnen

---

[116] Sasonoff, Sechs schwere Jahre, S. 363f. und S. 383f.
[117] Mazower, Der dunkle Kontinent, S. 70f. und S. 88; Hilpold, Minderheitenschutz im Völkerbundsystem.
[118] Scheffler, Ethnoradikalismus, S. 36f. unter Verweis auf Hannah Arendt.

1919 auferlegten Minderheitenschutzes zu entledigen, und dem Begehren der Minoritäten, seine Einhaltung zu erwirken".[119]

Die Minderheitenschutzverträge der Versailler Ordnung sicherten Gleichstellung, Gleichbehandlung bei Zulassung zu öffentlichen Ämtern und Berufsausübung, den freien Gebrauch der eigenen Sprache, „angemessene Erleichterungen" vor Gericht, die Garantie eigener Schulen und religiöser oder sozialer Einrichtungen sowie die Garantie staatlicher Trägerschaft für Minderheitsschulen in Regionen mit „beträchtlichem" Minderheitsanteil. Darüber hinausgehende Autonomierechte wurden jedoch „nur sehr selten und vorsichtig gewährt", meist zugunsten der jüdischen Minderheit (in Polen, Rumänien, Griechenland), ferner für Muslime in Jugoslawien oder für magyarische Szekler und Siebenbürger Sachsen in Rumänien. Das am weitesten gehende Autonomieversprechen hatten die Karpato-Ruthenen in der Tschechoslowakei erhalten – aber es wurde nie eingelöst, solange die Tschechen bis 1938 im Besitz der Macht waren.[120]

Als „fundamentaler Fortschritt gegenüber dem früheren internationalen Rechtszustand" erschien die Vereinbarung, dass Änderungen beim Minderheitenschutz „nur mit Zustimmung des Völkerbundes erfolgen durften, und vor allem, daß alle Meinungsverschiedenheiten" zwischen Hegemonialnationen und Minderheiten „vor den Völkerbundsrat gebracht und daß von diesem Abhilfemaßnahmen getroffen werden könnten". Allerdings meinte Ferdinand Friedensburg schon 1946, „einen erheblichen Erfolg zugunsten der Minderheiten" habe diese Kontrollfunktion „nicht gezeitigt". Bis Ende 1930 seien 338 Beschwerden von 19 nationalen Minderheiten an den Völkerbund gerichtet worden, doch nur 50 davon „zur Entscheidung" gekommen, „und nur 10 erlangten einen Beschluss, der nicht Übergang zur Tagesordnung bedeutete".[121] Zbyněk Zeman verwies darauf, dass Beschwerden das Minderheitenkomitee des Völkerbundes überhaupt nur selten erreicht hätten und dass jeder Staat, gegen den Beschwerde geführt worden sei, eine ungünstige Entscheidung habe blockieren können. Ganze drei Beschwerdefälle – stets von Angehörigen der deutschen Minderheit in Polen gegen die Warschauer Regierung – seien vor dem Internationalen Gerichtshof zur Verhandlung gekommen, der einen weiteren Rechtsweg geboten habe, und nur ein einziger Fall sei dort entschieden worden, bevor Deutschland 1933 aus dem Völkerbund ausgetreten sei.[122] Die Wertung, dass der Minderheitenschutz zu regierungsfreundlich gewesen sei, scheint zu überwiegen.[123] Offenbar ging es dem Völkerbund „nicht so sehr um die Minderheiten als um die Ruhe, Ordnung und Sicherheit der eigentlichen Verhandlungspartner", der „Nationalstaaten".[124] Ande-

---

[119] Diner, Das Jahrhundert verstehen, S. 61f.
[120] Scheuermann, Minderheitenschutz contra Konfliktverhütung?, S. 27–29.
[121] Friedensburg, Die Weimarer Republik, S. 61f.
[122] Zeman, Pursued by a Bear, S. 93; Bamberger-Stemmann, Staatsbürgerliche Loyalität und Minderheiten als transnationale Rechtsparadigmen im Europa der Zwischenkriegszeit, S. 225f.
[123] So auch Fink, Between the Second and Third Reichs. S. 271.
[124] Lemberg, Geschichte des Nationalismus in Europa, S. 229.

re bewerten jedoch die Tatsache, dass ein Drittel aller Minderheitenbeschwerden im Völkerbund zur Beratung zugelassen wurde, als „außerordentlich hoch" zu veranschlagende Erfolgsquote.[125] Die Forschung zögert, den Minderheitenschutz rundum für „gescheitert" zu erklären, obschon sie einräumt, dass dieser „die allgemeine Krise der späten dreißiger Jahre nicht überstanden" habe, „ebenso wenig wie der Völkerbund selbst". Die Wirksamkeit des Minderheitenschutzes sei zudem durch „ein deutliches Nord-Süd-Gefälle" geprägt gewesen: In Finnland oder Estland sei die Lage der Minderheiten am besten, in den Balkanländern und der Türkei am schwierigsten gewesen.[126] Estland und anfangs auch Lettland wird ein „vorzügliches System des Minderheitenschutzes" attestiert, wobei im zweiten Fall eine autoritäre Staatsentwicklung dasselbe ab 1934 zerstörte.[127] Dem Völkerbund standen „nur wenige Sanktionsmöglichkeiten gegen offenkundige Völkerrechtsverstöße" zur Verfügung. Deshalb blieben das „notorisch brutale Verhalten jugoslawischer Gendarmen in Makedonien ebenso unbestraft" wie „der blutige ‚Befriedungsfeldzug' der polnischen Regierung gegen die Ukrainer im Jahre 1930".[128]

Polen war jener Vertragsstaat von Versailles, dem 1919 der Minderheitenschutz zuerst auferlegt wurde. Der polnische Vertrag hatte eine „Pilotfunktion", denn in allen folgenden Verträgen der Entente-Siegermächte mit Staaten des östlichen Europa wurde sein Inhalt mit geringen Abweichungen als Modell übernommen.[129] Vergebens lehnte Ministerpräsident Ignacy Paderewski, der berühmte Pianist, diese Rechtsbindung ab, indem er auf die negativen Folgen internationaler Interventionen im Polen des 18. Jahrhunderts verwies. Zugleich warnte Paderewski, dass die Juden, falls man ihnen in Polen Sonderrechte gebe, Ähnliches auch in anderen Staaten fordern würden. Warschau beklagte, dass Polen der deutschen Minderheit Minderheitenrechte garantieren müsse, während dies für die polnische Minderheit in Deutschland nicht der Fall sei.[130] Tatsächlich wurden den osteuropäischen Staaten in Versailles Minderheitenschutz-Verpflichtungen auferlegt, welche die westlichen Siegermächte weder für sich selbst einzugehen noch dem besiegten Deutschland aufzuerlegen bereit waren.[131]

Vergeblich focht der polnische Chefdelegierte Roman Dmowski in Versailles für einen „straff zentralisierten Nationalstaat", in dem Minderheiten schlicht „assimiliert" würden. Diese nationalistische Haltung wurde von ukrainischen und jüdischen Politikern in London und Washington erfolgreich konterkariert. Die jüdischen Interessenvertreter mochten sich erinnern, dass 1905 ein im damals noch russischen Wilna entworfener Plan, einen Verband der vier im Zarenreich

---

125 Scheuermann, Minderheitenschutz contra Konfliktverhütung?, S. 412.
126 Lemberg, Sind nationale Minderheiten Ursachen für Konflikte?, S. 40f.
127 Nolte, Weltgeschichte des 20. Jahrhunderts, S. 49.
128 Mazower, Der dunkle Kontinent, S. 88f.
129 Scheuermann, Minderheitenschutz contra Konfliktverhütung?, S. 24.
130 Macartney, National States and National Minorities, S. 234f.
131 Borodziej, Geschichte Polens im 20. Jahrhundert, S. 108; nur die übrigen Verliererstaaten des Ersten Weltkrieges – Österreich, Ungarn, Bulgarien und Osmanisches Reich – mussten Minderheitenschutzverträge unterzeichnen, nicht aber Deutschland; vgl. Fisch, Das Selbstbestimmungsrecht der Völker, S. 184.

benachteiligten polnischen, jüdischen, weißrussischen und litauischen Nationalitäten „auf der Grundlage der Landesautonomie und der kulturellen Selbstbestimmung" zu schaffen, nicht zuletzt daran gescheitert war, dass „die Polen die Gleichberechtigung der anderen Nationalitäten nicht anerkennen wollten".[132] Folgerichtig kamen jüdische Politiker in den USA – darunter der bei Präsident Wilson einflussreiche Henry Morgenthau – zu der Einschätzung, das eben erst von Fremdherrschaft befreite polnische Volk müsse seinen Minderheiten dieselben Rechte zugestehen, die es für sich selbst so lange eingefordert habe.[133]

In Versailles beriefen sich die Vertreter der Juden auf das Negativbeispiel der Balkankriege von 1912/13, die mit ihren Exzessen „die Gefahren enthüllt" hätten, „die den Minderheiten durch Nationalstaaten drohten". Daher forderten die jüdischen Delegierten internationalen Schutz oder eine „Form von Autonomie" im neuen polnischen Staat. Mehrere von polnischen Truppen verübte Pogrome gegen Juden unterstrichen im Winter 1918/19 die Notwendigkeit solcher Schutzgarantien.[134] Schon am Unabhängigkeitstag Polens, dem 11. November 1918, war es in Kielce zu „einem der ersten Pogrome gegen Juden" gekommen – ein Gewaltakt, der sich 1946 in derselben Stadt nach einer erneuten Befreiung Polens wiederholen sollte. Im November 1918 folgte ein dreitägiger Pogrom im bisher österreichischen Lemberg (Lwów), bei dem 150 Juden ermordet und Tausende verletzt wurden. Erst 1920 gelang es der Warschauer Regierung, solche Ausschreitungen zu unterbinden.[135] Angesichts dessen war der Polen aufgedrungene Minderheitenschutzvertrag zweifellos ein Ausdruck des Misstrauens des „alten' Europa" gegenüber dem neuen Staat im Osten.[136] Wie allergisch polnische Nationalisten darauf reagierten, machte die Ermordung des neu gewählten Präsidenten Gabriel Narutowicz im Dezember 1922 deutlich. Narutowicz war mit den Stimmen der Minderheitenparteien gewählt und deshalb von der Rechten als „Präsident der Juden" verunglimpft worden.[137] Mancher warf den Nationaldemokraten Dmowskis vor, mit ihrer chauvinistischen Agitation den Präsidenten-Mord verursacht zu haben.[138]

Polen war vor dem Militärputsch Piłsudskis im Jahre 1926 eine demokratische Republik. Freilich waren sowohl die Demokratie als auch die nationale Identität labil. Nach über hundert Jahren Teilung und nationaler Unterdrückung wieder entstanden, enthielt der scheinbare Nationalstaat große ethnische Minderheiten, die auf demokratische Mitbestimmung pochten, war die polnische Ostgrenze gegenüber der Sowjetunion umstritten und zeitweilig umkämpft, die polnische

---

[132] Dubnow, Mein Leben, S. 163.
[133] Morgenthau, All in a Life-Time, S. 351f., der sich zugleich als US-Diplomat 1919 in Polen gegen Autonomieforderungen polnisch-jüdischer Zionisten wandte.
[134] Mazower, Der dunkle Kontinent, S. 86.
[135] Michael, Zwischen Davidstern und Roter Fahne, S. 85 und S. 102f.
[136] Borodziej, Geschichte Polens im 20. Jahrhundert, S. 108.
[137] Michael, Zwischen Davidstern und Roter Fahne, S. 104f.
[138] Hutten-Czapski, Sechzig Jahre Politik und Gesellschaft, Bd. 2, S. 537; Borodziej, Geschichte Polens im 20. Jahrhundert, S. 128, wonach der Attentäter den Nationaldemokraten nahestand.

Westgrenze gegenüber dem von anderen besiegten Deutschland ebenfalls nicht gesichert. In dieser Lage suchte Ministerpräsident General Władysław Sikorski – später nochmals Premier der Londoner Exilregierung im Zweiten Weltkrieg – im Januar 1923 den nationalen Minderheiten die „Wahrung ihrer verfassungsmäßigen Rechte" zuzusichern, wenn diese im Gegenzug „Loyalität" zum polnischen Staat an den Tag legen würden. Der deutsche Abgeordnete Josef Spickermann konterte mit dem Hinweis, „daß Polen ein Nationalitätenstaat und kein Nationalstaat sei", und kritisierte Benachteiligungen der deutschen Minderheit „trotz der vor dem Völkerbundsrat eingegangenen Verpflichtung". Daraufhin änderte Sikorski seinen Kurs und sprach sich für den „schärfsten Kampf gegen die deutschen Ansiedler und Optanten" aus. Dieser Schwenk zum nationalistischen Lager konnte seine Regierung nicht retten, doch die Rechtsparteien nutzten die Gelegenheit, um am 18. April 1923 auch eine antisemitische „Judendebatte" im Sejm zu führen. Sie kritisierten Sikorski, nichts gegen die illegale Einwanderung von 300 000 Juden aus Sowjetrussland zu tun. Jüdische Abgeordnete warfen Sikorski im Gegenteil vor, eine weit drastischere Ausweisungspolitik betrieben zu haben als seine Vorgänger. Sie betonten, die Zahl der Einwanderer liege höchstens bei 10 000, von denen 8000 das Land schon wieder hätten verlassen müssen; viele andere warteten auf ein Visum für die USA. Man möge berücksichtigen, dass diese Flüchtlinge im Russischen Bürgerkrieg und unter der Sowjet-Diktatur „unerhörte Qualen […] zu erdulden gehabt" hätten.[139]

Sikorskis Kampfruf „gegen die deutschen Ansiedler und Optanten" verweist auf ein zusätzliches Nachkriegsproblem. Im Falle von Grenzveränderungen war das „Konzert der Großmächte" seit Mitte des 19. Jahrhunderts dazu übergegangen, die betroffene Bevölkerung vor die Wahl zu stellen, entweder die Staatsangehörigkeit des nunmehr herrschenden Staates anzunehmen oder die bisherige Staatsangehörigkeit beizubehalten, woraus dann aber eine Pflicht zur Abwanderung in diesen Staat resultierte. Dieses Optionsrecht, das man auch als Optionspflicht begreifen kann, erscheint als nationalistisch modernisierte Variante jenes vormodernen konfessionellen Optionsrechtes, das für deutsche Katholiken und lutherische Protestanten im Augsburger Religionsfrieden 1555 festgelegt worden war.[140] Seit Mitte des 19. Jahrhunderts war dieses Optionsrecht quasi nationalisiert worden: Nun optierte man für die Zugehörigkeit zu einer bestimmten Nation, was die Zwangsauswanderung aus dem nicht gewählten Staat zur Folge hatte. Der

---

[139] Schulthess' Europäischer Geschichtskalender 64.1923, S. 367–370; der Russische Bürgerkrieg hatte zwischen 1918 und 1921 zur Flucht von 300 000 russischen Juden (und einer Million Nicht-Juden) gen Westen geführt; Kulischer, Jewish Migrations, S. 24f.
[140] 1555 hatte jeder deutsche Landesfürst das Recht erhalten, die Konfession seiner Untertanen zu bestimmen; zugleich hatte jeder Untertan das Recht auf Gewissensfreiheit dadurch, dass er – falls er die Konfession seines Landesherrn nicht teilen wollte – dessen Herrschaftsgebiet geregelt verlassen durfte; wer „lieber im Lande bleiben" wollte, sah sich zur Anpassung genötigt; vgl. Sporschil, Populäre Geschichte der katholischen Kirche, Bd. 3, S. 296; zum Zusammenhang zwischen religiöser und ethnischer „Säuberung": Bell-Fialkoff, Ethnic Cleansing, S. 52; Kittel, Vorläufer „ethnischer Säuberungen"?, S. 456; Troebst, Verbrechen gegen die Menschlichkeit, S. 7.

bekannteste Fall ist der Frankfurter Friedensvertrag zwischen dem Deutschen Reich und dem besiegten Frankreich von 1871, der die Abtretung Elsass-Lothringens an Deutschland an die Gewährung eines Optionsrechtes knüpfte. Eine ähnliche Optionsregelung hatten Preußen und Österreich schon 1864 beim Frieden mit Dänemark anlässlich der dänischen Abtretung Schleswig-Holsteins vereinbart. Bereits der Turiner Vertrag zwischen Frankreich und Sardinien hatte 1861 die Abtretung Savoyens und Nizzas an Frankreich mit Options- und Freizügigkeitsrechten kombiniert.[141] Dieses nationalistische Optionsrecht fand im Berliner Vertrag von 1878 auch auf bulgarische oder serbische Minderheiten Anwendung[142] und gelangte so auf den Balkan.

In den Pariser Vorortverträgen von 1919/20 wurde dieses Optionsrecht fast verallgemeinert. Eine Ausnahme bildete ausgerechnet Elsass-Lothringen, das von Deutschland damals an Frankreich zurückgegeben werden musste. Dort wurde für die Altbevölkerung von 1871 die französische Staatsbürgerschaft ohne Option wieder eingeführt, während alle nach 1871 zugewanderten Reichsdeutschen – ebenfalls ohne Option – nach Deutschland ausgewiesen wurden.[143] Doch schien auch das moderne nationale Optionsrecht primär für „moderne" Menschen gemacht: Nach dem Ersten Weltkrieg wurde die Option zur Abwanderung meist von städtischen Bevölkerungsgruppen genutzt, deren Berufstätigkeit nicht ortsgebunden war – am ehesten von Beamten, die vom neuen Staat nicht übernommen wurden und ohnehin einer Versetzungslogik gehorchten; hingegen konnten oder wollten „Immobilien"-Besitzer wie Bauern oder Gewerbetreibende nicht derart mobil sein.[144] Wer sie entfernen wollte, musste massive Gewalt anwenden.

Ähnlich wie im französischen Elsass-Lothringen erfolgten nach 1918 in Polen Deportationen von in die preußischen Provinzen Posen und Westpreußen zugewanderten Reichsdeutschen. Insgesamt hat „die Hälfte der deutschen Bevölkerung, die vor 1914 auf dem Territorium des späteren Polen lebte, das Land verlassen", doch durch polnische Gesetze „verpflichtet" waren dazu formell nur „jene Deutschen, die erst nach 1908 in die später an Polen abgetretenen Gebiete gekommen waren".[145] Kaum zufällig fiel dieses Stichjahr mit dem symbolträchtigen Bülow'schen Enteignungsgesetz gegen polnische Grundbesitzer zusammen.[146] Allerdings machte die gesamte deutsche Bevölkerung in Polen die Erfahrung, nicht mehr die herrschende Nation zu sein, sondern als „Minderheit" als Bürger zweiter Klasse behandelt, wenn nicht als Hochverräter abgestempelt zu werden. Die von der Warschauer Regierung betriebene Bodenreform, die soziale Umverteilungsziele mit nationalen koppelte, wurde zur „Hauptwaffe gegen die Deutschen", indem sie – anders als in der Tschechoslowakei – nicht nur gegen den den Großgrund-

---

[141] Gosewinkel, Einbürgern und Ausschließen, S. 193f.
[142] Macartney, National States and National Minorities, S. 430f.
[143] Fahrmeir, Citizenship, S. 127.
[144] Macartney, National States and National Minorities, S. 430f.
[145] Nitschke, Vertreibung und Aussiedlung der deutschen Bevölkerung aus Polen, S. 49f.; Kulischer, Europe on the Move, S. 203.
[146] Vgl. Kap. II.6.

besitz, sondern auch gegen einfache deutsche Bauern gerichtet wurde. Dem von Sikorski 1923 proklamierten Ziel der „Entgermanisierung" kam man dadurch erheblich näher, denn zwischen 1918 und 1926 verließen rund 575 000 Deutsche den polnischen Staat – eine weit größere Zahl als in der Tschechoslowakei, wo 350 000 nach 1918 abwanderten, oder als die 200 000 deutschen Ausgewiesenen aus Elsass-Lothringen. Immerhin führten Rücksichten auf die je eigene Minderheit dazu, dass eine deutsch-polnische Eskalation bis 1939 stets vermieden wurde.[147]

Trotz aller Repressalien erfolgte die Abwanderung von Deutschen aus Polen meist formal freiwillig. Auch bei jenen Deutschen, die erst ab 1908 zugewandert waren und denen deshalb das Aufenthaltsrecht entzogen wurde, soll laut Eugene Kulischer keine Massenvertreibung erfolgt sein.[148] Dass die deutschen Regierungen der Weimarer Republik versuchten, die deutsche Minderheit in Polen „zum Bleiben zu überreden"[149], legt ebenfalls nahe, eher von forcierter Abwanderung als von alternativloser Vertreibung oder Ausweisung zu sprechen. Gleichwohl war die Abwanderung von Deutschen aus Polen ein für damalige Verhältnisse ungewöhnliches Massenphänomen. Zwischen 1918 und 1925 waren 1,38 Millionen Deutsche in das verkleinerte Deutsche Reich in den Grenzen von 1919 eingewandert, die 1914 noch außerhalb dieser Grenzen gelebt hatten; dabei bildeten 468 000 Deutsche aus Posen und Westpreußen die größte Gruppe – gefolgt von 253 000 aus Osteuropa, 134 000 aus Westeuropa, 132 000 aus Elsass-Lothringen, 115 000 aus Südosteuropa und 90 000 aus dem seit 1921/22 polnischen Teil Oberschlesiens. Die neuere Forschung geht sogar von 730 000 Deutschen aus, die zwischen 1918 und 1921 Posen und Pommerellen verließen; bis Ende 1924 kamen 395 000 ausgewiesene Optanten hinzu, bis Ende 1926 weitere 25 000. Damit hatte die Hälfte der deutschen Vorkriegsbevölkerung von 1914 binnen weniger Jahre den neuen polnischen Staat verlassen – wie auch viele Russen und Österreicher.[150] Insofern scheinen ältere Schätzungen, die „zwischen 800 000 und 1¼ Millionen" schwankten, gar nicht so unzutreffend gewesen zu sein.[151]

Parallel dazu erfolgte eine starke polnische Binnenmigration in die neuen Westgebiete: Zwischen 1918 und 1921 sollen 902 000 Menschen aus den bislang russischen und österreichischen Teilen Polens nach Posen und Polnisch-Pommern (Westpreußen) zugewandert sein, und 1921 trat Ost-Oberschlesien als Zielregion hinzu. Die Warschauer Agrargesetzgebung unterstützte den Zuzug, wurden doch in den bisher preußisch-deutschen Provinzen bis 1926 zwischen 31 und 35 Prozent des deutschen Grundbesitzes unter Druck zum Verkauf gebracht oder offen enteignet.[152]

---

[147] Mazower, Hitlers Imperium, S. 45 f.
[148] Kulischer, Europe on the Move, S. 135.
[149] Mazower, Hitlers Imperium, S. 47.
[150] Kulischer, Europe on the Move, S. 175; Nitschke, Vertreibung und Aussiedlung der deutschen Bevölkerung aus Polen, S. 49 f.
[151] Friedensburg, Die Weimarer Republik, S. 43; demgegenüber spricht Lemberg, Einleitung, S. 32, für den Zeitraum zwischen 1919 und 1926 von 600 000 deutschen Abwanderern.
[152] Kulischer, Europe on the Move, S. 133 f.

Im Sommer 1925 eskalierte die Situation zumindest rhetorisch, als die polnische Regierung des nationaldemokratischen Ministerpräsidenten Władysław Grabski und seines Innenministers Władysław Raczkiewicz, des späteren Präsidenten der Exilregierung im Zweiten Weltkrieg, die Ausweisung deutscher Optanten verfügte, also solcher Einwohner Polens, die nach 1918 für die Beibehaltung ihrer deutschen Staatsbürgerschaft votiert hatten. Das war völkerrechtlich in Ordnung, doch in Deutschland erhob sich ein Sturm der Entrüstung, und die Reichsregierung ergriff „Gegenmaßnahmen" gegen polnische Optanten in Deutschland. Im Reichstag prangerte Außenminister Gustav Stresemann, der für seine Versöhnungspolitik mit Frankreich im folgenden Jahr den Friedensnobelpreis erhalten würde, Polens Ausweisungspolitik am 6. August 1925 scharf an:

„Der *Geist der polnischen Politik, der aus dieser Austreibung Deutscher spricht, ist der Geist des Hasses und der Selbstsucht.* [...] Wir handeln lediglich in der Abwehr gegen ein Unrecht, das nicht nur uns, sondern [...] das dem Geist der Zivilisation zugefügt worden ist. Man kann vielleicht sagen, daß es in früheren Jahrhunderten Zeiten gegeben hat, wo selbst in den Jahren, in denen die Völker Kriege gegeneinander führten, das Heimatrecht des Menschen mehr geachtet worden ist, als es heute, sieben Jahre nach dem großen Kriege, in Europa geschieht."[153]

Stresemann sprach von „Vertreibung", auch wenn er keinen „direkten polizeilichen Zwang" belegen konnte. Die Rechte im Reichstag quittierte diese Einschränkung mit höhnischem Lachen, und namens der Völkischen erklärte Wilhelm Kube – im Zweiten Weltkrieg Hitlers Statthalter im besetzten Weißrussland –, „der polnische Raubstaat müsse und werde wieder verschwinden". Der aus Westpreußen stammende SPD-Abgeordnete Friedrich Nowack hielt „unter stürmischem Widerspruch der Rechten" dagegen, das Vorgehen Polens sei lediglich „die Frucht der früheren Behandlung der Polen in Posen und Westpreußen".[154] In der Tat musste Stresemann wenig später, als er im Februar 1926 gegenüber dem polnischen Gesandten „die hetzerische Agitation des *Westmarkenvereins*, dem drei polnische Minister angehörten", kritisierte, dessen nicht unberechtigte Replik anhören, dass der polnische Westmarkenverein lediglich „dasselbe tue, was der [deutsche] Ostmarkenverein mache".[155] Der polnische Diplomat hätte die Ausweisungspolitik seines Landes ebenso gut mit Bismarcks Vorbild begründen können.[156] Die deutsche Rechte aber focht das nicht an. Der aus Bromberg stammende Deutschnationale Georg Schultz – der im Ersten Weltkrieg einer der „Kreischefs" der deutschen Besatzungsverwaltung in Russisch-Polen gewesen war und im Oktober 1918 als freikonservativer Reichstagsabgeordneter gegen die bevorstehende Abtrennung der „deutschen Ostmark" zugunsten Polens Stellung bezogen hatte[157] – konterte den SPD-Hinweis auf die frühere antipolnische preußische „Ostmarkenpolitik" mit der Bemerkung, ein Abgeordneter, der ähnliche Kritik an der eigenen Nation im polnischen Sejm üben wollte, würde dort „im Unwillen und in der Verachtung

---

[153] Stresemann, Vermächtnis, Bd. 2, S. 544–546.
[154] Schulthess' Europäischer Geschichtskalender 66.1925, S. 137.
[155] Stresemann, Vermächtnis, Bd. 2, S. 547–549.
[156] Vgl. Kap. II.6.
[157] Westarp, Konservative Politik im letzten Jahrzehnt des Kaiserreiches, Bd. 2, S. 69 und S. 661.

des Parlaments ersticken!" Sodann ließ Schultz unter „stürmische[r] Zustimmung" der rechten Fraktionen eine Tirade über „Brutalität", „Grausamkeit" und „asiatische Barbarei" des polnischen „Lieblingskind[es] der Entente" vom Stapel.[158] Seltsamerweise kam niemand auf die Idee, die parallelen deutschen Ausweisungen polnischer Optanten als „asiatische Barbarei" anzuprangern. Nach deutschen Angaben hatten von 20 000 deutschen Optanten Polen bis zum 1. August 1925 bereits 17 000 verlassen, von 15 000 polnischen Optanten in Deutschland waren bis dahin 3500 aus dem Reichsgebiet abgewandert.[159]

Dass nach 1918 „Einwohner, die ihre frühere deutsche Staatsangehörigkeit nicht zugunsten der der Polnischen Republik aufgeben" wollten, von den polnischen Behörden „zum Verlassen des Landes gedrängt" wurden[160], nutzte später Hitler im Zweiten Weltkrieg als Rechtfertigung dafür, dass Deutschland zur Durchführung von Massen-Umsiedlungen anderer Völker besonders berechtigt sei: „Wenn ein Land zu Evakuierungen ein Recht hat, so sind wir es, weil wir unsere eigenen Menschen wiederholt evakuiert haben."[161] Die negative Behandlung der deutschen Minderheit in Polen während der Zwischenkriegszeit wäre jedoch ihrerseits in der Tat ohne die „Fernwirkung der antipolnischen Maßnahmen des Wilhelminischen Deutschen Reiches" nicht zu verstehen: „So wie damals Polen verdrängt wurden, so geschah es jetzt umgekehrt mit zahlreichen Deutschen", stellt Hans Lemberg fest – was allerdings die sehr unterschiedlichen Quantitäten beider Verdrängungspolitiken nicht angemessen beschreibt.[162]

Flucht, Abwanderung und Ausweisung von mindestens 600 000 Deutschen aus Polen waren Bestandteile einer weit größeren europäischen – und namentlich osteuropäischen – Zwangsmigration nach dem Ersten Weltkrieg. Diese hing mit der Veränderung zahlreicher Grenzen und dem Herrschaftswechsel über Millionen von Menschen zusammen. In der Zwangssituation, sich national zu bekennen und deshalb womöglich emigrieren zu müssen, befanden sich nach 1918 nicht nur Deutsche in Polen, Belgien, Dänemark, Litauen oder Danzig[163], sondern auch viele Angöriger anderer Nationen. Die polnische Historikerin Bernadetta Nitschke schätzt den Umfang der daraus resultierenden Migrationsbewegungen nach 1918 – inklusive der organisierten Umsiedlungen auf dem Balkan – auf fünf Millionen Menschen. So habe die Annexion Siebenbürgens durch Rumänien „einen Exodus von etwa 200 000 Ungarn" veranlasst, die Zahl aller ungarischen „Flüchtlinge" aus Rumänien sei doppelt so hoch gewesen. Diese Welle von „Bevölkerungsbewegungen infolge der neuen Grenzziehungen" ebbte Mitte der 1920er Jahre ab, und seither hat es laut Nitschke erst infolge der neuerlichen Grenzveränderungen 1938/39 eine neue Migrationswelle gegeben. Dazu trug

---

[158] Schulthess' Europäischer Geschichtskalender 66.1925, S. 137f.
[159] Stresemann, Vermächtnis, Bd. 2, S. 547f.
[160] Lemberg, Einleitung, S. 32.
[161] Picker, Hitlers Tischgespräche, S. 144; ferner Geiss, „Ethnische Säuberungen", Massaker und Genozid, S. 47.
[162] Lemberg, Einleitung, S. 32; vgl. zu den Relationen Kap. II.6.
[163] Gosewinkel, Einbürgern und Ausschließen, S. 341.

primär das Münchner Abkommen bei, doch auch die Annexion der bis 1938 tschechoslowakischen Karpato-Ukraine durch Ungarn bewirkte „die Aussiedlung von etwa 100 000 Slowaken und Tschechen". Als sich die Slowakei im März 1939 von der ČSR abtrennte, wurden wiederum 150 000 Tschechen vertrieben. Für diese diffusen Phänomene fluchtartiger Abwanderung, Ausweisung und Vertreibung wählte Eugene Kulischer nach 1945 den Sammelbegriff „expulsions" (Vertreibungen), womit deren Gewaltkontext besonders betont wurde.[164]

Obschon die Bevölkerung der 1918 proklamierten Polnischen Republik „ethnisch, sprachlich und religiös gespalten" war und zu über 30 Prozent nicht aus ethnischen Polen bestand[165], definierten die herrschenden Eliten Polen als polnischen Nationalstaat. Das hatte zur Folge, dass 1923 von 120 705 Staatsbediensteten Polens 111 332 ethnische Polen waren. Die restlichen 9000 waren meist Lehrer in Minderheitenschulen, deren Zahl durch die von Ministerpräsident Witos 1923 eingeführte Nationalisierungspolitik jedoch stetig verringert wurde. So wurden die ukrainischen Grundschulen zwischen 1921 und 1934 um 80 Prozent reduziert. Die Zahl jüdischer Studenten wurde durch einen antisemitischen Numerus clausus zwischen 1923 und 1937 um über die Hälfte abgesenkt.[166] Im Sejm hatten die polnischen Rechtsparteien im März 1923 den Antrag gestellt, „überhaupt für alle Fremdstämmigen den numerus clausus einzuführen, jedoch wurde dieser Antrag mit Hilfe der Stimmen der Minderheiten verworfen".[167] 1923 richtete das „Joint Foreign Committee of Jewish Deputies and the Anglo-Jewish Association" unter Generalsekretär Lucien Wolf eine Petition nach Genf, als in Warschau besagte Studienplatzbeschränkungen für Juden beraten wurden. Die polnische Regierung lehnte wegen der ausländischen Herkunft der Petition jede Stellungnahme ab, doch erreichten jüdische Organisationen, dass Frankreichs Premier Raymond Poincaré – der 1919 das unabhängige Polen mit aus der Taufe gehoben hatte – in Warschau diplomatisch intervenierte. Die polnische Regierung versicherte, den antisemitischen Gesetzentwurf nicht zu realisieren.[168] Dieser Aufschub war jedoch, wie der drastische Schwund jüdischer Studenten belegt, allenfalls vorübergehend. Eine „geheime Quote" für die Universitäten ließ zwischen 1928 und 1938 den Anteil jüdischer Studenten von 20,4 Prozent auf 9,9 Prozent erheblich sinken.[169] Andererseits verlieh das polnische Innenministerium unter dem Pilsudski-Gefolgsmann General Felicjan Sławoj-Składkowski zwischen 1926 und 1928 600 000 jüdischen Flüchtlingen aus Russland die polnische Staatsbürgerschaft, was alle demokratisch gewählten Regierungen bis zum Putsch von 1926 stets verweigert hatten.[170]

---

[164] Nitschke, Vertreibung und Aussiedlung der deutschen Bevölkerung aus Polen, S. 49f.; Kulischer, Europe on the Move, S. 203.
[165] James, Geschichte Europas im 20. Jahrhundert, S. 129f.
[166] Zeman, Pursued by a Bear, S. 99; ähnliche Zahlen bei Borodziej, Geschichte Polens im 20. Jahrhundert, S. 158.
[167] Schultheß' Europäischer Geschichtskalender 64.1923, S. 369.
[168] Scheuermann, Minderheitenschutz contra Konfliktverhütung?, S. 141f.
[169] Friedländer, Das Dritte Reich und die Juden, S. 239.
[170] Borodziej, Geschichte Polens im 20. Jahrhundert, S. 165.

15 Prozent der Bevölkerung Polens nach 1918 waren Ukrainer, 8,5 Prozent Juden und 4,7 Prozent Weißrussen, während die deutsche Minderheit nur 2,2 Prozent stellte.[171] Am gewalttätigsten war die polnische Minderheitenpolitik gegenüber der großen ukrainischen Minderheit im Osten. Dort führte eine „Befriedungsexpedition" der Armee ab 1930 zur Unterdrückung aller politischen und kulturellen Sonderbestrebungen.[172] Schon 1928 war es in Lemberg (Lwow/Lviv) nach einer ukrainisch-nationalistischen Demonstration zu einem dreitägigen Pogrom seitens der Polen gekommen. Zwar nahm sich die US-Regierung auf Druck ihrer ukrainischen Einwanderer der Sache an, doch die Vorgänge wurden im Minderheitenschutzkomitee des Völkerbundes heruntergespielt.[173] Minderheitenbeschwerden Richtung Genf wurden für die polnische Regierung trotzdem mit der Zeit ein derartiges Ärgernis, dass sie sich 1934 der Völkerbundkontrolle völlig entzog, indem sie den Minderheitenschutzvertrag aufkündigte.[174]

Vor diesem noch trüberen Hintergrund relativieren sich die Probleme der Deutschen in Polen, die der Sozialist Max Hodann 1932 als vergleichsweise geringfügig beurteilte. Zwar fühle sich die deutsche Minderheit „vielfach unterdrückt", und sie werde „in der Tat nicht so behandelt, wie es dem Geiste der Minderheitenverträge entspricht". Jedoch seien „Angehörige der ukrainischen, weißrussischen und jüdischen Minderheit in Polen geradezu erschüttert […], wenn man mit ihnen über die ‚Unterdrückung der deutschen Minderheit' spreche: „Ja, wenn wir es so hätten, wie die! Hinter denen steht ja das Deutsche Reich, aber wer steht hinter uns?"[175] In der Tat hatten die Deutschen in Polen neben der Negativerfahrung, 1918/19 vom „Rang einer Staatsnation auf den einer Minorität gefallen" zu sein, den nicht gering zu achtenden Vorteil, „als einzige Minderheit von ihrem ‚eigenen' Staat unterstützt" zu werden.[176]

Auch der internationale Leumund Polens war in Sachen Minderheitenpolitik nicht gut. Obgleich die Lage nationaler Minderheiten nach 1918, gemäß dem erwähnten Nord-Süd-Gefälle, in den Balkanstaaten und in der Türkei am schlechtesten gewesen sein dürfte, meint Mark Mazower noch heute (irrigerweise), dass kein Balkanstaat „so weit" gegangen sei wie der polnische Staat, der „im Kampf gegen ukrainische Nationalisten am Ende Dörfer niederbrannte und die Armee ausschickte".[177] Zumindest wird man sagen müssen, dass die Verhältnisse in Ost-Polen sich kaum von jenen in repressiven Balkanstaaten unterschieden. Diese angelsächsische Kritik an der polnischen Politik reicht weit zurück. 1938 hatte der frühere britische Weltkriegs-Premier David Lloyd George – wie Poincaré 1919 einer der Paten Polens – diesen Staat eines der schlimmsten Vertragsbrüche der Minderheitenschutzverträge von Versailles angeklagt, da Warschau die ukraini-

---

[171] James, Geschichte Europas im 20. Jahrhundert, S. 130.
[172] Zeman, Pursued by a Bear, S. 99; Borodziej, Geschichte Polens im 20. Jahrhundert, S. 168.
[173] Scheuermann, Minderheitenschutz contra Konfliktverhütung?, S. 134 und S. 147.
[174] Zeman, Pursued by a Bear, S. 99.
[175] Hodann, Der slawische Gürtel um Deutschland, S. 265.
[176] Borodziej, Geschichte Polens im 20. Jahrhundert, S. 131.
[177] Mazower, Der Balkan, S. 193f.

sche Minderheit in Ostgalizien aller ihrer bis 1918 geltenden, noch vom Habsburgerreich gewährten Rechte beraubt habe. Polen habe in der Folgezeit alle internationalen Aufforderungen zur Schaffung einer neuen Autonomie-Regelung ignoriert, obwohl die Festlegung der polnischen Ostgrenze im Jahre 1923 an diese Bedingung geknüpft worden sei. Stattdessen sei selbst die Bezeichnung „Ukrainer" in Polen verboten worden.[178] Das war der Hintergrund für die Erfahrung, die der polnische Botschafter in Berlin im Sommer 1939 machen musste. Als Hitler nämlich die Lage der deutschen Minderheit propagandistisch aufbauschte, um seinen geplanten Angriffskrieg gegen Polen zu rechtfertigen, spürte József Lipski, dass die Minderheitenpolitik seines Landes selbst unter seinen westlichen Verbündeten nicht über alle Zweifel erhaben war; ein guter Freund wie der französische Botschafter Coulondre zeigte sich darüber ernsthaft besorgt.[179]

Der Minderheitenschutz von Versailles war auch deshalb unvollkommen, weil seine Urheber – die Siegermächte der Entente – zwischen seiner Wahrung und der Rücksicht auf die Interessen der Staaten schwankten und sich im Zweifel für letztere entschieden. Die Regierungen der neuen Staaten Osteuropas nutzten ihren Einfluss im Völkerbund, um Kontrollmöglichkeiten zu reduzieren. Polen und die Tschechoslowakei setzten 1921 das Recht der Stellungnahme beklagter Staaten zu allen Minderheiten-Petitionen durch und erreichten 1923 – nachdem die Zahl der Petitionen sich erheblich vermehrt hatte – eine Einschränkung der Öffentlichkeit des Verfahrens. 1926 bewirkten die Unterzeichnerstaaten der Schutzverträge, dass kein „interessierter Staat" Mitglied der Petitionskomitees werden durfte, um den damals anstehenden Beitritt Deutschlands zum Völkerbund zu entschärfen.[180] Sie sahen voraus, dass Deutschland der wichtigste Anwalt des Minderheitenschutzes werden würde.

Auch das eigentliche Ziel des Minderheitenschutzes war unklar und umstritten. Die Siegermächte des Ersten Weltkrieges setzten offenbar auf einen „Prozess der schrittweisen Assimilation der Minderheiten an die Staats- oder Nominalnation", den der Minderheitenschutz überbrücken und abfedern sollte.[181] Dies betonte jedenfalls am 9. Dezember 1925 vor dem Völkerbund der brasilianische „Berichterstatter über Minderheitenfragen", Afranio de Mello Franco, mit der Bemerkung, der Minderheitenschutz ziele auf günstige Bedingungen für eine *„complète unité nationale"*.[182] Damit hatte der Südamerikaner verdeutlicht, dass die Integrationspolitik der amerikanischen Staaten mit ihrer Mischung aus kultureller Toleranz und sprachnationaler Assimilation ein anderes Modell bot als Europa. Mellos Sentenz wurde damals mehrheitlich als Assimilationsplädoyer verstanden und vom tschechoslowakischen Außenminister Beneš als Unterstützung der Prager

---

[178] Jaksch, Europas Weg nach Potsdam, S. 255.
[179] Lipski, Diplomat in Berlin, S. 563.
[180] Scheuermann, Minderheitenschutz kontra Konfliktverhütung?, S. 33–35.
[181] Diner, Das Jahrhundert verstehen, S. 62.
[182] Lemberg, Sind nationale Minderheiten Ursachen für Konflikte?, S. 42.

Minderheitenpolitik gedeutet.[183] Entscheidend war, dass der britische Außenminister Sir Austen Chamberlain diese Einschätzung stützte. Der Halbbruder des späteren Premiers Neville Chamberlain erklärte, die Schöpfer des Schutzsystems hätten nicht die Absicht verfolgt, inmitten der Nationen Gemeinschaften zu schaffen, die dem nationalen Leben dauerhaft fremd blieben. Man habe den Minderheiten lediglich jenen Grad an Schutz und Rechtsstaatlichkeit sichern wollen, der sie schrittweise in jenen größeren nationalen Gemeinschaften aufgehen lasse, in deren Staaten sie lebten.[184] Unter den Minderheiten Europas löste nicht nur Mellos Rede „höchste Unruhe und Empörung" aus, sondern erst recht diese „Zustimmung" Chamberlains, „der die Assimilationsthese noch schärfer herausarbeitete".[185]

Deutsche Beobachter glaubten jedoch, dass diese Assimilationsdoktrin ab 1929 „auf Grund des Vorstoßes" des deutschen Außenministers Stresemann „ausdrücklich fallengelassen worden" sei.[186] Tatsächlich blieb die Lage komplizierter, wenngleich Fortschritte beim Völkerbund-internen Verfahren erreicht werden konnten.[187] Insgesamt hatte Stresemanns „Kreuzzug" nur begrenzte Resultate[188] und primär innenpolitische Motive[189], doch ist nicht zu verkennen, dass der 1926 erfolgte Völkerbund-Beitritt des wichtigsten Kriegsverlierers die machtpolitischen Gewichte verschoben hatte. Schon während der Verhandlungen von Locarno hatte Stresemann Triumphgefühle erkennen lassen, als Beneš und Graf Skrzynski, die Außenminister Prags und Warschaus, im Vorzimmer hatten warten müssen, bevor die *wirklichen* Großmächte Großbritannien, Frankreich und nunmehr auch wieder Deutschland sie zur Beteiligung an den Gesprächen in den Raum baten.[190]

Ende 1928 erlebte die 53. Völkerbundtagung in Lugano heftige Konflikte. Zunächst kam es zum Streit zwischen Polen und Litauen über die von Polen 1922 annektierte Stadt Wilna, in deren Nähe der polnische Diktator Piłsudski geboren war, die jedoch mehrheitlich von Litauern und Juden bewohnt wurde.[191] Am 15. Dezember 1928 folgte ein schwerer Zusammenstoß zwischen den Außenministern Polens und Deutschlands, Zaleski und Stresemann. Polen wurde von der deutschen Minderheit im polnischen Teil Oberschlesiens derart häufig wegen Verletzung von Minderheitenrechten angeklagt, dass in den westlichen Demokra-

---

[183] Kraus, Das Recht der Minderheiten, S. 233f. und S. 243f.; Lichtenstaedter, Sprachenpolitik, S. 122.
[184] Janowsky, Nationalities and National Minorities, S. 129–131; der Originaltext bei Kraus, Das Recht der Minderheiten, S. 243.
[185] Boehm, Volkszerreißung und Minderheitennot, S. 446.
[186] Ebenda.
[187] Dumba, Dreibund- und Entente-Politik in der Alten und Neuen Welt, S. 446.
[188] Fink, Between the Second and Third Reichs. S. 271.
[189] Wright, Gustav Stresemann, S. 466.
[190] Zeman / Klimek, The Life of Edvard Beneš, S. 78f.; Wright, Gustav Stresemann, S. 338 und S. 348.
[191] Hodann, Der slawische Gürtel um Deutschland, S. 161f.; ausgerechnet Stalin sollte nach Zerschlagung Polens das sowjetisch besetzte Wilna im Oktober 1939 an Litauen zurückgeben, um freilich 1940 ganz Litauen zu annektieren.

tien der Eindruck entstehen konnte, dass Warschau die „preußische[n] Methoden der Nationalitätenpolitik eifrig nachahmte".[192] Als Warschaus Minister Zaleski deshalb den deutschen Minderheitenführer in Oberschlesien, Otto Ulitz, des Hochverrats bezichtigte, machte Stresemann zornige Zwischenrufe und schlug am Ende demonstrativ-derb mit der Faust auf den Tisch. Alsdann konterte der deutsche Minister: „Sie wagen es, den Minderheiten nicht zu gestatten, von den durch den Völkerbund verbrieften Rechten Gebrauch zu machen und sich an den Völkerbundsrat zu wenden?" Er könne „in keiner Weise zugeben, daß dieser Standpunkt [...] Platz greift", da sonst „die Säule erschüttert" würde, „auf der der Völkerbund steht". Stresemann warf seinem polnischen Kontrahenten einen „Geist des Hasses" vor und bemerkte in Anspielung auf Pilsudski, der vor 1918 in Russland wie in Deutschland zum Hochverräter erklärt worden war, „Liebe zum alten Vaterlande und Hochverrat" seien Empfindungen, die sich oft eng berührten. Darauf erklärte der französische Außenminister Aristide Briand, der mit Stresemann 1926 den Friedensnobelpreis erhalten hatte, er wolle „ausdrücklich feststellen, daß nichts zu der Vermutung berechtige, daß der Völkerbund die geheiligten Rechte der Minderheiten verletzen werde". Das Minderheitenrecht sei eine unantastbare Säule des Völkerbundes und dürfe nicht „irgendeine Einschränkung erfahren".[193]

Auf der 54. Völkerbundratssitzung in Genf im März 1929 legte der kanadische Minister Dandurand eine Reformdenkschrift vor, die von Stresemann unterstützt wurde. Im Zentrum stand die „Idee, daß die Minderheitengarantien nicht dazu geschaffen seien, eine Assimilierung vorzubereiten, sondern den Zweck hätten, das Zusammenleben verschiedener Rassen in kultureller und ethnologischer Freiheit zu gewährleisten". Das war eine klare Abkehr vom 1925er Standpunkt Mello Francos und Austen Chamberlains. Der deutsche Außenminister kritisierte, dass der Völkerbund Minderheitenschutz bisher nur en detail betrieben habe, statt ihn als systematische Friedenssicherung zu verstehen. Zur Mello-Franco-These erklärte Stresemann, falls „jene Äußerungen tatsächlich im Sinne einer Art Assimilierungstheorie zu verstehen sein sollten", müsse er „auf das bestimmteste widersprechen", denn eine solche Theorie stehe „im Gegensatz zu dem bei der Begründung des neuen Minderheitenschutzes in aller Klarheit festgestellten Gedanken, daß dieser Schutz ein dauernder und nicht nur ein vorübergehender Zustand sein solle". Stresemann begrüßte, dass Aristide Briand unlängst „in so starker und feierlicher Weise sich zu dem Grundsatz des Minderheitenschutzes bekannt" habe.[194] Der deutsche Außenminister forderte insbesondere eine „Klärung der grundsätzlichen Seite der Völkerbundgarantie".[195]

---

[192] Borodziej, Geschichte Polens im 20. Jahrhundert, S. 132f.
[193] Schulthess' Europäischer Geschichtskalender 69.1928, S. 461–464; Wright, Gustav Stresemann, S. 467f.; Stresemann, Vermächtnis, Bd. 3, S. 412–415; Fink, Defending the Rights of Others, S. 308f.
[194] Schulthess' Europäischer Geschichtskalender 70.1929, S. 525 und S. 527–529.
[195] Stresemann, Vermächtnis, Bd. 3, S. 419; hinzu kamen Forderungen nach besserer Überprüfung von Petitionen und Hinzuziehung aller an einem Streit beteiligten Nationen.

Nicht zuletzt mit Blick auf Polen hatte Stresemann bemerkt, sein Eintreten für Minderheitenrechte ziele nicht auf die Sprengung von Staaten; im Gegenteil werde durch wirksame Minderheitenrechte der Frieden erst wirklich gesichert. Wenn man die historische Erkenntnis bedenke, dass im Verhältnis der Völker Dominanz und Unterordnung stets wechselten, müssten alle „Völker vor wechselndem Schicksal [ge]warnt" sein.[196] Davon ließ sich Zaleski, dessen Regierung kurz zuvor den oberschlesischen Minderheitenführer Ulitz hatte verhaften lassen, nicht beeindrucken. Zaleski erklärte, „daß die Verträge und das jetzt bestehende Verfahren seinerzeit unter Zustimmung der Minderheitenstaaten beschlossen worden seien und deshalb das gegenwärtige Regime auch nur unter Zustimmung dieser Staaten abgeändert werden könnte". Der Pole versuchte, die Reformvorschläge Dandurands zu verschleppen, wobei ihn Großbritannien und Frankreich unterstützten, und wehrte sich gegen jede Erweiterung der Minderheitenrechte. Wenig überraschend unterstützte Rumänien Polen hierin aus vollem Herzen. Überraschend schränkte jedoch der britische Außenminister Austen Chamberlain, der einst der „Theorie Mello Francos" zugestimmt hatte, „seine damalige Stellungnahme" ein und erklärte, „mit Hilfe der Minderheitenverträge müssten in den Staaten Verhältnisse geschaffen werden, die es den Minderheiten ermöglichten, loyale Staatsbürger zu sein". Dem folgte Briand, der seine Äußerung „von den geheiligten Minderheitenrechten (,Droits sacrés')" bekräftigte, allerdings durch den Hinweis ergänzte: „Der Zweck der Minderheitenrechte sei, die Minderheiten mit ihren Mehrheitsvölkern in gute Harmonie zu bringen. Der Völkerbund dürfe aber bei der Überwachung des Minderheitenschutzes nicht der Souveränität der Staaten Abbruch tun." London und Paris suchten sichtlich zu vermitteln. Doch als Briand seinen Balanceakt zwischen Minderheiten- und Souveränitätsrechten im Juni 1929 wiederholte und über „das allmähliche Aufgehen der Minderheiten in der Staatsnation" philosophierte, ging er wieder einen Schritt zurück. Stresemann widersprach elegant, indem er seinen französischen Partner vor dem Missverständnis in Schutz nahm, Briand favorisiere eine „Verschmelzung der Minderheiten mit der Staatsnation". Er verstehe Briand so, dass dieser „von den Minderheiten keine Aufgabe ihres Sondercharakters als Rasse, als Sprach- und Kultureinheit verlange". Auch Chamberlain habe die Assimilierung kürzlich abgelehnt. Die angesprochenen Vertreter der Westmächte ließen die Auslegungsfrage in der Schwebe.[197]

Betrachtet man diese Debatten, so hatte sich die Ausrichtung der Minderheitenpolitik des Völkerbundes keineswegs in ihr Gegenteil verkehrt. Sie war allerdings unklarer denn je geworden. Der Dissens zwischen den osteuropäischen Gewinnern der Ordnung von Versailles und den von Deutschland angeführten Verlierern wurde nie behoben. Letztlich war und wurde der Minderheitenschutz kein gleichberechtigtes Rechtsverfahren, sondern blieb ein „karitatives System", das

---

[196] Ebenda, S. 418f.
[197] Schulthess' Europäischer Geschichtskalender 70.1929, S. 529f. und S. 535; vgl. auch Fink, Defending the Rights of Others, S. 309–316.

allenfalls Linderungen für Rechtsbrüche bot und sich insofern doch als assimilatorische „Integrationshilfe" verstand. Die von deutschen, magyarischen und ukrainischen Minderheiten unternommenen Versuche, die Minderheitenschutzpolitik des Völkerbundes grundlegend zu reformieren und auf eine verbesserte völkerrechtliche Grundlage zu stellen, waren bereits im Ansatz gescheitert.[198] Doch schon diese Pläne lösten heftige Gegenreaktionen aus – wie die im Januar 1933 erfolgte Drohung des polnischen Kultusministers und nachmaligen Premiers Janusz Jedrzejewicz, „diejenigen Minderheiten", die sich zu Warschau „nicht positiv einstellten, würden die Folgen ihres Verhaltens zu spüren bekommen".[199] Die polnische Aggressivität war wenig verwunderlich, reagierte sie doch auf eine deutsche Außenpolitik, die Polen nicht als Macht gleichen Ranges behandelte, sondern auf den Zerfall dieses „Saisonstaates" setzte und die Frage der deutsch-polnischen Grenzen bewusst offen hielt.[200] Daher lässt sich die auf Oberschlesien gemünzte Feststellung Piotr Madajczyks verallgemeinern, es seien nach 1918 „keine vertrauensbildenden Mechanismen entwickelt" worden, „die in den dreißiger Jahren dem wachsenden Einfluss radikaler nationaler Ideologien" auf beiden Seiten „hätten entgegenwirken können".[201]

Es war ausgerechnet Hitler, der ab 1934 den polnischen Staat „plötzlich mit unübersehbarer Gleichberechtigung behandelt[e]". Ein „Ostlocarno", eine Anerkennung der deutsch-polnischen Grenze, vollzog allerdings auch Hitler nicht. Piłsudski ahnte 1935, dass „die ungesunden Romanzen mit den Deutschen" trotz Nichtangriffspakt „kein gutes Ende finden könnten". Doch Hitlers Honeymoon mit Polen dauerte länger als erwartet. Er unterbreitete noch im Oktober 1938 Polen, das damals in Deutschlands Windschatten „zu den Beutemachern von München gehört" hatte, das Angebot einer „großen Regelung". Demnach sollte Polen der Rückkehr der 1919/20 ausgegliederten Freien Stadt Danzig, in der Polen über Sonderrechte verfügte, zu Deutschland zustimmen und dem Reich exterritoriale Verkehrsverbindungen durch Westpreußen zugestehen; im Gegenzug wollte Deutschland die restliche deutsch-polnische Grenze von 1919 anerkennen. Was auf den ersten Blick nach einem fairen Kompromiss aussah, verband sich bei näherem Hinsehen mit dem fatalen Ansinnen, Polen solle dem Antikominternpakt beitreten, also als Deutschlands Verbündeter neben Italien und Japan mittelfristig einen Krieg mit der Sowjetunion ins Auge fassen. Insofern stand Warschau 1938/39 vor der Wahl zwischen Pest und Cholera: Entweder es akzeptierte eine ungleiche „Partnerschaft" mit Hitler, die es an die „Kette des Reiches" gelegt hätte, oder es musste Hitlers „Feindschaft in Kauf nehmen". Kurz nachdem Außenminister Józef Beck mit der empörten Bemerkung „Wir sind doch keine Tschechen"

---

[198] Bamberger-Stemmann, Staatsbürgerliche Loyalität und Minderheiten als transnationale Rechtsparadigmen im Europa der Zwischenkriegszeit, S. 231–233.
[199] Schulthess' Europäischer Geschichtskalender 74.1933, S. 389.
[200] Fink, Between the Second and Third Reichs, S. 272.
[201] Madajczyk, Oberschlesien zwischen Gewalt und Frieden, S. 158.

Hitlers Angebot abgelehnt hatte, befahl dieser im April 1939, den Krieg gegen Polen vorzubereiten.[202]

Die zwischenzeitliche deutsch-polnische Annäherung ging mit dem Verfall der Minderheitsschutzgarantien des Völkerbundes einher. Den Anfang machte Deutschland im Sommer 1933. Im Laufe des 19. Jahrhunderts hatten die Großmächte „zahlreiche Interventionen" diplomatischer Natur zugunsten verfolgter Juden unternommen. Dass dieses Einschreiten stets mit der „orientalischen Frage" zusammenhing, war kein Zufall.[203] Im Völkerrecht hatte sich ein Instrument humanitärer Intervention herausgebildet, das nach dem Muster der „ungleichen Souveräne" (Gerry Simpson) stets nur gegen stigmatisierte „Paria-Staaten" genutzt wurde. Internationale Proteste gegen Judenverfolgungen hatten sich bis 1933 daher lediglich auf periphere Staaten wie Rumänien bezogen, während das ebenfalls notorisch antisemitische Zarenreich als Großmacht stets geschont worden war. Umso bemerkenswerter war es, dass 1933 Deutschland als traditionelle Großmacht und ‚Kulturnation' in die Rolle eines wegen Judenverfolgung angeklagten „Schurkenstaates" geriet. Die 1919 installierte Minderheitsschutzpolitik, deren Reform-Anwalt Stresemann einst gewesen war, richtete sich nun gegen den neuen Diktator in Berlin.

Im britischen Unterhaus wurden schon erste Ansätze der NS-Judenverfolgung lebhaft diskutiert – allerdings mit dem Resultat, dass diplomatischer Protest nicht in Frage komme, da britische Interessen nicht berührt seien.[204] Obschon der britische Außenminister Sir John Simon am 30. März 1933 erklärt hatte, der Völkerbundpakt enthalte keine Rechtsbestimmung, die es ermögliche, gegen die Judenverfolgung in Deutschland einzuschreiten[205], wurde Letztere im Völkerbund erstmals im Mai 1933 diskutiert. Anlass bot eine Petition des deutschen Staatsbürgers Franz Bernheim aus dem oberschlesischen Gleiwitz, der wegen jüdischer „Rassezugehörigkeit" seinen Arbeitsplatz verloren hatte. Die Petition zeitigte zwar keine Ergebnisse, denn der Völkerbundrat gab sich mit der Erklärung Berlins zufrieden, man habe es bei diesem Bruch der für Oberschlesien geltenden Minderheitsschutzbestimmungen mit Eigenmächtigkeiten nachgeordneter Organe zu tun.[206] Allerdings hatten diverse Ratsmitglieder die Gelegenheit genutzt, Deutschland anzuprangern – allen voran Frankreich, das sich auf seine Tradition des Schutzes jüdischer Rechte in aller Welt berief. Auch Polen und die Tschechoslowakei traten in die Schranken, und der norwegische Botschafter betonte, dass restlos alle Minderheitenfragen Angelegenheit der Völkergemeinschaft seien. Umso mehr musste auffallen, dass sich der Vertreter Großbritanniens, Anthony Eden, demonstrativ

---

[202] Hildebrandt, Das vergangene Reich, S. 589, S. 667f. und S. 678f.; Borodziej, Geschichte Polens im 20. Jahrhundert, S. 187.
[203] Kreutzmann, Missbrauch der humanitären Intervention im 19. Jahrhundert, S. 101.
[204] Swatek-Evenstein, Geschichte der „Humanitären Intervention", S. 52, S. 119, S. 137, S. 198, S. 200, S. 203f. und S. 214; Simpson, Great Powers and Outlaw States.
[205] Schulthess' Europäischer Geschichtskalender 74.1933, S. 295.
[206] Haddad, The Refugee in International Society, S. 109; Swatek-Evenstein, Geschichte der „Humanitären Intervention", S. 215.

zurückhielt. Der deutsche Botschafter von Keller wurde nur vom faschistischen Italien unterstützt, spottete jedoch über den plötzlichen Eifer seiner diplomatischen Kollegen in Minderheitenfragen, die ihnen früher ziemlich gleichgültig gewesen seien.[207]

Auf der Genfer Völkerbundversammlung vom 30. September 1933 forderte dann der griechische Delegierte Frangulis im Auftrag der Republik Haiti – die damals von den USA besetzt und gesteuert war – „die Verallgemeinerung des Minderheitenschutzes sowie eine Formulierung der Menschen- und Bürgerrechte [...], die jedem Bewohner eines Staates das volle Anrecht auf den Schutz seines Lebens und seiner Freiheit sowie die Gleichheit vor dem Gesetz ohne Unterschied der Rasse, Sprache und Religion sichern soll". Der französische Botschafter Bérenger unterstützte dies mit dem Hinweis, gerade Deutschland habe stets besonderes Gewicht auf Minderheitenschutz gelegt und sei „daher auch ohne formelle Verpflichtungen gehalten, seine eigenen Minderheiten der Rasse, der Religion und Sprache gerecht und duldsam zu behandeln". Hitlers Gesandter von Keller (dem seine Rolle als Verteidiger des NS-Antisemitismus angeblich widerstrebt haben soll[208]) verwahrte sich dagegen, die „Judenfrage" mit der „Minderheitenfrage" gleichzusetzen. Die Juden seien weder eine sprachliche noch eine nationale Minderheit, es handle sich vielmehr um „ein besonders gelagertes Rassenproblem" und um eine soziale Frage. Grundsätzlich sei Deutschland einer Verallgemeinerung des Minderheitenschutzes nicht abgeneigt, allerdings dürfe dann nicht nur taktisch damit gespielt werden. Am folgenden Tag griff der britische Minister Sir William Ormsby-Gore die NS-Regierung scharf an: Dem Antisemitismus der Hitler-Regierung setzte dieser Konservative das Prinzip toleranter Integration in einer freiheitlichen Gesellschaft entgegen, wie sie im Britischen Empire mustergültig erreicht sei. Das Empire basiere auf der Rechtsgleichheit aller Bürger und habe mit Disraeli schon im 19. Jahrhundert einen großen Staatsmann jüdischer Herkunft hervorgebracht. Im Einklang mit Haiti forderte Orsmby-Gore daher, dass eine „Entschließung aus dem Jahre 1922, die die Anwendung der Grundsätze des Minderheitenvertrages auch in den nicht durch solche Verträge gebundenen Staaten fordere, von neuem verkündet werde."[209] Der NS-Gesandte von Keller bestritt erneut, dass der Völkerbund das Recht zur Kritik der deutschen Judenpolitik besitze, doch war Hitlers Regime international ins Abseits geraten. Nur wenige Tage später trat Deutschland aus dem Völkerbund aus.[210]

---

[207] Fink, Defending the Rights of Others, S. 328 und S. 331 f.
[208] Schmidt, Statist auf diplomatischer Bühne 1923–45, S. 281; Fink, Defending the Rights of Others, S. 334, sieht hingegen den Berufsdiplomaten, der seine vor 1933 begonnene Karriere unter Hitler erfolgreich fortsetzte, „mit Energie und Vehemenz" agieren.
[209] Fink, Defending the Rights of Others, S. 334; Schulthess' Europäischer Geschichtskalender 74.1933, S. 456–459; Macartney, National States and National Minorities, S. 467.
[210] Schulthess' Europäischer Geschichtskalender 74.1933, S. 456–459; Schmidt, Statist auf diplomatischer Bühne 1923–45, S. 281.

NS-Völkerrechtler bestritten in der Folgezeit, dass sich das Prinzip humanitärer Intervention auf in „geschlossenem Siedlungsraum wohnende rassefremde Volksgruppen" anwenden lasse.[211] Im Juli 1938 monierte Hitlers Botschafter Hans Dieckhoff gegenüber dem amerikanischen Außenminister Cordell Hull, dass die USA ständig gegen die deutsche Judenpolitik protestierten, während sie nie ihre Stimme erhoben hätten, als Frankreich nach dem Ersten Weltkrieg 100 000 Deutsche aus Elsass-Lothringen enteignet und ausgewiesen habe – darunter Dieckhoffs Vater. Hull ignorierte die Aufrechnung und kritisierte die NS-Judenverfolgung erneut.[212] Er hätte fragen können, warum Deutschland aus deutschen Vertreibungserfahrungen nach 1918 nicht friedlich-humanitäre Schlüsse zog, sondern daran ging, seinerseits Minderheiten zu verfolgen und außer Landes zu treiben.

1938 warf der ehemalige britische Premier David Lloyd George nicht nur Polen vor, den Minderheitenschutz für die Ukrainer gebrochen zu haben und „eine allgemeine Diskriminierung der jüdischen Minorität" zu betreiben. Lloyd George klagte auch das von Hitler beherrschte Deutschland an, bei der Judenverfolgung mittlerweile mit den notorisch antisemitischen Regierungen Polens und Rumäniens zu wetteifern.[213] Der Waliser ahnte nicht, dass Hitlers Rassenhass weit schlimmere Folgen zeitigen sollte als die Nachahmung des osteuropäischen Antisemitismus. Immerhin begründete im Dezember 1938 der oppositionelle Labourabgeordnete Philip Noel-Baker in einer Kolonialdebatte des Unterhauses seine Auffassung, Deutschland dürfe keinesfalls seine im Ersten Weltkrieg verlorenen Kolonien zurückerhalten, mit dem ausdrücklichen Hinweis auf die NS-Judenverfolgung, die damals mit dem November-Pogrom ihren bisher schlimmsten Höhepunkt erreicht hatte. Noel-Baker stellte die Frage: „Wird Europa, das vor einem halben Jahrhundert auf einer Konferenz in Berlin begann, die Sklaverei in Afrika zu beseitigen, nunmehr eine Reg[ierun]g. nach Afrika zurückbringen, die die Sklaverei im Herzen Europas wiederhergestellt hat?"[214]

Die Hitler-Regierung saß schon nicht mehr am Völkerbund-Tisch, als im April 1934 der polnische Delegierte Graf Raczynski – der spätere Exil-Außenminister – ein „allgemeines Minderheitenschutzabkommen" beantragte, da der bisherige selektiv auferlegte Minderheitenschutz den Grundsätzen der Gleichheit und Gerechtigkeit widerspreche. Raczynski begründete den Vorstoß mit der Existenz ungeschützter Minderheiten der Rasse, Sprache oder Religion in jedem europäischen Land – und spielte damit auf Deutschland an. Das Argument war richtig, aber chancenlos und angesichts der repressiven Minderheitenpolitik in Polen auch nicht ohne Pikanterie. Bereits im September 1934 änderte Außenminister Beck seinen Kurs und ließ erklären, „Polen sei der Verpflichtungen aus dem Vertrag zum Schutze der Minderheiten enthoben". Seither setzte Polen auf bilaterale Verträge statt auf internationale Garantien, die stets eine lästige Einschränkung

---

[211] Swatek-Evenstein, Geschichte der „humanitären Intervention", S. 209f. und S. 213.
[212] Hull, Memoirs, Bd. 1, S. 583–585.
[213] Jaksch, Europas Weg nach Potsdam, S. 255–257.
[214] Schulthess' Europäischer Geschichtskalender 79.1938, S. 347.

bedeutet hatten.²¹⁵ Nach Berlin hatte sich auch Warschau entschlossen, den Versailler Minderheitenschutz faktisch zu sprengen.²¹⁶

Rückblickend hatte das Minderheitenschutzsystem des Völkerbundes seinen Höhepunkt 1929 erreicht – zum Zeitpunkt der Debatte zwischen Stresemann, Chamberlain, Briand und Zaleski. Seither begann der Niedergang, der sich als unaufhaltsam erwies. Wesentliche Ursache war die Entdemokratisierung vieler Mitgliedsstaaten. Denn angesichts der strukturellen Blockaden im Völkerbund bestand das einzige effektive Druckmittel bei Verletzung der Minderheitenschutzverträge in der öffentlichen Meinung und der Furcht der Regierungen vor internationalem Prestigeverlust. Dieses Druckmittel wurde desto unwirksamer, je mehr Staaten sich in Diktaturen verwandelten. 1934 war in Mittel- und Osteuropa nur noch die Tschechoslowakei eine Demokratie.²¹⁷ Harold James stellt den osteuropäischen Regierungen der Zwischenkriegszeit daher kein gutes Zeugnis aus: Diese seien „brutal, inhuman, korrupt, engstirnig und zweitklassig" gewesen und hätten einen „Furcht erregenden und zugleich lächerlichen Gegensatz zum Wilsonschen Idealismus des Ersten Weltkriegs und der Friedensverträge" geboten. Mit ihrer engstirnigen Mischung aus intolerantem Nationalismus und Abschottung hätten die 1918/19 geschaffenen Staaten – mit Ausnahme der Tschechoslowakei – „weder politisch noch wirtschaftlich funktionieren" können.²¹⁸ Und selbst die einzig verbliebene Demokratie wurde nicht von allen Kennern günstig beurteilt. Nicht nur der alte Lloyd George hatte wenig Sympathie für die Tschechoslowakei, deren Anspruch auf das Sudetenland er nie akzeptiert hatte und deren Repräsentanten Edvard Beneš er während der Verhandlungen von Versailles zutiefst zu verabscheuen gelernt hatte.²¹⁹ Auch der junge US-Diplomat George F. Kennan, der 1939 den deutschen Einmarsch in Prag miterlebte, bedauerte eher die „Zerstückelung" des Habsburgerreiches als die der Tschechoslowakei. Kennan kritisierte den intoleranten „Sprachenchauvinismus der Tschechen" und beurteilte die antideutsche Politik des 1938 gescheiterten Präsidenten Beneš als „gekünsteltes, unkluges Gebilde, errichtet auf dem Treibsand rachsüchtiger Emotionalität".²²⁰

Die neueste Forschung erblickt das Kernproblem des Versailler Minderheitenschutzsystems im Fehlen zwingender Sanktionsmöglichkeiten gegen vertragsbrüchige Staaten. Der Minderheitenschutz sei nie wirklich rechtsförmig geworden, sondern stets politisch geblieben; es habe kein „Minderheitenrecht" gegeben, sondern nur „Minderheitenschutz" als „karitatives System", als notdürftiges „peace-keeping" in Osteuropa.²²¹ Der Brite Carlyle A. Macartney hat bereits 1934 geur-

---

²¹⁵ Weiss, Deutsche und polnische Juden vor dem Holocaust, S. 109.
²¹⁶ Polen hatte die Kündigung des Minderheitenschutzabkommens zur Bedingung für seine Zustimmung zum Beitritt der UdSSR zum Völkerbund gemacht; Raczynski, In Allied London, S. 2.
²¹⁷ Scheuermann, Minderheitenschutz contra Konfliktverhütung?, S. 408.
²¹⁸ James, Geschichte Europas, S. 68f. und S. 135.
²¹⁹ Hattersley, David Lloyd George, S. 626.
²²⁰ Kennan, Memoiren eines Diplomaten, S. 102.
²²¹ Bamberger-Stemmann, Sabine: Staatsbürgerliche Loyalität und Minderheiten als transnationale Rechtsparadigmen im Europa der Zwischenkriegszeit, S. 225f., S. 233 und S. 235f.

teilt, das Minderheitenschutzsystem des Völkerbundes habe bestenfalls als lokale Anästhesie gewirkt, nie als grundlegendes Heilmittel. Zwar hätte man mehr erreichen können, wenn die Kontrollprozeduren verbessert worden wären. Doch die eigentliche Ursache des Problems erblickte Macartney in der Philosophie des Nationalstaates, wie sie in Zentral- und Osteuropa praktiziert worden sei. So lange die dominierenden Nationen den Staat nur für ihre Interessen nutzten, sei die Lage der Minderheiten durch kein Schutzsystem erträglich zu gestalten.[222] Ein anderer Brite, der Völkerbund-Delegierte Sir Willoughby Dickinson, hatte schon 1928 resigniert festgestellt, leider lernten die Völker nicht aus der Geschichte. Die neuen Staatsnationen Osteuropas seien bis 1918 benachteiligte Minderheiten gewesen und behandelten nun andere Nationen ebenso repressiv, wie sie früher behandelt worden seien. Das Resultat dieser Politik werde für ganz Europa verhängnisvoll sein.[223]

2. Nationalitäten-Autonomie und Föderalismus: Das Moskauer Modell von 1922 und seine östlichen Vorläufer

Im Jahre 1934 forderte Carlile Macartney, ein britischer Experte für die nationale Minderheitenproblematik der Zwischenkriegszeit, den „nicht-nationalen Staat" als Alternative zum repressiven Nationalstaat. Deutlicher konnte die Abkehr vom 1919 etablierten System von Versailles, welches die osteuropäischen Vielvölkerreiche durch neue Nationalstaaten hatte ablösen wollen, kaum ausfallen. Die real existierenden Vielvölkerstaaten Osteuropas mit ihrer national gemischten Bevölkerung, so Macartney, müssten sich mit dieser Grundtatsache ihrer Existenz endlich versöhnen, statt viele Nationalitäten zur „nationalen Minderheit" zu degradieren. Minderheiten gebe es nur in Nationalstaaten, während Staaten, die sich *nicht* als Nationalstaaten definierten, keine Minderheitenprobleme hätten, da dort alle Nationalitäten als gleichberechtigte Partner behandelt würden. Am interessantesten fand Macartney in dieser Hinsicht neben dem Britischen Empire, dessen Umgestaltung zum „Commonwealth of Nations" er als geglückte Föderalisierung bewertete, den Aufbau eines Nationalitätenföderalismus unter kommunistischer Herrschaft in der nach 1917 gegründeten Sowjetunion. Die Bedeutung dieses Experiments, so Macartney, werde durch Konfusion und Inkonsistenz nicht geschmälert.[224]

Das Britische Empire, Macartneys erstes Fallbeispiel, betrachteten um 1934 allerdings wohl nur Angelsachsen als geglückten Vielvölkerstaat. Zwar hatte die imperiale Zentrale den Forderungen der weißen, von Auswanderern aus Großbritannien bevölkerten ehemaligen Kolonien und nunmehrigen Übersee-Dominions

---

[222] Macartney, National States and National Minorities, S. 420 f.
[223] Zeman / Klimek, The Life of Edvard Beneš, S. 94.
[224] Macartney, National States and National Minorities, S. 450 f. und 475.

(Australien, Neuseeland, Kanada, Südafrika) nach größerer Eigenständigkeit, wie sie seit 1911 erhoben worden war, ab 1921 Rechnung zu tragen begonnen. Doch Irland, seit 1800 integraler Bestandteil des „Vereinigten Königreiches", durfte erst nach einem verheerenden Bürgerkrieg als weitgehend eigenständiges Dominion hinzutreten (wobei Nordirland bei Großbritannien verblieb). Davon abgesehen war die brennende Frage des Umgangs mit den zahlreichen Kolonien mit nichteuropäischer Bevölkerung und besonders mit dem riesigen Kaiserreich Indien 1934 ungelöst. War es den von ihrer kulturellen, wenn nicht rassischen Überlegenheit überzeugten britischen Imperialisten zuzutrauen, den indischen Nationalismus in ein umstrukturiertes Empire zu integrieren, indem dieses zu einer gleichberechtigten Föderation aller seiner Völker umgebaut werden würde? Dergleichen hatte der gemäßigte Hindu-Nationalist Bipin Chandra Pal von seinen Kolonialherren 1916 – mitten im britisch-irischen Bürgerkrieg und angesichts terroristischer Anschläge von Hindu-Nationalisten in Indien – als vorausschauendes Handeln gefordert, ohne dass dies realisiert worden wäre. Indien konnte aus „weißer" kolonialismuskritischer Sicht, wie sie der kanadische Liberale John Dafoe 1928 artikulierte, als „großer historischer Unfall" und „unglaubliche Anomalie" erscheinen – als Störfaktor innerhalb eines Empires, das sich ansonsten friedlich zu einem Commonwealth angelsächsischer Nationen reformierte. Nur diese „weiße" Föderation begriff Dafoe als „moralische Einheit".[225] Diese Haltung bot viele Angriffsflächen für außereuropäische, aber auch für sowjetische Imperialismus-Kritik.

Umso attraktiver erschien vielen westlichen Intellektuellen das zwischen 1917 und 1922 etablierte Moskauer Alternativmodell des sowjetischen Nationalitätenföderalismus. Dasselbe war zwar, wie Dominic Lieven treffend feststellt, für die längste Zeit der Existenz der Sowjetunion eine bloße Fassade, doch in den 1920er Jahren und erneut in den späten 1980er Jahren unter Gorbačëv wurde dieser sowjetische Föderalismus eine wichtige politische Realität.[226] Diese Moskauer Alternative hatte sich parallel zur Minderheitenschutzpolitik der westlichen Siegermächte des Ersten Weltkrieges in Osteuropa etabliert. Im Unterschied zu den anderen Staaten Mittel- und Ostmitteleuropas, die seit 1918/19 „mit Problemen belastet" waren, „die dem Widerspruch zwischen der Realität ethnischer Heterogenität und dem Anspruch auf nationale Homogenität entsprangen", vermochte sich auf den Trümmern des Zarenreiches „die Multinationalität mittels des bolschewistischen Internationalismus" auf spezifische Weise „fortzusetzen". Dadurch blieb, so Dan Diner, Sowjetrussland „dem russländischen Charakter des Imperiums verpflichtet" – „wenn auch in kommunistischem Gewand".[227]

Freilich sollte man neben Kontinuitätslinien auch deutlich die Unterschiede betonen. Der Sowjet-Föderalismus nach 1917 war keine Fortsetzung, sondern

---

[225] Darwin, The Empire Project, S. 393–395 und S. 462f.; Pal, Nationality and Empire, S. XXIV-XXVIII.
[226] Lieven, Empire, S. 303.
[227] Diner, Das Jahrhundert verstehen, S. 207f.

eine bewusste Abkehr von der *jüngsten* zaristischen Vergangenheit, namentlich vom im Zarenreich seit dem späten 19. Jahrhundert propagierten großrussischen Nationalismus und der Zentralisierungspolitik.[228] Das Imperium der Romanovs war im Laufe des 19. Jahrhunderts von konkurrierenden Nationalismen unterminiert worden, und das zaristische Regime hatte versucht, den Zerfallsprozess durch Förderung des Nationalismus der größten Einzelnation zu kontern. Insofern war das Reich der Romanovs zuletzt fast ein Vielvölkerreich wider Willen – ähnlich wie das von den Jungtürken regierte Osmanenreich.

Dadurch wurden beide Imperien dem benachbarten Habsburgerreich immer unähnlicher, wo ein hegemonialer Reichsnationalismus nicht funktionierte, da dort keine der vielen ethnischen Gruppen eine Mehrheit hatte und den Deutschen, die einst vielleicht die Hegemonialnation gewesen waren, diese Vorrangstellung nicht mehr zugebilligt wurde. 1867 hatten die Deutschen die Magyaren als zweite Hegemonialnation in der seitherigen „Doppelmonarchie" akzeptieren müssen und sahen sich fortan in der österreichischen Reichshälfte von den Partizipations- oder Separationsansprüchen slawischer Völker bedrängt.[229] Zwölf Millionen Deutsche machten in Österreich-Ungarn 1910 nur 23,9 Prozent aller 51 Millionen Einwohner aus, die Magyaren stellten 20,2 Prozent. Die slawischen Völker bildeten mit 45 Prozent fast die Mehrheit im Reich, die größten Nationen der Tschechen und Polen kamen auf 12,6 oder zehn Prozent. In der österreichischen Reichshälfte waren die Deutschen zwar etwas stärker, doch mit 35,6 Prozent ebenfalls in der Minderheit gegenüber Tschechen, Polen und anderen Slawen.[230] Fast alle Kronländer des Habsburgerreiches waren ethnisch gemischt.[231]

Auch das Osmanische Reich war – anders als die spätere Türkische Republik – kein von einer einzigen Religion oder Nation geprägter Staat. Seine Bevölkerungsstruktur veränderte sich allerdings gravierend infolge des Verkleinerungsprozesses, dem dieses Imperium im letzten Jahrhundert seiner Existenz (zwischen 1821 und 1922) ausgesetzt war. Während das Russische Reich vom 18. Jahrhundert bis zum Ersten Weltkrieg immer größer wurde und das Habsburgerreich nach schweren Gebietsverlusten in Italien 1859/66 und seiner Herausdrängung aus dem Deutschen Bund 1866 zumindest mit Bosnien-Herzegovina 1878 einen Zugewinn auf dem Balkan erfuhr, schrumpfte das Osmanische Reich zwischen 1800 und 1914 kontinuierlich von drei Millionen auf 1,3 Millionen Quadratkilometer. Dass seine Bevölkerungszahl von 26 Millionen Menschen dennoch gleichblieb, hatte mit den massiven Fluchtbewegungen von Muslimen in das verkleinerte Reich zu tun. Dadurch stieg der Anteil der Muslime von 60 Prozent um 1850 auf 74 Prozent 1906.[232] Durch weitere schwere Gebietsverluste in den Balkankriegen von

---

[228] Lieven, Empire, S. 303.
[229] Roshwald, Ethnic Nationalism and the Fall of Empires, S. 8 und S. 11 f.
[230] Wank, The Disintegration of the Habsburg and Ottoman Empires, S. 99.
[231] Funder, Vom Gestern ins Heute, S. 85; lediglich Nieder- und Oberösterreich sowie Salzburg und Vorarlberg konnten als „national geschlossen" gelten.
[232] Inalcik / Quataert, An Economic and Social History of the Ottoman Empire, S. 777 und S. 782.

1912/13 wurde das Osmanische Reich nicht nur „zu einer hauptsächlich *asiatischen Macht*", sondern durch die Abspaltung starker christlicher Bevölkerungsgruppen und neue Fluchtbewegungen verfolgter Balkanmuslime stärker muslimisch-türkisch geprägt denn je. 1914 gab es nur noch 3,5 Millionen Nicht-Muslime unter den 18,5 Millionen Untertanen des Sultans.[233] Diese muslimische Mehrheit war angesichts großer arabischer Anteile zwar nicht gleichbedeutend mit einer türkischen Hegemonialnation[234], doch stellten Türken 1914 immerhin zwischen zehn und dreizehn Millionen Menschen im Osmanenreich.[235] Nach dem Armeniergenozid von 1915/16, dem Verlust der arabischen Provinzen 1917/18 und der Vertreibung der kleinasiatischen Griechen 1922/23 war die wiederum erheblich verkleinerte Türkische Republik ein fast ausschließlich von (acht bis neun Millionen) Muslimen bewohntes Land. „Rein" türkisch aber war und ist – wie etwa das Problem der kurdischen Minderheit signalisiert – auch die Türkei nicht.[236]

Im Zarenreich stellten 1897 die Großrussen 43 Prozent der Bevölkerung. Da sich das Regime durch Förderung eines großrussischen Staats-Nationalismus zu stabilisieren suchte[237], sahen sich alle nichtrussischen Nationalitäten, die sich wie namentlich die Polen durch Separatismus bemerkbar machten, rigider Zwangsassimilation ausgesetzt. Diese Russifizierungspolitik gelangte erst mit der Februarrevolution von 1917 an ihr Ende und wurde von den im November 1917 an die Macht gelangten Bolschewiki nicht fortgesetzt. Im Gegenteil: Mit dem erst in der „Russischen Föderativen Sozialistischen Sowjetrepublik" (RSFSR) und ab 1922 in der erweiterten „Union der Sozialistischen Sowjetrepubliken" (UdSSR) etablierten Modell einer Föderation kommunistischer Völker wurde die Abkehr von der nationalistischen Repressionspolitik der letzten Zaren festgeschrieben. Stattdessen knüpften Lenin und der ihm als Volkskommissar für Nationalitätenfragen zuarbeitende Kaukasier Stalin an die „vormoderne russische Nationalitätenpolitik" an, wie sie bis Mitte des 19. Jahrhunderts praktiziert worden war. Was einst Adelseliten gewährleistet hatten, sollten nun kommunistische Parteieliten leisten: Indirekte Herrschaft durch gegenüber dem Zentrum loyale nichtrussische Eliten unter Gewährung kultureller Autonomie.[238] Mark Mazower erklärt die frühe Sowjetunion deshalb sogar zum „wahre[n] Erbe[n] des Habsburgerreiches", so „wie Hitlers Neuordnung Europas dessen äußerste Ablehnung" gewesen sei.[239]

Gemeint ist weniger die reale Struktur des Habsburgerreiches mit seinen endlosen Nationalitätenkonflikten als die um 1900 geführte Diskussion, wie dieser

---

[233] Wank, The Disintegration of the Habsburg and Ottoman Empires, S. 99.
[234] Sax, Nachtrag zur Geschichte des Machtverfalls der Türkei, S. 649f.
[235] Wank, The Disintegration of the Habsburg and Ottoman Empires, S 99, schätzt 12–13 Millionen Türken; Pomiankowski, Der Zusammenbruch des Ottomanischen Reiches, S. 29, nennt ein Verhältnis von zehn Millionen Türken und 17 Millionen Nicht-Türken.
[236] Klinghardt, Angora – Konstantinopel, S. 35 und S. 39f.
[237] Roshwald, Ethnic Nationalism and the Fall of Empires, S. 19.
[238] Kappeler, Russland als Vielvölkerreich, S. 302.
[239] Mazower, Der dunkle Kontinent, S. 81.

erodierende Vielvölkerstaat durch Demokratisierung stabilisiert werden könnte. Die späte Habsburgermonarchie war nicht nur ein „Schlachtfeld der Nationalismen", sondern auch ein „Experimentierfeld für neue Modelle, wie man die gewaltträchtige Zwangsverbindung von Nation und Territorium aufbrechen, das Zusammenleben verschiedener Nationen auf einem Gebiet ermöglichen könne".[240] Diese Diskussion wurde von Vertretern verschiedener politischer Richtungen geführt, doch für die sowjetische Entwicklung besonders relevant war das 1899 formulierte „Brünner Programm" der österreichischen Sozialdemokratie, welches zunächst die österreichische Hälfte der Doppelmonarchie „in einen demokratischen Nationalitätenbundesstaat" umbilden wollte. Die „historischen Kronländer" sollten durch „national abgegrenzte Selbstverwaltungskörper" auf der Basis des allgemeinen gleichen Wahlrechts abgelöst werden, alle „Selbstverwaltungsgebiete" einer Nation reichsweit zu einem „national einheitlichen Verband" zusammengeschlossen werden. Zugleich sollte innerhalb dieser nationalen Territorien „das Recht der nationalen Minderheiten", die dort lebten, gesetzlich geschützt werden. Die Sozialdemokraten wollten reichsweit „kein nationales Vorrecht" mehr anerkennen, weshalb es keine einheitliche „Staatssprache" mehr geben sollte – was sich gegen das Privileg der deutschen Sprache richtete. Der deutschböhmische Sozialdemokrat Wenzel Jaksch berichtete später, dass das Protokoll dieses Brünner Parteitages der österreichischen Sozialdemokraten „in russischer Sprache nachgedruckt" worden sei und „auf den Universitäten und in den politischen Zirkeln des Zarenreiches starke Beachtung" gefunden habe, da auch dort „eine zentralistische Reichspolitik mit dem Selbstbehauptungswillen unfreier Völker im Streit" gelegen habe. Seitens der Bolschewiki habe Stalin, „der sich besonders für Nationalitätenprobleme interessierte, vor dem Ersten Weltkrieg sogar eine „Studienreise nach Galizien" durchgeführt.[241]

Im damals österreichischen Krakau erteilte Lenin Ende 1912 seinem Nationalitätenexperten den Auftrag, einen programmatischen Aufsatz über diese Frage zu verfassen. Diesen erarbeitete Stalin daraufhin Anfang 1913 in Wien. Darin lehnte der spätere sowjetische Diktator eine Politik der zentralistischen Zwangsassimilation ebenso ab wie eine allzu weitreichende Nationalitätenautonomie, da diese die Staatseinheit zerstören müsse. Stattdessen plädierte Stalin für kulturelle Autonomie der einzelnen Nationen und Völker, wobei „die Regierung die Sprache, Kultur und Schulen für Minderheiten fördern sollte". Diese Kulturautonomie durfte jedoch dem gemeinsamen politischen Kampf aller Proletarier nicht im Wege stehen; die Arbeiterklasse sollte sich nicht in national separate Institutionen aufspalten, sondern in „integralen Kollektivorganen" einer „einzigen Partei" gemeinsam die „vollständige Demokratisierung des Landes" erkämpfen.[242]

Nicht nur der antihabsburgische tschechische „nationale Sozialist" Edvard Beneš betrachtete den „Aufstand der Nationen" gegen die alten Imperien als un-

---

[240] Langewiesche, Nation, Nationalismus, Nationalstaat in Deutschland und Europa, S. 48.
[241] Jaksch, Europas Weg nach Potsdam, S. 91f.
[242] Gellately, Lenin, Stalin und Hitler, S. 194f.

umkehrbaren Trend seiner Zeit.²⁴³ Ähnlich sah dies Lenin, der 1914 betonte: „Der Nationalstaat ist im Kapitalismus die Regel und die ‚Norm'; der Staat von bunter nationaler Zusammensetzung ist etwas Rückständiges oder eine Ausnahme."²⁴⁴ Skeptisch verhielt sich der bolschewistische Führer daher zu jenen österreichischen Sozialdemokraten, die davon ausgingen, dass der Nationalstaat im 20. Jahrhundert nicht mehr im Trend der Zeit lag. Für Karl Renner und Otto Bauer war der Nationalstaat bereits zu klein, um der globalen Wirtschaftsentwicklung noch genügend Entfaltung zu bieten; für die beiden „Austromarxisten" gehörte daher dem übernationalen Staat die Zukunft.²⁴⁵ Lenin dagegen betonte, dass alle ökonomisch fortgeschrittenen Staaten der Welt Nationalstaaten seien, während die Vielvölkerstaaten Russland, Österreich und Türkei rückständige „Halbkolonien" darstellten.²⁴⁶ Die Skepsis Lenins und Stalins hinsichtlich der Reformfähigkeit der Habsburgermonarchie erwies sich gegenüber dem Optimismus Renners und Bauers letztlich als berechtigt. Dennoch ließen die Föderalismus-Debatten der „Austromarxisten" die Ausrichtung der späteren Sowjetunion nicht unberührt. Renner äußerte 1931 sogar die Einschätzung, Lenin habe „der föderalistischen Verfassung der Sowjetunion das Nationalitätenprogramm der österreichischen Sozialdemokratie zugrunde" gelegt.²⁴⁷

Föderalistische Reform-Debatten waren in der Habsburgermonarchie so alt wie ihre Nationalitätenkonflikte. Seit der Völkerrevolution von 1848 strebten dominierende Nationen stets Zentralisierung an, während kleinere Völker „sich entschieden gegen die Herrschaft einer Nationalität im Staate" aussprachen, „wenn es nicht die eigene war", wie der Deutschböhme Anton Springer süffisant bemerkte. Die schwächeren Völker wünschten daher eine Föderativverfassung.²⁴⁸ Als 1848 der Zerfall des Habsburgerreiches drohte, hatte der tschechische Nationalist František Palacký ausdrücklich für die Bildung eines österreichischen „Völkervereins" plädiert.²⁴⁹ Sein Diktum, man müsse Österreich geradezu erfinden, wenn es nicht schon existierte, wurde oft zitiert. Weniger bekannt ist, dass dessen Urheber sein Bekenntnis zur Habsburgermonarchie 1872 öffentlich zurücknahm, von deren Reformunfähigkeit tief enttäuscht.²⁵⁰ Palacký hatte sein „staatserhaltendes" Wort von 1848 an die Bedingung geknüpft, man müsse „Österreich so errichten,

---

243 Beneš, Der Aufstand der Nationen.
244 Lenin, Werke, Bd. 20, S. 400–402.
245 Langewiesche, Reich, Nation, Föderation, S. 95–97.
246 Lenin, Werke, Bd. 23, S. 288–290.
247 Jaksch, Europas Weg nach Potsdam, S. 92 und S. 469, Anm. 77.
248 Springer, Geschichte Österreichs seit dem Wiener Frieden 1809, Bd. 2, S. 283.
249 Ebenda, S. 265.
250 Nitter, Bolzano – Rádl – Patočka, S. 11; 1872 konstatierte der greise Palacký in seinem „Politischen Testament", sein 1848 ausgesprochenes Bekenntnis zu Österreich „sei ein großer Irrthum gewesen"; er habe „diese Äußerung im Vertrauen auf die Gerechtigkeit der deutschen Nation gethan", doch nachdem diese „Gerechtigkeit gegenüber den Czechen nicht walten" lasse und „das czechische Recht mit Füßen" trete, „bekenne er seinen Irrthum und ziehe sein damals geäußertes Wort zurück"; vgl. Kolmer, Parlament und Verfassung in Österreich, Bd. 2, S. 239.

daß die Völker gerne in Österreich existieren". Er drängte somit auf Reformen, nicht auf Restauration.[251]

Der gemäßigte Tscheche Adolf Pinkas hatte 1848/49 die Einteilung aller Landtage in „Nationalkurien" befürwortet, damit schwächere Nationalitäten auch auf Ebene der einzelnen Kronländer nicht übervorteilt würden. Diese Forderung stieß damals auf den Widerstand der Deutschösterreicher, doch zumindest deren liberaler Wortführer Adolf Fischhof überzeugte sich später vom Nutzen der Nationalkurien.[252] 1869 – nach der einseitig Deutsche und Ungarn begünstigenden Schaffung der Doppelmonarchie – forderte Fischhof die Umwandlung zumindest der österreichischen Reichshälfte in einen „Nationalitätenstaat", in dem alle Völker gleichberechtigt leben könnten, nach dem Vorbild der Schweiz.[253] Andere blieben misstrauisch: Der aus Eger stammende Deutschliberale Ernst von Plener fürchtete 1879, eine Föderalisierung würde nur dazu führen, dass in jedem Landesteil „die streitenden Volksstämme Böhmens, Mährens, Steiermarks, Kärntens und Krains sich selbst und ihren inneren Kämpfen überlassen blieben", was „zu stetiger Unterdrückung der einen Nationalität durch die andere führen" müsse. Plener bevorzugte ein zentrales Parlament, innerhalb dessen alle Nationen auf „Bündnisse und Vergleiche angewiesen" sein und dadurch „auf Berücksichtigung und Gerechtigkeit hoffen" könnten.[254]

Die Hoffnung auf die Integrationskraft des Parlamentarismus zerschlug sich jedoch im deutsch-tschechischen Dauerkonflikt.[255] Zu Recht hatte Plener 1885 im Wiener Abgeordnetenhaus einen tschechischen Kollegen gewarnt, wer „das Nationalitätenprinzip als das ausschließlich richtige staatenbildende Prinzip" betrachte, könne „die Existenz Österreichs gar nicht mehr aufrecht erhalten".[256] Die gegenteilige Position hatte der tschechische Abgeordnete František Ladislav Rieger schon 1861 formuliert, als er sich gegen die Vorherrschaft der deutschen Sprache in Schulwesen und Verwaltung verwahrte: „Wir [...] wollen nicht bloß vegetiren, wir wollen nicht, daß es bloß unseren Bauern und der Kindsmagd in der Kinderstube gestattet sei, unsere Sprache zu sprechen. [...] Es gibt keine souveräne Nationalität neben oder über uns, oder wir sind es alle, sind wir doch alle gleich."[257] Eine gesetzliche Regelung der nationalen Sprachenfrage brachte das österreichische Parlament zwischen 1861 und 1918 jedoch nie zustande, weshalb die jeweils geltende Praxis durch Regierungsverordnungen geregelt wurde und entsprechend umstritten blieb. Der deutsche Abgeordnete Carl Rechbauer schlug zwar 1870 ein „Nationalitätengesetz" vor, verband dies allerdings mit der von anderen Nationen

---

[251] Andics, Das österreichische Jahrhundert, S. 75 und S. 101.
[252] Friedjung, Adolf Fischhof, S. 365.
[253] Fischhof, Österreich und die Bürgschaften seines Bestandes.
[254] Die Paraphrase bei Friedjung, Adolf Fischhof, S. 368 f.
[255] Höbelt, "Wohltemperierte Unzufriedenheit", S. 59–61, S. 71 und S. 76 f.
[256] Plener, Reden 1873–1911, S. 319; zugleich betonte er, dass in einem Vielvölkerstaat absolute nationale Gleichberechtigung schon im Interesse einer einheitlichen Staatssprache unmöglich sei; ebenda, S. 321.
[257] Kolmer, Parlament und Verfassung in Österreich, Bd. 1, S. 88.

als überheblich betrachteten Erwartung, dass darin „den Deutschen jene Stellung gewährt werden wird, die ihnen vermöge ihrer Cultur, vermöge ihrer tausendjährigen Geschichte und insbesondere dafür gebührt, daß sie das Reich geschaffen und zusammengehalten haben".[258] 1897 trat der Deutschnationale Karl Hermann Wolf gegen die Sprachenverordnung des Ministerpräsidenten Graf Badeni, die deutsche Beamten in Böhmen zum Erlernen der tschechischen Sprache veranlasste, mit dem bösen Ausspruch auf, die slawischen Völker Österreichs seien „tief minderwertige Nationalitäten".[259] Das Wiener Abgeordnetenhaus wurde zum Schauplatz wechselseitiger „Tyrannei der Obstruktion nationaler Minderheiten".[260] Der österreichische Ministerpräsident Ernest von Koerber kritisierte 1903 vergebens diese Blockadepolitik, die „sich wie Meltau auf die Saat" lege und eine vernichtende Wirkung entfalte.[261] Auch die 1907 erfolgte Demokratisierung des Wahlrechts schwächte die Nationalismen nicht. 1908 musste Ministerpräsident Baron Bienerth ausdrücklich warnen, der „nationale Kampf" dürfe „nicht so weit gehen, daß er das friedliche, wirtschaftliche und soziale Zusammenleben unmöglich macht, nie darf der nationale Wettstreit der Parteien die Staatsmaschine zum Stillstand bringen". Als 1914 der Erste Weltkrieg begann, entschied sich Bienerths Nachfolger Graf Stürgkh für die permanente Vertagung des österreichischen Reichsrates, weil er im Parlament den Ausbruch von Nationalitätenkonflikten befürchtete.[262]

Ebenfalls zwiespältig wirkte der Parlamentarismus auch in den anderen östlichen Imperien. Zwar bot die 1905 geschaffene russische Reichsduma ein neues Partizipationsforum für ethnoreligiöse Gruppen, das möglicherweise den Separatismus dämpfte[263], doch zugleich trug das Parlament zur Verschärfung nationaler Konflikte bei, da die seit 1907 dominierenden großrussischen Nationalisten „in nationalen Fragen beinahe noch reaktionärer" agierten als die zaristische Regierung.[264] Auch im Osmanischen Reich, wo die Jungtürkische Revolution von 1908 den kurzfristigen Parlamentarismus der Jahre 1876/78 wiederbelebte, wurden Hoffnungen bald enttäuscht. Schon 1908 stellten sich im Parlament die meisten nationalen Minderheiten auf die Seite der konservativen türkischen Widersacher der Jungtürken, während letztere lediglich von Armeniern und Juden unterstützt wurden. In der Folgezeit wurde auch das Bündnis zwischen Jungtürken und linken Armeniern zerrüttet. Der Tiefpunkt war erreicht, als das vertagte osmanische Parlament im Frühjahr 1915 seiner armenischen Mitglieder durch Deportation und Mord beraubt wurde, dies jedoch wenige Monate später wider-

---

[258] Kolmer, Parlament und Verfassung in Österreich, Bd. 2, S. 32
[259] Kolmer, Parlament und Verfassung in Österreich, Bd. 6, S. 236; K. H. Wolf wurde von Hitler zeitlebens bewundert und als Greis 1938 zum Mitglied des Großdeutschen Reichstages berufen; vgl. Hamann, Hitlers Wien, S. 375f.
[260] Kolmer, Parlament und Verfassung in Österreich, Bd. 8, S. VII.
[261] Ebenda, S. 527.
[262] Czedik, Zur Geschichte der k.k. österreichischen Ministerien 1861–1916, Bd. 4, S. 52 und S. 451; der Reichsrat wurde erst 1917 wieder einberufen.
[263] Roshwald, Ethnic Nationalism and the Fall of Empires, S. 27.
[264] Miliukow, Russlands Zusammenbruch, Bd. 1, S. 105f.

standslos hinnahm und sich zum willfährigen Werkzeug des Armenier-Genozids machte.²⁶⁵

Im Habsburgerreich hatte der österreichisch-ungarische Ausgleich von 1867 nur die auf Unabhängigkeit drängenden Magyaren zeitweilig zufriedengestellt, indem ihnen die ungarische Reichshälfte quasi zur Herrschaft überlassen wurde. Dadurch wurden viele andere Nationen, vor allem die ebenfalls in Ungarn lebenden, benachteiligt. Die Kroaten vereinbarten 1868 mit den Magyaren immerhin eine Kulturautonomie, die von einer eigenen Landesregierung und einem Landtag in Agram (Zagreb) ausgeübt wurde. Doch war diese Autonomie „nicht nur meilenweit von jenen Freiheiten entfernt, welche das ungarische Parlament innerhalb des Reiches genoß", sie wurde außerdem dadurch untergraben, dass die magyarische Elite ihr zunehmend zuwider handelte und schließlich den Agramer Landtag zwischen 1908 und 1913 andauernd vertagte.²⁶⁶ Der Brite Seton-Watson kritisierte daher 1913, die „absolutistische Mißwirtschaft" der Magyaren vereitele alle Reformhoffnungen und werde „den ganzen slawischen Süden" des Habsburgerreiches „in die Revolution […] treiben".²⁶⁷

Man kann es auf den ersten Blick als multikulturelle Integrationsleistung bewundern, dass im ersten nach allgemeinem gleichen Männerwahlrecht 1907 gewählten österreichischen Abgeordnetenhaus 233 Deutsche, 108 Tschechen, 80 Polen, 37 Südslawen, 34 Ukrainer (Ruthenen), 19 Italiener und 5 Rumänen zusammenfanden.²⁶⁸ Auch unter den gemeinsamen Ministern der Doppelmonarchie befanden sich nicht nur Deutsche, sondern stets auch Magyaren und Polen, in den Regierungen der österreichischen Reichshälfte waren „außer Deutschen […] Polen, Tschechen und Ruthenen wiederholt Minister". Auch die Beamtenschaft war „in allen Zweigen und Rängen" mit „Angehörige[n] aller Nationalitäten" durchsetzt, allerdings nicht proportional, da die Wiener Ministerialbürokratie 1914 zu lediglich 24 Prozent „nichtdeutsch" gewesen sein soll.²⁶⁹ Trotz solcher im Vergleich mit Nachbarstaaten bemerkenswerten Indizien für Partizipation war das Vielvölkerreich keine multikulturelle Idylle. Denn nicht nur „die Autorität der Regierung kapitulierte vor der Macht der national-politischen Elemente des Parlamentes", wie 1914 der Deutschösterreicher Gustav Kolmer etwas überzeichnend bemerkte.²⁷⁰ Vor allem das Parlament wurde von den nationalen Konflikten paralysiert. In der österreichischen Reichshälfte blieb das Problem des deutsch-tschechischen Ausgleichs trotz wiederholter Anläufe ungelöst. Masaryk postulierte

---

²⁶⁵ Kansu, The Revolution of 1908 in Turkey, S. 240f.; Lewy, The Armenian Massacres, S. 152f.; vgl. ausführlich Kap. I.2 und I.4.
²⁶⁶ Roshwald, Ethnic Nationalism and the Fall of Empires, S. 11f.; zum kroatisch-ungarischen Rechtsvergleich: Cormons, Schicksale und Schatten, S. 184; zur Vertagung: Pleterski, Die Südslawenfrage, S. 132.
²⁶⁷ Seton-Watson, Die südslawische Frage im Habsburgerreiche, S. 443.
²⁶⁸ Hugelmann, Das Nationalitätenrecht nach der Verfassung von 1867, S. 239; 1913 waren es 224 Deutsche, 108 Tschechen, weiterhin 80 Polen, 28 Ukrainer, aber 34 Kroaten und Slowenen, ferner 16 Italiener und weiterhin 5 Rumänen; ebenda, S. 279.
²⁶⁹ Hugelmann, Das Nationalitätenrecht nach der Verfassung von 1867, S. 279f.
²⁷⁰ Kolmer, Parlament und Verfassung in Österreich, Bd. 8, S. V.

deshalb 1908 im Wiener Abgeordnetenhaus, der Habsburgerstaat „dürfe nicht erhalten", er müsse „prinzipiell und wesentlich geändert werden".[271]

Doch nicht nur slawische Völker wandten sich vom Habsburgerreich ab; auch Teile der deutsch-österreichischen Bevölkerung, die den zentrifugalen Nationalismen lange reichspatriotischen „Widerstand" entgegengesetzt hatte, fühlten sich zunehmend „in die centrifugale Bewegung gedrängt", wodurch „der Verfassung und der dualistischen Staatsform größere Gefahr denn je" drohte.[272] Für diesen Teil der Deutsch-Österreicher schied sich „der landläufige dynastische Patriotismus von nationaler Vaterlands- und Volksliebe", wie Adolf Hitler sich nach 1918 erinnerte. Dieser 1889 geborene Untertan des Habsburgerkaisers Franz Joseph verachtete „diesen faulen Staat" mit „dieser traurigen Dynastie", die dem Deutschtum nur geschadet habe, und rühmte die alldeutsche Bewegung in Österreich, „in klarer und eindeutiger Weise festgestellt zu haben, daß eine Staatsautorität nur dann das Recht hat, Achtung und Schutz zu verlangen, wenn sie den Belangen eines Volkstums entspricht".[273] Die logische Schlussfolgerung war die Aufteilung Österreich-Ungarns in homogene Nationalstaaten, die auf Kosten der anderen Nationalitäten den größtmöglichen Anteil für ihr „Volkstum" zu erkämpfen suchten. Dies hatte der Sozialdemokrat Karl Renner 1906 vorausgesagt: Seine Utopie der Umwandlung des Habsburgerreiches in einen demokratischen „Nationalitätenstaat" war „der eine von zwei Auswegen", dessen Alternative schrecklich schien: „Die erste Teilung Österreichs, die zweite, die dritte – dieses Land als Schlachtfeld der europäischen Rassen, die Arena eines neuen dreißigjährigen Krieges".[274] Renner sollte die Erfüllung dieser Prophezeiung in zwei Weltkriegen miterleben.

Für das Habsburgerreich wurden im Wesentlichen drei Reformmodelle debattiert: Zunächst der Trialismus, die Aufwertung der Slawen zur dritten Staatsnation neben Deutschen und Magyaren, was das Strukturproblem der nationalen Ungleichheit gemildert, aber nicht gelöst hätte.[275] Zweitens die Demokratisierung des Wahlrechts in der ungarischen Reichshälfte – mit der Konsequenz der Entmachtung der Magyaren zugunsten der Minderheiten, die zusammen die Mehrheit gestellt hätten. Dies wurde der magyarischen Elite von Wien und dem gesamtstaatlich gesinnten ungarischen Innenminister József von Kristóffy 1905/06 tatsächlich angedroht, um sie erfolgreich zu Kompromissen zu zwingen, gerade deshalb aber dann bis 1918 nie verwirklicht. Der österreichische Südslawe Spiridion Gopčević hielt nach dem Ende der Doppelmonarchie das Abblasen dieser

---

[271] Czedik, Zur Geschichte der k. k. österreichischen Ministerien 1861–1916, Bd. 4, S. 161 und S. 165 f.
[272] Kolmer, Parlament und Verfassung in Österreich, Bd. 1, S. VI.
[273] Hitler, Mein Kampf, S. 104 und S. 106.
[274] Springer, Grundlagen und Entwicklungsziele der Österreichisch-Ungarischen Monarchie, S. 248.
[275] Trialismus-Programme favorisierten zumeist einen südslawisch-großkroatischen dritten Teilstaat der Monarchie neben Österreich und Ungarn, doch wurde auch eine „subdualistische Lösung" in Form eines autonomen Kroatien-Dalmatien-Bosnien innerhalb Ungarns oder Polens im Rahmen der Habsburgermonarchie diskutiert; vgl. Broucek, Ein General im Zwielicht, Bd. 1, S. 485.

demokratischen Wahlrechtsreform in Ungarn für fatal: Denn diese Reform wäre „die einzige Rettung Österreichs gewesen", sie hätte indirekt die „Verwandlung der Monarchie in einen Föderativstaat" bewirken können, „in dem alle Nationen gleichberechtigt gewesen wären".[276]

Dies eben war die dritte Reformvariante, die der ungarische Rumäne Aurel Popovici ab 1906 mit dem „aufsehenerregenden" Schlagwort der „Vereinigten Staaten von Groß-Österreich" propagierte.[277] Popovici forderte „eine neue, großösterreichische Reichsidee, um aus dem jetzigen Sumpf herauszukommen", gestützt auf die traditionellen Säulen Dynastie und Militär, aber auch auf das moderne Prinzip der „Gerechtigkeit gegen sämtliche Völker". Es ging um grundlegende Föderalisierung bei gleichzeitiger Schaffung einer effektiven Zentralregierung. Popovici wollte die Habsburgermonarchie in fünfzehn ethnisch homogene territoriale Einheiten gliedern – drei deutsche (Alpen-Donau, Nordböhmen, Mähren-Schlesien), zwei ungarische (Ungarn und Szekler-Land in Siebenbürgen), zwei italienische und je ein tschechisches, slowakisches, polnisches, ukrainisches, rumänisches, slowenisches und kroatisches Gebiet, neben denen die gemischtnationale Vojvodina bestehen bliebe. Die Lösung der serbischen Frage blieb offen. Wurde den Mehrheitsnationen dieser Regionen Territorialautonomie zuerkannt, sollte allen größeren Minderheiten der Teilgebiete und der gesamten „Judenschaft des Reiches" kulturelle Autonomie (nach dem Modell der Sozialisten Renner und Bauer) gewährt werden. Kleine ethnische Enklaven sollten davon ausgenommen und der Assimilation durch die jeweiligen Mehrheitsvölker überlassen werden. Für Popovici war die „wesentlichste Bedingung zur Beilegung des Nationalhaders [...] *somit die Abgrenzung der Nationalitäten nach ihren großen ethnographischen Grenzen*".[278]

1945 verglich der vor Hitler in die USA geflüchtete Rudolf Schlesinger diesen Reformplan mit den Verhältnissen vor und nach 1918. Im Verhältnis zum Status quo von 1906, so Schlesinger, hätte das Popovici-Projekt einen Machtverlust für Magyaren, Polen und Deutsche gebracht, aber eine Besserstellung für alle anderen Nationalitäten. Im Vergleich zur 1919 etablierten Ordnung von Versailles hätten Deutsche und Magyaren zwar ebenfalls einen generellen Machtverlust erlitten, aber zumindest die volle Autonomie für ihre Minderheiten in den Sudetengebieten und in Siebenbürgen gewonnen. Die Slowenen und Kroaten hätten die großserbische Hegemonie in Jugoslawien nicht erlebt, andererseits wäre die serbische Minderheit in Österreich-Ungarn zu kurz gekommen. Das tschecho-slowakische

---

[276] Gopčević, Österreichs Untergang, S. 275 f.; dies lastete der Kritiker Kaiser Franz Joseph persönlich an; dass das Habsburgerreich in „eine Art vereinigter Völker Europas" umgebildet werden sollte, mit einer Neueinteilung „in zehn nach Sprachgrenzen abgeteilte Verwaltungsbezirke" statt der historisch überlieferten „unglückliche[n] Kronländerei", hatte Gopčević schon 1890 angeregt und 1908 wiederholt.
[277] Hodža, Schicksal Donauraum, S. 79 f.; zur „aufsehenerregenden" Wirkung: Funder, Vom Gestern ins Heute, S. 363.
[278] Popovici, Die Vereinigten Staaten von Groß-Österreich, S. 17 f., S. 21, S. 288–290, S. 295–297 und S. 307–310.

Problem hätte bei Popovici eine einfachere Lösung gefunden als realiter 1918/19, und die Ukrainer wären auf jeden Fall besser gefahren. Tschechen, Rumänen und Italiener hätten ihre Lage verbessert, allerdings nicht so weitgehend wie 1919. Ob die Nationen des Habsburgerreiches durch den Popovici-Plan hätten zufriedengestellt werden können, machte Schlesinger davon abhängig, dass die Reform einen echten Föderalismus etabliert hätte, statt nur eine Verschleierung der alten deutsch-magyarischen Vorherrschaft zu werden.[279] Andere urteilten skeptischer: Siegfried Lichtenstaedter meinte 1941, zwar sei der österreichisch-ungarische Staat, der die Ratschläge Popovicis bekanntlich nicht befolgt habe, nach viereinhalb Jahren Weltkrieg zusammengebrochen; aber man müsse sich fragen, „ob er, wenn er diese Ratschläge befolgt hätte, nicht schon im dritten, vielleicht schon im zweiten oder sogar im ersten Kriegsjahr zusammengebrochen wäre". Bestenfalls hätte „die Umwandlung Oesterreichs in einen Bundesstaat ein gutes Uebergangsstadium für die Staatenneubildung nach seiner Auflösung geschaffen".[280]

Popovici hatte ähnlich wie der ihm befreundete Rumäne Iuliu Maniu oder der Slowake Milan Hodža versucht, den österreichisch-ungarischen Thronfolger Erzherzog Franz Ferdinand für seine Reform zu gewinnen, die die magyarische Privilegierung in Groß-Ungarn womöglich mit Gewalt hätte brechen müssen.[281] Popovicis „Appell an den Cäsarismus" zielte auf einen „Staatsstreich aller Völker" mit einem reformorientierten neuen Kaiser als Hauptakteur. Die Nationalitäten-Demokratie sollte von oben erzwungen werden[282], auch wenn dies der Hilfe von unten bedurfte. Tatsächlich hielt Franz Ferdinand die intolerante magyarische Politik für das „Grundübel" seines Reiches.[283] Die magyarischen Nationalisten befürchteten, dass der Thronfolger militante Staatsstreichpläne hegte; der frühere ungarische Innenminister Kristóffy glaubte, dass dieser Habsburger die Reform eher „auf verfassungsmäßigem Wege" hätte durchführen mögen, „womöglich durch die Parlamente, eventuell durch Volksabstimmung" – also durch plebiszitäre Ermächtigung benachteiligter Nationen über den Kopf des Budapester Privilegien-Parlaments hinweg.[284] Wie immer dem sei[285]: Der Balkankenner Seton-Watson meinte 1913, „daß die Südslawen nur noch auf eines warten: auf den Thronfolger", bis zu dessen Thronbesteigung sie ihre Diskriminierung allenfalls noch zu ertragen gewillt seien.[286] Im Juni 1914 machte Franz Ferdinands Ermordung durch serbische Nationalisten diese Reformhoffnung zunichte, so unsicher

---

[279] Schlesinger, Federalism in Central and Eastern Europe, S. 227f.
[280] Lichtenstaedter, Sprachenpolitik, S. 116 und S. 119f.; damit wären aber immerhin „viele Ungerechtigkeiten und Schäden" von 1918/19 verhindert worden – „namentlich bezüglich der deutschen Bestandteile".
[281] Hodža, Schicksal Donauraum, S. 80; Schlesinger, Federalism in Central and Eastern Europe, S. 226; Zsuppan, Die politische Szene Ungarns, S. 119; Gruša, Beneš als Österreicher, S. 93.
[282] Charmatz, Deutsch-Österreichische Politik, S. 373.
[283] Hantsch, Leopold Graf Berchtold, Bd. 2, S. 485.
[284] Funder, Vom Gestern ins Heute, S. 507.
[285] Ein weiteres „Thronwechselprogramm" Franz Ferdinands resümiert Glaise-Horstenau in Broucek, Ein General im Zwielicht, Bd. 1, S. 236f.
[286] Baernreither, Fragmente eines politischen Tagebuchs, S. 253.

deren Chancen auch waren.²⁸⁷ Es war kein Zufall, dass Franz Ferdinands einstige Berater Hodža und Maniu, die um 1930 zu Regierungschefs der Tschechoslowakei oder Rumäniens aufstiegen, als relativ minderheitenfreundlich galten.²⁸⁸ Beide Politiker blieben auch von der Notwendigkeit eines „neuen Österreich" anstelle der nationalistischen Kleinstaaterei überzeugt und engagierten sich für eine Donauföderation.²⁸⁹

Reformbefürworter kamen aus verschiedensten politischen Lagern – vom in Südmähren geborenen Sozialdemokraten Karl Renner über den Wiener Deutschliberalen Richard Charmatz bis zum Rostocker Deutschnationalen Wilhelm Schüßler.²⁹⁰ Renner und dessen Genosse Otto Bauer, ein gebürtiger Wiener böhmisch-jüdischer Herkunft, propagierten – stärker als Popovici – nicht nur eine territorial organisierte Autonomie über von einer bestimmten Nation regierte Teilregionen des Reiches, sondern setzten auf die Idee einer „zweidimensionalen Föderation". Da jedes autonome Territorium weiterhin nationale Minderheiten enthalten würde, die darin neuer Unterdrückung anheimfallen könnten, wollten sie das Prinzip der Territorialautonomie ergänzen durch Personalautonomie – durch Institutionen zur Sicherung der kulturellen Selbstbestimmung jedes Volkes unabhängig vom Wohnort des Einzelnen.²⁹¹ Wie oben bemerkt, griff Popovici diese Personalautonomie nur – oder immerhin – ergänzend auf. Zu Recht ist bemerkt worden, dass sich in dieser Konzeption die Rücksichtnahme der fortschrittsorientierten Sozialisten auf die auf Siedlungsgrenzen keine Rücksicht nehmende Arbeitsmigration im Zeitalter der Industrialisierung widerspiegelt, während andere Modelle – Popovicis Territorialautonomie ebenso wie der 1917/18 diskutierte Reformvorschlag des deutschböhmischen Abgeordneten Rudolf Lodgman von Auen – nationale Territorial-Besitzstände möglichst festschreiben und Arbeitsmigranten fremder Nationalität kein Wahlrecht einräumen wollten.²⁹² Diesen Gedanken der räumlichen Trennung ethnischer Gruppen durch Schaffung autonomer Nationalterritorien hat Karl Renner bereits 1906 verworfen, weil dies nur durch Zwangsassimilation erreichbar sei und jede Nation Teile des eigenen Volkes würde aufgeben müssen. Auch war Renner überzeugt, dass „ethnische Siedlungsverhältnisse

---

287 Zu den Reformplänen Franz Ferdinands und des späteren Kaisers Karl I.: Hantsch, Leopold Graf Berchtold, Bd. 2, S. 555 und S. 766; skeptisch beurteilte deren Erfolgschancen: Schlesinger, Federalism in Central and Eastern Europe, S. 227f. und S. 230, da der Reformwille von Habsburger-Monarchen ebenso zweifelhaft gewesen sei wie die Billigung der Abschaffung der deutsch-magyarischen Dominanz durch Deutschland.
288 Zu Maniu, der fälschlich als „Manliu" erscheint: Scheuermann, Minderheitenschutz kontra Konfliktverhütung?, S. 255; zu Hodža: Zeman / Klimek, The Life of Edvard Beneš, S. 122.
289 So Maniu 1937 und Hodža 1941; vgl. Funder, Vom Gestern ins Heute, S. 386–388.
290 Funder, Vom Gestern ins Heute, S. 89 und S. 712.
291 Hantsch, Die Geschichte Österreichs 1648–1918, S. 476; Rauscher, Renner, S. 14f., und Hanisch, Der große Illusionist, S. 19f.
292 Diesen Gegensatz zwischen Popovici und den Austromarxisten beobachtete der Chef der Militärkanzlei des Thronfolgers Franz Ferdinand; vgl. Bardolff, Soldat im alten Österreich, S. 153f.; zu Lodgmans Plan einer Status-Quo-Territorialautonomie für die österreichische Reichshälfte, den er 1917 Kaiser Karl I. unterbreitete und 1918 publizierte: Lodgman, Die Autonomie und ihre Bedeutung für Österreich-Ungarn, S. 33f. und S. 37f.

zwar nichts Ewiges und Unveränderliches", aber nur langfristig veränderbar seien. Daher müsse „mit dem Völkerkonglomerat, wie es ist, hüben und drüben auf alle absehbare Zeit hinaus gerechnet werden", denn die Mischstruktur sei „neben den geographischen die elementarste politische Tatsache, stabil, der Willkür entrückt und grundlegend". Ethnische „Säuberung" hielt Renner folglich für unmöglich: „Künstliche Mittel sind hier ganz ausgeschlossen, selbst eine zwangsweise Transplantation wie die der Juden nach Babylon wäre hier offensichtlich fruchtlos."[293]

Der Liberale Richard Charmatz hielt Renners Reformvorschlag für zu optimistisch und wollte die ungarische Reformblockade auflösen, indem die Doppelmonarchie zur bloßen Personalunion zweier Reiche gelockert werden sollte, damit das dann eigenständige österreichische Reich freie Hand für Reformen bekäme, die bislang von den Ungarn blockiert wurden.[294] Der Reichsdeutsche Schüßler glaubte hingegen noch im letzten Weltkriegsjahr 1918, dass die repressiv zum magyarischen Nationalstaat geformte ungarische Reichshälfte viel stabiler sei als die in Nationalitätenkonflikten „zerbröckelte" österreichische, und zog daraus die Folgerung, statt das Übergewicht Ungarns als Reformproblem zu attackieren müsse man dasselbe zur Grundlage jedweder Reform machen. Faktisch habe sich Österreich-Ungarn seit 1867 in „ein Ungarn-Österreich" verwandelt. Unter magyarischer Führung könnte die Habsburgermonarchie neu gegliedert werden, um Serbokroaten und Polen nationale Autonomie zu gewähren. Zugleich müsste der österreichische Reichsteil so zurechtgeschnitten werden, dass die Deutschen darin eine ebenso klare Mehrheit bekämen wie die Magyaren in Ungarn – vermutlich durch Ausgliederung Galiziens, womit die Diskriminierung der Tschechen verewigt worden wäre.[295] Solche Reformpläne für ein „Österreich unter deutscher Führung"[296], wie sie die Deutschnationalen in Österreich bis 1918 ernsthaft verfolgten, basierten auf verfestigter nationaler Ungleichheit und spielten denen in die Hände, die das Habsburgerreich als „Völkerkerker" diffamierten.

Hingegen wollte Karl Renner den reformierten österreichischen „Völkerstaat" als „demokratische Schweiz im großen mit monarchischer Spitze".[297] Vielvölkerstaaten wie die Schweiz oder Belgien funktionierten doch, sofern deren Völker eine gemeinsame nicht-nationale „Staatsidee" teilten. Nicht nur der Nationalstaat Ernest Renans, sondern auch der „national gemischte Staat" fand „seine Lebenskraft in dem Einverständnis der Betheiligten".[298] Diese gemeinsame Staatsidee

---

[293] Springer, Grundlagen und Entwicklungsziele der Österreichisch-Ungarischen Monarchie, S. 174, S. 183f. und S. 196f.; Sieghart, Die letzten Jahrzehnte einer Großmacht, S. 435f., betonte 1932, eine auf ein Territorium bezogene Autonomie sei nur bei geschlossener ethnischer Siedlungslage sinnvoll, bei Gemengelagen empfehle sich eine Autonomie über „Personalkörperschaften"; Voraussetzung für gelingendes friedliches Miteinander sei aber die Anerkennung jeder Nation ohne „angemaßte Überlegenheit oder Rassenhochmut".
[294] Charmatz, Deutsch-Österreichische Politik, S. 374–376.
[295] Schüßler, Das Verfassungsproblem im Habsburgerreich, S. 219–225.
[296] Molisch, Geschichte der deutschnationalen Bewegung in Oesterreich, S. 231 und S. 256; Jaksch, Europas Weg nach Potsdam, S. 173.
[297] Springer, Grundlagen und Entwicklungsziele der Österreichisch-Ungarischen Monarchie, S. 248.
[298] Kremer, Die Nationalitätsidee und der Staat, S. 108f. und S. 135.

sollte im Habsburgerreich durch Gleichberechtigung der Nationalitäten revitalisiert werden. Mit seinem Schweiz-Vergleich dürfte Renner dem französischen Wissenschaftler Louis Eisenmann gefolgt sein, der 1904 die Umwandlung der Habsburgermonarchie in eine „Schweiz mit einem Monarchen an der Spitze" gefordert[299] und damit auch den jungen Edvard Beneš beeindruckt hatte. Dieser plädierte 1908 in seiner in Dijon erstellten Dissertation über „Das österreichische Problem und die tschechische Frage" für die Umwandlung des damals von ihm noch als „Chance" wahrgenommenen Habsburgerreiches in einen Staatenbund mit Selbstverwaltung für jede Nation. Erst im Ersten Weltkrieg sollte er, erneut in Frankreich, 1916 fordern: „Zerstört Österreich-Ungarn!"[300] Zu diesem Umschwung trug seine Erfahrung mit dem deutschen Antislawismus erheblich bei.[301] Als Reichskanzler Bethmann Hollweg 1914 den Weltkrieg als „Entscheidungskampf zwischen Germanen und Slaven" interpretierte, waren selbst Deutschlands Wiener Verbündete fassungslos, da diese Parole Deutsche und Slawen im Habsburgerreich gegeneinander hetzte.[302] Doch schon Jahre zuvor hatte der junge Doktorand Beneš im Berlin des Jahres 1908 bei seinem „Studium des Pangermanismus" – von Autoren wie Lagarde, Treitschke, Houston Chamberlain oder Paul Rohrbach – die schwer zu widerlegende Überzeugung gewonnen, „der Pangermanismus, wie er, von Lagarde angefangen, von den deutschen Philosophen und Politikern formuliert wurde", sei „eine Verleugnung der modernen Nationalitätenidee, des Prinzips der Gleichheit der Menschen und Nationen, der Demokratie, eine Verleugnung alles dessen, was […] in ideeller Beziehung England, Frankreich, Italien und Amerika politisch und sozial vorstellten".[303] Nicht nur aus deutscher Sicht standen im Ersten Weltkrieg die „Ideen von 1789" gegen das, was Deutschland damals repräsentierte.[304]

Womöglich war es ein Nachhall seiner einstigen föderalen Überzeugungen, dass Edvard Beneš auf der Versailler Friedenskonferenz im Mai 1919 erklärte, es sei die Absicht der von ihm vertretenen Tschechoslowakei, ihr Nationalitätenrecht nach den liberalen Prinzipien der Schweiz zu entwickeln. Allerdings müsse der deutsche Einfluss in seinem Land auf seine angemessene Größe reduziert werden.[305] Hatte ein spanischer Wissenschaftler 1917 noch Österreich-Ungarn der Schweiz als vorbildlich im Nationalitätenrecht an die Seite gestellt[306], folgte Beneš lieber seinem politischen Ziehvater Masaryk, der die Schweiz zum Gegenbild von Österreich-Ungarn stilisiert und als Modell für die neue Tschechoslowakei be-

---

[299] Hodža, Schicksal Donauraum, S. 85 f.; Eisenmann, Le Compromis Austro-Hongrois de 1867.
[300] Werner, Eduard Beneš, S. 44–47; Gruša, Beneš als Österreicher, S. 63 und S. 73.
[301] Papoushek, Dr. Edvard Benes. S. 10 und S. 20; vgl. auch Kap. II.1.
[302] Polzer-Hoditz„ Kaiser Karl, S. 142 f.
[303] Beneš, Der Aufstand der Nationen, S. 3 und S. 717.
[304] Vgl. Wehler, Deutsche Gesellschaftsgeschichte, Bd. 4, S. 17–21; vgl. differenzierend auch Bründel, Volksgemeinschaft oder Volksstaat, S. 114.
[305] Macartney, National States and National Minorities, S. 241 f.; Paneth, Eduard Benes, S. 25 f.
[306] Polzer-Hoditz„ Kaiser Karl, S. 41.

schworen hatte.³⁰⁷ Später zitierte Beneš am liebsten nur noch seinen Satz von der Reduktion deutscher Privilegien.³⁰⁸ Die Minderheitenpolitik der Tschechoslowakei blieb denn auch zwischen 1918 und 1938 weit davon entfernt, das proklamierte Schweizer Modell umzusetzen.³⁰⁹ Karl Renner erklärte 1926 süffisant, der neue Prager Vielvölkerstaat habe mit sechs Nationen und sechs Sprachen das Habsburgerreich als „das interessanteste Staatswesen Europas" beerbt, doch anders als behauptet, sei die Tschechoslowakei keine zweite Schweiz geworden. Dort sei der Staat das „Miteigentum aller Nationen", während die Tschechoslowakei nur zwei Staatsnationen kenne und die übrigen zu Minderheiten herabdrücke.³¹⁰

Ebensowenig wie die Tschechoslowakei war die Habsburgermonarchie jemals eine zweite Schweiz geworden. Die vom letzten Kaiser Karl I. und seinem österreichischen Regierungschef Max von Hussarek am 16. Oktober 1918 verkündete Föderalisierung war ein Verzweiflungsakt in letzter Sekunde und wurde von der „nationalstaatlichen Auflösung" angesichts der Weltkriegsniederlage überrollt.³¹¹ Gleichwohl war die Habsburgermonarchie nicht völlig reformunfähig, waren doch kurz vor dem Ersten Weltkrieg zumindest regionale Kompromisse gelungen – zwar nicht auf den zentralen Konfliktfeldern in Ungarn oder Böhmen, aber 1905 immerhin in Mähren und 1910 in der Bukowina.³¹² Im Winter 1913/14 gelang dem österreichischen Ministerpräsidenten Graf Stürgkh und seinem Unterrichtsminister Hussarek sogar ein mühsamer „Ausgleich" zwischen Polen und Ukrainern in Galizien.³¹³ Bereits nach dem Mährischen Ausgleich hatte Karl Renner 1906 frohlockt, seine anfangs als unrealistische Utopie belächelte Personalautonomie sei schon nach wenigen Jahren „geltendes Gesetz" geworden.³¹⁴ Zwar konnte man Mähren als Elitenkompromiss kritisieren, der die soziale Dominanz der Großgrundbesitzer- und oberen Mittelklasse durch Preisgabe der deutschen Vorherrschaft sichern sollte.³¹⁵ Dennoch hatte er Vorbildwirkung für den deutsch-tschechischen Konflikt im benachbarten Böhmen, und den Tschechen Masaryk interessierte 1908 nicht ein „unvollkommener Versuch", sondern das damit anerkannte Prinzip der Gleichberechtigung – „die Idee, daß ein Volk neben dem anderen gleichwertig sein soll, ob größer oder kleiner, ob mit mehr oder weniger Kultur". Dieser Grundsatz werde auch anderswo „zum Durchbruch" kommen.³¹⁶

---

[307] Masaryk, Die Weltrevolution, S. 70–72.
[308] Zeman / Klimek, The Life of Edvard Beneš, S. 51; Masaryk, Die Weltrevolution, S. 70–72.
[309] Ahonen e. a., People on the Move, S. 3.
[310] Renner, Das nationale und das ökonomische Problem der Tschechoslowakei, S. 1, S. 9 und S. 13.
[311] Hantsch, Die Geschichte Österreichs 1648–1918, S. 568 und S. 570.
[312] Winkler, Geschichte des Westens, Bd. 1, S. 1024; dort legte ein regionaler „Ausgleich" die Amtssprachen ins Ermessen der Kommunen und differenzierte Schulwesen und Wahlkreiseinteilung nach nationalen Gruppen.
[313] Höbelt, „Wohltemperierte Unzufriedenheit", S. 74.
[314] Springer, Grundlagen und Entwicklungsziele der Österreichisch-Ungarischen Monarchie, S. 247f.
[315] Schlesinger, Federalism in Central and Eastern Europe, S. 215; Ther, Die dunkle Seite der Nationalstaaten, S. 53f.
[316] Czedik, Zur Geschichte der k.k. österreichischen Ministerien 1861–1916, Bd. 4, S. 166.

Auch ganz abgesehen von diesen begrenzten Reformfortschritten konnte man die Ansicht vertreten, dass „auf dem Gebiete des Nationalitätenrechtes das alte Österreich Beispiele und Anregungen von Teillösungen" bot, die auch nach dem Zusammenbruch des Habsburgerreiches für die nachfolgenden Vielvölkerstaaten Osteuropas „von vorbildlichem Wert" hätten sein können.[317] Jedenfalls ging die Politik im Habsburgerreich – oder besser: in seiner relativ toleranten österreichischen Hälfte – im europäischen Vergleich am weitesten in dem Versuch, widerstreitende nationale Interessen durch Reformen im Sprachenrecht und Bildungswesen auszutarieren. Mancher betrachtet die wiederum relativ moderate Politik der tschechischen Nationalisten gegenüber den nationalen Minderheiten der Tschechoslowakei der Zwischenkriegszeit als „posthume Belohnung" für die frühere österreichische Reformpolitik bis 1918.[318]

Der Untergang der Donaumonarchie bewog die Sozialdemokraten Renner und Bauer 1918/19 zu einer „großdeutschen" Kursänderung: Als nach dem Zusammenbruch ihres Vielvölkerstaates überall Nationalstaaten entstanden (oder zu entstehen schienen), wollten auch sie den Anschluss des kleinen Deutsch-Österreich an einen gesamtdeutschen Nationalstaat. Jedoch kam Otto Bauer in den 1920er Jahren auf das Nationalitätenstaats-Projekt zurück – ausgehend von der Diagnose, dass die Nachfolgestaaten der Doppelmonarchie nur scheinbare Nationalstaaten, in Wahrheit neue Vielvölkerstaaten mit den alten Problemen seien.[319] Von der Euphorie des Tschechen Beneš, der Demokratie und Nationalstaat gleichsetzte, war Bauer weit entfernt, als er feststellte, der „Imperialismus" habe „die Idee der nationalen Revolution von 1918 verfälscht und vergewaltigt". Zwar sei „den Tschechen, den Polen, den Jugoslawen die nationale Staatlichkeit" gegeben worden, doch die neuen Grenzen hätten „nicht das Selbstbestimmungsrecht der Völker verwirklicht, sondern neue Herrschaftsverhältnisse geschaffen".[320] Wer diese Herrschaftsverhältnisse nicht nur erneut umkehren, sondern durch Gleichberechtigung ersetzen wollte, kam am alten Reformmodell der Austromarxisten nicht vorbei. Als die tschechoslowakische Regierung des einstigen Franz-Ferdinand-Beraters Milan Hodža im Sommer 1938 unter britischem Druck einen Autonomieplan für die Sudetendeutschen vorlegte, war dieser folgerichtig „in seinen Grundzügen auf der Kombination von Personal- und Territorialautonomie aufgebaut, wie sie Karl Renner und Otto Bauer noch in Altösterreich entwickelt hatten."[321]

Woher stammte die austromarxistische Idee der Personalautonomie? Das Osteuropa des 19. Jahrhunderts bot Denkern wie Renner und Bauer viele Anknüpfungspunkte. Ein nahe liegendes Vorbild für Personalautonomie durch territorial ungebundene Selbstverwaltungsorgane („Nationsuniversitäten") war nicht nur

---

[317] Hugelmann, Vorwort, S. V.
[318] Bloxham / Moses, Genocide and Ethnic Cleansing, S. 91.
[319] Langewiesche, Reich, Nation , Föderation, S. 98.
[320] Bauer, Die Österreichische Revolution, S. 276.
[321] Jaksch, Europas Weg nach Potsdam, S. 311 f.

der Kremsierer Reichstag von 1848/49, bei dessen Debatten es um Schaffung deutscher, tschechischer und südslawischer „Nationsuniversitäten" gegangen war[322], sondern das weit ältere Vorbild der mittelalterlichen „Nationsuniversität" der „Siebenbürger Sachsen", der lange privilegiert sich selbst verwaltenden deutschen Bevölkerungsgruppe Siebenbürgens.[323] Diese vormoderne Autonomie war 1848 und endgültig 1867 der ungarischen Zentralisation zum Opfer gefallen, durch die nicht nur den Deutschen, sondern auch der rumänischen Mehrheitsbevölkerung Siebenbürgens der eigene Provinziallandtag mit eigener Verhandlungssprache genommen wurden.[324] Zwar hatte man die „sächsische Nationsuniversität" in Siebenbürgen 1861 kurzfristig „wieder eröffnet" – als damals „einzige Nationalversammlung, welche aus der für municipale Freiheit so günstigen Vergangenheit Siebenbürgens noch geblieben war".[325] Karl Renner (Pseudonym „Springer") ließ denn auch in seinem 1906 publizierten Reformvorschlag einer Personalautonomie für ganz Österreich-Ungarn „die Siebenbürger Sachsen" für deren Praktikabilität „als Beleg dienen", denn diese hätten über fast 800 Jahre in Siebenbürgen trotz zerstreuter Siedlungsstruktur „bis auf die jüngste Zeit das uneingeschränkte Recht auf Eigengerichtsbarkeit und Selbstverwaltung genossen". In Renners verklärender Sicht besaß „Siebenbürgen, dies wunderbare Land", mit frei gewählten nationalen Selbstverwaltungen „schon im Mittelalter die Verfassung der Schweiz". Renners Reformvorschlag bestand nicht nur in der Übertragung des Terminus der „Nationsuniversität" der Sachsen „auf das Reich" insgesamt, er wollte auch inhaltlich „Nationalmatrikel" für jede Nation anlegen und auf diese Weise über „Nationalgemeinden" zu „einheitlichen Nationen" mit „eigenen Nationalräten" gelangen, um ihnen das Schulwesen und „die übrigen spezifisch-nationalen Agenden anzuvertrauen" – ganz wie „etwa in Siebenbürgen früher drei Nationen rezipiert waren und die sächsische Nationsuniversität alle verstreut lebenden Sachsen vertrat".[326]

Siebenbürgen war nicht der einzige Ursprung der sozialdemokratischen Reformmodelle. Das im späten Habsburgerreich favorisierte „Personalitätsprinzip" kultureller Nationalitätenautonomie unter gemischten Siedlungsbedingungen[327] kann auch als modernisierte Variante des im benachbarten Osmanenreich praktizierten Millet-Systems erscheinen. Dieses hatte unter anders gearteteten vormodernen Bedingungen eine weitreichende Kulturautonomie vermittelst religiöser Hierarchien organisiert. Die osmanischen Herrscher hatten seit dem 15. Jahrhundert die religiösen Hierarchien der unterworfenen Nichtmuslime in ihren Dienst

---

[322] Hantsch, Geschichte Österreichs 1648–1918, S. 476.
[323] Bibl, Der Zerfall Österreichs, Bd. 2, S. 414.
[324] Fischhof, Österreich und die Bürgschaften seines Bestandes, S. 55f.
[325] Siebenbürgen und die österreichische Regierung in den letzten vier Jahren, S. 28f.; demnach waren angeblich „die Nationalversammlungen der Ungarn und Szekler nicht durch ein Gesetz, sondern infolge von Verjährung schon seit Jahrhunderten außer Übung gekommen".
[326] Springer, Grundlagen und Entwicklungsziele der Österreichisch-Ungarischen Monarchie, S. 180, S. 182, S. 198 und S. 245.
[327] Bauer, Die Nationalitätenfrage und die Sozialdemokratie, S. 334.

gestellt. Unter der Bedingung politischer Loyalität wurde dem griechisch-orthodoxen Patriarchen von Konstantinopel vom Sultan ein Maß an Selbstverwaltungsrechten über fast alle orthodoxen Christen eingeräumt, das der Patriarch unter den byzantinischen Kaisern nie besessen hatte. Die Autonomierechte umfassten nicht nur kulturell-religiöse, sondern auch wirtschaftliche und juristische Belange. Ähnlich suchte man den armenisch-orthodoxen Patriarchen und den Großrabbiner zu instrumentalisieren.[328] Religiöse Minderheiten im Osmanischen Reich genossen durch dieses Millet-System jahrhundertelang größere Rechte und besseren Schutz als vergleichbare Minoritäten unter der Herrschaft der französischen Könige oder der habsburgischen Kaiser.[329]

Das System der Millets, bis ins frühe 19. Jahrhundert eher ein lockerer Verbund als eine straffe Organisation, garantierte eine multireligiöse Herrschaft[330], die im Unterschied zur modernen verfassungsrechtlichen Gleichheit nicht nur auf Nebeneinander, der Nicht-Integration der gesellschaftlichen Gruppen, sondern auch auf struktureller Ungleichheit basierte.[331] In der Forschung ist umstritten, ob diese Organisationsstruktur ins 15. Jahrhundert zurückreichte oder erst später entstand[332]; jedenfalls taucht der Name „millet" erst später auf[333] und hatte noch im 20. Jahrhundert große Bedeutungsunterschiede.[334] Hatte der Terminus zunächst Muslime im Osmanenreich und Christen außerhalb desselben bezeichnet, fand er ab dem frühen 19. Jahrhundert auf osmanische Nicht-Muslime Anwendung – zu einer Zeit, als sich die Beziehungen zwischen Muslimen und Nichtmuslimen deutlich verschlechterten.[335] Es war kein Zufall, dass die religiöse Distinktion seit Mitte des 19. Jahrhunderts durch ethnoreligiöse Kriterien überlagert wurde, wie die 1870 erfolgte Ausgliederung einer bulgarisch-orthodoxen Kirche aus dem griechischen Millet verdeutlicht – die Anerkennung der „Existenz einer bulgarischen Nationalität" durch den Sultan.[336]

Mit der Ethnisierung der Millets ging deren partielle Demokratisierung und Politisierung einher: Nicht nur im Falle der griechisch-orthodoxen Hierarchie kam es im Zuge der osmanischen Tanzimat-Reformen 1861/62, die auf eine völlige bürgerliche Gleichstellung der christlichen Untertanen des Sultans zielten, zu einer Machtteilung des traditionellen Klerus mit gewählten Vertretern der christ-

---

[328] Goffman, The Ottoman Empire and Early Modern Europe, S. 171; ferner: Wieland, Nationalstaat wider Willen, S. 154–156.
[329] Quataert, The Ottoman Empire, 1700–1922, S. 173.
[330] Barkey, Empire of Difference, S. 130.
[331] Preece, Minority Rights, S. 23f. und S. 185; Goffman, The Ottoman Empire and Early Modern Europe, S. 112.
[332] Faroqhi, Geschichte des Osmanischen Reiches, S. 49, die auf eine spätere Institutionalisierung des jüdischen millet verweist; Kritik an solcher Kritik bei Barkey, Empire of Difference, S. 115f.
[333] Goffman, The Ottoman Empire and Early Modern Europe, S. 171.
[334] Boyar, Ottomans, Turks and the Balkans, S. 49–55.
[335] Quataert, The Ottoman Empire, 1700–1922, S. 173.
[336] Trubetzkoi, Russland als Großmacht, S. 33; ferner: Jorga, Geschichte des Osmanischen Reiches, Bd. 5, S. 555f.; zuvor war diese Ethnisierung auf die lokale Ebene des griechischen Millet beschränkt geblieben; vgl. Barkey, Empire of Difference, S. 145f.

lichen Laien, die bis zum Ende des Osmanischen Reiches währte.[337] 1863 wurde auch das armenisch-orthodoxe Patriarchat durch zwei Honoratioren-Parlamente für religiöse und weltliche Selbstverwaltung ergänzt.[338] Offenbar wurden die Millets durch diese modernisierte Form der Selbstregierung und die damit einhergehende Demokratisierung und Nationalisierung selbstbezogener als zuvor. Das späte Osmanische Reich bestand daher aus abgegrenzten ethnonationalistischen Parallelwelten ohne echte Integration. Die Millets verwandelten sich statt dessen in „kleine non-territoriale Republiken und neu entstehende Nationen".[339] Entscheidend ist, dass die modernisierten Millets nicht dazu taugten, eine moderne Nationalitätenautonomie zu begründen. Zwar kam es, wie der russische Fürst Trubetzkoi 1913 festhielt, in der Jungtürkischen Revolution von 1908 zu „Manifestationen von Gleichheit und Brüderlichkeit unter den Nationalitäten". Doch angesichts der fortdauernden Herrenvolk-Mentalität der Muslime und der Umsetzungsprobleme der Autonomie für andere Völker habe sich rasch gezeigt, dass die Türkei „in keiner Hinsicht dafür reif" gewesen sei, „sich in einen Verband autonomer und halbautonomer Provinzen nach der Art Österreichs zu verwandeln". Dabei hätte nur „die Befriedigung der loyalen Bestrebungen der Nationalitäten nach kultureller Selbstbestimmung" die „zentrifugale Bewegung" eindämmen können.[340]

Eine Nachahmung des Millet-Systems mit seiner nonterritorialen Gruppenautonomie erfolgte bereits im frühmodernen Habsburgerreich durch Gewährung religiöser Autonomie für nichtkatholische Christen.[341] In der Moderne wurde für die Millet-Tradition in Österreich Bosnien zur Schnittstelle. Zugleich fällt die Ähnlichkeit der Autonomiekonzepte Renners und Bauers mit dem Millet-System ins Auge. Beide Modelle zielten auf friedliche Koexistenz religiös-kultureller Diversität auf *demselben* Territorium, nicht auf Beseitigung dieser Diversität durch *Teilung* des Territoriums. Der entscheidende Unterschied bestand in der demokratischen Organisationsstruktur des austromarxistischen Modells.[342] Tatsächlich waren die Millets nie demokratisch, sondern religiös-hierarchisch organisiert, auch wenn nach 1860 gewählte Honoratioren-Parlamente hinzutraten.[343]

Eine weitere vormoderne Analogie, die auf die austromarxistische Konzeption eingewirkt haben könnte, stammte aus dem ebenfalls an seiner Vielvölkerstruktur krankenden Zarenreich, wo sich Intellektuelle wie Trubeckoi nicht zufällig für

---

[337] Kitromilides, The Orthodox Church in Modern State Formation, S. 35.
[338] Söylemezoglu, Die andere Seite der Medaille, S. 35, der übertreibend meint, dieser „Grad kultureller Autonomie" sei „wahrscheinlich auf der ganzen Welt einzigartig" gewesen.
[339] Vgl. Niyazi Berkes, zitiert nach: Mazower, Salonica – City of Ghosts, S. 253.
[340] Trubetzkoi, Russland als Großmacht, S. 151 f.
[341] Komlosy, Habsburgermonarchie, Osmanisches Reich und Britisches Empire, S. 50 f.
[342] Nimni, Introduction, S. 10.
[343] Zaffi, Das millet-System im Osmanischen Reich, S. 146 f.; zu den Tanzimat-Zielen: Barkey, Empire of Difference, S. 268; selbst in Balkanregionen, die die Herrschaft der Osmanen abgestreift hatten, bestand weiterhin eine Spannung zwischen der „im Millet-System verankerte[n] religiöse[n] Zugehörigkeit" und der „westlich inspirierte[n] ethnisch-nationale[n] Homogenität als Grundkonstituanten des staatlichen Selbstverständnisses"; vgl. Komlosy, Habsburgermonarchie, Osmanisches Reich und Britisches Empire, S. 52.

Autonomiestrukturen in Nachbarreichen interessierten. Gemeint ist das polnisch-litauische Kahal-System, das den Juden bis zur Mitte des 19. Jahrhunderts Kulturautonomie gesichert hatte.[344] Nach dem Zusammenbruch des Zarenreiches 1917, das dieses System Mitte des 19. Jahrhunderts beseitigt hatte, forderten Organisationen osteuropäischer Juden in Versailles 1919 die Wiederherstellung dieser traditionellen Kulturautonomie im nun unabhängigen Polen und wurden dabei von den Juden Italiens, Palästinas, Kanadas und der USA unterstützt.[345]

In der Vormoderne war jede jüdische Gemeinde in Polen-Litauen durch einen Ältestenrat (kahal) geleitet worden, wobei ein „Vierländerrat" des Königreiches (für Großpolen, Kleinpolen, Litauen und Wolhynien) die Spitze gebildet hatte. Dies wurde für den russisch-jüdischen Politiker Simon Dubnov um 1900 „zum Vorbild für eine notwendige politische Gesamtvertretung aller Juden der Weltdiaspora und [...] zum Symbol für eine mögliche a-staatliche Zukunftsperspektive [...] jenseits der Nationalstaaten". Dubnovs Autonomismus war eine modernisierte, da demokratisierte und säkularisierte Variante des früheren Kahal-Systems. Ähnlich wie beim modernisierten Millet-System und bei der austromarxistischen Personalautonomie ging es Dubnov um die Sicherung nationaler Gruppenrechte nicht über territorial gebundene, sondern über kulturell-nationale Selbstverwaltungsstrukturen. Dieses Konzept wurde von der 1906 gegründeten „Jüdischen Folkspartej" in Russland propagiert, von Zionisten sowie vom „Sozialistischen Jüdischen Arbeiterbund" (Bund) übernommen und nach 1918 in den baltischen Staaten und in Polen diskutiert. Das für die Friedenskonferenz von 1919 gegründete „Komitee der jüdischen Delegationen" wurde zur Keimzelle des Jüdischen Weltkongresses.[346] In der polnischen Nationalversammlung kam es „wiederholt, aber vergebens" zu Forderungen jüdischer Parteien „nach einer territorial nichtgebundenen Autonomie, die der jüdischen Diaspora am besten entsprochen hätte".[347] Die litauischen Regierungen, in denen zwischen 1919 und 1924 mehrere jüdische Vertreter Ministerposten innehatten, befassten sich in der demokratischen Frühphase dieses Staates ernsthaft „mit der Idee einer jüdischen Autonomie". Der Minister für jüdische Angelegenheiten, Menachem Solowejtschik, sorgte dafür, dass Simon Dubnov aus Sowjetrussland nach Litauen auswandern konnte. Freilich verschlechterte sich das politische Klima rasch derart, dass Dubnov die geplante Übernahme einer Professur von litauischen Nationalisten verwehrt wurde. Als Ende 1923 in Kaunas die autonome Jüdische Nationalversammlung zusammentrat, war Dubnov schon ins Berliner Exil gegangen und sandte nur ein Grußwort.[348]

Während das osmanische Millet-System im Ersten Weltkrieg unterging, blieb das jüdische Kahal-System bis zum Zweiten Weltkrieg ein Konkurrenzmodell für die Versailler Nationalstaatlichkeit und für das Konzept des (austro-)marxisti-

---

[344] McGarry / Moore, Karl Renner, Power Sharing and Non-Territorial Autonomy, S. 79.
[345] Macartney, National States and National Minorities, S. 217.
[346] Jilek, Zukunft Diaspora, S. 76–78, S. 84 f. und S. 89–91.
[347] Schrode, Polen, S. 978.
[348] Dubnow, Mein Leben, S. 243; Kelner, Simon Dubnow, S. 451 f., S. 461 f. und S. 473.

schen Nationalitätenstaats. Doch auch dieses von Renner und Bauer entworfene Projekt der Personalautonomie behielt seine intellektuelle Strahlkraft, und zwar trotz des Zusammenbruchs der Habsburgermonarchie, auf die es ursprünglich hätte angewandt werden sollen. Zwar hatte Lenin 1913 zu Recht darauf hingewiesen, das in seinen Augen „kompromisslerische (und vom Standpunkt des Internationalismus unbefriedigende) Programm" habe „in Österreich selbst ein *völliges Fiasko* erlitten" hatte, da „der Kompromiss [...] nicht zum Frieden" geführt, sondern „die Abspaltung der tschechischen Separatisten" in der österreichischen Arbeiterbewegung nach sich gezogen habe.[349] 1920 ging Lenins Volkskommissar für Nationalitätenfragen, Stalin, noch weiter, indem er triumphierend feststellte, das Konzept der Personalautonomie Renners und Bauers stehe nach dem Zerfall Österreich-Ungarns vor einem derartigen „Scherbenhaufen", dass sich jede weitere Diskussion erübrige.[350] Doch eben dies sahen viele anders: Die Kernforderung Renners und Bauers, in ethnisch gemischten Gebieten kulturelle Belange an getrennte Selbstverwaltungen zu delegieren und nicht länger von der regulären, von einer einzigen Nation dominierten Verwaltung besorgen zu lassen[351], besaß unverminderte Aktualität. So kam es, dass Otto Bauers dickleibiges Werk über die „Nationalitätenfrage" aus dem Jahre 1906 zwei knappe Jahrzehnte später, 1924, eine Neuauflage erlebte – wegen erneuter starker Nachfrage, wie der Autor feststellte.[352] Denn während in Westeuropa allenfalls nationale Territorialautonomie praktiziert wurde, etwa in der Autonomieregelung für Katalonien 1932[353], schien der ethnischen Streusiedlung in Mittel- und Osteuropa das Prinzip der Personalautonomie weit eher angemessen. Dergleichen wurde im baltischen Kleinstaat Estland durch „Kulturautonomie" für die wichtigsten Minderheiten – Deutsche, Russen und Schweden – 1925 in die Praxis umgesetzt: „Die Angehörigen einer solchen Volksgruppe wurden – ohne Rücksicht auf ihren Wohnsitz – zu einer Art Gemeinde zusammengefaßt, ähnlich einer weitverstreuten Kirchengemeinde in der Diaspora, die sich für kulturelle Zwecke selbst besteuerte, einen Kulturrat wählte und ein Kulturamt aufstellte, das für Schulen und allerlei Kultureinrichtungen zuständig war." Ähnliches wurde als „Schulautonomie" im Nachbarland Lettland praktiziert und im österreichischen Bundesland Kärnten für die slowenische Minderheit zumindest geplant.[354]

Schon vor den Revolutionen von 1917/18, die die osteuropäischen Imperien zerstörten, hatte die österreichische Debatte große Wirkung auf Intellektuelle in Russland geübt. Folgerichtig proklamierten sozialistische Parteien im September 1917, nach dem Sturz der Zarenherrschaft, das Reformziel eines auf Gleichberechtigung basierenden Nationalitätenstaates „im Sinne Renner-Springers".[355] Der kommende

---

[349] Lenin, Werke, Bd. 19, S. 100f.
[350] Stalin, Werke, Bd. 4, S. 310–312; Trocki verspottete Renner als 1918 „verwitweten Theoretiker der österreichisch-ungarischen Monarchie"; vgl. Rauscher, Renner, S. 100.
[351] Bauer, Die Nationalitätenfrage und die Sozialdemokratie, S. 354–362.
[352] Ebenda, Vorwort.
[353] Schulthess' Europäischer Geschichtskalender 73.1932, S. 254–257.
[354] Lemberg, Geschichte des Nationalismus in Europa, S. 231f.
[355] Miliukow, Russlands Zusammenbruch, Bd. 1, S. 102.

Machthaber Lenin jedoch hatte sich im Winter 1916/17 skeptisch über den von „Opportunisten in der nationalen Frage" eingeführten Begriff „Nationalitätenstaat" geäußert.[356] Noch vor dem Sturz der Kerenski-Regierung verkündete Lenin seine Alternative – das Recht aller Völker Russlands auf „Selbstbestimmung bis zur Lostrennung". Eine Woche nach seiner putschartigen „Oktoberrevolution", am 15. November 1917, bekräftigte der neue Vorsitzende des „Rates der Volkskommissare" diese „Nationalitätenrechte in Russland" – auch das Selbstbestimmungsrecht „bis zur Abtrennung und Bildung unabhängiger Staaten".[357]

Lenin hatte schon 1913 im Schweizer Exil dem von Renner und Bauer propagierten Personalitätsprinzip vorgeworfen, „eine *Überschätzung* des nationalen und *völlige Vernachlässigung* des internationalen Moments" zu propagieren.[358] Es sei „keineswegs Sache der Sozialdemokraten Russlands, die Deutschen in Lodz, Riga, Petersburg und Saratov zu einer Nation zu vereinigen". Lenin wollte „für vollständigen Demokratismus und die Abschaffung *aller* nationalen Privilegien [...] kämpfen, damit sich die deutschen Arbeiter in Russland mit den Arbeitern aller übrigen Nationen zur Verteidigung und Entwicklung der internationalen Kultur des Sozialismus vereinigen". Daher schien ihm das Personalitätsprinzip ein „opportunistisches Traumgebilde" zu sein, das nicht auf die „Bildung konsequent demokratischer Institutionen" zielte, sondern „vor dem nationalen Hader der Bourgeoisie darin Rettung" suchte, „daß sich sowohl das Proletariat als auch die Bourgeoisie jeder Nation in einigen (‚kulturellen') Fragen künstlich absondern".[359] 1915 brandmarkte Lenin daher Renners und Bauers Projekt als „reaktionäre Idee" – ein Todesurteil unter Marxisten.[360]

Schon bevor die beiden Austromarxisten ihre Thesen ausarbeiteten, hatte sich Stalin 1904 nicht nur gegen zaristischen Zentralismus, sondern auch gegen linke Föderalisten ausgesprochen, da diese der nationalen Frage Priorität vor der sozialrevolutionären gäben und damit den Klassenfeinden in die Hände arbeiteten.[361] Auch Renner und Bauer fanden daher vor Stalin keine Gnade. Der Georgier kritisierte die systemkonforme Beschränkung auf Autonomie, statt volle „Selbstbestimmung der Nationen" zu fordern. Sein Hauptvorwurf aber blieb, dass klassenübergreifende nationale Lösungen den Klassenkampf behinderten.[362] Wenn schon Autonomie, favorisierte Stalin die „Gebietsautonomie", die Selbstverwaltung eines

---

[356] Lenin, Werke, Bd. 23, S. 288.
[357] Miliukow, Russlands Zusammenbruch, Bd. 1, S. 105–110; den Gegensatz zwischen austromarxistischer Personalautonomie und sowjetischem Sezessionsrecht betont neuerdings auch: Fisch, Das Selbstbestimmungsrecht der Völker, S. 135 f., der freilich übersieht, dass der sowjetische Nationalitätenföderalismus ambivalenter gewesen ist.
[358] Lenin, Werke, Bd. 19, S. 100 f.; vgl. das Brünner Programm in: Kolmer, Parlament und Verfassung in Österreich, Bd. 7, S. 345–347.
[359] Lenin, Werke, Bd. 19, S. 237 f.
[360] Lenin, Werke, Bd. 21, S. 318.
[361] Stalin machte die Einschränkung, „daß die Wünsche dieser Nationalitäten wirklich sozialdemokratische Wünsche sind, daß diese Wünsche von den Klasseninteressen des Proletariats ausgehen"; Stalin, Werke, Bd. 1, S. 31 f., S. 36 und S. 45.
[362] Stalin, Werke, Bd. 2, S. 297, S. 299 und S. 301.

Volkes im eigenen Territorium, wobei die Gefahr der Unterdrückung von Minderheiten durch „vollständigen Demokratismus" ausgeschlossen werden sollte.[363] Damit stand er dem Brünner Programm der österreichischen Sozialdemokratie von 1899 oder Popovici näher als den Konzepten Renners und Bauers.

Das Ende 1917 proklamierte Sowjetrussland war zunächst durch Krieg und Bürgerkrieg derart in Anspruch genommen, dass es die Abspaltung zahlreicher Nationalitäten nicht nur theoretisch, sondern auch faktisch akzeptieren musste – ein Sezessionismus, der von Polen über Finnland und die baltischen Staaten bis zum Kaukasus und Zentralasien reichte. Ab 1920/21 machte das bolschewistische Regime diese Separation außerhalb Europas wieder rückgängig, während die Verluste im Westen (mit Ausnahme Finnlands) erst zwischen 1939 und 1945 durch Stalin revidiert wurden. Die Zugewinne der frühen 1920er Jahre wurden nicht Sowjetrussland einverleibt, sondern gaben Anlass zur am 30. Dezember 1922 erfolgten Gründung der „Union der Sozialistischen Sowjetrepubliken" (UdSSR), innerhalb derer alle Teilrepubliken und Nationen gleichberechtigt sein sollten. Faktisch aber erhielt die größte Einzelrepublik, die „Russische Sozialistische Föderative Sowjetrepublik" (RSFSR), ein großes Übergewicht, dem auch die Stimmenverteilung im „Nationalitätenrat" der UdSSR Rechnung trug, in dem nicht nur die Sowjetrepubliken, sondern auch alle autonomen Nationalitäten der RSFSR vertreten waren. Zwischen 1920 und 1924 entstanden in der RSFSR elf autonome Republiken, darunter die „Deutsche Wolga-Republik", zehn autonome Gebiete und eine autonome Kommune – womit die Bolschewiki, wie selbst ihre Gegner einräumten, „formell [...] in der Zufriedenstellung der einzelnen Völkerschaften sehr weit gegangen" waren.[364] Die Gründung der UdSSR etablierte eine abgestufte Nationalitätenhierarchie von fünf (später sieben) Unionsrepubliken mit den Hegemonialnationen der Russen, Ukrainer, Weißrussen, Transkaukasier (als zeitweilige Föderation der Armenier, Georgier und Azeri), Usbeken, Turkmenen und Tadschiken über etliche mit geringeren Rechten versehene Völker in Autonomen Republiken und Autonomen Gebieten. Insgesamt existierten in der UdSSR 43 nationale Territorien.[365] Realiter schufen Lenin und sein Helfer aus Gori eine ebenso differenzierte wie veränderliche „Hierarchie der ‚Nationalitäten'" aus privilegierten „Nationen", autonomen „Völkerschaften" und „Stämmen". Diese Nationalitätenhierarchie richtete sich „zwar im groben nach quantitativen Gesichtspunkten", hinzu traten aber außen- und innenpolitische Motive. Nationen konnten geschaffen und abgeschafft werden, „weitgehend unabhängig davon, ob viele ihnen zugerechnete Menschen physisch vernichtet wurden oder nicht". Die Auf- oder Abstiege vollzogen sich „je nach ihrem tatsächlichen oder vermeintlichen Verhalten gegenüber dem Sowjetstaat oder der kommunistischen Partei".[366]

---

[363] Ebenda, S. 329f.
[364] Miliukow, Russlands Zusammenbruch, Bd. 1, S. 128–130 und S. 138f.
[365] Macartney, National States and National Minorities, S. 456f.
[366] Jahn, Das verborgene Erbe des Kommunismus, S. 88f.; Stalin, Werke, Bd. 4, S. 312.

Stalin, dem westliche Beobachter bescheinigten, als Abkömmling der ossetischen Minderheit in Georgien ein starkes Empfinden für Minderheitenbelange besessen zu haben[367], hatte im März 1917 die Provisorische Regierung Russlands gerügt, dass deren Gleichberechtigung der Völker nicht weit genug ging. Stalin forderte eine „politische Autonomie (nicht Föderation!)", die in Verwaltung und Schulunterricht alle Muttersprachen gleichstellte. Zwar sollten alle Nationen das Recht auf Sezession erhalten, doch verhehlte Stalin schon im April 1917 nicht, dass er dieser die Autonomie innerhalb eines künftigen Sowjetstaates vorzog. Erneut distanzierte sich Stalin „von Springer und Bauer", doch zugleich grenzte er sich unter Verweis auf den irischen Freiheitskampf gegen Großbritannien von Bolschewiki wie Dserżinski ab, für die schlicht „jede nationale Bewegung reaktionär" war.[368] Im Frühjahr 1918 war Stalin – nunmehr Volkskommissar für Nationalitätenfragen – so weit, eine „Übergangsrolle des Föderalismus" für die Neugestaltung Russlands anzuerkennen, wie es sie einst auch in den USA oder der Schweiz gegeben habe.[369] Im März 1923 pries er die Gründung der UdSSR als „Schlüssel zur richtigen Lösung der nationalen Frage" durch „Organisierung eines stabilen Nationalitätenstaates auf der Grundlage der nationalen Gleichberechtigung und der Freiwilligkeit".[370]

Einmal an der Macht, war auch Lenin zu der Überzeugung gelangt, „dass sich der Nationalismus nicht durch Wunschdenken beseitigen" lasse.[371] Der Föderalismus der Sowjetunion sollte daher sowohl dem nationalen Selbstbestimmungsrecht Genüge tun als auch die Grundlage für einen künftigen Globalstaat sozialistischer Völker schaffen.[372] Gerade „die Erhaltung" von „Sprache und Kultur" konnte die Sowjetunion „unbedenklich gewähren", da sie sich nicht „als Staat einer Sprach- oder Kulturnation" verstand. Die sowjetische Nationalitätenpolitik war insofern nicht bloß eine Antwort auf die Vielvölkerstruktur des bisherigen Zarenreiches, sondern auch „eine Antwort auf die europäischen Lösungsversuche" der Zeit nach 1918 – und damit insbesondere auf das konkurrierende Modell von Versailles. „Nicht umsonst hatten Lenin und Stalin das Nationalitätenproblem gerade am Beispiel Polens und des alten Österreich-Ungarn studiert", wie Eugen Lemberg einst bemerkte.[373]

Die kommunistische Führung selbst verkörperte diese völkerübergreifende Gemeinsamkeit: Lenin war Russe, hatte aber „auch schwedische, deutsche, jüdische und kalmückische Vorfahren"; Trocki war Jude, Stalin Georgier (bzw. Ossete).[374] Das Sezessionsrecht, 1922 in der Verfassung der UdSSR feierlich verankert, verlor gleichwohl (jedenfalls bis zur Krise von 1991) praktisch jede Relevanz. Mit der

---

[367] Macartney, National States and National Minorities, S. 459; dennoch wird Stalin häufig als Georgier bezeichnet; vgl. Darwin, After Tamerlane, S. 401.
[368] Stalin, Werke, Bd. 3, S. 18 und S. 48–50.
[369] Stalin, Werke, Bd. 4, S. 59 und S. 63 f.
[370] Stalin, Werke, Bd. 5, S. 163.
[371] Mazower, Der dunkle Kontinent, S. 81.
[372] Lenin, Werke, Bd. 26, S. 480 f.
[373] Lemberg, Geschichte des Nationalismus in Europa, S. 243 f.
[374] Snyder, Bloodlands, S. 33.

nicht ganz falschen Begründung, dass nach 1917 jede „Lostrennung der Randgebiete von Russland" nur den kapitalistischen Westmächten genutzt habe, verurteilte Stalin 1920 die „konterrevolutionäre Forderung nach Lostrennung" und dekretierte den Vorrang der „Gebietsautonomie", während er sich von der ergänzenden Personalautonomie Renners und Bauers weiterhin distanzierte.[375]

Stalins Nationsdefinition von 1913, die in der UdSSR maßgeblich wurde, kombinierte „Elemente des ethnischen Nationsbegriffs (Sprache, Kultur, physische Wesensart) mit einem Element des staatlichen Nationsverständnisses (Territorium)". Stalin gab zu, das Kriterium des geschlossenen Siedlungsgebiets nur deshalb gewählt zu haben, um nicht auch den Juden den Status einer vollgültigen Nation zugestehen zu müssen.[376] In der Praxis schwächte sich das Territorialitätsprinzip jedoch ab und vermischte sich mit der offiziell abgelehnten personalen Kulturautonomie. Letztlich erzwangen die ethnische Mischstruktur der UdSSR sowie die von den Bolschewiki forcierte industrielle Binnenmigration im Zuge der Industrialisierung diese Ergänzung. Ab 1932 durften Sowjetbürger ihre nationale Zugehörigkeit „weitgehend nach einer Selbsteinschätzung individuell selbst" bestimmen, unabhängig vom Wohnort.[377] Juden, Armenier und Ukrainer erhielten extraterritoriale Privilegien wie das Recht auf Minderheitenschulen in ihrer Muttersprache – also nicht-territoriale Kulturautonomie. Parallel dazu erfolgte jedoch eine Politik der Territorialisierung von Ethnizität: Viele Nationalitäten erhielten in der Sowjetunion ihr eigenes Territorium; Migrationen verstärkten oft die neuen Titularnationen in „ihren" Territorien, wodurch bislang multiethnische Regionen homogenisiert wurden. Dieser Prozess ließ Territorialnationen mit Staatsapparaten und Regierungseliten, Opernhäusern und Flaggen entstehen; er schuf aber auch neue Minderheiten mit Diaspora-Problemen, die nach dem Zerfall der Sowjetunion 1989/91 zumindest im Kaukasus in ethnische „Säuberungen" mündeten.[378]

Wenn die sowjetische Nationalitätenpolitik nationale Selbstverwaltung und kulturelle Autonomie gewährte, so erfolgte dies stets unter der Bedingung der absoluten Herrschaft der Kommunistischen Partei. Auch Zeitgenossen, die davon überzeugt waren, dass die sowjetische Nationalitätenpolitik überwiegend „national pazifizierend" gewirkt habe, definierten sie um 1930 als „Demokratie nur innerhalb des Rahmens der Diktatur".[379] Der Brite Macartney sprach 1934 davon, das Selbstbestimmungsrecht der Völker sei in der Sowjetunion zur „Farce" reduziert worden. Nicht nur das Sezessionsrecht, auch die Autonomie sei in politisch-ökonomischer Hinsicht weitgehend beseitigt, auf rein kulturelle Fragen be-

---

[375] Stalin, Werke, Bd. 4, S. 310–312; die jahrzehntelange Bekanntschaft führte trotz solcher Differenzen dazu, dass Renner 1945 als Bundeskanzler des teilweise sowjetisch besetzten Österreich von Stalin favorisiert wurde; vgl. Rauscher, Renner, S. 309.
[376] Jahn, Das verborgene Erbe des Kommunismus, S. 86f.; damit folgte Stalin Otto Bauer, der schon 1907 das fehlende Territorium der Juden als Grund für nationalen Identitätsverlust und Assimilation ausgemacht hatte; vgl. Hanisch, Der große Illusionist, S. 55.
[377] Jahn, Das verborgene Erbe des Kommunismus, S. 88f.
[378] Suny, The Revenge of the Past, S. 87 und S. 110f.
[379] Feiler, Das Experiment des Bolschewismus, S. 198f.

schränkt und damit entpolitisiert.[380] Zweifellos konterkarierte der „demokratische Zentralismus" der kommunistischen Parteiführung die auf staatlicher Ebene gewährte Autonomie. Zwar waren autonome Republiken und Gebiete der UdSSR nicht nur symbolpolitisch bedeutsam[381], und die sowjetische Nationalitätenpolitik war mehr als bloße „Heuchelei".[382] Dennoch mündete die „angeblich föderalistische Struktur der Union Sozialistischer Sowjetrepubliken" in „einen immer stärkeren Zentralismus" der Kommunistischen Partei.[383] Zeitweilig förderte allerdings dieser Partei-Zentralismus ethnischen Pluralismus. So attackierte 1923 der 12. Parteitag der Kommunistischen Partei nicht nur den „großrussischen Chauvinismus" zahlreicher Funktionäre, sondern auch die „aggressiven Chauvinismen" regional dominierender Nationalitäten mit dem Vorwurf, die „schwächeren Nationalitäten" zu unterdrücken.[384] Stalin, unterdessen Generalsekretär der Kommunistischen Partei, hatte diese doppelte Stoßrichtung gegen Opponenten wie Bucharin oder Rakowski durchgesetzt, die allein den russischen Nationalismus bekämpfen wollten.[385]

Die Nationalitätenpolitik der Sowjetunion hatte zwei wesentliche Praxisfelder – die „Politik der Einwurzelung" (korenizacia) und die Bildungspolitik. „Einwurzelung" meinte, die Verwaltung nichtrussischer Gebiete nicht wie im späten Zarenreich großrussischen Beamten zu überantworten, sondern einen möglichst hohen Prozentsatz von Angehörigen der regional vorherrschenden Völker zu beteiligen. So stellte 1929 die „namengebende Republiknation in der Ukraine schon 59, in Weißrussland 66 und in Armenien gar 95 Prozent der Bürokratie". In der ebenfalls kulturell pluralistischen Schulpolitik waren die Resultate in der Ukraine am erfolgreichsten, doch auch anderswo zeitigte diese Bildungspolitik bis 1935 „tiefgreifende Wirkungen".[386] Das Analphabetentum ging erheblich zurück, die nationalen Gruppen besaßen kulturelle Freiheiten, auch wenn diese durch den großrussischen Chauvinismus bedroht blieben.[387]

Laut Ronald G. Suny war die Sowjetunion kein Schmelztiegel, sondern im Gegenteil ein Inkubator neuer Nationen: Völker wurden neu geschaffen, die vor 1917 keine oder kaum eine nationale Identität besessen hatten.[388] Die Bolschewiki zwangen ihre Untertanen somit nicht nur zu sozialen, sondern auch zu nationalen Bekenntnissen.[389] Terry Martin geht so weit, die frühe Sowjetunion als erstes „Affirmative Action Empire" der Welt zu preisen, einen Staat, der seine nationalen Minderheiten nicht diskriminiert, sondern durch aktive Fördermaß-

---

[380] Macartney, National States and National Minorities, S. 463.
[381] Carrère d'Encausse, The Great Challenge, S. 93 f.
[382] Miliukow, Russlands Zusammenbruch, Bd. 1, S. 125.
[383] Mazower, Der dunkle Kontinent, S. 84.
[384] Miliukow, Russlands Zusammenbruch, Bd. 1, S. 132 f.
[385] Stalin, Werke, Bd. 5, S. 165 f. und S. 233.
[386] Kappeler, Russland als Vielvölkerreich, S. 303–305.
[387] Macartney, National States and National Minorities, S. 460–462.
[388] Suny, The Revenge of the Past, S. 87.
[389] Baberowski, Ordnung durch Terror, S. 153 f.

nahmen gleichzustellen versucht habe.[390] Suny sieht eher einen ambivalenten Prozess: Einerseits seien nationale Identitäten gestärkt und homogene Nationalstaaten geschaffen, andererseits viele Völker zu Minderheiten gemacht und kulturelle Identitäten durch Industrialisierung, Religionsverfolgung und Zwangsumsiedlung bedroht oder gar ausgelöscht worden.[391] Auch Martin räumt ein, dass die Nationalitätenpolitik während der stalinistischen Verfolgungen der 1930er Jahre abgeschwächt und durch ethnisch motivierte Massendeportationen konterkariert worden sei.[392]

Trotz ihres inhärenten Demokratiedefizits entfaltete die sowjetische Nationalitätenpolitik, die anfangs gezielt auch „zur Werbung nach außen" genutzt wurde[393], „starke Anziehungskraft auf die in Mittel- und Osteuropa lebenden Minderheiten". Nur die Unterdrückung des ukrainischen Nationalismus und der Antisemitismus in Polen zwischen 1918 und 1939 können erklären, „warum so viele Ukrainer und Juden den Untergang der polnischen Republik und die Ankunft der Roten Armee in der westlichen Ukraine im Herbst 1939 bejubelten".[394] Anders als im autoritären Polen herrschte in der totalitären Sowjetunion „kulturelle Freiheit" für nationale Identitäten, die institutionalisiert in Theatern, Opern, Kinos, Buchverlagen und Zeitungen gepflegt wurden. Der polnisch-jüdische US-Amerikaner Oscar Janowsky resümierte noch 1945 bewundernd, es habe 1941 – vor dem deutschen Überfall – in der Weißrussischen Sowjetrepublik 196 jüdische, 178 russische und 107 polnische Schulen gegeben, daneben auch ukrainische, lettische, deutsche und litauische. In der Georgischen Sowjetrepublik sei Schulunterricht in armenischer, griechischer, deutscher, jüdischer, russischer, türkischer, assyrischer, polnischer und kurdischer Sprache erteilt worden. Janowsky erschien diese auf Kulturautonomie basierende Moskauer Nationalitätenpolitik als Lösung für die osteuropäischen Nationalitätenkonflikte und als Alternative zur Vertreibung von Millionen Menschen. Der US-Wissenschaftler regte daher 1945 eine Föderalisierung und staatenübergreifende Wirtschafts-Integration ganz Osteuropas an. Eine Konföderation würde beispielsweise Sudetendeutsche in der Tschechoslowakei oder Ungarn in Siebenbürgen aus Minderheiten in Partner verwandeln und die Nationalitätenkonflikte ohne Gewaltanwendung lösen.[395]

Auch weniger enthusiastische Linksintellektuelle wie der aus Deutschland in die USA emigrierte Rudolf Schlesinger äußerten sich mit Blick auf das Moskauer Modell nicht ungünstig. Zwar habe die sowjetische Nationalitätenautonomie offensichtliche Grenzen, da ihr Inhalt nur darin bestehen könne, was die im Zentrum und die in den Regionen herrschenden Parteieliten als sinnvoll definierten. Gleichwohl hielt Schlesinger die Machtbefugnisse, die den autonomen Republiken der UdSSR 1924 in Landwirtschaft, Gesundheitswesen und Justiz zugespro-

---

[390] Martin, The Affirmative Action Empire, S. 1.
[391] Suny, Revenge of the Past, S. 110f.
[392] Martin, Affirmative Action Empire, S. 26f. und S. 341f.
[393] Lemberg, Geschichte des Nationalismus in Europa, S. 245.
[394] Mazower, Der dunkle Kontinent, S. 84.
[395] Janowsky, Nationalities and National Minorities, S. 101f. und S. 145–147.

chen worden waren, für größer als entsprechende regionale Befugnisse in der Weimarer Republik oder in den USA. Es gebe in der Sowjetunion einen „bemerkenswerten Grad wirklicher Autonomie und Diversität" auf Gebieten, die nicht die wirtschaftlichen Grundlagen des Systems berühren. Wo immer jedoch Zentralisierung als notwendig betrachtet werde, sei diese umstandslos durchgeführt worden. Das Haupthindernis für echten Föderalismus erblickte Schlesinger weniger im diktatorischen Einparteiensystem der UdSSR als im krassen Übergewicht der russischen Teilrepublik. Infolge dessen müsse man eher von Autonomie als von echtem Föderalismus sprechen.[396]

Obschon das sowjetische Modell die einzig realisierte Probe aufs Exempel war, gab es auch nicht-kommunistische Pläne für eine „Föderation unabhängiger Staaten Mitteleuropas". Der ehemalige tschechoslowakische Premier Milan Hodža hatte 1942 im Londoner Exil dafür plädiert, und schon im Januar 1940 hatten „einige tschechische und slowakische Politiker" in London das „erste, betont föderative Programm" formuliert. Diese Föderation sollte „durch eine Realunion des künftigen polnischen und tschecho-slowakischen Staates in die Wege" geleitet werden, nach Hodžas Darlegung jedoch auch Österreich, Ungarn, Rumänien, Jugoslawien, Bulgarien und Griechenland umfassen: „Die vier slawischen und vier nicht-slawischen Nationen Mitteleuropas müssen eine neue breite und feste Grundlage ihrer nationalen Existenz finden und alle denkbaren rassischen und machtpolitischen Bestrebungen in diesem großen Gebiet im Gleichgewicht halten".[397] Hodža hatte schon vor dem Zweiten Weltkrieg, etwa bei einem Staatsbesuch in Wien 1936, eine „Donauföderation" favorisiert[398], doch war der österreichische Kanzler-Diktator Kurt Schuschnigg „der entscheidenden Wahl zwischen den angeblichen Gegensätzen Mitteleuropa oder Deutschland […], also zwischen Donaubund oder Anschluß", hinhaltend ausgewichen.[399]

Die „enge Zusammenarbeit", wie sie im November 1940 die polnischen und tschechoslowakischen Exilregierungen in London in Aussicht nahmen[400], blieb eine fragile Zweckgemeinschaft. Der tschechoslowakische Präsident Beneš lehnte das mitteleuropäische Föderationsprojekt seines ehemaligen Ministerpräsidenten Hodža schon deshalb ab, weil dadurch die Sowjetunion brüskiert werden könnte.[401] Ende 1939, als Beneš und Hodža dem polnischen Botschafter in London, Graf Raczynski, einen Beitritt Polens zu dieser „Donau-Föderation" anboten, hatte Beneš bereits zur Bedingung gemacht, dass Polen alle territorialen Ambitionen im Osten aufgeben müsse, die jenseits seiner ethnischen Siedlungsgrenzen lägen.[402] Als im März 1941 die polnische Exilregierung einen Verfassungsentwurf

[396] Schlesinger, Federalism in Central and Eastern Europe, S. 347, S. 366, S. 409f. und S. 413f.
[397] Hodža, Schicksal Donauraum, S. 273f. und S. 258.
[398] Hoensch, Geschichte Böhmens, S. 429.
[399] Schuschnigg, Dreimal Österreich, S. 271.
[400] Hodža, Schicksal Donauraum, S. 274; Janowsky, Nationalities and National Minorities, S. 146.
[401] Zeman / Klimek, The Life of Edvard Beneš, S. 211.
[402] Raczynski, In Allied London, S. 46.

für die polnisch-tschechoslowakische „Föderation oder Konföderation" vorlegte, schien Beneš nur noch eine „lose" Föderation zu wünschen. Es gab viele Ursachen für Divergenzen: Die traditionelle panslawistische Neigung der Tschechen für die Russen missfiel den Polen; umgekehrt sagte die traditionell freundliche Haltung Polens gegenüber Ungarn den Tschechen nicht zu[403], was nicht nur mit der einstigen Unterdrückung der Slowaken durch die Magyaren zusammenhing, sondern auch mit antiaristokratischen Ressentiments der tschechischen Führer.[404] Der Konflikt wegen des Teschener Gebiets schließlich, der auf 1918 zurückging und dessen Abtretung Polen im Herbst 1938 von der durch das Münchner Abkommen amputierten Tschechoslowakei ultimativ erzwungen hatte, belastete die Föderationspläne ebenso wie das vom sowjetischen Außenkommissar Molotov gegenüber Beneš im Juni 1942 ausgesprochene Moskauer Veto. Die sowjetische Zustimmung zu den tschechoslowakischen Vorkriegsgrenzen (einschließlich des „Abschubs" der Deutschen) war Beneš letztlich wichtiger als die Föderation mit Polen, deren vorbereitende Verhandlungen er im Mai 1943 beendete. Dass US-Präsident Franklin D. Roosevelt die Föderation unterdessen unterstützte, fiel nicht ins Gewicht[405], denn der tschechoslowakische Präsident setzte seit seiner traumatischen Erfahrung von 1938 weniger auf die Westmächte als auf eine Zusammenarbeit mit Stalin (die ihm sein zweites Debakel bescheren sollte).

Ebenso wenig zustande kam das „Projekt einer Balkanföderation", über das 1944/45 und 1947/48 die Kommunisten Jugoslawiens und Bulgariens verhandelten. Das Projekt selbst war älter. Um 1910 hatte der Botschafter des Zaren in Konstantinopel, Čarykov, einen Balkanbund aller christlichen Staaten und sogar des Osmanischen Reiches projektiert.[406] Als 1912 fünf Balkanstaaten einen „Balkanbund" *gegen* das Osmanische Reich schlossen und dasselbe im Ersten Balkankrieg aus Europa verdrängten, hielt der österreichische Sozialist Otto Bauer die Bildung einer dauerhaften Föderation für wahrscheinlich.[407] Doch erwies sich der Balkanbund von 1912 „eher als ein erster Gehversuch der Balkanstaaten", seine Geschichte blieb „kurz und blutig".[408] Freilich hatte Bauer diesen „Bund der Balkanfürsten" ohnehin für „nur die halbe Revolution" gehalten und deren Vollendung von einer „demokratischen Föderativrepublik der Balkanvölker" erhofft.[409] Selbst in den USA wurde gemutmaßt, ob der Balkanbund von 1912 sich in eine dauerhafte Föderation nach dem Vorbild Nordamerikas oder des Deutschen Reiches verwandeln würde.[410] Der russische Kommunist Lev Trocki propagierte im Herbst 1914 eine „Föderation der Balkanstaaten" als „unüberwindliche

---

[403] Ebenda, S. 86f. und S. 91f.
[404] Zeman / Klimek, The Life of Edvard Benes 1884–1948, S. 189.
[405] Raczynski, In Allied London, S. 119, S. 124f., S. 131 und S. 146f.
[406] Tcharykow, Glimpses of High Politics, S. 239; vermutlich mit Stoßrichtung gegen Österreich-Ungarn.
[407] Bauer, Der Balkankrieg, S. 40f.
[408] Markov, Grundzüge der Balkandiplomatie, S. 153 und S. 184.
[409] Bauer, Der Balkankrieg, S. 41.
[410] Schurman, The Balkan Wars, S. 34.

Schutzwehr gegen die Gelüste des Zarismus".[411] Die Ironie der Geschichte liegt darin, dass sich eine reale Chance für eine solche Föderation erst mit der sowjetischen Eroberung Südosteuropas 1944/45 ergab – und diese Föderation somit nicht Schranke, sondern Folge der Expansion des neuen roten Zaren und Trocki-Mörders Stalin gewesen wäre. Doch abermals scheiterten die Föderationspläne. Während sich die Bulgaren einen Bund gleichberechtigter Staaten vorstellten, forderte Belgrad den Beitritt Sofias als untergeordneter jugoslawischer Bundesstaat. Forderungen Großbritanniens und der USA nach Einbeziehung Albaniens, Griechenlands und der Türkei kamen erschwerend hinzu, doch letztlich zerschellte die Balkanföderation am Streit zwischen Belgrad und Sofia und am 1948 erfolgten Bruch zwischen Stalin und Tito.[412]

Unterhalb der Konföderationsebene erlebte Osteuropa nach 1945 gleichwohl in einigen Staaten eine Renaissance des kommunistischen Föderationsprinzips. Anders als in Polen oder in Rumänien war in der Tschechoslowakei und in Jugoslawien eine „staatstragende Nation" nicht vorhanden. Die herrschenden Eliten propagierten zwar einen die jeweilige Vielvölkerstruktur überwölbenden „Tschechoslowakismus" bzw. „Jugoslawismus", um unterschiedliche Völker (Tschechen und Slowaken bzw. Serben, Kroaten und Slowenen) mit einer gemeinsamen Staatsvolk-Identität zu versehen, doch waren dies primär intellektuelle Konstruktionen. Der „Tschechoslowakismus" scheiterte im März 1939 mit der (von Hitler geförderten) Separation der Slowakei. Trotzdem hielt Exil-Präsident Beneš an seiner „wissenschaftliche[n]" Überzeugung fest, dass es nur eine tschechoslowakische Nation gebe, und akzeptierte 1944 erst auf Druck des verbündeten slowakischen Exil-Nationalrates wenigstens eine Trias aus Tschechen, Slowaken und Tschechoslowaken. Faktisch herrschte nach 1945 in der Tschechoslowakei wieder der alte „Prager Zentralismus" der Zwischenkriegszeit, der erst 1968 – im Kontext einer kommunistischen Parteidiktatur – durch eine Föderalisierung zugunsten der Slowaken gemildert wurde. Nach 1989 führte die Demokratisierung der Tschechoslowakei alsbald zur neuerlichen, diesmal demokratischen Separation der Slowakei.[413] Nun konnte man offen über die „kakanische[n] Züge" des gescheiterten Tschechoslowakismus sprechen, dessen Doppel-Nation doch so verwandt schien mit dem 1918 gescheiterten „Austrohungaria".[414]

Noch komplizierter war die Situation in Jugoslawien: Der Führungsanspruch der Serben war noch prekärer als jener der Tschechen, da er nicht auf ökonomischer und kultureller Stärke basierte; entsprechend war die Opposition des kroatischen Nationalismus staatsgefährdender als jene des slowakischen. Vielleicht hätte die Föderalisierung eine Chance gehabt, wie die Autonomie-Vereinbarung zwischen der Belgrader Regierung und der kroatischen Opposition von 1939

---

[411] Trotzki, Europa im Krieg, S. 389–391.
[412] Fejtö, Geschichte der Volksdemokratien, Bd. 1, S. 211–215.
[413] Lemberg, Unvollendete Versuche nationaler Identitätsbildung im 20. Jahrhundert im östlichen Europa, S. 583f., S. 588 und S. 594–600; Heimann, Czechoslovakia, S. 270f.; Jahn, Das verborgene Erbe des Kommunismus, S. 85.
[414] Gruša, Beneš als Österreicher, S. 84.

nahelegt. Doch Hitlers und Mussolinis Angriff von 1941 zerschlug den ersten jugoslawischen Staat wenig später und setzte einen rücksichtslosen ethnischen Bürgerkrieg frei, innerhalb dessen sich viele Kroaten und Muslime für die frühere Zwangs-Serbisierung rächten. Allerdings kam es nach 1945 – nach der anfänglichen Vertreibung bestimmter Minderheiten und blutigen Massakern – im zweiten Jugoslawien unter der kommunistischen Diktatur Titos langsam zum Abrücken vom Modell des Einheitsstaates. Die bisherigen „Stämme" der Serben, Kroaten und Slowenen wurden um bislang ignorierte Montenegriner und Mazedonier ergänzt, und diese fünf nunmehr vollberechtigten „Völker" mit eigenen Teilrepubliken wurden in den 1960er Jahren um die bosnischen Muslime erweitert, auch wenn diese neue Nation säkular definiert wurde und sich gegenüber serbischen oder kroatischen Bosniaken „politisch unterrepräsentiert" sah. Bis zu seinem Tode 1980 setzte der Diktator Tito auf eine Kombination aus Föderalismus und Jugoslawismus, was der sowjetischen Doktrin vom „sozialistischen Patriotismus" mit einer letztendlichen „Verschmelzung" der Völker entsprach. Weder in der UdSSR noch in Jugoslawien verhinderte diese Ideologie den Staatszerfall um 1991.[415]

Unterdessen hatte sich die Nationalitätenpolitik der Sowjetunion selbst vor dem Zweiten Weltkrieg und erst recht während desselben gravierend verändert. Wie leicht sich feierlich institutionalisierte nationale Autonomierechte von einer kommunistischen Diktatur vernichten ließen, hatte Stalin demonstriert, als er die autonomen Republiken der Wolgadeutschen und der Krimtataren 1941 bzw. 1943/44 mit einem Federstrich beseitigte und ihre Völker mit kollektiver Deportation bestrafte, was „die ethnische und politisch-administrative Landkarte der UdSSR erheblich veränder[e]".[416] Zwar blieb auch in dieser Phase eine gewisse Ambivalenz erhalten, wie Terry Martin gezeigt hat: Denn während 1937 der NKVD die ethnische „Säuberung" von Diaspora-Nationalitäten an den Außengrenzen der UdSSR durchführte, beschäftigte sich der Nationalitäten-Sowjet in Moskau mit dem weiteren Ausbau der nationalen Institutionen eben dieser Völker. Gleichwohl kann man davon sprechen, dass zwischen 1933 und 1938 nationalitätenpolitisch der „große Rückzug" erfolgte, denn während des stalinistischen Terrors wurde das „Affirmative Action Empire" der 1920er Jahre weitreichend revidiert. Die grenzüberschreitende Werbung wurde fallengelassen und durch Abschottung ersetzt. Ethnische Identität konnte fortan ein Indiz für Illoyalität und Verfolgungsgrund sein. Die Indigenitätspolitik der „Einwurzelung" wurde zurückgefahren, wenngleich nicht aufgegeben, und durch eine Rehabilitierung der großrussischen Nation begrenzt.[417] Diese „Wiedergeburt des Nationalismus" ließ sich nach 1945 nur schwer unter Kontrolle bringen.[418]

---

[415] Lemberg, Unvollendete Versuche nationaler Identitätsbildung im 20. Jahrhundert im östlichen Europa, S. 583 f., S. 588 und S. 594–600; Jahn, Das verborgene Erbe des Kommunismus, S. 85; Sundhaussen, Jugoslawismus und Loyalität, S. 189; Lapidus, A History of Islamic Societies, S. 787; Schulze, Geschichte der islamischen Welt im 20. Jahrhundert, S. 342 f.
[416] Nitschke, Vertreibung und Aussiedlung der deutschen Bevölkerung aus Polen, S. 53.
[417] Martin, The Affirmative Action Empire, S. 22 und S. 26 f.
[418] Lemberg, Geschichte des Nationalismus in Europa, S. 248 f.

Zeitweilig ethnisch motivierte Ansätze zu Deportation und Völkermord kann man bereits um 1919/20 beim repressiven sowjetischen Umgang mit den aufständischen Donkosaken erkennen.[419] Zwischen 1918 und 1920 wurden 35 000 Kosaken aus dem nördlichen Kaukasus zwangsumgesiedelt, 1920 traf dasselbe Schicksal ebenso viele Terek-Kosaken, die ins Donbas-Gebiet umsiedeln mussten.[420] Jörg Baberowski sieht solche Ansätze zu ethnisch motivierten Deportationen in der UdSSR in den späten 1920er Jahren.[421] Laut Martin markierte die 1932 erfolgte Deportation von 60 000 kollektivierungsfeindlichen Kuban-Kosaken bei gleichzeitiger Neuansiedlung von 14 000 früheren Rotarmisten den Übergang von klassen-basierten zu ethnisch motivierten Deportationen. Ab 1935 kam der Topos der „Feindvölker" auf und legitimierte deren Deportation, die durch das im Herbst 1934 vom Politbüro der KPdSU eingeführte NKVD-Regime für „Grenzregionen" systematisiert wurde. Schrittweise erfolgte der Abbau nationaler Institutionen bei verdächtigen Nationen oder Nationsteilen – etwa bei den Deutschen und Polen in der Ukraine, die ab 1935 ihre autonomen Dorfsowjets oder Schulen verloren. Dieses Vorgehen radikalisierte sich im „Großen Terror" ab 1937, als die Repression alle Grenzregionen und Diaspora-Nationalitäten der Sowjetunion erfasste, deren Lokal- und Kulturautonomie Ende 1937 verboten wurde.[422] Auch weitete sich der Terror gegen „verdächtige" Nationalitäten auf das gesamte Staatsgebiet aus.[423] Dabei wurde die in der Sowjetunion lebende kleine polnische Minderheit laut Timothy Snyder prozentual zum „Hauptopfer". Unter dem Vorwurf der Spionage für eine „polnische Militärorganisation" seien 143 810 Menschen verhaftet und 111 091 hingerichtet worden – die meisten von ihnen polnischer Herkunft. Unter sämtlichen 680 000 Opfern des „Großen Terrors" der Jahre 1937/38 hätten Polen ein volles Achtel gestellt, bei einem Anteil von nur 0,4 Prozent an der Sowjetbevölkerung. Damit sei es „für sowjetische Polen […] vierzigmal wahrscheinlicher" gewesen, „im Großen Terror zu sterben, als für andere Sowjetbürger". Doch auch Snyder muss zugeben, dass den „Nationalitätenaktionen" Stalins Angehörige vieler Völker zum Opfer gefallen seien – insgesamt über 247 000 Menschen. Die Sowjetunion war laut Snyder fortan „ein multinationaler Staat, der einen multinationalen Unterdrückungsapparat für ethnische Mordkampagnen einsetzte".[424] Allerdings muss man die sehr unterschiedlichen Größenordnungen der sozial und ethnisch motivierten sowjetischen Deportationen der 1930er Jahre im Auge behalten: 1937/38 fielen „nationalen Operationen" über 350 000 Menschen zum Opfer, von denen

---

[419] Holquist, Making War, Forging Revolution, S. 174–189.
[420] Ferrara / Pianciola, L' Età delle Migrazioni Forzate, S. 123f. und S. 129.
[421] Baberowski, Ordnung durch Terror, S. 157.
[422] Ebenda, S. 311f., S. 326, S. 329, S. 332, S. 335 und S. 339f.
[423] Ebenda, S. 159.
[424] Snyder, Bloodlands, S. 107f., S. 120f. und S. 124, mit dem Hinweis, dass der ethnische Terror auch eine veränderte ethnische Struktur des Geheimdienstes bewirkte; laut Slezkine, Das jüdische Jahrhundert, S. 268f., war die Todesrate unter griechischen Verfolgten mit 81% noch etwas höher als bei Finnen oder Polen (je 80%).

70 Prozent nicht nur deportiert, sondern erschossen wurden; doch die übergroße Mehrheit der 2,6 Millionen zwischen 1930 und 1937 innerhalb der Sowjetunion Deportierten war wegen ihrer Klassenzugehörigkeit oder angeblichen politischen Unzuverlässigkeit dem Repressionsregime Stalins zum Opfer gefallen.[425]

Zu Recht ist darauf verwiesen worden, dass beim „Domestizierungsprozess" gegen Grenz-Nationalitäten, der sich in Form von Deportationen bei gleichzeitiger Neuansiedlung slawischer Siedler vollzog, zaristische Traditionen eine Rolle spielten. Bevölkerungsaustausch zwecks Grenzsicherung war eine Politiktradition, die in Russland bis ins 14. Jahrhundert zurückverfolgt werden kann, in ihrer modernen Variante aber seit Mitte des 19. Jahrhunderts durch Militärstatistiker wie Makšeev, Obručev oder Zolotarev systematisiert worden war. Mit wissenschaftlicher Autorität hatten bereits die Experten des späten Zarenreiches eine Einteilung der Bevölkerung Russlands in zuverlässige und unzuverlässige Gruppen vorgenommen, und diese „Geographie der Unzuverlässigkeit" hatte mit den Massendeportationen des Ersten Weltkrieges ihre erste praktische Anwendung gefunden, um seit den 1920er Jahren auch in der Sowjetunion in Grenzregionen vereinzelt praktiziert zu werden. Nach Abschluss des deutsch-polnischen Nichtangriffspaktes von 1934 befahl Stalin dem NKVD, die westlichen Grenzgebiete von allen Sowjetbürgern polnischer Abstammung zu „säubern".[426] In der Logik des Kreml war es „nur folgerichtig, dass Deportationen ‚unzuverlässiger' nationaler Gruppen mit Beginn des II. Weltkriegs automatisch auch auf die von der Roten Armee besetzten Gebiete ausgedehnt wurden und einen permanenten Charakter annahmen" – sowohl in Ostpolen als auch im Baltikum, in Bessarabien und in der nördlichen Bukowina. Der rasante deutsche Vormarsch von 1941 bedrohte den Herrschaftsbereich der UdSSR derart, dass die Moskauer Führung unverzüglich die Deportation ganzer Völker befahl, an deren Loyalität sie zweifelte. Diese neue „Geographie der Unzuverlässigkeit" fand nach Kriegsende ihre Fortsetzung in sowjetischen Deportationen von Polen und Finnen – nun allerdings über Staatsgrenzen hinweg, nicht innerhalb der UdSSR. Victor Dönninghaus betont, dass „die Deportationen nationaler Minderheiten der 1930er Jahre die Massendeportationen der 1940er Jahre überhaupt erst ermöglicht" hätten, „indem sie die Praxis des gegen bestimmte ethnische Gruppen gerichteten Terrors und die Konzeption der ‚Feind-Nation' an sich ‚legalisierten'." Dönninghaus meint, die 1917 begonnene sowjetische Nationalitätenpolitik sei „1939 endgültig abgebrochen" worden.[427] Zumindest wurde sie erheblich beeinträchtigt und deformiert. Die stalinistischen Deportationen erfolgten vor einem Hintergrund offener Feindseligkeit gegenüber bestimmten Nationalitäten und angesichts der Rückwendung

---

[425] Vgl. Baberowski, Verbrannte Erde, S. 353; Ferrara / Pianciola, L' Età delle Migrazioni Forzate, S. 181.
[426] Ther, Die dunkle Seite der Nationalstaaten, S. 130.
[427] Dönninghaus, Minderheiten in Bedrängnis, S. 472f., S. 478, S. 484–487, S. 493f., S. 496–499 und S. 596.

zur Russifizierungspolitik.⁴²⁸ Doch trotz dieser ethnisch motivierten Deportations- und Zwangsumsiedlungspolitik blieb die UdSSR ein Vielvölkerstaat.⁴²⁹

Mit der sowjetischen Nationalitätenpolitik sympathisierende Intellektuelle im Westen taten ihr Bestes, diese Zäsur zu verharmlosen. So behauptete Oscar Janowsky 1945, die Sowjetunion habe sich niemals in Bevölkerungstransfers zur Lösung von Nationalitätenproblemen geflüchtet. Zwar musste er einräumen, dass nach dem Hitler-Stalin-Pakt von 1939 „einige Grenzbevölkerungen verschoben" worden seien, doch wies Janowsky die Verantwortung dafür allein Hitler zu. Zwar musste er zugeben, dass die Sowjetunion im Zweiten Weltkrieg Massen von Menschen innerhalb des eigenen Staatsgebiets „transferiert" hatte, aber Janowsky beharrte darauf, dass dies nur aus Gründen der Bestrafung oder Verteidigung erfolgt sei. Zwar wusste er von „fragmentarischen Berichten" über einen sowjetisch-polnischen Bevölkerungsaustausch, doch suchte Janowsky abzuwiegeln, man wisse nicht, ob es sich um Zwangsmaßnahmen oder freiwillige Optionen handle. Gegen alle Indizien beharrte der aus Polen stammende jüdische US-Wissenschaftler darauf, dass die Sowjetführer stets am multinationalen Föderalismus zur Lösung von Nationalitätenproblemen festgehalten hätten.⁴³⁰

Tatsächlich aber waren diese Deportationen Stalins eine Rückwendung zur imperialen Politik des späten Zarenreiches, die seit Mitte des 19. Jahrhunderts ethnopolitische Motive aufgewiesen hatte. Und seit der im Hitler-Stalin-Pakt vereinbarten sowjetischen Annexion des östlichen Polen, der baltischen Staaten und des rumänischen Bessarabien hatte die sowjetische Nationalitätenpolitik 1939/40 eine aggressiv-imperialistische Schieflage erhalten, die eine „naive" Rückkehr zu föderalistischen Autonomievorstellungen der 1920er Jahre unmöglich machte.⁴³¹ Erst nach Stalins Tod 1953 erfolgte der erneute Übergang zu einer Nationalitätenpolitik der Überredung und Konzessionen. Dies lockerte die Unterdrückung, führte aber auch zu wachsender Permissivität der Zentrale gegenüber nationalistischer Expressivität an der Peripherie.⁴³² So ließ sich zwischen 1959 und 1989 in allen Republikhauptstädten ein Trend zu fortschreitender Nationalisierung beobachten, nur in Tallinn und Riga wurde die Russifizierung fortgesetzt.⁴³³ Beide Entwicklungen beförderten ethnische Spannungen, die ab 1989 im Kaukasus und an der zentralasiatischen Peripherie in gewaltsames „un-mixing" mündeten. Dirk Hoerder vermutet, dass der sowjetische Föderalismus diese Konflikteskalation deshalb nicht zu verhindern vermocht habe, weil während der siebzigjährigen Existenz der Sowjetunion nie eine substantielle Neuverteilung von Macht gelungen sei.⁴³⁴

---

428 Carrère d'Encausse, The Great Challenge, S. 219.
429 Ther, Die dunkle Seite der Nationalstaaten, S. 137.
430 Janowsky, Nationalities and National Minorities, S. 103f.
431 Auch dies herunterspielend: Janowsky, Nationalities and National Minorities, S. 103.
432 Suny, The Revenge of the Past, S. 125.
433 Therborn, Die Gesellschaften Europas 1945–2000, S. 64.
434 Hoerder, Cultures in Contact, S. 562f.

3. Gewaltsame Trennung durch „Bevölkerungsaustausch": Das Modell von Lausanne 1923

Die Friedensregelungen nach dem Ersten Weltkrieg erfolgten nicht nach einem kohärenten Prinzip, sondern von Fall zu Fall „zwischen Siegerrecht und Selbstbestimmungsrecht". Dabei konnten, wie Jörg Fisch gezeigt hat, „auch ganz andere, mit den sonst verwendeten Prinzipien völlig unvereinbare Prinzipien zur Anwendung kommen". Der „erstaunlichste Fall" solcher Abweichung vom damals proklamierten Selbstbestimmungsrecht der Völker ist der Austausch unerwünschter Bevökerungsgruppen. Dieses Vorgehen hatte „im Verhältnis zwischen dem Osmanischen Reich und den europäischen Staaten" bereits „eine gewisse Tradition" im 19. Jahrhundert, war in den Balkankriegen 1912/13 in Europa „erstmals in größerem Umfang zur Anwendung gelangt" und sollte nach dem Ersten Weltkrieg zwischen der Türkei und Griechenland im Vertrag von Lausanne 1923 „in wesentlich größerem Ausmaß fortgeführt" werden. Damit war „ein Gegenmodell [...] entstanden, das später verheerende Wirkungen haben sollte".[435]

Dem 1919/20 etablierten Ordnungsmodell von Versailles trat somit wenig später das Alternativmodell von Lausanne an die Seite. Treffend konstatierte 1928 der griechische Politiker Georgios Streit, Zwangstransfer sei das Gegenteil von Minderheitenschutz.[436] Statt der für Versailles typischen Kombination aus Nationalstaatlichkeit und Minderheitenschutz vertrat Lausanne die Alternative, homogene Nationalstaaten durch gewaltsame, aber völkerrechtlich geregelte Entfernung unerwünschter Minderheiten zu schaffen. Wenn Lausanne auf die bilateralen Transferabkommen des Balkans vor 1914 zurückverweist, so besteht doch der entscheidende Unterschied in der nach Ende des Ersten Weltkriegs hinzutretenden „Verhandlungsführung der Großmächte", die im Falle der zwischenzeitlich zustande gekommenen bilateralen Transferabkommen im Kontext der Friedensschlüsse des Ersten Weltkrieges – etwa in Neuilly und in Sèvres – sogar dominiert hatte.[437]

Das Transfer-Abkommen von Lausanne beendete 1923 einen erbitterten mehrjährigen Krieg zwischen Griechen und Türken. Es billigte die mit der griechischen Niederlage verbundene Flucht und Vertreibung der kleinasiatischen Griechen und suchte diese ethnische „Säuberung" zugleich zu „humanisieren" und zu „ordnen". Das Abkommen zwischen den beiden Kriegsparteien, bei dem diverse Großmächte – von den Demokratien Großbritannien und Frankreich bis zur faschistischen Diktatur in Italien – Pate standen, machte für alle noch nicht geflohenen oder vertriebenen Griechen der Türkei einen „Zwangsaustausch" zur Pflicht. Damit erweitere der Transfervertrag die bisherige einseitige „Säuberung" zu einer wechselseitigen, indem die am Krieg unbeteiligte mus-

---

[435] Fisch, Das Selbstbestimmungsrecht der Völker, S. 177f.
[436] Streit, Der Lausanner Vertrag und der griechisch-türkische Bevölkerungsaustausch, S. 58.
[437] Dieser treffende Hinweis bei: Ther, Die dunkle Seite der Nationalstaaten, S. 99.

limische Minderheit in Griechenland in die Zwangsumsiedlung einbezogen wurde.[438]

Dieses Modell von Lausanne wurde zwar – abgesehen vom Balkan[439] – zunächst nicht weiter nachgeahmt. Aber es blieb als Alternative zur Versailler Minderheitenschutzpolitik (und zum Moskauer Föderalismus) präsent. Diese Latenz erklärt, weshalb sich das Modell des Zwangstransfers in den von Hitler provozierten europäischen Krisen 1938/39 rasch aktualisieren ließ und im Zweiten Weltkrieg vielfach als einzig mögliche Lösung des deutschen Minderheitenproblems in Osteuropa nach einem Sieg über Hitler-Deutschland betrachtet werden konnte. Gegenüber den besiegten Deutschen mutierte das Transferprojekt ab 1945 zu einseitiger Vertreibung und Zwangsumsiedlung. Zugleich aber gemahnten diverse wechselseitige Transfer-Abkommen, die Hitler zu Beginn des Zweiten Weltkrieges oder Stalin gegen dessen Ende schloss, deutlich an das sozialtechnologische Vorbild von Lausanne.[440]

Der berechtigte Einwand, dass die Erfahrungen von Lausanne eher als Warnung denn als Vorbild dienen müssten[441], wurde 1945 beiseite geschoben, Lausanne stattdessen als erfolgreiche Problemlösung betrachtet. Schon ein Jahrzehnt nach Vertragsschluss hatte der türkische Außenminister Tevfiq Rüştü Bey die gewaltsamen Bevölkerungsverschiebungen als Friedenspolitik gerühmt, durch die „ein erträglicher Zustand zwischen den beiden Staaten geschaffen worden" sei.[442] Venizelos, der griechische Chefunterhändler in Lausanne, soll 1934 seinen Vertragspartner, den türkischen Präsidenten Mustafa Kemal (Atatürk), sogar für den Friedensnobelpreis vorgeschlagen haben.[443] Auch der Verfechter einer „Paneuropa-Union", Richard Coudenhove-Kalergi, zu dessen Unterstützern der tschechoslowakische Präsident Edvard Beneš und der griechische Außenminister und Venizelos-Gefolgsmann Nikolaos Politis gehörten, wertete 1943 Lausanne als erfolgreiche Friedenspolitik.[444] Es waren insbesondere die Londoner Exilregierungen der Tschecholowakei und Polens, die sich während des Zweiten Weltkrieges auf den Präzedenzfall Lausanne beriefen. Wenn gesagt wird, es sei ab 1939 „Leitprinzip der Polen und Tschechen" gewesen, die „Zwangsaussiedlung ihrer Bevölkerungsminderheiten" analog zu Lausanne „unter der Aufsicht internationaler Organisationen" zu bewerkstelligen[445], so bildet dies jedoch nur Planspiele ab,

---

[438] Kraus, Das Recht der Minderheiten, S. 165; davon sollten nur die griechischen Einwohner von Konstantinopel und die Muslime im griechischen Ostthrazien ausgenommen bleiben.

[439] Auf dem Balkan gab es nach 1918 weitere Transfers weshalb die Ansicht von James, Geschichte Europas im 20. Jahrhundert, S. 69, „kein anderer Vertrag nach dem ersten Weltkrieg" habe „eine solche Klausel" enthalten, nicht zutreffend ist.

[440] Vgl. Kap. VI.3.

[441] Janowsky, Nationalities and National Minorities, S. 140.

[442] Madol, Gespräche mit Verantwortlichen, S. 180.

[443] Söylemezoglu, Die andere Seite der Medaille, S. 203, mit der abwegigen Bemerkung, dieser Vorschlag wäre kaum gemacht worden, hätte Kemal wirklich eine „Vertreibung der Griechen" durchgeführt.

[444] Coudenhove-Kalergi, Crusade for Pan-Europe, S. 114 und S. 126.

[445] Naimark, Flammender Hass, S. 139.

nicht das Vertreibungsgeschehen ab 1945. Dieses setzte in beiden Ländern bewusst *vor* jener Potsdamer Konferenz der alliierten Großmächte ein, die eine internationale Legitimation analog zur Konferenz von Lausanne halbwegs zu bieten vermocht hätte. Auch die Vereinten Nationen (UN) wurden, anders als der Völkerbund in Lausanne, nicht beteiligt. Vor allem aber warteten die Verantwortlichen in Warschau und Prag nicht die endgültige Genehmigung Washingtons, Moskaus und Londons ab, sie schufen vielmehr einseitig Fakten, weil sie der längst eingeholten Zustimmung der „Großen Drei" offensichtlich nicht völlig vertrauten. Genau das war übrigens die *eigentliche* Analogie zu Lausanne. Auch Atatürks Türkei hatte die Vertreibung der kleinasiatischen Griechen 1922/23 in großen Teilen bereits bewerkstelligt, bevor sie in Lausanne vertraglich gebilligt wurde (was in Potsdam seitens des deutschen Vertragspartners, der dort fehlte, nie geschah). Anders als Mustafa Kemal, der die Siegermächte des Ersten Weltkrieges damit brüskierte, hatten aber die Politiker Polens und der Tschechoslowakei die Zustimmung der alliierten Großmächte lange vor 1945 sichergestellt.[446]

Die Berufung der Tschechoslowaken und Polen auf Lausanne verfehlte unter den westlichen Alliierten ihre Wirkung nicht. Großbritannien und Frankreich hatten – neben Mussolinis Italien – beim Lausanner Abkommen 1923 Pate gestanden. Ende 1940 soll der britische Premier Winston Churchill bemerkt haben, neben Gebietsveränderungen werde es bei Kriegsende zu „exchanges of population" kommen müssen, in der Tradition jenes Massenaustauschs, der zwischen Griechenland und der Türkei erfolgreich durchgeführt worden sei.[447] US-Präsident Franklin D. Roosevelt konnte auf viel Verständnis rechnen, als er im März 1943 gegenüber dem britischen Außenminister Eden das Vorbild von Lausanne beschwor, „um die Preußen aus Ostpreußen auf die gleiche Weise zu entfernen, wie die Griechen nach dem letzten Krieg aus der Türkei entfernt wurden". Das sei zwar hart, aber anders werde man den Frieden in Europa nicht sichern.[448] Die Sowjetunion brauchte sich bei ihrer Billigung dieser Vertreibungspläne nicht auf Lausanne zu beziehen, das eine westeuropäische Sozialtechnologie repräsentierte, mit deren Umsetzung Moskau seinerzeit nichts zu tun gehabt hatte. Die Sowjets hatten ihre eigene imperiale Tradition innerstaatlicher Deportationen und mussten diese lediglich auf ihren 1944/45 eroberten Machtbereich in Osteuropa übertragen. Bei den zwischen der Sowjetunion und osteuropäischen Staaten ab 1944 geschlossenen bilateralen Transferabkommen dürfte Lausanne ebenfalls nur indirekt Vorbild gewesen sein; Stalin wird sich eher jener Umsiedlungsabkommen erinnert haben, die er wenige Jahre zuvor mit Hitler abgeschlossen hatte, der dieses Instrumentarium damit auch der Moskauer Politik geläufig gemacht hatte.[449]

---

[446] Vgl. Kap. VI.4.
[447] Dokumente zur Deutschlandpolitik Reihe I Bd. 1, S. 255 f.
[448] Naimark, Flammender Hass, S. 141; Dokumente zur Deutschlandpolitik, Reihe 1 Bd. 4, S. 223; Beer, Flucht und Vertreibung, S. 56 f.
[449] Vgl. Kap. VI.3. und VI.5.

Ebenso wie die Vertreibung der Deutschen nach 1945 kam die Vertreibung des kleinasiatischen Griechentums 1922/23 nicht aus heiterem Himmel. Sie war kurzfristig das Ergebnis eines griechischen Aggressionskrieges, der 1919 begann[450], langfristig das Resultat eines hundertjährigen ethnoreligiösen Konflikts, der mit dem griechischen Aufstand 1821 begonnen hatte. Im engeren Sinne begann das, was in Smyrna für dessen griechische Bewohner 1922 katastrophal endete, 1919 in Smyrna – mit der Besetzung dieser osmanischen Metropole durch griechische Truppen. Die kleinasiatische Hafenstadt war damals mehrheitlich von Griechen bewohnt, und das kleine Königreich Griechenland sah gegen Ende des Ersten Weltkrieges nach dem Zusammenbruch seiner mächtigen russischen und osmanischen Nachbarn die unverhoffte Chance, Großmachtambitionen zu realisieren: Sämtliche Griechen von Kleinasien bis zur Krim sollten „befreit" und „angeschlossen" werden. Der griechische Premier Venizelos forderte 1919 die Annexion des westlichen Kleinasien auch deshalb, um 450 000 griechische Opfer türkischer Deportationen der Weltkriegszeit unterzubringen. Tatsächlich wurden zwischen 1919 und 1922 über 100 000 Griechen um Smyrna angesiedelt. Ausschreitungen der griechischen Besatzungsarmee veranlassten gleichzeitig viele Türken zur Flucht aus der griechischen Zone nach Zentralanatolien.[451]

Die griechischen Streitkräfte hatten bei der Besetzung Smyrnas am 15. Mai 1919 ein Massaker an der türkischen Bevölkerung verübt, nachdem sie angeblich von Heckenschützen angegriffen worden waren.[452] Mehr als 700 Türken sollen umgekommen sein. Diese Gewalt hielt an, als die griechische Armee nach Osten in Kleinasien vordrang. 1921 hätten die Griechen beinahe Ankara erobert und lösten die Flucht von einer Million Muslimen aus.[453] Nicht nur protürkische deutsche Beobachter sprachen von „Greueltaten", welche „die griechische Armee 1920/22 bei Vormarsch wie Flucht neben der Einäscherung von Städten und Dörfern an Tausenden wehrloser Bewohner, Männern, Frauen und Kindern, beging".[454] Nicht nur die türkische Regierung veröffentlichte einen Bericht über „Greek Atrocities in Asia Minor", der von Massenvergewaltigungen, Verbrennungen von Dörfern ohne militärische Notwendigkeit und von der Zerstörung von Koran-Schriften berichtete und Griechenland anklagte, von jeher gegenüber den Türken eine „Politik der Ausrottung" (extermination) betrieben zu haben.[455] Auch die britische Regierung rügte „schwerwiegende Exzesse" der Griechen an muslimischen Zivilisten.[456] Dass Athen erst im August 1920 die ihm seit 1830 auf-

---

[450] Ferrara / Pianciola, L' Età delle Migrazioni Forzate, S. 85.
[451] Llewellyn Smith, Ionian Vision, S. 73 und S. 100f.
[452] Diner, Das Jahrhundert verstehen, S. 196.
[453] McCarthy, The Ottoman Peoples and the End of Empire, S. 125, S. 132 und S. 134; Panayi, Outsiders, S. 111.
[454] Klinghardt, Angora – Konstantinopel, S. 42.
[455] Boyar, Ottomans, Turks and the Balkans, S. 110.
[456] McCarthy, Death and Exile, S. 282.

erlegten Minderheitenschutzbestimmungen für alle neugewonnenen Gebiete vertraglich bekräftigt hatte, war in der Praxis offenbar wenig wert.[457]

Noch bevor die türkische Nationalarmee unter Führung von Mustafa Kemal Paşa – dem späteren Atatürk – erfolgreich zur Gegenoffensive überging, löste das Vorgehen der griechischen Armee Racheakte türkischer Zivilisten an kleinasiatisch-griechischen Zivilisten aus. Die „gegenseitigen Greueltaten" nahmen „organisierten Charakter" an und bewirkten eine „demographische Bereinigung entlang ständig sich verschiebender Frontlinien oder in nach Niederlagen aufkommender blinder Rachsucht".[458] Der türkische Gegenangriff, der die griechische Armee 1922 fluchtartig nach Smyrna zurücktrieb, trug „alle Merkmale einer ethnischen Säuberung", denn dabei wurde auch die griechische Zivilbevölkerung Kleinasiens massenhaft „vertrieben oder getötet".[459] Als die türkische Nationalarmee im Oktober 1922 Smyrna besetzte, ließen die flüchtenden griechischen Truppen neben der alteingesessenen Bevölkerung der Stadt auch zahllose Flüchtlinge aus dem Landesinnern hilflos zurück. Im Hafen lagen zwar Kriegsschiffe der Entente, doch deren Kommandeure griffen nur verbal ein. US-Marineoffiziere schlugen dem triumphierenden türkischen Oberbefehlshaber General Nureddin Paşa vor, er möge die Panik unter den 200 000 griechischen Flüchtlingen dadurch beheben, dass er sie in ihre Heimatgebiete zurückkehren lasse. Der General entgegnete, die Entente solle diese Menschen besser „in ein anderes Land" schaffen, denn nach den griechischen Verbrechen in Kleinasien würde dort „das Leben der Flüchtlinge nicht sicher" sein.[460] Nureddin erklärte einem Entente-Offizier, die vollständige Evakuierung der christlichen Flüchtlinge sei die einzige Lösung, denn er könne keinem einzigen von ihnen Sicherheit garantieren. Sein Gesprächspartner schloss daraus, die nationaltürkische Regierung habe die Entscheidung zur Vertreibung getroffen.[461]

Vor den Augen französischer Marinesoldaten wurde wenig später der griechisch-orthodoxe Erzbischof Chrysostomos (angeblich mit Ermutigung des türkischen Kommandanten) von einer Meute in Stücke gerissen. Dieser Mord wurde zum Signal für ein Pogrom an der christlichen Bevölkerung, bei dem mindestens 25 000 Menschen zu Tode gekommen sein sollen. Teile der türkischen Streitkräfte beteiligten sich an den Massenmorden, denen auch Armenier zum Opfer fielen. Nach zwei Tagen wurden die überlebenden Christen in den Hafen getrieben und große Teile der Stadt durch Feuer vernichtet. Man beschuldigte sich wechselseitig der Brandstiftung, doch offenbar brannten weder die türkischen noch die jüdischen Viertel ab, sondern „lediglich das Gebiet, das der abgezogenen griechischen und armenischen Bevölkerung Geschäfts- und teilweise auch Wohnviertel war".[462]

---

[457] Kraus, Das Recht der Minderheiten, S. 103.
[458] Diner, Das Jahrhundert verstehen, S. 196f.
[459] Naimark, Flammender Hass, S. 64.
[460] Naimark, Flammender Hass, S. 66, hält dieses Argument, das auch Stalin 1945 benutzte, nur für einen „Vorwand für die ethnische Säuberung".
[461] Milton, Paradise Lost, S. 285f.
[462] Gerolymatos, The Balkan Wars, S. 170–172; Milton, Paradise Lost, S. 268f.; Klinghardt, Angora – Konstantinopel, S. 158; McCarthy, Death and Exile, S. 291f., hält eine Mitverantwor-

3. Gewaltsame Trennung durch „Bevölkerungsaustausch" 401

Für den Atatürk-Anhänger Falih Rifki, der 1922 als Kriegskorrespondent nach Smyrna gelangt war, bestand an den Urhebern kein Zweifel:

„Warum haben wir Izmir verbrannt? Fürchteten wir uns etwa davor, uns vor den Minoritäten nicht schützen zu können, solange die Konaks, die Hotels und Casinos am Cordon standen? Als während des Ersten Weltkriegs die Armenier deportiert wurden, haben wir aus derselben Furcht heraus alle ihre Quartiere in den anatolischen Städten, die irgendwie bewohnbar waren, verbrannt. Das hat nicht einfach mit reiner Zerstörungswut zu tun. Daran hat auch ein Minderwertigkeitsgefühl Anteil.
Ich glaube nicht, dass ohne Nureddin Paşa, den ich als heftigen Fanatiker und wütenden Demagogen kennengelernt hatte, diese Katastrophe bis zum Schluss ihren Fortgang genommen hätte. Nureddin Paşa, der [...] die von den Griechen in Schutt und Asche verwandelten Gebäude der türkischen Städte und die weinenden und zitternden Menschen gesehen hat, bezog ganz gewiss aus dem unverzeihlichen Hass und der Rachsucht der Offiziere und Mannschaften Kraft."[463]

Bereits zu Beginn des Ersten Weltkrieges hatte die jungtürkische Regierung die griechischen Einwohner Smyrnas mit dem Verbrennen der Stadt bedroht, falls diese mit den Westmächten konspirieren sollten. Der osmanische Innenminister Talaat Bey erklärte im Oktober 1914 gegenüber US-Botschafter Henry Morgenthau, diese Drohung verfolge den Zweck, die Griechen zur Abwanderung zu zwingen, um Smyrna durch gezielte Neubesiedlung zu einer muslimisch-türkischen Stadt zu machen.[464] Die Pläne von 1914 gingen 1922 auf: Aus Smyrna wurde Izmir – ähnlich wie die einstige osmanische Vielvölker-Metropole Selanik zwischen 1912 und 1922 gewaltsam zum griechisch geprägten Saloniki umgeformt wurde. Hatten bis 1922 in Smyrna über 100000 Griechen neben 60000 Türken gelebt, so hatte die Stadt 1922/23 ihr Gesicht „weitgehend verändert". Nachdem „die griechische und armenische Bevölkerung [...] im Gefolge des panikartigen griechischen Rückzuges vom August-September 1922 geflüchtet oder ausgewiesen worden" war, bestand die Bevölkerung „nur noch aus Türken, Juden und einer kleinen Anzahl Levantiner und Europäer".[465] Stattdessen kamen zwangsumgesiedelte Muslime aus Saloniki nach Izmir und trugen zur Türkifizierung der Stadt ebenso bei, wie umgekehrt in Saloniki angesiedelte griechische Flüchtlinge und Vertriebene aus Smyrna und anderen Regionen Kleinasiens zum ersten Mal seit 500 Jahren jener Stadt eine griechische Prägung gaben.[466] Der neue kemalisti-

---

tung der türkischen Regierung für absurd und vermutet Einzeltäter; von den Armeniern wird gesagt, sie hätten die Türken beschossen, was ein Massaker an Armeniern ausgelöst habe; vgl. Llewellyn Smith, Ionian Vision, S. 306f.; europäische Beobachter unterschieden zwischen einer Minderheit von Fanatikern und der friedlichen Mehrheit der armenischen Bevölkerung Smyrnas; vgl. Milton, Paradise Lost, S. 276f.

[463] Kreiser, Atatürk, S. 171f.
[464] United States Diplomacy on the Bosphorus, S. 93 und S. 107.
[465] Klinghardt, Angora – Konstantinopel, S. 156f.
[466] Dabei wurden die kleinasiatischen Griechen von alteingesessenen Griechen kaum als ihresgleichen akzeptiert, sondern als Türken oder „Yoghurt-Getaufte" diskriminiert; auch die Muslime Salonikis nahmen vor ihrer Zwangsaussiedlung erstaunt zur Kenntnis, das jene kleinasiatischen Griechen kein Griechisch, sondern nur Türkisch sprachen; iInsofern brachte der Zwangstransfer von Lausanne keine Angehörigen einer Nation zusammen, sondern Bevölkerungsteile, aus denen erst noch eine Nation geschaffen werden musste; vgl. Mazower, Salonica – City of Ghosts, S. 355 und S. 360.

sche Gouverneur der Provinz Izmir wurde mit Mustafa Abdülhalik nicht nur ein Mann, der aus einer 1912/13 an Griechenland verlorenen Provinz (Epiros) stammte, sondern der im Ersten Weltkrieg auch als osmanischer Gouverneur von Bitlis und Aleppo an der genozidalen Deportation der Armenier beteiligt gewesen war.[467] Mit ihrer gewaltsamen ethnoreligiösen Homogenisierung von 1922 reihte sich Smyrna-Izmir ein in das Schicksal vieler Städte, die dasselbe schon erlebt hatten oder im Laufe der nächsten Jahrzehnte des 20. Jahrhunderts noch erleben sollten: Belgrad, Athen, Sofia, zuletzt Saloniki waren Smyrna vorangegangen; Lemberg, Prag, Budapest, Breslau, Danzig oder Königsberg würden folgen. Auch die indische Metropole Delhi, einst Residenz der Großmoguln, sollte 1947 durch Flucht und Vertreibung ihren muslimischen Bevölkerungsteil verlieren.[468]

Vor dem Hintergrund der bereits laufenden Flucht und Vertreibung in Kleinasien erklärt sich die internationale Beteiligung am Vertrag von Lausanne, der als „Frucht einer höchst chaotischen Situation" bezeichnet wurde. Die im Winter 1922/23 unter Vorsitz des britischen Außenministers Lord George Nathaniel Curzon geführten Verhandlungen waren durch „außerordentlichen Zeitdruck wegen des wachsenden Elends gewaltsamer Massenvertreibungen" geprägt.[469] Unbeeindruckt verfolgte die siegreiche türkische Seite ihr Ziel eines homogenen Nationalstaats. Außenminister Ismet Paşa – der spätere Staatschef Inönü – beharrte darauf, „keine besonderen Minderheitenrechte in den Vertrag aufzunehmen", sondern alle Staatsbürger „gleich" zu behandeln. Was die kleinasiatischen Griechen anging, griffen die Türken jenes Projekt eines „Bevölkerungsaustauschs" auf, das bereits 1914 vereinbart worden, aber infolge des Ersten Weltkrieges nie umgesetzt worden war.[470] Allerdings bestanden die Türken in Lausanne „auf einem zwangsweisen, keinem freiwilligen Austausch". Während der winterlichen Verhandlungen litten die Griechen Kleinasiens „furchtbar – sowohl während der Deportation als auch in den Flüchtlingslagern".[471] Viele überlebten nicht. Henry Morgenthau, der 1923 die Leitung der griechischen Ansiedlungskommission übernahm, beschrieb 1929 das Flüchtlingselend:

„Ich ging das Ufer entlang und sah eine Schiffsladung Flüchtlinge landen. Einen traurigeren Anblick kann man sich kaum vorstellen. Ich sah siebentausend Menschen, zusammengepfercht auf einem Schiff, dessen Fassungsvermögen normalerweise auf zweitausend geschätzt würde. Sie waren wie Sardinen auf dem Deck gestapelt, eine sich drehende und windende Masse menschlichen Elends. Sie waren vier Tage lang auf See gewesen. Es hatte keinen Raum gegeben, wo sie sich zum Schlafen hätten niederlegen können; es hatte keine Nahrung gegeben; es gab keinen Zugang zu irgendwelchen Toiletten.
Vier Tage und Nächte lang hatten viele an Deck gestanden, durchnässt vom Herbstregen, durchfroren vom kalten Nachtwind und ausgedörrt durch die Mittagssonne. Sie kamen an Land in

---

[467] Ferrara / Pianciola, L' Età delle Migrazioni Forzate, S. 87.
[468] Mansel, Constantinople, S. 420; Lieberman, Terrible Fate; Houseapian, Smyrna 1922; Demetz, Mein Prag; Thum, Die fremde Stadt.
[469] Lemberg, Sind nationale Minderheiten Ursachen für Konflikte?, S. 43.
[470] Vgl. Kap. II.3 und Kap. V.4.
[471] Naimark, Flammender Hass, S. 72; zum Projekt von 1914 vgl. Kap. V.4.

Lumpen, hungrig, krank, bedeckt mit Ungeziefer, hohläugig, ausatmend den schrecklichen Geruch menschlichen Schmutzes – gebeugt von Verzweiflung…"[472]

Nicht alle Flüchtlinge kamen auf dem Seeweg. Zu 800 000 aus Anatolien kamen 250 000 aus Ostthrazien.[473] Ernest Hemingway berichtete im Oktober 1922 als Reporter des „Toronto Daily Star" über deren Flucht zu Lande:

„In einem nicht enden wollenden, niederschmetternden Marsch verstopft die christliche Bevölkerung Ost-Thraziens die Straßen nach Makedonien. Die Hauptkolonne, die den Maritza-Fluß bei Adrianopel überquert, ist zwanzig Meilen lang. Zwanzig Meilen lang Karren, gezogen von Kühen, Ochsen und Wasserbüffeln, mit erschöpften, taumelnden Männern, Frauen und Kindern, Tücher über ihren Köpfen, blind im Regen laufend neben ihren weltlichen Gütern.
Der Hauptstrom schwillt durch Zugänge aus dem gesamten Hinterland immer mehr an. Sie wissen nicht, wohin sie gehen. Sie verließen ihre Bauernhöfe, Dörfer und reifen, braunen Felder und stießen zum Hauptstrom der Flüchtlinge, sobald sie hörten, dass die Türken kämen. Nun können sie nichts tun als ihre Plätze in der entsetzlichen Prozession zu behaupten, während schlammverschmierte griechische Kavallerie sie antreibt wie Hirten ihre Viehherde."[474]

Die Ironie des Schicksals wollte es, dass der griechische Regierungschef Venizelos im Vollgefühl eigener Macht 1919 selbst einen wechselseitigen Austausch der Minderheiten gefordert hatte – damals natürlich zu griechischen Bedingungen. Am 27. Oktober 1919 hatte Venizelos, dessen Land zu den Siegern des Ersten Weltkrieges zählte, dem britischen Premier David Lloyd George geschrieben, dass die nationalen Minderheiten in Griechenland, Armenien und der Türkei nur durch freiwilligen Bevölkerungsaustausch vor der Vernichtung bewahrt werden könnten. Dass es auch um Machtpolitik ging, zeigte die Zusatzbemerkung, nur auf diese Weise könne die Position Griechenlands in Anatolien gesichert werden. Konkret ging es Venizelos um den Austausch der Muslime Westanatoliens gegen die griechisch-orthodoxe Bevölkerung Kappadokiens und des Pontos-Gebiets um Trapezunt.[475] Entsprechend sah der für die Türkei an Zerstückelung grenzende Friedensvertrag von Sèvres, den die Regierung des letzten osmanischen Sultans Mehmed VI. im August 1920 unterzeichnen musste, einen Bevölkerungsaustausch vor.[476] Vergeblich hatte der liberale Großwesir Ferid Paşa den italienischen Hochkommissar Graf Sforza schon 1919 anlässlich der griechischen Besetzung Smyrnas gewarnt, die „Misshandlung der Türkei" sei das „beste Mittel", um „dem Fremdenhaß neue Nahrung zu geben". Dieser Regierungschef, bei den Nationaltürken als Kollaborateur verhasst und 1922 ins Exil geflüchtet, erklärte hellsichtig: „Wenn ihr eines Tages vor den verhängnisvollen Folgen eurer Politik stehen werdet, werdet ihr uns die Schuld geben; aber die wahren Anstifter künftiger Blutta-

---

[472] Eigene Übersetzung nach Pentzopoulos, The Balkan Exchange of Minorities and its Impact on Greece, S. 96.
[473] Clark, Twice a Stranger, S. 48.
[474] Eigene Übersetzung nach Llewellyn Smith, Ionian Vision, S. 320.
[475] Adanir, Bevölkerungsverschiebungen, Siedlungspolitik und ethnisch-kulturelle Homogenisierung, S. 186.
[476] Frank, Expelling the Germans, S. 19.

ten sind die alliierten Mächte."[477] Das hinderte später die westliche Öffentlichkeit nicht, den Türken die Verantwortung für Lausanne anzulasten.[478]

Griechische Historiker verweisen darauf, dass Venizelos während der Lausanner Verhandlungen starke Einwände gegen den Zwangscharakter des Transfers erhoben und sich nur türkischen Forderungen gebeugt habe. Auch diese Verteidiger des griechischen Staatsmanns leugnen indes nicht, dass ein Transfer in die Strategie von Venizelos passte, der seit 1914 mit solchen Projekten vertraut war und 1919 selbst dergleichen vorgeschlagen hatte.[479] Als die Türken in Lausanne den Zwangstransfer forderten, um eine Rückkehr griechischer Flüchtlinge zu verhindern, erkannte Venizelos für sein besiegtes Land die Chance zur reziproken Entfernung der muslimischen Minderheit.[480] Mit Recht hat man daher Venizelos als mindestens so bedeutsamen „Agenten ethnischer Säuberung" bezeichnet wie Mustafa Kemal.[481] Als der Flüchtlingskommissar des Völkerbundes, der Norweger Fridtjof Nansen, im Oktober 1922 eine Entmischung unter Zwang vorschlug, war er offenbar von Venizelos beeinflusst worden.[482] Zwar kam die Idee zu einem wechselseitigen Zwangstransfer Venizelos und Nansen im Frühherbst 1922 fast gleichzeitig. Es war jedoch Venizelos, der Nansen am 13. Oktober 1922 aufforderte, diesen Zwangstransfer vom restlichen Friedensschluss abzutrennen und zeitlich vorzuziehen. Nansen sicherte sich daraufhin das Mandat der vier Hochkommissare der Entente-Großmächte Großbritannien, Frankreich, Italien und Japan, „alle möglichen Schritte" zu unternehmen, um den Austausch rasch umzusetzen. Dieses Mandat hatte er aktiv gesucht.[483]

Der Grieche Venizelos kalkulierte nüchtern, dass es beim Zwangstransfer von Lausanne realiter nicht mehr um wechselseitigen Transfer ging, da die kleinasiatischen Griechen größtenteils bereits vertrieben waren, sondern primär um einseitige Entfernung von Muslimen aus Griechenland.[484] Betroffen waren Hunderttausende Muslime in den erst 1912 von Griechenland eroberten Gebieten.[485] Die türkische Regierung erhob gegen deren Aussiedlung keine Einwände, sondern verschärfte den Vorschlag sogar dahin, dass der formell wechselseitige Austausch „möglichst umfassend und vor allem zwingend" sein solle. Dass dies von den Briten sofort akzeptiert wurde, überraschte den türkischen Außenminister Ismet Paşa dann aber doch.[486] Außenminister Curzon protestierte zwar mit der Bemerkung, dieser Zwangstransfer sei „eine durch und durch schlechte und lasterhafte Lösung, für die die Welt in den kommenden hundert Jahren noch eine schwere

---

[477] Sforza, Gestalten und Gestalter des heutigen Europa, S. 385.
[478] Macartney, National States and National Minorities, S. 444.
[479] Kitromilides, Eleftherios Venizelos, S. 172.
[480] Ahonen e. a., People on the Move, S. 8.
[481] Ther, The Spell of the Homogeneous Nation-State, S. 89.
[482] Adanir, Bevölkerungsverschiebungen, Siedlungspolitik und ethnisch-kulturelle Homogenisierung, S. 187.
[483] Clark, Twice a Stranger, S. 51f.
[484] Macartney, National States and National Minorities, S. 444.
[485] James, Geschichte Europas im 20. Jahrhundert, S. 242.
[486] Adanir, Bevölkerungsverschiebungen, S. 187.

Strafe zu zahlen haben würde"; der junge britische Diplomat Harold Nicolson hörte Curzon sogar sagen, es widere ihn an, etwas damit zu tun zu haben.[487] Dennoch war es der britische Konferenzvorsitzende, der den Transfervorschlag offiziell zur Sprache gebracht hatte[488], und Curzon stimmte dem Zwangsaustausch letztlich zu, weil er gefürchtet haben soll, „daß ein freiwilliger Austausch Monate dauern und zu weiteren Konflikten und Härten führen könnte". Noch bevor am 30. Januar 1923 die Zwangsmaßnahme besiegelt wurde, erhielt ihr Miturheber Nansen für sein Engagement in der Flüchtlingspolitik Ende 1922 den Friedensnobelpreis. Nansen hatte in Lausanne erklärt, eine Entmischung der Bevölkerungen bedeute die wahre Friedenslösung für die Region.[489]

Das Abkommen von Lausanne lautete im Kern:

„Es soll ein Zwangsaustausch (compulsory exchange) von türkischen Staatsbürgern griechisch-orthodoxen Glaubens, die auf türkischem Territorium leben, und von griechischen Staatsbürgern muslimischen Glaubens, die auf griechischem Territorium leben, stattfinden. Diese Personen dürfen nicht in die Türkei oder nach Griechenland zurückkehren ohne Genehmigung der türkischen bzw. griechischen Regierung."[490]

Der Vertrag verfügte, dass „mehr als eine Million griechisch-orthodoxe ehemalige osmanische Staatsangehörige von Kleinasien nach Griechenland verbracht" werden sollten, während zum Ausgleich „380 000 Muslime Griechenland in Richtung Türkei" verlassen mussten. Addiert man die vielen Griechen, die schon während der Kampfhandlungen aus Kleinasien geflüchtet waren, betrug die Gesamtzahl der vom Zwangstransfer Betroffenen „wahrscheinlich annähernd zwei Millionen".[491] Faktisch bedeutete der in Lausanne beschlossene Zwang vor allem einen Akt der Barbarei gegen die Muslime Griechenlands, die sich noch sämtlich in ihrer Heimat befanden. Ebenso vehement wie diese protestierten aber auch die bereits geflüchteten oder vertriebenen Griechen Kleinasiens, denen der Vertrag die Rückkehr versperrte.[492] Lediglich die Griechen in der alten osmanischen Hauptstadt Konstantinopel und im Gegenzug Muslime im griechischen Westthrazien wurden vom Zwangstransfer ausgenommen.[493]

Nachträglich wollte kein Verhandlungspartner für den Zwangstransfer verantwortlich gewesen sein. In Wahrheit hatten alle das Konzept unterstützt: Venizelos und Politis, Kemal und Ismet, Curzon und Nansen, der zugleich das Prinzip

---

[487] Macartney, National States and National Minorities, S. 444: Lemberg, Sind nationale Minderheiten Ursachen für Konflikte?, S. 44: Nicolson, Curzon, S. 294, Anm. 1.
[488] Ther, Die dunkle Seite der Nationalstaaten, S. 100, unter Berufung auf das Verhandlungsprotokoll, womit er freilich informelle Verhandlungen ignoriert; dass Curzons bengalischer Teilungsplan von 1905 seine Befürwortung von Lausanne motiviert habe, wie Ther behauptet, erscheint wenig überzeugend, denn die bengalische Teilung enthielt keinen Transferplan, der Transfer von Lausanne wiederum keinen Teilungsplan.
[489] Lemberg, Sind nationale Minderheiten Ursachen für Konflikte?, S. 44.
[490] Eigene Übersetzung nach Clark, Twice a Stranger, S. 11.
[491] Mazower, Der Balkan, S. 191f.
[492] Macartney, National States and National Minorities, S. 444.
[493] Macartney, National States and National Minorities, S. 172 und S. 445; Nansen, Betrogenes Volk, S. 24.

durchsetzte, dass Flüchtlingshilfe eine Pflicht der Weltgemeinschaft sei.[494] Aus Sicht des Briten Macartney hatte die neue Türkei durch Lausanne zwar erfolgreich unerwünschte Minderheiten beseitigt, aber zugleich die Verachtung der Welt auf sich gezogen und sich wirtschaftlich schwer geschädigt.[495] Selbst deutsche Verteidiger Atatürks mussten zugeben, dass „der Bevölkerungsaustausch" eine „sehr ernste wirtschaftliche Seite" hatte, jedoch habe die Türkei „notgedrungen" auf Minderheiten verzichten müssen, „die nach jahrzehntelanger Erfahrung gegen den Bestand des Staates" arbeiteten[496] – ein Argument, das in Deutschland mit Blick auf die Entfernung illoyaler Minderheiten aus dem Osmanenreich schon 1898 diskutiert worden war.[497] In Griechenland wiederum musste ein Volk von viereinhalb Millionen eineinhalb Millionen Zwangszuwanderer aufnehmen. Zu Recht nannte Nansen dies „eine gewaltige Umsiedlung" und fragte: „Können wir uns vorstellen, daß wir mit einem Schlag das halbe norwegische Volk in ein neues Land verpflanzen sollten?"[498] 1927 berichtete der italienische Journalist Italo Zingarelli, der griechische Teil Mazedoniens sei völlig „hellenisiert". Dass viele Flüchtlinge, die ein Drittel der Nachkriegsbevölkerung Griechenlands ausmachten, im Elend lebten und „weder Wohnungen, noch Nahrung, noch Geld" erhalten hatten, konnte der Italiener allerdings nicht übersehen. Doch es gab auch Berufsoptimisten:

„Schon Ende 1923 prophezeite der frühere Gesandte der Vereinigten Staaten in Konstantinopel, Dr. Morgenthau, der als Beauftragter des Völkerbundes an der Spitze des Autonomen Instituts für die Unterbringung der Flüchtlinge stand, daß bei Anwendung reichlicher Geldmittel die große Katastrophe einen befriedigenden Epilog erhalten könne, ‚der Griechenland nicht nur instand setzen würde, sich in wirtschaftlicher Beziehung unabhängig zu machen, sondern auch zur Erhaltung des sozialen Gleichgewichts und des Friedens am Balkan beitragen würde'."[499]

Die Integration der Zwangsausgesiedelten scheint sich in der Türkei günstiger gestaltet zu haben. Womöglich waren – wie behauptet wurde – türkische Flüchtlinge weniger anspruchsvoll, vor allem aber erwies sich ein Teil der Muslime aus Griechenland als „besser bemittelt" und höher qualifiziert als die anatolischen Alteingesessenen und trug dadurch zum wirtschaftlichen Wiederaufbau bei. Außerdem konnte die Regierung in Ankara diese „Muhadschirs (Rückwanderer)" mit „kostenloser Landanweisung" unterstützen, was angesichts der Vertreibung und Enteignung einer ungleich größeren Zahl griechischer Vorbesitzer nicht allzu schwierig war.[500] Auch in Griechenland forderten die 1,5 Millionen Flüchtlinge aus Kleinasien von der Regierung „die Verteilung der von den Türken zurückgelassenen Güter". Die ausgewiesenen 500 000 Muslime machten jedoch nur ein Drittel der griechischen Flüchtlinge aus, und es zeigte sich bald, dass zu deren

---

[494] Clark, Twice a Stranger, S. 42–44.
[495] Macartney, National States and National Minorities, S. 448.
[496] Klinghardt, Angora – Konstantinopel, S. 44.
[497] Vgl. das Plädoyer Lichtenstaedters in Kap. IV.4.
[498] Nansen, Betrogenes Volk, S. 22.
[499] Zingarelli, Der Groß-Balkan, S. 75–77; Morgenthau war nicht promoviert.
[500] Klinghardt, Angora – Konstantinopel, S. 46.

Versorgung auch nur noch ein Drittel des enteigneten türkischen Besitzes zur Verfügung stand, da der Rest „verstreut" oder von „Altgriechen" übernommen worden war.[501] In Saloniki wurde der enteignete Grundbesitz des früheren osmanischen Bürgermeisters, Hamdi Bey, in rund hundert griechische Flüchtlingsgrundstücke parzelliert.[502] Doch viele erhielten nichts. Die daraus resultierende Proletarisierung von Flüchtlingen trug zur Radikalisierung in Griechenland bis hin zur Eskalation des Bürgerkrieges 1944 bis 1947 bei.[503]

Obwohl der Bevölkerungsaustausch „verheerende finanzielle Folgen" hatte, galt Lausanne „in der europäischen öffentlichen Meinung als Erfolg und als Präzedenzfall für spätere Bevölkerungstransfers".[504] Diese positive Einschätzung setzte sich allerdings erst allmählich durch. Zunächst wurde das Abkommen „wegen seiner angeblichen Brutalität heftig angegriffen"[505], wobei sein Zwangscharakter im Zentrum der Kritik stand.[506] Es gab auch positive Stimmen, wonach erst „die Autorität eines *Nansen*" der Transferidee, die schon jahrzehntelang diskutiert, aber bislang „fast nicht beachtet" oder „nur verspottet" worden sei, zum Durchbruch verholfen habe.[507] Nansen machte 1928 zu seiner Rechtfertigung geltend, dass im Herbst 1922 Griechen und Armenier von den Türken bereits zu „Hunderttausenden aus Anatolien verjagt" worden seien, während die Türken viele erwachsene griechische Männer unter übelsten Bedingungen als Zwangsarbeiter zurückbehalten hätten. Venizelos habe gedroht, „durch Ausweisung der Türken aus griechischem Gebiet Vergeltung zu üben", und der griechische Ministerpräsident Zaimis habe Entsprechendes nach Ankara übermittelt. Nansen betonte die Alternativlosigkeit des Zwangstransfers:

„Wenn überhaupt eine Möglichkeit zur Rettung der in den ‚Arbeiterbataillonen' zurückgehaltenen griechischen Männer, schätzungsweise hunderttausend an der Zahl, und des weiteren zur Rettung wenigstens eines Teils der von den griechischen Flüchtlingen zurückgelassenen bedeutenden Werte an beweglichem Eigentum und Liegenschaften bestand, so schien mir dieses Ziel nur durch ein Abkommen über einen Bevölkerungsaustausch erreichbar."[508]

Schätzungen der nach Zentralanatolien deportierten griechischen Zwangsarbeiter schwanken zwischen 100 000 und 190 000.[509] Nansen nahm für sich in Anspruch, er habe erfolgreich darauf gedrängt, das Transferabkommen so rasch wie möglich abzuschließen, um eine möglichst baldige Rettung der griechischen Zwangsarbeiter und die Sicherung der Eigentumsfeststellung aller Vertriebenen beider Kriegsparteien sicherzustellen. Dieses doppelte Ziel hatte Nansen jedoch, wie er nun zugeben musste, nur begrenzt erreicht. Obwohl das Transferabkommen Monate

---

[501] Zingarelli, Der Groß-Balkan, S. 79; generell Hirschon, Crossing the Aegean.
[502] Mazower, Salonica – City of Ghosts, S. 364.
[503] Pentzopoulos, The Balkan Exchange of Minorities and its Impact on Greece, S. 174 und S. 191f.
[504] Lemberg, Sind nationale Minderheiten Ursachen für Konflikte?, S. 44.
[505] Nansen, Betrogenes Volk, S. 23.
[506] Schechtman, European Population Transfers 1939–1945, S. 18.
[507] Lichtenstaedter, Süd-Tirol und Tessin, S. 15.
[508] Nansen, Betrogenes Volk, S. 23f.
[509] Milton, Paradise Lost, S. 372.

vor dem allgemeinen Lausanner Friedensvertrag (im Januar statt im Juli 1923) abgeschlossen worden sei, habe nach Abschluss der Verhandlungen „nur noch ein Teil" der Zwangsarbeiter lebend gerettet werden können. Außerdem habe die türkische Seite durchgesetzt, dass alle Griechen ihre Eigentumsansprüche verloren. Gleichwohl behauptete Nansen 1928, das Transferabkommen habe für die kleinasiatischen Griechen keine Härte bedeutet, da die meisten bereits vertrieben gewesen seien, was zweifellos auch dem dann zwangsausgesiedelten Rest bevorgestanden hätte. „Es konnte also nur ein Vorteil sein, wenn das in gesetzlichen und geregelten Formen vor sich ging." Auch der Zwangsaussiedlung von Muslimen aus Griechenland vermochte er Positives abzugewinnen – die dadurch erzeugte „Gleichartigkeit der Bevölkerungen" als Gewähr künftigen Friedens:

> „Man kann einwenden, es sei für die türkische Bevölkerung auf griechischem Gebiet hart gewesen, ihre friedlichen Heime verlassen zu müssen, in denen sie nicht gestört worden waren. Gewiß ist zuzugeben, daß sie für die Missetaten ihrer Stammesgenossen in der Türkei leiden mußten; aber sie sollten vollen Ersatz erhalten, konnten in Ostthrakien und Kleinasien genug verlassenes fruchtbares Land bekommen und sich dort unter Stammesgenossen gleichen Glaubens niederlassen. Es schien ganz zweifellos, daß eine solche Lösung in Zukunft Vorteile bieten würde, da sie die Gleichartigkeit der Bevölkerungen förderte. Damit war eine wesentliche Ursache ewiger, oft mit Metzeleien verbundener Streitigkeiten im ‚nahen Osten' beseitigt."[510]

Der Historiker Joseph B. Schechtman konstatierte 1946, die griechischen Türken hätten zwar gegen ihre Entfernung protestiert, doch ohne dieses „removal" wäre die Neuansiedlung der griechischen Flüchtlinge unmöglich gewesen.[511] Entsprechendes hatte schon Nansen geltend gemacht, der sich übrigens von der organisatorischen Leistung beider Staaten beim Transfer zutiefst beeindruckt zeigte.[512] Dabei waren effektiv nicht mehr als eine halbe Million Menschen vom halbwegs geordneten Transfer betroffen – die 350 000 griechischen Muslime einerseits, ein Teil der 190 000 zurückgebliebenen kleinasiatischen Griechen andererseits.[513] Als die britische Regierung im Zweiten Weltkrieg für die Zeit nach einem Sieg über Hitler die Vertreibung von Millionen Deutschen aus Osteuropa antizipierte, wusste Außenminister Eden – abgesehen von den Deportationen Hitlers und Stalins – für derart umfangreiche Zwangsmaßnahmen keine Präzedenzfälle zu nennen. Lausanne besaß ersichtlich eine viel geringere Dimension. Eden tröstete sich damit, dass Deutschland und Griechenland auch hinsichtlich ihrer Aufnahmefähigkeit nicht vergleichbar seien. Ansonsten aber folgte er der Argumentation Nansens in Lausanne: Falls ein Zwangstransfer unvermeidlich sei, müsse er „in ordnungsgemäßer und friedlicher Weise" erfolgen.[514]

Ein Problem des Transfers war die Definition der zu Entfernenden. Die Kriterien schwankten zwischen nationalen und religiösen Definitionen, im Vertragstext dominierte letztere.[515] Dies wirkte sich auf die Durchführung aus: Unter

---

[510] Nansen, Betrogenes Volk, S. 24–26.
[511] Schechtman, European Population Transfers 1939–1945, S. 19.
[512] Nansen, Betrogenes Volk, S. 21f.
[513] Douglas, Ordnungsgemäße Überführung, S. 97.
[514] Dokumente zur Deutschlandpolitik, Reihe 1 Bd. 3,2, S. 551.
[515] Clark, Twice a Stranger, S. 14.

Berufung auf religiöse Zugehörigkeit wies die Türkei keineswegs nur Griechen, sondern auch orthodoxe Serben, Rumänen, Russen, Zigeuner und sogar Araber aus; auch Griechenland unterwarf nicht nur Türken, sondern auch muslimische Albaner und Zigeuner der Zwangsumsiedlung.[516] Auf diese Weise gelang es den Regierungen in Ankara und Athen, gewaltsam zwei „ethnisch homogene Nationalstaaten" zu formen. Nach Lausanne wurde das griechische Makedonien erstmals „überwiegend griechisch [...], während die türkische Küste Anatoliens fast gänzlich muslimisch wurde".[517] Erneut bewahrheitete sich der Grundsatz, dass jede ethnische „Säuberung" eine hohe Zahl an Todesopfern verursacht, weniger durch Mord als durch Seuchen oder Hungersnöte.[518]

Die Zwangsumsiedlungen von 1922/23 zerstörten in Griechenland und der Türkei die imperialen Vielvölker-Strukturen. Oder wie Mark Mazower es ausdrückte: „Die Flüchtlinge flohen aus einem Imperium und halfen, einen Nationalstaat zu errichten."[519] Nach Lausanne lebten in Griechenland noch 100 000 Muslime.[520] Die einzige Stadt der Türkei mit einer großen christlichen Minderheit war seither Istanbul, wo Kemals Vertreibungspolitik an der Anwesenheit von Entente-Truppen gescheitert war. Selbst von dort, dem Schutze des Westens nicht trauend, waren 1922 150 000 griechische Einwohner geflohen.[521] Gleichwohl waren 1924 von 1,8 Millionen Einwohnern Istanbuls immer noch 300 000 Griechen und weitere 800 000 Armenier, Juden oder „Levantiner". Ein deutscher Beobachter hielt diese „Zusammensetzung der Bevölkerung Konstantinopels [...] im Sinne des neuen türkischen Staates" für „keine natürliche", beruhigte sich aber mit dem Gedanken, immerhin sei sich die christliche Minderheit der Stadt „bewusst, daß sie nicht viel mehr wie geduldet ist vom anatolischen Nationalismus".[522] Das sah General Refet Paşa genauso, als er am 19. Oktober 1922 die Hauptstadt des zerfallenen Osmanischen Reiches betrat und nur von der türkischen Bevölkerung jubelnd begrüßt wurde. Im November wies Refet alle Staatsbürger Griechenlands aus und erklärte dem britischen Diplomaten Nevile Henderson, auch die Griechen mit osmanischer Staatsbürgerschaft seien gut beraten, freiwillig auszuwandern. Dieser Verdrängungsdruck wurde durch den Lausanner Frieden vom 24. Juli 1923 gebremst, garantierte dieser doch den Fortbestand einer griechischen Minderheit in Istanbul.[523] Die griechischen Einwohner der alten Kaiserstadt wurden

---

[516] Macartney, National States and National Minorities, S. 445.
[517] Mazower, Der Balkan, S. 192; demnach habe die griechische Bevölkerung in Mazedonien 89% 1923 gegenüber 43% 1912 betragen; laut Mulaj, Politics of Ethnic Cleansing, S. 30, lebten im griechischen Makedonien 1928 89% Griechen gegenüber 24% vor 1912.
[518] Von rund 300 000 griechischen Todesopfern starb der Großteil während des „Transfers" oder nach der Ankunft; vgl. Naimark, Flammender Hass, S. 232, sowie Hirschon, Crossing the Aegean.
[519] Mazower, Salonica – City of Ghosts, S. 356; Übersetzung des Verfassers.
[520] Gerlach, Extrem gewalttätige Gesellschaften, S. 334.
[521] Gerolymatos, The Balkan Wars, S. 173.
[522] Klinghardt, Angora – Konstantinopel, S. 50.
[523] Mansel, Constantinople, S. 405–407 und S. 410; daran waren die Westmächte laut Nansen, Betrogenes Volk, S. 24, schon deshalb interessiert, weil das Bankgeschäft der Metropole we-

daher überwiegend erst durch den türkischen Pogrom von 1955 zur fluchtartigen Auswanderung veranlasst, als die Regierung des Nationalisten Menderes „Menschenmengen, die sie zuvor heimlich angestachelt hatte, nicht mehr im Zaum halten" konnte. Anlass war der alte türkisch-griechische Konflikt um Zypern, der im Zuge der damals von den Briten eingeleiteten Entkolonialisierung dieser Insel wieder aufflammte.[524]

In Lausanne kam auch die Lage der in der Türkei verbliebenen griechischen, assyrisch-christlichen und kurdischen Minderheiten sowie der 130 000 Überlebenden der Armenierverfolgung zur Sprache. Außenminister Ismet Paşa erklärte, der beste Minderheitenschutz bestehe in den allgemeinen „Gesetze[n] des Landes" und in jener „liberale[n] Politik, die die Türkei immer denjenigen Gemeinschaften gegenüber geübt habe, deren Angehörige nicht von ihren Pflichten als türkische Staatsbürger abgewichen seien". Aufgrund dieser Blockade wurden in Lausanne, wie Harold Nicolson bemerkte, nur „einige wenige – sehr wenige – Bestimmungen zum Schutze der Minderheiten […] getroffen".[525] Die von der Regierung in Ankara ins Auge gefasste Einbeziehung der Republik Armenien in das Lausanner Abkommen hatte Ismet erfolgreich bekämpft, da er weder einen armenischen Staat noch die Sowjetunion als Vertragspartner wünschte.[526] Auch den Vorschlag Nansens zur Binnen-Umsiedlung blockierte Ismet: Nansen hatte angeregt, in der Türkei lebende Armenier „innerhalb der Grenzen der asiatischen Türkei" zu „sammeln" und von muslimischer Bevölkerung getrennt anzusiedeln, um „künftigen Reibungen" vorzubeugen. Die Türken werteten dies „mit weltmännischer Höflichkeit" als „sehr interessant", lehnten jedoch mit der Bemerkung ab, es bestehe keine Gefahr von Reibungen, „solange die Armenier nicht durch die Europäer aufgewiegelt werden" würden.[527] Als die Ententemächte versuchten, über einen „Armenierstaat" zu verhandeln, verließ die türkische Delegation demonstrativ den Raum. Die Türken wollten weder eine armenische „Heimstatt" noch eine vom britischen Botschafter Rumbold ins Gespräch gebrachte Zusage über „freie und ungestörte Rückkehr" für deportierte oder geflüchtete Armenier in deren frühere Wohnorte.[528] Es war ominös, dass der türkischen Delegation ein von Entente-Diplomaten ungern gesehener Mann angehörte – Şükrü Kaya Bey, der neue „Bürgermeister von Smyrna" seit der Griechenvertreibung vom Herbst

---

sentlich in griechischen Händen gewesen sei.

[524] Um antigriechische Ressentiments zu schüren, hatte der türkische Geheimdienst ein Bombenattentat auf das in der seit 1912 griechischen Stadt Saloniki befindliche Geburtshaus des türkischen Staatsgründers Atatürk verübt; der Anschlag wurde griechischen Nationalisten angelastet und löste die Gewalt in Istanbul aus; der türkische Literaturnobelpreisträger Orhan Pamuk erinnerte sich, wie durch seine Straße „Pöbelpack gezogen war und Schaufensterscheiben eingeworfen und Parolen gegen Griechen, Christen und reiche Leute gegrölt hatte"; vgl. Pamuk, Istanbul, S. 201–203.
[525] Nicolson, Nachkriegsdiplomatie, S. 306–308.
[526] Adanir, Bevölkerungsverschiebungen, Siedlungspolitik und ethnisch-kulturelle Homogenisierung, S. 187.
[527] Nansen, Betrogenes Volk, S. 26f.
[528] Kreiser, Atatürk, S. 179.

1922.⁵²⁹ Şükrü hatte im Ersten Weltkrieg als „Generaldirektor für Deportation" als Mitarbeiter des unterdessen ermordeten Innenministers Talaat gewirkt. Als ein Hauptverantwortlicher für die genozidale Deportation der Armenier war Şükrü von den Briten 1920 auf Malta interniert worden, jedoch entflohen und seither ein treuer Gefolgsmann Mustafa Kemals, in dessen Republik er zum Minister und Generalsekretär der Regierungspartei aufsteigen sollte. 1915 hatte Şükrü einem deutschen Gesprächspartner, der sich für die Opfer seiner Deportationen einsetzte, erklärt: „Sie scheinen nicht verstanden zu haben, was wir wollen. Wir wollen ein Armenien ohne Armenier."⁵³⁰ 1923 wirkte dieser Schreibtischtäter daran mit, durch „Bevölkerungstransfers" eine Türkei ohne Griechen zu schaffen.

Zwar orientierte sich der Lausanner Friedensvertrag vom Juli 1923 an den Minderheitenschutz-Bestimmungen, die die Entente einige Jahre zuvor der Polnischen Republik auferlegt hatte.⁵³¹ Doch der Minderheitenexperte des Völkerbundes, der Norweger Erik Colban, konstatierte im Mai 1926 resigniert: „Es wird mehr und mehr klar, daß das Minderheitenschutzverfahren, entwickelt für die europäischen Staaten, nicht die erwünschten Resultate bringt, wenn es bei der Türkei angewandt wird."⁵³² Damit folgte die restriktive Minderheitenpolitik Atatürks jener Auffassung, wie sie ein Vertreter des gestürzten Jungtürken-Regimes vorformuliert hatte: Cemal Paşa, mitverantwortlich für die Verfolgung von Armeniern und Griechen im Ersten Weltkrieg, hatte 1921 erklärt, künftig gebe es für Minderheiten wie die Armenier nur noch die Alternative von Anpassung oder Auswanderung.⁵³³ Die Armenier begriffen, dass ihnen keine Wahl blieb; sie fühlten sich vom Westen verraten. Das erklärt die „scharfe diplomatische Ohrfeige", die die Entente-Mächte im August 1924 von den armenischen Organisationen erhielten, als diese in Genf feierlich erklärten, auf alle in Lausanne festgeschriebenen Minderheitenschutzrechte „grundsätzlich verzichten und sich restlos und außerhalb jeglicher europäischer Protektion den türkischen Gesetzen und Behörden anvertrauen" zu wollen. Zuvor allerdings hatten „mehrere hunderttausend Armenier" die Türkei verlassen, teils aus eigenem Antrieb, „teils unter dem Druck türkischer Maßregeln".⁵³⁴

Lausanne gilt heute als Rückschritt in der Geschichte der Menschenrechte.⁵³⁵ Die zeitgenössische Expertendiskussion bewertete den Zwangstransfer bedauerlicherweise differenzierter. Zwar hielt vor 1939 die Mehrheit der darüber diskutierenden Europäer diese Gewaltpolitik nur für ein „für den Orient, nicht aber für mitteleuropäische Verhältnisse geeignetes Verfahren".⁵³⁶ Doch erfolgte nur selten

---

529 Nicolson, Nachkriegsdiplomatie, S. 279.
530 Akçam, Armenien und der Völkermord, S. 134f.; zu Şükrüs Nachkriegskarriere auch: Bloxham, The Great Game of Genocide, S. 99.
531 Kraus, Das Recht der Minderheiten, S. 178–180.
532 Scheuermann, Minderheitenschutz contra Konfliktverhütung?, S. 369.
533 Djemal Pascha, Erinnerungen eines türkischen Staatsmannes, S. 387.
534 Klinghardt, Angora – Konstantinopel, S. 43–45.
535 Pentzopoulos, The Balkan Exchange of Minorities and its Impact on Greece, S. 62.
536 Lemberg, Einleitung, S. 31f.

eine kategorische Ablehnung des Bevölkerungstransfers, obschon dessen Zwangscharakter dem renommierten Völkerrechtler Rudolf Laun 1932 „in der Geschichte des Völkerrechtes und des innerstaatlichen Rechtes völlig neu" zu sein schien. Laun bemerkte wertungsfrei, dass Lausanne ein „nationales Staatsideal" repräsentiere, bei dem „*der Staat [...] nicht wie sonst als der Verband aller Bewohner eines Gebietes, ohne Rücksicht auf deren Nationalität,*" erscheine, „*sondern als Personalverband der Volksgenossen*". Von „willkürlichen Vertreibungen" unterscheide sich das Lausanner Abkommen „durch die eingehende vertragsmäßige Regelung auf der Grundlage der Gegenseitigkeit".[537]

Nur wenige verurteilten das Zwangsprinzip so scharf wie der deutsche Jurist Sigismund Gargas in seiner 1926 publizierten Studie über „Die Minderheit".[538] Der Krakauer Staatsrechtler Stanisław Kutrzeba betonte 1925, „daß ein freiwilliger und erst recht ein erzwungener Bevölkerungsaustausch zur Lösung von Nationalitätenproblemen nur als absoluter Ausnahmefall behandelt werden dürfe"; doch prinzipiell ausgeschlossen war ein Transfer damit eben nicht.[539] Der deutsche Politikwissenschaftler (und spätere Bundespräsident) Theodor Heuss wertete 1926 Lausanne als „gewalttätige Maßnahme, die vielleicht nationalpolitisch Verständnis finden mag, sich aber gewiss volkswirtschaftlich rächen wird".[540] Auch das war kein grundsätzlicher Einwand. Diesen äußerte hingegen, freilich mit einer Portion Rassismus, der Brite John Stephens, der 1929 Lausanne als im „Nahen Osten" drastisch umgesetzte Lösung bewertete und beim Gedanken erschauderte, dergleichen könnte auch zivilisierten *europäischen* Völkern angetan werden.[541] Der US-Amerikaner Stephen Ladas betrachtete 1932 das Geschehen „als eine Lösung, die in einer Zeit gefunden wurde, in der die Köpfe noch nicht frei waren von den Emotionen, die der Krieg entfacht hatte, und in der die Verbrechen und Grausamkeiten der Mehrheit gegen die Minderheit noch lebendig waren".[542] Das bedeutete immerhin, dass eine solche Lösung in künftigen Kriegen durchaus wiederkehren konnte.

Ähnlich rationalistisch wie Laun und zudem noch affirmativ berief sich 1927 der deutsch-jüdische Publizist Siegfried Lichtenstaedter – seit 1898 ein Verfechter wechselseitiger Bevölkerungstransfers – auf den Vertrag von Lausanne. Zwar sei dieser Transfer „mit gewaltigen Mühen und Opfern" verbunden gewesen, er habe aber zu einem „sehr befriedigenden Erfolge" geführt. Lichtenstaedter schlug vor, solche Zwangstransfers daher auf weitere europäische Nationalitätenkonflikte anzuwenden – etwa das seit 1919 existierende Problem der deutschösterreichischen Südtiroler in Italien, wo die Diktatur Mussolinis seit 1922 eine rigide Zwangsassimilation betrieb, durch Aussiedlung zu lösen. Da das gesamteuropäische „deut-

---

[537] Laun, Staat und Volk, S. 269f.
[538] Gargas, Die Minderheit, S. 76; zit. nach Wintgens, Der völkerrechtliche Schutz der nationalen, sprachlichen und religiösen Minderheiten, S. 289, Anm. 447.
[539] Nitschke, Vertreibung und Aussiedlung, S. 46f.
[540] Heuss, Staat und Volk, S. 279.
[541] Lemberg, Einleitung, S. 31f.
[542] Nitschke, Vertreibung und Aussiedlung, S. 46.

sche Sprachgebiet" nicht verkleinert werden dürfe, forderte Lichtenstaedter vom italienischen Volk eine Gegenleistung, die am besten von den am Südtirol-Konflikt völlig unbeteiligten Italienern in der Schweiz erbracht werden sollte. Lichtenstaedter wollte die deutschen Südtiroler zwangsweise ins Tessin aussiedeln und die dort ansässigen Italiener nach Südtirol. Dies würde nicht nur den deutsch-italienischen Konflikt bereinigen, sondern auch dem schweizerischen Vielvölkerstaat nützen, da er eine zwar derzeit staatstreue, potentiell jedoch illoyale Bevölkerungsgruppe los würde. Betroffen gewesen wären 230 000 Deutsch-Südtiroler und 360 000 schweizerische Italiener. Deren Zwangsumsiedlung betrachtete Lichtenstaedter als „geringe ‚Rechtsverletzung'", zumal sie „schonender, rücksichtsvoller, humaner" erfolgen könnte als jene zwischen Griechenland und der Türkei. Prinzipiell könne „nicht eindringlich genug [...] wiederholt werden: Das Recht auf die Muttersprache ist größer, ist heiliger als jenes auf die Heimat."[543] Hitler sollte dies später ähnlich sehen – und praktizieren.

Lichtenstaedter war eine Ausnahme. Obwohl das Transferprinzip von Lausanne in der Zwischenkriegszeit nicht prinzipiell abgelehnt wurde, waren Massenumsiedlungen als „Konfliktlösung in der zivilisierten Staatengemeinschaft" Europas überwiegend nicht akzeptabel.[544] Der Grund lag nicht nur in den finanziellen Kosten oder darin, dass für manche Minderheiten – etwa die europäischen Juden – keine eindeutige nationale Heimat existierte, in die sie hätten „transferiert" werden können. Entscheidend war, dass eine „staatlich erzwungene Entwurzelung ganzer Bevölkerungsteile die liberale Idee individueller Freiheitsrechte" verletzte, für die die Siegermächte des Ersten Weltkrieges jahrelang gekämpft hatten. Nicht zuletzt infolge dieser nach 1918 zwar angefochtenen, aber nach wie vor herrschenden liberalen Ideologie fand das Modell von Lausanne „bis zum Zusammenbruch des Völkerbunds und der ‚Neuordnung Europas' durch die Nationalsozialisten keine Nachahmer".[545] Der russische Ex-Diplomat Andrei Mandelstam, der 1913/14 „lebhaften Anteil" am Autonomieprojekt für die Armenier genommen hatte[546], sprach vielen aus dem Herzen, wenn er Lausanne als „barbarisches Verfahren" und „Rückfall ins Mittelalter" geißelte. Entsprechend stigmatisierte der Europäische Nationalitätenkongress von 1926 in Genf – eine Vertretung diverser ethnischer Minderheiten – solche Transfers als „Kulturschande". Der spanische Völkerbund-Funktionär Pablo de Azcárate erklärte, die Verallgemeinerung dieser Methode der Zwangsumsiedlung käme einer Kapitulationserklärung der Menschheit gleich – einem Eingeständnis, dass die menschliche Gesellschaft sich für unfähig halte, mit Menschen anderer Rasse, Sprache oder Nationalität friedlich zusammenleben zu können.[547] Der in Oxford lehrende Balkanspezialist Carlyle Macartney erklärte 1934, alle Erfahrungen mit bisherigen Bevölkerungs-

---

[543] Lichtenstaedter, Süd-Tirol und Tessin, S. 15, S. 19–22, S. 24 und S. 29.
[544] Nitschke, Vertreibung und Aussiedlung, S. 46.
[545] Mazower, Der dunkle Kontinent, S. 99.
[546] Die Große Politik der Europäischen Kabinette, Bd. 38, S. 3, Anm. 1.
[547] Pentzopoulos, The Balkan Exchange of Minorities and its Impact on Greece, S. 243 und S. 246,

transfers ermutigten nicht zu einer Wiederholung dieses Experiments. Den Einwand, dass die Umstände in der Türkei oder auf dem Balkan „abnormal" gewesen seien, weshalb sich dortige Härten und finanzielle Verluste nicht wiederholen müssten, hielt Macartney für nicht stichhaltig. Denn ein freiwilliger Transfer würde kaum je auf Resonanz stoßen, ein erzwungener aber sei stets eine „barbarische Handlung".[548]

Insofern stimmt es nicht, dass sich „Politiker, Staats- und Völkerrechtler" schon 1923 „allgemein darin einig" gewesen wären, „dass der Vertrag von Lausanne mit Abstand der am meisten befriedigende und stabilste der nach dem Ersten Weltkrieg geschlossenen Friedensverträge" gewesen sei.[549] Erst die Aggressionspolitik Deutschlands ab 1938/39 ließ Lausanne schlagartig als alternatives Lösungsmodell für die Nationalitätenprobleme Mittel- und Osteuropas hervortreten, deren bisheriger Ordnungsrahmen – das Modell von Versailles – von Hitler zertrümmert wurde. Der Minderheitenschutz war vom deutschen Diktator im Falle der Tschechoslowakei und Danzigs aggressiv instrumentalisiert und dadurch in der Weltöffentlichkeit zunehmend delegitimiert worden. Im Zweiten Weltkrieg waren sich die alliierten Großmächte der Anti-Hitler-Koalition – die USA, Großbritannien und die Sowjetunion – daher „völlig darin einig, dass die durch den Krieg noch verschärften ethnischen und nationalen Spannungen sich am besten durch die Umsiedlung von Bevölkerungen lösen ließen". Die 1919 geschaffenen multiethnischen Staaten Osteuropas sollten nach einem Sieg über Deutschland durch Vertreibung der Deutschen und anderer störender Minoritäten wie Ungarn, Polen oder Ukrainer zwangshomogenisiert und endgültig pazifiziert werden.[550]

Das Münchner Abkommen, das auch einen vom britischen Premier Chamberlain unter Verweis auf die Balkan-Vorbilder empfohlenen, aber nie durchgeführten deutsch-tschechoslowakischen Bevölkerungsaustausch thematisierte, löste diese Enthemmung aus. Der Verfassungsjurist Zdeněk Peška sandte im Oktober 1939 eine Denkschrift über „Bevölkerungsaustausch" an seinen Ex-Präsidenten Beneš ins westliche Exil. Darin pries Peška den Transfer von Lausanne als Vorbild für eine Entfernung aller illoyalen Deutschen aus der Tschechoslowakei.[551] „Vor allem in Frankreich" diskutierte man 1939/40 dieses „Prinzip des Bevölkerungsaustauschs". Der in Lille lehrende Soziologieprofessor Bernard Lavergne warb dafür, das Transfer-Prinzip „in ganz Europa in großem Maßstab" anzuwenden.[552] Während der deutsche Exil-Sozialdemokrat Franz Neumann 1942 nicht Hitler, sondern die britische Regierung für die Preisgabe des Versailler Minderheitenschutzes im Münchner Abkommen verantwortlich machte[553], hatte für Lavergne Hitler in München das halbvergessene Vorbild von Lausanne aktualisiert. Seither pries dieser französische Demokrat den Bevölkerungsaustausch von 1923 als Vorbild

---

[548] Macartney, National States and National Minorities, S. 448f.
[549] So jedoch James, Geschichte Europas im 20. Jahrhundert, S. 242.
[550] Ebenda, S. 242f.
[551] Glassheim, National Mythologies and Ethnic Cleansing, S. 471; Aly, Rasse und Klasse, S. 39.
[552] Brandes, Der Weg zur Vertreibung, S. 68.
[553] Neumann, Behemoth, S. 135.

für eine Neuordnung Europas.[554] Damit radikalisierte er ein Plädoyer für das Nationalitäten-Prinzip, das er bereits 1921 veröffentlicht hatte.[555] 1939 bestand für Lavergne eine wahrhaft humane Regelung darin, alle fremdnationalen Minderheiten Europas *massenhaft* und *unter Zwang* in ihr eigentliches Mutterland zu evakuieren und zurückbleibenden Resten das Wahlrecht zu entziehen – sämtlich Vorschläge, die bereits im Ersten Weltkrieg diskutiert worden waren. Die Evakuierungen („refoulements") sollten als wechselseitiger Austausch durchgeführt werden, wobei die „Transplantierten" Entschädigung für zurückgelassenes Eigentum erhalten sollten – Vorschläge, die wiederum auf ähnliche Projekte des Schweizers Montandon im Ersten Weltkrieg zurückverwiesen. Lavergne gab zu, dass die Erlebnisgeneration unter einer „Transplantation" schwer zu leiden haben würde, doch für künftige Generationen werde in den dadurch national homogen gestalteten Staaten eine glücklichere Zukunft geschaffen. Bei alledem hob der Franzose die bahnbrechende Rolle Hitlers hervor: Bisher habe die Öffentlichkeit derart radikale Lösungen aus humanitären Gründen nicht erwägen wollen, doch ändere sich dies, seit Hitler in München *ausdrücklich* einen Bevölkerungsaustausch zwischen Deutschen und Tschechen vorgeschlagen habe.[556]

Auch der Führer der sudetendeutschen Sozialdemokratie, Wenzel Jaksch, ein langjähriger Garant der Zusammenarbeit von Deutschen und Tschechen in den Koalitionsregierungen der Tschechoslowakei, zugleich aber auch ein Kritiker der nationalistischen Hegemonie der Tschechen, hatte 1939 – nach seiner Flucht vor den Schergen Hitlers – im Londoner Exil die Bildung einer „innereuropäischen Föderation" vorgeschlagen. Innerhalb derselben sollten zur *definitive[n] Bereinigung der offenen Grenzfragen* als „technische Hilfsmittel" einer Friedenslösung „ein organisierter Bevölkerungsaustausch und reziproke Minderheitenschutzabkommen" erwogen werden.[557] Man hat Jaksch – später ein prominenter Vertriebenenfunktionär in der Bundesrepublik Deutschland – deshalb angelastet, schon 1939 jene „Umsiedlung" von Bevölkerungsgruppen befürwortet zu haben, die er ab 1945 so vehement verurteilt habe.[558] Dass Jaksch 1939 einen „Bevölkerungstransfer" nach dem Muster des griechisch-türkischen Abkommens von Lausanne zumindest als Teillösung der europäischen Nationalitätenkonflikte befürwortet hat, ist zutreffend, muss jedoch durch die Berücksichtigung seines Friedensprojekts einer europäischen Föderation ergänzt werden, die auch eine Fortsetzung organisierten Minderheitenschutzes gemäß derm Versailler Modell vorsah. Diese Verbindung von „Bevölkerungsaustausch" und Minderheitenschutz zeigt, dass es Jaksch nicht um komplette Aussiedlung ganzer Volksgruppen ging, wie sie sowohl von Hitler als auch später von alliierter Seite praktiziert wurde. Jaksch steht vielmehr dem britischen Labour-Politiker Philip Noel-Baker nahe, der im Zwei-

---

[554] Lavergne, Munich – Défaite des Démocraties, S. 13–15.
[555] Lavergne, Le Principe des Nationalités; vgl. Beer, Bevölkerungsumsiedlungen, S. 160.
[556] Lavergne, Munich – Défaite des Démocraties, S. 13–15.
[557] Zitiert nach Prinz, Wenzel Jaksch – Edvard Beneš, S. 76.
[558] Hahn / Hahn, Die Vertreibung im deutschen Erinnern, S. 176.

Weltkrieg ebenfalls statt massenhafter Zwangsumsiedlung dieselbe Kombination aus Teil-Umsiedlung und Minderheitenschutz für Osteuropa empfahl.[559] Jedenfalls rechtfertigt Jakschs Umsiedlungsvorschlag von 1939 nicht die Schlussfolgerung, Jaksch sei „schon vor dem Krieg der ethnonationalistischen großdeutschen Ideologie verpflichtet gewesen".[560] Freilich stehen solche Anwürfe in einer alten Tradition der Diffamierung dieses sudetendeutschen Sozialdemokraten. Schon der tschechoslowakische Exil-Präsident Beneš hat während des Zweiten Weltkrieges in einer Besprechung mit dem britischen Außenminister Eden aus Jakschs Schrift „Was kommt nach Hitler?" von 1939 zitiert und damit erreicht, dass Eden Jakschs Position als „ausgesprochenen Pangermanismus" verurteilte.[561] Dabei mussten Beneš wie Eden wissen, dass Jakschs Orientierung am Modell von Lausanne keineswegs das Monopol rechtsradikaler Alldeutscher war. Vielmehr stand Jakschs Plädoyer von 1939 im Kontext einer gesamteuropäischen Tendenz der Stilisierung von Lausanne zur Friedenslösung, wie sie damals auch vom französischen Wissenschaftler Lavergne und wenig später von Churchill und Beneš vertreten wurde. Auch ein nicht ins Exil geflüchteter deutscher Sozialdemokrat wie der hessische Justizbeamte Friedrich Kellner, der seine entschiedene NS-Gegnerschaft nur seiner Frau und seinem Tagebuch rückhaltlos anvertrauen konnte, votierte angesichts der von Hitler aufgebauschten deutsch-polnischen Konflikte Mitte September 1939 für eine zwangsweise Umsiedlung anpassungsunwilliger Teile ethnischer Minderheiten nach dem Vorbild von Lausanne:

„Wem es in dem betr.[effenden] Lande nicht paßt: Hinaus mit Euch Stänkerern! Und die Ruhe ist hergestellt. Ein geschichtliches Beispiel dafür haben wir in der Türkei, als im Jahre 1922 sämtliche Griechen Kleinasien verlassen mußten. Von da ab war das Kriegsbeil zwischen diesen Staaten begraben. Irgendwo müssen einmal die Grenzen unerbittlich gezogen werden u. damit basta!"[562]

Jaksch hat diese Form der Friedenslösung nicht weiter verfolgt. 1944 kämpfte er, immer noch im britischen Exil, entschlossen gegen die in seinen Augen „barbarischen Pläne" der tschechoslowakischen „Vertreibungspropaganda", die sich des Arguments bediente, „daß der griechisch-türkische Bevölkerungstransfer [...] einen nachahmenswerten Erfolg darstelle". Schützenhilfe erhielt Jaksch durch die Londoner „Times" und ihren Leitartikler E. H. Carr[563], der einst die Transferprojekte während der Friedenskonferenz von Versailles als junger Diplomat unterstützt hatte; doch unter den britischen Politikberatern der Regierung Churchill war damals die Mehrheit für eine Transferlösung nach dem Muster von Lausanne.[564] Freilich war gegen Ende des Weltkrieges selbst das deutsche Exil in dieser Frage gespalten. So erklärte 1944 der Skandinavien-Emigrant und spätere so-

---

[559] Vgl. zu Noel-Baker: Frank, Expelling the Germans, S. 66–68.
[560] Hahn / Hahn, Die Vertreibung im deutschen Erinnern, S. 417.
[561] Brandes, Der Weg zur Vertreibung, S. 168.
[562] Kellner, „Vernebelt, verdunkelt sind alle Hirne", Bd. 1., S. 20.
[563] Jaksch, Europas Weg nach Potsdam, S. 408.
[564] Frank, Expelling the Germans, S. 46–56; Ther, Die dunkle Seite der Nationalstaaten, S. 127; in dieser Frage setzte sich Arnold Toynbee gegen C. A. Macartney durch.

zialdemokratische Bundeskanzler Willy Brandt, er sei zwar „nicht Anhänger eines Programms der Aussiedlung sämtlicher Minderheiten in Europa, um auf diesem Wege ‚einheitliche' Nationalstaaten zu schaffen", aber man müsse „anerkennen, dass ein Bevölkerungsaustausch in gewissen Fällen von Vorteil sein" könne. Vor allem müsse eine „gebietliche Neuregelung" zugunsten Polens „mit einem großen Bevölkerungsaustausch verbunden werden".[565]

Plädoyers für ethnische „Säuberungen" nach dem Muster von Lausanne waren keine Spezialität von Hitler-Gegnern. Im April 1938 hatte Rudolf Lodgman von Auen – ein einstiger deutschnationaler Führer der Sudetendeutschen in der Krise von 1918/19, der im Oktober 1938 angesichts des „Anschlusses" seiner Heimat an das Großdeutsche Reich ein begeistertes Huldigungstelegramm an Hitler senden sollte[566] – öffentlich empfohlen, die Großmächte Großbritannien, Frankreich, Deutschland und Italien sollten Europa eine gemeinsame Neuordnung diktieren, mit wirklich nationalen Grenzziehungen und mit Hilfe von Bevölkerungstransfers. Lodgman, der 1917 als Kandidat für das kaiserlich-österreichische Ministerpräsidentenamt gehandelt worden war und damals als gemäßigter, kompromissbereiter Nationalist gegolten hatte[567], hatte sich nach 1918 in der ungeliebten Tschechoslowakei deutlich radikalisiert. In seinem Umsiedlungsplädoyer von 1938 griff er ethnopolitische Neuordnungskonzepte auf, wie sie im Ersten Weltkrieg namentlich von George Montandon oder Siegfried Lichtenstaedter favorisiert worden waren, und kombinierte diese mit einem antisemitisch motivierten Aussiedlungsprojekt gegenüber den europäischen Juden, das an alldeutsche Diskurse im Stil von Heinrich Claß gemahnte. Dergleichen entsprach jedoch auch dem aktuellen Zeitgeist, wie die „Madagaskarplan"-Debatten im Europa der Jahre 1937 bis 1940 veranschaulichen. In diesem Kontext führte Lodgman im Frühjahr 1938 aus:

„Dabei muß ein gleicher Grundsatz für alle zur Anwendung gelangen und er kann nur im Nationalitätenprinzip bestehen, wobei auch vor Umsiedlungen nicht zurückgeschreckt werden darf. Die Judenfrage [...] ist ohnehin auf einem anderen Wege nicht zu lösen, freilich [...] so, daß eine Umsiedlung dieses zur Unruhe gewordenen Elementes unter Mitwirkung ganz Europas, besonders aber der vier Großstaaten, in die Wege geleitet wird. Gewiß, es werden viele vor dem Worte erschrecken, und doch muß einmal mit der Ordnung angefangen werden, wenn der Friede gewährleistet werden soll. Als der Grundsatz galt, cuius regio, eius religio, als noch der religiöse Gedanke im Widerstreite mit dem Staate lag [...], da hat man auch zu diesem Mittel gegriffen [...], warum sollte dies aus nationalen Gründen unmöglich sein?"[568]

Lodgmans Vision eines Viermächte-Diktats wurde für die Tschechoslowakei mit dem Münchner Abkommen alsbald Wirklichkeit. Dessen Unterzeichner, die Regierungschefs Großbritanniens, Frankreichs, Deutschlands und Italiens (Chamberlain, Daladier, Hitler und Mussolini), wurden – freilich nur für sehr kurze Zeit

---

[565] Brandt, Berliner Ausgabe, Bd. 2, S. 176.
[566] Franzen, Der Vierte Stamm Bayerns, S. 27.
[567] Polzer-Hoditz, Kaiser Karl, S. 467f.; Křen, Die Konfliktgemeinschaft, S. 274f.
[568] Lodgman, Wie sichern wir Europa den Frieden?, S. 110f.; der Text war bereits Anfang 1938 entstanden; vgl. ebenda, sowie Franzen, Der Vierte Stamm Bayerns, S. 17; zu den Debatten des Ersten Weltkrieges: vgl. Kap. II.1; zum Madagaskar-Plan: vgl. Kap. VI.2.

– im Herbst 1938 als Friedensretter gefeiert, und der Völkerbund betrauerte nicht die Schwächung eines seiner Gründungsmitglieder, sondern schlug wegen der (ihnen aufgezwungenen) Abtretung der Sudetengebiete „das Volk der Tschechoslowakei und Edvard Beneš", dessen wegen München wenig später zurückgetretenen Präsidenten, für den Friedensnobelpreis vor.[569] In München verkörperte Mussolini sogar eine personelle Kontinuität zum fünfzehn Jahre älteren Vertrag von Lausanne. Doch nicht allein der „Duce" sollte seinen Schulterschluss mit Hitler später büßen. Der vom sudetendeutschen Deutschnationalen Lodgman 1938 vertretenen Idee notwendiger Bevölkerungstransfers zur Bereinigung ethnischer Konflikte fielen nach dem Zweiten Weltkrieg fast alle Sudetendeutschen, darunter auch der greise Lodgman, zum Opfer. Als Mitbegründer der Sudetendeutschen Landsmannschaft und des „Bundes der Vertriebenen" drang Lodgman nach 1945 auf die Revision einer Maßnahme, die er einst selbst propagiert hatte. Allerdings hatte er damals ein einvernehmliches Diktat aller Großmächte angestrebt, nicht ein einseitiges Sieger-Diktat, wie es ab 1939 zuerst Hitlers NS-Imperium, nach dessen Untergang die siegreichen Alliierten verfügten.

Noch tragischer erscheinen die über Jahrzehnte hinweg anhaltenden Umsiedlungsplädoyers des jüdisch-deutschen Publizisten Siegfried Lichtenstaedter. Dieser kam 1942 im KZ Theresienstadt zu Tode, nachdem er seit 1898 kontinuierlich – zuletzt noch im Jahre 1941 – unbeirrt für ethnisch homogene Staaten und die zwangsweise Entfernung unerwünschter Minderheiten eingetreten war. Einen Völkermord hielt der fortschrittsgläubige Lichtenstaedter im 20. Jahrhundert für undenkbar, er dachte an geordnete zwischenstaatliche Zwangstransfers. Dafür hatte Lichtenstaedter 1898 zunächst mit Blick auf das Osmanische Reich plädiert, bevor er diese Transferlösung im Ersten Weltkrieg für ganz Europa verallgemeinerte. Sein Projekt des Türkei-Transfers, das die verkleinerte und ethnisch „gesäuberte" Türkei Atatürks vorwegnahm, war in der deutschen Öffentlichkeit vor 1914 nach eigener Aussage „teils totgeschwiegen, teils verspottet" worden, während eine 1907 erschienene englische Auflage ein wachsendes Interesse außerhalb Deutschlands indizierte. Im Ersten Weltkrieg hatte Lichtenstaedters Transfer-Idee seiner Einschätzung nach „etwas mehr Beachtung und Achtung in der deutschen Presse" – bei gleichzeitiger Verspottung oder Entrüstung in polnischen Medien – gefunden, „aber natürlich keine praktische Berücksichtigung". Auch der 1919 etablierten Versailler Ordnung hatte Lichtenstaedter unbeirrt das Transfer-Modell entgegen gesetzt: 1927 für das italienische Südtirol und das schweizerische Tessin, 1928 mit Blick auf das „Ausland-Deutschtum", 1934 für die zwischen Ungarn und Rumänien schwelende „siebenbürgische Frage". Bestätigt fühlte sich Lichtenstaedter durch die 1937 diskutierten Transferpläne für Juden und Araber in Palästina und zwischen der Türkei und Syrien, besonders aber durch den griechisch-türkischen Transfervertrag von 1923. Lichtenstaedter hatte sich während der Lausanner Verhandlungen die kleine „Bosheit" gegönnt, dem britischen Außenminister

---

[569] Heimann, Czechoslovakia, S. 83.

Lord Curzon sein englischsprachiges Transfer-Plädoyer von 1907 zuzusenden: „Eine Antwort erhielt ich von ihm natürlich nicht."⁵⁷⁰

Im Jahre 1941 hielt Lichtenstaedter, der sich auch im Reiche Hitlers als deutscher Patriot verstand, im Interesse seines Vaterlandes vor allem zwei Bevölkerungstransfers für geboten: Zum einen die Rücksiedlung der verstreuten deutschen Minderheiten aus Osteuropa in das Deutsche Reich im Sinne einer „Flurbereinigung", wie sie Hitler seit Herbst 1939 praktizierte; zum anderen die Abrundung des deutschen Siedlungs- und Staatsgebiets durch völlige Germanisierung der Tschechoslowakei. Da dieses slawisch besiedelte Gebiet geopolitisch „ein qualvoller Pfahl im Leibe" Deutschlands sei, sollten sich die europäischen Staatsmänner laut Lichtenstaedter dazu bereit finden, diese Gebiete vollständig den Deutschen zu überlassen: „Natürlich muß das tschechische und slowakische Volk zum Ersatz ein anderes Land erhalten." Wohin diese den türkisch-griechischen Transfer von Lausanne „bei weitem" übertreffende Zwangsaussiedlung von neun Millionen Menschen gerichtet sein sollte, ließ Lichtenstaedter offen. Die „technische Möglichkeit" solcher Massenverschiebung glaubte er nicht erst beweisen zu müssen. Die Schwierigkeit lag für ihn im Psychologischen, in der Bindung eines jeden Volkes an die Heimat, und er gab zu, dass ein Zwangstransfer schwere seelische Wunden schlagen würde. Dennoch beharrte Lichtenstaedter, der diesen Plan bereits „im Sommer 1938" niedergeschrieben hatte, auf dessen Umsetzung. Die unterdessen erfolgte „Eingliederung Böhmens und Mährens in das Deutsche Reich" als sogenanntes Reichsprotektorat hatte in seinen Augen die Transfer-Forderung nicht „gegenstandslos" werden lassen, da das tschechische Volk auch unter gewandelten staatsrechtlichen Umständen weiterhin „einen Pfahl im deutschen Leibe" bilde. Darum beharrte dieser von Rassendiskriminierung betroffene und vom NS-Genozid bedrohte deutsche Jude noch 1941 darauf: „Was wir hier vorschlagen, ist ungeheuerlich, ist unerhört –, zweifellos aber besser, sittlich wertvoller, als jedes Pfusch- und Flickwerk, das man nach alten Stümper-Methoden fertigen könnte."⁵⁷¹

Nachdem Hitler 1939 seine gewaltsame „Neuordnung der ethnographischen Verhältnisse" mit der Zerschlagung der Tschechoslowakei und Polens begonnen hatte, fühlte sich der mittlerweile in Paris lehrende Anthropologe George Montandon im Februar 1940 bewogen, an seine im Ersten Weltkrieg skizzierten Vorschläge für Bevölkerungstransfers anzuknüpfen.⁵⁷² Montandon galt in der französischen Öffentlichkeit als Erfinder der Transferidee⁵⁷³, ein zweifelhafter Ruhm, der vermutlich eher den Deutschen Lichtenstaedter oder Lagarde zukommt. Gleichwohl hatte der Schweizer Montandon bereits in einer 1915 publizierten Schrift über „Nationale Grenzen" als „vordringlich notwendige[…] Bedingung

---

⁵⁷⁰ Lichtenstaedter, Sprachenpolitik, S. 133f., auch Anm. 5; dabei hielt Lichtenstaedter irrtümlich Lord Cromer statt Lord Curzon für den Verhandlungsführer.
⁵⁷¹ Ebenda, S. 135–139.
⁵⁷² Montandon, La Pologne Future, S. 314; Frank, Expelling the Germans, S. 16; vgl. Kap. II.1.
⁵⁷³ So 1940 der französische Publizist Michel Pierrac; vgl. Schechtman, European Population Transfers 1939–1945, S. 455.

für die Aufrechterhaltung eines dauerhaften Friedens" eine Grenzziehung gefordert, die mit den ethnischen Trennlinien der Völker übereinstimmen müsse. Um dies zu erreichen, sollten sich alle Staaten Europas durch eine „transplantation massive" von ihren nationalen Minderheiten trennen – eine gesamteuropäische Umsetzung dessen, was auf dem Balkan 1913/14 begrenzt vorexerziert worden war und was 1923 in Lausanne erstmals mit Millionen Betroffenen realisiert werden würde.[574] 1940 griff der Wahl-Franzose dieses Transfer-Projekt wieder auf, um die Zukunft Polens zu diskutieren, das kurz zuvor von Hitler und Stalin geteilt worden war. Montandon kritisierte die polnischen Grenzen von 1919/21, weil diese im Westen polnische Minderheiten bei Deutschland belassen, im Osten tief in weißrussisch-ukrainische Siedlungsgebiete eingeschnitten hätten. Die 1939 zwischen Hitler und Stalin vereinbarte Teilungslinie akzeptierte Montandon als ethnisch schlüssig. Um auch die deutsch-polnischen Konflikte im Westen zu bereinigen, schlug er eine Grenzziehung vor, die das „Polen der Zukunft" zwischen Weichsel und Memel verortete und ihm Teile des deutschen Ostpreußen (mit Königsberg) zuwies. Montandon pries den aus seiner Sicht in der europäischen Öffentlichkeit zu Unrecht ignorierten Transfer von Lausanne als vorbildlich und stellte ihm das neueste deutsch-italienische Abkommen über Südtirol von 1939 (das die formal freiwillige Umsiedlung der Deutschtiroler aus Italien ins Großdeutsche Reich festgelegt hatte) als ebenbürtig an die Seite. Entsprechend sollten nun auch zwischen Deutschland und dem künftigen Polen Minderheiten-„Inseln" in Ostpreußen und Pommerellen-Westpreußen wechselseitig ausgesiedelt werden. Auf diese Weise würde durch ethnische Grenzkorrekturen und wechselseitige Minderheitentransfers ein Polen entstehen, das viel stabiler, da ethnisch homogener wäre als der 1939 untergegangene Staat.[575]

Die Vorschläge dieses späteren antisemitischen Vichy-Kollaborateurs hatten auf die Vertreibungsplanungen der Alliierten keine Wirkung. Anders verhielt es sich mit den Ideen des französischen Antifaschisten Bernard Lavergne, die sich 1941 der tschechoslowakische Präsident Edvard Beneš öffentlich zu eigen machte. Beneš bedauerte, dass es nicht schon 1918/19 möglich gewesen sei, in Mittel- und Osteuropa national homogene Staaten zu errichten. Dazu hätte man freilich jenen „extensiven Bevölkerungstransfer" durchführen müssen, wie ihn Lavergne vorgeschlagen habe.[576] Bei einer Neuordnung Europas nach dem Zweiten Weltkrieg müsse jedenfalls das Problem der Minderheiten „systematischer und radikaler" gelöst werden als in Versailles.[577] Ähnlich seismographisch reagierte der tschechoslowakische Exilpräsident 1940 auf britische Expertendebatten, die – wie

---

[574] Lemberg, Einleitung, S. 30; vgl. Montandon, Frontières nationales; in den 1930er Jahren hatten Montandons Rassenstudien das Interesse des türkischen Präsidenten Atatürk gefunden; vgl. Hanioglu, Atatürk, S. 167.
[575] Montandon, La Pologne Future, S. 311, S. 314–317 und S. 319f.; Charpentier, Drôle de guerre, S. 377.
[576] Brandes, Der Weg zur Vertreibung, S. 186; vgl. Dokumente zur Deutschlandpolitik, Reihe I Bd. 1, S. 587, Anm. 4; zu Masaryk 1918: Zeman, The Masaryks, S. 125.
[577] Janowsky, Nationalities and National Minorities, S. 136.

3. Gewaltsame Trennung durch „Bevölkerungsaustausch"   421

eine unter Leitung des Oxfordprofessors John David Mabbot im Mai 1940 fertiggestellte Denkschrift über Minderheiten-Transfers – Hitlers programmatische Reichstagsrede vom Oktober 1939 und die seitherigen NS-Bevölkerungsverschiebungen zum Anlass nahmen, eigene Umsiedlungen der Alliierten nach einem Sieg über Hitler zu planen. Besonders mit Blick auf Polen und die Tschechoslowakei bezeichnete die Mabbot-Denkschrift die Entfernung deutscher Minderheiten als unvermeidlich. Deutschland habe durch seine brutale Behandlung dieser Nachbarnationen „jeglichen Anspruch auf ethnische oder humanitäre Gerechtigkeit verwirkt".[578]

Nicht nur Beneš verkündete 1942, ein homogener Nationalstaat könne nur mit Hilfe umfassender Bevölkerungstransfers geschaffen werden.[579] Auch der ehemalige griechische Außenminister Nikolaos Politis – unter Venizelos an den Transferverträgen von Neuilly 1919 und von Lausanne 1923 beteiligt[580] – befürwortete im Pariser Exil 1940 die „Beseitigung von Minderheitenproblemen" durch Transfers. Dabei berief er sich nicht nur auf die Umsiedlungspolitik Hitlers, sondern auch auf den „Austausch zwischen Griechenland und der Türkei" von 1923, der im Ergebnis „befriedigend gewesen" sei. Französische Kritiker wandten 1940 ein, man führe den Krieg gegen Deutschland gerade deshalb, damit „fremdsprachige Bevölkerungsgruppen in den Lebensräumen der dynamischen Völker nicht wie Vieh behandelt würden".[581] Bis 1945 verloren solche Argumente jedoch ihre Zugkraft – auch wenn noch kurz vor Kriegsende der US-Publizist Oscar Janowsky die gängige Erfolgsbewertung von Lausanne bestritt. Weil Bevölkerungstransfers eine bevorzugte Methode Hitlers gewesen seien, beharrte Janowsky zudem darauf, dass solche Transfers nach dem Sieg über Hitler von demokratischen Politikern allenfalls als allerletzte Lösung in Betracht gezogen werden dürften.[582] Die Alliierten folgten lieber der Einschätzung von Präsident Beneš, dass Transfers auch unter rücksichtsvollen humanen Bedingungen („decent human conditions") möglich seien, wenn man nur sorgfältig genug plane.[583] Selbst der Minderheitenexperte des Völkerbundes, Azcárate, widerrief seine frühere Verurteilung des Modells von Lausanne und erklärte 1945 in Washington, dass ein Transfer in bestimmten Fällen eine Lösung sein könne, auch wenn er nicht verallgemeinert werden sollte.[584]

Trotz der bekannten Selbstkritik Curzons scheint insbesondere unter britischen Politikern eine günstige Bewertung von Lausanne vorgeherrscht zu haben. Chur-

---

[578] Hahn / Hahn, Die Vertreibung im deutschen Erinnern, S. 323–325; die Mabbott-Denkschrift von 1940 war zwar kein Regierungsdokument, doch ihr Chef-Autor gehörte später zur Forschungsabteilung des Foreign Office und erarbeitete weitere Transfer-Denkschriften; vgl. dazu Brandes, Der Weg zur Vertreibung.
[579] Schechtman, Postwar Population Transfers in Europe 1945–1955, S. 22.
[580] Der griechisch-bulgarische Transfervertrag von 1919 basierte laut Macartney, National States and National Minorities, S. 438, überwiegend auf einem Entwurf von Politis.
[581] Brandes, Der Weg zur Vertreibung, S. 68.
[582] Janowsky, Nationalities and National Minorities, S. 139–141.
[583] Ebenda, S. 136.
[584] Schechtman, Postwar Population Transfers in Europe 1945–1955, S. 391 und S. 396.

chills im Zweiten Weltkrieg geäußertes Lob war die Regel, nicht die Ausnahme.[585] Zwar hatte Nevile Henderson 1940 daran erinnert, dass man Atatürks Vertreibung der Griechen völlig vergessen und vergeben habe, obwohl gerade dieses Beispiel Hitler die Idee eingegeben haben könnte, dasselbe den Juden anzutun.[586] Doch ausgerechnet der einflussreiche jüdische Liberale Lord Herbert Samuel beurteilte Lausanne, den „größten organisierten Bevölkerungstransfer der Moderne, wenn nicht aller Zeiten", 1946 als zwar drastische, aber einzig denkbare Lösung von Nationalitätenkonflikten.[587] Der sozialistische Abgeordnete Hugh Dalton, nach 1945 Finanzminister unter Attlee, erklärte 1943, die deutschen Minderheiten seien in der Zwischenkriegszeit eine Plage für Europa gewesen; nach dem Sieg über Hitler sollten daher alle Deutschen, die außerhalb der Nachkriegsgrenzen Deutschlands lebten, „ermutigt" werden, „heim ins Reich" zu gehen. Sie würden im eigenen Interesse gut daran tun, um Verfolgungen durch ihre Opfer zu entgehen.[588] Ähnliche Argumente hatten im Herbst 1922 Mustafa Kemals Generäle Nureddin Paşa in Smyrna und Refet Paşa in Konstantinopel vorgebracht, um die Vertreibung oder fluchtartige Abwanderung der osmanischen Griechen Kleinasiens zu motivieren.[589] Die bevorstehenden Bevölkerungsbewegungen zu Lasten der Deutschen, so fügte Dalton 1943 hinzu, seien eine Kleinigkeit gegenüber denen, die Hitler während des Zweiten Weltkrieges ausgelöst habe, und ebenso gegenüber den gewaltigen Problemen der „repatriation" von Kriegsgefangenen und Exilierten. Für Dalton war der Transfer von Lausanne ein großartiger Erfolg, der nachgeahmt zu werden verdiente.[590]

Fast niemand widersprach. Eine Ausnahme war der Abgeordnete Philip Noel-Baker, ebenfalls ein späterer Labour-Minister. Er räumte ein, Transfers könnten manchmal „wünschenswert" sein, warnte jedoch vor der Überschätzung von Lausanne. Er musste es wissen, hatte er doch 1923 als Assistent Nansens an diesem Abkommen mitgewirkt. Gleichwohl fand Noel-Bakers Vorschlag, begrenzte Aussiedlungen mit der Sicherung von Minderheitenrechten zu kombinieren, in der britischen Planung des Zweiten Weltkrieges keine Beachtung.[591] Ebenso erging es in den USA Publizisten wie Oscar Janowsky, der von den neu gegründeten Vereinten Nationen vergeblich forderte, den fatalen Zirkel nationaler Unterdrückung dadurch zu beenden, dass sie in multinationalen Siedlungsgebieten wie Osteuropa das untaugliche Modell des Nationalstaates nicht länger duldeten.[592]

Nicht zufällig zeigten ostjüdische Stellungnahmen dem Modell von Lausanne gegenüber oft demonstrative Skepsis. So wandte sich der russisch-jüdische Staatsrechtler Mark Vishniak, einst 1917 sozialrevolutionärer Mitarbeiter der Regierung

---

[585] Vgl. Kap. VI.4.
[586] Henderson, Failure of a Mission, S. 20f.
[587] Samuel, Grooves of Change, S. 299.
[588] Frank, Expelling the Germans, S. 66.
[589] Naimark, Flammender Hass, S. 66; Gerolymatos, The Balkan Wars, S. 173.
[590] Frank, Expelling the Germans, S. 66.
[591] Ebenda, S. 66–68.
[592] Janowsky, Nationalities and National Minorities, S. 31f. und S. 147.

Kerenski, bevor er vor Lenin nach Frankreich und dann vor Hitler in die USA hatte fliehen müssen, 1942 gegen jeden „Transfer of Population" nach dem Muster der „Balkan transfers" der Jahre 1913 bis 1923. Auf dem Balkan habe man zu diesem Mittel gegriffen, ohne andere Lösungen ernsthaft zu prüfen; die Bevölkerungen seien von den Regierungen nicht befragt worden, und die Regierungen seien kaum demokratisch gewesen. Wie später Janowsky sah Vishniak eine „politische Verbindung" zwischen diesen Balkantransfers und den Bevölkerungsverschiebungen Hitlers, so dass jede Verurteilung Hitlers auch dessen Vorbilder treffen müsse. Wie Janowsky und Noel-Baker plädierte Vishniak dafür, besser den in Versailles etablierten Minderheitenschutz international wirksam zu garantieren, statt Grenzen oder Menschen zu verschieben.[593]

Auch der in Kattowitz geborene deutsche Sozialdemokrat Franz Neumann, vom NS-Regime 1933 als Jude ins US-Exil vertrieben, stellte 1942 fest, die Idee des Minderheitenschutzes verkörpere das beste Erbe des Liberalismus.[594] Noch deutlicher wurde 1942 der aus Wilna stammende und von dort vor Hitler in die USA entkomene Max Weinreich: Schon vor dem Zweiten Weltkrieg sei ein „Transfer", eine „Transplantation" oder „Evakuierung" der Juden aus Osteuropa von starken politischen Kräften und sogar von Regierungen befürwortet worden, um die „jüdische Frage" endgültig zu „lösen". Leider befänden sich Befürworter eines Transfers der Juden auch in der Anti-Hitler-Koalition. So hätten Vorschläge des tschechoslowakischen Präsidenten 1941 Gerüchte ausgelöst, es gebe einen „Beneš-Plan" nicht nur zur Vertreibung von Deutschen, sondern zur „allgemeinen Liquidierung von Minderheiten durch Transfer". Aus jüdischer Sicht sei jede Transfer-Politik „gefährlich, da sie als Rechtfertigung für längst beabsichtigte ‚Evakuierungsmaßnahmen' in anderen Ländern als der Tschechoslowakei benutzt werden könnte".[595] Wie berechtigt diese Befürchtungen waren, konnte Weinreich bestenfalls ahnen. Nicht Edvard Beneš, sehr wohl aber General Sikorski, Premierminister der polnischen Exilregierung in London, hatte Anfang 1942 gegenüber dem britischen Außenminister Eden erklärt, es sei „ganz unmöglich", dass „in Polen nach dem Krieg weiterhin 3,5 Millionen Juden leben" würden. Vermutlich mit Blick auf das britisch verwaltete Palästina erklärte der polnische Regierungschef, man müsse daher „anderswo für sie Platz schaffen".[596]

Auch der sudetendeutsche Hitler-Gegner Wenzel Jaksch versuchte 1944 im Londoner Exil die Vertreibung von Millionen Deutschen durch die Warnung zu verhindern, das zunächst gegen Deutsche gerichtete Instrumentarium ethnischer „Säuberung" könnte sich sehr bald gegen andere unerwünschte Gruppen wenden. Als 1944 weiße „Reaktionäre" die Lösung des „Negerproblems" in den USA durch Massendeportationen nach Afrika gefordert hätten, habe die Präsidenten-

---

[593] Vishniak, The Transfer of Populations, S. 92–94; Brandes, Der Weg zur Vertreibung, S. 188f.
[594] Neumann, Behemoth, S. 135, kritisierte zugleich die Tendenz des Völkerbundes, sich auf die Seite der Mitgliedsstaaten zu stellen, wenn diese gegen Minderheiten vorgingen, wie etwa die Polen 1930 gegen die Ukrainer.
[595] Vishniak, The Transfer of Populations, S. 91f.
[596] Douglas, Ordnungsgemäße Überführung, S. 41.

gattin Eleanor Roosevelt mit der Begründung abgelehnt, wenn man eine bestimmte Minderheit aussiedele, könne dasselbe bald jeder beliebigen geschehen. Jaksch ergänzte:

„Warum dann nicht auch die Juden, und nach der Entfernung der Juden die Katholiken, die Freimaurer und alle übrigen, bis man das fantastische Bild eines rassisch reinen, politisch einförmigen Staates erreichen würde, hermetisch abgeschlossen gegen alle Ausländerzuwanderung, jede Einreise von Ausländern, und – in logischer Konsequenz – gegen das gefährlichste Reiseobjekt von allen, gegen alles fremde Denken."

Ebenso wandte sich Jaksch gegen die Annahme, ein „Massentransfer von Minderheiten" könne ohne Nazi-Methoden durchgeführt werden. Dass dergleichen mit nur geringen Härten möglich sei, werde häufig durch Verweis auf den griechisch-türkischen Austausch von 1923 zu beweisen versucht. Ein Blick auf die Fakten zeige das Gegenteil. Nicht einmal Hitler und seinen SS-Methoden sei je ein vollständiger Transfer gelungen – weder in Südtirol, wo viele Deutschtiroler die Umsiedlung verweigert hätten, noch im Warthegau, wo viele polnische Bauern aus ökonomischen Gründen doch nicht hätten vertrieben werden können. Folglich müsse, wer einen vollständigen Transfer nach dem Sieg über Hitler wünsche, noch drastischere Methoden anwenden als selbst die Nazis.[597]

Solche Warnungen waren, wie sich nach 1945 zeigen sollte, nicht aus der Luft gegriffen. Doch Zionisten wie den aus Odessa stammenden US-Wissenschaftler Joseph B. Schechtman beeindruckten sie nicht. Schechtman führte 1946 Zwangstransfer-Befürworter wie Montandon, Lavergne oder den Ungarn Ferenczi ins Feld und erklärte, zwar habe jeder Transfer schädliche Wirkungen und sei keine Ideallösung, er sei jedoch zuweilen die *einzige* Lösung.[598] Diese Sicht obsiegte 1945. Das anfangs periphere Modell von Lausanne war im Gewaltkontext des Zweiten Weltkrieges zum Vorbild nicht nur für Faschisten und Nationalsozialisten geworden, sondern auch für viele demokratische Hitler-Gegner – darunter so unterschiedliche Staatsmänner wie Churchill, Beneš oder Ben Gurion.[599]

---

[597] Jaksch, Mass Transfer of Minorities, S. 2.
[598] Schechtman, European Population Transfers, 1939–1945, S. 467f.
[599] Bloxham, The Great Unweaving, S. 184f.; zu Südtirol Yildirim, Diplomacy and Displacement, S. 12; zu Israel und Lausanne Stein, The Making of Modern Israel, S. 79.

VI. Höhepunkt:
Ethnische „Säuberungen" und Zweiter Weltkrieg

Im Januar 1945 verglich ein junger Offizier der Roten Armee die sowjetische Eroberung Ostpreußens, die soeben vor seinen Augen stattfand, mit der Besetzung derselben Region durch das zaristische Russland im Ersten Weltkrieg. Angesichts der Plünderungen, Vergewaltigungen und Morde, die er miterlebte, erklärte der kommunistische Offizier empört einem Kameraden:

„Haben wir uns den Sieg so erträumt? Ist das die Rote Armee? [...] In meiner Tasche habe ich ein deutsches Buch, vor zwanzig Jahren in Königsberg erschienen. Es heißt ‚Russischer Einmarsch in Ostpreußen im August 1914'. Ein deutscher Historiker [...] notierte sorgfältig alles, was er Schlechtes an den Russen feststellen konnte. Und weißt du, was das war? *Ein* Fall von Vergewaltigung, die schuldigen Kosaken wurden erschossen. *Einige* Fälle von Totschlag. Und *jedesmal* haben russische Offiziere eingegriffen, haben die Schuldigen bestraft. Der deutsche Verfasser zählt alle geschlachteten Hühner, alle ramponierten Obstbäume, jede Ohrfeige – wo es irgend geht, spricht er von Kulturlosigkeit, Barbarei und lobt die deutschen Bürgermeister, die es fertigbrachten, die Bevölkerung zu schützen. Das heute zu lesen ist schrecklich [...] und schmachvoll. Damals, das waren Zarenheere! Und nun benehmen sich unsere Leute so unvergleichlich viel roher, grausamer, gemeiner. Die ganze Schande fällt aber auf uns, ja auf uns, die Offiziere und die politischen Leiter."

Diese Kritik verwandelte den russisch-jüdischen Germanisten Lev Kopelev aus einem Offizier der Roten Armee in einen Häftling Stalins. Neun Jahre musste er im GULag büßen, dass er „Mitleid mit dem Feind" gezeigt hatte.[1]

Kopelevs Vergleich deutet an, dass der Zweite Weltkrieg mit seiner ungleich höheren Gewaltintensität auch als Höhepunkt ethnischer „Säuberungen" anzusprechen ist. Niemals zuvor ist ein derart großer Raum – ganz Osteuropa, darüber hinaus im Falle der NS-Judenverfolgung große Teile des deutsch beherrschten Europa insgesamt – zum Tatort von Zwangsmigrationen und Völkermord gemacht worden. Niemals zuvor sind so viele Menschen zu Opfern ethnisch motivierter Gewaltpolitik geworden wie zwischen 1939 und 1950. Die Opfer des deutschen Völkermordes im Zweiten Weltkrieg werden – mit 5,7 Millionen ermordeten Juden als größter Opfergruppe – auf zwölf bis vierzehn Millionen Menschen geschätzt.[2] Daneben sollen während des Zweiten Weltkrieges und in dessen Nachkriegszeit über sechzig Millionen Menschen zu Zwangsmigranten gemacht worden sein. Zunächst wurden zwischen 1939 und 1943 „etwa 30 Millionen Menschen von Stalin und Hitler vertrieben, verschleppt, umgesiedelt und deportiert". Die folgenden Zwangsmigrationen der Jahre 1944 bis 1948 wurden von den über Hitlers Deutschland siegreichen Alliierten veranlasst und sollen 31 Millionen Menschen betroffen haben.[3] Die erste Vertreibungswelle wurde durch das Kriegsende 1945 größtenteils rückgängig gemacht, die zweite durch dasselbe Kriegsende erst

---

[1] Kopelew, Aufbewahren für alle Zeit!, S. 137.
[2] Pohl, Verfolgung und Massenmord in der NS-Zeit 1939–1945, S. 153.
[3] Judt, Geschichte Europas, S. 39; Sowell, Conquests and Cultures, S. 202.

ermöglicht.⁴ Zurückhaltendere Schätzungen gehen von insgesamt 31,5 Millionen oder 32,1 Millionen Opfern moderner Zwangsmigrationen zwischen 1853 und 1953 aus.⁵ Bedenkt man, dass es neben diesen Zwangsmigranten in Europa außerhalb dieses Kontinents ebenfalls massenhaft Opfer gewaltsamer Bevölkerungsverschiebungen gegeben hat, deren Größenordnung allein für die Fälle Indiens und Palästinas auf 12,8 Millionen Zwangsmigranten geschätzt wird⁶, ist die globalhistorische Bedeutung der 1940er Jahre als bisheriger Höhepunkt ethnischer „Säuberung" in der Moderne unverkennbar.

Ungeachtet der Tatsache, dass im Zweiten Weltkrieg noch schlimmere Verbrechen als Vertreibungen begangen wurden, war die ethnische „Säuberung" Ostdeutschlands und Osteuropas von fast allen dort lebenden Deutschen zwischen 1944 und 1950 die bisher größte *Zwangsmigration* nicht nur in dieser Hochphase ethnischer Gewalt, sondern in der gesamten europäischen Geschichte, wenn nicht gar weltweit. Die Opfer dieser Gewaltpolitik wurden 1950 auf 12,45 Millionen Überlebende beziffert: 7,9 Millionen lebten in der Bundesrepublik, vier Millionen in der DDR und 370 000 in Österreich. Die Zahl der während ihrer Flucht, Vertreibung oder Zwangsumsiedlung umgekommenen Deutschen ist unklar und strittig. Hans-Ulrich Wehler geht von 1,71 Millionen Toten „während der Vertreibungsaktionen oder auf der Flucht" aus, „so dass insgesamt 14,16 Millionen die bisher größte gewaltsame Bevölkerungsverschiebung erlebt" haben dürften. Möglicherweise waren es noch weit mehr: In Wehlers Schätzung sind die innerhalb der Sowjetunion deportierten Russlanddeutschen – die große Mehrheit von 1,4 Millionen Menschen – nämlich nicht einbezogen. Der Statistiker Gerhard Reichling legt eine Ausgangszahl von 16,9 Millionen Deutschen zugrunde, die bei Kriegsbeginn 1939 in den späteren Vertreibungsgebieten lebten, aber auch das ist nur eine Annäherung, da man nicht genau weiß, wer von diesen Menschen 1944/45 in den Vertreibungsgebieten wirklich anwesend war. Von den bei Wehler genannten vierzehn Millionen Opfern stammte der größte Teil (6,6 Millionen) aus Ostdeutschland, also aus den 1937 zum Deutschen Reich gehörigen „Ostgebieten". Hinzu kamen drei Millionen aus der Tschechoslowakei, 2,1 Millionen aus Polen in den Grenzen von 1939, 238 000 aus Jugoslawien, 210 000 aus Ungarn und 133 000 aus Rumänien.⁷

Der von Hitler entfachte Zweite Weltkrieg war nicht nur unmittelbare Voraussetzung für alle vom NS-Regime zu verantwortenden ethnischen „Säuberungen" zwischen 1939 und 1945, die nicht nur in Vertreibungen, Zwangsumsiedlungen und Deportationen, sondern teilweise – namentlich im Falle der europäischen Juden – auch in gezielten Völkermord mündeten. Die NS-Gewaltpolitik gegen andere Völker war auch die unabdingbare Voraussetzung für die nach dem Sieg

---

⁴ Kulischer, Europe on the Move, S. 305; Beer, Bevölkerungsumsiedlungen, S. 156.
⁵ Ferrara / Pianciola, L' Età delle Migrazioni Forzate, S. 399.
⁶ Ther, Die dunkle Seite der Nationalstaaten, S. 261.
⁷ Wehler, Deutsche Gesellschaftsgeschichte, Bd. 4, S. 944; Reichling, Die deutschen Vertriebenen in Zahlen, S. 26; zu den Russlanddeutschen Werth, Ein Staat gegen sein Volk, S. 240.

über Hitler folgenden Zwangsmigrationen zwischen 1945 und 1950. Zugleich aber gab es für die ethnischen „Säuberungen" sowohl während des Zweiten Weltkrieges als auch in dessen Nachkriegszeit längerfristige Ursachen. Der deutsche Aggressionskrieg ab 1939 und sein Scheitern 1945 mobilisierten und radikalisierten ältere ethnonationale Konfliktlagen, geostrategische Interessen[8] und längst vorhandene Politikmodelle ethnischer „Säuberung". Sowohl die deutschen Nationalsozialisten als auch ihre alliierten Kriegsgegner verfügten bereits 1939 über weit zurückreichende Erfahrungen mit ethnischer „Säuberung". Die Generation der verantwortlichen Staatsmänner – Winston Churchill, Jossif Stalin, Franklin D. Roosevelt und Adolf Hitler waren zwischen 1874 und 1889 geboren – war bereits erwachsen und politisch aktiv, als die Vertreibungen und Umsiedlungsverträge der Balkankriege von 1912/13, die Massendeportationen des Ersten Weltkrieges, die Zwangsmigrationen nach 1918 und der griechisch-türkische Umsiedlungsvertrag von Lausanne 1923 die Aufmerksamkeit der Weltöffentlichkeit fesselten. Diese Vorerfahrungen stellten im Zweiten Weltkrieg wichtige Denk- und Handlungsmodelle bereit, zu denen die außereuropäischen Deportationen und „Säuberungen" an kolonialen Peripherien noch hinzutraten.

Die Anwendung dieser Vorerfahrungen im Zentrum Europas – und nicht wie bisher an Peripherien – wurde zwischen 1939 und 1945 am radikalsten von Hitler praktiziert. Dieser griff nicht nur auf Modelle der Balkantransfers zurück, wie sie bis 1923 etabliert worden waren, sondern auch auf koloniale Deportationsmethoden, die er auf europäische und namentlich osteuropäische Völker gnadenlos übertrug. Stalin wiederum griff bei den von ihm innerhalb der UdSSR veranlassten Zwangsmigrationen weniger auf internationale Modelle zurück als auf imperiale Traditionen der russischen Reichsgeschichte, die wir mit den Deportationen im Kaukasus des 19. Jahrhunderts und während des Ersten Weltkrieges in Osteuropa bereits kennengelernt haben. Allerdings war diese zaristische Deportationstradition durch westliche Vorbilder (insb. koloniale Deportationen) beeinflusst. Und auch Stalin wandte – zunächst im Verein mit Hitler, später gegenüber osteuropäischen Vertragspartnern – jenes Instrument der bilateralen Umsiedlungsverträge an, wie es zwischen 1912 und 1923 auf dem Balkan und in Kleinasien entwickelt worden war. Dem hierfür modellhaften griechisch-türkischen Transfer von Lausanne hatten 1923 wiederum die westlichen Großmächte Großbritannien, Frankreich und Italien assistiert.

Die ethnischen „Säuberungen" des Zweiten Weltkrieges und seines gewalttätigen Nachkriegs waren zu nicht geringen Teilen die Konsequenz der wechselseitigen Unfähigkeit europäischer Völker, ihr multiethnisches Zusammenleben in der Moderne friedlich zu organisieren. Obwohl mit dem zwischen 1912 und 1922 erfolgten Zusammenbruch der traditionellen Vielvölkerreiche in Ost- und Südosteuropa – des zaristischen Russland, der Habsburgermonarchie, des Osmanischen Reiches – das Prinzip nationaler Selbstbestimmung triumphiert zu haben schien, waren kaum Nationalstaaten an die Stelle dieser Großreiche getreten, sondern

---

[8] Ther, Deutsche und polnische Vertriebene, S. 67.

neue, kleinere Vielvölkerstaaten. Sowohl die neu geschaffenen Staaten Polen, Tschechoslowakei und Jugoslawien als auch das vergrößerte Rumänien waren eindeutig multiethnisch strukturiert, orientierten sich jedoch am Nationalstaatsmodell. Genau besehen hatten in Osteuropa nach 1918 lediglich die Hegemonialnationen gewechselt: Statt der bis dahin herrschenden Deutschen, Ungarn, Türken oder Russen gaben seither Polen, Tschechen, Rumänen und Serben den Ton an. Wenn aber für alte Imperien wie das Habsburgerreich das Dogma des deutschen Liberalen Dahlmann galt, „daß nationale Freiheit und Österreichs Bestand sich nimmermehr vertragen"[9], wie verhielt es sich dann mit der Freiheit in den unechten Nationalstaaten von Versailles – und mit deren Bestandsfähigkeit?

Der Versuch des Völkerbundes, Minderheitenschutzgesetze zu verankern, war als völkerrechtliches Novum bedeutend, hatte jedoch praktisch wenig Erfolg, da den Beteiligten zumeist der Wille zu Kompromiss und Toleranz gefehlt hatte. Hitler zerstörte das bereits erodierende Schutz-System 1938/39, indem sein „Großdeutsches Reich" ein partiell völkermörderisches System ethnischer „Säuberung" in Osteuropa zu Gunsten des deutschen Volkes und einer imaginären „arischen Rasse" gewaltsam etablierte. Mit der deutschen Niederlage von 1945 wandte sich diese rücksichtslose ethnische Macht-Logik gegen ihre deutschen Urheber, denn im Laufe des Krieges war sie von den Alliierten der Anti-Hitler-Koalition im Ansatz übernommen worden. Die Alliierten verübten anders als Hitlers Deutschland zwar nie einen Völkermord, doch eine ethnische „Säuberung" großen Stils durch Vertreibung und Zwangsumsiedlung wurde von ihnen als Mittel für die Neuordnung Osteuropas akzeptiert und ab 1944/45 in bisher unbekanntem Ausmaß umgesetzt. Vergebens warnten humanitär und rechtsstaatlich denkende Kritiker wie der aus Polen stammende jüdische US-Wissenschaftler Oscar Janowsky 1945 die westlichen Alliierten, solche Gewaltpolitik passe zu einem Tyrannen wie Hitler, nicht für demokratische Staaten.[10]

Der Prozess ethnischer „Säuberung" in Mittel- und Osteuropa zwischen 1938/39 und 1945/50 lohnt auch deshalb eine eingehende Betrachtung, weil er idealtypisch *sämtliche Formen* solcher nicht-genozidaler „Säuberungs"-Politik aufweist. Die *Flucht* vor einer Feindarmee findet sich ebenso wie die *Vertreibung* nach Kriegsende; staatlich oder zwischenstaatlich organisierte *Zwangsdeportationen* sind genauso zu beobachten wie formal „freiwillige" Formen von *Umsiedlung*, die jedoch ohne Gewaltkontexte ebenfalls nicht denkbar waren. Die Opfer all dieser ethnischen „Säuberungen" fanden sich stets in spezifischen Transitorien wieder; sie wurden ausgesondert und entrechtet in besonderen Macht-Räumen, die meist die Form des *Lagers* annahmen, das zuweilen geradezu zum Inbegriff unserer Moderne stilisiert wird.[11] Technisch erfolgten diese Zwangsmigrationen zu Fuß, auf Pferdewagen, Kraftfahrzeugen, Schiffen oder Schienen – also teils archaisch, teils

---

[9] Diese Paraphrase bei Springer, Geschichte Österreichs seit dem Wiener Frieden 1809, Bd. 2, S. 243, nebst vollständigem Zitat.
[10] Janowsky, Nationalities and National Minorities, S. 143 und 166.
[11] Agamben, Homo sacer.

hochmodern. Neben dem Pferdefuhrwerk der „Trecks" wurde der mit Menschen überfüllte Viehwaggon zum Sinnbild der Massentransporte.

Mit Blick auf medial oft einseitig fokussierte Fluchtereignisse des Winters 1944/45 ist der ein ganzes Jahrzehnt umspannende Prozesscharakter dieser Hochphase ethnischer „Säuberungen" hervorzuheben. Allein für deutsche Vertreibungsopfer hat bereits die bundesrepublikanische „Dokumentation der Vertreibung" in den 1950er Jahren einen mehrjährigen Zeitraum zwischen 1944 und 1948 in den Blick genommen. Bezieht man die unmittelbar nach Hitlers Angriff auf die Sowjetunion beginnende Massendeportation der Russlanddeutschen mit ein, beginnt dieser Prozess bereits Mitte 1941. Rechnet man die NS-„Umsiedlungen" von Volksdeutschen und die parallele Flucht und Vertreibung von Polen hinzu, wäre der Beginn schon im September 1939 anzusetzen. Man könnte auf die antisemitische „Politik der ethnischen Vertreibungen" des NS-Regimes (im Unterschied zum späteren Holocaust)[12] verweisen, um den Beginn dieser Zwangsmigrationen auf 1933 vorzudatieren. Saul Friedländer hat jedoch mit gutem Grund für die vom NS-Regime attackierten Juden das Jahr 1939 als entscheidende Zäsur zwischen den „Jahren der Verfolgung" und den „Jahren der Vernichtung" hervorgehoben.[13] Die Gewaltdynamik war auch in gesamteuropäischer Perspektive seit Kriegsbeginn 1939 derart gesteigert, dass es sich empfiehlt, bei aller Berücksichtigung von Vor-Entwicklungen insbesondere die Dekade zwischen 1939 und 1950 als Untersuchungszeitraum zu betrachten.

1. Rassistische Vertreibungs- und Umsiedlungspolitik: Hitlers „neue Ordnung der ethnographischen Verhältnisse"

Nach seinem Sieg über Polen, das er wenige Wochen zuvor – gefolgt von seinem Bündnispartner Stalin – erfolgreich überfallen hatte, trat Adolf Hitler am 6. Oktober 1939 vor seinen „Großdeutschen Reichstag", um neben vagen Friedensangeboten an die Alliierten seine Vorstellung von der Neugestaltung Europas zu erläutern. Dabei fasste Hitler „als wichtigste Aufgabe" eine „neue Ordnung der ethnographischen Verhältnisse" ins Auge, „das heißt, eine Umsiedlung der Nationalitäten so, daß sich am Abschluß der Entwicklung bessere Trennungslinien ergeben, als es heute der Fall ist". Der Diktator bezog diese Vision einer großangelegten ethnischen „Säuberung" nicht nur auf das umstrittene deutsch-polnische Siedlungsgebiet, das ihm den Anlass zum Krieg gegen Polen geboten hatte und für das ihm die Briten bereits vor Kriegsbeginn einen wechselseitigen Bevölkerungstransfer als Konfliktlösung angeboten hatten, sondern ging darüber beträchtlich hinaus:

„Denn der ganze Osten und Südosten Europas ist zum Teil mit nicht haltbaren Splittern des deutschen Volkstums gefüllt. Gerade in ihnen liegt ein Grund und eine Ursache fortgesetzter

---

[12] Barth, Genozid, S. 84.
[13] Friedländer, Das Dritte Reich und die Juden.

zwischenstaatlicher Störungen. Im Zeitalter des Nationalitätenprinzips und des Rassegedankens ist es utopisch zu glauben, daß man diese Angehörigen eines hochwertigen Volkes ohne weiteres assimilieren könne. Es gehört daher zu den Aufgaben einer weitschauenden Ordnung des europäischen Lebens, hier Umsiedlungen vorzunehmen, um auf diese Weise wenigstens einen Teil der europäischen Konfliktstoffe zu beseitigen. Deutschland und die Union der Sowjetrepubliken sind übereingekommen, sich hierbei gegenseitig zu unterstützen."

Diese „Ordnung des gesamten Lebensraumes nach Nationalitäten" und der Lösung von „Minoritätenfragen" durch weiträumige Umsiedlungen verband Hitler mit der bedrohlich-vagen Andeutung, den „Versuch einer Ordnung und Regelung des jüdischen Problems" unternehmen zu wollen.[14]

Edmund Glaise-Horstenau, zu diesem Zeitpunkt der einzige noch im Amt verbliebene NS-Minister des 1938 annektierten Österreich, erblickte in dieser Umsiedlungspolitik Hitlers prinzipielle „Absage an die ‚Mitteleuropäische Idee'".[15] Anstelle einer deutschen Hegemonie über ein Vielvölker-Mitteleuropa, wie es sich Glaise zu erhoffen schien, trat ein NS-Rassenimperium, das die Völkervielfalt seines Machtbereichs rücksichtslos in Zwangshomogenität verwandeln wollte. Der 1889 geborene Hitler, nachhaltig negativ geprägt von den Nationalitätenkonflikten seiner Heimat, des kriselnden Vielvölkerreiches Österreich-Ungarn, hatte längst, bevor er 1933 zum Diktator Deutschlands wurde, in seiner Programmschrift „Mein Kampf" jene rassistische Konzeption von „Bevölkerungspolitik" offengelegt, die seine Politik prägte. Hitler grenzte sich darin scharf vom kaiserlichen Deutschland bis 1914 ab, namentlich von dessen (in seiner Sicht viel zu milden und unentschlossenen) Germanisierungspolitik gegenüber slawischen Bevölkerungsgruppen wie namentlich den Polen; als Rassist war Hitler von der Unmöglichkeit und Schädlichkeit solcher Assimilation überzeugt. Seine Prämisse, „daß Germanisation nur am Boden vorgenommen werden kann und niemals an Menschen"[16], wurde (trotz etlicher Ausnahmen) grundlegend für die zwischen 1939 und 1945 betriebene Umsiedlungs- und Vertreibungspolitik Deutschlands in Osteuropa. Was Hitlers rassistische „Bodenpolitik der Zukunft"[17] für Millionen Menschen bedeutete, erläutert Timothy Snyder:

„Der Holocaust überschattet deutsche Pläne, die zu noch größerem Blutvergießen geführt hätten. Hitler wollte nicht nur die Juden auslöschen; er wollte auch Polen und die Sowjetunion als Staaten vernichten, ihre Führungsschichten liquidieren und viele Millionen Slawen (Russen, Ukrainer, Weißrussen, Polen) umbringen. Wäre der Krieg gegen die UdSSR wie geplant verlaufen, so wären 30 Millionen Zivilisten im ersten Winter [1941/42] verhungert und danach viele weitere Millionen vertrieben, ermordet, assimiliert oder versklavt worden. Obwohl diese Pläne nie verwirklicht wurden, waren sie der gedankliche Rahmen für die deutsche Besatzungspolitik im Osten. Während des Krieges ermordeten die Deutschen ebensoviele Nichtjuden wie Juden, vor allem durch das Verhungernlassen sowjetischer Kriegsgefangener (über drei Millionen) und der Einwohner belagerter Städte (über eine Million) oder durch die Erschießung von Zivilisten bei ‚Vergeltungsmaßnahmen' (fast eine Million, vor allem Weißrussen und Polen)."[18]

---

[14] Schulthess' Europäischer Geschichtskalender 80.1939, S. 205; Dokumente der deutschen Politik und Geschichte 5, S. 137 und S. 139.
[15] Broucek, Ein General im Zwielicht, Bd. 2, S. 429.
[16] Hitler, Mein Kampf, S. 428.
[17] Ebenda, S. 742.
[18] Snyder, Bloodlands, S. 11.

1. Rassistische Vertreibungs- und Umsiedlungspolitik

Auf dem Höhepunkt seiner Macht, im Mai 1942, formulierte der deutsche Diktator als „das Ziel seiner Ostpolitik", langfristig „etwa hundert Millionen germanischen Menschen" im eroberten osteuropäischen „Raum ein Siedlungsgebiet zu erschließen". Wieder betonte Hitler, man müsse „radikale deutsche Volkstumspolitik treiben" – „notfalls mit Brachialgewalt". Überraschend erklärte der Sieger über Frankreich, dass man von der Assimilationspolitik der Franzosen im Elsass „viel lernen" könne.[19] In der Tat hatte die französische Regierung im wiedergewonnenen Elsass-Lothringen im Dezember 1918 vier unterschiedliche Ausweiskategorien für die dortigen Einwohner und entsprechend unterschiedlichen Rechten oder Diskriminierungen eingeführt, was der später ganz ähnlich ausdifferenzierten „Deutschen Volksliste" der SS-Bevölkerungspolitiker im besetzten Polen grundsätzlich ähnelte.[20] Hitler schätzte die Kombination aus Zwangsassimilation und Zwangsaussiedlung, mit der das siegreiche Frankreich das zuvor fünf Jahrzehnte deutsch regierte Elsass-Lothringen ab 1918 überzogen hatte. Seither war dort nicht nur die deutsche Sprache verdrängt, es waren auch um die 140 000 Deutsche – bei einer Bevölkerung von 1,9 Millionen – „zum Teil in sehr rigoroser Form" ausgewiesen worden.[21] All das fand Hitler vorbildlich:

„Wenn man ebenso verfahre und unter rücksichtsloser Ausmerzung der Zweisprachigkeit und unter Umsiedlung allen Volkstums, das nicht einzudeutschen sei oder eingedeutscht werden wolle, mit einem radikalen Schnitt klare Verhältnisse schaffe, könne schon die zweite, spätestens die dritte Generation der Bevölkerung in diesen Räumen wieder in völliger Ruhe leben.
Wenn wir das Elsass und Lothringen wieder zu rein deutschen Gebieten machen wollten, müsse jeder, der sich nicht von sich aus zum Deutschtum bekenne, aus diesem Gebiet heraus. Gauleiter Bürckel sei in dieser Hinsicht ja schon mit einschneidenden Maßnahmen vorangegangen; aber auch aus dem Elsass müßten noch eine Viertelmillion Französlinge verschwinden. Ob man sie [...] nach Frankreich abschiebe oder ob man sie im Osten ansetze, spiele für die grundsätzliche Entscheidung keine Rolle."[22]

Hitler spielte auf die rigide „Umvolkungs"-Politik seines Gauleiters Josef Bürckel an, der zwischen 1940 und 1944 als „Reichsstatthalter der Westmark" fungierte, einer Großregion, zu der die Rheinpfalz, das Saarland und Elsass-Lothringen als „Mustergau" zusammengeschweißt werden sollten. Bürckel hatte im November 1940 mit der Zwangsaussiedlung lothringischer Bauern aus der Region Metz begonnen, die vor die Wahl gestellt wurden, entweder nach Frankreich oder in den ostdeutschen „Reichsgau Wartheland" umzusiedeln. Mit diesem Druckmittel wurden 80 000, wenn nicht über 100 000 Menschen scheinbar „freiwillig" nach Frankreich verdrängt und zugleich deren Immobilien beschlagnahmt. Die Proteste der hilflosen Vichy-Regierung ließ Hitler unbeachtet. Bürckel tat nichts, um die chaotischen Transporte zumindest „ordentlich und human" ablaufen zu lassen.[23] Es gab jedoch ganz normale Deutsche, die diese ethnische ‚Säuberung' begrüßten und unterstützten. In Hessen äußerte im Juli 1941 ein Revierförster, der im be-

---

[19] Picker, Hitlers Tischgespräche, S. 130.
[20] Douglas, Ordnungsgemäße Überführung, S. 94f.
[21] Friedensburg, Die Weimarer Republik, S. 36.
[22] Picker, Hitlers Tischgespräche, S. 130–132.
[23] Mai, „Neustrukturierung des deutschen Volkes", S. 86f.; Wettstein, Josef Bürckel, S. 478f.

setzten Lothringen Dienst tat: „Die Bevölkerung ist nicht *für* Deutschland. Das gesamte Gebiet müßte umgesiedelt werden."[24]

Man kann darüber streiten, wann die durch Hitler ausgelösten Zwangsmigrationen begonnen haben. Begonnen hat alles schon 1933, doch am ehesten sind die Jahre 1938/39 als Zäsur zu begreifen.[25] 1938 rief der radikalisierte Antisemitismus beim Einmarsch in Wien und dann beim Novemberpogrom im um Österreich und die Sudetengebiete erweiterten „Großdeutschland" jüdische Fluchtwellen hervor, die den Übergang von der formell freiwilligen Auswanderung zur Vertreibung markieren; im Windschatten des Münchner Abkommens wurde zudem die erste zwischenstaatliche Umsiedlungsvereinbarung Mitteleuropas konzipiert.

Im Berliner Sportpalast warf Hitler am 26. September 1938 dem tschechoslowakischen Präsidenten Edvard Beneš vor, mit der Vertreibung von Sudetendeutschen begonnen zu haben. Nachdem die Prager Regierung seit 1918 600 000 Sudetendeutsche durch Diskriminierung zur Auswanderung gezwungen habe, um „das Deutschtum langsam auszurotten", sei Beneš nun zu radikalen Mitteln übergegangen, um eine Abtretung der mehrheitlich von Deutschen bewohnten Sudetengebiete an Deutschland zu verhindern:

„Nicht das Gebiet trat er ab, sondern die Deutschen treibt er jetzt aus! [...] Wir sehen die grauenhaften Ziffern: An einem Tag 10 000 Flüchtlinge, am nächsten 20 000, einen Tag später schon 37 000 [...], jetzt sind es 90 000, 107 000, 137 000 und heute 214 000. Ganze Landstriche werden entvölkert, Ortschaften werden niedergebrannt, mit Granaten und Gas versucht man, die Deutschen auszuräuchern."[26]

Die Zahl von 250 000 „Sudeten refugees" hielt der britische Botschafter in Berlin, Sir Nevile Henderson, für glaubwürdig. Er wusste allerdings, dass ein Großteil dieser Menschen vom NS-Regime selbst zur Flucht veranlasst worden war und dass es sich bei den restlichen meist um verängstigte Menschen handelte, die im Kriegsfall nicht zwischen die Fronten geraten wollten.[27] Größere Flüchtlingszahlen wurden in den deutschen Medien erst registriert, nachdem die Prager Regierung die dem „Dritten Reich" nahestehende „Sudetendeutsche Partei" am 16. September 1938 verboten hatte. Deren Chef Konrad Henlein, der ab Oktober 1938 als NS-Gauleiter des annektierten Sudetenlandes fungieren sollte, ordnete umgehend die Bildung eines „Sudetendeutschen Freikorps" aus männlichen Flüchtlingen in Deutschland an.[28] Ähnlich war Hitler im Falle Österreichs vorgegangen, als er 1933/34 dort verbotene SA-Verbände in Deutschland aufgenommen hatte – mit Duldung subversiver Aktionen jenseits der Grenze, die im Juli 1934 in der Ermordung des österreichischen Diktators Engelbert Dollfuß gipfelten. Im Grunde stammte diese Methode vom Balkan, aus dem terroristischen Partisanenkampf der nationalen Befreiungsbewegungen um 1900. Hitler hatte den Unruheherd seiner Wiener Jugend nicht vergessen.

---

[24] Kellner, „Vernebelt, verdunkelt sind alle Hirne", Bd. 1, S. 172.
[25] Friedländer, Das Dritte Reich und die Juden, plädiert für 1939.
[26] Schulthess' Europäischer Geschichtskalender 79.1938, S. 152–156.
[27] Henderson, Failure of a Mission, S. 151.
[28] Schulthess' Europäischer Geschichtskalender 79.1938, S. 242–244.

Bei allem propagandistischen Getöse um angebliche Vertriebene und reale Flüchtlinge nach Deutschland ging fast unter, dass es auch viele Sudetendeutsche gab, die vor Hitlers Herrschaft flüchteten. Bevor sie selbst zum Opfer Hitlerdeutschlands wurde, hatte die Tschechoslowakei viele Flüchtlinge aus Deutschland aufgenommen. Die Journalistin Milena Jesenská, die später in einem NS-Konzentrationslager umkam, schilderte diese „Menschen... ohne Papiere, zu Fuß, mit leeren Händen. Unter uns wandelt das Abbild vieler Hunderter grauenhafter menschlicher Schicksale, Hunderttausender schmerzvoller Abschiede, Selbstmorde und Ungerechtigkeiten."[29] Der deutsch-jüdische Kommunist Ernst Bloch, der in der Tschechoslowakei politisches Asyl gefunden hatte, stellte im Juli 1938 fest: „Hunderttausende in Nordböhmen bekennen sich heute noch gegen Nazideutschland und für die demokratische Republik, in der sie leben; trotz des unvorstellbaren Naziterrors [der NS-loyalen Mehrheit der Sudetendeutschen], trotz der Lebensgefahr, die mit dem demokratischen Bekenntnis verbunden ist."[30] Als die Sudetengebiete an Hitlers Deutschland fielen, wurden auch dort deutsche NS-Gegner zum Freiwild. Im Oktober 1938 sammelten die „Deutschland-Berichte" der Exil-SPD Berichte sudetendeutscher Sozialdemokraten, die ins Innere der Tschechoslowakei hatten flüchten müssen. Demnach hatte in den Grenzgebieten schon Mitte September 1938 diese Flucht eingesetzt. Die „evakuierten" Deutschen, „zum größten Teil Sozialdemokraten und Kommunisten", wurden in der verkleinerten tschecho-slowakischen Republik anfangs gut aufgenommen, jedoch sehr bald schon von der neuen Regierung unter General Syrový, die beflissen mit Hitler-Deutschland zusammenarbeitete, „in Züge verfrachtet und ins deutsche Gebiet abgeschoben". Zur selben Zeit löste der Anschluss der Sudetengebiete an Deutschland Anfang Oktober 1938 einen zweiten „Strom von Flüchtlingen aus dem Grenzgebiet" in die ČSR aus:

„Was nun folgte, war eine Katastrophe, die sich kaum beschreiben lässt. [...] Die Behörden waren anfangs ohnmächtig. Die Züge mit den Flüchtlingen wurden in das Innere geschickt, von da wieder ins Grenzgebiet, standen tage- und nächtelang auf freier Strecke oder auf Bahnhöfen, wobei die Leute in offenen Güterwagen kampieren mussten. Dabei spielten sich unbeschreibliche Szenen ab. Das furchtbarste war wohl der Deutschenhass, der sofort um sich griff. Glücklicherweise dauerte dieser Zustand nur kurze Zeit an und die Behörden bekamen die Gewalt wieder in den Griff. [...]
Unbeschreiblich war das Elend von zehntausenden Familien, die mit zerschlissener Kleidung und oft nur den allernotwendigsten Sachen – in Bündeln! – geflüchtet waren und die oft noch die Spuren durchlebten Schreckens und der Misshandlungen trugen. Das Schlimmste aber war, daß ganze Züge solcher Flüchtlinge zwangsweise wie Vieh gegen ihren Willen mit Gewaltanwendung ins Dritte Reich dirigiert wurden. Genosse X. mit Frau, Kind und Schwiegermutter [...] hat so einem Transport angehört [...]. In Komotau konnte er nur durch die Flucht vom Bahnhof seine Auslieferung vereiteln."[31]

---

[29] Demetz, Mein Prag, S. 218.
[30] Bloch, Gesamtausgabe, Bd. 11, S. 266f.; zu den hohen Wahlergebnissen der NS-nahen Sudetendeutschen Partei 1935 und 1938: Heimann, Czechoslovakia, S. 76 und S. 79.
[31] Deutschland-Berichte der Sozialdemokratischen Partei Deutschlands, Bd. 5, S. 1030, S. 1032f. und S. 1037f.

Beim Einmarsch deutscher Truppen ins Sudetenland waren „in einer Mischung aus Flucht und gewaltsamer Verdrängung" auch „Tausende von Tschechen" in die verkleinerte Tschechoslowakei gelangt. Man kann in dieser Fluchtwelle „den Beginn der erzwungenen Bevölkerungsverschiebungen" erblicken, „die mit der Vertreibung der Deutschen aus der ČSR seit 1945 ihr Ende fanden".[32] Freilich muss man die unterschiedlichen Dimensionen beachten. Während die Vertreibung von 1945 über drei Millionen Deutsche betraf, umfasste die fluchtartige „Abwanderungsbewegung" von 1938 nur etwa „400 000 Personen", während 290 000 tschechische Einwohner der Sudetengebiete nach der deutschen Annexion bleiben konnten.[33] Nur die Hälfte der 400 000 Sudeten-Flüchtlinge von 1938 war tschechischer Herkunft, die andere Hälfte bestand aus bedrohten Juden sowie sudetendeutschen, reichsdeutschen oder österreichischen Hitler-Gegnern.[34] Stärker als an die Massenvertreibung von 1945 erinnert daher die Fluchtbewegung aus den Sudetengebieten des Herbstes 1938 in Form und Ausmaß an Flucht- und Abwanderungsbewegungen nach dem Ersten Weltkrieg, als nach Grenzveränderungen vornehmlich Deutsche und Ungarn massenhaft flüchteten, abwanderten oder ausgewiesen wurden – nicht nur aus Elsass-Lothringen, sondern auch aus Polen oder Rumänien.[35]

Zwar gab es, anders als bei der Vertreibung der Sudetendeutschen 1945, 1938 eine Alternative des Bleibendürfens, doch sah sich die verbliebene tschechische Bevölkerung im „Sudetengau" einer widersprüchlichen Mischung aus Anpassungs- und Vertreibungsdruck ausgesetzt. Die „Deutschland-Berichte" der Exil-Sozialdemokratie listeten auf, wie solchen Tschechen im November 1938 von deutschen Beamten „nahegelegt" wurde, „abzuwandern", obschon deren Familien schon seit Jahrzehnten im Sudetengebiet ansässig waren. Nach dem antisemitischen Novemberpogrom richtete sich in Teilen des Sudetengebietes, etwa in Dux, die Gewalt deutscher Schlägerbanden auch gegen tschechisches Eigentum: „Rufe ‚Hinaus mit den Tschechen' waren an der Tagesordnung. ‚Erst die Juden, dann die Tschechen' usw." [36] Dennoch kam es zu keiner allgemeinen Vertreibung von Tschechen. Im Gegenteil: Zum Unwillen mancher auf Germanisierung ausgerichteter NS-Machthaber erlebte der „Sudetengau" nach Beginn des Zweiten Weltkrieges sogar eine wirtschaftlich bedingte Zuwanderung tschechischer Arbeitskräfte. Der SS-Sicherheitsdienst (SD) prangerte dies Ende 1939 hilflos als „tschechische Unterwanderung der volksdeutschen Gebiete der Sudetenländer" an.[37] Der Regierungsprä-

---

[32] Lemberg, Einleitung, S. 34f.; angesichts der Flucht von Magyaren nach 1918 war es nicht das erstemal, dass dergleichen „auf dem Gebiet des ehemaligen Habsburgerreiches" geschah; so jedoch Ther, Die dunkle Seite der Nationalstaaten, S. 110.

[33] Seibt, Deutschland und die Tschechen, S. 341.

[34] Arburg, Abschied und Neubeginn, S. 190; bis Ende 1938 wurden in der Tschechoslowakei „140 292 Personen mit tschechoslowakischer Staatsangehörigkeit" als Flüchtlinge aus den Sudetengebieten registriert, „davon [...] 106 298 tschechischer, 12 146 deutscher, 328 polnischer, 7138 jüdischer und 1309 anderer Nationalität"; vgl. Gebhart, Migrationsbewegungen, S. 19 und 21.

[35] Vgl. Kap. V.1.

[36] Deutschland-Berichte der Sozialdemokratischen Partei Deutschlands, Bd. 5, S. 1174f.

[37] Meldungen aus dem Reich, Bd. 3, S. 629.

dent von Aussig, Gauleiter Hans Krebs, suchte trotz eigener germanisierender Schulpolitik allzu tschechenfeindliche Eigeninitiativen untergeordneter NS-Machthaber zu bremsen: Die „örtlichen Stellen", so Krebs im November 1940, wollten „am liebsten von heute auf morgen die Tschechen radikal beseitigen"; das sei zwar gut gemeint, aber leider nicht machbar.[38]

Nach Errichtung des „Reichsprotektorats Böhmen und Mähren" im tschechischen Teilgebiet der von Deutschland letztlich vollkommen zerschlagenen Tschechoslowakei am 15. März 1939 kam es zu rassistischen Zukunftsplanungen. Hatte die Ernennung des früheren deutschen Außenministers Konstantin von Neurath zum „Reichsprotektor" in Prag noch den Anschein einer behutsamen Besatzungspolitik erweckt, so schien nach dem Sieg über Frankreich 1940 diese Rücksicht auf die Westmächte nicht mehr erforderlich. Neurath wurde von radikalen Nationalsozialisten wie seinem Staatssekretär, dem Sudetendeutschen Karl Hermann Frank, beiseite geschoben, im September 1941 von Hitler dauerhaft beurlaubt und durch SS-Obergruppenführer Reinhard Heydrich als Stellvertreter und faktischen Nachfolger ersetzt. Hinsichtlich der Tschechen schwankte Hitler zwischen rassistischer Verachtung für die angeblichen Abkömmlinge „mongolider Stämme" und der Hoffnung, das tschechische Volk erneut germanisieren zu können, wie dies im Habsburgerreich vor 1867 der Fall gewesen sei.[39] Das bedeutete ein Schwanken zwischen Zwangsassimilation und ethnischer „Säuberung". Schien die Errichtung des „Protektorats" im März 1939 eine integrative imperiale Lösung anzudeuten, stärkten die im Oktober 1939 verkündeten europäischen „Umsiedelungspläne des Führers" das Konzept des ethnisch (bzw. rassisch) homogenen Staates.[40] Jedenfalls stimmt es nicht, dass alle Varianten einer NS-„Lösung der tschechischen Frage" auf die „Liquidierung des tschechischen Volkes als ethnische Einheit" hinausgelaufen wären, wie Jaroslava Milotova meint. Wie sie selber zeigt, wollten gemäßigte Planungen die Tschechen als assimilierte Randgröße durchaus überleben lassen, wenn auch „als rein historische Relikte nach dem Vorbild der Lausitzer Sorben oder der Bretonen". Das war nicht Genozid, sondern Zwangsassimilation. Daneben gab es jedoch radikale Vorschläge, die auf eine physische „Liquidierung jedes einzelnen Angehörigen des tschechischen Volkes" abzielten. Das Haupthindernis für solche Pläne war – neben der Rücksicht auf die Rüstungswirtschaft – der Mangel an deutscher Ersatzbevölkerung. Zwar hatten NS-Stellen vor dem Münchner Abkommen Pläne für die Germanisierung Böhmens und Mährens (des heutigen Tschechien) erstellt und wollten nach Enteignung tschechischer Landbesitzer 160 000 deutsche Siedlerfamilien ansiedeln; auch wurden Göring 1939 Gedankenspiele nachgesagt, „die Tschechen mit den Wolgadeutschen auszutauschen". Doch nach der Besetzung eines Großteils von Polen gab Hitler Ende 1939 einer „Besiedlung der zurückgewonnenen Ostprovinzen", also der von Deutschland annektierten westlichen Teile Polens, die bis 1918/19 zum wilhelminischen

---

[38] Gebel, „Heim ins Reich!", S. 316 und S. 325.
[39] Picker, Hitlers Tischgespräche, S. 333 und S. 363.
[40] Broucek, Ein General im Zwielicht, Bd. 2, S. 368.

Deutschland gehört hatten, Priorität.[41] Folglich lehnte er Vorschläge ab, die „eine Aussiedlung der Tschechen aus Mähren und ihre Konzentration in Böhmen" in einer Art Reservat oder gar die Zwangsdeportation „aller Tschechen nach dem Osten" zum Ziel hatten – Pläne, die auf Utopien Lagardes und der Alldeutschen früherer Jahrzehnte zurückverwiesen. Stattdessen wollte Hitler die in seinen Augen „wertvollere Hälfte des tschechischen Volkes germanisieren, den rassisch minderwertigen mongolischen Teil und den größeren Teil der Intelligenzklasse ausschalten, einer Sonderbehandlung zuführen".[42]

Somit rückte der Diktator mit Blick auf Böhmen und Mähren von seiner in „Mein Kampf" formulierten Strategie einer „Germanisierung des Raumes" notgedrungen ab und ersetzte sie zumindest teilweise durch die einst von ihm abgelehnte „Germanisierung der Menschen". Im September 1940 erklärte Hitler gegenüber Neurath und Frank die Germanisierung der Mehrheit der Tschechen für möglich.[43] Zuvor hatte Neurath als „radikalste und theoretisch vollkommenste Lösung [...] die totale Aussiedlung aller Tschechen aus diesem Lande und seine Besiedlung mit Deutschen" erörtert, war allerdings zu dem Schluss gelangt, dass dies „nicht möglich" sei, „weil es nicht genug deutsche Menschen gibt, um sofort alle Räume zu füllen, die in absehbarer Zeit zum großdeutschen Raum gehören werden".[44] Hitler entschied jedoch im Herbst 1940, die eine Hälfte des tschechischen Volkes solle „germanisiert", die andere Hälfte erst nach Kriegsende zwangsausgesiedelt werden. Noch kurz vor dem tschechischen Attentat auf seinen Prager Satrapen Heydrich meinte Hitler am 20. Mai 1942 optimistisch, wenn das tschechische Volk sich vor hundert Jahren schon einmal assimiliert habe, bevor der tschechische Nationalismus dies rückgängig gemacht habe, müsse es „bei fester Führung des Protektorats [...] gelingen, in 20 Jahren die tschechische Sprache wieder auf die Bedeutung eines Dialekts zurückzudrängen".[45]

Heydrich verfolgte während seiner kurzen Amtszeit 1941/42 gegenüber den Tschechen nicht nur eine Politik der Zwangsassimilation, die er im Gegensatz zu seinem Vorgänger nicht großzügig, sondern an rassistischen Auswahlkriterien orientiert zu betreiben befahl[46], sondern bereitete auch eine Politik der Zwangsumsiedlung vor. Als er in Prag am 27. Mai 1942 durch ein Attentat der tschechoslowakischen Exilarmee schwer verletzt wurde und eine Woche später starb, hatte Hitlers stellvertretender Reichsprotektor „gerade an einem Plan zur vollständigen rassischen Durchleuchtung der gesamten Bevölkerung gearbeitet". Schon bei Amtsantritt im Herbst 1941 hatte Heydrich davon gesprochen, ganz im Sinne

---

[41] Milotova, Die NS-Pläne zur Lösung der „tschechischen Frage", S. 26f.; Mai, „Neustrukturierung des deutschen Volkes", S. 76–78; zu Göring: Broucek, Ein General im Zwielicht, Bd. 2, S. 368.
[42] Hoensch, Geschichte Böhmens, S. 434; Arburg, Abschied und Neubeginn, S. 190; vgl. zu Lagarde und den Alldeutschen Kap. I.1.
[43] Milotova, Die NS-Pläne zur Lösung der „tschechischen Frage", S. 26f.
[44] Zitiert nach Mazower, Hitlers Imperium, S. 169.
[45] Picker, Hitlers Tischgespräche, S. 363.
[46] Gerwarth, Reinhard Heydrich, S. 299 und S. 302.

Hitlers „später die halbe Bevölkerung nach Sibirien zu deportieren". Auch der Reichsstatthalter des Sudetengaues, Konrad Henlein, drängte darauf, sein Gebiet durch Ausweisung der verbliebenen Tschechen „nach Osten" vollends zu germanisieren. Dagegen sprach die kriegswirtschaftliche Abhängigkeit Deutschlands von tschechischen Rüstungsgütern: „Die Tschechen waren wirtschaftlich zu wichtig und politisch zu gehorsam, um sie zu entfremden."[47] Nach dem Attentat auf Heydrich jedoch bedrohte der aufgebrachte deutsche Diktator die Tschechen offen mit der Kollektivstrafe der Massendeportation. Hitler hatte während des Berliner Staatsakts für Heydrich am 9. Juni 1942 dem Protektoratspräsidenten Emil Hácha „mitgeteilt, daß wir uns weitere schwerwiegende Verletzungen der Reichsinteressen im Protektorat nicht gefallen lassen könnten und gegebenenfalls die Aussiedlung der Tschechen ins Auge fassen würden, die für uns, die wir bereits mehrere Millionen Deutsche umgesiedelt hätten, kein Problem sei". Hitler weidete sich daran, dass der greise Hácha „bei dieser Eröffnung förmlich in sich zusammengesackt" sei.[48] Wenn die Heydrich-Attentäter nicht schnellstens gefasst würden, forderte Hitler, müssten sich die Tschechen auf „äußerste Konsequenzen" gefasst machen. Der Wiener Gauleiter Baldur von Schirach äußerte im Juni 1942 die Drohung, zur Vergeltung des Heydrich-Attentats werde er sich, sobald seine Gauhauptstadt im Herbst „judenfrei" gemacht sei, „der Bereinigung der Tschechenfrage in Wien zuwenden" und dieses frühere Zentrum tschechischer Zuwanderung „tschechenfrei machen".[49]

Auch wenn diese Drohungen nie realisiert wurden, wird man die Opfer einer deutschen Besatzungspolitik nicht übersehen, die zwar den Rüstungsarbeitern entgegenkam, „die tragenden Schichten des tschechischen Nationalbewusstseins" jedoch zielstrebig verfolgte.[50] Die kurze, aber für die tschechische Widerstandsbewegung verlustreiche Herrschaft Heydrichs in Prag 1941/42 und erst recht die brachiale NS-Vergeltung für dessen Ermordung[51] hat die deutsche Besatzungsherrschaft gegenüber den Tschechen in den letzten drei Jahren des Weltkrieges massiv verschärft – man denke an die SS-Massaker in Lidice und Ležáky.[52] Unabhängig davon wurden die 100 000 tschechoslowakischen Juden entrechtet, ins KZ Theresienstadt (Terezín) gepfercht und größtenteils umgebracht; sie stellten mit 80 000 Todesopfern „deutlich mehr als die Hälfte der Ermordeten und durch die Besatzungsherrschaft ums Leben gekommenen Einwohner, doch auch die Zahl der tschechischen Kriegsopfer ging in die Zehntausende". Ältere Schätzungen sprachen sogar von 360 000 Todesopfern in der Tschechoslowakei.[53]

---

[47] Mazower, Hitlers Imperium, S. 174 f. und S. 178.
[48] Picker, Hitlers Tischgespräche, S. 433.
[49] Gerwarth, Reinhard Heydrich, S. 339 und S. 348.
[50] Arburg, Abschied und Neubeginn, S. 191.
[51] Beneš, der die Ermordung Heydrichs angeordnet hatte, nahm die NS-Verfolgung bewusst in Kauf, um den Alliierten Handlungsfähigkeit zu demonstrieren; nach 1945 suchte er die Verantwortung abzuwälzen; vgl. Zeman, The Masaryks, S. 185–187.
[52] Hoensch, Geschichte Böhmens, S. 434; Demetz, Mein Prag, S. 273 f.
[53] Arburg, Abschied und Neubeginn, S. 191 f.; die ältere Schätzung bei: Zeman, The Masaryks, S. 200.

Somit hat sich die deutsche Politik gegenüber den Tschechen in ihren Zielen „nicht wesentlich von der in Polen" unterschieden – nur dass dort *tatsächlich* „umfassende Verfolgungsmaßnahmen auch gegen die nichtjüdische Bevölkerung" begannen, wie Martin Broszat hervorgehoben hat. Solche Nachrichten aus der Nachbarschaft und die Beobachtung der Verfolgung der eigenen jüdischen Mitbürger erklären jene „Gerüchte über eine bevorstehende Aussiedlung" aller Tschechen „nach Russland oder ‚in irgendwelche Kolonien'", die im „Reichsprotektorat Böhmen und Mähren" um 1940 kursierten.[54] Weit schlimmere Erfahrungen mit der NS-Besatzungspolitik haben die Einwohner Polens machen müssen – die polnischen, vor allem aber die jüdischen. Dort folgte, wie Martin Broszat treffend bemerkt hat, „dem Überfall auf fremdes Land [...] der Überfall auf die Menschen."[55]

Nach der von Hitler und Stalin im September 1939 vollzogenen Aufteilung Polens wurden dessen Bewohner zu Objekten, die man auf deutscher Seite nach „rassepolitischen Gesichtspunkten" klassifizierte. Für eine Assimilierung sollte nur eine Minderheit zugelassen werden, während die breite Masse des polnischen Volkes „rechtlich, kulturell und sozial vom Deutschtum streng isoliert gehalten" und „am besten entfernt werden" sollte. Damit folgte die NS-Polenpolitik weitgehend (doch auch hier gab es später Ausnahmen) jenen antiassimilatorischen Grundsätzen, die Hitler schon in „Mein Kampf" formuliert hatte. Im Oktober 1939 instruierte Hitler das OKW und die relevanten Reichsministerien, dass in Polen ein „harter Volkstumskampf" zu führen sei, der „keine gesetzlichen Bindungen" zulasse. Die polnische Führungsschicht solle ausgeschaltet werden – womit „physische Liquidierung" gemeint war, die im Herbst 1939 durch SS-Einsatzgruppen, unter mörderischer Hilfeleistung einer volksdeutschen „Selbstschutz"-Miliz und von Teilen der Wehrmacht, systematisch in die Tat umgesetzt wurde.[56] Zugleich ging es um Entpolonisierung und Germanisierung der im Herbst 1939 annektierten Teile Polens – zumeist Gebiete, die bis 1918 deutsch gewesen waren und nun die „Reichsgaue" Danzig-Westpreußen und Posen bzw. Wartheland bildeten. Nach „improvisierten Abschiebungen von Juden und Polen" erfolgte Ende 1939 im Warthegau die „erste systematisch organisierte Deportation nach vorbereiteten Plänen", durch die binnen siebzehn Tagen 90 000 Polen ins „Generalgouvernement" abtransportiert wurden, wie das polnische Kerngebiet um Warschau und Krakau genannt wurde.[57] In der dortigen Kreisstadt Sokolów stieß der deutsche Feldwebel Wilm Hosenfeld, Volksschullehrer und NSDAP-Mitglied aus Hessen, Mitte Dezember 1939 auf einen Deportationszug mit „ausgewiesenen Polen" und notierte erschüttert:

„Am Nachmittag [...] komme ich wieder hin, da werden die Ausgewiesenen gerade ausgeladen. Sie stehn schon eine Stunde vor dem Bahnhof und wissen nicht wohin. Ein Bild des Jammers. [...]

---

[54] Arburg, Abschied und Neubeginn, S. 191f.; wirklich kam es zu begrenzten Zwangsaussiedlungen von Tschechen aus den Sudetengebieten, um statt ihrer bis Ende 1944 9000 volksdeutsche Umsiedler anzusiedeln.
[55] Broszat, Zweihundert Jahre deutsche Polenpolitik, S. 287.
[56] Vgl. am Beispiel Westpreußen: Gerwarth, Heydrich, S. 177–192, und Epstein, Model Nazi, S. 160–192.
[57] Broszat, Zweihundert Jahre deutsche Polenpolitik, S. 278f. und S. 286.

Die Männer und Frauen umringen mich und fragen alle dasselbe, ein Mann zeigt auf sein kleines Kindchen, das in einem klapperigen Wagen liegt, ganz erfroren. Es kann nicht mehr schreien. Der Schnee wirbelt und deckt die Menschen mit weißen Flocken. Schutzlos, verlassen stehen sie. Ein Mann kommt auf den Polizisten zu, der den Zug begleitet hat: ‚Mein Herr, was sollen wir tun?' […] Der Mann weint: ‚Ich bin aus dem Wald gekommen mit meinen Pferden und meinem Wagen, da haben sie zu mir gesagt, sofort mußt Du hier raus, alle müssen fort, Deine Frau und die Kinder, in 10 Minuten mußt Du fort sein. Meine alten Eltern sind schon 80 Jahre alt. Ich habe 6 Kinder. Seit drei Tagen haben wir nichts zu essen bekommen. Meine Kinder sterben vor Hunger. Ich habe nichts mitnehmen können, ich habe kein Geld.' […] Hilflos steht er vor mir. Und ich kann ihm nicht helfen. Das Unglück schneidet mir ins Herz. So sieht diese Umsiedlung aus, von der man so große Töne redet. […] Ich möchte sie alle diese Unglücklichen trösten und sie um Verzeihung bitten, daß die Deutschen so mit ihnen sind, so ruchlos unbarmherzig, so grausam unmenschlich. Warum reißt man diese Menschen aus ihren Behausungen, wenn man nicht weiß, wo man sie unterbringen soll? Einen Tag lang stehen sie in der Kälte […], man gibt ihnen nichts zu essen. Da liegt System darin, man will diese Menschen krank, elend, hilflos machen, sie sollen umkommen.' […] Woher ist dieser teuflische Plan, wer kann so mit Menschen umgehen?"[58]

Hosenfeld erfuhr, dass man in seiner Besatzungsregion „in der nächsten Zeit" noch „Tausende von ‚Umgesiedelten'" oder „Ausgestoßenen" zu erwarten habe.[59] Anfang 1940 berichtete dann ein Warschauer Gewährsmann der deutschen Exil-Sozialdemokratie über das „entsetzlichste Problem, das es heute in Polen gibt, die *Umsiedlung*":

„Tatsächlich sind Pommerellen und Posen heute zum großen Teil schon von der polnischen Bevölkerung geräumt. Die Polen – und zwar ausnahmslos die gebildeten Bürgerschichten, teilweise aber auch die Arbeiter – sind aus diesen beiden Provinzen ins Innere des Landes geschafft worden. Sie erhielten Befehl, binnen 24, 12, ja 3 Stunden ihre Stadt zu verlassen und durften nichts als die notwendigsten Kleider oder Schlafdecken mitnehmen. Sie wurden dann in Güterwagen in irgendein Provinznest befördert, wo sie gar nicht die Möglichkeit haben, sich zu ernähren[,] und meist den dort wohnenden Polen zur Last fallen. […]
Am schlimmsten geht es also Polen sowohl als auch Juden in den *Gebieten, die offiziell zum Reich geschlagen werden*, das ist ganz Posen, Pommerellen, Oberschlesien, und bald auch der gesamte Bezirk von Lodz. Hier wird jeder, der dazu noch Gelegenheit hat, zum sogenannten Deutschen gemacht, jeder Pole, der dazu keine Gelegenheit findet oder sie verschmäht, wird vertrieben."[60]

Diese Deportationswellen liefen bis Frühjahr 1941 und trafen neben ethnischen Polen vor allem die im Raum Posen ansässigen Juden. Bereits im November 1939 kursierten unter den in der schlesischen Hauptstadt Breslau lebenden deutschen Juden Gerüchte über „schlimme Dinge aus der Provinz Posen"; Briefe an dortige Juden seien mit dem Vermerk „Unbekannt verzogen" zurückgekehrt, was „aus dem Amtsdeutsch übertragen" so viel bedeute wie „verschickt, wahrscheinlich nach Lublin jetzt mitten im polnischen Winter, gewiß kaum mit Sachen". Auch Juden aus dem oberschlesischen Kattowitz waren „seit Wochen verschollen". Die Breslauer Juden wussten, dass „diese Dinge, die in Polen sich abspielen", offenbar „*nicht* vom Militär" ausgingen.[61] Ein General der deutschen Wehrmacht notierte wenig später, wie der für den Warthegau (Posen) zuständige Gauleiter Arthur Greiser vor

---

[58] Hosenfeld, „Ich versuche jeden zu retten", S. 300–302.
[59] Ebenda, S. 305.
[60] Deutschland-Berichte der Sozialdemokratischen Partei Deutschlands, Bd. 7, S. 40f.
[61] Cohn, Kein Recht, nirgends, Bd. 2, S. 712f.

NS-Funktionären im Oktober 1940 verkündete, „er habe dem Führer versprochen, den Warthegau in 10 Jahren – augenblicklich befanden sich erst fünf Prozent Deutsche dort – völlig deutsch zu machen". Dabei schade es „nichts, wenn ein Pole auch einmal ins Gras beiße", so der in der preußischen Provinz Posen 1897 geborene, mit den dortigen deutsch-polnischen Konflikten aufgewachsene und mit dem Repertoire der frühen Methoden moderner ethnischer „Säuberung" bestens vertraute Greiser, den Hitler als „Kind des Ostens" schätzte.[62] Zur selben Zeit wurden „immer noch", wie im Warthegau tätige Schlesier berichteten, „Polen mit 50 Pfund Gepäck ins Generalgouvernement ab[geschoben]".[63]

Solche Aktionen liefen nicht nur parallel, sondern waren gezielt aufeinander abgestimmt. Volksdeutsche Umsiedler wurden vom NS-Regime im Oktober 1940 in einem „schönen Waisenhaus" untergebracht, welches das NS-Regime zuvor der von Deportation bedrohten Breslauer jüdischen Gemeinde durch Enteignung entwendet hatte.[64] Ebenso wurde „die gewaltsame Evakuierung polnischer Bauern [...] vielfach unmittelbar mit der Einweisung von volksdeutschen Umsiedlern in die geräumten Gehöfte und Wohnungen verbunden".[65] Die aufgrund der 1939 zwischen Deutschland und den baltischen Staaten geschlossenen Umsiedlungsverträge nach Königsberg formell freiwillig „umgesiedelten" Baltendeutschen, die 1940 in den von Deutschland annektierten Westgebieten Polens angesiedelt werden sollten, waren „sehr geteilter Meinung", denn sie fürchteten, ihre auf Kosten vertriebener Polen erfolgte Ansiedlung im Falle einer deutschen Niederlage „büßen" zu müssen.[66] Die NS-Satrapen wussten, dass sowohl unter den altansässigen Volksdeutschen als auch unter den umgesiedelten Balten-, Wolhynien- und Galiziendeutschen „die Begeisterung [...] für die nationalsozialistische Weltordnung [...] nicht sehr groß" war; „diese Leute hätten – trotz nationaler Bedrückung – in ihrer früheren Heimat viel mehr persönliche Freiheit gehabt" als im NS-Staat, wie der hochrangige NS-Politiker und General Glaise-Horstenau beobachtete.[67] Selbst die Breslauer Juden erfuhren im November 1940, „daß die Volksdeutschen mit der Heimkehr ins Reich wenig zufrieden seien".[68] Solche „Umsiedler" übernahmen enteignete polnische Höfe 1940 mit demselben unguten Gefühl, welches nach 1945 viele polnische Neusiedler auf bislang deutschem Eigentum lange nicht verlassen sollte. Falls es richtig ist, dass Anfang 1940 „selbst die Baltensiedler ihren Besitz zunächst nur kommissarisch verwalten" durften, „da die dauernde Bodenbesiedlung erst auf die Zeit nach Rückkehr der Soldaten aus dem Felde verschoben" worden war, wie der im OKW tätige Glaise-Horstenau im Januar 1940 festhielt, trug das NS-Regime mit dieser Rücksichtnahme auf Millionen landhungrige Wehrmachtssoldaten zur Rechtsunsicherheit erheblich bei. Der General fügte

---

[62] Broucek, Ein General im Zwielicht, Bd. 2, S. 545 f.; Epstein, Model Nazi, S. 15 f.
[63] Cohn, Kein Recht, nirgends, Bd. 2, S. 859, mit der sinnwidrigen Rede von „50 Pfennig Gepäck".
[64] Ebenda, S. 860.
[65] Broszat, Zweihundert Jahre deutsche Polenpolitik, S. 286; vgl. auch Borodziej, Einleitung.
[66] Deutschland-Berichte der Sozialdemokratischen Partei Deutschlands, Bd. 7, S. 102.
[67] Broucek, Ein General im Zwielicht, Bd. 2, S. 546.
[68] Cohn, Kein Recht, nirgends, Bd. 2, S. 868.

hinzu: „Was mit den Polen geschieht? Sie werden als Bauern ihr Land zu bebauen haben, um so der deutschen Ernährungswirtschaft zu dienen, und werden als Arbeiter bereitstehen, um nach Belieben im großdeutschen Raum eingesetzt zu werden." Im OKW spreche man von den neuen „Heloten"[69] – mit Blick auf die sklavenähnlichen Untertanen der antiken Spartaner.

Aus den 1939 annektierten und dadurch ins Deutsche Reich „eingegliederten Ostgebieten" – Danzig-Westpreußen und Warthegau – wurden polnische Einwohner massenhaft ins Generalgouvernement vertrieben, um Platz für umgesiedelte Volksdeutsche aus Osteuropa zu schaffen. Friedrich von Wilpert, ein Danziger Journalist und Wehrmachtsoffizier, erfuhr über diese Vertreibungen:

„Befehl des Führers war es auch, die Polen aus dem ‚befreiten Westpreußen' zu entfernen und ins Generalgouvernement abzuschieben. Wenn in den Wintermonaten [1939/40] eine Nachricht nach der anderen eintraf von nächtlichen Evakuierungen der von Polen bewohnten Grundstücke, der Bauernhöfe usw., dann wußte man Bescheid über die Methode: Die Unglücklichen wurden aus dem Schlaf geweckt. Man ließ ihnen meist nur zwei Stunden Zeit, um das notwendigste Handgepäck zusammenzusuchen, dann mußten sie fort und wurden irgendwo im Generalgouvernement ausgeladen und sich selbst überlassen. Das lastete auf allen anständigen Deutschen wie ein unerträglicher Druck. Wie konnte man solches verantworten? [...] Und bei vielen meldete sich eine bange Ahnung, ob diese Untaten nicht einmal eine furchtbare Sühne finden würden zu Lasten des deutschen Volkes, in dessen Namen solches geschah."[70]

Dies bestätigte in privaten Aufzeichnungen 1940 auch der unterdessen als General im OKW tätige österreichische NS-Politiker Glaise-Horstenau:

„Die Einsiedlung vollzieht sich in folgender Art. Nachdem man in einem polnischen Ort die schönsten Bauernhöfe ausgesucht hatte, werden diese um 9 Uhr abends überraschend von den polnischen Inwohnern geräumt. Kind und Kegel müssen binnen einer Viertelstunde verschwinden, nichts an Hab und Gut darf mitgenommen werden. Am nächsten Morgen dürfen sich die ins Reich heimgekehrten [volksdeutschen Umsiedler] in die warmen Betten legen. [...] Nun sind zumal die Wolhynier fromme Protestanten, deren mancher sich weigert, diese Art von Gewinnung einer neuen Heimstätte mitzumachen. Auch der Boden ist unvergleichlich schlechter als in Wolhynien oder Ostgalizien. Mitunter brennen die Leute durch. Diese ganze Umsiedelei ist doch eine höchst zweischneidige Angelegenheit; das erfährt man auch mit den Südtirolern..."[71]

Das deutsch beherrschte Polen wurde zwischen 1939 und 1941 Versuchsfeld eines großangelegten rassistischen Umsiedlungsprojekts. Anfang 1940 kursierten in Warschau Flugblätter, in denen behauptet wurde, „dass 5 Millionen Menschen aus den reichsdeutsch gewordenen Ostgebieten ausgesiedelt werden" sollten.[72] Tatsächlich entwarfen deutsche Schreibtischtäter, allen voran der Berliner Agrarwissenschaftler Konrad Meyer, ab Herbst 1939 im Auftrage Heinrich Himmlers – des Reichsführers der SS und im Oktober 1939 neu ernannten „Reichskommissars für die Festigung deutschen Volkstums" – das Szenario eines gigantischen „Bevölkerungstransfers" im sogenannten „Generalplan Ost". Ging es zunächst nur um „Eindeutschung" der 1939 „eingegliederten Ostgebiete" durch Zwangsaussiedlung nichtdeutscher Bevölkerungsgruppen und Neuansiedlung volksdeutscher

---

[69] Broucek, Ein General im Zwielicht, Bd. 2, S. 449.
[70] Wilpert, Einer in fünf Zeitaltern, S. 133.
[71] Ebenda, S. 546.
[72] Meldungen aus dem Reich, Bd. 3, S. 727.

Umsiedler, so fiel diese Beschränkung nach dem Überfall auf die Sowjetunion im Juni 1941 völlig weg. Schon Mitte Juli 1941 legte Meyers Planungsstab einen erweiterten „Generalplan Ost" vor, der neben Westpreußen und Posen das zentralpolnische „Generalgouvernement" und weiter östlich gelegene Regionen „eindeutschen" wollte. Die ehrgeizigste und umfangreichste Version wurde Himmler im Juni 1942 präsentiert: Binnen 25 Jahren sollten neben Polen auch Teile des Baltikums, der Ukraine und der nordrussischen Region um Leningrad, die man in „Ingermanland" umtaufte, germanisiert werden. Dies sollte angesichts der Weite der Räume nicht mehr durch flächendeckende Besiedlung geschehen, sondern durch Errichtung dreier konzentrierter „Siedlungsmarken" in „Ingermanland", dem „Memel-Narew-Gebiet" und dem künftigen „Gotengau" auf der Krim nebst einer Kette von 36 „Siedlungsstützpunkten", die zugleich SS-Truppenzentren werden sollten.[73] Die NS-Wissenschaftler, die binnen 25 Jahren 31 Millionen nichtdeutsche Menschen nach Sibirien deportieren wollten[74], machten Osteuropa damit zum Experimentierfeld eines „Großgermanischen Reiches", dessen „Eindeutschung" durch eine rassistische Sozialtechnologie mittels „Vertreibung, Mord, Geburtenkontrolle, Hunger und Sklavenarbeit" rücksichtslos erreicht werden sollte.[75] Das Reichsministerium für die besetzten Ostgebiete errechnete im April 1942, dass die Zahl der binnen dreißig Jahren „zu Evakuierenden" faktisch noch sehr viel höher liege als im Generalplan veranschlagt: Statt 31 Millionen würden wohl „46 bis 51 Mill.[ionen] Menschen ausgesiedelt werden".[76]

Das alles reichte Himmler nicht: Er forderte Mitte 1942, zusätzlich Elsass-Lothringen, Oberkrain, die südliche Steiermark sowie Böhmen und Mähren einzubeziehen. Außerdem radikalisierte er die Planungsziele für das Generalgouvernement sowie für Estland und Lettland, indem er auf vollständige Germanisierung drang und den Zeitraum dafür auf 20 Jahre verkürzte.[77] Natürlich war dies im Weltkrieg undurchführbar.[78] „An eine Deportation auch nur des größeren Teiles der über 8 Millionen Polen in den eingegliederten Ostgebieten war nicht zu denken"[79], da eine so umfangreiche Umsiedlung „mit den Prinzipien wirtschaftlicher Rationalität, mit den Anforderungen des Krieges und Transportproblemen kollidierte".[80] Doch Timothy Snyder stellt fest: „Auf lange Sicht bedeutete der Generalplan Ost die Aneignung von Ackerland, die Vernichtung derer, die es bestellten, und seine Neubesiedlung durch Deutsche."[81] Und all das in gewaltigen Großräumen mit entsprechend zahlreichen Betroffenen. Ob die massenhafte Zwangsumsiedlung gen Osten zwangsläufig in „Vernichtung" hätte münden müssen, wie Snyder sug-

---

[73] Heinemann, Wissenschaft und Homogenisierungsplanungen für Osteuropa, S. 50–52.
[74] Liulevicius, Kriegsland im Osten, S. 330.
[75] Haas, Ethnische Homogenisierung unter Zwang, S. 156.
[76] Zit. nach: Europastrategien des deutschen Kapitals 1900–1945, S. 868–894, insb. S. 872.
[77] Heinemann, Wissenschaft und Homogenisierungsplanungen für Osteuropa, S. 53.
[78] Haas, Ethnische Homogenisierung unter Zwang, S. 156; Mazower, Hitlers Imperium, S. 199.
[79] Broszat, Zweihundert Jahre deutsche Polenpolitik, S. 288.
[80] Borodziej, Einleitung, S. 41.
[81] Snyder, Bloodlands, S. 175.

geriert, ist zwar fraglich; doch zweifellos nahmen die NS-Wissenschaftler erhebliche Todesraten durch Transporte oder unsichere Überlebensgrundlagen in einer übervölkerten „neuen Heimat" in Kauf.

Als die 1939 begonnenen Zwangsaussiedlungen aus Danzig-Westpreußen und dem Warthegau im Frühjahr 1941 „weitgehend gestoppt" und „auf die Zeit nach dem Kriege vertagt" wurden, hatte das NS-Regime schon „ungefähr eine halbe Million Polen zwangsevakuiert und zum größten Teil in das Generalgouvernement abgeschoben" sowie „rund 350 000 volksdeutsche Umsiedler aus dem Baltikum, aus Wolhynien, Bessarabien, der Bukowina und anderen Gebieten" in der Heimat dieser Vertriebenen angesiedelt. In der Folgezeit musste sich das NS-Regime jedoch selbst in Polen der ungeliebten „alten Politik der sprachlich-kulturellen Assimilierung und Germanisierung" zuwenden, die es prinzipiell ablehnte, aber in Westpreußen und Oberschlesien dennoch in die Tat umsetzte.[82] Schon im Februar 1940 hatte die Exil-SPD beobachtet:

„Die Kaschuben [in Danzig-Westpreußen] erhalten […] in vielen Fällen Gelegenheit, ‚Deutsche' zu werden, indem ihre Kinder in deutsche Schulen geschickt werden und sie selbst deutsch radebrechen. Jedoch trifft das fast nur auf Arbeiter zu. Die Bauern und Hausbesitzer, denen man etwas wegnehmen kann, werden genau so vertrieben wie alle übrigen Polen. Auch in Oberschlesien haben die Arbeiter oft Gelegenheit, dort zu bleiben, weil man sie braucht, sie werden dann einfach zu ‚Deutschen' ernannt."[83]

In einem brutalen Modellversuch zwischen November 1942 und Sommer 1943 forcierte Himmler wiederum den Grundgedanken des „Generalplans Ost", die bislang auf die „eingegliederten Ostgebiete" beschränkte „Aussiedlung von Polen und Ansiedlung von Volksdeutschen" auf das „Generalgouvernement" auszuweiten. Für ein „erstes deutsches ‚Siedlungsbollwerk'" wählte er den Kreis Zamość bei Lublin, wo 97 000 volksdeutsche Umsiedler auf Kosten bisheriger Einwohner angesiedelt werden sollten. Die Renaissancestadt Zamość wurde in „Himmlerstadt" umbenannt, ihre jüdischen Einwohner im Oktober 1942 in das Vernichtungslager Belzec deportiert. Die in Zamość lebenden Polen sollten differenzierter behandelt werden, doch zugleich war eine Besserstellung der Ukrainer zu Lasten der Polen intendiert. Bis Sommer 1943 wurden 40 000 bis 50 000 Polen enteignet; sie sollten in „Arbeits- oder Konzentrationslager" deportiert werden, flüchteten jedoch überwiegend in die Wälder und schlossen sich teilweise den Partisanen an. Rasch verbreitete sich „Panik und Widerstandstätigkeit". Laut SS-Berichten wurden 1943 unter Polen Befürchtungen laut, „nachdem der Jude vernichtet worden ist, versuche man mit den gleichen Methoden den Polen aus diesem Raum herauszubringen und ihn ebenso zu liquidieren wie den Juden". Der deutsche Gouverneur von Lublin, Ernst Zörner, äußerte sich vernichtend über die Gewaltaktion der SS, die zu einer chaotischen Fluchtbewegung von 25 000 Polen geführt habe: „Die Umsiedlung hat aus polnischen Bauern, die bisher infolge ihrer korrekten Behandlung ein positives […] Element darstellten, Banditen, politische Verschwörer und

---

[82] Broszat, Zweihundert Jahre deutsche Polenpolitik, S. 288f.
[83] Deutschland-Berichte der Sozialdemokratischen Partei Deutschlands, Bd. 7, S. 40f.

ein äußerst gefährliches Element der Unsicherheit gemacht!" Die Enteigneten unternahmen ihrerseits Vergeltungsangriffe auf die auf ihrem Besitz angesiedelten Volksdeutschen oder Ukrainer.[84] Bei alledem ging diese Zwangsumsiedlung in Zamość nicht nur theoretisch auf den „Generalplan Ost" zurück, dessen Chefplaner Professor Meyer begutachtete auch persönlich ihre Umsetzung vor Ort.[85]

Die Folgen dieser „Schandtaten gegen die polnische Bevölkerung" hielt der in Warschau stationierte Hauptmann Hosenfeld im Januar 1943 fest:

„In der Lubliner Gegend und bei Zamosc bei Krakau werden die Bauern aus ihren Dörfern vertrieben, Männer und Frauen in Lager verschickt, die alten Leute erschossen und die Kinder in Transportzügen irgendwohin verfrachtet. Im Alter von 2–14 Jahren verschleppt man sie. Ein solcher Zug kam dieser Tage durch Warschau. Auf dem Bahnhof Praga wurden die Wagen geöffnet. Ein großer Teil war verhungert und erfroren. Die Zivilbevölkerung stürmte die Wagen und wollte die Kinder retten und mit nach Hause nehmen. Das wurde aber verboten, die Wagen wurden geschlossen, und der Zug fuhr mit den unglücklichen Kindern, ohne daß man die Toten herausnahm, weiter."[86]

Wenngleich sich die Deportationspläne des NS-Regimes nur begrenzt realisieren ließen, war nach dem Urteil Włodzimierz Borodziejs „die am weitesten verbreitete Form von Terror", den die Deutschen im besetzten Polen übten, „die Vertreibung". Eine erzwungene Bevölkerungsverschiebung ohne das Motiv ethnischer „Säuberung" war bereits die Rekrutierung von bis zu zwei Millionen Polen als Zwangsarbeiter im Deutschen Reich. Von ethnisch motivierten Zwangsmigrationen waren besonders polnische Bewohner des „Reichsgaues Wartheland" betroffen. Dorthin wurden zwischen 1940 und 1944 85 Prozent aller 630 000 „volksdeutschen Umsiedler" dirigiert und im Gegenzug „918 000 bis 928 000 Polen vertrieben". Weitere „100 000 bis 110 000 Polen" fielen zwischen 1942 und 1944 Himmlers Projekt in Zamość zum Opfer.[87] Mit diesen massenhaften Zwangsaussiedlungen, so Martin Broszat, gaben „Hitler und Himmler ein Beispiel, das 1945 auf das gesamte Deutschtum im Osten zurückschlagen sollte"[88] – und zwar in potenzierter Form.

Verglichen mit Hitlers Deutschland hatten dessen Verbündete begrenztere und meist auch traditionellere Ziele. Italien ahmte den deutschen Imperialismus auf dem Balkan nach, auch Mussolini kündigte Bevölkerungstransfers an, aber in der Praxis erfolgten im kleinen italienischen Mittelmeer-Imperium von Südfrankreich bis zum Balkan kaum größere ethnisch motivierte Umsiedlungen.[89] Den meisten osteuropäischen Verbündeten Hitlers wiederum ging es um die Durchsetzung historischer Herrschaftsansprüche auf Gebiete, die durch Niederlagen im Ersten Weltkrieg oder in den Balkankriegen von 1912/13 verloren worden waren. Hier fanden Vertreibungen und Umsiedlungen statt, doch waren sie meist die Umkehrung ähnlicher Zwangsmigrationen, die Jahrzehnte zuvor stattgefunden hatten.

---

[84] Broszat, Zweihundert Jahre deutsche Polenpolitik, S. 298–300; Schenk, Hans Frank, S. 285f.; ferner Mak, In Europa, S. 425–427, und Mazower, Hitlers Imperium, S. 200f.
[85] Heinemann, Wissenschaft und Homogenisierungsplanungen für Osteuropa, S. 52 und S. 66f.
[86] Hosenfeld, „Ich versuche jeden zu retten", S. 686.
[87] Borodziej, Einleitung, S. 40f.
[88] Broszat, Zweihundert Jahre deutsche Polenpolitik, S. 286.
[89] Ahonen e. a., People on the Move, S. 47.

Wie sich ältere ethnische Konflikte mit der von Hitler im Zweiten Weltkrieg freigesetzten Gewalteskalation auf schlimmste Weise verbinden konnten, demonstriert die Geschichte Jugoslawiens auf vielfältigste Weise. Um nur ein Beispiel zu nennen: Das Kosovo, einst Zentrum des mittelalterlichen serbischen Reiches, war unter osmanischer Herrschaft seit dem 18. Jahrhundert von Albanern besiedelt worden, während viele serbische Einwohner nach Österreich-Ungarn oder Serbien abgewandert waren. Für den serbischen Nationalismus blieb das Kosovo gleichwohl urserbisches Land, eine symbolische Wiege der Nation, die wiedergewonnen werden musste. So hatte der Fürst und spätere einzige König von Montenegro, Nikola I., im 19. Jahrhundert „das überaus volkstümliche Nationallied" gedichtet: „Vorwärts, vorwärts, laßt mich Prizren sehen / Denn dort ist meine wahre Heimat".[90] Als serbische Truppen im Ersten Balkankrieg am 22. Oktober 1912 tatsächlich das osmanische Priština besetzten, jubelte ein serbischer Korrespondent über die Befreiung der alten Reichshauptstadt, musste jedoch zugeben, dass sie eigentlich ein „Albanernest" geworden sei.[91] Stets, wenn sie im 20. Jahrhundert die Macht im Kosovo besaßen, versuchten daher die Serben, die dortige ethnische Struktur gewaltsam zu ändern. Die Folge waren seit 1913 immer wieder antiserbische Aufstände der Albaner.[92]

Bereits nach Errichtung des (erst später so genannten) ersten Jugoslawien 1918/19 hatte die regierende serbische Elite Hunderttausende von Kosovo-Albanern ins benachbarte unabhängige Albanien vertrieben. Die Zahl der Albaner im Kosovo sank zwischen 1918 und 1921 fast um die Hälfte – von 800 000 auf 440 000.[93] 1921 klagte der albanische Politiker Midat Frasheri das SHS-Königreich beim Völkerbund an, doch dieser lavierte mit Rücksicht auf die Belgrader Regierung, die im August 1929 albanische Beschwerden schroff zurückwies: Weder ließen die kulturellen Minderheitenrechte der Albaner in Jugoslawien etwas zu wünschen übrig noch gebe es staatlich organisierte Vertreibungen oder eine slawische Ansiedlungspolitik in albanischen Siedlungsgebieten.[94] Das war schlicht unwahr, denn im Kosovo wurde nicht nur vertrieben, sondern zugleich durch die Regierung in Belgrad – nach dem radikalisierten Muster der preußischen Polenpolitik vor 1914 – eine serbische Siedlungspolitik organisiert, die mit der Enteignung albanischer Grundbesitzer einherging. Die serbischen Resultate waren freilich ebenso begrenzt wie die früheren preußischen. Bis 1928 wurden ganze 12 000 serbisch-montenegrinische Neusiedler (mit Familienangehörigen rund 70 000 Personen) im Kosovo auf enteignetem albanischem Land angesiedelt, bis 1940 wuchs die Zahl auf 17 700 Familien an. In Belgrad wuchs die Neigung, die wenig erfolgreiche Siedlungspolitik durch Zwangstransfers zu ergänzen. Seit 1933 führte die Regierung Verhandlungen mit Ankara über einen Bevölkerungstransfer muslimischer Albaner; der türkische Innenminister Sükrü Bey, der als Umsiedlungsexperte des osmanischen

---

[90] Durham, Die slawische Gefahr, S. 45.
[91] Hall, The Balkan Wars, S. 53.
[92] Mazower, Der Balkan, S. 190.
[93] Mulaj, Politics of Ethnic Cleansing, S. 33f.
[94] Scheuermann, Minderheitenschutz contra Konfliktverhütung?, S. 273–276 und S. 280–283.

Innenministeriums am Armeniergenozid von 1915 maßgeblich beteiligt gewesen war, zeigte sich nicht abgeneigt, die vermeintlichen Auslandstürken ins Vaterland zu transferieren. Am 11. Juli 1938 kam ein Abkommen zwischen Ankara und Belgrad über die Aussiedlung von 40 000 kosovo-albanischen Familien zustande, das bis 1944 auf der Basis von Belgrader Geldzahlungen hätte realisiert werden sollen. Letztlich verhinderte der Beginn des Zweiten Weltkriegs die Ausführung des Transfers, doch bereits der Tod Atatürks Ende 1938 und der Sturz des jugoslawischen Premiers Stojadinović im Februar 1939 hatten die Aussichten seiner Realisierung deutlich verringert.[95]

In Belgrader Regierungsschubladen lagerte seit März 1937 eine Denkschrift über „die Vertreibung der Albaner". Deren Verfasser war Vasa Čubrilović, der 1914 als Siebzehnjähriger an der Ermordung des österreichisch-ungarischen Thronfolgers Franz Ferdinand beteiligt gewesen und dadurch für serbische Nationalisten zum Helden geworden war. Unterdessen Geschichtsprofessor in Belgrad, distanzierte sich Čubrilović 1937 von allen Versuchen, „die Lösung der großen ethnischen Fragen auf dem blutigen und aufgewühlten Balkan [...] durch westliche Methoden erreichen" zu wollen. Ethnische „Säuberung" hielt er weniger für ein westliches als für ein asiatisch-türkisches Konzept, denn „von den Türken" hätten die „balkanischen Christen" gelernt, „daß man mit dem Schwert nicht nur Macht und Herrschaft, sondern auch Haus und Eigentum gewinnt oder verliert". Trotz europäischer Entschärfungsversuche sei dieses Gewaltkonzept stets „der Haupthebel der Türken und der Balkanstaaten gewesen". Čubrilović verwies auf „einige Fälle aus jüngeren Tagen" – auf „die Umsiedlung der Griechen von Kleinasien nach Griechenland, der Türken von Griechenland nach Kleinasien, die letzte Umsiedlung der Türken aus Bulgarien und Rumänien in die Türkei". Im Grunde hätten „alle Balkanländer seit 1912 die Frage der nationalen Minderheiten durch Umsiedlung" zu lösen versucht; nur Serbien-Jugoslawien sei „bei den langsamen und trägen Methoden der schrittweisen Kolonisation" stehen geblieben, deren Ergebnisse als „negativ" zu bezeichnen seien. Schon Deutschland sei vor 1914 mit solcher Siedlungspolitik in den polnischen Provinzen gescheitert, und ebenso sei es Serbien im Kosovo ergangen. Daher bleibe zur „Verdrängung der Albaner [...] nur ein einziger Weg, die Massenvertreibung" nach Albanien und in die Türkei. Internationale Proteste dürften nicht davon abhalten, zumal „sich die Weltöffentlichkeit an weit Schlimmeres gewöhnt" habe, wenn etwa „Deutschland Zehntausende von Juden vertreiben und Rußland Millionen von Menschen von einem Teil des Kontinents zum anderen verlegen konnte". Wegen der „Vertreibung von einigen Hunderttausend Albanern", so Čubrilović zynisch, werde schon kein Zweiter Weltkrieg ausbrechen.[96]

Damit hatte der Serbe recht, doch der Zweite Weltkrieg brachte, als ihn Hitler 1941 auf den Balkan trug, einen neuen Höhepunkt ethnischer Gewalt nach Jugo-

---

[95] Petersen, Understanding Ethnic Violence, S. 245–247; Mulaj, Politics of Ethnic Cleansing, S. 34f.; zu Sükrüs Schätzung: Hoerder, Cultures in Contact, S. 449; zum Armeniergenozid vgl. Kap. II.2.
[96] Čubrilović, Die Vertreibung der Albaner; Mulaj, Politics of Ethnic Cleansing, S. 35f.; ferner Sémelin, Säubern und Vernichten, S. 130.

slawien. Der Angriff Hitlers und Mussolinis hatte Jugoslawien zerstört, dessen ungleiche und zweifellos ungerechte ethnische Machtstrukturen zerschlagen. Dies erfolgte nicht nur durch Schaffung eines faschistischen Ustaša-Staates in Kroatien, dem auch zahlreiche Serben wehrlos ausgeliefert wurden; die NS-Politik verschärfte die ethnischen Konflikte in der Region auf vielfältige Weise. 1941 plante Hitler, „aus Krain [...], unter Aufteilung auf Steiermark, Kärnten und vielleicht auch Italien, die Slowenen aussiedeln zu lassen".[97] Himmler beabsichtigte, ein Drittel der slowenischen Bevölkerung des nach Zerschlagung Jugoslawiens geschaffenen neuen Reichsgebietes Krain nach Kroatien abzuschieben. Das wären 280 000 Menschen gewesen; faktisch wurden nur 80 000 deportiert, doch reichte dies, um einen tödlichen „Folgeeffekt" auszulösen. In Kroatien begann die Ustaša-Regierung des Diktators Ante Pavelić mit der massenhaften Abschiebung von Serben, um Platz für die ihr von den Deutschen aufgezwungenen Slowenen zu schaffen. Das von der Wehrmacht besetzte und verwaltete Serbien verweigerte die Aufnahme dieser kroatischen Serben, woraufhin die kroatischen Faschisten die Menschen einfach umbrachten. Dieses Massaker löste einen Aufstand der Serben in Kroatien aus, dem neben Kroaten auch volksdeutsche Siedler zum Opfer fielen.[98] Als Hitler im September 1943 – nach dem Abfall Italiens – den italienischen Teil Sloweniens unter seine Herrschaft nahm, bemerkte er zu Widerständen unter der Bevölkerung: „Mit den paar Hunderttausend werden wir fertig werden, wir haben in Aussiedelungen Erfahrung genug."[99]

Die kroatische Regierung, die auch Bosnien-Herzegovina beherrschte, setzte die 1,9 Millionen Serben im Lande einem „außergewöhnlich grausam[en]" Homogenisierungsprogramm aus: Ein Drittel sollte umgebracht, ein Drittel vertrieben, der Rest zwangsassimiliert werden.[100] Gleichzeitig gingen die kroatischen Faschisten gegen die jüdische Minderheit zum Völkermord über.[101] Durch deutsche, kroatische und muslimische Täter wurden 65 000 von 75 000 jugoslawischen Juden umgebracht. In absoluten Zahlen stellen 500 000 Serben das Gros der Opfer.[102] Auch Vertreibungen nahmen massenhafte Ausmaße an: 1941 wurde die Bodenreform, die in Jugoslawien nach 1918 stattgefunden hatte, von den deutschen und italienischen Besatzern widerrufen und alle, die enteignetes Land erhalten hatten, von diesem verjagt. Hunderttausende von Serben wurden aus dem an Bulgarien gelangten Nord-Mazedonien, aus dem von Deutschland annektierten Slowenien und aus Kroatien vertrieben. Im November 1944 zählte man im besetzten Serbien 217 000 bis 300 000 serbische Flüchtlinge.[103] Auch die Volks-

---

[97] Broucek, Ein General im Zwielicht, Bd. 3, S. 83.
[98] Mazower, Hitlers Imperium, S. 191 f.
[99] Broucek, Ein General im Zwielicht, Bd. 3, S. 266.
[100] Davies, Die große Katastrophe, S. 576.
[101] Prusin, Revolution, S. 534; Hory / Broszat, Der kroatische Ustascha-Staat.
[102] Kiernan, Blood and Soil, S. 588; Lapidus, A History of Islamic Societies, S. 787, stellt die bosnischen Muslime im Zweiten Weltkrieg als Opfer dar, da Zehntausende getötet worden seien, übergeht aber ebenfalls gegebene muslimische Täterrollen.
[103] Kulischer, Europe on the Move, S. 259.

deutschen der Region gerieten in diesen Sog: 1944 befahl Himmler die „Aussiedelung der Volksdeutschen aus Mittelslawonien nach Syrmien"; die Betroffenen zeigten sich „meist sehr unglücklich" und baten die kroatische Regierung vergeblich, bleiben zu dürfen. „Volksdeutsche SS-Leute aus Kroatien" attackierten daraufhin ein Dorf – aus „Rache dafür, daß die Kroaten die Volksdeutschen aus den slawonischen Dörfern vertrieben hätten".[104] Hitlers Ex-Militärbevollmächtigter in Kroatien, General Glaise-Horstenau, notierte im Oktober 1944:

> „Unter den ‚Trecks befinden sich auch die deutschen Auswanderer aus Syrmien und dem Banat. Viele von ihnen erleiden nicht das erstemal dieses Schicksal. Im Frühjahr 1944 befahl […] Brigadeführer Kammerhofer, Beauftragter des Reichsführers SS für Kroatien, den reichen deutschen Grundbesitzern in Slawonien, ihre zum Teil noch auf Maria Theresia zurückreichenden Besitzungen zu verlassen und sich in Syrmien anzusiedeln, da dieses ein Bestandteil des rund um Belgrad geplanten deutschen Pufferstaates und daher möglichst deutsch werden sollte. Wegen der Aufstandslage konnten natürlich die wenigsten der nach Syrmien Gelockten die ihnen zugewiesenen, ehemals serbischen Güter, deren frühere Besitzer meist ermordet worden waren, beziehen; sie wären sonst von den Partisanen umgebracht worden. Daher blieben sie in den größeren Ortschaften hängen, verarmt und heimatlos... […] Gehört mit in die Geschichte des 1000jährigen Reiches […]."[105]

Was das Kosovo betrifft, so brachte die Zerschlagung Jugoslawiens durch den deutschen Überfall im April 1941 diese Region für zweieinhalb Jahre – bis zum September 1943 – unter die Herrschaft der mit Deutschland verbündeten Italiener. Diese vereinigten Kosovo mit dem von ihnen schon im April 1939 überfallenen und annektierten Königreich Albanien. Dies schürte den groß-albanischen Nationalismus auf Kosten der serbischen Minderheit: Überall, wo neben der italienischen auch die albanische Flagge wehte, das heißt in den neuen Provinzen Kosovo, Westmazedonien (Debar) und Metohija, wurde eine politische Mischung aus Zwangsassimilation und ethnischer „Säuberung" die Regel. Mazedonische, griechische oder serbisch-montenegrinische Ortsnamen wurden albanisiert, die nichtalbanische Bevölkerung sah sich einer mehrjährigen Periode der Internierung, Massenhinrichtungen und der Zwangsumsiedlung („resettlement") ausgesetzt. Namentlich Angehörige der bulgarischen und griechischen Volksgruppen wurden zum Verlassen Großalbaniens in Richtung des bulgarisch besetzten Teils Mazedoniens oder ins deutsch besetzte Griechenland „ermutigt".[106] Die unter italienischem Protektorat agierenden großalbanischen Nationalisten vertrieben im Kosovo und in West-Mazedonien jedoch vor allem Serben und Montenegriner und brannten deren Häuser, Kirchen und Klöster nieder. Im Kosovo „kam eine planmäßige Albanisierungs- und Kolonisierungspolitik in Gang", während im Osten Mazedoniens von den als Verbündete Hitlers und Mussolinis herrschenden Bulgaren um 110 000 Serben vertrieben wurden.[107]

Den albanischen Grundbesitzern im Kosovo ging es bei der Vertreibung der serbischen Siedler um die Rückgewinnung ihres in der Zwischenkriegszeit von der

---

[104] Broucek, Ein General im Zwielicht, Bd. 3, S. 396f.
[105] Ebenda, S. 475f.
[106] Rodogno, Fascism's European Empire, S. 290.
[107] Calic, Geschichte Jugoslawiens im 20. Jahrhundert, S. 162.

jugoslawischen Regierung enteigneten Grundeigentums. Etwa 20 000 Serben und Montenegriner wurden bereits im Sommer 1941 vertrieben, bis April 1944 erhöhte sich nach Beobachtung der seit Herbst 1943 an die Stelle der Italiener getretenen deutschen Besatzer diese Zahl auf 40 000. Weitere 10 000 Serben wurden getötet. Viele vertriebene serbische Siedler kehrten nach Kriegsende nicht in den Kosovo zurück, sondern wurden anstelle der nun vertriebenen Deutschen und Ungarn im Norden Jugoslawiens angesiedelt. Mit dieser neuen Verschiebung der Machtverhältnisse 1944/45 wurden jedoch viele Kosovoalbaner von den siegreichen jugoslawischen Partisanen unter dem Vorwurf der Kollaboration mit den Achsenmächten massakriert.[108] Nicht nur serbisch-nationalistische Partisanen rächten sich durch Massaker und Vertreibungen an albanischen Muslimen. Auch mit Titos kommunistischen Partisanen kehrte faktisch zunächst die serbische Herrschaft zurück, die erst später durch einen kommunistisch-jugoslawischen Föderalismus abgemildert wurde. Im Kosovo wurde Anfang 1945 ein großalbanischer Aufstand, der auf Zusammenschluss mit dem nun kommunistischen Albanien zielte, gewaltsam niedergeschlagen. Tito kam den Albanern jedoch dadurch entgegen, dass er deren Vertreibung serbischer Kolonisten nicht wieder rückgängig machte.[109]

Im November 1944 befreiten die Partisanen Titos und die sowjetische Armee die serbische und jugoslawische Hauptstadt Belgrad. Dort wartete schon Professor Čubrilović, der „Säuberungs"-Planer von 1937, der zwischenzeitlich von der deutschen Besatzungsmacht eingekerkert worden war.[110] Čubrilović präsentierte Tito eine aktualisierte Denkschrift zum „Minderheitenproblem im neuen Jugoslawien", in der er nach den Erfahrungen des Zweiten Weltkrieges dazu riet, alle unerwünschten Minderheiten durch Zwangsaussiedlung zu beseitigen – allen voran die Deutschen und die Ungarn, aber auch die Albaner aus dem Kosovo und aus Mazedonien. Die Versailler Alternative des Minderheitenschutzes hatte laut Čubrilović völlig versagt, die einzige Chance auf friedliche Entwicklung lag für ihn darin, das Land mit Gewalt zu homogenisieren. Der nationalistische Wissenschaftler sah sich im gesamteuropäischen Trend: Nicht nur die Deutschen und ihre Verbündeten hätten ganze Völker vertrieben, auch die Alliierten hätten sich diese Politik zu eigen gemacht. Daher habe auch Jugoslawien das Recht auf Vertreibung unerwünschter Minderheiten.[111]

Čubrilović erhielt durch Tito zwischen 1945 und 1948 die Chance, als Landwirtschafts- und dann als Forstwirtschaftsminister an der Realisierung seines „Säuberungs"-Programms mitzuarbeiten. Unter den Führern des kommunistischen Jugoslawien stand der Serbe Alexander Ranković den Thesen seines Ministerkollegen besonders nahe. Ranković, zwischen 1946 und 1953 Innenminister und dann Titos Vizepräsident, setzte 1953 ein neues Aussiedlungsabkommen mit

---

[108] Mulaj, Politics of Ethnic Cleansing, S. 36f. und S. 44f.; vgl. auch Ferrara / Pianciola, L' Età delle Migrazioni Forzate, S. 249; Sundhaussen, Jugoslawien, S. 224.
[109] Calic, Geschichte Jugoslawiens im 20. Jahrhundert, S. 164f. und S. 180.
[110] Ebenda, S. 142, wobei Calic freilich nichts zu dessen Vertreibungsplanungen sagt.
[111] Čubrilović, Das Minderheitenproblem im neuen Jugoslawien; Mulaj, Politics of Ethnic Cleansing, S. 43.

der Türkei ins Werk. Da die formell freiwillige Abwanderung durch seine Geheimpolizei „gefördert" wurde, verließen bis 1957 195 000 Albaner Jugoslawien, bis 1966 über 230 000. Erst der Sturz von Ranković beendete 1966 diese Vertreibungspolitik. Wenig später erhielt der Kosovo vom gebürtigen Kroaten Tito jene Autonomie, die der Serbe Ranković stets bekämpft hatte.[112]

Diese Autonomie im Kontext einer kommunistischen Diktatur geriet nach Titos Tod 1980 unter die Räder der ethnisierten Konflikte im zerfallenden Jugoslawien. Der serbische Regierungschef Slobodan Milošević stilisierte den Kosovo zum nationalen Heiligtum und verschärfte die ohnehin bestehenden Konflikte. Zwischen 1997 und 1999 provozierte der Guerillakampf einer kosovo-albanischen Untergrundarmee eine serbische Vertreibungspolitik gegen Kosovo-Albaner. Die NATO-Intervention von 1999 machte diese Vertreibung rückgängig – und etablierte einen eigenständigen Kosovo zunächst als Protektorat, ab 2008 als unabhängigen Staat. Im Kosovo wirkte die internationale Parteinahme 1999 zunächst krisenverschärfend, indem sie die Vertreibungspolitik der Regierung Milošević anstachelte, so dass die Zahl der grenzüberschreitenden Flüchtlinge von 100 000 und der Binnenflüchtlinge von 260 000 zu Beginn des Krieges auf 860 000 Flüchtlinge und 500 000 Binnenflüchtlinge bis zum Waffenstillstand anstieg.[113] Seither wirkte die internationale Intervention eher krisenverändernd als krisenlösend, indem sie zwar das Hauptproblem der serbischen Vertreibung der Albaner rückgängig machte, die folgende Flucht, Vertreibung oder Verdrängung von 130 000 bis 220 000 Serben aus dem nunmehr albanisch dominierten Kosovo aber „stillschweigend" oder „verständnisvoll" tolerierte.[114] Die ethnische „Säuberung" im Kosovo hörte 1999 nicht auf; statt der Albaner traf sie seither Serben, Roma und Juden.[115] Ohne Zweifel trug „der ‚humanitäre Krieg' der NATO [...] einen Januskopf".[116]

2. Von der Vertreibung zum Völkermord: Die Verfolgung der Juden in Hitlers Imperium

Die systematische Ermordung von rund sechs Millionen europäischen Juden – insbesondere Menschen aus Polen, der Sowjetunion und Ungarn – erscheint rückblickend als logische Folge der NS-Ideologie. Dabei war der Völkermord kein von Anfang an feststehendes Ziel Hitlers. Vielmehr „experimentierte" das NS-Regime längere Zeit „mit der Häufung von unterschiedlichen Terrorakten, um möglichst viele" Angehörige der jüdischen Minderheit in Deutschland „in die Emigration zu zwingen".[117] Auch Hitlers berüchtigte Reichstagsrede vom 30. Januar 1939 sollte nicht als Ankündigung eines Genozids missverstanden werden, der erst Jahre

---

[112] Mulaj, Politics of Ethnic Cleansing, S. 36f. und S. 44f.
[113] Wirsching, Der Preis der Freiheit, S. 145f.
[114] Todorov, Die Angst vor den Barbaren, S. 94; Sundhaussen, Jugoslawien, S. 379f.
[115] Nolte, Weltgeschichte des 20. Jahrhunderts, S. 324.
[116] Wirsching, Der Preis der Freiheit, S. 146.
[117] Wehler, Deutsche Gesellschaftsgeschichte, Bd. 4, S. 653.

später Gestalt annahm.[118] 1939 hatte Hitler mit der für Antisemiten typischen problemlosen Verbindung von Antikapitalismus und Antibolschewismus die Drohung ausgesprochen: „Wenn es dem internationalen Finanzjudentum in und außerhalb Europas gelingen sollte, die Völker noch einmal in einen Weltkrieg zu stürzen, dann wird das Ergebnis nicht die Bolschewisierung der Erde und damit der Sieg des Judentums sein, sondern die Vernichtung der jüdischen Rasse in Europa". Viele sehen hierin „die geradezu herbeigewünschte Verbindung zwischen dem kommenden ‚Weltkrieg' und der damit einhergehenden ‚Vernichtung der jüdischen Rasse in Europa'".[119] Dass Hitler in späteren Jahren, als der Völkermord Wirklichkeit war, „häufig" selbst auf seine 1939er Drohung „mit der Ausrottung" zurückkam, scheint die lang geplante genozidale Absicht zu belegen. Betrachtet man den Kontext der Rede, erscheint die bösartige „Prophezeiung" jedoch in anderem Licht. Es ging um eine „rhetorische Geste", um die internationale Staatenwelt zur Mitwirkung an einer „Deportation aller Juden" zu nötigen:

„Die Welt hat Siedlungsraum genügend, es muss aber endgültig mit der Meinung gebrochen werden, als sei das jüdische Volk vom lieben Gott eben dazu bestimmt, in einem gewissen Prozentsatz Nutznießer am Körper und an der produktiven Arbeit anderer Völker zu sein. Das Judentum wird sich genauso einer soliden aufbauenden Tätigkeit anpassen müssen, wie es andere Völker auch tun, oder es wird früher oder später einer Krise von unvorstellbarem Ausmaß erliegen."[120]

Mögliche Siedlungsgebiete nannte Hitler nicht. Doch längst schwirrten „Palästina, Alaska, die Dominikanische Republik, Honduras, Australien und Madagaskar [...] als potentielles Ziel für die deutschen und europäischen Juden" in der Debatte.[121] Auch der Norden Borneos, Britisch-Guayana, Zypern, die Philippinen, Belgisch-Kongo, Ecuador, Haiti, Mexiko, Niederländisch-Guayana oder Äthiopien wurden diskutiert. Am stärksten favorisiert wurde Madagaskar – eine seit 1895 französisch beherrschte ostafrikanische Insel mit einer Bevölkerung von 3,8 Millionen Eingeborenen und 36 000 Europäern. Demokratische und faschistische Regierungen wetteiferten darum – wie Walter Lippmann, ein US-Journalist deutschjüdischer Herkunft, 1939 festhielt –, die Juden Europas in diese ostafrikanische Kolonie umzusiedeln.[122]

Was jüdische Auswanderung nach Palästina anging, hatte es seit August 1933 ein Abkommen zionistischer Organisationen mit der NS-Regierung gegeben – was sich für 60 000 Juden als lebensrettend erwies.[123] Der 1894 im damals österreichischen Galizien geborene Jude Joseph Roth, Schriftsteller und Journalist, attackierte 1935 dieses Zusammenwirken von NS-Antisemitismus und zionistischer Auswanderung in einem Brief an seinen berühmteren Kollegen und Freund Stefan Zweig mit der ätzenden Bemerkung: „Ein Zionist ist ein Nationalsozialist, ein Nazi ist ein Zionist." Später urteilte Roth über den Zionismus in Palästina ange-

---

[118] Sémelin, Säubern und Vernichten, S. 197.
[119] Hildebrand, Das vergangene Reich, S. 670.
[120] Naimark, Flammender Hass, S. 91f., in dieser Sicht Hans Mommsen folgend.
[121] Ebenda.
[122] Hoerder, Cultures in Contact, S. 459.
[123] Barth, Genozid, S. 83.

sichts der wachsenden Bedrohung der Juden in Europa deutlich milder, doch sein Ideal war und blieb nicht ein jüdischer Gegen-Nationalismus als Antwort auf den Antisemitismus, sondern ein idealisierter habsburgischer Vielvölker-Monarchismus. Dahinter stand die (womöglich idyllisierte) Jugenderfahrung, dass in diesem 1918 untergegangenen Vielvölkerreich – das Joseph Roth ebenso liebte wie es sein Altersgenosse Adolf Hitler hasste und verachtete – alle Völker und Religionen, auch die Juden, Gerechtigkeit und Schutz erfahren hätten. Der 1916 verstorbene Kaiser Franz Joseph habe vielleicht die Juden nicht geliebt, aber die Antisemiten entschieden verachtet.[124] Das reale Habsburgerreich hatte um 1900 beides gekannt: Einerseits einen rabiaten Antisemitismus, der Parlamentsabgeordnete stellte und öffentlich über jüdische Ritualmorde schwadronieren durfte, gelegentliche Pogrome in den Provinzen und Klagen jüdischer Abgeordneter über antisemitischen „Terrorismus und Boykott" zur Einschüchterung bei Wahlen.[125] Andererseits einen österreichischen Regierungschef wie Ernest von Koerber, der im März 1900 einer jüdischen Deputation „die beruhigende Zusicherung" gab, „die Regierung werde striktest die Staatsgrundgesetze auch den Juden gegenüber sich zur Pflicht machen und allen Verletzungen derselben energisch entgegentreten". Bereits im Oktober 1899 hatte Koerber, damals noch Innenminister, einen harten Militäreinsatz zur Beendigung antideutscher und antijüdischer Pogrome in Böhmen und Mähren im Wiener Parlament gegen Proteste tschechischer Nationalisten und deutscher Antisemiten standhaft verteidigt.[126] Doch nicht Koerber als Repräsentant der gebildeten und „auch ein gewisses Verständnis für die nichtdeutschen Völker" zeigenden Beamten-Elite des Habsburgerreiches[127], sondern die prominenten Antisemiten Georg von Schönerer und Karl Lueger waren die Helden des jungen Adolf Hitler.[128] Während Lueger seinen (nicht rassistischen) Antisemitismus primär gegen jüdische Kapitalisten und die von ihm verachteten „Ostjuden" richtete und in seine populistische christlich-soziale Massenbewegung integrierte, hatte sich der elitäre Schönerer vom Deutschnationalen zum Alldeutschen radikalisiert und dabei, von weit geringerem politischen Einfluss als Lueger, einen „zunehmend antisemitischen Kurs" rassistischer Art eingeschlagen.[129] Es war Schönerer, der als Abgeordneter im österreichischen Reichsrat bereits 1882 „gegen die Einwanderung der Ostjuden" Stellung bezog, um 1887 diese Forderung als „Verbot der Einwanderung fremder Juden" zu verallgemeinern und durch die Forderung nach einer diskriminierenden Sondergesetzgebung für die bereits „im Inlande befindlichen Juden" zu ergänzen.[130] Im Frühjahr 1887 hatte Schönerer,

---

[124] Sternburg, Joseph Roth, S. 76 f. und S. 85.
[125] Schulthess' Europäischer Geschichtskalender 40.1899, S. 199; Kolmer, Parlament und Verfassung in Österreich, Bd. 7, S. 410–413, und Bd. 8, S. 194.
[126] Kolmer, Parlament und Verfassung in Österreich, Bd. 7, S. 413, und Bd. 8, S. 47.
[127] Redlich, Schicksalsjahre Österreichs 1869–1936, Bd. 2, S. 494.
[128] Kershaw, Hitler, Bd. 1, S. 67 und S. 102.
[129] Rumpler, Österreichische Geschichte, S. 489–494; vgl. auch das differenzierte Urteil über die Antisemitismen Luegers und Hitlers bei Boyer, Karl Lueger, S. 208 und S. 217.
[130] Schnee, Georg Ritter von Schönerer, S. 201, S. 209 und S. 214.

angesichts pogromhafter Judenverfolgungen in Russland und Rumänien, „durch Versendung gedruckter Formulare an alle Gemeinden einen Petitionssturm für das gesetzliche Verbot der Ansiedelung ausländischer Juden" ausgelöst, was vom Reichsrat „nach stürmischer antisemitischer Diskussion" unter Hinweis auf ausreichende bestehende Gesetze allerdings abgelehnt wurde.[131] Schönerer hatte seinen antisemitischen Gesetzentwurf mit dem Hinweis auf die gegen unerwünschte chinesische Einwanderer gerichtete Gesetzgebung der USA von 1882 und 1884 verbunden. 1920 legte er kurz vor seinem Tode Gesetzesforderungen „zur Beseitigung des jüdischen Einflusses auf allen Gebieten" vor; neben Maßnahmen zur Verdrängung von Juden aus Politik, Justiz, Wirtschaft und Gesellschaft enthielt dieser Entwurf nicht nur den Kampfbegriff „Rassejude", sondern auch die auf Hitlers Rassengesetze von 1935 vorausweisende Forderung, „Mischehen zwischen Deutschen und Juden [...] gesetzlich zu verbieten".[132] Hitler erklärte 1925 in „Mein Kampf", der Alldeutsche Schönerer sei im Vergleich zum Christsozialen Lueger „der bessere und gründlichere Denker" gewesen, der „die Probleme ihrem inneren Wesen nach erkannte"; doch habe ihm die politische Genialität Luegers gefehlt, der sich eine stabile politische Massenbewegung zu schaffen verstanden habe.[133]

Insgesamt emigrierten zwischen 1933 und 1938 175 000 von 550 000 jüdischen Deutschen aus ihrer von Hitler beherrschten Heimat, in der sie zunehmend juristisch und politisch-administrativ diskriminiert und verfolgt wurden. Bis Kriegsbeginn kamen weitere 120 000 Auswanderer hinzu. Von den rund 200 000 jüdischen Deutschen, die immer noch im ‚Altreich' lebten, scheint bis zum Auswanderungsverbot vom Oktober 1941, das den Übergang zur „systematische[n] Deportation" nach Osteuropa „ohne Überlebenschancen" markiert, noch 36 000 die Emigration geglückt zu sein. Was den Betroffenen zunächst als schwere Härte erschien, erwies sich im Nachhinein für viele als unschätzbare Überlebenschance. Insgesamt konnten 60 Prozent der jüdischen Deutschen durch Auswanderung der NS-Herrschaft entkommen, während im „Reichsprotektorat Böhmen und Mähren", im heutigen Tschechien, die Quote nur bei 25 Prozent lag. Doch nur jene Auswanderer waren dauerhaft vor Hitler sicher, die in die USA (130 000), nach Großbritannien (51 000) oder ins britische Mandatsgebiet Palästina (nach dieser Zählung: 47 000) hatten gehen können. Jene 100 000 deutschen Juden hingegen, die es in europäische Nachbarländer Deutschlands verschlagen hatte, welche im Zweiten Weltkrieg von Hitlers Wehrmacht besetzt wurden, endeten meist in den NS-Vernichtungslagern.[134] Die systematische Ermordung der in Hitlers Machtbereich befindlichen Juden setzte erst ab Herbst 1941 ein – auch wenn Ansätze von Vernichtungspolitik bereits seit September 1939 (in den Massenmorden der SS-Einsatzgruppen im besetzten Polen und ab Juni 1941 auch in den besetzten West-

---

[131] Kolmer, Parlament und Verfassung in Österreich, Bd. 4, S. 160.
[132] Schnee, Georg Ritter von Schönerer, S. 215f. und S. 224–230; zu den USA: Keyssar, The Right to Vote, S. 140f.
[133] Hitler, Mein Kampf, S. 107–109.
[134] Wehler, Deutsche Gesellschaftsgeschichte, Bd. 4, S. 662f.

gebieten der Sowjetunion) erkennbar sind und bis Ende 1940 bereits den Tod von 100000 Menschen herbeigeführt haben dürften.[135] Dennoch dominierte in der Vor- und Frühphase des Zweiten Weltkriegs noch das Ziel einer forcierten Auswanderung bzw. „Austreibung" der Juden.[136]

Im Herbst 1938 verwandelte sich die seit 1933 durch Diskriminierung immer stärker forcierte Auswanderung in offene Vertreibung. Die ersten Opfer derselben wurden Juden, die zwar schon lange in Deutschland lebten, aber polnische, sowjetische oder rumänische Pässe besaßen.[137] Am 27. Oktober 1938 verfügte Berlin die Verhaftung und Ausweisung von Tausenden. Die Exil-SPD (Sopade) meldete im November 1938 aus Oberschlesien:

„Am schlimmsten war es in der Gegend von Beuthen, wo man etwa 2000 Juden über die Grenze trieb. In der Nähe des Beuthener Stadtwaldes, nahe dem polnischen Orte Rojca-Radzionkau, wollten zunächst die polnischen Grenzer die Juden nicht herüberlassen. SA- und SS-Leute aus den Beuthener und Gleiwitzer Stürmen benutzten die Verzögerung, um die polnischen Staatsbürger nochmals einer gründlichen Revision nach Geld und Wertsachen zu unterziehen. Man beraubte sie aller Schmucksachen, nahm ihnen jeden Betrag fort, der höher als 10 Mark war und ließ alles in den eigenen Taschen verschwinden [...]. SA und Polizei schossen [nach zwei Tagen Wartezeit an der Grenze] in die Luft, um die Flüchtlinge in Angst zu versetzen und sie so über die Grenze zu treiben. Dabei kam es zu zahlreichen Unglücksfällen, Nervenzusammenbrüchen, Bein- und Knochenbrüchen."[138]

Der vom NS-Regime zwangspensionierte Studienrat Dr. Willy Cohn, ein jüdischer Bürger Breslaus mit deutscher Staatsangehörigkeit, erlebte am 29. Oktober 1938 in seiner Heimatstadt diese „Jagd auf polnische Juden". Deren Anlass, so Cohn, sei der drohende Entzug der polnischen Staatsangehörigkeit für all diese Menschen gewesen, sofern sie über zwölf Jahre außerhalb Polens gelebt hätten; die NS-Regierung habe befürchtet, die fortan staatenlosen Juden nicht mehr loswerden zu können:

„Man hat die Menschen [...], wo man sie fand, teils in der Sprachenschule, teils zu Hause aufgegriffen und abgeschoben; man erzählt sich, daß Polen die Übernahme dieser unglücklichen Menschen verweigert hat und daß sie nun in Beuthen sitzen. Sie konnten nichts mitnehmen! Familien sind auseinandergerissen, man sucht in jüdischen Kreisen Unterkunft für zurückgebliebene Kinder. Menschenjagd im 20. Jahrhundert. Was wird uns noch alles bevorstehen?"[139]

Ende 1938 berichteten die „Deutschland-Berichte" der Sopade, dass von diesen abgeschobenen polnischen Juden „noch heute hunderte in elenden Notquartieren an der polnischen Grenze bei Zbaszyn" leben müssten. Die polnische Regierung ließ die aus Deutschland Ausgewiesenen „nicht ins Innere Polens" einreisen, und Deutschland verwehrte ihnen die Rückkehr. Die Unglücklichen litten „unter Hunger und Kälte", einige waren Epidemien zum Opfer gefallen, andere vor Verzweiflung „wahnsinnig geworden".[140]

---

[135] Sheehan, Kontinent der Gewalt, S. 171.
[136] Hillgruber, Zweierlei Untergang, S. 87, unter Berufung auf Hans Mommsen; Barth, Genozid, S. 83f., spricht von einer „Politik der ethnischen Vertreibungen".
[137] Gosewinkel, Einbürgern und Ausschließen, S. 399f.
[138] Deutschland-Berichte der Sozialdemokratischen Partei Deutschlands, Bd. 5, S. 1182f.
[139] Cohn, Kein Recht, nirgends, Bd. 2, S. 529.
[140] Deutschland-Berichte der Sozialdemokratischen Partei Deutschlands, Bd. 5, S. 1332.

In der Form erinnert diese NS-Ausweisungsaktion vom Oktober 1938 nicht nur an die „wilden Vertreibungen" von Deutschen aus Polen und der Tschechoslowakei im Jahre 1945, sie ruft auch die rüde, von Bismarck veranlasste preußische Ausweisungsaktion des Jahres 1885 gegen Polen und Juden mit russischer Staatsbürgerschaft ins Gedächtnis.[141] Im Unterschied zur Bismarckzeit waren 1938 ausschließlich Juden die Opfer. Der Redakteur der „Deutschland-Berichte" der Sopade, Erich Rinner, nahm sich im Februar 1939 dieser „Judenverfolgungen" an, als er – ohne sich Schrecklicheres vorstellen zu können – feststellte: „Was den Armeniern während des Krieges in der Türkei geschah, wird im Dritten Reich langsamer und planmäßiger an den Juden verübt." Unterdessen irrten auf den Meeren „Schiffe mit jüdischen Passagieren umher, die nirgends an Land gelassen" würden, und „in den Niemandsländern an den Grenzen" entwickle sich „ein entsetzliches Flüchtlingselend".[142] Auch die „Juden im Niemandsland" zwischen Deutschland und Polen wurden nach der Jahreswende 1938/39 zum internationalen Skandal:

„Inzwischen hat sich die Not der Vertriebenen ständig gesteigert, und es sind ständig neue hinzugekommen. Im Flüchtlingslager Zbaszyn befanden sich Anfang Juni 3600 Juden. Im sogenannten Niemandsland zwischen der deutschen und der polnischen Grenze irren gleichfalls tausende von Juden umher. Der englische Abgeordnete Stokes nannte am 6. Juli im Unterhaus die Ziffer 4000. In Polen befinden sich zur Zeit 16 000 Juden, die seit September 1938 aus Deutschland vertrieben wurden und von denen rund 12 000 auf Unterstützungen angewiesen sind."[143]

So sehr einzelne Polen den Ausgewiesenen zu Hilfe kamen, so traurig sekundierte der polnische Regierungs-Antisemitismus der deutschen Vertreibungspolitik. Solange der Diktator Piłsudski gelebt hatte, war Antisemitismus in Warschauer Regierungskreisen gedämpft geblieben. Doch nach dem Tode des Marschalls 1935 verfolgte die polnische Regierung immer offener eine Politik, „die auf die Verdrängung von Juden aus Polen abzielte, wenn sie öffentlich wirtschaftlichen Boykott und Repressionen gegen Juden in Polen als kurzfristige Maßnahmen unterstützte und sich auf die Auswanderung als einzige langfristige ‚Lösung der Judenfrage' in Polen konzentrierte".[144] Die Nachfolger Piłsudskis bemühten sich zwischen 1935 und 1939, „die Juden aus dem Geschäftsleben, der Medizin, dem Justizwesen und aus den Universitäten auszuschließen, und gleichzeitig" durch internationale Abkommen die polnischen „Juden nach Palästina oder Madagaskar" umzusiedeln.[145] Das wusste Hitler zu nutzen, als er am 20. September 1938 Polens Botschafter Józef Lipski erklärte, er beabsichtige eine Lösung des jüdischen Problems durch Auswanderung in überseeische Kolonien und würde gern eine diesbezügliche Übereinkunft mit Polen, Ungarn und eventuell Rumänien erzielen. Lipski erklärte enthusiastisch, falls Hitler eine solche Lösung zustande bringe, würden ihm die Polen ein großes Denkmal in Warschau errichten. Einen Monat später themati-

---

[141] Vgl. Kap. II.6.
[142] Deutschland-Berichte der Sozialdemokratischen Partei Deutschlands, Bd. 6, S. 201 f.
[143] Ebenda, S. 937.
[144] Weiss, Deutsche und polnische Juden vor dem Holocaust, S. 108 f.
[145] Burleigh, Die Zeit des Nationalsozialismus, S. 374.

sierte Außenminister von Ribbentrop erneut eine deutsche Unterstützung jüdischer „Emigration" aus Polen.[146] Was so einträchtig begann, wurde wenig später konfliktträchtig. Denn mit ihrer forcierten Ausbürgerung polnischer Juden, die im Ausland lebten, provozierte die polnische Regierung die Ausweisungspolitik Hitlers, durch die sich wiederum Warschau herausgefordert fühlte. Erst die polnische Drohung mit Repressalien gegen die volksdeutsche Minderheit vermochte Hitlers Ausweisung der Juden zu stoppen. Das Elend der im Grenzgebiet, vor allem im Auffanglager Zbanszyn, festsitzenden 6000 jüdischen Ausgewiesenen wurde jedoch von der polnischen Regierung nicht behoben, sondern genutzt, um Druck auf die internationale Gemeinschaft zu machen: Man möge nicht nur Juden mit deutscher, sondern auch solche mit polnischer Staatsangehörigkeit in die Einwanderungsprogramme anderer Staaten integrieren.[147]

Zwischen Herbst 1939 und Herbst 1941 wurde in Hitlers erobertem Ost-Imperium das antisemitische Ziel ethnischer „Säuberung" forciert. Neben Auswanderungsdruck und Einsatzgruppen-Massakern trat immer deutlicher das Mittel einer weiträumigen Massendeportation nach Osten. Aus den im Oktober 1939 annektierten polnischen Regionen Wartheland und Westpreußen wurden bis Juni 1941 „ungefähr 250 000 Juden und 600 000 Polen" ins besetzte polnische „Generalgouvernement" deportiert.[148] Auch jüdische Bürger Wiens wurden 1940, zumeist „völlig ausgeplündert", nach Lublin abgeschoben. Der im Pariser Exil lebende Erich Rinner berichtete in seinem letzten „Deutschland-Bericht" im April 1940 über die sich ausweitenden „Judenverfolgungen":

„Die größte Ungeheuerlichkeit aber ist die Verfrachtung von Tausenden und Abertausenden von Juden aus dem Reich, aus dem Protektorat, aus Wien und aus dem westlichen Polen nach dem ‚jüdischen Reservat' in und um Lublin. Aus Lublin, das durch die [deutschen] Bombardements fast völlig zerstört ist, wurde die polnische Bevölkerung abtransportiert, um für die jüdischen Deportierten Platz zu schaffen. Der westliche Teil Polens soll von Juden ganz geräumt werden. Hier beziehen die Balten[deutschen], die ‚heim ins Reich' geholt worden sind, die verlassenen Heime der jüdischen Deportierten. Dafür werden etwa 10 000 junge Juden aus Polen zur Zwangsarbeit nach Ostpreußen geschafft. Indes wüten überall schwere Seuchen, und die Himmlerbeamten, denen ihr eigenes Vernichtungswerk über den Kopf wächst, jagen Hunderte von Juden aus dem vom Reich okkupierten Gebiet nach Sowjetrussland, nur um die Überzahl los zu werden. Die Transporte nach Lublin haben im Oktober 1939 mit der Verschickung von Wiener Juden begonnen. Wenig später hat die Gestapo in Prag 200 und in Mährisch-Ostrau 1200 jüdische Familien festgenommen und nach Lublin abgeschoben. Nicht die nötigsten Geldmittel und Kleider durften mitgenommen werden. Aus dem – direkt annektierten – Westpolen sind große Judentransporte ins ‚Reservat' abgegangen. Im Februar [1940] hat die *Austreibung aller Stettiner Juden* das Entsetzen der Umwelt erregt. 1300 Personen wurden […] morgens durch SS-Leute geweckt und in eisiger Kälte zu Fuß nach dem Güterbahnhof getrieben. Nach einer Stunde wurden Güter- und Viehwagen für sie bereit gestellt. Jede Familie durfte einen Handkoffer mitnehmen, aber kein Bargeld. Greise, Kranke, Frauen und Kinder wurden ausnahmslos auf die furchtbare Reise geschickt."[149]

[146] Lipski, Diplomat in Berlin, S. 411, S. 453 und S. 458.
[147] Weiss, Deutsche und polnische Juden vor dem Holocaust, S. 196f. und S. 206; Lipski, Diplomat in Berlin, S. 461f.; Gosewinkel, Einbürgern und Ausschließen, S. 399f.
[148] Naimark, Flammender Hass, S. 93.
[149] Deutschland-Berichte der Sozialdemokratischen Partei Deutschlands, Bd. 7, S. 264 und S. 266f.; auf eine Deportation aller männlichen Juden aus Mährisch Ostrau sowie auf

Deportierte Juden wurden von den Deutschen im Generalgouvernement „wie im Mittelalter [...] in Ghettos gesperrt", die man damals noch als „Durchgangsstationen auf dem Weg zur Vertreibung vom Kontinent" verstand.[150] Der vom NS-Regime ins Warschauer Ghetto gezwungene polnisch-jüdische Pianist Władysław Szpilman berichtete später über diese Deportationen des Winters 1939/40:

> „Während der schlimmsten Fröste trafen massenhaft aus dem Westen ausgesiedelte Juden in Warschau ein. Das heißt, nur ein Teil traf in der Stadt ein: In ihren Wohnorten hatte man sie in Viehwagen verladen, die Wagen verplombt und so die Menschen, ohne Essen, ohne Wasser, ohne die Möglichkeit, sich zu wärmen, auf die Reise geschickt, die nicht selten mehrere Tage dauerte [...]. Erst hier ließ man die Menschen heraus. Es gab Transporte, wo kaum noch die Hälfte am Leben und nur mit furchtbaren Erfrierungen davongekommen war. Die andere Hälfte bestand aus Leichen; steif gefroren standen sie zwischen den Lebenden und stürzten erst zu Boden, wenn sich die Lebenden bewegten."[151]

Zugleich kursierten 1940 Gerüchte über die geplante Errichtung eines „Judenstaates unter deutscher Verwaltung bei Krakau". So jedenfalls verstand der Oberbefehlshaber des Heeres, Generaloberst Walther von Brauchitsch, eine Unterredung mit SS-Gruppenführer Heydrich, dem für die Judendeportation zuständigen Chef der SS-beherrschten Polizeizentrale im Reichsinnenministerium, dem 1939 geschaffenen Reichssicherheitshauptamt. Freilich hatte Hitler im März 1940 geäußert, die Bildung eines „Judenstaates" in Polen würde aufgrund der begrenzten Ressourcen langfristig „nie eine Lösung bedeuten".[152] Gleichwohl hatte Heydrich ab Spätherbst 1939 im polnischen Generalgouvernement die Machbarkeit eines jüdischen Siedlungsgebietes um Nisko am San „erkunden" und 5000 Juden aus dem oberschlesischen Kattowitz und den Protektorats-Städten Prag und Mährisch-Ostrau dorthin deportieren lassen. Das Umsiedlungsprojekt wurde jedoch nach Protesten des für das besetzte Polen zuständigen Generalgouverneurs Hans Frank, der auf die wirtschaftlichen Folgeschäden hinwies, wieder fallengelassen.[153] Das im Generalgouvernement etablierte Ghetto-System erwies sich rasch als ungeeignet zur Aufnahme von immer mehr jüdischen Menschen, die aus anderen Regionen dorthin deportiert wurden. Der durch Zwangsumsiedlung, Ernährungsprobleme und Seuchengefahren vom NS-Regime selbst erzeugte Handlungsdruck wuchs stetig: Zunächst aber sollte nicht Auschwitz, sondern Madagaskar die „Endlösung der Judenfrage" bewirken – durch die massenhafte Deportation auf diese afrikanische Insel. Namentlich im Sommer 1940, als Frankreich besiegt war und ein Sieg über Großbritannien zumindest greifbar schien, strebte das NS-Regime eine „koloniale Lösung der ‚Judenfrage'" an.[154]

Deportationen aller Juden aus den pommerschen Städten Stettin und Kolberg verweist auch der Breslauer Zeitzeuge Cohn, Kein Recht, nirgends, Bd. 2, S. 714 und S. 757.
150 Naimark, Flammender Hass, S. 93.
151 Szpilman, Das wunderbare Überleben, S. 41 f.
152 Krausnick, Judenverfolgung, S. 290 und S. 292.
153 Demetz, Mein Prag, S. 180 f.; zum Chaos in Nisko für die bereits dorthin deportierten Juden: Gerwarth, Reinhard Heydrich, S. 196 f.
154 Traverso, Moderne und Gewalt, S. 79.

Auf den ersten Blick erinnerte das Madagaskar-Projekt von 1940 an den „Ugandaplan" von 1903; dieser war freilich philosemitischen Motiven entsprungen. Damals hatten der britische Außenminister Lord Lansdowne und Kolonialminister Joseph Chamberlain dem Gründer der zionistischen Bewegung, Theodor Herzl, das Angebot gemacht, angesichts der Schwierigkeiten jüdischer Ansiedlung im damals noch osmanischen Palästina und aufgrund der akuten Judenverfolgungen im zaristischen Russland ein autonomes jüdisches Gemeinwesen in der afrikanischen Kolonie Uganda zu gestatten. Herzl hatte dies innerhalb der zionistischen Bewegung als provisorische Lösung befürwortet und gegen den erbitterten Widerstand osteuropäischer Zionisten – allen voran des späteren israelischen Präsidenten Chaim Weizmann – auch durchgesetzt. Allerdings war Herzls Mehrheit knapp, und der Widerstand der verfolgten Juden Russlands delegitimierte diese Alternative: „Die Abgeordneten aus Kishinev waren gegen das Uganda-Angebot!", jubelte Weizmann noch Jahrzehnte später. Herzl konnte nicht begreifen, weshalb die von Pogromen (wie in Kishinev 1903) Bedrohten lieber an der Palästina-Utopie festhielten, als den nächstliegenden Rettungsanker zu ergreifen: „Diese Leute haben den Strick um den Hals und weigern sich noch!" Sein Tod im Juli 1904 besiegelte das Scheitern des Ugandaplanes, denn ein Jahr später stimmte der Zionistenkongress gegen die Annahme des britischen Angebots.[155]

Neben zionistischen Besiedlungsplänen für Palästina – dem einzigen historisch zu legitimierenden Standort für ein „neues Zion" – hatte es im 20. Jahrhundert alle möglichen Pläne gegeben, die angebliche „jüdische Frage" Europas durch massenhafte Umsiedlung in eine beliebige Heimstätte zu lösen. Immer ging es darum, auf diese Weise aus den „vaterlandslosen" Juden eine Nation wie alle anderen auch zu schaffen. Dabei kreuzten sich humanitäre, nationalistische, zionistische, sozialistische und antisemitische Motive. In der Hochphase des Uganda-Plans hatte der russische Innenminister Viačeslav von Plehve antisemitische Beweggründe für seine überraschende Unterstützung der zionistischen Auswanderung nach Palästina[156] – ebenso wie drei Jahrzehnte später die polnische Regierung und zeitweilig auch Hitler. Die linksgerichtete Weltöffentlichkeit um 1930 wiederum nahm großen Anteil daran, dass die an die Stelle des Zarenreiches getretene Sowjetunion – unter aktiver Förderung des Vorsitzenden des Obersten Sowjets, Michail Kalinin, und des jüdischen Politbüromitglieds Lazar Kaganovič, zwei Gefolgsleuten Stalins – die sowjetischen Juden nicht nur als eigene Nationalität anerkannte, sondern durch agrarische Siedlungsprojekte auch in „produktive" Kolchosbauern zu verwandeln suchte. Nach ersten Plänen mit Bezug auf die Krim und die Ukraine begann 1928 die Ansiedlung von Juden in einem menschenleeren Territorium im fernöstlichen Sibirien, dessen Hauptort den Namen Birobidžan erhielt und zum Zentrum des gleichnamigen, 1934 errichteten „Jüdischen Autonomen Gebietes" innerhalb der Russischen Sowjetrepublik wurde. Dieses 8000 Kilometer östlich von Moskau gelegene „sozialistische Zion" war größer als Belgien, vermochte jedoch

---

[155] Weizmann, Memoiren, S. 86f. und S. 132–139.
[156] Judge, Plehve, S. 106f.

bis 1939 mit nur 20 000 Siedlern lediglich einen Bruchteil der 1,8 Millionen sowjetischen Juden (und ein paar Zuwanderer aus dem Ausland) anzusprechen.[157] Birobidžan war vor allem ein Propagandaerfolg. Der „rasende Reporter" Egon Erwin Kisch – ein deutsch-jüdischer Kommunist aus Prag – brachte 1934 sich kreuzende Migrationsbewegungen europäischer Juden in der Exilmetropole Paris auf den Nenner: „Birobidschan leert, Hitler füllt."[158] Auch Stalin, zeitlebens nicht frei von antisemitischen Ressentiments, die allerdings erst in seiner letzten Lebensphase bedrohlich wurden, betonte das Neue an Birobidžan im Unterschied zum zaristischen Antisemitismus: „Der Zar gab den Juden kein Land, aber wir werden das tun!"[159]

Das hätte 1945 noch stärker zutreffen können, denn angesichts der vielen „Displaced Persons" im Nachkriegseuropa soll die britische Regierung in Moskau angefragt haben, ob man die von Hitler heimatlos gemachten Juden nicht in Birobidžan ansiedeln könnte.[160] Zuvor scheint selbst Hitler zeitweilig gehofft zu haben, das sowjetische Ersatz-Zion im fernen Osten nutzen zu können, um die sich vermehrende Zahl von Juden in seinem expandierenden Machtbereich loszuwerden. Bereits vor seinem Überfall auf die Sowjetunion hatte Hitler durch seine Eroberung großer Teile Polens „weit mehr *Juden* [...] als Deutsche hinzugewonnen", damit die jüdische Bevölkerung des Deutschen Reiches entgegen seiner Vertreibungsintentionen „auf fast eine Million verdreifacht" und mit den Juden im polnischen Generalgouvernement sogar „über zwei Millionen Juden unter die Herrschaft Berlins gebracht". (Gleichzeitig lebten seit Herbst 1939 auch mehr Slawen unter deutscher Herrschaft als in jedem anderen Land – mit Ausnahme der Sowjetunion.) Der deutsche Diktator soll seinem Verbündeten Stalin daher im Januar 1940 einen „Transfer europäischer Juden" in die Sowjetunion vorgeschlagen haben, woran Stalin aber „nicht interessiert" gewesen sei.[161]

Die sowjetische Führung hat im Zuge der Bevölkerungs-Evakuierungen vor der heranrückenden Wehrmacht 1941/42 fraglos zahllose sowjetische Juden vor der Ermordung durch die Deutschen gerettet.[162] Seit Gründung Israels 1948 jedoch unterstellte das Moskauer Regime sowjetischen Juden die Ausbildung einer „alternativen jüdischen Identität" und damit Illoyalität zum Sowjetstaat. Die Folge war ein „stalinistischer Antisemitismus"[163], obschon dessen (auch antirevolutionär motivierte und folglich ebenfalls mit dem Loyalitäts-Argument hantierende) russisch-zaristische Vorform von Stalin einst als „Überrest der menschenfeindlichen Sitten aus der Periode des Kannibalismus" gebrandmarkt worden war.[164] Der neue

---

[157] Alberton, Birobidschan, S. 11; Pasachoff / Littman, A Concise History of the Jewish People, S. 272 und S. 275; Slezkine, Das jüdische Jahrhundert, S. 246 f.; zur jüdischen Bevölkerung in Sowjetrussland 1920: Miliukow, Russlands Zusammenbruch, Bd. 1, S. 97.
[158] Kisch, Geschichten aus sieben Ghettos.
[159] Sebag Montefiore, Stalin, S. 311.
[160] Hoerder, Cultures in Contact, S. 479.
[161] Snyder, Bloodlands, S. 147 und S. 158.
[162] Solschenizyn, „Zweihundert Jahre zusammen". Die Juden in der Sowjetunion, S. 359–361.
[163] Snyder, Bloodlands, S. 343.
[164] Stalin, Werke, Bd. 13, S. 26.

Antisemitismus gab sich antizionistisch.¹⁶⁵ Die daraus resultierende Judenverfolgung unter Stalin wurde niemals allgemein, aber dehnte sich ab 1949 bis zum Tode Stalins im März 1953 über weite Teile des Ostblocks aus – mit dem Höhepunkt des Prager Slánsky-Prozesses von 1952, bei dem ausschließlich hohe kommunistische Funktionäre jüdischer Herkunft als Verräter und Spione verurteilt wurden.¹⁶⁶ Damals verbreiteten sich Gerüchte über die bevorstehende Deportation großer Teile der sowjetischen Juden aus den Industriemetropolen ins entlegene Birobidžan.¹⁶⁷ Wäre dies realisiert worden, hätte sich dieses propagandistische Symbol für Gleichberechtigung in sein Gegenteil verwandelt – in einen Ort neuer Zwangsghettoisierung nach dem Muster des zaristischen Ansiedlungsrayons, nur diesmal im fernen Osten statt im äußersten Westen des Imperiums. Allerdings muss man sehen, dass sich der „stalinistische Antisemitismus" nie unterschiedslos gegen alle sowjetischen Juden richtete; weder das einzige jüdische Mitglied im Politbüro, Kaganovič, noch die fünf jüdischen Mitglieder oder Kandidaten des 210 Personen starken Zentralkomitees der KPdSU ließ Stalin verfolgen.¹⁶⁸

Das Projekt einer Massenauswanderung nach Madagaskar war um 1940 somit alles andere als einzigartig. Es war ebenso wenig neu – und schon gar keine nationalsozialistische Erfindung. Schon 1885 hatte Paul de Lagarde die Idee einer Umsiedlung der „mit den Juden Polens, Russlands, Österreichs nach Palästina oder noch lieber nach Madagaskar abzuschaffenden rumänischen Juden" skizziert. Humanitären Einwänden begegnete er mit dem Hinweis auf antike Vorbilder: „Diese Politik ist etwas assyrisch, aber es gibt keine andere mehr als sie."¹⁶⁹ Später fand die Aussiedlungsidee in britischen Faschisten wie Henry Hamilton Beamish oder Arnold Leese „ihre stimmgewaltigsten Fürsprecher […], denen es in Nazi-Deutschland nicht an Anhängern fehlte".¹⁷⁰ 1926 publizierte Beamish im NSDAP-Organ „Völkischer Beobachter" einen anonymen Artikel, in dem er die Zwangsumsiedlung – „compulsory segregation, wie der Engländer sagt" – der europäischen Juden nach Madagaskar als Lösung propagierte, während er Assimilation ebenso ablehnte wie Ausrottung.¹⁷¹

Politisch relevant wurden diese antisemitischen Umsiedlungsträume durch Initiativen der Regierungen in Warschau und Paris. Der polnische Außenminister Józef Beck verknüpfte ab 1936 die Kolonialambitionen seines Landes mit der Förderung polnisch-jüdischer Auswanderungspläne in französische Kolonien in Amerika, Melanesien und Afrika. Beck erklärte dem zionistischen Funktionär Nahum Goldmann im Oktober 1936, er betrachte diese Auswanderung als konstruktive „Lösung der jüdischen Frage in Polen". Neben Palästina müsse man weitere Ziele

---

¹⁶⁵ Kennedy, Aufstieg und Fall der Großen Mächte, S. 543.
¹⁶⁶ James, Geschichte Europas, S. 308: Judt, Geschichte Europas, S. 213–219.
¹⁶⁷ Judt, Geschichte Europas, S. 219.
¹⁶⁸ Snyder, Bloodlands, S. 343 und S. 353f.
¹⁶⁹ Brechtken, „Madagaskar für die Juden", S. 16; vgl. auch den knappen Hinweis bei: Baranowski, Nazi Empire, S. 300.
¹⁷⁰ Burleigh, Die Zeit des Nationalsozialismus, S. 544.
¹⁷¹ Brechtken, „Madagaskar für die Juden", S. 34f.

finden, daher solle der Jüdische Weltkongress die französische Regierung um Zulassung jüdischer Einwanderung auf Madagaskar bitten. Noch im selben Monat schlug Beck selbst in Paris dem französischen Premierminister Léon Blum (einem Sozialisten jüdischer Herkunft) Madagaskar als Einwanderungsland vor. Daraufhin deutete Anfang 1937 der Kolonialminister der von Blum geführten Volksfrontregierung, der Sozialist Marius Moutet, in einem Interview an, Paris denke darüber nach, osteuropäischen Juden die Möglichkeit der Einwanderung in Madagaskar und anderen Kolonien zu gewähren.[172] Sofort feierten polnische Antisemiten die Chance, die große jüdische Minderheit ihres Landes loszuwerden. Die französische Regierung erklärte dämpfend, Moutet sei missverstanden worden, es gehe nur um begrenzte Einwanderung, die zudem nicht ausschließlich für Juden gedacht sei. Gleichwohl reiste 1937 eine polnische Untersuchungskommission nach Madagaskar[173], wo man freilich feststellte, dass die Aufnahmekapazität der Insel sehr begrenzt war. Selbst der optimistische Kommissionsvorsitzende Lepecky, ein früherer Adjutant des verstorbenen Diktators Piłsudski, hielt bestenfalls die Ansiedlung von 7000 Familien für möglich.[174] Die polnische Regierung setzte die Verhandlungen dennoch bis Anfang 1938 fort.[175] Frankreich aber hatte unterdessen den Eindruck gewonnen, „Polen könne aus der Präsenz jüdischer Siedler Ansprüche auf die Kolonie ableiten", und ließ das Projekt einschlafen.[176] Nach dem Novemberpogrom in Deutschland 1938 suchte die polnische Regierung den Madagaskarplan neu zu beleben, indem sie um Unterstützung „rechtszionistischer polnisch-jüdischer Organisationen" warb.[177]

Die europäische Madagaskar-Debatte zwischen 1937 und 1940 wurde nicht von Realitäten, sondern von (meist antisemitischer) Euphorie getragen. „Kein anderes der potentiellen Umsiedlungsgebiete", so Christopher Browning, habe auf „Befürworter einer Vertreibung der Juden vom europäischen Kontinent" vor dem Zweiten Weltkrieg „eine solche Anziehungskraft" ausgeübt. Anfang 1938 erklärte der nationalistische Ministerpräsident Rumäniens, Octavian Goga, Madagaskar sei ein passender Ort für die Juden seines Landes.[178] 1938/39 soll neben Warschau, Paris und Bukarest auch die „britische Regierung mit diesem Gedanken" gespielt haben, und selbst das „American Joint Distribution Committee", eine 1914 von Henry Morgenthau gegründete jüdische Hilfsorganisation, schloss sich „kurzzeitig" diesen Überlegungen an.[179] Somit kann es nicht überraschen, dass sich auch das NS-Regime für Madagaskar zu interessieren begann – zumal es von Frankreich direkt involviert wurde. Außenminister Georges Bonnet bemerkte im

---

[172] Ebenda, S. 89 und 97f.; laut Burleigh, Die Zeit des Nationalsozialismus, S. 544, „ein unkluges Interview", das auch Guayana und Neukaledonien als Ansiedlungsorte anregte.
[173] Lieberman, Terrible Fate, S. 155.
[174] Browning, Die Entfesselung der „Endlösung", S. 131.
[175] Friedländer, Das Dritte Reich und die Juden, S. 239.
[176] Burleigh, Die Zeit des Nationalsozialismus, S. 544.
[177] Esch, Überbevölkerung und ethnische Bereinigung, S. 123.
[178] Lieberman, Terrible Fate, S. 155.
[179] Browning, Die Entfesselung der „Endlösung", S. 131.

Dezember 1938, auf dem Höhepunkt der deutsch-französischen Annäherung nach München, zu seinem Kollegen Joachim von Ribbentrop bei dessen Staatsbesuch in Paris, „Frankreich dächte daran, ‚zehntausend Juden irgendwohin loszuwerden', und habe die Insel Madagaskar hierfür in Aussicht genommen".[180] Zu dieser Zeit beschäftigten sich bereits diverse NS-Politiker – Hermann Göring, Alfred Rosenberg, Hans Frank oder Julius Streicher – mit überseeischen Auswanderungszielen, und der Leiter der deutschen „Auswanderungszentrale für Juden", der SS-Führer Adolf Eichmann, erhielt Weisung, Material für eine „außenpolitische Lösung der Judenfrage" zu sammeln, wie sie zwischen Polen und Frankreich schon diskutiert würde.[181] Der NS-Ideologe Alfred Rosenberg diskutierte im Februar 1939 – nach Hitlers ominöser Reichstagsrede mit ihrer antijüdischen Drohung – vor ausländischen Diplomaten einen Zwangstransfer von bis zu fünfzehn Millionen Juden aus Europa in ein „jüdisches Reservat". Dabei war es dem späteren Ost-Minister Hitlers gleichgültig, ob das südamerikanische Guayana, das nordamerikanische Alaska oder Madagaskar das Ziel sein würden.[182]

Doch erst die Lage im Sommer 1940 – der Sieg Deutschlands über Frankreich – schien eine solche massenhafte Deportation europäischer Juden nach Madagaskar halbwegs realistisch werden zu lassen. Damals entstanden in Heydrichs Reichssicherheitshauptamt Ausarbeitungen, die die „Ansetzung" von vier Millionen Juden auf der tropischen und wirtschaftlich unterentwickelten Insel vorschlugen – denn „zur Vermeidung dauernder Berührung anderer Völker mit Juden" sei „eine Überseelösung insularen Charakters jeder anderen vorzuziehen".[183] Dass vier Millionen Zuwanderer die Bevölkerung des unterentwickelten Madagaskar schlagartig verdoppelt hätten, focht die SS-Planer nicht an. Der Judenreferent im Berliner Außenministerium, der NS-Karrierediplomat Franz Rademacher, wollte sogar bis zu 6,5 Millionen Juden dort ansiedeln.[184] Zugleich schlug er im Juni 1940 vor, lediglich die europäischen „Westjuden" nach Madagaskar zu deportieren, die zahlreicheren „Ostjuden" aber im Lubliner Reservat „als Faustpfand in deutscher Hand" zurückzuhalten, „um die Amerikajuden lahmzulegen" – also Druck auf die formell noch neutralen USA auszuüben, die damals jedoch Großbritannien bereits großzügig mit Rüstungsgütern unterstützten. Sowohl Lublin als auch Madagaskar hätten von der SS kontrolliert werden sollen.[185] Madagaskar wäre folglich weniger ein ‚Judenstaat' als ein ‚Judenreservat' gewesen. Oder, wie Rademacher am 2. Juli 1940 festhielt:

„Die Lösung Madagaskar bedeutet, vom deutschen Standpunkt aus gesehen, Schaffung eines Großgettos. Nur die Sicherheitspolizei hat die nötigen Erfahrungen auf diesem Gebiet, sie hat die Mittel, eine Flucht von der Insel zu verhindern. Sie hat weiter die Erfahrung darin, Straf-

---

[180] Adam, Nationalsozialistische Judenpolitik, S. 255 f.; in seinen Memoiren erwähnte Bonnet diesen Sachverhalt nicht; vgl. Bonnet, Vor der Katastrophe.
[181] Browning, Die Entfesselung der „Endlösung", S. 131.
[182] Verfolgung – Vertreibung – Vernichtung, S. 218 f.
[183] Ebenda, S. 269 f.
[184] Longerich, Heinrich Himmler, S. 526; ; offenbar sollten die Juden Südosteuropas und der nordafrikanischen französischen Kolonien einbezogen werden.
[185] Krausnick, Judenverfolgung, S. 292.

maßnahmen, die wegen feindseliger Handlungen von Juden in USA gegen Deutschland erforderlich werden, in der geeigneten Weise durchzuführen."[186]

Hitler diskutierte am 18. Juni 1940 den Madagaskar-Plan auf höchster Ebene mit Mussolini – wenige Tage nach dem verspäteten Eintritt Italiens in den Krieg auf Seiten Deutschlands.[187] Am 26. Juli 1940 tauschte Hitler sich auch mit dem rumänischen Ministerpräsidenten Gigurtu darüber aus, der im Auftrage König Carols II. eine verspätete Annäherung an den deutschen Diktator suchte. Gigurtu riet mit Blick auf die „Judenfrage" zu einer „totale[n] Lösung für ganz Europa", worauf Ribbentrop erwiderte, genau darüber denke man nach.[188] Rumäniens Außenminister Manoilescu erklärte daraufhin am 29. Juli 1940 in Bukarest, seine Regierung sei überzeugt, dass das Losungswort „Rumänien den Rumänen" nie verwirklicht werden könne, „wenn man nicht auch an die energische Lösung der Judenfrage herangehe".[189] Zur selben Zeit entwickelte das mit Hitler kollaborierende Vichy-Regime in Frankreich eine „Massenemigrationspolitik für Ausländer", um Juden und andere unerwünschte Personen zu deportieren – nicht nach Madagaskar, sondern in die französischen Überseedepartements der Karibik. Das wurde nicht umgesetzt, da man eine Überbevölkerung Guadeloupes und der Antillen befürchtete.[190] Solch humanitäre Sorgen plagten die NS-Planer nicht.

Dass Hitler damals den Madagaskar-Plan sehr ernst nahm, bewies er dadurch, dass er im Juli 1940 alle Judendeportationen ins polnische Generalgouvernement einstellen ließ. Sein dortiger Satrap Hans Frank sistierte die Errichtung weiterer Ghettos.[191] Auch die rücksichtslose „Verschickung" von Juden aus Südwestdeutschland ins südfranzösische Pyrenäengebiet im Herbst 1940, von der etwa 7000 Menschen betroffen waren[192], erklärt sich aus der Erwartung, diese bald nach Madagaskar weiter deportieren zu können:

„Die Abschiebung der Juden aus Baden und der Saarpfalz vollzog sich in der Form, daß lt. Befehl der Gauleiter ‚alle Personen jüdischer Rasse', soweit sie transportfähig sind', abtransportiert werden mussten, ohne Rücksicht auf Alter und Geschlecht. Ausgenommen wurden lediglich bestehende Mischehen. Auch Männer, die als Frontkämpfer und zum Teil als Offiziere der alten Wehrmacht am Weltkrieg 1914–1918 auf deutscher Seite teilgenommen haben, mussten verschickt werden. Die Altersheime in Mannheim, Karlsruhe, Ludwigshafen usw. wurden evakuiert. Frauen und Männer, die nicht zu gehen imstande waren, wurden befehlsgemäß auf Tragbahren zu den Eisenbahnzügen transportiert. Der älteste Deportierte war ein 97jähriger Mann aus Karlsruhe. Die Frist, die den Verschickten zur Vorbereitung gewährt wurde, schwankte örtlich zwischen einer Viertelstunde und zwei Stunden. Eine Anzahl von Frauen und Männern benutzte diese Frist, um sich der Verschickung durch Freitod zu entziehen. [...] Die Verschickten mussten [...] ihr Hab und Gut, Kapitalvermögen und Grundbesitz zurücklassen. [...] Geldbe-

---

[186] Longerich, Heinrich Himmler, S. 525.
[187] Browning, Die Entfesselung der „Endlösung", S. 133.
[188] Mazower, Hitlers Imperium, S. 117.
[189] Schulthess' Europäischer Geschichtskalender 81.1940, S. 440.
[190] Mazower, Hitlers Imperium, S. 118.
[191] Browning, Die Entfesselung der „Endlösung", S. 141.
[192] Cohn, Kein Recht, nirgends, Bd. 2, S. 864; Gerwarth, Reinhard Heydrich, S. 225 f., nennt über 6000 Opfer dieser Deportation.

träge zwischen 10 und 100 Reichsmark durften mitgenommen werden [...]. [Ebenso] Gepäck bis zum Höchstgewicht von 50 Pfund [...]."[193]

Madagaskar war niemals ein bloßes Auswanderungsprojekt. Vielmehr implizierte der Madagaskar-Plan der Nationalsozialisten zwangsläufig „ein Massensterben der Juden".[194] Beide vom NS-Regime 1939/40 diskutierten Reservat-Lösungen, Lublin wie Madagaskar, wären „auf eine mörderische Dezimierung der jüdischen Bevölkerung hinausgelaufen".[195] Dies war der Grund dafür, „dass die Zionisten" – die bei der Auswanderung nach Palästina mit dem NS-Regime zeitweilig kooperiert hatten[196] – den „Madagaskar-Plan strikt ablehnten", und dass „internationale jüdische Organisationen" trotz Schwankens letztlich „nicht daran interessiert waren, die Zwangsumsiedlung europäischer Juden auf eine öde Insel voller Krankheiten zu finanzieren".[197] Auch den deutschen Bürokraten musste klar sein, „dass eine Ausführung des Planes mörderische Konsequenzen gehabt hätte". Christopher Browning hält daher – nachdem mit den Judenmassakern im Polenfeldzug 1939 „die genozidale Tendenz" der NS-Politik „bereits erkennbar" geworden war – den Madagaskar-Plan für einen „bedeutenden Schritt auf dem Weg zur ein Jahr später beschlossenen ‚Endlösung'".[198] Hitler hätte kaum widersprochen; jedenfalls erklärte er im „Führerhauptquartier" bei Rastenburg im Mai 1942:

„Ganz Westeuropa müsse [...] nach einer bestimmten Zeit völlig judenfrei sein. [...] Es empfehle sich [...] nicht, die Juden nach Sibirien abzuschieben, da sie bei ihrer Klimafestigkeit dort nur gesundheitlich noch besonders gehärtet würden. Viel richtiger sei es, sie – da die Araber sie in Palästina nicht haben wollten – nach Afrika zu transportieren und sie damit einem Klima auszusetzen, das jeden Menschen unserer Widerstandsfähigkeit beeinträchtige und damit jede Interessenüberschneidung mit europäischem Menschentum ausschließe."[199]

Die Madagaskar-Utopie zerplatzte rasch. Im Umfeld Himmlers zog man es schon Ende 1940 vor, nur noch über eine „Umsiedlung der Juden aus dem europäischen Wirtschaftsraum des deutschen Volkes in ein noch zu bestimmendes Territorium" zu sprechen – und dafür „rund 5,8 Millionen Juden in Betracht" zu ziehen. Hitler selbst kam allerdings noch kurz vor und kurz nach dem deutschen Angriff auf die Sowjetunion Mitte 1941 gegenüber einigen verbündeten Politikern – wiederum Mussolini, aber auch der kroatische Kriegsminister Slavko Kvaternik – auf Madagaskar zurück. Auch der Premierminister des „Französischen Staates" von Vichy, Admiral Darlan, der dort die NS-konforme Diskriminierung jüdischer Mitbürger umsetzte, ventilierte noch 1941 gegenüber deutschen Diplomaten die „Idee, alle Juden Europas nach Madagaskar zu transportieren". Hitler kam es, wie er im Juli 1941 gegenüber Kvaternik verdeutlichte, vor allem darauf an, „keinen Juden mehr in Europa" zu dulden – „wohin man die Juden schicke, nach Sibirien oder nach

---

[193] Verfolgung – Vertreibung – Vernichtung, S. 274 f.
[194] Hillgruber, Zweierlei Untergang, S. 88.
[195] Barth, Genozid, S. 85.
[196] Friedländer, Das Dritte Reich und die Juden, S. 76.
[197] Naimark, Flammender Hass, S. 95.
[198] Browning, Die Entfesselung der „Endlösung", S. 141 und S. 133.
[199] Picker, Hitlers Tischgespräche, S. 378.

Madagaskar, sei gleichgültig". Zu dieser Zeit hatten seine SS-Einsatzgruppen in den besetzten sowjetischen Gebieten – im östlichen Polen, in Weißrussland und in der Ukraine – bereits mit der systematischen Ermordung von Juden begonnen. Kurz nach der Wannsee-Konferenz vom 20. Januar 1942, auf der Heydrich im Auftrage Hermann Görings, des zweiten Mannes nach Hitler, die genozidale „Endlösung der Judenfrage" verwaltungstechnisch koordinierte, gab Judenreferent Rademacher im Auswärtigen Amt bekannt, „der Führer" habe „entschieden, daß die Juden nicht nach Madagaskar, sondern nach dem Osten abgeschoben werden sollen", weshalb „Madagaskar […] mithin nicht mehr für die Endlösung vorgesehen zu werden" brauche.[200] Doch selbst als der deutsche Massenmord an den Juden in vollem Gange war, kam Hitler am 24. Juli 1942 nochmals auf Madagaskar zu sprechen, indem er in wüster antisemitischer Diktion ankündigte: „Nach Beendigung des Krieges werde er sich rigoros auf den Standpunkt stellen, daß er Stadt für Stadt [in Europa] zusammenschlage, wenn nicht die Drecksjuden rauskämen und nach Madagaskar oder einem sonstigen jüdischen Nationalstaat abwanderten".[201] Saul Friedländer bemerkt treffend, dass Hitler Madagaskar „als Standardmetapher für das Endziel seiner Politik" benutzt habe – für „die Vertreibung der Juden aus Europa".[202]

Deportationen jüdischer Menschen fanden auch nach 1941 weiter statt. Doch sie führten nicht mehr in ein anderes Land oder ein „Judenreservat", sondern in Hitlers neue Massenvernichtungslager. Die administrative Regelung für diese im engsten Führungszirkel um Hitler, Göring und Himmler getroffene Entscheidung zum industrialisierten Völkermord an den Juden Europas exekutierte eine Runde von NS-Staatssekretären auf der Wannsee-Konferenz vom 20. Januar 1942. Die dortigen Ausführungen Heydrichs demonstrieren den Politikwechsel des NS-Regimes, die stets beabsichtigte „Säuberung" des deutschen „Lebensraumes" von jüdischen Menschen nicht mehr durch forcierte Auswanderung, sondern durch eine Kombination aus Massendeportation, tödlicher Zwangsarbeit und organisierten Mordaktionen erreichen zu wollen. Ebenso deutlich wird die Kombination moderner Machtmittel (Bürokratie, Polizei, Bevölkerungsstatistik, Transportwesen) mit modernen Praktiken der Bevölkerungsverschiebung („Evakuierung") und dem organisierten Massenmord, um eine das gesamte deutsch beherrschte Europa umfassende „Endlösung" zu erreichen.[203]

Die technische Modernität des Holocaust sollte nicht darüber hinwegtäuschen, wie barbarisch die Deportationen verliefen. Das galt nicht nur für die „Todesmärsche" des Winters 1944/45, auf die Ian Kershaw verweist. Schon General Edmund

---

[200] Brechtken, „Madagaskar für die Juden", S. 273 f. und S. 278 f.; ähnlich verweist Burleigh, Die Zeit des Nationalsozialismus, S. 687 f., darauf, dass Hitler gegenüber Mussolini noch von Madagaskar, wenig später gegenüber Kvaternik aber schon von „Sibirien oder Madagaskar" gesprochen habe.
[201] Picker, Hitlers Tischgespräche, S. 471.
[202] Friedländer, Das Dritte Reich und die Juden, S. 585.
[203] Protokoll der Wannsee-Konferenz; vgl. auch die Zusammenfassung bei Friedländer, Das Dritte Reich und die Juden, S. 721–725.

Glaise-Horstenau, Hitlers Militärbevollmächtigter in Kroatien, erfuhr im besetzten griechischen Saloniki im April 1943:

> „In Saloniki gab es sehr viele Juden, darunter zu keinem geringen Teil Spaniolen. Sie wurden nun zusammengetrieben, in ein Ghetto gesteckt und sollten allgemach nach Polen (!) gebracht werden ... Da begab es sich, daß irgendein Mitglied des Befehlshaberstabes [der Wehrmacht] in Belgrad, an einem Bahndamm vorüberreitend, einen Lastenzug traf, der furchtbaren Gestank ausströmte und aus dessen Waggons man durch Spalten irgendwie menschliche Gesichter hervorlugen sah. Das waren Juden aus Saloniki, die man in der Ausgangsstation in die Wagen hineingepfercht hatte und seither ohne Essen und Trinken überhaupt nicht mehr herausließ. Bis sie durch Serbien, Kroatien, Ungarn, Slowakei nach Polen kamen, waren sie wohl alle schon Leichen. Die schreckliche Sache kam an den obersten Kriegsgerichtsrat in Berlin, der sich aber wohl hütete, einzugreifen. Der Vorgang entsprach durchaus dem, was man ‚oben' wünschte."[204]

Diese Deportationen hatten nicht nur genozidale Ziele, sondern selbst schon genozidalen Charakter. Der in die USA emigrierte russisch-jüdische Wissenschaftler Eugene Kulischer sprach 1943 vom Versuch Hitlers, das „jüdische Problem" durch Zwangsmigration in Ghettos und KZ genozidal zu „lösen". Kulischer wies darauf hin, dass einige Vasallenstaaten Hitlers sich dieser tödlichen Deportationspolitik bereits angeschlossen hätten. Demnach hatte nicht nur das NS-Regime bis Ende 1942 275 000 Juden ins besetzte Polen deportiert, wo diese zusammen mit den eineinhalb Millionen polnischen Juden dem sicheren Tod geweiht waren; auch Rumänien hatte laut Kulischer Bessarabien und die Bukowina von jüdischen Bewohnern „gesäubert" und 185 000 Menschen in die besetzte Südukraine („Transnistrien") deportiert; und das faschistisch-autoritäre Regime des katholischen Pfarrer-Präsidenten Jozef Tiso hatte bis Ende 1942 70 000 Juden aus der Slowakei deportiert.[205]

Der deutsche Völkermord an den Juden entfaltete seine größte Intensität zwischen März 1942 und Februar 1943. Als die Niederlage der deutschen Wehrmacht in Stalingrad erfolgte, waren folglich 75 bis 80 Prozent aller jüdischen Opfer bereits ermordet.[206] Dieser Genozid bezeichnet den „Extremfall aller barbarischen Tötungsaktivitäten des ‚Dritten Reiches'".[207] Von 7,5 Millionen jüdischen Männern, Frauen und Kindern, die dem NS-Imperium im Zweiten Weltkrieg ausgeliefert waren, lebte bei Kriegsende nur noch jeder Fünfte.[208] Norman Davies hat recht, wenn er „Umsiedlung" für „eines der hässlichsten Wörter im Vokabular des Zweiten Weltkrieges" erklärt. Zwar seien damit auch echte Umsiedlungen bezeichnet worden, doch für Millionen Juden sei das Wort „ein Euphemismus für Ausrottung" gewesen.[209]

---

[204] Broucek, Ein General im Zwielicht, Bd. 3, S. 201; Kershaw, Wendepunkte, S. 542.
[205] Kulischer, Jewish Migrations, S. 26 f.
[206] Sheehan, Kontinent der Gewalt, S. 171.
[207] Wehler, Deutsche Gesellschaftsgeschichte, Bd. 4, S. 653.
[208] Mak, In Europa, S. 449.
[209] Davies, Die große Katastrophe, S. 569 f.; auf den 1941 erfolgten begrifflichen Wandel „von der Beschreibung zum Euphemismus" verweist Snyder, Bloodlands, S. 227.

3. Formale „Freiwilligkeit" und Gewalt: Umsiedlungsverträge im Kontext des Zweiten Weltkrieges

Echte „Umsiedlungen" (ohne Genozid) konnten im Zweiten Weltkrieg und auch noch nach Kriegsende nicht nur als Zwangsmaßnahmen auftreten, sondern auch als formal *freiwillige* Aktionen. Realiter aber war diese Freiwilligkeit meist nur in dem Sinne gegeben, dass der Weggang aus der Heimat als etwas weniger schlimm erschien als der Verbleib. Wirklich freiwillig gingen in modernen ethnischen „Säuberungen" die wenigsten, und auch der Zweite Weltkrieg und sein Nachkrieg machen hier keine Ausnahme. Die scheinbar freiwilligen „Transfers" bildeten jedoch die stärkste Kontinuitätslinie zum Modell von Lausanne zur Zeit des Zweiten Weltkrieges.

Tony Judt hat auf einen wichtigen Unterschied der Nachkriegsordnungen von 1919 und 1945 hingewiesen: Nach dem Ersten Weltkrieg seien in Europa „Staatsgrenzen neu gezogen" worden, „während die Bevölkerung im großen und ganzen unbehelligt" geblieben sei. Nach dem Zweiten Weltkrieg sei es „genau umgekehrt" gekommen. Von der wichtigen Ausnahme der deutsch-polnisch-sowjetischen Grenzverschiebung abgesehen seien „Grenzen weitgehend intakt" geblieben; stattdessen hätten die Menschen „umziehen" müssen. Neben der Zwangsmigration von bis zu fünfzehn Millionen Deutschen seien – juristisch meist freiwillig – eine Million Polen und eine halbe Million Ukrainer umgesiedelt und 120 000 slowakische Ungarn gegen ebenso viele Slowaken aus Ungarn „ausgetauscht" worden. Ähnliche Bevölkerungstransfers habe es zwischen Polen und Litauen, zwischen der Tschechoslowakei und der Sowjetunion gegeben, und innerhalb Jugoslawiens seien 400 000 Slawen von Süden nach Norden umgesiedelt worden, um den Platz von 600 000 vertriebenen Deutschen und von Italienern einzunehmen. Judt konstatiert: „Den Begriff ‚ethnische Säuberung' gab es noch nicht, wohl aber die Realität – und sie löste keineswegs generelle Ablehnung oder peinliche Betretenheit aus."[210]

In diesem Zusammenhang war die Idee der Bereinigung ethnischer Konflikte durch formell freiwillige „Umsiedlung von Volksgruppen" keine Erfindung der Sieger des Zweiten Weltkrieges. Sie wurde schon vor dem Ersten Weltkrieg praktiziert.[211] Solche Umsiedlungspolitik war im „Westen" zwar lange zurückhaltend beurteilt worden, doch gewann dieses Projekt „am Vorabend des Zweiten Weltkrieges erneut an Einfluss", nachdem es trotz des unter westlicher Mitwirkung 1923 zustande gekommenen griechisch-türkischen Transfervertrages von Lausanne zunächst nicht weiter verfolgt worden war. Die polnische Historikerin Bernadetta Nitschke stellt fest, dass die neue Hochphase ab 1938/39 „vor allem von den tota-

---

[210] Judt, Geschichte Europas, S. 41–44, dessen Freiwilligkeits-Wertungen im Folgenden differenziert betrachtet werden; nur auf den Zweiten Weltkrieg und nicht auf dessen Nachkrieg bezogen: Sheehan, Kontinent der Gewalt, S. 178.
[211] Vgl. Kap. IV.4.

litären Systemen" Deutschlands und der Sowjetunion „getragen" worden sei.[212] Das ist zutreffend, muss aber durch den Hinweis auf eine erneuerte Umsiedlungs-Bereitschaft auch in den demokratischen Großmächten Großbritannien und Frankreich ergänzt werden. Um Letztere zu erklären, reicht der Hinweis nicht, die Politik der Nazis und der Sowjets sei „ansteckend" gewesen.[213] Diese biologistische Metapher verschleiert vielmehr die modern-westlichen Ursprünge ethnischer „Säuberungen".

Doch war es zuerst Hitler, der nach Lausanne neue Umsiedlungsprojekte in die Tat umsetzte, die sowohl über Staatengrenzen hinweg reichten als auch auf formeller Freiwilligkeit basierten. Die „nationalsozialistische Nationalitätenpolitik" degradierte Millionen außerhalb des Deutschen Reiches lebende Deutsche zur rassischen Verfügungsmasse. Diese „Volksdeutschen" sollten entweder durch „Grenzveränderungen" oder durch bilateral mit anderen Staaten vereinbarte „Umsiedlungen" in die Reichsbevölkerung inkorporiert werden[214] – also entweder mit oder ohne Heimatgebiet „heim ins Reich" geholt werden. Gebietsannexionen konnte Hitler ohne Krieg, aber mit massiven Kriegsdrohungen im Falle Österreichs im März 1938 und im Falle der Sudetengebiete im Herbst 1938 durchsetzen; auch die Besetzung der „Rest-Tschechei" sowie die gleichzeitig erpresste Rückgabe des von Litauen annektierten Memelgebietes im März 1939 gehören hierher. Alle territorialen „Arrondierungen" jedoch, die Hitler später noch erreichte, fanden bereits unter den Bedingungen des von ihm begonnenen Zweiten Weltkrieges statt.

Das Münchner Abkommen vom September 1938, das zwischen Deutschland, Italien, Großbritannien und Frankreich geschlossen wurde, um die mehrheitlich von Deutschen bewohnten Sudetengebiete von der ČSR abzutrennen und dem Großdeutschen Reich anzuschließen, hatte diesem „Muster der Gebietsabtretung die bisher in Mitteleuropa nicht praktizierte Methode" des Transfers hinzugefügt, indem es vorsah, „verbleibende Reste tschechischer Bevölkerung aus dem jetzt zum Reich gehörenden Sudetenland oder deutscher aus der Tschechoslowakei ins jeweilige ‚Mutterland' umzusiedeln".[215] Die damit erstmals auch auf Mitteleuropa angewandte Transferpolitik, die bislang nur auf dem Balkan und in Kleinasien praktiziert worden war[216], basierte auf der Überzeugung, man müsse verfeindete Völker voneinander trennen, um den Frieden dauerhaft zu sichern. Der britische Vermittler Lord Runciman war im August 1938 zu dem Schluss gekommen, es sei „vergeblich, zu hoffen, daß Sudetendeutsche und Tschechen innerhalb eines gleichen Staates zusammenarbeiten könnten". Daraufhin hatte die britische Regierung unter Neville Chamberlain einen Vorschlag entwickelt, der die Abtretung aller Gebiete mit deutscher Bevölkerungsmehrheit an Deutschland mit einer wechselseitigen „Evakuierung und Überführung" verbleibender Minderheiten koppelte.

---

[212] Nitschke, Vertreibung und Aussiedlung der deutschen Bevölkerung aus Polen, S. 52; zu Lausanne vgl. Kap. V.3.
[213] Ther, The Spell of the Homogeneous Nation-State, S. 90.
[214] Nitschke, Vertreibung und Aussiedlung, S. 52.
[215] Lemberg, Einleitung, S. 34f.; Haas, Ethnische Homogenisierung unter Zwang, S. 149.
[216] Vgl. Kap. IV.4 und Kap. V.3.

Hitler schien den Grundsatz der Trennung der Nationalitäten zu akzeptieren, als er am 26. September 1938 in seiner Sportpalastrede versicherte: „Wir wollen gar keine Tschechen!"[217] Das wenige Tage später unterzeichnete Münchner Abkommen – geschlossen zwischen den drei Paten-Mächten des Lausanner Transferabkommens von 1923 und Hitlers Deutschland – sah nicht nur ein auf sechs Monate befristetes „Optionsrecht für den Übertritt in die abgetretenen Gebiete und für den Austritt aus denselben" vor, sondern auch den Abschluss einer bilateralen deutsch-tschechoslowakischen Vereinbarung über „Verfahren zur Erleichterung des Austausches der Bevölkerung".[218]

Dieser geplante wechselseitige Austausch von Tschechen und Deutschen[219] kam nie zustande, da Hitler bereits im März 1939 die verkleinerte Tschechoslowakei zerschlug und ihren tschechischen Teil mit Prag besetzte. Im seitherigen „Reichsprotektorat Böhmen und Mähren" war von einer Aussiedlung der deutschen Minderheit (450 000 Menschen)[220] keine Rede mehr, vielmehr sollte diese durch volksdeutsche „Umsiedler" aus Osteuropa gezielt verstärkt werden. So schrumpfte das Münchner Transfer-Projekt zur einseitigen Verdrängung vieler (nicht aller) Tschechen aus den Sudetengebieten. Britische Publizisten erhoben noch 1945 gegenüber Hitlers Deutschland den Vorwurf, dessen aggressive Lebensraumpolitik habe die 1938 angebotene Kompromisslösung eines „Bevölkerungstransfers" oder einer „Repatriation" nie ernsthaft gewollt. Stattdessen seien die in der verkleinerten ČSR verbliebenen Deutschen – nach dieser Zählung 100 000 – ein Pfahl im Fleisch der Tschechen geblieben, und Deutschland habe die Anwesenheit dieser Minderheit zum Vorwand genommen, um ganz Böhmen und Mähren als deutschen „Lebensraum" zu fordern.[221]

Als Hitler ein knappes Jahr nach München erneut Grenz- und Minderheitenfragen zum Anlass für Kriegsdrohungen (diesmal gegen Polen) nahm, brachte die britische Diplomatie wieder eine bilaterale Umsiedlung als Lösung ins Spiel – diesmal als *Alternative* und nicht nur als *Ergänzung* einer Grenzrevision. Der britische Botschafter in Berlin, Sir Nevile Henderson, schlug im August 1939 vor, die Konfliktursachen in den von Hitler bezeichneten Krisengebieten Danzig und Oberschlesien „durch einen exchange of populations etwa nach Südtiroler Muster zu beseitigen".[222] Gemeint waren die damals zwischen Hitler und Mussolini geführten Verhandlungen über eine Umsiedlung deutscher (bzw. österreichischer) Einwohner Südtirols, die sich in ihrer 1919 von Italien annektierten Heimat nicht der

---

[217] Bonnet, Vor der Katastrophe, S. 86, S. 88 und S. 108.
[218] Dokumente der deutschen Politik, Bd. 4, S. 490; der Tschechoslowakei wurden auch von Polen und Ungarn als Trittbrettfahrer Hitlers Gebiete abgepresst; vgl. Broszat, Zweihundert Jahre deutsche Polenpolitik, S. 250 f., und Hildebrand, Das vergangene Reich, S. 661; Polen besetzte im Oktober 1938 Teschen, im November 1938 musste Prag Gebiete an Ungarn abtreten; laut Graml, Hitler und England, S. 106, trugen Polen und Ungarn als Hitlers „Bundesgenossen gegen Prag" zur Internationalisierung der Krise bei.
[219] Lemberg, Einleitung, S. 34.
[220] Seibt, Deutschland und die Tschechen, S. 340.
[221] Paneth, Eduard Benes, S. 96.
[222] Lemberg, Einleitung, S. 34 f.; ähnlich Bloxham, The Great Unweaving, S. 203.

faschistischen Zwangsassimilationspolitik unterwerfen wollten.[223] Obschon Henderson dieses formell freiwillige Umsiedlungs-Abkommen als „compulsory transfer to the Reich" missverstand, billigte der Brite die damit verbundene ethnische „Säuberung". So hoch man die Härte für die betroffene Generation veranschlagen müsse, so sehr diene dieses „Beruhigungsmittel" dazu, alle Ursachen künftiger Konflikte zu beseitigen.[224]

Der Unterschied zur späteren Umsiedlungspolitik Hitlers war, dass die britischen „Transferkonzeptionen noch in eine Friedensperspektive integriert" wurden.[225] Eine Konfliktlösung durch Transferpolitik war Hitler jedoch im Falle Polens nicht erwünscht, obschon sein Adlatus Göring im September 1938 – kurz vor dem Münchner Abkommen – eine solche Regelung dem polnischen Botschafter Lipski noch selber vorgeschlagen hatte.[226] In den letzten Augusttagen 1939 griff der britische Botschafter, assistiert vom französischen Kollegen Robert Coulondre, diese Transfer-Pläne zwecks Verhinderung eines akut drohenden Krieges wieder auf. Doch während am 27. August 1939 der polnische Außenminister Beck den Briten seine prinzipielle Verhandlungsbereitschaft über einen deutsch-polnischen Bevölkerungsaustausch signalisierte, hatte Hitler trotz hinhaltender Phrasen kein echtes Interesse.[227] Der deutsche Diktator forderte am 29. August in einer Unterredung mit Henderson ultimativ polnische Gebietsabtretungen (Danzig, den „Korridor" in Westpreußen, Gebiete „in Schlesien"), und es war der britische Botschafter, der alternativ einen Austausch der nationalen Minderheiten ins Spiel brachte. Botschafter Coulondre zufolge hatte Hitler auf diese „Frage Hendersons" immerhin „zugestanden, daß das Minderheitenproblem durch einen Austausch der Bevölkerung in befriedigender Form zu lösen sei". Zwei Tage zuvor hatte Coulondre „selber einen derartigen Vorschlag Paris unterbreitet", und ihm war „bekannt, daß die polnische Regierung" ihren Botschafter in Berlin „ermächtigt" hatte, „einer solchen Lösung zuzustimmen". Coulondre schien dies „ein erster Schritt zur Verständigung" zu sein.[228]

Das war ein Trugschluss: Hitler wollte den Krieg, und er wollte Bevölkerungsverschiebungen nicht als Kompromiss, sondern als einseitiges Diktat des deutschen Siegers. Nur mit dieser wichtigen Differenzierung kann man Hans Lemberg zustimmen, wenn dieser auf „die allgemeine Akzeptanz des ‚Entmischungs'-Gedan-

---

[223] Zur italienischen Politik der Zwangsassimilation gegen Slowenen in Triest oder deutschösterreichische Südtiroler Haas, Ethnische Homogenisierung unter Zwang, S. 145 f.; zum deutsch-italienischen Umsiedlungsabkommen über Südtirol von 1939: Fisch, Das Selbstbestimmungsrecht der Völker, S. 195 f.
[224] Henderson, Failure of a Mission, S. 237.
[225] Haas, Ethnische Homogenisierung unter Zwang, S. 149.
[226] Lipski, Diplomat in Berlin, S. 404 f., der den von Göring zum wiederholten Male angebotenen Bevölkerungsaustausch vor allem als Entfernung deutscher Grundbesitzer aus Polen nach Deutschland verstand.
[227] Frank, Expelling the Germans, S. 33–35; der Henderson am 31.8.1939 mitgeteilte deutsche Forderungskatalog an Polen enthielt im neunten von sechzehn Punkten einen wechselseitigen „exchange of population" im westpreußischen „Korridor" bei Danzig; vgl. Henderson, Failure of a Mission, S. 314 und 317.
[228] Coulondre, Von Moskau nach Berlin, S. 434 f.

kens" in der britischen und deutschen Politik des Jahres 1939 verweist. Sogar „noch während des Zweiten Weltkriegs", so Lemberg, habe auf beiden Seiten der Front „die Argumentation für einen Bevölkerungsaustausch erstaunlich unisono" geklungen.[229] Freilich war Hitler derjenige, der solche Pläne ab Kriegsbeginn in die Tat umsetzte – und zwar nach Möglichkeit als einseitige Gewaltmaßnahme, von der er nur mit Rücksicht auf wichtige Verbündete zugunsten bilateraler Vereinbarungen abwich. Dieser Übergang zum gewaltsamen einseitigen Transfer hat die Nachkriegsplanungen der Anti-Hitler-Koalition wesentlich beeinflusst.[230]

Am 6. Oktober 1939, als der Sieg Deutschlands über Polen feststand, kündigte der deutsche Diktator im Reichstag „die Herstellung einer Reichsgrenze" im Osten an, „die den historischen, ethnographischen und wirtschaftlichen Gegebenheiten gerecht" würde, und bezeichnete „als wichtigste Aufgabe" der deutschen Politik im Osten „eine neue Ordnung der ethnographischen Verhältnisse, das heißt, eine Umsiedlung der Nationalitäten so, daß sich […] bessere Trennungslinien ergeben, als es heute der Fall ist".[231] Gegenüber der polnischen (und jüdischen) Bevölkerung in den annektierten neuen deutschen Ostgebieten schritt das NS-Regime zur sofortigen einseitigen Zwangsumsiedlung in das rest-polnische Generalgouvernement, sofern die bedrohten Menschen nicht sogar zielgerichtet umgebracht wurden. Dort, wo deutsche Minderheiten in anderen Staaten die außenpolitischen Prioritäten des Großdeutschen Reiches störten, war Hitler bereit, auf Gebietsansprüche und Minderheitenschutz zu verzichten, indem er seinen Bündnispartnern Mussolini und Stalin vorschlug, in deren Machtbereich lebende Deutsche „ins Reich" auszusiedeln.

Außerhalb Osteuropas beschränkte sich diese bilaterale Umsiedlungspolitik Hitlers auf zwei Abkommen mit Italien. Nach dem am 21. Oktober 1939 unterzeichneten Abkommen zu Südtirol folgte im Oktober 1941 ein weiteres zur Umsiedlung von Volks- und Reichsdeutschen aus der „Provinz Laibach" – jenem Teil Sloweniens, der mit Aufteilung Jugoslawiens im April 1941 bis zum Sturz Mussolinis im Juli 1943 zur italienischen Beute gehörte.[232] Dieses zweite Abkommen verpflanzte „mehr als 15 000 Deutsche aus der Krajina in die untere Steiermark und nach Kärnten".[233] Für deutsch-österreichische Patrioten alten Stils war eine freiwillige Umsiedlung der Südtiroler eine inakzeptable Politik, mit der Hitler nur bewies, „daß er kein Österreicher mehr war".[234] Himmler erklärte hingegen im Mai 1939 zum Südtirol-Abkommen, zwar gebe man deutsches Land auf, nicht aber die deutschen Südtiroler. Deren Problem sei nur mittels eines „geschichtlich vielleicht einmalig großzügigen Verfahrens" zu lösen, indem Deutschland „irgendwo auf seinem Machtgebiet, z. B. im Osten, Raum für 200 000 Menschen" schaffe und dort die bisherigen Bewohner entferne. Himmler dachte zunächst ans nörd-

---

[229] Lemberg, Einleitung, S. 35.
[230] Vgl. Kap. VI.4.
[231] Dokumente der deutschen Politik, Bd. V, S. 137.
[232] Ebenda, S. 149f. und S. 344.
[233] Brumlik, Wer Sturm sät, S. 106.
[234] Broucek, Ein General im Zwielicht, Bd. 2, S. 381.

liche Mähren; später nahmen SS-Planer das französische Burgund, ab 1942 dann die Krim als Ansiedlungsregion in den Blick.[235] Zwar optierten von 250 000 Südtirolern 86 Prozent für Deutschland, um der Zwangsassimilierung zu entgehen, doch ihre Umsiedlungsbereitschaft blieb begrenzt: Bis 1942 siedelten 77 000 nach „Großdeutschland" um, meist Besitzlose und Arbeiter, die in Österreich, im „Protektorat", in Westfalen und in Luxemburg angesiedelt wurden. 20 000 kehrten nach Kriegsende nach Südtirol zurück.[236]

Alle übrigen Umsiedlungsverträge, die Hitler zwischen 1939 und 1941 schloss, betrafen Volksdeutsche in Osteuropa – in Estland, Lettland und Litauen, im 1939 sowjetisch besetzten östlichen Polen sowie in Wolhynien, Bessarabien, der Dobrudscha und Bukowina. Insgesamt wurden „fast eine Million Auslandsdeutsche" ins kriegführende Großdeutschland Hitlers „umgesiedelt".[237] 1941/42 veranlasste der NS-Staat für „mehrere tausend Serbiendeutsche" die Umsiedlung[238], Ende 1942 folgte ein Abkommen mit Kroatien zur Umsiedlung von 20 000 „Streudeutschen" aus Bosnien nach Polen – bei strengem Rückkehrverbot, was viel über die vorgebliche Freiwilligkeit aussagt.[239] Dies alles waren Elemente der von Hitler im Oktober 1939 angekündigten ethnischen Flurbereinigung im Osten Europas. Verstreut lebende „Splitter deutschen Volkstums" sollten ins Kernvolk zurückgezogen werden und damit der „Festigung deutschen Volkstums" dienen – wie jener amtliche Reichskommissars-Titel verkündete, den sich Himmler von Hitler am 7. Oktober 1939 hatte verleihen lassen.[240] Hitlers Geheimerlass definierte als Ziel, „deutsche Menschen, die bisher in der Fremde leben mussten, in seinen Raum aufzunehmen und anzusiedeln und innerhalb seiner Interessengrenzen die Siedlung der Volksgruppen so zu gestalten, daß bessere Trennungslinien zwischen ihnen erreicht werden".[241] Der US-Migrationsforscher Joseph Schechtman konnte 1945 seine technokratische Bewunderung für diesen „administrativen deutsch-sowjetischen Parallelismus" des „Kultes bürokratischer Planung" nicht verhehlen – zumal es den Behörden beider totalitärer Diktaturen im Winter 1939/40 tatsächlich gelang, die Zahl der Todesopfer dieser Massenumsiedlungen erstaunlich klein zu halten.[242]

---

[235] Broucek, Ein General im Zwielicht, Bd. 3, S. 137.
[236] Fisch, Das Selbstbestimmungsrecht der Völker, S. 195 f.; mit abweichenden Zahlen: Longerich, Heinrich Himmler, S. 433 und S. 475 f. und Steininger, Südtiroler, S. 629–631; der österreichische Nationalsozialist Glaise-Horstenau notierte angesichts der NS-Umsiedlungspolitik 1939: „Ob einer von den Beteiligten etwas von dem Drama von Königsgnad, 1810 bis 1814, weiß? Ich bin überzeugt, daß es nicht der Fall ist." Damals hatte die habsburgische Regierung vor Napoleon geflüchtete Südtiroler in Siebenbürgen angesiedelt, von wo die meisten aber wieder abwanderten und oft in die alte Heimat zurückkehrten; vgl. Broucek, Ein General im Zwielicht, Bd. 2, S. 381.
[237] Nitschke, Vertreibung und Aussiedlung, S. 52 f., die diese bilateralen Verträge als „internationale Abkommen" bezeichnet.
[238] Brumlik, Wer Sturm sät, S. 106.
[239] Ebenda, S. 106 f.
[240] Lemberg, Einleitung, S. 35.
[241] Buchheim, Anatomie des SS-Staates, Bd. 1, S. 182 f.
[242] Vgl. Ther, Die dunkle Seite der Nationalstaaten, S. 115.

Die außenpolitische Beruhigung, die Hitler nicht als Friedenspolitiker, sondern als zeitweilig triumphierender Kriegsherr zwischen 1939 und 1941 in Osteuropa verkündete, zielte nicht auf jene hilflosen Kleinstaaten, mit denen er damals Umsiedlungsverträge schloss. Für Hitler zählte nur die Konfliktvermeidung mit dem zeitweilig wichtigen Bündnispartner in Moskau. Der Großteil jener Gebiete, aus denen osteuropäische Volksdeutsche „heim ins Reich" geholt werden sollten, gehörte zu jener territorialen Beutemasse, die Hitler Stalin als Gegenleistung für dessen Hilfe bei der Zerschlagung Polens und die Vermeidung eines Zweifrontenkrieges zugesichert hatte. Sobald die Sowjetunion nicht mehr Bündnispartner, sondern Feindstaat war, wurde diese bilaterale Umsiedlungspolitik für Hitler nahezu obsolet. Nach dem Angriff auf die Sowjetunion ging es um rücksichtslose Kolonisierung nach Maßgabe der in „Mein Kampf" skizzierten „Bodenpolitik der Zukunft" – einer Zukunft, die Gegenwart zu werden schien. Weiterhin kam es zu massenhaften Umsiedlungen, doch wurden sie nicht mehr zweiseitig vereinbart, sondern einseitig diktiert. So wurde in einer Besprechung Hitlers mit Göring, Rosenberg (mittlerweile Reichsminister für die besetzten sowjetischen Gebiete) und dem Chef des OKW, Generalfeldmarschall Keitel, am 16. Juli 1941 festgehalten, die Weltöffentlichkeit solle nicht bemerken, dass man in Russland „eine endgültige Regelung" anbahnen wolle, aber „alle notwendigen Maßnahmen – Erschießen, Aussiedeln etc. – tun wir trotzdem und können wir trotzdem tun". Die Krim solle „von allen Fremden geräumt und deutsch besiedelt werden". Auch „das alt-österreichische Galizien", also die 1918/19 Teil Polens gewordene Region um Lemberg, die 1939 sowjetisch geworden war, müsse „Reichsgebiet" werden.[243] Hitler schwärmte im Juli 1942 von einer deutschen Besiedlung der Krim, auf der sich schon die antiken Goten und die Tataren so wunderbar gehalten hätten: „Die Verbringung der Südtiroler nach der Krim biete weder physisch noch psychisch besondere Schwierigkeiten. Sie brauchten ja nur einen deutschen Strom, die Donau, hinunterzufahren, dann seien sie schon da."[244] Schon im September 1941 hatte Hitler im „Führerhauptquartier" in Ostpreußen erklärt, seine „planmäßige Rassenpolitik" werde in Zukunft keine „Germanen" mehr aus Europa auswandern lassen, er werde diese vielmehr zielgerichtet in die eroberten Ostgebiete „hereinleiten". Massenhafte ethnische „Säuberungen" erschienen dem deutschen Machthaber gerechtfertigt, da das deutsche Volk seinerseits nach dem Ersten Weltkrieg besonders darunter gelitten habe:

„Wenn ein Land zu Evakuierungen ein Recht hat, so sind wir es, weil wir unsere eigenen Menschen wiederholt evakuiert haben: Aus Ostpreußen [i. e. Polen nach 1918] allein sind 800 000 Menschen ausgesiedelt worden. Wie empfindsam wir Deutschen sind, lässt sich daran erkennen, daß es uns als äußerstes an Brutalität zu sein schien, unser Land von den 600 000 Juden zu befreien, während wir die Evakuierung unserer eigenen Menschen widerspruchslos als etwas hingenommen haben, das sein muss."[245]

Bei der „rassenpolitischen" Umsiedlung so vieler Volksdeutscher in den eigenen Machtbereich ging es der NS-Diktatur weder um individuelle Menschen noch um

---

[243] Dokumente der deutschen Politik, Bd. V, S. 328.
[244] Picker, Hitlers Tischgespräche, S. 429 f.
[245] Ebenda, S. 144.

kulturelle Identitäten, sondern um eine möglichst konturlose Verfügungsmasse für ihre Rassenpolitik. Der Leiter der Planungsabteilung beim „Reichskommissar für die Festigung deutschen Volkstums", SS-Brigadeführer Fähndrich, bezeichnete die Umsiedlungspolitik als „völlige Revolutionierung der früheren deutschen Volkstumspolitik": Alle „heimgekehrten Deutschen" hätten „sich in die Disziplin, die Zucht und die Ordnung des Großdeutschen Reiches organisch einzufügen". Das bedeutete, Sonderidentitäten aufzugeben: „Die Begriffe des Baltendeutschen, des Wolhynien- und Bessarabiendeutschen usw. müssen in kürzester Frist ausgetilgt sein".[246] Die Volksdeutschen wurden Schachfiguren in einem Spiel, das sie nicht beherrschten. Doch anders als jene 7000 Deutschbalten, die sich 1939 weigerten, an den von Hitler mit den Regierungen Estlands, Lettlands und Litauens vereinbarten Umsiedlungen teilzunehmen, waren die Wolhyniendeutschen „überglücklich", nach Deutschland statt unter die Herrschaft Stalins gelangt zu sein, was sich durch ihre Deportationserfahrungen im Zarenreich und ihr Wissen um aktuelle sowjetische Deportationen erklärt. Sogar Esten und Letten bewarben sich unter Hinweis auf deutsche Vorfahren als „Umsiedler", auch einige Ukrainer und Polen durften sich beteiligen, während dies Juden untersagt wurde. Der im Generalgouvernement stationierte Soldat Wilm Hosenfeld beobachtete im März 1940: „Alle [volksdeutsche] Umsiedler sind sich einig in der Ablehnung der Bolschewikenherrschaft und sind den Deutschen so dankbar, daß sie sie dort herausgeholt haben; eines Bleibens wäre für sie dort nicht gewesen. Deshalb haben sich auch so viele Polen zur Umsiedlung gemeldet und haben für Deutschland optiert." Letztere hätten im sowjetisch besetzten Galizien „ihre polnischen Namen in deutsche umgeändert" und seien „in die Aussiedlerliste aufgenommen" worden, im Generalgouvernement jedoch in einem gesonderten Sammellager untergebracht worden.[247]

Obwohl die Umsiedlung geordnet und mit Eigentumsverrechnung verlief, waren die im eiskalten Winter 1939/40 durchgeführten Transporte der Wolhyniendeutschen „sicher nicht angenhm", wie der jüdische Breslauer Willy Cohn Ende 1939 notierte. Während auf diese Weise „120 000 Deutsche aus den an die Russen gefallenen Gebieten ins Großdeutsche Reich heimkehren" mussten, fügte der Breslauer Augenzeuge hinzu, was man nicht in der NS-Presse lesen konnte – dass nämlich zur gleichen Zeit „alle Juden" die Stadt Danzig hatten verlassen müssen.[248] Auch aus anderen Gegenden Deutschlands wurden Juden „zusammengetrieben" und ins polnische Generalgouvernement deportiert, wo viele von ihnen – im überfüllten Warschauer Ghetto zusammengepfercht – im Januar 1940 „wie die Fliegen" gestorben sein sollen, da sie mitten im Winter „ohne ausreichende Nahrung" und „ohne Heizung" sich selbst überlassen wurden.[249] Dazu bemerkte im März 1941 der unterdessen zum Leutnant beförderte und nach Warschau versetzte Wilm Ho-

---

[246] Broszat, Zweihundert Jahre deutsche Polenpolitik, S. 287f.
[247] Mazower, Hitlers Imperium, S. 84f.; Hosenfeld, „Ich versuche jeden zu retten", S. 329f. und S. 332, der auf parallele sowjetische Umsiedlungen von Polen und Ukrainern nach Sibirien und die Neuansiedlung von Russen im sowjetischen Ost-Polen hinweist.
[248] Cohn, Kein Recht, nirgends, Bd. 2, S. 731.
[249] Ebenda, S. 745.

senfeld nach einem „Einblick in das Ghetto": „Furchtbare Zustände, eine einzige Anklage gegen uns. Die Menschen müssen vertieren und verhungern. Wie in einem Ameisenhaufen kriechen sie durch die schmutzstarrenden Straßen. Verlumpt und verelendet."[250]

Unter den Volksdeutschen gab es einige, die vom NS-Regime als „erblich minderwertig" eingestuft, zwangssterilisiert oder als Behinderte umgebracht wurden.[251] Mehrheitlich jedoch erging es den Volksdeutschen besser als anderen Gruppen ihrer früheren Heimatgebiete. So wurde die jüdische Bevölkerung Wolhyniens Opfer eines Völkermords. In Tuczyn errichteten Hitlers Schergen ein Ghetto, in das 2000 Juden gepfercht wurden. Deren verzweifelter Aufstandsversuch im September 1942 endete im Massaker.[252] Auch die in Wolhynien seit dem 19. Jahrhundert ansässige tschechische Minderheit traf es härter als die umgesiedelten Deutschen: Die Tschechen wurden nicht ermordet wie ihre jüdischen Nachbarn, aber im Zuge der sowjetischen Besetzungen Wolhyniens 1939 und erneut 1944/45 von Stalin teilweise nach Sibirien deportiert. (Vermutlich erinnerte sich der sowjetische Diktator der antikommunistischen „tschechischen Legion" im russischen Bürgerkrieg 1918/19.) Andere gerieten 1941 unter deutsche Herrschaft, und diese Erfahrung brachte über Zehntausend im Jahre 1944 dazu, sich der in der UdSSR gebildeten „Tschechoslowakischen Legion" des kommunistischen Generals Ludvík Svoboda anzuschließen. Es war wiederum dieser Truppenverband, der in der Tschechoslowakei 1945 maßgeblich an der Vertreibung der Sudetendeutschen mitwirkte; „ein Truppenteil dieser tschechoslowakischen Legion" war – „nach unbekannter Vorgeschichte" – für das Massaker an Deutschen in der Stadt Aussig im Juli 1945 verantwortlich. Zwischen 1945 und 1947 wurden dann auch die 33 000 noch in Wolhynien lebenden tschechischen Einwohner aus der UdSSR, zu der ihre Heimat nun gehörte, in die ČSR transferiert. Die Grundlage bildete ein im Juli 1946 geschlossener Umsiedlungsvertrag zwischen Moskau und Prag.[253]

Nach Berichten des SS-Sicherheitsdienstes war „die Ansiedlung der Volksdeutschen aus Estland, Lettland, Wolhynien, Galizien und dem Narewgebiet" bis September 1941 weitgehend „abgeschlossen, während die Ansetzung der Volksdeutschen aus dem Südosten (Bessarabien, Nord- und Südbuchenland, Dobrudscha) und aus Litauen noch im Gange" war.[254] Für die Betroffenen bedeutete dies häufig, dass sie jahrelang in Übergangslagern – „immer mit fünf, sechs Familien in einem Zimmer" – festgehalten wurden, weil das NS-Regime sie nirgends anzusiedeln wusste.[255] In der NS-Führung hieß es im Frühjahr 1941, dass die aus dem

---

[250] Hosenfeld, „Ich versuche jeden zu retten", S. 452.
[251] Heinemann, „Volksdeutsche" Umsiedler, S. 1086.
[252] Corni / Iannelli, Hitler's Ghettos, S. 312.
[253] Vaculík, Tschechische Siedler in Wolhynien, S. 1047; zur tschechischen Legion im Ersten Weltkrieg: Hoensch, Geschichte Böhmens, S. 414; zur tschechoslowakischen Legion in Aussig 1945: Seibt, Deutschland und die Tschechen, S. 353 f.
[254] Meldungen aus dem Reich, Bd. 8, S. 2800.
[255] Richter, Die Umsiedlung der Deutschen aus Wolhynien, Bessarabien und der Dobrudscha, S. 22.

Baltikum ausgesiedelten Deutschen „zum erheblichen Teil ins Elend gestoßen" worden seien.[256]

Viele volksdeutsche Umsiedler wurden in Hitlers Deutschland Opfer rassistischer Diskriminierung. Die in ländlichen Regionen traditionelle Fremdenfeindlichkeit vermischte sich mit dem offiziellen NS-Rassismus, der neben jüdischen Menschen slawische Osteuropäer zu „minderwertigen Untermenschen" herabwürdigte. Nach ihrer Umsiedlung sahen sich auch volksdeutsche Osteuropäer von der alteingesessenen deutschen Bevölkerung und lokalen NS-Funktionären als Fremde aus dem Osten diskriminiert. Der SD berichtete im September 1941, „daß gerade Reichsdeutsche die Umsiedler immer wieder als Polen beschimpften, weil sie die deutsche Sprache nicht oder nur schlecht sprächen".[257] 1942 wurden volksdeutsche Umsiedler im annektierten Warthegau, aber auch im östlichen Brandenburg oder in Pommern „geradezu als lästige Ausländer betrachtet" und im Alltag „benachteiligt und verächtlich behandelt": „Redensarten wie ‚Was wollt ihr eigentlich? Warum seid ihr nicht geblieben, wo ihr wart?' und Beschimpfungen als ‚Pollacken' usw. waren nicht selten."[258] Die fremdenfeindlichen Ostdeutschen ahnten nicht, dass viele von ihnen wenig später als Vertriebene auf dieselbe Fremdenfeindlichkeit in westlicheren Teilen Deutschlands treffen würden. Der Rassismus, den das NS-Regime der deutschen Bevölkerung zwölf Jahre lang eingeimpft hatte, wirkte nach Kriegsende weiter – in Ermangelung anderer Opfer nun als Ablehnung *deutscher* Fremder, die als „Polacken", „Zigeuner", „Russen" ausgegrenzt und gedemütigt wurden.[259] Joseph Goebbels hatte dieses Ressentiment noch kurz vor dem Untergang des NS-Regimes im März 1945 zum Ausdruck gebracht, als er im Umland der von den Sowjets bedrohten Reichshauptstadt Berlin auf „Trecks über Trecks" traf, „vor allem von Schwarzmeer-Deutschen", die Jahre zuvor von Himmler als „Reichskommissar für die Festigung deutschen Volkstums" ins besetzte Polen umgesiedelt worden waren. Goebbels diktierte verächtlich in sein Tagebuch: „Was da unter der Marke deutsch in das Reich hineinströmt, ist nicht gerade erheiternd. Ich glaube, dass im Westen mehr [angelsächsische] Germanen mit Gewalt in das Reich eindringen, als im Osten Germanen friedlich in das Reich kommen."[260]

Die Umsiedlungen von Volksdeutschen aus Osteuropa sind somit integraler Bestandteil jener rassistischen NS-Herrschaft, die ab 1939 „für etwa fünf Jahre im deutschen Herrschaftsgebiet ein menschenverachtendes Vertreiben, ein pseudowissenschaftlich begründetes Hin- und Hersiedeln von Bevölkerungsgruppen" eröffnete. Dabei spielte „die nationalstaatliche Homogenisierung in den Augen der Planungsstäbe nur noch eine sekundäre Rolle gegenüber maßlosen Großraumplänen". Besonders gravierend war die rassistische „Deklassierung der Ostmittel- und Osteuropäer", die bis zum Massenmord gehen konnte. Dieser Rassismus richtete

---

[256] Bericht Glaise-Horstenaus über eine Unterredung mit dem preußischen Finanzminister Dr. Johannes Popitz im April 1941; vgl. Broucek, Ein General im Zwielicht, Bd. 3, S. 101.
[257] Meldungen aus dem Reich, Bd. 8, S. 2801.
[258] Meldungen aus dem Reich, Bd. 10, S. 3961–3963.
[259] Schwartz, Vertriebene als Fremde.
[260] Die Tagebücher von Joseph Goebbels, Teil II, Bd. 15, S. 449f.

sich in milderer Form, als Herabsetzung und Diskriminierung, im deutschen Volke selbst auch gegen Umsiedler, Flüchtlinge und Vertriebene deutscher Herkunft.[261] Zwischen Herbst 1939 bis Ende 1940 wurden eine halbe Million Volksdeutsche aus Osteuropa in die von Deutschland annektierten Ostgebiete umgesiedelt, zwischen 1941 und 1944 kamen 500 000 hinzu.[262]

Die Mehrzahl der volksdeutschen „Umsiedler" wurde nicht im deutschen Reichsgebiet in den Grenzen von 1937 angesiedelt, sondern in erst während des Zweiten Weltkrieges annektierten oder besetzten Gebieten – einige im zuvor französischen Elsass-Lothringen, die große Masse in zuvor polnischen Regionen. Die Konsequenz dieser Ansiedlungspolitik bestand in „Massenaussiedlungen von Franzosen, Polen und anderen, die den deutschen Neusiedlern Platz machen mussten".[263] Den „Umsiedlern" wurde rasch klar gemacht, in welchem Zusammenhang ethnischer „Säuberungen" ihre Umsiedlung stand. Ihnen wurde von SS-Umsiedlungsfunktionären erklärt:

„Ihr Deutschen aus Wolhynien werdet nach Polen, und zwar in den neugebildeten Warthegau, umgesiedelt. Auf Eure Höfe in Wolhynien kommen Ukrainer, die aus dem Lubliner und Cholmer Land zurück nach Osten umgesiedelt werden. Die Polen wiederum, auf deren Höfe Ihr Wolhyniendeutsche angesetzt werdet, kommen in dieses Lublin-Cholmer Gebiet und dürfen dort angesiedelt werden."[264]

Der Unmut darüber, Bauernhöfe übernehmen zu sollen, die deren Vorbesitzern offensichtlich geraubt worden waren, blieb kein Einzelfall. Schon im Februar 1940 waren im Raum Königsberg einquartierte Umsiedler aus dem Baltikum „sehr geteilter Meinung über ihre Ansiedlung im ehemals polnischen Gebiet" Westpreußens und des Warthegaus:

„Viele von ihnen möchten lieber als Tagelöhner in Ostpreußen bleiben, als sich als Pächter in den neueroberten Gebieten ansiedeln zu lassen. […] Je mehr Meldungen über Hinrichtungen von Polen [durch die deutsche Besatzungsmacht] erfolgen, umso größer wird die Angst der Baltendeutschen, daß sie einmal dafür büßen müssen, wenn sie sich jetzt im ehemals polnischen Gebiet ansiedeln lassen, und zum Schluss, wenn Deutschland den Krieg verliert, den Polen ausgeliefert sein werden. Die Stimmung unter den Rückwanderern aus den baltischen Staaten ist so schlecht, daß die Nazis mit Drohungen dagegen arbeiten müssen. Sie geben bekannt, daß jeder, der den ihm zugewiesenen Platz nicht übernimmt, das Recht verliert, seinem bisherigen ausländischen Besitz entsprechend neu angesiedelt zu werden."[265]

Bei alledem unterlag die NS-Politik erheblichen Schwankungen. So wurden Anfang 1941 48 000 Volksdeutsche aus dem damals sowjetischen Litauen in das „Großdeutsche Reich" umgesiedelt. Nach der im Sommer 1941 erfolgten deutschen Eroberung Litauens im Zuge des Eroberungskrieges gegen die Sowjetunion wurden dann 1942 28 000 dieser 48 000 Umsiedler nach Litauen zurückgesiedelt. Allerdings erhielten sie nur ausnahmsweise ihren früheren Besitz zurück; stattdessen

---

[261] Lemberg, Einleitung, S. 36; Aly, „Endlösung"; Müller, Hitlers Ostkrieg.
[262] Kershaw, Hitler, Bd. 2, S. 1084; ähnlich Longerich, Heinrich Himmler, S. 463.
[263] Nitschke, Vertreibung und Aussiedlung, S. 54.
[264] Zitiert nach Richter, Die Umsiedlung der Deutschen aus Wolhynien, Bessarabien und der Dobrudscha, S. 14–17.
[265] Deutschland-Berichte der Sozialdemokratischen Partei Deutschlands, Bd. 7, S. 102.

wurden 19 000 auf Bauernhöfen angesiedelt, die zuvor 22 000 Litauern, Polen und Russen abgenommen worden waren. 1943/44 mussten diese Rücksiedler aus Litauen wieder evakuiert werden.[266]

Von dieser Umsiedlungsaktion waren auch Russen und Litauer betroffen, die in den Grenzen des „Großdeutschen Reiches" lebten, welches im März 1939 das zeitweilig von Litauen beherrschte Memelgebiet „heim ins Reich" geholt und im Herbst 1939 auch die bisher polnische Region Suwalki annektiert und der Provinz Ostpreußen zugeschlagen hatte. Am 10. Februar 1941 berichtete die Königsberger Generalstaatsanwaltschaft über die Ankunft einer deutsch-sowjetischen „Umsiedlungskommission in Suwalki", die den wechselseitigen Austausch von „Litauerdeutschen aus dem ehemaligen Litauen" und „der im Kreise Suwalki lebenden Bewohner russischer und litauischer Volkszugehörigkeit" in die Tat umsetzen sollte. Dazu bemerkte der Berichterstatter, Oberstaatsanwalt Curt Capeller, kritisch:

„Dieses Prinzip der Freiwilligkeit engt die Arbeit der deutschen Verwaltungs- und Umsiedlungsbehörden erheblich ein, denn die Möglichkeit, alle im Kreise Suwalki lebenden unerwünschten und kriminellen Elemente der russischen und litauischen Volkszugehörigkeit im Zuge dieser Umsiedlung mit einem Schlage abschieben zu können, ist dadurch sehr gering geworden. Bisherige Feststellungen haben ergeben, daß lediglich ein Teil der russischen Bewohner ausgesiedelt zu werden wünscht und daß fast sämtliche litauische Volkszugehörigen den Wunsch geäußert haben, im Gebiet des Großdeutschen Reiches verbleiben zu dürfen. Die Angst vor dem Schicksal in Rußland überwiegt die Ungewißheit über ihr weiteres Schicksal in Deutschland.
Nach Abschluß der deutsch-russischen Umsiedlungen, der etwa in zwei Monaten zu erwarten steht, soll die planmäßige Evakuierung der im Suwalkigebiet lebenden Polen in das Generalgouvernement in Angriff genommen werden.
Die Evakuierung von Juden und Polen aus einigen Kreisen des Bezirks Zichenau in das Generalgouvernement ist bereits im November und Dezember 1940 erfolgt."[267]

Seit 1939 existierte zwangsläufig eine Wechselwirkung zwischen der „Umsiedlung" von Volksdeutschen „heim ins Reich" und der Ausweisung von Nicht-Deutschen aus dem deutschen Staatsgebiet. Um für volksdeutsche Umsiedler aus dem Baltikum Platz zu schaffen, wurde 1939/40 mit der systematischen Ausweisung von Polen aus den annektierten Ostprovinzen Danzig-Westpreußen und Warthegau begonnen. Eine aus der Hafenstadt Gdynia – nunmehr in „Gotenhafen" umbenannt – vertriebene Polin erinnerte sich, wie deutsche Polizisten ihr nur wenige Stunden Zeit zum Packen ließen: „Ich müsse nicht nur bereit sein, sondern die Wohnung müsse auch gewischt und das Geschirr gespült sein und die Schlüssel in den Schränken stecken, damit die Deutschen, die in meinem Haus leben sollten, keine Umstände hätten". Die polnischen Bewohner Gdynias wurden in offenen Viehwagen auf Stroh ins Generalgouvernement deportiert, während das durch diese Vertreibung geschaffene deutsche Gotenhafen fast menschenleer blieb: 17 000 Deutschbalten konnten 130 000 polnische Vertriebene nicht ersetzen, die

---

[266] Heinemann, „Volksdeutsche" Umsiedler, S. 1083 und 1085f.; Dieckmann, Plan und Praxis, S. 115; Ther, Die dunkle Seite der Nationalstaaten, S. 118.
[267] Tilitzky, Alltag in Ostpreußen 1940–1945, S. 133–135; der Landkreis Zichenau war – ähnlich wie Suwalki – eine im Oktober 1939 aus dem besetzten Polen ausgegliederte und von Deutschland annektierte Grenzregion (polnisch: Ciechanów).

Stadt war geprägt von verödeten Fabriken und unbewohnten Wohnungen. Der Danziger Gauleiter Albert Forster stoppte daraufhin – im Unterschied zu seinem Kollegen Arthur Greiser im Warthegau – die Deportationen von Polen. Im Generalgouvernement wiederum protestierte der Oberbefehlshaber der Wehrmacht, Generaloberst Johannes Blaskowitz, beim Oberkommando des Heeres im November 1939 nicht nur gegen SS-Massaker an Polen und Juden, sondern auch gegen die Folgen der brutalen Deportationspolitik:

„Eine ganz besonders und stetig wachsende Beunruhigung des Landes bringt die Umsiedlung mit sich. Es liegt auf der Hand, daß die darbende und um ihre Existenz und ihr Leben ringende Bevölkerung nur mit größter Sorge die völlig mittellos, über Nacht aus ihren Häusern gerissen[en], sozusagen nackt und hungernd bei ihr unterkriechenden Massen der Umgesiedelten betrachten muß. Daß diese Gefühle durch die zahlreichen verhungerten, toten Kinder jedes Transportes und die Waggons voll erfrorener Menschen zu maßlosem Haß gesteigert werden, ist nur zu erklärlich. Die Ansicht, man könne das polnische Volk mit Terror einschüchtern und am Boden halten, wird sich bestimmt als falsch erweisen."[268]

Hitler enthob Blaskowitz 1940 wegen dieser „kindliche[n] Einstellung" seines Kommandos im Generalgouvernement: Denn „mit Heilsarmee-Methoden führe man keinen Krieg", so der deutsche Diktator.[269]

In den ersten Kriegsjahren, als der Zweite Weltkrieg vielleicht noch „der letzte europäische Krieg" genannt werden konnte, griffen „auch andere Regierungen […] nach 1939 auf diese neue Politik der Umsiedlung ganzer Nationalbevölkerungen zurück".[270] Dies geschah als Flucht oder Vertreibung, zuweilen auch als vertraglich festgelegter Bevölkerungsaustausch. Ursache waren häufig Grenzverschiebungen, die infolge der europäischen Machtverschiebungen seit dem Hitler-Stalin-Pakt und namentlich seit Hitlers Sieg über Frankreich im Juni 1940 domino-artig erfolgten. Stalin gab den ersten Anstoss, als er Ende Juni 1940 Rumänien ultimativ zur Abtretung Bessarabiens und der nördlichen Bukowina aufforderte; die keineswegs erfreute Berliner Regierung gab ihrem Moskauer Verbündeten schließlich „grünes Licht und zwang Rumänien" zur Abtretung der verlangten Gebiete.[271] Bessarabien hatte bis 1917 zum Russischen Reich gehört, so dass dieser Zug Stalins als Revisionismus erscheinen konnte, doch die nördliche Bukowina hatte weder dem Zarenreich noch dem Imperium Stalins jemals gehört. Zu schwach, um Widerstand leisten zu wollen, und von den Vertretern Deutschlands und Italiens zum Nachgeben bewogen, trat König Carol II. die beiden Provinzen an den Kreml ab und überließ – wie der rechtsradikale Politiker Fürst Mihai Sturdza bitter vermerkte – damit die dort lebenden 3,5 Millionen Rumänen ihrem „tragischen Schicksal".[272] Daraufhin erhob die ungarische Regierung, zeitweilig unterstützt durch Moskau, in Berlin unverzüglich Revisionsforderungen mit Blick auf das 1920 an Rumänien verlorene Siebenbürgen.[273] Mussolinis Italien unterstützte ne-

---

[268] Mazower, Hitlers Imperium, S. 85–89.
[269] Kershaw, Hitler, Bd. 2, S. 343.
[270] Lukacs, Der letzte europäische Krieg 1939–1941, S. 160.
[271] Hildermeier, Geschichte der Sowjetunion 1917–1991, S. 596.
[272] Sturdza, The Suicide of Europe, S. 153f.
[273] Ablonczy, Pál Teleki, S. 209.

ben Ungarn auch den Revisionskandidaten Bulgarien[274], dessen mit einer italienischen Prinzessin vermählter König Boris III. – angespornt durch Stalins Erfolg – die Rückgabe der schon 1913 an Rumänien verlorenen Teile der Dobrudscha anvisierte.[275] Im August 1940 nahm Rumänien sowohl mit Ungarn als auch mit Bulgarien bilaterale Verhandlungen auf, die im ersten Fall infolge der unvereinbaren Standpunkte rasch scheiterten und in einen Appell an die Achsenmächte mündeten, den Konflikt durch „Schiedsspruch" zu regeln.[276]

Durch den „Zweiten Wiener Schiedsspruch" Hitlers und Mussolinis vom 30. August 1940 erhielt Ungarn das nördliche Siebenbürgen auf Kosten Rumäniens. Ungarn bekam somit nur knapp die Hälfte der siebenbürgischen Gebietsverluste nach dem Ersten Weltkrieg zurück. Sowohl die ungarischen als auch die rumänischen Politiker waren unzufrieden, zumal der Wiener Kompromiss auf ethnographische Grenzen kaum Rücksicht nahm und damit den nationalistischen Konflikt nicht bereinigte. Von 2,5 Millionen Einwohnern des nördlichen Siebenbürgen, das zurück an Ungarn kam, waren nach ungarischen Angaben 52 Prozent, nach rumänischen nur 38 Prozent Magyaren, so dass auch eine Million Rumänen unter das Szepter Budapests kamen, während im bei Rumänien bleibenden südlichen Siebenbürgen weiterhin 400 000 Magyaren lebten.[277] Ungarns Premier Graf Teleki hoffte, Nord-Siebenbürgen durch faire Behandlung auch der rumänischen Minderheit zu integrieren. Doch seine optimistische Ankündigung vom Oktober 1940, binnen zweier Wochen würden die ernannten rumänischen Abgeordneten auch faktisch ihre Sitze als gleichberechtigte Parlamentarier im Budapester Reichstag einnehmen, sollte sich nie erfüllen. Stattdessen massakrierten ungarische Soldaten Hunderte rumänische Zivilisten oder sahen zu, wenn magyarische Einwohner dies selbst erledigen wollten. Teleki nahm dies ernst, doch im Reichstag und gegenüber dem britischen Gesandten spielte er das Geschehen fast zynisch herunter.[278] Sein späterer Nachfolger als ungarischer Regierungschef, Miklos von Kállay, gab zu, die Regierung habe die örtlichen Magyaren nicht zu zügeln vermocht, die sich für zwei Jahrzehnte rumänischer Unterdrückung hätten rächen wollen. Doch machte Kállay geltend, dass die ungarische Regierung zumindest versucht habe, die Gewalt einzudämmen, während die neue rumänische Regierung unter dem Diktator Antonescu auf der anderen Seite der neuen Grenze die Verfolgung der magyarischen Minderheit aktiv angeheizt habe.[279]

Hitler und Mussolini hatten in ihrem Schiedsspruch, ebenso wie Ungarn in den Vorverhandlungen, das rumänische Ansinnen einer Kombination aus geringen Grenzberechtigungen bei einem umfassenden wechselseitigen Austausch der nationalen Minderheiten verworfen. Stattdessen erfolgten erhebliche Gebietsveränderungen bei gleichzeitigem Versuch der Aufrechterhaltung von Minderheiten-

---

[274] Sturdza, The Suicide of Europe, S. 159.
[275] Groueff, Crown of Thorns, S. 266.
[276] Schulthess' Europäischer Geschichtskalender 81.1940, S. 441.
[277] Ablonczy, Pál Teleki, S. 214; Sakmyster, Miklós Horthy, S. 244f.
[278] Ebenda, S. 215–217; Sturdza, The Suicide of Europe, S. 175.
[279] Kallay, Hungarian Premier, S. 60.

schutz. Auf Antrag des rumänischen Außenministers Fürst Sturdza untersuchte eine deutsch-italienische Kontrollkommission im Herbst 1940 sogar die Lage der Minderheiten beiderseits der ungarisch-rumänischen Grenze.[280] Das brachte gar nichts. Vielmehr nahmen im geteilten Siebenbürgen Flucht- und Vertreibungsmaßnahmen 1940/41 massenhafte Ausmaße an und gewannen damit den Charakter eines wechselseitigen Bevölkerungsaustauschs ohne vertragliche Regelung. Über 190 000 Magyaren gelangten aus dem rumänischen Südsiebenbürgen nach Ungarn, 221 000 Rumänen verließen den nunmehr ungarischen Teil der Region. Im Unterschied zu Rumänien, deren Premier Gigurtu im Sommer 1940 statt territorialer Verluste lieber einen wechselseitigen Bevölkerungstransfer gesehen hätte, zielte die ungarische Politik jedoch nicht auf vollständige Entfernung ethnonationaler Minderheiten. Doch als Vergeltungsmaßnahme für rumänische Repressalien gegen die ungarische Minderheit, infolge derer zwischen 1940 und 1944 fast 200 000 Magyaren aus Süd-Siebenbürgen nach Ungarn flüchteten, erließ Budapest Vertreibungsbefehle gegen rumänische Bildungseliten in Ungarn, wodurch die vom Premier Teleki angestrebte friedliche Integration der Minderheiten erheblich relativiert wurde.[281] Noch schlimmer wurde die Lage nach Annexion der jugoslawischen Batschka. Im Raum von Novi Sad (ungarisch: Ujvidek), das zwischen 1918 und 1941 jugoslawisch war, aber im April 1941 erneut an Ungarn angeschlossen wurde, zu dem die Region bis 1918/20 gehört hatte, ermordeten ungarische Truppen im Januar 1942 Tausende von Serben und Juden. Im Budapester Reichstag war es immerhin möglich, „heftige Diskussionen" über das Massaker zu führen und die neue Regierung Kállay zu einem Kriegsverbrecherprozess gegen die vor Ort verantwortlichen Offiziere zu bewegen. Ende 1943 kam es tatsächlich zu kriegsgerichtlichen Verurteilungen – auch wenn die Betroffenen daraufhin Anfang 1944 nach Deutschland entkommen konnten.[282]

In Rumänien führte die als nationale Katastrophe erlebte erzwungene Abtretung diverser Gebiete – zugunsten Ungarns, aber auch Bulgariens und der Sowjetunion – zum Sturz des bisherigen Regimes und zur rechtsgerichteten Diktatur des Marschalls Ion Antonescu. Dieser ließ der Minderheitenfeindlichkeit rumänischer Nationalisten und Faschisten fortan freien Lauf. Anders als die Ungarn musste Hitler die Rumänen auch nicht zur Beteiligung am Holocaust zwingen. Abgesehen von einem traditionell scharfen Antisemitismus hatte dieses 1940 von Hitler zuerst gedemütigte und verkleinerte, dann in sein Bündnissystem einbezogene Land rund 200 000 rumänische Flüchtlinge aus Ungarn aufzunehmen. Deren Ansiedlung wur-

---

[280] Sturdza, The Suicide of Europe, S. 176 f.
[281] Ahonen e. a., People on the Move, S. 48–52; Ablonczy, Pál Teleki, S. 216.
[282] Friedländer, Das Dritte Reich und die Juden, S. 986, der das Massaker irrtümlich auf März 1943 datiert; die korrekte Datierung von Anfang 1942 unter Verweis auf vorangegangene deutsche Massaker in Serbien 1941 bei Pohl, Verfolgung und Massenmord in der NS-Zeit, S. 54 und S. 79; zur „mutige[n] Anklagerede" des Abgeordneten Endre Bajcsy-Zsilinszky, dem sich weitere Reichstagsabgeordnete anschlossen: Varga, Schuldige Nation oder Vasall wider Willen?, Bd. 2, S. 171; zum Prozess und der Flucht der Verurteilten: Broucek, Ein General im Zwielicht, Bd. 3, S. 367 und S. 369; die Täter kehrten 1944 mit der deutschen Besatzungsmacht nach Ungarn zurück, wurden 1945 an Jugoslawien ausgeliefert und hingerichtet.

de von Antonescu durch die systematische Enteignung rumänischer Juden finanziert. 1941 gewann der „Conducator" (Führer) durch Beteiligung an Hitlers Überfall auf die Sowjetunion nicht nur die im Vorjahr von Stalin annektierten Gebiete, Bessarabien und die nördliche Bukowina, zurück, sondern auch – quasi als Entschädigung für das bei Ungarn bleibende Nord-Siebenbürgen – die südliche Ukraine mit Odessa. Antonescu nutzte dieses nun „Transnistrien" genannte Territorium als „ethnischen Abladeplatz" im Osten – etwa durch die Deportation von 25 000 Roma, bei der über die Hälfte an Entbehrungen und Seuchen starben, oder durch die Mitte 1941 angeordnete „Säuberung" der alten Residenzstadt Jassy von ihren 45 000 jüdischen Bewohnern, die als prosowjetisch verdächtigt wurden. Mitte 1942 lebten nur noch 14 000 Juden in Bessarabien und der Bukowina, während 40 000 bereits tot und 135 000 in die Südukraine deportiert worden waren.[283] Im Oktober 1943 lebten von 180 000 dorthin deportierten Juden nur noch 77 000.[284] Die mörderischen Transportbedingungen fielen sogar den Deutschen auf; über die „Schlächterei" ihrer rumänischen Verbündeten berichteten deutsche Soldaten auch in der Heimat.[285] Der in Bukarest lebende Jude Mihail Sebastian notierte im Juli 1941: „Der Tod kann jederzeit eintreffen, in jeder Stunde. Wass in Iasi [Jassy] passiert ist (und ich bringe es immer noch nicht über mich, aufzuschreiben, was ich inzwischen erfahren habe), kann sich jederzeit auch hier wiederholen. Was ist da noch wichtig?"[286] Zur selben Zeit erklärte der besonders antisemitische rumänische Außenminister Mihai Antonescu auf einer Kabinettsitzung am 8. Juli 1941:

„Auch wenn ein paar Traditionalisten unter ihnen mich nicht verstehen, bin ich für die Zwangsemigration des gesamten jüdischen Elements aus Bessarabien und der Bukowina; sie müssen über die Grenze getrieben werden... In unserer ganzen Geschichte hat es nie einen passenderen, […] freieren Augenblick als diesen für die totale ethnische Befreiung gegeben, […] für eine Säuberung unseres Volkes. […] Wenn nötig, benutzen Sie Maschinengewehre."[287]

Im Oktober 1941 wurde die jüdische Bevölkerung der Bukowina – jener österreichischen Provinz, die Rumänien Ende 1918 annektiert, 1940 an die Sowjetunion verloren und als Verbündeter Hitlers Mitte 1941 für knapp drei Jahre wiedergewonnen hatte – auf Befehl der Bukarester Regierung „in verschiedenen Städten (Vatra Dornei, Cimpulung, Gura Humorului) zusammengeführt und auf lange Märsche mit unbekanntem Ziel geschickt". Angeblich ging es „nach Transnistrien", doch in Bukarest erfuhr Mihail Sebastian einige Tage später, dass „die Juden von Gura Humorului (Bukowina) […] nach Mogilew deportiert", also ins deutsch besetzte Weißrussland. Eine Freundin Sebastians weinte um ihre von dieser Deportation erfassten Eltern und ihre Schwester, „von denen sie nichts mehr gehört hat". Am 20. Oktober 1941 notierte Sebastian entsetzt:

---

[283] Mazower, Hitlers Imperium, S. 309–317.
[284] Ahonen e. a., People on the Move, S. 58.
[285] Cohn, Kein Recht, nirgends, Bd. 2, S. 958; die rumänischen Besatzer versprachen den dortigen Bauern den jüdischen Besitz und entfachten dadurch Pogrome; vgl. Baberowski, Verbrannte Erde, S. 405.
[286] Sebastian, „Voller Entsetzen, aber nicht verzweifelt", S. 511.
[287] Mazower, Hitlers Imperium, S. 313.

„Deprimierende Nachrichten vom Dachverband der Jüdischen Gemeinden, wo ich heute Morgen war [...]. Die Wege nach Bessarabien und in die Bukowina sind übersät mit den Leichen der aus ihren Häusern vertriebenen, in die Ukraine flüchtenden Juden. Greise, Kinder, Kranke, Frauen – alle werden völlig wahllos, ohne Ausnahme, auf die Straße geworfen und nach Mogilew vertrieben. Was sollen sie dort tun? Wie werden sie sich ernähren? Wo werden sie unterkommen? Erschossen zu werden ist ein viel milderes Schicksal."[288]

Ohne Hitlers Krieg und die dadurch ausgelösten Machtverschiebungen wären diese Massenmorde und Zwangsmigrationen auf dem Balkan nicht erfolgt. Doch gab es auch eigenständige „Säuberungs"-Planungen von Balkanregierungen, die die von Hitler eröffneten Freiräume nutzten.[289] Über in Jugoslawien in den 1930er Jahren entwickelte Vertreibungspläne gegen die albanische Minderheit wird andernorts zu sprechen sein, da diese erst nach 1945 wirksam wurden.[290] Hier genügt der Hinweis auf Rumänien, das 1936 einen Vertrag mit der Türkei über die Aussiedlung der Dobrudscha-Türken geschlossen und das sich bekanntlich 1938 auch am auf die Entfernung jüdischer Minderheiten zielenden „Madagaskarplan" interessiert gezeigt hatte. Noch vor dem Machtantritt Antonescus und dem Bündnis mit Hitler kündigte Rumäniens Außenminister Manoilescu im Juli 1940 eine Politik umfassender Bevölkerungstransfers an, um die Minderheitenprobleme mit seinen Nachbarn (namentlich Ungarn) einvernehmlich zu regeln. Das wurde Rumänien durch Hitler zwar verwehrt. Doch unter Antonescu radikalisierte sich nicht nur die Praxis der Deportationen, Transfers und (antisemitischen) Massaker; hinzu traten Planungen für eine umfassende Homogenisierung Rumäniens durch Zwangsaussiedlung aller ethnischen Minderheiten mit „zentrifugalen" Tendenzen bei gleichzeitiger Umsiedlung aller noch im Ausland lebenden Rumänen in den neuen Nationalstaat. Der Direktor des Statistischen Zentralinstituts und Antonescu-Berater Sabin Manuila tat sich 1940/41 dabei besonders hervor.[291] Insofern war die rumänische Verfolgung von Juden und Roma nicht nur dem Druck des mächtigen deutschen Alliierten geschuldet, sondern ging auch auf eine endogene Vision eines ethnisch „gesäuberten" Rumänien zurück[292], die unter freilich extern definierten neuen Handlungsbedingungen zwischen 1941 und 1944 ungehemmt umgesetzt werden konnte. Das ältere Transfer-Modell von Lausanne überkreuzte und vermischte sich mit den seit 1939/40 von Hitler-Deutschlands rassistischen Deportationsmethoden eröffneten Möglichkeiten als neues Vorbild.

Der von Hitler begonnene Zweite Weltkrieg und die Politik des NS-Imperiums haben in Südosteuropa überall „die nationalen Spannungen zu schüren" begonnen.[293] Nicht nur in Siebenbürgen fand „zwischen 1939 und 1943 unter deutscher Ägide ein wechselseitiger Zwangstransfer von Ungarn und Rumänen statt"[294], bei

---

[288] Sebastian, „Voller Entsetzen, aber nicht verzweifelt", S. 566, S. 568 und S. 571.
[289] Baranowski, Nazi Empire, S. 311–314.
[290] Vgl. Kap. VI.6.
[291] Ahonen e. a., People on the Move, S. 55–58.
[292] Solonari, Purifying the Nation, passim; Ferrara / Pianciola, L' Età delle Migrazioni Forzate, S. 253–257.
[293] Corni, Der italienische Exodus, S. 490.
[294] Judt, Geschichte Europas, S. 41.

dem im August 1940 über 200 000 Rumänen fluchtartig aus der erneut ungarisch gewordenen Region Nordsiebenbürgen nach Rest-Rumänien abwanderten, während 160 000 Ungarn das bei Rumänien verbliebene südliche Siebenbürgen verließen. Ebenfalls mit Hilfe Hitlers dehnte sich Bulgarien im April 1941 auf Kosten Jugoslawiens in Mazedonien aus, was die Vertreibung vieler Serben aus der seit Jahrzehnten zwischen beiden Nationen umstrittenen Region zur Folge hatte. Ähnlich waren Flucht oder Vertreibung von über 90 000 Griechen aus Ost-Mazedonien und Westthrazien die Folge der Besetzung dieser bis dahin griechischen Gebiete durch Bulgarien, das dort ab 1941 122 000 Bulgaren anzusiedeln versuchte. Bereits im September 1940 hatte sich das Schauspiel der ungarisch-rumänischen Zwangsmigrationen in der südlichen Dobrudscha wiederholt. Die Dobrudscha-Region war bis 1913 bulgarisch gewesen und dann im Zweiten Balkankrieg von Rumänien erobert worden; auf Druck Hitlers musste nun deren Südteil an Bulgarien zurückgegeben werden. In diesem Falle gab es einen völkerrechtlichen Vertrag über Bevölkerungsaustausch: Der Transfervertrag von Craiova, der am 7. September 1940 unter Hitlers Ägide zwischen beiden Balkanstaaten geschlossen wurde, ging übrigens auf Anregungen zurück, die der britische Botschafter in Bukarest schon Ende 1939 gemacht hatte, um Bulgarien und Rumänien miteinander zu versöhnen und gemeinsam gegen Deutschland zu positionieren.[295] Der rumänisch-bulgarische Grenzveränderungsvertrag von Craiova enthielt zugleich ein Abkommen über wechselseitige Bevölkerungstransfers, die teils zwangsweise, teils freiwillig erfolgen sollten: „In einer Frist von 3 Monaten" nach Ratifizierung des Vertrages sollte nämlich „der Bevölkerungsaustausch der Rumänen aus der [nun bulgarischen] Süddobrudscha und der Bulgaren aus der [weiterhin rumänischen] Norddobrudscha abgeschlossen" sein, während „für die Bevölkerung des übrigen Staatsgebiets der beiden Staaten […] eine freiwillige Umsiedlung mit einer Frist von einem Jahr vorgesehen" wurde.[296] In der Folgezeit mussten 62 000 Bulgaren die bei Rumänien verbleibende nördliche Dobrudscha verlassen, während 110 000 Rumänen aus dem Südteil dieses Schicksal in umgekehrter Richtung traf.[297]

Die Sieger über Hitler wiederum wollten 1945 keine formell freiwillige Umsiedlung von Deutschen, sondern deren vollständige, nur mit Gewalt zu erreichende Entfernung aus den ostdeutschen und osteuropäischen Siedlungsgebieten. Dennoch gab es inmitten von Vertreibung und Zwangsumsiedlung auch Spurenelemente prekärer formaler Freiwilligkeit. Dies gilt vor allem für die offiziell anerkannten deutschen „Antifaschisten" in der Tschechoslowakei, während in Polen bzw. in den von Polen annektierten deutschen Ostgebieten selbst für erwiesene deutsche Hitler-Gegner keine Ausnahmen gemacht wurden. Manche kamen der Vertreibung durch „freiwillige" Aussiedlung zuvor. So erreichte eine Gruppe deutscher Kommunisten im schlesischen Bolkenhain am 30. Oktober 1945 ein Befehl der KPD-Führung aus Berlin, „daß sich sämtliche Genossen von ihrer Heimat ab-

---

[295] Ther, Die dunkle Seite der Nationalstaaten, S. 111 und S. 156f.
[296] Schulthess' Europäischer Geschichtskalender 81.1940, S. 444.
[297] Kulischer, Europe on the Move, S. 259f.

setzen sollen in Richtung Görlitz", da Schlesien nun polnisch sei. Zwar verweigerten 13 der 17 Bolkenhainer Kommunisten den Gehorsam, doch vier Kommunisten machten sich mit ihren Familien „anweisungsgemäß mit dem Handwagen" auf ins verkleinerte Deutschland. Sie wurden „unterwegs" nach eigener Aussage „durch die Polen restlos ausgeplündert" und erfuhren in der sowjetischen Besatzungszone, wo sie im thüringischen Gotha angesiedelt wurden, offenbar nicht die geringste Hilfe. Einer dieser Altkommunisten, die 1946 in die SED übernommen worden waren, hatte die spätere Staatspartei der DDR bald darauf enttäuscht verlassen. „Grund: zuviel Nazis in der SED und dann völlige Ausplünderung seitens der Polen".[298]

Im Unterschied zu Polen wurden in der Tschechoslowakei amtlich anerkannte „Antifaschisten" von Entrechtung, Enteignung und Vertreibung der Sudetendeutschen formell ausgenommen. Innerhalb des Exils hatten vor allem die tschechoslowakischen Kommunisten eine solche Ausnahmeregelung gefordert, und auch in der britischen Öffentlichkeit gab es Stimmen, die eine Vertreibung deutscher Antifaschisten als ungerecht verwarfen.[299] Eine Verordnung des vom Kommunisten Václav Nosek geleiteten tschechoslowakischen Innenministeriums vom Mai 1945 bezeichnete sodann als „Antifaschisten" all jene deutschen Staatsbürger der ČSR, die sich vor wie nach dem Münchner Abkommen von 1938 aktiv für diese Republik eingesetzt hätten. Eine Folgeverordnung vom 8. Juni 1945 verlangte antifaschistische Tätigkeit *vor* 1938 nicht mehr, rechnete hingegen all jene Deutschen hinzu, die unter der NS-Herrschaft im KZ oder im Gefängnis inhaftiert gewesen waren. Das Präsidialdekret vom 2. August 1945 schließlich definierte als Antifaschisten alle Angehörigen der deutschen Minderheit, „die der tschechoslowakischen Republik treu geblieben waren, sich niemals gegen das tschechische und slowakische Volk vergangen und sich entweder aktiv am Kampf um seine Befreiung beteiligt oder unter dem NS-Terror gelitten hatten".[300] Diese anerkannten „Antifaschisten" – überwiegend Kommunisten oder Sozialdemokraten – durften, wenn sie es wünschten, als gleichberechtigte Bürger im Lande bleiben. Bürgerliche NS-Gegner konnten von dieser Ausnahme nur selten profitieren – wie der frühere christsoziale sudetendeutsche Politiker Robert Mayr-Harting, der von 1926 bis 1929 tschechoslowakischer Justizminister und damit Kabinettskollege des späteren Präsidenten Beneš gewesen war.[301] Zugleich aber forderten tschechische Nationalisten wie der kommunistische Verteidigungsminister Svoboda die völlige Vertreibung der Deutschen, auch aller Antifaschisten, da nur so „die Bildung einer neuen fünften Kolonne" würde verhindert werden können.[302] Angesichts des Hasses gegen alles Deut-

---

[298] Schwartz, Ethnische „Säuberung" als Kriegsfolge, S. 610f.
[299] Paneth, Benes, S. 126, der 1945 bezweifelte, ob die Schaffung national homogener Staaten möglich sei und ob Bevölkerungstransfers eher schaden als nützen würden.
[300] Brandes, Der Weg zur Vertreibung, S. 413.
[301] Mayr-Harting hatte als Minister, der die tschechische Staatssprache nicht perfekt beherrschte, im Prager Parlament nie das Wort ergreifen können; vgl. Jaksch, Europas Weg nach Potsdam, S. 258; 1945 konnte er jedoch seine Ministerpension erstreiten und bis zu seinem Tode 1948 in Prag verbleiben; vgl. Mayr-Harting, Der Untergang, S. 29 und S. 48; Hahn / Hahn, Die Vertreibung im deutschen Erinnern, S. 509f.
[302] Douglas, Ordnungsgemäße Überführung, S. 134.

sche in der ČSR war für die meisten Antifaschisten Bleiben keine Option, denn ihre rechtliche Ausnahmestellung wurde im Alltag nur zu häufig missachtet. Als die Sowjets das Angebot machten, Antifaschisten unter Mitnahme ihrer beweglichen Habe und einer größeren Summe Bargeldes (ein Privileg gegenüber „normalen" Vertriebenen) nach Deutschland umzusiedeln, fand dies daher erhebliche Resonanz. Infolge dieser nach dem sowjetischen Marschall, der die SBZ regierte, benannten „Žukov-Aktion" kamen 1945/46 mindestens 46 000, vermutlich sogar 52 000 „Antifa-Umsiedler" aus der ČSR in die spätere DDR.[303] Die Transporte führten zwischen Oktober 1945 und November 1946 überwiegend Kommunisten in die sowjetische Zone, während Sozialdemokraten eher ins amerikanisch besetzte Bayern gingen.[304] Für viele „Antifa-Umsiedler" war der Neuanfang nicht leicht.[305]

Blieb den Deutschen nach 1945 eine formell freiwillige Umsiedlung und damit ein Optionsrecht mit geringen Ausnahmen versagt, wurde diese Variante ethnischer „Säuberung" jedoch in anderen Fällen ethnischer „Säuberung" weiter angewendet. In der Nachkriegs-Tschechoslowakei richtete sich ethnische „Säuberung" nicht allein gegen Sudetendeutsche, sondern auch gegen die ungarische Minderheit in der Slowakei, deren Vorhandensein 1938/39 Grenzveränderungen zugunsten Ungarns legitimiert hatte. Zwischen beiden Nachbarstaaten hatte es seit 1918/19 Minderheitenprobleme gegeben. Schon damals und erneut im Oktober 1938, unmittelbar nach dem Münchner Abkommen, waren in der ČSR Vorschläge für einen „Austausch der hiesigen Ungarn gegen unsere Slowaken" in Ungarn laut geworden. Ein solcher Transfer war 1938 nicht erfolgt, stattdessen hatte das von Hitler protegierte Ungarn tschechoslowakische Gebiete mit starken ungarischen Bevölkerungsanteilen zurückerhalten. Erst nach Kriegsende, als die ČSR als Partner der siegreichen Alliierten gegenüber dem besiegten und besetzten Ungarn im Vorteil war, vereinbarten Prag und Budapest mit Billigung Moskaus im Februar 1946 einen solchen Bevölkerungsaustausch. Die Hoffnung der ungarischen Kommunisten, mit Hilfe Stalins günstigere Bedingungen zu erlangen, zerschlug sich.[306] Heraus kam eine bilaterale, aber nur für eine Seite formal freiwillige Umsiedlung. Während nämlich ein Teil der ungarischen Minderheit aus der Slowakei zwangsausgesiedelt werden sollte, blieb die Übersiedlung der slowakischen Minderheit Ungarns formal freiwillig – was immer dies unter den Bedingungen der Nachkriegszeit bedeuten mochte. Der zwischen 1946 und 1948 durchgeführte Bevölkerungsaustausch erfasste 55 487 Ungarn aus der Slowakei und 59 774 Slowaken aus Ungarn. Weitere 34 000 Ungarn verließen „außerhalb der Vereinbarung" die ČSR, vermutlich fluchtartig, umgekehrt kamen 12 000 weitere Slowaken aus Ungarn.[307]

---

[303] Van Hoorn, Neue Heimat im Sozialismus, S. 82 f.; Foitzik, Kadertransfer, S. 319; Wille, Die „freiwillige" Ausreise, S. 39.
[304] Van Hoorn, Neue Heimat im Sozialismus, S. 86 und S. 106.
[305] Schwartz, Zwischen allen Stühlen?.
[306] Fejtö, Die Geschichte der Volksdemokratien, Bd. 1, S. 131 f.
[307] Sutaj, Zwangsaustausch, S. 255 und S. 269 f.; nach offiziellen Angaben hatten bis April 1948 73 273 Slowaken Ungarn verlassen, während 68 407 Ungarn aus der Slowakei ausgesiedelt waren; Barta, The Hungarian-Slovak Population Exchange, S. 572.

Es werden auch die Ziffern von 120 000 Ungarn und 73 000 Slowaken genannt.[308] Am Ende wurde die „partielle Vertreibung" der Ungarn, wie auch tschechische Historiker sie heute nennen, durch sowjetischen Druck gestoppt und blieb somit unvollständig.[309] Daraufhin verfügte die Prager Regierung zwischen 1945 und 1948 eine Binnen-Zwangsumsiedlung zurückgebliebener Ungarn aus der Slowakei in böhmisch-mährische Regionen, darunter in die entleerten Sudetengebiete. Diesen Magyaren wurde 1950 immerhin ein Rückkehrrecht in ihre slowakische Heimat eingeräumt[310] – anders als jenen Ukrainern, die vom polnischen Staat zur selben Zeit in ehemalige deutsche Siedlungsgebiete zwangsumgesiedelt worden waren, quasi „als polnisches Äquivalent für die sowjetische Verbannung nach Sibirien und Zentralasien".[311] Wo ein grenzüberschreitender Transfer nicht ausreichte, unerwünschte Minderheiten zu beseitigen, ahmten sowohl Warschau als auch Prag die Moskauer Deportationsvorbilder im Landesinnern eifrig nach.

Die umfangreichste formell freiwillige Umsiedlung traf 1944/45 jene polnischen „Repatrianten", die aus früheren polnischen Ostgebieten nach Westen „umgesiedelt" wurden. Polen war um 1945 durch die Ambivalenz gekennzeichnet, dass einerseits „polnische Bürger nach den Deutschen am häufigsten von Vertreibung betroffen" waren, andererseits Polen selbst als „Vertreiberstaat" agierte.[312] Die erstmals schon 1939 von der Roten Armee besetzten bisherigen polnischen Ostgebiete waren 1944/45 von den Sowjets erneut erobert und mit Zustimmung der Westmächte endgültig annektiert worden.[313] Formell war die daraufhin einsetzende Umsiedlung der polnischen, ukrainischen oder weißrussischen Minderheiten zwar freiwillig, doch deren Kontext war äußerst gewalttätig: Flucht, Vertreibung und Deportation hatten bereits 1939 eingesetzt – namentlich die Flucht vieler polnischer Juden vor Hitlers Schergen in den Machtbereich Stalins und die sowjetische Deportation bzw. Ermordung zahlreicher Angehöriger der polnischen Ober- und Mittelschichten. Als die Deutschen bei ihrem Überfall auf die Sowjetunion 1941 diese Gebiete besetzten, lösten sie erneut „Flucht und wilde Vertreibung" von Polen und Juden aus – vom systematischen Massenmord der SS-„Einsatzgruppen" zu schweigen. Zusätzlich wurde die Lage durch den „zweiseitigen Bürgerkrieg" verschärft, der zwischen polnischen und ukrainischen Milizen eskalierte. Zahlreiche polnische Landbewohner flohen vor ukrainischen Partisanen in die Städte – auch dann noch, als die Sowjets 1944 diese Gebiete erobert hatten. Der Partisanenkrieg mit den Ukrainern sollte Stalins Repressionsapparat über Jahre zu schaffen machen. Man schätzt, dass durch die ukrainische Untergrundbewegung 50 000 Polen ermordet und 350 000 zum Verlassen ihrer Heimat gezwungen wurden. Zwar wurde die genozidale Tendenz des ukrainischen Terrors durch deut-

---

[308] Ferrara / Pianciola, L' Età delle Migrazioni Forzate, S. 366.
[309] Zeman / Klimek, The Life of Edvard Beneš, S. 247; ähnlich Ther, Die dunkle Seite der Nationalstaaten, S. 192.
[310] Sutaj, Zwangsaustausch, S. 263 und S. 272.
[311] Ther, Die dunkle Seite der Nationalstaaten, S. 188.
[312] Ther, Deutsche und polnische Vertriebene, S. 48.
[313] Lemberg, Einleitung, S. 36.

sche Militärpräsenz und sowjetische Partisanen eingeschränkt; bremsend hat jedoch vor allem gewirkt, dass die ukrainischen Nationalisten keinen Staatsapparat zur Verfügung gehabt hatten – anders als die kroatischen Faschisten im von Hitler und Mussolini gestützten „Ustaša-Staat", die ihre Staatsgewalt zwischen 1941 und 1944 gegen serbische und jüdische Opfer richteten.[314]

Ray M. Douglas vermutet, dass Stalin den sowjetisch-polnischen Transfer deshalb noch mitten im Krieg, im Herbst 1944, beginnen ließ, um in den früheren östlichen Provinzen Polens, die er 1939 annektiert und nunmehr wiedererobert hatte, ein Fait accompli zu schaffen. Dieses würde wiederum die kommunistische Kollaborationsregierung Polens (das „Lubliner Komitee") nötigen, bei ihrer Zusage weitreichender Annexion deutscher Ostgebiete zu bleiben, inklusive der Vertreibung der dort lebenden Deutschen.[315] Jedenfalls ließ der sowjetische Diktator im September 1944, noch mitten im Kriegsgeschehen, zwischen dem „Lubliner Komitee" und den Regierungen der an Polen grenzenden litauischen, weißrussischen und ukrainischen Sowjetrepubliken Verträge über Bevölkerungstransfers schließen. Diese Abkommen, etwa der Vertrag „über die Umsiedlung der polnischen Staatsbürger aus dem Territorium der Litauischen SSR und der litauischen Bevölkerung aus dem Territorium Polens" vom 22. September 1944, bestimmten ausdrücklich, dass die Umsiedlung nur jene Angehörigen nationaler Minderheiten betreffe, „die ihren Willen, sich umsiedeln zu lassen, geäußert haben und zu deren Aufnahme das Einverständnis der Regierung der Litauischen SSR und des Polnischen Komitees der Nationalen Befreiung geäußert wurde". Die Umsiedlung sei daher „freiwillig, und deshalb darf Druck weder direkt noch indirekt ausgeübt werden".[316] Das dies explizit betont werden musste, war allerdings bezeichnend. Unmittelbar nach Vertragsunterzeichnung wurden die ersten Polen „auf die brutale und chaotische Weise, die inzwischen Stalins wie Hitlers Herrschaftsstil kennzeichnete, ausgesiedelt und ins verwüstete und gerade eroberte Generalgouvernement geschickt."[317]

Von dieser Umsiedlung waren – Abbild des Machtungleichgewichts zwischen Warschau und Moskau – sehr viel mehr sowjetische Polen betroffen als polnische Ukrainer oder Weißrussen. Bis zu 1,5 Millionen Polen aus der Ukraine, Weißrussland und Litauen wurden erfasst, die ersten 117 211 von ihnen im Oktober 1944 nach Südostpolen abgeschoben, kaum dass die sowjetisch-deutsche Front etwas nach Westen gerückt war. Der Großteil wurde 1945/46 „evakuiert", doch erst 1948 endete diese Umsiedlung, bei der es – ähnlich wie bei der Zwangsumsiedlung der Deutschen – zu zahlreichen Erkrankungen und Todesfällen kam.[318] 780 000 Polen

---

[314] Prusin, Revolution, S. 534; Ther, The Spell of the Homogeneous Nation-State, S. 91, nennt die niedrigere Ziffer von 300 000 polnischen Flüchtlingen; zu Kroatien: Hory / Broszat, Der kroatische Ustascha-Staat.
[315] Douglas, Ordnungsgemäße Überführung, S. 110.
[316] Umsiedlung der Polen aus den ehemaligen polnischen Ostgebieten, S. 96f.
[317] Douglas, Ordnungsgemäße Überführung, S. 110.
[318] Ther, Deutsche und polnische Vertriebene, S. 71–85; Borodziej, Die Katastrophe, S. 101, nennt „mindestens 1,2 Millionen Polen" als Betroffene.

gingen zwischen 1944 und 1946 aus der Ukraine nach Polen, 272 000 aus Weißrussland, 170 000 aus Litauen und 260 000 aus sonstigen Teilen der UdSSR.[319] Ab Frühjahr 1945 wurden in umgekehrter Richtung „fast eine halbe Million Ukrainer" und kleinere Gruppen von Weißrussen und Litauern aus Polen in die UdSSR umgesiedelt. Überdies durften ab 1945 300 000 Polen, die 1940/41 vom NKVD in die UdSSR deportiert worden waren, sowie vor Hitler geflüchtete polnische Juden in ihre Heimat zurückkehren, sofern sie dies wünschten.[320]

Die Vertreibungs-, Umsiedlungs- und Rückkehrerwellen, die zwischen Polen und der Sowjetunion hin und her gingen, verschränkten sich mit der Zwangsumsiedlung der Deutschen aus Polen bzw. den bisherigen deutschen Ostgebieten, die 1945 unter polnische Herrschaft gelangten. Ein Großteil der polnischen „Repatrianten" – ein euphemistischer Sammelbegriff, der nur auf freiwillige Rückkehrer halbwegs zutraf – wurde „in teils wochenlangen Bahntransporten in den ehemals deutschen Gebieten" angesiedelt, wo die noch vorhandenen Deutschen gezwungen wurden, „ihre Höfe und Wohnungen zu räumen, um den Neuankömmlingen Platz zu verschaffen". Eine zweite polnische Zuwandererwelle kam von Westen – „aus deutschen Arbeits-, Konzentrations- und Gefangenenlagern, oft nach jahrelanger Zwangsarbeit". Viele versuchten, in den ehemals deutschen Gebieten ein neues Leben aufzubauen.[321]

Realiter verlief die auf dem Papier geordnet erscheinende Umsiedlung unter großen Härten. Zahlreiche polnische „Repatrianten" aus Litauen konnten, wie man im März 1945 in Wilna (Vilnius) feststellte, nach sechs Jahren kriegsbedingter Verarmung nicht die notwendigen Lebensmittelrationen für den zweiwöchigen Transport erwerben und waren auf die unzureichende staatliche Verpflegung angewiesen. Ähnlich schlecht stand es um Schuhwerk und Reisekleidung. Die litauischen Sowjet-Behörden verweigerten – entgegen den Vertragsbestimmungen – die Mitnahme von Hausrat. Überdies trafen in Wilna „hungrig und zerlumpt" befreite polnische Zwangsarbeiter ein, die von den Deutschen nach Estland und Lettland verschleppt worden waren.[322] All diese in die ehemaligen deutschen Ostgebiete geleiteten „Repatrianten" trafen dort auf weiteres Chaos. Ein polnischer Beamter berichtete am 29. Mai 1945 über die gleichermaßen schlechte Lage der deutschen Bevölkerung (die von ihrer geplanten Vertreibung nichts ahnte) und der polnischen „Repatrianten" in Pommern:

„Auf dem Weg durch Stargard nach Osten von Richtung Szczecin her strömen Massen von aus Deutschland Zurückkehrenden, die das Objekt ständiger Überfälle von Seiten einzelner und organisierter Gruppen sowjetischer Soldaten sind. Diese Menschen werden beinahe auf der gesamten Wegstrecke ständig überfallen, ausgeraubt [und] die Frauen vergewaltigt. [...]

---

[319] Ferrara / Pianciola, L' Età delle Migrazioni Forzate, S. 366.
[320] Borodziej, Die Katastrophe, S. 101; Naimark, Flammender Hass, S. 167, nennt die Zahl von 480 000 aus Polen in die UdSSR deportierten Ukrainern; Ferrara / Pianciola, L' Età delle Migrazioni Forzate, S. 366, nennen 231 000 Ukrainer für 1945, weitere 250 000 für 1946, während 1947 140 000 Ukrainer innerhalb Polens deportiert worden seien.
[321] Borodziej, Die Katastrophe, S. 101; Naimark, Flammender Hass, S. 167.
[322] Umsiedlung der Polen aus den ehemaligen polnischen Ostgebieten, S. 181 und S. 189f.

Die Sicherheitslage der Ansiedler stellt sich vor Ort wegen des Fehlens ausreichender polnischer Truppen- oder Milizeinheiten mehr oder weniger ähnlich dar. Bei der Besprechung wurde auch unterstrichen, dass außer den Angriffen [...] die Tatsache einen ungemein deprimierenden Einfluss ausübt, dass sie zu Zwangsarbeiten auf unter [sowjetischer] Militärverwaltung stehende Güter verschleppt werden. Dieses Phänomen kommentieren die Menschen so, dass sie an Sovchosen angekettet werden."[323]

Die polnischen Behörden forderten eine rasche Verbesserung der Sicherheitslage für die Repatrianten. Außerdem habe man „so schnell wie möglich die Deutschenfrage zu lösen, sei es auf dem Wege der Umsiedlung, sei es dadurch, dass sie von den belegten Wirtschafts- und Wohnobjekten systematisch entfernt und isoliert werden".[324] Doch Ende Juli 1945 monierte ein Bericht aus Schlesien, nach wie vor „würden die Deutschen in Lignica [i. e. Legnica/Liegnitz] an Ort und Stelle gelassen, während den Repatrianten keine wie auch immer geartete Fürsorge zuteil werde". Stattdessen konfiszierten die Sowjets vor den Augen hungriger „Repatrianten" die Ernte und „zwängen sie sogar zur Arbeit auf dem Feld". Auch die polnische Miliz nehme „den Repatrianten häufig verschiedene Dinge ab und erkläre dies mit der ‚Bekämpfung von Dieben'". Manche Eisenbahntransporte würden bis zu vier Wochen provisorisch abgestellt und die Menschen sich selbst überlassen. „Zu Fuß heimkehrende Repatrianten sehe man überall." Die große Unsicherheit in Niederschlesien werde durch Tausende befreiter KZ-Insassen aus Italien, Rumänien oder Griechenland erhöht, denen die Miliz nicht gewachsen sei.[325]

Die Lage in Oberschlesien veranschaulicht ein Bericht der Wojewodschaft in Katowice/Kattowitz vom 20. Juli 1945: Demnach lebten die „Repatrianten" im ganzen Raum „Opole-Wroclaw" provisorisch „wochenlang in Bretterbuden, andere unter freiem Himmel". Es fehlte an Transportmitteln und an Verpflegung: „Die Menschen sind hungrig. Das schlägt sich in ihren elenden Gesichtern und ihren tierischen Blicken nieder." Auch die medizinische Betreuung war unzureichend, weshalb sich Typhuserkrankungen häuften.[326] Obwohl sich die Situation der polnischen „Repatrianten" von jener der deutschen Vertriebenen (bzw. noch zu Vertreibenden) formal unterschied, wiesen ihre Alltagsschicksale im Nachkriegschaos viele Ähnlichkeiten auf.

Polen strebte ab 1945, so der polnische Historiker Wlodzimierz Borodziej, „eine homogene Bevölkerung ohne große ‚fremde' Minderheiten wie Deutsche, Juden und Ukrainer an". Während die Deutschen überwiegend vertrieben wurden, erlebten die 200 000 oder 225 000 polnischen Juden, die den deutschen Völkermord überlebt hatten, nach 1945 eine schockierende „Intensität des polnischen Antisemitismus, der sich in einer Reihe von Pogromen ausdrückte" – mit dem Höhepunkt des Pogroms von Kielce im Juli 1946, bei dem 42 Juden ermordet wurden. Zwischen 1944 und 1948 wurden im befreiten Polen 1500, vielleicht 2000 Juden bei Ausschreitungen getötet. Von den polnischen Juden, die den NS-Genozid über-

---

[323] Ebenda, S. 275 und S. 283–285.
[324] Ebenda, S. 288.
[325] Ebenda, S. 348f.
[326] Ebenda, S. 346.

lebt hatten, verließen zwei Drittel bis 1950 ihr Heimatland. Für Borodziej steht die Chiffre „Kielce" nicht nur für den lange „verschwiegenen Antisemitismus" in Polen, „sondern ebenso für die 1945/46 oft schier unglaubliche Brutalität gegenüber Feinden oder Fremden", sei es der innerpolnische Bürgerkrieg zwischen Kommunisten und Widerstand, sei es das polnische Vorgehen gegen Deutsche oder Ukrainer. 1968 führte eine vom kommunistischen Regime, namentlich von Innenminister Mieczysław Moczar organisierte antisemitische Kampagne zu einer weiteren „Vertreibung Tausender Juden und Polen jüdischer Herkunft aus Polen" – laut Jan Józef Lipskis treffender Diagnose eine späte Verpflanzung des „sowjetische[n] Polizeiantisemitismus". Auch die ungeliebte ukrainische Minderheit war in Polen trotz des sowjetisch-polnischen „Bevölkerungsaustauschs" in reduzierter Form weiterhin vorhanden. Im Südosten Polens wurden die Kämpfe zwischen Ukrainern und Polen so heftig, dass die Warschauer Regierung im Frühjahr 1947 eine militärische „Spezialaktion Weichsel" unternahm: 140 000 Ukrainer wurden zwangsumgesiedelt und über die „wiedergewonnenen", bislang deutschen Gebiete zerstreut. Viele gelangten in die seit der Vertreibung der Deutschen schwach besiedelten Regionen Allenstein und Stettin. Während dieser „ethnische[n] Säuberung Südostpolens" starben rund 5500 Ukrainer.[327] Offenbar gingen die Moskauer und Warschauer Regierungen auf beiden Seiten der Grenze koordiniert gegen ukrainische Partisanen vor.[328]

In der „New York Times" hatten tschechische und polnische Exil-Sprecher im August 1944 den Zwangstransfer der Deutschen noch als Teil eines wechselseitigen Transfers geschildert – als Austausch gegen 100 000 Sorben aus Sachsen, gegen 200 000 Tschechen aus Österreich und gegen 800 000 Polen aus Deutschland, die seit Jahrzehnten im Ruhrgebiet lebten.[329] Nach dem Ersten Weltkrieg waren zwischen 1919 und 1924 tatsächlich 100 000 bis 130 000 ethnische Polen aus dem Ruhrgebiet ins neugegründete Polen zurückgewandert, insbesondere in die Provinz Posen, wo zur selben Zeit eine starke Abwanderung von Deutschen erfolgte.[330] Eine ähnlich starke Rückwanderung erfolgte aber nach 1945 nicht. Konnte sich der polnische Staat mit den „Repatrianten" aus der Sowjetunion behelfen, stand dem tschechoslowakischen Staat zur Neubesiedlung der entvölkerten deutschen Gebiete keine derart große Gruppe des eigenen Volkes zur Verfügung. Die Zahl der tschechischen „Repatrianten" blieb hinter den polnischen deutlich zurück: Bis Mai 1947 kehrten 20 000 tschechische Bergleute, die vor 1939 nach Frankreich, Belgien oder Deutschland ausgewandert waren, in ihre frühere Heimat zurück, desgleichen 7300 Tschechen aus Österreich. 1946 schloss die Prager Regierung Abkommen mit Rumänien und Jugoslawien über „Repatriierung": Aus

---

[327] Naimark, Flammender Hass, S. 167; Roberts, Twentieth Century, S. 785; Michael, Zwischen Davidstern und Roter Fahne, S. 202f. und S. 206; Esch, Überbevölkerung und ethnische Bereinigung, S. 141f.; Lipski, Wir müssen uns alles sagen..., S. 219f.; Borodziej, Geschichte Polens im 20. Jahrhundert, S. 268f. und S. 313–316.
[328] Snyder, Bloodlands, S. 333f.
[329] Schechtman, European Population Transfers 1939–1945, S. 457.
[330] Thiel, Polnische und belgische Zwangsarbeiter in Deutschland im Ersten Weltkrieg, S. 877f.

Rumänien kehrten 30 000 Optanten zurück, aus Bosnien wurden sogar 100 000 tschechische oder slowakische Rückwanderer erwartet.[331] Die Mehrheit der 200 000 Rückwanderer stammte jedoch aus Wolhynien, Grundlage war ein bilateraler Umsiedlungsvertrag zwischen Prag und Moskau. Doch nicht diese „Reemigranten" dominierten die Neubesiedlung der Sudetengebiete, sondern eine tschechische „Neusiedlerschicht aus Zentralböhmen und -mähren". Zudem wurden zweihunderttausend Slowaken und über zehntausend Ungarn aus der Slowakei angesiedelt – letztere zwangsweise. Damit blieben die Sudetengebiete ethnisch heterogen. Zugleich lag die Nachkriegsbevölkerung 1950 um „über ein Drittel" unter der von 1930. Das Neuland wurde zur „Domäne der kommunistischen Partei", die dort in den Wahlen von 1946 53 Prozent erreichte, während sie landesweit nur auf 38 Prozent kam.[332]

Eine dünne Besiedlung, die neben „Repatrianten" durch doppelt soviel Siedler aus den Zentralregionen erfolgte, kennzeichnete auch in Polen die neugewonnenen Siedlungsgebiete – ebenso wie kommunistische Klientelbildung durch Umverteilung enteigneten Besitzes.[333] Doch während die Tschechoslowakei, ebenso wie Rumänien und Jugoslawien, trotz Reduzierung und Einschüchterung nationaler Minderheiten ein Vielvölkerstaat blieb, wurde Polen, wo noch 1938 die Titularnation nur zwei Drittel der Bevölkerung gestellt hatte, 1946 fast nur von ethnischen Polen bewohnt.[334]

4. Vergeltung und Zwangshomogenisierung: Die antideutschen „Transfer"-Planungen der Anti-Hitler-Koalition

Zbyněk Zeman hat die ethnische „Säuberung" Osteuropas von fast allen bisher dort lebenden Deutschen in den Jahren nach 1945 als radikale Vergeltung für die Ambitionen Hitlers, aber auch für deren Scheitern bezeichnet.[335] Der in Ostpreußen geborene Heinrich August Winkler spricht davon, mit der Vertreibung der Deutschen sei „die gewaltsame Vertreibung unerwünschter Einheimischer, mit der die Nationalsozialisten begonnen hatten", letztlich „auf die Deutschen zurück[geschlagen]". Trotz dieses Zusammenhangs mit den NS-Verbrechen betrachtet Winkler die Vertreibung der Deutschen zu Recht als „Verstoß gegen die Menschenrechte".[336]

Tatsächlich gaben die Verbrechen des deutschen NS-Imperiums im Zweiten Weltkrieg den entscheidenden Anstoß dafür, dass die Feinde Hitler-Deutschlands dessen rücksichtslose Methoden ethnischer „Säuberung" zumindest teilweise auf-

---

[331] Kulischer, Europe on the Move, S. 187f.
[332] Arburg, Abschied und Neubeginn, S. 205–207 und S. 209f.
[333] Ther, Deutsche und polnische Vertriebene, S. 114 und S. 173.
[334] Judt, Geschichte Europas, S. 44f.
[335] Zeman, Pursued by a Bear, S. 210.
[336] Winkler, Der lange Weg nach Westen, Bd. 2, S. 117.

griffen – und zwar in Form einer „Säuberung" durch Vertreibung und Zwangsumsiedlung, nicht aber durch Völkermord. Diese Revanchepolitik der Alliierten richtete sich gegen Millionen deutscher Zivilisten – gegen all jene, die zufällig in den östlichen Provinzen des Deutschen Reiches oder in Osteuropa lebten. Es war kein Zufall, dass gerade die 1939/40 in London gebildeten Exilregierungen Polens und der Tschechoslowakei „bald nach Beginn des Zweiten Weltkrieges" begannen, „über die Vertreibung der Deutschen aus ihren Ländern nach Kriegsende zu sprechen". Diese Länder waren (sieht man vom zweideutigen Fall Österreich ab) die ersten Opfer der NS-Aggressionspolitik ab 1938/39.

Mit ihrer Vergeltungspolitik ahmten diese Exilregierungen nicht nur die NS-Deportationspolitik nach; ebenso bezogen sie sich auf den „scheinbar erfolgreichen" Präzedenzfall von Lausanne, den 1923 völkerrechtlich besiegelten „Bevölkerungsaustausch" von Griechen und Muslimen. Mit diesem Modell im Blick erzielten die polnischen und tschechoslowakischen Exilregierungen „über die Vertreibung ihrer deutschen Bevölkerungsgruppen" rasch Übereinkunft, um sich dann konzertiert „bei den alliierten Regierungen für eine prinzipielle Unterstützung des Bevölkerungsaustauschs einzusetzen".[337] Gerade der Fall der Vertreibung der Deutschen nach 1945 belegt, „wie wichtig es ist, die Ebene der internationalen Politik und den dort bestehenden Konsens zu einem System homogener Nationalstaaten zu beachten".[338] Als Ergebnis jahrelanger Planungen und Verhandlungen existierten 1945 fertige Vertreibungspläne der Sieger über Hitler-Deutschland, die nur noch umgesetzt werden mussten.[339] Die ethnische „Säuberung", die ab 1945 zu Lasten vieler Deutscher erfolgte, war somit keineswegs die Folge spontaner Rache oder bloßer Verrohung durch Gewalterfahrungen – so sehr diese Faktoren dann die Umsetzung der Vertreibungspolitik beeinflussten.

Das zwanzig Jahre alte Vorbild von Lausanne und die Deportationen und Vertreibungen Hitlers im Zweiten Weltkrieg bestärkten auf alliierter Seite die Überzeugung von der Fälligkeit und Machbarkeit eines millionenfachen Bevölkerungstransfers zu Lasten der Deutschen. Die von Hitler veranlassten „gewaltigen Bevölkerungsbewegungen" ließen im Falle eines Sieges über Hitler „weitere Massenverschiebungen unproblematisch" erscheinen – „insbesondere die der verhassten Deutschen". Auch die seit Jahrzehnten gemachten „Erfahrungen der Sowjetunion mit der Deportation großer Menschengruppen" bestärkten die Verantwortlichen Polens und der Tschechoslowakei in ihren Vertreibungszielen.[340] Es ist gesagt worden, die in Jalta im Januar 1945 versammelten Führer der drei alliierten Großmächte – Stalin, Churchill und US-Präsident F. D. Roosevelt – hätten „von den enormen Bevölkerungsverschiebungen, die sich vor ihren Augen vollzogen, so wenig Notiz" genommen, „als handelte es sich dabei um alltägliche Vor-

---

[337] Naimark, Flammender Hass, S. 139; vgl. zu Lausanne ausführlich Kap. V.3.
[338] Ther, Die dunkle Seite der Nationalstaaten, S. 17.
[339] Ahonen e.a., People on the Move, S. 61–69, wo jedoch neben den drei alliierten Großmächten nur tschechoslowakische und jugoslawische Pläne angesprochen werden, während polnische Vorhaben nicht thematisiert werden.
[340] Naimark, Flammender Hass, S. 139f.

gänge".³⁴¹ Doch die bevorstehenden Vertreibungen wurden in Jalta sehr wohl diskutiert – wenn auch mit jener auf den ersten Blick verblüffenden Nonchalance, die allerdings auf den zweiten Blick im Weltkriegskontext jahrelanger militärischer Massenbewegungen weniger überrascht. So erklärte Churchill gegenüber Stalin, er sei keineswegs „schockiert von der Idee, Millionen von Menschen gewaltsam umzusiedeln". Der sowjetische Diktator war dies erst recht nicht, versicherte jedoch, diese Deportationen würden kein großes Ausmaß annehmen: „Dort werden keine Deutschen mehr sein, denn wenn unsere Truppen kommen, laufen die Deutschen weg."³⁴² Churchill, ein in zwei Weltkriegen gegen Deutschland erfahrener Politiker, der als junger Mann schon britische Kolonialmassaker im Sudan³⁴³ und die brutale Behandlung feindlicher Zivilisten im burischen Südafrika miterlebt hatte, übernahm die Argumente Stalins, um in seiner Heimat für die Vertreibung der Deutschen zu werben. Am 23. Februar 1945 beklagte Churchill auf einer Regierungssitzung, man rede stets von „großen Schwierigkeiten", einige Millionen Deutsche umzusiedeln, dabei seien „die meisten Deutschen in den jetzt von den Russen eroberten Gebieten" längst „schon weggelaufen".³⁴⁴ Wiederholt verwies Churchill auch auf den Bevölkerungsaustausch von Lausanne, dessen Durchführung einst „unmöglich" erschien, dann aber sehr erfolgreich verlaufen sei. Vor dem Unterhaus wertete Churchill am 15. Dezember 1944 die „Vertreibung" der Deutschen als das „befriedigendste und dauerhafteste Mittel" zur Sicherung des Friedens in Osteuropa.³⁴⁵

Vergeltungsaspekte wurden laut, als Stalin am 28. Juni 1945 den tschechoslowakischen Ministerpräsidenten Zdeněk Fierlinger und Vize-Außenminister Vladimir Clementis zur Vertreibung der Deutschen ermunterte: „Wir werden Sie nicht stören. Werfen Sie sie raus. Jetzt werden sie am eigenen Leib spüren, was es heißt, andere zu beherrschen." Allerdings schlug Stalin Fierlingers Bitte nach Mithilfe der Roten Armee ab. Ähnlich beschied er den polnischen Kommunistenführer Gomułka: Das sei Sache der Osteuropäer, nicht der sowjetischen Truppen. Zugleich gab er den Ratschlag: „Schaffen Sie solche Lebensbedingungen für die Deutschen, dass sie von allein entkommen wollen." Die polnische Führung hat dies beherzigt.³⁴⁶

Was die USA und Großbritannien angeht, äußerten sie zwar Bedenken wegen der Konsequenzen solcher Massen-Zwangszuwanderung für das besetzte Rest-Deutschland, bekundeten jedoch „Verständnis" und erhoben „keine prinzipiellen Einwände".³⁴⁷ Besonders die britische Regierung ermunterte im Weltkrieg ihre osteuropäische Klientel zu einer ethnischen „Säuberung" auf Kosten der Deutschen. Diese Politik wurde „bis in die höchste politische Ebene hinauf" – nament-

---

³⁴¹ Burleigh, Die Zeit des Nationalsozialismus, S. 932.
³⁴² Naimark, Flammender Hass, S. 140; vgl. Nitschke, Vertreibung und Aussiedlung, S. 63.
³⁴³ Sheehan, Kontinent der Gewalt, S. 72.
³⁴⁴ Naimark, Flammender Hass, S. 140f.
³⁴⁵ Ebenda, S. 141.
³⁴⁶ Ebenda, S. 140.
³⁴⁷ Ebenda, S. 140f.

lich durch Churchill – „immer wieder" mit dem „angeblich reibungslos verlaufenen Bevölkerungsaustausch zwischen Griechenland und der Türkei nach der Lausanner Konferenz von 1923" gerechtfertigt.[348] Es wundert nicht, dass, als dem Briten 1956 in Aachen der „Europäische Karlspreis" verliehen werden sollte, westdeutsche Vertriebenenverbände eine Protestdemonstration planten (die sie auf Druck der Bonner Regierung wieder absagen mussten).[349] Churchill hat diese Vertreibung der Deutschen nicht nur als Vergeltung, sondern primär als Friedenslösung für den Osten Europas begriffen. Man müsse, so erklärte er 1944 im Unterhaus, jene „Mischung der Bevölkerung" beenden, durch die in den vergangenen hundert Jahren „endlose Unannehmlichkeiten" entstanden seien – „wie zum Beispiel im Fall Elsass-Lothringen".[350] Damit verwies der britische Premier auf das prominenteste westeuropäische Beispiel einer zwischen zwei Nationen umkämpften Grenzregion.[351] Churchill hätte auch den französischen Soziologen Ernest Renan zitieren können, der 1871 – nach der Annexion des bis dahin seit Jahrzehnten französischen Elsass-Lothringen durch Deutschland – einem deutschen Kollegen geschrieben hatte, dass sich die durch dieses Vorgehen zum Ausdruck kommende Verdrängung liberaler Maßstäbe durch ethnisch-historische Argumente rächen werde: „Was werdet ihr sagen, wenn eines Tages die Slawen kommen und das eigentliche Preußen, Pommern, Schlesien, Berlin beanspruchen, weil deren Namen slawisch sind, wenn sie an dem Oderufer tun, was ihr jetzt am Moselufer tut […]? Deutschland hat ein übermütiges Pferd bestiegen, das es hintragen wird, wohin es nicht will."[352]

Elsass-Lothringen ist ein gutes Beispiel für die These Jürgen Osterhammels, dass überall dort, „wo immer in den Jahrzehnten vor dem Ersten Weltkrieg neue Nationalstaaten entstanden" seien, „die Gefahr eines ‚unmixing of peoples'" bestanden habe – eine „Entmischung der Völker", wie diese Gewaltpolitik 1922/23 in Lausanne getauft worden ist. Deutsche Nationalisten wie die Historiker Treitschke oder Menzel begriffen die Annexion Elsass-Lothringens als gerechte Heimholung von Frankreich gewaltsam geraubter „urdeutscher" Gebiete.[353] Das umstrittene Grenzland wurde nicht nur zum Objekt ethnischer „Säuberungs"-Phantasien, sondern auch zum Tatort realer „Säuberungs"-Politiken. Waren bei Kriegsbeginn 1870 von der französischen Regierung 80 000 Deutsche ausgewiesen worden, verließen nach Kriegsende 1871 130 000 Bewohner, die sich zur französischen Nation bekannten, das deutsche „Reichsland".[354] Als mit der Weltkriegsniederlage Deutschlands 1918 Elsass-Lothringen an Frankreich zurückkam, verfügte Paris sofort die Ausweisung von 130 000 Deutschen, während 50 000 Franzosen zuwan-

---

[348] Burleigh, Die Zeit des Nationalsozialismus, S. 933.
[349] Stickler, „Ostdeutsch heißt gesamtdeutsch", S. 162–164; Schwartz, Vertriebene im doppelten Deutschland, S. 146.
[350] Ebenda, S. 141.
[351] Zu Elsass-Lothringen nach 1918: Kohser-Spohn, Staatliche Gewalt.
[352] Schulze, Staat und Nation in der europäischen Geschichte, S. 294.
[353] Müller, Imaginierter Westen, S. 73–78 und S. 100–102.
[354] Osterhammel, Die Verwandlung der Welt, S. 217.

derten.³⁵⁵ Als Hitler 1940 Frankreich besiegte und Elsass-Lothringen erneut unter deutsche Herrschaft brachte, wiederholte sich die Ausweisungs- und Ansiedlungspolitik in umgekehrter Richtung: Im November 1940 wurden 100 000 frankophone Lothringer und 10 000 Elsässer nach Vichy-Frankreich abgeschoben – darunter viele Bauern, um Platz zur Ansiedlung volksdeutscher „Umsiedler" aus Osteuropa zu schaffen.³⁵⁶ Himmler soll zudem geplant haben, die deutschen Einwohner Südtirols geschlossen ins Elsass-Lothringen benachbarte Burgund umzusiedeln und diese Region in einen „Musterstaat der SS" zu verwandeln.³⁵⁷ Nicht nur der „Führer" des „Großdeutschen Reiches", auch sein „Reichsführer SS" scheint als Jugendlicher ein begeisterter Leser alldeutscher Pamphlete gewesen zu sein, in denen solche Politik vorgedacht worden war.³⁵⁸

Trotz dieser Vorgeschichte wurde Churchills westeuropäisches Paradebeispiel für Ethnokonflikte nach 1945 ganz ohne ethnische „Säuberung" befriedet. Ähnlich verhielt es sich mit dem Saarland, das seit 1919 ebenfalls zwischen Frankreich und Deutschland umstritten war. Zwar beabsichtigte nach 1945 Frankreich unter Präsident Charles de Gaulle eine Annexion des Saargebiets, und die Pariser Regierung dachte auch an „Bevölkerungstransfers" – allerdings nur „in Form freiwilliger Auswanderung von Saarländern nach Frankreich [...], die dort wirtschaftliche Vorteile genießen sollten". Massendeportationen unerwünschter Saar-Deutscher nach Deutschland wurden – anders als 1918 in Elsass-Lothringen – offenbar nicht erwogen und auf jeden Fall nie umgesetzt. Ganze 1820 Saar-Deutsche wurden (vermutlich wegen NS-Belastung) bis 1947 von der französischen Militärregierung ausgewiesen, und selbst von diesen durften später zwei Drittel zurückkehren. In Paris setzte man „auf Assimilierung, nicht auf ‚ethnische Säuberung'", und hat an eine „gewaltsame Vertreibungspolitik großen Stils zur Schaffung eines demographischen fait accompli", wie sie in Osteuropa damals stattfand, offenbar „nie ernsthaft gedacht". Das ist umso bemerkenswerter, als sich mit Blick auf die Saarländer „relativ leicht ein kollektiver Schuldvorwurf hätte konstruieren lassen".³⁵⁹ Doch während man nach 1945 der Mehrheit der Sudetendeutschen ihr Wahlverhalten von 1935 und ihre überwiegende Hitlerbegeisterung von 1938 als Kollektivschuld auslegte und zur Begründung (nahezu) kollektiver Vertreibung nutzte, wurden die durch die Volksabstimmung von 1935 ähnlich diskreditierten Saar-Deutschen mit anderen Maßstäben gemessen.

---

³⁵⁵ Nitschke, Vertreibung und Aussiedlung der deutschen Bevölkerung aus Polen, S. 49f.; Kulischer, Europe on the Move, S. 168; Friedensburg, Die Weimarer Republik, S. 36, nennt 140 000 deutsche Ausgewiesene, die neuere Forschung schwankt zwischen 112 000 und 150 000; vgl. Kohser-Spohn, Die Vertreibung der Deutschen aus dem Elsass 1918–1920, S. 80, Anm. 4, bzw. Ther, Die dunkle Seite der Nationalstaaten, S. 88.
³⁵⁶ Picker, Hitlers Tischgespräche, S. 332, Anm. 1; Kulischer, Europe on the Move, S. 258.
³⁵⁷ Müller, Imaginierter Westen, S. 326f.
³⁵⁸ Vgl. Kap. II.1.
³⁵⁹ Kittel / Möller, Die Beneš-Dekrete, S. 564; demgegenüber behauptet Nawratil, Die deutschen Nachkriegsverluste, S. 28, ohne nähere Belege, es seien auch in Westeuropa „rund 200 000 Deutsche ausgewiesen" worden, „die meisten [...] aus dem Elsass, einige wenige aus dem Saargebiet und Luxemburg".

Was sie in Westeuropa unterließen, wurde von führenden westeuropäischen Politikern jedoch für Osteuropa gebilligt. Präsident de Gaulle sollte als erster Staatschef einer alliierten Großmacht die Oder-Neiße-Grenze gegenüber der Sowjetunion 1944 vertraglich anerkennen[360] und 1965 in Warschau erklären, Polen sei „im Besitz eines geschlossenen Territoriums, ohne fremde ethnische Elemente, mit durchaus gerechtfertigten und klar festgelegten Grenzen", denen Frankreich stets zugestimmt habe.[361] Hinter Churchill und den vielen anderen Transfer-Befürwortern in der britischen Politik standen die sie beratenden Wissenschafts-Experten, die – während ihre deutschen Kollegen in Hitler-Deutschland zu „Vordenkern der Vernichtung" avancierten – immerhin „Vordenker von Bevölkerungstransfers" genannt werden können.[362] Es war die britische Regierung, die die Grenz- und Menschenverschiebung besonders forcierte. Euphorisch verkündete Churchill Ende 1944 im Unterhaus mit Blick auf Polen: „Reiner Tisch wird gemacht werden. Ich bin von der Aussicht einer Entflechtung der Bevölkerung nicht beunruhigt, auch nicht von diesen umfangreichen Umsiedlungen, die durch moderne Hilfsmittel jetzt besser möglich sind als früher."[363] Schon 1943 in Teheran und erneut 1945 in Jalta hatte Churchill die Massenumsiedlung von Deutschen mit dem Argument begrüßt, durch „Abtretung Ostpreußens, Ostpommerns und Oberschlesiens an Polen" würde das „historische Kernland Preußens" abgetrennt. Diese Bemerkung verwies auf die Hoffnung der britischen Eliten, endlich „das ‚Erzübel' des deutschen Militarismus" vernichten zu können, das sie im „ostelbischen" Großgrundbesitz verankert sahen. Zugleich wurde Hitlers rücksichtslose Politik zur Rechtfertigung der eigenen Rücksichtslosigkeit herangezogen. Außenminister Eden erinnerte 1944 an die „ungeheuren und schrecklichen Veränderungen", die das deutsche Besatzungsregime ab 1939 in Polen verursacht habe; angesichts dieser NS-Verbrechen, die zum damaligen Zeitpunkt auch immer noch verübt wurden, erklärte Eden, „einen Status quo, zu dem man einfach zurückkehren könne, gebe es schon deshalb nach dem Kriege nicht". Die radikale territoriale und demographische „Zurückdrängung" Deutschlands aus dem Osten sei die „einzige Möglichkeit" für eine „Dauerlösung". Diese Sicht wurde in der britischen Politik parteiübergreifend gebilligt. Der sozialistische Vizepremier Clement Attlee, der im Juli 1945 zum Nachfolger des konservativen Regierungschefs Churchill werden und an dessen Stelle die Potsdamer Vertreibungsbeschlüsse unterschreiben sollte, stellte im Februar 1945 die NS-Verbrechen als maßgebliche Ursache der Deutschen-Vertreibung heraus. Die Deutschen hätten seit 1939 mutwillig „die alten Schranken zerbrochen", und daher hätten sie nun angesichts ihrer Niederlage „kein Recht, an die moralischen Gesetze zu appellieren, die sie selber außer acht gelassen haben". Falls es nötig sei, „Gebiete abzutrennen, um dem polnischen Volk ein freies und uneingeschränktes Leben zu ermöglichen", dürften sich die Deut-

---

[360] Linsel, Charles de Gaulle und Deutschland, S. 119, ferner S. 221 und S. 258.
[361] Rehbein, Die westdeutsche Oder/Neiße-Debatte, S. 65.
[362] Ther, Die dunkle Seite der Nationalstaaten, S. 128.
[363] Naimark, Flammender Hass, S. 141.

schen nicht „darüber beklagen". Diese „Umsiedlungen" könnten zwar „sehr, sehr schmerzlich sein, aber vielleicht sind sie bei weitem besser als ein ewiger Unruheherd von Volksteilen inmitten von Völkern, die sie hassen".[364] Lediglich in den USA war diese Meinung „weniger ausgeprägt und obendrein gespalten". Doch auch dort dominierten Transfer-Befürworter wie Ex-Präsident Herbert Hoover, der Lausanne als Vorbild einer neuen Friedensordnung entlang ‚sauberer' ethnischer Grenzen präsentierte[365] und „den heroischen Ausweg des Bevölkerungstransfers" zur Lösung ethnischer Konflikte in Europa feierte.[366]

Attlees Ausführungen berühren das Problem des von den Deutschen geschürten Hasses, der sich 1945 an den deutschen Zivilisten im Osten zu entladen drohte. Das war kein nur vorgeschobenes Argument – erinnert sei nur an sowjetische Verbrechen bei der Eroberung Ostdeutschlands oder an die brutale Behandlung der Volksdeutschen im befreiten Jugoslawien Titos.[367] Es bleibt freilich festzuhalten, dass Stalin in Potsdam die Vergeltungsgefahr zielstrebig instrumentalisierte. Als der nach Roosevelts Tod im April 1945 nachgerückte US-Präsident Harry S. Truman fragte, wo man denn „neun Millionen" für die Vertreibung vorgesehene Deutsche unterbringen solle, behauptete der sowjetische Diktator: „Die Polen fragen uns nicht. Sie tun, was sie wollen, genau wie die Tschechen." Als Churchill vorschlug, zumindest den Schlesiern die Rückkehr zu erlauben, konterte Stalin: „Die Polen würden sie aufhängen, wenn sie zurückgingen."[368]

Vergeltung für NS-Verbrechen war ein ernstzunehmendes Motiv, hatte doch „zu den Hauptelementen der NS-Besatzungspolitik" in Osteuropa „eine regelrechte Sklavenhaltermentalität in bezug auf die vermeintlichen slawischen ‚Untermenschen' gezählt", die „den Willen auf Seiten der Vertreiberstaaten, nach dem Krieg nicht länger mit deutschen Minderheiten zusammenleben zu wollen, zweifelsohne maßgeblich beeinflusst" hat.[369] Die Auffassung Michael Burleighs, das Argument der „Strafe und Vergeltung für die von den Deutschen verübten Verbrechen" sei eine „dünne Rechtfertigung" der Vertreibung[370], bedarf somit der Präzisierung. Burleigh hat insofern recht, als es nicht um individuelle Schuld ging, sondern um Kollektivbestrafung.[371] Gleichwohl gibt es eine Vielschichtigkeit der Vertreibungsmotive, die sich nicht in Vergeltung für NS-Verbrechen erschöpften. Dies hat Norman Naimark mustergültig auf den Punkt gebracht:

„Tschechen und Polen benutzten den Deckmantel des Krieges und den Übergang vom Krieg zum Frieden, um die Deutschen aus ihren Ländern zu vertreiben und alte Rechnungen zu begleichen.

---

[364] Broszat, Zweihundert Jahre deutsche Polenpolitik, S. 310f.; Attlee meinte später, die Russen hätten für Polen zu viel verlangt und auch Vertreibungen aus Regionen impliziert, die fast nur von Deutschen bewohnt gewesen seien; Attlee, As It Happened, S. 173.
[365] Ther, Die dunkle Seite der Nationalstaaten, S. 128.
[366] Douglas, Ordnungsgemäße Überführung, S. 47.
[367] Gerolymatos, The Balkan Wars, S. 173, blendet dieses Schicksal der Deutschen und Italiener bei seinem Lob des jugoslawischen Vielvölkerstaates Titos völlig aus.
[368] Naimark, Flammender Hass, S. 142.
[369] Kittel / Möller, Die Beneš-Dekrete, S. 578f.
[370] Burleigh, Die Zeit des Nationalsozialismus, S. 932f.
[371] Davies, Die große Katastrophe, S. 14, spricht von einem „Akt kollektiver Bestrafung".

Das Verhältnis zur deutschen Minderheit war in beiden Ländern zwischen den Kriegen problematisch gewesen. Nationalistische Gefühle und der verständliche Wunsch nach Rache durchdrangen die polnische und tschechische Bevölkerung, als sie es ihren deutschen Unterdrückern gewaltsam heimzahlen konnten. Nationalistische Gefühle waren durch Krieg und Besatzung verstärkt worden. Den Anstoß zur Eskalation des Nationalismus hatten die Nationalsozialisten gegeben, daher könnte man in gewisser Hinsicht sagen, die Deutschen hätten geerntet, was sie gesät hatten."[372]

Es ist wichtig, diese Vielschichtigkeit festzuhalten. Einerseits hätte „ohne die nationalsozialistische Terrorpolitik" die Vertreibung der Deutschen „nicht stattgefunden". Andererseits reicht dieser Faktor zur Erklärung des Geschehens nicht aus, man muss zusätzlich eine „in einem langen Jahrhundert des Nationalismus aufgezogene Spirale der Gewalt" berücksichtigen.[373] Die verbrecherische NS-Politik machte die ethnische „Säuberung Ostmitteleuropas von den Deutschen" erst denkbar und durchführbar. Sodann aber stand hinter dieser „Vergeltung" durch Vertreibung, die unterschiedslos „Schuldige und Unschuldige in gleicher Weise" traf[374], der auf Vorkriegsmodelle für ethnische „Säuberung" zurückgreifende Wunsch, im Osten Europas die Chance zu nutzen, endlich eine *ethnisch homogene* Nationalstaaten-Ordnung zu etablieren. Der britische Außenminister Eden hatte im Mai 1944 erklärt, es solle in der europäischen Nachkriegsordnung keine nationalen Minderheiten mehr geben.[375] Diese Distanzierung von der eigenen britischen Minderheitenschutzpolitik der Zwischenkriegszeit[376] deckte sich mit dem polnischen und tschechischen Wunsch, durch Vertreibung der Deutschen „ihre Gesellschaften zu rationalisieren und zu kontrollieren, indem sie ethnisch homogen [gemacht] und völlig auf die Bedürfnisse und Ziele der dominierenden Nationalität ausgerichtet wurden".[377] Der alliierte Wunsch nach Vergeltung für die NS-Verbrechen mündete in nationalistische Homogenisierungspolitik, mit der zu Ende gebracht werden sollte, was man bei der Schaffung der osteuropäischen Staaten 1918/19 rückblickend versäumt zu haben glaubte.

Mit seiner Beobachtung, „Polen und Tschechen" hätten 1945 „gar nicht erst den Versuch" gemacht, „politisch links stehende Deutsche zu verschonen", beschreibt Michael Burleigh die Verdrängung des Vergeltungsmotivs zugunsten umfassender ethnischer „Säuberung". Die Briten erteilten dem tschechoslowakischen Exil-Präsidenten den „Rat", bei der Vertreibung der Sudetendeutschen solle nicht „die Rolle, die der Einzelne während der nationalsozialistischen Besatzungsherrschaft gespielt hatte, berücksichtigt" werden, denn dadurch würde „die angestrebte radikale Lösung verwässert".[378] Damals hegte Beneš noch differenziertere Pläne, und selbst die nach ihm benannten Ausbürgerungs- und Vertreibungsdekrete vom August 1945 sahen noch Ausnahmen für „Antifaschisten" vor. Gleichwohl griff die tschechoslowakische Politik 1945 nicht mehr auf die multinationale Konzeption der

---

[372] Naimark, Flammender Hass, S. 172.
[373] Kittel / Möller, Die Beneš-Dekrete, S. 574f.
[374] Thamer, Verführung und Gewalt, S. 756.
[375] Lemberg, Sind nationale Minderheiten Ursachen für Konflikte?, S. 48.
[376] Vgl. Kap. V.1.
[377] Naimark, Flammender Hass, S. 172f.
[378] Burleigh, Die Zeit des Nationalsozialismus, 932f.

„ersten" Republik von 1918 als einer neuen Schweiz zurück, sondern favorisierte die „Konzeption eines rein nationalen, slawischen Staates". Daraus folgte Zwangshomogenisierung durch Vertreibung jener deutschen und ungarischen Minderheiten der ČSR, welche den ihnen 1918/19 aufgezwungenen Staat aus tschechischer Sicht 1938/39 verraten hatten. Ein homogener Nationalstaat wurde die Tschechoslowakei dadurch zwar nicht, wie ihr 1992 erfolgter Zerfall in tschechische und slowakische Nachfolgestaaten demonstriert. Dennoch machte die fast völlige Vertreibung der Deutschen und die partielle der Ungarn – verbunden mit der von Moskau erzwungenen Abtretung der Karpato-Ukraine – die ČSR „tschecho-slowakischer" als je zuvor.[379]

Tschechoslowakische linke Exil-Gruppierungen warnten vor tschechischem Chauvinismus und betonten, dass es auch unter Deutschen „viele Hitlergegner" gebe. Noch „nachdrücklicher" äußerte sich diesbezüglich die Kommunistische Partei.[380] Das war nicht verwunderlich, hatte sich doch die von Moskau gesteuerte „Kommunistische Internationale" (Komintern) stets „für Minderheitenrechte in Osteuropa" engagiert. Der Chef der Komintern, der bulgarische Kommunist Georgi Dimitrov, international bekannt durch seine siegreichen Rededuelle mit Göring im Leipziger „Reichstagsbrandprozess" 1933/34, vertrat während des Zweiten Weltkrieges die Position, „dass die für den Krieg und seine Verbrechen verantwortlichen Deutschen vor Gericht gestellt und verurteilt werden sollten, deutsche Arbeiter und Bauern aber umerzogen" werden und gleichberechtigt bleiben müssten. Diese Differenzierung nach Klassen gaben die tschechoslowakischen Kommunisten erst in der Endphase des Krieges auf, als sie realisierten, was Stalin wollte und welch „gewaltigen Widerhall im Land" die Forderung nach allgemeiner Vertreibung fand. 1945 forderte der Kommunistenführer Klement Gottwald ebenso wie der bürgerliche „nationale Sozialist" Edvard Beneš die fast vollständige Vertreibung der Deutschen und Ungarn. Der Unterschied bestand darin, dass Gottwald Vertreibung nicht als Selbstzweck begriff, sondern als Vehikel für eine sozialrevolutionäre Umgestaltung der Gesellschaft. Nur mit dieser Einschränkung darf man feststellen, es habe „nach dem Krieg in der Frage der Vertreibung der Deutschen aus der Tschechoslowakei oder Polen fast keinen Unterschied zwischen nichtkommunistischen und kommunistischen Politikern" gegeben.[381]

Nicht unumstritten ist Naimarks Diagnose, dass die tschechische Exilpolitik „während des Krieges [...] zunächst verschiedene Lösungen für die deutsche Frage" erörtert habe, „von denen einige in der späten Habsburgerzeit wurzelten, etwa Föderalisierung und Assimilation", dass sie sich aber seit dem deutschen Massaker von Lidice Mitte 1942 „nur noch auf die Vertreibung der Deutschen" konzentriert habe.[382] Man weiss, dass Exilpräsident Beneš bereits im September 1941 öffentlich für „das Prinzip des Bevölkerungstransfers" innerhalb einer europäischen

---

[379] Kural, Tschechen, Deutsche und die sudetendeutsche Frage, S. 83; Kulischer, Europe on the Move, S. 287.
[380] Kural, Tschechen, Deutsche und die sudetendeutsche Frage, S. 83.
[381] So Naimark, Flammender Hass, S. 144 f.
[382] Ebenda, S. 145 f.

Nachkriegsordnung eingetreten ist[383], und dass er in einer Denkschrift an die britische Regierung schon im Januar 1942 – also vor Lidice – für einen Bevölkerungstransfer großen Stils plädiert hat. Dieser tschechoslowakische Vorschlag enthielt einerseits Grenzkorrekturen zugunsten Deutschlands mit der Abtretung von bis zu 700 000 Deutschen, aber auch den Plan eines Zwangstransfers von bis zu 1,5 Millionen Sudetendeutschen. Dadurch hätten zwei Drittel der früheren deutschen Minderheit aus der ČSR entfernt werden sollen. Die Exilregierung verglich ihr Transferprojekt mit dem Bevölkerungsaustausch von Lausanne 1923, bei dem die britische Regierung Pate gestanden hatte und wodurch etwa dieselbe Anzahl von Menschen umgesiedelt worden sei. In der Tschechoslowakei sollte der Transfer analog zu Lausanne unter internationaler Aufsicht und mit Finanzhilfen für die Umsiedler stattfinden. Darin sollten nicht nur die Sudetendeutschen einbezogen werden, auch die ungarische Minderheit sollte dadurch möglichst vollständig verschwinden.[384]

Die nichtkommunistischen Widerstandorganisationen im Reichsprotektorat haben „schon sehr früh" – vor Lidice – „radikale Konzepte" favorisiert und den anfangs „eher zurückhaltend[en]" Beneš „in Richtung einer möglichst weit gehenden Aussiedlung der einheimischen Deutschen" gedrängt.[385] Zwar hat Beneš schon Anfang 1940 öffentlich für einen „Bevölkerungstransfer" plädiert[386], doch schwebte ihm „ursprünglich die Kombination" aus wechselseitiger Gebietsabtretung, aus einer „Teilaussiedlung von Sudetendeutschen" und aus der Errichtung autonomer Kantone für den in der Tschechoslowakei verbleibenden Rest der Sudetendeutschen vor. Die erste und dritte dieser Maßnahmen hatte Beneš im Krisenjahr 1938 vergeblich der „Sudetendeutschen Partei" Henleins vorgeschlagen, die damals „heim ins Reich" drängte. Daraufhin hatte Beneš Mitte September 1938 „den Westalliierten erstmals eine Massenumsiedlung" vorgeschlagen.[387] Sein Emissär, der sozialdemokratische Minister Jaromir Nečas, nutzte seine Kontakte zu den französischen und britischen Sozialistenführern Blum und Attlee, um den Regierungen in Paris und London das Projekt einer begrenzten Gebietsabtretung an Deutschland zu unterbreiten – „unter der Bedingung", dass Deutschland „wenigstens 1 500 000 bis 2 000 000 der deutschen Bevölkerung" der Tschechoslowakei „zu übernehmen" bereit sei. Diese massenhafte „Ortsverlagerung" von Menschen hätte die pro-nationalsozialistische Mehrheit der Sudetendeutschen treffen sollen, denn deutsche „Demokraten, Sozialisten und Juden" sollten „bleiben" dürfen.[388] Die französischen Verhandlungspartner verstanden den Vorschlag so, dass

---

[383] Douglas, Ordnungsgemäße Überführung, S. 37.
[384] Zeman / Klimek, The Life of Edvard Beneš, S. 182 f.
[385] Arburg, Abschied und Neubeginn, S. 192.
[386] Heimann, Czechoslovakia, S. 128 und S. 338, Anm. 62.
[387] Arburg, Abschied und Neubeginn, S. 192.
[388] Zitiert nach: Teilabtretung bei gleichzeitiger Massenvertreibung; vgl. auch Brandes, Der Weg zur Vertreibung, S. 14 f.; dabei hatte Nečas, der Sommer 1938 mit Jaksch eine gemeinsame deutsch-tschechische Anti-Hitler-Demonstration in Pilsen durchführte, laut Jaksch „stets eine ehrliche Verständigung mit den Sudetendeutschen" erstrebt; vgl. Jaksch, Europas Weg nach Potsdam, S. 15.

800 000 bis 900 000 Deutsche mit ihren Heimatgebieten abgetreten werden sollten, so dass der Transfer eine Million Sudetendeutsche betroffen hätte, während 1,2 Millionen Deutsche in der Tschechoslowakei geblieben wären.[389] Dieser partielle, aber bereits weitreichende Transfer-Vorschlag der tschechoslowakischen Regierung hatte jedoch 1938 keine Konsequenzen gehabt – sieht man davon ab, dass das Münchner Abkommen Ende September 1938 – wie oben erwähnt – durch ein in Aussicht gestelltes, aber nie realisiertes deutsch-tschechoslowakisches Transferabkommen für Minderheiten ergänzt wurde.

1939 berichtete überdies der zum Kollaborateur gewandelte tschechische Nationalist Emanuel Moravec, vor 1933 hätten im tschechoslowakischen Generalstab tätige Offiziere „oft bei verschlossenen Türen über die Möglichkeiten eines Ausgleiches mit dem Deutschen Reich debattiert" und es „als einen guten Schachzug angesehen, wenn wir uns des deutschen Westböhmens und aller deutschen Ausläufer Nordböhmens um den Preis eines dauernden Übereinkommens mit Deutschland entledigt hätten, und im Falle eines Anschlusses Österreichs [an Deutschland] um den Preis einiger kleinerer Konzessionen in der Richtung gegen die Donau zu". Die Offiziere hatten „errechnet, daß sich auf diese Weise die deutsche Minderheit auf 1,5 Millionen verringern würde" und „der tschechoslowakische Staat dadurch bedeutend an politischer und militärischer Stabilität gewänne".[390]

Eine millionenfache Zwangsaussiedlung von Deutschen im Zentrum Europas war für die Westmächte 1938 noch nicht vorstellbar. Der britische Premier Chamberlain war damals der Ansicht, es mache wenig Sinn zu kämpfen, wenn der Konflikt nach einem Krieg kaum anders gelöst werden könne als ohne Krieg.[391] Noch im März 1940 musste Beneš der britischen Regierung versichern, dass es auch in der Nachkriegs-Tschechoslowakei eine deutsche Minderheit geben werde. Ähnlich maßvoll scheint er zunächst gegenüber Vertreibungsforderungen im tschechoslowakischen Nationalrat argumentiert zu haben. Allerdings hatte er gegenüber den Briten hinzugefügt, man solle durch wechselseitige Gebietsabtretungen, „transfers of the population" und vernünftige Verwaltungsneugliederungen in seinem Land nach Kriegsende so viel Homogenität wie möglich schaffen.[392] Im Laufe des Krieges schrumpfte die Neuauflage der Pläne von 1938 zum eindimensionalen Vertreibungsprojekt: Eine Verwaltungsneugliederung gab Beneš Ende 1941 auf, Gebietsabtretungen an Deutschland wären bei Kriegsende höchstens noch marginal in Frage gekommen – zumal der stellvertretende sowjetische Volkskommissar des Auswärtigen, Korneichuk, Beneš 1943 ermuntert hatte, die Deutschen zu verjagen, ohne ihnen Gebiete zu überlassen. Nach sowjetischer Meinung sollte die Tschechoslowakei vielmehr noch reichsdeutsche Gebiete annektieren.[393]

---

[389] Brandes, Der Weg zur Vertreibung, S. 14f.
[390] Moravec, Das Ende der Benesch-Republik, S. 19.
[391] De Zayas, Anglo-American Responsibility, S. 243.
[392] Dokumente zur Deutschlandpolitik, Reihe I Bd. 1, S. 146; Janowsky, Nationalities and National Minorities, S. 138.
[393] Taborsky, President Edvard Benes, S. 156.

Die Zustimmung der alliierten Großmächte zum Vertreibungsprojekt erarbeitete Beneš schrittweise. Im Frühsommer 1942 teilte er dem britischen Außenminister mit, er betrachte über drei Millionen Sudetendeutsche als eine zu große Minderheit für sein Land. Neben Grenzkorrekturen gegenüber Deutschland – etwa in Eger (Cheb) – wollte die tschechoslowakische Regierung daher 400 000 Sudetendeutsche als „Kriegsverbrecher" ausweisen, aber auch eine Million Nichtschuldige in den „transfer" einbeziehen, um die Sudetendeutschen auf die als erträglich betrachtete Größe von einer Million Menschen zu reduzieren. Diese Ziele hatte der Prager Präsident über seinen Emissär Nečas schon 1938 den Westmächten nahegelegt. Geneigter als damals bemerkte Eden 1942, dass Hitler selbst umfangreiche Bevölkerungstransfers erzwungen habe, die als Vorbild dienen könnten. Falls solche Maßnahmen realisiert werden müssten, hätten sie aber „in ordnungsgemäßer und friedlicher Weise" zu erfolgen.[394] Die Potsdamer Formel vom „ordentlichen und humanen" Transfer hatte hier ihren Ursprung.

Offensichtlich verfolgte Beneš bei der Vorbereitung der Vertreibung eine Doppelstrategie. Jahrelang gab er sich gegenüber den angloamerikanischen Regierungen gemäßigt. Zugleich ermutigte er den heimischen Widerstand, bei Kriegsende möglichst rasch und exzessiv Fakten zu schaffen. Die angeblich „wilden" Vertreibungen des Jahres 1945 erfolgten nicht ungeplant. Noch Ende November 1944 sicherte Beneš den westlichen Verbündeten zu, eine totale Vertreibung vermeiden zu wollen und eine Gruppe von bis zu 800 000 Sudetendeutschen in der Tschechoslowakei belassen zu wollen. Da diese keine Minderheitenrechte mehr erhalten sollten, ging die Exilregierung davon aus, dass viele freiwillig für ihre Auswanderung nach Deutschland optieren würden.[395] Intern aber betrachtete Beneš die Niederlage Deutschlands als „einzigartige historische Möglichkeit, das deutsche Element radikal aus unserem Staat zu entfernen". Schon im Juli 1944 gab er die Weisung, angesichts der Schwierigkeit, sich auf eine internationale Billigung der Vertreibung verlassen zu können, sei eine Volksrevolte hilfreich, die die Nazis zur Flucht aus der Tschechoslowakei veranlassen würde. Die Entfernung der Deutschen war für Edvard Beneš seit 1938 nach Einschätzung seiner versiertesten tschechischen Biographen Herzensache.[396] „Der Planer" – im Sinne einer Alleinverantwortung – aber war der tschechoslowakische Staatschef nicht, auch wenn ihm eine große Mitverantwortung für die Vertreibung der Deutschen nach 1945 zukommt.[397]

Ansätze dieser Planungen gingen schon auf den Ersten Weltkrieg zurück. Schon Ende 1914 hatte sich Tomáš G. Masaryk, der spätere Präsident der Tschechoslowakei, gefragt, wie sein künftiger Staat von einer allzu starken deutschen Minderheit entlastet werden könnte. Masaryk griff auf Überlegungen älterer tschechischer Nationalisten wie Julius Grégr aus den 1880er Jahren zurück, Grenzgebiete mit deutscher Mehrheitsbevölkerung an Deutschland abzutreten, und war „zu Grenz-

---

[394] Dokumente zur Deutschlandpolitik, Reihe 1 Bd. 3,2, S. 551.
[395] Kopper, The London Czech Government, S. 265.
[396] Zeman / Klimek, The Life of Edvard Beneš, S. 186 und S. 200.
[397] Vgl. diese Stilisierung bei Douglas, Ordnungsgemäße Überführung, S. 20, der sie jedoch im Laufe seiner Darstellung selbst nicht durchzuhalten vermag.

korrekturen in Südböhmen und Südmähren sowie in Schlesien (hier mit eventuellen Kompensationen im Gebiet um Glatz und anderswo) bereit, später dann auch im nordwestlichen Böhmen (in der Gegend um Eger)". 1917 schätzte Masaryk, dass sich die Zahl der Deutschen durch solche Gebietsabtretungen um eine Million verringern ließe – eine Idee, die auch auf der Friedenskonferenz von 1919 diskutiert und die von Beneš in späteren Jahrzehnten wiederbelebt wurde.[398] So führte Beneš als Außenminister 1921 (ergebnislose) Gespräche mit dem ungarischen Premier Graf Teleki und dessen Außenminister Gustav Gratz über Grenzkorrekturen zugunsten Ungarns, falls die Magyaren ihrer slowakischen Minderheit Rechte zugestehen würden.[399]

„Projekten eines Bevölkerungstransfers" hingegen, „die auch in der Entente ihre Befürworter hatten" und namentlich vom britischen Abgeordneten Charles Buxton angeregt wurden, stand Präsident Masaryk zum Zeitpunkt der tschechoslowakischen Staatsgründung hingegen mindestens „skeptisch gegenüber".[400] In seinem programmatischen Buch „Das neue Europa", das 1918 auf Englisch und Französisch, 1920 auf Tschechisch und 1922 auch auf Deutsch erschien, lehnte Masaryk den Vorschlag, „auch bedeutende nationale Minderheiten zu versetzen", allein schon deshalb ab, weil er von den „Pangermanen" (Alldeutschen) stammte: „Es ist mehr als zweifelhaft, ob sich ein solches Unternehmen ohne Zwang und in gerechter Weise durchführen lässt; de facto beabsichtigen die pangermanischen Politiker mit diesem Vorschlage eine Schwächung der nichtdeutschen Minderheiten und keineswegs ihre nationale Befriedigung."[401]

Beneš, der erste Außenminister der ČSR, zeigte sich flexibler. Er und sein Adlatus Jan Masaryk, der Sohn des Präsidenten, erwogen mit den Westmächten zumindest mit Blick auf die ungarische Minderheit in der Slowakei schon 1919 einen Bevölkerungsaustausch mit Slowaken aus Ungarn. Dieses Transferprojekt wurde in der Krise von 1938 wiederbelebt: Denkbar erschien dem nunmehrigen Präsidenten und seinem Außenminister Kamil Krofta ein „Austausch von Magyaren der Südslowakei gegen Slowaken, die in Ungarn lebten" – eine Idee, die nach dem Münchner Abkommen 1938 zugunsten tschechoslowakischer Gebietsabtretungen an Ungarn verworfen wurde, nach dem Ende des Zweiten Weltkrieges hingegen zu tschechischen Bedingungen 1946 umgesetzt werden sollte. Einen deutsch-tschechischen Transfer hingegen hatte die Prager Regierung bis zum Spätsommer 1938 nicht auf ihrer Agenda. Es war das NS-Regime, das 1938 erste Anregungen dazu gab, indem Krofta vom Gesandten des „Großdeutschen Reiches" mit der Idee konfrontiert wurde, „die Deutschen in Sprachinseln im Landesinneren wie Iglau gegen Tschechen in Sprachinseln im sudetendeutschen Gebiet auszutauschen". Das war allerdings kein zwischenstaatlicher Austausch, wie die Tschechen ihn mit Un-

---

[398] Křen, Die Konfliktgemeinschaft, S. 321f.; vgl. schon den Hinweis auf Grégr-Masaryk und die wirtschaftlichen Gegenmotive bei: Moravec, Das Ende der Benesch-Republik, S. 83f.
[399] Gratz, Augenzeuge dreier Epochen, S. 270–272; hingegen beschreibt Ablonczy, Pál Teleki, S. 79f., die Haltung von Beneš gegenüber solchen Vorschlägen Ungarns als intransigent.
[400] Křen, Die Konfliktgemeinschaft, S. 321f.
[401] Masaryk, Das neue Europa, S. 80.

garn erwogen hatten, sondern eine innerhalb der Staatsgrenzen gedachte „Bereinigung". Für die Tschechen kam dergleichen „nicht in Frage", mussten sie doch fürchten, dass die dann völlig deutsch besiedelten Sudetengebiete den Anschluss an Deutschland vollziehen würden. Erst als die Sudetenkrise sich zuspitzte, modifizierte Beneš Mitte September 1938 seine Haltung gegenüber einem Bevölkerungsaustausch; der Nečas-Vorschlag an die befreundeten oder verbündeten Westmächte Großbritannien und Frankreich zielte im Gegensatz zum NS-Vorschlag auf einen grenzüberschreitenden Transfer, um in Verbindung mit Grenzkorrekturen einseitig die meisten Sudetendeutschen loszuwerden.[402]

Als Hitler mit dem Gestus des Siegers im Oktober 1939 große ethnische Flurbereinigungen in Osteuropa ankündigte und seiner Rede Taten folgen ließ, entwickelten in der Anti-Hitler-Koalition zuerst „die Tschechen einen Plan zur Aussiedlung der Deutschen". Maßgeblich beteiligt waren der im Oktober 1938 zurückgetretene Präsident Beneš, der ab 1940 als Präsident der in London gebildeten Exilregierung wirkte, und dessen Vertrauter und späterer Informationsminister Hubert Ripka. Beide hatten durch das Münchner Abkommen und durch die 1939 erfolgte Vernichtung der Tschechoslowakei die Überzeugung gewonnen, dass ein friedliches Zusammenleben von Tschechen und Slowaken mit den Sudetendeutschen unmöglich sei.[403] Diese Diagnose, die der britische Unterhändler Lord Runciman 1938 noch zugunsten der Sudetendeutschen (im Sinne des Anschlusses an Deutschland) ausgelegt hatte, wurde nun gegen diese gerichtet. Man müsse den Mut haben, schrieb Beneš im Februar 1941, „das Problem der nationalen Minderheiten definitiv und radikal zu lösen, indem man Bevölkerungen ebenso umsetze wie auf dem Balkan nach dem Ersten Weltkrieg". Die Tschechen könnten nicht „mit einem deutschen Revolver vor der Brust" leben, erklärte er dem sudetendeutschen Sozialdemokraten Wenzel Jaksch im gemeinsamen Londoner Exil.[404] Auch gegenüber US-Präsident Roosevelt betonte Beneš im Mai 1943, wie wichtig es sei, ein „zweites München" zu verhindern.[405] Damals verfestigte sich die grundlegende Ungleich-Bewertung des tschechischen Separatismus von 1918 und des sudetendeutschen von 1938.[406] Nach Kriegsende, im Juni 1945, erklärte der tschechoslowakische Präsident auf einer Rede in Tábor, während des Krisenjahres 1938 habe er die Sudetendeutschen vergeblich um Toleranz und Vergebung gebeten; sie hätten ihre Antwort durch Terror, Verrat und Konzentrationslager gegeben. Daher sei er entschlossen, diese Deutschen ein für allemal loszuwerden.[407]

Das München-Trauma der Tschechen (weniger der Slowaken) war tiefgreifend, und Wenzel Jaksch trug nicht zur Linderung bei. Dieser Führer der sudetendeutschen Sozialdemokraten war ein entschiedener Gegner Hitlers, nicht aber eines Großdeutschen Reiches, wenn dasselbe nur demokratisch zustande kam – wie

---

[402] Brandes, Die Vertreibung und Aussiedlung, S. 80f.
[403] Nitschke, Vertreibung und Aussiedlung, S. 53.
[404] Brandes, 1945: Die Vertreibung, S. 243.
[405] Zeman / Klimek, The Life of Edvard Beneš, S. 186.
[406] Vgl. Douglas, Ordnungsgemäße Überführung, S. 451f.
[407] Heimann, Czechoslovakia, S. 158.

von den österreichischen und deutschböhmischen Sozialdemokraten 1918/19 gewünscht. Jaksch beharrte im Londoner Exil auf dem Selbstbestimmungsrecht der Sudetendeutschen, ob sie „im engeren Staatsverband mit den Tschechen" leben oder einer großdeutschen „Föderation" angehören wollten. Der Gegensatz zur tschechischen Exilpolitik wurde verschärft, indem Jaksch „noch nach Kriegsbeginn" die Gültigkeit des „Münchner Abkommens" betonte.[408] Für Beneš war der sudetendeutsche Antifaschist bald nur noch ein Henlein in linker Verkleidung.[409] Zwar verhandelte die Exilregierung mit der sudetendeutschen Sozialdemokratie „unter britischem Druck" weiter, doch bald wurden die Gespräche nur noch fortgesetzt, „um sich für den Fall eines Umsturzes in Deutschland und eines Kompromissfriedens abzusichern". Die Kontakte zu Jaksch hatten Beneš heftige Proteste aus tschechischen Widerstandsgruppen und der Auslandsarmee eingetragen. Beneš erwartete daher von Jaksch als Gegenleistung „die Zustimmung zur Vertreibung von mindestens einer Million ‚Schuldiger'", die dieser jedoch verweigerte. Nachdem die Briten im Sommer 1942 erklärten, Hitler habe das Münchner Abkommen vorsätzlich zerstört, und nichtöffentlich auch dem „allgemeinen Grundsatz des Transfers von deutschen Minderheiten" zustimmten, brach Beneš die Verhandlungen mit Jaksch endgültig ab.[410] Vorangegangen waren das von Beneš befohlene Attentat auf Heydrich und das zur Vergeltung erfolgte SS-Massaker an der Zivilbevölkerung von Lidice.[411]

Hatte Beneš gegenüber Jaksch am 3. September 1939 noch „eine wörtliche Absage an jedwede Austreibungspläne" geäußert[412], wurde im Laufe des Krieges immer deutlicher, dass die Entfernung der Deutschen aus der Tschechoslowakei zum zentralen Kriegsziel von Beneš wurde.[413] Churchill hatte im April 1943 den Zwangstransfer der Sudetendeutschen als erster Vertreter einer alliierten Großmacht akzeptiert. Aber Beneš wusste, dass diese Vertreibungspolitik unter den Briten viele Gegner hatte. Auch hatte bis zu seiner USA-Reise im Mai 1943 die UdSSR ihre Haltung nicht geklärt. Umso wichtiger wurde für Beneš die Rückendeckung Roosevelts, der ihm 1939 ein ehrenvolles Exil in den USA geboten hatte. Diese Zustimmung erhielt Beneš, wie sich sein Sekretär Edvard Táborsky erinnert, unerwartet problemlos, denn im Juni 1943 bekundete der US-Präsident seine bedingungslose Unterstützung eines Transfers der Deutschen „ins Reich", womit jene aus der Tschechoslowakei ebenso wie jene aus Polen gemeint waren. Roosevelt meinte sogar, man solle einen Transfer auch auf Siebenbürgen anwenden. Diese Stellungnahme war für die Tschechoslowaken hilfreich, um die Zustimmung Stalins zu er-

---

[408] Kural, Tschechen, Deutsche und die sudetendeutsche Frage, S. 87; freilich nahm Jaksch in seinem letzten Schreiben an Beneš vom April 1943 für die sudetendeutschen Sozialdemokraten in Anspruch, bereits vor Beneš im März 1940 „zuerst […] die Bereitschaft zur Wiederherstellung der Republik in den Vor-Münchner Grenzen ausgesprochen" zu haben – allerdings „im Wege freier Vereinbarung"; vgl. Prinz, Wenzel Jaksch – Edvard Beneš, S. 144f.
[409] Zeman / Klimek, The Life of Edvard Beneš, S. 183.
[410] Brandes, Die Vertreibung und Aussiedlung, S. 82.
[411] Douglas, Ordnungsgemäße Überführung, S. 38f.
[412] Jaksch, Europas Weg nach Potsdam, S. 363.
[413] Zeman / Klimek, The Life of Edvard Beneš, S. 186.

halten.414 Zugleich hatte Beneš die Billigung Roosevelts „mit Hilfe des Tricks" erreicht, „dass er behauptete, die sowjetische Zustimmung schon zu besitzen".415

Tatsächlich hatte sich Beneš im Juni 1942 mit dem sowjetischen Außenkommissar Molotov in London getroffen, wo dieser erklärte, die Tschechen sollten nach dem Krieg so viele Deutsche wie nur möglich loswerden; Moskau würde dabei helfen.416 Diese Erklärung schien Beneš jedoch – anders, als er Roosevelt suggerierte – derart unverbindlich, dass er mit Stalin und Molotov im Dezember 1943 erneut verhandelte.417 Gegenüber Molotov präsentierte der „nationale Sozialist", der in seiner Jugend Marxist gewesen war418, die Entfernung und Enteignung der Deutschen als Initialzündung zur Umgestaltung der gesamten tschechoslowakischen Gesellschaft. Zugleich äußerte sich Beneš abfällig über die bisherige Aristokratenherrschaft in Polen und Ungarn, die dort nach Kriegsende beseitigt werden müsse. Das antiaristokratische Ressentiment des tschechischen Bauernsohns kam – genährt aus Habsburger Erfahrungen – sicher von Herzen. Bei Stalin rannte Beneš mit seinem Transferprojekt offene Türen ein. Den Parteichef der tschechoslowakischen Kommunisten, Gottwald, suchte der Exil-Präsident in panslawistischer Euphorie zu begeistern, die künftige Tschechoslowakei werde ein nationaler Staat der Slawen sein.419 Nachdem Beneš von Stalin aufgefordert worden war, möglichst „alle auszusiedeln", konnte sich Gottwald der Vertreibung der Deutschen nicht mehr widersetzen, beharrte aber auf Ausnahmen für Antifaschisten.420 Auch der enge Beneš-Mitarbeiter Táborsky entwarf 1943 einen Plan, „der es den deutschen Antifaschisten, Sozialdemokraten und NS-Verfolgten" ermöglichen sollte, weiter in der ČSR zu leben. Selbst „Kleinbauern" sollten bleiben dürfen, „sofern sie weder politisch aktiv geworden waren noch ihre tschechischen Nachbarn ausgebeutet hatten" – eine Kombination aus Entnazifizierung und Klassenkampf.421 Andererseits bekräftigte Beneš gegenüber dem US-Journalisten Cyrus Sulzberger im Februar 1943, er beabsichtige eine „radikale und definitive" Lösung der Minderheitenprobleme nach dem Kriege. Als der Vertreter der „New York Times" fragte, ob er die Vertreibung sämtlicher Deutschen und Ungarn beabsichtige, bejahte Beneš dies: „Natürlich, so viele wie möglich".422 Beneš soll, als er von den konkreten Umständen der Vertreibung erfuhr, selbstkritisch reagiert haben. Aber der Vorwurf bleibt, dass etliche führende Politiker der Tschechoslowakei in einer Situation, in der sie Rachegelüste hätten dämpfen müssen, diese 1945 massiv geschürt haben, um einen ethnisch homogenen Staat zu schaffen.423

---

414 Taborsky, President Edvard Benes, S. 125f.
415 Kural, Tschechen, Deutsche und die sudetendeutsche Frage, S. 93.
416 Zeman / Klimek, The Life of Edvard Beneš, S. 184.
417 Kural, Tschechen, Deutsche und die sudetendeutsche Frage, S. 93.
418 Taborsky, President Edvard Benes, S. 16.
419 Zeman / Klimek, The Life of Edvard Beneš, S. 189f.
420 Kural, Tschechen, Deutsche und die sudetendeutsche Frage, S. 93–95.
421 Naimark, Flammender Hass, S. 146.
422 Sulzberger, A Long Row of Candles, S. 203f.
423 Naimark, Flammender Hass, S. 146f.; Zeman / Klimek, The Life of Edvard Beneš, S. 198–200 und S. 246f.

Der sowjetisch-tschechoslowakische Vertrag, den Beneš mit Stalin am 12. Dezember 1943 in Moskau unterzeichnet hatte, knüpfte die Zustimmung der Sowjets zur Vertreibung der Sudetendeutschen an eine Gegenleistung. Beneš musste „zum eifrigen Fürsprecher einer polnischen Westverschiebung zugunsten der UdSSR und auf Kosten Deutschlands" werden.[424] Damit unterstützte die im Westen hochangesehene tschechische Exil-Politik das strategische Projekt Stalins, Polen seine 1939 von der UdSSR geraubten Ostgebiete endgültig zu nehmen und dies durch Zuweisung deutscher Ostprovinzen zu kompensieren. Diese West-Verschiebung sollte Polen in dauernden Gegensatz zu Deutschland bringen und von Moskau abhängig machen.[425] Als Stalin dem tschechoslowakischen Exil-Präsidenten mitteilte, er wolle die Westgrenze Polens bis nach Oberschlesien und an die Oder (einschließlich Stettins) verschieben, riet Beneš dazu, die Linie bis an die Neiße vorzuverlegen, da Polen und die Tschechoslowakei dann eine längere gemeinsame Grenze erhielten. Stalin stimmte zu.[426]

Polen war nach der Tschechoslowakei das zweite osteuropäische Opfer der deutschen Aggression. Das polnische Volk hatte ab 1939 unter der menschenverachtenden Besatzungspolitik Hitlers von allen Völkern – mit Ausnahme der Juden und vielleicht der Sowjetbürger – am meisten gelitten. So war es nicht verwunderlich, dass sich polnische Exilpolitiker mit Vergeltungs- und Neuordnungsplänen beschäftigten, in denen für Deutsche in Polen kein Platz mehr war. „Bald nach Beginn des Zweiten Weltkrieges" setzten Konsultationen zwischen den polnischen und tschechoslowakischen Exilregierungen ein. Beide machten dann gegenüber London und Washington den Bevölkerungsaustausch von Lausanne als „Präzedenzfall" geltend.[427] Und ähnlich wie tschechische Nationalisten den Kampf gegen die Deutschen zum Höhepunkt eines uralten Konflikts seit dem Mittelalter stilisierten, forderte 1941 der Ministerpräsident der polnischen Exilregierung, General Władysław Sikorski, „die deutsche Horde, die jahrhundertelang nach Osten gedrängt hat, zu zerschmettern und zu zwingen, sich weit zurückzuziehen".[428] Bei einem Treffen mit Roosevelt in Washington Ende 1942 reklamierte Sikorski Ostpreußen und Danzig für Polen. Als Roosevelt fragte, was aus der deutschen Bevölkerung werden solle, erklärte Sikorski, diese werde nach Deutschland flüchten, außerdem solle man dieselben Methoden eines Bevölkerungstransfers anwenden, welche die Deutschen gegenüber anderen angewendet hätten. Von 2,2 Millionen Einwohnern Ostpreußens werde man 700 000 Masuren im Land behalten, um diese zu ihrer eigentlich polnischen Nationalität zurückzuführen.[429] Sikorskis Vorstel-

---

[424] Hoensch, Geschichte Böhmens, S. 435.
[425] Burleigh, Die Zeit des Nationalsozialismus, S. 932.
[426] Zeman / Klimek, The Life of Edvard Beneš, S. 188; Stalin wies bei dieser Gelegenheit der Tschechoslowakei den Bezirk Kladsko zu, der 1945 jedoch an Polen fiel.
[427] Naimark, Flammender Hass, S. 139.
[428] Ebenda, S. 157, wo Sikorski fälschlich als „Präsident" bezeichnet wird.
[429] Dokumente zur Deutschlandpolitik, Reihe 1 Bd. 2, S. 713 f.; Sikorski unterschlug, dass die Masuren in der Volksabstimmung von 1920 zu 98% für einen Verbleib bei Deutschland gestimmt hatten; vgl. Borodziej, Geschichte Polens im 20. Jahrhundert, S. 120.

lungen fanden damals in den USA nur geringe Sympathie.[430] Seine Argumentation erinnerte zu stark an die des polnischen Chefdelegierten Roman Dmowski in Versailles, wo dieser 1919 „die Angliederung ganz Oberschlesiens, der Provinzen Posen und Westpreußens (einschließlich Danzigs), des südlichen Ostpreußen (Masuren und Ermland) sowie einiger niederschlesischer und ostpommerscher Kreise" gefordert hatte. Schon damals hatte die polnische Regierung einräumen müssen, „dass in großen Teilen dieses Territoriums die deutsche oder deutschgesinnte Bevölkerung mit slawisch-polnischer Muttersprache (Masuren, Ermländer, Kaschuben und ‚wasserpolnisch' sprechende Oberschlesier) die Mehrheit ausmache", und schon damals hatte sie argumentiert, „dass ebendies eine Folge jahrhundertelanger Eindeutschung sei, die es rückgängig zu machen gelte".[431] In Versailles waren die Annexionsforderungen Polens von den Siegermächten der Entente als überzogen betrachtet worden.[432] Die angelsächsischen Führer Lloyd George und Wilson bremsten Polen, das nur von Clemenceau unterstützt wurde.[433]

Schon vor dem Ersten Weltkrieg hatte es eine „großpolnische" Literatur gegeben, die einen neu zu schaffenden polnischen Staat im Westen auf Kosten Deutschlands erheblich auszudehnen wünschte. 1902 zitierte der deutsche Reichskanzler Graf Bülow im preußischen Abgeordnetenhaus polnische Publikationen, in denen Königsberg und Danzig, Posen und Schlesien als unverzichtbare Bestandteile eines künftigen polnischen Staates bezeichnet wurden. Diese polnische „Maßlosigkeit" nutzten deutsche Nationalisten wie Bülow zur Rechtfertigung ihrer antipolnischen Politik.[434] Die „Großpolen" waren das radikale Gegenstück der „Alldeutschen". So wie diese die mittelalterliche deutsche „Ostkolonisation" als nationalistische Bodenpolitik fehlinterpretierten und zum Vorbild für künftige Siedlungspolitik stilisierten, idealisierten die „Großpolen" das mittelalterliche Reich der Piasten und stigmatisierten zugleich die von denselben Königen eingeleitete deutsche Ostsiedlung als Raub nationalpolnischen Bodens. Polnische Nationalisten waren schon 1848 davon ausgegangen, dass im preußischen Schlesien überwiegend „polnische Bevölkerung" lebe, die nach ihrem Anschluss an ein neues Polen, befreit von deutscher Unterdrückung, ihre Nationalität wiederentdecken würde. Ein Gesinnungsgenosse Dmowskis, der Philosoph Wincenty Lutosławski, propagierte während des Ersten Weltkrieges die Wiedererrichtung eines polnischen Großreiches in größtmöglicher Ausdehnung: Im Osten forderte er die Grenzen von 1772 (also Litauen und einen Teil der Ukraine), im Westen hingegen die mittelalterlichen Grenzen der Piastenzeit. Das bedeutete die Annexion Ostpreußens, Westpreußens und Schlesiens und außerdem – wie Lutosławski zugab – eine Mischung aus Assimilation und Vertreibung:

„Mit dem Königreich Preußen würde dann in gerechter historischer Wiedervergeltung völlig aufgeräumt sein. In Preußen war und ist doch nur eine junkerliche Oberschicht deutsch, und

---

[430] Raczynski, In Allied London, S. 126.
[431] Broszat, Zweihundert Jahre deutsche Polenpolitik, S. 204f.
[432] Sforza, Gestalten und Gestalter des heutigen Europa, S. 398.
[433] Hartenstein, Die Geschichte der Oder-Neiße-Linie, S. 36.
[434] Schulthess' Europäischer Geschichtskalender 43.1902, S. 17.

die mögen dahin gehen, woher sie gekommen sind. [...] Die nur oberflächlich germanisierte Bevölkerung wird sich unter polnischer Herrschaft sogleich dem Slawentum zuwenden. Die Deutschen müssen wieder hinter die Oder zurückgeworfen werden."[435]

Die pseudohistorische Argumentation spielte auch bei den Annexions- und Vertreibungsplanungen des Zweiten Weltkrieges eine Rolle. In Jalta schlug im Februar 1945 der sowjetische Außen-Kommissar Molotov die „Rückgabe seiner alten Grenzen in Ostpreußen und an der Oder an Polen" vor. Nachdem er auf Nachfrage Roosevelts zugeben musste, dass diese Grenzen „sehr lange" nicht existiert hätten, und sich damit die bissige Entgegnung des US-Präsidenten einhandelte, mit ähnlichen Argumenten könne Großbritannien dann die Rückgliederung seiner früheren Kolonie Nordamerika verlangen, zog Stalin den Vorschlag zurück. Das hinderte auf der Potsdamer Konferenz im Juli 1945 den polnischen Außenminister Rzymowski nicht, die Oder-Neiße-Linie mit der Behauptung zu rechtfertigen, dabei handle es sich um die Rückkehr der „Wiege Polens".[436] Schon Ende 1942 hatte der polnische Botschafter in Washington, Jan Ciechanowski, der US-Administration zu erklären versucht, die von seinem Premier Sikorski ausgesprochene Erwartung, dass die echten Deutschen aus eigenem Antrieb abwandern würden, stützten sich auf Erfahrungen der Zeit ab 1918, als mehrere hunderttausend Deutsche aus Polen ins Deutsche Reich emigriert seien – ohne jeden Druck seitens der polnischen Behörden, wie der Botschafter dreist behauptete. Es gab weitere Argumente aus der jüngsten Geschichte: Ciechanowski erklärte, ein erzwungener Transfer anderer Völker sei in Deutschland schon lange vor Hitler geplant worden; bereits im Ersten Weltkrieg habe die Heeresleitung unter Hindenburg einen Plan erarbeitet, unerwünschte Bevölkerungsgruppen aus russisch-polnischen Gebieten zu entfernen, die Deutschland zu annektieren wünschte. Die öffentliche Meinung in Deutschland, so behauptete Ciechanowski neben dieser zutreffenden Erinnerung weiter, habe Hitlers Politik der Zwangsmigrationen nicht nur akzeptiert, viele Deutsche aller politischen Richtungen hätten dabei kooperiert und sich Privateigentum von Deportierten angeeignet. Aus alledem könne man den Schluss ziehen, dass die Methode des Bevölkerungstransfers vom deutschen Volk akzeptiert sei – selbst dann, wenn sie Deutsche treffe. Es sei daher weder gerecht noch angemessen, wollten die Kriegsgegner Deutschlands mit solchen Maßnahmen gegen Deutsche zögern, obwohl dadurch der Frieden in Europa gesichert werden könnte.[437]

Polen und Deutsche könnten nicht länger zusammenleben, erklärte die polnische Exilregierung im August 1944 und zog daraus den Schluss: „Die Deutschen, die das polnische Territorium nach dem Krieg nicht von selbst verlassen, müssen abgeschoben werden." Zunächst ging es darum, der volksdeutschen Minderheit,

---

[435] Hartenstein, Die Geschichte der Oder-Neiße-Linie, S. 25f., S. 28, S. 31 und S. 34.
[436] Gornig, Der völkerrechtliche Status Deutschlands zwischen 1945 und 1990, S. 48 und S. 53f.
[437] Dokumente zur Deutschlandpolitik, Reihe 1 Bd. 2, S. 763; zu ähnlicher Argumentation des Exil-Außenministers Zaleski im Februar 1940, wonach Hitler mit der Umsiedlung der Baltendeutschen unbewusst einen Prozess der Westverschiebung der Deutschen eingeleitet habe, den es durch die alliierte Zwangsaussiedlung von Deutschen aus Ostpreußen nur noch fortzusetzen gelte: Esch, Überbevölkerung und ethnische Bereinigung, S. 124f.

die in den Grenzen Polens von 1939 gelebt hatte, die polnischen Staatsbürgerrechte, aber auch ihr Eigentum zu entziehen.[438] Schon im Herbst 1939 ging die polnische Führung davon aus, dass die Volksdeutschen insgesamt eine „fünfte Kolonne" Hitlers gewesen seien und „Verrat verübt" hätten. Die daraus folgende Forderung nach „Aussiedlung" aller Volksdeutschen wurde „in der zweiten Hälfte der Besatzungszeit" von den polnischen Exilpolitikern „allgemein akzeptiert". Folgerichtig zielte die erste Verordnung des polnischen Untergrund-Ministerrates beim Aufstand von 1944 auf den Entzug der Staatsbürgerschaft für Volksdeutsche und deren „Entfernung aus Polen". Ähnlich wie in den tschechoslowakischen Planungen wurde eine Ausnahmeregelung für solche Deutsche hinzugefügt, die „während der Kriegszeit auf besondere Weise ihre Loyalität gegenüber dem polnischen Staat" unter Beweis gestellt hätten.[439] Das spielte jedoch nach Kriegsende in Polen kaum noch eine Rolle. Eine bekannte Ausnahme bildete jedoch der Danziger Deutschnationale Rudolf Gamm, der von 1935 bis 1939 Mitglied des Danziger Volkstages – des seit 1933 bereits NSDAP-dominierten Parlaments der Freien Stadt Danzig – gewesen war und sich dabei als entschiedener Gegner der NS-Herrschaft profiliert hatte. Gamm durfte nach 1945 in Danzig bleiben, wo er 1960 auf Polnisch seine Memoiren aus der NS-Zeit („Hakenkreuz über Danzig") veröffentlichte.[440] Gamm muss von den neuen polnischen Herrschern Danzigs als herausragender NS-Gegner anerkannt worden sein, denn ansonsten wurden auch nachweisliche Antifaschisten von der Vertreibung der Deutschen nicht ausgenommen.[441]

Der polnische Exil-Außenminister Graf Edward Raczynski hatte auf der Interalliierten Konferenz in London im September 1941 die Forderung erhoben, alle illegalen Maßnahmen Deutschlands in Polen müssten rückgängig gemacht werden, besonders die massenhafte Verdrängung der polnischen Bevölkerung der bisherigen Westprovinzen und deren Neubesiedlung mit Deutschen seit 1939. Diese deutschen Siedler sollten ins „Reich" ausgewiesen werden. Zugleich wurden jedoch Gebietserweiterungen Polens auf Kosten Deutschlands postuliert, wobei Raczynski offen ließ, was mit der deutschen Bevölkerung dieser Gebiete geschehen sollte.[442] Auf diese Weise weiteten sich die ursprünglich gegen Volksdeutsche aus Polen gerichteten Vertreibungspläne auf die Bewohner jener deutschen Ostgebiete (Ostpreußen, Pommern, Schlesien) aus, deren Erwerb gemäß alliierter Nachkriegsplanung Polen im Westen stärken oder nach Westen verschieben sollten. Dabei blieb im Falle Schlesiens lange unklar, welches Gebiet mit wie viel Menschen konkret betroffen sein würde. Zuerst wurde Klarheit über Ostpreußen geschaffen, dessen Angliederung an Polen die Exilregierung schon im November 1939 gefordert und mit Überlegungen zu „Bevölkerungsverschiebungen" verknüpft hatte. Schon damals argumentierte die polnische Diplomatie mit dem Bumerang-Effekt der von Hitler begonnenen Umsiedlungspolitik als dem „unbewusste[n] Beginn eines his-

---

[438] Naimark, Flammender Hass, S. 157.
[439] Borodziej, Einleitung, S. 44f.
[440] Brost, Wider den braunen Terror, S. 257, Anm. 4.
[441] Urban, Der Verlust, S. 117.
[442] Dokumente zur Deutschlandpolitik Reihe I Bd. 1, S. 480f.

torischen Prozesses, der im Interesse des Friedens in Europa bis zum definitiven Ende geführt werden muss und dessen Inhalt die Beseitigung des deutschen Kolonialbesitzes an der Ostsee ist". Dieser Grundgedanke, „dass die von den Deutschen vorgenommenen Aussiedlungen die Aussiedlungen der Deutschen selbst durch die siegreiche Koalition nach dem Kriege rechtfertigen würden", fand sich auch in der Denkschrift „über die polnischen Kriegsziele" von 1942[443], in der es hieß:

„Unabhängig von einem freiwilligen Abzug der Deutschen aus den Gebieten, die von Polen übernommen werden, wird ein Transfer der deutschen Bevölkerung nach Deutschland notwendig sein. Dieser Transfer wird in einem bestimmten Bereich den Charakter eines Bevölkerungsaustausches haben können, denn gleichzeitig wird die polnische Bevölkerung, vor allem Arbeiter, die bereits vor dem Krieg in West- und Mitteldeutschland gelebt hat, nach Polen zurückkehren müssen."[444]

Freilich gab es nicht wenige Stimmen, die die Hauptaufgabe der Exilregierung in der Wahrung der bisherigen polnischen Ostgebiete erblickten – jener Territorien, die Polen unter seinem Präsidenten-Marschall Józef Piłsudski 1921 im Krieg gegen Sowjetrussland erobert hatte, die aber 1939 infolge des Hitler-Stalin-Paktes an die UdSSR verloren gegangen waren. Ähnlich wie sich die polnische Exilregierung im Zweiten Weltkrieg hartnäckig weigerte, der Tschechoslowakei jenes Teschener Gebiet zurückzuerstatten, das sich Polen 1938 als Trittbrettfahrer Hitlers mit derselben „aggressiven Münchner Methode" aus der ČSR herausgeschnitten hatte[445], weigerte sich die Sowjetunion, auf ihre Beute von 1939 zu verzichten. Im Juli 1941 hatte Stalin seinen Londoner Botschafter Maiski angewiesen, „für die Schaffung eines unabhängigen polnischen Staates in den *nationalen Grenzen* Polens" einzutreten, was die bis 1939 polnischen Ostgebiete – die nicht mehrheitlich von ethnischen Polen bewohnt waren – ausklammerte.[446] Darüber kam es zum Bruch zwischen Moskau und den Exil-Polen. Wer sich mit Stalin verständigen wollte, musste die West-Verschiebung Polens akzeptieren.

1941 hatte Stalin noch erklärt, über die Rückgabe „einiger Städte und Gebiete" mit sich reden zu lassen, „die unlängst an die UdSSR übergeben wurden".[447] Auf der Suche nach Kompromissen hatte auf polnischer Seite Graf Jan Szembek, der frühere Stellvertreter des gescheiterten Außenministers Beck, im Oktober 1939 kleinere Abtretungen im Osten – etwa des ethnisch nicht für Polen zu reklamierenden litauischen Wilna oder der ukrainischen Region Lemberg – gegen Gebietskompensationen im Westen erwogen. Dabei diskutierte Szembek bereits einen „Bevölkerungsaustausch" in den Deutschland abzunehmenden Territorien. In der begründeten Furcht, den westlichen Alliierten territoriale Konzessionen gegenüber Moskau zu erleichtern, hielt sich die polnische Exilregierung jedoch bedeckt und „beschränkte sich auf die Formel von sicheren und gerechten Gren-

---

[443] Borodziej, Einleitung, S. 48 f.
[444] Nitschke, Vertreibung und Aussiedlung der deutschen Bevölkerung aus Polen, S. 58.
[445] Hildebrand, Das vergangene Reich, S. 661; Sulzberger, A Long Row of Candles, S. 203 und S. 266; zu deutsch-polnischen Absprachen 1938: Lipski, Diplomat in Berlin, S. 410 f.; vgl. kritisch auch: Lipski, Wir müssen uns alles sagen..., S. 207.
[446] Zitiert nach: Laufer, Pax Sovietica, S. 178.
[447] Ebenda.

zen". 1941/42 jedoch bekannte sich Exil-Premier Sikorski zur polnischen Annexion Ostpreußens, Danzigs und Oberschlesiens. Zugleich erhoben sich in der Exilregierung Warnungen, es sei „in höchstem Grade schädlich", völlig „phantastische territoriale Forderungen zu erheben, die bis zur Lausitzer Neiße oder der Bober (Bobrawa) reichen, also das gesamte Niederschlesien mit seiner fanatisch antipolnischen Bevölkerung umfassen". Nachdem sich Ende 1942 die Exilregierung gegenüber Großbritannien und den USA auf die Oder als „nationale Sicherheitslinie gegenüber Deutschland" festgelegt hatte, erneuerte der für Friedensplanung zuständige Minister Marian Seyda 1943 gegenüber Stanisław Mikołajczyk, dem Nachfolger des bei einem Flugzeugabsturz getöteten Sikorski, seine Warnung vor der Einverleibung sämtlicher deutscher Gebiete östlich von Oder und Lausitzer Neiße: Das müsse zwangsläufig dazu führen, „neun Millionen Deutsche hinauszuwerfen".[448] Zur selben Zeit drängten die Sowjetunion und Großbritannien die Exilregierung, der Westverschiebung Polens zuzustimmen.[449] Zwar hatte der sowjetische Botschafter Maiski 1941 die polnischen Annexionswünsche in Ostpreußen und Pommern einschließlich Stettins noch als megaloman kritisiert (was sich später in Churchills Bild von der „Überfütterung der polnischen Gans" wiederholen sollte), doch hatte Stalin im September 1941 zumindest verkündet: „Wenn wir siegen, geben wir Ostpreußen dem Slawentum, dem es schließlich gehört, zurück. Wir werden es mit Slawen besiedeln."[450] Die panslawistische Karte spielte der neue rote Zar nicht nur gegenüber der Tschechoslowakei geschickt aus. Im Dezember 1941 bot Stalin Sikorski sogar an, Lemberg an Polen zurückzugeben, falls Polen dafür auf die übrigen ostpolnischen Gebiete verzichte und sich mit den deutschen Gebieten östlich der Oder entschädigen lasse.[451] Die noch im Oktober 1943 erhobenen Einwände des früheren Außen-Volkskommissars und damaligen Botschafters in Washington, Litvinov, gegen eine zu starke Ausdehnung Polens „zu Lasten der deutschen Bevölkerung" ließen Stalin unbeeindruckt. Stattdessen forderte der sowjetische Führer auf dem Teheraner Gipfel die Oder als neue polnische Westgrenze und die im August 1939 mit Hitler vereinbarte Ribbentrop-Molotov-Linie als sowjetisch-polnische Grenze.[452] „Aus Gründen der politischen Korrektheit", so Bogdan Musial, nannten die in Teheran versammelten alliierten Führer diese Grenze „Curzon-Linie" – in Anlehnung an einen Vorschlag des seinerzeitigen britischen Außenministers von 1919, der für Polen den Verzicht auf litauisch-weißrussisch-ukrainische Gebiete bedeutet, aber Galizien mit Lemberg gesichert hätte. Doch „nur im mittleren Abschnitt" stimmte die zwischen Hitler und Stalin 1939 vereinbarte Grenzziehung, die in Teheran von Churchill und Roosevelt akzeptiert wurde, mit der älteren Curzon-Linie überein.[453]

---

[448] Borodziej, Einleitung, S. 49f.
[449] Raczynski, In Allied London, S. 178f.
[450] Zitiert nach: Laufer, Pax Sovietica, S. 179f., und nach: Urban, Der Verlust, S. 109.
[451] Laufer, Pax Sovietica, S. 180.
[452] Ebenda, S. 183f. und S. 187.
[453] Musial, Stalins Beutezug, S. 197; vgl. auch Borodziej, Geschichte Polens im 20. Jahrhundert, S. 118.

Im Januar 1944 forderte Churchill vom polnischen Außenminister Raczynski, deutsches Territorium bis zur Oder als Gegenleistung für die Anerkennung der sogenannten Curzon-Linie zu akzeptieren. Churchill meinte ebenso aufmunternd wie abwertend, die Polen sollten als tapfere Abenteurer handeln und nicht wie furchtsame Opfer. Während der britische Premier immer unduldsamer wurde, agierte sein Außenminister Eden geschmeidiger. Eden bezeichnete gegenüber Raczynski im November 1944 die von Churchill befürwortete Annexion Ostdeutschlands bis zur Oder als verrückt („sheer madness") und riet zur Beschränkung auf Ostpreußen (ohne Königsberg), Danzig und Oberschlesien.[454] Kurz zuvor hatte Exilpremier Mikołajczyk, mit dem Moskauer US-Botschafter Harriman als „Aufpasser", gegenüber Stalin im Herbst 1944 die Westverschiebung Polens erneut abgelehnt und Bedenken gegen die Annexion von Breslau und Stettin erhoben, da diese Städte „fast völlig deutsch" seien. Als Mikołajczyk wenig später seine Haltung änderte, fand er in der eigenen Regierung so wenig Rückhalt, dass er Ende November 1944 zurücktrat. Sein Nachfolger, der Sozialist Tomasz Arciszewski, sprach sich öffentlich gegen die Oder-Neiße-Grenze aus, die eine „Umsiedlung" von bis zu zehn Millionen Deutschen auslösen würde. Gegenüber US-Diplomaten erklärte Arciszewski, Polen wolle Ostpreußen und (Ober-)„Schlesien", nicht aber Breslau und Stettin, denn die Annexion so umfangreichen deutschen Landes würde die polnischen Beziehungen zu Deutschland für alle Zeiten verderben und Polen zur Geisel Russlands machen.[455]

Ein Großteil Niederschlesiens (mit drei Millionen Einwohnern) wurde erst durch Stalin gegen Ende des Krieges dem polnischen Gebiet angefügt.[456] Mit dieser Westverschiebung Polens und der West-Vertreibung von Millionen Deutschen stellte Stalin Hitlers „Generalplan Ost" regelrecht „auf den Kopf", wie Timothy Snyder treffend bemerkt hat: Statt tief nach Osteuropa zu expandieren, wurde das deutsche Siedlungsgebiet hinter die Oder weit nach Westen zurückgeworfen.[457] Außerdem hatte Stalin – an der polnischen Exilregierung vorbei – im Juli 1944 mit einem in Lublin geschaffenen „Polnischen Komitee der Nationalen Befreiung" einen Geheimvertrag über die Curzon-Linie als neue polnisch-sowjetische Grenze bei gleichzeitiger Überlassung des nördlichen Ostpreußen mit Königsberg an die UdSSR geschlossen, während „der gesamte übrige Teil Ostpreußens, einschließlich des Gebiets um Danzig [...] an Polen" fallen sollte. Moskau sicherte der künftigen polnischen Regierung zu, „dass die Grenze zwischen Polen und Deutschland entlang der Linie westlich von Swinemünde bis zur Oder, mit der Stadt Stettin auf polnischer Seite, und weiter die Oder hinauf bis zur Mündung der Neiße und von dort aus entlang der Neiße bis zur tschechoslowakischen Grenze verlaufen" müsse. Welcher der beiden Flüsse dieses Namens gemeint war, blieb noch offen – obschon daran das Schicksal eines Großteils Niederschlesiens und seiner Bewohner

---

[454] Raczynski, In Allied London, S. 192 und S. 241.
[455] Brandes, Der Weg zur Vertreibung 1938–1945, S. 397f.
[456] Raczynski, In Allied London, S. 239 und S. 246; Kittel/Möller, Die Beneš-Dekrete, S. 560.
[457] Snyder, Bloodlands, S. 320.

hing.⁴⁵⁸ Erst irgendwann in den letzten neun Kriegsmonaten entschied sich Stalin für die Übergabe ganz Schlesiens an Polen.⁴⁵⁹

Seit den Vereinbarungen der „Großen Drei" in Teheran im November 1943, welche die verbündete polnische Exilregierung in ihrer Verteidigung der polnischen Ostgebiete desavouierten, stießen polnische Überlegungen zur Entfernung der deutschen Bevölkerung annektierter Gebiete auf Unterstützung der alliierten Großmächte. London hielt es für erforderlich, „große Bevölkerungsverschiebungen entlang der Ost- und der Westgrenze Polens durchzuführen" und die „Umsiedlungen von Polen, Ukrainern, Weißrussen und Deutschen" miteinander zu verzahnen.⁴⁶⁰ Churchill bot Mikołajczyk (hierin Stalin folgend) im Oktober 1944 „die Gebiete, auf die Polen Ansprüche erhebt, nämlich östlich der Oderlinie" an, und im November bescheinigte Großbritannien Polen „das Recht auf die Ausdehnung seines Territoriums bis zur Oderlinie unter Einschluss des Hafens Stettin". Die Konferenz von Jalta brachte Anfang 1945 jedoch Differenzen zwischen den Westmächten und der UdSSR über den exakten Umfang der polnischen Annexionen, was mit der wachsenden Furcht des Westens vor einem kommunistisch dominierten Polen zusammenhing. In Jalta erfolgte nur die Bestätigung des sowjetischen Anspruches auf das nördliche Ostpreußen, „ohne den Umfang der polnischen Entschädigung im Westen festzulegen".⁴⁶¹

Unstrittig aber war zwischen den Alliierten die Zwangsaussiedlung der deutschen Bevölkerung all jener Gebiete – in welchem Umfang auch immer –, die nach Kriegsende an Polen gelangen würden. Im Oktober 1944 hatte Stalin die „Rückgabe" Ostpreußens (mit Ausnahme Königsbergs) und Schlesiens an Polen gefordert, was Churchill akzeptierte, um die Forderung anzuschließen, dass „die deutsche Bevölkerung aus diesen Gebieten nach Deutschland umgesiedelt werden" müsse. Dort werde es genügend „Lebensraum" geben, nachdem die Alliierten im Krieg acht Millionen Deutsche „vernichtet" hätten. Stalin erklärte sich „einverstanden [...], dass man die deutsche Bevölkerung aus Schlesien und Ostpreußen nach Deutschland umsiedelt". Mit Schlesien scheint noch Oberschlesien gemeint gewesen zu sein; die pommersche Hauptstadt Stettin sollte, obschon westlich der Oder-Neiße-Linie, ebenfalls an Polen gehen. Im Dezember 1944 gab Stalin dem französischen Präsidenten seine Absicht kund, ganz Schlesien inklusive Breslaus den Polen zuzuweisen. De Gaulle begrüßte dies, „da eine solche Grenzziehung eine eventuelle Verständigung zwischen Polen und Deutschland unmöglich mache".⁴⁶²

Vor der nächsten Konferenz der drei Siegermächte in Potsdam Mitte 1945 schuf Stalin vollendete Tatsachen, indem er als Herr der in den deutschen Ostgebieten stehenden Besatzungsmacht am 20. Februar 1945 die extensive Oder-Neiße-Linie einschließlich der westlich davon gelegenen Hafenstädte Stettin und Swinemünde als polnische Westgrenze definierte. Auf dieser Basis wurden im März und April

---

⁴⁵⁸ Laufer, Pax Sovietica, S. 192f.
⁴⁵⁹ Musial, Stalins Beutezug, S. 201.
⁴⁶⁰ Borodziej, Einleitung, S. 50–52.
⁴⁶¹ Ebenda, S. 52 und S. 54f.
⁴⁶² Zitiert nach: Musial, Stalins Beutezug, S. 214 und S. 217.

1945 eroberte deutsche Gebiete von der Roten Armee der kommunistischen Nachkriegsregierung Polens übergeben. Der Stellvertretende Volkskommissar für Auswärtige Angelegenheiten, Višinski, versicherte, als die Westalliierten eine Erklärung verlangten, am 15. April 1945:

„Wie bekannt verließ die deutsche Bevölkerung zusammen mit den zurückweichenden deutschen Truppen Schlesien. In den Ortschaften verblieb nur die polnische Bevölkerung. Aus Danzig wurde ein großer Teil der deutschen Bevölkerung ebenfalls nach Deutschland evakuiert. Unter diesen Bedingungen entstand das dringende Erfordernis, eine Zivilverwaltung aus Polen zu bilden, die den Kern der verbliebenen Bevölkerung in den genannten Gebieten darstellen. Mit der Bildung dieser polnischen Zivilverwaltungen wurde auch die Gebietsverwaltung von Schlesien und Danzig übergeben, was jedoch nicht in Verbindung mit der Grenzfrage steht."[463]

Der Streit über den Grad der „Westausdehnung Polens" wurde auf der Potsdamer Konferenz im Juli und August 1945 immer noch fortgesetzt – vor allem zwischen Churchill und Stalin. Es ging darum, ob Polen Niederschlesien mit Breslau erhalten sollte. Churchill soll erklärt haben, „dass Polen Breslau – wo er 1906 Manövern des kaiserlichen Heeres beigewohnt hatte – ,nur über meine Leiche' bekäme". Das geschah auch in gewisser Hinsicht, als Churchill durch seine überraschende Abwahl in der Heimat inmitten der Potsdamer Konferenz zur politischen Leiche wurde. Kaum war Churchill abgereist, „regelten Amerikaner und Sowjets die Sache unter sich".[464] Die in Warschau etablierte neue polnische Regierung – das kommunistisch dominierte Lubliner Komitee, das durch den Londoner Ex-Premier Mikołajczyk verstärkt worden war – hatte mit Unterstützung Stalins an maximalen Grenzveränderungen im Westen festgehalten. Dabei erwies sich Mikołajczyk als wirksame Waffe gegen London und Washington: Denn diesem Nichtkommunisten, der 1944 als Chef der Londoner Exil-Regierung hatte zurücktreten müssen, weil er das Angebot Churchills angenommen hatte, gegen Zusicherung der Oder-Neiße-Linie polnische Gebietsverluste im Osten zu akzeptieren[465], konnten Briten und US-Amerikaner nur schwer widersprechen.[466] Mikołajczyk hatte schon 1942 erklärt, in Polen werde nach dem Krieg „kein Platz mehr für auch nur einen Deutschen sein".[467] In Potsdam unterstützte er den neuen kommunistischen Staatschef Polens, Bierut, der behauptete, dass in den Westgebieten nur noch anderthalb Millionen Deutsche lebten, und fügte hinzu, Mitleid mit den Deutschen sei unangebracht, da „die Deutschen damit begonnen" hätten, „die Bevölkerung der benachbarten Gebiete auszutreiben und sie zu versklaven".[468] Nicht nur in Potsdam waren die antideutschen Reden Mikołajczyks „ebenso militant" wie die des Kommunisten Gomułka, der die Parole ausgab: „Wir müssen alle Deut-

---

[463] Laufer, Pax Sovietica, S. 201–203.
[464] Davies, Die große Katastrophe, S. 326.
[465] Brandes, Die Vertreibung und Aussiedlung, S. 83 f.
[466] Nicht gefolgt werden kann der Meinung von Hartenstein, Die Geschichte der Oder-Neiße-Linie, S. 239, dass die Oder-Neiße-Linie nie entstanden und die Vertreibungen nie erfolgt wären, wenn sich „die westalliierten Vorstellungen" durchgesetzt hätten; die Zwangsaussiedlungen können nicht einseitig der polnischen und sowjetischen Seite angelastet werden, auch wenn die Westmächte 1945 zurückhaltender waren als zuvor.
[467] Esch, Überbevölkerung und ethnische Bereinigung, S. 125.
[468] Borodziej, Einleitung, S. 75.

schen abschieben, denn Staaten werden auf nationaler Grundlage errichtet und nicht auf multinationaler."469 Die Westmächte gaben nach. Die Potsdamer Beschlüsse vom August 1945 stellten eine „Paketlösung" dar, „in der die Briten und Amerikaner dieser Grenze und dem Transfer der Deutschen aus Polen, der Tschechoslowakei und auch noch aus Ungarn zustimmten", während die Sowjets in anderen strittigen Fragen Konzessionen machten.470

Im britischen Exil stellte 1947 der polnische Nationalist Jędrzej Giertych fest: „Das Postulat der Westgrenze an Oder und Neiße ist keine sowjetische Erfindung aus dem Jahre 1945, sondern ein seit langem formuliertes Postulat der polnischen Politik." Folglich sei die Oder-Neiße-Grenze den Polen auch nicht von den Sowjets aufgezwungen worden, „sondern die Verwirklichung von altbekannten polnischen Nationalpostulaten durch die Sowjets".471 Tatsächlich hatte die 1919 erfolgte Grenzziehung viele polnische Nationalisten nicht zufriedengestellt. Die nationalistische Rechte hielt weitergehende Annexionsforderungen aufrecht – und damit auch die Kombination aus Assimilation und Vertreibung, wie sie etwa Lutosławski im Ersten Weltkrieg formuliert hatte. Der „Verband zur Verteidigung der westlichen Grenzgebiete" proklamierte 1926 die Oder als „natürliche Grenze Polens" und forderte 1930 die Annexion Danzigs, großer Teile Ostpreußens (Ermland, Masuren) und des östlichen Pommern (Stolp). Solche Forderungen blieben, so Michael Hartenstein, seitens der polnischen Regierung „unwidersprochen".472 Das wäre eingehender Untersuchung wert, denn zumindest für den Diktator Piłsudski, der zwischen 1926 und 1935 die Geschicke des Landes lenkte, scheint dies nicht uneingeschränkt zu gelten. Jedenfalls hielt Gustav Stresemann 1927 nach einer Unterredung mit dem Warschauer Diktator und dessen Außenminister Zaleski fest, „beiden polnischen Staatsmännern sei klar, daß Polen eine weitere Expansion nicht vertragen könne, da es mit Minderheiten schon übersättigt sei". Piłsudski habe ihm „auf eine Frage nach den polnischen Wünschen, Ostpreußen zu besitzen, erwidert, hiervon könnten nur fünf bis sechs Narren sprechen, für die die Regierung nicht verantwortlich gemacht werden könne".473

Zu solchen „Narren" zählten die polnischen Nationaldemokraten, die seit Piłsudskis Staatsstreich 1926 von der Macht verdrängt waren, bevor sie im Zweiten Weltkrieg in der Londoner Exilregierung wieder eine Rolle spielten. Bis zu seinem Tod im Januar 1939 feierte ihr Ideologe Roman Dmowski das „Testament" der mittelalterlichen Piastenkönige und ihrer vor eintausend Jahren gezogenen Grenzen. 1938 forderte der Nationaldemokrat Giertych eine Westverschiebung der deutsch-polnischen Grenze an die untere Oder und die Lausitzer „Sümpfe". Nur die damals bedeutungslosen polnischen Kommunisten wagten es, den entgegen-

---

[469] Naimark, Flammender Hass, S. 145 und S. 158; bei Burleigh, Die Zeit des Nationalsozialismus, S. 932, heißt es: „Wir müssen alle Deutschen vertreiben, weil Staaten auf nationaler und nicht auf multinationaler Grundlage aufgebaut werden."
[470] Brandes, Die Vertreibung und Aussiedlung, S. 84.
[471] Zitiert nach: Hartenstein, Die Geschichte der Oder-Neiße-Linie, S. 248 f.
[472] Hartenstein, Die Geschichte der Oder-Neiße-Linie, S. 42.
[473] Stresemann, Vermächtnis, Bd. 3, S. 246 f.

gesetzten Standpunkt zu vertreten: In ihrem Parteiprogramm von 1932 konstatierten sie, dass große Teile der 1919 an Polen gelangten Gebiete von ethnischen Deutschen bewohnt seien und deshalb an Deutschland zurückgegeben werden sollten.[474] Bis 1944/45 wurden auch sie von Stalin auf Linie gebracht.

Wie in der Tschechoslowakei galt die Vertreibung der Deutschen vielen Polen „als revolutionärer Akt".[475] Die Kommunistische Partei verknüpfte die Forderung, die deutsche Minderheit zu „bannen", mit dem „Versprechen einer gesellschaftlichen Revolution, die darauf beruhte, ihr ganzes Vermögen zu übernehmen" und umzuverteilen.[476] Doch nicht nur Kommunisten träumten von Modernisierung durch Vertreibung, auch bürgerliche Siedlungsexperten sahen in der Ausweisung der Deutschen eine „einmalige Chance, im großen Stil bevölkerungspolitische Korrekturen vornehmen zu können". Sie hofften auf eine „koordinierte Besiedlung der Westgebiete auf der Grundlage wissenschaftlicher Berechnung", um Musterprovinzen für „eine rasche wirtschaftliche Modernisierung" des Landes zu schaffen. Diese Utopien wurden von der Wirklichkeit überrollt. Statt Aus- und Neusiedlung sorgfältig zu planen, verfolgte die polnische Regierung 1945 das Ziel, die völkerrechtlich fragwürdige „Oder-Neiße-Grenze durch einen raschen, noch vor der Potsdamer Konferenz in Gang gesetzten Bevölkerungsaustausch durchzusetzen". Das „Tempo der Umsiedlungen" wurde daher forciert. Hatte das „Büro der Westgebiete" für eine geregelte Ansiedlung polnischer Neusiedler zwei Jahre veranschlagt, forderte der „Siedlungsplan" vom Mai 1945 eine „schnelle, wenn auch unorganisierte Besiedlung [...], ohne Rücksicht auf die [...] nicht zu vermeidenden Missstände und Fehler, sofern das Gebiet nur nicht [...] zu einem Land des Hungers und der Ödnis wird".[477]

„Hauptmotive der Vertreibung der Deutschen" waren bei polnischen und tschechoslowakischen Verantwortlichen „der Wunsch nach Vergeltung" für die NS-Verbrechen, zugleich aber auch das „Streben nach einem national homogenen Staat".[478] Solche Motive griffen auf Planspiele der Zwischenkriegszeit ebenso zurück wie auf die NS-Umsiedlungspolitik des Zweiten Weltkrieges. Bis 1939 waren in der polnischen Diskussion vor allem die Juden als Objekte solcher „Transfers" ins Auge gefasst worden, wie der polnische Madagaskarplan von 1937 demonstriert.[479] Ab 1939 übernahmen die Deutschen die Rolle der Juden als unerwünschte auszusiedelnde Großgruppe. Die polnischen Siedlungsplaner fanden ab 1945 nichts dabei, Erfahrungen von NS-Umsiedlungsplanern zu nutzen. So wurden nicht nur Arbeiten des NS-Wissenschaftlers Theodor Oberländer ins Polnische übersetzt, auch die für Himmler entworfenen „Planungsgrundlagen für die [1939] eingeglieder-

---

[474] Hartenstein, Die Geschichte der Oder-Neiße-Linie, S. 46f.
[475] Naimark, Flammender Hass, S. 158.
[476] Borodziej, Einleitung, S. 57.
[477] Thum, Die fremde Stadt, S. 110f.
[478] Brandes, Die Vertreibung und Aussiedlung der Deutschen aus Polen und der Tschechoslowakei, S. 91; Hahn / Hahn, Die Vertreibung im deutschen Erinnern, S. 102, betonen die „britischen, amerikanischen und sowjetischen Wahrnehmungsperspektiven und Eigeninteressen", wodurch aber Brandes' These nicht widerlegt wird.
[479] Vgl. Kap. VI.2.

ten Ostgebiete" wurden eingehend studiert. Die Propaganda- und Organisationsleistungen der NS-Umsiedlungen von Volksdeutschen wurden von polnischen Experten ausdrücklich gelobt.[480]

5. Vom Nationalitäten-Föderalismus zur ethnischen Deportation: „Feindvölker" in Stalins Sowjetunion

Der deutsche Hitler-Gegner und langjährige Emigrant Golo Mann hat mit Blick auf das Kriegsende 1945 lapidar bemerkt: „So wie die Deutschen den Krieg in Russland geführt hatten, konnten sie auf ihrem eigenen Boden einen human geführten nicht erwarten."[481] Tatsächlich fürchteten viele Deutsche 1944/45 „Racheorgien der Roten Armee". Dazu zählten nicht nur „Massenvergewaltigungen" und Morde, sondern auch die nur scheinbar „wahllosen Deportationen".[482] In Wahrheit waren diese Verschleppungen deutscher Zivilisten eine zielgerichtete „Auskämmung von ganzen Orten" nach arbeitsfähigen Erwachsenen beiderlei Geschlechts, um sie zur Zwangsarbeit in der Sowjetunion einzusetzen. Dabei setzte die sowjetische Führung im eroberten Osteuropa und Ostdeutschland jene Experten ihres Innenministeriums (NKVD, ab 1946 MVD) ein, die zuvor schon *innerhalb* der UdSSR Erfahrungen mit diversen Massendeportationen gewonnen hatten. Das Schicksal dieser „Zivilverschleppten" ist wenig bekannt, obschon es im Vergleich mit anderen Opfergruppen der ethnischen „Säuberung" um 1945 besonders schlimm war: Die Überlebenschancen der in die UdSSR deportierten Deutschen waren von allen Vertriebenen am geringsten.[483] Ihr Schicksal ähnelt dem der in die Sowjetunion verschleppten Polen von 1939 und Balten von 1940/41.

Ab Dezember 1944 wurden im sowjetisch besetzten Osteuropa „alle deutschen Männer zwischen 17 und 45 und Frauen zwischen 18 und 30 Jahren", derer man habhaft werden konnte, „durch das NKWD zur Arbeit ‚mobilisiert' und deshalb interniert".[484] Zum einen „repatriierten" die Sowjets vom NS-Regime „umgesiedelte" Volksdeutsche aus der Sowjetunion zwangsweise dorthin, wo man sie nach wie vor als sowjetische Bürger betrachtete; zum zweiten deportierten die Sowjets aber auch deutsche Reichsbürger und volksdeutsche Bürger osteuropäischer Drittstaaten. Schätzungsweise wurden von neun Millionen Menschen, die sich Anfang 1945 in den deutschen Ostgebieten befunden haben dürften, 350 000 in die UdSSR deportiert bzw. „repatriiert". Von diesen kehrten bis 1950 nur 100 000 zurück. Dasselbe Schicksal traf 460 000 Deutsche aus Polen in den Vorkriegsgrenzen von 1939, von denen 70 000 zurückkehrten. Deportiert wurden auch 80 000 Rumäniendeut-

---

[480] Esch, Überbevölkerung und ethnische Bereinigung, S. 123, S. 137 und S. 142f.; Esch, „Gesunde Verhältnisse".
[481] Ebenda, S. 969.
[482] Hillgruber, Zweierlei Untergang, S. 24f.
[483] Borodziej, Die Katastrophe, S. 92.
[484] Foitzik, Sowjetische Militäradministration in Deutschland, S. 55.

sche, von denen 50 000 wiederkehrten, 40 000 Jugoslawiendeutsche, von denen 30 000 überlebten, und je 30 000 Ungarn- und Sudetendeutsche, von denen je 20 000 zurückkehrten. Von 10 000 Baltendeutschen kam die Hälfte nicht zurück. Insgesamt wurden 1944/45 über eine Million Deutsche in die UdSSR verschleppt, und nur weniger als ein Drittel – 300 000 – überlebte die Verschleppung oder die folgende Zwangsarbeit.[485]

Sowjetische Zahlen sind lückenhaft und niedriger, doch auch sie verhehlen die Massenhaftigkeit dieser Deportationen. Bis Februar 1945 wurden demnach rund 110 000 deutsche Zivilisten in die UdSSR deportiert. Die Mehrheit stammte mit 69 000 Opfern aus Rumänien, weitere 32 000 aus Ungarn und 11 000 aus Jugoslawien. Am 16. Dezember 1944 hatte das sowjetische Verteidigungskomitee unter Vorsitz Stalins für diese aus Südosteuropa zur Zwangsarbeit zu deportierenden Volksdeutschen eine Altersgrenze von 17 bis 45 Jahren bei Männern und von 18 bis 30 Jahren bei Frauen festgelegt. Für den 1945 besetzten östlichen Teil des Deutschen Reiches legte dieselbe Instanz am 3. Februar 1945 die Deportation reichsdeutscher Männer im Alter von 17 bis nunmehr 50 Jahren fest. Bis zum 10. April 1945 wurden nach sowjetischer Zählung 97 500 Bürger des deutschen Reiches zur Zwangsarbeit deportiert, bevor am 17. April durch Erlass Lavrenti Berias, des Volkskommissars des Inneren und für Staatssicherheit der UdSSR, diese Deportationen gestoppt wurden.[486] Dennoch soll bis Anfang 1946 die Zahl der Deportierten auf 190 000 gestiegen sein, unter denen sich über 51 000 Frauen befanden.[487] Die Gesamtzahl der in die Sowjetunion deportierten Zivilisten bleibt unklar. Zeidler nennt aufgrund sowjetischer Quellen 210 000 eindeutig aus Reparationsgründen Verschleppte, von denen 41 000 umgekommen seien, und beziffert die Gesamtzahl der „Zivilinternierten" zum 1. Mai 1945 auf 288 459.[488] Foitzik schätzt hingegen, ebenfalls auf Grundlage sowjetischer Quellen, „mindestens 330 000" Betroffene. Laut Foitzik wurden „ab 1945 insgesamt drei Viertel der Deportierten repatriiert, die übrigen erlagen den Strapazen."[489] Während Reichling von 350 000 Zivildeportierten aus den Ostgebieten und 460 000 aus Vorkriegs-Polen ausging, sprechen andere Berechnungen für das Frühjahr und den Sommer 1945 von „rund 520 000 Deutsche[n] aus den Ostgebieten sowie aus Danzig und Polen in seinen Vorkriegsgrenzen", die „in die Sowjet-Union deportiert" worden seien und von denen „mehr als ein Drittel, nämlich rund 185 000, […] nicht überlebt" hätten.[490] Statistiken des russischen Militärarchivs nennen für Januar 1946 132 000 deutsche Internierte. Zugleich sollen zwischen 1945 und 1949 213 418 Zwangsarbeiter von den Sowjets entlassen und „repatriiert" worden sein – die Mehrzahl nach Deutschland oder Rumänien.[491] Jedenfalls war die Sterberate deportierter Deutscher in

---

[485] Reichling, Die deutschen Vertriebenen in Zahlen, Teil I, S. 24–26.
[486] Zeidler, Die Rote Armee auf deutschem Boden, S. 757 f.
[487] Foitzik, Sowjetische Militäradministration in Deutschland, S. 56.
[488] Zeidler, Die Rote Armee auf deutschem Boden, S. 759.
[489] Foitzik, Sowjetische Militäradministration in Deutschland, S. 56.
[490] Urban, Der Verlust, S. 117.
[491] Beer, Deutsche Deportierte aus Ostmittel- und Südosteuropa, S. 468 f.

den Zwangsarbeitslagern „viel höher" als unter sowjetischen Gefangenen; in einem Lager in Karelien soll sie „fünfmal höher als im Gulag üblich" gewesen sein.[492]

Augenzeugenberichte können diese nur ungefähren Zahlenkolonnen um individuelle Erfahrungen ergänzen. Im Januar 1945 kam es nach der Besetzung des Banats, einer lange zwischen Ungarn, Jugoslawien und Rumänien umstrittenen Region Südosteuropas, seitens sowjetischer Truppen und jugoslawischer Partisanen zu Massenerschießungen von Deutschen. Vergewaltigungen von Frauen waren an der Tagesordnung. Zu den sowjetischen Zwangsmaßnahmen gehörte auch die Einführung der Arbeitspflicht für alle Deutschen. Dies mündete in Deportation Richtung UdSSR. Im August 1946 berichteten volksdeutsche Einwohner der jugoslawischen Stadt Pantschowa (serbisch: Pančevo) und der Gemeinde Ivanovo in Westdeutschland über ihre Verschleppung:

„Während der Reise war es furchtbar kalt. Geheizt wurden die Waggons nicht. [...] Die Fahrt dauerte 21 Tage lang; während dieser Zeit erhielten wir nur zweimal warmes Essen.
Am 24. [sic!] Januar 1945 trafen wir in Briljanka im Donbas-Gebiet, etwa 40–50 Kilometer von Woroschilowgrad ein, wo wir 6 Monate lang blieben. Wir arbeiteten hier in Kohlengruben [...]. Die Männer arbeiteten im Schacht, während die Frauen zu Bauarbeiten, zum Steineklopfen und Maurerarbeit verwendet wurden. [...] Die Arbeitszeit betrug in der Grube 8 Stunden, außerhalb der Grube 10 Stunden. [...] Es kam vor, daß Frauen und Kinder in der Nacht bei einer Kälte von [...] manchmal bis 40 Grad im Freien Steine klopfen mussten. Viele von ihnen wurden vor Kälte halbtot nach Hause gebracht. [...]
Im selben Orte befanden sich auch 1600 Personen aus Oberschlesien; von ihnen starben sehr viele, so daß nach sechs Monaten nur mehr 600 [...] übrig waren. Sie fielen oft zusammen, täglich starben 8–10 und mehr Menschen.
Die Frauen mussten sehr schwere Arbeiten verrichten, viele arbeiteten in einem Sägewerk, mussten Holzladungen auf den Waggons entladen, schwere Holzstämme tragen, so daß die Frauen unter der schweren Last oft zusammenbrachen. Die Männer wurden während der Arbeit durch Schläge angetrieben, auch sonst wurden sie unter den nichtigsten Vorwänden geschlagen. In unserem Lager schlug man die Frauen im allgemeinen nicht. [...]
Sehr häufig waren Erkrankungen an Ruhr. Sehr viele starben auch infolge Unterernährung, sie magerten ab, hatten angeschwollene Füße, bekamen die Wassersucht und starben."

Die Zwangsarbeit im heute ukrainischen Luhansk dauerte für die überlebenden „Donauschwaben" bis Dezember 1945, also ein knappes Jahr. Danach wurden sie per Bahn nach Rumänien transportiert, gerieten auf eine „wochenlange Irrfahrt" zwischen Ungarn, Jugoslawien, Österreich und Deutschland, da ihre Aufnahme überall verweigert wurde. Endlich durften sie in eine der westlichen Besatzungszonen Deutschlands einreisen.[493] Diese Deportationen in das Donbas-Revier sind „insofern ein Grenzfall ethnischer Säuberungen, weil sie nicht auf Dauer angelegt waren und die Herstellung ethnischer Homogenität in den Herkunftsregionen ein allenfalls sekundäres Ziel" gewesen ist.[494]

Für die Zeit zu *Beginn* des Zweiten Weltkrieges bestand ein wichtiger Unterschied zwischen den ethnischen „Säuberungen", die von der deutschen und der sowjetischen Diktatur betrieben wurden. Während es dem NS-Regime um rassistisch motivierte Vertreibung (oder gar Völkermord) ging, waren sowjetische Um-

---
[492] Snyder, Bloodlands, S. 324.
[493] Dokumentation der Vertreibung der Deutschen aus Ost-Mitteleuropa, Bd. V, S. 302–304.
[494] Ther, Die dunkle Seite der Nationalstaaten, S. 198.

siedlungen „wesentlich differenzierter" motiviert und „nicht nur von nationalen, sondern auch von gesellschaftlichen und politischen Kriterien bestimmt". Dabei gewann jedoch das „Kriterium der Volkszugehörigkeit" für die Sowjets „während des Zweiten Weltkrieges wesentlich an Bedeutung".[495] Zwangsumsiedlungen, die es in der UdSSR seit längerem gab, waren tatsächlich zunächst primär klassenkämpferisch motiviert[496], doch vermischte sich dieses Motiv seit den 1930er Jahren zunehmend mit ethnischen Kriterien. Der deutsche Überfall vom Juni 1941 löste in der Sowjetunion nicht nur die Evakuierung von 8,5 bis 9,5 Millionen Sowjetbürgern gen Osten sowie eine große Fluchtbewegung aus[497], sondern veranlasste die Moskauer Führung auch zu Deportationen von als unzuverlässig betrachteten Nationalitäten.[498] Damit revidierte Stalin das von ihm mitgeschaffene Moskauer Modell des Nationalitäten-Föderalismus, indem er auf Methoden imperialer Deportation zurückgriff, die er schon in den 1930er Jahren schrittweise erprobt hatte, die jedoch längst vom Zarenreich – zuletzt mit großer Härte im Ersten Weltkrieg – praktiziert worden waren.[499]

Das Mittel imperialer Deportation (mitsamt seiner Intention der ethnischen „Säuberung" von Grenzgebieten) stammte aus dem Arsenal des untergegangenen Zarenimperiums und war zwischen 1850 und 1917 entwickelt worden; es wurde freilich von den sowjetischen Erben der Zaren mit noch größerer Präzision und Durchschlagskraft gehandhabt. Stalin war einst selbst – zwischen 1902 und 1917 – vom zaristischen Regime siebenmal aus politischen Gründen nach Sibirien deportiert („verbannt") worden und hatte sechsmal flüchten können.[500] Zwangsumsiedlungen gehörten in der Sowjetunion spätestens seit der Zwangskollektivierung der Landwirtschaft, bei der allein 1930/31 rund 1,7 Millionen Menschen in der Sowjetunion deportiert wurden[501], und seit den „großen Säuberungen" im Partei- und Staatsapparat zwischen 1936 und 1938 zum Repressions-Arsenal Moskaus.[502] Anfang 1941 befanden sich im Zwangsarbeitslager-System (GULag) 1,93 Millionen Häftlinge. Man geht davon aus, dass zwischen 1934 und 1940 300 000 GULag-Insassen zu Tode gekommen sind; außerhalb der Lager vermutet man für denselben Zeitraum „600 000 Tote unter den Deportierten, Flüchtlingen innerhalb der Sowjetunion und den ‚Sondersiedlern'".[503] Die damaligen Deportationen in der UdSSR waren jedoch nicht primär gegen Ethnien gerichtet. Daher konnten westliche Beobachter noch 1945 behaupten, die Sowjetunion habe Menschen zwar zu Bestrafungs- oder Verteidigungszwecken deportiert, jedoch niemals einen „transfer" oder „exchange of population" zur Lösung nationaler Konflikte praktiziert.[504]

---

[495] Nitschke, Vertreibung und Aussiedlung, S. 53.
[496] Mann, The Dark Side of Democracy, S. 328.
[497] Pohl, Die Herrschaft der Wehrmacht, S. 122.
[498] Nitschke, Vertreibung und Aussiedlung, S. 53.
[499] Vgl. Kap. II.5 und V.2.
[500] Sebag Montefiore, Stalin, S. 28–31.
[501] Ebenda, S. 47.
[502] Hildermeier, Geschichte der Sowjetunion, S. 290, S. 394, S. 398, S. 489, S. 521 und S. 526.
[503] James, Geschichte Europas, S. 180.
[504] Janowsky, Nationalities and National Minorities, S. 103.

Diese Sicht war jedoch 1945 längst nicht mehr zutreffend. Schon zu Beginn der 1930er Jahre waren im Fernen Osten der Sowjetunion als unzuverlässig geltende chinesische und koreanische Minderheiten zwangsumgesiedelt worden.[505] Diese Politik ethnischer „Säuberungen" von der Peripherie ins imperiale Zentrum nahm seither immer größere Ausmaße an. Sobald Stalin im August 1939 den Pakt mit Hitler geschlossen und Ost-Polen, das Baltikum und Teile Südosteuropas 1939/40 in Besitz genommen hatte, mischten sich klassenkämpferische Deportationskriterien endgültig mit nationalen. Solche Deportationen mussten beispielsweise die Polen in den von Stalin annektierten Ostprovinzen der Polnischen Republik zwischen 1939 und 1941 sowie erneut ab 1944/45 erleiden. Die „rechtliche, kulturelle, wirtschaftliche und soziale Stalinisierung" dieser Territorien, die den weißrussischen und ukrainischen Sowjetrepubliken angegliedert wurden, ging mit unverhülltem „Terror" einher.[506] Berias NKVD-Truppen verübten 1940 Massaker an 15 000 kriegsgefangenen polnischen Offizieren, darunter an über 4 000 allein in Katyn, um diese Vertreter eines feindlichen Nationalismus auszuschalten, die aus kommunistischer Sicht zugleich (aristokratische oder bürgerliche) „Klassenfeinde" waren.[507] Die Enteignungs- und Verhaftungswellen im annektierten östlichen Polen wurden ab Februar 1940 durch Massendeportationen ergänzt. Nach neueren Schätzungen, die übertriebene Opferzahlen reduzieren, erfassten diese Zwangsumsiedlungen ins Innere der UdSSR „zwischen 316 000 und 325 000" Polen. Weitere 138 000 wurden innerhalb der beiden westlichen Sowjetrepubliken zwangsumgesiedelt, an welche die ostpolnischen Gebiete angeschlossen worden waren, über 100 000 verhaftet und verschleppt, weitere 100 000 in die Rote Armee gepresst und „wahrscheinlich 50 000 zur Arbeit in andere Teile der UdSSR verschickt". Insgesamt dürften somit bis zum deutschen Überfall Mitte 1941, welcher der sowjetischen Herrschaft über diese Gebiete vorerst ein Ende setzte, „ca. 570 000 bis 580 000 polnische Staatsbürger" durch die Sowjets „entwurzelt" worden sein.[508]

Zugleich aber gingen unter NS-verfolgten Juden im schlesischen Breslau widersprüchliche Gerüchte über die Lage in der Sowjetunion um: „Die Russen sollen", wie Willy Cohn im Juni 1940 seinem Tagebuch anvertraute, „zu den polnischen Soldaten und zu den Flüchtlingen anständig gewesen sein. Die Völker der Sowjetunion erwarten Euch, ihr könnt hier eine Heimat finden; allerdings sollen die polnischen Offiziere erschossen worden sein. Das Menschenleben gilt dort wenig."[509] Nicht wenige polnische Juden flüchteten zwischen 1939 und 1941 aus dem Machtbereich Hitlers in die ehemals ostpolnischen Gebiete der erweiterten Sowjetunion; sowjetische Schätzungen nennen die Zahl von bis zu 1,1 Millionen Menschen.[510] Etliche Juden, besonders aus der Unterschicht und aus der jüngeren Generation,

---

[505] Ternon, Der verbrecherische Staat, S. 210.
[506] Borodziej, Einleitung, S. 38.
[507] Ternon, Der verbrecherische Staat, S. 210.
[508] Borodziej, Einleitung, S. 38f.; eine demnach zu hohe Zahl von 1,5 Millionen deportierten polnischen Staatsbürgern bei Bade, Europa in Bewegung, S. 286.
[509] Cohn, Kein Recht, nirgends, Bd. 2, S. 814.
[510] Solschenizyn, „Zweihundert Jahre zusammen". Die Juden in der Sowjetunion, S. 360f.

traten ebenso wie Angehörige der bis 1939 von den Polen unterdrückten Ukrainer und Weißrussen in den Dienst des neuen Regimes und unterstützten auf der unteren Ebene der sowjetischen Bürokratie die Entmachtung und Verfolgung der bisherigen polnischen Herren – was wiederum die nach dem deutschen Einmarsch und dem Zusammenbruch der sowjetischen Macht im Sommer 1941 eigendynamisch stattfindenden polnischen Rache-Massaker an Juden – namentlich im Bezirk Bialystok, etwa im Dorf Jedwabne – zu erklären hilft.[511]

Eine Vermischung soziopolitischer und ethnischer Vertreibungskriterien prägte ab Mitte 1940 auch die „Deportation von Antikommunisten aus dem Baltikum", die nach der sowjetischen Annexion Estlands, Lettlands und Litauens 1940/41 (und erneut ab 1944) praktiziert wurde und insgesamt 200 000 Menschen traf.[512] Ein aus Breslau in die warthehändische Stadt Ostrowo versetzter deutscher Jurist erfuhr im Oktober 1940 von dorthin umgesiedelten Baltendeutschen, dass „die Russen" ab 1940 „in Estland ebenso gehaust" hätten „wie die Deutschen in Polen".[513] Dominierten bei der Auswahl der Deportationsopfer nach wie vor politisch-soziale Kriterien? 1940 verhafteten die neuen sowjetischen Machthaber in Riga den Juraprofessor Paul Minz (oder Mintz), der im unabhängigen Lettland der einzige jüdische Minister gewesen war, um ihn in ein Lager bei Krasnojarsk zu deportieren, wo er bereits 1941 starb. Der Bruder des Ex-Ministers, der Chirurg Wladimir Minz, wurde hingegen nicht behelligt; ihn schützte neben seiner unpolitischen Vergangenheit die gewiss im Kreml nicht vergessene Tatsache, dass er – damals noch Mediziner in Moskau – 1918 Lenin nach einem Attentat behandelt und das Leben gerettet hatte. Wladimir Minz wurde nach dem Einmarsch der deutschen Wehrmacht von der SS als Jude verhaftet und starb 1945 im Konzentrationslager Buchenwald.[514] So sehr dieses tragische Beispiel den deutlichen Unterschied sowjetischer und deutscher Verfolgungsmotive zu erweisen scheint, muss andererseits doch gesehen werden, dass auch die sowjetische Verfolgung die lettischen Juden überproportional stark getroffen hat. Die jüdische Bevölkerung machte fünf Prozent der Gesamtbevölkerung der damaligen Sowjetrepublik Lettland aus, stellte aber einen Anteil von zwölf Prozent an jenen Menschen, die von den Sowjets am 14. Juni 1941 – nur eine Woche vor dem deutschen Einmarsch – nach Sibirien deportiert wurden.[515]

Insgesamt wurden zwischen 1939 und 1941 mehr als eine Million Menschen aus Ostpolen, der Westukraine und dem Baltikum Opfer stalinistischer Zwangsumsiedlungen.[516] Einen „neuen Höhepunkt repressiver Nationalitätenpolitik" bewirkte der deutsche Angriff vom Juni 1941. Die „Sowjetdeutschen", die in den 1920er Jahren zum Teil Regionalautonomie erhalten hatten, waren von Stalin be-

---

[511] Borodziej, Geschichte Polens im 20. Jahrhundert, S. 196f.
[512] Burleigh, Die Zeit des Nationalsozialismus, S. 867, datiert die Deportationen von 1940/41 irrtümlich auf 1939 vor; die Zahlenangabe bei Bade, Europa in Bewegung, S. 286.
[513] Cohn, Kein Recht, nirgends, Bd. 2, S. 858.
[514] Solschenizyn, „Zweihundert Jahre zusammen". Die Juden in der Sowjetunion, S. 359; Dohrn, Ein Spaziergang im jüdischen Riga, S. 188f.
[515] Dohrn, Ein Spaziergang im jüdischen Riga, S. 189.
[516] Judt, Geschichte Europas, S. 39.

reits in den 1930er Jahren „überproportional stark verfolgt" worden – weshalb „die meisten von ihnen" 1941 auf „Befreiung durch die Wehrmacht" gehofft haben dürften.[517] Aus Briefen von „Volksdeutschen aus der Sowjet-Union" entnahm jedenfalls Hitlers „Sicherheitsdienst" (SD) im Januar 1940, dass sich die „Behandlung" der Russlanddeutschen infolge des deutsch-sowjetischen Bündnisses vom August 1939 zwar „etwas gebessert" habe, dass jedoch „bei der deutschen Bevölkerung des Wolgagebietes und des Schwarzmeerlandes [....] die Hoffnung weit verbreitet" sei, „dass auch sie im Laufe der Zeit in die Umsiedlung einbezogen werden" würde – also in jenen Bevölkerungsaustausch, der zwischen Hitler und Stalin für mehrere osteuropäische Regionen bereits vereinbart worden war. „Nur ein geringer Prozentsatz dieser Volksdeutschen", so glaubte der SD, sei „innerlich vollständig bolschewisiert".[518]

Nach dem deutschen Einmarsch in die UdSSR schätzten Stalin und sein Sicherheitsapparat, das NKVD, die Haltung der Russlanddeutschen ganz ähnlich ein. Die Sowjetführung befürchtete, dass „zahlreiche Nichtrussen und Russen", die unter Stalins Diktatur gelitten hatten, mit den Deutschen kollaborieren würden. Moskau reagierte „mit der pauschalen exemplarischen Bestrafung ganzer Ethnien".[519] Schon 1935 waren „Deutschstämmige" – ebenso wie Finnen, Polen, Esten, Letten, Koreaner, Chinesen, Kurden oder Iraner – aus „grenznahen Gebieten" im Westen der Sowjetunion ausgesiedelt worden, wobei es auch zu Massenerschießungen durch Polizeitruppen des NKVD gekommen war.[520] 1937/38, als in Moskau ein Krieg mit Japan für wahrscheinlich galt, waren 180 000 auf sowjetischem Territorium lebende Koreaner – deren Heimat damals japanische Kolonie war – „von der fernöstlichen Grenze nach Mittelasien" deportiert worden.[521] Vieles deutet darauf hin, dass „Listen und Pläne" für eine Massendeportation der Russlanddeutschen im Jahre 1941 „weitgehend fertig" waren, „als der deutsche Überfall Anlass gab, sie mit grausamer Vollständigkeit zu verwirklichen".[522] Es soll Belege geben, „dass Kampagnen wie die gegen die Wolgadeutschen Jahre im Voraus vorbereitet worden" seien.[523] Unmittelbar nach dem deutschen Angriff vom 22. Juni 1941 wurden jedenfalls fast alle in der Sowjetunion lebenden Deutschen nach Asien zwangsumgesiedelt.

Ein Teil der Volksdeutschen, namentlich jene in der Ukraine, wurde durch den raschen deutschen Vormarsch, der Hitlers Wehrmacht 1941 bis vor Moskau führte, vor Stalins Deportationen gerettet – freilich nur, um den Umsiedlungsplänen Hitlers zum Opfer zu fallen. Auch die Schwarzmeerdeutschen im Raum Odessa gerieten unter deutsche oder rumänische Herrschaft.[524] Von den folgenden „Um-

---

[517] Pohl, Die Herrschaft der Wehrmacht, S. 147.
[518] Meldungen aus dem Reich, Bd. 3, S. 711.
[519] Kappeler, Russland als Vielvölkerreich, S. 308.
[520] Hildermeier, Geschichte der Sowjetunion, S. 629; Kiernan, Blood and Soil, S. 508–510.
[521] Kappeler, Russland als Vielvölkerreich, S. 308; Mann, The Dark Side of Democracy, S. 328.
[522] Hildermeier, Geschichte der Sowjetunion 1917–1991, S. 629.
[523] Davies, Die große Katastrophe, S. 572.
[524] Pohl, Die Herrschaft der Wehrmacht, S. 123 und S. 146.

siedlungen" des NS-Regimes betroffen waren in den besetzten sowjetischen Gebieten „330 000 Deutsche, die in der Ukraine und der Schwarzmeerregion lebten, außerdem kleinere Gruppen aus der Umgebung von Leningrad und aus Weißrussland".[525] Die Eroberung großer Teile der Sowjetunion gab Hitler Raum für ausufernde Planspiele. Allerdings zeigte sich, „dass das angeblich überbevölkerte Deutschland keine Menschen für die Besiedlung des neuen ‚Lebensraums' zur Verfügung hatte". Man behalf sich damit, Volksdeutsche aus diversen Teilen Osteuropas für eine Ansiedlung in der Ukraine vorzusehen – Menschen, „die bereits umgesiedelt worden waren oder in Ländern lebten, wo ihre Aussiedlung zur politischen Entspannung beitragen würde". Zu dieser Verfügungsmasse rechneten Hitler und Himmler „Volksdeutsche aus dem Banat, aus Transnistrien und Bessarabien" – aus Gebieten also, die Deutschland 1941 bei der Besetzung Jugoslawiens oder der westlichen Sowjetunion erobert und an seine Verbündeten Ungarn und Rumänien abgetreten hatte. Hinzu kamen vage Vorstellungen von der Ansiedlung von „germanischen Nachbarvölkern" wie Dänen oder Niederländern in der Ukraine. Die Wolgadeutschen, deren Siedlungsgebiet als zu exponiert galt, sollten ins Baltikum, in den Westen des polnischen „Generalgouvernements" oder in die Ukraine umgesiedelt werden – ein Projekt, das an ähnliche Planungen der Jahre 1917/18 unter General Ludendorff erinnert. Die einzige realisierte Umsiedlung dieser Reihe von Planspielen löste Himmler aus, als er 1942 die „Germanisierung" der Umgebung seines ukrainischen Feldhauptquartiers beim volksdeutschen Dorf Hegewald (Bezirk Žitomir) durch 10 000 volksdeutsche Siedler befahl:

„Im November 1942 wurden dann tatsächlich die ersten sieben Dörfer von ihren ukrainischen Einwohnern ‚gesäubert' und Volksdeutsche aus Wolhynien dorthin geschafft. Die Umsiedlung bedeutete für beide Gruppen, die unter regelrechten Terror gesetzt wurden, große Härten; die Zustände bei Einwanderern wie Auswanderern waren verheerend. [...] Die SS unternahm noch einige Experimente ähnlicher Art, doch weitere größere Umsiedlungen unterblieben wegen des deutschen Rückzuges."[526]

Bei alledem beurteilten die „Umvolkungs"-Experten des NS-Regimes ihre russlanddeutschen Schachfiguren, anders als vor 1941, ziemlich negativ. Die „befreiten" Volksgenossen sprächen kaum Deutsch und seien ihren slawischen Nachbarn „rassisch" und geistig unterlegen. Das Rasse- und Siedlungshauptamt der SS konstatierte im März 1944: „Da die Volksdeutschen starke bolschewistische und russische Einflüsse aufgenommen haben, sind sie nicht das geeignete Menschenmaterial für Führungsaufgaben in Russland."[527] Im Alltag gegenüber slawischen (und erst recht jüdischen) Mitmenschen privilegiert und zum Teil Unterstützer der Besatzungsherrschaft, wurden Russlanddeutsche von den reichsdeutschen Besatzern zugleich als „Deutsche zweiter Klasse" behandelt. Ab 1943 mussten sie sich – ob sie mit dem NS-Regime kollaboriert hatten oder nicht – beim Rückzug der Wehrmacht „evakuieren" lassen, da ihnen unterschiedslos die „Rache des stalinistischen Regimes" drohte. Wer vom sowjetischen Vormarsch „überrollt" wurde und über-

---

[525] Nitschke, Vertreibung und Aussiedlung, S. 53f.
[526] Dallin, Deutsche Herrschaft in Russland, S. 296–298 und 300.
[527] Ebenda, S. 301 und 304.

lebte, teilte verspätet das Schicksal der bereits 1941 deportierten Volksdeutschen und verschwand in Sibirien, Kazachstan oder im GULag.[528]

Der Großteil der Sowjetdeutschen verfiel nicht erst gegen Kriegsende, sondern schon 1941/42 der Rache Stalins – als „erste Volksgruppe, die wenige Wochen nach Hitlers Überfall auf die UdSSR als geschlossene Gemeinschaft deportiert worden ist". 1939 lebten in der Sowjetunion 1,4 Millionen Deutsche. Die 370 000 Wolgadeutschen, denen das Regime 1924 eine autonome Sowjetrepublik gewährt hatte, stellten nur ein Viertel dieser Bevölkerungsgruppe, die in verschiedenen Regionen Russlands – Saratov, Stalingrad, Voronež, Moskau, Leningrad – sowie in der Ukraine (390 000), im Kaukasus und auf der Krim lebte. Die Deportationen begannen am 28. August 1941, als das Präsidium des Obersten Sowjets der UdSSR ein Dekret erließ, wonach die deutsche Bevölkerung der autonomen Wolga-Republik und der Regionen Saratov und Stalingrad nach Kazachstan oder Sibirien umgesiedelt werden sollte. Begründet wurde diese Maßnahme, die weder politische noch sonstige Ausnahmen zuließ, mit dem Hinweis, dass „sich unter der deutschen Bevölkerung des Wolgagebiets Tausende und Zehntausende von Saboteuren und Spionen" befänden, die dem Feinde zuarbeiteten. Die Deportation wurde als milde gerechtfertigt, denn andernfalls würde die Sowjetregierung „gemäß Kriegsrecht zu Strafmaßnahmen gegen die gesamte deutsche Bevölkerung an der Wolga gezwungen" gewesen sein.[529] Manfred Hildermeier schildert die Deportationen:

„Die Betroffenen wurden nach zwei- bis vierstündiger Vorwarnung von Spezialtruppen des Innenressorts zu den Sammelpunkten geführt und in Güterwaggons gepfercht, die sie in die Verbannungszonen in Südsibirien (Novosibirsk, Omsk), im Altaigebirge, in Kazachstan [...] brachten. Die Fahrt dauerte mehrere Wochen, Proviant und vor allem Wasser (in der Hitze der Steppe dringend benötigt) waren knapp. Wieviele [...] Personen [...] an den Strapazen zugrunde gingen, ist nicht bekannt."[530]

Im September 1941 weiteten sich die Massendeportationen auf Krasnodar, Saporožje und auf Moskau aus. Im selben Monat wurden 77 000 Deutsche aus dem nordkaukasischen Ordžonikidze zwangsumgesiedelt, im Oktober 1941 folgten 100 000 aus dem Kaukasus und der Krim. Bis Weihnachten 1941 registrierten die Sicherheitsapparate eine Gesamtzahl von 894 600 deportierten Deutschen – eine Zahl, die sich bis Juni 1942 auf 1,2 Millionen erhöhte. Gemessen an der Volkszählung von 1939 wurden 82 Prozent der deutschstämmigen Sowjetbürger von ihrer eigenen Regierung deportiert.[531] Zwischen 1941 und 1948 soll die Mortalitätsrate dieser deportierten Russlanddeutschen in ihren „Spezialsiedlungen" bei 3,5 Prozent gelegen haben – eine deutlich niedrigere Todesrate als die der zwischen 1944

---

[528] Pohl, Die Herrschaft der Wehrmacht, S. 147.
[529] Werth, Ein Staat gegen sein Volk, S. 240 f.; Hildermeier, Geschichte der Sowjetunion, S. 629 f.
[530] Hildermeier, Geschichte der Sowjetunion, S. 630.
[531] Dieser Anteil erhöht sich, wenn man sieht, „dass außerdem noch Zehntausende von deutschstämmigen Soldaten und Offizieren vom Dienst in der Roten Armee suspendiert und in die Strafbataillone der ‚Arbeitsarmee' nach Workuta, Kotlas, Kemerowo und Tscheljabinsk versetzt worden waren"; vgl. Werth, Ein Staat gegen sein Volk, S. 242; Bade, Europa in Bewegung, S. 286, nennt nur „400 000 Wolgadeutsche", Musial, Stalins Beutezug, S. 173, für Januar 1942 750 000 „umgesiedelte" Russlanddeutsche.

und 1948 aus dem nördlichen Kaukasus deportierten Völker, von denen fast ein Viertel (23,7 Prozent) diese Repression nicht überlebt haben sollen.[532]

Diese zweite Deportationswelle begann, als die Rote Armee 1943/44 deutsch besetzte Gebiete der UdSSR zurückeroberte. Die „Befreiung" ging folglich mit Massendeportation einher. Mindestens zwei Millionen, womöglich gar fünf Millionen Menschen wurden „in Viehwaggons nach Asien verfrachtet und dort als Zwangsarbeiter angesiedelt", wobei „etwa ein Drittel von ihnen ums Leben" kam. Zugleich wurden die Autonomen Republiken oder Gebiete der deportierten Völker aufgelöst und ihre Wohnorte mit Russen besiedelt. Bei der Auswahl der kollektiv bestraften Ethnien, denen stets Kollaboration mit den Deutschen vorgeworfen wurde, griff Stalin auf alte Feindbilder zurück, wie Andreas Kappeler verdeutlicht: „Alle galten im nationalen Geschichtsbild als Verräter und Erbfeinde der Russen. Die nordkaukasischen Muslime und die Krimtataren waren schon im 19. Jahrhundert in Massen in die Emigration getrieben und die Deutschen waren schon im Ersten Weltkrieg aus den Grenzgebieten ausgesiedelt worden."[533] Im Februar 1944 schlug der für Sicherheit zuständige Volkskommissar Lavrenti Berija die vollständige Deportation des Kaukasusvolkes der Balkaren mit der Begründung vor, sie seien Banditen und hätten die Rote Armee attackiert.[534] Die sowjetischen Deportationen waren in ihrer Kollektivschuld-Logik zwar unhaltbar, können jedoch nicht ohne weiteres als irrational betrachtet werden. Sie verfolgten, so Francine Hirsch, das Ziel forcierter Zwangsassimilation durch Entrechtung und Zwangsumsiedlung als aggressives „Nation-Building"-Programm.[535]

Im Februar 1944 wurde Tschetschenien von Spezialtruppen des NKVD besetzt. Das Kommando führten Beria und sein Stellvertreter Ivan Serov[536], der mittlerweile den Ruf eines Deportationsexperten genoss.[537] Soldaten gingen „von Haus zu Haus und informierten die Bewohner, dass sie eine halbe Stunde Zeit hätten (manchmal etwas mehr, manchmal weniger), um sich reisefertig zu machen". Wer Widerstand leistete, wurde erschossen.[538] Es spielte keine Rolle, dass viele der Betroffenen – bei Winterkälte „in Gruppen zu jeweils fünfundvierzig Mann in die Viehwaggons gepfercht" – die bis zu vier Wochen dauernde Bahnfahrt nach Kazachstan nicht überstanden.[539] 1944 wurden laut NKVD 496 460 Tschetschenen und Inguschen deportiert. Rund 3000 starben noch vor Beginn der Deportation, weitere 10 000 während der Eisenbahntransporte – wie immer „hauptsächlich Alte, Kranke und kleine Kinder". Die meisten Toten gab es jedoch nach der Ankunft: Ungefähr 100 000 Deportierte sollen in den ersten drei Jahren nach der

---

[532] Ferrara / Pianciola, L'Età delle Migrazioni Forzate, S. 278.
[533] Kappeler, Russland als Vielvölkerreich, S. 308 f.; die höhere Opferzahl der 1943/44 Deportierten bei Mann, The Dark Side of Democracy, S. 329.
[534] Sebag Montefiore, Stalin, S. 482.
[535] Vgl. Ferrara / Pianciola, L'Età delle Migrazioni Forzate, S. 294–300.
[536] Burleigh, Die Zeit des Nationalsozialismus, S. 867 f.
[537] Sebag Montefiore, Stalin, S. 482; Serov hatte als ukrainischer NKVD-Chef bereits 1939/40 die Deportation oder Ermordung der polnischen Führungsschichten organisiert; ebenda, S. 319.
[538] Naimark, Flammender Hass, S. 124.
[539] Burleigh, Die Zeit des Nationalsozialismus, S. 868.

Zwangsmigration verstorben sein. Trotz Moskauer Befehle an die Behörden in Kazachstan und Kirgisien zur Versorgung der „Umsiedler" erhielten Tschetschenen und Inguschen buchstäblich nichts: „Frauen und Kinder suchten nach essbaren Gräsern. Zerlumpte Waisenkinder wanderten ziellos umher. Die selbst völlig verarmten örtlichen Beamten lehnten es oft ab, Hilfe zu leisten." Zehntausende starben „in bitterster Armut".[540] Binnen fünf Jahren nach der Deportation war das tschetschenische Volk durch „Misshandlung, Vernachlässigung und Hunger" um ein Viertel verringert.[541]

Im Mai 1944 organisierte der Stellvertretende Volkskommissar für Staatssicherheit, Ivan Serov, auch die Zwangsumsiedlung der Krimtataren – „ohne Rücksicht darauf, ob sie mit den Deutschen kollaboriert hatten oder den Titel eines ‚Helden der Sowjetunion' trugen".[542] Diesmal wurden 189 000 Menschen zwangsumgesiedelt.[543] „Bis zu sechsundvierzig Prozent der Deportierten" sollen während der Zugfahrten nach Uzbekistan oder Sverdlovsk verstorben sein. Auf der Krim wurden alle Spuren tatarischer Kultur beseitigt und „Neusiedler" aus der Ukraine angesiedelt.[544] Auf Anregung Berias unterzeichnete Stalin am 2. Juni 1944 ein Dekret, um zusätzlich „die Ausweisung von 37 000 Bulgaren, Griechen u. Armeniern, den Komplizen der Deutschen", zu veranlassen. Nachdem der NKVD auch diese „Säuberung" auf der Krim abgeschlossen hatte, wandte er sich den kaukasischen Grenzgebieten zu. Dort konnten die Deportationen als „logische Fortführung der ‚Anti-Spionage'-Operationen der Jahre 1937/38" erscheinen, „allerdings in einer wesentlich systematischeren Form". Am 21. Juli 1944 befahl Stalin die Deportation von 86 000 Turkmescheten, Kurden und Chemschinen aus Georgien.[545]

In einem Brief an seinen Politbüro-Genossen Mikojan räumte Beria im November 1944 – ein Jahr nach der Deportation der Kalmücken – ein, dass diese „unter extrem schwierigen Bedingungen und sanitären Umständen leben" müssten. Das Innenressort wusste, dass 1946 „30% der arbeitsfähigen Kalmücken wegen fehlender Schuhe nicht arbeiten" konnten. Auch mache sich „bemerkbar, dass die Deportierten in keiner Weise auf das harte Klima und die ungewohnten Lebensbedingungen vorbereitet" seien. Das bedeutete im Klartext: Unter den Deportierten war die Sterblichkeit enorm. Von 608 749 Deportierten aus dem Kaukasus soll vier Jahre später, im Oktober 1948, „ungefähr jeder vierte" tot gewesen sein.[546]

Als die Sowjets 1944/45 die Ostgebiete des Deutschen Reiches eroberten, fielen ihnen zahlreiche Volksdeutsche aus der Sowjetunion in die Hände. Diese „Umsied-

---

[540] Naimark, Flammender Hass, S. 125f.
[541] Burleigh, Die Zeit des Nationalsozialismus, S. 868.
[542] Ebenda, S. 867; der im Februar 1944 vom Jüdischen Antifaschistischen Komitee bei Stalin gestellte Antrag, auf der Krim eine jüdische Sowjetrepublik anstelle der tatarischen zu gründen, wurde ebenso verworfen wie der Plan, sowjetische Juden in der ehemaligen Wolgadeutschen Republik anzusiedeln; vgl. Baberowski, Verbrannte Erde, S. 473; Slezkine, Das jüdische Jahrhundert, S. 284f.
[543] Naimark, Flammender Hass, S. 131.
[544] Burleigh, Die Zeit des Nationalsozialismus, S. 867.
[545] Werth, Ein Staat gegen sein Volk, S. 248.
[546] Werth, Ein Staat gegen sein Volk, S. 247.

ler" wurden von der Sowjetregierung als Staatsbürger der UdSSR betrachtet und zwangsweise „repatriiert". Dieses Schicksal traf 30 000 von 397 000 „Vertragsumsiedlern", also Volksdeutsche, die zwischen 1939 und 1941 durch Verträge zwischen Stalin und Hitler umgesiedelt worden waren, und zudem 280 000 von 370 000 „Administrativumsiedlern", die vom NS-Regime zwischen 1941 und 1944 einseitig „evakuiert" worden waren. Beide Gruppen wurden als unzuverlässig betrachtet und daher nicht in ihre früheren Wohnorte, sondern „zur Zwangsarbeit nach Sibirien und dem Fernen Osten" deportiert.[547] Dasselbe Los traf 1944/45 eine „hohe, aber schwer zu schätzende Zahl" weiterer Nationalitäten. So wurden 140 000 Balten, 36 000 Rumänen aus Moldavien und 175 000 Ukrainer, die man der Unterstützung nationalistischer Partisanen verdächtigte, in Straflager oder „Sonderzonen" verbannt. Yves Ternon hat gezeigt, dass diese innersowjetischen Deportationen nach Kriegsende nicht etwa aufhörten, sondern zwischen 1947 und 1949 sogar einen neuen Höhepunkt erlebten. Vor dem Hintergrund des griechischen Bürgerkrieges und neuer Spannungen zwischen der Sowjetunion und dem Kaiserreich Iran wurden 57 000 Griechen von der Schwarzmeerküste, 20 000 Armenier, 11 700 Georgier, Turkvölker und Kurden nach Mittelasien und Sibirien deportiert.[548]

Stalin ließ im November 1948 alle diese Deportationen vom Obersten Sowjet für dauerhaft erklären. Nach seinem Tode 1953 wurde zwar das Internierungssystem der „Sondersiedlungen" allmählich aufgelöst. So entließ ein Dekret des Obersten Sowjets im Dezember 1955 die deportierten Russlanddeutschen aus dem Status der „Sondersiedler" und damit aus der Überwachung durch das Innenministerium. Im Laufe des Jahres 1956 wurden Krimtataren und deportierte Kaukasusvölker bessergestellt. Ein Rückkehrrecht war damit aber ebenso wenig verbunden wie eine Entschädigung für die erlittenen Eigentumsverluste. Der neue kommunistische Generalsekretär Nikita Chruščev verurteilte allerdings auf dem „Entstalinisierungs"-Parteitag der KPdSU 1956 die Deportationen der Karatschaier, Kalmücken, Tschetschenen, Inguschetier und Balkaren.[549] Der Nachfolger Stalins, der bis 1953 dessen Politik rücksichtslos exekutiert hatte und vor wie nach Stalins Tod ein Förderer des Deportationsexperten Serov gewesen ist[550], erklärte vor den Parteidelegierten am 25. Februar 1956:

„Um so ungeheuerlicher sind die Taten, die auf Veranlassung Stalins begangen wurden und schwere Verstöße gegen die fundamentalen leninistischen Grundsätze der Nationalstaatspolitik [i. e. Nationalitätenpolitik] der Sowjetstaaten darstellen. Wir meinen die Massendeportationen ganzer Völker... Kein Marxist, Leninist und überhaupt kein vernünftiger Mensch kann verstehen, wie es möglich ist, ganze Völker samt Frauen und Kindern, alten Leuten, Kommunisten und Komsomolzen für feindliche Handlungen verantwortlich zu machen, Massenrepressalien gegen sie anzuwenden und sie wegen der Schädlingsarbeit einzelner oder kleinerer Gruppen der Not und dem Elend auszusetzen."[551]

---

[547] Reichling, Die deutschen Vertriebenen in Zahlen, Teil I, S. 24 f.
[548] Ternon, Der verbrecherische Staat, S. 212.
[549] Pohl, Deportierte in der Sowjetunion, S. 460 f.
[550] Sebag Montefiore, Stalin, S. 255, Anm. 1, und S. 319.
[551] Zitiert nach: Wenzel Jaksch – Patriot und Europäer, S. 140.

Anders als Volksdeutsche, Krimtataren und Mescheten, denen erst unter Leonid Brežnev zwischen 1964 und 1968 partielle Rehabilitierung zuteil wurde, durften die von Chruščëv genannten Ethnien ab Ende 1956 in ihre Heimat zurückkehren.[552] Doch erst am 14. November 1989, auf dem Höhepunkt der Reformpolitik Michail Gorbačëvs und kurz nach dem Fall der Berliner Mauer, beschloss der Oberste Sowjet der UdSSR die „vollkommene Wiederherstellung der Rechte" aller unter Stalin deportierten Nationalitäten. Und selbst dann fand der Vorschlag des lange verfolgten Bürgerrechtlers und nunmehrigen Abgeordneten Andrei Sacharov, allen Deportierten die Rückkehr in ihre frühere Heimat zu gestatten, keine Mehrheit.[553]

Dass „ein sich marxistisch legitimierender Staat ganze Völker, mit allen Kindern, Greisen, Partei- und Armeeangehörigen, kollektiv bestrafte", kann als Beleg dafür gelten, „wie weit sich der Stalinismus von seinen ideologischen Prämissen entfernt und nationalistischen Denkmustern zugewandt hatte".[554] Abgesehen davon, dass auch die ursprünglichen „ideologischen Prämissen" des Stalinismus nicht humanitär waren, hatte sich das sowjetische Regime im Kampf gegen Deutschland zweifellos – im großrussischen Sinne – renationalisiert. Allerdings scheint, was die Deportationen des Zweiten Weltkrieges angeht, noch mehr für eine *imperiale* Renaissance zu sprechen. Denn fast alle unter Stalin deportierten Völker waren bereits im Zarenreich Opfer von Deportationen geworden, nicht wenige wiesen eine in die Zeit vor 1917 zurückreichende Widerstandstradition gegen die Petersburger oder Moskauer Imperien auf. Die Betroffenen wurden nicht aus dem Staat vertrieben, sondern innerhalb des sowjetischen Herrschaftsbereiches zwangsumgesiedelt. Man wollte bestrafen, brechen, Siedlungskonzentrationen zerstören – aber die Menschen weiterhin in der sowjetischen Gesellschaft halten und ihre Arbeitskraft nutzen.

Hatten die Deportationen Stalins auch rassistische Motive? Norman Naimark entdeckt „rassistische Untertöne", kommt aber zu dem Schluss, dass es „den Sowjets nicht in erster Linie um Rassenfragen" gegangen sei. So wurden Krimtataren deportiert, „Tataren in anderen Teilen der Sowjetunion" aber nicht. Entscheidend ist: Die Betroffenen wurden entrechtet und deportiert, lebten unter katastrophalen Bedingungen und hohen Mortalitätsraten – doch prinzipiell konnten sie „überleben". Das war „ein wichtiger Unterschied zur türkischen Behandlung der Armenier" im Ersten Weltkrieg „und vor allem zur NS-Politik gegenüber den Juden".[555] Selbst Michael Mann, der Stalins „ethnische Säuberung" als Genozid im Sinne der UN-Definition bewertet, betont, dass es sich bei diesen Deportationen nicht um vorsätzlichen Massenmord gehandelt habe.[556]

Mark Mazower hat beim Vergleich der Herrschaftsmethoden Deutschlands und der Sowjetunion während des Zweiten Weltkrieges Gemeinsamkeiten und Unterschiede herausgestellt. Das 1939 von beiden totalitären Diktaturen besetzte Polen

---

552 Pohl, Deportierte in der Sowjetunion, S. 461.
553 Ternon, Der verbrecherische Staat, S. 212f.
554 Kappeler, Russland als Vielvölkerreich, S. 309.
555 Naimark, Flammender Hass, S. 132 und S. 135.
556 Mann, The Dark Side of Democracy, S. 329.

sei „eine Art düsteres Laboratorium für die vergleichende Totalitarismusforschung" geworden: „Beide Besatzungsmächte bedienten sich [...] der Gewalt in einem Maße, das für die Imperien des 19. Jahrhunderts schlicht unvorstellbar gewesen wäre." Eine Gemeinsamkeit bestand laut Mazower in den Massendeportationen polnischer Bürger, doch gerade an diesem Beispiel werde auch der grundlegende Unterschied beider Gewaltpolitiken deutlich: Anders als Hitler habe die sowjetische Politik „trotz des Kampfes gegen den polnischen Nationalismus" nie darauf abgezielt, „ganze nationale oder ethnische Gruppen zu vertreiben". Ihr Ziel sei „eine soziale Revolution, keine nationale Reinigung" gewesen, und dies sei der „Grund, warum die deutschen Deportationen die Nichtdeutschen komplett aus dem Reich verdrängen sollten, während die sowjetischen die Gefangenen tief ins Landesinnere trieben". Beide Besatzungsmächte verhießen ihren Opfern somit eine sehr unterschiedliche Zukunft. Von der NS-Herrschaft hätten allenfalls zehn Prozent der osteuropäischen Völker profitieren können. Das sowjetische Partizipationsangebot war trotz aller Gewalt viel breiter.[557] Das stalinistische Regime betrieb „ethnische Säuberung" im Innern durch menschenverachtende imperiale Deportationen bislang unbekannten Ausmaßes, aber es verübte keinen planmäßigen Völkermord, wie er Hitlers deutschem NS-Imperium angelastet werden muss.

6. Flucht im Krieg – Vertreibung im Nachkrieg: Deutsche in Ostdeutschland und Osteuropa 1944/45

Die im letzten Kriegswinter des Zweiten Weltkrieges 1944/45 erfolgte Flucht der Ostdeutschen vor der siegreichen „Roten Armee" ist zum Sinnbild kriegsbedingter Massenflucht schlechthin geworden. Dabei war sie nicht die erste ihrer Art. Jeder moderne Krieg geht mit Fluchtbewegungen einher, und bereits im Ersten Weltkrieg können wir massenhafte Fluchtbewegungen beobachten, die seither zum Signum des 20. Jahrhunderts werden sollten. Im Sommer 1914 flohen Belgier und Franzosen vor der deutschen und Deutsche vor der russischen Armee. 1915 entkamen Armenier durch Flucht in angrenzende Staaten den Jungtürken, zugleich flüchteten viele Einwohner der russischen Westprovinzen vor den einmarschierenden Deutschen. Beim deutsch-österreichischen Einmarsch in Serbien im Winter 1915/16 schien fast das ganze serbische Volk auf der Flucht zu sein. Diese Liste ließe sich fortsetzen. Auch der Zweite Weltkrieg kannte zahlreiche Massenfluchten: Im September 1939 flüchteten 300 000 polnische Bürger, darunter viele Juden, in die UdSSR oder nach Ungarn und Rumänien, eine ähnlich große Zahl flüchtete 1939/40 aus dem sowjetisch besetzten Teil Polens in den deutsch besetzten Teil

---

[557] Mazower, Hitlers Imperium, S. 98–100; daher kann der These Jörg Baberowskis, dass der stalinistische Massenterror „eine sowjetische Variante der ‚Endlösung'" dargestellt habe, nicht gefolgt werden; Baberowski widerlegt sich selbst mit der Bemerkung, die sowjetische Politik habe sich vom „nationalsozialistischen Vernichtungsfeldzug" darin unterschieden, dass sie „den Tätern die Möglichkeit ließ, ihre Opfer nach Zentralasien zu deportieren, um sie dort ihrem Schicksal zu überlassen"; vgl. Baberowski, Ordnung durch Terror, S. 160.

– darunter Juden, in der Meinung, nichts könne schlimmer sein als die Diktatur Stalins. Im Winter 1939/40 flüchteten Finnen vor den Sowjets aus Karelien, Mitte 1940 waren Belgien und Nordfrankreich wiederum – wie 1914 – von Flüchtlingsmassen verstopft, die vor den Deutschen nach Süden strebten. Dasselbe geschah in Belgrad, Athen und in der Sowjetunion 1941, stets verursacht von deutschen Angriffen.[558] In Frankreich war im Sommer 1940 ein Viertel der Bevölkerung auf der Flucht vor der Wehrmacht.[559]

Die Flucht der Ostdeutschen im letzten Kriegswinter 1944/45 ist somit nicht die erste oder einzige „große Flucht" gewesen, als die sie heute in Deutschland medial präsentiert wird. Was diese Flucht aber von den meisten Vergleichsfällen unterscheidet, ist ihre *Endgültigkeit* – ein Ergebnis, das von den Flüchtenden nicht beabsichtigt wurde, aber von den diese Flucht Auslösenden bereits geplant war. Ähnliche Übergänge zwischen Flucht und Vertreibung finden wir in den Balkankriegen von 1912/13.[560] Die Flucht der Ostdeutschen konnte nach Kriegsende 1945 nicht rückgängig gemacht werden – obwohl viele Flüchtlinge das Gegenteil annahmen und zunächst in ihre Wohnorte zurückkehrten, aus denen sie dann wenig später vertrieben wurden. Nach dem Willen der Sieger sollte die Flucht der Ostdeutschen nur die erste Stufe einer *dauerhaften ethnischen „Säuberung"* sein.

Bereits seit 1943 hatte an der „Ostfront" mit dem Rückzug der Wehrmacht eine Evakuierung deutscher Zivilisten eingesetzt. Zunächst handelte es sich um Russlanddeutsche, ab 1944 traf es Volksdeutsche aus Polen und die in den 1939 annektierten Provinzen Westpreußen und Posen („Warthegau") angesiedelten volksdeutschen „Umsiedler" aus Osteuropa. Im Sommer 1944 standen die Sowjets an der östlichen Vorkriegsgrenze des Deutschen Reiches, die sie im Januar 1945 endgültig überschritten – mit verheerenden Folgen für die dort lebende Zivilbevölkerung, zugleich lebensrettend für viele Opfer der Hitler-Diktatur. Der abgenutzte Begriff des Tragischen hat hier seinen Sinn, war doch die Befreiung von Auschwitz und Buchenwald ohne die grausame sowjetische Eroberung des deutschen Ostens nicht zu haben.[561]

Das NS-Regime benutzte zur Bezeichnung der kriegsbedingten Räumung eines Gebietes den Begriff „Evakuierung". Dieser Terminus war zunächst auf die nach Osten deportierten jüdischen Mitbürger angewandt worden, dann auf die aus bombenkriegsbedrohten Städten in „bombensichere" ostdeutsche Regionen „verschickten" Frauen und Kinder. Schließlich diente der Begriff zur Bezeichnung der

---

[558] Davies, Die große Katastrophe, S. 580; Kallay, Hungarian Premier, S. 328, nennt die Zahl von 150 000 polnischen Flüchtlingen nach Ungarn, darunter zahlreiche Juden.
[559] Mak, In Europa, S. 367.
[560] Vgl. Kap. IV.3.
[561] Diese Doppelgesichtigkeit verbietet auch jedem Historiker der „Winterkatastrophe 1944/45" die einseitige Identifikation „mit dem konkreten Schicksal der deutschen Bevölkerung im Osten und mit den verzweifelten und opferreichen Anstrengungen des deutschen Ostheeres und der deutschen Marine […], die die Bevölkerung […] vor den Racheorgien der Roten Armee […] zu bewahren und in der allerletzten Phase den Ostdeutschen den Fluchtweg zu Lande oder über See nach Westen freizuhalten suchten"; so jedoch Hillgruber, Zweierlei Untergang, S. 24f.

Aussiedlung von Zivilisten aus Frontgebieten. Als „Evakuierte" dieser Kategorie waren 1939 Grenzbewohner im Westen, ab 1943 dann „die Deutschen aus dem Baltikum im Norden, aus der Bukowina im Süden und zum Teil auch aus der Batschka, schließlich aus der Slowakei und dann aus Ostpreußen" in andere Teile Deutschlands verlegt worden.[562] Zum Zeitpunkt des fehlgeschlagenen Attentats deutscher Widerstandskreise auf Hitler am 20. Juli 1944 durchzogen erste volksdeutsche „Evakuierte" das besetzte Warschau in Richtung Westen. Für polnische Augenzeugen waren dies „die ersten armseligen Deutschen, die man seit 1939 sah: ermüdet, durstig, verstaubt, auf Pferdewagen oder zu Fuß, ganze Familien." Die Warschauer hatten 1943 die brutale Niederschlagung des jüdischen Ghettoaufstands erlebt und sollten im Spätsommer 1944 noch die völlige Zerstörung ihrer Stadt infolge des Aufstandes der polnischen Untergrundarmee und dann ihre eigene Deportation erleben – Ereignisse, die fast zwei Drittel der 1,3 Millionen Einwohner der polnischen Metropole das Leben kosteten.[563] Sie schauten den flüchtenden Deutschen „ohne Mitleid" zu, denn ihnen erschien „die Flucht der Deutschen aus dem Osten […] als das logische und gerechte Ende von fünf Jahren grausamer Besatzung, als die Polen den ‚Herrenmenschen' weichen mussten, die im Namen des Großdeutschen Reiches ihren Besitz an sich rissen".[564] Kurz vor Beginn des Warschauer Aufstands notierte der dort stationierte deutsche Besatzungsoffizier Wilm Hosenfeld am 24. Juli 1944:

„Seit gestern wird evakuiert. Zuerst Frauen und Kinder, natürlich nur die deutsche Zivilbevölkerung. Auf allen Straßen jagen die Lastautos, in den deutschen Vierteln stehn die Möbelwagen. Die Leute dürfen nur die notwendigsten Sachen mitnehmen. Was sie sich in den Kriegsjahren hier erworben, müssen sie zurücklassen. Meist war es beschlagnahmtes Eigentum. Die Lastwagen sind hoch bepackt mit Kisten und Säcken, Bettzeug und Haushaltsgeschirr, und obendrauf hocken die Flüchtlinge. Ja, man kann schon von einer Flucht reden."[565]

Im August 1944 erfolgte im Memelgebiet der „Räumungsbefehl" für die Zivilbevölkerung „ganz plötzlich" und löste „ein ziemliches Durcheinander" aus.[566] Da sich die Front wieder stabilisierte, wurde diese Räumung rasch rückgängig gemacht. Am 29. August 1944 wertete der „Sicherheitsdienst" (SD) der SS die Erfahrungen mit „Flüchtlingsbewegung und Evakuierung" aus. Demnach hatten die Fluchtbewegungen zu erheblichen „Stauungen" geführt, „da keine planvolle Lenkung" vorhanden gewesen sei. Weder eine „sicherheitspolizeiliche und arbeitseinsatzmäßige Personenkontrolle" noch die „gesundheitliche und veterinärpolizeiliche Überprüfung" der Trecks seien vorbereitet gewesen. In Ostpreußen habe nicht nur „Mangel an Auffanglagern" geherrscht, sondern auch an „gegenseitiger Abstimmung der Behörden und Gaue". „Verpflegungsschwierigkeiten und Viehfuttermangel" seien aufgetreten. Schon vor Ausgabe der Evakuierungsbefehle sei ein „teilweise flucht-

---

[562] Seibt, Deutschland und die Tschechen, S. 352; der Begriff hielt sich, obwohl ab 1943 der Begriff der „Umquartierung" durchzusetzen versucht wurde; vgl. Krause, Flucht vor dem Bombenkrieg, S. 40.
[563] Mak, In Europa, S. 457.
[564] Borodziej, Die Katastrophe, S. 84f.
[565] Hosenfeld, „Ich versuche jeden zu retten", S. 818.
[566] Dokumentation der Vertreibung der Deutschen aus Ost-Mitteleuropa, Bd. I/l, S. 1.

artiges Zurückfluten der Bevölkerung ohne amtliche Anordnung" erfolgt. Die Bevölkerung kritisiere, dass die „Räumung zu spät und zu kurzfristig angeordnet" worden sei.[567]

In der Folge zeigte sich, dass die NS-Behörden daraus wenig gelernt hatten. Das ließ sich beobachten, als am 7. Oktober 1944 eine zweite Evakuierung im Memelgebiet befohlen wurde. Erneut entstand Chaos: Der NS-Kreisleiter ließ den Räumungsbefehl widerrufen, wenig später wurde er erneut gegeben, doch da war es für geordnete Evakuierung bereits „zu spät". 5000 Flüchtlinge wurden von der Roten Armee abgeschnitten, aber auf einer Halbinsel von deutschen Truppen so lange verteidigt, dass sie über die Kurische Nehrung übersetzen konnten. Wer zu Lande flüchtete, wurde jedoch von den Sowjets überrollt. Nach Kriegsende fehlte „mindestens ein Drittel der Bevölkerung".[568]

Staats- und Parteistellen in Ostpreußen konnten sich auch im Januar 1945 nicht einigen, ob man „evakuieren" oder „durchhalten" sollte. Dieses Zögern kostete vielen Menschen das Leben. Durch die sowjetische Winteroffensive, die binnen kürzester Zeit „Zentralpolen" befreite und weit in die deutschen Vorkriegsgebiete einbrach, wurden „in Ost- und Westpreußen, in Ober- und Niederschlesien, im ‚Reichsgau Wartheland' und in Ostbrandenburg" zahlreiche Flüchtlinge gen Westen oder Südwesten getrieben. Die NS-Evakuierungspläne waren „in einigen Regionen mit ebenso erstaunlicher wie wirklichkeitsfremder Präzision ausgearbeitet". Faktisch fand „nur eine kleine Minderheit der Zivilisten Platz in Zügen", während die große Masse zu Fuß, zu Pferd oder auf Fuhrwerken zu flüchten suchte und dadurch alle Verkehrswege verstopfte. Der ostpreußische Gauleiter Erich Koch veranlasste den Beginn der Evakuierung viel „zu spät, nämlich als die Bahnlinien bereits von der Roten Armee zerschnitten waren". Wo rascher evakuiert wurde, wie durch Gauleiter Karl Hanke in Niederschlesien, fehlte es im eiskalten Winter an der notwendigen Versorgung.[569] Das Versagen der NS-Behörden und das brutale Vorgehen der sowjetischen Truppen verursachten zahlloses Leid. Eine aus der ostpreußischen Grenzstadt Gumbinnen ins ermländische Braunsberg evakuierte Frau erinnerte sich an ihre Flucht über das „kaum vereiste Frische Haff" Ende Januar 1945:

„Wir hatten etwa 5 km zurückgelegt, als ich vor Schreck gelähmt stehen blieb und nicht einmal schreien konnte. Ich sah die Pferde und die Vorderräder des Wagens, auf dem sich mein kleines Mädel und die Bauerntochter befand[en], versinken. Der [...] Wagen war in eine Eisspalte geraten. [...] Das kleine Kind, aus den wärmenden Decken gerissen, konnte sich nicht mehr erwärmen, aber es half alles nichts, wir mussten zurück, um nicht zu erfrieren. [...] Nachts hörten wir die Hilferufe der auf dem Eise beim Übergang eingebrochenen Personen. [...] In Kahlberg fanden wir am Strande, auf Decken liegend, erschöpfte Greise und Greisinnen, die nicht weiterkonnten, weil sie nicht mehr die Kraft dazu hatten. [...] In der Nähe [...] stand einsam und verlassen ein Kinderwagen mit einem toten Kind."[570]

Die Furcht vor den „Russen" war enorm. Neben Massenvergewaltigungen – ein Verbrechen, das im Laufe des Krieges nicht nur sowjetische Soldaten verübten und

---

[567] Meldungen aus dem Reich, Bd. 17, S. 6708–6711.
[568] Dokumentation der Vertreibung der Deutschen aus Ost-Mitteleuropa, Bd. I/l, S. 1f.
[569] Borodziej, Die Katastrophe, S. 91.
[570] Dokumentation der Vertreibung der Deutschen aus Ost-Mitteleuropa, Bd. I/l, S. 118–123.

das nicht nur deutsche Frauen traf[571] – wurden von Rotarmisten zahlreiche Morde an Zivilisten verübt, die zuweilen in Massaker ausarteten. So fand die Wehrmacht im Herbst 1944 im bei Gumbinnen gelegenen Dorfe Nemmersdorf Spuren eines Massakers, dem Vergewaltigung und Folter vorangegangen waren. Die Vorgänge wurden noch während des Krieges von einer internationalen Untersuchungskommission bestätigt.[572] Solche sowjetischen Verbrechen wurden vom ebenfalls verbrecherischen NS-Regime propagandistisch weidlich ausgeschlachtet.[573] Allerdings sah sich Propagandaminister Goebbels während der sowjetischen Januar-Offensive 1945 zum Kurswechsel gezwungen: „Die neuesten Berichte von bolschewistischen Greueln aus den Ostgauen" glaubte er „im Augenblick nur für das Ausland freigeben" zu können, da sie in Deutschland „die Unruhe in den marschierenden Trecks sicherlich zur Panik steigern" würden.[574]

Der NS-Führung war schon seit Juli 1944 die „nicht geringe Angst" der Ostdeutschen vor der Roten Armee bekannt.[575] Die Massenflucht zwischen Januar und Mai 1945 wurde durch diese panische Angst beflügelt. Dies hing mit der Gräuelpropaganda des NS-Regimes zusammen, aber auch mit dem Wissen oder Ahnen um deutsche Massenverbrechen im Osten, für die man Vergeltung befürchtete.[576] Diese Angst war nur zu begründet, zumal die Rotarmisten durch die kommunistische Propaganda zu gnadenloser Rache aufgehetzt wurden: Stalins „Politoffiziere betrachteten die Weigerung, Vergeltung zu üben, als strafbare Handlung".[577] Bis zu zwei Millionen deutsche Frauen könnten 1944/45 Opfer von Vergewaltigungen geworden sein.[578] Diese Massenverbrechen – typisch für fast jede ethnische „Säuberung" in Kriegskontexten – blieben in Deutschland „ein zentrales Element der Erinnerung an das Kriegsende und ‚die Russen'" und drängten zeitweilig sogar „die individuelle Erfahrung der Massenevakuierung, der Flucht und der Vertreibung in den Hintergrund, den hunderttausendfachen Hunger- und Seuchentod, die das Kriegsgeschehen auf deutschem Boden ebenfalls bestimmten".[579] Diese Gewalterfahrung prägte das allzu simple Stereotyp vom barbarischen Feind im Osten und vom „freundlichen Feind" im Westen.[580] Es wundert nicht, dass in der DDR mit Rücksicht auf den sowjetischen „Bruder" das Geschehen möglichst tabuisiert wurde.[581]

Am 6. Februar 1945 glaubte Goebbels, die sowjetischen Untaten in Ostdeutschland „nicht mehr der Öffentlichkeit vorenthalten" zu sollen. Darüber geriet er in

---

[571] Judt, Geschichte Europas, S. 37.
[572] Dokumentation der Vertreibung der Deutschen aus Ost-Mitteleuropa, Bd. I/1, S. 8.
[573] Fisch, Nemmersdorf; Davies, Die große Katastrophe, S. 522 und S. 560.
[574] Die Tagebücher von Joseph Goebbels, Teil II, Bd. 15, S. 216 und S. 220.
[575] Meldungen aus dem Reich, Bd. 17, S. 6686f. und S. 6693–6695.
[576] Hillgruber, Zweierlei Untergang, S. 21.
[577] Davies, Die große Katastrophe, S. 559f., mit den Beispielen des Vergeltungspropagandisten Ilja Ehrenburg und des dagegen Einspruch erhebenden und wegen „Humanismus und Mitleid mit dem Feind" zu Lagerhaft verurteilten Lev Kopelev.
[578] Hitchcock, The Struggle for Europe, S. 15.
[579] Foitzik, Sowjetische Militäradministration in Deutschland, S. 61.
[580] Henke, Kriegsende West – Kriegsende Ost.
[581] Foitzik, Sowjetische Militäradministration in Deutschland, S. 73.

Konflikt mit anderen NS-Regierungsstellen, welche seine „Greuelpropaganda" weiterhin für „zu schockierend" hielten, während der Propagandachef nun auf diese „Schockwirkung" zur „Stärkung unserer Widerstandskraft" setzte.[582] Das alles fand in einer zunehmend surrealen Atmosphäre statt. Goebbels hatte einen Spielfilm mit Starbesetzung über den historischen Widerstand der pommerschen Stadt Kolberg gegen die französischen Belagerer des Jahres 1807 drehen lassen – als Appell, diesen Widerstand der antinapoleonischen „Befreiungskriege" gegen die Sowjets zu wiederholen.[583] Noch am 28. März 1945 beschwor Hitler diesen Mythos und lobte Gauleiter Hankes Verteidigung der „Festung" Breslau als neues Kolberg. Während dessen war „das wirkliche Kolberg so sang- und klanglos in die Hände der Russen" gefallen, dass Goebbels am 19. März 1945 die Meldung in der Presse unterdrückte.[584] Gauleiter Hanke aber meldete, was man im „Führerbunker" von ihm erwartete, dass zwar die schlesische Hauptstadt „durch den Kampf um die Stadt zu einem richtigen Ruinenfeld geworden" sei, dass man aber „jeden Steinhaufen mit einer verbissenen Wut" verteidige und dass die Sowjets „im Kampf um Breslau außerordentlich viel Blut" verlören.[585] Verluste erlitt aber vor allem die eingeschlossene Zivilbevölkerung. Breslau wurde nicht nur durch sowjetische Bomben- und Artillerieangriffe, sondern auch durch deutsche Zerstörungsaktionen in ein Ruinenfeld verwandelt.[586] Hanke – einen Tag vor Hitlers Selbstmord zum neuen (und letzten) Reichsführer SS anstelle des abtrünnig gewordenen Himmler ernannt – nutzte eine durch bedenkenlose Opferung von Frauen und Fremdarbeitern im Stadtzentrum angelegte provisorische Startbahn, um kurz vor der Kapitulation Breslaus per Flugzeug ins Sudetenland zu flüchten, wo er von tschechischen Partisanen erschossen worden sein soll. Aufgrund dessen war Breslau die letzte größere Stadt in Ostdeutschland, die sich den Sowjets ergab. Die Wehrmacht kapitulierte dort erst am 6. Mai 1945, vier Tage nach der Reichshauptstadt Berlin und eine Woche nach dem Selbstmord Hitlers. Mit Ausnahme solch „isolierter Inseln des Widerstands", zu denen auch die am 9. April kapitulierende ostpreußische Hauptstadt Königsberg und die bis zum 26. April verteidigte pommersche Hauptstadt Stettin gehörten, „sowie eines breiten Streifens im südwestlichen Niederschlesien, wohin der Krieg praktisch nicht gelangte", befand sich alles deutsche Gebiet östlich von Oder und Neiße schon gegen Ende März 1945 in sowjetischer Hand.[587]

Die NS-Führung konnte sich das „Elend" der ostdeutschen „Trecks, die sich in unübersehbaren Strömen von Osten nach Westen ergießen", seit Anfang 1945 nicht verhehlen – einschließlich der „Erfrierungen vor allem von Säuglingen und Kindern". Am 21. Januar 1945 waren über drei Millionen Menschen auf der Flucht, und das Lob, das Goebbels der „Nationalsozialistischen Volkswohlfahrt" (NSV)

---

582 Die Tagebücher von Joseph Goebbels, Teil II, Bd. 15, S. 316 und S. 350.
583 Rahn, Die deutsche Seekriegführung, S. 265; Lakowski, Der Zusammenbruch, S. 564.
584 Burleigh, Die Zeit des Nationalsozialismus, S. 921.
585 Die Tagebücher von Joseph Goebbels, Teil II, Bd. 15, S. 555.
586 Schwartz, Ethnische „Säuberung" als Kriegsfolge, S. 586.
587 Borodziej, Einleitung, S. 62.

für ihre „Improvisationsarbeit größten Stils" bei deren Versorgung spendete, belegt unfreiwillig, dass das NS-Regime auf eine derartige Massenflucht nicht vorbereitet war.[588] Am 26. Januar erwog Goebbels daher, „Evakuierungen in großem Stile nicht mehr durchzuführen" – als ob die Fluchtbewegung per Befehl aus Berlin hätte gestoppt werden können. Anfang Februar verbreiteten sich in Deutschland nicht nur „grauenhafte Gerüchte [...] über die Trecks im Osten" durch Erzählungen von „Treckteilnehmern", es wurde auch klar, dass das NS-Regime jene „Riesenmassen von Menschen weder bewegen noch ernähren" konnte, die in Ostpreußen und Danzig eingekesselt waren.[589] Als Goebbels am 4. März 1945 mit Staatssekretär Wilhelm Stuckart, dem Geschäftsführer des von Himmler geleiteten Reichsministeriums des Innern, „über das Evakuierungsproblem" konferierte, waren nach dessen Angaben im Reichsgebiet „etwa 17 Millionen Menschen evakuiert" – eine Zahl, die Goebbels „erschreckend" fand. Hitlers Chefpropagandist musste sich sagen: „Das Reich ist nun ziemlich eng geworden." Es wurde beschlossen, „aus dem Westen nicht mehr zu evakuieren", was immer noch geschah, obwohl die West-Alliierten keine derartige Bedrohung für die Zivilbevölkerung darstellten wie die Rote Armee.[590] Es war Hitler, der Mitte März darauf beharrte, „daß auch der Westen nach Möglichkeit evakuiert werden soll", obwohl er hätte wissen können, dass „die Menschen aus dem Westen keinerlei Lust" zeigten, sich „in das Innere des Reiches in unsichere Verhältnisse hinein umquartieren zu lassen". Am 6. April 1945 musste selbst Goebbels den Realitätsverlust seines so lange vergötterten „Führers" konstatieren, dessen Befehl zur West-Evakuierung „stillschweigend ad acta gelegt" wurde.[591]

Während „bei der Vernichtung von Flüchtlingstrecks", die durch Bodentruppen oder Luftangriffe erfolgte, die Unterscheidung zwischen „Kampfhandlungen und Kriegsverbrechen nicht leicht" fällt, wird die „Versenkung von Flüchtlingsschiffen" durch die Alliierten zuweilen als „völkerrechtswidrig" angeprangert[592], obschon auch in diesem Fall militärische und zivile Transportzwecke vermischt waren. Zwischen Januar und Mai 1945 transportierte die deutsche Kriegsmarine 1,2 Millionen Menschen. Die Mehrzahl, 680 000, waren zivile Flüchtlinge, doch befanden sich auch 345 000 verwundete und 182 000 kampffähige Soldaten an Bord.[593] Am bekanntesten ist in diesem Zusammenhang – zumal nach der Novelle des Literaturnobelpreisträgers Günter Grass – die Versenkung des Schiffes „Wilhelm Gustloff" am 30. Januar 1945, die mit bis zu 9000 Todesopfern als größte Katastrophe der Schiffahrtsgeschichte gilt.[594] Am 10. Februar 1945 folgte, ebenfalls durch ein

---

[588] Die Tagebücher von Joseph Goebbels, Teil II, Bd. 15, S. 175, S. 178 und S. 205.
[589] Ebenda, S. 231, S. 241 f., S. 292 und S. 363.
[590] Ebenda, S. 413; zu Stuckart: Jasch, Staatssekretär Wilhelm Stuckart und die Judenpolitik, S. 155–166.
[591] Die Tagebücher von Joseph Goebbels, Teil II, Bd. 15, S. 535 und S. 684.
[592] Nawratil, Vertreibungs-Verbrechen an Deutschen, S. 36.
[593] Rahn, Die deutsche Seekriegführung, S. 272.
[594] Ebenda, S. 269; Dobson / Miller / Payne, Die Versenkung der Wilhelm Gustloff; Grass, Im Krebsgang.

sowjetisches U-Boot, die Versenkung der von Pillau nach Kiel fahrenden „Steuben", wobei 4000 Menschen den Tod fanden und nur 700 gerettet werden konnten. Ähnlich erging es dem Frachter „Goya" am 16. April 1945 – von über 7000 Menschen wurden nur 334 gerettet. Noch am 3. Mai 1945, kurz vor Kriegsende, wurde die „Cap Arcona" durch einen britischen Luftangriff vernichtet. In diesem Falle traf es ein „schwimmendes Konzentrationslager" – Tausende KZ-Häftlinge und deren SS-Wachmannschaft.[595] Insgesamt wurden durch die Versenkung von fünfzehn deutschen Schiffen durch die Alliierten im ersten Halbjahr 1945 in der Ostsee (ohne die KZ-Häftlinge) rund 30 000 Menschen getötet. Trotzdem gehörten Flüchtlinge auf dem Seeweg „überwiegend zu den Glücklichen", denn ihre Todesrate lag bei nur 2,5 Prozent.[596] Die Flucht auf dem Landweg endete weit häufiger tödlich, „Hunderttausende" dürften dabei umgekommen sein: „Es gab Massenerschießungen und -vergewaltigungen, Auskämmung von ganzen Orten und Verschleppung zur Zwangsarbeit in die Sowjetunion, Raub und Plünderung; überall wurden deutsche Konzentrationslager übernommen und mit ‚verdächtigen Elementen' neu aufgefüllt."[597]

Hatte die sowjetische Winteroffensive bis Ende Januar 1945 „etwa 750 000" Flüchtlinge über die Oder gen Westen getrieben, verursachte der Zusammenbruch der deutschen Ostfront Mitte März die „zweite große Flüchtlingswelle aus dem Teil Schlesiens zwischen Oder und Neiße", die sich „Richtung Südwesten" bewegte, um den vom Krieg fast unberührten „Reichsgau Sudetenland" zu erreichen. Aufgrund dieser Massenflucht waren Teile Schlesiens im Mai 1945 „wie menschenleer: In der Stadt Oppeln waren von 50 000 Menschen nur 300 nicht geflüchtet."[598] Auch „nach deutschen Angaben wurden aus den Ostgebieten des Reiches etwa 70 Prozent der Bevölkerung in den Westen evakuiert", so dass in Ostpreußen bei Kriegsende „weniger als 10 Prozent der Vorkriegsbevölkerung" zurückgeblieben waren – „27 000 von ihnen in aufgegebenen deutschen Lagern, in denen der Typhus wütete". In Westpreußen erfasste das NKWD im März 1945 „lediglich 35 000" deutsche Zivilisten, meist Frauen, Kinder und Invaliden. Nur in Oberschlesien war „ein großer Teil der Bevölkerung zurückgeblieben". Insgesamt befanden sich nach sowjetischen Angaben „im Sommer 1945 in Pommern und Schlesien nur noch 1,6 Millionen Deutsche" – gegenüber einer Vorkriegsbevölkerung von 8,8 Millionen.[599]

Durch gesetzliche Maßnahmen der polnischen Regierung verloren die Deutschen in den polnisch verwalteten (und 1946 annektierten) bisherigen deutschen

---

[595] Rahn, Die deutsche Seekriegführung, S. 269 und S. 272.
[596] Ebenda, S. 272; diese Schätzung von Rahn veranschlagt die Gesamtzahl der Flüchtlinge zur See auf 1,3 Millionen; selbst im Fall, dass die geringere Angabe der Kriegsmarine von 680 000 Flüchtlingen zuträfe und alle Toten der Schiffsversenkungen Flüchtlinge gewesen wären, würde die Mortalitätsrate 4,4 Prozent nicht übersteigen; Borodziej, Die Katastrophe, S. 92, wertet den Seetransport als „relativ sicheren Evakuierungsweg" und nennt „die Todesrate [...] insgesamt erstaunlich gering (unter 1 Prozent)".
[597] Borodziej, Die Katastrophe, S. 92.
[598] Ebenda, S. 91f.
[599] Foitzik, Sowjetische Militäradministration in Deutschland, S. 55.

Ostgebieten⁶⁰⁰ „nicht nur ihr Eigentum, sondern auch ihre bürgerlichen Rechte". Vielerorts wurden sie gezwungen, in Analogie zur diskriminierenden Kennzeichnung polnischer Zwangsarbeiter in Hitlers Deutschland (ein „P" auf der Kleidung) „weiße Armbinden mit einem großen N (für Niemiec – Deutscher) anzulegen". Alternativ malte man den Deutschen einfach „mit Kreide ein großes Hakenkreuz auf den Rücken". Die so Stigmatisierten waren „Angriffen und Demütigungen auf der Straße" ausgesetzt.⁶⁰¹ Ähnlich verlief die Entrechtung von Deutschen in der Tschechoslowakei. Sowjetische Offiziere nahmen „manchmal an der tschechischen Praxis" Anstoß, „Deutschen Hakenkreuze auf den Rücken zu malen oder sie zum Tragen weißer Armbinden mit einem N für Nemec (Deutscher) zu zwingen". Durch das harte Verhalten vieler Polen und Tschechen wurden die gefürchteten sowjetischen Sieger für die Deutschen im Osten plötzlich zu potentiellen Beschützern: Beim verbotenen Gebrauch der deutschen Sprache zeigten sich Sowjets „toleranter" als Polen. Und weil die Rote Armee reibungslose Versorgung benötigte, dachte sie „weit weniger" als polnische Behörden daran, „die Deutschen von wohlhabenden Höfen und aus funktionierenden Fabriken und Werkstätten zu vertreiben". Sowjetsoldaten machten sich zu Anwälten der Entrechteten. Die Politische Sektion der Roten Armee berichtete am 30. August 1945 nach Moskau:

„Die deutsche Bevölkerung hungert an vielen Orten, in anderen Gegenden droht ihnen in naher Zukunft das Verhungern. Die Plünderung der Deutschen durch die Polen hört nicht auf, sondern nimmt dauernd zu. Es gibt immer mehr Fälle von grundlosen Morden an deutschen Bewohnern, unberechtigten Festnahmen und langen Inhaftierungen mit bewusster Demütigung."⁶⁰²

Die neue polnische Verwaltung in Schlesien klagte im Gegenzug über „Raubüberfälle durch marodierende sowjetische Soldaten […], manchmal mit Todesfolge, Wohnungseinbrüche, […] willkürliche Requirierungen, Rauswurf aus den Wohnungen". In der Regel trete dort, „wo Einheiten der Sowjetischen Armee ein Gebiet verlassen, sofort eine Verbesserung der Verhältnisse" ein, während sich dort, wo sowjetische Einheiten einzögen, „sich die Sicherheitslage sofort verschlechtert". Durchweg wurde beklagt, dass sowjetische Militärs die Autorität polnischer Beamter nicht anerkannten und zahlreiche Deutsche als Angestellte der Roten Armee dem polnischen „Zugriff" entzogen. Diese sowjetischen Schutz-Deutschen durften weder zur Zwangsarbeit herangezogen noch „ausgesiedelt" werden.⁶⁰³ Der Breslauer Wojewode berichtete im März 1946 voller Verachtung nach Warschau:

„Dank Biegsamkeit ihres Charakters, der Kriecherei vor dem Starken und ihrer Dienstfertigkeit (zum Beispiel Prostitution) erwecken die Deutschen den Eindruck, als hätten sie mit dem Hitlerismus nichts gemein und als sei ihr Verhältnis zur UdSSR und deren Bürgern mehr als freundschaftlich. Das führt dazu, daß einige Führer beziehungsweise einfache Soldaten der Roten Ar-

---

⁶⁰⁰ Am 30. Juni 1946 veranstaltete die polnische Regierung einen Volksentscheid darüber, dass die Oder-Neiße-Grenze endgültige polnische Westgrenze sein solle, was mit 91,6% Ja-Stimmen bestätigt wurde; vgl. Schrode, Polen, S. 388.
⁶⁰¹ Urban, Der Verlust, S. 120f.
⁶⁰² Naimark, Flammender Hass, S. 149 und S. 161.
⁶⁰³ Thum, Die fremde Stadt, S. 79f. und S. 83.

mee die vermeintlichen Interessen einzelner Deutscher verteidigen, was wiederum Verbitterung unter der polnischen Bevölkerung auslöst."[604]

Der für die neuen „Westgebiete" zuständige polnische Minister Gomułka beschwerte sich am 10. Januar 1946 offiziell bei den für Deutschland und Polen zuständigen sowjetischen Oberbefehlshabern, den Marschällen Žukov und Rokossovski, sowie bei Stalins Botschafter in Warschau: Die Einstellung vieler sowjetischer Kommandanten zur polnischen Bevölkerung sei „häufig feindselig", im Gegensatz zu ihrer „deutschfreundliche[n]" Haltung.[605]

Wo dieses durch Polen oder Tschechen geschaffene Dreiecksverhältnis nicht existierte, blieb die Erfahrung der Deutschen mit sowjetischen Soldaten viel einseitiger. Doch auch hier bildete sich eine Normalität im Ausnahmezustand heraus, die sich nicht auf Gewalttaten reduzieren lässt. Diese Erfahrung machten jene Deutschen, die sich bei Kriegsende in Ostpreußen aufhielten. Nach sowjetischen Schätzungen befanden sich Mitte April 1945 100 000 Einwohner in der eroberten und stark zerstörten Stadt Königsberg – „in der Mehrzahl […] Frauen, Kinder und Alte", während „arbeitsfähige Personen" sich „kaum darunter" befunden hätten.[606] Bis Jahresende soll die Bevölkerungszahl auf 32 000 rapide abgesunken sein. Ein 1948 nach Görlitz, in den zur sowjetischen Besatzungszone gehörenden nordwestlichen Restteil Niederschlesiens ausgesiedelter Ostpreuße, Rothoff, berichtete, die Lage der Deutschen in der Stadt (die 1946 zu Ehren des verstorbenen sowjetischen Staatsoberhauptes in „Kaliningrad" umbenannt worden war) sei katastrophal gewesen:

„Frühjahr 1945 wurde Ostpreußen von der russ.[ischen] Armee in Besitz genommen. Die Einwohner jedes Dorfes und jeder Stadt wurden nach völliger Ausplünderung nach 2–3tägigen Märschen in Lagern oder anderen Stellen zu unentgeldlicher [sic!] Arbeit herangezogen. Das Elend in den Lagern war unbeschreiblich, keine Kleidung, wenig Verpflegung und Schläge. Vergewaltigungen der Frauen und unmündiger Kinder waren an der Tagesordnung. Hunderte von Frauen trieb diese Verzweiflung zum Selbstmord. Vier Monate nach dem Einmarsch der Roten Armee wurden die Plündereien und Vergewaltigungen von den Behörden verboten, Übergriffe kamen selbstverständlich immer wieder vor. Die Lage für uns Deutsche besserte sich erst, als unsere Arbeit bezahlt wurde. Dennoch reichte der Lohn nicht aus, sich die nötigsten Lebensmittel zu kaufen. An Bekleidung war garnicht [sic!] zu denken. Nach Einführung der Brotkarte gab es für Kinder und Alte nur 200 g täglich. Da Alte und Kinder kein Geld verdienten, waren sie gezwungen, ihre letzten Kleidungsstücke in Geld umzusetzen, um sich das Brot zu kaufen."[607]

Im Mai 1946 ging der Führung der eben erst aus Kommunisten und Sozialdemokraten geschaffenen „Sozialistischen Einheitspartei Deutschlands" (SED) in der sowjetischen Besatzungszone der Bericht eines Königsberger Arbeiters zu, der nach seiner Aussiedlung in Westdeutschland die dortigen Erlebnisse gegen Kriegsende geschildert hatte. Der siebenundvierzigjährige Hermann Maskowsky, nach eigenem Bekunden bis zur Ankunft der Roten Armee Kommunist und vom NS-Regime zu drei Jahren Gefängnis verurteilt, wurde im April 1945 von der Besatzungs-

---

[604] Ebenda, S. 90f.
[605] Ebenda.
[606] Zitiert nach: Foitzik / Petrow, Die sowjetischen Geheimdienste in der SBZ/DDR, S. 197f.
[607] Schwartz, Ethnische „Säuberung" als Kriegsfolge, S. 596.

macht zum „Bezirksbürgermeister" des Stadtteils Ponarth ernannt. Sowjetischen Zählungen zufolge habe es zum 1. Mai 1945 „90 000 Einwohner in der Stadt" gegeben, deren Anzahl sich bis Monatsmitte „auf etwa 100 000 erhöhte, nachdem eine Anzahl [kriegsgefangene] Soldaten im vorgeschrittene[n] Lebensalter entlassen" worden war. Mitglieder der NSDAP und „Personen, die möglicherweise dem Nationalsozialismus nahestanden", wurden demnach „in besonderen Lagern" in Metgethen, Labiau und Insterburg sowie im Königsberger Gefängnis interniert. Im Mai 1945 sollen im Stadtgefängnis „an Folgen von Typhus" und anderen Krankheiten, aber auch an „Genickschuss" über 1500 Menschen gestorben sein. Am 20. Juni 1945 hätten die Sowjets eine öffentliche „Massenhinrichtung von 1000 Menschen" durchgeführt. Dem Augenzeugenbericht zufolge war die „Ernährungslage" in Königsberg „schon im April katastrophal". Ende Juni 1945 sei „Hungertyphus" hinzugetreten, der täglich 200 bis 300 Opfer gefordert habe. Erst im Oktober habe sich die Ernährungslage „etwas" gebessert, so dass die Todesrate „vorübergehend auf täglich 50" abgesunken sei:

„Infolge des großen Sterbens in Königsberg beträgt die Einwohnerzahl, die bis zum Herbst auf 50 000 gefallen war, jetzt nur noch 32 000. Von der Richtigkeit dieser Zahlen habe ich mich überzeugen können, da ich als Bürgermeister die Brotkarten ausgeben musste. Am 6. Juni und 7. November, dem Tag der Roten Armee, erhielten die russischen Soldaten das Recht zur vollkommenen Willkür, die Männer wurden geprügelt, die meisten Frauen vergewaltigt, so auch meine 71 Jahre alte Mutter, die zu Weihnachten starb."[608]

Als Anfang 1946 die Brotversorgung zusammenbrach, entschloss sich der Bezirksbürgermeister zur Flucht. Mit Hilfe eines bestochenen Eisenbahners gelangte er im Februar 1946 in den polnischen Teil Ostpreußens nach Olsztyn (Allenstein). Dort wurde er „von den Polen vollständig ausgeplündert und fuhr dann mit dem Zuge auf Puffern stehend" nach Berlin. Seinen Bericht erstattete er im Mai 1946 unter Eid in Oldenburg, damit „wenigstens etwas von den Qualen und dem Leid, das die Bevölkerung des Ostens erduldet hat, und noch erduldet[,] und solche Grausamkeiten der Sowjets in die Öffentlichkeit dringen".[609]

„Auf Veranlassung des Zentralsekretariats der SED" verfasste daraufhin im Dezember 1947 ein weiterer Königsberger namens Strauss, der trotz der Erfahrungen des Jahres 1945 Kommunist geblieben war, in Ost-Berlin einen Erfahrungsbericht, „um einige Tatsachen hervorzuheben, deren Erörterung und Behandlung im Interesse der besonderen Lage und der Sache des Sozialismus liegen dürfte". Dieser Kommunist „war 1945 aus eigenem Entschluss und im Einvernehmen mit anderen Genossen mit meiner Familie in K.[önigsberg] geblieben", um nach der Eroberung durch die Rote Armee „am Aufbau der Stadt und einer deutschen sozialistischen Republik innerhalb der S[owjet]U[nion]., die wir erwarteten, an Ort und Stelle mitzuwirken". Diese Hoffnung wurde bitter enttäuscht: Zwar wurde Königsberg Bestandteil der Sowjetunion, aber seine deutschen Bewohner waren als Sowjetbürger nicht erwünscht. Die Zurückgebliebenen – deren Zahl dieser

---

[608] Ebenda, S. 596f.
[609] Ebenda, S. 597f.

Augenzeuge niedriger als der Oldenburger Berichterstatter, nämlich auf nur 30 000 am 9. April 1945 bezifferte – hätten „vorwiegend aus Arbeitern, Handwerkern, Angestellten und einer Zahl von Intellektuellen und ihren Familien" bestanden. Weil sie meist keine NS-Anhänger, teilweise sogar „aktive Gegner" Hitlers gewesen seien, hätten sie „mit einer harten, aber gerechten Behandlung und planvollem Einsatz zur Wiedergutmachung" gerechnet. Auf die „Ereignisse" der Besetzung Königsbergs wollte der Berichterstatter ausdrücklich „nicht eingehen", obschon oder gerade weil er enge Verwandte dabei „verloren" hatte. Von „angeblichen Massenhinrichtungen" habe er nichts erfahren, doch vieles habe sich „unverhältnismäßig härter" ereignet als erwartet:

„Als besonders hart befunden wurde die tage- und wochenlange Durchschleusung auch von Tausenden von Frauen und Kindern während und nach der Kapitulation durch 25 km und weiter gelegene Stellen, zumal in der Jahreszeit, und die damit verbundene oft endgültige Trennung von Familien. Die Verluste waren überaus hoch. Hinzu kamen die harten Methoden der Vernehmung, besonders der Männer. Selbst alte Kommunisten, die ihre Mitgliedschaft zur KPD nachweisen konnten, sind hart geschlagen worden. [...]
Ebenso bestand kein wirksamer [...] Wohnungsschutz, so daß die meisten nicht nur ihre ursprünglichen Wohnungen mit dem größten Teil ihres beweglichen Eigentums verloren, sondern später ihre mühsam hergerichteten Unterkünfte 5-10mal kurzfristig räumen mussten, [...] und oft erst Ruhe fanden in Ruinen, die niemand mehr beanspruchte. Demgegenüber gab es, besonders in letzter Zeit, Betriebe, die auch ihre deutschen Arbeiter in Wohnungsfragen mit mehr oder weniger Erfolg schützten. [...]
Außerordentlich schwierig war die Lebensmittelversorgungslage der arbeitsunfähigen Deutschen. Sie erhielten nur teilweise kurze Zeit im Jahre 1945 einige Lebensmittel. Erst im September [19]47 etwa begann ihre offizielle Versorgung, soweit sie arbeitende Angehörige besaßen. [...] Die Zahl der Hungertode und Freitode war sehr hoch."[610]

Stettin, Hauptstadt der preußischen Provinz Pommern, hatte erst am 26. April 1945 vor den Sowjets kapituliert. Bald darauf wurde die polnische Herrschaft zur unverrückbaren Tatsache – auch wenn der SED-Vorsitzende Wilhelm Pieck noch im Sommer 1946 gegenüber dem Journalisten Egon Bahr die Hoffnung ausdrückte, „wenigstens einige kleine Korrekturen" der „Oder-Neiße-Linie" erreichen zu können. Pieck wollte „das zurückkriegen, was jetzt westlich davon liege", und glaubte, „Stettin würde kompliziert, aber Swinemünde sollte wohl gehen".[611] Keines von beiden „ging" am Ende.

Gegenüber seinen westlichen Verbündeten behauptete Stalin 1945, von einst 500 000 Einwohnern Stettins hätten sich dort „zum Zeitpunkt des Einmarsches der Sowjets gerade noch 8000 aufgehalten".[612] Das Ende 1945 geschaffene polnische „Ministerium für die wiedergewonnenen Gebiete" (wie die bisherigen deutschen Ostgebiete in Polen hießen) registrierte im Februar 1946 41 171 Deutsche, zu denen 10 000 bis 11 000 in der Umgebung der Stadt kamen.[613] Während „die meisten Deutschen in den nun unter polnischer Besatzung stehenden Gebieten" im Laufe des Jahres 1945 vertrieben wurden, schufen die sowjetischen Besatzungstruppen

---

[610] Ebenda, S. 598f.
[611] Bahr, Zu meiner Zeit, S. 42f.
[612] Nitschke, Vertreibung und Aussiedlung der deutschen Bevölkerung aus Polen, S. 63.
[613] „Unsere Heimat ist uns ein fremdes Land geworden...", S. 222–226.

Sonderregionen: „In den Häfen, die für die Verschiffung deutscher Kriegsbeute in die Sowjetunion benutzt wurden, wie Stettin (Szczecin) und Danzig (Gdansk), durften die Deutschen so lange bleiben, dass ihre Deportation nach dem Potsdamer Abkommen relativ geregelt ablief."[614] In Stettin wurde die „Vulkanwerft" von der Roten Armee für Sachreparationen herangezogen – was für die Belegschaft und deren Familien ein vorläufiges Bleiberecht und bessere Versorgung zur Folge hatte.

Auch in Stettin kam es zu sowjetisch-polnischen Konflikten: Die Warschauer Regierung setzte am 28. April 1945 eine polnische Zivilverwaltung ein, die aber „nicht viel ausrichtete" und am 19. Mai ihre Arbeit sogar wieder einstellte. Letzteres geschah offenbar auf sowjetische Weisung, denn auf der Tagung des Zentralkomitees (ZK) der Polnischen Kommunistischen Partei herrschte darüber am 20. und 21. Mai 1945 in Warschau helle Aufregung, zumal sofort entsprechende „Gerüchte über Breslau" aufgetaucht waren.[615] Die polnischen Kommunisten waren sich damals noch keineswegs sicher, dass Stalin die Zuweisung der deutschen Ostgebiete an Polen nicht wieder rückgängig machen würde. Im Gegenzug warfen sie der sowjetischen Armee im Juli 1945 vor, für eine Hungersnot in Stettin verantwortlich zu sein, was sie auf das Fehlen einer polnischen Zivilverwaltung zurückführten.[616] Ein solcher Vorwurf ignorierte jedoch die Tatsache, dass 1945/46 in den gesamten Oder-Neiße-Gebieten „die Lebensmittelrationen für Polen [...] in vielen Städten dreimal so groß" waren wie jene für Deutsche. Vielerorts erhielten diese keine Lebensmittelkarten und waren auf erbettelte Spenden angewiesen. „Die amtlich dokumentierte hohe Todesrate unter den Deutschen war vor allem auf Unterernährung zurückzuführen. Es häuften sich die Fälle von Typhus."[617]

Zur Zeit des Bahr-Interviews mit Wilhelm Pieck berichtete im August 1946 der Vorsitzende des deutschen Vertrauensrates der Stadt, Hermann Fritz, seit 1921 Kommunist, der SED-Führung des um Vorpommern erweiterten Nachbarlandes Mecklenburg „über die derzeitige Lage der deutschen Bevölkerung in Stettin". Demnach befanden sich noch 11 000 deutsche Bewohner in der Stadt, die in drei von den Sowjets verwalteten Sektoren wohnten und in von den Sowjets geschützten Betrieben tätig waren – allen voran in der Vulkan-Werft und im Hafen. In Stettin existierte, anders als in Königsberg, keine deutsche Verwaltung mehr, aber ein „Vertrauensausschuss" aus SPD- und KPD-Leuten, der dem sowjetischen Kommandanten als Hilfsorgan diente. Bis April 1946 hatte es für die Deutschen in Stettin nur Minimalverpflegung gegeben – sechs Kilogramm Brot pro Monat, 200 Gramm pro Tag. Ab Frühjahr 1946 existierte Lebensmittelversorgung in zwei Klassen: Arbeitende erhielten 650 Gramm Brot täglich, Nichtarbeitende 250 Gramm. Die Verteilung der Lebensmittel erfolgte über die Betriebe. Völlig unzureichende Betreuung erfuhren die Waisenkinder, die pro Tag nur „117–230 gr.[amm] Brot" erhielten und durch Spenden unterstützt werden mussten. Monatlich soll es bis

---

[614] Naimark, Flammender Hass, S. 166.
[615] Borodziej, Einleitung, S. 62 und S. 64; Musekamp, Zwischen Stettin und Szczecin, S. 32–39.
[616] „Unsere Heimat ist uns ein fremdes Land geworden...", S. 177 f.
[617] Urban, Der Verlust, S. 122.

zu 11 Todesfälle unter den Kindern gegeben haben, im Sommer 1946 lebten noch 91 Waisen. Erst durch Einspruch des Vertrauensrates, der über die Sowjetische Militäradministration in Deutschland (SMAD) an das Internationale Rote Kreuz in Genf geleitet wurde, verbesserte die polnische Verwaltung ab Juli 1946 die Waisenverpflegung.[618]

In Stettin hatte es seit August 1945 Abwanderungswellen gegeben. Seit Ende Februar 1946 forcierten die Polen eine „systematische Evakuierung" durch Einweisungen in Sammellager. Dort herrschten sehr schlechte Lebensverhältnisse, laufend wurden Ausbrüche in die russischen Sektoren registriert, um Brot zu erhalten. Gleichwohl hatte sich dem Bericht des KPD-Funktionärs zufolge das schlechte deutsch-polnische Verhältnis seit Mai 1946 gebessert. „Bis zu diesem Zeitpunkt waren Plünderungen am hellen Tage auf der Straße an der Tagesordnung", die deutsche Bevölkerung habe „Furchtbares durchgemacht", sei „Straße für Straße systematisch" aus den Wohnungen „herausgedrängt und ihres persönlichen Besitzes beraubt" worden. Dass es überhaupt noch Deutsche in Stettin gab, führte der Berichterstatter allein auf Beschäftigung durch die Rote Armee zurück. Doch auch diese bot keinen völligen Schutz.[619]

Überhaupt waren „Schutz-Deutsche" der sowjetischen Armee Ausnahmen. Für die große Mehrheit der Ostdeutschen wurde das zweite Halbjahr 1945 nach der Kriegsphase von Evakuierung und Flucht zu einer zweiten Phase ethnischer „Säuberung" – einer Gewaltpolitik im scheinbaren Frieden, der für Millionen von Menschen keiner war. Diese Vorgänge wurden lange als „wilde Vertreibungen" bezeichnet, um deren spontanen Charakter und lokale Ursachen hervorzuheben. Dieser Terminus suggeriert, dass erst die Zwangsumsiedlungen ab 1946 von den Zentralregierungen der betreffenden Länder gelenkt worden seien. Dies ist von der neueren Forschung mit gutem Grund in Frage gestellt worden, denn „bis auf sehr wenige Fälle gab es im Europa des Jahres 1945 keine Deportationen als Folge spontaner Gewalt", vielmehr wurden die nur scheinbar spontanen Vertreibungen „fast immer von Soldaten, Polizei und Miliz durchgeführt, die auf Befehl handelten und häufig Beschlüsse der höchsten politischen Ebene ausführten".[620] Zumindest lässt sich feststellen: Angesichts „der Entschlossenheit führender ostmitteleuropäischer Politiker, das ‚deutsche Problem' ein für alle Mal aus der Welt zu schaffen, waren die sogenannten ‚wilden Vertreibungen' […] durch Armee-Einheiten, ‚Nationalausschüsse', ‚revolutionäre' Milizen oder Polizei weniger spontaner Ausdruck des Volkszorns, als vielmehr staatlich gelenkte Aktionen". Es ging den Regierungen Polens und der Tschechoslowakei darum, noch vor der Potsdamer Konferenz der alliierten Großmächte „unumkehrbare Fakten zu schaffen". Darum wurden schon ab Mai 1945 450 000 Deutsche aus der Tschechoslowakei und 400 000 aus dem polnischen Machtbereich vertrieben. Hinzu kamen Zehntausende aus Jugo-

---

[618] Schwartz, Ethnische „Säuberung" als Kriegsfolge, S. 602f.
[619] Ebenda, S. 603; die deutsche Bevölkerung wurde von 84 000 im Juli 1945 auf 57 000 im Oktober 1945 reduziert; vgl. Musekamp, Zwischen Stettin und Szczecin, S. 37 und S. 54.
[620] Douglas, Ordnungsgemäße Überführung, S. 125.

slawien. Diese *zentral* gewollten Vertreibungen können als „der wichtigste Beleg dafür" gelten, „dass die politische Verantwortung für die Zwangsaussiedlung zu einem erheblichen Teil bei den führenden Exil- und Nachkriegspolitikern der ostmitteleuropäischen Staaten lag".[621]

Die am 1. August 1945 getroffenen Potsdamer Vereinbarungen der „großen drei" Siegermächte – vertreten durch Stalin und die neu in ihre Ämter gelangten angelsächsischen Führer Harry S. Truman und Clement Attlee – anerkannten die Notwendigkeit, dass ein „Transfer" der deutschen Bevölkerung aus Polen, der Tschechoslowakei und Ungarn nach Deutschland erfolgen müsse. Sie stellten die Bedingung, dass die Transfers „in ordnungsgemäßer und humaner Weise" („in an orderly and humane manner") erfolgen sollten und mit den Aufnahmeplanungen des Alliierten Kontrollrats für das verkleinerte Deutschland abgestimmt werden müssten. Die drei osteuropäischen Staaten wurden aufgefordert, bis zur Fertigstellung dieser Planungen eigenmächtige Vertreibungen einzustellen.[622]

Das betraf faktisch Polen und die Tschechoslowakei. Die von diesen beiden Staaten ausgehenden Vertreibungen im Jahre 1945 waren nur insofern „wild", als Menschen unter rücksichtslosen Umständen in die sowjetischen oder US-amerikanischen Besatzungszonen Deutschlands oder Österreichs getrieben wurden, ohne dass mit den alliierten Besatzungsbehörden irgendeine Koordination vorgenommen worden wäre. Die alliierte Absicht, eine Humanisierung des Inhumanen durch bessere Organisation zu bewirken, könnte sogar kontraproduktiv gewirkt haben: „Möglicherweise kostete diese Anordnung mehr Leben, als sie rettete, und schuf mehr Leiden, als sie verhinderte", vermutet Norman Naimark und verweist auf zahlreiche Vertriebene, die nach den Potsdamer Beschlüssen „an den Grenzen zeitweise gestoppt" wurden, „um sicherzustellen, dass man sich um sie kümmern würde, wenn sie in Deutschland ankamen", die aber damit der akuten Gefahr von Racheaktionen im Grenzgebiet ausgesetzt wurden.[623]

Die Aufforderung der „großen Drei", einstweilen „von eigenmächtigen Vertreibungen abzusehen", wurde von Warschau und Prag so lange wie möglich missachtet. So beschloss das Prager Kabinett nur „einen Tag nach Ende der Potsdamer Konferenz, mit der Vertreibung fortzufahren, solange dazu die praktischen Möglichkeiten gegeben seien". Eben damals unterzeichnete Präsident Beneš „ein bereits im Frühling von der Regierung beschlossenes Verfassungsdekret [...], wonach die überwiegende Mehrheit der tschechoslowakischen Deutschen der Staatsbürgerschaft für verlustig erklärt wurde".[624] Fünf Wochen nach den Potsdamer Beschlüssen erschien in Dresden bei der kommunistischen Staatssekretärin Jenny Matern ein tschechischer Polizeireferent aus Usti nad Labem (Aussig), der sie aufforderte, einen Transport von 56 sudetendeutschen Tuberkulosekranken zu übernehmen. Als Matern dies ablehnte und sich dabei auf die Potsdamer Erklärung berief, er-

---

[621] Kittel / Möller, Die Beneš-Dekrete, S. 563f.; ähnlich nun auch Ther, Die dunkle Seite der Nationalstaaten, S. 179.
[622] Lieberman, Terrible Fate, S. 239.
[623] Naimark, Flammender Hass, S. 150.
[624] Arburg, Abschied und Neubeginn, S. 197.

widerte der Tschechoslowake kühl, dass man in diesem Fall „die Kranken einfach an die Grenze setzen würde".625

Ebenso wenig hielten sich die polnischen Behörden an den Potsdamer Vertreibungsstopp. Schon „nach einer kurzen Unterbrechung fuhren die Deportationszüge wieder und zogen Vertriebenentrecks nach Westen". Als der Kontrollrat im November 1945 endlich seinen Transferplan vorlegte, „der die Umsiedlung von zwei Millionen Deutschen aus den Oder-Neiße-Gebieten in die britische und von weiteren 1,5 Millionen in die sowjetische Zone vorsah", hatten das polnische Militär und die Miliz ihre Vorgaben „bereits weitgehend erfüllt".626 Am 18. Oktober 1945 berichtete General Dwight D. Eisenhower, der US-Oberbefehlshaber in Deutschland und spätere Präsident, über den von der polnischen Verwaltung ausgelösten Massenexodus. Nicht Transportfähige würden in Lagern interniert, in denen Krankheits- und Todesraten extrem hoch seien. Deutsche, die in ihrer Heimat zu bleiben versuchten, würden so lange terrorisiert, bis sie „freiwillig" gingen. Für Eisenhower stimmten diese Methoden mit dem „Potsdam agreement" in keiner Weise überein. Er warnte, dass infolge der von Polen ausgelösten Massenmigration die Gesundheitslage in Brandenburg und Sachsen – sowjetisch besetzten Regionen, die an seine US-Zone grenzten – prekär sei. Für das Frühjahr 1946 erwarteten Experten bis zu drei Millionen Opfer von Unterernährung und Seuchen zwischen Oder und Elbe. Im polnisch verwalteten Breslau habe sich die Todesrate verzehnfacht. Eisenhower fürchtete die Verbreitung von Seuchen auch unter den Besatzungstruppen. Dies veranlasste US-Außenminister James Byrnes am 30. November 1945, der polnischen Regierung die Unzufriedenheit („displeasure") der USA über deren Vertreibungspolitik mitzuteilen. Die massenhafte Misshandlung schwacher und hilfloser Menschen lasse sich weder mit dem Potsdamer Abkommen noch mit den internationalen Standards der Flüchtlingsbehandlung in Einklang bringen. Auch in Prag intervenierte Byrnes, um einen Stopp der Vertreibungen und humane Behandlung zu fordern.627

In Polen hatten unterdessen die Kommunisten die Kontrolle über diese Politik übernommen. Bereits am 11. April 1945 war Edward Ochab, der Minister für Öffentliche Verwaltung und führende Funktionär der Kommunistischen Partei, zum „Generalbevollmächtigten für die Wiedergewonnenen Gebiete" ernannt worden – der erste Schritt der Kommunisten, in den Annexionsgebieten „die oberste Gewalt zu übernehmen"628 und von dort aus ganz Polen zu dominieren. Am 23. Juni wurde der Kommunist Władysław Wolski zum „Generalkommissar für Umsiedlung und Ansiedlung" ernannt. Wolski verfügte über praktische Erfahrungen, hatte er doch seit 1944 die Aussiedlung der Ukrainer aus Südostpolen (im Kontext der sowjetisch-polnischen Transferverträge) geleitet.629 Zu einer „wirklichen Zentrali-

---

625 Schwartz, Ethnische „Säuberung" als Kriegsfolge, S. 605.
626 Urban, Der Verlust, S. 120.
627 De Zayas, Anglo-American Responsibility, S. 251f.
628 Borodziej, Einleitung, S. 60; laut Esch, Überbevölkerung und ethnische Bereinigung, S. 129, wurde dieses Amt mit dem Kommunisten Władysław Wolski besetzt.
629 Esch, Überbevölkerung und ethnische Bereinigung, S. 129f.

sierung" aber kam es erst durch die Schaffung des „Ministeriums für die Wiedergewonnenen Gebiete" (MZO) im November 1945, das bis 1949 vom prominenten Kommunisten Władysław Gomułka geleitet wurde. Dadurch „sicherten sich die Kommunisten eine Schlüsselposition im neuen Polen", sie beherrschten fast unangefochten „ein Drittel des Staatsgebietes, einen großen Teil des polnischen Industriepotentials sowie die ungeheuren Werte an Immobilien und Mobilien, die in den Westgebieten zu verteilen waren".[630]

Die Warschauer Regierung war entschlossen, den Großteil der Deutschen aus ihrem Nachkriegsterritorium zu vertreiben; eine Minderheit sollte jedoch unter der Bedingung völliger Assimilation bleiben dürfen. Zu diesem Zwecke hatte ein Regierungsdekret vom Februar 1945 jene „grundlegende Unterscheidung" übernommen, die das NS-Regime mit der „Deutschen Volksliste" eingeführt hatte. Für anerkannte Volksdeutsche der Gruppen III und IV – die in der rassistischen Perspektive Hitler-Deutschlands die am wenigsten geeigneten Deutschen darstellten – war eine „Rehabilitierung" als Polen „normalerweise bereits durch eine Loyalitätserklärung zur polnischen Nation" möglich, die Gruppe II musste sich gerichtlich anerkennen lassen, um bleiben zu dürfen, während alle Angehörige der Gruppe I wie Reichsdeutsche behandelt, d. h. ausgewiesen und enteignet werden sollten. Das Gesetz „über die Aussonderung feindlicher Elemente aus der polnischen Gesellschaft" vom 6. Mai 1945 bekräftigte dieses differenzierte Vorgehen und sah für die „Rehabilitierung" der Gruppen II bis IV unterschiedliche Regelungen vor.[631]

Schon im Mai 1945 wurde in Warschau die „Entdeutschung" großer Teile der neuen Westgebiete beschlossen. Offenbar wurde die Entscheidung, vollendete Tatsachen durch Vertreibung zu schaffen, durch „Meldungen aus der Tschechoslowakei" beflügelt, „wo im Mai die massenhafte Abschiebung der Deutschen aus dem Sudetenland begann". Auf der ZK-Sitzung der polnischen Kommunisten vom 20./21. Mai 1945 mahnte Gomułka mit Blick auf die unklare Haltung der Alliierten: „Wenn wir die ehemals deutschen Gebiete nicht polonisieren, werden wir keine Gründe mehr dafür haben, das zu nehmen, was sie uns nicht geben wollen. Man muss in allen Einzelheiten den Plan einer Umsiedlungsaktion ausarbeiten. [...] Die Ausweitung des Landes nach Westen und die Bodenreform binden die Nation an das [kommunistische] System." Entsprechend besorgt zeigte sich Gomułka über die massenhafte Rückkehr deutscher Kriegsflüchtlinge namentlich nach Schlesien und forderte die Vertreibung aller Deutschen: „Wir müssen sie hinauswerfen, da alle Länder auf nationalen, nicht multinationalen Grundlagen errichtet sind." An der Oder-Neiße-Linie solle „eine Grenzwacht" aufgestellt werden, um deutsche Flüchtlinge an der Rückkehr zu hindern. Für jene, die in diesen Gebieten „immer noch vorhanden" seien, müsse „man solche Bedingungen schaffen, dass sie nicht bleiben wollen" – ein Ratschlag, der von Stalin stammte. Ochab setzte diese ZK-Beschlüsse im Ministerrat am 26. Mai 1945 durch und ließ die deutsche Bevölkerung „in drei Gruppen" unterteilen:

---

[630] Thum, Die fremde Stadt, S. 64.
[631] Borodziej, Einleitung, S. 60f.

„Die eine Gruppe werden wir hinauswerfen, indem wir unsere technischen Möglichkeiten einsetzen, sie also, wie der Wojewode von Schlesien sagte, in kleinen Herden über die Oder und Neiße treiben. Der zweite Teil der Deutschen, diejenigen, die in der Industrie arbeiten, wo es uns an Fachleuten fehlt, bleibt für eine gewisse Zeit, solange wir nicht die für uns nötigen technischen Kräfte gesichert haben. Die dritte Gruppe, die in den Städten nicht benötigt wird und die wir aus Mangel an Transportmitteln nicht abschieben können, schicken wir aufs Land, damit sie dort arbeiten, bis die Situation reif ist, sie über die Oder zu werfen."[632]

An diesen Beschlüssen der Zentralregierung für eine „organisierte ethnische Säuberung"[633] waren einflussreiche Regionalmachthaber wie der Wojewode von Schlesien, der Kommunist Aleksander Zawadzki, beteiligt. Angesichts dieser frühen zentralen Entscheidungen und ihrer Verklammerung mit regionalen Hauptakteuren können die Vertreibungsaktionen vor Ort nicht als eigendynamisch-„wilde" Aktionen bewertet werden. Es ist mehr als fraglich, ob „der Warschauer Plan für die Massenaussiedlungen aus dem Grenzstreifen von Anfang an durch lokale Initiativen deformiert" wurde, wie ein prominenter polnischer Historiker meint. Wenn Zawadzki – wie Ochab ein späterer Staatschef der Volksrepublik Polen – für Schlesien am 18. Juni 1945 „eine Anordnung zur Deportation von Deutschen über Oder und Neiße nach Westen" erließ, handelte er im Einklang mit der Zentralregierung und vor allem mit der Führung seiner kommunistischen Partei. Schon am 20. Juni übernahm Minister Ochab die Weisungen Zawadzkis „zur Frage der Verifizierung der polnischstämmigen Bevölkerung" für den Gesamtstaat, und am 2. Juli 1945 wurde „die Verordnung des Wojewoden von Schlesien über die möglichst schnelle Ausweisung der ‚echten' Deutschen" von der Zentralregierung noch bekräftigt und erweitert.[634]

Die mit der Vertreibung der Deutschen beauftragte „Armeeführung stachelte ihre Soldaten dabei vielfach zur Rachsucht an". Ominös war der Befehl des Kommandeurs der 2. Polnischen Armee vom 24. Juni 1945:

„Mit den Deutschen verfahren wir, wie sie es mit uns getan haben. Viele haben schon vergessen, wie sie unsere Kinder, Frauen und Alten behandelt haben. Die Tschechen wussten so zu handeln, daß die Deutschen von selbst aus ihrem Gebiet flohen.
Man muss seine Aufgabe auf so harte und entschiedene Weise durchführen, daß sich das germanische Ungeziefer nicht in den Häusern versteckt, sondern von selbst vor uns fliehen und dann im eigenen Land Gott für die glückliche Rettung seines Kopfes danken wird."[635]

Den absehbaren Exzessen suchte Ochab in einem Erlass an die Zivilverwaltung zu steuern, der einen Tag nach dem zitierten Armeebefehl, am 25. Juni 1945, herausging. Der Minister verbot „planlose und willkürliche Aussiedlungen" – also nicht zentral initiierte – und suchte kriminelle Ausschreitungen gegen Deutsche einzudämmen: „Alle Taten, die dem Recht und unserem nationalen Ehrgefühl widersprechen, wie Raub, Willkür, Misshandlungen der ausgesiedelten Personen", seien „unerbittlich zu bekämpfen und die Schuldigen vor Gericht zu stellen".[636]

---

[632] Ebenda, S. 63–66.
[633] Snyder, Bloodlands, S. 325.
[634] Borodziej, Einleitung, S. 68f.
[635] Thum, Die fremde Stadt, S. 115f.; ähnlich Snyder, Bloodlands, S. 326.
[636] Thum, Die fremde Stadt, S. 116.

In der Realität der „Westgebiete" war das jedoch ein frommer Wunsch. Norman Naimark hat die chaotische Nachkriegssituation als „polnischen ‚Wilden Westen'" bezeichnet, wo „Banden von Plünderern, meist aus Zentralpolen", unter den Augen einer schwachen oder mitbeteiligten Verwaltung die hilflose deutsche Bevölkerung ausraubten: „Vergewaltigung und Brandstiftung waren alltäglich […]. Die Häuser von Deutschen standen jedem offen. Polen konnten […] sich nehmen, was sie wollten, sogar das Haus selbst. Versuchten die Deutschen, sich zu verteidigen, so wurden sie häufig geschlagen und in die gefürchteten Internierungslager geschickt." Zawadzki heizte in Schlesien das Chaos durch rachsüchtige Verfügungen an:

„Wir oder sie. Es ist jetzt keine Zeit für irgendeine Art sentimentaler Schwäche und Mitgefühl für die Deutschen... Die Deutschen sind unsere Todfeinde, und wir müssen sie mit allen Mitteln, die uns zur Verfügung stehen, bekämpfen."[637]

Internierungslager waren als Orte brutaler Rache gefürchtet.[638] Zehntausende wurden in diese polnischen, fast immer „von den Nazis bzw. von den Sowjets übernommenen Lager" gepfercht. In Schlesien hatten Orte wie Myslowitz, Schwientochlowitz und Lamsdorf den nur zu berechtigten Ruf von „Todeslagern". Nicht wenige Häftlinge wurden von den Wachmannschaften umgebracht, die meisten aber starben an Vernachlässigung, „Hunger und Epidemien".[639] Die „Lagerordnung" von Lamsdorf orientierte sich am Vorbild der NS-Konzentrationslager, und der einundzwanzigjährige Kommandant Czesław Geborski, ein ehemaliger KZ-Häftling des NS-Regimes, nutzte seine Position, um „mit den Deutschen für die vorangegangenen Jahre abzurechnen". Er wurde schließlich abgesetzt und verhaftet, nachdem es am 4. Oktober 1945 „zu einem Massenmord an mehr als vierzig Häftlingen" gekommen war, doch der Vorfall wurde vertuscht und Geborski blieb im Staatsdienst. Auch im Lager Schwientochlowitz kam es „zu sadistischen Orgien und Mordtaten". Auch dort wurde der Kommandant, der sechsundzwanzigjährige Salomon Morel, im November 1945 abgelöst, aber weiter im Staatsdienst eingesetzt. Unter Morel war mindestens ein Drittel der Häftlinge zu Tode gekommen – 1855 von 5107 Menschen.[640] Im Lager Lamsdorf waren bis zu dessen Auflösung im September 1946 rund 6000 Personen inhaftiert, von denen 1000 bis 1500 zu Tode kamen.[641] Manche Internierte blieben jahrelang in Lagerhaft, sogar ehemalige Häftlinge des NS-Konzentrationslagers Buchenwald, die nach ihrer Befreiung in ihre ostdeutsche Heimat und damit ahnungslos in die Vertreibungsgebiete gegangen waren. Dies war kein Einzelfall, sondern Folge der unterschiedslos antideutschen Vertreibungspolitik Polens. Im niederschlesischen Bolkenhain wurden ortsansässige Kommunisten, darunter ein ehemaliger KZ-Häftling, im Juni 1945 „von den Polen in Haft genommen und schwer misshandelt" – und nur „auf Druck des russischen Kommandanten" wieder freigelassen.[642]

---

[637] Naimark, Flammender Hass, S. 161f. und S. 167–169.
[638] Snyder, Bloodlands, S. 327f.
[639] Borodziej, Die Katastrophe, S. 100.
[640] Borodziej, Einleitung, S. 92f.
[641] Hofmann, Die Nachkriegszeit in Schlesien, S. 210.
[642] Schwartz, Ethnische „Säuberung" als Kriegsfolge, S. 610.

Das System der Internierungs-, Arbeits- und Konzentrationslager wurde in ganz Osteuropa gegen die besiegten Deutschen zur Anwendung gebracht. Schwerpunkte waren Polen bzw. Schlesien, die Tschechoslowakei und Jugoslawien.[643] Noch rascher als in Polen setzten nach Kriegsende in der Tschechoslowakei Verfolgung, Entrechtung und Vertreibung ein. Dort löste schon kurz vor der bedingungslosen Kapitulation Deutschlands ein von der tschechischen Widerstandsbewegung begonnener Aufstand in Prag am 5. Mai 1945 schwere Kämpfe in der böhmischen Hauptstadt aus. Die ebenso massive wie sinnlose deutsche Repression bewirkte, dass nach Kriegsende am 8. Mai 1945 „über die Prager Deutschen die Hölle los[brach]".[644] Da die meisten NS-Funktionäre geflohen waren, richtete sich der Rachedurst gegen „größtenteils subjektiv Unschuldige, deren Türen in Prag nun eingeschlagen wurden, deren Fensterscheiben splitterten, die man unter Schlägen und wütenden Rufen oft halbbekleidet auf die Straßen trieb".[645] Viele Prager Deutsche hatten die Machtübernahme der Tschechen nicht abgewartet, sondern waren mit der Wehrmacht hastig geflüchtet.[646] Für die Zurückbleibenden aber wurde der Sieg der Tschechen zum antideutschen Pogrom. Der 23jährige Prager Peter Demetz, als „Halbjude" soeben aus deutscher Lagerhaft befreit und nach Prag zurückgekehrt, berichtete später:

„Das Ende der Okkupation war der Beginn der Vertreibung der deutschen Zivilisten, sofern sie die ersten Stunden und Tage blinder Rache überlebt hatten. Eine alte Frau wurde aus dem Fenster gestürzt; ein Musiker, Mitglied eines deutschen Orchesters auf Tournee, wurde auf der Straße erschlagen, weil er nicht Tschechisch konnte; andere, die nicht alle der Gestapo angehört hatten, wurden aufgehängt, mit Benzin übergossen und angezündet wie lebende Fackeln; wütender Mob durchstreifte Krankenhäuser, um dort leichte Opfer zu finden."[647]

Angehörige der deutschen Minderheit wurden zur Zwangsarbeit auf die Straßen getrieben, „umringt von johlenden Menschen, geschlagen und nicht selten zu Tode geprügelt und getrampelt". Ein „Sportstadion am linken Moldauufer" wurde zum gefürchteten Ort, „aber man berichtet auch von grauenhaften Lynchmorden in den Gassen der Altstadt", bei denen „lebende Fackeln aus den Deutschen" gemacht worden sein sollen. In vielen kleineren Städten „vollzog sich der Machtwechsel weniger grausam", abgesehen von der Ermordung echter oder vermeintlicher SS-Angehöriger. Überall waren „Plünderungen, Gewalttaten, Selbstmorde" an der Tagesordnung.[648] Die Täter stammten „eher selten" aus Kreisen der „alteingesessenen Tschechen", sondern gehörten meist den „irregulären bewaffneten Verbände[n]" an, „deren Angehörige […] nie mit Deutschen zusammengelebt hat-

---

[643] Vgl. zum menschenverachtenden osteuropäischen Lagersystem, das jedoch allenfalls in Jugoslawien mit NS-Vernichtungslagern gleichgesetzt werden dürfe: Douglas, Ordnungsgemäße Überführung, S. 168–199.
[644] Seibt, Deutschland und die Tschechen, S. 352f.; Kokoška, Prag im Mai 1945, S. 211, erinnert an zivile tschechische Opfer der deutschen Repression.
[645] Seibt, Deutschland und die Tschechen, S. 352; ein deutscher Erlebnisbericht aus Prag in: Dokumentation der Vertreibung der Deutschen aus Ost-Mitteleuropa, Bd. II/2, S. 107–131.
[646] Kokoška, Prag im Mai 1945, S. 293.
[647] Demetz, Mein Prag, S. 353f.
[648] Seibt, Deutschland und die Tschechen, S. 353f.

ten".⁶⁴⁹ Es dürften 30 000 Menschen „als direkte oder indirekte Opfer der tschechischen Racheaktionen den Tod gefunden haben".⁶⁵⁰

Unmittelbar nach Kriegsende war die antideutsche Gewalt derart heftig, dass Premier Fierlinger am 12. Mai 1945 im Ministerrat einen Radioaufruf vorschlug, um Ausschreitungen gegen unschuldige Deutsche zu stoppen. Andererseits heizte die Regierung die Vertreibung an: Der nach Prag zurückgekehrte Präsident Beneš forderte am 16. Mai die auf dem Altstädter Ring versammelten Massen auf, die Gelegenheit zur „Ausliquidierung" der Deutschen und Magyaren zu nutzen, um einen Nationalstaat der Tschechen und Slowaken zu schaffen, und Justizminister Prokop Drtina sekundierte, die Tschechen müssten unverzüglich mit der Vertreibung der Deutschen beginnen und sich dazu aller Mittel bedienen.⁶⁵¹ Am 19. Mai 1945 verkündete Beneš „die Vertreibung aller Deutschen als Regierungsbeschluss" und zugleich deren „vollkommene Enteignung". Somit folgten die „ersten, die sogenannten ‚wilden' Vertreibungen" auch in der Tschechoslowakei dem Willen der Zentralregierung, weshalb „diesen scheinbar planlosen Zugriffen doch schon eine fatale Systematik eigen" war.⁶⁵² So wurden in der mährischen Hauptstadt Brno (Brünn) alle 30 000 deutschen Einwohner „am 30. Mai 1945 aus ihren Häusern geholt und geprügelt, während sie zu Lagern an der österreichischen Grenze" getrieben wurden. Rund 1700 Menschen sollen an den Strapazen dieses „Todesmarsches" gestorben sein.⁶⁵³ Hier hatte der aus dem Exil zurückkehrende Beneš selbst Öl ins Feuer gegossen, als er in einer Rede in Brno am 12. Mai 1945 erklärte, das deutsche Volk habe während des Krieges aufgehört, menschlich zu sein; daher werde man das „deutsche Problem" in der Tschechoslowakei ein für allemal lösen. Wenig später begann der „Todesmarsch" – ausgerechnet in Brünn, wo vor dem Krieg Frieden zwischen Deutschen und Tschechen geherrscht hatte.⁶⁵⁴

Zwischen den beiden Brünner Ereignissen, am 23. Mai 1945, hatte der tschechoslowakische Ministerrat in Prag unter Vorsitz des Sozialdemokraten Zdeněk Fierlinger „auf Vorschlag der Armee" die ethnische „Säuberung" der ČSR von ihren deutschen Einwohnern beschlossen – ein Beschluss, der „als Deportationsbefehl" gewertet werden kann. Präsident Beneš gab am 6. Juni der Armeeführung „grünes Licht zur Fortsetzung der ‚Evakuation'", obschon er wusste, „daß von den Westalliierten noch keine Zustimmung zum Beginn der Aussiedlung erfolgt sei". Der kommunistische Vizepremier Gottwald – der spätere Nachfolger von Beneš als Präsident – sprach treffend von einem „Transfer unter der Hand", der vorerst nur in die sowjetischen Zonen Deutschlands und Österreichs erfolgen konnte, da Prag die Zustimmung Stalins bereits besaß.⁶⁵⁵ Daraufhin registrierte man im sowjetisch besetzten Sachsen seit Mitte Juni 1945 eine wachsende Zahl von Sudeten-

---

⁶⁴⁹ Arburg, Abschied und Neubeginn, S. 95.
⁶⁵⁰ Hoensch, Geschichte Böhmens, S. 436.
⁶⁵¹ Heimann, Czechoslovakia, S. 155f.
⁶⁵² Seibt, Deutschland und die Tschechen, S. 354f.; Spurny, Flucht und Vertreibung.
⁶⁵³ Naimark, Flammender Hass, S. 152.
⁶⁵⁴ Zeman / Klimek, The Life of Edvard Beneš, S. 246f.; Mazower, Hitlers Imperium, S. 494.
⁶⁵⁵ Arburg, Abschied und Neubeginn, S. 196.

deutschen, „die von den Tschechen nur mit Handgepäck bis zu 30 kg ohne Geld und Lebensmittel in ganz kurzen Fristen von 1/4–3 Stunden unter Zurücklassung aller ihrer Habe aus ihrer Heimat vertrieben" wurden.[656]

Im nordböhmischen Aussig (Usti nad Labem) soll es in den ersten beiden Nachkriegsmonaten zu 300 Selbstmorden deutscher Einwohner gekommen sein. Diese an der Elbe gelegene Industriestadt wurde am 31. Juli 1945 zum Schauplatz eines Pogroms gegen die Deutschen, das auf deren Vertreibung zielte. Nachmittags explodierte in einem Vorort ein Munitionsdepot, wobei mindestens 27 Personen ums Leben kamen und noch mehr verwundet wurden. Die tschechischen Behörden legten die Explosion als deutschen Sabotageakt aus. Nur „einige Sekunden nach der ersten Explosion" – als deren Ursachen noch nirgendwo bekannt sein konnten – begann an verschiedenen Punkten der Innenstadt ein „Massaker an der deutschen Bevölkerung", dem mindestens 43, wahrscheinlich bis zu 100 Menschen zum Opfer fielen. Am nächsten Tag, dem 1. August, erschien eine von Verteidigungsminister General Ludvík Svoboda und Innenminister Václav Nosek (den kommunistischen Chefs der Repressionsapparate) geführte Untersuchungskommission aus Prag. Diese war zwar „nicht in der Lage, die Ursache der Detonation zu ermitteln", doch hielt dies Svoboda nicht davon ab, die Explosion als deutsches „Werwolf"-Attentat anzuprangern. Nosek erklärte zwar, man werde nicht dulden, „daß die Straße wütet", stellte aber sicher, „daß alles seinen planmäßigen Gang unter Mitwirkung unserer Sicherheitsorgane" nehme. Gemeint war die Vertreibung aller Deutschen aus Usti. General Svoboda, an der Seite der Roten Armee in sein Heimatland zurückgekehrt, verwies als Vorbild auf die 1941 erfolgte Deportation der Wolgadeutschen durch Stalin:

„Es ist notwendig, ein- für allemal mit der fünften Kolonne abzurechnen und wir können uns dabei die Sowjetunion zum Vorbild nehmen, die die einzige war, die dies in diesem Krieg sicher erledigte: Als Beispiel führe ich den Fall der deutschen Wolga-Republik an, wo eines Nachts einige Dutzend deutsche Fallschirmjäger abgeworfen wurden. Als alle von den dortigen Deutschen versteckt und auf eindringliche Aufrufe der Roten Armee nicht ausgeliefert worden waren, kam es dahin, daß diese deutsche Wolga-Republik 48 Stunden nach der letzten Aufforderung aufhörte zu existieren und niemals mehr existieren wird".[657]

Dieses Vorbild fanden nicht nur osteuropäische Kommunisten wie dieser spätere Staatspräsident der Tschechoslowakei nachahmenswert. Im März 1943 lobte Lord Robert Vansittart, ein früherer führender Diplomat seines Landes, im britischen Oberhaus Stalins Deportation der Wolgadeutschen, die die Frage der individuellen Schuld oder Unschuld völlig außer acht gelassen habe. Obwohl diese Deutschen mehrheitlich „keine Hitleranhänger", sondern sogar „ein Vierteljahrhundert lang kommunistisch erzogen worden" seien, habe man sie dennoch „als Deutsche und als unzuverlässig angesehen". Und mit dieser kollektiven Bestrafung habe Stalin „tausendmal Recht", ja „fünfhunderttausendmal Recht" gehabt.[658]

---

[656] Schwartz, Ethnische „Säuberung" als Kriegsfolge, S. 623.
[657] Kaiser, Das Kriegsende, S. 213 f.
[658] Douglas, Ordnungsgemäße Überführung, S. 47 f.

Zwischen Mai und September 1945 wurde „vor allem in den grenznahen Gebieten Nordböhmens bis zum Riesengebirge, in Südmähren und den ‚Sprachinseln' bei Iglau und Brünn [...] mehr als die Hälfte der deutschen Bevölkerung vertrieben", während Böhmisch-Schlesien und Nordmähren noch verschont blieben. Als die Vertreibungen Ende September 1945 infolge alliierten Drucks vorläufig sistiert wurden, hatten zwischen 700 000 und 850 000 Deutsche die ČSR bereits verlassen.[659] Man schätzt, dass bis Herbst 1945 etwa „450 000 Menschen in die SBZ, 200 000 in die US-Zone und 150 000 nach Österreich vertrieben worden sind".[660]

Ein Teil der noch nicht vertriebenen Sudetendeutschen wurde, ähnlich wie Deutsche im polnisch beherrschten Schlesien, in Lagern interniert – darunter auch im früheren NS-Konzentrationslager Theresienstadt (Terezín). Die Mehrheit der Häftlinge waren Frauen und Mädchen, die vom tschechischen Wachpersonal und sowjetischen Soldaten auch sexuell missbraucht wurden. Ein sowjetischer Geheimbericht an die Moskauer Parteiführung schilderte, dass Sowjetsoldaten von Sudetendeutschen häufig angefleht würden, ihre Wohnorte nicht zu verlassen: „Wenn die Rote Armee abzieht, ist es aus mit uns!" Dem Bericht zufolge wurden Deutsche von den Tschechen zwar zumeist nicht umgebracht, aber oft „wie Tiere" gequält: „Die Tschechen betrachten sie als Vieh." Über dem Eingangstor eines Internierungslagers in České Budějovice (Budweis) war ein Schild mit der Aufschrift angebracht: „Auge um Auge – Zahn um Zahn".[661] Obwohl es für die anfangs rund 500 Lager in der Tschechoslowakei Weisungen gab, „die berüchtigten deutschen faschistischen Methoden der Folter und Ausrottung von Menschen" unbedingt zu vermeiden, waren Übergriffe zahlreich und reichten bis zu Massakern. Der tschechische Historiker Tomáš Staněk konstatiert, „dass Internierte in vielen Lagern, Gefängnissen und Strafanstalten in Böhmen geschlagen, gefoltert und getötet" worden seien – vom berüchtigten Prager Sammellager im Sportstadion Strahov über das Lager „Stará sklárna" in Chomutov (Komotau) bis hin zu südböhmischen Orten wie České Budějovice, Pisek oder Velešín (Weleschin) bei Český Krumlov (Krummau).[662]

Zwischen Mai und Oktober 1945 wurden in Böhmen 3795 Selbstmorde von Deutschen registriert.[663] Am 8. Juni 1945 meldete der in Berlin tätige NKVD-General Serov nach Moskau, die Selbstmordwelle unter vertriebenen Sudetendeutschen gehe auch nach deren Ankunft in der SBZ weiter: „Täglich kommen bis zu 5000 Deutsche aus der Tschechoslowakei, die meisten Frauen, Alte und Kinder. Ohne Zukunft und die Hoffnung auf etwas Besseres beenden viele ihr Leben durch Selbstmord und schneiden sich die Pulsadern auf." Tschechoslowakische Statistiken nannten für das Jahr 1946 5558 weitere Selbstmorde von Deutschen.[664]

---

[659] Arburg, Abschied und Neubeginn, S. 196–198.
[660] Brandes, 1945: Die Vertreibung, S. 240.
[661] Ebenda, S. 150–152.
[662] Staněk, Internierung und Zwangsarbeit, S. 133, S. 135, S. 138 und S. 141.
[663] Demetz, Mein Prag, S. 374.
[664] Naimark, Flammender Hass, S. 149–151.

Ebenso wie in Polen wurde das Eigentum der deutschen Vertriebenen entschädigungslos enteignet und unter Staatsverwaltung gestellt. Auch in der Tschechoslowakei nutzte die Kommunistische Partei die Verfügung über diese immensen Vermögenswerte zur Festigung ihrer Macht, da sie „bei der anschließenden Verteilung der 1,65 Mill. ha Ackerboden und 1,3 Mill. ha Wald schnell ihren Einfluss zur Geltung brachte".[665] Ähnlich verlief die Entwicklung in Südosteuropa. So stammten in Jugoslawien „41% des eingezogenen Landes aus volksdeutschem Besitz", die vertriebenen deutschen Bauern der Vojvodina wurden „weitgehend durch serbische Zuwanderer abgelöst". In Ungarn bildete „das beschlagnahmte Feindeigentum" im industriellen Sektor „den Grundstock" für sowjetisch kontrollierte Großbetriebe.[666]

Tony Judt meint, die betreffenden „Deutschen wären wahrscheinlich in jedem Fall nach Westen geflohen, da sie bei Kriegsende in den Ländern, wo sie seit Jahrhunderten wohnten, nicht mehr erwünscht waren".[667] Die Angst vor den Russen war zweifellos ein starkes Motiv für die Massenflucht des Winters 1944/45 – doch überschätzt die zitierte Deutung diese Angst, indem sie parallele Tendenzen zum Ausharren oder zur Rückkehr nach Kriegsende völlig ausblendet. In Wahrheit erlebte der Sommer 1945 eine paradoxe Situation gegenläufiger, einander kreuzender Migrationen und Zwangsmigrationen: „Während Zehntausende unter Begleitung polnischer Soldaten und Milizionäre nach Westen zogen, versuchten Tausende in umgekehrter Richtung in ihre Heimatorte zurückzugelangen. Erst im Juni 1945 sperrten polnische Soldaten sämtliche Brücken über die Oder und die Neiße für Rückkehrer."[668] Daraus resultierten in grenznahen Gebieten gravierende Versorgungsprobleme. Der Landrat von Kamenz meldete am 27. Juni 1945 der sächsischen Landesverwaltung in Dresden, „seit Wochen" lagerten „an den Übergängen der Neiße und Oder etwa 150 200 000 Flüchtlinge fast ohne Nahrung". Diese würden „von den Polen nicht weitergelassen, sondern ins Hinterland zurückgewiesen", durchfluteten den Kreis Kamenz und benötigten dringend Lebensmittel, die dort nicht vorhanden seien. Im bei Deutschland verbliebenen niederschlesischen Görlitz, das von Sachsen aus mitregiert wurde, verteilte die Stadtverwaltung am 21. Juni 1945 Handzettel, in denen alle „Rückwanderer und Flüchtlinge" aufgefordert wurden, „andere Orte" aufzusuchen, um der „Gefahr des Hungertodes" zu entgehen. Der Görlitzer Magistrat wurde daraufhin von der Dresdner Landesverwaltung gerügt, von einer „Görlitzer Elendszone" gesprochen zu haben, und musste zugeben: „Die Fürsorge für die Flüchtlinge beschränkte sich im wesentlichen auf Abwehr." Die Verweigerung jeglicher Verpflegung habe dazu geführt, „daß Flüchtlinge Görlitz freiwillig verließen".[669]

Im August 1945 wusste sich die Dresdner Landesverwaltung nicht mehr anders zu helfen, als dieses Mittel der Lebensmittelverweigerung aufzugreifen, um die Ab-

---

[665] Hoensch, Geschichte Böhmens, S. 436.
[666] Hösch, Geschichte der Balkanländer, S. 247.
[667] Judt, Geschichte Europas, S. 42.
[668] Urban, Der Verlust, S. 118.
[669] Schwartz, Ethnische „Säuberung" als Kriegsfolge, S. 614.

schiebung aller Flüchtlinge und Vertriebenen aus Sachsen zu erzwingen. Dahinter stand die Befürchtung, die eigene Bevölkerung nicht mehr ernähren zu können, zu der man die Zwangsmigranten nicht rechnete. Umgehend protestierte der Sprecher der in Chemnitz gestauten schlesischen Flüchtlinge, Hubert Rosinski, man lehne es ab, „irgendwohin ungehört wie Vieh verfrachtet zu werden". Das Vorgehen Sachsens stehe im „schroffen Gegensatz" zur Potsdamer Erklärung der Besatzungsmächte, wonach eine „ordnungsgemäße und humane Weise" bei der „Überführung deutscher Bevölkerungsteile" anzuwenden sei. Stattdessen würden Flüchtlinge „wie ‚Ausgestoßene' oder willenlose Tiere" behandelt.[670] Es war so weit gekommen, dass sich Vertriebene gegenüber deutschen Behörden auf das Potsdamer Abkommen berufen mussten, um in Deutschland „human" behandelt zu werden.

Der Präsident der sächsischen Landesverwaltung, der Sozialdemokrat Rudolf Friedrichs, warb um Verständnis für die Ausweisungspolitik. Friedrichs berichtete in Thüringen, durch sich kreuzende Vertreibungs- und Rückwanderungsströme hätten sich in Sachsen bis zu drei Millionen Flüchtlinge gestaut: „Sie haben die Felder geerntet, Kartoffeln herausgeholt, es entstehen Krankheiten, Hungersnot". Die Flüchtlinge seien „vollkommen heruntergewirtschaftet", „sie hatten nur, was sie auf dem Leibe tragen, kein Geld, kein Essen, schwer erkrankt, sie konnten nicht weiter laufen, legten sich auf die Straße vor Erschöpfung. Krankenhäuser und Altersheime in Sachsen sind vollkommen überfüllt mit Leuten, die nicht mehr weiter können, sie müssen verpflegt und gekleidet werden." Es gebe „ausgesprochene Hungergebiete" um Görlitz oder im Erzgebirge, Entsprechendes entwickle sich in den Großstädten. Darum müssten die übrigen Länder der sowjetischen Besatzungszone unbedingt Flüchtlinge aus Sachsen aufnehmen. Thüringen habe dies dankenswerterweise getan, während Sachsen-Anhalt „Polizei aufgestellt und die Leute geradezu zurückgetrieben" habe. Infolgedessen verhungerten „Tausende von Flüchtlingen" in blockierten Eisenbahnzügen: „Es ist eine vollkommene Desorganisation eingetreten. Wenn dem nicht gesteuert wird, müssen alle Leute verhungern".[671]

Zur selben Zeit schilderte der erwähnte, von 20 000 geflüchteten Schlesiern in Chemnitz zu ihrem Sprecher gewählte ehemalige „Druckereibesitzer aus Breslau" der sächsischen Landesverwaltung das Elend der Zwangsmigranten. Kleidung und Schuhwerk seien unterdessen unbrauchbar geworden, man verfüge weder über Bargeld noch über Erwerbsarbeit. Aufgrund dessen werde der Rückkehrdrang besonders unter den Frauen immer stärker, die von einer „planlosen Heimkehr" kaum noch abzuhalten seien. Ein durchziehender Treck von 300 Schlesiern, den ihr thüringischer „Gastort" mit Gerüchten über Heimkehrmöglichkeiten losgeworden sei, habe diesen Trend noch verstärkt. Der Flüchtlingssprecher kommentierte bitter: „Das ist die übliche Art geworden, die Menschen durch unwahre Berichte abzuschieben und nach selbstverständlichem Fehlschlag nicht wieder aufzunehmen. In der Folge bevölkern solch enttäuschte Rückkehrer in großer Zahl, polizeilich unangemeldet und ohne Markenzuteilung, das Land und ernähren sich

---

[670] Ebenda, S. 626.
[671] Ebenda, S. 627.

gezwungenermaßen illegal." Den Berichterstatter reizte eine Rückkehr nach Breslau nicht, denn „die Berichte von Augenzeugen über das unter polnische Verwaltung gestellte [...] Schlesien" klangen „furchtbar". Demnach würden alle Orte „geplündert und die Einwohner verjagt, Ernte-, Vieh-, Ackergeräte nach Osten verschleppt". In Breslau seien die verbliebenen Deutschen zu Zwangsarbeit verdammt, „es gibt 1 Pfd. Brot wöchentlich und sind die Leute sonst auf gefundene Kellerbestände angewiesen". Solche Erlebnisse „völliger Rechtlosigkeit" wurden konterkariert durch Briefe von nach Breslau heimgekehrten ehemaligen Kriegsgefangenen, die ihre geflüchteten Ehefrauen zur Rückkehr aufforderten. Offenbar wussten die Briefeschreiber nichts über die polnischen „Sperren und Widerstände" an Oder und Neiße: „Die Praxis lässt Heimkehrer mit gebrochenen Flügeln rückfluten, sodaß [sic!] allein vor Görlitz 60 000 Rückkehrer hungern sollen." Noch 1946 kollidierten Gerüchte über Rückkehrmöglichkeiten mit abschreckenden Nachrichten.[672]

Das Gebiet an Oder und Neiße war durch alltägliche Gewalt geprägt. Im Juli 1945 wurden bei Görlitz zwei Frauen, die am Westufer der Neiße nach ihren am gegenüberliegenden Ufer liegenden Heimatorten Ausschau gehalten hatten, von polnischen Grenzsoldaten beschossen, wodurch eine der Frauen getötet und die andere schwer verletzt wurde. Schlesische Flüchtlinge wurden bei Rückwanderungsversuchen von bewaffneten Polen ausgeplündert und mittellos in die SBZ zurückgeschickt. Auch auf der deutschen Seite der Grenze waren Flüchtlinge und Vertriebene bedroht. Binnen einer einzigen Woche im Juli 1945 registrierten die Görlitzer Behörden 23 von Polen begangene Straftaten – „16 Plünderungen, 1 Vergewaltigung, 1 Erschießung einer Frau, 1 Lungendurchschuss, 3 Misshandlungen". Zur selben Zeit überfielen sowjetische und polnische Soldaten ein Flüchtlingslager mitten im Stadtzentrum und plünderten die Menschen mit vorgehaltener Waffe aus. Diese gesetzlosen Zustände hielten längere Zeit an. Am 1. Oktober 1945 wandte sich die in der sowjetischen Zone geschaffene „Zentralverwaltung für deutsche Umsiedler" (ZVU) an die Sowjetische Militäradministration mit der Bitte, einen Begleitschutz für „Umsiedler"-Transporte aus Polen und der ČSR bereitzustellen, „um ein Ausplündern derselben durch Banden unmöglich zu machen". „Vielfach" würden auf dem Weg nach Görlitz befindliche „Umsiedler" noch „von tschechischen Soldaten beschossen", was „immer Tote und Verletzte im Gefolge" habe. Die Sowjets möchten in Prag „veranlassen, daß diese Dinge künftig unterbleiben". Diese Bitte scheint erfolglos geblieben zu sein, denn die ZVU stellte Ende 1945 fest:

„Die Aufnahme der Umsiedler aus dem Osten wird von Banditen, die an der polnischen Grenze und in vielen Fällen auch auf dem gesamten Eisenbahnnetz ihr Wesen [sic!] treiben, außerordentlich erschwert. Es ist fast die Regel, daß die Umsiedler vollkommen ausgeplündert werden und ihrer letzten [sic!] Habe beim Überschreiten der Grenze verlieren. Sehr viele Fälle von körperlichen Misshandlung[en] sind uns bekannt. Dazu kommt, daß gerade aus dem Osten bisher zum großen Teil nur alte Frauen, Kinder und arbeitsunfähige Männer ausgesiedelt wurden, die [...] ständiger Hilfe bedürfen. Nur in ganz einzelnen Fällen sind bisher geschlossene Transporte, sogenannte Antifaschisten-Transporte, ohne Behelligung von seiten [sic!] polnischer Banditen zu uns gekommen."[673]

---

[672] Ebenda, S. 612 f.
[673] Ebenda, S. 614 f.

Nach deutschen Schätzungen befanden sich im Sommer 1945 „mehr als fünf Millionen Deutsche östlich von Oder und Neiße, also die Hälfte der Einwohner der Vorkriegszeit, allerdings nun überwiegend Alte, Frauen und Kinder. [...] Allein im zerstörten Breslau lebten rund 300 000 Menschen."[674] Auch kirchliche und staatliche Stellen in Berlin wussten Ende 1945, „daß sich der größte Teil der Deutschen noch in Polen befindet", auch wenn sie die deutsche Bevölkerung Breslaus nur auf 180 000 Menschen schätzten. In Oberschlesien hätten „viele Deutsche einen polnischen Ausweis gekauft", um der Vertreibung zu entgehen. Alle noch in Schlesien lebenden Deutschen hofften nach Angaben kirchlicher Gewährsleute „auf die günstige Auslegung der Potsdamer Deklarationen, wonach dieses Gebiet den Polen nur verwaltungsmäßig zugesprochen wurde", und erwarteten von einer „Friedenskonferenz eine Regelung im deutschen Sinne".[675]

Die Lage der Zurückgebliebenen und Zurückgekehrten war, ähnlich wie die der in der Tschechoslowakei lebenden Deutschen, durch „Rechtlosigkeit und Zwangsarbeit" gekennzeichnet. Durch eine Reihe gesetzlicher Maßnahmen verloren die Deutschen in Polen „nicht nur ihr Eigentum, sondern auch ihre bürgerlichen Rechte". Die Ausgegrenzten waren „zahlreichen [...] Angriffen und Demütigungen auf der Straße" ausgesetzt. Auch wurden die Deutschen genötigt, „auf Verlangen [...] ihre Häuser und Wohnungen zu räumen, die per Dekret in das Eigentum des polnischen Staates übergegangen waren". Dieser Verdrängungsprozess bewirkte, dass sich die Deutschen „in heruntergekommenen Wohnungen, in Kellern oder auf Speichern einrichten" mussten, „die für Polen als unzumutbar galten, oder gar in Ruinen Zuflucht" suchten.[676] Ein nach Sachsen geflüchteter Breslauer, Herbert Figura, berichtete 1946:

„Der größte Teil der Umsiedler musste im Gebiet der polnischen Verwaltung mehrere Male ihre Wohnung wechseln, wenn sie nicht schon ausgebombt worden sind, immer unter Zurücklassen ihres Privateigentums, da die Kommission bzw. der polnische Nachfolger die Mitnahme verhinderte und die Räumung in kürzester Zeit, oft noch weniger als 1/2 Stunde, durchgeführt sein musste. Der Betroffene hatte sich dann wieder in mühseliger Arbeit aus Trümmerstätten unter eigener Gefahr das Notwendigste zusammengeholt, musste dabei aber auch [...] Gefahr laufen, von der poln.[ischen] Miliz gemaßregelt zu werden. Erst in äußerster Not, nachdem den Umsiedlern durch Entlassung aus der Arbeit der Wohnungsschutz genommen worden ist und sie zur Erhaltung ihres Lebensunterhaltes ihre Sachen – sofern sie nicht schon geplündert worden sind – verkauft haben, damit diese Sachen nicht noch an der poln.[ischen] Kontrollstelle abgenommen wurden, blieb nur noch die einzige Lösung, in's Reich zu flüchten."[677]

Damit ist die Tatsache angesprochen, dass es 1945 – parallel zu Vertreibungsaktionen – „auch zu einer mehr oder weniger freiwilligen Abwanderung und zur Ausreise von Deutschen" kam. Das betraf nicht nur „die Mitglieder der Antifaschistischen Organisationen in Breslau", die sich über eine Übersiedlung in die SBZ „mit den örtlichen polnischen Behörden verständigten". Man schätzt, dass vor Beginn des „Massentransfers in die sowjetische und britische Besatzungszone", der An-

---

[674] Urban, Der Verlust, S. 118f.
[675] Schwartz, Ethnische „Säuberung" als Kriegsfolge, S. 615.
[676] Urban, Der Verlust, S. 120f.
[677] Schwartz, Ethnische „Säuberung" als Kriegsfolge, S. 616.

fang 1946 einsetzte, in der zweiten Jahreshälfte 1945 „500 000 bis 550 000 Deutsche Polen verlassen haben".[678] In diversen Städten verfügten die polnischen Verwaltungen eine Ghettoisierung – nach dem Muster der früheren NS-Politik gegenüber den Juden. Deutsche mussten „in besonders gekennzeichnete Straßen ziehen", die von den Behörden offen als „Deutschen-Ghettos" bezeichnet wurden.[679] Schon Anfang April 1945, als um Breslau noch gekämpft wurde, hatte der als Stadtoberhaupt des künftigen Wrocław vorgesehene Bolesław Drobner – ein jüdischer Linkssozialist, der einst zu den „Legionären" Piłsudskis gehört hatte – vorgeschlagen, für die deutsche Bevölkerung „eine Art ‚Ghetto'" zu bilden und alle „anderen Stadtbezirke von Deutschen zu ‚säubern'".[680] Dieser Plan scheiterte nicht nur an organisatorischen Zwängen[681], sondern auch daran, dass Minister Gomułka Ende 1945 befahl, diese Ghettoisierung zu stoppen, da er eine „rasche Vertreibung der Deutschen aus Breslau" anstrebte, um der Stadt „möglichst schnell einen polnischen Charakter zu geben".[682]

Gomułka hatte auch außenpolitische Gründe, als er im November 1945 „sowohl die Ghettoisierung als auch die Kennzeichnung der deutschen Bevölkerung" generell untersagte. Die Verantwortlichen wurden aufgefordert, „an den verheerenden Eindruck zu denken, den die Übernahme nationalsozialistischer Methoden durch die polnischen Behörden im Ausland erwecke". In Breslau hatte, als Zawadzkis Regionalverwaltung im Oktober 1945 eine Kennzeichnung der deutschen Bevölkerung durch „weiße Armbinden" vorschrieb, sogar der Stadtpräsident protestiert – allerdings nicht aus humanitären Gründen, sondern deshalb, weil die Zahl der Deutschen in Breslau „4- bis 5 mal höher" war als die der Polen und die Kennzeichnung dieses „erdrückende Übergewicht der Deutschen sichtbar" gemacht hätte. Gemäß der polnischen Volkszählung vom August 1945 lebten 189 500 Deutsche in Breslau, was zwar „weniger als einem Drittel der Vorkriegsbevölkerung entsprach", doch noch eine überwältigende Mehrheit gegenüber 17 000 registrierten Polen darstellte.[683]

Im August 1945 kamen Vertreter der sächsischen Großstadt Chemnitz nach Breslau, um mit dem sowjetischen Stadtkommandanten über eine „Rückführung von Flüchtlingen aus Sachsen nach Breslau" zu verhandeln. Das blieb natürlich „ergebnislos". Die Sowjets verwiesen die Chemnitzer an die „polnische Zivilverwaltung", und deren Dezernent für „Flüchtlingswesen, Kultur und Gewerbe", Dr. Tauber, erklärte rundheraus: „Es hat gar keinen Zweck, hierher zu kommen, die Stadt wird mit Polen besiedelt." Alle deutschen Rückkehrer würden sofort wieder ausgewiesen, und auch die restliche deutsche Bevölkerung werde Breslau bald verlassen müssen. Immerhin konnten sich die Chemnitzer Abgesandten ein

---

[678] Thum, Die fremde Stadt, S. 116 f.
[679] Urban, Der Verlust, S. 121.
[680] Thum, Die fremde Stadt, S. 135 f.; zu Drobner: Michael, Zwischen Davidstern und Roter Fahne, S. 69.
[681] Thum, Die fremde Stadt, S. 135 f.
[682] Urban, Der Verlust, S. 121.
[683] Thum, Die fremde Stadt, S. 135 f.

Bild über die Lage machen. Demnach lebte in der zu 90 Prozent kriegszerstörten Stadt die deutsche Bevölkerung auf engstem Raum zusammengedrängt. Bis zu sechs Familien hausten in schwer beschädigten Wohnungen, alle guterhaltenen Wohnungen und die Villenviertel waren von Polen beschlagnahmt. Die Angst der Deutschen vor den Polen war groß, da man jeder Willkür schutzlos ausgeliefert war: „Abends werden unter die Haustürklinken Bretter gestellt und die Türen fest verrammelt. Bei Eintritt der Dunkelheit wird auf den Straßen viel geschossen. Leider kommen – besonders in den Vororten – noch viel[e] Vergewaltigungen vor. Auch geplündert wird noch sehr viel." Im Übrigen war die Ernährungslage der Deutschen „die denkbar schlechteste". Nur Arbeitseinsatz garantierte Minimalversorgung: „Wer nicht arbeitet, erhält kein Brot. Bei geschlossenem Arbeitseinsatz gibt es einige Teller Wassersuppe." Wer nicht verhungern wollte, versetzte „auf dem schwarzen Markt seine Sachen". Bargeldlose Deutsche mussten „unter dem Schutt" der zerbombten Stadt „nach alten Kartoffeln" graben oder sich „von den Feldern Getreide" holen. „Eine organisierte Krankenhilfe für die Deutschen" gab es nicht. Man konnte auf Breslauer Frauen treffen, „welche ihre Kinder auf kleine Wägelchen gebettet bis nach Dresden befördern, um sie dort in ein Krankenhaus […] zu bringen". Nicht wenige Kinder starben unterwegs. Das Fazit der sächsischen Beobachter: „Die Deutschen in Breslau gehen seelisch langsam zu Grunde."[684]

Nicht nur das Leiden der Zurückgebliebenen dauerte an, auch das Leid der Vertriebenen war nach dem Überschreiten der neuen Grenzen nicht zu Ende. Sächsische Kommunalverwaltungen verweigerten sudetendeutschen Vertriebenen im Juni 1945 die Aufnahme und schickten die hilflosen Menschen „von Ort zu Ort". Auch in Thüringen traf man auf „ziel- und zwecklos umherirrende Flüchtlinge". Der Kommunist Ottomar Geschke, Sozialdezernent der Stadt Berlin, beobachtete am 20. August 1945 als chaotische Folge der von Polen und der ČSR betriebenen „Ausweisung", dass in der sowjetischen Besatzungszone Deutschlands jede Vorbereitung, Versorgung und Verteilung der Menschenmassen unmöglich war. Die Vertriebenen, „zu Fuß auf den Treck mit Handkarren und Wägelchen" geschickt, seien großenteils „bis auf den heutigen Tag noch nicht zur Ruhe gekommen, da die überfluteten Gemeinden bestrebt waren, die Trecks immer weiter abzuschieben". Überall auf den Landstraßen seien Alte und Kranke „hängengeblieben". „Tausende von Kindern" seien von ihren Eltern getrennt worden, da viele Dörfer die Masse der Vertriebenen weitergeschickt, aber arbeitsfähige Erntehelfer zurückbehalten hätten. Je länger dieses Chaos dauere, desto größer werde die Seuchengefahr. Geschke forderte die „Schaffung einer zentralen Verwaltungsstelle", damit „das ewige Hin und Her der Trecks endlich ein Ende nimmt". Für Hygiene und Seuchenbekämpfung müssten die Besatzungsmächte Nahrungsmittel und Medikamente bereitstellen. Und „vor der völligen Aufsaugung des bisherigen Ausgewiesenen-Stromes" dürften „keine weiteren Ausweisungen von Deutschen aus Polen und der Tschechoslowakei" mehr erfolgen. Damit wiederholte

---

[684] Schwartz, Ethnische „Säuberung" als Kriegsfolge, S. 617f.

der Berliner Magistrat die Potsdamer Forderung der alliierten Siegermächte, die von Polen und der ČSR bislang missachtet wurde.[685]

Tatsächlich hatten sich im Spätsommer 1945 unter Flüchtlingen und Vertriebenen Seuchenerkrankungen verbreitet, insbesondere Typhus und Diphtherie. Hinzu kam Massensterben durch Unterernährung. Nach Angaben der Zentralen Gesundheitsverwaltung der sowjetischen Zone lag die Säuglingssterblichkeit in Brandenburg bei 90 Prozent. Pro Woche registrierte man 700 Typhusfälle in Berlin, 2000 Typhus- und 600 Diphtheriefälle in Mecklenburg. Im September 1945 erklärten die sowjetzonalen Behörden, die Ostflüchtlinge seien gesundheitlich „in einem erschütternden Zustand" eingetroffen, zumal deutsche Ärzte von den Polen zurückbehalten würden, statt die Transporte begleiten zu dürfen. Angesichts von Tausenden Typhusfällen befürchteten Experten bei Winterbeginn ein „Massensterben [...], da die Körper nicht widerstandsfähig sind."[686]

Seit Oktober 1945 hießen die deutschen Zwangsmigranten in der sowjetischen Zone amtlich „Umsiedler".[687] Zu dieser Zeit wurde ihre Zahl auf 3,4 Millionen Menschen geschätzt. Es fehlte „an Nahrungsmitteln und geeigneten Unterbringungsmöglichkeiten", der Transport war ein „ungelöstes Problem", und in den Aufnahmelagern mangelte es an Ärzten und Pflegepersonal. Den Behörden war bekannt, dass unter Flüchtlingen und Vertriebenen „unvorstellbares Elend" herrschte: „Man ist überzeugt davon, dass es unmöglich ist, die Umsiedler vor einem Massensterben in diesem Winter infolge Seuchen, Kälte und Hunger zu bewahren, aber die Organisation sieht sich diesen Tatsachen machtlos gegenüber." Versuche, die Westzonen an der Aufnahme zu beteiligen, waren bislang erfolglos geblieben. Die sowjetische Militäradministration hatte daher die Grenzen zu Polen und zur ČSR sperren lassen. Daraufhin hatte die Warschauer Regierung endlich, um einen Konflikt mit Moskau zu vermeiden, bis Frühjahr 1946 alle Ausweisungen gestoppt. Nach Kenntnis der Ost-Berliner Behörden wurden aber die in Polen lebenden Deutschen „weiterhin aus ihren Wohnungen verjagt und schutzlos Hunger und Kälte preisgegeben". Auch in der ČSR wurden demnach immer mehr Deutsche in Sammellager gepfercht. Die Prager Regierung versorgte sie zwar mit Lebensmitteln, aber „nach den ‚Judenrationen' der Nazizeit, bringt sie entsprechend unter und lässt sie nach Bedarf schwer arbeiten".[688]

Das Flucht- und Vertreibungsgeschehen des Jahres 1945 hat viele Todesopfer gekostet. Zuweilen werden diese Opferzahlen sehr hoch angesetzt: So spricht Heinz Nawratil von 20 Millionen Deutschen, die sich 1945 in den Vertreibungsgebieten aufgehalten hätten und von denen 2,8 Millionen unmittelbar infolge der Vertreibung zu Tode gekommen seien. Nawratil folgert daraus, „das Geschehen in den Vertreibungsgebieten – die größte Völkervertreibung der Weltgeschichte – müsste als Genozid eingestuft werden, selbst wenn es nicht so viele Menschenleben ge-

---

[685] Ebenda, S. 625f.
[686] Ebenda, S. 627.
[687] Schwartz, Vertriebene und „Umsiedlerpolitik", S. 3f.
[688] Schwartz, Ethnische „Säuberung" als Kriegsfolge, S. 627f.

kostet hätte".⁶⁸⁹ Doch für eine Qualifizierung als „Völkermord", der sich etwa mit dem deutschen Genozid an den europäischen Juden gleichsetzen ließe, fehlt es im Falle der Deutschen-Vertreibung sowohl an der Absicht als auch an der Ausführung. Hätte man die Vertriebenen ermorden wollen, so hätte man sie gar nicht vertreiben müssen, sondern an Ort und Stelle umbringen können – wie es einem kleinen Teil, aber eben nicht der überwiegenden Mehrheit tatsächlich geschah. Wir haben es bei der Vertreibung der Deutschen folglich nicht mit Völkermord, sondern mit einer zielgerichteten Vertreibung zu tun, die zahlreiche Todesopfer allerdings in Kauf nahm.

Die Zahl der *nachweislich* während der Vertreibung Umgekommenen liegt deutlich unter den Ziffern Nawratils, der einfach den statistischen Fehlbestand von rund drei Millionen Menschen, der sich zwischen den Volkszählungen von 1939 und 1950 auftut, pauschal zu Todesopfern der Vertreibung erklärt. Belegbare Schätzungen schwanken zwischen einem Minimum von 200 000 Opfern im polnischen Machtbereich⁶⁹⁰ bis zu 600 000, während Millionenzahlen nach Auffassung der neueren Forschung „einer Überprüfung nicht stand" halten.⁶⁹¹ Auch die Zahl sudetendeutscher Todesopfer war 1945 „groß", doch weit niedriger als in manchen sudetendeutschen Publikationen, die alle „220 000–250 000 ungeklärten Fälle mit den Vertreibungsverlusten" gleichsetzen. Mittlerweile gehen deutsche und tschechische Experten von „mindestens 16 000 und höchstens 30 000 Todesopfern" aus.⁶⁹² Naimark schätzt 30 000 Todesopfer im Sudetenland und 500 000 Todesopfer im Nachkriegs-Polen. Dabei weist er allerdings zu Recht darauf hin, wie schwer zu bestimmen sei, wie viele Opfer in welcher Phase zu Tode gekommen seien. An deutschen Vertriebenen seien 1945 willkürliche Morde und zuweilen Massaker verübt worden, auch sei es häufig zu Selbstmorden gekommen. Außerdem seien viele Opfer von Flucht und Vertreibung erst in den Aufnahmelagern im Vierzonen-Deutschland oder in Österreich an den Folgen dieser Gewaltpolitik verstorben.⁶⁹³

Auch wenn man diese deutschen „Opfer der Hungerpolitik" nicht auf vier Millionen Menschen hochrechnen möchte⁶⁹⁴, werden die zurückhaltenden Schätzungen der neueren Forschung ihrerseits fragwürdig – sind sie doch zwangsläufig lückenhaft. Vielleicht spricht Norman Davies deshalb neuerdings wieder von „etwa zwei Millionen" Todesopfern.⁶⁹⁵ Die Tatsache, dass die Zahl der während der Vertreibung zu Tode gekommenen Deutschen „schwer festzustellen" ist⁶⁹⁶, erlegt nach jeglicher Richtung Zurückhaltung auf. Die Zahl derer, die während der Vertreibung starben oder umgebracht wurden, ist heruntergerechnet worden – zu Recht,

---

689 Nawratil, Die deutschen Nachkriegsverluste, S. 30, S. 39 und S. 87.
690 Urban, Der Verlust, S. 116f.
691 Müller, Gebhardt Handbuch der deutschen Geschichte, Bd. 21, S. 386.
692 Brandes, 1945: Die Vertreibung, S. 240.
693 Naimark, Flammender Hass, S. 233.
694 So jedoch mit unklarer Zahlenbasis Nawratil, Die deutschen Nachkriegsverluste, S. 87f., um letzten Endes 8,8 Millionen deutsche Nachkriegsopfer rund 5 Millionen deutschen Diktatur- und Kriegsopfern gegenüberstellen zu können.
695 Davies, Die große Katastrophe, S. 14.
696 Naimark, Flammender Hass, S. 160.

wenn man sich auf empirisch belegbare Daten stützen will. Doch zugleich starben zahlreiche, aber eben ungezählte Vertriebene erst *nach* der Vertreibung an deren *Folgen*. Selbst rüstige Erwachsene waren oft schwer erschöpft und erkrankt; noch stärker mitgenommen zeigten sich Kleinkinder und alte Menschen.[697] Im Nachkriegswinter 1945/46 kam es, wie der KPD-Führer Franz Dahlem für die sowjetische Zone feststellte, zu einem Massensterben von Vertriebenen „zu Zehntausenden, und die Kinder gehen zugrunde".[698] Noch im Mai 1947 attestierte die ZVU Vertriebenen einen sehr unterschiedlichen Gesundheitszustand. Zwar traten die Typhusepidemien des ersten Nachkriegswinters nicht mehr auf, doch blieb die Herz- und Kreislaufschwäche vieler alter Menschen infolge „der plötzlichen Ausbürgerung und durch die lange Reise" lebensbedrohlich.[699] Nicht zufällig war der Anteil alter Menschen unter Vertriebenen bei der sowjetzonalen Volkszählung vom Herbst 1946 deutlich geringer als unter der einheimischen Bevölkerung.[700] Der Feststellung Norman Naimarks ist daher zuzustimmen:

„Wenn man über die menschlichen Verluste der ethnischen Säuberung von Griechen, Armeniern, Tschetschenen oder Sudetendeutschen nachdenkt, sollte man den Verlust an Menschenleben während des gesamten Vorgangs betrachten. […] Der Preis der ethnischen Säuberung wird nicht nur am Ausgangspunkt der Vertreibung bezahlt, sondern auch am Ziel."[701]

Timothy Snyder hat unlängst bemerkt, „ein großer Teil der Verantwortung für die Todesfälle durch Flucht und Vertreibung" liege beim NS-Regime und der von ihm versäumten rechtzeitigen Evakuierung der Ostgebiete.[702] Was die fluchtbedingten Todesfälle der ersten vier Monate des Jahres 1945 betrifft, teilt sich das NS-Regime die Verantwortung in der Tat mit der Roten Armee und den Bombenangriffen der westlichen Alliierten. Für die vertreibungsbedingten Todesopfer *nach Kriegsende* kann man jedoch das NS-Regime allenfalls indirekt – als Verursacher des Zweiten Weltkrieges insgesamt – in Anspruch nehmen; die direkte Verantwortung der alliierten Großmächte und der polnischen und tschechoslowakischen Regierungen sollte dadurch jedoch nicht in Abrede gestellt werden. Auch wenn Snyder meint, die Idee der ethnischen Homogenität durch ethnische „Säuberung" sei in Moskau und den anderen alliierten Hauptstädten „durch Hitlers Politik fast unausweichlich geworden"[703], wird damit ein Automatismus suggeriert, der 1945 zwar auf alliierter Seite vorbereitet, jedoch alles andere als unvermeidlich war. Wenn Snyder überdies behauptet, infolge der vorangegangenen NS-Politik von Deportation und Völkermord seien die „Vertreibungen" von 1945 letztlich „das Resultat eines internationalen Konsenses von Siegern und Opfern" gewesen[704], kommt er den Kollektivschuldthesen älterer Zeiten bedenklich nahe. Man kann die Hauptver-

---

[697] Schwartz, Ethnische „Säuberung" als Kriegsfolge, S. 629.
[698] Schwartz, Vertriebene und „Umsiedlerpolitik", S. 193.
[699] Schwartz, Ethnische „Säuberung" als Kriegsfolge, S. 629.
[700] Meinicke, Probleme der Integration, S. 7.
[701] Naimark, Flammender Hass, S. 153.
[702] Snyder, Bloodlands, S. 329.
[703] Ebenda, S. 330.
[704] Ebenda.

antwortung des NS-Regimes auch konstatieren, ohne das Nachkriegsverbrechen der Vertreibung von Deutschen zu rechtfertigen.

Der britische Philosoph und linke Pazifist Lord Bertrand Russell, Nachfahre eines liberalen Premierministers und künftiger Literaturnobelpreisträger, hatte dies im Blick, als er am 23. Oktober 1945 in einem Leserbrief an die Londoner „Times" diese ethnische „Säuberung" anprangerte:

„In Osteuropa werden jetzt Massendeportationen von unseren Alliierten durchgeführt in einem beispiellosen Rahmen, und ein offensichtlich vorsätzlicher Versuch wird unternommen, viele Millionen Deutsche auszurotten, nicht durch Gas, sondern indem man ihnen ihre Häuser und Nahrung wegnimmt, um sie einen langsamen quälenden Hungertod sterben zu lassen. Das wird nicht gemacht als ein Akt des Krieges, sondern als Teil einer vorsätzlichen Friedens-Politik. [...] Sind Massendeportationen [nur dann] Verbrechen, wenn sie während des Krieges von unseren Feinden begangen werden, und gerechtfertigte Maßnahmen sozialer Regulierung, wenn sie durch unsere Alliierten in Friedenszeiten durchgeführt werden? Ist es humaner, alte Frauen und Kinder hinauszutreiben und in der Ferne sterben zu lassen, als Juden in Gaskammern zu ersticken?"[705]

Russell betrachtete die osteuropäischen Regierungen als Täter und die alliierten Großmächte lediglich als Zuschauer. Doch „alle drei Alliierten standen hinter der Zwangsumsiedlung" – Großbritannien und die USA ebenso wie die Sowjetunion.[706] Deren in Potsdam schriftlich fixierter Vorbehalt, die Zwangsmigrationen sollten „ordentlich und human" erfolgen, hat Golo Mann „ein wenig an die Bitte der heiligen Inquisition" erinnert, „die Verurteilten ‚möglichst milde und ohne Blutvergießen' zu Tode zu bringen".[707] Denn, so Hans Heinrich Noltes treffende Bemerkung, „dass die Alliierten sich eine Zwangsumsiedlung ‚ordnungsgemäß und human' vorstellten, war einfach ein Selbstbetrug".[708]

7. „Ordnungsgemäß und human"? Zwangsumsiedlungen in Ostdeutschland und Osteuropa 1946–1950

Timothy Snyder hat verdeutlicht, dass nach dem Ende des Zweiten Weltkrieges die Deutschen die größte nationale Opfergruppe der damals stattfindenden ethnischen „Säuberungen" (im Sinne von Vertreibungen und Zwangsumsiedlungen) gewesen seien. Zugleich aber schränkte er ein, obwohl die Zahl von über zwölf Millionen deutschen Vertriebenen „gewaltig" sei, mache sie „nicht den größten Teil der erzwungenen Umsiedlungen während und nach dem Krieg aus". Zwei Millionen Nichtdeutsche seien zur selben Zeit von sowjetischen oder polnischen Behörden deportiert worden. Acht Millionen noch von den Deutschen verschleppte Zwangsarbeiter hätten in die Sowjetunion zurückkehren müssen – oft gegen ihren Willen.

---

[705] Kossert, Kalte Heimat, S. 38f., das englische Originalzitat auf S. 359f., Anm. 14, dessen Übersetzung mit der Ausnahme des Verbs „turn out" gefolgt wird, das nicht als „herauszuholen" übersetzt wird, sondern als „hinauszutreiben".
[706] Nolte, Weltgeschichte des 20. Jahrhunderts, S. 340; zur angelsächsischen Mitverantwortung: Douglas, Ordnungsgemäße Überführung.
[707] Mann, Deutsche Geschichte des 19. und 20. Jahrhunderts, S. 968.
[708] Nolte, Weltgeschichte des 20. Jahrhunderts, S. 339.

Während des Krieges seien in der UdSSR und in Polen über zwölf Millionen Menschen – insbesondere Ukrainer, Polen und Weißrussen – geflohen. Außerdem seien auch die von den Deutschen bis 1945 ermordeten rund zehn Millionen Menschen zuvor meist „verschleppt" worden.[709]

Laut Eugene Kulischer waren unter den Zwangsmigrationen nach Ende des Zweiten Weltkrieges die größten die zwischen 1944 und 1947 erfolgende Zwangsmigration von sechs Millionen Deutschen aus Polen (den deutschen Ostgebieten), die 1945/46 stattfindende Flucht von vier Millionen Deutschen aus der sowjetischen Besatzungszone in die Westzonen Deutschlands, die zwischen 1945 und 1947 erfolgte Migration von drei Millionen Polen aus Alt- nach Neu-Polen (deutsche Ostgebiete), 1945/46 die Vertreibung und Zwangsumsiedlung von 2,7 Millionen Deutschen aus der Tschechoslowakei nach Deutschland oder Österreich, 1946/47 die Migration oder Zwangsumsiedlung von 1,8 Millionen Tschechen und Slowaken aus den Kerngebieten der ČSR in das Sudetenland, zwischen 1944 und 1946 die Umsiedlung von einer Million Polen aus der UdSSR (den früheren polnischen Ostgebieten) nach Polen, 1945/46 die Deportation von 600 000 Krimtataren, Kalmüken, Tschetschenen und anderen innerhalb der UdSSR, zwischen 1944 und 1946 die Umsiedlung von 518 000 Ukrainern, Weißrussen und Litauern aus Polen in die UdSSR und zwischen 1940 und 1944 die Umsiedlung von 415 000 Finnen aus der UdSSR (dem bisher finnischen Karelien) nach Finnland. Diese Liste ließe sich längere Zeit fortsetzen.[710] Fast alle diese Zwangsmigrationen waren politisch gewollte „ethnische Säuberungen".[711]

Der Präsident der in der sowjetischen Zone Deutschlands für Flüchtlinge und Vertriebene zuständigen „Zentralverwaltung für deutsche Umsiedler" (ZVU), der SED-Funktionär Rudolf Engel, wusste, dass im ersten Halbjahr 1946 noch chaotische Zustände geherrscht hatten, da Massentransporte weiter „unorganisiert und unplanmäßig über die Grenze geschleust" worden und die betreuenden Behörden erst noch im Aufbau gewesen seien. Demgegenüber, so Engel, sei in der zweiten Jahreshälfte eine „planmäßige Übernahme der Umsiedler" erfolgt. Auch ein Vertreter der sowjetischen Militärverwaltung stellte im September 1946 fest, die Versorgung der „Umsiedler" habe sich im Vergleich zum Vorjahr verbessert. Auch habe man „den Kampf gegen die ansteckenden Krankheiten" im vergangenen Winter „erfolgreich geführt". Der sowjetische Funktionär kündigte an, die Umsiedlung aus der ČSR werde Mitte Oktober abgeschlossen, während jene aus Polen noch weitergehen müsse; hier stünden bis zu 500 000 Neuzugänge an. „Umsiedler" müsse man auch aus Dänemark und Jugoslawien aufnehmen. Folglich werde „die Umsiedlung weitergeführt, wenn auch in geringerem Maßstabe als bisher".[712]

Diese koordinierten Deportationen gingen auf die Potsdamer Beschlüsse Stalins, Trumans und Attlees vom August 1945 zurück, die einen „geordneten und

---

[709] Snyder, Bloodlands, S. 336f.
[710] Kulischer, Europe on the Move, S. 302–304.
[711] Snyder, Bloodlands, S. 319.
[712] Schwartz, Ethnische „Säuberung" als Kriegsfolge, S. 629f.

humanen" Transfer an die Stelle eigenmächtiger Vertreibungen zu setzen gewillt waren. Der Alliierte Kontrollrat im Vier-Zonen-Deutschland hatte am 20. November 1945 mit einem Aus- und Ansiedlungsplan die Voraussetzung dafür geschaffen. Demzufolge sollten zwischen Dezember 1945 und Juli 1946 aus Polen 3,5 Millionen Deutsche „ausgesiedelt werden", davon zwei Millionen in die sowjetische und 1,5 Millionen in die britische Zone. Das Verfahren wurde am 14. Februar 1946 zwischen der polnischen Regierung und dem „Repatriierungsausschuss" der Alliierten festgelegt.[713] Mit der ČSR wurde die Umsiedlung von 2,5 Millionen Deutschen vereinbart, von denen 1,75 Millionen in die US-Zone und 750 000 in die SBZ kommen sollten.[714]

In den neuen polnischen Westgebieten hatte sich bis zum Jahreswechsel 1945/46 durch die Ankunft Zehntausender polnischer Siedler „der Druck auf die verbliebenen Deutschen" erhöht. Der Mechanismus der Verdrängung aus Wohnungen und Erwerbsarbeit verschärfte sich. Die wachsende Notlage erhöhte unter den Deutschen die Bereitschaft zur Umsiedlung. Doch im Winter 1945/46, der noch kälter wurde als der vorherige, starben etliche Menschen vor oder auf dem Transport. Dieses Massensterben wiederholte sich im Winter 1946/47: „Bei einem Bahntransport, der Wrocław / Breslau am 23. Dezember 1946 verließ, gab es am Zielort 66 Tote und weitere 141 Menschen, die mit Erfrierungen, Lungenentzündung und Schock im Krankenhaus behandelt werden mussten."[715]

Die bevorzugte Methode der „organisierten Massenaussiedlung" war der Eisenbahntransport. Obwohl Briten und Sowjets Druck auf die polnischen Behörden ausübten, die Transporte „zunehmend koordinierter und unter besserer Betreuung" durchzuführen, müssen die Bedingungen als „schlecht, mitunter [als] katastrophal" bezeichnet werden: „Infolge knapper Transportkapazitäten und zerstörter Verkehrswege waren die Aussiedler oft Tage und Wochen unterwegs."[716] Nach polnischen Angaben benötigte der erste Bahntransport aus Wrocław „für eine Strecke von 250 km drei Tage anstelle der üblichen 10–12 Stunden, der erste Zug aus Szczecin / Stettin wurde noch vor der Abfahrt vom Bahnhof ausgeraubt". Diese Probleme sollten die Aussiedlungen bis 1947 „begleiten".[717] Gregor Thum konstatiert:

„Die Eisenbahnwaggons waren meist überfüllt, nur unzureichend ausgestattet und setzten die Menschen oft schutzlos der Witterung aus. Die Versorgung mit Lebensmitteln war dürftig, und die hygienischen Verhältnisse erwiesen sich als äußerst mangelhaft. Gleichgültigkeit und Nachlässigkeit auf der polnischen Seite führten außerdem dazu, dass die Deutschen vor Übergriffen und Raubüberfällen nicht wirksam geschützt wurden und vermeidbares Leid erfuhren. Auch waren immer wieder Todesfälle zu beklagen, da besonders ältere und kranke Menschen die physischen wie psychischen Strapazen der Transporte nicht überlebten."[718]

Transportberichte belegen, dass von „geordneter und humaner" Umsiedlung keine Rede sein konnte. Die deutschen Zwangsumsiedler wurden „Opfer der Willkür,

---

[713] Nitschke, Vertreibung und Aussiedlung, S. 40.
[714] Arburg, Abschied und Neubeginn, S. 198 f.
[715] Naimark, Flammender Hass, S. 162 f.
[716] Thum, Die fremde Stadt, S. 118.
[717] Borodziej, Einleitung, S. 100 und S. 102.
[718] Thum, Die fremde Stadt, S. 118.

nicht nur der Rotarmisten, sondern auch polnischer Soldaten und Beamter". Polnische Soldaten plünderten, Überfälle von Banden waren nicht selten. Die Erlebnisberichte widersprechen polnischen Darstellungen, dass den „Auszusiedelnden die Mitnahme ihrer beweglichen Habe erlaubt worden sei und dass sie Reiseproviant erhalten hätten". Der Mangel an medizinischer Betreuung führte zu Seuchenerkrankungen. Die Transporte wurden selbst bei strengstem Frost nicht unterbrochen, weshalb „viele Alte und Kinder" erfroren. Ein US-Abgeordneter empörte sich 1946: „Man hätte es nach dem Wissen um die Nazi-Verbrechen nicht für möglich gehalten, dass Menschen in dieser Weise an anderen Menschen Rache üben."[719]

Im Januar 1947 berichtete die Kreisverwaltung Döbeln dem sächsischen Innenminister, ein jüngst eingetroffener Transport aus Polen sei „so reichlich mit kranken, alten und hilfsbedürftigen Menschen ausgestattet, daß es ein leichtes gewesen wäre, ein komplettes Sanatorium damit zu füllen". „Sogar Transportunfähige und hochschwangere Frauen sind dabei gewesen, wo bleibt hier die Menschlichkeit?" Hingegen fehlten weitgehend „arbeitsfähige Kräfte". Das war kein Einzelfall. Im Dezember 1946 hatte die sächsische Regierung einen Bericht des „politischen Lagerobmanns" im Umsiedlerlager Löbau erhalten, wo Transporte aus den schlesischen Kreisen Lauban und Ohlau mit 1766 bzw. 496 Menschen eingetroffen waren:

„Die Anmarschwege der Schlesier aus den einzelnen ausgesiedelten Orten bis zur Abfahrtsstation waren von unbeschreiblichen Schwierigkeiten. Kilometer mussten sie mit der letzten Habe, die ihnen verblieben war, zu Fuß zurücklegen. Das vorgeschriebene Kilogepäck mussten die meisten auf halbem Wege vor Erschöpfung noch zurücklassen oder es wurde ihnen noch von den polnischen Überwachungsmannschaften durchwühlt und gestohlen, alte und gebrechliche Menschen schleppten sich nur noch mühsam zum Verladebahnhof, Mütter, weinende Kinder mit sich führend, bevölkerten die Straßen. Ein Massenelend von unbeschreiblichem Ausmaße, hervorgerufen durch die unheilvolle Politik jener Hitlerknechte. Die Fahrt von ihrer alten zur neuen Heimat war wiederum mit großen Unannehmlichkeiten verbunden. Tagelang im kalten Güterwagen verbringend, waren diese Menschen nun heilfroh, als sie der Zug in unser Lausitzer Städtchen Löbau trug. [...] Auch wiederum diese Transporte mussten teilweise die letzte Nacht in ihren ehemaligen Heimstätten [...] und auf der Fahrt selbst noch die stärksten Plünderungen und Beraubungen ihrer letzten Habe ertragen. Geld, Kleidungsgegenstände und Lebensmittel wurde[n] ihnen weggenommen, Schläge und Quälereien waren an der Tagesordnung."[720]

Die „Transfers" des Jahres 1946 stellten den quantitativen Höhepunkt mehrjähriger Zwangsumsiedlungen dar. Dennoch wurden die Ende 1945 vereinbarten Größenordnungen nicht realisiert. So gingen die polnischen Behörden 1947 davon aus, dass noch „etwas mehr als eine halbe Million Menschen" ausgesiedelt werden müssten. Durch ein polnisch-sowjetisches Abkommen vom 12. April 1947 konnten Deportationen zumindest in die SBZ fortgesetzt werden, auch wenn die Sowjets sie öfter beschränkten, weil sie angeblich Seuchengefahr befürchteten. Im Laufe des Jahres 1947 besserten sich die Transportverhältnisse „etwas" – zumindest machten sich die polnischen Behörden die Mühe, „Kranke, Greise und Frauen in hochschwangerem Zustand und kurz nach der Entbindung in besonderen Sanitätstransporten zusammenzufassen". Als diese „Aussiedlungaktion" im November

---

[719] Urban, Der Verlust, S. 122–124.
[720] Schwartz, Ethnische „Säuberung" als Kriegsfolge, S. 632.

1947 endete, hatte die sowjetische Besatzungszone „mindestens 480 000 Personen aufgenommen". Die Aussiedlungen der Jahre 1948 bis 1950 umfassten demgegenüber „bedeutend weniger Menschen: 1948 43 000, 1949 34 000 und 1950 nicht ganz 60 000".[721]

Für diese „zahlenmäßig geringen Umsiedlungen" aus Polen, die mit 140 000 Betroffenen „nur einen Bruchteil jener von 1946 bis 1947" erreichten, ist nach Auffassung von Włodzimierz Borodziej „der Begriff der Zwangsaussiedlung, geschweige denn der Vertreibung", bereits „irreführend", da zu diesem Zeitpunkt „die Zahl der freiwillig Ausreisenden – die in Polen schlicht nicht bleiben wollten – größer gewesen" sei als die der „Zwangsumgesiedelten".[722] Allerdings wird man fragen, was „Freiwilligkeit" damals bedeutete. Die neuen Machthaber Polens waren dem Ratschlage Stalins gefolgt, „die Deutschen müssten in eine Lage gebracht werden, dass sie freiwillig ihre Heimat aufgäben".[723] Auch Borodziej räumt ein, „die Entscheidung ‚zu gehen' war auch dann keine wirklich freiwillige, wenn sie ohne die persönliche Erfahrung von Drohung und Erpressung getroffen wurde – ähnlich wie im Fall der Ostpolen" aus der Sowjetunion. Oft war die scheinbar freiwillige Ausreise „der einzige vernünftige Ausweg aus einer Zwangslage".[724]

Die meisten Betroffenen waren Frauen, überproportional viele waren im Kindes- oder Greisenalter.[725] Diese Auflistung signalisiert, wer nicht gehen durfte – Männer im arbeitsfähigen Alter und mit Fachkenntnissen. Sofern diese nicht von den Sowjets zur Zwangsarbeit in die UdSSR deportiert worden waren, wurden sie von den Polen zur Zwangsarbeit vor Ort zurückbehalten. Solche Deutsche wurden in Bergwerken oder Kommunalbetrieben eingesetzt – von Kraftwerken über Krankenhäuser und Eisenbahnen bis zu den Häfen der Ostseestädte. Nach Einschätzung der sowjetzonalen Arbeitsverwaltung befanden sich im September 1947 in Wałbrzych (Waldenburg), dem Zentrum des niederschlesischen Steinkohlebergbaus, noch 14 000 deutsche Bergleute, in Oberschlesien weitere 30 000. Polen wolle „diese Kräfte erst aussiedeln im Austausch gegen ehemalige polnische Auswanderer ins Ruhrgebiet" – verlangte also die „Repatriierung" der assimilierten Zuwanderer der Jahrhundertwende, die als ethnische Polen reklamiert wurden. Zugleich waren durch Entlassungen aus sowjetischer Kriegsgefangenschaft 1947 oberschlesische Bergleute in die SBZ gelangt, die aber nicht in den sächsischen Uranbergbau, sondern in ihre Heimat zurück wollten. Die deutschen Behörden reagierten verärgert.[726]

Hatte das zurückbehaltene Arbeitskräftepotential in Polen im November 1945 noch 300 000 Menschen betragen, waren es im Frühsommer 1946 nur noch 115 000 (nebst 300 000 Angehörigen). Etwa ein Drittel dieser Deutschen durfte bis 1950 in die deutschen Nachkriegs-Staaten ausreisen, die Verbleibenden wurden

---

[721] Borodziej, Einleitung, S. 105.
[722] Ebenda.
[723] Urban, Der Verlust, S. 126.
[724] Borodziej, Einleitung, S. 104f.
[725] Ebenda.
[726] Schwartz, Ethnische „Säuberung" als Kriegsfolge, S. 633f.

1951 „automatisch zu Bürgern der Volksrepublik Polen" erklärt, „auch wenn sie dies gar nicht beantragt und beabsichtigt hatten".[727] Immerhin wurden sie nach jahrelanger Entrechtung formell gleichberechtigt. Nach polnischen Angaben befanden sich noch zwischen 125 000 und 160 000 Deutsche in den früheren deutschen Ostgebieten; in der Bundesrepublik ging man von mindestens 431 000 aus, es kursierte sogar die Ziffer 900 000.[728] Dass die realen Zahlen deutlich über den polnischen Angaben lagen, zeigte sich, als zwischen 1950 bis 1958 320 000 Deutsche in die Bundesrepublik oder in die DDR aussiedeln durften.[729] Seit 1950 konnten solche „Aussiedlungen" nur noch auf Basis bilateraler Verträge und individueller Anträge stattfinden.[730] Nur wenige Jahre nach der massenhaften Vertreibung war „die Ausreise über die im Stalinismus dicht geschlossene Grenze" plötzlich „zu einem Privileg geworden und sollte es im Wesentlichen bis in die späten achtziger Jahre hinein bleiben".[731]

Parallel zur „Aussiedlung" der Deutschen wurden die 1946 annektierten Westgebiete mit Polen besiedelt. Bis Ende 1948 lebten in den angeblich „Wiedergewonnenen Gebieten" – die unter Verweis auf ein entlegenes Mittelalter als urpolnisch ausgegeben wurden – etwa 5,5 Millionen Polen. Diese Zahl setzte sich aus Alteingesessenen („Autochthonen") und Neusiedlern zusammen, erreichte aber nur 62,7 Prozent des Bevölkerungsstandes von 1939. Besiedlungsunterschiede waren erheblich: Lag Niederschlesien „geringfügig unter dem Durchschnitt", so wies das Oppelner Gebiet mit 84,8 Prozent den „höchsten Stand der Wiederbevölkerung" auf – was darauf zurückzuführen war, dass man zahlreiche Alteingesessene als Polen anerkannt und nicht vertrieben hatte. Im Norden blieb die Neubesiedlung viel geringer: Im Vergleich zu 1939 betrug die Nachkriegsbevölkerung der Wojewodschaft Szczecin (Stettin) 52,4 Prozent, jene der Wojewodschaft Olsztyn (Allenstein) 59 Prozent.[732]

Die schlesische Hauptstadt Wrocław (Breslau) wurde zum Symbol der Polonisierungspolitik. Dort inszenierte die Stadtverwaltung im Oktober 1945 die Zerstörung des deutschen Denkmals für den 1888 verstorbenen Kaiser Wilhelm I., wobei der Vizepräsident der Stadt, Alfred Gorny, erklärte, nach der Vertreibung der Deutschen werde Wrocław binnen sechs Monaten die „zweite Stadt ganz Polens" sein.[733] Obwohl sich der spätere DDR-Kulturminister Johannes R. Becher 1948 noch demonstrativ weigerte, einen in Wrocław organisierten internationalen Kulturkongress zu besuchen, weil er „ein polnisches Breslau nicht akzeptieren" wollte[734], ließ sich nichts daran ändern, dass – wie die SED-Presse 1948 konstatierte – aus „Breslau" unterdessen „Wrocław" gemacht worden war. Hatten im

---

[727] Urban, Der Verlust, S. 126.
[728] Nitschke, Vertreibung und Aussiedlung, S. 280.
[729] Ihme-Tuchel, Die DDR und die Deutschen in Polen, S. 45.
[730] Thum, Die fremde Stadt, S. 118f.
[731] Borodziej, Die Katastrophe, S. 103.
[732] Hofmann, Die Nachkriegszeit in Schlesien, S. 423f.
[733] Ebenda, S. 213.
[734] Mayer, Der Turm von Babel, S. 110.

Sommer 1945 in Breslau noch 190 000 Deutsche und nur 17 000 Polen gelebt, so war dies seither gravierend verändert worden: 1945 wurden 30 000 Deutsche ausgesiedelt, 1946 weitere 140 000, 1947 63 000. Im Oktober 1947 registrierten die polnischen Behörden „nur noch 4228 Deutsche in Breslau, binnen Jahresfrist fiel diese Zahl auf 2416". Parallel dazu erfolgte die Neubesiedlung mit Polen, deren oft ländliche Herkunft eine „Verdörflichung der Stadt" bewirkte.[735] Im April 1948 berichtete ein Reporter der SED-Parteizeitung „Neues Deutschland" über eine gewaltsam verwandelte Stadt:

„Breslau ist zu 70 Prozent zerstört. [...] Am Stadtrand erscheint es kaum glaubhaft, daß Breslau schon wieder 263 000 Einwohner zählt. Aber bald zeigen uns die besser erhaltenen Innenbezirke das übliche Bild der polnischen Städte. [...]
Breslau ist heute ein wahrer Schmelztiegel für die Menschen aus den verschiedensten Gegenden Polens. Das wirkt sich im Stadtbild aus. Eine soziologische Untersuchung hat ergeben, daß 40 Prozent der Einwohner vom Lande stammen, 42 Prozent sind ehemalige Kleinstädter und 18 Prozent lebten in Großstädten. Die überwiegende Zahl der neuen Breslauer stammt aus dem Gebiet der Woiwodschaft Posen, 13,5 Prozent aus dem Gebiet von Warschau, 12 Prozent aus Lwow [Lemberg]. [...] 50 Prozent der Bewohner sind im Alter von 15 bis 29 Jahren [...].Außer den letzten 600 Deutschen gibt es heute keine alten Leute in Breslau, so wie es auch keine deutschen Laute und Inschriften mehr gibt.
Aus Breslau ist Wroclaw geworden."[736]

Nach polnischen Schätzungen mussten zwischen 1945 und 1949 rund 3,6 Millionen Deutsche die früheren deutschen Ostgebiete verlassen. Deutsche Schätzungen veranschlagen diese Zahl auf 4,5 Millionen Menschen und auf weitere 650 000 aus Vorkriegs-Polen und der Stadt Danzig.[737] Im Zuge der „Ausreisen" von 1950/51 verließen nach polnischen Angaben nochmals 75 757 Deutsche das Land, nach anderen Berechnungen 59 433.[738]

Aus der Tschechoslowakei wurde die große Mehrheit der Deutschen ebenfalls 1946 zwangsausgesiedelt. Zwischen Januar und Oktober wurden 1,2 Millionen Sudetendeutsche per Bahn in die US-Zone überführt. Ähnlich wie in Polen wurden „die wirtschaftlich unproduktiven Menschen" zuerst abgeschoben und Arbeitsfähige zurückgehalten. Seit April 1946 durften Deutsche 70 Kilogramm Gepäck, aber nur noch 500 statt 1000 Reichsmark pro Person ausführen. Im März 1946 erreichte die Prager Regierung bei Stalin, dass die sowjetische Besatzungszone in Deutschland weitere Transporte aufnehmen musste. Zwischen Juni bis Oktober 1946 wurden 630 000 Sudetendeutsche in die SBZ verbracht (die pro Kopf nur 50 statt 70 Kilogramm Gepäck hatten mitnehmen dürfen). Zwischen Herbst 1945 und Juli 1947 emigrierten unter etwas privilegierten Bedingungen – die die Mitnahme ihres gesamten beweglichen Inventars und einer größeren Summe Bargeldes gestatteten – 96 000 sudetendeutsche Antifaschisten mit Familien, von denen 53 000 in die amerikanische und 43 000 in die sowjetische Zone gingen.[739]

---

[735] Thum, Die fremde Stadt, S. 135, S. 148f. und S. 161.
[736] Linz, Aus Breslau wurde Wroclaw.
[737] Urban, Der Verlust, S. 125.
[738] Nitschke, Vertreibung und Aussiedlung, S. 294.
[739] Brandes, 1945: Die Vertreibung, S. 241f.

Am 28. Oktober 1946, dem tschechoslowakischen Nationalfeiertag, der an die Gründung der „Ersten Republik" von 1918 erinnerte, konnte Präsident Beneš auf dem Prager Wenzelsplatz feierlich verkünden, dass der frühere Vielvölkerstaat Tschechoslowakei nunmehr ein Nationalstaat der Tschechen und Slowaken geworden sei. Das stimmte nicht ganz, aber auch Klement Gottwald, der kommunistische Regierungschef, feierte die „Säuberung der Republik vom fremden Element und Todfeind des Volkes". Im November 1946 befanden sich offiziell nur noch 240 000 Sudetendeutsche in der Tschechoslowakei. Da die US-Zone deren Aufnahme im Frühjahr 1947 stoppte, blieb der Prager Regierung nur die Überführung in die SBZ.[740] Doch diese bis 1950 laufende Aussiedlung überschritt eine Größenordnung von 7000 Menschen nicht.[741] Allen nicht Vertriebenen – „mehr als 200 000" – wurde dann „aus ökonomischen Gründen ein Bleiberecht eingeräumt". Große deutsche Bevölkerungsgruppen suchte Prag – ähnlich wie Warschau im Falle der Ukrainer – 1947/48 durch einen „inneren Abschub" zu zerstreuen, indem sie in tschechisch dominierte Gebiete zwangsumgesiedelt und in kleinen Gruppen angesiedelt wurden. Von dieser Binnen-Umsiedlung waren bis zu 40 000 Deutsche betroffen.[742] 1950 erhielten – wie in Polen – die in der Tschechoslowakei verbliebenen Deutschen formelle Gleichberechtigung.[743] Bis dahin waren „fast drei Millionen Deutsche" vertrieben oder zwangsausgesiedelt worden, zu zwei Dritteln Frauen und Kinder.[744] Nach 1950 konnten – anders als in Polen – Deutsche die Tschechoslowakei nicht mehr verlassen. 1961 wurden 140 000 Angehörige der Minderheit gezählt.[745]

Im Raum Königsberg waren die Sowjets für die Zwangsmigration der Deutschen direkt verantwortlich. Dort blieb die Versorgungslage lange katastrophal und scheint erst ab Sommer 1947 – und auch dann nur für Erwerbstätige – besser geworden zu sein. Seit September 1947 bestand Schulpflicht für deutsche Kinder in der Stadt, die 1946 zu Ehren des verstorbenen sowjetischen Staatsoberhaupts in „Kaliningrad" umbenannt worden war. „Unterbringung und Versorgung deutscher Waisenkinder" bezeichnete ein deutscher Bericht vom Dezember 1947 als „einwandfrei", während die „ärztliche Betreuung" als „ungenügend" bewertet wurde.[746] Pfarrer Paul Terpitz erfuhr Ende 1946, dass in Königsberg „ein eifriger Aufbau" im Gange sei: „Natürlich ist dorthin nun ein starker Zuzug von Russen, während die deutsche Bevölkerung mehr und mehr abnimmt, auch mehr in die Außenbezirke der Stadt umquartiert ist."[747] 1947 verwies Terpitz auf den damit verbundenen Heimatverlust für die Zurückgebliebenen:

---

740 Ebenda, S. 242f.
741 Schwartz, Ethnische „Säuberung" als Kriegsfolge, S. 639.
742 Arburg, Abschied und Neubeginn, S. 200–202.
743 Brandes, 1945: Die Vertreibung, S. 243.
744 Arburg, Abschied und Neubeginn, S. 199.
745 Ihme-Tuchel, Die tschechoslowakische Politik, S. 977.
746 Schwartz, Ethnische „Säuberung" als Kriegsfolge, S. 599.
747 Pfarrer Paul Terpitz, Oberhausen-Osterfeld, Nordenburger-Rundbrief vom Advent 1946; Original im Besitz des Verfassers.

„Denn das ist ja neben aller äußerlichen Not für die Zurückgebliebenen das Drückendste: die seelische Vereinsamung. Auch wer dort bleibt, verliert nach und nach die Heimat, sie wird ja ganz anders gestaltet. Andere Menschen haben schon rein zahlenmäßig das Übergewicht und der Deutsche schwindet langsam dahin, nicht so sehr durch Abwanderung als durch zeitigen Tod. [...] Eine weitere Herausziehung aus dem russisch gewordenen Ostpreußen ist erst jetzt wieder in Gang gekommen.

Aus dem polnisch besetzten Teil [Ostpreußens] dringt eher Nachricht zu uns herüber, denn dahin scheint die Post seit mehr als einem Jahr gut zu funktionieren. [...] Man hört [...] von einer Rückkehr der Masuren in ihre alte Heimat, allerdings geschieht das unter bestimmten Bedingungen und ist auch nur vereinzelt möglich gewesen. Das Leben muss für den Bauern, der sich auf eigener Scholle nährt, dort erträglich sein; ja man hört auch schon, daß es in den Geschäften allerlei zu kaufen gäbe. Natürlich ist im polnischen Gebiet die Pflege des Deutschtums ausgeschlossen, sogar in den Gottesdiensten soll möglichst nur die polnische Sprache gelten. Das wird für die dort Zurückgebliebenen auch eine harte Belastung sein."[748]

Die Aussiedlung der im russischen Teil Ostpreußens zurückgebliebenen Deutschen in die SBZ begann im Frühjahr 1947. Bis Spätsommer 1948 wurden 100 000 Deutsche aus diesem Teil der UdSSR in die spätere DDR überführt. Alles Eigentum musste zurückgelassen werden, selbst „Ausweise, Urkunden, Sparkassenbücher, Familienpapiere" wurden „einbehalten". Unter den Umsiedlern aus Kaliningrad erwartete man 1947 auch 3000 verwaiste Kinder. Damals gab es 30 000 „elternlose Umsiedlerkinder" aus ganz Ostdeutschland in der SBZ, über welche die Behörden berichteten:

„Losgerissen von den Eltern, Geschwistern und heimatlichem Boden haben sie auf wochenlangem Treck ein Leben größter Entbehrungen geführt. Körperliche und seelische Leiden gingen durch ihre Reihen. Vereinsamt, fremden Einflüssen ausgesetzt sind sie entwurzelt durch Kriegs- und Nachkriegsereignisse. Auf langen Irrfahrten waren sie der Willkür der Erwachsenen preisgegeben. Schon die Kleinsten lernten den Kampf mit dem Leben kennen. Der 6jährige Bruder schützte seine 2jährige Schwester, das 15jährige Mädchen versorgte unter größten Schwierigkeiten ihre vier kleinen Geschwister. Enttäuschung, Obdachlosigkeit und Hunger prägten ihr Gemüt und ihr Denken."[749]

Viele Kinder wussten weder ihren Namen noch ihr Alter. Gesundheitlich waren sie extrem geschwächt, oft tuberkulosekrank. Ihr Verhalten erschien „nicht altersgemäß", sie wiesen Schulrückstände und schlechtes Leistungsvermögen auf. Charakterliche Fehlentwicklungen wurden ebenso festgestellt wie Bettnässen. Viele dieser Kinder wurden in Pflegefamilien gegeben, die sich nur teilweise als geeignet erwiesen. Bei alledem waren die 3000 nach Deutschland ausgesiedelten Kinder nur ein Teil jener „Wolfskinder", die nach 1945 verwaist in Ostpreußen und den umgrenzenden Regionen zu überleben versuchten.[750]

Die sowjetischen Deportationen aus Ostpreußen schienen vergleichsweise gut organisiert zu sein. Güterwaggons und Lebensmittel waren sowjetzonalen Berichten zufolge ausreichend, der Bahntransport zwischen Kaliningrad und Görlitz soll sechs Tage gedauert haben – weit kürzer als Transporte von Breslau nach Görlitz im Jahre 1946. Andererseits registrierte die thüringische Landesregierung 1948 eine sehr schlechte Stimmung unter Umgesiedelten aus Kaliningrad. Die Trans-

---
[748] Ders., Nordenburger-Rundbrief vom November 1947; Kopie im Besitz des Verfassers.
[749] Schwartz, Ethnische „Säuberung" als Kriegsfolge, S. 643–645.
[750] Ebenda, S. 645.

porte endeten im Herbst 1948, doch kam es 1951 nach Vereinbarung zwischen der Sowjetunion und der DDR zur Übernahme weiterer 3750 Personen aus Ostpreußen, darunter von 286 Waisenkindern. Die DDR-Regierung begründete 1952 die Einführung einer besonderen Internatsunterbringung für zurückgebliebene „Umsiedlerkinder" ausdrücklich mit diesen Kindern aus Kaliningrad.[751]

Ab Ende 1945 kam es auch zu Zwangsumsiedlungen von „Volksdeutschen" aus südosteuropäischen Ländern. Waren im besetzten Jugoslawien zwischen 1941 bis 1943 vor allem Muslime, Juden und Serben Opfer der seit dem deutschen Überfall von 1941 eskalierenden ethnischen Gewalt geworden, so gerieten mit der Kriegsniederlage Italiens 1943 und Deutschlands 1945 italienische und volksdeutsche Minderheiten in extreme Gefahr. Im November 1944, zum Zeitpunkt der Befreiung Belgrads, empfahl der nationalistische Serbe Vasa Čubrilović der neuen kommunistischen Regierung die Lösung der Minderheitenprobleme durch Vertreibung der Deutschen, Ungarn und Albaner. Zwischen 1945 und 1950 hatte er die Chance, als Minister Titos diese Politik der Vertreibung und Neuansiedlung mit umzusetzen.[752] Ein Teil der Volksdeutschen hatte freilich bereits mit dem Rückzug der deutschen Wehrmacht im Herbst 1944 ihre Heimat fluchtartig verlassen. Dies tat mit 100 000 „Evakuierten" etwa die Hälfte der Volksdeutschen aus der Vojvodina. Die Zurückbleibenden wurden von den Siegern misshandelt, ermordet, in Zwangsarbeitslagern interniert. Die kommunistische Regierung beschloss am 21. November 1944 die Enteignung aller Deutschen und die Aberkennung ihrer Bürgerrechte. Ähnlich erging es den Italienern Dalmatiens[753], die anders als die Deutschen aber nicht durch „offizielle Entscheidung" vertrieben wurden.[754] Die 270 000 Menschen umfassende italienische Minderheit – darunter 21 000 Einwohner der Hafenstadt Zara (Zadar) oder 20 000 Italiener aus Fiume (Rijeka) – wanderte angesichts der doppelten Bedrohung durch den südslawischen Nationalismus und die kommunistische Diktatur 1945/46 nur scheinbar „freiwillig" nach Italien ab. Im Falle der als „Freies Territorium" konstituierten Stadt Triest, die erst 1954/55 zwischen Italien und Jugoslawien geteilt wurde, verließen die Italiener Titos Territorium entsprechend später.[755]

Die zurückgebliebenen oder von der Front überrollten Volksdeutschen wurden brutal attackiert: Von 200 000 Zivilisten in Jugoslawien sollen im Winter 1944/45 zwischen 60 000 und 70 000 durch die kommunistischen Machthaber getötet worden sein. Weitere 12 000 wurden in die UdSSR deportiert, wo ein Fünftel zu Tode kam. Eine noch größere Zahl geriet in jugoslawische Arbeitslager, mit ebenfalls hohen Todesraten. Von über 150 000 internierten „Donauschwaben" scheinen zwi-

---

[751] Ebenda, S. 646.
[752] Čubrilović, Das Minderheitenproblem im neuen Jugoslawien; zur Inhaftierung 1942: Calic, Geschichte Jugoslawiens im 20. Jahrhundert, S. 142; zur Zeit nach 1945: Ahonen e. a., People on the Move, S. 67–69.
[753] Carmichael, Ethnic Cleansing in the Balkans, S. 54f.
[754] Corni, Der italienische Exodus, S. 495.
[755] Wörsdörfer, Italienische Flüchtlinge, S. 678f.; Ther, Die dunkle Seite der Nationalstaaten, S. 204–206; Ferrara / Pianciola, L' Età delle Migrazioni Forzate, S. S. 356–361 und S. 366.

schen 1944 und 1948 60 000 an Zwangsarbeit, Unterernährung und Seuchen gestorben zu sein. 90 000 Überlebende wurden meist erst nach 1950 nach Westdeutschland oder Österreich entlassen, denn der Versuch Belgrads, bereits 1946 110 000 Deutsche ins Vier-Zonen-Deutschland auszusiedeln, war vom Alliierten Kontrollrat abgelehnt worden. Wer dauerhaft in Jugoslawien blieb, hatte seine deutsche Identität zu verbergen; anders als im ersten jugoslawischen Staat zwischen 1918 und 1941 waren Deutsche in Titos Jugoslawien keine anerkannte Nationalität mehr.[756] Im November 1944 hatte Titos provisorische Regierung entschieden, die deutsche Volksgruppe kollektiv zu enteignen, ohne sie jedoch zugleich kollektiv auszubürgern oder zu vertreiben (was damals lediglich in Slowenien geschah). Erst im Juni 1945 beschloss die jugoslawische Regierung, die unterdessen durch einen prominenten Vertreter der Londoner Exilregierung verstärkt worden war, „dass alle Deutschen […] nach Deutschland ausgesiedelt werden sollen".[757]

In Rumänien machten die Volksdeutschen 1939 rund 800 000 Menschen aus und stellten vier Prozent der Bevölkerung dieses 1918/19 etablierten Vielvölkerstaates. Kleinere Gruppen wurden 1940 aus Bessarabien und der Bukowina vom NS-Staat umgesiedelt, doch die 600 000 Volksdeutschen in Siebenbürgen und im Banat befanden sich bei Kriegsende 1944/45 immer noch in ihrer Heimat.[758] Ähnlich wie in Jugoslawien waren den in Rumänien herrschenden nationalistischen Eliten nationale Minderheiten schon lange verhasst gewesen. Ende 1931 hatte ein Abgeordneter der Bauernpartei im Parlament die Auflösung des neu geschaffenen Unterstaatssekretariats für Minderheiten gefordert, das dem Führer der „Deutschen Partei", Rudolf Brandsch, anvertraut worden war. Der damalige Ministerpräsident Nicolae Jorga, ein vergleichsweise gemäßigter Nationalist und international geachteter Historiker, der 1940 von rumänischen Faschisten ermordet werden sollte, lehnte dies ab und sprach demonstrativ von den „Minderheiten, die Gott gemacht hat und die zu beseitigen wir nicht berufen sind". Damit stellte sich Jorga gegen den in Osteuropa üblichen Assimilationszwang – auch wenn er dem Grundsatz folgte, dass Minderheiten umso größere Rechte erhalten sollten, je loyaler sie sich zum rumänischen Staate stellten.[759] Nach Jorgas Rücktritt wurde jedoch die Minderheitenbehörde 1932 unverzüglich abgeschafft und erst 1940 neu errichtet – diesmal im Kontext des Bündnisses des neuen Diktators Antonescu mit Hitler. Hinter der Fassade schikanierte die rumänische Regierung die deutsche Minderheit jedoch weiter.[760] Dennoch wurden nach Kriegsende die Volksdeutschen Rumäniens nicht systematisch vertrieben wie in Jugoslawien oder Ungarn. Ein erheblicher Teil war zwar im Winter 1944/45 von den Sowjets zur Zwangsarbeit deportiert worden, um erst zwischen Herbst 1945 und 1951 aus der UdSSR teilweise

---

[756] Schindler, Yugoslavia's First Ethnic Cleansing, S. 367f.; Haas, Ethnische Homogenisierung unter Zwang, S. 164.
[757] Calic, Geschichte Jugoslawiens im 20. Jahrhundert, S. 179.
[758] Meldungen aus dem Reich, Bd. 3, S. 584.
[759] Schulthess' Europäischer Geschichtskalender 72.1931, S. 439; Nagy-Talavera, Nicolae Iorga, S. 285f.
[760] Meldungen aus dem Reich, Bd. 10, S. 3774–3777.

7. „Ordnungsgemäß und human"? 575

nach Rumänien zurückzukehren.[761] Doch eine massenhafte Vertreibung der deutschen Minderheit fand in Rumänien nicht statt.[762]

In Ungarn entschloss sich die Nachkriegsregierung 1945 zur Zwangsaussiedlung. Anders als in Polen und der Tschechoslowakei erfolgte im Frühjahr und Sommer 1945 keine eigenmächtige Vertreibungsaktion, man wartete vielmehr die Beschlüsse der „Großen Drei" in Potsdam ab. Dabei spielte eine Rolle, dass Ungarn kein Verbündeter der Sieger war, sondern ein besiegter Feindstaat, dessen Handlungen der Genehmigung der Sieger bedurften. Erst nachdem der Alliierte Kontrollrat für Deutschland im November 1945 die Übernahme der Ungarndeutschen vorbereitet hatte, erklärte am 22. Dezember 1945 der Minister für Wiederaufbau, der Nichtkommunist József Antall, im ungarischen Ministerrat, es sei „aus nationalpolitischer Sicht nicht zu bezweifeln, daß es im Interesse Ungarns liegt, wenn möglichst viele Deutsche das Land verlassen". Es werde „nie wieder eine solche Gelegenheit geben, die Deutschen loszuwerden".[763]

Antall hatte Gründe für seine Deutschenfeindlichkeit. Er war nicht nur eingefleischter Nationalist, er hatte auch während des Zweiten Weltkrieges als Horthys Regierungskommissar die Betreuung für geflüchtete polnische Staatsbürger organisiert. Weil er dabei auch zahlreiche Juden gerettet hatte, war er im Herbst 1944 – nach dem von Hitler befohlenen Sturz des Horthy-Regimes – verhaftet und gefoltert worden.[764] Unter Antalls Ägide zwang die Nachkriegsregierung zwischen 1945 und 1947 rund 200 000 Angehörige der deutschen Minderheit dazu, das Land zu verlassen. Die Zwangsaussiedlung überkreuzte sich mit Zwangsumsiedlungen oder Fluchtbewegungen von ungarischen Minderheiten aus anderen Staaten nach Ungarn hinein. Dies gilt vor allem für die Zwangsaussiedlung von 110 000 Ungarn aus der Slowakei, von 25 000 Ungarn aus der einst tschechoslowakischen, zwischenzeitlich ungarischen und nunmehr sowjetischen Karpatoukraine und von 125 000 Ungarn aus dem an Rumänien zurückgelangten nördlichen Siebenbürgen. Die Entfernung von über einer Viertelmillion Deutschen aus Ungarn lief zudem parallel zur Aussiedlung von 70 000 Slowaken aus Ungarn in die ČSR. Insgesamt wurden zwischen 1944 und 1948 über eine Million Menschen zum Verlassen Ungarns gezwungen. Die größte Opfergruppe blieben bei alledem die 1944/45 von den deutschen Besatzern und ihren ungarischen Helfern in Hitlers Vernichtungslager deportierten Juden – rund 400 000 Menschen[765], die größtenteils ermordet worden waren.

Die Zwangsaussiedlung der Ungarndeutschen von 1946 basierte auf Plänen für einen Bevölkerungsaustausch, die in Ungarn schon 1934 entwickelt worden waren. Der damalige ungarische Staatschef Horthy hatte solche Pläne später mit seinem Verbündeten Hitler diskutiert – wobei die Initiative vom deutschen Diktator

---

[761] Harsanyi, The Deportation of the Germans from Romania, S. 386 f.; von 75 000 Deportierten sollen rund 10 000 zu Tode gekommen sein.
[762] Vgl. zur Nachkriegssituation: Klein, Drinnen und draußen, S. 178–180.
[763] Kossert, Kalte Heimat, S. 38, der Antall fälschlich „Antalls" nennt.
[764] Jozsef Antall senior.
[765] Gyarmati, Aussiedlung der Deutschen aus Ungarn, S. 276 f.

ausgegangen sein soll.⁷⁶⁶ Seinerseits hatte Horthy gegenüber Hitler am 3. November 1939 dessen Reichstagsrede von den unhaltbaren Volkstumssplittern im Osten aufgegriffen und die Umsiedlung des in Ungarn nicht assimilationsbereiten Teils der Ungarndeutschen vorgeschlagen, um alle „Reibungsflächen" zu beseitigen.⁷⁶⁷ Hitler meinte 1942, dass das „Deutschtum" in Ungarn „auf die Dauer [...] nur zu halten" sei, „wenn wir den Staat unter unsere Gewalt bekommen, oder wir müssen die Deutschen herausholen".⁷⁶⁸ Bereits 1940 hatte Hitlers Sicherheitsdienst (SD) über wachsenden „Deutschenhass" in Ungarn berichtet.⁷⁶⁹ Beide Seiten setzten im Weltkrieg die Ungarndeutschen durch „Aussiedlungsgerüchte" unter Druck: Die Magyaren drohten „mit reichsdeutschen Plänen der Aussiedlung aller Ungarndeutschen", der NS-„Volksbund" führte den „für Ungarn Votierenden" in seiner Volksgruppe vor Augen, sie würden von den Magyaren „zwangsinterniert und zu Zwangsarbeit herangezogen" werden, „um schließlich nach Siebenbürgen auswandern zu müssen".⁷⁷⁰ Im Januar 1943 registrierte der SD nicht nur eine Spaltung der Ungarndeutschen entlang der konkurrierenden Loyalitäten zu Berlin oder Budapest, sondern auch wachsende Ängste vor einer Zwangs-„Umsiedlung":

„Die bisher erfolgten Umsiedlungen im Südosten aus Bessarabien, der Dobrudscha, dem Buchenland und neuerdings aus Bosnien werden als Beweismaterial genommen, um die gemachten Behauptungen zu unterbauen. Als einziges Mittel, um dieser bevorstehenden Umsiedlung zu entgehen, werde [...] das Bekenntnis zur {ungarischen} ‚Treue-Bewegung' genannt. [...] Wie weit diese Umsiedlungspsychose bereits konkrete Formen annehme, zeige sich darin, daß sich in der ‚Schwäbischen Türkei' *madjarische Bauern schon offen über die Verteilung des deutschen Eigentums unterhalten.*"⁷⁷¹

Am 22. Dezember 1945 unterzeichnete der ungarische Regierungschef und spätere Staatspräsident Zoltán Tildy, ein demokratischer Bauernpolitiker, jene Zwangsaussiedlungs-Verordnung, die sich ausdrücklich als „Durchführung des Beschlusses des Alliierten Kontrollrates vom 20. November 1945 über die Umsiedlung der deutschen Bevölkerung Ungarns nach Deutschland" zu erkennen gab.⁷⁷² Da Budapest mit der antideutschen „Säuberung" gewartet hatte, bis ein Beschluss der Alliierten vorlag⁷⁷³, durfte es sich mit größerem Recht als Warschau oder Prag auf die Potsdamer Beschlüsse vom August 1945 berufen. Doch auch in Ungarn gab es nicht nur bei Politikern wie Antáll oder Tildy eigene Beweggründe für ethnische „Säuberung". Auch die Kommunistische Partei befürwortete die Vertreibung der Deutschen⁷⁷⁴, und die in Debrecen gebildete provisorische Regierung unter Ministerpräsident Miklós von Dálnok – einem früheren Horthy-General – hatte per

---

766 Bloxham, The Great Unweaving, S. 187; Ahonen e. a., People on the Move, S. 49.
767 Seewann, „Ungarndeutschtum" als Identitätskonzept und politische Ressource, S. 117.
768 Picker, Hitlers Tischgespräche, S. 183 f. bis auf die Siebenbürger Sachsen hielt Hitler die volksdeutschen Gruppen in Ungarn für „rassisch minderwertig".
769 Meldungen aus dem Reich, Bd. 5, S. 1341.
770 Seewann, „Ungarndeutschtum" als Identitätskonzept und politische Ressource, S. 120 f.
771 Meldungen aus dem Reich, Bd. 12, S. 4646–4648; schon Ende 1939 hatten Umsiedlungsgerüchte die Deutschen in Ungarn beunruhigt; ebenda, Bd. 3, S. 496.
772 Dokumentation der Vertreibung der Deutschen aus Ost-Mitteleuropa, Bd. III, S. 91E–93E.
773 Hösch, Geschichte der Balkanländer, S. 247.
774 Zeman, Pursued by a Bear, S. 206.

Dekret vom 15. März 1945 den Boden bereitet. Demnach sollten nicht nur alle ungarischen Staatsbürger, die das NS-Regime unterstützt, freiwillig in dessen Armee- oder Polizeiverbänden gedient oder als Spitzel gearbeitet hatten, als Verräter und Kriegsverbrecher behandelt werden, sondern auch all jene, die ihre deutschen Namen (statt der aufgezwungenen magyarischen) wieder angenommen hatten. Damit wurde die Verweigerung von Zwangsassimilation zum Vertreibungsgrund. Auch das Deportationsdekret Tildys vom Dezember 1945 nutzte dieses Exklusionskriterium – neben der Zugehörigkeit zum NS-„Volksbund" oder zur SS.[775] Wenn es richtig sein sollte, dass die Kleinlandwirte-Partei, die wichtigste nichtkommunistische Kraft im Lande, die Deutschenvertreibung anfangs abgelehnt hat, weil Ungarn rassistische Maßnahmen Hitlers nicht nachahmen sollte, hat dies Ministerpräsident Tildy, den Führer dieser Partei, an seiner Unterschrift unter das Vertreibungsdekret jedenfalls nicht gehindert. Tildys Stellvertreter, der Kommunist Matyas Rákosi, hatte wiederum die Note vom 26. Mai 1945 mitverfasst, in der Moskau mitgeteilt wurde, man wolle 200 000 bis 250 000 Deutsche, die aktive Diener des Hitlertums gewesen seien, nach Deutschland transferieren. Diese Zahl wurde im November 1945 von den Alliierten auf 500 000 verdoppelt. Man brauchte Platz für ungarische Minderheiten, deren Zwangsaussiedlung nach Ungarn anstand.[776] Gleichwohl wurde die Größenordnung von einer halben Million nie erreicht, bis Sommer 1946 wurden 120 000 Ungarndeutsche in die US-Zone deportiert, bevor die Transporte durch die USA gestoppt wurden. Die Aussiedlungen setzten erst 1947 wieder ein und brachten weitere 50 000 Menschen in die sowjetische Besatzungszone Deutschlands. Nach ungarischen Angaben wurden 185 655 Deutsche zwangsausgesiedelt, nach deutschen 213 196 – wozu allerdings Geflüchtete gerechnet wurden.[777]

Diese Zwangsaussiedlung der Deutschen soll teilweise vom selben Personal innerhalb der ungarischen Bürokratie durchgeführt worden sein, das 1944 bereits den deutschen Besatzern bei den Judendeportationen behilflich gewesen war.[778] An der Spitze wiederum waren ähnlich wie in Polen, wo man den Kommunisten Gomułka, Ochab und Zawadzki als Hauptakteuren begegnet, auch in Ungarn spätere Führer des Landes maßgeblich beteiligt. Der Freiheitsheld von 1956, Imre Nagy, unterschrieb als Innenminister die Durchführungsbestimmungen – wobei er festlegte, dass die „Aussiedlung" unter „weitgehendster Beachtung der Erfordernisse der Menschlichkeit" erfolgen sollte.[779] In die Amtszeit László Rajks als Innenminister bis August 1948 fiel die Hochphase der Aussiedlung, während János Kádár den Kurswechsel zur Assimilationspolitik vollzog. Vertreibung zu betreiben war offenbar karrierefördernd. Dabei hatten die polnischen Täter allerdings größere

---

[775] Angi, The Expulsion of the Germans from Hungary, S. 381–384.
[776] Zeman, Pursued by a Bear, S. 206.
[777] Angi, The Expulsion of the Germans from Hungary, S. 377, S. 379 und S. 380f.
[778] Bloxham, The Great Unweaving, S. 187; Bloxham / Moses, Genocide and Ethnic Cleansing, S. 133.
[779] Dokumentation der Vertreibung der Deutschen aus Ost-Mitteleuropa, Bd. III, S. 94E und S. 104E.

Überlebenschancen als die Ungarn. Rajk wurde 1949 hingerichtet; Nagy traf dieses Schicksal zwei Jahre nach seiner Rolle im Aufstand von 1956. Kádár freilich konnte von 1956 bis 1988 regieren – länger als Gomułka, der Polen nur bis 1970 beherrschte.

In der Ökonomie der Vertreibung herrschten seltsame Gesetze. Die Wahrscheinlichkeit, während der Vertreibung zu sterben, war für Deutsche „etwa genauso hoch" wie für polnische Repatrianten aus der UdSSR. Während diese Wahrscheinlichkeit in beiden Fällen 10 Prozent betragen haben soll, lag sie bei innerhalb der Sowjetunion deportierten Ukrainern, Rumänen, Balten, Kaukasus- und Krimvölkern angeblich bei 20 Prozent. Timothy Snyder zieht daraus den Schluss: „Es war besser, nach Westen als nach Osten geschickt zu werden [...]. Es war auch besser, in ein entwickeltes (wenn auch bombardiertes und vom Krieg zerrissenes) Deutschland zu kommen als in ein sowjetisches Ödland" in Kasachstan oder Sibirien. Denn „je weiter östlich die Deportation stattfand und je direkter die Sowjetmacht beteiligt war, desto tödlicher das Ergebnis."[780]

Auch wenn es noch Schlimmeres gab als die Vertreibung der Deutschen nach dem Zweiten Weltkrieg, sollten die mit dieser größten ethnischen „Säuberung" der modernen Geschichte verbundene Gewaltakte dennoch deutlich gesehen werden. Ray M. Douglas nimmt die Geschehnisse als traurigen Beweis dafür, dass Massenvertreibungen „selbst unter den besten denkbaren Bedingungen [...] fast ebenso starke Verwerfungen, wirtschaftliches Chaos und soziale Unruhen" bewirken wie ansonsten nur Kriege. Britische Experten wussten dies schon 1944. Dennoch wurde diese Gewaltpolitik gegen Millionen wehrlose Menschen von den Siegern des Zweiten Weltkrieges umgesetzt.[781]

---

[780] Snyder, Bloodlands, S. 337.
[781] Douglas, Ordnungsgemäße Überführung, S. 459 f.

VII. Globalisierte Gewaltpolitik nach 1945: Wechselwirkungen ethnischer „Säuberungen"

Mit dem Ende des Zweiten Weltkriegs waren ethnische „Säuberungen" nicht beendet. Zwischen 1944 und 1948 wurden allein in Ostmitteleuropa 31 Millionen Menschen Opfer weiterer Zwangsmigrationspolitik.[1] Zugleich waren ethnische „Säuberungen" kein bloßes „europäisches Problem"[2], vielmehr kam es gerade nach 1945 in verschiedenen Regionen der Welt zu einem globalen „Transfer des europäischen Modells".[3] Die Dynamik dieser Gewaltpolitik im Nachkrieg war so global wie der Zweite Weltkrieg.

Schon die seit dem 19. Jahrhundert massenhaft eingeübte koloniale Deportationspraxis des Westens endete nicht mit der Entkolonialisierung nach 1945, sondern wurde von den postkolonialen Regimes der „Dritten Welt" systematisch fortgesetzt. Ein Bindeglied bilden jene Repressionsakte, mit denen sich nach dem Zweiten Weltkrieg europäische Kolonialmächte gegen den Machtverlust in ihren Kolonien zu wehren versuchten. Von solchen Zwangsumsiedlungen – zumeist zur Guerilla-Bekämpfung, nach dem spanischen Modell auf Kuba von 1897 – waren 30 Millionen Menschen betroffen, von denen mindestens vier Millionen zu Tode gekommen sein sollen. Die wichtigsten Fälle sind Malaya zwischen 1948 und 1960, wo die britische Kolonialmacht 570 000 Menschen zwangsumsiedelte; Vietnam zwischen 1952 und 1954, wo die französische Kolonialmacht drei Millionen Menschen, und Kambodscha, wo die Franzosen 500 000 Menschen zwangsumsiedelten; Kenia zwischen 1952 und 1956, wo die Briten dies 1,1 Millionen Menschen antaten, weitere 100 000 vertrieben und fast 100 000 zu Tode brachten; Algerien zwischen 1954 und 1962, wo die französische Regierung 3,4 Millionen Menschen zwangsumsiedelte, 300 000 aus dem Lande trieb und 500 000 Menschen tötete; und Südvietnam zwischen 1959 und 1965, wo die USA 8,7 Millionen Menschen zwangsumsiedelten, 3,5 Millionen vertrieben und den Tod von einer Million Menschen verursacht haben sollen.[4] Hinzu kam die Zwangsumsiedlung von 3,5 Millionen „schwarzen" Afrikanern in sogenannte „homelands" durch die rassistische Regierung der „weißen" Siedlerrepublik Südafrika.[5] Deren Premiers Verwoerd und Vorster realisierten damit als innerstaatliche Deportationsvariante jene Politik der Rassentrennung durch „Rücksiedlung", die im 19. Jahrhundert von der weißen Elite der USA diskutiert und im neu gegründeten „homeland" Liberia ansatzweise umgesetzt worden war.[6]

Doch nicht nur das machtpolitische Kriegs- und Bürgerkriegsinstrument der Massendeportation, auch das verwandte westliche Projekt ethnischer „Säuberung" zur Erzeugung homogener Nationalstaatlichkeit fand nach 1945 bereitwillig Nach-

---

[1] Die Zahlen bei Sowell, Conquests and Cultures, S. 202.
[2] Derart verengt vor einigen Jahren Ther, The Spell of the Homogeneous Nation-State.
[3] Die derzeitige Position bei Ther, Die dunkle Seite der Nationalstaaten, S. 212.
[4] Gerlach, Sustainable Violence, S. 361–363.
[5] Marx, Zwangsumsiedlungen in Südafrika während der Apartheid, insb. S. 184.
[6] Vgl. Kap. III.1.

ahmer in der sich entkolonialisierenden Welt. Der mit den beiden schlimmsten Krisenherden des zerfallenden Britischen Empire, Indien und Palästina, befasste Sir Reginald Coupland konstatierte 1946 eine grundlegende Ähnlichkeit. Diese bestehe darin, dass sich in beiden Fällen Minderheiten einer Bevölkerung – seien es jüdische Zionisten oder muslimische Inder – als eigenständige Nationen definierten und sich strikt weigerten, einer Mehrheitsherrschaft in bestehenden Grenzen unterworfen zu werden.[7] Nicht nur in diesen Fällen war ethnische „Säuberung" unweigerlich die Folge von Nationalisierungskonkurrenzen.

1. Ein Transfer des „Transfers": Indien – Pakistan seit 1947/48

Die für die frühe Neuzeit formulierte Überzeugung, ohne über Indien hinauszublicken, könne man Indien nicht erklären[8], gilt erst recht für die moderne Geschichte des Subkontinents. Die Einwirkung des westlichen Kolonialimperialismus, in diesem Falle Großbritanniens, bestand nicht nur in der Herrschaftsstrategie, „Religions- und Rassenunterschiede innerhalb der Mehrheitsgesellschaften in ihren [kolonialen] Territorien zu betonen".[9] Die ethnischen „Säuberungen" von 1947/48 haben auch mit kolonialer Prägung zu tun, weil die Briten ihre europäischen Erfahrungen auf Indien übertrugen. War es sachliche Analyse oder „self-fulfilling prophecy", wenn britische Wissenschaftler und westlich ausgebildete Inder die Situation dieses Landes mit der an Nationalitätenkonflikten zerbrochenen Habsburgermonarchie gleichsetzten? Der spätere indische Staatspräsident Rajendra Prasad verglich 1947 die Lage der Hindus und Muslime in Indien mit jener der Ungarn und Kroaten in Österreich *bis* 1867, wo der Konflikt beider Nationen die gemeinsame Unterdrückung durch eine fremdnationale Bürokratie ermöglicht habe.[10] Die kritische Analogie zur britischen Kolonialpolitik war evident. Carlile Macartney wiederum, ein britischer Kenner der Nationalitätenprobleme Europas, auf den sich Prasad gern berief, hatte 1934 Indien mit dem habsburgischen Ungarn *vor wie nach* 1867 verglichen: Wie Prasad sah Macartney eine Analogie zwischen dem Unabhängigkeitsstreben der Hindus gegen die Briten und dem der Magyaren gegen die Habsburger; auch setzte er die dagegen gerichtete Allianz der Briten und Muslime mit dem antimagyarischen Schulterschluss von Habsburgern, Deutschen und Kroaten gleich. Anders als Prasad aber prognostizierte der Brite Indien eine düstere Zukunft: Wenn man berücksichtige, dass der nationale Konflikt in Ungarn seinen Höhepunkt erst erreicht habe, nachdem sich die Habsburger 1867 aus den inneren Angelegenheiten dieses Landes zurückgezogen hätten, müsse man folgern, dass die gegebene britische Präsenz in Indien den drohenden Zusammenstoß der

---

[7] Louis, Ends of British Imperialism, S. 392.
[8] Ashin Das Gupta, zitiert nach: Subrahmanyam, Explorations in Connected History, S. 2.
[9] Bayly, Die Geburt der modernen Welt, S. 274.
[10] Prasad, India Divided, S. 28.

einheimischen Rassen noch verzögere. Je mehr Selbstbestimmung Indien erhalte, desto deutlicher werde es an die Konfliktzonen Osteuropas erinnern.[11]

In Britisch-Indien lebten um 1945 389 Millionen Menschen mit fünfzehn offiziellen Sprachen, 24 regionalen und 23 örtlichen Sprachen sowie rund 700 Dialekten. Eine „indische" Nationalität war somit eine künstliche Kreation.[12] Dasselbe galt für eine pakistanische Nation, deren Zugehörigkeit bezeichnenderweise religiös (islamisch) definiert werden musste. Über die Frage, ob es jahrhundertealte Dispositionen für muslimisch-hinduistische Konflikte in Indien gebe oder nicht, ist viel diskutiert worden. Doch haben selbst Verfechter einer Konfliktkontinuität einräumen müssen, dass Vorbedingungen keine direkten Konfliktursachen waren. Diese *Ursachen* waren modern: Sie finden sich nicht nur in den politischen Konflikten zweier Nationalbewegungen, sondern auch in Strategien kultureller Abgrenzung, etwa durch „Erfindung" nationaler Opfer-Historien.[13] Auf diese Weise deuteten modern ausgebildete Intellektuelle den vielfältigen Gegensatz der Religionsgemeinschaften der 255 Millionen Hindus und 92 Millionen Muslime im britischen Kaiserreich Indien[14] in einen Konflikt zweier Nationen modern-westlichen Zuschnitts um. Hinduistische Nationalisten warfen der Kolonialregierung vor, den weder zahlenmäßig noch durch Bildung oder Wohlstand die Hindus übertreffenden Muslimen durch die falsche Geschichtsinterpretation, dass bis zur Ankunft der Briten die muslimischen Großmogul von Delhi Herrscher über ganz Indien gewesen seien, eine Vorrangstellung zu suggerieren, die durch die Vorzugsbehandlung von Muslimen in neu geschaffenen Beratungsgremien noch verstärkt würde.[15]

Paul Rohrbach stellte schon 1916 fest, westlicher Einfluss verändere nicht nur das Osmanische Reich, sondern lasse auch Indien „in Bewegung geraten". Die dortige Unabhängigkeitsbewegung sei Folge der Herrschaft eines „westlichen Kulturvolkes".[16] Auch der britische Indienexperte Sir Reginald Coupland meinte, dass das „indische Problem" ohne den westlich-britischen Einfluss in dieser Weise nie hätte entstehen können. Coupland betrachtete den indischen Nationalismus als Kind der Kolonialherrschaft und verglich den Konflikt zwischen Hindus und Muslimen mit dem britisch-irischen Konflikt in Europa. Die muslimische Bewegung in Indien sei nach 1918 – nach dem Sieg der Entente über das Osmanische Reich – besonders stark geworden, weil die indischen Muslime damals den Islam in der Türkei und im Nahen Osten für bedroht gehalten hätten; entsprechend sei sie unter dem Eindruck der nationaltürkischen Siege über die Griechen im Kontext des Vertrages von Lausanne 1923 auch wieder zurückgegangen. Dennoch hätten Zusammenstöße zwischen Muslimen und Hindus stetig zugenommen.[17]

---

[11] Macartney, National States and National Minorities, S. 480 f.
[12] Hoerder, Cultures in Contact, S. 487.
[13] Subrahmanyam, Explorations in Connected History, S. 82 und S. 100 f.
[14] Die Zahlen bei Hennessy, Never Again, S. 231.
[15] Pal, Nationality and Empire, S. 387 f.
[16] Rohrbach, Der deutsche Gedanke, S. 50 f.
[17] Coupland, The Indian Problem 1833–1935, S. 23, S. 28 f., S. 73 und S. 75; zur Förderung des Kongresses durch die Briten auch Wende, Das Britische Empire, S. 258 f.

Schon vor dem Ersten Weltkrieg zeigte sich, wie fragil die koloniale Ordnung war. 1903 machte Vizekönig Lord Curzon den Vorschlag, die Provinz Bengalen in muslimisch bzw. hindu-dominierte Regionen zu teilen. Dieser Plan verursachte heftige Aufregung. Die Hindus im östlichen Teil Bengalens befürchteten, in einer eigenständigen, muslimisch dominierten Provinz zur Minderheit gemacht zu werden, und die von Hindus dominierte Kongresspartei forderte seither die Selbstregierung. Dies veranlasste die Gründung der indischen Muslimliga im Jahre 1906, die sich zunächst „loyalistisch" gegenüber den Briten gab. Der Konflikt wurde so brisant, dass König George V. anlässlich seiner Krönung zum Kaiser von Indien 1911 den Curzon-Plan zurückzog.[18] Dies schockierte die indischen Muslime, die seither den Briten nicht mehr trauten. Auch andere Konfliktpunkte, namentlich die feindselige Haltung Großbritanniens gegenüber dem Osmanischen Reich, trugen zur Entfremdung bei.[19] Die 1912/13 ausgefochtenen Balkankriege im fernen Südosteuropa wirkten auf die 62 Millionen Muslime in Indien mobilisierend. Der durchreisende österreichisch-ungarische Diplomat Georg von Franckenstein beobachtete 1913, dass die am Schicksal der ermordeten oder vertriebenen Balkanmuslime desinteressierte Haltung Europas und besonders Großbritanniens heftige Unruhe unter den indischen Muslimen erzeugte, deren politische Führung infolge dessen auf eine radikalere jüngere Generation überging. Hindu-Führer solidarisierten sich mit den Muslimen, doch die britischen Administratoren gaben sich sorglos: Die Annäherung werde nicht dauern, da nicht nur religiöse und historische Gegensätze eine Spaltung begünstigten, sondern auch die Furcht der Muslime vor einer Dominanz der Hindus in einem unabhängigen Indien.[20]

Tatsächlich wuchsen solche Ängste nach 1918. Zwar lehnten beide Gruppen eine Fortdauer der britischen Kolonialherrschaft ab, doch der muslimischen Minderheit ging es immer mehr „um die Gründung eines eigenständigen islamisch-indischen Staates: Pakistan".[21] Eine unter Vorsitz des ehemaligen Ministers Sir John Simon tagende britische Regierungskommission schlug 1928 eine föderalistische Lösung für Indien inklusive Kulturautonomie vor, die an die Projekte Renners und Bauers im Habsburgerreich[22] erinnerte: „Sofern volle Religionsfreiheit und kulturelle Autonomie gewährleistet sind, ist das gesellschaftliche Gruppenproblem effektiv gelöst, auch wenn nicht alle Menschen dies sofort erkennen sollten." Neben der verfassungsrechtlichen Gewährleistung religiös-kultureller Selbstbestimmung für alle Gruppen sollten Gebiete mit muslimischen Mehrheiten – etwa die Nordwestprovinz und Sind – eigenständig werden und auch Territorial-

---

[18] Hay, The Partition of British India, S. 38–40; Fraser, Partition in Ireland, India and Palestine, S. 12 f.; Bhatt, Hindu Nationalism, S. 45.
[19] Hayat, The Charismatic Leader, S. 97.
[20] Franckenstein, Facts and Features of my Life, S. 131 und S. 137 f.
[21] Brumlik, Wer Sturm sät, S. 283; laut Hennessy, Never Again, S. 331, war der Name ein Akronym für Pandschab, Afghanistan im Sinne der Nord-West-Grenzprovinz, Kaschmir, Sind und Beluchistan.
[22] Vgl. Kap. V.2.

autonomie erhalten. Die Londoner „Round-Table"-Verhandlungen zwischen Vizekönig Lord Irwin und hinduistischen wie muslimischen Politikern zielten 1930/31 ebenfalls auf eine Föderation, waren jedoch nicht erfolgreich[23], weil die angestrebte „All-India Federation" den fast sechshundert Fürstenstaaten und der als separate Wählergruppe anerkannten muslimischen Bevölkerung gemeinsam ein Übergewicht über die Bevölkerungsmehrheit der Hindus gegeben hätte. Winston Churchill verglich damals die Situation in Indien mit jener Irlands, das 1921 nach einem Bürgerkrieg geteilt worden war, und warnte vor dem Verfall des Empire.[24]

Inwieweit verschärfte Demokratisierung diese ethnoreligiösen Konflikte? Um 1900 hatten die Briten erste Zugeständnisse hinsichtlich parlamentarischer Mitbestimmung auf lokaler Ebene gemacht und dabei „separate Wählerschaften für Minderheiten, sprich Moslems, eingeführt". Diese Aufspaltung des Elektorats durch Quoten für Minderheiten blieb unproblematisch, solange Indien ein autoritäres System war, sie war jedoch unvereinbar mit echter Parlamentarisierung. Nachdem die Briten den Indern 1920 Regierungsbeteiligung in weniger wichtigen Ministerien der Provinzen eingeräumt hatten, erfolgte 1935 jedoch die Parlamentarisierung der Regionen und die Einsetzung indigener Regionalregierungen, während in der Zentrale Neu Delhi eine ebenfalls gebildete „Legislative mit exklusiver Wählerschaft" gegenüber der britischen Exekutive weiterhin machtlos blieb. Seit dieser regionalen Parlamentarisierung führte das „Prinzip der getrennten Wählerschaften" jedoch „dazu, daß aus dem Konflikt zwischen dem theoretisch säkularen indischen Nationalkongress und der Moslemliga 1947 eine getrennte Unabhängigkeit für Indien und Pakistan hervorging".[25] Die 1937 veranstalteten Regionalwahlen wurden der Wendepunkt für die Muslime, die damals erfuhren, dass die meist siegreiche Hindumehrheit die Muslimliga rücksichtslos beiseite schob.[26] Schon 1930/31 hatte Vizekönig Lord Irwin, der spätere Außenminister Lord Halifax, prognostiziert, die Hindus könnten leichten Herzens die demokratische Mehrheitsherrschaft fordern, weil sie die Bevölkerungsmehrheit stellten; diese Art der Demokratie müsse jedoch für die Muslime „fatal" sein, da sie ihre dauerhafte Ausschließung von der Macht bedeute. Daher forderten Muslim-Politiker ein Gruppenwahlrecht für Minderheiten und andere Vorkehrungen zum Schutz muslimischer Interessen.[27] Eine solche Lösung, die stark an das Personalitätsprinzip der Austromarxisten Renner und Bauer erinnert, wurde von der Hindu-Mehrheit verweigert, und folgerichtig kam es in Indien – ähnlich wie im Habsburgerreich – zu Separatismus und ethnischer „Säuberung". Der britische Liberale Lord Samuel kritisierte 1946, dass in Indien 1935 zwar Regionalwahlen, aber keine gesamtstaatlichen Wahlen durchgeführt worden seien; dies habe viele spätere „troubles" verursacht. Samuel meinte offenbar, dass man die Einübung in einen gemeinsamen

---

[23] Coupland, The Indian Problem 1833–1935, S. 87, S. 89 und S. 117; ähnlich Fraser, Partition in Ireland, India and Palestine, S. 70f.
[24] Darwin, The Empire Project, S. 444 und S. 464f.; Darwin, After Tamerlane, S. 412.
[25] Reinhard, Geschichte der Staatsgewalt, S. 501.
[26] Hay, The Partition of British India, S. 45f.
[27] Halifax, Fulness of Days, S. 125f.

Parlamentarismus versäumt habe.[28] Das stimmt zwar, doch wenn man die Erfahrungen des durch Nationalitätenkonflikte gelähmten österreichischen Parlamentarismus der Habsburgerzeit heranzieht, wo sich zu Beginn des 20. Jahrhunderts „der einigende Staatsgedanken [sic!] verflüchtigt" hatte, während „Racen- und Klassenhaß" sich in einem „völkischen Sondergefühl" vereinigten, um Verfassung und Staatsordnung zu bedrohen und „die Gesellschaftsordnung in ihrem Sinne umzugestalten"[29], wird man die Chancen einer Parlamentarisierungsstrategie in Britisch-Indien zurückhaltender beurteilen. Das gilt auch für die Kritik an der 1939 vom britischen Vizekönig Lord Linlithgow verfügten Sistierung demokratischer Mitwirkung für die Kriegsdauer, weil „ähnlich wie im Habsburgerreich während des Ersten Weltkrieges [...] Foren zur Konfliktvermittlung" gefehlt hätten.[30] Größere Berechtigung hat der Vorwurf Eric Hobsbawms, dass die britische Regierung im Zweiten Weltkrieg die Spannungen zwischen Kongresspartei und Muslimliga gezielt geschürt habe, wodurch Londons allerletzte Herrschaftslegitimation verspielt worden sei – die Wahrung der Stabilität.[31] Es waren nicht zuletzt der konservative Premier Churchill und Vizekönig Linlithgow, die 1942 den Versuch vereitelten, an der Seite der damals hart gegen Deutsche und Japaner kämpfenden Briten eine indigene Einheitsregierung aus Kongress und Muslimliga zu schaffen.[32]

Obschon im späten 19. Jahrhundert muslimische Nationalisten wie Sayyid Ahmad Khan das friedliche Zusammenleben von Muslimen und Hindus für undenkbar erklärt hatten[33], dauerte es bis 1930, bevor Sir Muhammad Iqbal ein eigenständiges „homeland" für die Muslime Indiens forderte und die Zusammenlegung der Provinzen Pandschab, Northwest Frontier Province, Sindh und Beluchistan verlangte. Iqbal hatte 1907 in München promoviert und suchte, beeindruckt von der Kraft des westlichen Imperialismus, nach einem Platz für den Islam in der modernen Welt. Er kritisierte die Abwendung der Araber von der Türkei im Ersten Weltkrieg als schweren Fehler (da sie dem Westen in die Hände gespielt habe) und betrachtete den britischen Teilungsplan für Palästina, der 1937 international diskutiert wurde, als Ungerechtigkeit gegen die arabischen Bewohner.[34]

Ähnlich sah dies Bhimrao Ambedkar, Wortführer der Kastenlosen (Unberührbaren) in Indien, der der hinduistisch dominierten Kongresspartei Probleme bereitete.[35] Ambedkar votierte 1940 für Teilung und Bevölkerungstransfer, sofern dies die Nationen selber wünschten, verurteilte jedoch den Palästina-Teilungsplan der Briten als ebenso ungerecht und unmoralisch wie die 1921 gegen den Willen der Bevölkerungsmehrheit durchgeführte Teilung Irlands durch die Abspaltung Nord-

---

[28] Samuel, Grooves of Change, S. 305–307.
[29] Kolmer, Parlament und Verfassung in Österreich, Bd. 1, S. VI.
[30] Diese Beobachtung bei Ther, Die dunkle Seite der Nationalstaaten, S. 217.
[31] Hobsbawm, Das Zeitalter der Extreme, S. 278f.
[32] Louis, Ends of British Imperialism, S. 399.
[33] Fraser, Partition in Ireland, India and Palestine, S. 72.
[34] Ebenda, S. 73; Lapidus, A History of Islamic Societies, S. 636.
[35] Tharoor, Die Erfindung Indiens, S. 189.

irlands.³⁶ Der vor Hitler ins britische Exil geflüchtete deutsch-jüdische Publizist Friedrich Hertz glaubte 1944, dass nicht nur die Muslime, sondern auch die Millionen „Unberührbare", die von den meisten Hindus ähnlich betrachtet würden wie die Juden von den Nazis, für einen Hindu-Staat zum Problem werden könnten. Hertz war überzeugt, dass eine Unabhängigkeit unter nationalen Gesichtspunkten zum Zerfall Indiens führen müsse, dass dann „ein neuer Balkan in gigantischem Maßstab" entstehen würde.³⁷ Diese Befürchtung bewahrheitete sich nicht, weil sich Britisch-Indien zwar gewalttätig in zwei Staaten spaltete, die führende Kongresspartei unter Jawaharlal Nehru es jedoch im größeren Nachfolgestaat Indien vermied, durch hinduistischen Nationalismus nicht noch weitere Zerfallsprozesse zu provozieren. Vielmehr war die Zusammensetzung der ersten indischen Regierung von 1947 nach Regionen und Religionsgruppen „ausgewogen" wie nie wieder: Neben vier Kastenhindus saßen zwei Muslime, ein Sikh, zwei Christen, zwei Kastenlose (darunter Ambedkar) und ein Parse in Nehrus erstem Kabinett.³⁸

Freilich dachten nicht alle Hindus wie Nehru. Nationalistische Intellektuelle bestritten seit langem das Kongress-Axiom von der einheitlichen indischen Nation. Diese Hindus waren sich mit muslimischen Nationalisten darin einig, dass Hindus und Muslime *zwei* Nationen darstellten, die weder zusammenleben könnten noch sollten. Was Hindunationalisten wie Vinayak Savarkar jedoch nicht akzeptierten, war die Forderung muslimischer Nationalisten, einen eigenen Staat aus Indien herauszuschneiden. Stattdessen forderten sie eine „Emigration" der Muslime, damit das gesamte Territorium den Hindus verbleibe.³⁹ Das Münchner Abkommen wirkte sich auf diese indischen Debatten aus: Während Nehru im Sommer 1938 die Tschechoslowakei bereist und sudetendeutsche Hitlergegner wie Wenzel Jaksch getroffen hatte⁴⁰, zog der NS-Bewunderer Savarkar den Schluss, es liege in der Hand der Hindus, ob die indischen Muslime separatistische Sudetendeutsche oder diskriminierte Juden werden würden.⁴¹

Hatte Iqbal das geplante Muslimland „Pakistan" 1930 noch als Teilstaat einer indischen Föderation konzipiert, wurde die Forderung nach einem unabhängigen Muslimstaat erstmals 1933 vom Oxford-Studenten Choudhary Rahmat Ali erhoben – in einem Pamphlet mit dem Titel „Jetzt oder Nie: Werden wir leben oder für immer untergehen?" Elaborierte Pläne für Pakistan, meist föderativer Art, wurden unter anderem von Sikandar Hayat Khan, dem Premierminister des Pandschab, und vom angesehenen muslimischen Theologen Dr. Abdul Latif aus Haiderabad entwickelt. Sie folgten Iqbals Prämisse, die Muslime vor der Dominanz der Nicht-Muslime zu bewahren.⁴² 1940 schrieb die Muslimliga unter Führung Muhammad

---

36 Ambedkar, Pakistan, S. 400f.
37 Hertz, Nationality in History and Politics, S. 189–191.
38 Tharoor, Die Erfindung Indiens, S. 189f.
39 Hayat, The Charismatic Leader, S. 199f.
40 Jaksch, Unser geschichtlicher Auftrag, S. 12; diese sandten später wiederum dem 1941 von den Briten inhaftierten Nehru eine Solidaritätsadresse ins Gefängnis.
41 Bhatt, Hindu Nationalism, S. 106.
42 Hayat, The Charismatic Leader, S. 187f.

Ali Jinnahs offiziell die Schaffung eines muslimischen „Pakistan" auf ihre Fahnen. Dies bedeutete eine Revolution im muslimischen Denken, denn nicht die Religion, sondern der Nationalismus stand im Vordergrund. Um dennoch ihre Massenbasis zu sichern, sahen sich die säkularisierten Eliten genötigt, ihr Projekt „islamisch" zu nennen.[43] Erst später wurde Pakistan wirklich islamisiert.

Die Muslimliga hatte ursprünglich die Errichtung mehrerer Staaten für Muslime gefordert. Das entsprach der Siedlungsstruktur, lebten doch zahlreiche Muslime in Südindien, wo der muslimische Herrscher des größten indischen Fürstentums – Asaf Jah VII., der Nizam von Haiderabad – ein wichtiger Geldgeber der Liga war. Doch zwischen 1944 und 1946 wurde klar, dass es Jinnah um ein einheitliches Staatsgebiet ging. In diesem „Pakistan" sollten möglichst viele von muslimischen Mehrheiten bewohnte Gebiete Indiens zusammengefasst werden, unter Umständen mit leichten Grenzkorrekturen, während die Siedlungsstruktur hingegen kaum verändert werden sollte. Vor diesem Hintergrund war Jinnah 1946 bereit, den „Cabinet Mission Plan" – den Neuordnungsplan einer vom neuen sozialistischen Premierminister Clement Attlee nach Indien entsandten Regierungsdelegation – zu akzeptieren. Dieser sah die Unabhängigkeit Indiens als Dominion vor, wobei neben einer demokratisch gewählten Zentralregierung muslimisch oder hinduistisch dominierte Provinzen mit autonomen Regierungen etabliert werden sollten. Erst als Nehru Zugeständnisse an die Muslimliga plötzlich zurücknahm und eine Kongress-dominierte Zentralregierung zu entstehen drohte, ging diese letzte Chance, die Einheit zu wahren, verloren.[44]

Was folgte, waren Gewaltakte und wachsendes Chaos. Der neue Vizekönig Lord Louis Mountbatten, ein Verwandter des britischen Königs und Kaisers von Indien, telegraphierte im März 1947 nach London, es drohe ein allgemeiner Bürgerkrieg, der seines Erachtens nur durch eine rasche Entscheidung über die Zukunft des Subkontinents verhindert werden könne.[45] Jinnahs Muslimliga hatte den Weg der „direkten Aktion" beschritten, und am 16. August 1946 wurden bei einem Aufruhr in Kalkutta Tausende von Menschen getötet. Seither verbreitete sich die Ethnogewalt bis März 1947 sprunghaft im Norden Indiens über Bombay, Ost-Bengalen, Bihar in die Nordwestprovinz (NWFP) bis zum Pandschab, wo es im April 1947 bereits mindestens 80 000 Flüchtlinge gab. Nehru verglich diese „Direkte Aktion" der Muslimliga mit den Gewalttaten von SA und SS während Hitlers Aufstiegsphase in Deutschland. Aber Hindus und Sikhs gingen ihrerseits gegen Muslime vor und forderten als Erste 1947 eine staatliche Trennung. Kaum war diese beschlossen, riefen Hindu-Politiker wie Vallabhbhai Patel, Nehrus Vizepremier und Innenminister, alle Hindus und Sikhs dazu auf, die pakistanischen Gebiete zu verlassen. Hingegen wünschte Jinnah, dass die in Indien lebenden Muslime nicht abwanderten. Bis Ende August 1947 sprachen sich Nehru und Jinnah gegen größere Bevölkerungstransfers aus, doch ab Anfang September gab es auf beiden Sei-

---

[43] Lapidus, A History of Islamic Societies, S. 636 f. und S. 639.
[44] Hennessy, Never Again, S. 232.
[45] Ebenda, S. 234.

ten bereits eine „offizielle Koordination" der entstandenen Flüchtlingsströme.[46] Was als Vertreibungsgewalt von unten oder durch regionale Führungseliten begonnen hatte, wurde von den Zentralen notgedrungen akzeptiert, reguliert, vollendet.

Auch viele der fünf- bis sechshundert Fürstenstaaten Indiens – das ‚dritte Indien', das 1947 zwischen Indien und Pakistan aufgeteilt werden sollte – beteiligten sich an der Transferpolitik. Maharadscha Sadul Singh von Bikaner, der im August 1947 als einer der ersten Fürsten dem neuen „Dominion of India" unter Führung der Kongresspartei beigetreten war, sorgte dafür, dass muslimische Untertanen, die aus Angst vor Massakern nach Pakistan auswandern wollten, dies unter dem Schutz zuverlässiger Truppen tun konnten, und organisierte die Versorgung und Neuansiedlung von 75 000 Hindu- und Sikh-Flüchtlingen aus Pakistan. Nicht nur die Premierminister Indiens und Pakistans, auch Vizekönig Mountbatten priesen den Maharadscha für diesen „großartigen Beitrag" zur „Repatriierung".[47] Noch preiswürdiger wäre das Verhalten Sawai Man Singhs II. gewesen, des Maharadschas von Jaipur, der 1947 die Sicherheit der 20 000 Muslime seines Staates erfolgreich geschützt haben soll, indem er nachts persönlich durch die Hauptstadt patrouillierte, um Ausschreitungen durch seine Autorität im Keim zu ersticken. Im Ergebnis sollen, verglichen mit anderen Staaten, nur wenige Muslime aus Jaipur nach Pakistan ausgewandert sein. Dennoch nahm dieses Fürstentum zugleich Tausende von Hindu-Flüchtlingen aus Pakistan auf. Beide Maharadschas hoben sich durch ihr Eingreifen – sei es durch Verhinderung von Vertreibung, sei es durch geregelte Transferpolitik – von vielen anderen Hindu-Fürsten ab, die gegen die Ermordung ihrer muslimischen Untertanen nichts unternahmen.[48]

Flucht und Vertreibung wurden durch die 1947 eingesetzte Grenzkommission unter Sir Cyril Radcliffe, einem renommierten Juristen, ungewollt beschleunigt. Radcliffe waren von Mountbatten und den einheimischen Politikern nur fünf Wochen Zeit eingeräumt worden[49], so dass für Bengalen und den Pandschab nur eine grobe Grenzziehung vorgeschlagen werden konnte, die möglichst entlang der Religionsgrenzen gezogen wurde, jedoch auf subjektive Optionen der Bevölkerung keine Rücksicht nahm und die Durchführung von Plebisziten nicht in Erwägung zog.[50] Radcliffe arbeitete am grünen Tisch in der Residenz des Vizekönigs in New Delhi und bekam die weit entfernten Provinzen, über deren Schicksal er zu entscheiden hatte, nie zu Gesicht.[51] Dieses Vorgehen, das an ähnlich abgehobene Entscheidungen in Europa durch die Staatsmänner in Versailles 1919 oder in Jalta und Potsdam 1945 gemahnt, sollte die Probleme verschärfen statt lösen. Besonders gravierend war die Nichtberücksichtigung der Interessen der Millionen

---

[46] Pandey, Rembering Partition, S. 21–26 und S. 35; zu Nehrus NS-Vergleich: Mahajan, Independence and Partition, S. 256; zum Nizam: Hayat, The Charismatic Leader, S. 143.
[47] Rathore, Maharaja Sadul Singh of Bikaner, Bd. 2, S. 889–891.
[48] Crewe, The Last Maharaja, S. 172f.
[49] Rathore, Maharaja Sadul Singh of Bikaner, Bd. 2, S. 588; Wende, Das Britische Empire, S. 276.
[50] Fisch, Das Selbstbestimmungsrecht der Völker, S. 239.
[51] Hennessy, Never Again, S. 234f.

Menschen umfassenden Sikh-Bevölkerung, deren Siedlungsgebiet von der Radcliffe-Kommission ungefragt zwischen Hindu- und Muslim-Staat aufgeteilt wurde.[52] Das erklärt die von Premierminister Attlee später den Sikhs zugeschriebene Hauptverantwortung für die Gewalteskalation von 1947.[53] Im Unterschied zu den Staatsmännern von Versailles ahnte Radcliffe immerhin, dass jede seiner Entscheidungen gewaltsame Konsequenzen nach sich ziehen würde.[54] Aufgrund seiner negativen Erfahrung in Indien widersetzte sich Radcliffe, 1956 zum Verfassungskommissar der Kronkolonie Zypern ernannt, vehement den dortigen Teilungsbestrebungen des Gouverneurs Feldmarschall Harding; da die damalige Regierung in London Radcliffes Bedenken teilte und ein „zweites Palästina" befürchtete, berief sie 1957 Harding ab. Zypern blieb für zwei weitere Jahrzehnte ungeteilt.[55]

Die indischen Massaker von 1947 waren, wie die Historikerin Yasmin Khan treffend bemerkt, eine Brücke zwischen uralter Barbarei und kalkulierter Modernität, sie waren einerseits planlos und willkürlich, andererseits berechnend und zielgerichtet. Im Pandschab wurde die Politik ethnischer „Säuberung" durch Milizen, Banden und Selbstverteidigungsgruppen regionaler Parteiführer ausgelöst. Bisherige Soldaten der britisch-indischen Kolonialarmee oder der Fürstenstaaten brachten modernes „Know how" ins Gemetzel ein.[56] Die gewalttätige Rolle lokaler Privatarmeen (und ihrer war lords) ist nicht zu unterschätzen.[57] Die Gewaltintensität war regional unterschiedlich, im Nordwesten hoch, in Bengalen geringer.[58] Ethnische „Säuberung" kulminierte im Pandschab, wo Hindus, Muslims und Sikhs einen rücksichtslosen Bürgerkrieg begannen, um die Grenzziehung der Radcliffe-Kommission zugunsten der eigenen Gruppe zu ändern. Der imperiale Staatszerfall Britisch-Indiens wirkte krisenverschärfend, denn da über die Hälfte aller Kolonialsoldaten aus dem Pandschab stammte und mit Auflösung der Kolonialarmee bewaffnet und kampferfahren dorthin zurückstrebte, war diese Region extrem militarisiert.[59] Außerdem hatten unter den Soldaten umlaufende Gerüchte über getötete oder verschollene Verwandte die Gewaltbereitschaft angeheizt.[60] Großbritannien war mitverantwortlich, indem es im August 1947 seine Grenztruppen auflöste und alle Probleme auf die neuen Staaten abwälzte.[61]

Zwar rechnete die Kolonialverwaltung unter Mountbatten kurz vor der Unabhängigkeitserklärung Indiens und Pakistans im August 1947 mit Bevölkerungsverschiebungen („Displacements"), glaubte jedoch irrtümlich, dass diese relativ gering ausfallen und über eine längere Zeitperiode erfolgen würden. Nachdem die

---

[52] James, Geschichte Europas, S. 268; Hay, The Partition of British India, S. 76f.
[53] Attlee, As It Happened, S. 216; zu Radcliffe: James, Geschichte Europas, S. 268f.
[54] Hennessy, Never Again, S. 235f.
[55] Hyam, Britain's Declining Empire, S. 208 und S. 270.
[56] Khan, The Great Partition, S. 6 und S. 131.
[57] Misra, The Indian Political Parties, S. 609–612.
[58] Pandey, Remembering Partition, S. 169.
[59] Mann, The Dark Side of Democracy, S. 485.
[60] Khan, The Great Partition, S. 116.
[61] James, Geschichte Europas, S. 268.

Führer beider Seiten den Trennungslinien zugestimmt hatten, hofften die Briten, die Ordnung aufrechterhalten zu können. Dabei hatte Mountbatten durch seine überhastete Vorverlegung der Machtübergabe auf den 15. August 1947 zum Chaos ethnischer „Säuberung" beigetragen.[62] Vergeblich warnte der Gouverneur von Bengalen, die Teilung Indiens sei überhastet, in Europa habe man sehr viel mehr Zeit gebraucht, um Lösungen für Danzig oder Triest zu finden.[63]

Was folgte, war nicht nur blindwütiger Hass, sondern auch zielgerichtete Umwälzung und Umverteilung. Zwischen 1947 und 1951 wurden auf dem indischen Subkontinent in den Kernzonen des Ethnokonflikts alte Eliten entmachtet, enteignet und vertrieben sowie neue Eliten geschaffen. In Ost-Bengalen hatten 1947 Hindu-Großgrundbesitzer drei Viertel der landwirtschaftlichen Nutzfläche besessen; dieser Großgrundbesitz wurde in Pakistan 1951 enteignet und überwiegend an „muhajirs", muslimische Flüchtlinge aus Indien, verteilt. Die meisten Führungspositionen in Bürokratie oder Privatwirtschaft Ost-Bengalens übernahmen Flüchtlinge aus Indien oder Zuwanderer aus West-Pakistan (Pandschab), während den Bengalis selbst nur Akademikerberufe (Anwälte, Ärzte, Lehrer) als Aufstiegskanäle verblieben. Damit waren die nächsten sozialen Konfliktlinien in Pakistan vorgezeichnet.[64]

Der ethnoreligiös homogene Staat war nicht nur unter Muslimen, sondern auch unter Hindus von einigen Politikern und Intellektuellen längst „erdacht" worden, bevor er 1947/48 „praktisch umgesetzt" wurde.[65] Auch hierfür sind westliche Vorbilder und interkontinentale Wechselwirkungen signifikant. Nicht nur Nehru und Jinnah hatten in Europa studiert. Und nicht nur die Münchner Konferenz von 1938, auch die Konferenz von Potsdam 1945 war in Indien ebenso ein Begriff wie der prekäre Schwebezustand der noch nicht geteilten Freien Stadt Triest.[66] Das Vorbild Europas aber war bei alledem nicht eindeutig; es gab unter indischen Intellektuellen auch zahlreiche Gegner von Teilung und ethnoreligiöser „Säuberung". Der Hindu Rajendra Prasad, der 1950 erster Staatspräsident Indiens werden sollte, behauptete 1946, dass neben Jinnah – der 1940 erklärt habe, ein „exchange of population" müsse im Falle der Teilung erwogen werden – eigentlich nur zwei prominente Intellektuelle ernsthaft einen Bevölkerungsaustausch vorgeschlagen hätten. Dies waren Bhimrao Ambedkar, der linksgerichtete Führer der „Kastenlosen", der 1947 erster Justizminister Indiens werden sollte, und Syed Abdul Latif, ein angesehener Korangelehrter der Universität Haiderabad. Prasad zufolge hatte Ambedkar in einer 1940 veröffentlichten, 1945/46 in zwei Auflagen erneut gedruckten und folglich ziemlich einflussreichen Schrift über „Pakistan oder die Teilung Indiens" dafür plädiert, den hinduistisch-muslimischen Konflikt durch staatliche Teilung zu entschärfen. Man müsse die Grenzen so ziehen, dass möglichst viele Muslime zu Pakistan gehörten, und außerdem einen wechselseitigen Bevöl-

---

[62] Ziegler, Mountbatten, S. 387f. und S. 403.
[63] Ther, Die dunkle Seite der Nationalstaaten, S. 219f.
[64] Gerlach, Extrem gewalttätige Gesellschaften, S. 167.
[65] Brumlik, Wer Sturm sät, S. S. 288, der dies einseitig muslimischen Autoren vorhält.
[66] Ther, Die dunkle Seite der Nationalstaaten, S. 213–215.

kerungsaustausch organisieren. Pakistan könne auf diese Weise zu einem homogenen Nationalstaat gemacht werden, Hindustan (Rest-Indien) allerdings nicht, da dort trotz aller Transfers eine große muslimische Minderheit verbleiben würde. Dennoch sei es auch für die Hindus vorteilhaft, diese Minderheit möglichst zu reduzieren. Latif wiederum hatte schon 1939 in einer Schrift über „Das muslimische Problem in Indien" die Teilung des Subkontinents in vier muslimische und mindestens elf hinduistische Zonen vorgeschlagen, die ethnoreligiös homogene Staaten bilden und locker in einer Föderation verbunden werden sollten. Muslime oder Hindus, die in einer Zone in der Minderheit waren, sollten in die nächstgelegene Mehrheits-Zone ihrer eigenen Gruppe „transferiert" werden. Dieser Bevölkerungsaustausch sollte schrittweise erfolgen und auf freiwilliger Basis begonnen werden.[67]

Solche Transferbefürworter mochten gering an Zahl sein, aber sie waren im intellektuellen Diskurs Indiens prominent. Ambedkar war einer der ersten „Unberührbaren", die in Britisch-Indien einen Universitätsabschluss ablegen konnten, und hatte für seine Studien in Rechtswissenschaft, Philosophie, Anthropologie oder Geschichte diverse westliche Ehrendoktorate erhalten. Angesichts des weltläufigen Bildungshorizonts war es nicht erstaunlich, dass sich der Kritiker des hinduistischen Kastenwesens auch bei seinem Plädoyer für geregelte ethnische „Säuberung" von westlichen Vorbildern hatte anregen lassen. In seinem 1940 erschienenen Buch zog er die europäischen Strategien im Umgang mit Minderheitenproblemen ausdrücklich zu Rate. Die Erfahrungen Europas hatten laut Ambedkar gezeigt, dass rechtliche Garantien für Minderheitenautonomie ebenso erfolglos gewesen seien wie Versuche, Minderheiten zur Assimilation zu zwingen. Infolgedessen stimme man in Europa darin überein, die beste Lösung bestehe in einem wechselseitigen Austausch solcher Minderheiten, um homogene Nationalstaaten zu schaffen. Auf diese Weise seien zuvor unlösbar erscheinende Minderheitenprobleme zwischen der Türkei, Griechenland und Bulgarien behoben worden. Die europäischen Transfers seien keine „kleinere Operation" gewesen, sondern hätten 20 Millionen Menschen verschoben. Der erfolgreiche Abschluss dieser Transfers habe die europäischen Akteure darin bestärkt, dass das Ziel eines dauerhaften Friedens alle denkbaren Einwände gegen diese Sozialtechnologie entkräfte. Auch Ambedkar ließ sich von den südosteuropäischen Transfers zwischen 1912 und 1930 überzeugen, dass nur ein „Transfer von Minderheiten" den Frieden dauerhaft sichern könne.[68]

Sein Argument, ein multiethnischer Staat könne auf die Dauer einem aggressiven Nationalismus nicht widerstehen, leitete Ambedkar ebenfalls aus europäischen, aber auch aus nahöstlichen Erfahrungen ab. Die Hindus sollten sich fragen, was den muslimischen Nationalismus daran hindern könnte, den indischen Einheitsstaat zu zerrütten, wenn es den Nationalismen der Griechen, der Balkanvölker und der Araber gelungen sei, das Osmanische Reich zu sprengen, und wenn dem slo-

---

[67] Prasad, India Divided, S. 26 f. und S. 188–190.
[68] Ambedkar, Pakistan, S. 101 f.

wakischen Nationalismus dasselbe 1938 mit der Tschechoslowakei geglückt sei. Derartiges könne man in Indien verhindern, wenn man den Muslim-Nationalisten von vornherein ihren eigenen Staat gewähre. Würden in Indien muslimisch und hinduistisch dominierte Regionen gezwungen, gegen ihren Willen verbunden zu bleiben, werde Indien zwangsläufig zum „kranken Mann Asiens" werden.[69] Ambedkar wollte nicht, dass sich das Schicksal des Osmanischen Reiches, welches in den letzten Jahrzehnten seiner Existenz fortwährend als „kranker Mann am Bosporus" bezeichnet worden war, in seiner Heimat wiederholte. Deshalb befürwortete er den Transfer des Transfers – die Übertragung des als europäisch wahrgenommenen Transfer-Modells auf das postkoloniale Indien. Zwar gab er zu, dass ein Bevölkerungstransfer zahllose Probleme erzeugen würde, doch hielt er diese nicht für unüberwindlich. Der Transfer sei vor allem eine „Frage der Politik": Entscheiden müsse die politische Führung, ob er freiwillig oder zwangsweise erfolgen solle, ob er nur bestimmte Klassen treffen oder „offen für alle" sein solle, und auf welche Weise und für wie lange der Staat Entschädigung für verlorenes Eigentum garantiere. Gegenüber dem Zwangstransfer von Lausanne (1923) bevorzugte Ambedkar einen freiwilligen Transfer, wie er 1919 zwischen Griechenland und Bulgarien vereinbart worden sei, denn jemanden mit Gewalt zu vertreiben, sei „offensichtlich falsch". Entsprechend habe die Teilungs-„Formel" des Hinduführers Rajagopalachariar von 1944, die mit Gandhi und Jinnah abgesprochen worden sei, Transfers nur auf freiwilliger Basis in Aussicht genommen.[70] Dass sein Vorbild, der griechisch-bulgarische Transfer, in Wahrheit nur unter Zwang funktioniert hatte[71], erkannte Ambedkar nicht. Dabei hatte der einflussreiche britische Gelehrte C. A. Macartney bereits 1934 nach eingehender Analyse der Transfers auf dem Balkan und in der Türkei deutlich gemacht, dass ein formal freiwilliger Transfer entweder unnötig sei, weil die ethnischen Beziehungen nicht wirklich schlecht seien, oder nur dann stattfinde, wenn die Bedingungen seiner Durchführung trotz formeller Freiwilligkeit in der Realität auf Zwang hinausliefen.[72]

Gegen Ambedkars Transferprojekt wandte Rajendra Prasad ein, dasselbe würde in Indien eine riesige Masse von Menschen umfassen und damit völlig präzedenzlos sein. Bei den Transfers zwischen der Türkei, Griechenland und Bulgarien nach 1918 seien keineswegs 20 Millionen Menschen betroffen gewesen, wie Ambedkar behaupte, sondern eine viel geringere Zahl. Die Frage der Durchführbarkeit eines Massen-Transfers sei folglich überhaupt nicht geklärt. Auch Latif wurde von Prasad kritisiert, weil er einen Bevölkerungsaustausch über teilweise große Entfernungen befürwortete; einen derartigen Transfer habe es in der Geschichte der Menschheit noch nie gegeben. Ebenso wichtig war Prasads Einwand, die Freiwilligkeit eines Transfers sei allenfalls in der Anfangsphase gegeben, später würde zu Zwangsmaß-

---

[69] Ebenda, S. 103 und S. 209f.
[70] Ambedkar, Pakistan, S. 380 und S. 408; das Wort vom „kranken Mann am Bosporus" wird Zar Nikolai I. zugeschrieben; vgl. Sax, Geschichte des Machtverfalls der Türkei, S. 324.
[71] Vgl. Kap. V.4.
[72] Macartney, National States and National Minorities, S. 449.

nahmen gegriffen werden, und das dadurch verursachte Leid würde untragbar sein. Prasad verwies auf entsprechende Erfahrungen in Europa, wo nach dem Ersten Weltkrieg ein freiwilliger Austausch nie nennenswerte Größenordnungen erreicht habe. Auch der Zwangsaustausch zwischen Griechenland und der Türkei habe, folge man dem Briten Macartney, keine nachahmenswerten Ergebnisse erzielt, sondern sei barbarisch verlaufen. Macartney rate deshalb zur Orientierung an föderativen Staatsmodellen und erwähne das Beispiel der Sowjetunion. Auch Prasad meinte, das sowjetische Vorbild größtmöglicher Kulturautonomie könne helfen, muslimische Ängste vor hinduistischer Dominanz in einer Föderation zu beheben. Wenn die nationalstaatliche Lösung zwei Staaten schaffe, die trotz aller Zwangstransfers weiter Minderheiten beinhalten würden, wäre es sinnvoller, Indien von vornherein als nichtnationalen Staat zu erhalten. Das Nationalstaatsprojekt der Muslimliga laufe einer vielhundertjährigen multiethnischen Tradition des Subkontinents zuwider. Aus vollem Herzen stimmte Prasad dem konservativen britischen Historiker Lord Acton zu, der – hierin schon von Macartney zustimmend zitiert – eine Wiederbelebung des multinationalen Staatsideals gefordert hatte.[73]

Ein Namensvetter, der Politologe Beni Prasad, Professor im nordindischen Allahabad, lehnte 1946 eine Teilung Indiens auch deshalb ab, weil die ethnischen Differenzen nicht übermäßig stark seien und sich im Übrigen gar nicht mit religiösen Trennlinien deckten. Wenn aber in Indien weder eine „hinduistische" noch eine „muslimische" Nation abgrenzbar seien, fehlten schlicht die Staatsvölker für die geplanten Teilstaaten. Doch fürchtete dieser Intellektuelle, dass solche Einsichten wenig zählten. Prasad beobachtete, dass der Trend zur Diktatur eine der wichtigsten Entwicklungen der modernen Welt sei – von Sowjetrussland über die kemalistische Türkei und das faschistische Italien bis zu Nazi-Deutschland. Auch für Indien konstatierte er einen mit der Entwicklung der Massendemokratie verbundenen Trend zur diktatorischen Umgestaltung der Parteien, die immer weniger durch innere Demokratie gekennzeichnet seien. Prasad fürchtete, dass populistische Parteiführer die Teilung seines Landes erzwingen würden. Er war überzeugt, dass die Logik getrennter hinduistischer und muslimischer Elektorate die Trennung herbeizwinge, obschon die Öffentlichkeit vor der Konsequenz eines „Bevölkerungsaustauschs" noch zurückscheue. Das fand Prasad mehr als begreiflich, denn ein solcher Austausch erzeuge, wie die Erfahrungen auf dem Balkan nach 1918 zeigten, unbeschreibliche Zerstörungen und Leiden. Das Teilungs-Konzept sei in Indien die böse Folge eines ganzen Jahrhunderts ethnoreligiöser Erweckungsbewegungen, einer Generation getrennter Elektorate, eines Jahrzehnts irreführender oder missverstandener ausländischer Einflüsse und eines in den letzten zweieinhalb Jahren erstarrten Parlamentarismus. Der Professor aus Allahabad zog der sich abzeichnenden Gewaltpolitik staatlicher Teilung eine föderative Zukunft vor

---

[73] Prasad, India Divided, S. 13, S. 26–29, S. 192 f. und S. 369; vgl. Macartney, National States and National Minorities, S. 500 f., der dieses Bekenntnis Actons explizit gegen den aufkommenden Nationalsozialismus in Hitlers Deutschland gerichtet hatte.

– notfalls mit dem gesamten Mittelasien oder im Rahmen der globalen Vereinten Nationen.[74]

Indische Historiker geben dem Muslimführer Jinnah wegen seiner Intransigenz ein hohes Maß an Schuld an der Eskalation von 1947.[75] Sie verweisen auf das von Nehru schon frühzeitig kritisierte „Volksgruppen-Denken" Jinnahs, dessen „Volksgruppenpolitik" mit „Nehrus säkularistischen und rationalistischen Überzeugungen nicht vereinbar" gewesen sei. Sie verweisen darauf, dass Jinnahs Aufruf zum „Tag der direkten Aktion" 1946 den Startschuss zum ethnoreligiösen Bürgerkrieg gegeben habe.[76] Trotz Jinnahs wichtiger Rolle verbietet es sich jedoch, nur einer Seite die Schuld zuzuweisen. Muslimische Biographen führen ins Feld, dass Jinnah (den sie glorifizierend, aber eben auch ungewollt entlarvend mit Atatürk vergleichen) noch 1939 eine friedliche Vereinbarung erwogen habe – allerdings auf der Basis zweier gleichberechtigter Nationen. Zum Beleg, dass Versöhnung selbst unter Feinden möglich sei, soll Jinnah auf den Hitler-Stalin-Pakt von 1939 verwiesen haben.[77] Der Säkularist Nehru aber wies die Relevanz religiöser Identitäten in der Politik brüsk zurück und kam auch den föderalistischen Neigungen der Muslimliga als Verfechter eines Zentralstaates nicht entgegen.[78] 1946 soll seine plötzliche Entscheidung, eine mit Jinnah bereits vereinbarte föderative Struktur „nach Erlangung der Unabhängigkeit zu überdenken", den endgültigen Bruch bewirkt haben. Verschärfend wirkte die britische Regierung mit ihrer überhasteten Entkolonialisierungspolitik. Die ursprünglich erst für Mitte 1948 vorgesehene Unabhängigkeit beider Staaten wurde von Mountbatten auf den 15. August 1947 vorverlegt, so dass „allen Seiten nur noch zwei Wochen Vorbereitungszeit" blieben.[79] Dennoch ist auch Mountbatten nicht zum Hauptschuldigen zu stilisieren, indem die ethnische „Säuberung" allein auf den vom Vizekönig verursachten „Zeitdruck" zurückgeführt würde.[80]

Mountbatten hielt den Teilungsplan noch im Mai 1947 für „schiere Verücktheit" – nicht zuletzt wegen der absehbaren ökonomischen Schäden auf beiden Seiten.[81] Sein Auftraggeber Attlee sah im späteren „Brudermord" zwischen Hindus und Muslimen das Erbe einer Vergangenheit, deren Konfliktpotential durch Gewalttaten beider Seiten angehäuft worden sei.[82] Doch das Argument uralten Hasses zieht nicht, sonst hätte 1947 Bengalen mit seiner langen Konfliktgeschichte viel heftiger ‚explodieren' müssen als der lange relativ ruhige Pandschab.[83] Eine Mitverantwortung der Kolonialmacht aber sah deren Regierungschef auch rückblickend nicht. Doch hatten die Briten jahrzehntelang die ethnoreligiösen Gruppen Indiens ge-

---

[74] Prasad, India's Hindu-Muslim Question, S. 35, S. 72, S. 77f. und S. 84f.
[75] Misra, The Indian Political Parties, S. 503.
[76] Tharoor, Die Erfindung Indiens, S. 136f. und S. 177.
[77] Hayat, The Charismatic Leader, S. 67 und S. 343.
[78] Rothermund, Gandhi und Nehru, S. 366 und S. 371.
[79] Schulze, Geschichte der Islamischen Welt, S. 168.
[80] So jedoch Stöver, Der Kalte Krieg, S. 365.
[81] Hayat, The Charismatic Leader, S. 309; Ziegler, Mountbatten, S. 400.
[82] Attlee, As It Happened, S. 216.
[83] Ther, Die dunkle Seite der Nationalstaaten, S. 222, unter Berufung auf Ian Talbott.

geneinander ausgespielt und damit zur Verschärfung der Differenzen zweifellos beigetragen. Überhaupt muss die „Ethnisierung der religiösen Unterschiede" auf dem Subkontinent „als Übertragung westeuropäischer Vorstellungen auf indische Verhältnisse angesehen werden". Es war kein Zufall, wenn Mountbatten und sein Stab den 1947 hastig entwickelten Teilungsplan intern als „Plan Balkan" bezeichneten, um ihre Befürchtung vor einer „Balkanisierung" Indiens zum Ausdruck zu bringen. Die Wortwahl macht nicht nur deutlich, „dass die Nachfolgeregelungen des Habsburger-, des Osmanischen und des Britischen Reiches vergleichbare Probleme beinhalteten", sondern berührt auch die (positive wie negative) Vorbildfunktion der Lösungskonzepte Europas für die postkoloniale „Dritte Welt".[84] Dabei fällt auf, dass die abdankenden Kolonialherren sich eine balkanische Zukunft Indiens primär als Zerfall in zwangshomogenisierte Nationalstaaten vorstellen konnten. Nehru nannte denn auch „Plan Balkan" ein „Rezept für Anarchie". Dass der Balkan auch Föderationskonzepte generiert hatte, spielte für die indische Debatte kaum eine Rolle. Wahrscheinlich wirkte dabei in negativer Weise die von Philipp Ther verfolgte „britische Spur": Die Briten hatten nämlich die vielgestaltige indische Kolonialgesellschaft nicht nur zunehmend auf die Binarität zweier Nationen – der Hindus und der Muslime – heruntergebrochen und dadurch deren Frontstellung mitverursacht, sie hatten diese Konfrontation auch noch durch ihr Demokratiemodell zentralisierter Einparteienherrschaft, die für multiethnische Gesellschaften denkbar ungeeignet war und die Furcht der Minderheiten vor ungebremster Majorisierung hervorrufen musste, ungewollt verschärft.[85]

Die politisch verantwortlichen Verhandlungspartner der Zentralebene folgten 1947 anderen Guidelines. Nicht nur Vizekönig Mountbatten bediente sich, wie Philipp Ther kürzlich gezeigt hat, eines ausgeprägt sozialtechnologischen Vokabulars und definierte seine Rolle als „Chefarzt", der dem „Körper" Indiens „eine Therapie verabreichen würde"; auch Nehru sprach von einer „chirurgischen Heilung", Jinnah mit etwas anderem Akzent von einer „chirurgischen Operation". Diese medizinischen Analogien, die auf Vorbilder wie Sardou oder Montandon im Ersten Weltkrieg zurückverweisen, wurden im Frühjahr 1947 von den politischen Eliten durch das europäische Transfer-Vorbild konkretisiert. Die Führer der Sikhs forderten offenbar zuerst „umfassende Bevölkerungstransfers" für den Fall, das ein unabhängiger Muslimstaat Pakistan entstehen sollte, um auf diese Weise einen eigenen Staat im Pandschab um ihr Heiligtum in Amritsar bilden zu können. Doch auch Lord Mountbatten gab öffentlich zu verstehen, dass er „massenhafte Zwangsmigrationen als eine Art Naturgewalt betrachtete", auch wenn er – anders als Churchill im Falle der Vertreibung der Deutschen – diesen „Transfer nicht anordnete, sondern lediglich vorschlug".[86] Die „Times of India" publizierte am 5. Juni 1947 ein Interview mit dem Vizekönig, in dem dieser Bevölkerungstransfers im

---

[84] Hay, The Partition of British India, S. 70; Komlosy, Habsburgermonarchie, Osmanisches Reich und Britisches Empire, S. 42 f.
[85] Ther, Die dunkle Seite der Nationalstaaten, S. 232; zu Nehru: James, Raj, S. 614 f.
[86] Ther, Die dunkle Seite der Nationalstaaten, S. 219.

Zuge einer Teilung Indiens für wahrscheinlich erklärte: Bestimmte Transfer-Maßnahmen würden auf natürliche Weise zum Tragen kommen, womöglich würden Regierungen Bevölkerungsgruppen transferieren, prognostizierte der höchste Vertreter der Staatsautorität in Britisch-Indien. Mountbatten hatte hinzugefügt, die Angelegenheit betreffe weniger die zentralen Parteien als die örtlichen Behörden entlang der neuen Grenze, die über derartige Transfers entscheiden würden. Die Historikerin Yasmin Khan hat dieses „unklare Denken über diese kritische Frage" als „fatalen Fehler im Teilungsplan" bezeichnet, da offenbar auf Seiten der Verantwortlichen niemand das Risiko präzedenzloser Bevölkerungsverschiebungen gesehen habe, so dass nur äußerst schwache Vorkehrungen dagegen getroffen worden seien.[87] In der Tat schien Mountbatten den Gedanken, die Transferpolitik lokalen Autoritäten zu überlassen, eher als beruhigend, als Garantie für die Begrenzung solcher Transfers zu empfinden. Dabei waren es solche örtliche Sub-Eliten, welche Flucht und Vertreibung wenige Monate später katastrophal anheizen sollten.

Bei den Massakern und Vertreibungen in Indien und Pakistan handelte es sich nämlich 1947/48 trotz der Mitverantwortung der indigenen Parteiführer und der bisherigen Kolonialherren um kein zentralstaatlich organisiertes Verbrechen. Die zentralen Führungsfiguren – Mountbatten, Nehru und sogar Jinnah – haben eine ethnische „Säuberung", wie sie 1947/48 stattfand, nicht gewollt. Der indische Spitzenbeamte Sir Vapal Menon – erst Berater Mountbattens, dann des indischen Vizepremiers Patel – erklärte das Argument, man hätte mit Hilfe eines geplanten Bevölkerungsaustauschs das tatsächliche wilde Abschlachten („communal holocaust") verhindern sollen, mit der Begründung für unrealistisch, dass eine Diskussion über einen Bevölkerungsaustausch zwischen Verhandlungspartnern nur schwer vorstellbar gewesen sei, die eben erst vereinbart und öffentlich verkündet hätten, dass sie ihre Minderheiten im Land behalten wollten. Namentlich die Kongresspartei sei gegen einen Bevölkerungsaustausch gewesen.[88] Die Staatsgründungen Indiens und Pakistans basierten folglich auf einer ethnischen „Säuberung", die weniger von den Zentral-Autoritäten angeheizt wurde als dass sie diesen Autoritäten entglitt und als Bürgerkrieg der „Basis" bzw. regionaler *Führungsgruppen* fatale Eigendynamik entfaltete.[89] Sowohl Mountbatten als auch Nehru erklärten das indische Volk in der Krise von 1947/48 entsetzt für verrückt.[90]

Die ethnische Gewalt konzentrierte sich auf den Pandschab, da in Bengalen der Hindu-Führer Gandhi erfolgreich für Beruhigung sorgte.[91] Dafür bezahlte er mit dem Leben, denn im Januar 1948 wurde Gandhi von einem fanatischen Hindu-Nationalisten ermordet, nachdem er sich über Massaker und Pogrome zutiefst beschämt geäußert hatte. Der Mord und die folgende Massentrauer sollen aber ein Wendepunkt der Gewalttätigkeiten geworden sein.[92]

---

[87] Khan, The Great Partition, S. 100 und S. 221.
[88] Zitiert nach Ziegler, Mountbatten, S. 438.
[89] Lapidus, A History of Islamic Societies, S. 640.
[90] Ziegler, Mountbatten, S. 400; Johnson, Modern Times, S. 474.
[91] Ziegler, Mountbatten, S. 436.
[92] Hay, The Partition of British India, S. 95.

Ende September 1947 erklärte der indische Premierminister Nehru, dass in Indien nur solche Einwohner willkommen seien, die den neuen Staat als ihr Vaterland betrachteten, ihm ungeteilte Loyalität entgegenbrächten und niemals bei einer auswärtigen Macht Rückhalt suchten.[93] Das ließ den Muslimen die Option zwischen Auswanderung und untergeordneter Gleichberechtigung. Nehru erklärte seinen Ministern, die muslimische Minderheit in Indien sei derart groß, dass sie nirgendwo anders hingehen könne, selbst wenn sie wollte, daher müsse man den Muslimen die gleichen Rechte gewähren und sie zivilisiert behandeln, wenn der Staat nicht völlig zerbrechen sollte. Auch Jinnah, nun Generalgouverneur von Pakistan, agierte eher moderat. Zwar hatte sein Separatismus die Gewaltspirale mitausgelöst, doch forderte er im September 1947 in Lahore seine Landsleute auf, Leben und Sicherheit der Minderheiten zu schützen. Beide Staaten schrieben feierlich Minderheitenrechte in ihre Verfassungen, beide Regierungen waren um den Stopp von Flucht und Vertreibung bemüht. Dennoch endete der „spontane Exodus" nicht, er ging lediglich in eine „organisierte Evakuierung" über. Auf Flucht und Vertreibung folgte nach 1945 somit nicht nur in Osteuropa, sondern auch auf dem indischen Subkontinent eine „ordentliche und (scheinbar) humane" Zwangsumsiedlung.[94] Am 20. Oktober 1947 vereinbarten die Armeeführungen Indiens und Pakistans einen „Gemeinsamen Evakuierungsplan", der die Umsiedlung von bis zu zehn Millionen Menschen vorsah. Obschon in den folgenden Monaten über drei Millionen Hindus und Sikhs aus Pakistan per Zugtransport oder Trecks nach Indien übersiedelten und umgekehrt 4,7 Millionen Muslime nach Pakistan gingen, wurde die zuvor festgelegte Höchstzahl der Umzusiedelnden überraschenderweise nicht ausgeschöpft. Die geschätze Zahl der Todesopfer schwankt beträchtlich zwischen 200 000 und zwei Millionen Menschen.[95] Immerhin: Nachdem die zentralen Eliten im Sommer 1947 unvorbereitet auf die Massenmigrationen reagiert hatten, gelang ihnen 1950 angesichts neuerlicher Gewalteskalationen in Ostbengalen eine gezielte interstaatliche Beruhigung. Nach diesem von Nehru und Jinnahs Nachfolger Liaquat Ali Khan geschlossenen Pakt vom April 1950 erfolgte sogar eine massenhafte Rückkehr von Flüchtlingen.[96] Philipp Ther hat dazu bemerkt, diese Vereinbarung sei zwischen den Konfliktparteien bezeichnenderweise zustande gekommen, „als britische Truppen und Kolonialbeamte nicht mehr in der Region präsent" gewesen seien. Über eine Million Menschen sollen damals remigriert sein, was allerdings in den späteren 1950er Jahren durch neue Möglichkeiten der Spätaussiedlung nach Indien teilweise wiederum rückgängig gemacht wurde. Ther urteilt treffend: „Ähnlich wie in großen Teilen Ostmitteleuropas nach 1938 oder nach 1944 war die Heimat keine Heimat mehr."[97]

---

[93] Pandey, Remembering Partition, S. 169.
[94] Khan, The Great Partition, S. 157f.
[95] Ther, Die dunkle Seite der Nationalstaaten, S. 221.
[96] Talbot, The 1947 Partition of India and Migration, S. 323 und S. 334f.
[97] Ther, Die dunkle Seite der Nationalstaaten, S. 222.

Harold James konstatiert, dass die indisch-pakistanischen „Vertreibungen [...] nicht weniger gewalttätig und brutal" gewesen seien „als die ‚Umsiedlungen' der europäischen Bevölkerungen" nach dem Zweiten Weltkrieg.[98] Selbst gemessen an den üblen Standards des 20. Jahrhunderts erscheint die Teilung Indiens wegen ihrer hohen Opferzahl von bis zu zwölf Millionen Vertriebenen als außerordentlich schlimm[99] – als weltweit zweitgrößter Einzelfall moderner ethnischer „Säuberung" nächst der Vertreibung der Deutschen aus Ostdeutschland und Osteuropa. Nach anderen Schätzungen wurden 1947 im Zuge der Teilung Indiens und Pakistans 200 000 bis 400 000 Menschen getötet, Tausende von Frauen vergewaltigt und zehn Millionen Menschen in die Flucht getrieben.[100] Die Opferzahlen sind jedoch zwangsläufig unsicher, und es sind auch noch höhere Schätzungen im Umlauf: Micha Brumlik nennt je eine Million ermordeter Menschen auf beiden Seiten sowie 8,5 Millionen Muslime, die aus Indien nach Pakistan flohen, und „etwas weniger als 9 Millionen Hindus und Sikhs", welche die umgekehrte Fluchtrichtung einschlugen.[101] Paul Johnson beziffert die Flucht- und Vertreibungsopfer zurückhaltender auf fünf bis sechs Millionen auf jeder Seite, reduziert jedoch die ursprünglich geschätzten ein bis zwei Millionen Todesopfer auf 200 000 bis 600 000.[102] Reinhard Schulze spricht von 8,9 Millionen muslimischen und 8,6 Millionen hinduistischen Flüchtlingen sowie mehreren hunderttausend Todesopfern.[103] Dirk Hoerder resümiert, dass zwischen West- und Ost-Bengalen 1947 1,2 Millionen von 20 Millionen Hindus und acht Millionen Muslime nach Pakistan gegangen seien, umgekehrt 4,8 Millionen von 32 Millionen Muslimen und zehn Millionen Hindus nach Indien. Dabei seien eine Million Menschen zu Tode gekommen. Insgesamt seien bis Ende 1947 7,3 Millionen Menschen zu Zwangsmigranten gemacht worden, in einem zweiten Schub bis 1951 sogar 14,5 Millionen.[104]

Der US-Journalist Cyrus Sulzberger beleuchtete im April 1950 diese erst wenige Jahre zurückliegende Ethno-Gewalt:

„Züge mit muslimischen Flüchtlingen Richtung Lahore und Züge mit Hindu-Flüchtlingen, die Lahore verließen, erreichten ihre Bestimmungsorte voller Blut und Fleischfetzen. Babies wurde vor den Augen ihrer Mütter der Schädel eingeschlagen, die Frauen selbst daraufhin von Speeren durchbohrt. Häuser wurden in Brand gesetzt und die Bewohner, wenn sie daraus zu flüchten versuchten, durch Gewehrsalven niedergemäht. Auf Seiten der Inder waren die Sikhs besonders wild. Die Mahasabha, eine extremistische Geheimorganisation in Indien, hat das bewirkt. Nachdem sie Gandhi ermordet hat, bedroht sie auch Nehru oder jeden anderen mit Ermordung, der sich ihrem extremen Hindu-Nationalismus in den Weg stellen sollte. Die Straßen von Calcutta sind jetzt unsicher für jeden Muslim oder Ausländer. Ein Engländer ist vor wenigen Tagen erschlagen worden, als er versuchte, seine muslimischen Diener (die ebenfalls getötet wurden) zu beschützen."[105]

---

[98] James, Geschichte Europas, S. 269.
[99] Khan, The Great Partition, S. 6.
[100] Mann, The Dark Side of Democracy, S. 485.
[101] Brumlik, Wer Sturm sät, S. 288.
[102] Johnson, Modern Times, S. 474.
[103] Schulze, Geschichte der Islamischen Welt, S. 168.
[104] Hoerder, Cultures in Contact, S. 487.
[105] Sulzberger, A Long Row of Candles, S. 522 f.; Übersetzung des Verfassers.

Manche Historiker gemahnt die Teilung Britisch-Indiens an die Auflösung des Habsburgerreiches drei Jahrzehnte zuvor: Hier wie dort sei das einigende Prinzip weggefallen, hier wie dort habe das Resultat der Teilung und staatlichen Neubildung mehr Probleme geschaffen als gelöst.[106] Zwar sollte man sich hüten, Vielvölkerreiche wie Österreich-Ungarn oder das koloniale Indien mit ihren Ungleichheits- und Ungerechtigkeitsstrukturen zu idealisieren. Doch ebenso nüchtern wird man die Nachfolgestaaten betrachten, die 1918/19 bzw. 1947/48 an deren Stelle traten. Dabei wurde Pakistan stärker als die spätere Republik Indien von intoleranter Homogenisierung geprägt. Spannungen zwischen Hindus und Muslimen, die mehrere indisch-pakistanische Kriege bewirkten, entzündeten sich am bis heute ungelösten Konflikt um Kaschmir; ähnlich kompliziert war infolge gemischter Bevölkerungsstruktur und unklarer nationaler Loyalitäten 1947/48 die Lage auch in Haiderabad.[107] In Kaschmir hatte ein hinduistischer Maharadscha, Hari Singh, ungeachtet einer muslimischen Bevölkerungsmehrheit versucht, dem neuen Dominion Indien beizutreten, was nach einem ersten indisch-pakistanischen Krieg im Herbst 1947 zur Teilung des Landes führte, die bis heute auf prekäre Weise andauert. Der umgekehrt gelagerte Konflikt um Haiderabad endete günstiger. In diesem größten indischen Fürstenstaat, halb so groß wie Frankreich und mit 17 Millionen Einwohnern, optierte der muslimische Herrscher trotz hinduistischer Bevölkerungsmehrheit für die Unabhängigkeit, obwohl sein Land vom neuen Indien umgeben war. Der Nizam von Haiderabad, Asaf Jah VII., war ein bekannter Förderer der Muslimliga, und deren Führer Jinnah hatte sich im Juli 1947 erkenntlich gezeigt durch die Drohung an die Adresse Mountbattens (und damit Nehrus), jeder Versuch, Druck auf Haiderabad auszuüben, werde hundert Millionen Muslime zu dessen Verteidigung aufstehen lassen. Der Nizam provozierte in der Folgezeit die indische Regierung, indem er einer radikalen Muslimbewegung und deren antihinduistischer Hetze Spielraum ließ oder lassen musste. Dies führte zu einer hindunationalistischen Widerstandsbewegung gegen den Nizam und seinen Staat. Neu Delhi nutzte den plötzlichen Tod Jinnahs am 13. September 1948 und die daraus resultierende Lähmung Pakistans, um in Haiderabad unverzüglich einzumarschieren und den Anschluss an Indien durchzusetzen. Zuvor schon hatte die indische Armee den Versuch eines weiteren muslimischen Fürsten, des Nawab von Junagadh, vereitelt, sich trotz einer hinduistischen Bevölkerungsmehrheit an Pakistan anzuschließen. Dass der argentinische UN-Botschafter die indische Militäraktion in Haiderabad vor dem Sicherheitsrat der Vereinten Nationen mit dem Angriff des faschistischen Italien auf Äthiopien 1936 gleichsetzte, hatte keine Konsequenzen.[108]

Um 1970 eskalierten in Pakistan Spannungen zwischen dem dominierenden Westteil und dem benachteiligten Ost-Bengalen. Der Londoner „Economist" be-

---

[106] Johnson, Modern Times, S. 473.
[107] Khan, The Great Partition, S. 98; Brumlik, Wer Sturm sät, S. 289; Ternon, Der verbrecherische Staat, S. 243–245; Johnson, Modern Times, S. 474.
[108] Wende, Das Britische Empire, S. 278; Copland, The Princes of India, S. 259 und S. 261f.; Karaka, Fabulous Mogul, S. 110, S. 113f. und S. 119–122; Hayat, The Charismatic Leader, S. 143; Tharoor, Die Erfindung Indiens, S. 198; Bhatt, Hindu Nationalism, S. 102.

schrieb 1968 das Land als „geteilt in zwei Landeshälften, belastet mit Flüchtlingen, ohne irgendwelche bedeutenden Hilfsquellen, ohne funktionierende Infrastruktur, etablierte Verwaltung oder erfahrene Mittelklasse".[109] Die Konflikte mündeten 1971 in den Versuch des Militärdiktators Yahya Khan, die ostbengalischen Muslime und die Hinduminderheit durch gezielte Massaker zu unterwerfen. Die meisten der 300 000 bis eine Million Todesopfer waren Muslime. Erst die Militärintervention Indiens setzte den Massakern der pakistanischen Armee ein Ende und ermöglichte die Unabhängigkeit von „Bangla Desh" (Freies Bengalen).[110] Man kann dies als „verlängerte Teilung" werten.[111] Die Zahl der aus Ost-Bengalen nach Indien vertriebenen oder geflüchteten Menschen betrug nach indischen Angaben 9,9 Millionen, Pakistan gab offiziell nur zwei Millionen und inoffiziell zwischen vier bis sechs Millionen zu. Innerhalb des Landes gab die Regierung des neuen Bangla Desh die Zahl von 20 Millionen Flüchtlingen an, die jedoch überzogen erscheint. Der Besitz von Flüchtlingen, die nicht nach Bangla Desh zurückkehrten, wurde alsbald von der Regierung oder lokalen Gruppen enteignet und umverteilt.[112]

Doch nicht nur in Indien erfolgte keine vollständige Vertreibung, ähnliches gilt für Pakistan, obwohl die Zahl der dort verbleibenden Minderheiten deutlich geringer war als im Nachbarland.[113] Zugleich war der 1956 und erneut 1973 zur „islamischen Republik" proklamierte Staat weit davon entfernt, ein Staat aller Muslime zu sein: An die 50 Millionen Muslime lebten nach Teilung und ethnischer „Säuberung" weiter in Indien[114], mehr als in Pakistan selbst[115], das seinerseits (vor allem in Ost-Bengalen) nicht-muslimische Minderheiten enthielt. Allerdings wurde – wie Ambedkar 1940 prognostiziert hatte – Pakistan durch die „Säuberung" von 1947/48 zu einem überwiegend muslimischen Staat, während Indien weiterhin multireligiös geprägt blieb, da nur ein Fünftel der muslimischen Minderheit geflohen oder vertrieben war.[116] Anders als in Pakistan, das seine Identität islamisierte, konnte der ethnoreligiöse Pluralismus in Indien bislang bewahrt werden – trotz einer anfänglich stark antimuslimischen „Flüchtlingsmentalität", die Nehru in den ersten Jahren der Unabhängigkeit fast verzweifeln ließ.[117] Auch in späteren Jahrzehnten blieb die Lage der muslimischen Minderheit in Indien zwischen „Beschwichtigungspolitik" und ethnonationalistischen hinduistischen „Reinheits"-Ideologien nicht unproblematisch.[118] Es waren gleichwohl Hoffnungszeichen, als das Land erstmals 1967 und erneut 2002 demokratisch gewählte muslimische Staatspräsidenten erhielt.

[109] Paczensky, Die Weißen kommen, S. 457.
[110] Kiernan, Blood and Soil, S. 573 und S. 576.
[111] Khan, The Great Partition, S. 188f.
[112] Gerlach, Extrem gewalttätige Gesellschaften, S. 183f., S. 186 und S. 219f.
[113] Pandey, Remembering Partition, S. 61.
[114] Lapidus, A History of Islamic Societies, S. 639f.
[115] Brumlik, Wer Sturm sät, S. 289.
[116] Schulze, Geschichte der Islamischen Welt, S. 168.
[117] Tharoor, Die Erfindung Indiens, S. 202.
[118] Appadurai, Die Geographie des Zorns, S. 82–94.

2. Ein zweiter Transfer des „Transfers": Israel – Palästina seit 1947/48

Gewalttätige Wechselwirkungen europäischer Nationalismus- und Nationalstaatskonzepte finden sich auch im Palästinakonflikt, der sich 1947/48 – parallel zur Teilungskatastrophe Indiens und Pakistans – zum bis heute ungelösten israelisch-arabischen Nahostkonflikt ausweitete. Ohne Europa und namentlich ohne die deutschen NS-Verbrechen, ohne den millionenfachen Völkermord an europäischen Juden, wäre diese Konfliktkonstellation kaum entstanden. Der europäische Antisemitismus des 19. und frühen 20. Jahrhunderts trieb viele Juden zu Flucht oder Auswanderung in diverse Zielländer; er gab auch den Anstoß zur modernen „Erfindung des jüdischen Volkes"[119] in Form einer zionistischen Nationalbewegung; der europäische Nationalismus und Sozialismus beflügelten Zionismus und arabischen Nationalismus gleichermaßen. Es war die imperiale Herrschaft Großbritanniens in Palästina, die die Gegensätze zwischen Juden und Arabern sowohl verschärfte als auch unter Kontrolle hielt. Vor allem aber bewirkte der deutsche Genozid an Millionen europäischer Juden im Zweiten Weltkrieg nicht nur eine massenhafte Entwurzelung vieler überlebender Juden in Europa, sondern auch die breite internationale Anerkennung der Notwendigkeit eines jüdischen Staates in Palästina.[120] Zuletzt blieben auch die Vorbilder für ethnische „Säuberung", die Hitler im Zweiten Weltkrieg und die Alliierten nach Kriegsende auf dem europäischen Kontinent umsetzten, nicht ohne Wirkung auf den Nahen Osten.

Während sich ab 1945 der europäische Kolonialismus global auf dem Rückzug befand, bildete „der Sieg der aus Europa stammenden jüdischen Siedler in Palästina [...] die einzige Ausnahme".[121] Israel war keine Kolonie, aber die letzte Siedlerdemokratie der Welt, die auf der Synergie von Migration und Zwangsmigration basierte; zugleich war es ein jüdischer Phönix aus der Asche des europäischen Holocaust. Mit dem arabisch-israelischen Krieg von 1948, der diese Staatsgründung in Frage stellte und durch den Sieg Israels stabilisierte, mit der Flucht und Vertreibung vieler Palästinenser wurde „das Ende der ‚jüdischen Frage' in Europa zu ihrem Beginn im Nahen Osten".[122]

Der seit Juli 1945 regierende sozialistische Premier Großbritanniens, Clement Attlee, hatte im Februar 1947 – parallel zum Rückzug aus Indien – die Aufgabe der britischen Mandatsverwaltung in Palästina angekündigt, die seit Ende des Ersten Weltkrieges bestand.[123] Dieser territoriale Gewinn hatte sich für die Briten als Danaergeschenk erwiesen – vor allem aufgrund des jüdisch-arabischen Konflikts, den die Briten von den Osmanen erbten, aber mit ihrer doppelzüngigen Politik erheblich verschärften. Einerseits hatte im Ersten Weltkrieg Außenminister Arthur James Balfour den Zionisten die Zusicherung einer jüdischen Heimstätte

---

[119] Vgl. Sand, The Invention of the Jewish People.
[120] Zu letzterem: Attlee, As It Happened, S. 202.
[121] Therborn, Die Gesellschaften Europas 1945–2000, S. 382.
[122] Mazower, Hitlers Imperium, S. 548.
[123] Diner, Das Jahrhundert verstehen, S. 255.

in Palästina gegeben, was diese als Keimzelle eines zionistischen Staates begriffen; andererseits hatte London dem verbündeten Emir Hussein von Mekka Palästina als Teil eines arabischen Reiches versprochen. Heraus kam weder das eine noch das andere, sondern eine dreißigjährige Mandats-Herrschaft der Briten – erst im Auftrag des Völkerbundes, dann der 1945 gegründeten Vereinten Nationen –, die weder Araber noch Juden befriedigte.

In Palästina hatte es stets religiös motivierte Zuwanderung von Juden gegeben. Doch die neue zionistische Zuwanderung hatte keine religiösen, sondern moderne Motive – Flucht vor Antisemitismus, aber auch der Wunsch nach einem eigenen jüdischen Nationalstaat. Zwischen 1882 und 1948 gab es fünf jüdische Einwanderungswellen. Die beiden ersten wurden durch Pogrome in Russland und Rumänien ausgelöst und brachten bis 1914 70 000 Juden ins osmanische Palästina. Ab Mitte der 1920er Jahre übertraf bis 1940 die jüdische Einwanderung nach Palästina erstmals jene in die USA. Die dritte Welle zog zwischen 1919 und 1923 35 000 zionistische Pioniere ins Land, die vierte Welle zwischen 1924 und 1931 bildeten 82 000 Juden aus Polen. Das alles war nichts gegen die fünfte Welle ab 1932, die bis 1944 265 000 Juden ins Mandatsgebiet brachte – darunter viele verfolgte Juden aus Deutschland. Zwischen 1936 und 1940 erzwangen die Araber durch zunehmende Proteste von den Briten Einwanderungsbeschränkungen, welche die Zahl jüdischer Neuzugänge auf 100 000 (darunter 15 000 Illegale) begrenzten. Doch der deutsche Völkermord an den europäischen Juden wirkte sich verzögert umso stärker auf Palästina aus – zumal der osteuropäische Antisemitismus mit der Niederlage Deutschlands nicht verschwunden war. Der Migrationsforscher Eugene Kulischer erklärte 1943, das Schicksal der entwurzelten europäischen Juden werde wesentlich von der Bereitschaft der USA, der UdSSR und der britischen Mandatsregierung in Palästina abhängen, diese Flüchtlingsmassen als Einwanderer zu akzeptieren.[124]

Eine zionistische Staatsgründung in Palästina war trotzdem international lange nicht möglich. Erst Hitlers Holocaust änderte das. Vier Jahrzehnte zuvor, als Pogrome im russischen Kishinev Juden zur fluchtartigen Auswanderung aus dem Reich des antisemitischen Zaren Nikolai II. trieben[125], hatte Lenin 1903 im Schweizer Exil den Zionismus noch als „reaktionäre" nationalistische Ideologie kritisiert. Dabei konnte sich der spätere sowjetische Diktator auf jüdische Zionismuskritiker wie Alfred Narquet berufen, der ebenfalls die Juden nicht als eigenständige Nation begriff, sondern darauf beharrte, als Jude ein echter Franzose sein zu können. Lenin zitierte Ernest Renan, für den das Symbol der Judenemanzipation seit 1789 die Zerstörung der Ghetto-Mauern gewesen war, und fügte hinzu, aus seiner Sicht errichte der Zionismus ein neues Ghetto, seither schwebe die jüdische Frage erneut zwischen „Assimilation oder Absonderung".[126]

---

[124] Eisenstadt, Die Transformation der israelischen Gesellschaft, S. 173f. und S. 434f.; Kulischer, Jewish Migrations, S. 25, S. 27 und S. 49–51.
[125] Weizmann, Memoiren, S. 31.
[126] Lenin, Werke, Bd. 7, S. 89–92.

Auch die Juden in Großbritannien waren mit Blick auf eine zionistische Staatsgründung tief gespalten, was nach dem Zeugnis des späteren israelischen Präsidenten Chaim Weizmann dem zionistischen Projekt große Hindernisse bereitete.[127] Die Kluft reichte bis ins Londoner Kabinett: Herbert Samuel, bis 1916 Minister der Regierung Asquith, war ein Befürworter der zionistischen Staatsgründung, sein Cousin Edwin Samuel Montagu – ab 1915 Minister unter Asquith und Lloyd George – ihr entschiedenster Gegner.[128] Montagu befürchtete im August 1917, dass die Errichtung einer „nationalen Heimstätte" in Palästina den globalen Trend einer Ausbürgerung jüdischer Minderheiten anheizen würde. Auch sah er voraus, „dass Mohammedaner und Christen Platz für die Juden werden machen müssen".[129] Sein Kabinettskollege Lord Curzon teilte diese Kritik. Im September 1917 erklärte er Montagu, Palästina werde nur für einen kleinen Teil des jüdischen Volkes Platz bieten; außerdem könne man die muslimische Bevölkerung nicht einfach „vertreiben". Im Oktober 1917 entstand im Londoner Kabinett die kuriose Situation, dass mit Montagu der einzige jüdische Minister eine zionistische Lösung ablehnte, während der englische Aristokratenspross Balfour als Außenminister eine zionistische Heimstätte enthusiastisch unterstützte. Im August 1919 bekannte Balfour gegenüber Curzon, der Zionismus, sei er nun gut oder schlecht, basiere auf uralten Traditionen, aktuellen Notwendigkeiten und künftigen Hoffnungen; außerdem sei er wichtiger als die Wünsche und Vorurteile von 700 000 Arabern in Palästina.[130] Im Kabinett rechtfertigte Balfour die nach ihm benannte Deklaration über eine jüdische Heimstätte in Palästina mit den voraussichtlich positiven Reaktionen der Juden in Russland und in den USA. Außerdem ging es darum, einer pro-zionistischen Aktion Deutschlands zuvorzukommen.[131]

Aufgrund des Streits im Kabinett fiel die Deklaration, die Außenminister Balfour in einem Schreiben an eine Privatperson, Lord Rothschild, am 2. November 1917 abgab, zurückhaltender aus als beabsichtigt.[132] Premierminister Lloyd George betrachtete die Deklaration als nützlich für jüdische Kriegsunterstützung in neutralen Ländern, vor allem in den USA.[133] Doch auch unter dortigen Juden gab es Antizionisten: So machte der demokratische Politiker Henry Morgenthau, ein Vertrauter von US-Präsident Wilson, Ende 1917 aus Anlass der britischen Besetzung Jerusalems in der „New York Times" gegen das zionistische Projekt Front. Als Lösung für die von drei Weltreligionen beanspruchte und von Arabern und Juden bewohnte Region schwebte ihm die Einrichtung einer international-interreligiösen Regierung mit Selbstverwaltungsrechten für alle Gruppen vor. 1921 wurde Morgenthau noch deutlicher: Für die Mehrheit des weltweit verstreuten jüdischen Volkes sei ein kleiner jüdischer Staat in Palästina keine Option. Mor-

---

[127] Weizmann, Memoiren, S. 236f.
[128] Samuel, Grooves of Change, S. 178; Marlowe, Milner, S. 332.
[129] Montagu and the Balfour Declaration; Übersetzung durch den Verfasser.
[130] Gilmour, Curzon, S. 481f. und S. 642.
[131] Marlowe, Milner, S. 332.
[132] Gilmour, Curzon, S. 482.
[133] Samuel, Grooves of Change, S. 179.

genthau, der als Einwanderer aus Deutschland die Lebenschancen in den USA erfolgreich genutzt hatte, setzte auf Gleichberechtigung der Juden in den Massendemokratien der Welt. Schon vor Jahrzehnten sei mit Disraeli ein Jude britischer Premier geworden, in Westeuropa und in den USA lebten die Juden emanzipiert, selbst Russland scheine sich nach dem Sturz des Zaren zu verändern. Der Zionismus erschien Morgenthau nur als Sonderphänomen Osteuropas und des dortigen Antisemitismus, während die Juden Frankreichs, Großbritanniens und der USA „ihr Zion" längst gefunden hätten. Ebenso wie Montagu und Curzon wies auch Morgenthau darauf hin, dass Palästina ein bevölkertes Land sei und dass die Briten nicht beabsichtigten, die arabischen Einwohner zu vertreiben, um Raum für zionistische Einwanderer zu schaffen.[134]

Damit kam der amerikanische Jude Morgenthau zum selben Ergebnis wie der osteuropäische Jude Simon Dubnov. Auch dieser war überzeugt, dass ein künftiges „Erez Israel, wie zur Zeit des alten Judäa, ein Asyl nur für einen Teil der Nation bieten" könne, „und auch das erst nach unsäglichen Mühen im Laufe von Jahrzehnten". Doch anders als Morgenthau, der die selbstbewusste westliche Diaspora vertrat, war Dubnovs osteuropäische Diaspora von tiefer Furcht geprägt. 1919, in der Situation des russischen Bürgerkrieges und seiner Judenmassaker, sprach Dubnov von den „Untergehenden", denen das Heilige Land immerhin „Sicherheit" verheiße.[135] Erst durch den NS-Völkermord im Zweiten Weltkrieg begriff die westliche Diaspora das Ausmaß der Bedrohung im Osten: Zionistenführer Weizmann beobachtete, dass sich damals die negative Haltung vieler amerikanischer Juden zum jüdischen Staatsprojekt in Palästina grundlegend änderte. Ausgerechnet der Sohn des prominenten Zionismuskritikers Morgenthau, Roosevelts Finanzminister Henry Morgenthau jr., wurde nicht nur zum Anwalt einer großzügigen Aufnahme verfolgter Juden in den USA, sondern auch ein wichtiger Unterstützer des neuen Staates Israel.[136]

Schon im Winter 1918/19 sprachen zionistische Wortführer von einem „jüdischen Commonwealth", und der britische Außenminister Balfour soll 1922 zusammen mit Premierminister Lloyd George gegenüber Chaim Weizmann offen eingeräumt haben, dass die Deklaration von 1917 stets auf eine jüdische Staatsbildung abgezielt habe. Balfours 1919 ernannter Nachfolger als Außenminister, Lord Curzon, sah dies freilich völlig anders; er hielt nichts von einem zionistischen Staat, in dem die Araber Bürger zweiter Klasse sein würden, während die Juden Agrarland und Verwaltung monopolisierten.[137] Nach dem Ersten Weltkrieg verfocht David Ben Gurion, der spätere erste Premierminister Israels, noch das gleiche Recht von Juden und Arabern, in Palästina zu leben. Die antijüdischen Araberaufstände von 1920/21 interpretierte er – der osteuropäische Einwanderer – zwar als Taten von „Wilden", gab jedoch der britischen Besatzungsmacht eine Mitschuld. Während

---

[134] Morgenthau, All in a Life-Time, S. 289, S. 292, S. 389–391, S. 399 und S. 404.
[135] Dubnow, Mein Leben, S. 234 f.
[136] Hull, Memoirs, Bd. 2, S. 1539 f.; Weizmann, Memoiren, S. 666.
[137] Gilmour, Curzon, S. 520 f.

Ben Gurion noch auf ein autonomes binationales Palästina setzte und den Arabern ihre Überfremdungsängste zu nehmen hoffte, hatte der Ultrazionist Vladimir (Zeev) Jabotinsky schon die Überzeugung gewonnen, die Araber würden der jüdischen Einwanderung nicht friedlich zuschauen – eine Sicht, die Jabotinsky mit dem Antizionisten Morgenthau teilte. Während dieser daraus den Schluss von der Unmöglichkeit eines jüdischen Staates in Palästina zog, bestand Jabotinskys Schlussfolgerung in einer Staatsgründung durch bewaffneten Kampf. Da sich die Juden auf die Briten nicht verlassen könnten, müssten sie sich selbst helfen und eine Armee aufbauen.[138] Den 1923 in Lausanne vereinbarten griechisch-türkischen Bevölkerungsaustausch wertete Jabotinsky früher als andere Zionisten als „möglichen Lösungsweg auch für den drohenden ethnischen Konflikt in Palästina".[139]

Zwischen 1921 und 1933 kam es in Palästina wiederholt zu Straßenkämpfen zwischen Arabern und Juden. Araber kritisierten die Bevorzugung der jüdischen Minderheit durch die Mandatsregierung – die von 1920 bis 1925 in der Tat vom zionismusfreundlichen Briten jüdischer Herkunft Sir Herbert Samuel geleitet wurde – und forderten den Widerruf der Balfour-Deklaration. Lord Balfour, damals allerdings nur Oppositionspolitiker, versicherte daraufhin Chaim Weizmann im August 1929, die Erklärung werde nicht zurückgezogen.[140] Zur ernsten Krise für die britische Herrschaft wurde der Araber-Aufstand von 1936, der nur durch massiven Militäreinsatz niedergeschlagen werden konnte. Paradoxerweise stärkte der Aufstand das jüdische Selbstbewusstsein in Palästina.[141] Die Araber forderten eine „Beschränkung des Landerwerbs durch Juden", die Drosselung der jüdischen Einwanderung, die „Entwaffnung aller jüdischen Verbände", die Entlassung aller Juden aus amtlichen Stellen und die „Eindämmung des kulturellen Einflusses der Juden in Palästina".[142] Hitler sollte am 12. September 1938 unter Anspielung auf britische Vermittlungsbemühungen in der Tschechoslowakei und die gleichzeitigen arabischen Unruhen im britischen Nahen Osten süffisant erklären, er werde nicht „mitten im Herzen Deutschlands durch die Tüchtigkeit anderer Staatsmänner ein zweites Palästina entstehen" lassen; anders als „die armen Araber" seien die Sudetendeutschen „weder wehrlos noch [...] verlassen".[143]

Mit dem Araberaufstand von 1936 wurde jenes Transferabkommen, das 1933 zwischen zionistischen Organisationen und Hitlers Regierung geschlossen worden war, zum Opfer seines Erfolgs. Nachdem die jüdische Bevölkerung in Palästina zwischen 1933 und 1935 durch Einwanderung deutscher Juden von 192 000 auf 355 000 angewachsen war, begrenzte die Mandatsregierung infolge arabischen Drucks die weitere Einwanderung.[144] Scherif Abdallah, der von den Briten eingesetzte Emir von Transjordanien und ein Sohn Husseins von Mekka, hatte schon 1933 dem bri-

---

[138] Fromkin, A Peace to end all Peace, S. 527; Morgenthau, All in a Life-Time, S. 391.
[139] Brumlik, Wer Sturm sät, S. 256, wonach Jabotinsky nicht an Zwang dachte.
[140] Schulthess' Europäischer Geschichtskalender 70.1929, S. 453f.; Samuel, Grooves of Change, S. 206.
[141] Samuel, Grooves of Change, S. 333; Stein, The Making of Modern Israel, S. 12.
[142] Schulthess' Europäischer Geschichtskalender 77.1936, S. 511.
[143] Schulthess' Europäischer Geschichtskalender 79.1938, S. 140f.
[144] Haddad, The Refugee in International Society, S. 124f.

tischen Hochkommissar in Amman erklärt, die Araber in Palästina sähen sich attackiert durch Menschen, die aus anderen Ländern ausgestoßen würden und in Palästina zwangsweise aufgenommen werden müssten. 1934 forderte Abdallah die strikte Beschränkung jüdischer Einwanderung und jüdischen Landerwerbs.[145] Diesem arabischen Drängen gaben die Briten 1939 nach und machten damit ausgerechnet die damals von Hitler immer vehementer verfolgten Juden Europas zu Opfern dieser Absperrungspolitik. Mangels Alternative fuhren jüdische Auswanderer aus Deutschland im Januar 1939 bis nach Shanghai, trotz aller Gerüchte über eine Pestepidemie und der Gefahr, dass diese keineswegs luxuriöse Weltreise für viele „eine Fahrt in den Tod" sein könnte. Grund war, dass China damals „das einzig visumfreie Land der Erde" war.[146] Andere gingen 1939 bis nach Chile: „Auf einem Schiff, das sonst 800 Menschen faßt, haben sie 1600 mitgenommen", notierte der in Breslau zurückbleibende (und später in einem NS-Vernichtungslager umgekommene) Willy Cohn, demzufolge diese Auswanderer „halb verhungert angekommen" waren, was den promovierten Historiker an die Vertreibung der Juden aus Spanien im Jahre 1492 erinnerte.[147] Zionistenführer Chaim Weizmann berichtete über diese „Sargschiffe": „Viele versanken im Mittelmeer und im Schwarzen Meer. Einige erreichten Palästina; entweder ließ man sie nicht landen oder man holte die Passagiere herunter, internierte sie oder verschiffte sie um nach Mauritius."[148]

Der Emigrations- und Fluchtradius deutscher und europäischer Juden wurde zwangsläufig global und reichte um 1941 von Haiti über Südamerika bis nach China und Japan.[149] Während des Zweiten Weltkrieges wuchs der Druck amerikanischer jüdischer Organisationen auf das verbündete (und wirtschaftlich von den USA abhängige) Großbritannien, die Einwanderungsbeschränkungen für Palästina nach Kriegsende aufzuheben – zumal dort arabische Einwanderung gar nicht reguliert würde.[150] Schon 1937 hatte die deutsche Regierung die Einwanderungsbeschränkungen beklagt[151], und 1937/38 hatte auch der polnische Außenminister Józef Beck gefordert, jüdische Einwanderung zu erleichtern.[152]

Den antisemitischen Verdrängungsdruck, den sie in Europa erlitten, gaben die Zionisten in Palästina an dort lebende Araber weiter. Begründungen für einen human durchzuführenden „Transfer" der Araber in arabische Staaten, die damals auf zionistischer Seite laut wurden, ähnelten jenem Vokabular, mit dem europäische Antisemiten die Behauptung garnierten, nicht Osteuropa sei die „Heimat" der Juden, sondern Palästina.[153] Während in Europa der „Madagaskarplan" generiert wurde, veröffentlichte man in Großbritannien im Juli 1937 den Bericht der

---

[145] Abdallah of Jordan, My Memoirs Completed, S. 86 und S. 90–92.
[146] Cohn, Kein Recht, nirgends, Bd. 2, S. 580, S. 585 und S. 593.
[147] Ebenda, S. 729.
[148] Weizmann, Memoiren, S. 588.
[149] Friedländer, Das Dritte Reich und die Juden, S. 467.
[150] Kulischer, Jewish Migrations, S. 49.
[151] Die Verfolgung und Ermordung der europäischen Juden, Bd. 1, S. 717f.
[152] Michael, Zwischen Davidstern und Roter Fahne, S. 126.
[153] Shaw, What is Genocide, S. 59.

Peel-Commission über die Zukunft Palästinas. Da Lord Peel, Kommissionsvorsitzender und früherer konservativer Minister für Indien, schwer erkrankt war und im September 1937 starb, fiel dem Kolonialhistoriker Sir Reginald Coupland in der Kommission die Gestaltungsmacht zu. Für Palästina befürwortete Coupland einen „klaren Schnitt" durch territoriale Teilung, während Sir Horace Rumbold – der 1923 am Transferabkommen von Lausanne beteiligt gewesen war – eine arabische Autonomie mit beschränkter jüdischer Einwanderung bevorzugte. Coupland vermochte nicht nur den für Palästina zuständigen Hochkommissar Wauchope für seinen Plan zu gewinnen, sondern vor allem den konservativen Kolonialminister Sir William Ormsby-Gore.[154] Sein Plan sah eine Dreiteilung des Mandatsgebiets vor: Neben zwei jüdischen und arabischen Teilstaaten sollten die „Heiligen Stätten" in Jerusalem unter Völkerbundverwaltung bleiben. Zur Legitimation zog Coupland den griechisch-türkischen Bevölkerungsaustausch von 1923 heran: Der Mut der dafür verantwortlichen Staatsmänner sei durch das Ergebnis gerechtfertigt worden, denn die einst gespannten Beziehungen zwischen Griechenland und der Türkei seien nach dem Zwangstransfer besser denn je. Ähnlich wie bei Lausanne lag dem Palästina-Plan die Diagnose zugrunde, dass die betroffenen zwei Völker nicht in einem Staat würden zusammenleben können. Daraus folgte die Empfehlung, alle arabischen Bewohner des jüdischen Teilstaates – rund 300 000 Personen – in den arabischen Teilstaat auszusiedeln. Dies sollte möglichst freiwillig geschehen, notfalls aber auch unter Zwang, denn die Regelung müsse „sauber und endgültig" sein. Die britische Regierung lobte den Peel-Bericht als hoffnungsvollste Lösung für das Palästinaproblem und unterbreitete ihn im Sommer 1937 offiziell dem Völkerbund in Genf.[155]

Allerdings besaß der Teilungsplan mächtige Gegner. Im Kabinett hatte der für Indien zuständige Minister Lord Zetland eindringlich vor den negativen Rückwirkungen eines Araber-Transfers auf die Muslime in Indien gewarnt. Auch Außenminister Eden erhob Einwände.[156] Im Parlament wurde die Grenzziehung ebenso kritisiert wie die Unzulänglichkeit der angeblich „sauberen" Trennung der Bevölkerungsgruppen. Lord Samuel, der frühere erste Hochkommissar für Palästina, attackierte im Oberhaus am 20. Juli 1937, bei den Grenzziehungen habe man die schlimmsten Fehler des Versailler Vertrages nachgeahmt; daher gebe es in einem Gebiet, das nicht größer sei als Wales, ein neues Saargebiet, einen neuen polnischen Korridor und ein halbes Dutzend Danzigs.[157] Samuel wies darauf hin, dass der Peel-Plan keine klare Trennung der Volksgruppen garantiere: Ein Drittel der jüdischen Bevölkerung bleibe außerhalb des jüdischen Staates, während dieser fast ebenso viele arabische wie jüdische Bewohner enthalte.[158] Auch der Labour-

---

[154] Fraser, Partition in Ireland, India and Palestine, S. 130, S. 132-134 und S. 195.
[155] Schulthess' Europäischer Geschichtskalender 78.1937, S. 287f., S. 548f. und S. 522f.; Frank, Expelling the Germans, S. 26-28; Morris, Explaining Transfer, S. 353f.
[156] Fraser, Partition in Ireland, India and Palestine, S. 137f.
[157] Ebenda, S. 140.
[158] Samuel, Grooves of Change, S. 334-336; den beabsichtigten Zwangstransfer der Araber blendete Samuel offenbar aus.

Abgeordnete Morgan Jones monierte im Unterhaus, in allen drei Teilgebieten werde das Minderheitenproblem reproduziert statt behoben.[159] In einem Schreiben an Ormsby-Gore forderte Samuel, beiden Bevölkerungsgruppen zunächst politische Mitspracherechte zu gewähren und den Teilungsplan nicht zu hastig umzusetzen. Samuel hoffte (ähnlich wie Rumbold), den Palästina-Konflikt durch Beschränkung der jüdischen Einwanderung und die Einbettung der Region in eine „Arabische Konföderation" zu beruhigen. Die Regierung folgte dieser Anregung ebenso wenig wie jener des transjordanischen Emirs Abdallah, der 1940 vorschlug, Palästina nicht zu teilen, sondern mit Garantien für jüdische Autonomie in ein von ihm zu regierendes „Großsyrien" einzugliedern.[160]

Zu Recht sah sich der 1945 ins Amt gelangte Premier Attlee als Erbe einer Vergangenheit, in der britische Vorgänger-Regierungen Arabern und Juden jahrzehntelang völlig unvereinbare Zusagen gemacht hatten.[161] Gegenüber arabischen Inkorporationsvorschlägen, die auf britische Zusagen im Ersten Weltkrieg zurückgingen, pochten Zionistenführer auf die ebenfalls diesem Krieg entstammende Balfour-Deklaration. Schon im Juni 1937 hatte Chaim Weizmann gegenüber Hochkommissar Wauchope verdeutlicht, dass das Alternativangebot internationalen Minderheitenschutzes für die unter arabischer Herrschaft lebenden Juden angesichts des Versagens der Versailler Minderheitenschutzpolitik in Osteuropa „wertlos" und inakzeptabel sei. Dabei wirkten ein tief verwurzeltes Ghetto-Trauma mit einem abwertenden „westlichen" Blick der jüdischen Einwanderer auf die Araber zusammen: „Die Juden kommen nicht nach Palästina[,] um in ihrer alten Heimat ‚Araber mosaischen Glaubens' zu werden, oder ihr deutsches oder polnisches Ghetto mit einem arabischen zu vertauschen. Wer weiß, wie eine arabische Regierung aussieht, was heutzutage ‚Status der Minorität' heißt und was ein jüdisches Ghetto in einem arabischen Staat bedeutet [...], der wird sich selbst einen Begriff davon machen können, was uns bevorstünde, wenn wir mit diesen ‚Lösungen' [...] einverstanden wären."[162]

Ähnlich wie die Hindus in Indien pochten die Araber auf die Einheit Palästinas, wo sie die Bevölkerungsmehrheit stellten. Der Großmufti von Jerusalem, Mohammed Amin al-Husseini, lehnte bei einer Anhörung der Peel-Kommission 1937 jedwede Teilung ab und erklärte, innerhalb eines arabischen Staates würden alle Juden, die schon 1917 in Palästina gelebt hätten, die Staatsbürgerschaft erhalten – was aber nur 70 000 von 400 000 Juden Palästinas zu gleichberechtigten Bürgern gemacht hätte. Auf die Frage, was mit den übrigen 330 000 geschehen sollte, antwortete der muslimische Führer kryptisch, das müsse die Geschichte entscheiden. Die Kommission schloss daraus, dass al-Husseini die Mehrheit der Juden ausweisen wollte. Dies gab der Großmufti andernorts auch offen zu.[163]

---

[159] Fraser, Partition in Ireland, India and Palestine, S. 140.
[160] Samuel, Grooves of Change, S. 334–336; Schulze, Geschichte der Islamischen Welt, S. 170.
[161] Attlee, As It Happened, S. 202.
[162] Weizmann, Memoiren, S. 575 und 577.
[163] Morris, Explaining Transfer, S. 354f.

Die Zionistenführer Chaim Weizmann und Moshe Shertok mussten 1937 lernen, dass eine Teilung Palästinas auch in zionistischen Kreisen umstritten war. Weizmann wurde gewarnt, der britische Teilungsplan könnte in der zionistischen Bewegung einen ähnlich schweren Konflikt auslösen wie 1903 der britische Uganda-Plan. Kritisiert wurden vor allem die durch eine Teilung begrenzten künftigen Siedlungsmöglichkeiten für Juden und die dem jüdischen Staat zugewiesene große arabische Bevölkerungsgruppe. Auch der Verzicht auf Jerusalem wurde nicht akzeptiert. Weizmann und Shertok waren dennoch überzeugt, dass nur eine Teilung die Juden vor der arabischen Bedrohung würde retten können.[164]

In dieser Situation musste die von Coupland angebotene Ergänzung der Teilung durch einen massiven Bevölkerungstransfer als Lösung erscheinen. Jedenfalls erhielt das Transferdenken unter Zionisten durch den Peel-Bericht einen erheblichen Schub. Zwar hatten zionistische Führer – von Theodor Herzl bis zu Arthur Ruppin – längst schon zuvor einen Transfer als Lösungsmittel für die „arabische Frage" vorgeschlagen. Und doch war diese Forderung nie Bestandteil des offiziellen Programms der zionistischen Bewegung geworden. Erst nach dem Peel-Bericht brachen die Dämme. Ben Gurion, Weizmann und Shertok vertraten im August 1937 das Transfer-Projekt auf dem 20. Zionistischen Kongress in Zürich. Zwar erklärten sie diese Lösung für unrealistisch, da die Briten sie nicht durchführen würden und die machtlosen Juden dazu nicht in der Lage seien. Doch blieb der Transfergedanke während des Zweiten Weltkrieges lebendig und wirkte auf die Politik und Kriegführung Israels im Jahre 1948. Auch von gemäßigten arabischen Politikern – von Abdallah von Transjordanien oder vom irakischen Premier Nuri as-Said – wurde eine solche Transferlösung unterstützt. Der jordanische Premier Ibrahim Pasha Hashim erklärte 1946, die einzig gerechte und dauerhafte Lösung des Palästinaproblems liege in der Teilung des Landes bei gleichzeitigem „Austausch der Bevölkerungen". Denn verbleibende Juden in einem arabischen Staat oder Araber in einem jüdischen Staat würden unvermeidlich zu weiteren Konflikten führen.[165]

Um sicherzustellen, dass der geplante jüdische Teilstaat überhaupt eine jüdische Bevölkerungsmehrheit erhielt, hatte die Peel-Kommission 1937 einen formal wechselseitigen, in seinen quantitativen Dimensionen jedoch höchst einseitigen Bevölkerungsaustausch vorgeschlagen: 225 000 Araber sollten den jüdischen Teilstaat verlassen, ganze 1250 Juden den arabischen. Ben Gurion erklärte auf dem Zionisten-Kongress in Zürich durchaus wohlgesonnen, man müsse sorgfältig prüfen, ob ein solcher Transfer möglich, notwendig, moralisch vertretbar und nützlich sei. In Wahrheit, so Alexander Downes, ging es bei den Diskussionen der Zionisten allenfalls noch um die Praktikabilität des Vorhabens. Ben Gurion bemerkte, in Palästina habe es schon kleinere Transfers von Arabern gegeben, doch beim Peel-Plan gehe es um ganz andere Größenordnungen. Zugleich wusste Ben Gurion, dass in vielen Teilen des Landes eine Ansiedlung jüdischer Einwanderer ohne vorherigen Transfer arabischer Bauern nicht mehr möglich sein würde. Glücklicherweise,

---

[164] Fraser, Partition in Ireland, India and Palestine, S. 135f.; zum Ugandaplan Kap. II.1.
[165] Morris, 1948, S. 18f. und S. 407.

so der Zionistenführer, verfüge das arabische Volk über genügend große leere Landstriche, um viele Araber aus Palästina aufnehmen zu können. Das Anwachsen der jüdischen Macht in Palästina werde durch einen Transfer erleichtert. Ben Gurion gewann mit solchen Argumenten die Zustimmung des Kongresses. Downes spricht von „starker Unterstützung" der Zionisten für die britische Absicht, 225 000 Araber aus ihrer Heimat zu entfernen.[166]

Waren somit „der scheinbar unlösbare Konflikt" zwischen Arabern und Zionisten, „die massenhafte Gewalt und das Erbe von Lausanne" ursächlich für die Empfehlungen der Peel-Kommission von 1937, die dabei erstmals auch von „Bevölkerungs*transfer*" statt von „Bevölkerungsaustausch" zu sprechen begonnen hatte, provozierte doch die offenkundig allein zu Lasten der Araber gehende „Einseitigkeit des Vorhabens" erhebliche Widerstände und führte zu einem abrupten „Kurswechsel" in London.[167] Unvermittelt rückte die konservative britische Regierung unter Premierminister Neville Chamberlain von den Empfehlungen der Peel-Kommission wieder ab. Ende 1937 unterlag Kolonialminister Ormsby-Gore im Kabinett, das eine völlig neue Regierungskommission für Palästina unter Vorsitz von Sir John Woodhead einsetzte. Diese stillschweigende Beerdigung des Teilungsplans wurde vom Unterhaus im November 1938 abgesegnet – zu einem Zeitpunkt, als die Teilungsbefürworter Ormsby-Gore und Wauchope schon nicht mehr im Amt waren.[168] Neben der Rücksichtnahme auf die arabische Welt spielten bei diesem Umschwung Argumente eine Rolle, wie sie der britisch-jüdische Lord Samuel vortrug – dass die Regelung von Lausanne 1923 vor dem Hintergrund einer totalen Kriegsniederlage und einer daraus erfolgten Massenflucht getroffen worden sei, während es diesen Kontext in Palästina nicht gebe; dass man nicht 225 000 Araber dazu bringen könne, ein Land zu verlassen, in dem sie tausend Jahre ansässig seien.[169]

Mit der Beerdigung des Teilungsplans wurden auch Couplands Pläne für einen Zwangstransfer seitens der Regierung für nicht mehr akzeptabel gehalten.[170] Unter Zionisten aber blieb das Projekt virulent – bis zu dem Punkt, an dem sie im Mai 1948, nach dem Angriff arabischer Nachbarstaaten auf den eben gegründeten Staat Israel, ein amtliches „Transferkomitee" bildeten. Hier zeigte sich deutlich, „wie sehr europäische Vorbilder und Begriffe das Denken der Akteure prägten".[171] Schon 1941 hatte Chaim Weizmann gegenüber dem sowjetischen Botschafter Maiski in London geäußert, wenn eine Million Araber transferiert werden könnten, habe man Raum genug, um zwei Millionen Juden (aus dem von Hitler tyrannisierten Europa) anzusiedeln.[172] Ein späteres Mitglied des Transferkomitees, der

---

[166] Lieberman, Terrible Fate, S. 157f.; Morris, Explaining Transfer, S. 351f.; Weizmann, Memoiren, S. 565f.; Downes, Targeting Civilians in War, S. 188.
[167] Ther, Die dunkle Seite der Nationalstaaten, S. 225.
[168] Fraser, Partition in Ireland, India and Palestine, S. 143–146 und S. 148f.
[169] Frank, Expelling the Germans, S. 27f.; Samuel, Grooves of Change, S. 334.
[170] Fraser, Partition in Ireland, India and Palestine, S. S. 193f.
[171] Ther, Die dunkle Seite der Nationalstaaten, S. 230.
[172] Morris, Explaining Transfer, S. 352.

zionistische Siedlungsexperte Josef Weitz, war schon Ende 1940 der Überzeugung, in Palästina sei kein Platz für zwei Völker, die Araber müssten verdrängt werden:

„Wenn die Araber [...] das Land verlassen, wird es für uns groß und weiträumig sein. Die einzige Lösung ist ein Land Israel, wenigstens ein westliches Land Israel ohne Araber. Hier ist kein Raum für Kompromisse. [...] Dazu steht kein anderer Weg offen, als die Araber von hier in die Nachbarländer zu transferieren, sie alle zu transferieren, vielleicht mit Ausnahme jener aus Betlehem, Nazareth und der Altstadt von Jerusalem. Kein Dorf darf ausgelassen werden, kein einziger Beduinenstamm. Der Transfer muss in den Irak, Syrien und Transjordanien gerichtet werden – ein Ziel, für das Fonds einzurichten sind. Nur nach diesem Transfer [...] wird das Land in der Lage sein, Millionen unserer Brüder aufzunehmen, und dann wird das jüdische Problem aufhören, zu existieren. Es gibt keine andere Lösung."[173]

Die britische Politik hatte seit dem Scheitern des Peel-Plans versucht, die Araber durch eine Begrenzung jüdischer Einwanderung zu besänftigen. Die dadurch gewährleistete Dominanz der arabischen Bevölkerungsmehrheit hätte irgendwann zur Unabhängigkeit Palästinas als arabischer Staat mit Autonomierechten für die jüdische Bevölkerungsgruppe führen können. Es war die wachsende Flut der von den Deutschen verfolgten jüdischen Flüchtlinge aus Europa, die dies unmöglich machte.[174] Während des Zweiten Weltkrieges blieben die Spannungen zwischen Arabern und Juden unvermindert.[175] Nach Kriegsende wurde die Transfer-Lösung in Großbritannien erneut debattiert. Die nunmehr regierende Labour Party plante 1945 die finanzielle Förderung der freiwilligen Auswanderung von Arabern. Hingegen lehnte Ben Gurion noch im Sommer 1947 vor den Vereinten Nationen einen Transferpan ab. Doch in der Krise, die 1947/48 das Existenzrecht Israels bedrohte, erklärte er, es sei immer noch besser, die Araber „zu vertreiben als sie einzusperren".[176] Ilan Pappe meint sogar, Ben Gurion sei schon 1937 überzeugt gewesen, „die Araber" würden „gehen müssen"; man brauche dazu allerdings einen günstigen Moment, etwa einen Krieg.[177] Wie dem auch sei: Spätestens mit dem jüdisch-arabischen Bürgerkrieg in Palästina, der 1948 in einen israelisch-arabischen Staatenkrieg überging, wurden die lange diskutierten Transferpläne aktiviert.

Die Diskussionen um den Peel-Bericht verweisen auf die Vorbildwirkung europäischer Projekte ethnischer „Säuberung". Den Transfer von Lausanne hatte die britische Regierung 1923 mit aus der Taufe gehoben. Doch es gab weitere Verbindungslinien nach Europa. Der als preußischer Staatsbürger 1876 in der Nähe von Posen geborene Arthur Ruppin nahm, als er 1907 nach Palästina auswanderte, die antipolnische Siedlungspolitik der „Preußische[n] Ansiedlungskommission sowie ihr Umsiedlungsprogramm" im kulturellen Gepäck mit sich. Als langjähriger Leiter des Jüdischen Nationalfonds in Palästina agierte Ruppin ganz nach den Mustern der bis 1914/18 praktizierten preußischen Polenpolitik, indem er das Mittel

---

[173] Zitiert nach Brumlik, Wer Sturm sät, S. 256 f., der sich auf Morris, Birth of the Palestinian Refugee Problem, S. 27, beruft; vgl. ferner Downes, Targeting Civilians in War, S. 189.
[174] Darwin, After Tamerlane, S. 455.
[175] Samuel, Grooves of Change, S. 339.
[176] Morris, Birth of the Palestinian Refugee Problem, S. 28; Brumlik, Wer Sturm sät, S. 257 f.
[177] Pappe, Die ethnische Säuberung Palästinas, S. 46.

des Landaufkaufs systematisch zur Verdrängung von Arabern und zur Ansiedlung von zionistischen Neusiedlern nutzte. Daneben war auch die Negativerfahrung der jüdischen „Minderheitensituation in Osteuropa" prägend für die zionistische Politik in Palästina. Österreichische Zionisten, den Untergang des Habsburgerreiches vor Augen, warnten eindringlich davor, dass die Juden in Palästina „dasselbe Schicksal wie die Deutschen in einigen slawischen Ländern" erleiden könnten. Die Habsburger-Erfahrung inspirierte freilich auch Kritik an der zionistischen Bodenpolitik: So stellte der in Prag geborene Hans Kohn der „deutschen" Politik Ruppins das Modell des Habsburger-Vielvölkerstaates entgegen, der auch den Arabern in Israel Raum lassen würde. Enttäuscht und überzeugt, dass die Zionisten „die Fehler anderer europäischer Nationalisten" wiederholten, ging Kohn 1929 aus Palästina in die USA, wo er bis zu seinem Tode im Jahre 1971 Bücher über Nationalismus, Panslawismus und jüdische Religion veröffentlichte. Kohns Kontrahent Ruppin starb schon 1943 in Jerusalem, aber sein Erbe blieb in der Siedlungspolitik Israels lebendig. Selbst die Erfahrungen der NS-Umsiedlungspolitik wurden unter Zionisten interessiert rezipiert – etwa die „Ideen Walter Christallers, dessen Theorien über optimale Siedlungsstandorte schon bei Himmlers Kolonisierung Polens und im ‚Generalplan Ost' Anwendung gefunden hatten."[178] 1946 qualifizierte Joseph Schechtman, der Historiker der vielen Bevölkerungsverschiebungen des Zweiten Weltkrieges, die „Transferpolitik" des „Dritten Reiches" als die am besten organisierte von allen.[179]

Die Wechselwirkung zwischen Deutschland und dem werdenden Israel reichte bis zum Biologismus. Auch hierfür war Arthur Ruppin eine Schlüsselfigur. Bereits im Jahre 1900 hatte Ruppin sich in seiner deutschen Heimat am sozialdarwinistisch-eugenischen Krupp-Preisausschreiben beteiligt, das dann zwar der „Rassehygieniker" Wilhelm Schallmayer gewann, bei dem Ruppin aber mit seinem Essay über „Darwinismus und Sozialwissenschaft" immerhin den zweiten Preis erlangte. 1902 baute Ruppin diese Studie zur Doktorarbeit aus und erhielt dafür den Ernst-Haeckel-Preis. Seit 1926 Professor für Soziologie in Jerusalem, blieb Ruppin ein Anhänger der Eugenik und hielt Kontakte zu deutschen „Rassenhygienikern", die auch nach Hitlers Machtantritt nicht abrissen. Im August 1933 besuchte Ruppin sogar den NS-Rassentheoretiker Hans F. K. Günther in Jena.[180] Solche Zionisten propagierten den Transfer der Araber als Konsequenz nationalistischer und (vermeintlich) wissenschaftlicher Überzeugungen.[181]

Der israelisch-arabische Krieg von 1948 machte eine Million palästinensischer Araber zu Flüchtlingen – so jedenfalls die Angaben der Vereinten Nationen von 1959.[182] Philipp Ther geht demgegenüber von nur 800 000 palästinensischen Flüchtlingen im Jahre 1948 aus, betont jedoch, dass dies erheblich mehr gewesen

---

[178] Mazower, Hitlers Imperium, S. 549 f.; zu Kohns späterer Nationalismusforschung: Hroch, Das Europa der Nationen, S. 18 f.
[179] Zitiert nach Ahonen e. a., People on the Move, S. 18.
[180] Sand, The Invention of the Jewish People, S. 262, S. 265 und S. 267.
[181] Morris, Explaining Transfer, S. 351.
[182] Bretholz, Aufstand der Araber, S. 429.

seien als jene rund 200 000, die infolge der Empfehlungen der Peel-Kommission von 1937 hätten zwangsumgesiedelt werden sollen. Im Vergleich zu den gleichzeitigen Geschehnissen in Indien war der erzwungene „Transfer" in Palästina somit quantitativ geringfügig, doch „während der Transfer in Indien eingedämmt wurde, uferte er in Palästina aus", wie Ther betont: „Das Militär einer 650 000 Menschen zählenden Gesellschaft schlug mehr als 800 000 Menschen in die Flucht."[183]

Die Verantwortung ist bis heute umstritten. Während die arabische Seite behauptete, „sämtliche Flüchtlinge seien entweder gewaltsam vertrieben oder durch [jüdische] Terrorakte so eingeschüchtert worden, dass sie nicht zu bleiben gewagt hätten", machten Israel und einige westliche Beobachter Abzugsbefehle arabischer Führer, arabische Drohungen gegen Bleibewillige und die „feste Überzeugung der Flüchtlinge" vom Sieg der arabischen Armeen dafür verantwortlich. Unbestritten ist lediglich, dass diese Bevölkerungsbewegung in eine ethnische „Säuberung" Israels vom größten Teil seiner arabischen Bewohner mündete.[184]

Die neuere Forschung hat die Mitverantwortung der israelischen Seite herausgearbeitet: Sie spricht nicht nur von „Flüchtlingen", sondern auch von „Vertriebenen"[185] und misst die Verantwortung Extremisten auf *beiden* Seiten zu[186], sofern nicht zionistischen Extremisten und der israelischen Armee die Hauptverantwortung zugeschrieben wird.[187] Außerdem wird immer deutlicher eine vorausplanende zionistische Vertreibungspolitik gesehen – entweder von Anfang an oder in schrittweiser Entwicklung während des Konflikts.[188] Seit den 1980er Jahren ist eine wachsende Zahl jüdisch-israelischer Historiker dabei, diese Gründungsgeschichte Israels selbstkritisch zu beleuchten. Ilan Pappe geht dabei am weitesten, wenn er die ethnische „Säuberung" Palästinas provokativ mit jenen Vorgängen vergleicht, „die sich im Mai 1999 in der Stadt Peć im Westkosovo ereigneten". Pappe will ein vergleichbares Muster „vorheriger Planung und systematischer Durchführung" erkennen und behauptet: „Was 1999 in Peć geschah, spielte sich fast auf die gleiche Weise 1948 in Hunderten palästinensischen Dörfern ab."[189]

War Ben Gurion also ein Vorläufer des Kriegsverbrechers Milošević? Man könnte mit dem Historiker Fritz Stern die von den Israelis 1948 vertriebenen Araber Palästinas auch als indirekte Opfer Hitlers und des Holocaust in Europa betrachten.[190] Doch gibt es dessen ungeachtet auch eine hohe Verantwortung der israelischen Führung. Allerdings wird Pappes These von der vorab geplanten und gezielt in die Tat umgesetzten Vertreibungspolitik Israels von anderen Historikern bestritten. So begreift Leslie Stein die ethnische „Säuberung" Israels als Nebenprodukt des Krieges, das keineswegs von jüdischer Seite geplant gewesen sei. Erst nachträglich

---

[183] Ther, Die dunkle Seite der Nationalstaaten, S. 231 und S. 233.
[184] Bretholz, Aufstand der Araber, S. 196 und S. 431.
[185] Schulze, Geschichte der Islamischen Welt im 20. Jahrhundert, S. 171.
[186] Johnson, Modern Times, S. 486.
[187] Roberts, Twentieth Century, S. 486.
[188] Downes, Targeting Civilians in War, S. 179 und S. 208.
[189] Pappe, Die ethnische Säuberung Palästinas, S. 20.
[190] Stern, Fünf Deutschland und ein Leben, S. 441.

sei die Massenflucht der Araber als Segen betrachtet worden, habe sie doch den Aufbau eines jüdischen Staates ermöglicht und die Probleme seiner Multiethnizität gemildert. Allerdings räumt Stein ein, dass einzelne Massaker – etwa Deir Yassin im April 1948, wo über 100 arabische Männer, Frauen und Kinder von jüdischen Extremisten getötet wurden – Angst und Fluchtbereitschaft unter den Arabern geschürt hätten. Auch Steins Argument, der von Pappe als Vertreibungsplan gewertete „Plan Dalet" der israelischen Armee habe nur vorgesehen, im Falle von Widerstand Dörfer zu zerstören und deren Einwohner zu vertreiben, weist den Vertreibungsvorwurf nicht vollständig zurück. Ambivalent wirkt Steins Hinweis, Ben Gurion habe im Juli 1948 die Vertreibung der Araber aus Nazareth untersagt, obwohl der jüdische Militärbefehlshaber Carmel diese habe vertreiben wollen – was auf Uneinigkeit in der jüdischen Führung und die eigendynamische Rolle des Militärs verweist. Stein erklärt offenherzig, die Zerstörung von mindestens 350 arabischen Dörfern und die Vertreibung ihrer Bevölkerung sei von Israel deswegen nicht als moralisch abstoßend betrachtet worden, weil die Palästinenser die Zerstörung ganz Israels beabsichtigt hätten. Laut Stein berief sich Israel nach 1948 auf globale Präzedenzfälle für seine Ansicht, dass allein die Aufnahmeländer das Flüchtlingsproblem zu lösen hätten; die Präzedenzfälle waren die Vertreibung von dreizehn Millionen Deutschen aus Polen und der Tschechoslowakei, von sechseinhalb Millionen Muslimen aus Indien, einer ähnlichen Zahl von Menschen aus Nord- nach Südkorea und von 440 000 Finnen aus dem von der Sowjetunion annektierten Karelien. In allen Fällen, so Tel Aviv, seien die Bevölkerungsbewegungen als dauerhafte Konfliktlösungen akzeptiert worden. Stein meint, besonders die indischen Ereignisse von 1947/48 hätten auf Israel nachdrücklich eingewirkt.[191]

Der Teilungsplan für Palästina, den die Vereinten Nationen 1947 zur Vermeidung eines kriegerischen Konflikts entwarfen, zerlegte Israel wie ein Jahrzehnt zuvor der Peel-Coupland-Plan in drei Teile, von denen Jerusalem unter internationaler Verwaltung bleiben sollte. Der kleinere arabische Staat (42 Prozent) hätte eine 10 000 Menschen zählende jüdische Minderheit gehabt, der jüdische Staat (56 Prozent) neben 500 000 Juden auch 438 000 arabische Bürger. Das bedeutete, so Ilan Pappe, für die zionistische Führung „einen politischen Alptraum"[192], denn in diesem Falle hätte die Teilung den Konflikt innerhalb des Staates Israel fortgesetzt und nicht behoben. Gleichwohl erteilten dem UN-Teilungsplan die zionistischen Politiker ihre Zustimmung, während Palästinenser und arabische Nachbarstaaten dies ablehnten. Doch parallel dazu unterhandelte die zionistische Führung mit dem transjordanischen König Abdallah über eine Zweiteilung Palästinas, aus der Israel größer hervorgehen sollte als beim UN-Plan, während das Westjordanland (und Ost-Jerusalem) unter jordanische Herrschaft kommen sollte – was 1948 für zwei Jahrzehnte geschah.[193]

---

[191] Stein, The Making of Modern Israel, S. 69–72, S. 76–79 und S. 328.
[192] Pappe, Die ethnische Säuberung Palästinas, S. 61.
[193] Schulze, Geschichte der Islamischen Welt, S. 170 f.

Laut Ilan Pappe war der UN-Teilungsplan ungerecht, weil die jüdische Bevölkerung nur ein Drittel der Bevölkerung Palästinas stellte, jedoch „über die Hälfte des Gesamtterritoriums" erhalten sollte.[194] Doch kann man die Entscheidung der UN kaum verstehen, ohne den vorangegangenen NS-Völkermord an den Juden Europas zu berücksichtigen. Im Mai 1947 erinnerte der sowjetische UN-Botschafter Andrei Gromyko an die kaum vergangenen Leiden der Juden in Europa, machte den westeuropäischen Staaten unterlassene Hilfeleistung zum Vorwurf und trat entschieden für die Gründung eines jüdischen Staates in Palästina ein. Der Holocaust hatte die Akzeptanz eines jüdischen Staates entscheidend erhöht, und dass dessen Gründung auf Kosten der muslimischen Bevölkerung Palästinas gehen musste, war allen Beteiligten klar. Unter Vorsitz des Schweden Emil Sandström konstituierten die UN einen Ausschuss, dem neben drei Lateinamerikanern, einem Niederländer, einem Australier und einem Kanadier auch zwei Vertreter osteuropäischer Staaten und zwei muslimische Delegierte angehörten. Darunter verfügten Jugoslawien und die Tschechoslowakei über aktuelle Erfahrungen mit ethnischer „Säuberung", und Indien machte ähnliche Gewalterfahrungen – wenngleich weniger von einer staatlichen Zentrale gelenkt als in Belgrad oder Prag – soeben durch. Zugleich hatten diese Staaten Erfahrungen mit multiethnischen Bevölkerungen. Der indische Delegierte Sir Abdur Rahman gehörte zu jenen Muslimen seines Landes, der die Abspaltung Pakistans ablehnte, und war folglich auch ein Gegner der Teilung Palästinas. Zusammen mit den Vertretern Irans und Jugoslawiens formulierte Rahman ein Minderheitsvotum zugunsten einer binationalen Föderation. Die Mehrheit entschied sich für Teilung, wobei die USA und die UdSSR die Zustimmung der UN-Vollversammlung sicherten.[195] Damit war die Logik des ethnoreligiösen „Transfers" für Palästina in Gang gesetzt, denn der Krieg um Israels Existenz begann nicht erst mit Ausrufung der Unabhängigkeit am 15. Mai 1948, sondern – wie Yitzhak Rabin treffend betont hat – schon sechs Monate früher, nach dem UN-Teilungsvotum.[196]

Die Reserviertheit der Völkergemeinschaft gegenüber arabischen Belangen wurde dadurch nicht geringer, dass ein führender Vertreter der palästinensischen Araber, der Großmufti al-Husseini, mit Hitler kollaboriert und im Kontext des NS-Völkermords zum „Dschihad" gegen „die Juden" aufgerufen hatte. Die mit Hilfe Husseinis aufgestellten bosnisch-muslimischen SS-Einheiten töteten nicht nur Juden, sondern auch Roma und Serben.[197] Derselbe Großmufti rief auch 1948 die Araber dazu auf, die Juden zu „vernichten". Diese nationalsozialistisch-palästinensische Achse des Völkermords wird in der muslimischen Welt gern übersehen, wenn man sie nicht sogar – wie Husseinis Verwandter Yassir Arafat noch 2002 – als „Heldentum" feiert.[198] Aufrufe vom Schlage al-Husseinis oder des Generalse-

---

[194] Pappe, Die ethnische Säuberung Palästinas, S. 60.
[195] Fraser, Partition in Ireland, India and Palestine, S. 161, S. 164 f., S. 169 und S. 180.
[196] Rabin, The Rabin Memoirs, S. 22.
[197] Johnson, Modern Times, S. 481; Bell-Fialkoff, Ethnic Cleansing, S. 170 f.; Broucek, Ein General im Zwielicht, Bd. 3, S. 241; Baranowski, Nazi Empire, S. 336 f.
[198] Mallmann / Cüppers, Halbmond und Hakenkreuz, insb. S. 249; Mohammed Amin al-Husseini.

kretärs der Arabischen Liga, Azzam Pascha, der 1948 die „Juden ins Meer" werfen wollte, sind gute Belege für die These von Benny Morris, die auf Vertreibung und Vernichtung der Juden zielenden Absichten der Araber hätten die Vertreibungspläne der Zionisten ausgelöst. Zwar übertreibt Morris, denn zionistische „Säuberungs"-Pläne gab es schon länger, doch er dürfte insofern recht haben, als diese durch die arabische Intransigenz erst realisierbar gemacht wurden. Laut Morris hatte sich 1948 die jüdische Bevölkerung Palästinas tödlich bedroht gefühlt und war auch tödlich bedroht gewesen. Der militärische Sieg habe entschieden, wer wen vertreiben konnte; ähnliche Vertreibungsdiskurse hätten auf beiden Seiten längst existiert.[199]

Nach Annahme des Teilungsplans durch die Vereinten Nationen herrschte Bürgerkrieg in Palästina, den die noch präsenten Briten nicht mehr einzudämmen vermochten. Der Konflikt in Haifa eskalierte ab Dezember 1947, als Mitglieder der jüdischen Terrororganisation „Irgun" – kommandiert vom späteren Premier Menachem Begin – einen Angriff auf arabische Arbeiter ausführten. Bis April 1948 waren 20 000 der 70 000 Palästinenser aus der Stadt bereits „geflohen". Am 21. April begann dann die „Hauptoffensive" der jüdischen Streitkräfte. Truppen wie die „Carmeli-Brigade" hatten Befehl, jeden erwachsenen Araber zu töten und „alle entflammbaren Ziele" in Brand zu setzen.[200] Trotz der „Präsenz britischer Truppen" tat die Mandatsmacht nichts „für Sicherheit und Wohlergehen der Einheimischen". Pappe schildert, wie der jüdische Bürgermeister Shabtai Levi die Araber „eindringlich bat zu bleiben und versprach, dass ihnen nichts geschehen würde". Erfolgreich waren jedoch die entgegengesetzten Bestrebungen des jüdischen Kommandeurs Mordechai Maklef, dessen Truppen in Haifa laut Pappe „so viel Angst und Schrecken" verbreitet hätten, dass die Araber „in Panik" zum Hafen geflüchtet seien, um von dort zu entkommen.[201] Etwas anders stellt Benny Morris das Ereignis dar. Demnach machte während der Kapitulationsverhandlungen in Haifa nicht nur der jüdische Bürgermeister Levy, sondern auch Haganah-Kommandant Maklef das Angebot, die arabische Bevölkerung solle gleichberechtigt in der Stadt bleiben. Die Massenflucht wäre demnach eher eigendynamisch gewesen, zumal sie laut Morris auch von arabischen Führern (wie den Premierministern Syriens und des Libanon) nicht gebilligt wurde. Diese inszenierten Anfang Mai 1948 unter den Flüchtlingen aus Haifa sogar eine Rückkehrkampagne.[202] Die jüdische Führung hingegen bedauerte diese Massenflucht nicht. Schon am 7. Februar 1948 hatte Ben Gurion intern erklärt: „Was in Jerusalem und Haifa geschah, kann sehr wohl auch in vielen anderen Teilen des Landes geschehen – wenn wir weitermachen. […] Es wird mit Sicherheit große Veränderungen in der Zusammensetzung der Bevölkerung des Landes geben."[203]

---

[199] Morris, Explaining Transfer, S. 355–357.
[200] Finkelstein, Der Konflikt zwischen Israel und den Palästinensern, S. 132f.
[201] Pappe, Die ethnische Säuberung Palästinas, S. 134 und S. 136.
[202] Morris, 1948, S. 145 und S. 155.
[203] Finkelstein, Der Konflikt zwischen Israel und den Palästinensern, S. 140.

Den Schlusspunkt der „Säuberungen" des Bürgerkrieges setzte die jüdische Eroberung von Jaffa am 13. Mai 1948, zwei Tage vor der Unabhängigkeitserklärung Israels. In der Hafenstadt konzentrierten sich die „stärksten Verteidigungskräfte" der Palästinenser, die drei Wochen lang der jüdischen Belagerung standhielten. Die 50 000 arabischen Einwohner wurden „mit britischer ‚Vermittlung' vertrieben", was zur Folge hatte, „dass ihre Flucht sich weniger chaotisch gestaltete als in Haifa". Dennoch sollen auch dort Menschen „buchstäblich ins Meer gestoßen" worden sein, „als die Menge sich an Bord der viel zu kleinen Fischerboote drängte, die sie nach Gaza bringen sollten, während jüdische Truppen über ihre Köpfe hinweg schossen, um ihre Vertreibung zu beschleunigen".[204]

Kaum hatten fünf arabische Nachbarstaaten am 15. Mai 1948 ihren Angriffskrieg gegen das für unabhängig erklärte Israel begonnen, entwickelte Siedlungsexperte Josef Weitz in Abstimmung mit Moshe Shertok – dem unter dem Namen Sharett bekannt gewordenen Außenminister und späteren Regierungschef Israels – einen „Plan zum Transfer der Araber". Ein „förmlicher Kabinettsbeschluss" erfolgte nicht, doch im Juni übergab Weitz dem Ministerpräsidenten ein Memorandum mit der Kernforderung, die durch kriegsbedingte Flucht begonnene „Entwurzelung der Araber" müsse „als eine Lösung der arabischen Frage im Staat Israel angesehen werden", die israelische Führung müsse die Flucht daher „von jetzt ab in einen kalkulierten Plan mit dem Ziel eines retroaktiven Transfers münden" lassen.[205] Ben Gurion griff diese „vertreibende[n] Aspekte" auf, wie sowohl Weitz als auch der junge Generalstabsoffizier Yitzhak Rabin überliefert haben.[206] Dieser, selbst ein späterer israelischer Premier, übermittelte räumlich begrenzte Vertreibungsbefehle Ben Gurions an die kämpfende Truppe. Die Vertreibung traf primär muslimische Araber, während Christen, Drusen oder Tscherkessen meist verschont blieben, weil sie sich den Israelis friedlich unterwarfen.[207]

Im April 1949 erklärte Ben Gurion zwar „entschieden", der israelische Staat habe „niemanden vertrieben" und werde dies auch „niemals tun".[208] Die im Mai 1948 der Regierung beigetretene linkssozialistische Mapam-Partei sah das freilich anders, attackierte „eine bewusste Aussiedlung" der Araber ohne „rein militärische Notwendigkeit" und warf der Partei Ben-Gurions vor, eine „Transferpolitik" mit „Feuer und Schwert" zu betreiben. Im Juli drohte der Mapam-Vorsitzende Yaakov Hazan mit dem Austritt aus der Koalition, wenn „das Plündern, Töten, die Vertreibung und die Gewalttaten, die den Arabern angetan werden", fortgesetzt werden sollten.[209] 1949 war die Mapam nicht mehr in der Regierung Israels.

Im April und Mai 1948 waren bereits zwischen 250 000 und 500 000 Araber aus dem entstehenden Staat Israel geflüchtet. Benjamin Lieberman will diese Flucht-

---

[204] Pappe, Die ethnische Säuberung Palästinas, S. 146.
[205] Brumlik, Wer Sturm sät, S. 258f.; Morris, The Birth of the Palestinian Refugee Problem, S. 136.
[206] Brumlik, Wer Sturm sät, S. 260–262.; Morris, The Birth of the Palestinian Refugee Problem, S. 207 und S. 279.
[207] Downes, Targeting Civilians in War, S. 203.
[208] Finkelstein, Der Konflikt zwischen Israel und den Palästinensern, S. 118.
[209] Ebenda, S. 147; zur Mapam-Kritik auch Brumlik, Wer Sturm sät, S. 263f.

bewegung nicht als freiwillig erscheinen. Die meisten Betroffenen seien durch jüdisch-israelische Angriffe oder aus Furcht davor geflohen. Evakuierung, Flucht und Vertreibung hätten als Elemente ethnischer Kriegführung zusammengewirkt. Das Verschwinden der Araber aus Israel erscheine nur dann mysteriös, wenn man es isoliert von anderen Fällen ethnischer „Säuberung" betrachte. Das Bemühen der Regierung Ben Gurion, jede Rückkehr von Flüchtlingen zu verhindern, habe diese „Säuberung" nach Kriegsende dann komplettiert.[210] Tatsächlich notierte Ben Gurion im Mai 1949, als er von US-Präsident Truman unter Druck gesetzt wurde, den arabischen Flüchtlingen die Rückkehr zu gestatten: „Es gibt keine Flüchtlinge, es gibt nur Kämpfer, die versuchten, uns zu vernichten, und zwar restlos. […] Sollen wir die Flüchtlinge zurückholen, damit sie uns zum zweiten Mal ausrotten können […]?"[211] Tatsächlich soll der ägyptische Außenminister Saleh-ed-Din Bey geäußert haben, die Forderung nach Rückkehr aller Flüchtlinge ziele auf die Zerstörung Israels.[212]

Bei alledem mussten die Israelis Trumans jüdischen Wählern im US-Präsidentschaftswahlkampf von 1948 dankbar sein. Denn abgesehen von der angeblich kriegsentscheidenden Waffenhilfe aus dem Ostblock, namentlich aus der Tschechoslowakei[213], hatten die USA die Interessen Israels weit stärker berücksichtigt als andere westliche Mächte. Hier spielten antibritische und antikoloniale Sympathien der Amerikaner für die Zionisten eine ebenso bedeutsame Rolle wie im Falle der Iren.[214] Auf Seiten der britischen Mandatsmacht hingegen hatte es bereits während des Zweiten Weltkrieges zuweilen den Anschein gehabt, als ob Premierminister Churchill der einzige „Zionist" unter den Spitzenpolitikern in London gewesen sei. Ab 1945 erarbeitete sich der Außenminister der neuen Labour-Regierung, Ernest Bevin, einen profunden Ruf als linker Antisemit. Zweifellos war Bevin durch den zionistischen Terror verbittert, der sich damals – angeführt vom zionistischen Extremisten Menachem Begin – gegen Repräsentanten der britischen Herrschaft in Palästina richtete.[215] Jedenfalls stand Bevin in der Existenzkrise Israels nicht auf Seiten der Juden. Am 11. Mai 1948 erklärte der britische Außenminister vielmehr dem amerikanisch-jüdischen Journalisten Cyrus Sulzberger, die USA und Großbritannien dürften sich die große muslimische Welt nicht zum Feind machen. Umso feindseliger urteilte er über die Zionisten, die die Araber einfach fertigmachen wollten und in ihren Herrschaftsmethoden den Faschisten oder Kommunisten ähnelten. Juden und Araber könnten gut miteinander aus-

---

[210] Lieberman, Terrible Fate, S. 257f. und S. 260.
[211] Segev, Die ersten Israelis, S. 69f.
[212] Stein, The Making of Modern Israel, S. 81.
[213] Rabin, The Rabin Memoirs, S. 34.
[214] Louis, Ends of British Imperialism, S. 404.
[215] Johnson, Modern Times, S. 481–485; Wende, Das Britische Empire, S. 289; Weiler, Ernest Bevin, S. 170–172; hingegen folgt Louis, Ends of British Imperialism, S. 419, der älteren Position des Bevin-Biographen Alan Bullock, der antisemitische Überzeugungen verneinte, und führt Bevins Ruf auf seine nicht immer prozionistische Politik zurück; ähnlich Hennessy, Never Again, S. 239–241, der zusätzlich auf emotionale Reaktionen Bevins auf zionistische Terroranschläge gegen Briten verweist.

kommen, nicht aber *Zionisten* und Araber. Dasselbe hörte Sulzberger im Juli 1948 vom Generalsekretär der Arabischen Liga, dem Ägypter Azzam Pascha. Araber und Juden hätten lange friedlich Seite an Seite gelebt; erst die Heuchelei der Briten und die Einmischung der USA seien Schuld, dass sich plötzlich alle Verrückten unter den Juden der Welt in Palästina versammelt hätten, um durch Gewalt einen jüdischen Staat zu schaffen.[216] Die Rhetorik der Arabischen Liga – von „Vernichtungskampf" bis „Endsieg"[217] – war dabei voller NS-Einflüsse. Waren Politiker wie Azzam Antreiber oder Getriebene? 1947 soll der Ägypter dem israelischen Unterhändler Abba Eban in London anvertraut haben, falls er es wage, die Teilung Palästinas zu akzeptieren, wäre er bei seiner Rückkehr nach Kairo ein toter Mann.[218]

Wirklich ermordet wurde der UN-Beauftragte Graf Folke Bernadotte, ein Neffe des Königs von Schweden, von zionistischen Terroristen im September 1948 in Jerusalem. Auch Bernadotte hatte die Rückführung der arabischen Flüchtlinge gefordert und dafür die jüdische Einwanderung nach Israel zeitweilig aussetzen wollen. Ursprünglich hatte er sogar eine Reduzierung jüdischer Einwanderung und die Übergabe Jerusalems an die Araber vorschlagen wollen, dies jedoch kurz vor seiner Ermordung fallen lassen.[219] Die UN-Vollversammlung nahm im Dezember 1948 Bernadottes „Vermächtnis posthum" an und empfahl „die uneingeschränkte Rückkehr aller Flüchtlinge". Israel setzte jedoch seine „Aufräumaktionen" bis April 1949 ungerührt fort und verhinderte jede Flüchtlingsrückkehr. Schon im August 1948 hatte Tel Aviv beschlossen, „alle zwangsgeräumten Dörfer zu zerstören und in neue jüdische Siedlungen oder in ,Naturparks' zu verwandeln".[220]

Diese Entscheidung hatte laut Benny Morris primär demographische Gründe, denn eine große arabische Minderheit hätte in den Augen Ben Gurions und Shertoks den jüdischen Staat von innen bedroht. Das Transfer-Komitee um Yosef Weitz entwickelte die passende Strategie der systematischen Zerstörung verlassener arabischer Dörfer und Felder sowie der Neubesiedlung des Landes mit jüdischen Siedlern. Die Neubesiedlung von Jaffa erfolgte bereits im Sommer 1948, wobei zurückgebliebene Araber zwangsweise in einem Viertel konzentriert wurden – eine Ghettoisierung, die zur Erleichterung der Besiedlung diente, aber auch mit Schutz vor jüdischen Überfällen gerechtfertigt wurde. Morris hebt zu Recht hervor, dass 1948 Transferpolitik unter Zionisten – anders als unter den Arabern – niemals zur generellen politischen Strategie gemacht worden sei. Daraus resultierte eine uneinheitliche Situation gegen Ende des Krieges: Einige Teile Israels waren völlig „gesäubert", andere (etwa Zentralgaliläa) hatten ihre arabische Bevölkerung weitgehend behalten, wieder andere (etwa Haifa und Jaffa) hatten zumindest eine arabische Restbevölkerung aufzuweisen.[221]

---

[216] Sulzberger, A Long Row of Candles, S. 385f. und S. 397f.
[217] Bretholz, Aufstand der Araber, S. 194 und S. 197.
[218] Johnson, Modern Times, S. 486.
[219] Stein, The Making of Modern Israel, S. 39f. und S. 45.
[220] Pappe, Die ethnische Säuberung Palästinas, S. 212. und S. 248f.; ein Fallbeispiel bei Eisenstadt, Die Transformation der israelischen Gesellschaft, S. 486f. und S. 489f.
[221] Morris, 1948, S. 298–300, S. 308 und S. 408.

Auch wenn „die Zerstörung der multi-ethnischen Gesellschaft" Palästinas „ein zentrales Kriegsziel der Zionisten gewesen" sei, so betont daher Philipp Ther, habe der neue Staat der Zionisten „keine totale ethnische Säuberung" erlebt, denn „im Unterschied zu mehreren europäischen Fällen der Nachkriegszeit gehörten weiterhin fast 20 Prozent der Bevölkerung Israels verschiedenen Minderheiten an".[222] Der schweizerische Journalist Wolfgang Bretholz, Sohn eines prominenten deutsch-jüdischen Historikers aus dem mährischen Brünn und profilierter NS-Gegner, nahm die Weiterexistenz einer starken arabischen „vollberechtigte[n] Minderheit" in Israel 1960 optimistisch als Beweis, „daß Juden und Araber friedlich zusammenarbeiten können".[223] Tatsächlich waren in Israel nach 1948 rund 156 000 Araber, darunter 107 000 Muslime, verblieben. Die Lage dieser Minderheit im von seinen arabischen Nachbarn permanent bedrohten „jüdischen Staat" gestaltete sich jedoch denkbar ambivalent. Formell tatsächlich den Juden gleichgestellt (zumal die Vereinten Nationen dies gegenüber Israel zur Beitrittsvoraussetzung machten), trat neben diese „Anerkennung als Bürger" nach Einschätzung des israelischen Soziologen Shmuel Eisenstadt auf jüdischer Seite jedoch „Misstrauen und Ignoranz" sowie ein „wohlwollend-restriktiver halbkolonialer Paternalismus". In der Knesset, dem Parlament Israels, saßen 1948 unter 120 Abgeordneten auch drei Vertreter der Araber; doch der Zionist Josef Weitz empörte sich heftig darüber, dass diese bei der Parlamentseröffnung ihre traditionelle Kopfbedeckung zu tragen wagten.[224] Ein Teil der arabischen Gebiete stand noch zehn Jahre nach Kriegsende unter Militärverwaltung.[225] Mehr als die Hälfte des Landbesitzes dieser verbliebenen Araber soll schrittweise enteignet worden sein.[226] Auf der anderen Seite verfügten die Araber in Israel über politische und zivile Rechte, die ungleich größer waren als in den diktatorisch regierten arabischen Nachbarstaaten.[227] In gewisser Weise ähnelte die Lage der arabischen Israelis jener der Sudetendeutschen in der Tschechoslowakei. Dort hatte – so der deutsch-jüdische Emigrant Ernst Bloch 1938 – die deutsche NS-Diktatur die „sudetendeutsche Frage" wegen unzureichender Minderheitenrechte genutzt, um mit der Tschechoslowakei die einzige Demokratie der Region als „Land der Unterdrückung und Tyrannei" anzuprangern, obschon dort „die Deutschen mehr Freiheiten" genossen „als in jedem anderen Staat, das Dritte Reich eingeschlossen".[228]

Ein Jahr nach dem Krieg von 1948 befanden sich 800 000 palästinensische Araber in Flüchtlingslagern der Nachbarstaaten.[229] Bis zum 15. Mai 1948 waren 300 000 Flüchtlinge gezählt worden, so dass die Mehrheit ihre Heimat erst infolge des Staatenkrieges verlassen hatte. Die Zahl der arabischen Flüchtlinge und Ver-

---

[222] Ther, Die dunkle Seite der Nationalstaaten, S. 233.
[223] Bretholz, Aufstand der Araber, S. 431.
[224] Morris 1948, wie Anm. 221; Segev, Die ersten Israelis, S. 79; Sand, The Invention of the Jewish People, S. 281.
[225] Bretholz, Aufstand der Araber, S. 433.
[226] Sand, The Invention of the Jewish People, S. 281.
[227] Stein, The Making of Modern Israel, S. 239–241 und S. 244.
[228] Bloch, Gesamtausgabe, Bd. 11, S. 266f.
[229] Brumlik, Wer Sturm sät, S. 264 und S. 269f.

triebenen überstieg jene der jüdischen Immigranten.[230] Durch den arabisch-israelischen Junikrieg von 1967 kamen 200 000 weitere Palästinenser hinzu, „die aus den nunmehr von Israel besetzten, vormals von Jordanien annektierten Territorien nach Transjordanien und in den Gazastreifen flüchteten". 1967 soll es nicht „zu ähnlichen Vertreibungshandlungen wie 1948" gekommen sein, doch auch damals soll die israelische Armee „Araber zur Flucht, zum Transfer" ermutigt haben.[231] Allerdings musste Israel zur Kenntnis nehmen, dass sich etliche Großmächte auf die Seite der Araber stellten: Frankreichs Präsident de Gaulle forderte 1967 ein Rückkehrrecht für arabische Flüchtlinge, und Andrei Kossygin, der Vorsitzende des Ministerrates der UdSSR, warf Israel im UN-Sicherheitsrat vor, nach Art Hitlers zu agieren – was Außenminister Eban zu der bissigen Entgegnung veranlasste, im Gegensatz zur Sowjetunion habe Israel wenigstens nie mit Hitler paktiert.[232]

Ben Gurion hatte 1948 erklärt, die künftige Lage der arabischen Flüchtlinge werde davon abhängig sein, wie die jüdischen Minderheiten in Israels Nachbarstaaten behandelt würden.[233] In der Tat hatte der Krieg in Palästina ab Mai 1948 antijüdische Ausschreitungen in vielen Staaten der arabischen Welt ausgelöst; dabei sollen die Pogrome in Aden und Aleppo die schlimmsten gewesen sein. Doch auch in Kairo kam es, wie der Journalist Wolfgang Bretholz miterlebte, zu „regelrechte[n] Treibjagden auf Männer, Frauen und Kinder", denen über 250 Menschen zum Opfer fielen. Der irakische Premier Nuri Pasha as-Said drohte 1949, „dass alle irakischen Juden vertrieben werden würden, wenn die Israelis den arabischen Flüchtlingen nicht die Rückkehr nach Palästina gestatteten".[234] Infolge dessen wanderten ab 1948 nicht mehr nur Juden aus Europa, sondern auch aus dem Nahen Osten und dem Maghreb in Israel ein. Dessen jüdische Bevölkerung stieg zwischen 1948 und 1960 von 750 000 auf 1,9 Millionen Menschen. Entsprechend schrumpften „die alten jüdischen Gemeinden der arabischen Länder".[235] Was Albert Hourani mit dieser eleganten Bemerkung unerwähnt lässt, ist der Vertreibungsdruck der Araber. Selbst in Marokko, wo Sultan Mohammed V. zwischen 1940 und 1944 die marokkanischen Juden vor Auslieferung an Hitler-Deutschland wirkungsvoll geschützt hatte, wurden 1956 antijüdische Gesetze erlassen, die die Auswanderung von 300 000 Juden bewirkten.[236] 567 000 jüdische Zwangsauswanderer aus zehn arabischen Ländern gingen bis 1958 fast sämtlich nach Israel.[237]

Michael Mann hat seine Diagnose vom Doppelgesicht der außereuropäischen Siedlerdemokratien – inner-ethnische Demokratie bei gleichzeitiger „Säuberung" von fremden Ethnien – auch auf Israel bezogen.[238] Tatsächlich erscheint Israel als

---

[230] Schulze, Geschichte der Islamischen Welt, S. 171; Hobsbawm, Das Zeitalter der Extreme, S. 450.
[231] Brumlik, Wer Sturm sät, S. 286, unter Berufung auf Benny Morris.
[232] Stein, The Making of Modern Israel, S. 274 und S. 321.
[233] Sulzberger, Long Row of Candles, S. 401, S. 506–508 und S. 801 f.
[234] Morris, 1948, S. 412 f.; zum Kairoer Pogrom: Bretholz, Aufstand der Araber, S. 204.
[235] Hourani, Die Geschichte der arabischen Völker, S. 453.
[236] Stein, The Making of Modern Israel, S. 92–95; zu Mohammed V.: Hoerder, Cultures in Contact, S. 498; Morris, 1948, S. 414.
[237] Johnson, Modern Times, S. 487.
[238] Mann, The Dark Side of Democracy, S. 22, S. 70 und S. 502.

jüngste Siedlerdemokratie unserer Welt[239] durch diese Dialektik geprägt, vermochte es doch nur „um den Preis der Flucht und Vertreibung von 750 000 Arabern" gegründet und behauptet zu werden.[240] Ilan Pappe stellt „den Fall Palästina in einen Zusammenhang mit der Kolonialgeschichte ethnischer Säuberungen in Nord- und Südamerika, Afrika und Australien, wo weiße Siedler regelmäßig solche Verbrechen begingen".[241] Den Kontext der US-Indianerkriege evozierten 1948 auch arabische Politiker – wenn etwa Azzam Pascha meinte, die Zionisten seien der Ansicht, dass die arabischen Nomaden Palästinas ebenso verschwinden würden wie die Indianer Nordamerikas.[242] In Palästina prallten zwei Opfererfahrungen aufeinander: Die Pogrom- und Genoziderfahrung der jüdischen Einwanderer aus Europa kollidierte mit der Kolonial- und Invasionserfahrung der Araber. Beide Opfergruppen reagierten mit militantem Nationalismus. Seither sah sich Israel in jedem Jahrzehnt gezwungen, einen weiteren Krieg zu führen, da eine „stabile Beziehungsbasis" zu seinen arabischen Nachbarn bislang nicht etabliert werden konnte.[243]

Hat die Gründung Israels den europäischen Antisemitismus beendet, zumindest westlich des „Eisernen Vorhangs"?[244] Gewiss ist nur, dass die Gründung Israels den Antisemitismus als „Antizionismus" global neu belebt hat. Hinzu trat ein neuer arabischer Antisemitismus[245], der „Vernichtungs"-Gedanken aus Hitler-Deutschland entlehnte, die der islamischen Kultur zuvor völlig fremd waren.[246] Nach der Verdrängung von Arabern aus Israel vervollständigte die Verdrängung von Juden aus arabischen Ländern diesen globalhistorischen Transfer des „Transfers".[247]

---

[239] Reinhard, Geschichte der Staatsgewalt, S. 491.
[240] Wende, Das Britische Empire, S. 290.
[241] Pappe, Die ethnische Säuberung Palästinas, S. 27f.
[242] Sulzberger, A Long Row of Candles, S. 397f.
[243] Hobsbawm, Das Zeitalter der Extreme, S. 450.
[244] Dies meint Johnson, Modern Times, S. 486.
[245] Lewis, Der Untergang des Morgenlandes, S. 222f.
[246] Lau, Er will doch nur streiten, S. 51.
[247] Mazower, Hitlers Imperium, S. 551.

VIII. Schluss:
Zwölf Bemerkungen zu den ethnischen „Säuberungen" in unserer Moderne

> „Erst die Vermischung des Ressentiments gegen den ‚Anderen'
> mit dem Selbstvertrauen des Gärtners ist wahrhaft explosiv."
> Zygmunt Bauman[1]

Erstens: Anhaltende Aktualität

Die Zahl der Opfer moderner ethnischer „Säuberungen" ist schwer zu bestimmen. Schätzungen gehen von 31,5 Millionen bis 32,1 Millionen Opfern moderner Zwangsmigrationen im Jahrhundert zwischen 1853 und 1953 aus.[2] Auch für das Europa des 20. Jahrhunderts ist eine „Mindestschätzung" von 30 Millionen offiziell registrierter Flüchtlinge genannt worden, wobei betont wird, dass sich „eine weit höhere Zahl" ergäbe, würde man alle „Grenzfälle" im Umfeld der beiden Weltkriegen einbeziehen.[3]

Ethnische „Säuberung" ist jedoch nicht nur ein zentrales Element der Geschichte unserer Moderne, sie prägt auch heute unseren globalen Alltag. Im Jahre 2007 gab es aufgrund politischer Konflikte weltweit 42 Millionen Opfer von Flucht oder Vertreibung. Davon hatten 11,4 Millionen ihre Heimatländer verlassen, während weit mehr – 26 Millionen – innerhalb ihrer Heimatstaaten geflüchtet oder vertrieben worden waren.[4] Während der „Norden" unserer Welt derzeit ruhig erscheint, gibt es in der südlichen Hemisphäre häufig ethnische „Säuberungen".[5] Dieses Nord-Süd-Gefälle bedeutet nicht, dass „der Westen" oder „Norden" mit dieser Ethno-Gewalt nichts zu tun hätte. Im Gegenteil, die Verbindungen sind vielschichtig: Zuerst fällt die humanitäre Helfer-Funktion durch Aufnahme großer Gruppen außereuropäischer Flüchtlinge in Europa und den USA in den Blick.[6] Dies ist jedoch nicht die entscheidende Verbindung zu heutigen Krisenherden ethnischer „Säuberung". Afghanistan und Irak sind Spitzenreiter der über staatliche Grenzen hinaus reichenden Fluchtbewegungen; in Kolumbien, Irak und Kongo wurden die meisten Menschen innerhalb des eigenen Staates in die Flucht geschlagen oder vertrieben.[7] In Afghanistan und im Irak ist die Mitverantwortung des Westens und im Falle Afghanistans auch der Sowjetunion durch deren Militärinterventionen evident. Im Kongo war das wirtschaftliche Interesse des Westens nicht nur zur Zeit

---

[1] Bauman, Moderne und Ambivalenz, S. 52.
[2] Ferrara / Pianciola, L' Età delle Migrazioni Forzate, S. 399.
[3] Ther, Die dunkle Seite der Nationalstaaten, S. 261.
[4] „42 Millionen Menschen sind auf der Flucht", S. 7.
[5] Shaw, What is Genocide, S. 158.
[6] Vgl. „42 Millionen Menschen sind auf der Flucht", S. 7.
[7] Ebenda.

des berüchtigten Belgierkönigs Leopold II. vor einhundert Jahren gegeben.[8] Und die Entwicklung in Kolumbien, im Spannungsfeld eines Konflikts zwischen den USA und Venezuela, eines Guerillakriegs und der internationalen Drogenkriminalität, ist ohne den Westen undenkbar.

Vor allem aber ist die durch den Kosovo-Krieg von 1999 erzeugte Illusion, ethnische „Säuberungen" seien fortan völkerrechtlich eindeutig geächtet, eine fahrlässige Illusion. Nicht nur die Frage, ob die Vertreibung der Deutschen nach 1945 rechtmäßig war, bleibt bis heute „ungelöst". Ebenso ist eine neue ethnische „Säuberung" in Form eines international organisierten „Bevölkerungstransfers" als Ultima Ratio in einem scheinbar unlösbaren Konflikt aus völkerrechtlicher Perspektive weiterhin möglich.[9] Dass es zahlreiche Wissenschaftler gibt, die dergleichen auch heute befürworten, an ihrer Spitze der Bostoner Politologe Andrew Bell-Fialkoff, versteht sich angesichts der ein Jahrhundert zurückreichenden Geschichte intellektueller Vordenker und wissenschaftlicher Planer ethnischer „Säuberungen" fast von selbst. Häufig genannte Anwendungsregionen für aktuelle „Säuberungs"-Blaupausen sind der Israel-Palästina-Konflikt oder der post-jugoslawische Vielvölkerraum in Südosteuropa.[10]

Zweitens: Diametrale Wertungen

1999 intervenierte der Westen militärisch im Kosovo, um die serbische Vertreibungspolitik gegenüber der albanischen Bevölkerungsmehrheit rückgängig zu machen – womit diese Vertreibung zunächst angeheizt wurde, um später – nach dem Sieg der NATO – rückgängig gemacht zu werden, gleichzeitig aber in die Duldung des Westens gegenüber Flucht und Vertreibung großer Teile der serbischen Minderheit durch die nun herrschenden Albaner umzuschlagen.[11] NATO-Generalsekretär Solana rechtfertigte die Intervention nicht nur damit, dass der grenzüberschreitende Flüchtlingsstrom die Sicherheit Europas gefährde; er betonte, die NATO wolle durch Passivität nicht diese ethnische „Säuberung" in ihrer Nachbarschaft legitimieren.[12] Diese Haltung verursachte ungewollt ein Deutungsproblem hinsichtlich einer anderen, fünfzig Jahre zuvor erfolgten „Säuberung". Damals hatte die europäische Öffentlichkeit die Vertreibung von fünfzehn Millionen Deutschen gegen Ende des Zweiten Weltkrieges überwiegend als gerechtfertigt betrachtet – als harte, aber verdiente Strafe für die NS-Verbrechen.[13] Heute hingegen sind viele überzeugt, dass „zweimal Unrecht nicht Recht" ergibt,

---

[8] Hochschild, King Leopold's Ghost.
[9] Douglas, Ordnungsgemäße Überführung, S. 424f.
[10] Ebenda, S. 457f.; vgl. Bell-Fialkoff, Ethnic Cleansing, S. 220f., S. 224f. und S. 230, der sich wiederum auf ältere Plädoyers von Montandon, Lavergne oder Schechtman beruft.
[11] Bloxham / Moses, Genocide and Ethnic Cleansing, S. 129f.
[12] Zitiert nach Simpson, Great Powers and Outlaw States, S. 205; dort fälschlich „Solano".
[13] Frank, Expelling the Germans, S. 85, mit dem Zitat des konservativen Abgeordneten Bob Boothby in der Unterhausdebatte Ende 1944: „It is rough, but, by God, they deserve it."

und erkennen in der Vertreibung von 1945 einen Akt, der „verdächtig nach ‚ethnischer Säuberung' aussieht" – mit entsprechend „große[n] moralische[n] Probleme[n]".14

Offenbar haben sich „unsere Maßstäbe […] seit Mitte des 20. Jahrhunderts erkennbar verändert". Dieser Wandel führt zu Widersprüchen: Obwohl sich beispielsweise die Tschechische Republik beharrlich weigert, die 1945 vom Vorgängerstaat Tschechoslowakei erlassenen Dekrete zur Ausbürgerung, Enteignung und Vertreibung der deutschen und ungarischen Minderheiten für ungültig zu erklären, hat sie 1999 die NATO-Militärintervention gegen die Vertreibung der Kosovo-Albaner durch Serbien mitgetragen und damit diese Vertreibung als Unrecht gebrandmarkt. An den internationalen „Stabilisierungsstreitkräften", die in den 1990er Jahren zur Verhinderung weiterer ethnischer „Säuberungen" in Bosnien und im Kosovo stationiert wurden, beteiligten sich all jene Großmächte, die 1945 auf der Potsdamer Konferenz der Vertreibung von Millionen Deutschen ihre Zustimmung gegeben hatten: die USA und Großbritannien, und in Bosnien auch Russland als wichtigster Nachfolgestaat der Sowjetunion.15

Die Medienbilder albanischer Flüchtlinge haben außerdem unter den noch lebenden deutschen Vertriebenen (zumeist die Kinder von 1945) schlagartig Erinnerungen an das eigene Leid ausgelöst. Dieses Kosovo-„Erlebnis", das eine „indirekte Aktualisierung" bewirkte und das geschichtspolitisch sensible Verhältnis zwischen Deutschland, Polen und Tschechien aufwühlte16, wurde zum Anstoß für eine Debatte um die Erinnerung an deutsche Vertriebene als Opfer ethnischer „Säuberung". Wie schwierig diese Debatte ist, haben die deutsch-polnischen Diskussionen der letzten Jahre demonstriert. Andererseits mündete sie auch in das Angebot eines ungarischen Staatspräsidenten an vertriebene Deutsche, in ihrer ehemaligen Heimat „wieder zu Hause" zu sein.17 Die neue (oder neu aktualisierte) deutsche Sichtweise, Vertriebene als Opfer zu begreifen18, hat trotz oder gerade wegen der „erinnerungspolitischen Zwickmühle" konkurrierender Opferhierarchien19 ein ähnliches Interesse in der polnischen Öffentlichkeit an *polnischen* Umgesiedelten der Jahre nach 1944/45 ausgelöst. Diese Erinnerungen gilt es *nicht konkurrierend, sondern ergänzend* zu gestalten – im Sinne der Maxime Jan Józef Lipskis: „Wir müssen uns alles sagen". Der sudetendeutsche Vertriebene Peter Glotz hat hierfür eine neue offene Sprache gefordert: „Wir müssen unsere Verletzungen zeigen, damit die andere Seite die ihren zeigt. Nur so ist Verständigung möglich."20

---

14 Davies, Die große Katastrophe, S. 120 und S. 123 f.
15 Münz, Ethnische Säuberungen, S. 134 f.
16 Naumann, Der Krieg als Text, S. 73.
17 So der ungarische Präsident László Sólyom 2006; vgl. Kossert, Kalte Heimat, S. 352; auch das slowakische Parlament bedauerte 1991 die „Vertreibung der deutschen Mitbürger" aufgrund des falschen Prinzips der Kollektivschuld, bestätigte jedoch 2007 die Gültigkeit der Enteignungen der Beneš-Dekrete von 1945.
18 Schwartz, Dürfen Vertriebene Opfer sein?.
19 Naumann, Der Krieg als Text, S. 74.
20 Lipski, Wir müssen uns alles sagen ; Glotz, Die Vertreibung, S. 14.

Bis heute sind ethnische „Säuberungen" – zumindest in der Form scheinbar geregelter „Bevölkerungstransfers" unter internationaler Ägide – nicht eindeutig geächtet. Es gibt nicht nur zahlreiche wissenschaftliche Befürworter solcher Ultima-Ratio-Lösungen, sondern immer wieder auch politische Rückgriffe auf Transfermodelle wie Lausanne 1923. Nicht nur Nazis und Faschisten betrachteten während des Zweiten Weltkrieges Lausanne als Vorbild, sondern auch die Führer der Alliierten mit Winston Churchill an der Spitze. Doch noch der Vance-Owen-Plan zur Befriedung des Bürgerkriegs in Teilen Jugoslawiens in den 1990er Jahren, benannt nach zwei international hochangesehenen früheren Außenministern der USA und Großbritanniens, zeigte deutliche Spuren des Lausanner Vorbilds. Auch im erneut für unabhängig erklärten Kroatien gab es nationalistische „Säuberungs"-Planer wie Anto Valenta, die einen Bevölkerungsaustausch von Hunderttausenden nach dem Muster Lausannes zur Schaffung ethnisch homogener Nachfolgestaaten in Jugoslawien befürworteten, und die, als sie damit keinen Erfolg hatten, kroatische Milizenführer bei deren Vertreibungspolitik berieten.[21] Auch die serbische Bürgerkriegspartei griff auf ältere „Säuberungs"-Konzepte wie das von Vasa Čubrilović aus den 1930er und 1940er Jahren zurück, welches Bezüge zu Lausanne, aber auch zu den Vertreibungspolitiken des Zweiten Weltkrieges aufwies.

Drittens: Kein Rückfall in Barbarei, sondern Teil der Moderne

Die im 19. Jahrhundert massive „Verwandlung der Welt", die Jürgen Osterhammel eindrucksvoll analysiert hat, ging nicht zufällig mit einer Intensivierung ethnischer „Säuberung" einher: „Wo immer in den Jahrzehnten vor dem Ersten Weltkrieg neue Nationalstaaten entstanden und wo immer innerhalb alter Vielvölkerreiche ‚Nationalitätenpolitik' betrieben wurde, bestand die Gefahr eines ‚unmixing of peoples' (Lord Curzon)."[22] So mancher Intellektuelle, der – wie Edward H. Carr – zeitweilig Bevölkerungstransfers als Friedenslösung befürwortet hatte, kehrte angesichts der Folgen beinahe schon zur Verklärung der alten Imperien aus der Zeit vor 1918 zurück. Die Imperien der Briten oder der Habsburger, so meinte Carr 1945, seien nicht durch nationale Exklusivität geprägt gewesen, anders als nationalistisch organisierte Nachfolgestaaten wie Jugoslawien oder Polen, wo es zwischen 1919 und 1939 den entscheidenden Unterschied gemacht habe, ob jemand Serbe, Kroate oder Slowene bzw. Pole, Ukrainer oder Litauer gewesen sei. Carr dachte allerdings historisch-kritisch genug, um zu den Zeiten Queen Victorias oder Kaiser Franz Josephs nicht zurück zu wollen. In Abkehr vom Nationalismus-Prinzip forderte er den Aufbau neuartiger multi-nationaler Einheiten, die das Prinzip nationaler Toleranz durchsetzen müssten.[23]

---

[21] Bloxham / Moses, Genocide and Ethnic Cleansing, S. 133f.
[22] Osterhammel, Die Verwandlung der Welt, S. 217.
[23] Carr, Nationalism and After, S. 66.

Entgegen der zu engen Auffassung, ethnische „Säuberungen" lediglich als „dunkle Seite der Nationalstaaten" zu betrachten[24], muss man darauf verweisen, dass „global gesehen […] das 19. Jahrhundert nicht unbedingt das Zeitalter des Nationalstaats" gewesen ist, da es neben solchen Staaten weiterhin alte und sogar neue Imperien und darpber hinaus „supranationale Neubildungen" diverser „Internationalen" gegeben hat.[25] Das gilt modifiziert auch für das 20. Jahrhundert, das dieser Trias von Nationalstaatlichkeit, Imperialität und Supranationalität noch die Ausdifferenzierung internationaler Organisationen hinzufügte. Gleichwohl hat die Diagnose von Edvard Beneš ihre Berechtigung, die Epochenwende von 1917/18 sei als „Aufstand der Nationen" und „die Nationalitätenidee" als „Kind der Demokratie" zu deuten.[26] Tatsächlich gab die innige Verbindung mit der Demokratisierung den konkurrierenden Nationalismen nach 1789 ihre Schubkraft. Nationalismus war der Hebel zum „Abbau der ständischen Privilegiengesellschaft" und zu deren Umwandlung in eine „Staatsbürgergesellschaft" von Gleichberechtigten.[27] Zugleich waren diese demokratischen Nationalstaaten „paranoide Monster" (Edgar Morin), basierend auf der „Selbstlüge des nationalen Zeitalters", welche besagte: „Grundrechte sind national teilbar, sie können den National-Gleichen – den Volksmitgliedern – zu- und allen anderen Menschen abgesprochen werden". Die Nationalstaaten schufen jene „vielen partikularen Menschheiten", die nicht mehr miteinander, sondern säuberlich getrennt nebeneinander existieren sollten.[28] Parallel dazu war ethnische „Säuberung" allerdings nicht nur eine Waffe in den Händen von Nationalstaaten, seien sie autoritär oder demokratisch regiert, sondern auch ein politisches Mittel für vom Nationalismus bedrohte alte Imperien und deren totalitäre neo-imperiale Nachfolger. Dem „zersetzenden" Nationalismus begegneten diese Imperien mit repressivem Hegemonial-Nationalismus oder gar mit rassistischen oder kommunistischen Gegen-Utopien. In jedem Fall drohte massenhafte, zunehmend auch ethnisch motivierte „Säuberung".

Viertens: Moderne Täter, aber nicht nur Diktatoren

Betrachtet man die ethnischen „Säuberungen" der Weltkriege und ihrer „Nachkriege", fällt ins Auge, dass die Verantwortung häufig bei autoritären oder totalitären Regierungen liegt: Die jungtürkische Diktatur im Osmanischen Reich, das wilhelminische Deutschland und das Zarenreich waren im Ersten Weltkrieg hauptverantwortlich, die totalitären Diktaturen Hitlers und Stalins dann im Zweiten Weltkrieg. Dennoch wäre es zu simpel, demokratische Regierungen von Mitverantwortung freizusprechen. Denn wirksam wurden bei den Zwangsmigrationen von 1945 geostrategische Interessen wie bei der „Westverschiebung Polens" eben

---

[24] Ther, Die dunkle Seite der Nationalstaaten, passim.
[25] Osterhammel, Die Verwandlung der Welt, S. 329.
[26] Benes, Der Aufstand der Nationen, S. 718.
[27] Langewiesche, Nation, Nationalismus, Nationalstaat in Deutschland und Europa, S. 31.
[28] Beck, Macht und Gegenmacht im globalen Zeitalter, S. 338f.

nicht nur auf sowjetischer, sondern auch auf anglo-amerikanischer Seite.[29] Die Diagnose würde nicht ausreichen, dass bei der 1945 „mit schlechtem Gewissen, aber doch mit halber Überzeugung" erfolgten Zustimmung zur millionenfachen Vertreibung der Deutschen auf der Konferenz von Potsdam „sowohl in London wie in Washington eine gewisse und wohl unvermeidliche Anpassung an das Denken und die Methoden des Feindes [i. e. Hitler-Deutschlands] eintrat".[30]

Nationalsozialistische Publizisten hatten während des Zweiten Weltkrieges im üblichen selbstgerechten Ton, aber inhaltlich durchaus zutreffend darauf hingewiesen, dass sich „die Anhänger der westeuropäischen Demokratie und des liberalen Individualismus in den Südoststaaten" des Balkans „sich nicht gerne daran erinnern" ließen, „daß ihre eigenen Regierungen wiederholt, noch bevor es in Europa autoritäre Staatsformen gab oder nachdem diese in Italien oder auch in der Türkei erst kurze Zeit in Wirkung waren, ohne besondere Rücksicht auf die demokratischen Begriffe von Freiheit und persönlichem Recht, Abkommen über die Verpflanzung ganzer Bevölkerungsteile und ihres Besitzes beschlossen" hätten. Gemeint waren die bilateralen Verträge über „Bevölkerungsaustausch", wie sie zwischen Bulgarien und dem Osmanischen Reich in Adrianopel 1913, zwischen Griechenland und Bulgarien in Neuilly 1919 und zwischen Griechenland und der Türkei in Lausanne 1923 geschlossen und umgesetzt worden waren.[31] Bekanntlich hatten die demokratischen Regierungen Großbritanniens und Frankreichs beim Abkommen von Lausanne ebenso Pate gestanden wie die faschistische Diktatur Mussolinis in Italien. Auch im Zweiten Weltrieg hatten die westlich-demokratischen Alliierten des sowjetischen Diktators Stalin zwar in der Atlantikcharta von 1941 das Selbstbestimmungsrecht der Völker öffentlich bekräftigt, doch bei den osteuropäischen Nachkriegsregelungen um 1945 handelten sie keineswegs danach: „Statt zu Volksabstimmungen kam es zu vielfältigen Bevölkerungsverschiebungen, zu Umsiedlungen und Vertreibungen".[32] Die lange vor Kriegsende artikulierte Berufung Churchills und Roosevelts auf den „Bevölkerungstransfer" von Lausanne zeigt deutlich, dass es sozialtechnologische Politiktraditionen gab, die vor den Ersten Weltkrieg zurückreichten, in der Zwischenkriegszeit zum Alternativmodell zu Minderheitenschutz oder Föderalismus ausgebaut und ab 1938/39 als Antwort gerade der demokratischen Staaten auf Hitlers Gewaltpolitik richtungsweisend wurden.

Auch die an einer kollektiven Entfernung der Deutschen interessierten Nachkriegsregierungen Polens, der Tschechoslowakei und Ungarns (in denen nicht nur Kommunisten, sondern auch nationalistische Demokraten saßen) kamen während des Krieges immer wieder auf das Vorbild von Lausanne zurück – neben ihrer Berufung auf das Vorbild der von Hitler und den Deutschen selbst verursachten Zwangsmigrationen ab 1939. Einzig Stalin bedurfte des Vorbildes von

---

[29] Ther, Deutsche und polnische Vertriebene, S. 67.
[30] Graml, Flucht und Vertreibung der Deutschen aus Ostdeutschland und Osteuropa, S. 29.
[31] März, Gestaltwandel des Südostens, S. 225f.
[32] Fisch, Das Selbstbestimmungsrecht der Völker, S. 279.

Lausanne nicht – die Sowjetunion hatte ihre eigene imperiale Deportationstradition, die ins Zarenreich zurückreichte und mit totalitären Mitteln bereits vor dem Zweiten Weltkrieg verschärft worden war. Diese Deportationen trieben unerwünschte Menschengruppen nicht außer Landes, sondern aus den Grenzregionen des Staates ins Landesinnere hinein.[33] Doch ebenso wie die zaristischen Deportationen nicht ohne Wechselwirkungen mit anderen (westlichen) Deportationstechniken denkbar waren, ließ sich auch Stalin ab 1939 vom Vorbild von Lausanne anregen. Dies belegen nicht nur die deutsch-sowjetischen Umsiedlungsabkommen zwischen 1939 und 1941, die noch von Hitler ausgegangen waren, sondern mehr noch jene Umsiedlungsverträge mit osteuropäischen Regierungen, die Stalin um 1945 ins Werk setzen ließ. Für das sinkende Britische Empire und für das neben Stalins Sowjetunion zur zweiten globalen „Supermacht" aufgestiegene Imperium der USA mochten eigene Deportationserfahrungen (gegen Inder, Buren, Afroamerikaner oder Indianer) mitschwingen – jene Tradition, die Michael Mann als „dunkle Seite der Demokratie" bezeichnet.[34]

Christopher Bayly betont den *Zusammenhang* der modernen Phänomene des Nationalismus, des Imperialismus und der „ethnische[n] Ausgrenzungen".[35] Auch der vermeintliche „Ausnahmefall" des nationalsozialistischen Deutschland, das Rassismus und Massenmord stärker als alle Vergleichsfälle gegen innere Gruppen der eigenen Nation richtete, passt in dieses Raster, denn laut Christian Gerlach waren „96 Prozent der Todesopfer" des NS-Regimes eben keine Deutschen, sondern zählten zu den „viel größere[n] Opfergruppen" wie den „sowjetischen Kriegsgefangenen" oder den „der Partisanenbekämpfung zum Opfer gefallene[n] Bauern oder Zwangsarbeiter[n]."[36] Laut Michael Mann ist ethnische „Säuberung" in den letzten beiden Jahrhunderten ein zentraler Bestandteil der Modernisierung Europas und der von Europa geschaffenen „Neuen Welten" auf anderen Kontinenten gewesen. Obwohl nicht von der westlichen Zivilisation erfunden, sei diese Form der „Säuberung" von dieser Zivilisation perfektioniert worden. Unsere heutige liberale Demokratie basiere nicht allein auf positiven Entwicklungen (Menschenrechte, soziale Gerechtigkeit), sondern auch auf Resultaten sozialer oder ethnischer Gewalt. Erst im Laufe der Zeit habe die moderne Demokratie gelernt, ihre Konflikte durch Institutionalisierung und Kompromissbildung zu regeln und extreme Lösungen zu vermeiden. Nach der grausamen Geschichte der Genozide, Massaker und Zwangsmigrationen werde in unseren Gesellschaften ironischerweise heute der Multikulturalismus hochgehalten.[37] Lediglich an der Peripherie Europas sind laut Mann Probleme erhalten geblieben. Während James Sheehan diese europäische Peripherie nicht nur im Südosten, sondern auch im Nordwesten und im Süden verortet[38], konzentriert sich Mann ganz auf Osteuropa: So sei

---

[33] Mazower, Violence and the State in the Twentieth Century, part 20.
[34] Mann, Die dunkle Seite der Demokratie; Tooley, World War I.
[35] Bayly, Die Geburt der modernen Welt, S. 16.
[36] Gerlach, Extrem gewalttätige Gesellschaften, S. 372 f.
[37] Mann, The Dark Side of Democracy, S. 522 und S. 506 f.
[38] Sheehan, Kontinent der Gewalt, S. 78–80.

in den 1990er Jahren im früheren Jugoslawien durch Staatszerfall und nationalistische Bürgerkriege eine ethnische „Säuberung" fast komplett geworden, und auch in unserem Jahrhundert könne man dasselbe schleichend im Kosovo beobachten – zu Lasten der unterlegenen Serben. Mazedonien sei der einzig verbliebene multiethnische Nachfolgestaat des untergegangenen Jugoslawien. Als weitere Konfliktherde identifiziert Mann die russischen Minderheiten in den osteuropäischen Nachfolgestaaten der Sowjetunion sowie Russlands eigene Zukunft als multiethnischer Staat.[39]

Fünftens: Kurzfristige und längerfristige Ursachen

War die Vertreibung der Deutschen nicht doch ein Sonderfall – wenn nicht legitimiert, so doch zwingend verursacht durch vorangegangene deutsche Verbrechen? Wer von der Vertreibung der Deutschen um 1945 sprechen will, muss in der Tat feststellen: *Am Anfang war Hitler*. Der Diktator, das von ihm beherrschte Deutsche Reich und dessen Angriffskrieg, die von vielen Deutschen begangenen Verbrechen, die in weiten Teilen Europas tiefsitzenden Hass gegen alle Deutschen auslösten – all das war die *Conditio sine qua non*, die unerlässliche Voraussetzung für die Vertreibung von Millionen Deutschen gegen Ende des von Deutschland begonnenen Zweiten Weltkrieges. Nur vor dem Hintergrund der deutschen Verbrechen gelangte die Zwangsumsiedlung von Millionen Menschen auf die Agenda der Alliierten.

Und doch erschöpft sich die Vertreibung der Deutschen nicht im Verweis auf Hitler und die NS-Verbrechen. Sowohl die deutschen Nationalsozialisten als auch ihre alliierten Kriegsgegner verfügten bereits über Vorerfahrungen mit dem Instrumentarium ethnischer „Säuberung", die handlungsorientierend werden sollten. Die Generation Churchills, Hitlers und Stalins hatte bereits die Balkankriege der Jahre 1912/13 miterlebt mitsamt allen damaligen Vertreibungen und „Transfers", sie wusste um den griechisch-türkischen „Bevölkerungsaustausch" von Lausanne, der 1923 zwei Millionen Menschen zu Opfern gemacht hatte, und sie nahm zwischen 1939 und 1945 auf diese Erfahrungen Bezug, um neue Vertreibungen (oder – im Falle Hitlers – noch Schlimmeres) ins Werk zu setzen. Diese Vorerfahrungen boten wichtige Denk- und Handlungsmodelle. Lausanne ergriff nicht nur Besitz von der Vorstellungskraft jener britischen Experten, die 1937 einen jüdisch-arabischen Transfer in Palästina empfahlen, Lausanne wurde auch zum Muster für das deutsch-italienische Abkommen über Südtirol, das 1939 die insbesondere Osteuropa treffende NS-Umsiedlungspolitik einleitete.[40] Wurden Reaktivierung und radikale Überbietung zuerst durch die Diktaturen Hitlers und Stalins praktiziert, mündete sie im Laufe des Zweiten Weltkrieges in eine von *allen* Siegermächten – auch von den westlichen Demokratien – gebilligte Gewaltpolitik. Gezielte Ethnogewalt zur

---

[39] Mann, The Dark Side of Democracy, S. 508.
[40] Schechtman, European Population Transfers 1939–1945, S. 22.

Homogenisierung von Staaten war somit „kein spezifisches Kennzeichen totalitärer Diktaturen".[41] Vor dem Hintergrund der durch Hitler zerstörten Friedensregelung von Versailles – die das nicht perfekte, aber jeder ethnischen „Säuberung" gewiss vorzuziehende System völkerrechtlichen Minderheitenschutzes delegitimiert hatte – schien den Siegern über Hitler-Deutschland nicht die Wiedererrichtung dieses Schutzsystems, sondern der Rückgriff auf die Alternative des Transfers von Lausanne sinnvoll. Ethnische Minderheiten sollten nicht mehr geschützt, sondern zwangsweise entfernt werden. US-Präsident Truman sorgte dafür, dass die anstehenden Vertreibungen der Deutschen nicht durch eine global gültige „Deklaration der Menschenrechte" gestört würde, welche die soeben gegründeten Vereinten Nationen vielmehr um einige Jahre vertagten.[42] Die polnischen und tschechoslowakischen Exilregierungen hatten jahrelange Arbeit investiert, um die alliierten Großmächte für diese „Säuberung" zu gewinnen. Und die zahlreichen Vertreibungen oder Umsiedlungen in Osteuropa nach 1945, die neben Deutschen auch Polen, Ukrainer, Ungarn, Bulgaren, Türken, Italiener und andere trafen, verdeutlichen schlagend, dass die NS-Verbrechen zwar die wesentliche, aber eben nicht die alleinige Ursache gewesen sind. Gegen Ende des Zweiten Weltkrieges ging es nicht nur um Rache an den Deutschen; primär erfolgte eine weit darüber hinausreichende, kaltblütige sozialtechnologische Korrektur der vermeintlichen Mängel von Versailles mit den Mitteln von Lausanne.

Es ist daher zwingend notwendig, unterschiedlich weit zurückreichende Wirkzusammenhänge ethnischer „Säuberung" zu unterscheiden – sehr weit zurückreichender, mittelfristiger und äußerst kurzfristiger Reichweite.

Sechstens: Konflikte zwischen alten und neuen „Herrenvölkern"

Der schrittweise Zerfall vormoderner imperialer Ordnungen im 19. und frühen 20. Jahrhundert setzte in Mittel- und Osteuropa eine „Säuberungs"-Dynamik frei, die bisherige „Herrenvölker" (Deutsche, Russen, Türken oder Magyaren) zu Benachteiligten, Verfolgten oder Vertriebenen machte – und sie damit auf die inferiore Position jener Völker herabdrückte, die von ihnen selbst lange benachteiligt worden waren und nun „den Spieß umkehren" konnten. Auf diesen erzwungenen Rollenwechsel der alten „Herrenvölker" zielt Panikos Panayis Vergleich der modernen Geschichte deutscher Minderheiten in Osteuropa mit der Entrechtung und Vertreibung der Balkan-Muslime. Panayi sieht sogar Gemeinsamkeiten zwischen deutschen, jüdischen und Roma-Minderheiten in Europa: Alle drei Gruppen seien vormodernen Ursprungs, geprägt durch Migration, mehr oder weniger stark beeinflusst durch den Zusammenbruch imperialer Reiche, zwei Weltkriege und den Untergang des Kommunismus. Das hat einiges für sich, zumal Panayi den Unter-

---

[41] Ther, Die dunkle Seite der Nationalstaaten, S. 236 f.
[42] Douglas, Ordnungsgemäße Überführung, S. 410.

schied zwischen Vertreibung und Völkermord nicht übersieht – denn keine Minderheit in Europa habe je ein derartiges Trauma erleiden müssen wie die Juden im von Hitler beherrschten Europa.[43] Dass die entmachteten „Herrenvölker" auf ihren Macht- und Statusverlust mit aggressiven „Säuberungs"-Planungen reagierten, demonstriert bereits die Geschichte des Ersten Weltkrieges. Dies steigerte sich im Falle des deutschen NS-Rassismus während des Zweiten Weltkrieges zu extremer völkermörderischer Radikalität.

Der Balkan ist (in Wechselwirkung mit Kleinasien und dem Kaukasus) das klassische „Labor" für ethnische „Säuberungen" in Europa gewesen. Aber er war nicht das einzige, wie Wechselwirkungen zwischen europäischer Kolonialgewalt auf anderen Kontinenten und den ethnischen „Säuberungen" in Europa demonstrieren. Damit wird deutlich, dass die Vertreibungen des 20. Jahrhunderts nicht als bloß *europäisches*, sondern nur als *globales* Phänomen zu erfassen sind. Auch Massenflucht als Phänomen des 20. Jahrhunderts weist solch globale Dimensionen und Wechselwirkungen auf.[44] Zudem gibt es eine enge Verbindung zwischen „kolonialer ‚Säuberung'" und „postkolonialer ‚Säuberung'". Diese Politik der Zwangshomogenisierung begann im frühen 19. Jahrhundert nicht nur mit der Vernichtung oder Vertreibung der Indianer Nordamerikas und der Ureinwohner Australiens durch Weiße, sondern kreuzte sich mit der Vernichtung oder Vertreibung von Weißen in der um ihre Unabhängigkeit kämpfenden bisherigen Sklavenkolonie Haiti. Die Vertreibung von Asiaten im entkolonialisierten Uganda nach 1970 steht hierzu in einem logischen Konnex.[45] Was heutige Europäer als verabscheuungswürdige ethnische „Säuberungen" oder Völkermorde gern dem „unruhigen Balkan" oder dem „tribalistischen Afrika" zuschreiben, war eine langfristige Konstante der Nations- und Staatsbildungen in Europa selbst.[46]

Die seit 1945 unabhängig gewordenen Staaten Asiens und Afrikas sind ebenso Nachahmungen europäischer Vorbilder wie die „Lösungsmethoden" der Vertreibung oder des Völkermordes. Besonders drastisch kulminierte eine jahrzehntelange Konfliktgeschichte zwischen Hutu und Tutsi 1993/94 in den Nachbarstaaten Ruanda und Burundi, wo spiegelverkehrte Ethnokratien (hier Hutu, dort Tutsi) ihre gefährdete Herrschaft durch Vertreibungen und Massaker der jeweils Machtlosen (hier Tutsi, dort Hutu) stabilisierten: „In Burundi fanden 1965/66, 1969, 1972, 1988, 1991 und 1993 Massaker unterschiedlicher Größenordnung statt, in Ruanda 1959, 1961, 1963–64, 1972/73, 1991 und 1992/93", wobei die „destruktiven Wechselwirkungen" dieser Massenmorde „ein dynamisierendes Element für fortgesetzte Gewalt" in beiden Staaten darstellten. Einem Genozid am nächsten kam dabei der staatlich organisierte Massenmord des Tutsi-Diktators Micombero

---

[43] Panayi, Outsiders, S. 40, S. 55 und S. 61.
[44] In Europa begonnen, weitete sie sich durch den japanischen Imperialismus auf Ostasien aus und erreichte nach 1945 Südasien; danach verschob sich der Schwerpunkt neben Asien nach Afrika und Lateinamerika, um in den 1990er Jahren nach Europa (Jugoslawien) zurückzukehren; vgl. Hoerder, Cultures in Contact, S. 513.
[45] Bell-Fialkoff, Ethnic Cleansing, S. 52f.
[46] Wimmer, Nationalist Exclusion and Ethnic Conflict, S. 3f.

in Burundi, wo im Sommer 1972 – nach Niederschlagung eines Hutu-Aufstandes einige Monate zuvor – zwischen 80 000 und 150 000 Hutu ermordet wurden, insbesondere die gebildeten Schichten, um eine rebellische Gegenelite zu vernichten. Diese mörderische Gewaltspirale mutet umso tragischer an, als die beiden verfeindeten Ethnien eine Erfindung der westlichen (deutschen und belgischen) Kolonialherren waren, die soziale Abstufungen ethnisierten und die Tutsi und Hutu als zwei Völker gewissermaßen „erfanden". Deren indigene Führungsschichten – Intellektuelle und Militärs – übernahmen diese kolonialistische Lesart und nutzten sie zu wechselseitiger postkolonialer Mobilisierung.[47] Dies führte zur Katastrophe von 1994: Das Hutu-Regime in Ruanda sah sich von Uganda aus durch Tutsi-Partisanen und überdies von inneren Reformen bedroht, die radikalsten Kräfte der Hutu-Elite übernahmen die Macht und organisierten einen – in der Selbstwahrnehmung defensiven – Völkermord an den Tutsi und gemäßigten Hutu. Diesem fielen 1994 eine Million Menschen zum Opfer, wobei gleichzeitig im von Tutsi beherrschten Nachbarstaat Burundi in einem Bürgerkrieg 200 000 Menschen zu Tode kamen. Diese offensichtlich fatal verfehlte Adaption des westlichen Nationalstaatsmodells auf das entkolonialisierte Afrika lässt indigene Wissenschaftler für die Nachahmung anderer europäischer Vorbilder plädieren – etwa für eine Reorganisation afrikanischer Staaten entlang dem Föderalismus-Modell mit Machtverlagerung auf regionale Ethnostaaten.[48]

Letzteres liefe womöglich eher auf die Übertragung der bosnischen Verhältnisse nach Dayton denn auf eine Anlehnung an die ideale austromarxistische Personalautonomie hinaus. Immerhin hat schon 1965 der aus Böhmen stammende US-Soziologe Emerich Francis in seinem Buch „Ethnos und Demos" eine Renaissance des Modells „Nationalitätenstaat" für Staatsbildungen im dekolonisierten Afrika – etwa in Nigeria – zu erkennen geglaubt.[49] Und schon 1930 beantwortete der österreichische Sozialdemokrat Otto Jenssen die Frage, wie das Problem ethnoreligiöser Mischsiedlung in den von europäischen Großmächten geschaffenen kleinstaatlichen Ordnungen im Nahen und Mittleren Osten zu lösen sei, mit dem Hinweis auf das austromarxistische Modell der Nationalitätenautonomie – sei es als Vorbild für ein unabhängiges indisches Dominion oder für eine erst noch zu schaffende panarabische Föderation. Denn „die orientalische Methode der Ausrottung, wie sie bei den Armeniern im [Ersten] Weltkrieg ebenso grausam wie gründlich geübt wurde", sei „doch nicht immer praktizierbar", und auch „der Zwangsaustausch, verbunden mit gelegentlicher Ausrottung", nach dem griechisch-türkischen Muster von Lausanne 1923, habe sich als „grausam und unzweckmäßig" erwiesen.[50] Doch der grausame Höhepunkt dieser beiden Varianten ethnischer Gewaltpolitik war, wie sich bald zeigen sollte, 1930 noch keineswegs erreicht.

---

[47] Barth, Genozid, S. 112–115.
[48] Mwakikagile, The Modern African State, S. 73–75 und S. 207.
[49] Langewiesche, Reich, Nation, Föderation, S. 99f.
[50] Jenssen, Orientalische Revolutionen, S. 206–209.

Angesichts der globalen Relevanz westlicher Ordnungsmodelle ist nicht nur jede nationale Perspektive auf ethnische „Säuberungen" unzureichend – auch eine europäische Sicht wäre fragwürdig, da allzu begrenzt. Als 1948 die deutsche Soziologin Elisabeth Pfeil die „Entwurzelung der Ostdeutschen" nicht nur als „deutsches Schicksal", sondern als exemplarisch für die Angehörigen „abendländischer Menschheit im 20. Jahrhundert" begriff[51], blieb diese Fixierung auf (west-)europäische Kontexte unbefriedigend. 1951 forderte daher Pfeils Soziologen-Kollege Theodor Geiger (der 1933 vor dem NS-Regime nach Skandinavien hatte flüchten müssen), das deutsche Vertriebenenproblem nicht isoliert zu betrachten, sondern in einen *international vergleichenden Kontext* zu stellen. Geiger wollte nicht nur die Neubesiedlung der 1945 verlorenen deutschen Ostgebiete durch polnische „Repatrianten" in diesen Vergleich einbeziehen, sondern auch das durch den israelisch-arabischen Krieg von 1948 erzeugte Palästinenserproblem – und verfocht damit eine eindeutig globalhistorische Sicht.[52]

Dirk Hoerder hat auf die zeitlich unterschiedlichen geographischen Schwerpunkte des globalen Phänomens der Zwangsmigrationen aufmerksam gemacht: Demnach gewannen im späten 19. Jahrhundert unter dem Einfluss von Imperialismus und nationalem Chauvinismus die Inklusion subalterner Kolonialvölker und die Exklusion von Minderheiten in den Staatsnationen selbst an Bedeutung. Der Konflikt zwischen Hegemonialnationen und „Minderheiten" erreichte mit der Zerschlagung der osteuropäischen Imperien um 1918 in Europa seinen Höhepunkt – um sich dann nach 1945 im Zuge der Dekolonisation der überseeischen Imperien in anderen Teilen der Welt zu wiederholen. Zahlreiche Regierungen der „Dritten Welt" hätten – ähnlich wie ihre osteuropäischen Vorläufer um 1918 – in ihren nach 1945 dekolonisierten Staaten Völker „entmischt", um sie für die neu etablierten Nationalstaaten passend zu machen. Bevölkerungsgruppen, die nicht hätten emigrieren wollen oder können, seien oft massakriert worden.[53]

Siebtens: Verschränkung von Ethno- und Sozialkonflikten

Die Tendenz zur ethnischen „Säuberung" wurde verstärkt, wenn sich ethnische mit sozialen Konflikten verschränkten – eine verstärkende Vertreibungswirkung materieller Interessenkonflikte, die nicht immer angemessen berücksichtigt wird.[54] Diese Verschränkung ist ein Kennzeichen unserer Moderne: Auf dem Balkan und in Kleinasien verursachte nicht die christlich-muslimische Differenz an sich Probleme, entscheidend waren soziale „Kontexte", in denen sich eine Gruppe von der anderen „unterdrückt" glaubte.[55] Folgerichtig ging es bei modernen ethnischen

---

[51] Pfeil, Der Flüchtling – Gestalt einer Zeitenwende, S. 213 f.
[52] Schwartz, Ethnische „Säuberung" als Kriegsfolge, S. 651 f.
[53] Hoerder, Cultures in Contact, S. 569 f.
[54] Ferrara / Pianciola, L' Età delle Migrazioni Forzate, S. 397.
[55] Mann, The Dark Side of Democracy, S. 5 f.

„Säuberungen" nicht nur um politische oder kulturelle Dominanz, sondern immer auch um gewaltsame Umverteilung von Eigentum – von Agrarland, von Sachwerten, von sozialen Positionen. Jede Vertreibung war stets auch eine soziale Revolution, insofern sie sich gegen bisherige „Herrenvölker" bzw. fremdnationale Eliten richtete.[56] Nicht nur die Beispiele des Balkans im 19. Jahrhundert (Griechenland, Serbien, Rumänien) oder Indiens und Pakistans im 20. Jahrhundert zeigen, dass Großgrundbesitzer-Schichten mit andersartiger ethnoreligiöser Zugehörigkeit (im ersten Falle Muslime, im zweiten Falle Hindus) gezielt vertrieben und enteignet wurden, wobei sich entweder eine andere ethnoreligiöse Schicht von Großgrundbesitzern oder aber Kleinbauern das enteignete Land aneigneten; dasselbe widerfuhr auch fremden ethnoreligiösen „middlemen minorities" (Mittler- und Mittelschichts-Minderheiten) wie den kleinasiatischen Griechen und Armeniern im Osmanischen Reich und in der Türkischen Republik, Juden im nationalsozialistisch beherrschten Europa, Hindus und „Biharis" in Bangla Desh, Indern in Uganda oder Chinesen in Kambodscha und Vietnam. Dabei ging es stets um Ausplünderung, aber auch um den Aufbau eines „eigenen" Bauerntums oder einer „eigenen" Bourgeoisie – oder gelegentlich auch einer „eigenen Arbeiter- und Bauernklasse". Dass eine ethnische „Säuberung" jedoch nicht jeder solchen sozialen Gruppe widerfuhr – Juden im Osmanischen Reich teilten das Schicksal der Griechen und Armenier ebenso wenig wie Inder in Indonesien das der Inder in Uganda –, deutet darauf hin, dass es einer Verschränkung von Ethno- und Sozialkonflikten bedurfte, um eine ethnische „Säuberung" zu bewirken.[57]

Diese Verschränkung befeuerte nicht nur den Antisemitismus, namentlich den Konnex von Ermordung und Ausplünderung der europäischen Juden im NS-Herrschaftsbereich, sie kennzeichnete bereits die Ermordung der Armenier und die Vertreibung der Griechen im osmanischen Kleinasien, sie begleitete die Vertreibung der Deutschen aus dem Osten Europas ab 1945 und zahlreiche außereuropäische Vertreibungen der Folgezeit.[58] Zwar existierte der Konnex von Ethno- und Sozialkonflikt trotz häufigen Auftretens nicht zwingend überall; auch lassen sich Massenvertreibungen als gewaltsame Umverteilungspolitik nicht erschöpfend erklären.[59] Dennoch war materielle Umverteilung ein entscheidender Faktor zur Gewinnung breiter gesellschaftlicher Unterstützung einer primär von Eliten aus politischen Gründen vorangetriebenen ethnischen „Säuberung".

Das gilt für fast alle in unserer Darstellung berührten Fälle – beginnend mit der Vertreibung der Muslime aus Griechenland nach 1821 oder dem erzwungenen „removal" indianischer Landbesitzer aus den USA ab 1830. Aus Serbien bzw. Jugoslawien sollen zwischen 1913 und 1941 rund 150 000 Türken „abgewandert" sein, „viele schon kurz nach dem Balkankriege, vorzugsweise aus Südserbien, wo die türkischen feudalen Latifundien vielfach im Stich gelassen wurden und man-

---

[56] Schlögel, Ethnic Cleansing as an Invention of the Twentieth Century, S. 110.
[57] Gerlach, Extrem gewalttätige Gesellschaften, S. 357–359; zum Balkan: Armour, A History of Eastern Europe, S. 124.
[58] Nederveen Pieterse, Globalization and Culture, S. 35.
[59] Henckaerts, Mass Expulsion in Modern International Law and Practice, S. 44 und S. 200.

che davon dann unvermerkt einer ungeregelten Unterwanderung durch die Arnauten (Albaner) anheimfielen, während der Rest nach und nach im Wege der Agrarreform und [serbischen] Neubesiedlung aufgeteilt wurde."⁶⁰

Besonders tiefgreifend war dieser Zusammenhang von Ethnogewalt und gewaltsamer sozioökonomischer Umverteilung im Zweiten Weltkrieg und dessen Nachkrieg. Der unter der Ägide Hitlers zwischen Bulgarien und Rumänien vereinbarte „Bevölkerungsaustausch" nahm „die Rumänen von dem Boden weg", den sie in den Jahrzehnten seit 1913 „besetzt hatten und der teilweise den abgewanderten Türken und Tataren und den etwa 28 000 nach Bulgarien abgezogenen Bulgaren gehört hatte, teilweise aber auch durch Gesetz den ansässig gebliebenen Bulgaren enteignet worden war".⁶¹ Als Ungarn als Profiteur des deutschen Überfalls auf Jugoslawien 1941 die Batschka zurückerhielt, die es 1920 an den Nachbarstaat hatte abtreten müssen, wurde teilweise der von Jugoslawien enteignete magyarische Großgrundbesitz wiederhergestellt, während die zwischenzeitlich dort angesiedelten serbischen Neusiedler vertrieben wurden, ein anderer Teil dieses Bodens allerdings auch mit magyarischen bäuerlichen Neusiedlern besetzt.⁶² Die deutsche Volksgruppe bemühte sich 1943/44 nach Kräften, am von der Budapester Regierung durch Enteignung herrenlos gemachten Bodenreform-Land solcher Siedler oder am enteigneten Grundeigentum der verfolgten jüdischen Minderheit zu partizipieren.⁶³

Hitler selbst sprach 1941 mit Blick auf die Juden in Kroatien ganz offen von deren „Geld", in dessen Besitz Deutschland sich bringen wollte.⁶⁴ Götz Aly, der den zeitweiligen Erfolg von „Hitlers Volksstaat" wesentlich auf den NS-„Raubmord an den Juden" und dessen Umverteilungswirkung zurückführt, hat geurteilt: „Wer von den Vorteilen für die Millionen einfacher Deutscher nicht reden will, der sollte vom Nationalsozialismus und vom Holocaust schweigen."⁶⁵ Bereits Aly hat – bei aller Konzentration auf deutsche Profiteure – die gesamteuropäische Dimension des Nutznießertums zumindest gestreift. Tony Judt hat vertiefend auf die gewaltige soziale Nivellierungs- und ökonomische Umverteilungswirkung hingewiesen, die zwischen 1939 und 1949 zuerst der deutsche Völkermord an sechs Millionen Juden, dann die alliierte Vertreibung von zwölf bis fünfzehn Millionen Deutschen in weiten Teilen Europas entfaltete. Mit Juden und Deutschen wurden wesentliche Bestandteile des alten Bürgertums in Mittel- und Osteuropa in einer „radikale[n] Transformation der sozialen Landschaft" beseitigt und enteignet. Nicht nur zahllose Deutsche, auch „Hunderttausende einfacher Ungarn, Polen, Tschechen, Niederländer, Franzosen" wurden durch die Aneignung jüdischen Eigentums „zu Komplizen der Nazis, und sei es nur als Nutznießer". Auch die

---

⁶⁰ März, Gestaltwandel des Südostens, S. 228; zu Armeniern und Arisierung: Lieberman, Terrible Fate, S. 113.
⁶¹ März, Gestaltwandel des Südostens, S. 296.
⁶² Ebenda, 230.
⁶³ Tilkovszky, Ungarn und die deutsche „Volksgruppenpolitik" 1938–1945, S. 105, S. 154, S. 282 und S. 322; Schwartz, Funktionäre mit Vergangenheit, S. 447–473.
⁶⁴ Broucek, Ein General im Zwielicht, Bd. 3, S. 90.
⁶⁵ Aly, Hitlers Volksstaat, S. 311 und S. 362.

VIII. Zwölf Bemerkungen zu den ethnischen „Säuberungen" in unserer Moderne   637

nach Kriegsende erfolgende Vertreibung der Deutschen wurde zur günstigen „Gelegenheit für Polen, Balten, Ukrainer, Slowaken, Ungarn und andere, die Arbeitsplätze (und Wohnungen) der Vertriebenen zu übernehmen". In der Tschechoslowakei wurde mit der Enteignung der Deutschen und Ungarn 1945 ein Viertel des Volksvermögens beschlagnahmt, über 300 000 Bauern- und Landarbeiterfamilien profitierten von der Umverteilung deutschen Agrarlandes. Judt folgert treffend: „Derart weitreichende Maßnahmen können nur als revolutionär bezeichnet werden."[66] Ethnische „Säuberung" war eine durch nationalistische oder rassistische Kriterien kanalisierte soziale Revolution.

Achtens: Globale Wechselwirkungen

Schon im Ersten Weltkrieg zwischen 1914 und 1918 liefen diverse ethnisch motivierte Deportationen nicht nur *parallel*, sondern erzeugten *Wechselwirkungen*. Die türkischen Armenierdeportationen während des Ersten Weltkrieges verwischten die dünne Grenze zwischen Europa und Nicht-Europa. So nutzte die osmanische Regierung die Deportationen von Deutschen, Juden und Muslimen in Russland, um den eigenen (genozidalen) Umgang mit den Armeniern zu rechtfertigen. Inoffiziell zog sie auch die deutschen Zwangsarbeiter-Deportationen in Belgien – die keine ethnische „Säuberung" bezweckten – zur Abwehr deutscher Einwände gegen die Armenierverfolgung heran. Dass das jungtürkische Regime gegenüber den USA auf deren Umgang mit „Negern" und damit auf kolonialistische Gewalt anspielte, löste beim amerikanischen Ansprechpartner Assoziationen an die Ausrottung der Indianer aus. Überdies wurde 1915 von deutscher Seite gegenüber den noch neutralen USA ein großräumiger transnationaler, ja interkontinentaler Bevölkerungsaustausch vorgeschlagen, der deutsche Pläne zur „ethnischen Säuberung" eines Teiles von Polen von dortigen Juden mit der osmanischen „Armenierfrage" verknüpfte. Diese Verschränkung und wechselseitige Beeinflussung unterschiedlicher Deportationen im Ersten Weltkrieg ist von der Forschung bisher nicht hinreichend beachtet worden.

Der Erste Weltkrieg ist damit nicht nur die kriegerische und politische „Urkatastrophe" für Europa und die Welt – er ist auch der Dammbruch für ethnische „Säuberungen" in weiten Teilen Osteuropas, weit über das traditionelle „Labor" des Balkans hinaus. Dabei zeigten sich das osmanische und das russische Militär brutaler als das deutsche bei der Deportation (oder gar Ermordung) von Zivilisten.[67] Es ist kein Zufall, dass im Jahrzehnt zwischen 1912 und 1923, welches die Balkankriege, den Ersten Weltkrieg und den griechisch-türkischen Krieg umspannt, ältere Formen ethnischer „Säuberung" zu einer international immer stärker akzeptierten Sozialtechnologie großräumiger „Bevölkerungstransfers" ausgebaut wurden. Dass die gewaltsame Entfernung von Millionen Menschen im 20. Jahrhun-

---
[66] Judt, Geschichte Europas, S. 54–57.
[67] Pohl, Die Herrschaft der Wehrmacht, S. 33f.

dert denkbar und machbar wurde, setzte massenhafte Migrationserfahrungen auf freiwilliger Basis voraus, welche erst während der globalisierten „Siedlerrevolution" des 19. Jahrhunderts gemacht worden waren.[68] Neben koloniale Massendeportationen traten die logistischen Erfahrungen mit den Massenarmeen der beiden Weltkriege, die den Staatenlenkern und ihren Sozialtechnologen auch die Verschiebung von Millionen von Menschen als problemlos machbar demonstrierten.

Die beiden Weltkriege des 20. Jahrhunderts demonstrieren zugleich, wie sehr ethnische „Säuberungen" ein Kind der „Moderne" waren. Gewiss: Unsere vage Erinnerung an die „babylonische Gefangenschaft" alttestamentarischer Juden verdeutlicht, dass es so etwas wie „Säuberung" in der gesamten Menschheitsgeschichte gegeben haben muss. Und doch sind die *Unterschiede* entscheidend: Das, was – mit Vorläufern im 19. Jahrhundert auf dem Balkan und in außereuropäischen Kolonien und Siedlerdemokratien – im Zeitalter der Weltkriege zwischen 1914 und 1950 in Europa selbst in Form von ethnischer „Säuberung" Abermillionen von Menschen angetan wurde (und im Falle der Armenier, der europäischen Juden und der Tutsi in Ruanda bis zum Genozid ging), war ohne moderne Ideologien, ohne moderne Staatlichkeit, ohne moderne Schulen, Medien, Bürokratien und Armeen, ohne moderne Kriege undenkbar. Moderne Institutionen ermöglichten es den Initiatoren ethnischer „Säuberung", im Unterschied zu vormodernen Vorläufern ungleich größere Räume und ungleich größere Massen von Menschen zu erfassen. Der „säubernde" Zugriff wurde tendenziell totalitär.

Neuntens: Internationalisierung und Verrechtlichung

Der europäische „Westen" hat freilich nicht nur gewichtigen Anteil an Traditionslinien ethnischer „Säuberung" in der Balkan- und Kolonialpolitik. Er generierte nicht erst seit der Versailler Friedenskonferenz von 1919[69], sondern bereits seit dem frühen 19. Jahrhundert mehrere Alternativen, die freilich ihrerseits nie völlig gewaltfrei waren. Ethnische Gewalt sollte eingedämmt werden durch intern oder extern garantierten Minderheitenschutz, durch föderale Autonomie, durch machtpolitische Intervention oder verbindliche völkerrechtliche Normen. Eine Form solcher Eindämmung ethnischer Konflikte war die Integration eines Konfliktherdes in einen größeren Staat – wie sie im Falle Bosnien-Herzegovinas 1878 in Österreich-Ungarn bzw. 1918 in Jugoslawien oder im Falle der britischen Herrschaft auf Zypern erfolgte. Eine andere Form war die internationale Intervention – wie sie 1897 auf Kreta und ab 1903 in Mazedonien versucht wurde, aber nur begrenzt erfolgreich war. Die heutigen internationalen Militäreinsätze zur Friedenssicherung in Bosnien-Herzegovina oder im Kosovo funktionieren ähnlich und haben neue internationale „Protektorate" geschaffen – zur Aufrechterhaltung oder kontrollierten Modifikation des ethnischen Status quo. Die dritte Variante schließlich

---

[68] Zur Siedlererfahrung Belich, Replenishing the Earth, S. 178f.
[69] So jedoch Ther, Die dunkle Seite der Nationalstaaten, S. 262.

VIII. Zwölf Bemerkungen zu den ethnischen „Säuberungen" in unserer Moderne   639

war die Durchsetzung eines völkerrechtlichen Minderheitenschutzsystems und dessen Kontrolle durch internationale oder supranationale Instanzen. Letztere Funktion übernahm zunächst das „Konzert" der fünf oder sechs Großmächte Europas, die solche Regeln südosteuropäischen Staaten 1830 und 1878 auf Botschafter-„Kongressen" aufoktroyierten. Nach 1918 überlagerten der Völkerbund bzw. die Vereinten Nationen diese Großmächte-Vereinigung, die allerdings nach Ende des „Kalten Krieges" wieder an Relevanz gewonnen hat.

Dem wachsenden Grad an Institutionalisierung der Kontrolle entsprach der zunehmende Grad völkerrechtlicher Verbindlichkeit. Betrachtet man diese Traditionslinie, fällt nicht nur ihr vollständiges, besonders von Hitler zu verantwortendes Scheitern zwischen 1938 und 1950 ins Auge, sondern auch die relative Wiederanknüpfung an den Minderheitenschutz des Völkerbundes in der Menschenrechtspolitik der Vereinten Nationen. Dabei wurde das um 1950 beendete Vertreibungsgeschehen in Europa mit seinen überwiegend deutschen Opfern allerdings konsequent ignoriert. Ebenso zu spät kamen die UN-Flüchtlingskonvention von 1951 und das ein Jahr zuvor errichtete Flüchtlings-Hochkommissariat für die vielen Flüchtlinge und Vertriebenen in Indien und Pakistan.[70]

Die erwähnten Organisationen verweisen darauf, dass ein weiterer wichtiger Aspekt „unserer" Modernität in der wachsenden Internationalisierung und Verrechtlichung ethnischer „Säuberung" besteht. Angefangen von den Verträgen über die Unabhängigkeit Griechenlands 1826/30 über die Mitwirkung der westlichen Großmächte in Lausanne 1923 und die Beschlüsse der „Großen Drei" in Potsdam 1945 bis zu den Regelungen auf dem postjugoslawischen Balkan der 1990er Jahre haben Großmächte immer wieder eine Art Areopag der Vertreibung gebildet. Vertreibungen wurden zu „ordnen", „ordnungsgemäß und human" zu organisieren versucht – und daher zu vertraglich vereinbarten und bürokratisierten statt „wild" veranstalteten Bevölkerungstransfers umgeformt. Dass die supranationalen Flüchtlingshilfswerke des Völkerbundes oder der Vereinten Nationen an dieser „Normalisierung" ethnischer „Säuberung" ebenfalls „humanitär" mitwirkten, kann unter unserer Modernitätsprämisse nicht überraschen. Das moderne Paradox von „Säuberung" und „Humanisierung" kann man auch an der Tatsache ablesen, dass „zur gleichen Zeit, als die globale Ausbreitung des ethnisch homogenen Nationalstaats eine Flüchtlingswelle nach der anderen auslöste, [ ] in den der UNO zugeordneten internationalen Institutionen ein völlig neues System des Flüchtlingsschutzes" entstand.[71]

Wenn moderne ethnische „Säuberungen" im Kern *politikinduziert*, d.h. von politischen Entscheidungsträgern verursacht sind, so betrifft dies nicht nur Täter-Regierungen. Man kann grundsätzlich feststellen, dass die jeweiligen Großmächte an ethnischen „Säuberungen" stets in irgendeiner Form beteiligt waren: Sie ignorierten (und tolerierten) die „Säuberungen" der Balkankriege 1912/13, sie billigten „Säuberungen" als organisierte „Transfers" schon nach dem Ersten Weltkrieg

---

[70] Khan, The Great Partition, S. 169.
[71] Mazower, Hitlers Imperium, S. 552.

zumindest in Südosteuropa/Kleinasien und ermöglichten „Säuberungen" erst recht nach dem Zweiten Weltkrieg; sie ignorierten „Säuberungen" 1991 anfangs in Kroatien und Bosnien, institutionalisierten sie dann in Dayton 1995, sie erzwangen deren Rückgängigmachung im Kosovo 1999. Obschon die Hauptverantwortung für ethnische „Säuberungen" meist nicht bei den Großmächten lag, wurden diese regelmäßig doch zu Komplizen, sei es durch Indifferenz oder durch halbherziges Eingreifen.[72] Und immer wieder auch durch die aktive Förderung „ordentlicher und humaner" Transferpolitik, um die Potsdamer Formel von 1945 zu zitieren, die für manche wissenschaftliche Neuordnungs-Planer auch in unserer Gegenwart des frühen 21. Jahrhunderts aktueller ist, als mancher Kritiker von Vertreibungspolitik sich träumen lässt.[73]

Zehntens: Opfer und Täter – und mögliche Rollenwechsel

Der polnische Historiker Włodzimierz Borodziej hat mit Blick auf die Zwangsmigration der Deutschen „Fremdbestimmung als durchgängige Erfahrung" hervorgehoben.[74] Diese Erfahrung des schutzlosen Ausgeliefertseins – die „Totalität von Macht und Ohnmacht", der 1945 die deutschen Vertriebenen ausgesetzt waren[75] – lässt sich für viele andere Opfergruppen verallgemeinern. Die Opfer ethnischer „Säuberungen" verloren nicht nur den Großteil ihres Eigentums, sondern auch ihre Heimat und die damit bezeichnete soziale Verankerung. Opfer ethnischer „Säuberungen" erfuhren zudem am eigenen Leibe Gewalt – in unterschiedlichen Graden, von Demütigungen über Vergewaltigungen bis zu Massakern. Anders als jüdischen NS-Verfolgten oder osmanischen Armeniern drohte allerdings den meisten Opfern ethnischer „Säuberung" nie ein organisierter Völkermord. Freilich waren infolge punktueller Massaker die Grenzen zwischen Vertreibung und Völkermord im 19. und 20. Jahrhundert oft fließend, und die gravierenden Umstände von Vertreibungen führten immer wieder zu – von den Tätern billigend in Kauf genommenen – hohen Todesraten. Aus der Kollektiverfahrung völliger Recht- und Hilflosigkeit resultierten für Opfer auch anhaltende psychische Verletzungen – über die nach den Ereignissen kaum gesprochen wurde. Überlebende von Massakern oder Opfer von Vergewaltigungen zu sein, drängte Betroffene meist nicht in die Öffentlichkeit, sondern ins schamhafte Verschweigen. Die Mechanismen der Übertragung unaufgearbeiteter psychischer Verletzungen auf die eigenen Nachkommen sind heute – vor allem bei Kindern von Holocaustopfern – relativ gut bekannt. Hinzu kam das Problem des schweren Wiederanfangs in der erzwungenen „neuen Heimat". Diese erwies sich oft als „Kalte Heimat", weil die alteingeses-

---

[72] Mulaj, Politics of Ethnic Cleansing, S. 60.
[73] Douglas, Ordnungsgemäße Überführung, S. 457–459.
[74] Borodziej, Die Katastrophe, S. 104.
[75] Ther, Die dunkle Seite der Nationalstaaten, S. 184.

sene Bevölkerung sich nicht solidarisch, sondern feindselig verhielt.[76] Viele Vertreibungsopfer waren mutlos, perspektivlos, hilflos – angesichts spärlicher staatlicher Hilfe und ablehnender Haltung der einheimischen Bevölkerung zurückgeworfen auf kleinste soziale Netzwerke. Das wichtigste Netzwerk, die Familie, war durch Kriegs-, Flucht- und Vertreibungsereignisse häufig auseinandergerissen oder innerlich beschädigt.

Nicht im Falle der deutschen Vertriebenen nach 1945, denen dies zu Unrecht unterstellt wurde, aber in vielen anderen Fällen war ein militanter „Revanchismus" von Vertreibungsopfern ein ernstes Problem. Durch „rächende" Pogrome und Vertreibungen wurde der Kreislauf der Gewalt verlängert. Das klassische Fallbeispiel ist das Palästina-Problem, doch auch die Problematik auf dem Balkan und in Kleinasien sowie das Verhältnis zwischen Indien und Pakistan wären hier zu nennen. Anders als von vielen befürchtet, stellten hingegen die zwölf Millionen Vertriebenen, die sich 1950 in der Bundesrepublik Deutschland, in der DDR und in Österreich befanden, keinen „revanchistischen" oder revolutionären Unruheherd dar. Stattdessen stellt die anfangs konfliktträchtige, langfristig aber erfolgreiche Integration der deutschen Vertriebenen im globalen Vergleich „eine der großen Friedensleistungen" des 20. Jahrhunderts dar.[77] In Griechenland dagegen wurden Vertriebene aus Kleinasien nach 1923 infolge mangelhafter sozialer Integration oft zu Trägern des Kommunismus – bis hinein in den Griechischen Bürgerkrieg der 1940er Jahre. Auch Rechtsradikalisierung von Opfern ethnischer „Säuberung" konnte erfolgen: Manche Balten- oder Russlanddeutsche, die durch den Ersten Weltkrieg und die kommunistische Revolution ihre Heimat verloren hatten, fanden sich nach 1918 in der NS-Bewegung wieder, wo sie ihre Opfererfahrung durch Antisemitismus und Slawenhass kompensierten.[78]

Norman Naimark identifiziert die politischen Eliten als Hauptverantwortliche für moderne ethnische „Säuberungen", die folglich nicht primär auf ethnische Konflikte in der Bevölkerung zurückgeführt werden können: „Ohne die direkte Mitwirkung und Billigung der politischen Führungen hätten ethnische Säuberungen im 20. Jahrhundert nicht stattfinden können. Sie sind kein spontaner Ausbruch des Hasses, obwohl sie vom interethnischen Gewaltpotential einer Gesellschaft genährt werden."[79] Zwar gibt es Stimmen, welche die ethnische Gewalt des 20. Jahrhunderts weniger durch Regierungshandeln als durch Angst, Hass oder Ressentiments innerhalb der Bevölkerung bestimmt sehen und daher Massenemotionen, Mobaktionen und „wilde Vertreibungen" – etwa am Beispiel Jugoslawiens nach 1991 oder der Tschechoslowakei 1945 – in den Blick nehmen.[80] Doch solche Positionen übersehen, dass gerade in den genannten Beispielen die Ressentiments der Basis von der Politik kanalisiert und angeleitet wurden. So erreichte den tschechoslowakischen Exil-Präsidenten Edvard Beneš im Januar 1945 eine Unter-

---

[76] Zu Deutschland nach 1945: Schwartz, Vertriebene als Fremde; Kossert, Kalte Heimat.
[77] Möller, Die Relativität historischer Epochen, S. 6.
[78] Mazower, Hitlers Imperium, S. 141–143.
[79] Naimark, Flammender Hass, S. 18–20.
[80] Petersen, Understanding Ethnic Violence, S. 11, S. 201 und S. 204.

grundmeldung aus seiner noch deutsch besetzten Heimat, wonach die Bevölkerung Böhmens und Mährens völlig passiv sei, so dass der Präsident jeden politischen Kurs einschlagen könne, den er wünsche, ohne auf Widerstand zu stoßen. Beneš erklärte wenig später im Februar 1945 der britischen Regierung, mit der er bereits seit Jahren über den Transfer der alteingesessenen Sudetendeutschen aus der Tschechoslowakei verhandelte, er werde nach Kriegsende unverzüglich sämtlichen Deutschen die tschechoslowakische Staatsbürgerschaft entziehen, weil es ansonsten unweigerlich zu Unruhen und Massakern an Deutschen kommen würde. Als Churchill und Eden forderten, ein Gesetz über den Transfer der Deutschen erst nach einer Vereinbarung mit den Großmächten zu beschließen, um jedes Chaos für die alliierten Besatzungszonen in Deutschland auszuschließen, fürchtete der tschechoslowakische Staatschef, die Briten wollten sich von der Transferidee wieder verabschieden, und erklärte brüsk, seine Regierung werde darüber in Moskau verhandeln und im Übrigen die ganze Angelegenheit selbst regeln.[81]

Die staatliche Steuerung ethnischer Gewalt und die oft mehrjährige Planungsphase einer „Säuberung" müssen nicht nur in diesem Falle hoch veranschlagt werden. Rachegelüste und materielle Interessen eines Teils der Bevölkerung kommen häufig hinzu, sind aber demgegenüber sekundär und instrumentalisiert statt dominant und eigendynamisch. So ist für die jugoslawischen Vertreibungen der 1990er Jahre und den gleichzeitigen Genozid im ostafrikanischen Ruanda auf die große Bedeutung regierungsamtlich inszenierter Medienkampagnen zur Herabwürdigung der späteren Opfer hingewiesen worden. Die folgenden Untaten waren die gewollte Konsequenz systematischer Regierungspolitik.[82]

Wohl stimmt es, dass „die Beteiligung breiter Bevölkerungsschichten an Massengewalt [...] durch einen staatszentrierten Ansatz nicht voll erfasst werden" kann.[83] Doch umgekehrt lässt sich die Rolle von Regierungspolitik als Hauptakteur nicht dadurch relativieren, dass man die eigendynamische Rolle der Bevölkerungsbasis bei den mit jeder „Säuberung" einhergehenden Umverteilungen von Eigentum herausstellt. Zwar war in kolonialen Siedlergesellschaften die Staatsgewalt ähnlich schwach wie in Indien/Pakistan und in Palästina im Jahre 1947 oder später in Ruanda, Darfur oder im Kongo.[84] Auch trifft es zu, dass weiße Südstaatler das Eigentum der Cherokees übernehmen, muslimische Nachbarn das der osmanischen Armenier, Tschetschenen und Inguschen in den 1920er Jahren die Dörfer deportierter Kosaken, und dass in Indien 1947/48 ein Umverteilungsprozess an der Basis der Gesellschaft massenhaft zu beobachten war.[85] Und dennoch wurden in der überwiegenden Mehrzahl der Fälle die Parallelprozesse von „Bevölkerungstransfer" und Eigentumstransfer staatlich gesteuert und oft bereits wissenschaftlich und bürokratisch vorstrukturiert. Der Soziologe Donald Horowitz hat an Beispielen aus Malaysia, Kirgisien, Nigeria oder dem Libanon gezeigt, dass selbst

---

[81] Zeman / Klimek, The Life of Edvard Beneš, S. 223 und S. 225 f.
[82] Rae, State Identities and the Homogenisation of Peoples, S. 168 f.
[83] Gerlach, Extrem gewalttätige Gesellschaften, S. 374.
[84] Ebenda, S. 375.
[85] Bessel / Haake, Introduction, S. 9.

scheinbar plötzlich ausgebrochene ethnische Gewalt zwischen Bevölkerungsgruppen „häufig manipuliert und organisiert" war.[86] Die Hauptverantwortung liegt in der Regel „oben", nicht „unten" – auch wenn über die mögliche „Schlüsselbedeutung" von nichtstaatlichen Milizen diskutiert werden muss.[87] Und diese Hauptverantwortung liegt nicht nur bei anonymen modernen Großorganisationen wie „Staatsapparat", „Militär", „Partei", sondern letzten Endes stets bei einem überschaubaren und klar benennbaren Kreis politischer Führer.[88] Gewiss: „Sowohl unpersönliche Strukturen als auch kollektive und individuelle Akteure sind wichtig."[89] Aber Göran Therborn konstatiert zu Recht: „Kollektives Handeln wird nicht notwendigerweise durch die ‚Ismen' seiner Teilnehmer bestimmt und in Gang gesetzt, sondern durch die Signale der Anführer. Die UdSSR und Jugoslawien zerfielen am unmittelbarsten deshalb [...], weil eine ganze Riege politischer Führer in den wichtigen nationalen Teilrepubliken sich dafür entschieden hatten, die nationale Karte zu spielen."[90] Und Philipp Ther ist zuzustimmen, dass in langfristiger Perspektive ein Trend zu „Rationalisierung und Verstaatlichung der Gewalt" zu beobachten ist, der einerseits spontane Basis-Mordaktionen eindämmte und damit die Todesraten sinken ließ, der andererseits jedoch „einer Entmenschlichung aller Beteiligten" Vorschub leistete und „ethnische Säuberungen im millionenfachen Umfang erst möglich machte".[91]

Der Mechanismus des *Rollenwechsels* zwischen Tätern und Opfern ist eine wichtige Erkenntnis neuester Forschungen zu den ethnischen „Säuberungen" des 19. und 20. Jahrhunderts.[92] Solche Rollenwechsel erfolgten, sobald sich Machtverhältnisse änderten, und sind für den Kosovo des Jahres 1999 exemplarisch beschrieben worden.[93] Man kann denselben Mechanismus aber in fast allen Fällen ethnischer „Säuberung" aufweisen: Die Deutschen, die bis 1945 geduldet oder daran mitgewirkt hatten, dass jüdischen Mitbürgern ein „Judenstern" und polnischen Zwangsarbeitern ein „P" auf die Kleidung gezwungen wurde, wurden nach ihrer Kriegsniederlage mit einem „N" (für „Deutscher") oder mit einem Hakenkreuz stigmatisiert. Der Kosovo-Albaner Veton Surroi spricht treffend von den „Opfern der Opfer".[94]

Solcher Rollentausch aus Rache ist nicht unvermeidlich. Man konnte und kann aus der eigenen Vertreibung nicht nur den Wunsch nach Rache ableiten, sondern auch Verzicht auf Rache lernen, den Ausbruch aus dem Teufelskreis der Gewalt

---

[86] Sémelin, Säubern und Vernichten, S. 369f.
[87] Zu dieser „Schlüsselbedeutung": Gerlach, Extrem gewalttätige Gesellschaften, S. 376.
[88] Goldhagen, Worse than War, S. 69, S. 74–77, S. 83 und S. 102f., der allerdings zu stark personalisiert und gelegentlich in kruden Intentionalismus abgleitet.
[89] Gerlach, Extrem gewalttätige Gesellschaften, S. 378.
[90] Therborn, Die Gesellschaften Europas 1945–2000, S. 344f.; vgl. auch Burbank / Cooper, Empires in World History, S. 436, und Ther, Die dunkle Seite der Nationalstaaten, S. 16.
[91] Ther, Die dunkle Seite der Nationalstaaten, S. 267.
[92] Sheehan, Kontinent der Gewalt, S. 83; Mann, The Dark Side of Democracy, S. 9; Lieberman, Terrible Fate, S. 136f.
[93] Emcke, Von den Kriegen, S. 44.
[94] Naimark, Flammender Hass, S. 226; Mazower, Hitlers Imperium, S. 491f.

versuchen. So erklärte der ungarndeutsche Politiker Gustav Gratz 1944 einem Gestapo-Schergen, der ihn ins Konzentrationslager abtransportierte, er habe den NS-Antisemitismus nicht nur aus humanitären Gründen, sondern auch deshalb nie unterstützt, weil er dadurch ein „Werkzeug" geschmiedet hätte, „das später einmal [...] auch gegen die ungarländischen Deutschen" hätte gerichtet werden können. Außerdem könne er „als Nachkomme von österreichischen Protestanten, die ihres Glaubens wegen aus ihrer Heimat vertrieben" worden seien, prinzipiell „keinerlei Verfolgung von Andersgläubigen und Andersrassigen mitmachen".[95]

Vertriebene – sichtbare Zeichen der Niederlage und der Demütigung, lebende Anklagen der staatlichen Unfähigkeit zu Versorgung und Reintegration – haben im Laufe des 19. und 20. Jahrhunderts bestehende politische und soziale Systeme oft gefährdet und zuweilen erschüttert. Die Deportationen stigmatisierter Minderheiten im Zarenreich während des Ersten Weltkrieges steigerten das Chaos im Vorfeld der Revolution von 1917. Die muslimischen Muhacirs in Kleinasien hatten 1914/15 nicht nur Anteil an Beraubung, Deportation und Ermordung von Armeniern und Griechen, sie wurden durch ihre Rachegefühle und Notlagen auch zu Trägerschichten autoritärer Regime – zuerst der jungtürkischen Diktatur Envers und Talaats, dann der Diktatur Atatürks. Vertriebene konnten Triebkräfte gesellschaftlicher Destabilisierung, aber auch neuer Formen von Stabilisierung sein. Nach 1945 wurden die Vertriebenen in Deutschland nicht (wie viele fürchteten und manche hofften) zu Beschleunigern des sozialen Zusammenbruchs oder der Revolution, sondern zu Trägern neuer Ordnungen des Wiederaufbaus: In Westdeutschland zu Trägern einer „nivellierten Mittelstandsgesellschaft", in der DDR zu Säulen einer ebenfalls nivellierten Gesellschaft der „Arbeiter und Bauern" und Staats- und Partei-Angestellten.[96]

Elftens: Ambivalente „Erfolgs"-Bilanzen

Lohnen sich ethnische „Säuberungen" für die Täter? Die Frage lässt sich nicht eindeutig beantworten. Einige Fälle solcher Gewaltpolitik haben sich als dauerhaft erwiesen und insofern unter dem Gesichtspunkt ethnischer Homogenisierung zweifellos gelohnt. Dies gilt für die Errichtung und Ausdehnung der Balkanstaaten auf Kosten der Balkanmuslime, die Staatsgründung Israels auf Kosten der Palästinenser, der Errichtung einer „rein" türkischen Teilrepublik auf Zypern.[97] Damit ist die Liste „erfolgreicher", da dauerhafter ethnischer „Säuberungen" keineswegs erschöpft.[98] Es gibt Gegenbeispiele, in denen eine Gewaltpolitik ethnischer „Säuberung" durch wechselndes Kriegsglück auf die ursprünglichen Täter katastro-

---

[95] Gratz, Augenzeuge dreier Epochen, S. 562.
[96] Schwartz, Vertriebene im doppelten Deutschland.
[97] Downes, Targeting Civilians in War, S. 38.
[98] Weitere Beispiele reichen von der Errichtung weißer Siedlerdemokratien in Nord- und Südamerika oder Australien über die Errichtung des weitgehend homogenen türkischen Nationalstaats bis zum fast nur noch von Albanern bewohnten unabhängigen Kosovo.

phal zurückschlug. So endete die griechische Vertreibung westanatolischer Muslime um 1920 mit der türkischen Vertreibung aller kleinasiatischen Griechen. So endete – zweifellos das spektakulärste Beispiel, wie Alexander Downes hervorhebt – der NS-Rassenimperialismus in Osteuropa mit der Niederlage Deutschlands und der Vertreibung von Millionen Deutschen.[99]

Kann man daraus den Schluss ziehen, dass extreme „Säuberungen" wie die der Nazis kontraproduktiv seien, relativ gemäßigte „Säuberungen" gegen kleinere Gruppen in spezifischen Räumen hingegen erfolgversprechend?[100] Die „Säuberung" Ostmittel- und Osteuropas von zwölf bis fünfzehn Millionen Deutschen nach 1945 war keineswegs gemäßigt und begrenzt, aber von Dauer und insofern, gemessen an den Zielen der Täter, erfolgreich. Einen noch schlimmeren „Erfolg" erzielten zuvor die deutschen Antisemiten und ihre zahlreichen europäischen Helfer: Denn die jüdische Bevölkerung Mittel- und Osteuropas wurde durch den NS-Völkermord dauerhaft massiv dezimiert. Solche „Erfolge" waren und sind allerdings, abgesehen vom unfassbaren menschlichen Leid, mit gravierenden kulturellen und ökonomischen Verlusten für die „gesäuberten" Gesellschaften verbunden. Dagegen stehen staatliche und individuelle materielle Gewinne durch Enteignung und Besitzumverteilung. Ethnische „Säuberungen" verändern überdies – zumeist zum Nachteil – die politische Kultur und die Rechtskultur einer Täter-Nation: Ethnische Gewaltpolitik hat sich nur in außereuropäischen Kontexten als vereinbar mit Demokratie und Rechtsstaatlichkeit erwiesen, freilich in rassistisch exklusiver Form, die durch innere Reformen später mühsam abgebaut werden musste. In Europa förderte diese Gewaltpolitik eher autoritäre oder totalitäre Diktaturen, was mit den wichtigen Ausnahmen Israels und Indiens auch für außereuropäische „Säuberungen" nach 1945 die Regel gewesen ist. Die Entrechtung und Vertreibung (oder gar Ermordung) unerwünschter ethnischer Minderheiten erwies sich häufig als Einstieg in eine umfassende Entrechtung auch der zurückbleibenden Bevölkerung von „Vertreibungsstaaten"[101]. Auf der anderen Seite erlaubten Massenmord (oder eben Massenvertreibung) „auch Plünderung und sozialen Aufstieg", was die „davon profitierenden Menschen" an das jeweilige Täter-Regime band.[102]

Im Gegensatz zur These vom durch Begrenzung erreichten „Säuberungs"-Erfolg glaubt Philipp Ther, „am effektivsten und umfassendsten" seien jene ethnischen „Säuberungen" gewesen, bei denen „retrospektive Abrechnung mit konkreten zukunftsorientierten Plänen" einhergegangen sei. Daher sei die Vertreibung der Griechen aus dem türkischen Kleinasien oder die Vertreibung der Deutschen aus Polen so umfassend gewesen, während dort, wo das ideologische „Ziel eines ethnisch reinen Nationalstaats" gefehlt habe, wie in Rumänien, Jugoslawien oder Indien nach 1945, entsprechende Zwangsmigrationen „im Ansatz stecken" oder

---

[99] Downes, Targeting Civilians in War, S. 38.
[100] Ebenda, S. 253.
[101] Dieser Terminus bei Douglas, Ordnungsgemäße Überführung, S. 441.
[102] Snyder, Bloodlands, S. 397.

doch regional beschränkt geblieben seien.[103] Falls Ther Recht hat, bedeutet das: Auch radikale Ideologie kann über Erfolg oder Misserfolg einer „Säuberung" mitentscheiden.

Zwölftens: Kultur, Humanität und Ethnogewalt – keine Gegensätze

Auch wenn die meisten in diesem Buche untersuchten Vertreibungs-Ereignisse Jahrzehnte oder länger zurückliegen, sind sie bis heute virulent. Wenn nicht die ethnischen Konfliktlagen selbst noch vorhanden sind, streiten sich Täter und Opfer bzw. deren Nachfahren zumindest um die Deutung des Geschehens. Es reicht ein Blick auf die erbitterte Debatte zwischen Türken und Armeniern über die Frage, ob die Armenierdeportation von 1915 als Völkermord zu werten sei, um die Brisanz solcher erinnerungspolitischen Debatten anzudeuten. Der unbestrittene deutsche Völkermord an Millionen europäischer Juden prägt ebenfalls die Beziehungen der betroffenen Völker bis heute und erzeugt eine besondere deutsche Verantwortung für Israel, indirekt aber auch für die palästinensischen Flüchtlinge von 1948. Die Deutungen und politischen Konsequenzen, die Israelis und Palästinenser aus den Ereignissen von 1948 ziehen, sind bis heute konträr, obschon es Bemühungen zur Überwindung nationalistischer Einseitigkeit gibt. Auch der 1947/48 eskalierte Konflikt zwischen Hindu- und Muslim-Nationalisten ist bis heute weder beigelegt noch einer gemeinsamen Deutung fähig. Das zeigt sich nicht nur am „Dauerbrenner" des Konflikts um Kaschmir, sondern auch in der gefährlichen Verschränkung des indisch-pakistanischen Konfliktes mit dem jüngst entstandenen islamistischen Terrorismus. Vertreibungen sind nicht nur weiterhin ein wichtiges Element heutiger Weltpolitik, sie werden auch – je nach Interessenlage – höchst unterschiedlich beurteilt.[104]

Vor einhundert Jahren, kurz nach zwei Balkankriegen und kurz vor Beginn des Ersten Weltkrieges, prognostizierte Carl von Sax: „Ruhe wird [...] überhaupt nicht eher eintreten, als bis der blinde Nationalfanatismus, diese moderne Geißel der Menschheit, durch Vernunft, Kultur und Humanitätssinn überwunden sein wird".[105] Diese Hoffnung würde man auch nach den schlimmen Erfahrungen des 20. Jahrhunderts gerne teilen. Freilich wissen wir, dass ethnische „Säuberungen" in unserer „Moderne" gerade als Projekte der *Vernunft* von Vertretern vermeintlicher *„Kultur*staaten" entworfen und praktiziert worden sind. Selbst Argumente der *Humanität* wurden zu Gunsten dieser Gewaltpolitik ganz ernsthaft angeführt.[106] Dadurch wird die Hoffnung auf Vernunft, Kultur und Humanität nicht zwangsläufig dementiert. Aber wir müssen sorgfältig prüfen, worauf wir sie bauen.

---

[103] Ther, Die dunkle Seite der Nationalstaaten, S. 275.
[104] Nolte, Weltgeschichte des 20. Jahrhunderts, S. 342.
[105] Sax, Nachtrag zur Geschichte des Machtverfalls der Türkei, S. 654.
[106] Wolff, The long-term consequences of Forced Population Transfers, S. 784.

Quellen- und Literaturverzeichnis

I. Quellendokumentationen (Print und Internet)

„42 Millionen Menschen sind auf der Flucht", in: Berliner Zeitung Nr. 141 v. 18. Juni 2008, S. 7.

„Lessons from the Past: Turkish Upstanders", in: http://www.facinghistorycampus.org/campus/oc/reslib.nsf/0/6879CA9AB5EA7AAF85256F51004EAA07 (28.01.2009).

„Montagu and the Balfour Declaration: Memorandum of Edwin Montagu on the Anti-Semitism of the Present (British) Government – Submitted to the British Cabinet, August, 1917", in: http://www.zionism-israel.com/hdoc/Montagu_balfour.htm (28.01.2009).

Morgenthau an Lansing, 4.11.1915, in:
http://www.gomidas.org/gida/index_and_%20documents/867.00_index_and_documents/with%20frames/index_archives_00.htm (16.12.2008).

„Protokoll der Wannsee-Konferenz, 20. Januar 1942", in: http://www.dhm.de/lemo/html/dokumente/wannseekonferenz/index.html (14.4.2009).

„Teaching the Armenian Genocide in the Light of Turkish Denials", in: http://www.csuchico.edu/mjs/center/teaching_resources/armenia/articles/Vahakn_Dadrian/Teaching%20the%20%20Armenian%20Genocide%20in%20the%20light%20of%20Turkish%20denials.pdf (28.01.2009).

Adlgasser, Franz (Hg.): Die Aehrenthals. Eine Familie in ihrer Korrespondenz, 1872–1911, 2 Bde., Wien e. a. 2002.

Baernreither, Joseph M.: Fragmente eines politischen Tagebuchs. Die südslawische Frage und Österreich-Ungarn vor dem Weltkrieg, hrsg. von Joseph Redlich, Berlin 1928.

Baernreither, Joseph Maria: Der Verfall des Habsburgerreiches und die Deutschen. Fragmente eines politischen Tagebuches 1897–1917, hrsg. v. Oskar Mitis, Wien 1939.

Broucek, Peter (Hg.): Ein General im Zwielicht. Die Erinnerungen Edmund Glaises von Horstenau, 3 Bde., Wien e. a. 1980–1988.

British Parliamentary Debates on the Armenian Genocide 1915–1918, ed. by Ara Sarafian and Eric Avebury, Princeton / London 2003.

Cohn, Willy: Kein Recht, nirgends. Tagebuch vom Untergang des Breslauer Judentums 1933–1941, 2 Bde., Köln / Weimar / Wien 2006.

Čubrilović, Vasa: Die Vertreibung der Albaner. Denkschrift für die jugoslawische Regierung vom 7.3.1937, zitiert nach http://www.kosova.de/archiv/geschichte/cubrilovic.html (29.1.2010).

Čubrilović, Vasa: Das Minderheitenproblem im neuen Jugoslawien. Denkschrift für die jugoslawische Regierung vom 3.11.1944, zitiert nach http://www.albanianhistory.net/texts20_1/AH1944_1.html (29.1.2010).

Der Völkermord an den Armeniern 1915/16. Dokumente aus dem Politischen Archiv des deutschen Auswärtigen Amts, hrsg. von Wolfgang Gust, Springe 2005.

Deutschland-Berichte der Sozialdemokratischen Partei Deutschlands (Sopade) 1934–1940, 7 Bde., Nördlingen 6. Aufl. 1982.

Die Deutschen Dokumente zum Kriegsausbruch 1914, hrsg. im Auftrage des Auswärtigen Amtes von Graf Max Montgelas und Walter Schücking, 4 Bde., Berlin 2. Aufl. 1922.

Die Große Politik der Europäischen Kabinette 1871–1914. Sammlung der diplomatischen Akten des Auswärtigen Amtes, im Auftrage des Auswärtigen Amtes hrsg. von Johannes Lepsius, Albrecht Mendelsohn Bartholdy und Friedrich Thimme, 40 Bde., Berlin 1926–1927.

Die Kabinettsprotokolle der Bundesregierung, Bd. 1. 1949–8.1957, hrsg. für das Bundesarchiv von Hans Bohm e. a., Boppard am Rhein 1982–2000.

Die Tagebücher von Joseph Goebbels. Im Auftrag des Instituts für Zeitgeschichte und mit Unterstützung des Staatlichen Archivdienstes Russlands hrsg. von Elke Fröhlich, Teil II: Diktate 1941–1945. Band 15: Januar–April 1945, bearbeitet von Maximilian Gschaid, München e. a. 1995.

Die Verfolgung und Ermordung der europäischen Juden durch das nationalsozialistische Deutschland 1933–1945, hrsg. von Götz Aly e. a., Bd. 1: Deutsches Reich 1933–1937, bearbeitet von Wolf Gruner, München 2008. Documents of United States Indian Policy, hrsg. v. Francis Paul Prucha, Lincoln. Nebraska 3. Aufl. 2000.

Dokumentation der Vertreibung der Deutschen aus Ost-Mitteleuropa, Band I/1: Die Vertreibung der deutschen Bevölkerung aus den Gebieten östlich der Oder-Neiße, hrsg. vom ehemaligen Bundesministerium für Vertriebene, Flüchtlinge und Kriegsgeschädigte, Augsburg 1993.

Dokumentation der Vertreibung der Deutschen aus Ost-Mitteleuropa, Band 1/2: Die Vertreibung der deutschen Bevölkerung aus den Gebieten östlich der Oder-Neiße, hrsg. vom ehemaligen Bundesministerium für Vertriebene, Flüchtlinge und Kriegsgeschädigte, Augsburg 1993.

Dokumentation der Vertreibung der Deutschen aus Ost-Mitteleuropa, Band II/2: Die Vertreibung der deutschen Bevölkerung aus der Tschechoslowakei, herausgegeben vom ehemaligen Bundesministerium für Vertriebene, Flüchtlinge und Kriegsgeschädigte, Augsburg 1993.

Dokumentation der Vertreibung der Deutschen aus Ost-Mitteleuropa, Band III: Das Schicksal der Deutschen in Ungarn, herausgegeben vom ehemaligen Bundesministerium für Vertriebene, Flüchtlinge und Kriegsgeschädigte, Augsburg 1994.

Dokumentation der Vertreibung der Deutschen aus Ost-Mitteleuropa, Band V: Das Schicksal der Deutschen in Jugoslawien, herausgegeben vom ehemaligen Bundesministerium für Vertriebene, Flüchtlinge und Kriegsgeschädigte, Augsburg 1994.

Dokumente der deutschen Politik und Geschichte von 1848 bis zur Gegenwart. Band V: Die Zeit der nationalsozialistischen Diktatur 1933–1945. Deutschland im Zweiten Weltkrieg 1939–1945, hrsg. von Klaus Hohlfeld, Berlin / München o. J. [1953].

Dokumente zur Deutschlandpolitik, Reihe I, 5 Bde., hrsg. vom Bundesministerium des Innern und vom Bundesarchiv, München 1984–2003.

Europastrategien des deutschen Kapitals 1900–1945, hrsg. v. Reinhard Opitz, Bonn 2. Aufl. 1994.

Friedjung, Heinrich: Geschichte in Gesprächen. Aufzeichnungen 1898–1919, hrsg. v. Franz Adlgasser und Margret Friedrich, 2 Bde., Wien / Köln / Weimar 1997.

Ghillany, F. W. (Hg.): Diplomatisches Handbuch. Sammlung der wichtigsten europaeischen Friedensschluesse, Congressacten und sonstigen Staatsurkunden vom Westphaelischen Frieden bis auf die neueste Zeit, 3 Bde., Nördlingen 1855–1868.

Hosenfeld, Wilm: „Ich versuche jeden zu retten". Das Leben eines deutschen Offiziers in Briefen und Tagebüchern, im Auftrag des Militärgeschichtlichen Forschungsamtes hrsg. v. Thomas Vogel, München 2004.

„Iranian Calls Israel Racist at Meeting in Geneva", in: http://www.nytimes.com/2009/04/21/world/21geneva.html?scp=5&sq=ahmadinejad&st=cse (21. 4. 2009).

Kellner, Friedrich: „Vernebelt, verdunkelt sind alle Hirne". Tagebücher 1939–1945, 2 Bde., Göttingen 2. Aufl. 2011.

Kessel, Albrecht von: Gegen Hitler und für ein anderes Deutschland. Als Diplomat in Krieg und Nachkrieg. Lebenserinnerungen, hrsg. v. Ulrich Schlie, Wien e. a. 2008.

Kessler, Harry Graf: Das Tagebuch 1880–1937. Fünfter Band 1914–1916, hrsg. v. Günter Riederer und Ulrich Ott, Stuttgart 2008.

Kessler, Harry Graf: Das Tagebuch 1880–1937. Sechster Band 1916–1918, hrsg. v. Günter Riederer, Stuttgart 2006.

Klemperer, Victor: Ich will Zeugnis ablegen bis zum letzten. Tagebücher 1933–1945, 2 Bde., hrsg. v. Walter Nowojski, Berlin 4. Aufl. 1995.

Lepsius, Johannes (Hg.): Deutschland und Armenien 1914–1918. Sammlung diplomatischer Aktenstücke, Potsdam 1919.

Meldungen aus dem Reich. Die geheimen Lageberichte des Sicherheitsdienstes der SS 1938–1945, hrsg. von Heinz Boberach, 17 Bde., Herrsching 1984.

Oppression of Jews denounced in Duma, in: New York Times v. 23. 9. 1915, in: http://query.nytimes.com/gst/abstract.html?res=9B03E6D81138E633A25750C2A96F9C946496D6CF (16. 12. 2008).

Picker, Henry: Hitlers Tischgespräche im Führerhauptquartier 1941–1942. hrsg. v. Percy Ernst Schramm e. a., Stuttgart 2. Aufl. 1965.

Prinz, Friedrich (Hg.): Wenzel Jaksch – Edvard Beneš. Briefe und Dokumente aus dem Londoner Exil 1939–1943, Köln 1973.

Rathenau, Walter: Tagebuch 1907–1922, hrsg. von Hartmut Pogge-von Strandmann, Düsseldorf 1967.

Russland auf dem Wege zur Katastrophe. Tagebücher des Großfürsten Andrei und des Kriegministers a. D. Poliwanow; Briefe der Großfürsten an den Zaren, hrsg. von Gunther Frantz, Berlin 1. Aufl.. 1926.

Schicksalsjahre Österreichs 1908–1919. Das politische Tagebuch Josef Redlichs, 2 Bde., bearbeitet von Fritz Fellner, Graz / Köln 1953–1954.

Schicksalsjahre Österreichs. Die Erinnerungen und Tagebücher Josef Redlichs 1869–1936, hrsg. von Fritz Fellner und Doris A. Corradini, 3 Bde., Wien / Köln Weimar 2011.

Sebastian, Mihail: „Voller Entsetzen, aber nicht verzweifelt". Tagebücher 1935–44, hrsg. v. Edward Kanterian, Berlin 1998.

Teilabtretung bei gleichzeitiger Massenvertreibung. Geheimbrief des tschechoslowakischen Staatspräsidenten Edvard Beneš, in: http://www.mitteleuropa.de/necas01.htm (17.11.2010).

The Armenian Genocide. Volume 2: Documentation [Der Völkermord an den Armeniern im Spiegel österreichischer Quellen], hrsg. v. Institut für Armenische Fragen, bearbeitet von Artem Ohandjanjan, München 1988.

Tilitzky, Christian (Hg.), Alltag in Ostpreußen 1940–1945. Die geheimen Lageberichte der Königsberger Justiz, Leer 1991.

Umsiedlung der Polen aus den ehemaligen polnischen Ostgebieten nach Polen in den Jahren 1944–1947, hrsg. und eingeleitet v. Stanislaw Ciesielski, Marburg 2006.

United States Diplomacy on the Bosphorus: The Diaries of Ambassador Morgenthau 1913–1916, hrsg. von Ara Sarafian, Princeton / London 2004.

„Unsere Heimat ist uns ein fremdes Land geworden…" Die Deutschen östlich von Oder und Neiße 1945–1950. Dokumente aus polnischen Archiven, hrsg. v. Wlodzimierz Borodziej und Hans Lemberg, Band 1: Zentrale Behörden / Wojewodschaft Allenstein, bearbeitet von Wlodzimierz Borodziej und Claudia Kraft, Marburg 2000.

Verfolgung – Vertreibung – Vernichtung. Dokumente des faschistischen Antisemitismus 1933 bis 1942, hrsg. von Kurt Pätzold, Leipzig 2. Aufl. 1984.

Völkermord oder Umsiedlung? Das Schicksal der Armenier im Osmanischen Reich. Darstellung und Dokumente, hrsg. v. Jörg Berlin und Adrian Klenner, Köln 2006.

II. Zeitgenössische Literatur

Abdallah, King of Jordan: My Memoirs Completed, Washington D.C. 1954.

Alberton, M.: Birobidschan, die Judenrepublik, Leipzig / Wien [1932].

Ambedkar, B.[himrao] R.[amji]: Pakistan or The Partition of India, Lahore 1976.

Asquith, [Herbert Henry] Earl of Oxford and: Memories and Reflections, 1852–1927, 2 Bde., London e. a. 1928.

Attlee, C.[lement] R.: As It Happened, London [1954].

Auboeuf, Jérôme: Français et Allemands. Étude démographique et militaire des populations actuelle de la France et de l'Allemagne, Paris 1901.

Bahr, Egon: Zu meiner Zeit, München 1996.

Barbusse, Henri: Die Henker, Stuttgart 1927.

Bardolff, Carl Freiherr von: Soldat im alten Österreich. Erinnerungen aus meinem Leben, Jena 1939.

Bartels, Adolf: Der Siegespreis (Westrußland deutsch). Eine politische Denkschrift, Weimar 1914.

Basily, Nicolas de: Diplomat of Imperial Russia 1903–1917. Memoirs, Stanford 1973.

Bauer, Helmut: Ein Vielvölkerstaat zerbricht. Werden und Vergehen Jugoslawiens, Leipzig / Berlin 1941.

Bauer, Oberst [Max]: Der Große Krieg in Feld und Heimat. Erinnerungen und Betrachtungen, Tübingen 1921.

Bauer, Otto: Der Balkankrieg und die deutsche Weltpolitik, Berlin 1912.

Bauer, Otto: Die österreichische Revolution, Wien 1923.

Bauer, Otto: Die Nationalitätenfrage und die Sozialdemokratie, Wien 2. Aufl. 1924.

Beer, Max: L'Entente Annexioniste. La Paix du „Droit", Berne 1917.

Beneš, Edvard: Der Aufstand der Nationen. Der Weltkrieg und die tschechoslowakische Revolution, Berlin 1928.

Bernstorff, Johann Heinrich Graf: Erinnerungen und Briefe, Zürich 1936.

Bernstein, Eduard / Umfrid, Otto: Armenien, die Türkei und die Pflichten Europas. Mit Beiträgen von Georg Gradnauer e. a., hrsg. von Helmut Donat, Bremen 2005.

Beust, Friedrich Ferdinand Graf von: Aus drei Viertel-Jahrhunderten. Erinnerungen und Aufzeichnungen, 2 Bde., Stuttgart 1887, ND Hannover 2008.

Bibl, Viktor: Der Zerfall Österreichs, 2 Bde., Wien e. a. 1922–1924.

Bilbo, Theodore G.: Take Your Choice. Separation or Mongrelization, Poplarville 1947.

Blanqui, Adolphe: Betrachtungen über den gesellschaftlichen Zustand der europäischen Türkei, Sudenburg / Magdeburg 1846.

Bloch, Ernst: Gesamtausgabe, Bd. 11: Politische Messungen, Pestzeit, Vormärz, Frankfurt/M. 1977.

Boehm, Max Hildebert: Volkszerreissung und Minderheitennot, in: Zehn Jahre Versailles, Bd. 3: Die grenz- u. volkspolitischen Folgen des Friedensschlusses, hrsg. v. Karl Ch. von Loesch und Max Hildebert Boehm, Berlin 1930, S. 419–450.

Bonnet, Georges: Vor der Katastrophe. Erinnerungen des französischen Außenministers 1938–1939, Köln 1951.

Bretholz, Wolfgang: Aufstand der Araber, München / Wien / Basel 1960.

Brüning, Elfriede: Zeit-Besichtigung. Feuilletons und Reportagen aus sieben Jahrzehnten, Wilhelmshorst 2003.

Bryce, James: The American Commonwealth, 2 Bde., New York 3. Aufl. 1909.

Bülow, Bernhard Fürst von: Deutsche Politik, Berlin 1916.

Bülow, Bernhard Fürst von: Denkwürdigkeiten, 4 Bde., Berlin o. J. [1930–1931].

Burián, Count [István]: Austria in Dissolution. Being the Personal Recollections of Stephan, Count Burián, London 1925.

Buxton, Noel / Buxton, Charles Roden: The War and the Balkans, London 1915.

Buxton, Charles R. / Buxton, Dorothy: The World after the War, London 1920.

Cambon, Paul: Correspondance 1870–1924, 3 Bde., Paris 1940.

Carr, Edward Hallett: Nationalism and After, London 1945.

Charmatz, Richard: Deutsch-Österreichische Politik. Studien über den Liberalismus und über die auswärtige Politik Österreichs, Leipzig 1907.

Charmatz, Richard: Minister Freiherr von Bruck. Der Vorkämpfer Mitteleuropas, Leipzig 1916.

Claß, Heinrich: Zum deutschen Kriegsziel. Eine Flugschrift, München 2. Aufl. 1917.

Claß, Heinrich: Wider den Strom. Vom Werden und Wachsen der nationalen Opposition im alten Reich, Leipzig 1932.

Conrad, Feldmarschall [i.e. Franz Freiherr bzw. Graf Conrad von Hötzendorf]: Aus meiner Dienstzeit, 5 Bde., Wien e.a. 1921–1924.

Cormons, Ernest U.: Schicksale und Schatten. Eine österreichische Autobiographie, Salzburg 1951.

Coudenhove-Kalergi, Richard: Crusade for Pan-Europe. Autobiography of a Man and a Movement, New York 1943.

Coulondre, Robert: Von Moskau nach Berlin 1936–1939. Erinnerungen des französischen Botschafters, Bonn 1950.

Coupland, Sir Reginald: The Indian Problem 1833–1935, Oxford 1942, 5. Aufl. 1968.

Czedik, Alois [Freiherr von]: Zur Geschichte der k.k. österreichischen Ministerien 1861–1916. Nach den Erinnerungen von Alois [Freiherrn von] Czedik, 4 Bde., Teschen / Wien / Leipzig 1917–1920.

Demetz, Peter: Mein Prag. Erinnerungen, Wien 2007.

Djemal Pascha, Ahmed: Erinnerungen eines türkischen Staatsmannes, München 2. Aufl. 1922.

Djilas, Milovan: Land ohne Recht, Köln / Berlin 1958.

Dollars and Diplomacy. Ambassador David Rowland Francis and the Fall of Tsarism, 1916–17, hrsg. von Jamie H. Cockfield, Durham, N.C. 1981.

Dubnow, Simon: Mein Leben, hrsg. v. Elias Hurwicz, Berlin 1937.

Dumba, Constantin: Dreibund- und Entente-Politik in der Alten und Neuen Welt, Zürich e.a. 1931.

Durham, Mary Edith: Die slawische Gefahr. Zwanzig Jahre Balkan-Erinnerungen, Stuttgart 2. Aufl. o. J. [1922].

Duve, Freimut, „An der Rampe von Srebrenica", in: Die Zeit Nr. 30 v. 21.7.1995, zitiert nach http://www.zeit.de/1995/30/An_der_Rampe_von_Srebrenica (29.1.2010).

Eden, Anthony (Earl of Avon): Angesichts der Diktatoren. Memoiren 1923–1938, Köln / Berlin 1964.

Eichmann, F.[riedrich], Die Reformen des Osmanischen Reiches. Mit besonderer Berücksichtigung des Verhältnisses der Christen des Orients zur türkischen Herrschaft, Berlin 1858.

Einhart [i.e. Heinrich Claß]: Deutsche Geschichte, Leipzig 19. Aufl. 1941.

Eisenmann, Louis: Le Compromis Austro-Hongrois de 1867. Étude sur le Dualisme, Paris 1904.

Elkus, Abram I.: The Memoirs of Abram Elkus. Lawyer, Ambassador, Statesman. With a Critical Commentary by Hilmar Kaiser, Princeton / London 2004.

Emcke, Carolin: Von den Kriegen. Briefe an Freunde, Frankfurt/M. 2. Aufl. 2004.

Emin Efendi, Dr. Mehemed [i.e. Siegfried Lichtenstaedter], Die Zukunft der Türkei. Ein Beitrag zur Lösung der orientalischen Frage, Berlin / Leipzig 1898.

Emin Efendi, Dr. Mehemed [i.e. Siegfried Lichtenstädter]: Nationalitätsprinzip und Bevölkerungsaustausch. Eine Studie für den Friedensschluß, Dresden 1917.

Erzberger, M.[atthias]: Erlebnisse im Weltkrieg, Stuttgart / Berlin 1920.

Feiler, Arthur: Das Experiment des Bolschewismus, o.O. 1931.

Fischhof, Adolph: Österreich und die Bürgschaften seines Bestandes. Politische Studie, Wien 1869.

Finlay, George: History of the Greek Revolution, 2 Bde., Edinburgh / London 1861.

Fisher, H.[erbert] A. L.: James Bryce, 2 Bde., London 1927.

Foerster, Friedrich Wilhelm: Erlebte Weltgeschichte 1869–1953. Memoiren, Nürnberg 1953.

Franckenstein, Sir George: Facts and Features of my Life, London e.a. 1939.

Friedjung, Heinrich: Vorrede, in: Heinrich Friedjung, Historische Aufsätze, Stuttgart / Berlin 1919, S. VII–XVI.

Friedjung, Heinrich: Adolf Fischhof, in: Heinrich Friedjung, Historische Aufsätze, Stuttgart / Berlin 1919, S. 362–371.

Friedjung, Heinrich: Das Zeitalter des Imperialismus 1884–1914, 3 Bde., Berlin 1919–1922.

Frymann, Daniel [i. e. Heinrich Claß]: Wenn ich der Kaiser wär'. Politische Wahrheiten und Notwendigkeiten, Leipzig 3. Aufl. 1912.

Funder, Friedrich: Vom Gestern ins Heute. Aus dem Kaiserreich in die Republik, Wien / München 2. Aufl. 1953.

Gargas, Sigismund: Die Minderheit. Eine soziologische Studie, Haag 1926.

Gause, Fritz: Die Russen in Ostpreußen 1914/15, Königsberg 1931.

Gervinus, G.[eorg] G.[ottfried]: Geschichte des neunzehnten Jahrhunderts seit den Wiener Verträgen, 8 Bde., Leipzig 1855–1866.

Giesl, Wladimir: Zwei Jahrzehnte im Nahen Orient. Aufzeichnungen des Generals der Kavallerie Baron Wladimir Giesl, hrsg. v. Generalmajor Ritter von Steinitz, Berlin 1927.

Ginter, Annelies: Der Leidensweg der Russlanddeutschen, in: Hans-Ulrich Engel (Hg.), 40 Jahre nach Flucht und Vertreibung... Als der Exodus begann. Augenzeugen berichten, Düsseldorf 2. Aufl. 1985, S. 39–51.

Golowin, K.[onstantin] von: Meine Erinnerungen, Leipzig 1911.

Goltz, Colmar Freiherr von der: Denkwürdigkeiten, bearb. und hrsg. von Friedrich Freiherr von der Goltz und Wolfgang Foerster, Berlin 1929.

Gopčević, Spiridion: U.S.A. Aus dem Dollarlande. Sitten, Zustände und Einrichtungen der Vereinigten Staaten, Leipzig 1913.

Gopčević, Spiridion: Österreichs Untergang – Die Folge von Franz Josefs Missregierung, Berlin 1920.

Grass, Günter: Im Krebsgang, Göttingen 2002.

Gratz, Gustav / Schüller, Richard: Die äußere Wirtschaftspolitik Österreich-Ungarns. Mitteleuropäische Pläne, Wien / New Haven 1925.

Gratz, Gustav: Augenzeuge dreier Epochen. Die Memoiren des ungarischen Außenministers Gustav Gratz (1875–1945), hrsg. von Vince Paál und Gerhard Seewann, München 2009.

Groener, Wilhelm: Lebenserinnerungen. Jugend – Generalstab – Weltkrieg, hrsg. v. Friedrich Freiherr Hiller von Gaertringen, Göttingen 1957.

Gurko, Vassili: Russland 1914–1917. Erinnerungen an Krieg und Revolution, Berlin 1921.

Gurko, Vladimir I.: Features and Figures of the Past, Stanford 1939.

Halifax [Edward Frederick L.] Earl of: Fulness of Days, London 1957.

Hardinge, Sir Arthur H.: A Diplomatist in the East, London 1928.

Hasse, Ernst: Die Besiedelung des deutschen Volksbodens (Deutsche Politik Bd. 1, Heft 2), München 1905.

Hasse, Ernst: Die Zukunft des deutschen Volkstums (Deutsche Politik Bd. 1, Heft 4), München 1907.

Heller, Eduard: Mitteleuropas Vorkämpfer Fürst Felix zu Schwarzenberg, Wien 1933.

Henderson, Nevile: Failure of a Mission. Berlin 1937–1939, London 1940.

Hertz, Friedrich Otto: Nationalgeist und Politik. Beiträge zur Erforschung der tieferen Ursachen des Weltkrieges, Zürich 1937.

Hertz, Frederick [Friedrich]: Nationality in History and Politics. A Study of the Psychology and Sociology of National Sentiment and Character, New York 1944.

Herzfeld, Hans: Johannes von Miquel. Sein Anteil am Ausbau des Deutschen Reiches bis zur Jahrhundertwende, 2 Bde., Detmold 1938.

Heuss, Theodor: Staat und Volk. Betrachtungen über Wirtschaft, Politik und Kultur, Berlin 1926.

Heuss, Theodor: Friedrich Naumann. Der Mann, das Werk, die Zeit, Stuttgart / Berlin 1937.

Hitler, Adolf: Mein Kampf. Zwei Bände in einem Band, München 1944.

Hobhouse, Emily: Die Zustände in den südafrikanischen Konzentrationslagern, Berlin 1901.

Hodann, Max: Der slawische Gürtel um Deutschland. Polen, die Tschechoslowakei und die deutschen Ostprobleme, Berlin 1932.

Hodža, Milan: Schicksal Donauraum. Erinnerungen, Wien e. a. 1995.

Hugelmann, Karl Gottfried: Vorwort, in: Das Nationalitätenrecht des alten Österreich, hrsg. v. Karl Gottfried Hugelmann, Wien / Leipzig 1934, S. V–IX.

Hugelmann, Karl Gottfried: Das Nationalitätenrecht nach der Verfassung von 1867. Der Kampf um ihre Geltung, Auslegung und Fortbildung, in: Das Nationalitätenrecht des alten Österreich, hrsg. v. Karl Gottfried Hugelmann, Wien / Leipzig 1934, S. 79–286.

Hugenberg, A.[lfred]: Streiflichter aus Vergangenheit und Gegenwart, Berlin 2. Aufl. 1927.

Hull, Cordell: The Memoirs of Cordell Hull, 2 Bde., New York 1948.

Hutten-Czapski, Bogdan Graf von: Sechzig Jahre Politik und Gesellschaft, 2 Bde., Berlin 1936.

Ignatiev, Alexei A. [Graf]: In hoher Mission. Autobiographie, Berlin [Ost] 1987.

Ihde, Wilhelm: Karl Ludwig von Bruck. Der österreichische Minister aus Preußen und sein großeuropäischer Wirtschaftsgedanke, Leipzig / Berlin 1943.

Jäckh, Ernst: Der Goldene Pflug. Lebensernte eines Weltbürgers, Stuttgart 1954.

Jagemann, Eugen von: Fünfundsiebzig Jahre des Erlebens und Erfahrens (1849–1924), Heidelberg 1925.

Jaksch, Wenzel: Mass Transfer of Minorities, in: Socialist Commentary [1944], Sonderdruck, S. 1–4.

Jaksch, Wenzel: Unser geschichtlicher Auftrag, o. O. u. J. [München 1956].

Jaksch, Wenzel: Europas Weg nach Potsdam. Schuld und Schicksal im Donauraum, München 4. Aufl. 1990.

Janowsky, Oscar I.: Nationalities and National Minorities. With Special Reference to East-Central Europe, New York 1945.

Jenssen, Otto: Orientalische Revolutionen, in: Die Gesellschaft 7.1930, Nr. 9, S. 201–220.

Jorga, Nicolae: Geschichte des Osmanischen Reiches, 5 Bde., Gotha 1913, ND Darmstadt 1997.

Jorga, Nicolas [Nicolae]: Histoire des États Balkaniques (jusqu' au 1924), Paris 1925.

Kaestner, Ottwin: Posen und Westpreußen, in: Zehn Jahre Versailles, Bd. 3: Die grenz- u. volkspolitischen Folgen des Friedensschlusses, hrsg. v. Karl Ch. von Loesch und Max Hildebert Boehm, Berlin 1930, S. 254–282.

Kallay, Nicholas: Hungarian Premier. A Personal Account of a Nation's Struggle in the Second World War, New York 1954.

Karolyj, Count Michael: Fighting the World. The Struggle for Peace, New York 1925.

Kautsky, Karl: Habsburgs Glück und Ende, Berlin 1918.

Kavakami, Vicomte Otojiro: Der Europäische Krieg von 1913. Erinnerungen und Beobachtungen, Charlottenburg 1913.

Keim, Generalleutnant [August]: Erlebtes und Erstrebtes. Lebenserinnerungen, Hannover 1925.

Kennan, George F.: Memoiren eines Diplomaten, München 3. Aufl. 1982.

Kennen Sie Russland? Verfasst von zwölf russischen Untertanen, hrsg. von der Liga der Fremdvölker Rußlands, Stockholm / Lausanne 1916.

Kerenski, Alexander F.: Die Kerenski-Memoiren. Russland und der Wendepunkt der Geschichte, Reinbek bei Hamburg 1989.

Kirch, Paul: Krieg und Verwaltung in Serbien und Mazedonien 1916–1918, Stuttgart 1928.

Kisch, Egon Erwin: Geschichten aus sieben Ghettos, Amsterdam 1934. Zit. nach: http://www.ninagorgus.de/rue_des_rosiers.shtml (Stand 26.5.2008).

Klein, Fritz: Drinnen und draußen. Ein Historiker in der DDR, Frankfurt/M. 2000.

Kleinmichel, Gräfin Marie: Bilder aus einer versunkenen Welt. Lebenserinnerungen, Berlin 1922.

Klemperer, Victor: Curriculum Vitae. Erinnerungen eines Philologen 1881–1918, 2 Bde., hrsg. v. Walter Nowojski, Berlin [Ost] 1989.

Klinghardt, Karl: Angora – Konstantinopel. Ringende Gewalten, Frankfurt/M. 1924.

Kokovtsov, Vladimir N.: Out of my Past. The Memoirs of Count Kokovtsov, Stanford / London 1935.

Kolmer, Gustav: Parlament und Verfassung in Österreich, 8 Bde. (1848–1904), Wien / Leipzig 1902–1914, ND Graz 1972–1980.

Komarov-Kurlov, [Pavel G.]: Das Ende des Russischen Kaisertums. Persönliche Erinnerungen des Chefs der russischen Geheimpolizei, Berlin 1920.

Kopelew, Lew: Aufbewahren für alle Zeit! München 10. Auflage 1987.

Korff, Baron S. A.: Russia's Foreign Relations during the Last Half Century, New York 1922.

Kraus, Herbert: Das Recht der Minderheiten. Materialien zur Einführung in das Verständnis des modernen Minoritätenproblems, Berlin 1927.

Kremer, Alfred von: Die Nationalitätsidee und der Staat, Wien 1885.

Kühlmann, Richard von: Erinnerungen, Heidelberg 1948.

Kulischer, Alexander / Kulischer, Eugen: Kriegs- und Wanderzüge. Weltgeschichte als Völkerbewegung, Berlin / Leipzig 1932.

Kulischer, Eugene M.: Jewish Migrations. Past Experiences and Post-War Prospects, New York 1943.

Kulischer, Eugene M.: Europe on the Move. War and Population Changes, 1917–1947, New York 1948.

La Paix que nous devons faire. Le Remaniement de L'Europe, Paris / Lausanne 1915.

Lagarde, Paul de: Deutsche Schriften. Gesammtausgabe letzter Hand, Göttingen 4. Aufl. o. J. [1903].

Lange, Friedrich: Reines Deutschthum. Grundzüge einer nationalen Weltanschauung, Berlin 2. Aufl. 1894.

Langerhans, Heinz: Rezension zu Gerd v. Paczensky, Die Weißen kommen, in: Frankfurter Hefte 25.1970, H. 9, S. 669–670.

Langguth, Heinz: Betriebswirtschaftlicher Aufbau und zweckmäßige Organisation der landwirtschaftlichen Betriebe im eingegliederten Ostgebiet, Danzig technikwissenschaftliche Dissertation 1941.

Laun, Rudolf: Staat und Volk. Eine völkerrechtliche und staatsrechtliche Untersuchung auf philosophischer Grundlage. Zweite (Titel-)Auflage der internationalen Preisschrift: Der Wandel der Ideen „Staat und Volk" als Äußerung des Weltgewissens [Barcelona 1932], Aalen 1971.

Lavergne, Bernard: Le Principe des Nationalités et les Guerres, Paris 1921.

Lavergne, Bernard: Munich – Défaite des Démocraties, Paris 1939.

Lemberg, Eugen: Geschichte des Nationalismus in Europa, Stuttgart 1950.

Lenin, Vladimir I.: Werke, hrsg. v. Institut für Marxismus-Leninismus beim ZK der SED, 40 Bde., Berlin [Ost] 1957–1983.

Lepsius, Johannes: Bericht über die Lage des armenischen Volkes in der Türkei, Potsdam 1916.

Lichtenstaedter, Siegfried: The Future of Turkey. An Essay on the Eastern Question and a suggested Solution, London 1907.

Lichtenstaedter, S.[iegfrid]: Süd-Tirol und Tessin. Zwei national-internationale Fragen mit einer gemeinsamen Lösung, Diessen 1927.

Lichtenstaedter, S.[iegfried bzw. Sami]: Sprachenpolitik. Forschungen und Forderungen, Winnenden 1941.

Lignitz, General von: Russland's innere Krisis, Berlin 1906.

Liman von Sanders, Otto: Fünf Jahre Türkei, Berlin 1920.

Linz, Herbert: Aus Breslau wurde Wroclaw, in: Neues Deutschland v. 28.4.1948.

Lipski, Józef: Diplomat in Berlin 1933–1939. Papers and Memoirs of Józef Lipski, Ambassador of Poland, hrsg. v. Wacław Jedrzejewicz, New York / London 1968.

Lloyd George, David: War Memoirs, 2 Bde., London 1933.

Lodgman von Auen, Rudolf [Ritter]: Die Autonomie und ihre Bedeutung für Österreich-Ungarn (Erweiterte Veröffentlichung von 1918 nach einer Denkschrift vom Jahre 1917 an Kaiser Karl), in: Rudolf Lodgman von Auen. Reden und Aufsätze. Festgabe zum 77. Geburtstag des Sprechers der Sudetendeutschen Landsmannschaft, hrsg. v. Albert Karl Simon, München o. J. [1954], S. 19–39.

Lodgman, Dr. Rudolf: Wie sichern wir Europa den Frieden?, in: Die Junge Front 9.1938, H. 4, S. 107–111.

Loti, Pierre: Die sterbende Türkei, Berlin o. J. [1913].

Ludendorff, Erich: Meine Kriegserinnerungen 1914–1918, Berlin 1919.

Macartney, C.[arlile] A.[ylmer]: National States and National Minorities, Oxford / London 1934.

Mach, Richard von: Briefe aus dem Balkankriege 1912/1913. Kriegsberichte der Kölnischen Zeitung, Berlin 1913.

Mackinder, Halford: Democratic Ideals and Reality, London 1919, ND 2008.

Madol, Hans Roger: Gespräche mit Verantwortlichen, Berlin 1933.

März, Josef: Gestaltwandel des Südostens, Berlin 1942.

Mandl, Leopold: Österreich-Ungarn und Serbien nach dem Balkankriege. Materialien zum Verständnis der Beziehungen Serbiens zu Österreich-Ungarn, Wien 1912.

Mann, Golo: Deutsche Geschichte des 19. und 20. Jahrhunderts, Frankfurt/M. 1958.

Markov, Walter: Grundzüge der Balkandiplomatie. Ein Beitrag zur Geschichte der Abhängigkeitsverhältnisse, Leipzig 1999.

Marx, Karl / Engels, Friedrich: Werke (MEW), 42 Bde. u. 2 Ergänzungsbände, hrsgg. v. Institut für Marxismus-Leninismus beim ZK der SED, Berlin [Ost] 1956–1983.

Masaryk, T.[omaš] G.: Das neue Europa, Berlin 1991.

Masaryk, T.[omaš] G.: Die Weltrevolution. Erinnerungen und Betrachtungen 1914–1918, Berlin 1925.

Mayer, Hans: Der Turm von Babel. Erinnerung an eine Deutsche Demokratische Republik, Frankfurt/M. 1991.

Mayr-Harting, Anton: Der Untergang. Österreich-Ungarn 1848–1922, Wien / München 1988.

Menzel, Wolfgang: Unsere Grenzen, Stuttgart 1868.

Miliukov, Paul: Political Memoirs 1905–1917, hrsg. von Arthur P. Mendel, Ann Arbor 1967.

Miliukow, Paul: Russlands Zusammenbruch, 2 Bde., Stuttgart 1925–1926.

Molisch, Paul: Geschichte der deutschnationalen Bewegung in Oesterreich von ihren Anfängen bis zum Zerfall der Monarchie, Jena 1926.

Moltke, Graf [Helmuth] von: Ausgewählte Werke. Bd. 3: Feldherr und Staatsmann, hrsg. v. F. von Schmerfeld, Berlin 1925.

Montandon, George: Frontières Nationales. Détermination objective de la Condition primordiale nécessaire à l'Obtention d'une Paix durable, Lausanne 1915.

Montandon, Georges: La Pologne future, in: Mercure de France 51.1940, Nr. 994 v. 1. 2. 1940, S. 305-320.
Moravec, Emanuel: Das Ende der Benesch-Republik. Die tschechoslowakische Krise 1938, Prag 1941.
Morgenthau, Henry: All in a Life-Time, Garden City / New York 1922.
Morgenthau, Henry: Ambassador Morgenthau's Story, N.Y. 1918, ND 2000.
Musulin, [Alexander] Freiherr von: Das Haus am Ballplatz. Erinnerungen eines österreichisch-ungarischen Diplomaten, München 1924.

Nansen, Fridtjof: Betrogenes Volk. Eine Studienreise durch Georgien und Armenien als Oberkommissar des Völkerbundes, Leipzig 1928.
Naumann, Friedrich: „Asia". Eine Orientreise über Athen, Konstantinopel, Baalbek, Nazareth, Jerusalem, Kairo, Neapel, Berlin 7. Aufl. 1913.
Naumann, Friedrich: Mitteleuropa, Berlin 1915.
Neumann, Franz: Behemoth. The Structure and Practice of National Socialism, London 1942.
Nicolson, Harold: Nachkriegsdiplomatie. Curzon: The Last Phase 1919-1925, Berlin 1934.

Oldenburg-Januschau, Elard von: Erinnerungen, Leipzig 1936.

Pal, Bipin Chandra: Nationality and Empire. A Running Study of some current Indian Problems, Calcutta 1916, ND New Delhi 2002.
P. N. Miliukoff über Makedonien. Zwei Studien, ein Aufsatz und eine Rede, hrsg. v. Fritz von Philipp, Leipzig 1918.
Paléologue, Maurice: Am Zarenhof während des Weltkrieges. Tagebücher und Betrachtungen, 2 Bde., München 2. Aufl. 1926.
Pamuk, Orhan: Istanbul – Erinnerungen an eine Stadt, München 2006.
Paneth, Philip: Eduard Benes. A Leader of Democracy, London 1945.
Papoushek, Jaroslav: Dr. Edvard Benes. Sein Leben, Prag 1937.
Pasdermadjian, Garegin / Torossian, Aram: Why Armenia Should Be Free. Armenia's Role in the Present War, Boston 1918.
Pasdermadjian, Garegin: Armenia. A Leading Factor in the Winning of the War, New York 1919.
Pauli, Carl: Kriegsgreuel. Erlebnisse im türkisch-bulgarischen Kriege 1912. Nach den Berichten von Mitkämpfern und Augenzeugen bearbeitet, Minden o. J. [1913].
Perras, Arne: Die Solidarität der afrikanischen Brüder, in: Süddeutsche Zeitung Nr. 15 v. 20. 1. 2010, S. 6.
Pfeil, Elisabeth: Der Flüchtling – Gestalt einer Zeitenwende, Hamburg 1948.
Pieck, Wilhelm: Reden und Aufsätze. Auswahl aus den Jahren 1908-1953, 3 Bde., Berlin 1950-1954.
Plener, Ernst Freiherr von: Reden 1873-1911, Stuttgart / Leipzig 1911.
Plener, Ernst [Freiherr von]: Erinnerungen. Bd. 3: Abgeordnetenhaus und Ministerium bis 1895. Herrenhaus 1900 bis 1918, Stuttgart / Leipzig 1921.
Polzer-Hoditz, Arthur Graf: Kaiser Karl. Aus der Geheimmappe seines Kabinettschefs, hrsg. von Wolfdieter Bihl, Wien 2. Aufl. 1980.
Pomiankowski, Joseph: Der Zusammenbruch des Ottomanischen Reiches. Erinnerungen an die Türkei aus der Zeit des Weltkrieges, Zürich e. a. 1928.
Popovici, Aurel C.: Die Vereinigten Staaten von Groß-Österreich. Politische Studien zur Lösung der nationalen Fragen und staatsrechtlichen Krisen in Österreich-Ungarn, Leipzig 2. Aufl. 1906.
Prasad, Beni: India's Hindu-Muslim Question, London 1946.

Prasad, Rajendra: India Divided, Bombay 1946, 3. Aufl. 1947.

Rabin, Yitzhak: The Rabin Memoirs, Berkeley / Los Angeles 1996.
Raczynski, Count Edward: In Allied London, London 1962.
Radoslawoff, Vasil: Bulgarien und die Weltkrise, Berlin 1923.
Raschdau, Ludwig: Ein sinkendes Reich. Erlebnisse eines deutschen Diplomaten im Orient 1877–1879, Berlin 1934.
Rehs, Reinhold: Das „Recht auf die Heimat", in: Vorwärts v. 5. 8. 1960.
Reinecke, Adolf: Wie wird der Weltkrieg die Landkarte gestalten? Eine Mahnung an die Deutschen, Leipzig-Borsdorf 1915.
Reiss, R.[odolphe]-A.[rchibald]: Wie die Österreicher und Ungarn in Serbien Krieg führten. Persönliche Beobachtungen eines Neutralen, Lausanne 1915.
Renner, Karl: Das nationale und das ökonomische Problem der Tschechoslowakei, Prag 1926.
Richter, Wally: Die Umsiedlung der Deutschen aus Wolhynien, Bessarabien und der Dobrudscha, in: Hans-Ulrich Engel (Hg.), 40 Jahre nach Flucht und Vertreibung… als der Exodus begann. Augenzeugen berichten, Düsseldorf 2. Aufl. 1985, S. 13–24.
Riezler, Kurt: Tagebücher, Aufsätze, Dokumente, eingeleitet und hrsg. von Karl Dietrich Erdmann, Göttingen 1972.
Ritter, Albert: Autonomie? Zur Frage der Neugestaltung Österreichs, Graz 1916.
Rodzjanko, M.[ichail] W.: Erinnerungen, Berlin 1926.
Rohrbach, Paul: Der deutsche Gedanke in der Welt, Königstein/Ts. 1912.
Rohrbach, Paul: Rußland und wir, Stuttgart 1915.
Rohrbach, Paul: Weltpolitisches Wanderbuch 1897–1915, Königstein/Ts. / Leipzig 1916.
Rohrbach, Paul (Hg.): Chauvinismus und Weltkrieg, 2 Bde., Berlin 1918–1919.
Rohrbach, Paul: Um des Teufels Handschrift. Zwei Menschenalter erlebter Weltgeschichte, Hamburg 1953.
Roloff, Gustav: Geschichte der europäischen Kolonisation seit der Entdeckung Amerikas, Heilbronn 1913.
Ropp, Friedrich von der: Zwischen Gestern und Morgen. Erfahrungen und Erkenntnisse, Stuttgart 1961.
Rosen, Friedrich: Aus einem diplomatischen Wanderleben, Bd. 3/4, hrsg. von Herbert Müller-Werth, Wiesbaden 1959.
Rotteck, Karl von: Geschichte der neuesten Zeit, enthaltend die Jahre 1815 bis 1840, hrsg. v. Hermann von Rotteck, Braunschweig 1855.
Rumbold, [Baronet] Horace: Further Recollections of a Diplomatist, London 1903.

Samuel, Viscount [Herbert]: Grooves of Change. A Book of Memoirs, Indianapolis / New York 1946.
Sardou, André: L'Indépendance Européenne. Étude sur les conditions de paix, Paris 1915.
Sax, Carl Ritter von: Geschichte des Machtverfalls der Türkei bis Ende des 19. Jahrhunderts und die Phasen der „orientalischen Frage" bis auf die Gegenwart, Wien 1908.
Sax, Carl Ritter von: Nachtrag zur Geschichte des Machtverfalls der Türkei, Wien 2. Aufl. 1913.
Sasonoff, S.[ergej] D.: Sechs schwere Jahre, Berlin 1927.
Schäfer, Dietrich: Mein Leben, Berlin / Leipzig 1926.
Schechtman, Joseph B.: European Population Transfers, 1939–1945, New York 1946.
Schechtman, Joseph B.: Postwar Population Transfers in Europe, 1945–1955, Philadelphia 1962.
Scheidemann, Philipp: Memoiren eines Sozialdemokraten, 2 Bde., Dresden 1928.
Schemann, Ludwig: Paul de Lagarde. Ein Lebens- und Erinnerungsbild, Leipzig / Hartenstein 1919.

Schiemann, Theodor: Deutschland und die Große Politik, Bd. 3: Anno 1903, Berlin 1904.

Schlesinger, Rudolf: Federalism in Central and Eastern Europe, London 1945.

Schmidt, Paul: Statist auf diplomatischer Bühne 1923–45. Erlebnisse des Chefdolmetschers im Auswärtigen Amt mit den Staatsmännern Europas, Frankfurt/M. / Bonn 1968.

Schnee, Heinrich: Georg Ritter von Schönerer. Ein Kämpfer für Alldeutschland, Reichenberg 3. Aufl. 1943.

Schönburg-Waldenburg, Heinrich Prinz von: Erinnerungen aus kaiserlicher Zeit, Leipzig 1929.

Schüßler, Wilhelm: Das Verfassungsproblem im Habsburgerreich, Stuttgart / Berlin 1918.

Schulthess' Europäischer Geschichtskalender, 81 Bde., hrsg. v. Heinrich Schulthess e. a., Nördlingen bzw. München 1861–1942.

Schurman, Jacob Gould: The Balkan Wars 1912–1913, Princeton e. a. 1914.

Schuschnigg, Kurt: Dreimal Österreich, Wien 1937.

Schweinitz, Hans-Lothar von: Denkwürdigkeiten des Botschafters General v. Schweinitz, 2 Bde., Berlin 1927.

Segel, Binjamin: Der Weltkrieg und das Schicksal der Juden, Berlin 3. Aufl. 1915.

Seitz, Theodor: Die deutschen Kolonien, in: Zehn Jahre Versailles, Bd. 2, hrsg. von Heinrich Schnee und Hans Dräger, Berlin 1929, S. 47–61.

Seraphim, Ernst: Führende Deutsche im Zarenreich, Berlin 1942.

Seraphim, Ernst: Russische Porträts. Die Zarenmonarchie bis zum Zusammenbruch 1917, 2 Bde., Zürich / Leipzig / Wien 1943.

Seton-Watson, R.[obert] W.: Die Südslawische Frage im Habsburger Reiche, Berlin 1913.

Sforza, Carlo Graf: Gestalten und Gestalter des heutigen Europa, Berlin 1931.

Siebenbürgen und die österreichische Regierung in den letzten vier Jahren [verfasst von Domokos Graf Teleki], Leipzig 1865.

Sieghart, Rudolf: Die letzten Jahrzehnte einer Großmacht. Menschen, Völker, Probleme des Habsburger-Reiches, Berlin 1932.

Sosnosky, Theodor von: Die Balkanpolitik Österreich-Ungarns seit 1866, 2 Bde., Stuttgart / Berlin 1913–1914.

Sosnosky, Theodor von: Die Politik im Habsburgerreiche. Randglossen zur Zeitgeschichte, 2 Bde., Berlin 1912–1913.

Spitzmüller, Alexander: „...und hat auch Ursach, es zu lieben." [Erinnerungen], Wien e. a. 1955.

Sporschil, Johann: Populäre Geschichte der katholischen Kirche, 3 Bde., Leipzig 2. Auflage 1850.

Springer, Anton: Geschichte Österreichs seit dem Wiener Frieden 1809, 2 Bde., Leipzig 1863.

Springer, Rudolf [i. e. Karl Renner]: Grundlagen und Entwicklungsziele der Österreichisch-Ungarischen Monarchie, Wien 1906.

Srbik, Heinrich Ritter von: Deutsche Einheit. Idee und Wirklichkeit vom Heiligen Reich bis Königgrätz, 4 Bde., München 1935–1942.

Stalin, J.[ossif] W.: Werke, 13 Bde., hrsg. vom Marx-Engels-Lenin-Institut bzw. Marx-Engels-Lenin-Stalin-Institut beim Parteivorstand bzw. ZK der SED, Berlin [Ost] 1950–1955.

Stein, Ludwig: Aus dem Leben eines Optimisten, Berlin 1930.

Streit, Georgios: Der Lausanner Vertrag und der griechisch-türkische Bevölkerungsaustausch. Vortrag, gehalten auf Einladung des Instituts für Internationales Recht an der Universität Kiel am 13. Februar 1928, Berlin 1929.

Stresemann, Gustav: Vermächtnis. Der Nachlass in drei Bänden, hrsg. v. Henry Bernhard e. a., Berlin 1932.

Stürmer, Harry: Two War Years in Constantinople. Sketches of German and Young Turkish Ethics and Politics, revised edition, with annotations and introduction by Hilmar Kaiser, London 2004.

Stürmer, Harry: Zwei Kriegsjahre in Konstantinopel. Skizzen deutsch-jungtürkischer Moral und Politik, Lausanne 1917.

Sturdza, Prince Michel: The Suicide of Europe. Memoirs of Prince Michel Sturdza, former Foreign Minister of Rumania, Belmont / Mass. 1968.

Sulzberger, C.[yrus] L.: A Long Row of Candles. Memories and Diaries 1934–1954, New York 1969.

Sybel, Heinrich von: Die Begründung des Deutschen Reiches durch Wilhelm I. Vornehmlich nach den preußischen Staatsacten, Bd. 1, München / Leipzig 2. Aufl. 1889.

Szilassy, Baron J.[ulius bzw. Gyula] von: Der Untergang der Donau-Monarchie. Diplomatische Erinnerungen, Berlin 1921.

Szpilman, Wladyslaw: Das wunderbare Überleben. Warschauer Erinnerungen 1939–1945, Düsseldorf / München 1998.

Taborsky, Edward [Edvard]: President Edvard Benes. Between East and West 1938–1948, Stanford 1981.

Tannenberg, Otto Richard: Groß-Deutschland. Die Arbeit des 20. Jahrhunderts, Leipzig 1911.

Tannenberg, Otto Richard: La Plus Grande Allemagne. L'Oeuvre du 20e Siècle, Lausanne / Paris 1916.

Tcharykow, N.[ikolaj] V.: Glimpses of High Politics. The Autobiography of N. V. Tcharykow, New York 1931.

Teitel, Jacob: Aus meiner Lebensarbeit. Erinnerungen eines jüdischen Richters im alten Russland, Teetz 1999.

The Other Balkan Wars. A 1913 Carnegie Endowment Inquiry in Retrospect with a New Introduction and Reflections on the Present Conflict by George F. Kennan, Washington D.C. 1993.

Tocqueville, Alexis de: Über die Demokratie in Amerika. Ausgewählt und hrsg. v. J. P. Mayer, Stuttgart 1997.

Trotzki, Leo: Die Balkankriege 1912–13, Essen 1996.

Trotzki, Leo: Europa im Krieg, Essen 1998.

Trubetzkoi, Fürst G.[rigori N.]: Russland als Großmacht, Stuttgart / Berlin 2. Aufl. 1917.

Vishniak, Mark: The Transfer of Populations as a Means of Solving the Problem of Minorities, New York 1942.

Weizmann, Chaim: Memoiren. Das Werden des Staates Israel, Zürich 1953.

Wenzel Jaksch. Patriot und Europäer, hrsgg. v. der Seliger-Gemeinde (Gesinnungsgemeinschaft sudetendeutscher Sozialdemokraten), München 1967.

Werner, Arthur: Eduard Beneš. Der Mensch und der Staatsmann, Prag o. J. [1936].

Wernicke, Carl: Die Geschichte der Welt. Teil V: Die Geschichte der Neuzeit, Bd. 3, Berlin 3. Aufl. 1866.

Westarp, Kuno Graf von: Konservative Politik im letzten Jahrzehnt des Kaiserreiches, 2 Bde., Berlin 1935.

Wilpert, Friedrich von: Einer in fünf Zeitaltern, Bonn-Bad Godesberg 1977.

Wintgens, Hugo: Der völkerrechtliche Schutz der nationalen, sprachlichen und religiösen Minderheiten. Unter besonderer Berücksichtigung der deutschen Minderheiten in Polen (Handbuch des Völkerrechts Bd. II, Abt. 8), Stuttgart 1930.

Yorck von Wartenburg, Graf Maximilian: Weltgeschichte in Umrissen. Federzeichnungen eines Deutschen, ein Rückblick am Schlusse des neunzehnten Jahrhunderts, Berlin 9. Aufl. 1905.

Zingarelli, Italo: Der Groß-Balkan, Zürich / Leipzig / Wien 1927.

III. Wissenschaftliche Sekundärliteratur

„Eleftherios Venizelos", in: http://en.wikipedia.org/wiki/Eleftherios_Venizelos (11.4.2008).

„Jozsef Antall senior", in: http://de.wikipedia.org/wiki/J%C3%B3zsef_Antall_Senior (3.3.2009).

„Mohammed Amin al-Husseini", in: http://de.wikipedia.org/wiki/Al-Husseini#cite_ref-7 (21.4.2009).

Ablonczy, Balázs: Pál Teleki (1874–1941). The Life of a Controversial Hungarian Politician, Wayne, N.J. 2006.

Adam, Uwe Dietrich: Judenpolitik im Dritten Reich, Düsseldorf 1979.

Adanir, Fikret: Die makedonische Frage. Ihre Entstehung und Entwicklung bis 1908, Wiesbaden 1979.

Adanir, Fikret: Bevölkerungsverschiebungen, Siedlungspolitik und ethnisch-kulturelle Homogenisierung. Nationsbildung auf dem Balkan und in Kleinasien, 1878-1923, in: Hahn, Sylvia / Komlosy, Andrea / Reiter, Ilse (Hg.), Ausweisung, Abschiebung, Vertreibung in Europa. 16.–20. Jahrhundert, Innsbruck e. a. 2006, S. 172–192.

Addisson, Paul: Churchill – The Unexpected Hero, Oxford 2005.

Ahonen, Pertti / Corni, Gustavo / Kochanowski, Jerzy / Schulze, Rainer / Stark, Tamás / Stelzl-Marx, Barbara: People on the Move. Forced Population Movements in Europe in the Second World War and its Aftermath, Oxford / New York 2008.

Akçam, Taner: Armenien und der Völkermord. Die Istanbuler Prozesse und die türkische Nationalbewegung, Hamburg 2004.

Albertini, Rudolf von: Europäische Kolonialherrschaft. Die Expansion in Übersee von 1880–1940, München 1982.

Aly, Götz: „Endlösung". Völkerverschiebung und der Mord an den europäischen Juden, Frankfurt am Main 1995.

Aly, Götz: Rasse und Klasse. Nachforschungen zum deutschen Wesen, Frankfurt/M. 2003.

Aly, Götz: Hitlers Volksstaat. Raub, Rassenkrieg und nationaler Sozialismus. Frankfurt/M. 2005.

Aly, Götz: Warum die Deutschen? Warum die Juden? Gleichheit, Neid und Rassenhass 1800–1933, Frankfurt/M. 3. Aufl. 2011.

Andics, Hellmut: Das österreichische Jahrhundert. Die Donaumonarchie 1804-1918, Wien e. a. 1974.

Angi, János: The Expulsion of the Germans from Hungary after World War II, in: Steven Bela Várdy / T. Hunt Tooley / Agnes Huszár Várdy (Hg.), Ethnic Cleansing in Twentieth-Century Europe, New York 2003, S. 373–384.

Appadurai, Arjun: Die Geographie des Zorns, Frankfurt/M. 2009.

Arburg, Adrian von: Abschied und Neubeginn. Der Bevölkerungswechsel in den Sudetengebieten nach 1945, in: Als die Deutschen weg waren. Was nach der Vertreibung geschah: Ostpreußen, Schlesien, Sudetenland, Berlin 2005, S. 185–220.

Arendt, Hannah: Elemente und Ursprünge totaler Herrschaft. Antisemitismus, Imperialismus, Totalitarismus, München e. a. 10. Aufl. 2005.

Armour, Ian D.: A History of Eastern Europe 1740-1918, London / New York 2010.

Ascher, Abraham: P. A. Stolypin. The Search for Stability in Late Imperial Russia, Stanford 2001.

Auron, Yair: Jüdische, zionistische und israelische Reaktionen auf den Völkermord an den Armeniern, in: Hans-Lukas Kieser / Dominik J. Schaller (Hg.), Der Völkermord an den Armeniern und die Shoah, Zürich 2002, S. 577–591.

Baberowski, Jörg: Ordnung durch Terror. Stalinismus im sowjetischen Vielvölkerreich, in: Isabel Heinemann / Patrick Wagner (Hg.), Wissenschaft – Planung – Vertreibung. Neuordnungskonzepte und Umsiedlungspolitik im 20. Jahrhundert, Stuttgart 2006, S. 145–172.

Baberowski, Jörg: Diktaturen der Eindeutigkeit. Ambivalenz und Gewalt im Zarenreich und in der frühen Sowjetunion, in: Jörg Baberowski (Hg.), Moderne Zeiten? Krieg, Revolution und Gewalt im 20. Jahrhundert, Göttingen 2006, S. 37–59.

Baberowski, Jörg: Kriege in staatsfernen Räumen: Rußland und die Sowjetunion 1905–1950, in: Dietrich Beyrau / Michael Hochgeschwendner / Dieter Langewiesche (Hg.), Formen des Krieges. Von der Antike bis zur Gegenwart, Paderborn 2007, S. 291–309.

Baberowski, Jörg: Verbrannte Erde. Stalins Herrschaft der Gewalt, München 2012.

Bade, Klaus J.: Europa in Bewegung. Migration vom späten 18. Jahrhundert bis zur Gegenwart, München 2000.

Balling, Mads Ole: Von Reval bis Bukarest. Statistisch-biographisches Handbuch der Parlamentarier der deutschen Minderheiten in Ostmittel- und Südosteuropa 1919–1945, 2 Bde., 2. Aufl., Kopenhagen 1991.

Balzer, Brigitte: Die preußische Polenpolitik 1894–1908 und die Haltung der deutschen konservativen und liberalen Parteien (unter besonderer Berücksichtigung der Provinz Posen), Frankfurt/M. 1990.

Bamberger-Stemmann, Sabine: Staatsbürgerliche Loyalität und Minderheiten als transnationale Rechtsparadigmen im Europa der Zwischenkriegszeit, in: Peter Haslinger / Joachim von Puttkamer (Hg.), Staat, Loyalität und Minderheiten in Ostmittel- und Südosteuropa 1918–1941, München 2007, S. 209–236.

Baranowski, Shelley: Nazi Empire. German Colonialism and Imperialism from Bismarck to Hitler, Cambridge e. a. 2011.

Barkey, Karen: Thinking about consequences of Empire, in: Karen Barkey / Mark von Hagen (Hg.), After Empire. Multiethnic Societies and Nation-Building. The Soviet Union and the Russian, Ottoman, and Habsburg Empires, Boulder / Cumnor Hill 1997, S. 99–114.

Barkey, Karen: Empire of Difference. The Ottomans in Comparative Perspective, Cambridge e. a. 2008.

Barta, Robert: The Hungarian-Slovak Population Exchange and Forced Resettlement in 1947, in: Steven Bela Várdy / T. Hunt Tooley / Agnes Huszár Várdy (Hg.), Ethnic Cleansing in Twentieth-Century Europe, New York 2003, S. 565–574.

Barth, Boris: Genozid. Völkermord im 20. Jahrhundert. Geschichte – Theorien – Kontroversen, München 2006.

Bauman, Zygmunt, Moderne und Ambivalenz. Das Ende der Eindeutigkeit, Hamburg 1992.

Bayly, Christopher A.: Die Geburt der modernen Welt. Eine Globalgeschichte 1780–1914, Frankfurt/M. / New York 2006.

Beck, Ulrich: Macht und Gegenmacht im globalen Zeitalter. Neue weltpolitische Ökonomie, Frankfurt/M. 2002.

Becker, Seymour: Russia's Protectorates in Central Asia: Bukhara and Khiva, 1865–1924, Cambridge/Mass. 1968.

Beer, Florian: Der Genozid an den Herero 1904–1908. Der erste deutsche Vernichtungskrieg, München / Ravensburg 2005.

Beer, Matthias: Bevölkerungsumsiedlungen als Thema der westeuropäischen und amerikanischen Forschung des 20. Jahrhunderts. Entwicklungslinien, Phasen, Spezifika, in: Ralph Melville e. a. (Hg.), Zwangsmigrationen im mittleren und östlichen Europa. Völkerrecht – Konzeptionen – Praxis (1938–1950), Mainz 2007, S. 142–177.

Beer, Mathias: Deutsche Deportierte aus Ostmittel- und Südosteuropa in der UdSSR seit dem Ende des Zweiten Weltkrieges, in: Klaus J. Bade e. a. (Hg.), Enzyklopädie Migration in Europa. Vom 17. Jahrhundert bis zur Gegenwart, Paderborn e. a. 2007, S. 465–470.

Beer, Mathias: Im Spannungsfeld von Politik und Zeitgeschichte. Das Großforschungsprojekt „Dokumentation der Vertreibung der Deutschen aus Ost-Mitteleuropa", in: Vierteljahrshefte für Zeitgeschichte 46. 1998, S. 345–389.

Beer, Mathias: Flucht und Vertreibung der Deutschen. Voraussetzungen, Verlauf, Folgen, München 2011.

Belich, James: Replenishing the Earth. The Settler Revolution and the Rise of the Anglo-World 1780-1930, Oxford 2009.

Bell-Fialkoff, Andrew: Ethnic Cleansing, Houndmills / London 1996.

Berger, Stefan / Miller, Aleksey: Nation-Building and Regional Integration, c. 1800-1914: the role of empires, in: European Review of History 15. 2008, 317-330.

Bessel, Richard / Haake, Claudia B: Introduction: Forced Removal in the Modern World, in: Richard Bessel / Claudia B. Haake (Hg.), Removing Peoples. Forced Removal in the Modern World, London 2009, S. 3-11.

Beyrau, Dietrich: Aus der Subalternität in die Sphären der Macht. Die Juden im Zarenreich und in Sowjetrussland (1860-1930), in: Jörg Baberowski (Hg.), Moderne Zeiten? Krieg, Revolution und Gewalt im 20. Jahrhundert, Göttingen 2006, S. 61-93.

Bhatt, Chetan: Hindu Nationalism. Origins, Ideologies and Modern Myths, Oxford / New York 2001.

Blake, Robert: Disraeli, London 1967.

Blom, Philipp: Der taumelnde Kontinent. Europa 1900-1914, München 2009.

Bloxham, Donald: The Great Game of Genocide. Imperialism, Nationalism, and the Destruction of the Ottoman Armenians, Oxford 2005.

Bloxham, Donald: Internal Colonization, Inter-Imperial Conflict and the Armenian Genocide, in: A. Dirk Moses (Hg.), Empire, Colony, Genocide. Conquest, Occupation, and Subaltern Resistance in World History, New York / Oxford 2008, S. 325-342.

Bloxham, Donald: The Great Unweaving: The Removal of Peoples in Europe, 1875-1949, in: Richard Bessel / Claudia B. Haake (Hg.), Removing Peoples. Forced Removal in the Modern World, London 2009, S. 167-207.

Bloxham, Donald / Conway, Martin / Gerwarth, Robert / Moses, A. Dirk / Weinhauer, Klaus: Europe in the World. Systems and Cultures of Violence, in: Donald Bloxham / Robert Gerwarth (Hg.), Political Violence in Twentieth-Century Europe, Cambridge / New York 2011, S. 11-39.

Bloxham, Donald / Moses, A. Dirk: Genocide and Ethnic Cleansing, in: Donald Bloxham / Robert Gerwarth (Hg.), Political Violence in Twentieth-Century Europe, Cambridge / New York 2011, S. 87-139.

Boeckh, Katrin: Von den Balkankriegen zum Ersten Weltkrieg. Kleinstaatenpolitik und ethnische Selbstbestimmung auf dem Balkan, München 1996.

Borodziej, Wlodzimierz: Die Katastrophe. Schlesien nach dem Zweiten Weltkrieg, in: Als die Deutschen weg waren. Was nach der Vertreibung geschah: Ostpreußen, Schlesien, Sudetenland, Berlin 2005, S. 84-114.

Borodziej, Wlodzimierz: Einleitung, in: Wlodzimierz Borodziej / Hans Lemberg (Hg.), „Unsere Heimat ist uns ein fremdes Land geworden..." Die Deutschen östlich von Oder und Neiße 1945-1950. Dokumente aus polnischen Archiven, Band 1: Zentrale Behörden / Wojewodschaft Allenstein, bearbeitet von Wlodzimierz Borodziej und Claudia Kraft, Marburg 2000, S. 37-114.

Borodziej, Wlodzimierz: Geschichte Polens im 20. Jahrhundert, München 2010.

Boškovska Leimgruber, Nada: Das jugoslawische Makedonien 1918-1941. Eine Randregion zwischen Repression und Integration, Wien / Köln / Weimar 2009.

Boyar, Ebru: Ottomans, Turks and the Balkans. Empire Lost, Relations Altered, London / New York 2007.

Boyer, John W.: Karl Lueger (1844-1910). Christlichsoziale Politik als Beruf. Eine Biographie, Wien e. a. 2010.

Brandes, Detlef: 1945: Die Vertreibung und Zwangsaussiedlung der Deutschen aus der Tschechoslowakei, in: Detlef Brandes e. a. (Hg.), Wendepunkte in den Beziehungen zwischen Deutschen, Tschechen und Slowaken 1848-1989, Essen 2007, S. 223-248.

Brandes, Detlef: Der Weg zur Vertreibung 1938–1945. Pläne und Entscheidungen zum „Transfer" der Deutschen aus der Tschechoslowakei und aus Polen, München 2. Aufl. 2005.

Brandes, Detlef: Die Vertreibung und Aussiedlung der Deutschen aus Polen und der Tschechoslowakei. Pläne, Entscheidungen, Durchführung 1938–1947, in: Ulf Brunnbauer / Michael G. Esch / Holm Sundhaussen (Hg.), Definitionsmacht, Utopie, Vergeltung. „Ethnische Säuberungen" im östlichen Europa des 20. Jahrhunderts, Berlin 2006, S. 77–94.

Brandes, Detlef / Sundhaussen, Holm / Troebst, Stefan / Kaiserová, Kristina / Ruchniewicz, Krzysztof: Vorwort, in: Detlef Brandes / Holm Sundhaussen / Stefan Troebst (Hg.), Lexikon der Vertreibungen. Deportation, Zwangsaussiedlung und ethnische Säuberung im Europa des 20. Jahrhunderts, Wien / Köln / Weimar 2010, S. 7–12.

Brechtken, Magnus: „Madagaskar für die Juden". Antisemitische Idee und politische Praxis 1885–1945, München 1997.

Brehl, Medardus: „Diese Schwarzen haben vor Gott und Menschen den Tod verdient". Der Völkermord an den Herero 1904 und seine zeitgenössische Legitimation, in: Irmtrud Wojak / Susanne Meindl (Hg.), Völkermord und Kriegsverbrechen in der ersten Hälfte des 20. Jahrhunderts, Frankfurt/M. 2004, S. 77–98.

Brost, Erich: Wider den braunen Terror: Briefe und Aufsätze aus dem Exil, hrsg. von der Friedrich-Ebert-Stiftung, Bonn 2004.

Broszat, Martin: Zweihundert Jahre deutsche Polenpolitik, München 1972.

Brown, Dee A.: Begrabt mein Herz an der Biegung des Flusses, Gütersloh 1973.

Browning, Christopher: Die Entfesselung der „Endlösung". Nationalsozialistische Judenpolitik 1939–1942, Berlin 2003.

Brubaker, Rogers: Aftermaths of Empire and the Unmixing of Peoples, in: Karen Barkey / Mark von Hagen (Hg.), After Empire. Multiethnic Societies and Nation-Building. The Soviet Union and the Russian, Ottoman, and Habsburg Empires, Boulder / Cumnor Hill 1997, S. 155–180.

Brügel, Johann Wolfgang: Tschechen und Deutsche 1918–1938, 2 Bde., München 1967.

Bründel, Steffen: Volksgemeinschaft oder Volksstaat. Die „Ideen von 1914" und die Neuordnung Deutschlands im Ersten Weltkrieg, Berlin 2003.

Brumlik, Micha: Wer Sturm sät. Die Vertreibung der Deutschen, Berlin 2005.

Brustat-Naval: Fritz, Unternehmen Rettung, Hamburg 2001.

Buchheim, Hans: Anatomie des SS-Staates, Bd. 1: Die SS – das Herrschaftsinstrument. Befehl und Gehorsam, München 3. Aufl. 1982.

Burbank, Jane / Cooper, Frederick: Empires in World History. Power and the Politics of Difference, Princeton / Woodstock 2010.

Burleigh, Michael: Die Zeit des Nationalsozialismus. Eine Gesamtdarstellung, Frankfurt/M. 2. Auflage 2000.

Burton, Antoinette (Hg.): After the Imperial Turn. Thinking with and through the Nation, Durham / London 2003.

Butalia, Urvashi: An Archive with a Difference: Partition Letters, in: Suvir Kaul (Hg.), The Partitions of Memory. The Afterlife of the Division of India, Delhi 2001, S. 208–241.

Butlin, Robin A.: Geographies of Empire. European Empires and Colonies, c. 1880–1960, Cambridge e. a. 2009.

Calic, Marie-Janine: Der erste „neue Krieg"? Staatszerfall und Radikalisierung der Gewalt im ehemaligen Jugoslawien, in: Zeithistorische Forschungen (Online-Ausgabe) 2.2005, H. 1, URL: <http://www.zeithistorische-forschungen.de/16126041-Calic-1-2005>

Calic, Marie-Janine: Geschichte Jugoslawiens im 20. Jahrhundert, München 2010.

Carmichael, Cathie: Ethnic Cleansing in the Balkans. Nationalism and the Destruction of Tradition, London / New York 2002.

Carrère d'Encausse, Hélène: The Great Challenge. Nationalities and the Bolshevik State, 1917–1930, New York / London 1992.

Çelik, Alperen: Die Tragödie des Armenischen Volkes 1915–1918, Würzburg 2006.

Černy, Bohumil: Die deutsche Frage in der ČSR (1918–1938), in: Eugen Lemberg / Gotthold Rhode (Hg.), Das deutsch-tschechische Verhältnis seit 1918, Stuttgart e. a. 1969, S. 49–58.

Charpentier, Pierre-Frédéric: La Drôle de Guerre des Intellectuels Français (1939–1940), Paris 2008.

Clark, Bruce: Twice a Stranger. The Mass Expulsions that forged modern Greece and Turkey, Cambridge/Mass. 2006.

Copland, Ian: The Princes of India in the Endgame of Empire, 1917–1947, Cambridge e. a. 1997.

Corni, Gustavo: Der italienische Exodus aus Istrien und Dalmatien nach dem Zweiten Weltkrieg, in: Klaus Hildebrand / Udo Wengst / Andreas Wirsching (Hg.), Geschichtswissenschaft und Zeiterkenntnis. Von der Aufklärung bis zur Gegenwart, Festschrift Horst Möller, München 2008, S. 487–502.

Crewe, Quentin: The Last Maharaja. A Biography of Sawai Man Singh II, Maharaja of Jaipur, London 1985.

Dabag, Mihran: National-koloniale Konstruktionen in politischen Entwürfen des Deutschen Reichs um 1900, in: Ders. / Horst Gründer / Uwe-K. Ketelsen (Hg.), Kolonialismus. Kolonialdiskurs und Genozid, München 2004, S. 19–66.

Dadrian, Vahakn N.: German Responsibility in the Armenian Genocide. A Review of the Historical Evidence of German Complicity, Watertown/Mass. 1996.

Dallin, Alexander: Deutsche Herrschaft in Russland 1941–1945. Eine Studie über Besatzungspolitik, Düsseldorf 1958.

Darwin, John: After Tamerlane. The Global History of Empire since 1405, New York 2008.

Darwin, John: The Empire Project. The Rise and Fall of the British World-System, 1830–1970, Cambridge e. a. 2009.

Davies, Norman: Die große Katastrophe. Europa im Krieg 1939–1945, München 2009.

Deutschland im Ersten Weltkrieg, hrsg. v. der Deutschen Akademie der Wissenschaften zu Berlin, Institut für Geschichte, Arbeitsgruppe Erster Weltkrieg, 7 Bde., Berlin (Ost) 1968–1971.

De Zayas, Alfred M.: A Terrible Revenge. The Ethnic Cleansing of the East European Germans 1944–1950, New York 1994.

De Zayas, Alfred M.: Anglo-American Responsibility for the Expulsion of the Germans, 1944–48, in: Steven Bela Várdy / T. Hunt Tooley / Agnes Huszár Várdy (Hg.), Ethnic Cleansing in Twentieth-Century Europe, New York 2002, S. 239–254.

Dieckmann, Christoph: Plan und Praxis. Deutsche Siedlungspolitik im besetzten Litauen, 1941–1945, in: Isabel Heinemann / Patrick Wagner (Hg.), Wissenschaft – Planung – Vertreibung. Neuordnungskonzepte und Umsiedlungspolitik im 20. Jahrhundert, Stuttgart 2006, S. 93–118.

Diner, Dan: Das Jahrhundert verstehen. Eine universalhistorische Deutung, München 1999.

Dippel, Horst: Geschichte der USA, München 9. Aufl. 2010.

Dobson, Christopher / Miller, John / Payne, Ronald: Die Versenkung der Wilhelm Gustloff, Berlin 1995.

Dönninghaus, Victor: Minderheiten in Bedrängnis. Sowjetische Politik gegenüber Deutschen, Polen und anderen Diaspora-Nationalitäten 1917–1938, München 2009.

Dohrn, Verena: Ein Spaziergang im jüdischen Riga, in: Deutschland, Russland und das Baltikum. Beiträge zu einer Geschichte wechselvoller Beziehungen, Festschrift für Peter Krupnikow, hrsg. v. Florian Anton und Leonid Luks, Köln e. a. 2005, S. 187–200.

Douglas, R.[aymond] M.: Ordnungsgemäße Überführung. Die Vertreibung der Deutschen nach dem Zweiten Weltkrieg, München 2012.

Downes, Alexander: Targeting Civilians in War, Ithaca / N.Y. 2008.

Drews, Rüdiger: Ludwig Windthorst. Katholischer Volkstribun gegen Bismarck. Eine Biographie, Regensburg 2011.

Dülffer, Jost: Die Kreta-Krise und der griechisch-türkische Krieg 1890–1898, in: Ders. / Hans-Otto Mühleisen / Vera Torunsky (Hg.), Inseln als Brennpunkte internationaler Politik.: Konfliktbewältigung im Wandel des internationalen Systems 1890–1984: Kreta, Korfu, Zypern, Köln 1986, S. 13–60.

Džaja, Srećko M.: Bosnien-Herzegowina in der österreichisch-ungarischen Epoche (1878–1918). Die Intelligentsia zwischen Tradition und Ideologie, München 1994.

Ebbinghaus, Angelika / Roth, Karl Heinz: Vorläufer des ‚Generalplans Ost'. Eine Dokumentation über Theodor Schieders Polendenkschrift vom 7. Oktober 1939, in: 1999. Zeitschrift für Sozialgeschichte des 20. und 21. Jahrhunderts 7.1992, S. 62–94.

Eisenstadt, Shmuel N.: Die Transformation der israelischen Gesellschaft, Frankfurt/M. 1992.

Eleftheriou, Eleni: Consequences of Population Transfers: The 1923 Case of Greece and Turkey, in: Steven Bela Várdy / T. Hunt Tooley / Agnes Huszár Várdy (Hg.), Ethnic Cleansing in Twentieth-Century Europe, New York 2003, S. 199–218.

Elie, Jérome B. / Hanhimäki, Jussi: UNHCR and Decolonization in Africa. Expansion and Emancipation, 1950s to 1970s, in: Archiv für Sozialgeschichte 48.2008, S. 53–72.

Elvert, Jürgen: Mitteleuropa! Deutsche Pläne zur europäischen Neuordnung (1918–1945), Stuttgart 1999.

Elz, Wolfgang: Die europäischen Großmächte und der kretische Aufstand 1866–1867, Stuttgart 1988.

Epstein, Catherine: Model Nazi. Arthur Greiser and the Occupation of Western Poland, Oxford / New York 2010.

Esch, Michael G.: „Gesunde Verhältnisse". Deutsche und polnische Bevölkerungspolitik in Ostmitteleuropa 1939–1950, Marburg 1998.

Esch, Michael G., Überbevölkerung und ethnische Bereinigung. Zum Verhältnis von Wissenschaft und Politik im „Komplex Vertreibung" in Polen, in: Isabel Heinemann / Patrick Wagner (Hg.), Wissenschaft – Planung – Vertreibung. Neuordnungskonzepte und Umsiedlungspolitik im 20. Jahrhundert, Stuttgart 2006, S. 119–144.

Essien-Udom, Essien Udosen: Black Nationalism. A Search for an Identity in America, Chicago 1962.

Evans, Raymond: „Crime without a Name". Colonialism and the Case for „Indigenocide", in: A. Dirk Moses (Hg.), Empire, Colony, Genocide. Conquest, Occupation, and Subaltern Resistance in World History, New York / Oxford 2008, S. 133–147.

Evans, Richard J.: Das Dritte Reich. Bd. 1: Aufstieg, München 2004.

Everdell, William R.: The First Moderns. Profiles in the Origin of Twentieth-Century Thought, Chicago 1997.

Fahrmeir, Andreas: Citizenship. The Rise and Fall of a Modern Concept, New Haven / London 2007.

Faroqhi, Suraiya: Geschichte des Osmanischen Reiches, München 2000.

Fejtö, François: Die Geschichte der Volksdemokratien, Bd. 1: Die Ära Stalin 1945–1953, Frankfurt/M. 1988.

Ferrara, Antonio / Pianciola, Niccolò: L' Età delle Migrazioni Forzate. Esodi e deportazioni in Europa 1853–1953, Bologna 2012.

Ferro, Marc: Der Große Krieg 1914–1918, Frankfurt/M. 1988.

Fesser, Gerd: Reichskanzler Bernhard Furst von Bulow. Eine Biographie, Berlin 1991.

Fink, Carole: Between the Second and Third Reichs: The Weimar Republic as „Imperial Interregnum", in: Karen Dawisha / Bruce Parrott (Hg.), The End of Empire? The Transformation of the USSR in Comparative Perspective, Armonk / London 1997, S. 261–285.

Fink, Carole: Defending the Rights of Others. The Great Powers, the Jews, and International Minority Protection, 1878–1938, Cambridge 2004.

Finkelstein, Norman G.: Der Konflikt zwischen Israel und den Palästinensern. Mythos und Realität, Kreuzlingen / München 2002.

Finzsch, Norbert: „The aborigines ... were never annihilated, and still they are becoming extinct". Settler Imperialism and Genocide in Nineteenth-century America and Australia, in: A. Dirk Moses (Hg.), Empire, Colony, Genocide. Conquest, Occupation, and Subaltern Resistance in World History, New York / Oxford 2008, S. 253–270.

Fisch, Bernhard: Nemmersdorf, Oktober 1944. Was in Ostpreußen tatsächlich geschah, Berlin 1997.

Fisch, Jörg: Das Selbstbestimmungsrecht der Völker. Die Domestizierung einer Illusion, München 2010.

Fisch, Stefan: Dimensionen einer historischen Systemtransformation. Zur Verwaltung des Elsaß nach seiner Rückkehr zu Frankreich (1918–1940), in: Lüder, Klaus (Hg.), Staat und Verwaltung. Fünfzig Jahre Hochschule für Verwaltungswissenschaften Speyer, Berlin 1997, S. 381–398.

Fischer, Fritz: Griff nach der Weltmacht. Die Kriegszielpolitik des kaiserlichen Deutschland 1914/18, Düsseldorf 1984.

Foitzik, Jan: Kadertransfer. Der organisierte Einsatz sudetendeutscher Kommunisten in der SBZ 1945/46, in: Vierteljahrshefte für Zeitgeschichte 33. 1983, S. 308–334.

Foitzik, Jan: Sowjetische Militäradministration in Deutschland (SMAD) 1945–1949. Struktur und Funktion, Berlin 1999.

Fotiadis, Konstantinos: Der Völkermord an den Griechen des Pontos, in: Tessa Hofmann (Hg.) Verfolgung, Vertreibung und Vernichtung der Christen im Osmanischen Reich 1912–1922, Münster 2004, S. 185–219.

Foucault, Michel: Der Wille zum Wissen (Sexualität und Wahrheit 1), Frankfurt/M. 1983.

Frank, Matthew: Expelling the Germans. British Opinion and Post-1945 Population Transfer in Context, Oxford / New York 2007.

Franke, Lutz / Ziemer, Klaus: Jugoslawien, in: Dolf Sternberger / Bernhard Vogel (Hg.), Die Wahl der Parlamente und anderer Staatsorgane. Ein Handbuch, Bd. 1.1, Berlin 1969, S. 753–791.

Franzen, K. Erik: Der Vierte Stamm Bayerns. Die Schirmherrschaft über die Sudetendeutschen 1954–1974, München 2010.

Fraser, T. G.: Partition in Ireland, India and Palestine. Theory and Practice, London / Basingstoke 1984.

Freyer, Hans: Weltgeschichte Europas, Stuttgart 3. Aufl. 1969.

Friedensburg, Ferdinand: Die Weimarer Republik, Berlin 1946.

Friedländer, Saul: Das Dritte Reich und die Juden. Sonderausgabe, München 2007.

Friedman, Isaiah: Germany, Turkey, and Zionism, 1897–1918, Oxford e. a. 1977.

Fromkin, David: A Peace to End All Peace. Creating the Modern Middle East, 1914–1922, London 1990.

Garrison, Alan: On the Trail of Tears: Daniel Butrick's Record of the Removal of the Cherokees, in: Richard Bessel / Claudia B. Haake (Hg.), Removing Peoples. Forced Removal in the Modern World, London 2009, S. 35–78.

Gatrell, Peter: A Whole Empire Walking. Refugees in Russia during World War I, Bloomington / Indianapolis 1999.

Gebel, Ralf: „Heim ins Reich!" Konrad Henlein und der Reichsgau Sudetenland 1938–1945, München 2. Aufl. 2000.

Gebhardt, Hartwig: Mir fehlt eben ein anständiger Beruf. Leben und Arbeit des Auslandskorrespondenten Hans Tröbst (1891-1939), Bremen 2007.

Gebhart, Jan: Migrationsbewegungen der tschechischen Bevölkerung in den Jahren 1938-1939. Forschungsstand und offene Fragen, in: Detlef Brandes e.a. (Hg.), Erzwungene Trennung. Vertreibungen und Aussiedlungen in und aus der Tschechoslowakei 1938-1947 im Vergleich mit Polen, Ungarn und Jugoslawien, Essen 1999, S. 13-24.

Gehrmann, Susanne: Kongo-Greuel. Zur literarischen Konfiguration eines kolonialkritischen Diskurses 1890-1910, Hildesheim 2003.

Geiss, Imanuel: Der polnische Grenzstreifen 1914-1918. Ein Beitrag zur deutschen Kriegszielpolitik im Ersten Weltkrieg, Hamburg / Lübeck 1960.

Geiss, Imanuel: Panafrikanismus. Zur Geschichte der Dekolonisation, Frankfurt/M. 1968.

Geiss, Imanuel: „Ethnische Säuberungen", Massaker und Genozid. Ein historischer Überblick, in: Sozial.Geschichte 19.2004, S. 44-73.

Gellately, Robert: Lenin, Stalin und Hitler. Drei Diktatoren, die Europa in den Abgrund führten, Bergisch Gladbach 2009.

Gencer, Mustafa: Die armenische Frage im Kontext der deutsch-osmanischen Beziehungen (1878-1915), in: Fikret Adanir / Bernd Bonwetsch (Hg.), Osmanismus, Nationalismus und der Kaukasus. Muslime und Christen, Türken und Armenier im 19. und 20. Jahrhundert, Wiesbaden 2005, S. 183-202.

Georgeon, François: Abdulhamid II. Le Sultan Calife, Paris 2003.

Geraci, Robert: Genocidal Impulses and Fantasies in Imperial Russia, in: A. Dirk Moses (Hg.), Empire, Colony, Genocide. Conquest, Occupation, and Subaltern Resistance in World History, New York / Oxford 2008, S. 343-371.

Gerlach, Christian: Nationsbildung Im Krieg: Wirtschaftliche Faktoren bei der Vernichtung der Armenier und beim Mord an den ungarischen Juden, in: Hans-Lukas Kieser / Dominik J. Schaller (Hg.), Der Völkermord an den Armeniern und die Shoah, Zürich 2002, S. 347-422.

Gerlach, Christian: Sustainable Violence: Mass Resettlement, Strategic Villages, and Militias in Anti-Guerilla Warfare, in: Richard Bessel / Claudia B. Haake (Hg.), Removing Peoples. Forced Removal in the Modern World, London 2009, S. 361-393.

Gerlach, Christian: Extrem gewalttätige Gesellschaften. Massengewalt im 20. Jahrhundert, München 2011.

Gerolymatos, André: The Balkan Wars. Conquest, Revolution, and Retribution from the Ottoman Era to the Twentieth Century and Beyond, New York 2002.

Gerwarth, Robert / Malinowski, Stephan: Der Holocaust als „kolonialer Genozid"? Europäische Kolonialgewalt und nationalsozialistischer Vernichtungskrieg, in: Geschichte und Gesellschaft 33.2007, S. 439-466.

Gerwarth, Robert: Reinhard Heydrich. Biographie, Berlin 2011.

Giersch, Carsten: Der Jugoslawien-Konflikt als Testfall europäischer Sicherheit, in: Aus Politik und Zeitgeschichte B29/97, S. 26-38.

Gilmour, David: Curzon, London 1995.

Glassheim, Eagle: National Mythologies and Ethnic Cleansing. The Expulsion of Czechoslovak Germans in 1945, in: Central European History 33.2000, S. 463-486.

Glenny, Misha: The Balkans. Nationalism, War, and the Great Powers 1804-1999, London 1999.

Göcek, Fatma Müge: Rise of the Bourgeoisie, Demise of Empire. Ottoman Westernization and Social Change, New York / Oxford 1996.

Goffman, Daniel: The Ottoman Empire and Early Modern Europe, Cambridge e.a. 2003.

Goldhagen, Daniel Jonah: Worse than War. Genocide, Eliminationism, and the Ongoing Assault on Humanity, New York 2009.

Gornig, Gilbert: Der völkerrechtliche Status Deutschlands zwischen 1945 und 1990. Auch ein Beitrag zu Problemen der Staatensukzession, München 2007.

Gosewinkel, Dieter: Einbürgern und Ausschließen. Die Nationalisierung der Staatsangehörigkeit vom Deutschen Bund bis zur Bundesrepublik Deutschland, Göttingen 2001.

Grabowski, Sabine: Deutscher und polnischer Nationalismus. Der deutsche Ostmarken-Verein und die polnische Straż 1894–1914, Marburg 1998.

Graml, Hermann: Flucht und Vertreibung der Deutschen aus Ostdeutschland und Osteuropa. Ein Blick auf historische Zusammenhänge, in: Dierk Hoffmann / Michael Schwartz (Hg.), Geglückte Integration? Spezifika und Vergleichbarkeiten der Vertriebenen-Eingliederung in der SBZ/DDR, München 1999, S. 21–29.

Graml, Hermann: Hitler und England. Ein Essay zur nationalsozialistischen Außenpolitik 1920 bis 1940, München 2010.

Gray, John: Die Geburt al-Qaidas aus dem Geist der Moderne, München 2004.

Greenhill, Kelly M.: Weapons of Mass Migration. Forced Displacement, Coercion and Foreign Policy, Ithaca / London 2010.

Groot, Joanna de: Comparing Forced Removals, in: Richard Bessel / Claudia B. Haake (Hg.), Removing Peoples. Forced Removal in the Modern World, London 2009, S. 417–438.

Groß, Gerhard P.: Die vergessene Front – Der Osten 1914/15. Ereignis, Wirkung, Nachwirkung, Paderborn 2006.

Grosse, Pascal: Kolonialismus, Eugenik und bürgerliche Gesellschaft in Deutschland 1850–1918, Frankfurt/M. e. a. 2000.

Groueff, Stephane: Crown of Thorns. The Reign of King Boris III of Bulgaria 1918–1943, Lanham e. a. 1987.

Gründer, Horst: Geschichte der deutschen Kolonien, Paderborn e. a. 1985.

Gruša, Jiří: Beneš als Österreicher. Ein Essay, Klagenfurt / Celovec 2012.

Gust, Wolfgang: Einführung und Leitfaden, in: Der Völkermord an den Armeniern 1915/16. Dokumente aus dem Politischen Archiv des deutschen Auswärtigen Amts, hrsg. von Wolfgang Gust, Springe 2005, S. 17–109.

Gyarmati, György: Aussiedlung der Deutschen aus Ungarn 1945–1947, in: Detlef Brandes e. a. (Hg.), Erzwungene Trennung. Vertreibungen und Aussiedlungen in und aus der Tschechoslowakei 1938–1947 im Vergleich mit Polen, Ungarn und Jugoslawien, Essen 1999, S. 273–278.

Haake, Claudia B.: Breaking the Bonds of People and Land, in: Richard Bessel / Claudia B. Haake (Hg.), Removing Peoples. Forced Removal in the Modern World, London 2009, S. 79–106.

Haas, Hanns: Ethnische Homogenisierung unter Zwang. Experimente im 20. Jahrhundert, in: Hahn, Sylvia / Komlosy, Andrea / Reiter, Ilse (Hg.), Ausweisung, Abschiebung, Vertreibung in Europa. 16.–20. Jahrhundert, Innsbruck e. a. 2006, S. 140–171.

Haddad, Emma: The Refugee in International Society. Between Sovereigns, Cambridge e. a. 2008.

Hagen, Mark von: War in a European Borderland. Occupations and Occupation Plans in Galicia and Ukraine, 1914–1918, Seattle / London 2007.

Hahn, Eva / Hahn, Hans Henning: Die Vertreibung im deutschen Erinnern. Legenden, Mythos, Geschichte, Paderborn e. a. 2010.

Hahn, Sylvia / Komlosy, Andrea / Reiter, Ilse, Einführung, in: Diess. (Hg.), Ausweisung, Abschiebung, Vertreibung in Europa. 16.–20. Jahrhundert, Innsbruck e. a. 2006, S. 7–25.

Halaçoğlu, Yusuf: Die Armenierfrage, Klagenfurt e. a. 2006.

Hall, Richard C.: The Balkan Wars 1912–1913. Prelude to the First World War, London / New York 2000.

Halperín Donghi, Tulio: Geschichte Lateinamerikas von der Unabhängigkeit bis zur Gegenwart, Frankfurt/M. 1991.

Hamann, Brigitte: Hitlers Wien. Lehrjahre eines Diktators, München / Zürich 8. Aufl. 1998.

Hammer, Karl: Weltmission und Kolonialismus. Sendungsideen des 19. Jahrhunderts im Konflikt, München 1981.

Hanagan, Michael: Gewalt und die Entstehung von Staaten, in: Wilhelm Heitmeyer / John Hagan (Hg.), Internationales Handbuch der Gewaltforschung, Wiesbaden 2002, S. 153–176.

Hanisch, Ernst: Der große Illusionist. Otto Bauer (1881–1938), Wien e.a. 2011.

Hanioglu, M. Sükrü: Atatürk. An Intellectual Biography, Princeton / Oxford 2011.

Hantsch, Hugo: Die Geschichte Österreichs 1648–1918, Graz / Wien / Köln 2. Aufl. 1953.

Hantsch, Hugo: Leopold Graf Berchtold. Grandseigneur und Staatsmann, 2 Bde., Graz e.a. 1963.

Harsanyi, Nicolae: The Deportation of the Germans from Romania to the Soviet Union, 1945–1949, in: Steven Bela Várdy / T. Hunt Tooley / Agnes Huszár Várdy (Hg.), Ethnic Cleansing in Twentieth-Century Europe, New York 2003, S. 385–394.

Hart, Jonathan: Comparing Empires. European Colonialism from Portuguese Expansion tot he Spanish-American War, New York / Houndmills 2003.

Hartenstein, Michael A.: Die Geschichte der Oder-Neiße-Linie. „Westverschiebung" und „Umsiedlung" – Kriegsziel der Alliierten oder Postulat polnischer Politik?, München 2006.

Hattersley, Roy: David Lloyd George. The Great Outsider, London 2010.

Hay, Jeff: The Partition of British India, New York 2006.

Hayat, Sikandar: The Charismatic Leader. Quaid-al-Azam Mohammad Ali Jinnah and the Creation of Pakistan, Oxford / New York 2008.

Heidemeyer, Helge: Vertriebene als Sowjetflüchtlinge, in: Dierk Hoffmann / Marita Krauss / Michael Schwartz (Hg.), Vertriebene in Deutschland. Interdisziplinäre Ergebnisse und Forschungsperspektiven, München 2000, S. 237–249.

Heimann, Mary: Czechoslovakia. The State That Failed, New Haven / London 2009.

Heinemann, Isabel: Wissenschaft und Homogenisierungsplanungen für Osteuropa. Konrad Meyer, der „Generalplan Ost" und die Deutsche Forschungsgemeinschaft, in: Isabel Heinemann / Patrick Wagner (Hg.), Wissenschaft – Planung – Vertreibung. Neuordnungskonzepte und Umsiedlungspolitik im 20. Jahrhundert, Stuttgart 2006, S. 45–72.

Heinemann, Isabel: „Volksdeutsche" Umsiedler in Deutschland und in von Deutschland besetzten Gebieten im Zweiten Weltkrieg, in: Klaus J. Bade e.a. (Hg.), Enzyklopädie Migration in Europa. Vom 17. Jahrhundert bis zur Gegenwart, Paderborn e.a. 2007, S. 1081–1087.

Henckaerts, Jean-Marie: Mass Expulsion in Modern International Law and Practice, The Hague / Cambridge/Mass. 1995.

Henke, Klaus-Dietmar: Kriegsende West – Kriegsende Ost. Zur politischen Auswirkung kollektiver Schlüsselerfahrungen 1944/45, in: Hartmut Mehringer / Michael Schwartz / Hermann Wentker (Hg.), Erobert oder befreit? Deutschland im internationalen Kräftefeld und die sowjetische Besatzungszone (1945/46), München 1999, S. 13–17.

Hennessy, Peter: Never Again. Britain 1945–1951, London 1992.

Herbert, Ulrich: Best. Biographische Studien über Radikalismus, Weltanschauung und Vernunft 1903-1989, Bonn 3. Aufl. 1996.

Hering, Rainer: Konstruierte Nation. Der Alldeutsche Verband 1890 bis 1939, Hamburg 2003.

Hicks, John D.: A Short History of American Democracy, Boston e.a. 1943.

Hildebrand, Klaus: Das vergangene Reich. Deutsche Außenpolitik von Bismarck bis Hitler 1871–1945, Stuttgart 1995.

Hildermeier, Manfred: Geschichte der Sowjetunion 1917–1991. Entstehung und Niedergang des ersten sozialistischen Staates, München 1998.

Hillgruber, Andreas: Zweierlei Untergang. Die Zerschlagung des Deutschen Reiches und das Ende des europäischen Judentums, Berlin 1986.

Hilpold, Peter: Minderheitenschutz im Völkerbundsystem, in: Pan, Christoph / Pfeil, Beate Sibylle (Hg.), Zur Entstehung des modernen Minderheitenschutzes in Europa (Handbuch der europäischen Volksgruppen Bd. 3, Wissenschaftliche Leitung: Peter Pernthaler), Wien / New York 2006, S. 156–189.

Hirschler-Horakova, Nicole: „Neue Arbeitskräfte aus dem Osten". „Repatriierung" und Familienzusammenführung von Personen deutscher Herkunft aus der UdSSR in die DDR 1957, in: Jochen Oltmer (Hg.), Migration steuern und verwalten. Deutschland vom späten 19. Jahrhundert bis zur Gegenwart, Göttingen 2003, S. 377–397.

Hirschon, Renee (Hg.): Crossing the Aegean. An Appraisal of the 1923 Compulsory Population Exchange between Greece and Turkey, Oxford / New York 2003.

Hitchcock, William I.: The Struggle for Europe. The Turbulent History of a Divided Continent, 1945 to the Present, New York 2003.

Hobsbawm, Eric: Das Zeitalter der Extreme. Weltgeschichte des 20. Jahrhunderts, München / Wien 1995.

Hochgeschwender, Michael: Kolonialkriege als Experimentierstätten des Vernichtungskrieges?, in: Dietrich Beyrau / Michael Hochgeschwender / Dieter Langewiesche (Hg.), Formen des Krieges. Von der Antike bis zur Gegenwart, Paderborn e. a. 2007, S. 269–290.

Hochschild, Adam: King Leopold's Ghost. A Story of Greed, Terror, and Heroism in Colonial Africa, New York 1998.

Höbelt, Lothar, „Wohltemperierte Unzufriedenheit". Österreichische Innenpolitik 1908–1918, in: Mark Cornwall (Hg.), Die letzten Jahre der Donaumonarchie. Der erste Vielvölkerstaat im Europa des frühen 20. Jahrhunderts, Wegberg 2004, S. 58–84.

Hoensch, Jörg K.: Geschichte Böhmens. Von der slavischen Landnahme bis zur Gegenwart, München 3. Aufl. 1997.

Höpken, Wolfgang: Gewalt auf dem Balkan – Erklärungsversuche zwischen „Struktur" und „Kultur", in: Ders. / Michael Riekenberg (Hg.), Politische und ethnische Gewalt in Südosteuropa und Lateinamerika, Köln e. a. 2001, S. 53–96.

Hoerder, Dirk: Cultures in Contact. World Migrations in the Second Millennium, Durham / London 2002.

Hofmann, Andreas R.: Die Nachkriegszeit in Schlesien. Gesellschafts- und Bevölkerungspolitik in den polnischen Siedlungsgebieten 1945–1948, Köln e. a. 2000.

Holquist, Peter: Making War, Forging Revolution. Russia's Continuum of Crisis, 1914–1921, Harvard 2002.

Hoorn, Heike van: Neue Heimat im Sozialismus. Die Umsiedlung und Integration sudetendeutscher Antifa-Umsiedler in die SBZ/DDR, Essen 2004.

Horne, John / Kramer, Alan: Deutsche Kriegsgreuel 1914. Die umstrittene Wahrheit, Hamburg 2004.

Hory, Ladislaus / Broszat, Martin: Der kroatische Ustascha-Staat, 1941–1945, Stuttgart 1964.

Hösch, Edgar: Geschichte der Balkanländer. Von der Frühzeit bis zur Gegenwart, München 1988.

Hosfeld, Rolf: Operation Nemesis. Die Türkei, Deutschland und der Völkermord an den Armeniern, Köln 2005.

Hourani, Albert Habib: Die Geschichte der arabischen Völker, Frankfurt/M. 1996.

Housepian Dobbkin, Marjorie: Smyrna 1922. The Destruction of a City, New York 1988.

Hroch, Miroslav: Das Europa der Nationen. Die moderne Nationsbildung im Vergleich, Göttingen 2005.

Hull, Isabell V.: Absolute Destruction. Military Culture and the Practices of War in Imperial Germany, Ithaca/N.Y. 2006.

Hunt, Tristram: Friedrich Engels. Der Mann, der den Marxismus erfand, Berlin 2012.

Huntington, Samuel P.: Der Kampf der Kulturen – The Clash of Civilizations. Die Neugestaltung der Weltpolitik im 21. Jahrhundert, München / Wien 6. Aufl. 1997.

Hupchik, Dennis P.: Bulgaria's „Turks". A Muslim Minority in a Christian Nation-State, 1878–1989, in: Steven Bela Várdy / T. Hunt Tooley / Agnes Huszár Várdy (Hg.), Ethnic Cleansing in Twentieth-Century Europe, New York 2003, S. 133–156.

Hyam, Ronald: Britain's Declining Empire. Roads to Decolonization, 1918–1968, Cambridge 2006.

Ihme-Tuchel, Beate: Die DDR und die Deutschen in Polen. Handlungsspielräume und Grenzen ostdeutscher Außenpolitik 1948 bis 1961, Berlin 1997.

Ihme-Tuchel, Beate: Die tschechoslowakische Politik gegenüber der deutschen Minderheit und das Verhältnis zur DDR zwischen 1949 und 1960, in: Zeitschrift für Geschichtswissenschaft 44.1996, S. 965–978.

Inalcik, Halil / Quataert, Donald: An Economic and Social History of the Ottoman Empire, 1300–1914, Cambridge 1995.

Ischakov, Salavat M.: Die russischen Muslime im Ersten Weltkrieg, in: Fikret Adanir / Bernd Bonwetsch (Hg.), Osmanismus, Nationalismus und der Kaukasus. Muslime und Christen, Türken und Armenier im 19. und 20. Jahrhundert, Wiesbaden 2005, S. 253–269.

Jackson, Alvin: Home Rule. An Irish History, 1800–2000, Oxford e. a. 2003.

Jahn, Egbert: Das verborgene Erbe des Kommunismus. Die nationalstaatliche Ordnung im Osten Europas, in: Jahrbuch für Historische Kommunismusforschung 1999, S. 63–99.

James, Harold: Geschichte Europas im 20. Jahrhundert. Fall und Aufstieg 1914–2001, München 2004.

James, Lawrence: Raj. The Making and Unmaking of British India, London / New York 1997.

Jasch, Hans-Christian: Staatssekretär Wilhelm Stuckart und die Judenpolitik. Der Mythos von der sauberen Verwaltung, München 2012.

Jersild, Austin Lee: From Savagery to Citizenship. Caucasian Mountaineers and Muslims in the Russian Empire, in: Daniel R. Brower / Edward J. Lazzerini (Hg.), Russia's Orient. Imperial Borderlands and Peoples, 1700–1917, Bloomington 2001, S. 101–114.

Jilek, Grit: Zukunft Diaspora. Simon Dubnows Vision von einer a-staatlichen jüdischen Moderne, in: Miriam Rürup (Hg.), Praktiken der Differenz. Diasporakulturen in der Zeitgeschichte, Göttingen 2009, S. 62–95.

Johnson, Paul: A History of the American People, New York 1999.

Johnson, Paul: Modern Times. The World from the Twenties to the Nineties, New York 2001.

Joseph, Suad / Najmabadi, Afsaneh (Hg.): Encyclopedia of Women and Islamic Cultures. Family, Law and Politics, 2 Bde., Leiden 2005.

Judah, Tim: The Serbs. History, Myth, and the Destruction of Yugoslavia, New Haven / London 2000.

Judge, Edward H.: Plehve. Repression and Reform in Imperial Russia, 1902–1904, Syracuse / N.Y. 1983.

Judt, Tony: Geschichte Europas von 1945 bis zur Gegenwart, München / Wien 2006.

Kaiser, Vladimir: Das Kriegsende und die Vertreibung der Deutschen aus dem Aussiger Gebiet, in: Detlef Brandes e. a. (Hg.), Erzwungene Trennung. Vertreibungen und Aussiedlungen in und aus der Tschechoslowakei 1938–1947 im Vergleich mit Polen, Ungarn und Jugoslawien, Essen 1999, S. 201–218.

Kann, Robert A.: Geschichte des Habsburgerreiches 1526 bis 1918, Wien / Köln / Weimar 3. Aufl. 1993.

Kanstroom, Daniel: Deportation Nation. Outsiders in American History, Cambridge / London 2007.

Kansu, Aykut: The Revolution of 1908 in Turkey, Leiden e. a. 1997.

Kappeler, Andreas: Russland als Vielvölkerreich. Entstehung – Geschichte – Zerfall, München 1992.

Karaka, D. F.: Fabulous Mogul. Nizam VII of Hyderabad, London 1955.

Karski, Sigmund: Albert (Wojciech) Korfanty. Eine Biographie, Dülmen 1990.

Kayali, Hasan: Arabs and Young Turks. Ottomanism, Arabism, and Islamism in the Ottoman Empire, 1908–1918, Berkeley 1997.

Keisinger, Florian: Unzivilisierte Kriege im zivilisierten Europa? Die Balkankriege und die öffentliche Meinung in Deutschland, England und Irland 1876–1913, Paderborn 2008.

Kelner, Victor E.: Simon Dubnow. Eine Biografie, Göttingen 2010.

Kennan, George F.: Bismarcks europäisches System in der Auflösung. Die französisch-russische Annäherung 1875–1890, Frankfurt/M. e. a. 1981.

Kennedy, Paul: Aufstieg und Fall der Großen Mächte. Ökonomischer Wandel und militärischer Konflikt von 1500 bis 2000, Frankfurt/M. 1989.

Kershaw, Ian: Hitler, Bd. 2: 1936–1945, Stuttgart / München 2000.

Kershaw, Ian: Wendepunkte. Schlüsselentscheidungen im Zweiten Weltkrieg 1940/41, München 2008.

Keyssar, Alexander: The Right to Vote. The Contested History of Democracy in the United States, New York 2000.

Khan, Yasmin: The Great Partition. The Making of India and Pakistan, New Haven / London 2007.

Kiernan, Ben: Blood and Soil. A World History of Genocide and Extermination from Sparta to Darfur, New Haven / London 2007.

Kinet, Ruth: „Licht in die Finsternis". Kolonisation und Mission im Kongo 1876–1908, Münster 2005.

Kitromilides, Paschalis M., Eleftherios Venizelos. The Trials of Statesmanship, Edinburg 2006.

Kitromilides, Paschalis M.: The Orthodox Church in Modern State Formation in South Eastern Europe, in: Wim van Meurs / Alina Mungiu-Pippidi (Hg.), Ottomans into Europeans. State and Institution-Building in South Eastern Europe, London 2010, S. 31–50.

Kittel, Manfred / Möller, Horst: Die Benes-Dekrete und die Vertreibung der Deutschen Im europäischen Vergleich, in: Vierteljahrshefte für Zeitgeschichte 54.2006, S. 541–582.

Kittel, Manfred: Vorläufer „ethnischer Säuberungen"? Flucht und Vertreibung in der Frühen Neuzeit, in: Klaus Hildebrand / Udo Wengst / Andreas Wirsching (Hg.), Geschichtswissenschaft und Zeiterkenntnis. Von der Aufklärung bis zur Gegenwart, Festschrift Horst Möller, München 2008, S. 455–472.

Kletzin, Birgit: Europa aus Rasse und Raum. Die nationalsozialistische Idee der Neuen Ordnung, Münster e. a. 2. Aufl. 2002.

Kohser-Spohn, Christiane: Staatliche Gewalt und der Zwang zur Eindeutigkeit. Die Politik Frankreichs in Elsass-Lothringen nach dem Ersten Weltkrieg, in: Philipp Ther / Holm Sundhaussen (Hg.), Nationalitätenkonflikte im 20. Jahrhundert. Ursachen von inter-ethnischer Gewalt im Vergleich, Wiesbaden 2001, S. 183–202.

Kohser-Spohn, Christiane: Die Vertreibung der Deutschen aus dem Elsass 1918–1920, in: Kochanowski, Jerzy / Sach, Maike (Hg.), Die „Volksdeutschen" in Polen, Frankreich, Ungarn und der Tschechoslowakei. Mythos und Realität, Osnabrück 2006, S. 79–94.

Kokoška, Stanislav: Prag im Mai 1945. Die Geschichte eines Aufstandes, Göttingen 2009.

Komlosy, Andrea: Habsburgermonarchie, Osmanisches Reich und Britisches Empire – Erweiterung, Zusammenhalt und Zerfall im Vergleich, in: Zeitschrift für Weltgeschichte 9.2008, S. 9–62.

Kontogiorgi, Elisabeth: Population Exchange in Greek Macedonia. The Rural Settlement of Refugees, 1922–1930, Oxford e. a. 2006.

Kopper, Christopher: The London Czech Government and the Origins of the Expulsion of the Sudeten Germans, in: Steven Bela Várdy / T. Hunt Tooley / Agnes Huszár Várdy (Hg.), Ethnic Cleansing in Twentieth-Century Europe, New York 2003, S. 255–266.

Kořalka, Jiři: Georg Ritter von Schönerer und die alldeutsche Bewegung in den böhmischen Ländern, in: Hans Henning Hahn (Hg.), Hundert Jahre sudetendeutsche Geschichte. Eine völkische Bewegung in drei Staaten, Frankfurt/M. e. a. 2007, S. 61–90.

Kořalka, Jiři: František Palacký (1798–1876). Der Historiker der Tschechen im österreichischen Vielvölkerstaat, Wien 2007.

Kossert, Andreas: Kalte Heimat. Die Geschichte der deutschen Vertriebenen nach 1945, München 2008.

Kotowski, Albert S.: Polens Politik gegenüber seiner deutschen Minderheit 1919-1939, Wiesbaden 1998.

Kotowski, Albert: Zwischen Staatsräson und Vaterlandsliebe. Die polnische Fraktion im Deutschen Reichstag 1871-1918, Düsseldorf 2007.

Krause, Michael: Flucht vor dem Bombenkrieg. „Umquartierungen" im Zweiten Weltkrieg und die Wiedereingliederung der Evakuierten in Deutschland, Düsseldorf 1997.

Krausnick, Helmut: Judenverfolgung, in: Anatomie des SS-Staates, Bd. 2, München 3. Aufl. 1982, S. 235-366.

Kreiser, Klaus: Atatürk. Eine Biographie, München 2008.

Kreutzmann, Ingeborg: Missbrauch der humanitären Intervention im 19. Jahrhundert, Glücksburg 2005.

Křen, Jan: Die Konfliktgemeinschaft. Tschechen und Deutsche 1780-1918, München 1996.

Kronenbitter, Günther: „Krieg im Frieden". Die Führung der k.u.k. Armee und die Großmachtpolitik Österreich-Ungarns 1906-1914, München 2003.

Kural, Vaclav: Tschechen, Deutsche und die sudetendeutsche Frage während des Zweiten Weltkrieges, in: Detlef Brandes e. a. (Hg.), Erzwungene Trennung. Vertreibungen und Aussiedlungen in und aus der Tschechoslowakei 1938-1947 im Vergleich mit Polen, Ungarn und Jugoslawien, Essen 1999, S. 73-100.

Kuß, Susanne: Deutsches Militär auf kolonialen Kriegsschauplätzen. Eskalation von Gewalt zu Beginn des 20. Jahrhunderts, Berlin 2010.

Lachenicht, Susanne: Information und Propaganda. Die Presse deutscher Jakobiner im Elsass 1791-1800, München 2004.

Lakowski, Richard: Der Zusammenbruch der deutschen Verteidigung zwischen Ostsee und Karpaten, in: Das Deutsche Reich und der Zweite Weltkrieg. Bd. 10, Teilbd. 1: Die militärische Niederwerfung der Wehrmacht, hrsg. v. Rolf-Dieter Müller, München 2008, S. 491-679.

Langewiesche, Dieter: Nation, Nationalismus, Nationalstaat in Deutschland und Europa, München 2000.

Langewiesche, Dieter: Reich, Nation, Föderation. Deutschland und Europa, München 2008.

Lapidus, Ira M.: A History of Islamic Societies, Cambridge e. a. 2. Aufl. 2002.

Lau, Jörg: „Er will doch nur streiten" (Rezension zu Ernst Nolte, Die dritte radikale Widerstandsbewegung: Der Islamismus), in: Die Zeit Nr. 17 v. 16. 4. 2009, S. 51.

Laufer, Jochen: Pax Sovietica. Stalin, die Westmächte und die deutsche Frage 1941-1945, Köln e. a. 2009.

Leicht, Johannes: Heinrich Claß (1868-1953). Die politische Biographie eines Alldeutschen, Paderborn e. a. 2012.

Lemberg, Hans: 1918: Die Staatsgründung der Tschechoslowakei und die Deutschen, in: Detlef Brandes e. a. (Hg.), Wendepunkte in den Beziehungen zwischen Deutschen, Tschechen und Slowaken 1848-1989, Essen 2007, S. 119-136.

Lemberg, Hans: Einleitung, in: Wlodzimierz Borodziej Hans Lemberg (Hg.) „Unsere Heimat ist uns ein fremdes Land geworden…" Die Deutschen östlich von Oder und Neiße 1945-1950. Dokumente aus polnischen Archiven, Bd. 1: Zentrale Behörden / Wojewodschaft Allenstein, bearbeitet von Wlodzimierz Borodziej und Claudia Kraft, Marburg 2000, S. 25-37.

Lemberg, Hans: Sind nationale Minderheiten Ursachen für Konflikte? Entstehung des Problems und Lösungskonzepte in der Zwischenweltkriegszeit, in: Ulf Brunnbauer / Michael G. Esch / Holm Sundhaussen (Hg.), Definitionsmacht, Utopie, Vergeltung. „Ethnische Säuberungen" im östlichen Europa des 20. Jahrhunderts, Berlin 2006, S. 32-48.

Lemberg, Hans: Unvollendete Versuche nationaler Identitätsbildung im 20. Jahrhundert im östlichen Europa: die „Tschechoslowaken", die „Jugoslawen", das „Sowjetvolk", in: Helmut Berding

(Hg.), Nationales Bewusstsein und kollektive Identität. Studien zur Entwicklung des kollektiven Bewusstseins in der Neuzeit 2, Frankfurt/M. 1994, S. 581-607.

Leonhard, Jörg / Hirschhausen, Ulrike von: Empires und Nationalstaaten im 19. Jahrhundert, Göttingen 2009.

Leslie, R.[oy] F. (Hg.): The History of Poland since 1863, Cambridge / New York 1980.

Levene, Mark: Frontiers of Genocide. Jews in the Eastern War Zones, 1914-1920 and 1941, in: Panikos Panayi (Hg.), Minorities in Wartime. National and Racial Groupings in Europe, North America and Australia during the Two World Wars, Oxford / Providence 1993, 83-117.

Levene, Mark: Why is the 20th Century the Century of Genocide?, in: Journal of World History 11.2000, S. 305-336.

Levene, Mark: Genocide in the Age of the Nation State. Volume 1: The Meaning of Genocide, London / New York 2005.

Levene, Mark: Genocide in the Age of the Nation State. Volume 2: The Rise of the West and the Coming of Genocide, London / New York 2005.

Levene, Mark: Empires, Native Peoples, and Genocide, in: A. Dirk Moses (Hg.), Empire, Colony, Genocide. Conquest, Occupation, and Subaltern Resistance in World History, New York / Oxford 2008, S. 183-204.

Lewis, Bernard: Der Untergang des Morgenlandes. Warum die islamische Welt ihre Vormacht verlor, Bergisch Gladbach 2002.

Lewy, Guenter: The Armenian Massacres in Ottoman Turkey. A Disputed Genocide, Salt Lake City 2005.

Lieberman, Benjamin: Terrible Fate. Ethnic Cleansing in the Making of Modern Europe, Chicago 2006.

Lieven, Dominic: Empire. The Russian Empire and its Rivals, London 2000.

Linsel, Knut: Charles de Gaulle und Deutschland 1914-1969, Sigmaringen 1998.

Lippert, Stefan: Felix Fürst zu Schwarzenberg. Eine politische Biographie, Stuttgart 1998.

Lipski, Jan Józef: Wir müssen uns alles sagen... Essays zur deutsch-polnischen Nachbarschaft, Gliwice / Warszawa 1996.

Liulevicius, Vejas Gabriel: Kriegsland im Osten. Eroberung, Kolonisierung und Militärherrschaft im Ersten Weltkrieg, Hamburg 2002.

Llewellyn Smith, Michael: Ionian Vision. Greece in Asia Minor 1919-1922, London 1973.

Lohr, Eric: Nationalizing the Russian Empire. The Campaign against Enemy Aliens during World War I, Cambridge, Mass. / London 2003.

Longerich, Peter: Heinrich Himmler. Biographie, München 2008.

Löwe, Heinz-Dietrich: Antisemitismus und reaktionäre Utopie. Russischer Konservatismus im Kampf gegen den Wandel von Staat und Gesellschaft, 1890-1917, Hamburg 1978.

Louis, William Roger: Ends of British Imperialism. The Scramble for Empire, Suez and Decolonization, London / New York 2006.

Lowry, Heath W.: The Story behind Ambassador Morgenthau's Story, Istanbul 1990.

Lukacs, John: Der letzte europäische Krieg 1939-1941, München 1980.

Madajczyk, Piotr: Oberschlesien zwischen Gewalt und Frieden, in: Philipp Ther / Holm Sundhaussen (Hg.), Nationalitätenkonflikte im 20. Jahrhundert. Ursachen von inter-ethnischer Gewalt im Vergleich, Wiesbaden 2001, S. 147-162.

Mahajan, Sucheta: Independence and Partition. The Erosion of Colonial Power in India, New Delhi e. a. 2000.

Mai, Uwe: „Neustrukturierung des deutschen Volkes". Wissenschaft und soziale Neuordnung im nationalsozialistischen Deutschland, 1933-1945, in: Isabel Heinemann / Patrick Wagner (Hg.), Wissenschaft – Planung – Vertreibung. Neuordnungskonzepte und Umsiedlungspolitik im 20. Jahrhundert, Stuttgart 2006, S. 73-92.

Mak, Geert: In Europa. Eine Reise durch das 20. Jahrhundert, München 3. Aufl. 2004.

Mallmann, Klaus-Michael / Cüppers, Martin: Halbmond und Hakenkreuz. Das Dritte Reich, die Araber und Palästina, Darmstadt 2006.

Mango, Andrew: Atatürk, London 2004.

Mann, Michael: Die dunkle Seite der Demokratie. Eine Theorie der ethnischen Säuberung, Hamburg 2007.

Mann, Michael: The Dark Side of Democracy. Explaining Ethnic Cleansing, Cambridge 2004.

Manning, Patrick: Migration in World History, New York / London 2008.

Mansel, Philip: Constantinople. City of the World's Desire 1453–1924, London 1995.

Marlowe, John: Milner. Apostle of Empire, London 1976.

Marszalek, John F.: Sherman. A Soldier's Passion for Order, New York 1993.

Martin, Terry: The Origins of Soviet Ethnic Cleansing, in: Journal of Modern History 70.1998, S. 813–861.

Martin, Terry: The Affirmative Action Empire. Nations and Nationalism in the Soviet Union, 1923–1939, Ithaca / London 2001.

Marx, Christoph: Zwangsumsiedlungen in Südafrika während der Apartheid, in: Isabel Heinemann / Patrick Wagner (Hg.), Wissenschaft – Planung – Vertreibung. Neuordnungskonzepte und Umsiedlungspolitik im 20. Jahrhundert, Stuttgart 2006, S. 173–195.

Mazower, Mark: Der Balkan, Berlin 2002.

Mazower, Mark: Der dunkle Kontinent. Europa im 20. Jahrhundert, Berlin 2000.

Mazower, Mark: Salonica – City of Ghosts. Christians, Muslims and Jews 1430–1950, London 2005.

Mazower, Mark: Hitlers Imperium. Europa unter der Herrschaft des Nationalsozialismus, München 2009.

Mazower, Mark: Violence and the State in the Twentieth Century, in: American Historical Review 107.2002, H. 4, 42 pars. (11 Jan. 2011: http://www.historycooperative.org/journals/ahr/107.4/ah0402001158.html).

McCaffrey, Lawrence J.: The Irish Question. Two Centuries of Conflict, Lexington 1995.

McCarthy, Justin: Death and Exile. The Ethnic Cleansing of Ottoman Muslims 1821–1922, Princeton / N.J. 1995.

McCarthy, Justin: The Ottoman Peoples and the End of Empire, New York 2003.

McGarry, John / Moore, Margaret: Karl Renner, Power Sharing and Non-Territorial Autonomy, in: Ders. (Hg.), National Cultural Autonomy and its Contemporary Critics, London / New York 2009, S. 74–94.

McMillan, James: War, in: Bloxham, Donald / Gerwarth, Robert (Hg.), Political Violence in Twentieth-Century Europe, Cambridge / New York 2011, S. 40–86.

Meinicke, Wolfgang: Probleme der Integration der Vertriebenen in der sowjetischen Besatzungszone, in: Jahrbuch für ostdeutsche Volkskunde 35. 1992, S. 1–31.

Mentzel, Peter: „Ethnic Cleansing", Emigration, and Identity. The Case of Habsburg Bosnia-Hercegovina, in: Steven Bela Várdy, T. Hunt Tooley und Agnes Huszár Várdy (Hg.), Ethnic Cleansing in Twentieth-Century Europe, New York 2003, S. 99–112.

Michael, Holger: Zwischen Davidstern und Roter Fahne. Juden in Polen im XX. Jahrhundert, Berlin 2007.

Miller, Alexey: Comparing Contiguous Empires, in: Kimitaka Matsuzato (Hg.), Imperiology. From Empirical Knowledge to Discussing the Russian Empire, Sapporo 2007, S. 19–32.

Miller, Alexei: The Romanov Empire and Nationalism. Essays in the Methodology of Historical Research. Budapest 2008.

Milotova, Jaroslava: Die NS-Pläne zur Lösung der „tschechischen Frage", in: Detlef Brandes e. a. (Hg.), Erzwungene Trennung. Vertreibungen und Aussiedlungen in und aus der Tschechoslowakei 1938–1947 im Vergleich mit Polen, Ungarn und Jugoslawien, Essen 1999, S. 25–38.

Milton, Giles: Paradise Lost. Smyrna 1922 – The Destruction of Islam's City of Tolerance, London 2009.

Misra, B. B.: The Indian Political Parties. An Historical Analysis of Political Behaviour up to 1947, Delhi e. a. 1976.

Mitscherlich, Alexander / Mitscherlich, Margarethe: Die Unfähigkeit zu trauern. Grundlagen kollektiven Verhaltens, München 1967.

Möller, Horst: Die Relativität historischer Epochen. Das Jahr 1945 in der Perspektive des Jahres 1989, in: Aus Politik und Zeitgeschichte 18/19 vom 28. April 1995, S. 3-9.

Mommsen, Wolfgang J.: Anfänge des „ethnic cleansing" und der Umsiedlungspolitik im Ersten Weltkrieg, in: Eduard Mühle (Hg.), Mentalitäten – Nationen – Spannungsfelder. Studien zu Mittel- und Osteuropa im 19. und 20. Jahrhundert, Marburg 2001, S. 147-162.

Mommsen, Wolfgang J.: Gebhardt Handbuch der deutschen Geschichte, Bd. 17: Die Urkatastrophe Deutschlands: Der Erste Weltkrieg 1914-1918, Stuttgart 10. Aufl. 2001.

Morris, Benny: The Birth of the Palestinian Refugee Problem, 1947-1949, Cambridge 1987.

Morris, Benny: 1948. The First Arab-Israeli War, New Haven / London 2008.

Morris, Benny: Explaining Transfer: Zionist Thinking and the Creation of the Palestinian Refugee Problem, in: Richard Bessel / Claudia B. Haake (Hg.), Removing Peoples. Forced Removal in the Modern World, London 2009, S. 349-357.

Moser, Maynard: Jacob Gould Schurman – Scholar, Political Activist and Ambassador of Good Will, 1892-1942, [Berkeley] 1981.

Moses, A. Dirk: Empire, Colony, Genocide. Keywords and the Philosophy of History, in: A. Dirk Moses (Hg.), Empire, Colony, Genocide. Conquest, Occupation, and Subaltern Resistance in World History, New York / Oxford 2008, S. 3-54.

Müller, Rolf-Dieter: Hitlers Ostkrieg und die deutsche Siedlungspolitik. Die Zusammenarbeit von Wehrmacht, Wirtschaft und SS, Frankfurt/Main 1991.

Müller, Rolf-Dieter: Gebhardt Handbuch der deutschen Geschichte, Bd. 21: Der Zweite Weltkrieg 1939-1945, Stuttgart 10. Aufl. 2004.

Müller, Sven-Oliver: Die Nation als Waffe und Vorstellung. Nationalismus in Deutschland und Großbritannien im Ersten Weltkrieg, Göttingen 2002.

Müller, Thomas: Imaginierter Westen. Das Konzept des „deutschen Westraums" im völkischen Diskurs zwischen politischer Romantik und Nationalsozialismus, Bielefeld 2009.

Münkler, Herfried: Imperien. Die Logik der Weltherrschaft – vom Alten Rom bis zu den Vereinigten Staaten, Berlin 4. Aufl. 2005.

Münkler, Herfried: Reich, Nation, Europa. Modelle politischer Ordnung, Weinheim 1996.

Münz, Rainer: Ethnische Säuberungen. Zum „Transfer" der Sudetendeutschen, in: Barbara Coudenhove-Kalergi (Hg.), Die Beneš-Dekrete, Wien 2002, S. 130-137.

Mulaj, Klejda: Politics of Ethnic Cleansing. Nation-State Building and Provision of In/Security in Twentieth-Century Balkans, Lanham e. a. 2008.

Musekamp, Jan: Zwischen Stettin und Szczecin. Metamorphosen einer Stadt 1945 bis 2005, Wiesbaden 2010.

Mwakikagile, Godfrey: The Modern African State. Quest for Transformation, Huntington, N.Y. 2001.

Nagy-Talavera, Nicholas M., Nicolae Iorga. A Biography, Iasi 1996.

Naimark, Norman M.: Flammender Hass. Ethnische Säuberung im 20. Jahrhundert, München 2004.

Naimark, Norman M.: The Russians in Germany: A History of the Soviet Zone of Occupation, 1945-1949, Cambridge, Massachusetts / London 1995.

Naumann, Klaus: Der Krieg als Text. Das Jahr 1945 im kulturellen Gedächtnis der Presse, Hamburg 1998.

Nawratil, Heinz: Vertreibungs-Verbrechen an Deutschen. Tatbestand – Motive – Bewältigung, München 1982.

Nawratil, Heinz: Die deutschen Nachkriegsverluste. Vertreibung, Zwangsarbeit, Kriegsgefangenschaft, Hunger, Stalins deutsche KZs, Graz 2008.

Nederveen Pieterse, Jan: Globalization and Culture. Global Mélange, Plymouth 2009.

Niendorf, Mathias: Minderheiten an der Grenze. Deutsche und Polen in den Kreisen Flatow (Złotów) und Zempelburg (Sępólno Krajeńskie) 1900-1939, Wiesbaden 1997.

Nimni, Ephraim: Introduction, in: Ders. (Hg.), National Cultural Autonomy and its Contemporary Critics, London / New York 2009, S. 1-14.

Nipperdey, Thomas: Deutsche Geschichte 1800-1866. Bürgerwelt und starker Staat, München 2. Aufl. 1984.

Nipperdey, Thomas: Deutsche Geschichte 1866-1918, Bd. 2: Machtstaat vor der Demokratie, München 1992.

Nitschke, Bernadetta: Vertreibung und Aussiedlung der deutschen Bevölkerung aus Polen 1945 bis 1949, München 2. Auflage 2004.

Nitter, Ernst: Bolzano – Rádl – Patočka. Eine gesellschaftsphilosophische Alternative zum nationalpolitischen Programm?, in: Ferdinand Seibt (Hg.), Die Chance zur Verständigung. Absichten und Ansätze zur übernationalen Zusammenarbeit in den böhmischen Ländern 1848-1918, München 1987, S. 11-29.

Nolte, Ernst: Der europäische Bürgerkrieg 1917-1945. Nationalsozialismus und Bolschewismus, Berlin 1987.

Nolte, Hans-Heinrich: Weltgeschichte. Imperien, Religionen und Systeme (15.-19. Jahrhundert), Wien / Köln / Weimar 2005.

Nolte, Hans-Heinrich: Weltgeschichte des 20. Jahrhunderts, Wien / Köln / Weimar 2009.

O'Day, Alan: Irish Home Rule, 1867-1921, Manchester / New York 1998.

Offner, John L.: An Unwanted War. The Diplomacy of the United States and Spain over Cuba, 1895-1898, Chapel Hill / London 1992.

Okey, Robin: Taming Balkan Nationalism. The Habsburg „Civilizing Mission" in Bosnia, 1878-1914, Oxford e. a. 2007.

Oltmer, Jochen: Deutsche „Rückwanderer" aus Russland in Deutschland von den 1890er Jahren bis in die Zwischenkriegszeit, in: Bade, Klaus J. e. a. (Hg.), Enzyklopädie Migration in Europa. Vom 17. Jahrhundert bis zur Gegenwart, Paderborn e. a. 2007, S. 505-508.

Osterhammel, Jürgen: Die Verwandlung der Welt. Eine Geschichte des 19. Jahrhunderts, München 2009.

Paczensky, Gert von: Die Weißen kommen. Die wahre Geschichte des Kolonialismus, Hamburg 1970.

Palairet, Michael: The Balkan Economies c. 1800-1914. Evolution without Development, Cambridge 1997.

Panayi, Panikos: Outsiders. A History of European Minorities, London / Rio Grande 1999.

Pandey, Gyanendra: Remembering Partition. Violence, Nationalism and History in India, New Delhi 2008.

Pappe, Ilan: Die ethnische Säuberung Palästinas, Frankfurt/M. 2007.

Pasachoff, Naomi / Littman, Robert J.: A Concise History of the Jewish People, o. O. 1995.

Pelt, Mogens: Organized Violence in the Service of Nation Building, in: Wim van Meurs / Alina Mungiu-Pippidi (Hg.), Ottomans into Europeans. State and Institution-Building in South Eastern Europe, London 2010, S. 221-244.

Pentzopoulos, Dimitri: The Balkan Exchange of Minorities and its Impact on Greece, London 2002.

Pérez, Louis A. jr.: Cuba Between Empires, 1878–1902, Pittsburgh 1983.

Pernthaler, Peter: Das Nationalitätenrecht Österreich-Ungarns, in: Pan, Christoph / Pfeil, Beate Sibylle (Hg.), Zur Entstehung des modernen Minderheitenschutzes in Europa (Handbuch der europäischen Volksgruppen Bd. 3, Wissenschaftliche Leitung: Peter Pernthaler), Wien / New York 2006, S. 42–106.

Petersen, Roger D.: Understanding Ethnic Violence. Fear, Hatred, and Resentment in Twentieth-Century Eastern Europe, Cambridge e. a. 2002.

Pinchuk, Ben-Cion: The Octobrists in the Third Duma, 1907–1912, Seattle / London 1974.

Pleterski, Janko: Die Südslawenfrage, in: Mark Cornwall (Hg.), Die letzten Jahre der Donaumonarchie. Der erste Vielvölkerstaat im Europa des frühen 20. Jahrhunderts, Wegberg 2004, S. 126–154.

Pflanze, Otto: Bismarck, 2 Bde., München 1998.

Plöckinger, Othmar: Geschichte eines Buches. Adolf Hitlers „Mein Kampf" 1922–1945, München 2. Aufl. 2011

Pohl, Dieter: Die Herrschaft der Wehrmacht. Deutsche Militärbesatzung und einheimische Bevölkerung in der Sowjetunion 1941–1944, München 2008.

Pohl, Dieter: Nationalsozialistische Judenverfolgung in Ostgalizien 1941–1944. Organisation und Durchführung eines staatlichen Massenverbrechens, München / Wien 1996.

Pohl, Dieter: Verfolgung und Massenmord in der NS-Zeit 1939–1945, Darmstadt 3. Aufl. 2011.

Pohl, J. Otto: Deportierte in der Sowjetunion im und nach dem Zweiten Weltkrieg, in: Bade, Klaus J. e. a. (Hg.), Enzyklopädie Migration in Europa. Vom 17. Jahrhundert bis zur Gegenwart, Paderborn e. a. 2007, S. 458–463.

Preece, Jennifer Jackson: Minority Rights. Between Diversity and Community, Cambridge / Malden 2005.

Priamus, Heinz-Jürgen: Meyer. Zwischen Kaisertreue und NS-Täterschaft. Biographische Konturen eines deutschen Bürgers, Essen 2011.

Priestland, David: Weltgeschichte des Kommunismus. Von der Französischen Revolution bis heute, München 2009.

Prusin, Alexander V.: Revolution and Ethnic Cleansing in Western Ukraine: The OUN-UPA Assault against Polish Settlements in Volhynia and Eastern Galicia, 1943–1944, in: Steven Bela Várdy / T. Hunt Tooley / Agnes Huszár Várdy (Hg.), Ethnic Cleansing in Twentieth-Century Europe, New York 2003, S. 517–536.

Pyta, Wolfram: Hindenburg. Herrschaft zwischen Hohenzollern und Hitler, München 2007.

Quataert, Donald: The Ottoman Empire, 1700–1922, Cambridge e. a. 2003.

Rae, Heather: State Identities and the Homogenisation of Peoples, Cambridge e. a. 2002.

Rahn, Werner: Die deutsche Seekriegführung 1943 bis 1945, in: Das Deutsche Reich und der Zweite Weltkrieg. Band 10, Teilbd. 1: Die militärische Niederwerfung der Wehrmacht, hrsg. v. Rolf-Dieter Müller, München 2008, S. 3–273.

Raithel, Thomas: Das „Wunder" der inneren Einheit. Studien zur deutschen und französischen Öffentlichkeit bei Beginn des Ersten Weltkrieges, Bonn 1996.

Rathore, L. S.: Maharaja Sadul Singh of Bikaner. A Biography of the Co-Architect of India's Unity, 2 Bde., Jodhpur 2005.

Rauscher, Walter: Karl Renner. Ein österreichischer Mythos, Wien 1995.

Rehbein, Klaus: Die westdeutsche Oder/Neiße-Debatte. Hintergründe, Prozeß und das Ende des Bonner Tabus, Münster 2006.

Reichling, Gerhard: Die deutschen Vertriebenen in Zahlen. Teil I: Umsiedler, Verschleppte, Vertriebene, Aussiedler 1940–1985, Bonn 1986.

Reinhard, Wolfgang: Geschichte der europäischen Expansion, 4 Bde., Stuttgart e. a. 1983–1990.

Reinhard, Wolfgang: Geschichte der Staatsgewalt. Eine vergleichende Verfassungsgeschichte Europas von den Anfängen bis zur Gegenwart, München 2. Aufl. 2000.

Reynolds, Michael A.: Shattering Empires. The Clash and Collapse of the Ottoman and Russian Empires 1908–1918, Cambridge e. a. 2011.

Roberts, J. M.: Twentieth Century. The History of the World, 1901 to 2000, New York e. a. 2000.

Robbins, Richard G. jr.: The Tsar's Viceroys. Russian Provincial Governors in the Last Years of the Empire, Ithaca / London 1987.

Rodogno, Davide: Facism's European Empire. Italian Occupation during the Second World War, Cambridge e. a. 2006.

Rodogno, Davide: Against Massacre. Humanitarian Interventions in the Ottoman Empire 1815–1914, Princeton / Woodstock 2012.

Roshwald, Aviel: Ethnic Nationalism and the Fall of Empires: Central Europe, Russia and the Middle East, 1914–1923, London / New York 2001.

Rothermund, Dietmar: Gandhi und Nehru. Kontrastierende Visionen Indiens, in: Geschichte und Gesellschaft 31.2005, S. 354–372.

Rudolph, Richard L. / Good, David G. (Hg.): Nationalism and Empire. The Habsburg Empire and the Soviet Union, New York 1992.

Rumpler, Helmut: Österreichische Geschichte 1804–1914: Eine Chance für Mitteleuropa. Bürgerliche Emanzipation und Staatsverfall in der Habsburgermonarchie, Wien 1997.

Ruthner, Clemens: K.u.k. Kolonialismus als Befund, Befindlichkeit und Metapher: Versuch einer weiteren Klärung, in: Johannes Feichtinger e. a. (Hg.), Habsburg postcolonial. Machtstrukturen und kollektives Gedächtnis, Innsbruck e. a. 2003, S. 111–128.

Ryback, Timothy W.: Hitler's Private Library. The Books that shaped his Life, New York 2010.

Sakmyster, Thomas: Miklós Horthy. Ungarn 1918–1944, Wien 2006.

Sanborn, Joshua A.: Unsettling the Empire: Violent Migrations and Social Disaster in Russia during World War I, in: Journal of Modern History 77.2005, S. 290–324.

Sand, Shlomo: The Invention of the Jewish People, London / New York 2009.

Sandburg, Carl: Abraham Lincoln. The Prairie Years and the War Years, San Diego / New York 2002.

Schaller, Dominik J.: From Conquest to Genocide. Colonial Rule in German Southwest Africa and German East Africa, in: A. Dirk Moses (Hg.), Empire, Colony, Genocide. Conquest, Occupation, and Subaltern Resistance in World History, New York / Oxford 2008, S. 296–324.

Schaller, Dominik J. / Zimmerer, Jürgen (Hg.): Late Ottoman Genocides. The Dissolution of the Ottoman Empire and Young Turkish Population Policies, London / New York 2009.

Scheffler, Thomas: Ethnoradikalismus. Zum Verhältnis von Ethnopolitik und Gewalt, in: Gerhard Seewann (Hg.), Minderheiten als Konfliktpotential in Ostmittel- und Südosteuropa, München 1995, S. 9–47.

Schenk, Dieter: Hans Frank. Hitlers Kronjurist und Generalgouverneur, Frankfurt/M. 2006.

Scheuermann, Martin, Minderheitenschutz contra Konfliktverhütung? Die Minderheitenpolitik des Völkerbundes in den zwanziger Jahren, Marburg 2000.

Schieder, Theodor: Die Vertreibung der Deutschen aus dem Osten als wissenschaftliches Problem, in: Vierteljahrshefte für Zeitgeschichte 8.1960, S. 1–16.

Schieder, Theodor: Typologie und Erscheinungsformen des Nationalstaats in Europa, in: Heinrich August Winkler (Hg.), Nationalismus, Königstein/Ts. 1978, S. 119–137.

Schindler, John R.: Yugoslavia's First Ethnic Cleansing: The Expulsion of the Danubian Germans, 1944–1946, in: Steven Bela Várdy / T. Hunt Tooley / Agnes Huszár Várdy (Hg.), Ethnic Cleansing in Twentieth-Century Europe, New York 2003, S. 359–372.

Schlögel, Karl: Ethnic Cleansing as an Invention of the Twentieth Century: An Account of Expulsions in Europe, in: Rainer Münz / Rainer Ohliger (Hg.), Diasporas and Ethnic Migrants.

Germany, Israel and Post-Soviet Successor States in Comparative Perspective, London / Portland 2003, S. 98–111.

Schlögel, Karl: Wie europäische Erinnerung an Umsiedlung und Vertreibung aussehen könnte, in: Anja Kruke (Hg.), Zwangsmigration und Vertreibung. Europa im 20. Jahrhundert, Bonn 2006, S. 49–67.

Schöllgen, Gregor: Imperialismus und Gleichgewicht. Deutschland, England und die orientalische Frage 1871–1914, München 1984.

Schölzel, Christian: Walter Rathenau. Eine Biographie, Paderborn e. a. 2006.

Schön, Heinz: Ostsee '45, Stuttgart 1995.

Schrode, Klaus: Polen, in: Dolf Sternberger / Bernhard Vogel (Hg.), Die Wahl der Parlamente und anderer Staatsorgane. Ein Handbuch, Bd. I: Europa, Teilbd. 2, Berlin 1969, S. 973–1009.

Schultze, Rainer-Olaf: Tschechoslowakei, in: Dolf Sternberger / Bernhard Vogel (Hg.), Die Wahl der Parlamente und anderer Staatsorgane. Ein Handbuch, Bd. I: Europa, Teilbd. 2, Berlin 1969, S. 1285–1330.

Schulz, Matthias: Normen und Praxis. Das Europäische Konzert der Großmächte als Sicherheitsrat, 1815–1860, München 2009.

Schulz, Oliver: Ein Sieg der zivilisierten Welt? Die Intervention der europäischen Großmächte im griechischen Unabhängigkeitskrieg (1826–1832), Berlin 2011.

Schulze, Hagen: Staat und Nation in der europäischen Geschichte, München 1999.

Schulze, Reinhard: Geschichte der islamischen Welt im 20. Jahrhundert, München 1994.

Schwartz, Michael: Dürfen Vertriebene Opfer sein? Zeitgeschichtliche Überlegungen zu einem Problem deutscher und europäischer Identität, in: Deutschland Archiv 38.2005, S. 494–505.

Schwartz, Michael: Ethnische „Säuberung" als Kriegsfolge: Ursachen und Verlauf der Vertreibung der deutschen Zivilbevölkerung aus Ostdeutschland und Osteuropa 1941–1950, in: Das Deutsche Reich und der Zweite Weltkrieg, Bd. 10: Der Zusammenbruch des Deutschen Reiches 1945, Teilbd. 2: Die Folgen des Zweiten Weltkrieges, hrsg. v. Rolf-Dieter Müller, München 2008, S. 509–656.

Schwartz, Michael: Funktionäre mit Vergangenheit. Das Gründungspräsidium des Bundes der Vertriebenen und das „Dritte Reich", München 2013.

Schwartz, Michael: Vertriebene als Fremde. Integrationsprobleme deutscher Zwangsmigranten in der SBZ/DDR, in: Christian Th. Müller / Patrice Poutrus (Hg.), Ankunft – Alltag – Abreise. Migration und interkulturelle Begegnung in der DDR-Gesellschaft, Köln / Weimar / Wien 2005, S. 135–173.

Schwartz, Michael: Vertriebene im doppelten Deutschland. Integrations- und Erinnerungspolitik in der DDR und in der Bundesrepublik, in: Vierteljahrshefte für Zeitgeschichte 56.2008, S. 101–151.

Schwartz, Michael: Vertriebene und „Umsiedlerpolitik". Integrationskonflikte in den deutschen Nachkriegs-Gesellschaften und die Assimilationsstrategien in der SBZ/DDR 1945–1961, München 2004.

Schwartz, Michael: Zwischen allen Stühlen? Deutsche Antifa-Umsiedler aus der ČSR in der SBZ/DDR, in: I oni byli proti. Sborník z Mezinárodní Historické Konference, která se konala ve dnech 13.–15. Listopadu 2006 v Ústí nad Labem v Rámci Projektu „Dokumentace Osudu Aktivních Odpurcu Nacismu…", Ústí nad Labem 2007, S. 235–272.

Sebag Montefiore, Simon: Stalin. The Court of the Red Tsar, London 2004.

Seewann, Gerhard: „Ungarndeutschtum" als Identitätskonzept und politische Ressource, in: Peter Haslinger / Joachim von Puttkamer (Hg.), Staat, Loyalität und Minderheiten in Ostmittel- und Südosteuropa 1918–1941, München 2007, S. 99–126.

Segev, Tom: Die ersten Israelis. Die Anfänge des jüdischen Staates, München 2008.

Seibt, Ferdinand: Deutschland und die Tschechen. Geschichte einer Nachbarschaft in der Mitte Europas, München / Zürich 1997.

Sémelin, Jacques: Säubern und Vernichten. Die politische Dimension von Massakern und Völkermorden, Hamburg 2007.
Shannon, Richard: Gladstone: Heroic Minister 1865–1898, London 1999.
Shaw, Martin: What is Genocide?, Cambridge / Malden 2007.
Sheehan, James J.: Kontinent der Gewalt. Europas langer Weg zum Frieden, München 2008.
Sieg, Ulrich: Deutschlands Prophet. Paul de Lagarde und die Ursprünge des modernen Antisemitismus. München 2007.
Simpson, Gerry: Great Powers and Outlaw States. Unequal Sovereigns in the International Legal Order, Cambridge e. a. 2004.
Slezkine, Yuri: Das jüdische Jahrhundert, Göttingen 2006.
Smith, Helmut Walser: Die Geschichte des Schlachters. Mord und Antisemitismus in einer deutschen Kleinstadt, Göttingen 2002.
Snyder, Timothy: Bloodlands. Europa zwischen Hitler und Stalin, München 2011.
Solonari, Vladimir: Purifying the Nation. Population Exchange and Ethnic Cleansing in Nazi-Allied Romania, Washington 2010.
Solschenizyn, Alexander: „Zweihundert Jahre zusammen". Die russisch-jüdische Geschichte 1795–1916, München 2002.
Solschenizyn, Alexander: „Zweihundert Jahre zusammen". Die Juden in der Sowjetunion, München 2. Aufl. 2004.
Söylemezoglu, Ali: Die andere Seite der Medaille. Hintergründe der Tragödie von 1915 in Kleinasien. Materialien aus europäischen, amerikanischen und armenischen Quellen, Köln 2005.
Sowell, Thomas: Conquests and Cultures. An International History, New York 1998.
Spurny, Matej: Flucht und Vertreibung. Das Ende des Zweiten Weltkrieges in Niederschlesien, Sachsen und Nordböhmen, Dresden 2008.
Stadelmann, Rudolf: Moltke und der Staat, Krefeld 1950.
Stanek, Eduard: Verfolgt – Verjagt – Vertrieben. Flüchtlinge in Österreich, Wien e. a. 1985.
Staněk, Tomáš: Internierung und Zwangsarbeit. Das Lagersystem in den böhmischen Ländern 1945–1948, München 2007.
Stein, Leslie: The Making of Modern Israel, 1948–1967, Cambridge / Malden, Ma. 2009.
Steininger, Rolf: Südtiroler, in: in: Detlef Brandes / Holm Sundhaussen / Stefan Troebst (Hg.), Lexikon der Vertreibungen. Deportation, Zwangsaussiedlung und ethnische Säuberung im Europa des 20. Jahrhunderts, Wien / Köln / Weimar 2010, S. 6209-631.
Stern, Fritz: Kulturpessimismus als politische Gefahr. Eine Analyse nationaler Ideologie in Deutschland, München 1986.
Stern, Fritz: Fünf Deutschland und ein Leben. Erinnerungen, München 7. Auflage 2007.
Sternberger, Dolf / Vogel, Bernhard (Hg.): Die Wahl der Parlamente und anderer Staatsorgane. Ein Handbuch, Bd. 1.1, Berlin 1969.
Sternburg, Wilhelm von: Joseph Roth. Eine Biographie, Köln 2009.
Stevenson, David: 1914–1918: Der Erste Weltkrieg, Düsseldorf 3. Aufl. 2006.
Stickler, Matthias: „Ostdeutsch heißt gesamtdeutsch". Organisation, Selbstverständnis und heimatpolitische Zielsetzungen der deutschen Vertriebenenverbände 1949–1972, Düsseldorf 2004.
Stickler, Matthias: „American Indian Holocaust"? Die Politik der USA gegenüber den Plainsindianern 1851 bis 1890, in: Jahrbuch für europäische Überseegeschichte 7.2007, S. 65–101.
Stöver, Bernd: Der Kalte Krieg. Geschichte eines radikalen Zeitalters 1947–1991, München 2007.
Stöver, Bernd: United States of America. Geschichte und Kultur. Von der ersten Kolonie bis zur Gegenwart, München 2012.
Strizek, Helmut: Ruanda und Burundi von der Unabhängigkeit zum Staatszerfall. Studie über eine gescheiterte Demokratie im afrikanischen Zwischenseengebiet, Köln 1996.

Subrahmanyam, Sanjay: Explorations in Connected History. From the Tagus to the Ganges, Oxford 2005.

Sundhaussen, Holm: Jugoslawismus und Loyalität: Kroaten und bosnische Muslime im ersten jugoslawischen Staat (1918-1941), in: Peter Haslinger / Joachim von Puttkamer (Hg.), Staat, Loyalität und Minderheiten in Ostmittel- und Südosteuropa 1918-1941, München 2007, S. 185-208.

Sundhaussen, Holm: Jugoslawien und seine Nachfolgestaaten 1943-2011. Eine ungewöhnliche Geschichte des Gewöhnlichen, Wien e. a. 2012.

Suny, Ronald G.: The Revenge of the Past. Nationalism, Revolution, and the Collapse of the Soviet Union, Stanford 1993.

Suny, Ronald Grigor: „Explaining Genocide: The Fate of the Armenians in the Late Ottoman Empire", in: Richard Bessel / Claudia B. Haake (Hg.), Removing Peoples. Forced Removal in the Modern World, London 2009, S. 209-253.

Sutaj, Stefan: Zwangsaustausch bzw. Aussiedlung der Ungarn aus der Slowakei – Pläne und Wirklichkeit, in: Detlef Brandes e. a. (Hg.), Erzwungene Trennung. Vertreibungen und Aussiedlungen in und aus der Tschechoslowakei 1938-1947 im Vergleich mit Polen, Ungarn und Jugoslawien, Essen 1999, S. 255-272.

Swatek-Evenstein, Mark: Geschichte der „Humanitären Intervention", Baden-Baden 2008.

Talbot, Ian: The 1947 Partition of India and Migration: A Comparative Study of Punjab and Bengal, in: Richard Bessel / Claudia B. Haake (Hg.), Removing Peoples. Forced Removal in the Modern World, London 2009, S. 321-347.

Teichova, Alice: The Protectorate of Bohemia and Moravia (1939-1945). The Economic Dimension, in: Mikuláš Teich (Hg.), Bohemia in History, Cambridge e. a. 1998, S. 267-305.

Ternon, Yves: Der verbrecherische Staat. Völkermord im 20. Jahrhundert, Hamburg 1996.

Thamer, Hans-Ulrich: Verführung und Gewalt. Deutschland 1933-1945, Berlin (West) 1986.

Ther, Philipp: Deutsche und polnische Vertriebene. Gesellschaft und Vertriebenenpolitik in der SBZ/DDR und in Polen 1945-1956, Göttingen 1998.

Ther, Philipp: Deutsche Geschichte als imperiale Geschichte. Polen, slawophone Minderheiten und das Kaiserreich als kontinentales Empire, in: Sebastian Conrad (Hg.), Das Kaiserreich transnational. Deutschland in der Welt 1871-1914, Göttingen 2004, S. 129-148.

Ther, Philipp: Ein Jahrhundert der Vertreibung. Die Ursachen von ethnischen Säuberungen im 20. Jahrhundert, in: Ralph Melville / Jiří Pešek / Claus Scharf (Hg.), Zwangsmigrationen im Mittleren und Östlichen Europa. Völkerrecht – Konzeptionen – Praxis (1938-1950), Mainz 2007, S. 19-37.

Ther, Philipp: The Spell of the Homogeneous Nation-State. Structural Factors and Agents of Ethnic Cleansing, in: Rainer Münz / Rainer Ohliger (Hg.), Diasporas and Ethnic Migrants. Germany, Israel and Post-Soviet Successor States in Comparative Perspective, London / Portland 2003, S. 77-97.

Ther, Philipp: Die dunkle Seite der Nationalstaaten. „Ethnische Säuberungen" im modernen Europa, Göttingen 2011.

Therborn, Göran: Die Gesellschaften Europas 1945-2000. Ein soziologischer Vergleich, Frankfurt/M. / New York 2000.

Thiel, Jens: „Menschenbassin Belgien". Anwerbung, Deportation und Zwangsarbeit im Ersten Weltkrieg, Essen 2007.

Thiel, Jens: Polnische und belgische Zwangsarbeiter in Deutschland im Ersten Weltkrieg, in: Bade, Klaus J. e. a. (Hg.), Enzyklopädie Migration in Europa. Vom 17. Jahrhundert bis zur Gegenwart, Paderborn e. a. 2007, S. 864-867.

Thomas, Hugh: Cuba. Or: The Pursuit of Freedom, New York 1998.

Thum, Gregor: Die fremde Stadt: Breslau 1945, Berlin 2003.

Tilkovszky, Lorant: Ungarn und die deutsche „Volksgruppenpolitik" 1938-1945, Köln / Wien 1981.

Todorov, Tvetan: Die Angst vor den Barbaren. Kulturelle Vielfalt versus Kampf der Kulturen, Hamburg 2010.

Todorova, Maria: Imagining the Balkans, New York / Oxford 1997.

Tone, John Lawrence: War and Genocide in Cuba, 1895–1898, Chapel Hill 2006.

Tooley, T. Hunt: World War I and the Emergence of Ethnic Cleansing in Europe, in: Steven Bela Várdy / T. Hunt Tooley / Agnes Huszár Várdy (Hg), Ethnic Cleansing in Twentieth-Century Europe, New York 2003, S. 63–98.

Tooley, T. Hunt: „All the People are now Guerillas". The Warfare of Sherman, Sheridan, and Lincoln, and the Brutality of the Twentieth Century, in: The Independent Review 11.2007, S. 355–379.

Traverso, Enzo: Moderne und Gewalt. Eine europäische Genealogie des Nazi-Terrors, Köln 2003.

Traverso, Enzo: Im Bann der Gewalt. Der europäische Bürgerkrieg 1914–1945, München 2008.

Trefousse, Hans Louis: Carl Schurz. A Biography, New York 1998.

Troebst, Stefan: Verbrechen gegen die Menschlichkeit, in: Frankfurter Allgemeine Zeitung Nr. 135 v. 15.6.2009, S. 7.

Tsirkinidis, Harry: Der Völkermord an den Griechen Kleinasiens (1914–1923), in: Tessa Hofmann (Hg.) Verfolgung, Vertreibung und Vernichtung der Christen im Osmanischen Reich 1912–1922, Münster 2004, S. 135–176.

Toumarkine, Alexandre: Les Migrations des Populations Musulmanes Balkaniques en Anatolie (1876–1913), Istanbul 1995.

Turfan, M. Naim: Rise of the Young Turks. Politics, the Military and Ottoman Collapse, London / New York 2002.

Urban, Thomas: Der Verlust. Die Vertreibung der Deutschen und Polen im 20. Jahrhundert, München 2004.

Vaculík, Jaroslav: Tschechische Siedler in Wolhynien von den 1860er bis zu den 1940er Jahren, in: Klaus J. Bade e.a. (Hg.), Enzyklopädie Migration in Europa. Vom 17. Jahrhundert bis zur Gegenwart, Paderborn e.a. 2007, S. 1044–1047.

Vakalopoulos, Konstantin: Vertreibung und Genozid an den Griechen Ost-Thrakiens (1908–1922), in: Tessa Hofmann (Hg.) Verfolgung, Vertreibung und Vernichtung der Christen im Osmanischen Reich 1912–1922, Münster 2004, S. 127–134.

Varga, József: Schuldige Nation oder Vasall wider Willen? Beiträge zur Zeitgeschichte Ungarns und des Donauraumes, Bd. 2: 1939–1949, Wien 1989.

Vertreibung und Vertreibungsverbrechen, 1945–1948: Bericht des Bundesarchivs vom 28. Mai 1974, hrsg. von der Kulturstiftung der deutschen Vertriebenen, Bonn 1989.

Vogel, Bernhard / Schultze, Rainer-Olaf: Deutschland, in: Dolf Sternberger / Bernhard Vogel (Hg.), Die Wahl der Parlamente und anderer Staatsorgane. Ein Handbuch, Bd. 1.1, Berlin 1969, S. 189–411.

Vovelle, Michel: Die Französische Revolution. Soziale Bewegung und Umbruch der Mentalitäten, Frankfurt/M. 1985.

Wank, Solomon: The Disintegration of the Habsburg and Ottoman Empires: A Comparative Analysis, in: Karen Dawisha / Bruce Parrott (Hg.), The End of Empire? The Transformation of the USSR in Comparative Perspective, Armonk / London 1997, S. 94–120.

Wehler, Hans-Ulrich: Das Deutsche Kaiserreich 1871–1918, Göttingen 6. Auflage 1988.

Wehler, Hans-Ulrich: Deutsche Gesellschaftsgeschichte. Band 1: Vom Feudalismus des Alten Reiches bis zur Defensiven Modernisierung der Reformära 1700–1815, München 3. Aufl. 1996.

Wehler, Hans-Ulrich: Deutsche Gesellschaftsgeschichte. Band 3: Von der „Deutschen Doppelrevolution" bis zum Beginn des Ersten Weltkrieges 1849–1914, München 1995.

Wehler, Hans-Ulrich: Deutsche Gesellschaftsgeschichte. Band 4: Vom Beginn des Ersten Weltkriegs bis zur Gründung der beiden deutschen Staaten 1914–1949, München 2003.

Weiler, Peter: Ernest Bevin, Manchester / New York 1993.

Weiss, Yfaat: Deutsche und polnische Juden vor dem Holocaust. Jüdische Identität zwischen Staatsbürgerschaft und Ethnizität 1933–1940, München 2000.

Welsh, Frank: A History of South Africa, Hammersmith, London 2000.

Wende, Peter: Das Britische Empire. Geschichte eines Weltreiches, München 2008.

Wentker, Hermann: Zerstörung der Grossmacht Russland? Die britischen Kriegsziele im Krimkrieg, Göttingen / Zürich 1993.

Wernecke, Klaus / Heller, Peter: Der vergessene Führer. Alfred Hugenberg – Pressemacht und Nationalsozialismus, Hamburg 1982.

Werth, Nicolas: Ein Staat gegen sein Volk. Gewalt, Unterdrückung und Terror in der Sowjetunion, in: Stephane Courtois e.a. (Hg.), Das Schwarzbuch des Kommunismus. Unterdrückung, Verbrechen und Terror, München / Zürich 1998, S. 51–298.

Wettstein, Lothar: Josef Bürckel. Gauleiter – Reichsstatthalter – Krisenmanager Adolf Hitlers, Norderstedt 2009.

Widmann, Berthold: Die Anklage gegen Deutschlands Kriegführung, in: Zehn Jahre Versailles, Bd. 1, hrsg. von Heinrich Schnee und Hans Dräger, Berlin 1929, S. 81–102.

Wieland, Carsten: Nationalstaat wider Willen. Politisierung von Ethnien und Ethnisierung der Politik: Bosnien, Indien, Pakistan, Frankfurt/M. e.a. 2000.

Wildt, Michael: Biopolitik, ethnische Säuberungen und Volkssouveränität. Eine Skizze, in: Mittelweg 36 6/2006, S. 87–106.

Wildt, Michael: „Eine neue Ordnung der ethnographischen Verhältnisse". Hitlers Reichstagsrede vom 6. Oktober 1939, in: Zeithistorische Forschungen/Studies in Contemporary History, Online-Ausgabe, 3 (2006), H. 1, zitiert nach http://www.zeithistorische-forschungen.de/16126041-Wildt-1-2006 (1.2.2010).

Wille, Manfred: Die „freiwillige Ausreise" sudetendeutscher Antifaschisten in die sowjetische Besatzungszone Deutschlands – erfüllte und enttäuschte Hoffnungen und Erwartungen, in: Manfred Wille (Hg.), Die Sudetendeutschen in der Sowjetischen Besatzungszone Deutschlands. Ankunft, Aufnahme und erste Integrationsversuche, Magdeburg 1993, S. 28–61.

Wille, Manfred: SED und „Umsiedler". Vertriebenenpolitik der Einheitspartei im ersten Nachkriegsjahrzehnt, in: Dierk Hoffmann / Michael Schwartz (Hg.), Geglückte Integration? Spezifika und Vergleichbarkeiten der Vertriebenen-Eingliederung in derSBZ/DDR, München 1999, S. 91–104.

Wimmer, Andreas: Nationalist Exclusion and Ethnic Conflict. Shadows of Modernity, Cambridge 2002.

Winkler, Heinrich August: Der lange Weg nach Westen, 2 Bde., München 2000.

Winkler, Heinrich August: Geschichte des Westens. [Bd. 1] Von den Anfängen in der Antike bis zum 20. Jahrhundert, München 2009.

Wirsching, Andreas: Der Preis der Freiheit. Geschichte Europas in unserer Zeit, München 2012.

Wittek, Thomas: Auf ewig Feind? Das Deutschlandbild in den britischen Massenmedien nach dem Ersten Weltkrieg, München 2005.

Wolff, Stefan: The Long-Term Consequences of Forced Population Transfers: Institutionalized Ethnic Cleansing as the Road to New (In-)Stability? A European Perspective, in: Steven Bela Várdy / T. Hunt Tooley / Agnes Huszár Várdy (Hg), Ethnic Cleansing in Twentieth-Century Europe, New York 2003, S. 773–786.

Wörsdörfer, Rolf: Italienische Flüchtlinge aus den nach 1945 an Jugoslawien gefallenen adriatischen Gebieten in Italien, in: Klaus J. Bade e.a. (Hg.), Enzyklopädie Migration in Europa. Vom 17. Jahrhundert bis zur Gegenwart, Paderborn e.a. 2007, S. 678–681.

Wright, Jonathan: Gustav Stresemann 1878–1929. Weimars größter Staatsmann, München 2006.
Wurm, Christian Friedrich: Diplomatische Geschichte der orientalischen Frage, Leipzig 1858.
Yildirim, Onur: Diplomacy and Displacement. Reconsidering the Turco-Greek Exchange of Populations, 1922–1934, Routledge 2006.

Zaffi, Davide: Das millet-System im Osmanischen Reich, in: Pan, Christoph / Pfeil, Beate Sibylle (Hg.), Zur Entstehung des modernen Minderheitenschutzes in Europa (Handbuch der europäischen Volksgruppen Bd. 3, Wissenschaftliche Leitung: Peter Pernthaler), Wien / New York 2006, S. 132–155.
Zahra, Tara: The „Minority Problem" and National Classification in the French and Czechoslovak Borderlands, in: Contemporary European History 17.2008, S. 137–165.
Zeidler, Manfred: Die Rote Armee auf deutschem Boden, in: Das Deutsche Reich und der Zweite Weltkrieg. Band 10, Teilbd. 1: Die militärische Niederwerfung der Wehrmacht, hrsg. v. Rolf-Dieter Müller, München 2008, S. 681–775.
Zeman, Zbyněk: The Masaryks. The Making of Czechoslovakia, London 1976.
Zeman, Zbyněk: Pursued by a Bear. The Making of Eastern Europe, London 1989.
Zeman, Zbyněk / Klimek, Antonín: The Life of Edvard Beneš, 1884–1948. Czechoslovakia in Peace and War, Oxford e. a. 1997.
Zeuske, Michael: Kleine Geschichte Kubas, München 2000.
Ziegler, Philip: Mountbatten. The Official Biography, London 1985.
Zimmerer, Jürgen / Zeller, Joachim (Hg.): Völkermord in Deutsch-Südwestafrika. Der Kolonialkrieg in Namibia (1904–1908) und die Folgen, Berlin 2003.
Zinn, Howard: A People's History of the United States. The Civil War to the Present, New York e. a. 2003.
Zsuppan, F. Tibor: Die politische Szene Ungarns, in: Cornwall, Mark (Hg.), Die letzten Jahre der Donaumonarchie. Der erste Vielvölkerstaat im Europa des frühen 20. Jahrhunderts, Wegberg 2004, S. 107–125.

Personenregister

Abdallah I., Emir bzw. König von Transjordanien, König von Jordanien   604–5, 607–8, 613
Abdul Aziz, Sultan der Osmanen   278
Abdul Hamid II., Sultan der Osmanen   65, 68–9, 71, 85, 88, 99–100, 102, 117, 207, 223, 255, 280, 286, 293, 300
Abrahamowicz, David Ritter von   171
Acton, (Sir) John Emmerich Edward Dalberg-Acton (1869: Baron)   592
Aharonian, Avetis   95
Ahmad Khan, Sayyid   584
Alba, Fernando Álvarez de Toledo y Pimentel, Duque de   222
Albertall, Heinrich   102
Alexander I., Zar aller Reußen (Russland)   162, 243
Alexander II., Zar aller Reußen (Russland)   128–9, 134, 243
Alexander III., Zar aller Reußen (Russland)   134–5, 146, 176
Alexander I., König der Hellenen (Griechenland)   309
Alexandra Fiodorovna, Zarin aller Reußen (Russland)   136
Alexeiev, Michail V.   148
Alfonso XIII., König von Spanien   214
Ali Aga   250
Ambedkar, Bhimrao Ramji   584–5, 589–91, 599
Andranik (Toros Ozanian)   68
Andrássy, Gyula (senior), Graf   262
Andrei Vladimirovič, Großfürst von Russland   137
Anski, Salomon   157
Antall, József (senior)   575–6
Antonescu, Ion   480–3, 574
Antonescu, Mihai   482
Arafat, Yassir   614
Arciszewski, Tomasz   514
Arendt, Hannah   22, 209 A. 138, 226, 341 A. 118
Argyll, George Campbell, Duke of   257
Arthur, (Sir) George (1841: Baronet)   197
Asaf Jah VII., Nizam von Haiderabad und Berar   586, 598
Asquith, Herbert (1925: Earl of Oxford and Asquith)   123, 154, 221, 602
Atatürk (s. Kemal)   67, 77, 86 A. 336, 101, 201–2, 251, 288, 312 A. 462, 397–8, 400–1, 406, 410 A. 524, 411, 418, 420 A. 574, 422, 446, 593, 644
Attlee, Clement   422, 497–8, 501, 546, 565, 586, 588, 593, 600, 607

Azcárate y Flórez, Pablo de   413, 421
Azmi Bey, Cemal   110 A. 478
Azzam Pasha, Abdul Rahman   615, 618, 621

Badeni, Kasimir Graf   368
Baernreither, Joseph Maria   265, 267, 269, 271, 289, 335
Bahr, Egon   543–4
Balfour, Arthur James (1922: Earl)   123–4, 126, 154, 188, 600, 602–4, 607
Barbusse, Henri   57
Bartels, Adolf   38, 115
Basily, Alexander K. von   258
Bassewitz, Rudolf, Graf von   312
Batocki, s. Tortilowicz
Bauer, Max (Maximilian)   180
Bauer, Otto   296, 330, 366, 371, 373, 377, 380, 382–6, 390, 582–3
Bauman, Zygmunt   13, 623
Beaconsfield, Lord (s. Disraeli)   241, 263
Beamish, Henry Hamilton   460
Bebudov (Bebutov), Fürst   110
Becher, Johannes R.   569
Beck, József   356, 359, 460–1, 470, 512, 605
Bedri Bey, Osman   102
Beelaerts van Blockland, Frans   336
Begin, Menachem   615, 617
Bell, James Franklin   219
Ben Gurion, David   118, 123, 424, 603–4, 608–10, 612–3, 615–8, 620
Benedikt XV., Papst   30
Beneš, Edvard   49, 327, 333, 335, 352–3, 360, 365, 375–7, 389–91, 397, 414, 416, 418, 420–1, 423–4, 432, 437 A. 51, 485, 499–508, 546, 552, 571, 625 A. 17, 627, 641–2
Bérard, Victor   282
Berchtold, Leopold Graf   53, 272 A. 239, 275
Bergfeld, Heinrich   83, 112
Beria, Lavrenti P.   225, 520, 523, 528–9
Bernadotte, Folke, Graf von Wisborg   618
Bernheim, Franz   357
Bernstorff, Johann Heinrich, Graf von   30, 94, 125–6
Beseler, Hans (1904: von)   181
Bethmann Hollweg, Theobald von   33, 40, 52, 87–8, 103, 157, 160, 164–5, 172–3, 179, 221, 375
Beust, Friedrich Ferdinand Freiherr (seit 1868: Graf) von   8, 46 A. 121
Bibl, Victor   328
Bienerth, Richard Freiherr von (1915: Graf von Bienerth-Schmerling)   368

Bierut, Stanisław 516
Bilbo, Theodore Gilmore 200
Bismarck, Otto (1865: Graf, 1871: Fürst) von 33, 39, 42–3, 49, 52 A. 146, 160–1, 164, 173–6, 178, 187 A. 10, 221 A. 212, 243 A. 42, 245, 267, 348, 455
Blanqui, Adolphe 239, 244
Bloch, Ernst 336, 433, 619
Blum, Léon 461, 501
Bobrinski, Georgi A., Graf 56
Bobrinski, Vladimir A., Graf 152
Bonnet, Georges 461, 462 A. 180
Boris III., König der Bulgaren 260, 480
Bötticher, Paul Anton (s. Lagarde) 40
Brandeis, Louis D. 327
Brandsch, Rudolf 574
Brandt, Willy 417
Brauchitsch, Walther von 457
Bredt, Johann Viktor 170
Breitenbach, Paul von 173
Bretholz, Wolfgang 619–20
Brežnev, Leonid I. 531
Briand, Aristide 246, 354–5, 360
Bröderich (Broedrich), Sylvio 154, 182
Brodrick, St. John (1907: Viscount Midleton) 215–6
Bronsart von Schellendorf, Fritz 79, 87
Bruck, Karl Ludwig (1850: Freiherr von) 44
Bryce, James (1913: Viscount Bryce of Dechmount) 30, 88, 194, 199, 218, 246, 292
Buchanan, Sir George 149, 153
Bucharin, Nikolai I. 387
Bülow, Bernhard (1899: Graf; 1905: Fürst) von 49, 161, 165–8, 170–2, 177 A. 844, 204, 207–8, 212, 346, 509
Bürckel, Josef 431
Buren, Martin van 194
Burgsdorf, Kurt von 230 A. 271
Burián von Rajecz, István, Freiherr (1918: Graf) 94, 265, 267, 270, 272–3
Buxton, Charles Roden 59–60, 288, 316, 328, 504
Buxton, Dorothy 328
Buxton, Noel Edward (1930: Baron Noel-Buxton) 59–60, 231, 288, 293, 316
Byrnes, James 547

Calhoun, John C. 194
Calhoun, William J. 210
Cambon, Paul 229–30, 232
Campbell-Bannermann, Sir Henry 216–8
Canning, George 247
Canning, Stratford (1852: Viscount Stratford de Redcliffe) 240 A. 25, 247
Cánovas del Castillo, Antonio 210–1

Carasso (Karasu), Emmanuel 118, 119 A. 518, 121
Carmel, Moshe 613, 615
Carnegie, Andrew 238, 257, 301–2, 308
Carol II., König von Rumänien 463, 479
Carr, Edward H. 10–1, 316, 318, 416, 626
Carrington, Peter Alexander Rupert Carington, Baron 277
Čarykov, Nikolaj V. 390
Casement, (1911–1916: Sir) Roger 178, 221
Cass, Lewis 193
Cavid Bey, Mehmed 82, 108, 124
Cemal Paşa, Ahmed 64–5, 72 A. 239 und 240, 87, 91–2, 111, 115, 118, 120–1, 123, 125–6, 226, 2, 251, 286–7, 312, 411
Cerkez Ahmed Bey 72 A. 239
Chadwick, French Ensor 214
Chaffee, Adna 213
Chalil Bey 72 A. 239
Chamberlain, Houston Stewart 34, 375
Chamberlain, Joseph 216–8, 458
Chamberlain, Neville 337, 353, 414, 417, 468, 502, 609
Chamberlain, (1925: Sir) Austen 353–5, 360
Charmatz, Richard 45, 264–5, 269, 271, 373–4
Christaller, Walter 611
Chruščëv, Nikita S. 530–1
Chrysantos (Filippides), Erzbischof von Trapezunt 110, 113
Churchill, (1953: Sir) Winston 213, 229 A. 266, 337, 398, 416, 424, 427, 493–8, 506, 513–6, 583–4, 594, 617, 626, 628, 630, 642
Čičerin, Georgi V. 94
Čichačov, Dmitri 56
Ciechanowski, Jan 510
Claß, Heinrich 33–42, 47–50, 52, 61, 114, 140, 158, 178–9, 417
Clementis, Vladimir 494
Clinton, William (Bill) 4
Cohn, Willy 454, 474, 523, 605
Conrad (1852–1910: von Hötzendorf), Franz (1910–1918: Freiherr, 1918–1919: Graf) 170, 275
Coudenhove-Kalergi, Richard (1894–1919: Graf) 397
Coulondre, Robert 298, 352, 470
Čubrilović, Vasa 272, 446, 449, 573, 626
Curzon, George Nathaniel (1911: Baron Ravensdale, 1911: Viscount Scarsdale, 1916: Baron Scarsdale, 1921: Marquess Curzon of Kedleston) 113, 318, 402, 404–5, 419, 421, 513–4, 582, 602–3, 626
Czedik, Alois [1884: Freiherr Czedik von Bründlsberg; 1897–1919: Freiherr Czedik von Bründlsberg und Eysenberg] 268

Daalen, Gotfried Coenraad Ernst van   209
Dafoe, John W.   362
Dahlem, Franz   563
Daladier, Édouard   417
Dalton, Hugh (1960: Baron Dalton of Forest and Friton)   422
Dandini de Sylva, Alois, Graf   90–1
Dandurand, Raoul   354–5
Danilov, Juri N.   138
Darlan, François   464
Darwin, Charles Robert   197, 611
Davis, Jefferson   212
Davoust, s. Davout
De Zayas s. Zayas
Demetz, Peter   551
Dickinson, (1918: Sir) Willoughby (1930: Baron Dickinson of Painswick)   361
Dieckhoff, Hans   359
Dimitrov, Georgi   500
Diner-Dénes, Josef (Jószef)   273–4
Disraeli, Benjamin (1876: Earl of Beaconsfield)   241, 256, 358, 603
Djilas, Milovan   275
Dmowski, Roman   131, 343–4, 509, 517
Dobrovolski, Nikolai   149
Dollfuß, Engelbert   432
Dondukov-Korsakov, Alexander M., Fürst   257–8
Drobner, Bolesław   559
Drtina, Prokop   552
Dschingis Khan   186
Dseržinski (Dzierżyński), Felix E.   385
Dubnov (Dubnow), Simon   143–6, 151, 157, 322, 381, 603
Durham, Mary Edith   300–1, 304
Džafarov, Mamed Yusuf   150, 152, 154
Džunkovski, Vladimir F.   153

Eban, Abba   618, 620
Eden, (1954: Sir) Anthony (1961: Earl of Avon)   227, 357, 398, 408, 416, 423, 497, 499, 514, 606
Edib, Halide (1935: Adivar)   286
Edward VII., König von Großbritannien und Irland, Kaiser von Indien   218, 245
Eichmann, Adolf   462
Eichmann, Friedrich Christoph (1860: von)   245, 250
Eisenmann, Louis   375
Elkus, Abram I.   124, 149
Engalyčev, s. Jengalyčev
Engel, Rudolf   565
Engels, Friedrich   43–4, 260–1
Enver, Ismail (1906: Bey, 1913: Paşa)   62–3, 66, 73–5, 79–80, 82, 87, 91–2, 97–8, 109, 120 A. 527, 125, 136 A. 607, 226, 232, 294, 308–9, 644

Erzberger, Matthias   79, 88
Estournelles de Constant, Paul Henri, Baron d'   301
Eulenburg und Hertefeld, Philipp, Graf (ab 1900: Fürst) zu   177 A. 843

Fähndrich, Ernst   474
Falih Rıfkı (1935: Atay)   401
Falkenhayn, Erich von   126, 220
Fejtö, François (Ferenc)   328–9, 333
Felipe III., König von Spanien   7
Ferdinand I., Fürst bzw. König von Bulgarien   245, 308
Ferenczi, Imre   424
Ferid Paşa, Damat Mehmed Adil   77, 403
Fierlinger, Zdeněk   494, 552
Figura, Herbert   558
Finlay, George   250
Fischhof, Adolf   367
Fisher, Herbert A. L.   218
Fletcher, Charles Robert Leslie   49
Foucault, Michel   13
Francis, David R.   149
Francis, Emmerich   633
Franckenstein, (1938: Sir) Georg Albert (1878–1919: Freiherr von und zu)   94–5, 307, 337, 582
Frangulis, Antoine   358
Frank, Hans   228 A. 259, 229, 231, 457, 462–3
Frank, Karl Hermann   435–6
Franz Ferdinand, Erzherzog von Österreich-Este, Thronfolger von Österreich-Ungarn   53 A. 151, 240, 372–3, 377, 446
Franz Joseph I., Kaiser von Österreich, König von Ungarn   53 A. 151, 262, 270, 370, 371 A. 276, 452, 626
Frasheri, Midhat   445
Fridman, Naftel M.   123, 143, 150–4
Friedensburg, Ferdinand   342
Friedjung, Heinrich   292, 299, 303, 328
Friedmann, s. Fridman
Friedrichs, Rudolf   556
Fritz, Georg   35 A. 64
Fritz, Hermann   544
Frymann, s. Claß
Fürstenberg, Egon Fürst zu   171

Gadžemuchov, Fürst   133
Galatali Halil Bey   72 A. 239
Gandhi, Mohandas Karamchand   228, 591, 595, 597
Garo, Armen s. Pasdermadjian, Garegin
Garvey, Marcus   200
Gaulle, Charles de   496–7, 515, 620
Gayl, Wilhelm, Freiherr von   180, 183
Geborski, Czesław   550

Geiger, Theodor 634
Georg I., König der Hellenen (Griechenland) 116, 245, 282, 285
Georg, Prinz von Griechenland 282, 284
George III., König von Großbritannien und Irland 190
George V., König von Großbritannien und (Nord-)Irland, Kaiser von Indien 582
Georges-Picot, François 121
Germanos, Bischof von Samsun 112-3
Gervinus, Georg Gottfried 249
Geschke, Ottomar 560
Giers, Nikolai K. von 176
Giertych, Jędrzej 517
Giesl, Wladimir (1860-1919: Freiherr Giesl von Gieslingen) 281, 282 A. 301
Gigurtu, Ion 463, 481
Gladstone, William Ewart 8, 243-4, 256-7, 263, 293
Glaise-Horstenau (1882-1919: Edler Glaise von Horstenau), Edmund 218, 230, 338-9, 372 A. 285, 430, 440-1, 448, 466, 472 A. 236, 476 A. 256,
Globačev, K. I. 149
Glotz, Peter 625
Gobineau, Joseph Arthur, Comte de 34
Gocza, András 329
Goebbels, Joseph 38, 46, 476, 536-8
Goethe, Johann Wolfgang (1782: von) 322
Goga, Octavian 461
Gökalp, Ziya 64, 225, 307
Goldmanis (Goldmann), Janis 139
Goldmann, Nahum 460
Goltz, Colmar, Freiherr von der 100, 109, 310
Gołuchowski, Agenor Graf (junior) 177, 289, 291, 294
Gomułka, Władysław 494, 516, 541, 548, 559, 577-8
Gonatas, Stylianos 318
Gopčević, Spiridion 199, 370, 371 A. 276
Goremykin, Ivan L. 136, 150-2
Göring, Hermann 435, 462, 465, 470, 473, 500
Gorny, Alfred 569
Gottwald, Klement 500, 507, 552, 571
Grabski, Władysław 348
Grant, Ulysses S. 195
Grass, Günter 538
Gratz, Gustav 504, 644
Gregorios V., griechisch-orthodoxer Patriarch von Konstantinopel 99 A. 422
Grégr, Julius 503
Grey, Sir Edward (1916: Viscount Grey of Fallodon) 123, 293, 300
Groener, Wilhelm 183
Gromyko, Andrei A. 614
Grün, David (Ben Gurion) 118

Günther, Hans F. K. 611
Gurko, Vassili 25-6, 28
Gurko, Vladimir I. 147-8

Hadji Adil Bey 82
Haeckel, Ernst 611
Hagemeister (Gagemeister), Iuli A. 129
Hakki Paşa, Ibrahim 75, 89, 119, 124
Hakki, Ismail 119
Halifax, eigtl. Wood, Edward Frederick Lindley (1925: Baron Irwin; 1934: Viscount Halifax; 1944: Earl Halifax) 227, 583
Halil, Galatali (s. Chalil Bey)
Halil Bey (1935: Halil Menteşe) 80, 104, 122, 124
Hamlin, Cyrus 68
Hanke, Karl 535, 537
Harden (eigtl. Wittkowsky), Maximilian 29, 170-1
Harriman, William Averell 514
Hasse, Ernst 35, 45, 47, 61 A. 184, 160, 177 A. 844
Hemingway, Ernest Miller 403
Henderson, Sir Nevile 337, 409, 422, 432, 469-70
Henlein, Konrad 336, 437, 501, 506
Hertling, Georg (1914: Graf) von 88, 110, 181
Herzl, Theodor 117-8, 121, 458, 608
Heuss, Theodor 53, 334, 412
Heydrich, Reinhard 227, 339-40, 435-7, 457, 462, 465, 506
Hilmi Paşa, Hüseyn 291
Himmler, Heinrich 226-7, 441-4, 447-8, 456, 464-5, 471-2, 476, 496, 518, 526, 537-8, 611
Hindenburg, Paul von Beneckendorf und 140, 180-3, 510
Hitler, Adolf VI, 10, 26, 34, 39, 43, 46, 73 A. 245, 78, 109 A. 477, 114, 116 A. 504, 128, 139, 150 A. 683, 157, 160, 162, 164, 179, 183, 187, 190, 212 A. 154, 218, 223-33, 236, 260, 267, 276, 298, 308-9, 323-5, 329, 336-7, 339-40, 348-9, 352, 356-9, 364, 370-1, 391-2, 395, 397-8, 408, 413-34, 436-8, 440, 444-8, 450-3, 455-9, 462-6, 468-76, 479-84, 486-9, 492-3, 496-7, 500, 501 A. 388, 503, 505-6, 508, 510-4, 519, 523, 525-7, 530, 532-4, 537-8, 540, 543, 548, 553, 563, 567, 574-7, 585-6, 592 A. 73, 593, 600-1, 604-5, 609, 611-2, 614, 620-1, 627-32, 636, 639
Hobhouse, Emily 217
Hodann, Max 351
Hodža, Milan 331, 336, 372-3, 377, 389
Hohenlohe-Langenburg, Ernst, Fürst zu 81, 122
Hohenlohe-Schillingsfürst, Chlodwig, Fürst von 163 A. 753, 171

Hohenlohe-Schillingsfürst, Gottfried, Prinz zu 94
Holstein, Friedrich von   217
Horthy von Nagybánya, Miklós   575–6
Hosenfeld, Wilm   325, 438–9, 444, 474, 534
Hranilović-Czvietassin, Oskar von   274
Hugenberg, Alfred   33, 35, 40, 160, 161 A. 733, 167–9
Hull, Cordell   359
Humann, Hans   74, 87
Huntington, Samuel P.   21, 185
Hussarek, Max (bis 1919: Ritter Hussarek von Heinlein)   376
Hussein I., Emir von Mekka   601, 604
Husseini, Mohammed Amin al   607, 614
Hutten-Czapski, Bogdan, Graf von   163 A. 753, 171–3, 181

Ibrahim Paşa von Ägypten   246–8
Ibrahim Pasha Hashim   608
Ignatiev, Alexei A., Graf   137
Iqbal, (1922: Sir) Mohammad   584–5
Irwin, s. Halifax
Ismet Paşa (1935: Ismet Inönü)   77, 402, 404–5, 410
Izzet Paşa (1935: Izzet Furgaç), Ahmed   97

Jabotinsky (Žabotynski), Vladimir J. (bzw. Zeev)   604
Jäckh, Ernst   33, 40, 157
Jackson, Andrew   191–5, 197,
Jagow, Gottlieb von   89, 181
Jaksch, Wenzel   52 A. 146, 53, 225, 335, 365, 415–6, 423–4, 501 A. 388, 505–6, 585
Janowsky, Oscar Isaiah   388, 395, 421–3, 428
Januškievič, Nikolai N.   138, 143, 148
Jaurès, Jean   304
Jazdzewski, Ludwik (Ludwig) von   166
Jedrzejewicz, Janusz   356
Jefferson, Thomas   191, 194
Jengalyčev, Pavel N., Fürst   138
Jesenská, Milena   433
Jinnah, Mohammed Ali   586, 589, 591, 593–6, 598
Jodl, Alfred   227
Joffre, Joseph   137, 220
Jones, Morgan   607
Jorga, Nicolae   238–9, 242, 248, 280, 574
Joseph II., Römisch-Deutscher Kaiser, König von Ungarn und Böhmen   244
Jusupov, Felix F., Fürst (senior)   136–7

Kádár, János   577–8
Kaganovič, Lazar M.   458, 460
Kalinin, Michail I.   458, 541, 571–3

Kállay von Nagy-Kálló, Miklós Baron von 480–1
Kállay von Nagy-Kálló, Béni (Benjamin) Baron von   264, 266–7, 290
Kallergis, Dimitrios   284
Kammerhofer, Konstantin   448
Karachan, Lev M.   94
Karadžić, Vuk   4 A. 31
Karadžordže (Džordže Petrović)   249
Karatheodori Paşa, Alexander   99, 279–80
Karl I., Kaiser von Österreich, König von Ungarn   49, 180, 272 A. 239, 275, 330 A. 55, 332, 373 A. 287 und 292, 376
Katharina II., Zarin aller Reußen (Russland) 152, 244
Katisov, s. Khatissian
Kavakami, Otojiro, Vicomte   25
Kazazyan Paşa, Agop   65
Keim, August   41–2
Keitel, Wilhelm   473
Keller, Eduard F. Graf von   134
Keller, August Friedrich Wilhelm (1906: von) 358
Kemal, Mustafa (1905: Bey, 1916–1935: Paşa, 1935: Atatürk)   77, 96–7, 112–3, 202, 312 A. 462, 397–8, 400–1, 404–5, 409, 411, 422, 592
Kemali Bey, Galip (1935: Kemali Söylemezoglu)   313
Kennan, George F.   26, 231, 360
Kerenski, Alexander F.   152, 155, 383, 423
Kerr, Philip (1930: Marquess of Lothian)   98
Kessler, Harry, Graf von   147, 156, 159, 182
Khatissian, Alexander   95 A. 389, 133
Kisch, Egon Erwin   459
Kitchener, Herbert Horatio (1898: Baron Kitchener of Khartoum; 1902: Viscount; 1914: Earl)   209, 213–5, 217–8
Kleinmichel, Maria E., Gräfin   134
Klemperer, Victor   34, 160
Koch, Erich   226, 232, 535
Kokovcev, Vladimir N. (1914: Graf)   131, 140–1
Kolmer, Gustav   369
Komarov-Kurlov, s. Kurlov
Konstantin I., König der Hellenen (Griechenland)   106–7
Konstantin Nikolaievič, Großfürst von Russland   244
Konstantin Pavlovič, Großfürst von Russland 244
Konstantin I. der Große, Römischer Kaiser 244 A. 47
Konstantin XI. Palaiologos, Byzantinischer Kaiser   244 A. 47
Kopassis Efendi, Andreas   100
Kopelev, Lev S.   425, 536 A. 577

Kopp, Georg, Kardinal (1906: von) 166
Koerber, Ernest, Freiherr von 53, 274–5, 368, 452
Korfanty, Wojciech (Albert) 172
Korneichuk, Alexander 502
Korsch, Karl 224, 226, 230
Koscielski, Joseph (Jozef) von 163 A. 753
Kossygin, Alexei N. 620
Krebs, Hans 435
Kreß von Kressenstein, Friedrich, Freiherr 95, 125
Kristóffy von Csejte, József 370, 372
Krivožein, Alexander V. 132, 140–1, 147
Krofta, Kamil 504
Krupp (Familie) 33, 160, 169, 611
Kuenzler, Jakob 72 A. 239
Kühlmann, Richard von 63, 108, 124 A. 546, 125, 316 A. 491
Kulischer, Eugene Michel 15, 26, 321, 347, 350, 466, 565, 601
Kuprianov 137
Kurlov, Pavel G. 137–9, 145–6, 149
Kuropatkin, Alexei N. 55, 223
Kutrzeba, Stanisław 412
Kvaternik, Slavko 464, 465 A. 200
Kwiatkowski, Ernst von 79, 84, 110–2

Ladas, Stephen P. 412
Lagarde (eigtl. Boetticher), Paul de 36, 39, 40, 42–7, 49, 114, 115 A. 496, 182, 375, 419, 436, 460
Lambsdorff, Vladimir N., Graf 291, 294
Langerhans, Heinz 230
Lansdowne, Henry Charles Petty-Fitzmaurice, Marquess of 288–9, 458
Latif, Syed Abdul 585, 589–91
Laun, Rudolf (bis 1915: von) 326, 412
Lavergne, Bernard 414–6, 420, 424, 624 A. 10
Ledebour, Georg 89
Leese, Arnold 460
Lempicki, Michel (von) 154–5
Lenin (eigtl Ulianov), Vladimir I. 26, 96, 296, 364–6, 382–5, 423, 524, 530, 601
Leopold II., König der Belgier 178, 207, 221, 624
Lepecky, Mieczysław 461
Lepsius, Johannes 89
Levi, Shabtai 615
Liaquat Ali Khan 596
Lichtenstaedter, Siegfried 50–2, 58, 60, 98, 100–1, 109 A. 477, 159, 179, 186–7, 287–8, 309–11, 333, 372, 412–3, 417–9
Liebermann von Sonnenberg, Max 177 A. 844
Liebknecht, Karl 88–9
Liman von Sanders, Otto 63, 83, 106, 109

Lincoln, Abraham 195, 199
Lindemann, Karl 141
Lipski, Józef 352, 455, 470
Lipski, Jan Józef 491, 625
Litvinov (eigtl. Wallach), Maxim M. 513
Lloyd George, David (1945: Earl Lloyd George of Dwyfor) 123, 154, 218, 244 A. 48, 320, 351, 359–60, 403, 509, 602–3
Lodgman (1877–1919: Ritter Lodgman von Auen), Rudolf 330, 335, 373, 417–8
Loebell, Friedrich Wilhelm von 172
Loti, Pierre 200, 203, 206, 303–4, 308
Luden, Heinrich 39
Ludendorff, Erich 27–9, 33, 140, 159, 180–1, 183, 211, 526
Lugard, Sir Frederick (1907: Baron Lugard of Abinger) 209, 229, 232
Lutosławski, Wincenty 509, 517

Mabbott, John David 421 A. 578
Macartney, Carlile Aylmer 310, 360–1, 386, 406, 413–4, 416 A. 564, 580, 591–2
Maček, Vladimir 337 A. 96
Mach, Richard von 116, 224, 301, 305
Mackinder, (1920: Sir) Halford John 13, 31, 60, 318
Mahmud II., Sultan der Osmanen 239, 248
Maiski, Ivan M. 512–3, 609
Maison, Nicolas Joseph Marquis de 248
Makarov, Alexander A. 141
Makino, Nobuaki (1907: Baron; 1921: Vicomte; 1935: Graf) 188
Maklakov, Vassili A. 137, 140
Maklef, Mordechai 615
Makšeev, A. 394
Mandelstam, Andrei 295, 413
Mann, Golo 519, 564
Manoilescu, Mihai 463, 483
Mansyrev, Serafim, Fürst 139, 142
Manuila, Sabin 483
Mardighian Efendi, Oskan 65–6
Maria Theresia, Kaiserin des Heiligen Römischen Reiches deutscher Nation, Königin von Ungarn und Böhmen, Erzherzogin von Österreich 448
Maringer, Georges 55
Markov, Nikolai E. 141, 152–3
Markowitsch (Marković), Stanko 300
Marschall von Bieberstein, Adolf, Freiherr 283, 290–3, 297
Marshall, John 194
Martin, Rudolf 36 A. 73
Marx, Karl 43 A. 105, 230 A. 272, 296, 366, 373 A. 292, 377, 380–1, 383, 507, 530–1, 583, 633
Masaryk, Jan 504

Masaryk, Tomáš G. 171, 175, 266, 271, 331, 333, 335, 369, 375–6, 503–4,
Maskowsky, Hermann 541
Matern, Jenny 546
May, Karl 228
Mayr-Harting, Robert 485
McKenney, Thomas L. 192
McKinley, William (junior) 211–3
Mehemed Emin Efendi, s. Lichtenstaedter
Mehmed VI. Vahideddin, Sultan der Osmanen 77, 403
Mello Franco, Afranio de 352–5
Menderes, Adnan 410
Menon, (1948: Sir) Vapal Pangunni 595
Menzel, Wolfgang 47–8, 51, 495
Metternich-Winneburg, Clemens Wenzel Lothar Graf (1813: Fürst) von 248
Meyendorff, Alexander F., Baron von 152
Meyer, Konrad 441–2, 444
Micombero, Michel 632
Mihailo I. Obrenovic, Fürst von Serbien 240
Miklós von Dálnok, Béla, Ritter 576
Mikojan, Anastas I. 529
Mikołajczyk, Stanisław 513–6
Miliukov, Pavel N. 131, 148, 151–2, 153 A. 696, 301, 308
Millioud, Maurice 37
Milner, Alfred (1901: Baron, 1902: Viscount) 60, 215
Milošević, Slobodan 450, 612
Minz, Paul 524
Minz, Vladimir 524
Mirbach-Sorquitten, Julius (1888: Graf) von 166
Moczar, Mieczysław 491
Mohammed V., Sultan (1957: König) von Marokko 620
Molotov (eigtl. Skriabin), Viačeslav M. 390, 507, 510, 513
Moltke, Helmuth von (der Jüngere) 221
Moltke, Helmuth (1870: Graf) von 39, 40–3
Monroe, James 194, 199
Montagu, Edwin Samuel 602–3
Montandon, George Alexis 23, 57–9, 159, 415, 417, 419–20, 424, 594, 624 A. 10
Moravec, Emanuel 231, 502
Mordtmann, Johann 30
Morel, Edmund D. 207
Morel, Salomon 550
Morgenthau, Henry (junior) 107, 603
Morgenthau, Henry (senior) 32–3, 61–3, 65, 77–80, 85, 87, 90–1, 101–3, 105, 107, 109, 114–6, 120–2, 124, 148–9, 200–1, 344, 401–2, 406, 461, 602–4
Mountbatten, Louis (bis 1917: Prince of Battenberg; 1917: Lord Mountbatten; 1946: Viscount Mountbatten of Burma; 1947: Earl) 586–9, 593–5, 598
Moutet, Marius 461
Mukhtar Bey, Ahmed 98
Mussolini, Benito 201, 233, 392, 398, 412, 417–8, 444, 447–8, 463–4, 465 A. 200, 469, 471, 479–80, 488, 628

Nabokov, Sergei D. 139
Nagy, Imre 577–8
Nahum Effendi, Chaim 115, 119, 121–3
Nansen, Fridtjof 69, 85, 97 A. 410, 111, 113, 404–8, 410, 422
Napoleon I., Kaiser der Franzosen 20 A. 128, 39, 54, 56, 150, 228, 247, 472 A. 236, 537
Napoleon III., Kaiser der Franzosen 240
Narquet, Alfred 601
Narutowicz, Gabriel 344
Nečas, Jaromir 501, 503, 505
Nehru, Jawaharlal 178, 585–6, 587 A. 46, 589, 593–9
Neratov, Anatoli A. 149
Nerses II. (armenisch-orthodoxer Patriarch von Konstantinopel) 66
Nesselrode, Karl Robert Graf von 247
Neumann, Franz 228, 232, 414, 423
Neurath, Konstantin, Freiherr von 78, 150 A. 683, 229 A. 263, 435–6
Nicolson, (1953: Sir) Harold 405, 410
Nikola I. Petrović Njegoš, Fürst (1910: König) von Montenegro 300, 445
Nikolai I., Zar aller Reußen (Russland) 129, 146, 244, 591 A. 70
Nikolai II., Zar aller Reußen (Russland) 54–5, 74, 133, 135–6, 143, 601
Nikolai Nikolaievič, Großfürst von Russland 110, 133, 137–8, 143, 145, 148
Noel-Baker, Philip (1977: Baron) 359, 415, 422–3
Noradunghian Efendi, Gabriel 65
Nosek, Václav 485, 553
Nossig, Alfred 121
Nowack, Friedrich 348
Nureddin Paşa 400–1, 422
Nuri as-Said Pasha 608, 620
Nuri Bey 99

Oberländer, Theodor 518
Obručev, N. 394
Ochab, Edward 547–9, 577
Oldenburg-Januschau, Elard von 166–7, 169
Oldenburgski (Prinz von Oldenburg), Alexander P., Fürst 131
Oppenheim, Max, Freiherr von 87
Ormsby-Gore, (Sir) William (1938: Baron Harlech) 358, 606–7, 609

Ostler, Allan 306
Oubril, Pavel, Baron d' 243, 245
Ozanian, Andranik Toros, s. Andranik

Paczensky, Gert von 233
Pal, Bipin Chandra 362
Palacký, František 47 A. 126, 366
Paléologue, Maurice 136, 144-5, 148, 153
Pallavicini, János, Markgraf 81, 91, 94, 99, 103-4, 107-8, 309
Pamuk, Orhan 410 A. 524
Papandreou, Georgios 318
Papen, Franz von 126
Pasdermadjian, Garegin (Armen Garo) 71-2, 75
Pasdermadjian, Setrak 72
Patel, Vallabhbhai 586, 595
Pauli, Carl 116, 299, 301, 305-7
Pederson 132, 140
Peel, (Sir) William Robert Wellesley (1912: Viscount, 1929: Earl) 606-10, 612-3
Pershing, John J. 220
Peška, Zdeněk 414
Petar II. Petrović Njegoš, Fürstbischof von Montenegro 239
Pfeil, Elisabeth 634
Pieck, Wilhelm 543-4
Pierrac, Michel 419 A. 573
Piłsudski, Józef 159, 344, 353, 356, 455, 461, 512, 517, 559
Pinkas, Adolf 367
Pizarro, Francisco 232
Plehve, Viačeslav von 117-8, 458
Plener, Ernst (1856: von, 1907-1919: Freiherr von) 263, 268-9, 271, 334, 336, 367
Poincaré, Raymond 350-1
Poinsett, Joel R. 194
Politis, Nikolaos 317, 397, 421
Polivanov, Alexei A. 136
Polzer-Hoditz, Arthur Graf von, 49, 180
Pomiankowski, Joseph (1891-1919: Ritter Pomiankowski von Wiara) 72, 79, 85, 91-3, 107, 111, 133, 136 A. 607
Potiorek, Oskar 273-4
Pottier, Edouard 282
Pourtalès, Friedrich Graf von 140
Prasad, Beni 592
Prasad, Rajendra 580, 589, 591-2
Praschma, Hans Graf 166
Puriškievič, Vladimir M. 141
Puttkamer, Robert Viktor von 175

Quadt, Albert, Graf von 314

Rabin, Yitzhak 614, 616
Raczkiewicz, Władysław 348

Raczynski, Edward, Graf 359, 389, 511, 514
Radcliffe, (Sir) Cyril (1949: Baron Radcliffe of Werneth, 1962: Viscount) 587-8
Rademacher, Franz 462, 465
Radoslavov, Vasil 311
Radziwill, Ferdinand Fürst 163 A. 753, 166, 169, 172
Rafet, Ibrahim 256
Ragaz, Leonhard 218
Rahman, Sir Abdur 614
Rahmat Ali, Choudhary 585
Rahmi Bey, Mustafa (ab 1935: Aslan) 82-3
Rajagopalachari, Chakravarthi 591
Rajk, László 577-8
Rákosi, Matyas 577
Rakowski, Christian G. 387
Randon, Jacques-Louis-César-Alexandre Comte de 240
Ranković, Alexander 449-50
Ranzi, Karl 91
Raschdau, Ludwig 254, 257-8
Rasputin, Grigori J. 141
Rathenau, Walter 29-30
Rechbauer, Carl 367
Rechenberg, Georg Albrecht, Freiherr von 158, 160
Redlich, Josef 265, 270, 299, 302
Refet Paşa 101, 111-2, 309, 409, 422
Reinecke, Adolf 48-50
Reiss, Rodolphe-Archibald 274-5
Renan, Ernest 58, 374, 495, 601
Renner, Karl 53, 330, 333-4, 366, 370-1, 373-8, 380, 382-4, 386, 582-3
Ribbentrop, Joachim (1925: von) 456, 462-3, 513
Richter, Julius 79
Riedel, Wilhelm Friedrich 175 A. 828
Riedl, Richard 53 A. 152
Riezler, Kurt 157-8, 164-5
Rifat Paşa, Hakki 200
Rinner, Erich 455-6
Ripka, Hubert 505
Riza Bey, Ahmed 90
Riza Paşa, Ali 97
Roberts, Frederick (1892: Baron, 1901: Earl) 214-5
Robespierre, Maximilien de 10
Roca, Julian 198
Rodich, Gabriel, Freiherr von 252
Rodzianko, Michail V. 137
Rohrbach, Paul 27, 42, 79, 126-7, 135, 140, 150, 179, 181, 202-3, 375, 581
Rokossovski, Konstantin K. 541
Roloff, Gustav 22, 205-6, 228
Roosevelt, Eleanor 424

Roosevelt, Franklin D.   107, 390, 398, 427, 493, 498, 505–8, 510, 513, 603, 628
Roosevelt, Theodore   30, 213–4, 266, 289
Root, Elihu   30, 212, 246
Ropp, Friedrich, Baron von der   154, 156, 179
Rosas, Juan Manuel de   197
Rosen, Friedrich   29, 89
Rosenberg, Alfred   225, 462, 473
Rosinski, Hubert   556
Rößler, Walter   31, 71, 72 A. 239, 73, 80, 83
Roth, Joseph   451–2
Rothoff   541
Rothschild, Lionel Walter, Baron   123, 148, 159 A. 727, 602
Ruchlov, Sergei V.   141–2
Rumbold, Sir Horace (1877: Baronet Rumbold of Woodhall)   197
Rumbold, Sir Horace George Montague (1913: Baronet Rumbold of Woodhall)   98, 410, 606–7
Runciman, (Sir) Walter (1937: Viscount Runciman of Doxford; 1937: Baron Runciman)   468, 505
Ruppin, Arthur   35, 608, 610–1
Russell, Bertrand (1931: Earl)   564
Russki, Nikolai V.   144
Rüştü Bey, Tevfiq   202, 225, 397
Rzymowski, Wincenty   510

Sacharov, Andrei D.   531
Sadul Singh, Maharadscha von Bikaner   587
Said Halim Paşa, Prinz von Ägypten   72 A. 240, 76, 100, 103, 311, 313
Saint-Just, Louis Antoine de   10
Şakir Paşa   280
Şakir, Bahaeddin   72, 75
Salisbury, Robert Arthur Talbot Gascoyne-Cecil, Marquess of   178, 207, 224, 245, 263
Salm-Horstmar, Otto, Fürst zu   160
Samuel, (1920: Sir) Herbert Louis (1937: Viscount)   123, 422, 583, 602, 604, 606–7, 609
Sandström, Emil   614
Sardou, André   56–7, 166, 594
Savarkar, Vinayak Damodar   585
Savov, Sava   311
Sawai Man Singh II., Maharadscha von Jaipur   587
Sax, Carl Ritter von   242, 251, 254, 646
Sazonov, Sergei D.   74, 121, 142, 144, 148–9, 243, 300, 340
Ščerbatov, Nikolaj B., Fürst   137, 139
Schäfer, Dietrich   39–40, 160
Schallmeyer, Wilhelm   611
Schechtman, Joseph Boris (Ber)   408, 424, 472, 611, 624 A. 10
Scheidemann, Philipp   89

Scheubner-Richter, Maximilian Erwin von   73, 87, 103
Schieder, Theodor   38
Schiemann, Theodor   181
Schlesinger, Rudolf   371–2, 388–9
Schlieffen, Alfred Graf von   208
Schönburg-Waldenburg, Heinrich Prinz von   182
Schönerer, Georg (1860–1919: Ritter von)   34, 42, 49 A. 136, 452
Schordania, Noe   93
Schorlemer-Lieser, Klemens Freiherr von   169–70
Schulenburg, Friedrich-Werner Graf von der   150 A. 683
Schultz, Georg   348–9
Schurman, Jacob Gould   212, 246, 297
Schurz, Carl   196
Schuschnigg, Kurt (1898–1919: Edler von)   389
Schüßler, Wilhelm   373–4
Schwartz (Schwarz), Alexei V.   110
Schwarzenberg, Prinz Felix zu   44
Schweinitz, Hans Lothar von   176
Schwerin, Friedrich Wilhelm Ludwig Graf von   158, 160, 164–5, 167, 178, 183
Sebastian, Mihai   325, 482
Segel, Binjamin   56
Seitz, Theodor   215
Selim III., Sultan der Osmanen   249
Seraphim, Ernst   139–40
Seraphim, Peter-Heinz   139
Serengülyan, Vartges   71
Sering, Max   181
Serov, Ivan A.   528–30, 554
Seton-Watson, Robert William   265–6, 269, 369, 372
Seyda, Marian   513
Sharett, s. Shertok
Sheridan, Philip   195
Sherman, John   211
Sherman, William T.   10, 195, 201, 211–2, 215
Shertok, Moshe   608, 616, 618
Sikorski, Władysław   338, 345, 347, 423, 508, 510, 513
Simon, Sir John (1940: Viscount)   357, 582
Šingarëv, Andrei I.   153
Slánsky, Rudolf   460
Smetona, Antanas   154
Smith, Jacob   213
Sokolov, Nahum   123
Solana de Madariaga, Javier   624
Solowejtschik, Menachem (Max)   381
Sosnosky, Theodor von   171, 224, 290, 305
Spickermann, Josef   345
Spitzmüller, Alexander (1917–1919: Freiherr von)   53

Springer, Anton   319, 366
Springer, Rudolf (s. Renner)   378, 382, 385
Stalin (eigtl. Dshugashvili), Josif V.   VI, 14, 17, 93, 96, 102, 128–9, 162, 190, 212 A. 154, 225, 334, 353 A. 191, 364–6, 382–8, 390–5, 397–8, 400 A. 460, 408, 420, 425, 427, 429, 438, 458–60, 466, 471, 473–5, 479–80, 482, 486–8, 493–4, 498, 500, 506–8, 510, 512–6, 518–20, 522–33, 536, 541, 543–4, 546, 548, 552–3, 565, 568–70, 593, 627–30
Steeg, Louis   291–2
Stein, Ludwig   123–4
Stephens, John S.   412
Stern, Fritz   43, 612
Stojadinović, Milan   446
Stokes (1927: Sir) Richard Rapier   455
Stolypin, Arkadi D.   258
Stolypin, Piotr A.   131, 133, 140,
Strauss   542
Streicher, Julius   462
Streit, Georgios   310, 314, 396
Stresemann, Gustav   181, 348, 353–5, 357, 360, 517
Stuckart, Wilhelm   229 A. 263, 538
Stumm, Wilhelm Freiherr von   88
Stürgkh, Karl, Graf von   368, 376
Stürmer, Harry   82, 85, 106
Şükrü Bey (1935: Şükrü Kaya)   410–1, 445
Sulzberger, Cyrus L.   507, 597, 617–8
Surroi, Veton   643
Svoboda, Ludvík   475, 485, 553
Sykes, (Sir) Mark (1913: Baronet Sykes of Sledmere)   121
Syrový, Jan   433
Szembek, Jan, Graf   512
Szilassy, Gyula, Baron von   95, 106, 331–2, 334
Szpilman, Władysław   457

Táborsky, Edvard   506–7
Talaat, Mehmed (1911: Bey, 1917: Paşa)   30, 62–4, 66, 70–1, 72 A. 240, 73–6, 80–4, 85 A. 326, 86–7, 90–1, 94, 97–8, 101–2, 104, 108–9, 116, 118–22, 124–6, 149, 200–1, 226, 313–4, 401, 411, 644
Tallian, Bela Freiherr von   274
Tannenberg, Otto Richard   36–7, 48–9
Tarasov   153
Tauber   559
Tecklenburg, Hans   204–5
Teistler, Hermann   36 A. 73
Teitel, Jacob (Iakov L.)   153
Teleki von Szék, Pál, Graf   480–1, 504
Terpitz, Paul   571
Tetuán, Carlos Manuel O'Donnell y Abreu, Duque de   211

Thun und Hohenstein, Franz Graf (ab 1911: Fürst) von   176–7
Tildy, Zoltán   576–7
Tiso, Jozef   466
Tisza von Borosjenő und Szeged, István, Graf   53, 273–4
Tito, Josip Broz   276–7, 298, 391–2, 449–50, 498, 573–4
Tocqueville, Alexis Henri, Vicomte de   189–90, 192–3, 198, 224
Todleben, Eduard von   258
Topal Osman   112
Tortilowicz von Batocki-Friebe, Adolf   159
Tošev, Andrei   311
Toynbee, Arnold J.   87 A. 340, 105, 416 A. 564
Trauttmansdorff-Weinsberg, Karl, Graf von   62–3, 85, 99, 101, 103, 109
Treitschke, Heinrich von   34–5, 375, 495
Trepov, Alexander F.   153
Tröbst, Hans   109
Trocki (Trotzki), Lev N.   25, 66–9, 96, 116, 296, 300, 305–6, 382 A. 350, 385, 390–1
Trotha, Lothar von   201, 203–5, 208–9, 217
Trubeckoi, Grigori N., Fürst   269, 272, 380
Truman, Harry S.   498, 546, 565, 617, 631
Tsamados, Michael   103–4, 107
Tschcheidse, Nikolos (Nikolai S.)   151
Turner, Frederick Jackson   224

Usedom, Guido von   77, 79, 102

Venizelos, Eleftherios   15, 60, 113, 277–8, 285, 289, 311, 313–6, 318, 397, 399, 403–5, 407, 421
Vergnet, Paul   49, 166
Verwoerd, Hendrik F.   579
Victoria I., Königin von Großbritannien und Irland, Kaiserin von Indien   626
Vishniak, Mark V.   422–3
Višinski, Andrei I.   516
Voroncov-Daškov, Illarion I., Graf   131, 133–4
Vorster, Balthazar Johannes   579

Waddington, William Henry   241
Wade, Abdoulaye   200
Wahnschaffe, Arnold   61, 158, 167
Wallenstein (Waldstein), Albrecht Wenzel Eusebius von, Herzog von Friedland, Herzog von Mecklenburg   212
Wangenheim, Conrad Freiherr von   61
Wangenheim, Hans, Freiherr von   61–3, 67, 71, 80–1, 84, 87, 100, 114, 116, 120–2, 284–5, 313
Washington, George   191
Wauchope, Sir Arthur Grenfell   606–7, 609

Weinreich, Max   423
Weitz, Josef   610, 616, 618–9
Weitz, Paul   110–1
Weizmann, Chaim   123, 154, 458, 602–5, 607–9
Weizsäcker, Ernst Freiherr von   230 A. 271
Wellington, Arthur Wellesley (1809: Viscount Wellington; 1812: Earl; 1812: Marquess; 1814: Duke of)   247
Weyler y Nicolau, Valeriano (1876: Marques de Tenerife, 1920: Duque de Rubí)   209–14, 217, 219
Wieniawa-Długoszowski, Bolesław   159
Wilhelm I., Deutscher Kaiser, König von Preußen   42 A. 95, 569
Wilhelm II., Deutscher Kaiser, König von Preußen   30, 34, 40, 50, 53 A. 151, 102, 117 A. 508, 157, 164, 168, 170–1, 182–3, 186, 204, 207–8, 215, 227, 233 A. 288, 314, 349, 435, 627
Wilhelm Ernst, Großherzog von Sachsen(-Weimar und Eisenach)   38
Wilson, Thomas Woodrow   113, 124, 148, 153–4, 188, 320, 327–8, 344, 360, 509, 602
Witos, Vincenty   350

Witte, Sergei J. (1905: Graf)   134
Wolf, Karl Hermann   368
Wolf, Lucien   350
Wolff-Metternich zur Gracht, Paul, Graf   84, 87–8, 107, 218
Wolski, Władysław   547
Wood, s. Halifax

Yahya Khan, Agha Mohammad   599
Yorck von Wartenburg, Maximilian, Graf   41
Young, Samuel   213

Zaimis, Alexander   284, 407
Zaleski, August   161, 353–5, 360, 510 A. 437, 517
Zaven Der Yeghiayan   62
Zawadzki, Aleksander   549–50, 559, 577
Zetland, Laurence John Lumley Dundas, Marquess of   606
Zimmermann, Arthur   88–9, 122
Zimmermann, Oswald   177 A. 844
Zingarelli, Italo   406
Zohrab Efendi, Krikor   71
Zolotarev, V.   129, 394
Žukov, Georgi K.   486, 541

LES FRONTIÈRES NATIONALES

▬▬▬ Frontières nouvelles
▰▰▰ Frontières anciennes subsistantes
⇢ Transplantations

- - - - - - - Frontières anciennes supprimées
· · · · · · · Frontières de l'Italie sur mer
...les de populations

www.ingramcontent.com/pod-product-compliance
Lightning Source LLC
Chambersburg PA
CBHW060301240426
43661CB00060B/2862